Kohlhammer

Konfession und Gesellschaft

Beiträge zur Zeitgeschichte

Herausgegeben von Wilhelm Damberg, Anselm Doering-Manteuffel, Martin Greschat, Andreas Holzem, Jochen-Christoph Kaiser (geschäftsführender Herausgeber), Frank-Michael Kuhlemann, Wilfried Loth, Kurt Nowak †

Band 29

Band 1: J.-Chr. Kaiser/M. Greschat (Hgg.), Holocaust und die Protestanten. Analysen einer Verstrickung. Frankfurt a. M. 1988

Band 2: J.-Chr. Kaiser/A. Doering-Manteuffel (Hgg.), Christentum und politische Verantwortung. Kirchen im Nachkriegsdeutschland. 1990

Band 3: W. Loth (Hg.), Deutscher Katholizismus im Umbruch zur Moderne. 1991

Band 4: M. Greschat/J.-Chr. Kaiser (Hgg.), Christentum und Demokratie im 20. Jahrhundert. 1992

Band 5: M. Greschat/ W. Loth (Hgg.), Die Christen und die Entstehung der Europäischen Gemeinschaft. 1994

Band 6: M. Häusler, „Dienst an Kirche und Volk“. Die Deutsche Diakonenschaft zwischen beruflicher Emanzipation und kirchlicher Formierung (1913–1947). 1995

Band 7: I. Götz von Olenhusen u. a., Frauen unter dem Patriarchat der Kirchen. Katholikinnen und Protestantinnen im 19. und 20. Jahrhundert. 1995

Band 8: A. Doering-Manteuffel/K. Nowak (Hgg.), Kirchliche Zeitgeschichte. Urteilsbildung und Methoden. 1996

Band 9: A. Doering-Manteuffel/J. Mehlhausen (Hgg.), Christliches Ethos und der Widerstand gegen den Nationalsozialismus in Europa. 1995

Band 10: S. Rink, Der Bevollmächtigte. Propst Grüber und die Regierung der DDR. 1996

Band 11: J.-Chr. Kaiser/W. Loth (Hgg.), Soziale Reform im Kaiserreich. Protestantismus, Katholizismus und Sozialpolitik. 1997

Band 12: L. Schorn-Schütte/W. Sparn (Hgg.), Evangelische Pfarrer. Zur sozialen und politischen Rolle einer bürgerlichen Gruppe in der deutschen Gesellschaft des 18. bis 20. Jahrhunderts. 1997

Band 13: R.-U. Kunze, Theodor Heckel. 1894-1967. Eine Biographie. 1997

Band 14: N. Friedrich, „Die christlich-soziale Fahne empor!“ Reinhard Mumm und die christlich-soziale Bewegung. 1997

Band 15: J. Köhler/D. van Melis (Hgg.), Siegerin in Trümmern. Die Rolle der katholischen Kirche in der deutschen Nachkriegsgesellschaft. 1998

Band 16: M. Pöhlmann, Kampf der Geister. Die Publizistik der „Apologetischen Centrale“ (1921–1937). 1998

Band 17: Chr. Tichy, Deutsche Evangelische Auslandsgemeinden in Frankreich 1918–1944. 2000

Band 18: C. Hiepel, Arbeiterkatholizismus an der Ruhr. August Brust und der Gewerkverein christlicher Bergarbeiter. 1999

Band 19: M. Greschat (Hg.), Deutsche und polnische Christen. Erfahrungen unter zwei Diktaturen. 1999

Band 20: K. Kunter, Die Kirchen im KSZE-Prozeß 1968–1978. 2000

Band 21: Th. Sauer (Hg.), Katholiken und Protestanten in den Aufbaujahren der Bundesrepublik. 2000

Band 22: R. J. Treidel, Evangelische Akademien im Nachkriegsdeutschland. Gesellschaftspolitisches Engagement in kirchlicher Öffentlichkeitsverantwortung. 2001

Band 23: St. Sturm, Sozialstaat und christlich-sozialer Gedanke. Johann Hinrich Wicherns Sozialtheologie und ihre neue Rezeption in systemtheoretischer Perspektive. 2004

Band 24: T. Bendikowski, „Lebensraum für Volk und Kirche“. Kirchliche Ostsiedlung in der Weimarer Republik und im „Dritten Reich“. 2002

Band 25: K. Nowak, Kirchliche Zeitgeschichte interdisziplinär. Beiträge 1984–2001. 2002

Band 26: F.-M. Kuhlemann/H.-W. Schmuhl (Hgg.), Beruf und Religion im 19. und 20. Jahrhundert. 2003

Band 27: E. Ueberschär, Junge Gemeinde im Konflikt. Evangelische Jugendarbeit in SBZ und DDR 1945–1961. 2003

Band 28: F. Lüdke, Diakonische Evangelisation. Die Anfänge des Deutschen Gemeinschafts-Diakonieverbandes 1899–1933. 2003

Band 29: Th. A. Seidel, Im Übergang der Diktaturen. Eine Untersuchung zur kirchlichen Neuordnung in Thüringen 1945–1951. 2003

Band 30: C. Hiepel/M. Ruff (Hgg.), Christliche Arbeiterbewegung in Europa 1850–1950. 2003

Band 31: M. Greschat/J.-Chr. Kaiser (Hgg.), Die Kirchen im Umfeld des 17. Juni 1953. 2003

Konfession und Gesellschaft: Das Programm

Neben der traditionellen Kirchengeschichte hat sich die kirchliche Zeitgeschichte in den zurückliegenden Jahrzehnten als Disziplin mit eigenem Anspruch und Gewicht entwickelt. Von der allgemeinen Geschichtswissenschaft wurde dies jedoch kaum zur Kenntnis genommen. Die Beschäftigung mit Kirchen und Konfessionen erscheint jüngeren Fachvertretern häufig als wenig lohnend, weil es unter ihnen als ausgemacht gilt, daß seit dem Ende des konfessionellen Zeitalters Kirchen als Glaubens- und Sozialsysteme zunehmend an Bedeutung verloren haben. Wird diese Perspektive verabsolutiert, hat das schwerwiegende Folgen für die Geschichtswissenschaft. Denn sie verliert dadurch die christentumsgeschichtliche und religionswissenschaftliche Signatur der Moderne aus dem Blick.

Spezialistentum auf der einen und Ausblendungsversuche auf der anderen Seite dürften kaum geeignet sein, die fortdauernde Durchdringung von Konfession und Gesellschaft, Kirche und Gemeinwesen, Theologie und allgemeiner Wissenschaftsentwicklung zu erfassen. Sicherlich bilden sich in der wachsenden Komplexität neuzeitlicher Gesellschaften Selbstverständnis, Einflußbereiche und Akzeptanz von Kirchen und Konfessionen um. Mit allzu einfachen Erklärungen – wie etwa dem Hinweis auf die Säkularismusthese – lassen sich diese Entwicklungen nicht greifen. Es ist geboten, die von den Gesellschaftswissenschaften längst bereitgestellten Methoden und Interpretationsmodelle interdisziplinär anzuwenden.

„Konfession und Gesellschaft" möchte überkommene Klischeevorstellungen aufbrechen und einen Beitrag zur historischen Ortsbestimmung des Christentums in der Zeitgeschichte leisten. Der Begriff ‚Konfession' meint sowohl die Institutionen des Christentums (Kirchen, kirchliche Vereine und Verbände, akademische Theologie u.a.) als auch Ausprägungen christlicher Identität und Sozialisation außerhalb der Kirche. Die Unverzichtbarkeit des christentumsgeschichtlichen Themas für die Erforschung des 19. und 20. Jahrhunderts wird von Zeithistorikern, Politologen, Soziologen und Philosophiehistorikern zunehmend erkannt. Umgekehrt hat die kirchliche Zeitgeschichte durch die allmähliche Erweiterung ihres Blickwinkels und die programmatische Forderung, Kirchengeschichte als Sozial- und Gesellschaftsgeschichte zu bearbeiten, engere Kontakte zur Allgemeingeschichte geknüpft.

In diesem Sinne plädiert „Konfession und Gesellschaft" für den Diskurs der historischen Teildisziplinen. Daß dabei überkonfessionelle und übernationale Ansätze und Themenbereiche einbezogen werden, ist selbstverständlich.

Ohne die Eigenart kirchen- und konfessionshistorischer Prozesse zu vernachlässigen, soll das Beziehungsgefüge zwischen Christentum und Gesellschaft besondere Beachtung finden. Wenn unterschiedliche Methoden und Wertungen ineinandergreifen, wird die angestrebte Integration konkret. Dafür will „Konfession und Gesellschaft" ein Forum sein.

Thomas A. Seidel

Im Übergang der Diktaturen

Eine Untersuchung zur kirchlichen Neuordnung in Thüringen 1945–1951

Verlag W. Kohlhammer

Umschlag: Data Images GmbH
Reproduktionvorlage: J.-Chr. Kaiser und H. Stieghorst mit
$\LaTeX\ 2_{\varepsilon}$, Vers. MiKTeX 2.3
Gesamtherstellung:
W. Kohlhammer Druckerei GmbH + Co. Stuttgart
Printed in Germany

ISBN 3-17-017900-4

Inhaltsverzeichnis

Vorwort

Der Verfasser dieses aufschlussreichen Buches zur kirchlichen Zeitgeschichte Ostdeutschlands hat mich um ein Vorwort gebeten. Ich tue dies als ein Stellvertreter, denn Thomas Seidels Dissertation ist in Leipzig von einer der herausragenden Gestalten der kirchlichen Zeitgeschichte in Deutschland, Kurt Nowak, betreut worden. Ihm hätte eigentlich dieses Vorwort gehört. Doch Professor Nowak ist kurz vor dem Abschluss des Promotionsverfahrens plötzlich verstorben. Da ich ihn aus vertrauensvollen Gesprächen und etlichen Kooperationen in und nach der Wende kannte und sehr schätze, Pfarrer Seidel wiederum nicht nur als Leiter der weltoffenen Evangelischen Akademie Thüringen in Neudietendorf kenne, sondern ihm auch aus manchen gemeinsamen Bemühungen um die Tradition Buchenwalds verbunden bin und weil ich schließlich als auswärtiger zeithistorischer Gutachter in diesem theologischen Promotionsverfahren Gelegenheit hatte, mich von der Qualität und Inspiration seiner Untersuchungen zu überzeugen, habe ich diese Stellvertretung gern übernommen.

Dieses Buch ist mit großem Engagement erarbeitet worden. Ich meine das in einem dreifachen Sinne: zunächst liegt ihm eine sehr erhebliche, nebenberuflich erbrachte archivalische Forschungsarbeit zugrunde, die politisch brisante Ergebnisse zutage gefördert hat. Sodann ist es einer selbstkritischen Durchleuchtung der Erfahrung der Heimatkirche des Verfassers und besonders ihrer problematischen kirchenpolitischen Leitung gewidmet, deren Signatur es neu zu sehen lehrt. Und schließlich zeigt es bei allem kritischen Impuls ein ernsthaftes Bemühen um argumentative Gerechtigkeit in der Darlegung komplexer Zusammenhänge und Verwicklungen.

Im Mittelpunkt des Buches steht mit dem Kapitel 4 eine minutiöse Nachzeichnung der Politik der ‚Selbstreinigung' der evangelischen Landeskirche in Thüringen, also dessen, was man in anderen öffentlichen Bereichen der Besatzungszeit ‚Entnazifizierung' nannte. Dieses Thema darf nun insofern ein besonderes Interesse beanspruchen, weil die thüringische eine der am meisten ‚nazifizierten' Landeskirchen, wenn nicht die „braunste" Kirche im Dritten Reich gewesen war. Sowohl die amerikanische als auch die sowjetische Besatzungsmacht hatten der Kirchenführung zugestanden, in ihrem Bereich die Entnazifizierung in kirchlicher Autonomie durchzuführen, um den im öffentlichen Bereich praktizierten unnachsichtigen Schematismus zu vermeiden und der Geistlichkeit eine Selbstprüfung des Einzelfalls und die Anwendung christlicher Milde zu ermöglichen, mithin eine öffentliche Bloßstellung des Klerus zu ersparen. Die Genese des kirchlichen ‚Reinigungsgesetzes' von 1945 und seine schleppende Durchführung durch eine ‚Spruchstelle' beim Eisenacher Landeskirchenrat wird aus dessen Akten in detaillierter Anschaulichkeit samt aller Interessendivergenzen, Tricks und Winkelzüge geschildert. Dabei tritt ein bereits aus anderen Landeskirchen bekannter Grundtrend und eine Thüringer Besonderheit hervor.

Das Allgemeine betrifft den Umstand, dass die Kirche den ihr von den Besatzungsmächten achtungsvoll eingeräumten Sonderstatus dazu benutzte, um eine durchgreifende politische Säuberung von Nationalsozialisten aus ihrem Bereich nach Möglichkeit zu verhindern, ihren spezialisierten Personalbestand in weitgehender Kontinuität zu wahren und, wo immer Entlassungen unumgänglich waren, diese häufig, vielleicht sogar überwiegend, in Rückstufungen, Versetzungen oder andere mildtätige Personalmaßnahmen zu verwandeln. Relativ allgemein ist wohl auch der Umstand, dass die Vertreter der minderheitlichen Fraktion der Bekennenden Kirche (BK), die 1945 das Kirchenregiment übernahmen, die Entnazifizierung, die sich auch auf die ehemaligen NSDAP-Mitglieder und -Funktionäre in ihren eigenen Reihen hätte beziehen sollen, in eine ‚Entdeutschchristlichung' verwandelten. Das heißt, sie organisierten nicht einfach die – verständliche – Brechung des Einflusses der konkurrierenden Mehrheitsfraktion der Deutschen Christen (DC), sondern bezogen auch deren liberale Vorläufer mit ein und taten dies unabhängig von der jeweiligen organisatorischen oder persönlichen Bindung an den Nationalsozialismus, jedenfalls soweit diese der neuen Führung nicht gefügig waren.

Der besondere Thüringer Akzent, nämlich anders als andere Kirchenführer nicht öffentlich gegen die Auswüchse der Entnazifizierung im außerkirchlichen Raum aufzutreten, hängt nun mit der Schwäche der BK-Fraktionsführer in Eisenach zusammen. Einige von ihnen – einschließlich des bald zum Landesbischof ernannten Moritz Mitzenheim – waren früher (wenigstens kurzzeitig) selbst DC gewesen. Sie hatten im Dritten Reich einer DC-Mehrheit innerhalb der Pfarrerschaft und einer besonders nazifizierten DC-Führung gegenübergestanden. Das Heft des Handelns bekamen sie erst in prekären inneren Kompromissbildungen in die Hand und nur durch den Schutz beider Besatzungsmächte, insbesondere des mit dem neuen ‚Metropoliten' besonders rücksichtsvoll umgehenden sowjetischen Kommandanten der Landesmilitärregierung Kolesnitschenko, konnten sie es in der Hand behalten. Wegen dieser inneren Kompromittiertheit schien die Kirche in der Öffentlichkeit auf duckmäuserisches Schweigen reduziert und auf eine ebenso hysterische wie unwahrhaftige Defensive (samt mehr als nur geschönter Statistiken), wenn sie auch nur im Geringsten in den Medien wegen ihrer eigenen Säuberungsmängel angegangen wurde. Als dann im Zuge der Zuspitzung des Kalten Krieges Mitte 1947 die Sowjetisierung begann, allgemein der kirchenfeindliche Wind auffrischte und in Thüringen sogar mit einem Regierungswechsel zugunsten orthodoxer Stalinisten eine besonders verschärfte Form annahm, blieb der Kirchenführung für ihre autoritäre Bestandswahrungspolitik kaum eine andere Wahl als eine vorgeblich ‚unpolitische' Anpassungsstrategie der Konfliktvermeidung. Zieht man die hier angelegte Linie aus, so erscheint das, was dann in der langen Amtszeit Mitzenheims in der DDR als der besondere ‚Thüringer Weg' staatspolitischer Kollaboration notorisch wurde, nicht etwa (politisch gesprochen) linke, sondern rechte Wurzeln gehabt zu haben. Mit anderen Worten: Eine besondere akzentuierte Kompromittiertheit der Kirche im Dritten Reich ist mitverantwortlich für ihre besondere Kompromissbereitschaft unter der SED-Diktatur.

Das ist eine starke These und sie wird noch stärker dadurch, dass der Autor sie mit einer frappierenden Kenntnis archivalisch von Tag zu Tag dokumentierter innerer Abläufe und personeller Details auf der Ebene der Kirchenführung und der politischen Exponenten im Land belegen kann. Die Grenzen seiner Geschichte der Entnazifizierung der Thüringer Kirche liegen also kaum in dieser Hauptargumentationslinie, sondern darin, dass es ihm – sei es aus konzeptionellen oder heuristischen Gründen (die Einsicht in die Unterlagen der Rechtsabteilung des Landeskirchenrats war ihm nicht möglich) – weniger gelingt, die Durchführung des kirchlichen Reinigungsgesetzes sozial- und mentalitätsgeschichtlich zu profilieren. Hier hat er zu dem Ausweg gegriffen, in Exkursen zwei Skandalfälle *en détail* und nicht ohne ironische Lakonie in der Kommentierung auszubreiten. Solche Extreme, zu denen auch die quietistische Abwicklung des antijüdischen Eisenacher Instituts durch die neue Thüringer Kirchenführung gehört, geben zum Teil erschreckende Einblicke in das kirchliche Innenleben. Sie lassen aber den Normalfall des betroffenen DC-Pfarrers oder zurückgestuften Superintendenten und des aus seiner politischen Mitbetroffenheit frei gesprochenen BK-Pfarrers und noch viel mehr denjenigen des von der staatlichen Entnazifizierung betroffenen einfachen Gläubigen weitgehend verschattet. Hier bleibt für die Zukunft eine Aufgabe für eine über die kritische politische Chronistik hinausgehende Sozial- und Kulturgeschichte, um die biographischen und Verfahrenstypen an empirischen Samples herauszuarbeiten.

Dennoch wird die im Hauptstück über die Entnazifizierung angelegte und von mir oben zusammengefasste These von der fortzeugenden politischen Erbsünde des Thüringer Klerus dadurch überzeugend, dass Thomas Seidel dieses zentrale Kapitel in einen anfangs weit ausholenden und gegen Ende immer knapper auf die Folgen konzentrierten Rahmen der kirchlichen Zeitgeschichte Thüringens vom Ersten Weltkrieg bis in die DDR hinein eingespannt hat.

Im zweiten Kapitel wird die Zwischenkriegszeit, als sich diese Kirche in Thüringen zum ersten Mal aus Miniatursprengeln zu einer größeren Landeskirche zusammenfand, skizziert. Es entwickelt argumentativ überzeugend die überwältigende – und gerade durch die Mitführung kontrastiver Minderheiten anschaulich hervortretende – Neigung des evangelischen Pfarrerstandes zu Militarismus, Nationalismus und dann auch zum Nationalsozialismus. In dieser Vielzahl exemplarischer Zitate finden sich Belege aus DC-Quellen, die selbst einem ergrauten Zeithistoriker, der aus der Geschichte des 20. Jahrhunderts allerhand gewohnt ist, noch die Schuhe ausziehen: etwa von jenem Pfarrer, der sich beim Beginn des Zweiten Weltkrieges in einem ‚Kameradenrundbrief' fragt, ob er je den Talar getragen und die Knobelbecher ausgezogen habe, und versichert, wenn er schon Talar getragen habe, habe darunter immer das Schwert hervorgeblitzt, usw. usf..

Im dritten Kapitel sind es – neben der ausführlichen Erinnerung an die in der DDR verdrängte Periode der amerikanischen Besatzung und kurzen thematischen Einzeluntersuchungen zu den Themen ‚Politikverständnis der Pfarrer', ‚Bodenreform und Sequester' und dem Beginn der ‚kommunistischen Erziehungsdiktatur' – vor allem die Abschnitte über den ‚Machtwechsel auf dem Eisenacher Pflugensberg' und über ‚Mitzenheim und Kolesnitschenko', welche die Scharnierstellen der Argumentation in historisch gefüllter Anschaulichkeit ausmachen. Im ersten Fall ist die Peinlichkeit kaum erträglich, mit der eine geistlich ‚total' abgeirrte und politisch abgewirtschaftete Kirchenführung militarisierter ‚Deutscher Christen' ihre Pfründe verteidigt und schließlich von einer neuen, aber unterrepräsentativen ‚Bekennenden Kirche' abgelöst wird, die selbst (wenn auch deutlich weniger!) kompromittiert ist und nun nichts mehr fürchten muss als eine Wahl. Diese peinlichen Kompromissbildungen vermitteln einem wie in einer Nußschale eine Vorstellung davon, wie ein innerdeutscher Macht-Übergang z.B. nach einem erfolgreichen Putsch konservativer Widerstandseliten ausgesehen haben könnte. In diesem Abschnitt erleben wir in einprägsamen Szenen mit, wie die Referenz, die der schwach legitimierte kirchliche Repräsentant überraschenderweise vom russischen Generaladministrator (jedenfalls vor dem Kalten Krieg) erfährt, in Mitzenheim den ‚Metropoliten', den ‚evangelischen Landesherrn' wachsen lässt – die byzantinische Attrappe geistlicher Autonomie von sowjetischen Gnaden.

Im fünften Kapitel schließlich werden nun nach dem Trauerspiel der Selbstreinigung, die den Eigenraum der Kirche noch da verteidigen konnte, wo Prüfung und Öffnung – oder in der Sprache des geistlichen Autors: ‚Beichte und Buße' – angesagt gewesen wären, vollends in gedrängten Schritten die Wegmarken der schein-erneuerten Kirche durch den

verschärften Kirchenkampf der Sowjetisierung bis zur autoritären Verfassung der ,Kirche im Sozialismus' abgeschritten.
Am Ende fasst der Autor seine Ergebnisse knapp zusammen, bezeichnet präzis die Felder, die er künftiger Forschung überlassen muss und versucht Mitzenheims Profil einer diplomatischen Variante lutherischen Fundamentalismus', der unter totalitären Herrschaftsbedingungen nur eine Rückzugsposition unpolitischer Bestandswahrung erwirken konnte, gerecht zu werden. Hier entwirft der Autor auch seine ekklesiologische Gegenposition eines lutherischen Liberalismus, der am Ende der Diktaturen mehr überzeugt als an ihren Anfängen und stellt Fragen, die wohl die Zusatzbedingungen eines solchen perspektivischen Liberalismus betreffen müssen. Diese Fragen möchte ich den Theologen überlassen und zu meinem historischen Leisten zurückkehren.
Historisch liegt hier eine bedeutsame Forschungs- und Interpretationsleistung in zwei Schichten vor. Um die ,Selbstreinigung' der Thüringer Landeskirche nach ihrer nationalsozialistischen Abirrung zu klären, hat sich Thomas Seidel durch umfangreiche Bestände von neun Archiven und ein Corpus gedruckter Quellen und Materialien gearbeitet und eine kirchenpolitische Geschichte einer symptomatischen Übergangszeit geschrieben. Darüber hinaus hat er ihr Dutzende von Kurzbiografien (,Biogramme') der handelnden Personen beigegeben, die den Leser instand setzen, den handelnden Personen seiner Erzählung auf der Spur zu bleiben. Diese *case-study* politischer Kirchengeschichte ist zugleich hochinformativ und paradigmatisch, wenn sie auch Fragen zu den durchschnittlichen Erfahrungen des Klerus und noch mehr zu denen der Gläubigen, deren Alltag außerhalb des Schutzraums der Kirche stattfand, eher eröffnet als beantwortet. Aber auf der Ebene der Kirchenführung bietet sie eine dichte Beschreibung, die ihresgleichen sucht und die den Autor zu einer provokanten These über die Rückverweise der Angleichung in der zweiten deutschen Diktatur auf die gesellschaftlichen Erbschaften der ersten geführt hat.
Diese These hat er verstanden, in einem ausgreifenden Argumentationsgang durch die erste Hälfte des zwanzigsten Jahrhunderts, der für die 40er Jahre dicht und unausweichlich dokumentiert ist, glaubhaft zu machen. Über seinen engeren kirchlichen und regionalen Gegenstand hinaus hat er damit eine sehr bedenkenswerte Anregung für die allgemeinere Diskussion über die doppelte Diktaturerfahrung in Ostdeutschland präzisiert und anschaulich werden lassen. Insofern erscheint mir dieses Buch nicht nur als eine kritische und mitunter peinliche Erinnerung an eine kritische Phase in unserer Region, sondern auch darüber hinaus als Beitrag zu einem weitergehenden Verständnis. Es beantwortet alte Fragen und wirft neue auf – was könnte man mehr von einer zeitgeschichtlichen Untersuchung erwarten?

Jena, im April 2003

Lutz Niethammer

Vorbemerkung des Verfassers

Die vorliegende Untersuchung zur kirchlichen Neuordnung in Thüringen wurde am 5. Juli 2002 von der Theologischen Fakultät der Universität Leipzig als Dissertation unter dem Titel *Kirchliche Neuordnung in Thüringen: Studien zu einer mitteldeutschen Landeskirche im Übergang der Diktaturen 1945 bis 1951* angenommen. Für die Drucklegung wurde sie gekürzt und an einigen Stellen leicht überarbeitet.

Mein besonderer Dank gilt all denen, die mich unterstützt haben: den genannten und den zahlreichen ungenannten Gesprächspartnern, Kollegen, Freundinnen und Freunden! Pfarrer Dietmar Wiegand (Altenburg) hat mir – nicht nur – bei der Erarbeitung der Biogramme geholfen; für vielfältige redaktionelle Hilfsarbeiten bin ich der Akademiemitarbeiterin Antje Hohlstein (Ingersleben) und für ein präzises Lektorat Monika Ebersbach (Leipzig) zu Dank verpflichtet. Ich danke meinem langjährigen Lehrer, Ratgeber und Freund Prof. Dr. Ernst Koch (Leipzig), der – neben Prof. Dr. Günter Wartenberg (Leipzig) und Prof. Dr. Lutz Niethammer – die Arbeit auch begutachtet hat. Die Bereitschaft Lutz Niethammers, ein Vorwort beizusteuern, hat mich sehr gefreut. Dankbare Erinnerungen an viele anregende und ermutigende Gespräche verbinden mich mit meinem Mentor Prof. Dr. Dr. Kurt Nowak (Leipzig), der am 31. Dezember 2001 leider viel zu früh verstarb. Prof. Dr. Jochen-Christoph Kaiser (Marburg) hat, unterstützt von seinem Wissenschaftlichen Mitarbeiter Henner Stieghorst und studentischen Hilfskräften, dankenswerterweise die Drucklegung vorbereitet sowie kritisch und freundlich begleitet, zu deren finanzieller Absicherung ein anteiliger Druckkostenzuschuss der „Stiftung zur Aufarbeitung der DDR-Diktatur“ (Berlin) wesentlich beigetragen hat.

Neudietendorf, im April 2003

Thomas A. Seidel

1 Einleitung

1.1 Zur Erforschung der Kirchengeschichte Thüringens nach 1945

Mit der an den revolutionären Herbst 1989 anschließenden, unerwarteten und merkwürdig raschen Implosion des „real existierenden Sozialismus" in der DDR wie im gesamten vormaligen Ostblock ist nicht das „Ende der Geschichte"[1] ausgerufen, wohl aber ein gewichtiger und folgenreicher politischer und historischer Einschnitt benannt: „Die Ordnung der Nachkriegszeit, die den Antagonismus konkurrierender Systeme als festes Fundament hatte, besteht nicht mehr."[2]

Verlauf und Charakter dieses die Epoche prägenden Systemkonfliktes wurden nach dem Zweiten Weltkrieg im Wesentlichen von den Supermächten USA und Sowjetunion bestimmt. Seine bipolare Statik hatte jedoch bereits seit dem Ersten Weltkrieg und der sogenannten Großen Sozialistischen Oktoberrevolution 1914/17 die gesellschaftspolitischen Auseinandersetzungen in Europa in ganz erheblichem Maße beeinflusst und geprägt.[3] Der bald nach dem Ende des Zweiten Weltkrieges einsetzende Kalte Krieg war Teil jener länder- und parteiübergreifenden Auseinandersetzung.[4] Diese stand im Interesse und blieb als ein zeithistorischer Prozess selbst nicht ohne Folgen für die den soziopolitischen Ereignissen nachgehende Geschichtsforschung.

Während die wissenschaftliche Erkundung der Nachkriegszeit im Westen Deutschlands lange Zeit im Schatten der historischen Aufarbeitung der Jahre von 1914/18 bis 1945 stand, wurde die Geschichtswissenschaft in der DDR ziemlich bald in das enge Korsett eines (vulgär-)marxistisch-ideologischen Interpretationsrahmens zum Zwecke der SED-Herrschafts-Legitimation gezwängt. Das Ende des Ost-West-Gegensatzes seit 1990 bezeichnet nun den Anfang einer erneuten Veränderung und Dynamisierung der gesellschaftlichen Kräfteverhältnisse – und somit wiederum ihrer politischen, kulturellen und wissenschaftlichen Institutionen. Im Blick auf dieses Feld gehen wir davon aus, dass deutsche Nachkriegsgeschichte in Zukunft weder als „[...] Nationalgeschichte im Zeitalter der Teilung, aber auch nicht ohne weiteres [als] eine getrennte Geschichte zweier Staaten und Gesellschaften einer Nation geschrieben werden kann."[5]

---

1 So, etwas irreführend und darum häufig grob missverstanden, der geschichtspolitische Text von Francis Fukuyama, *Das Ende der Geschichte. Wo stehen wir?*, München 1992.

2 Anselm Doering-Manteuffel, „Deutsche Zeitgeschichte nach 1945: Entwicklung und Problemlagen der historischen Forschung zur Nachkriegszeit", in: *VfZ* 41. 1993, 1f.

3 Hans Maier u.a. beschreibt den Ersten Weltkrieg als die entscheidende „Epochenschwelle" des 20. Jahrhunderts. Hans Maier (Hg.), *Wege in die Gewalt. Die modernen politischen Religionen*, Frankfurt/Main 2000.

4 Einen sehr instruktiven Überblick bietet Wilfried Loth, „Deutschland im Kalten Krieg: Strategien und Entscheidungen", in: *PZ* 39-40. 1999, 3-11. Dort ist auch die einschlägige Literatur zu diesem Thema zu finden.

5 Christoph Kleßmann, „Verflechtung und Abgrenzung. Aspekte der geteilten und zusammengehörigen deutschen Nachkriegsgeschichte", *PZ* 29-30. 1993, 30-41.

Insgesamt bedarf das, was in den Jahren der Trennung zur deutschen Kriegs- und Nachkriegsgeschichte herausgearbeitet wurde, einer gründlichen Revision, die jene wechselseitigen, unter dem Einfluss des Kalten Krieges entstandenen Blickverengungen und interpretatorischen Einseitigkeiten offenlegt und überwindet.[6] Die Voraussetzungen dafür sind günstig. Schon seit Mitte der achtziger Jahre hat der verbesserte Zugang zu den Archiven eine Reihe von Forschungen zu den Langzeitstrukturen der Industriegesellschaft angeregt.[7] Mit dem Zugang zu den DDR-Archiven wurde diese Tendenz noch ganz erheblich verstärkt, so dass wir von der DDR-Geschichtsforschung als einem hochkonjunkturellen Wachstumssektor sprechen können.[8]

Unterschiedliche Forschungseinrichtungen und -initiativen, Forscherinnen und Forscher treffen sich heute in der gemeinsamen Suche nach einer plausiblen Erklärung für die langjährige Dauer und das plötzliche Ende des SED-Staates. Weitgehende Übereinstimmung scheint in der These zu bestehen, dass das von Sigrid Meuschel benannte „Paradox von Stabilität und Revolution" weder aus der Reduktion der DDR auf den Status eines völlig abhängigen Vasallenstaates der Sowjetunion erklärt werden kann noch durch einen diktaturtheoretischen Ansatz, der die Differenz zwischen Kontrolle und Konsens, zwischen „Selbstbehauptung und Anpassung",[9] zwischen dem totalen Machtanspruch und der empirisch zu untersuchenden Alltagswirklichkeit einer „Fürsorgediktatur" (Konrad H. Jarausch)[10] ausblendet.

Insgesamt lässt sich allerdings feststellen, dass trotz des enormen Interesses, dessen sich die deutsche Zeitgeschichtsforschung allgemein und die DDR-Zeithistorie im besonderen seit 1989/90 erfreuen, einige Desiderate auszumachen sind.

---

6 Ders., „Kalter Krieg, deutsche Frage und Umgang mit der Vergangenheit", in: *Der Einäugige Blick: vom Mißbrauch der Geschichte im Nachkriegsdeutschland*, hg.v. Thomas A. Seidel i.A. des Kuratoriums Schloß Ettersburg, Weimar 1993, 19-28.

7 Interesseleitend war vor allem die „Suche nach der Erfahrung des Volkes in nachfaschistischen Ländern": Lutz Niethammer/Alexander von Plato (Hgg.), *Lebensgeschichte und Sozialkultur im Ruhrgebiet 1930–1960*, 3 Bde., Berlin – Bonn 1985. Für den Kontext der SBZ/DDR-Forschung bedeutsam ist u.a. der Band von Lutz Niethammer/Alexander von Plato/Dorothee Wierling (Hgg.), *Die volkseigene Erfahrung:eine Archäologie des Lebens in der Industrieprovinz der DDR. 30 biographische Eröffnungen*, Berlin 1991.

8 Die 1998 durch den Bundestag errichtete „Stiftung zur Aufarbeitung der SED-Diktatur" bemüht sich um einen stets aktuellen Überblick über dieses unübersichtliche zeitgeschichtliche Forschungsgelände. – Vgl. Ulrich Mählert, *Vademecum DDR-Forschung. Ein Leitfaden zu Archiven, Forschungseinrichtungen, Bibliotheken, Einrichtungen der politischen Bildung, Vereinen, Museen und Gedenkstätten*, 2. erweiterte Aufl., Opladen 1999. – Der Umbruch von 1989/90 hat auch die universitäre und außeruniversitäre Landschaft der sozialwissenschaftlichen DDR-Forschung gehörig umgekrempelt. Neben der ‚Abwicklung' von DDR-Forschungsinstitutionen waren auch renommierte westdeutsche Forschungseinrichtungen von der Auflösung betroffen. Sie räumten den Platz „[...] für eine Welle von Neugründungen und Umwidmungen, die das zeitgeschichtliche Forschungsterrain zu einem vielgestaltigen, aber unübersichtlichen Gelände umgeformt haben." Zit. n.: Christoph Kleßmann, „Zeitgeschichte in Deutschland nach 1989", in: *PZ* 39. 1996, 6.

9 Ulrike Poppe/Rainer Eckert/Ilko-Sascha Kowalczuk (Hgg.), *Zwischen Selbstbehauptung und Anpassung: Formen des Widerstandes und der Opposition in der DDR*, Berlin 1995; Erhart Neubert, *Geschichte der Opposition in der DDR 1949–1989*, Berlin 1997.

10 Konrad H. Jarausch, „Realer Sozialismus als Fürsorgediktatur: zur begrifflichen Einordnung der DDR", in: *PZ* 20. 1998, 33-46.

Dazu gehört bspw. das Defizit an solider sozialhistorischer Forschung.[11] Die bisweilen übliche strikte Trennung von politischer und Sozialgeschichte erscheint künstlich und ist angesichts der besonderen Bedingungen einer vielfach „durchherrschten Gesellschaft" (Jürgen Kocka) zudem völlig unsachgemäß.[12] Weiterhin sei der bislang nur unzureichend oder zu stark politisierend vorgenommene Diktaturvergleich genannt.[13] Mit Christoph Kleßmann gehen wir davon aus, dass „[sich] politik- und sozialhistorische Themen konzeptionell sinnvoll in einem Interpretationsrahmen miteinander verbinden [lassen], der mit dem Diktaturbegriff als Schlüsselkategorie arbeitet."[14]
Dabei ist zu beachten, dass die beschreibende Analyse von Herrschaft als politischem Anspruch, gewissermaßen der ‚Blick von oben', durch die sorgfältige Untersuchung von Herrschaft als sozialer Praxis, den ‚Blick von unten' ergänzt und erweitert werden muss. Hierzu sind in jüngster Zeit einige wichtige themen-, territorial- oder phasenbezogene Einzelstudien erarbeitet worden.[15] Dennoch ist vor allem in diesem Bereich der Forschungsbedarf noch immer immens, und zwar gemessen nach Inhalt und Form: „Methodisch gilt: Allzu viele Themenfelder in der DDR-Geschichte und -Kirchengeschichte sind noch unbearbeitet. Historische Urteile müssen sich deshalb besonders sorgfältig des [...] Zusammenhangs von Wissenschaft, Moral und Politik vergewissern."[16]
Im Prozess dieser kontextuellen Urteilsfindung verdient die Frage des gemeinsamen wie bipolaren geschichtspolitischen Rekurses auf die NS-Vergangenheit und – in diesem Zusammenhang – die Instrumentalisierung und Wirkungsgeschichte des Antifaschismus-Begriffs besondere Aufmerksamkeit.[17] Die Vielfalt und Komplexität eines ‚Lebens in der

---

11 Detlef Pollack, „Zum Stand der DDR-Forschung", in: *Politische Vierteljahresschrift* 34. 1993, 1-15; Günter Braun, „Die Geschichte der Sowjetischen Besatzungszone im Spiegel der Forschung. Eine Bestandsaufnahme der neueren Literatur (Teil 1)", in: *JfHKF* 1995, 275-305. – Eine interessante und erfreuliche Ausnahme bildet der Sammelband: Hartmut Kaelbe/Jürgen Kocka/Hartmut Zwahr (Hgg.), *Sozialgeschichte der DDR*, Stuttgart 1994.

12 Christoph Kleßmann/Martin Sabrow, „Zeitgeschichte in Deutschland nach 1989", in: *PZ* 39. 1996, 10.

13 Martin Onnasch, „Waren die Existenzbedingungen in beiden Diktaturen vergleichbar? Die Evangelische Kirche im Mansfelder Land", in: Günther Heydemann/Lothar Kettenacker (Hgg.), *Kirchen in der Diktatur*, Göttingen 1993, 345-363; Lothar Kühnhard (Hg.), *Die doppelte Diktaturerfahrung: Drittes Reich und DDR. Ein historisch-wissenschaftlicher Vergleich*, Frankfurt/Main 1994.

14 Kleßmann/Sabrow, *Zeitgeschichte*, 11. – Auch Jürgen Kocka betont die sozialhistorische Bedeutsamkeit des Diktaturvergleichs, da er „die Aufmerksamkeit auf die politischen Konstitutionsbedingungen der DDR-Gesellschaft, auf die staatlich-staatsparteiliche Lenkung und Kontrolle sozialer Prozesse durch Partei und Staat, auf die Durchherrschung der Gesellschaft sowie auf die Folgen *und* Grenzen dieses Prozesses [lenkt]." Jürgen Kocka, „Ein deutscher Sonderweg. Überlegungen zur Sozialgeschichte der DDR", in: *PZ* 40. 1994, 40; Dietrich Beyrau, *Schlachtfeld der Diktaturen. Osteuropa im Schatten von Hitler und Stalin*, Göttingen 2000.

15 Vgl. Karl-Heinz Füssl, *Die Umerziehung der Deutschen. Jugend und Schule unter den Siegermächten des Zweiten Weltkriegs 1945–1955*, Paderborn 1994; Adam Weyer/Stephan Wippermann/Monika Lins (Hgg.), *„Ordentlich und fleißig arbeiten!" Die evangelischen Kirchen und die Arbeitswelt der SBZ/DDR*, Duisburg 1994; Dierk Hoffmann, *Sozialpolitische Neuordnung in der SBZ/DDR: der Umbau der Sozialversicherung 1945–1956*, München 1996.

16 Kurt Nowak, „Zum historischen Ort der Kirchen in der DDR", in: Clemens Vollnhals (Hg.), *Die Kirchenpolitik von SED und Staatssicherheit: eine Zwischenbilanz*, Berlin 1996, 28. – Vgl. auch Joachim Mehlhausen/Leonore Siegele-Wenschkewitz (Hgg.), *Zwei Staaten – zwei Kirchen? Evangelische Kirche im geteilten Deutschland*, Leipzig 2000; Kurt Nowak/Leonore Siegele-Wenschkewitz (Hgg.), *Zehn Jahre danach: die Verantwortung von Theologie und Kirche in der Gesellschaft*, Leipzig 2000; Claudia Lepp/Kurt Nowak (Hgg.), *Evangelische Kirchen im geteilten Deutschland (1945–1989/90)*, Göttingen 2001 (dort jeweils auch weiterführende Literatur).

17 Dazu: Jeffrey Herf, der in seinem Buch: *Zweierlei Erinnerung. Die NS-Vergangenheit im geteilten Deutschland*, Berlin 1998, allerdings (geschichtspolitisch) einigermaßen einseitig die symbolpolitische Erinnerung der Gründungsväter und -mütter der ‚alten' Bundesrepublik einem seiner Ansicht nach

Diktatur' könnte somit sowohl aus der Binnen- wie aus der Außenperspektive erschlossen werden.

Einschränkend muss zu den bereits publizierten Forschungsergebnissen zur SBZ/DDR-Gesellschaft im Übergang der Diktaturen allerdings angemerkt werden, dass nicht wenige von ihnen signifikante Defizite aufweisen, die sich nachteilig auf die Plausibilität und auf die historische Tiefenschärfe der jeweils dargestellten Gegenstände und Problemfelder auswirken. So leiden auch jüngste themen- und regionalbezogene historische Forschungen zur ersten Phase der SED-Herrschaftsgeschichte – trotz beeindruckender Materialfülle, beispielhafter Systematisierung und Darstellung – unter der ‚alten Krankheit', dass sie die gesellschaftliche und politische Rolle und Wirkung der Kirchen nahezu völlig ignorieren.[18] *Pars pro toto* seien hier der – mit dem Verdienstkreuz 1. Klasse und auch sonst – ausgezeichnete Band von Norman M. Naimark, *Die Russen in Deutschland*[19] und die Regionalstudie von Damian van Melis, *Entnazifizierung in Mecklenburg-Vorpommern*[20] genannt: Naimark, der sich in seinem opulenten Werk sehr stark auf sowjetisches Archivmaterial stützt, eröffnet viele interessante und aufschlussreiche Einblicke, streift allerdings die Kirchen in den einzelnen Besatzungszonen nur gelegentlich. So erhält beispielsweise die Frage nach dem – häufig spannungsreichen – Verhältnis zwischen sowjetischen Politik-Vorgaben und SED-Interessen viele quellengestützte Antworten. Die von ihm gestellte Frage: „Bis zu welchem Grad spielte die deutsche Bevölkerung selbst eine Rolle bei der Land- und Schulreform, bei der Enteignung der Industrie und bei der Entnazifizierung?" kann allerdings keine schlüssigen Antworten finden, wenn ein Teil dieser Bevölkerung – die Christen – und die gesellschaftlichen Institutionen, die Akteure und Reakteure inmitten dieses gewaltigen Veränderungsprozesses waren – die Kirchen – nicht untersucht werden.[21]

Auch van Melis, der in seiner gründlich gearbeiteten Regionalstudie zur Entnazifizierung in Mecklenburg-Vorpommern vor allem die machtpolitische Instrumentalisierung des Faschismusvorwurfes bzw. der Antifaschismusdoktrin und die rasche Übernahme politischer Herrschaft durch eine relativ kleine Gruppe von Kommunisten beschreibt, geht auf mögliche Korrelationen und Konflikte zwischen dem totalen Anspruch der „antifaschistisch-demokratischen Umwälzung" der ganzen Gesellschaft und dem Tota-

durchgängig oktroyierten und lebensweltlich bedeutungslosen ‚Antifaschismus-Kult' der SED-Diktatur gegenüber stellt. – Vgl. außerdem: Ulrich Herbert/Olaf Groehler, *Zweierlei Vergangenheit. Vier Beiträge über den Umgang mit der NS-Vergangenheit in den beiden deutschen Staaten*, Hamburg 1992; Lutz Niethammer, *Der ‚gesäuberte' Antifaschismus. Die SED und die roten Kapos von Buchenwald. Dokumente*, Berlin 1994; Herfried Münkler, „Antifaschismus und antifaschistischer Widerstand als politischer Gründungsmythos der DDR", *PZ* 45. 1998, 16-29.

18 Vgl. dazu die harsche Kritik von Armin Boyens zur „vernachlässigten Darstellung der Kirchenpolitik der USA" in der Geschichtswissenschaft der Bundesrepublik. Ders. „Die Kirchenpolitik der amerikanischen Besatzungsmacht in Deutschland von 1944 bis 1946", in: Armin Boyens/Martin Greschat/Rudolf von Thadden/Paolo Pombeni (Hgg.), *Kirchen in der Nachkriegszeit: Vier zeitgeschichtliche Beiträge*, Göttingen 1979, 7-57, 58-99 (dazugehörige Dokumente).

19 Norman M. Naimark, *Die Russen in Deutschland. Die sowjetische Besatzungszone 1945 bis 1949*, Berlin 1997.

20 Damian van Melis, *Entnazifizierung in Mecklenburg-Vorpommern. Herrschaft und Verwaltung*, Oldenburg 1999.

21 Obwohl Naimark das Handeln der leitenden SMAD-Offiziere aus den sowjetischen Quellen eindrucksvoll darstellt – in besonderer Weise auch das von Gardegeneralmajor Kolesnitschenko – taucht im Personenregister kein einziger Name eines der ostzonalen Bischöfe oder eines anderen Kirchenmannes auf, deren Interventionen in Fragen „Land- und Schulreform, bei der Enteignung etc." vielfach belegt sind. Welche Rolle ‚ideologische Aussparungen' in den jeweiligen SMA-Texten oder mangelhaftes Forschungsdesign für dieses Desiderat spielen, mag dahingestellt bleiben.

litäts-sperrigen oder -anfälligen Gestaltungsswillen der Kirche nicht ein.[22] Davon, dass die Kirchen den atheistischen und antibürgerlichen Elitenwechsel wort- und widerstandslos hingenommen haben, kann selbst in diesem (auch kirchen-)strukturschwachen Land nicht ausgegangen werden. Die These, dass es „[...] in Mecklenburg auch keine einflußreichen ‚unpolitischen' Organisationen [gab], die eine entscheidende Rolle in der Landespolitik hätten übernehmen können", resultiert daraus, dass der Autor mit seiner Fokussierung auf politische und verwaltungsmäßige Herrschaftsgeschichte die Frage nach soziohistorischen Phänomenen von Kontrolle, Konflikt oder Kompromiss kaum gestellt – und damit auch nicht beantwortet hat.[23]

Hilfreich und einem vorschnellen politischen (Vor-)Urteil entgegenwirkend ist es allemal, wenn die Geschichte der SBZ/DDR nicht allein von ihrem Ende her betrachtet und bewertet wird, sondern wenn die gesellschaftlichen Spielräume der Frühphase der DDR genauer unter die Lupe historischer Feldstudien genommen werden. Dabei sollte vor allem der Zusammenhang zwischen den politischen und soziostrukturellen Transformationsprozessen in der SBZ, einer totalitären Stalinisierung im Ostblock und dem o.g. Systemkonflikt der Großmächte als Voraussetzung eines stalinistischen Gesellschaftstyps – mithin, die Entwicklungsvoraussetzungen der zweiten deutschen Diktatur untersucht werden.[24]

In summa: Zur Entnazifizierung im gesamten Nachkriegsdeutschland wie zur besonderen Rolle der Entnazifizierung in der SBZ/DDR als Vorbedingung und machtpolitischem Instrument zur „Entdifferenzierung der Gesellschaft" (Sigrid Meuschel) liegen einige wichtige Arbeiten bereits vor, wenngleich auch dieses Forschungsfeld noch erhebliche Lücken aufweist.[25] Die vorliegende Arbeit unternimmt den Versuch, für den Sektor der Kirchengeschichte an der Schließung dieser Lücken mitzuwirken.[26]

Die Wege, die die kirchliche Zeitgeschichtsforschung nach 1945 beschritten hat, sind – trotz gewisser Unterscheidungsmerkmale – in groben Zügen ihres Verlaufes denen der allgemeinen Zeitgeschichte nicht unähnlich.[27] Hier wie dort überlagerte zunächst die Er-

---

22 Ähnliches kann auch gesagt werden für Helga A. Welsh, *Revolutionärer Wandel auf Befehl? Entnazifizierungs- und Personalpolitik in Thüringen und Sachsen 1945–1948*, München 1989, und die kleine Studie von Manfred Wille, *Entnazifizierung in der Sowjetischen Besatzungszone 1945–1948*, Magdeburg 1993.

23 Melis, *Entnazifizierung in Mecklenburg-Vorpommern*, 333.

24 Konrad H. Jarausch, „Die DDR denken. Narrative Strukturen und analytische Strategien", in: *Berliner Debatte Initial* 6. 1995, 4/5, 9-16.

25 Lutz Niethammer, *Die Mitläuferfabrik. Die Entnazifizierung am Beispiel Bayerns*, Bonn 1982. Wolfgang Meinicke, „Die Entnazifizierung in der SBZ", in: *ZfG* 32. 1984, 968-979; Welsh, *Revolutionärer Wandel*; Clemens Vollnhals (Hg.), *Entnazifizierung: politische Säuberung und Rehabilitierung in den vier Besatzungszonen 1945–1949*, München 1991; Rainer Eckert/Alexander von Plato/Jörn Schütrumpf (Hgg.), *Wendezeiten – Zeitenwende: zur „Entnazifizierung" und „Entstalinisierung"*, Hamburg 1991; Wille, *Entnazifizierung in der SBZ*; Ruth-Kristin Rößler, *Die Entnazifizierungspolitik der KPD/SED 1945–1948*, Goldbach 1994.

26 Hinsichtlich des Problems zu großer zeitlicher Nähe zum Forschungsgegenstand siehe: Kurt Nowak, „Die Evangelische Kirche in der DDR als Aufgabe der kirchlichen Zeitgeschichtsschreibung", in: Trutz Rendtorff (Hg.), *Protestantische Revolution? Kirchen und Theologie in der DDR: ekklesiologische Voraussetzungen, politischer Kontext, theologische und historische Kriterien*, Göttingen 1993, 212.

27 Carsten Nicolaisen, „Zwischen Theologie und Geschichte. Zur ‚kirchlichen Zeitgeschichte' heute", in: *Der Evangelische Erzieher* 42. 1990, 412-436. – Dass kirchliche Zeitgeschichte gewissermaßen als ein Appendix der systematischen Theologie begriffen werden sollte, weil sie „[...] ihren Gegenstand erst darin [findet], dass sie nicht allein auf das blickt, was von Menschen zu sagen ist, sondern auch auf die ‚andere' Geschichte, auf die Geschichte, wie sie von Gottes Zukunft her bestimmt ist [...]", scheint für eine historisch-kritische Forschung nicht sonderlich hilfreich zu sein. So bei: Gerhard Besier/Hans Günter Ulrich, „Von der Aufgabe kirchlicher Zeitgeschichte – ein diskursiver Vergleich", in: *EvTh* 51. 1991, 169-182.

forschung der NS-Zeit – vor allem als Chronik des Kirchenkampfes – das Interesse an der Bearbeitung der Zeit vor 1933 wie auch der Zeit nach 1945.[28] Das Gros der entstandenen Arbeiten ist jedoch – nicht nur aufgrund der bearbeiteten Themen, sondern auch wegen seiner kircheninstitutionellen wie theologie- und ideengeschichtlichen Ausrichtung – als kirchliche „Hausgeschichtsschreibung im Stile des 19. Jahrhunderts“ relativ zutreffend bezeichnet. „Die Kirchenkampfgeschichtsschreibung nach 1945 hat mit ‚Kirchenkampf-Legenden‘ begonnen, an denen spätere historisch-kritische Forschung sich abzuarbeiten hatte.“[29]
Eine inhaltlich und methodisch interdisziplinäre Neuakzentuierung, die beispielsweise Kirche und Protestantismus in der Zeit der Weimarer Republik nicht lediglich als gesellschaftliche Faktoren der Vorgeschichte des Dritten Reiches apostrophiert und die auch die Zeit nach 1945 mit in den Blick nimmt, ist – sowohl in Ost- als auch in Westdeutschland – im Wesentlichen erst seit der Mitte der siebziger Jahre deutlicher erkennbar.[30]
Hilfreich für die weitere Erforschung der Frühgeschichte der ostdeutschen Landeskirchen und in diesem Kontext auch Thüringens sind die materialreichen Arbeiten von J. Jürgen Seidel und Horst Dähn.[31] Eine kleinere Anzahl von Arbeiten ostdeutscher Kirchenhistoriker verdient an dieser Stelle ebenfalls nachhaltige Beachtung.[32] Rainer Lächele,

---

[28] Clemens Vollnhals, „Kirchliche Zeitgeschichte nach 1945. Schwerpunkte, Tendenzen, Defizite“, in: Jochen-Christoph Kaiser/Anselm Doering-Manteuffel (Hgg.), *Christentum und politische Verantwortung. Kirchen im Nachkriegsdeutschland*, Stuttgart – Berlin – Köln 1990, 176f. – Vgl. auch Lepp/Nowak, *Evangelische Kirchen im geteilten Deutschland.* Dort auch weitere Literatur zum Stand der Forschung.

[29] Leonore Siegele-Wenschkewitz, „Probleme Kirchlicher Zeitgeschichtsforschung“, in: Leonore Siegele-Wenschkewitz (Hg.), *Die evangelischen Kirchen und der SED-Staat – ein Thema kirchlicher Zeitgeschichte*, Frankfurt/Main 1993, 146. – Anerkennend muss vermerkt werden, dass die „Kirchenkampfkommission“ bis zu ihrer sich im Zuge des Generationswechsels im Vorstand vollziehenden Umbenennung und Umprofilierung 45 Bände in ihrer Schriftenreihe *Arbeiten zur Geschichte des Kirchenkampfes* vorgelegt hat. Und dies bei einer finanziellen Ausstattung, die im Vergleich zu dem durch Bund und Länder getragenen Institut für Zeitgeschichte nur ‚bescheiden‘ genannt werden kann. – Ähnlich auch: Vollnhals, „Kirchliche Zeitgeschichte“, 176.

[30] Jochen Jacke, *Kirche zwischen Monarchie und Republik. Der preußische Protestantismus nach dem Zusammenbruch von 1918*, Hamburg 1976; Kurt Nowak, *Evangelische Kirche und Weimarer Republik. Zum politischen Weg des deutschen Protestantismus zwischen 1918 und 1932*, Weimar – Göttingen 1981 (2. Aufl.1988). Im Blick auf die Nachkriegszeit vgl. u.a.: Valentin Conzemius/Martin Greschat/Heinrich Kocher (Hgg.), *Die Zeit nach 1945 als Thema kirchlicher Zeitgeschichte. Referate der Internationalen Tagung in Hünigen/Bern 1985*, Göttingen 1988; Günther Wartenberg, *Evangelische Kirche nach 1945 in der SBZ/DDR*, Leipzig 1996.

[31] J. Jürgen Seidel, *‚Neubeginn‘ in der Kirche? Die evangelischen Landes- und Provinzialkirchen in der SBZ/DDR im gesellschaftlichen Kontext der Nachkriegszeit (1945–1953)*, Göttingen 1989. Der Vf. hat in diesem Band seine Studien zur Frühgeschichte der ostdeutschen Landeskirchen nach 1945 zusammengefasst und ausgebaut. Veröffentlicht in: *KiS* 9. 1982, H. 2, 39-47 (Thüringer evangelische Kirche); *KiS* 10. 1984, H. 2, 31-37, und H. 3, 35-46 (Evangelisch-Lutherische Landeskirche Sachsens); *KiS* 11. 1985, H. 4, 168-173, H. 5, 214-220, und H. 6, 258-262 (Evangelisch-Lutherische Landeskirche Mecklenburg); Ders. „Grundzüge staatlicher Kirchenpolitik in der SBZ 1945 bis 1949“, in: Wissenschaftliches Bildungswerk Berlin (Hg.), *Staatliche Kirchenpolitik im „real existierenden Sozialismus“ in der DDR*, Berlin 1993, 3-18; Horst Dähn, *Konfrontation oder Kooperation? Das Verhältnis von Staat und Kirche in der SBZ/DDR 1945–1980*, Opladen 1982. – Diese am Ende der siebziger Jahre entstandene Arbeit kann bei aller wissenschaftlichen Seriosität weder die schwache Quellenbasis noch die immanente Tendenz zu kirchenpolitischer Rücksichtnahme auf den „Burgfrieden“ zwischen DDR-Staat und Kirche nach dem 06.03.1978 kompensieren oder verbergen; in ähnlicher Weise: Reinhard Henkys, *Die evangelischen Kirchen in der DDR. Beiträge zu einer Bestandsaufnahme*, München 1982; ders., *Gottes Volk im Sozialismus*, Berlin 1983.

[32] Vgl. u.a. Martin Onnasch, „Die Situation der Kirchen in der SBZ 1945–1949“, in: *KZG*, Göttingen 1989, 210-220; Kurt Meier, „Volkskirchlicher Aufbau in der SBZ“, in: *Die Zeit nach 1945*, 213-234;

der mit seiner 1994 im Druck erschienenen Dissertation der Frage nach der Reorganisation deutsch-christlicher Gruppen nach 1945 nachgeht, streift auch die Situation in der sowjetisch besetzten Zone.[33] Die knappen Untersuchungen von Gerhard Besier zum ‚Thüringer Weg' gehen auf die in vielfacher Hinsicht schwierige und komplexe Situation der landeskirchlichen Neuordnung nach 1945 ein, ohne jedoch auf die hiesigen Quellen zurückzugreifen. Sie können jedoch dazu anregen, nach den konkreten politischen Rahmenbedingungen wie nach den tieferen Wurzeln der Lotz/Mitzenheim-Politik der fünfziger und sechziger Jahre zu suchen.[34]

In einigen Landeskirchen wie auch in Thüringen hielten sich die Kirchenkampflegenden bis Mitte der achtziger Jahre und darüber hinaus. Das von Superintendent und Kirchenrat Paul Dahinten zusammengestellte Material über die kirchlichen Ereignisse seit Gründung der Thüringer evangelischen Kirche nach dem Ersten Weltkrieg bis zum Ende des Zweiten Weltkrieges – einschließlich der Zeit ihrer Neubildung 1945 bis 1951 – bildete mit weiteren Materialsammlungen der ehemaligen BK-Pfarrer Walter Pabst und Gerhard Mälzer zu Anfang der siebziger Jahre des vergangenen Jahrhunderts die Grundlage für die „Chronik des Thüringer Kirchenkampfes". In Druckform erschien diese Chronik erst etliche Jahre später.[35]

Erich Stegmann (1906–1994) hatte diesen Band bereits 1978 fertiggestellt. An der Theologischen Fakultät der Universität Leipzig war er noch einmal überarbeitet und – mit Fragen versehen – zurückgegeben worden, bis er dann 1984 (!) bei der Evangelischen Verlagsanstalt Berlin erschien. Das Buch gibt einen guten, kurzweilig zu lesenden Einblick in territorialkirchengeschichtliche Zusammenhänge der Epochen- und Diktaturwechsel 1918/19, 1930/33, 1945/49. Von sachlichen Fehlern bei der Zuordnung von Ereignissen, Personen und Datierungen abgesehen, ist dieser Text vor allem wegen seiner mangelhaften analytischen Tiefenschärfe jedoch mit Vorsicht zu betrachten. Als Thüringer Variante der Gattung ‚Kirchenkampfchronik' ist er stark geprägt vom apologetischen Interesse seines Auftraggebers, dem Landeskirchenrat der Evangelisch-Lutherischen Kirche in Thüringen, und des Autors, einem vormaligen Mitglied dieses Kirchenleitungsgremiums.[36]

Kurt Nowak, „Christentum in politischer Verantwortung. Zum Protestantismus in der SBZ 1945–1949", in: *Christentum und politische Verantwortung*, 42-62, und den Sammelband: Günther Wartenberg (Hg.), *Evangelische Kirche nach 1945*.

[33] Rainer Lächele, „Religionsfreiheit und Vergangenheitsbewältigung. Die Deutschen Christen und die Besatzungsmächte nach 1945", in: *EvTh* 51. 1991, 150-151; ders., *Die Deutschen Christen in Württemberg in den Jahren 1933 bis 1955*, Göttingen 1994. – Zum Problemkreis „Deutsche Christen": Hans-Joachim Sonne, *Die politische Theologie der Deutschen Christen. Einheit und Vielfalt deutsch-christlichen Denkens, dargestellt anhand des Bundes für deutsche Kirche, der Thüringer Kirchenbewegung „Deutsche Christen" und der Christlich-deutschen Bewegung*, Göttingen 1982; Silvia Lange, *Protestantische Frauen auf dem Weg in den Nationalsozialismus: Guida Diehls Neulandbewegung 1916–1935*, Stuttgart u.a. 1998; Holger Weitenhagen, *Evangelisch und deutsch. Heinz Dungs und die Pressepolitik der Deutschen Christen*, Köln 2001.

[34] Gerhard Besier, „Aus der Resistenz in die Kooperation. Der ‚Thüringer Weg' zur ‚Kirche im Sozialismus' ", in: Günther Heydemann/Lothar Kettenacker (Hgg.), *Kirchen in der Diktatur: Drittes Reich und SED-Staat*, Göttingen 1993, 182-212, und ders., *Der SED-Staat und die Kirche*, 3 Bde., Berlin 1993–1995; *Thüringer Gratwanderungen: Beiträge zur fünfundsiebzigjährigen Geschichte der evangelischen Landeskirche Thüringens*, hg.v. Thomas A. Seidel i.A. der Evangelischen Akademie Thüringen und der Gesellschaft für Thüringische Kirchengeschichte, bearbeitet von Dietmar Wiegand, Leipzig 1998.

[35] Erich Stegmann, *Der Kirchenkampf in der Thüringer evangelischen Kirche 1933–1945: ein Kapitel Thüringer Kirchengeschichte*, Berlin 1984.

[36] Auf einzelne Ungenauigkeiten und Legendenbildungen der offiziellen und halboffiziellen kirchengeschichtlichen Überlieferung in Thüringen wird im Verlaufe der Arbeit an konkreten Beispielen eingegangen.

1.2 Die Quellenlage

Die Quellenlage zur Erforschung der Kirchlichen Neuordnung in Thüringen kann insgesamt als gut bezeichnet werden. Dies ist vor allem dem seit 1990 nahezu ungehinderten Zugang zu den Primärquellen zu verdanken, die die bislang verfügbaren zeitgenössischen Publikationen und Textsammlungen wie Zeitschriften, Zeitungen, Amtsblätter und die Memoirenliteratur ergänzen. An dieser Einschätzung kann festgehalten werden, auch wenn einschränkend zu sagen ist, dass die für die vorliegende Arbeit wesentlichen Aktenbestände im Landeskirchlichen Archiv in Eisenach (LKAE) einige Lücken aufweisen.[37] Dies trifft besonders auf den für eine solche Untersuchung wichtigen Aktenbestand „Spruchstelle“ zu.[38] In ähnlicher und doch nicht ganz vergleichbarer Weise hatte allerdings bereits der „vorläufige Landeskirchenrat“ nach 1945 mit ‚interessengeleiteten Quellenregulierungen‘ zu kämpfen, da – wie der damalige Landesoberpfarrer Moritz Mitzenheim im Rückblick festhielt – „Rönck vor dem Einmarsch der Amerikaner die hiesigen Akten hat ‚reinigen‘ lassen.“[39]

Somit war also der Selbstreinigung der Kirche resp. ihres ‚belasteten‘ Personalbestandes die Reinigung der Akten durch die deutsch-christliche Kirchenverwaltung vorausgegangen.

Doch die Lücken des landeskirchlichen ‚Gedächtnisses‘ konnten durch die Nutzung anderer Archive weitgehend geschlossen werden. Dazu gehörten neben dem Evangelischen Zentralarchiv (EZAB) und dem Archiv des Diakonischen Werkes der EKD in Berlin auch andere landeskirchliche Archive.[40] Die Recherchen in Archiven ausgewählter Thüringer Städte, von Kirchgemeinden und Pfarrhäusern sowie in den Archiven der *Thüringer Landeszeitung*, des *Volkes*, des *Thüringer Tageblattes* und von *Glaube und Heimat* waren geeignet, besondere Einblicke in den lebensweltlichen und kirchgemeindlichen Mikrokosmos während des fraglichen Zeitraumes zu gewinnen.[41] Besonders hilfreich für die Erhellung historischer Zusammenhänge und Probleme war das Studium der vorliegenden Manuskripte, Zeitzeugenberichte und Textsammlungen und die Auswertung der vorliegenden Dissertationen und Diplomarbeiten.[42] Vor und während des Archivstudiums hat d. Vf. eine Reihe von Zeitzeugeninterviews geführt, die z.T. transkribiert wurden und somit

---

37 Als der Vf. 1992 seine Recherche zur Entnazifizierung der Thüringer Kirche begann, wurde ihm mitgeteilt, dass dieser Aktenbestand weitgehend ‚als verschollen gilt‘. In der Tat weist der Aktenbestand A 239 des Eisenacher Archives (in der umgebauten Kreuzkirche, der vormaligen Gemeindekirche von Erich Hertzsch), der für diesen Gegenstand besonders in Frage kommt, erhebliche Lücken auf, die inzwischen durch die sorgsame Sammlertätigkeit des vormaligen Archivleiters Heinz Koch ein wenig geschlossen werden konnten. Ähnliches ist auch für die Akten zu sagen, die das ‚Reinigungsgesetz‘ betreffen. Die Akten der Rechtsabteilung (dort vor allem der Bestand R 416) waren bislang nicht zugänglich.

38 Auch das als ‚historisch‘ deklarierte „Mitzenheim-Resümee vom 30. April 1945“ konnte nicht gefunden werden; weder in den Akten des Landeskirchenrates (A 122) noch im „Nachlaß Mitzenheim“. Von einer Akte A 130/I existiert heute lediglich ein leerer Aktendeckel mit dem handschriftlichen Vermerk von Mitzenheim „Neubildung des LKR 1945, Mitzenheim“. Der genannte Archivleiter zeigte dem Vf. am 17.12.1993 den leeren Aktenordner; er habe dieses so vorgefunden und den Deckel gewissermaßen als *corpus delicti* aufbewahrt.

39 Schreiben von Mitzenheim an die Kanzlei der EKD (Berliner Stelle), in Abschrift an Landesbischof Wurm (Stuttgart) vom 06.01.1947, *LKAE*, L 5038, unfoliiert; Heinz Koch, „Quellen zur Geschichte der Deutschen Christen in Thüringen. Der Bestand im Landeskirchenarchiv zu Eisenach“, in: *Thüringer Gratwanderungen* , 256-262.

40 Siehe Quellen- und Literatur, I. Archivalien und unveröffentlichtes Material.

41 Ebd.

42 Siehe Quellen- und Literaturverzeichnis. – Einen guten Überblick über aktuelle Forschungen und Publikationen zur Thüringer Zeit- und Regionalgeschichte sowie über die entsprechenden Quellen, Aus-

relativ leicht ausgewertet werden konnten. Trotz historisch-kritischer Betrachtung dieser Quellen waren sie in jedem Falle zur Schärfung von Fragestellungen und als ‚lebendiges Korrektiv' zum schriftlichen Quellenmaterial sehr nützlich.[43]
Da es erklärtes Ziel und Absicht dieser kirchenhistorischen Studien war und ist, die Prozesse der kirchlichen Neuordnung im Kontext des sozialen und politischen Zeitgeschehens zu betrachten und zu beschreiben, war die Nutzung von staatlichen und Parteiarchiven unumgänglich.[44] In erster Linie sind hier die Bestände des Thüringischen Hauptstaatsarchives in Weimar (ThHStAW) zu nennen, das die Akten der Landesregierung, der Kreise und Landesorganisationen von SPD, KPD und SED enthält. Von besonderem Interesse war dabei der Aktenbestand der Ministerien des Innern und der Volksbildung, der ‚Gesetzgebungsabteilung' (in der der vormalige leitende Jurist der DC-Kirchenleitung Otto Volk nach 1945 eine Beschäftigung gefunden hatte) und des ‚Kirchenbüros' der Präsidialabteilung (das in den Nachkriegsjahren bis 1948 vom vormaligen Arnstädter Pfarrer und Religiösen Sozialisten Karl Erle geleitet wurde). Die sorgfältige Sichtung dieses Materials war umso wichtiger, als die politische Neugestaltung insgesamt und die Entnazifizierungspolitik im besonderen bis zu ihrer zonalen Vereinheitlichung 1947 in Landesverantwortung stand. Vergleichend wurde das Bundesarchiv (BA-Potsdam) herangezogen, das die Überlieferung der zonalen Parteiorganisationen – insbesondere der Arbeiterparteien – und die Unterlagen der SBZ-Verwaltungen aufbewahrt.
Als aufschlussreich – insbesondere hinsichtlich der Frage nach den über das Jahr 1951 hinausgehenden kirchenpolitischen Entwicklungen – erwies sich auch eine stichprobenartige Sichtung von Dokumenten des Bundesbeauftragten für die Unterlagen des Staatssicherheitsdienstes der ehemaligen DDR (BStU), wenngleich dieses archivalische Sondergut – trotz der Arbeiten von Besier u.a. – noch immer einer gründlichen Sichtung, vergleichender quellenkritischer Auswertung und kirchengeschichtlicher Einordnung harrt.[45]
Dass die für den untersuchten Zeitraum in Frage kommenden SMA-Bestände aus den russischen Archiven nicht mit herangezogen wurden, hat in erster Linie mit mangelnden zeitlichen und materiellen Ressourcen sowie fehlenden Sprachkenntnissen zu tun. Doch dieses Manko konnte relativ leicht kompensiert werden, da einerseits die vorhandenen deutschen Quellen ein für unsere Fragestellung hinreichend klares Bild vermitteln und andererseits inzwischen vorliegende Auswertungen dieses Materials vom Vf. genutzt werden konnten.[46]

arbeitungsinitiativen, Institutionen etc. gibt: Thüringer Staatskanzlei und die Geschichtswerkstatt Jena e.V. (Hgg.), *Leitfaden zur regionalen Geschichtsaufarbeitung nach 1945 in Thüringen*, Weimar 2000.

43 Zu den Interviewpartnern siehe: Quellen- und Literatur, I. Archivalien und unveröffentlichtes Material.

44 Ein schönes Beispiel für diesen territorialgeschichtlichen Ansatz bildet der Sammelband: Rüdiger Stutz (Hg.), *Macht und Milieu: Jena zwischen Kriegsende und Mauerbau*, Jena – Rudolstadt 2000.

45 Siehe Quellen- und Literaturverzeichnis; Gerhard Besier/Stephan Wolf (Hgg.), *„Pfarrer, Christen und Katholiken". Das Ministerium für Staatssicherheit der ehemaligen DDR und die Kirchen*, 2. Aufl. Neukirchen-Vluyn 1992, und Gerhard Besier, *Der SED-Staat und die Kirche*, 3 Bde., Berlin 1993–1995.

46 Genannt seien an dieser Stelle vor allem: Naimark, *Die Russen in Deutschland*; Clemens Vollnhals, „Zwischen Kooperation und Konfrontation. Zur Kirchenpolitik von KPD/SED und SMAD in der sowjetischen Besatzungszone.", in: *DArch* 27. 1994, 478-490; Jan Foitzik, *Sowjetische Militäradministration in Deutschland (SMAD) 1945–1949. Struktur und Funktion*, Berlin 1999. – Konkrete kollegiale Hilfe und Beratung erfuhr d. Vf. durch den Berliner Historiker Ralf Possekel, der in den zurückliegenden Jahren sehr intensiv in Moskauer Archiven gearbeitet hat.

1.3 Das Forschungskonzept

Einen ursprünglichen Anstoß und Ausgangspunkt für die vorliegende Arbeit hatte die Frage nach möglichen Auswirkungen des sowjetischen Speziallagers Nr. 2 Buchenwald auf die kirchliche Entnazifizierung und kirchgemeindliche sowie kirchenpolitische Entwicklung Thüringens nach 1945 gebildet. Diese Frage erwuchs zum einen aus meiner pastoralen Arbeit, die aufgrund der räumlichen Nähe des Kirchspieles Ollendorf zum ehemaligen KZ und Speziallager Buchenwald sowie zur Klassikerstadt Weimar insofern nicht unbeeinflusst bleiben konnte, als das damit gegebene geographische und historische Spannungsfeld in die Lebenswelten der Zeitzeugen wie der Nachgeborenen hinein ausstrahlte und ausstrahlt.[47] Neben zahlreichen seelsorgerlichen und zeitgeschichtlich forschenden Gesprächen hatten erste Erkundungen im Pfarrhausarchiv der Kirchgemeinde Ollendorf, im Archiv der Gedenkstätte Buchenwald und – bald darauf – im Archiv der Landeskirche an den Tag gebracht, dass zu den Internierten auch einige vormalige Thüringer DC-Aktivisten, wie beispielsweise der DC-Oberkirchenrat und Vizepräsident Erwin Brauer (1896–1946) und der Landesleiter der DC-Pfarrergemeinde, Oberpfarrer Rudolf Heubel (1900–1994) gehörten. Der Thüringer Landesbischof Moritz Mitzenheim (1891–1977) selbst hatte sich seit 1946 zunehmend für bessere Haftbedingungen, eine ‚geistliche Betreuung' und die Freilassung der Häftlinge eingesetzt. Um dieser Frage – diktaturvergleichend – nachzugehen, wurde in Kooperation mit der Gedenkstätte Buchenwald 1992/94 eine Befragung von Überlebenden und Angehörigen des NKWD-Lagers vermittels eines eigens entwickelten Fragebogens durchgeführt, verbunden mit einer Anzahl biographischer Interviews. Die Auswertung dieser Untersuchungen ist z.T. abgeschlossen, in Einzelbereichen steht sie noch bevor. Die Ergebnisse sollen unter dem Titel *Kirchliche Neuordnung, alliierte Entnazifizierung und sowjetische Herrschaftstechnik* demnächst veröffentlicht werden.[48] Da sie im thematischen und konzeptionellen Programm der Untersuchung ein spezielles Feld aufmachen, dessen Bearbeitung hinsichtlich der im Vordergrund stehenden Fragen zurückgestellt werden kann, hat sich der Vf. für den (Um-)Weg entschieden, zunächst den kirchenhistorischen Vorbedingungen und Entwicklungslinien nachzugehen, die seit Mitte der fünfziger Jahre zum sogenannten ‚Thüringer Weg' der Landeskirche führten.

Im Unterschied zu vergleichbaren Arbeiten zur kirchlichen Zeitgeschichte wurde für diese territorialgeschichtliche Untersuchung ein ereignis- und problemorientierter Ansatz gewählt, der Elemente und Fragestellungen der Politik-, Mentalitäts- und Kirchenge-

---

[47] *Das Elend mit der Vergangenheit. Buchenwald 1937/50*, Weimar 1991; *Erinnerung ist das Geheimnis der Versöhnung*, Weimar 1992; *Der einäugige Blick. Vom Mißbrauch der Geschichte im Nachkriegsdeutschland*, Weimar 1993; *Nachbarn auf dem Ettersberg. Menschenverachtung und Erziehung zur Ehrfurcht*, Weimar-Buchenwald 1995; jeweils hg.v. Thomas A. Seidel i.A. des Kuratoriums Schloß Ettersburg e.V. – Vgl. Jens Schley, *Nachbar Buchenwald. Die Stadt Weimar und ihr Konzentrationslager 1937–1945*, Köln 1999.

[48] Vgl. Bodo Ritscher (Hg.), *Die sowjetischen Speziallager in Deutschland 1945 – 1950: eine Bibliographie*, Göttingen 1996; Niethammer, *Der ‚gesäuberte' Antifaschismus*; Manfred Overesch, *Buchenwald und die DDR oder Die Suche nach Selbstlegitimation*, Göttingen 1995; Gudrun Lenzer, *Frauen im Speziallager Buchenwald 1945–1950. Internierung und lebensgeschichtliche Einordnung*, Münster 1996; Sergej Mironenko/Lutz Niethammer/Alexander von Plato (Hgg.), *Sowjetische Speziallager in Deutschland 1945 bis 1950*, Bd. 1: Alexander von Plato (Hg.), *Studien und Berichte*, und Bd. 2: Ralf Possekel (Hg.), *Sowjetische Dokumente zur Lagerpolitik*, Berlin 1998; Volkhard Knigge/Jürgen Maria Pietsch/Thomas A. Seidel (Hgg.), *Versteinertes Gedenken. Das Buchenwalder Mahnmal von 1958*, Weimar – Spröda 1997.

schichte zu verknüpfen sucht.[49] Darum war es möglich und sinnvoll, den thematischen und zeitlichen Fokus – die kirchliche Neuordnung in Thüringen in den Jahren 1945 bis 1951 – in einen größeren Rahmen zu stellen. Die Untersuchungen beginnen mit einer mentalitätsgeschichtlichen Vorfeldstudie, die anhand ausgewählter Schlüsselbegriffe, wie ‚Volk', ‚Mannhaftigkeit', ‚Treue', ‚Kampf' u.dgl. den am Ende der Kaiserzeit gewonnenen Prägungen der bis in die fünfziger und sechziger Jahre hinein handelnden Personen nachzugehen bestrebt ist. Von da aus wird der Bogen geschlagen über die Kriegsjahre und den Kirchenkampf, Zusammenbruchgesellschaft und Besatzungszeit, Entnazifizierung und ‚antifaschistisch-demokratische Umwälzung' bis zu den kirchengeschichtlichen Weichenstellungen im zeithistorischen Kontext der ‚entwickelten' DDR-Diktatur nach 1952. Dadurch kann aufgezeigt werden, wie stark die beschriebenen Mentalitäten, die aus ihnen erwachsenen theologischen und kirchenpolitischen Überzeugungen wie auch die kirchenrechtlichen Strukturen noch nach dem Generationswechsel der sechziger Jahre fortwirkten – bis zum Ende der DDR 1989/90 und teilweise darüber hinaus.[50]
Besonders zur Erforschung der Zeit, auf die sich das besondere Augenmerk der Untersuchung richtet, wurde überdies ein konzeptioneller Weg beschritten, der – sehr eng an den Quellen entlang gehend – sowohl einer zeitlichen wie einer ereignis- und problemorientierten Logik verpflichtet ist.[51] Außerdem wurde im Interesse einer besseren Lesbarkeit auf den raumgreifenden Abdruck von Dokumenten und Quellentexten zugunsten ihrer ausschnittweisen Aufnahme und detaillierten Interpretation verzichtet.[52]
Mein wissenschaftliches Credo ist mit dem Begriff „weltliche Kirchengeschichte" angezeigt.[53] Inhalt und Form der einzelnen Kapitel möchten darauf hinweisen, dass diese von Rudolf von Thadden gewählte Bezeichnung weder ungehörig noch unangemessen, sondern – im Gegenteil – sinnvoll, notwendig und darum in ihrer bewussten, me-

[49] Vgl. dazu: Beate Schreier (geb. Phieler), „Untersuchungen zur Kirchengeschichte Thüringens 1918 bis 1933", Diss. theol. Universität Halle 1985, Ms.; Thomas Björkman, „Landeskirche Thüringen 1945–1949. Kirche und Politik", Lund/Schweden 1987, Ms.; Björn Mensing, *Die Haltung der evangelisch-lutherischen Pfarrerschaft in Bayern zur* „‚Entnazifizierung' 1945 bis 1949", Diplomarbeit Universität München 1987, Ms.; Volker Stanke, „Die Gestaltung der Beziehungen zwischen dem Land Sachsen und der Evangelisch-Lutherischen Landeskirche Sachsen von 1945 bis 1949. Dargestellt unter besonderer Berücksichtigung eigentumsrechtlicher Regelungen." Diss. theol. Universität Leipzig 1992, Ms.; Michael Kühne, „Die Neuordnung des kirchlichen Lebens in der Sowjetischen Besatzungszone. Die Protokolle der Kirchlichen Ostkonferenz 1945 bis 1950", Diss. theol. Kirchliche Hochschule Naumburg 1993, Ms.; Klaus Erich Pollmann (Hg.), *Der schwierige Weg in die Nachkriegszeit: die Evangelisch-Lutherische Landeskirche in Braunschweig 1945–1950*, Göttingen 1995; Peter Zocher, *Die Neuordnung der Evangelisch-Lutherischen Landeskirche in Oldenburg in der Nachkriegszeit*, Oldenburg 1995; Markus Hein, *Die Landeskirche Sachsens nach dem Ende des Zweiten Weltkrieges. Bildung einer gesamtsächsischen Kirchenleitung und die Selbstreinigung der sächsischen Pfarrerschaft*, Diss. theol. Universität Leipzig 1999.

[50] Werden bei der Ersterwähnung einer Person im Haupttext Vorname, Name und (in Klammern gesetzt) das Geburts- bzw. das Geburts- und Sterbejahr genannt, so findet sich im Schlussteil des Bandes ein *Biogramm*. Diese Sammlung von Kurzbiographien bietet interessante ‚personenbezogene' Informationen, die die jeweiligen Aussagen im Textzusammenhang ergänzen sollen. Lediglich für den im Haupttext angesprochenen inhaltlichen Zusammenhang wichtige Kurzinformationen werden in den Fußnoten erwähnt. In diesem Fall sind die betreffenden Namen kursiv gesetzt.

[51] Der ‚engere' Zeitrahmen setzt mit der Bildung des vorläufigen Landeskirchenrates am 02.05.1945 an und schließt mit der Verabschiedung der Thüringer Kirchenverfassung vom 02.11.1951.

[52] Manche der o.g. Arbeiten scheinen sich ‚unter der Hand' in eine Dokumentensammlung verwandelt zu haben, was zwar verdienstvoll ist, da somit interessantes Material aufbereitet wurde; das ‚Geschäft' des Historikers – eine analytisch klare und nachvollziehbare Einordnung und Interpretation von Dokumenten – tritt auf diese Weise allerdings ein wenig in den Hintergrund. So bspw. geschehen bei einigen der Arbeiten von J. Jürgen Seidel.

[53] Rudolf von Thadden, *Weltliche Kirchengeschichte. Ausgewählte Aufsätze*, Göttingen – Zürich 1989.

thodisch durchdachten Anwendung sehr aufschlussreich ist: für *Kirche* und *Welt*. Weil ‚Kirche' nicht nur Trägerin ihrer die ‚Welt' transzendierenden Botschaft ist, sondern als Teil der Welt in vielfältiger Weise Anteil hat an den Bewegungen und Konflikten der säkularen Gesellschaft, verstrickt ist in soziopolitische Gegebenheiten und kulturellen Einflüssen unterliegt, kann und soll Kirchengeschichte mehr sein als Kirchenkunde, als binnenkirchliche Geschichtsbetrachtung, die von ihrer kontextuellen Verwobenheit in Raum und Zeit absieht. Vielmehr sollte es ein Wesensmerkmal dieses untrennbar zur wissenschaftlichen Landkarte der theologischen Disziplin gehörenden historisch-kritischen Wissenschaftspfades sein, die Grenzen von Frömmigkeits- und Theologiegeschichte zu überschreiten. Die Notwendigkeit und Intensität dieser Grenzüberschreitungen wird zwar in Abhängigkeit vom jeweiligen Forschungsgegenstand und -ziel unterschiedlich ausfallen. Diesen Versuch jedoch überhaupt zu unterlassen, widerspräche nicht nur der missionarischen Dynamik der biblischen Botschaft. Damit würden – mit Blick auf die konkrete Situation der Kirchen in den neuen Bundesländern – ausgerechnet in einer weitgehend entkirchlichten Umwelt die Tendenzen zur Verkirchlichung einer „minoritären Volkskirche" (Kurt Nowak) verstärkt.[54] Eine für die Geschichte des 19. und 20. Jahrhunderts zu beobachtende typische Verengung des „sozialmoralischen Milieus" der Protestanten erführe auf diese Weise eine wissenschaftlich-selbstreferenzielle Fortschreibung.[55]

Gewiss hat Kirchengeschichte – wie Joachim Mehlhausen auch für die kirchliche Zeitgeschichte betont – eine gewissermaßen nach innen gerichtete, nach theologischen Motiven fragende und so auch theologiekritische Funktion: „Erschütterung oder wenigstens heilsame Verunsicherung starrer Positionen in Theologie und Kirche durch die Entdeckung relevanter heuristisch-kritischer Fragen [ist] das erstrebenswerte Ziel [...] kirchlicher Zeitgeschichtsforschung."[56]

Doch nicht nur der Binnenraum und schon gar nicht allein der Theologe rsp. die Theologin, der oder die „[...] durch das Studium der Kirchengeschichte [...] sein Erbe und seinen Auftrag erkennen lernen [sollte]", kann und darf der Adressat oder Impulsgeber kirchenhistorischen Nachdenkens sein.[57] Gerade in der postfaschistisch und postkommunistisch grundgelegten Konfessionslosigkeit der ehemaligen DDR muss Kirchengeschichtsschreibung von ihrer Intention und von ihrer konkreten wissenschaftsdidaktischen wie sprachlichen Ausgestaltung her so beschaffen sein, dass sie auch für nicht-kirchliche Wissenschaftler und andere an historischen und religiösen Fragen interessierte Zeitgenossen lesbar und verstehbar bleibt.[58] Dies gilt auch mit Blick auf mögliche und sinnvolle Forschungsschwerpunkte kirchlicher Zeitgeschichte sowie deren Einordnung in den Kontext der gesamten – kirchlichen wie profanen – Geschichtswissenschaft.[59] Mit Genugtu-

---

[54] „Die Kirche ist nicht einfach Nicht-Welt, sie existiert nicht ‚neben' oder ‚über' [der] Gesellschaft, sondern in ihr, als Gemeinschaft derer, die aus den in Jesus angesagten und endgültig bestätigten Verheißungen Gottes zu leben versucht, die deshalb unsere gesellschaftliche Mitwelt immer neu mit dieser Hoffnung infiziert und deren Verschließungen und Verabsolutierungen kritisiert." Vgl.: Johann Baptist Metz, *Zur Theologie der Welt*. Mainz – München 1968, 85.

[55] Martin Greiffenhagen (Hg.), *Das evangelische Pfarrhaus: eine Kultur- und Sozialgeschichte*, Stuttgart 1984; Christoph Kleßmann, „Zur Sozialgeschichte des protestantischen Milieus in der DDR", in: *GG* 19. 1993, 29-53. – Siehe auch: Nowak, *Zum historischen Ort*, 9-28.

[56] Joachim Mehlhausen, Zur Methode kirchlicher Zeitgeschichtsforschung, in: *EvTh* 48. 1988, 519f.

[57] Ebd., 511.

[58] Zur besonderen Situation der neuen Bundesländer vgl. die Arbeit von Erhart Neubert: EKD, Studien- und Begegnungsstätte Berlin (Hg.), *„Gründlich ausgetrieben". Eine Studie zum Profil und zur psychosozialen, kulturellen und religiösen Situation von Konfessionslosigkeit in Ostdeutschland und den Voraussetzungen kirchlicher Arbeit*, Berlin 1996.

[59] Vgl. den Katalog möglicher Forschungsschwerpunkte von Joachim Mehlhausen, „Forschungsprogramm Evangelische Kirche nach 1945", in: *Mitteilungen der Evangelischen Arbeitsgemeinschaft für*

ung kann für die Jahre nach dem Ende der DDR vermerkt werden, „[...] daß Themen der kirchlichen Zeitgeschichte weit über den Bereich der Kirchenhistoriker bzw. kirchlichen Zeitgeschichtler hinaus die Aufmerksamkeit von Allgemeinhistorikern, Soziologen, Politologen und anderen Forschern aus dem Spektrum der Geistes- und Sozialwissenschaften fesseln.“[60]

Dies gibt nicht nur zu der Hoffnung Anlass, dass die ‚Sicht von außen‘ neue Einsichten in kirchliche Binnenräume und Einsprüche in klerikale Selbstgespräche ermöglicht. Hier deuten sich vielmehr zahlreiche Dialogansätze an, die dazu beitragen werden, „[...] ‚weiße Flecken‘ in der DDR-Geschichtsschreibung“[61] in lebendige Farbigkeit zu tauchen. Wenn kirchliche Zeitgeschichte in diesen wissenschaftlichen Dialog eintritt, wird sie ganz sicher auch zur Lösung der Aufgabe beitragen, die ihr von den Kirchen her gestellt ist der „Selbstprüfung der Gegenwart im Lichte des Evangeliums.“[62]

Zeitgeschichte, Folge 10. April 1990, 1-20; dazu: Kurt Nowak, „Gesprächsbeitrag zu dem Arbeitspapier von Joachim Mehlhausen“, ebd., 21-33.

60 Nowak, *Die evangelische Kirche in der DDR*, 214.

61 Hermann Weber, „‚Weiße Flecken‘ in der DDR-Geschichtsschreibung“, in: *PZ* B 11. 1990, 3-15.

62 Joachim Mehlhausen, „Zur Methode kirchlicher Zeitgeschichtsforschung“, in: *EvTh* 48. 1988, 508-521.

2 Evangelische Kirche in Thüringen 1918–1945

2.1 Gesinnungsmilitarismus im deutschen Protestantismus

„Es war das Unglück Deutschlands, daß das militärische Denken und die Kategorie Befehl-Gehorsam auf alle Lebensgebiete übergriff, nach dem [Ersten Welt-, d. Vf.] Kriege auch auf die Kirche. Die Studenten der Theologie waren zum Teil als halbe Kinder noch zu den Waffen gerufen worden, hatten sich wie Sasse und Rönck in Freikorps und sonstigen Wehrverbänden betätigt und frühzeitig Anschluß an die SA oder SS und an Partei und DC gefunden. Unter ihnen wurden die Kirchen zu Kasernen und die Gemeinden zu Exerzierplätzen."[1]

Diese Sätze, 1964 verfasst vom vormaligen Vorsitzenden des Thüringer Pfarrervereins, Kirchenrat Paul Dahinten (1885–1972),[2] sind ein beredtes Beispiel für einen nicht unerheblichen biographischen Bruch. Auch wenn der liberale Theologe Dahinten zeit seines Lebens weder zu den militärisch-aktiven noch zu den die Vergangenheit militaristisch-nostalgisch verklärenden Kirchenmännern gehört hat, so war es doch aller zivilen Ehren wert, dass er in der Reflexion auf das Fiasko des Zweiten Weltkrieges mit einer in Deutschland seit den napoleonischen Befreiungskriegen stetig im Wachsen begriffenen und besonders im deutschen Protestantismus einflussreichen Tradition hart ins Gericht ging.[3] Einer Tradition, innerhalb derer nicht nur Begriffe wie ‚Volk', ‚Nation' und ‚Vaterland' als schöpfungs- theologische Konstanten weitgehend internalisiert waren, sondern auch die entschlossene Bereitschaft, als ‚Soldat' dafür ‚in die Bresche zu springen'. Martin Niemöller (1892–1984), Verfasser des Bestsellers *Vom U-Boot zur Kanzel* (Berlin 1935), Begründer des Pfarrernotbundes und seit 1. Juli 1937 ‚persönlicher Gefangener des Führers' kann durchaus als Prototyp eines protestantischen Theologen und Pfarrers seiner Zeit gelten: „Niemöller wuchs [...] in der Luft des evangelischen Pfarrhauses auf [...],

---

1 Paul Dahinten, „Der Thür[inger] Evang[elische] Pfarrerverein, von dem Zusammenschluss der Thür[inger] einzelkirchlichen Vereine an im Jahre 1925 bis zu seinem Aufgehen in der ‚Standesvertretung der Thür[inger] Pfarrerschaft', 1951, auf Grund der Akten dargestellt und kommentiert von Sup. a.D. Kirchenrat Paul Dahinten, Vacha", im Juni 1964, Ms., in: *LKAE*. Martin Sasse (1890–1942) war von 1934 bis zu seinem Tode 1942 Landesbischof der TheK. *Hugo Rönck (1908–1990)* wurde 1943 Präsident des LKR und der Landeskirche, nahm im Januar 1945 den Bischofstitel an, wurde am 30.04.1945 von der amerikanischen Besatzungsmacht verhaftet und im August 1945 aus dem Kirchendienst entlassen.

2 Dahinten (1885–1972) war 1946 bis 1948 eines der drei bzw. fünf Mitglieder der mit dem ‚Reinigungsgesetz' vom 12.12.1945 eingerichteten Spruchstelle. Zur Person und Wirksamkeit Dahintens: Thomas A. Seidel, „Paul Dahinten und seine Chronik des Thüringer Pfarrervereins: historische Anmerkungen zu einem liberalen Theologen", in: Gerhard Graf/Hans-Peter Hasse/Markus Hein/Matthias Richter/Thomas A. Seidel/Dietmar Wiegand (Hgg.), *Vestigia pietatis. Studien zur Geschichte der Frömmigkeit in Thüringen und Sachsen*, Leipzig 2000, 267-286.

3 Gerhard Graf, *Gottesbild und Politik: eine Studie zur Frömmigkeit in Preußen während der Befreiungskriege 1813–15*, Göttingen 1993. – Ein Thüringer Beispiel für die Langlebigkeit dieser als männlich-militärisch kodierten Prägungen: „Im Hintergrund ist bei mir immer das Gefühl des Soldatseins geblieben", Kapitelüberschrift des Interviews mit Bischof Ingo Braecklein, in: Hagen Findeis/Detlef Pollack (Hgg.), *Selbstbewahrung oder Selbstverlust: Bischöfe und Repräsentanten der evangelischen Kirchen in der DDR über ihr Leben – 17 Interviews*, Berlin 1999, 38-67.

wo evangelische Frömmigkeit und preußische Tugenden, konservative politische Gesinnung, Kaisertreue und ein stolzes Nationalbewußtsein ein selbstverständliches Ganzes bildeten – Zu dieser Realität gehörte natürlich die tief verankerte Integration alles Militärischen und Soldatischen. [...] Der Zusammenbruch des Kaiserreichs und die Revolution im November 1918 trafen ihn tief. Dem neuen demokratischen ‚System' wollte er in keiner Weise und auf keinen Fall dienen. Er blieb in diesen Jahren zutiefst illiberal, antidemokratisch und ein Gegner jeglicher Verständigungspolitik gegenüber den Siegermächten des Weltkrieges."[4]

‚Krieg' bedeutete im nationalprotestantischen Weltbild seit dem Beginn des 19. Jahrhunderts über die Kaiserzeit bis an das Ende des ‚Dritten Reiches' die unbedingte, ‚mannhafte' Verteidigung jener vermeintlich gottgegebenen Güter gegen alle nur denkbaren Feinde.[5] Der ganz im patriarchalischen Duktus der Zeit geprägte Begriff der ‚Mannhaftigkeit' oder ‚Männlichkeit' taucht in Briefen, Reden oder Verlautbarungen vieler Zeitgenossen und nicht minder bei den thüringischen ‚Kirchenmännern' immer wieder auf.[6] Eine besondere, mentalitätsbildende Kraft innerhalb dieses Weltbildes hatten die in Kirche und Schule sowie in den männerbündisch organisierten Studenten- und Soldatengruppen gesungenen Lieder. So sind beispielsweise im *Liederbuch für Deutsche Studenten* (Erlangen – Leipzig 1898) von 305 Liedern 28 ‚Vaterlandslieder', 37 ‚Freiheits- und Kriegslieder' und 21 ‚Soldatenlieder' abgedruckt. Diese u.a. von Theodor Körner und Ernst Moritz Arndt verfassten Texte zeichnen sich durch ein martialisches Männlichkeitsideal, durch schwülstige Blut- und Schwertmystik sowie durch romantisierende, in religiöser Sprache schillernde Volks- und Heimatverbundenheit aus. Die vom Vf. angeregte Bekanntheitsprüfung dieser heute weitgehend in Vergessenheit geratenen Nationallyrik durch zwei Ollendorfer ‚Weltkriegsteilnehmer' (Jahrgänge 1920 und 1924) ergab, dass ca. 60 % jener Lieder noch während des Zweiten Weltkrieges gesungen wurden. Als ein besonders gern und häufig verwendetes Lied wurde das 1813 von Arndt gedichtete „Wer ist ein Mann?" dargestellt. Dieses wurde 1935 – unter der musikalischen Bearbeitung des DC-Kirchenmusikdirektors Ehrhard Mauersberger (1903–1982) – in das von der TheK her-

4 So urteilt Martin Greschat, „Martin Niemöller – Repräsentant des deutschen Protestantismus im 20. Jahrhundert", in: *Martin Niemöller, Glauben und glaubwürdig handeln: Studientag und Festakt aus Anlass des 100. Geburtstages am 14. Januar 1992*, hg.v. Evangelische Darlehns-Genossenschaft eG/Diakonisches Werk der Evangelischen Kirche von Westfalen, Münster 1992, 12. – Vgl. auch: Heinrich Zillessen (Hg.), *Volk – Nation – Vaterland: der deutsche Protestantismus und der Nationalismus*, Gütersloh 1970; Kurt Nowak, *Evangelische Kirche und Weimarer Republik: zum politischen Weg des deutschen Protestantismus zwischen 1918 und 1932*, Weimar – Göttingen 1981; Ulrich Herrmann (Hg.), *„Volk – Nation – Vaterland", Studien zum 18. Jahrhundert*, Bd. 18, Hamburg 1996; Bernd Ulrich/Jakob Vogel/Benjamin Ziemann (Hgg.), *Untertan in Uniform: Militär und Militarismus im Kaiserreich 1871–1914, Quellen und Dokumente*, Frankfurt/Main 2001.

5 Vgl. Thomas A. Seidel, „Unverkrampft", in: *Die unverkrampfte Nation*, hg.v. Thomas A. Seidel i.A. der Evangelischen Akademie Thüringen, Jena 1996, 7-15; Friedrich Schorlemmer, „Deutsches Selbstverständnis im Umbruch", in: *Die unverkrampfte Nation*, 51-66. Zum Weiterwirken dieser Mentalitäten: Klaus Naumann, *Der Krieg als Text. Das Jahr 1945 im kulturellen Gedächtnis der Presse*, Hamburg 1998; Michael Th. Greven/Oliver von Wrochem (Hgg.), *Der Krieg in der Nachkriegszeit: der zweite Weltkrieg in Politik und Gesellschaft der Bundesrepublik*, Opladen 2000; Franz Kernic, *Krieg, Gesellschaft und Militär: eine kultur- und ideengeschichtliche Spurensuche*, Baden-Baden 2001.

6 Zu diesem Themenkomplex, auf den hier leider nur en passant eingegangen werden kann, vgl. u.a. die interessanten, jedoch mit kritischem Blick zu betrachtenden soziologischen Deutungen von: Klaus Theweleit, *Männerphantasien*, 2 Bde., Hamburg 1990; Nicolaus Sombart, *Die deutschen Männer und ihre Feinde. Carl Schmitt – Ein deutsches Schicksal zwischen Männerbund und Matriarchatsmythos*, München 1991; Hans Peter Herrmann/Hans-Martin Blitz/Susanna Moßmann (Hgg.), *„Machtphantasie Deutschland": Nationalismus, Männlichkeit und Fremdenhaß im Vaterlandsdiskurs deutscher Schriftsteller des 18. Jahrhunderts*, Frankfurt/Main 1996.

ausgegebene *Thüringer evangelische Gesangbuch* aufgenommen. Dort heißt es in den letzten beiden Strophen: „(6) Dies ist der Mann, der sterben kann für Gott und Vaterland; er läßt nicht ab bis an das Grab mit Herz und Mund und Hand. (7) So, deutscher Mann, so, freier Mann, mit Gott dem Herrn zum Krieg! Denn Gott allein kann Helfer sein, von Gott komm Glück und Sieg."[7]

Auffällig ist, dass die Verwendung dieser Männlichkeitsbegriffe, oft in Verbindung mit Attributen wie ‚heldisch', ‚hart', ‚soldatisch' oder ‚treu', relativ unabhängig von der partei- und kirchenpolitischen Anschauung des jeweils Sprechenden vorgenommen wurde. Auch in den kirchenpolitischen Auseinandersetzungen der NS-Zeit zwischen den ‚Deutschen Christen' (DC) und den Vertretern der ‚Bekenntnisfront' (BK), in Thüringen: ‚Lutherische Bekenntnisgemeinschaft' (LBG), finden sich die pathetischen Sprachfloskeln protestantischer Mannestugend – über diese Zeit hinaus – bis zum Ende der fünfziger Jahre.[8]

Als pädagogisches Leitbild zahlloser Lehrer und Pfarrer hatte sich dieses besondere Verständnis von ‚Männlichkeit' und ‚Manneszucht' offenbar tief in das Denken und Fühlen jener Generation eingegraben. Auffällig an vielen diesbezüglichen schriftlichen Zeugnissen ist, dass das Streben zum Mann-Sein nicht selten einen sehr angestrengten, eher pubertären Eindruck weckt, vor allem wenn vom ‚verbissenen Kampf' in allen lebensweltlichen Bereichen die Rede ist. Möglicherweise liegt in der, bislang weitgehend unerforschten Verquickung dieser männlich-soldatischen Konditionierung mit einer historisch weit zurück reichenden rigiden Sexualmoral (die im Protestantismus mitunter eine besonders ‚feine und sinnen-feindliche' Note erhielt) ein Erklärungsansatz für deren gewalttätige Entfaltung in zwei Weltkriegen. Als ein kleines Indiz für die Plausibilität dieser Überlegung sei darauf aufmerksam gemacht, dass es während der Eugenik-Debatte zu Beginn der dreißiger Jahre von den beteiligten evangelischen Pfarrern als besonders unerträglich angesehen wurde, „[...] daß durch die Sterilisierung [der behinderten Patienten, d. Vf.] in keiner Weise die Libido ausgeschaltet wird. [...] Es wurde deshalb die Frage aufgeworfen, ob nicht neben der strengen Internierung und der Sterilisierung auch die Kastration für gewisse Kreise bisher Anstaltsbewahrter in Frage käme, wie dies als Heilmaßnahme bei Sexualverbrechern gefordert wird."[9]

Vor allem die ‚in der Einsamkeit des Dienstes' stehenden und nicht selten darunter leidenden protestantischen Pfarrer waren nicht nur anfällig gegenüber nationalen bis völkischen Homogenitätssehnsüchten. Viele von ihnen hatten, nach dem Rationalisierungs- und

---

7 *Thüringer evangelisches Gesangbuch*, Nr. 484.

8 Ein Beispiel aus dem 1936 im Verlag der ‚Thüringer Deutschen Christen' erschienenen Buch: „‚Deutsche Gottesworte, verdeutscht von Reichsbischof Ludwig Müller', kritisch rezensiert von Otto Dibelius", in: *Junge Kirche* 7/4. 1936, 316. – In Müllers Übersetzung der ‚Seligpreisungen der Bergpredigt' heißt es u.a.: „Wohl dem, der sein Leid mannhaft trägt. Er wird die Kraft finden, nie mutlos zu verzweifeln." Verwiesen sei an dieser Stelle allerdings auch auf die gutachterlichen Texte der ‚Spruchstelle zur Überprüfung der Pfarrerschaft und der Verwaltung der TheK' [RG der TheK vom 12.12.1945]. Siehe dazu die Kapitel 4.5 bis 4.9 und zur ‚Kampfmetapher' 5.1 und 5.3.

9 Niederschrift des ‚Ständigen Ausschusses für eugenetische Fragen' des ‚Central-Ausschusses für Innere Mission', 24. 11.1932 (1-15), in: *LKAE*, A 920/I, unfoliiert. Vgl.: Arno Plack, *Ohne Lüge leben: zur Situation des Einzelnen in der Gesellschaft*, München 1976. – Diese Arbeit ist zwar weitgehend vom libertären Pathos der 68er Generation geprägt, verweist in ihren soziohistorischen Analysen jedoch auf die andere Seite der kulturschaffenden Triebsublimierung, nämlich auf die „[...] Verleugnung oder Umdeutung unserer vitalen Antriebe, namentlich der Sexualität." Plack nähert sich auf diese Weise dem Phänomen ausbleibender oder übersteigerter Initiation bzw. ‚Individualisierung', dem u.a. Moscovici über die Beschreibung des die Moderne ebenfalls kennzeichnenden Phänomens der ‚Kollektivierung' bzw. ‚Massierung' beizukommen sucht. Serge Moscovici, *Das Zeitalter der Massen: eine historische Abhandlung über die Massenpsychologie*, München – Wien 1984. – Vgl. dazu ebenfalls: Kernic, *Krieg, Gesellschaft und Militär*.

Säkularisierungsschub der Aufklärung und nach der daran anschließenden fundamentalen Religionskritik seit Feuerbach, Marx und Nietzsche, weder wissenschaftlich-theologisch noch im Blick auf eine standhaltende und ‚männlich' vertretbare Frömmigkeit wieder richtig ‚Tritt gefasst'. Die Kritik des ‚Anti-Christen' an einer scheinbar krankhaften und ‚weichherzigen' Barmherzigkeit der Christen besetzte beißend und schier unerträglich die kulturellen Diskurse der gebildeten Mittelschichten; in vulgarisierter Form auch erhebliche Bereiche des Arbeitermilieus. Eine ‚protestantische Abwehrstrategie', die sich großer Beliebtheit erfreute, war die theologisch-ikonographische Heroisierung Martin Luthers zum Leitbild des ‚evangelisch-kämperischen Mannsbildes'.

Darum ist wenig verwunderlich, dass der ‚Makel der Schwächlichkeit', der dem Christentum anhaftete, mitunter zu gewaltförmigen Überkompensationen und Phantasien führte. Dies sollte sich – wie angedeutet – ca. 30 Jahre später zeigen. Im Zuge des ‚rassisch-biologischen Neubaus des Volkes' im NS gehörten auch Thüringer Pfarrer zu den intellektuellen Vorreitern auf dem Weg zu einer vermeintlich ‚starken, natürlichen und gesunden' und vor allem ‚einheitlichen' Volksgemeinschaft.[10] Erst als die Nazis – wie versprochen – tatsächlich damit begannen, diese Gewalt- und Tötungsphantasien in ‚medizinische' und industrielle Praxis umzusetzen, setzte bei manch einem auch das Umdenken und der Widerstand gegen den „Verlust der humanen Orientierung" (Ralph Giordano) ein.[11]

Folglich war dieses etwas hölzerne soldatisch-heldische Männlichkeitsbild konstitutiv für die subjektive Kriegsbereitschaft ebenso wie für die nachträgliche Deutung der Weltkriege und ihre Folgen. Erst nach dem Ende des Zweiten Weltkrieges kam es in der Folge des totalen Zusammenbruchs eines totalen Krieges auch zur ‚totalen Verunsicherung' männlicher Selbstgewissheiten. Während die Frauen in der Abwesenheit der Männer Erfahrungs- und Ausbildungszuwächse gewinnen konnten und mussten, kamen die Männer als Verlierer, als ‚Looser', nach Hause, viele von ihnen außerdem kriegsversehrt. Diese Kränkung und Ent-Täuschung eines (in aller Regel über Frauen, nämlich über Mütter vermittelten) hypertrophen Rollenverständnisses führte bei einigen zum Selbstmord, bei vielen zu anhaltendem Selbstverlust. Für die Söhne der Kriegsgeneration bedeutete dies, auf dem „Weg zur vaterlosen Gesellschaft" ihre männliche Identität ausprägen zu müssen (Alexander Mitscherlich). Die mit der ‚Barbarisierung' des Lebens im Krieg und Nachkrieg zerstörten wie erworbenen Mentalitäten wurden erst Ende der sechziger bis Mitte der achtziger Jahre in mehr oder minder gewaltförmigen Generationskonflikten ‚umgeschmolzen'. Der in dieser Zeit mitlaufende, zuweilen ‚männlich' gefärbte Feminismus, sorgte zwischenzeitlich für eine Irritation der ‚Väter-Stürmer'. Heute scheint der historische Abstand zu den Katastrophen des vergangenen Jahrhunderts groß genug, um neue, lebensdienliche Bilder und Formen von ‚Männlichkeit' und ‚Weiblichkeit' zu entwickeln.

Während des Zweiten Weltkrieges hatte das nationalsozialistische Kriegsstrafrecht, konsequent dieser Denkstruktur folgend, formuliert, dass „[…] die Manneszucht als oberstes Gebot allen militärischen Lebens" betrachtet werden müsse, deren Missachtung „[…]

[10] Zur Einheitssehnsucht und besonderen ‚protestantischen Milieuverengung': Klaus Schmidt, *Kanzel, Thron und Demokraten: die Protestanten und die Revolution 1848/49 in der preußischen Rheinprovinz*, Köln 1998; Luise Schorn-Schütte/Walter Sparn (Hgg.), *Evangelische Pfarrer: zur sozialen und politischen Rolle einer bürgerlichen Gruppe in der deutschen Gesellschaft des 18. bis 20. Jahrhunderts*, Stuttgart – Berlin – Köln 2000; Christoph Kleßmann, „Zur Sozialgeschichte des protestantischen Milieus in der DDR", in: *GG* 19. 1993, 29-53. – Kleßmanns dort dargelegte Erkenntnisse sind sowohl zeitlich als auch regional ‚dehnbar'.

[11] Vgl. dazu Kapitel 4.8, dort den Zusammenhang der Eisenacher ‚Rasse-Astel-Episode' der I.M. 1932–1933.

den Lebensnerv des militärischen Organismus in Gefahr“ brächte. Der ‚oberste Befehlshaber der Deutschen Wehrmacht und Führer des Großdeutschen Reiches‘, Adolf Hitler, stellte unmissverständlich klar, „[...] daß im Kriege, und zwar schon am Anfang des Krieges, mit den härtesten Mitteln durchgegriffen werden muß, um die Manneszucht zu erhalten.“ Mit der Novellierung des § 5a der Kriegssonderstrafrechtsordnung von 1944 wurde dann – in dieser Logik nur konsequent – die Todesstrafe bei „strafbaren Handlungen gegen die Manneszucht oder das Gebot soldatischen Mutes“ zur rasant zunehmenden militärgerichtlichen Praxis.[12] Auch kirchlicherseits waren manche Männer am Beginn des NS-Staates zu der Auffassung gelangt, dass „[...] die aus gesunden Instinkten aufbrechende Ablehnung einer überspannten Fürsorge und Wohlfahrtspflege sich nicht nur gegen den auf humanitärer Basis arbeitenden ‚Wohlfahrtsstaat‘ [richtet], sondern ebenfalls so deutlich gegen ein Christentum, das bewusst das Gesunde, Kraftvolle und Natürliche ablehnt, den nationalen Geist und Willen zur Selbstbehauptung zerstört (Pazifismus, Kriegsdienstverweigerung) und im wesentlichen nur die Pflege des Kranken, Elenden und Lebensunwerten zum Inhalt hat.“[13]

Obgleich die gesinnungsmilitaristische Begeisterung zu Beginn des Zweiten Weltkrieges 1939 insgesamt deutlich schwächer ausfiel als 1914, galt auch für diesen im Zeichen des Hakenkreuzes geführten ‚Vernichtungskrieg‘ das Sterben-für-Deutschland als „[...] die heilige Pflicht und Ehre eines jeden Deutschen.“[14] So sah es auch der Theologiestudent und spätere Thüringer DC-Oberpfarrer Hans Ermisch (1907–1981). Rückblickend auf seine Jenaer Studentenzeit beschrieb er dieses protestantische und über dieses Milieu hinaus gepflogene Männlichkeitsideal in seinen Lebenserinnerungen: „Das berühmte ‚Süß und ehrenvoll ist es, für das Vaterland zu sterben (pro patria mori)‘, ist eine Sentenz aus Horaz. Römertugend galt [uns Theologiestudenten 1927, d. Vf.] als Ideal deutscher Manneswürde.“[15]

Die Kriegsbegeisterung der deutschen intellektuellen Eliten am Beginn des Ersten Weltkrieges und deren Hintergründe sind oft beschrieben worden.[16] Doch nicht allein im Bürgertum und im Adel war dieser euphorische Gesinnungsmilitarismus verbreitet. Auch

---

12 Zitiert bei Franz W. Seidler, „Die Urteilspraxis der Wehrmachtsgerichte im Zweiten Weltkrieg“, in: *FAZ* v. 14.03.1995, 10; Norbert Haase, „Kriegsnotwendigkeiten contra Gerechtigkeit: das Reichskriegsgericht in Torgau und seine Praxis in der zweiten Kriegshälfte (1943–1945)“, in: *Sächsische Justizgeschichte*, hg.v. Sächsischen Staatsministerium für Justiz, Bd. 2, Dresden 1994, 67-95 und Hannes Heer/Klaus Neumann (Hgg.), *Die Begleitbücher der Ausstellung im Hamburger Kulturzentrum Kampnagel u.a.: Vernichtungskrieg: Verbrechen der Wehrmacht 1941–1944*, Hamburg 1995.

13 Niederschrift des ‚Ständigen Ausschusses für eugenetische Fragen‘ des ‚Central-Ausschusses für Innere Mission‘, 24.11.1932 (1-15), Abschrift in: *LKAE*, A 920/I, unfoliiert. Einer der Thüringer Vertreter und Verfechter dieses ‚eugenischen Ansatzes‘ in der Pfarrerschaft war der Vereinsgeistliche der I.M. und spätere OKR Gerhard Phieler (1891–1963) . – Vgl. dazu Kapitel 4.8.

14 Beate Schreier, „Untersuchungen zur Kirchengeschichte Thüringens 1918 bis 1933“, Diss. theol. Halle 1985, Ms., Teil A, Kapitel 1.2: „Die Bedeutung des Krieges“, 18-24. 19. – Siehe auch den ihre Dissertation zusammenfassenden Aufsatz: Beate Schreier, „Die Gründung der Thüringer evangelischen Kirche und ihr Weg während der Weimarer Republik“, in: *Thüringer Gratwanderungen: Beiträge zur fünfundsiebzigjährigen Geschichte der evangelischen Landeskirche Thüringens*, hg.v. Thomas A. Seidel i.A. der Evangelischen Akademie Thüringen und der Gesellschaft für Thüringische Kirchengeschichte, bearbeitet von Dietmar Wiegand, Leipzig 1998, 16-32.

15 Hans Hugo Ermisch, „Lebenserinnerungen“, Sülzenbrücken 1977, Ms., 39. – Vgl. auch Günter Brakelmann (Hg.), *Kirche im Krieg: der deutsche Protestantismus am Beginn des Zweiten Weltkrieges*, München 1979.

16 Notker Hammerstein, *Antisemitismus und deutsche Universitäten 1871–1933*, Frankfurt – New York 1995, 215: „‚Wissenschaft und Wehrkraft‘, so hatte [...] Adolf von Harnack diesen protestantisch-nationalen Glaubenssatz umschrieben, schufen Deutschlands Größe“. Einen sehr anschaulichen Eindruck von der militarisierten Mentalität deutscher Protestanten gewinnt man beim Lesen einer Schrift

unter den sogenannten kleinen Leuten herrschte eine heute schwer nachvollziehbare Hochstimmung.[17] Angesteckt vom Bismarck-Pathos: „Wir Deutschen fürchten Gott, aber sonst nichts auf der Welt"[18] folgten zahllose Schüler ihren deutsch-nationalen Lehrern voller Begeisterung in den Krieg. Hermann Louis Brill (1895–1959)[19] erinnerte 1919 in der Landesversammlung für den Staat Gotha an das Herzog-Ernst-Seminar, das unter dem Direktor Georg Witzmann (1871–1958)[20] „eine von den vielen deutschen Lehranstalten gewesen [ist], die bewußt und unbewußt auf die kriegerische Erziehung ihrer Schüler hingearbeitet hat". Rückblickend schildert der ehemalige Schüler Brill eine Szene vom Beginn des Krieges (3. August 1914):

„Wir standen im Vestibül des Seminares versammelt. Der Herr Direktor [Witzmann] kam mit freudig erregtem Gesicht die Treppe herab, uns begrüßend und fragend: ‚Was ist das Neueste', dann, plötzlich, die Arme auseinanderwerfend: ‚Wir gehen alle mit! Wir gehen alle mit!' – wir gingen. Herr Witzmann ging nicht. Zwei Monate später haben dann die ersten in der großen Reise diese – nun sagen wir: heißen Stimmungen – mit ihrem Blut gekühlt."[21]

Diese seit den Freiheitskriegen besonders im liberalen Nationalprotestantismus übliche Verknüpfung von deutschem Protestantismus und deutschem Nationalismus hatte zu Beginn des Ersten Weltkrieges als ideologisches Interpretament auf weite Kreise der Gesellschaft übergegriffen.[22] Mit einem Mal schien das im Bürgertum – und besonders im Bürgertum protestantischer Provenienz – so verbreitete und verlockende Ziel gesellschaftlicher Homogenität in greifbare Nähe gerückt. Und dies zu einer Zeit, in der viele Pfarrer und kirchliche Mitarbeiter inmitten des irritierend und schmerzhaft erfahrenen Entkirchlichungsprozesses die Hoffnung auf eine ungestörte und ungebrochene religiöse Bindungsbereitschaft und Volkskirchlichkeit beinahe aufgegeben hatten. Voller Begeisterung formulierte der Berichterstatter für den *Bericht über den Zustand der ev[angelischen] Landeskirche von S[achsen] W[eimar] E[isenach] für die Jahre 1914–1920*:

„Das alte Laster des deutschen Volkes, der alles zerklüftende Parteigeist, schien wie ausgelöscht! Klassen- und Kastengeist war zurückgedrängt. Überall wurde der Burgfrieden zwischen den Konfessionen wie zwischen den Parteien geschlossen und gehalten und die Risse in unserem Volksleben durch gegenseitiges Sichverstehenwollen überbrückt und überwunden."[23]

---

von Hanns Lilje, dem Nachfolger von August Marahrens (1875–1950) im Bischofsamt der Evangelisch-Lutherischen Landeskirche Hannover: Hanns Lilje, *Krieg als sittliche Aufgabe*, Berlin 1941.

17 Thomas Rohkrämer, *Der Militarismus der „kleinen Leute"*, München 1990.

18 *Otto von Bismarck* (1815–1898), 1862 vom preußischen König Wilhelm I. zum Ministerpräsidenten berufen, formuliert in einer Rede vom 06.02.1888 diesen Satz, der in der Folgezeit zum geflügelten Wort wurde.

19 Hermann Louis Brill (1895–1959), sozialdemokratischer Politiker und erster, durch die amerikanische Militärregierung eingesetzter Regierungspräsident der Provinz Thüringen, war am Herzog-Ernst-Seminar in Gotha zum Volksschullehrer ausgebildet worden. – Vgl. dazu die Kapitel 3.2.2, dort den Exkurs: ‚Brill', und 4.3.

20 *Georg Witzmann* (1871–1958), Theologe und Pädagoge, war 1906 Nachfolger des Leipziger Pädagogen Paul Möbius als Direktor am Herzog-Ernst-Seminar in Gotha geworden. Als Mitglied der DVP saß Witzmann sowohl im gothaischen als auch im thüringischen Landtag. – Vgl. auch Georg Witzmann, „Die kirchliche Entwicklung in Thüringen 1918–1933", in: *Thüringer Gratwanderungen*, 222-243.

21 Zitiert aus: Manfred Overesch, *Hermann Brill: ein Kämpfer gegen Hitler und Ulbricht*, Bonn 1992, 28f. – Vgl. dazu auch Klaus Meißner (Hg.), *Lehrer helfen siegen: Kriegspädagogik im Kaiserreich*, Berlin 1987.

22 Schreier, *Untersuchungen*, 19: „Kriegspredigten aus den ersten Kriegsjahren zeigen, wie stark gefühlsbetont Gotteserleben und nationales Erleben miteinander verkettet waren."

23 Bericht über den Zustand der ev[angelischen] Landeskirche von S[achsen] W[eimar] E[isenach] für die Jahre 1914–1920: Beilage zu den Schriftstücken der XII. Landessynode von SWE. o.O. 1929, Ms., in:

Die Kirchen füllten sich, die gesellschaftliche Reputation des evangelischen Pfarrers wuchs spürbar:
„Das große Kriegserlebnis, die gemeinsame vaterländische Not und Erhebung drängte den Menschen geradezu hin zur Kirche, als dem Gefäß, das weit genug war, das fromme Erleben eines ganzen Volkes in sich zu fassen. Der Einzelne ging mit seiner Frömmigkeit ganz unter in der seines Volkes."[24]

2.2 Der verlorene Krieg und die ungewollte Revolution 1918/19

Der verlorene Krieg und die von den meisten Pfarrern schockartig erlebte Novemberrevolution 1918 hatten die bereits seit 1916 nachlassende Motivierungsenergie des nationalen Gemeinschaftspathos jener ersten Kriegsmonate stärker in den Hintergrund treten lassen. Rückblickend urteilt Superintendent Dahinten:
„Die ersten Erfolge weckten die Hoffnung auf eine kurze Dauer des Krieges. Als sie enttäuscht wurde, die englische Blockade sich fühlbar machte, die Verluste sich häuften, die Glocken geopfert werden mußten, der U-Bootkrieg versagte und die Offensive im Frühjahr 1918 mißlang, regte sich der Unwille gegen die ‚Kriegsverlängerer', zu denen man auch die Pfarrer rechnete, weil sie politische und wirtschaftliche Maßnahmen der Regierung und Heeresleitung gebilligt hatten. Diese Stimmung blieb nicht ohne Rückwirkung auf das kirchliche Leben. Die Gottesdienste wurden gemieden, der evangelischen Kirche ihre enge Verbundenheit mit Staat und Monarchie zum Vorwurf gemacht."[25]
Damit war eine aggressive, theologisch-ideologisch verbrämte Kriegsverherrlichung zwar zumindest teilweise diskreditiert, doch die Wunschvorstellungen von nationaler Größe und soldatischen Mannestugenden blieben als Versatzstücke einer bürgerlich-nationalen Mittelstandsideologie nach wie vor virulent.[26] Auch sie trugen mit dazu bei, dass – aufs Ganze gesehen – innerhalb des deutschen Protestantismus eine gründliche theologische wie politische Analyse ebenso wie eine tragende Neudefinition von Rolle und Funktion

LKAE, ebd., 65. – Beate Schreier vermutet als Verfasser dieses 1923/1929 geschriebenen Berichtes Karl Arper. Schreier, *Untersuchungen*, Anm. zu Kap.1, 20. – Zur Person und Wirksamkeit Arpers: Susanne Böhm/Dietmar Wiegand, „Liturgisch und sozial: zur Frömmigkeit von Kirchenrat D. Karl Arper (1864–1936)", in: *Vestigia pietatis*, 227-247.

24 Ebd., *Bericht über den Zustand*, 59; Schreier, *Untersuchungen*, 20: „Ein weiteres Grundmotiv beherrscht die kirchliche Berichterstattung: eine nicht hoch genug zu lobende ‚sittlich-erzieherische' Wirkung des Krieges auf das, was man schon seit lange vor dem Krieg als tiefsitzende ‚Volksschäden' betrachtete." Dahinten, *Pfarrerverein*, 9: „Der Kirchenbesuch hob sich, die Gäste am Abendmahlstisch mehrten sich, die Opferwilligkeit erreichte in den ersten Gottesdiensten nach Kriegsausbruch ihren Höhepunkt." – Für den Gottesdienst wurden in jenen Jahren zahlreiche liturgische Handreichungen erarbeitet, die im Kollekten- und Fürbittengebet in hymnischer Weise derer gedachten, die „auf dem Feld der Ehre" kämpften und denen, die auf eben jenem Feld „den Heldentod erlitten" hatten. Weite Verbreitung fanden die von Karl Arper und Alfred Zillessen herausgegebenen Kriegsagenden. Böhm/Wiegand, *Liturgisch und sozial*, 234. – Die steinernen oder hölzernen Zeugnisse des Kriegsgedenkens und der damit verknüpften Heldenverehrung (mit den entsprechenden Jahreszahlen 1813/15, 1870/71, 1914/18, 1939/45) finden sich bis heute in nahezu allen deutschen und natürlich auch thüringischen Kirchen in Form von Gedenktafeln, Mahnmalen, Totenbüchern etc.

25 Dahinten, *Pfarrerverein*, 10.

26 Am Beispiel der kriegsideologischen und antimodernen Bestandteile der Philosophie Martin Heideggers sehr eindrucksvoll herausgearbeitet von Domenico Losurdo, *„Die Gemeinschaft, der Tod, das Abendland": Heidegger und die Kriegsideologie*, aus dem Italienischen von Erdmuthe Brielmayer, Stuttgart 1995.

der Kirche im neuen Staatswesen weitgehend unterblieb.[27] Viele der heimkehrenden Weltkriegsoffiziere werden damals ähnlich dem nun ‚arbeitslosen' U-Boot-Kommandanten Niemöller empfunden haben: „Ich selber kam mir gleich in den ersten Kieler Tagen [Ende November 1918, d. Vf.] in meinem eigenen Vaterland wie ein Fremder vor; [...] nirgends sah man damals einen Kristallisationspunkt, wo sich national denkende Männer fanden, um im Unglück zusammenzustehen und Hand anzulegen. [...] Nur eins war mir damals vom ersten Augenblick an deutlich, daß mich von dieser ‚Revolution' und ihren offenen und versteckten Drahtziehern eine Welt schied und in alle Zukunft scheiden würde."[28]
Vorherrschend waren Nostalgie, Pathos und Enttäuschung, auch bei denen, die diesen Krieg gar nicht erst miterleben ‚durften': „Auf die Frage, was denn jene Jugend der ersten Nachkriegszeit innerlich bewegt hat, möchte ich antworten: ihr Kriegserlebnis. Mit jedem Jahr ihres Lebens waren sie dem Feuer näher gekommen. [...] Als alles vorbei war, ohne daß sie der Welt und vor allem sich selbst den Nachweis der Bewährung hatten geben können, blieben sie zunächst verunsichert. Sie waren sozusagen um ihren ‚Heldentod' gekommen."[29]
Pfarrer Ermisch urteilte im Rückblick auf die letzten Jahre des Ersten Weltkrieges, in denen Moral und Ideal einem großen Verschleiß unterlegen gewesen seien, „[...] daß diese jungen Menschen noch Walter Flex und Gorch Fock zu Vorbildern hatten und daß sie das Wort von Reifwerden und Reinbleibenwollen weiter gelten ließen. Der dumpfe Trommelton in manchen Landsknechtliedern ließ in ihnen die Schauer des jüngst Vergangenen noch einmal aufklingen und das bittere ‚wer übrigbleibt hat recht und wer verliert, ist schlecht' entsprach ihrer Lage nach dem verlorenen Krieg."[30]
Dennoch führten die mit der Kriegsniederlage verbundenen Irritationen und vor allem der buchstäblich revolutionär – mithin ‚durcheinanderwirbelnd' – empfundene Verlust der Monarchie zu interessanten neuen Entwicklungen. Nachdem der gewohnte ‚Thron und Altar'-Obrigkeitsstaat sein Ende gefunden hatte, kollidierten die bisher internalisierten Mentalitäten und Orientierungen jetzt mit den Leitvorstellungen einer Gesellschaft, die sich ausdrücklich pluralistisch verstand und sich zudem parlamentarisch-demokratische Strukturen gegeben hatte. Somit standen die Kirchen vor der ganz und gar neuen Aufgabe, ein kirchliches Selbstverständnis in einem religiös neutralen Staat zu entwickeln und zu

27 Nowak, *Evangelische Kirche*, 14: „Sofern [nach 1918, d. Vf.] politische, soziale und gesellschaftliche Aussagen kirchenoffiziell artikuliert wurden, blieben sie weitgehend in traditional bestimmten Denkschemata stecken, am eindeutigsten greifbar bei Problembereichen wie Nation, Volk, Staat, Wirtschaft. [...] Die Denkfigur ‚christlicher Staat', die als Wunschbild weiterlebte und im kirchenoffiziellen Zielbild ‚Volkskirche' in ekklesiologischer Entsprechung gegenwärtig war, schuf eminente Blockaden, das politische Mandat der Kirche im demokratisch-pluralistischen Staat neu zu definieren."

28 Martin Niemöller, *Vom U-Boot zur Kanzel*, Berlin 1935, 142f.

29 Ermisch, *Lebenserinnerungen*, 9. – Siehe auch Stegmann, *Der Kirchenkampf*, 11: „Die Pfarrer verstanden sich fast ausnahmslos als treue Diener ihres Staates und seiner Regierung. Das Ende der Fürstenherrschaft im November 1918 traf sie schwer. [...] Mit den neuen politischen Verhältnissen vermochten sich nur sehr wenige anzufreunden, die Mehrzahl hoffte – wie ein großer Teil des Bürgertums – auf den Zusammenbruch der Weimarer Republik und die Wiederherstellung der früheren Zustände. Das galt übrigens auch für sehr viele kirchlich liberale Pfarrer. Die jüngere Generation kam aus dem Kriege. Viele waren als Vikare oder Studenten als Kriegsfreiwillige an die Front gegangen und kamen als Offiziere zurück. Auch sie konnten sich größtenteils mit den neuen Verhältnissen nicht abfinden." – Davon auszunehmen ist die kleine, doch kirchenpolitisch sehr agile Gruppe der Thüringer Religiösen Sozialisten um deren Begründer *Emil Fuchs (1874–1971)*.

30 Ermisch, *Lebenserinnerungen*, 9.

behaupten.[31] Dass dies gerade in Thüringen nicht einfach war, zeigen die bereits 1920 beginnenden Auseinandersetzungen im Thüringer Landtag um die teuerungsbedingten Gehaltszuschüsse für die Pfarrer, die von ‚links' mit dem Argument der – allseits gewollten – Trennung von Staat und Kirche heftig und zuweilen auch hart an der Grenze politischer Fairness vorgetragen wurden.[32]
So kann man sagen, dass sich der radikale Verlust des Jahrhunderte währenden Staatskirchentums ebenso wie der politische Sog der Novemberrevolution auch auf die thüringenspezifische Strukturierung des im gesamten deutschen Protestantismus zentralen Leitbildes der Volkskirche irritierend und zugleich ungemein dynamisierend auswirkte.[33] Auf die seit 1848/49 vergeblichen Bemühungen um einen politischen Zusammenschluss Thüringens kann hier nicht weiter eingegangen werden. Erwähnenswert ist für unseren Zusammenhang lediglich die von Erich W. Reichardt (1899–1982) diagnostizierte Zweckbestimmung der ‚Einheitsvorboten' des 19. Jahrhunderts: „Die Thüringer Gefängnisgesellschaft, die Thüringer Konferenz für Innere Mission, die Thüringer Kirchliche Konferenz, das gemeinsame Diakonissenhaus in Eisenach sind ebenso Einheitsvorboten, wie in staatlicher Beziehung z.B. die Universität der ‚Erhalterstaaten', die Landesversicherungsanstalt in Weimar, das Oberlandesgericht in Jena. Zur Durchführung der Kriegswirtschaft entstanden noch manche gemeinsame Behörden."[34]
Auch wenn – wie im übrigen Deutschen Reich – in Thüringen das konfliktreiche Neben- und Miteinander von national-konservativ, liberal und religiös-sozialistisch geprägtem Protestantismus mit je eigenen gesellschafts- und kirchenpolitischen Zielvorstellungen deutlich erkennbar war, so zeigte sich doch ein gemeinsamer Gestaltungswille, der am Begriff der ‚Volkskirche' festgemacht werden kann.[35] Nach der Depression, die weite

---

[31] Thomas A. Seidel, „Gratwanderungen", in: *Thüringer Gratwanderungen*, 7-13, 8; Dietmar Wiegand, *Thüringer evangelische Kirche und soziale Frage: Motive, Institutionen und Aufgaben kirchlicher Sozialarbeit zur Zeit der ersten deutschen Demokratie*, ebd., 33-61, 33, 61.

[32] Erich W. Reichardt, *Die rechtlichen Beziehungen zwischen Staat und Kirche im Reich und in Thüringen, nach Aussprüchen von Parteien, Regierungs- und Volksvertretern. Im Auftrag des Landeskirchenrates der TheK zusammengestellt von Dr.jur. Dr.rer.pol. Reichardt*, Eisenach o.J. [1923]. – Auf die Äußerung des USPD-Volksbildungsministers Max Greil (1877–1939), „[...] seine Schuld sei es nicht, wenn die Geistlichen verhunger[e]n", reagierte u.a. der Abgeordnete der DDP, Enders, indem er die demokratischen und Volkseinheitsbestrebungen der TheK hervorhob: „Wir erkennen die Notlage, in der sich die Kirche befindet, und auch die Pflicht des Staates, diese Notlage zu steuern, an. [...] Die Landeskirchen haben sich aufgelöst und zu einer thüringischen Kirche zusammengeschlossen. Sie hat also den Thüringer Einheitsgedanken aufgenommen [...], und die Gelegenheit, diesen Einheitsgedanken ethisch zu vertiefen. Sie hat sich eine Verfassung gegeben, die durchaus demokratisch ist, und sie hat unumwunden und rückhaltlos den Willen kundgegeben, daß sie sich politisch vollständig neutralisieren, und daß sie allen Schichten des Volkes ohne Unterschied der Partei und des Bekenntnisstandes auf religiös-ethischem Gebiet im Geiste der Brüderlichkeit dienen will. Das setzt voraus, daß ihr äußerer Bestand, der durch die Revolution und durch die Zertrümmerung des alten Staates erschüttert und gefährdet ist, sichergestellt wird. Die thüringische evangelische Kirche hat ein Recht darauf. Es ist die Pflicht des Staates, das zu tun." Ebd., 24, 19. – Zu *Max Greil*, *Hermann L. Brill*, *Walter Wolf* und dem Thema „Staat und Schule" vgl. die Kapitel 3.2.6 und 4.6.

[33] Kurt Meier, „Volkskirchliche Konzeptionen im deutschen Protestantismus zwischen 1918 und 1945", in: Carsten Nicolaisen (Hg.), *Nordische und deutsche Kirchen im 20. Jahrhundert*, Göttingen 1982, 165-197. Das Volkskirchenthema ist in der Weimarer Republik zeitgeschichtlich bedingt durchaus zentral und relevant geblieben, weil sich in ihm die Existenzfrage und das Einflussproblem des landeskirchlichen Protestantismus in Deutschland artikulierte. Ebd., 169.

[34] Erich W. Reichardt, *Der Neubau der Thüringer evangelischen Kirche*, Jena 1922, 10 (Hervorhebung durch d. Vf.). *Erich W. Reichardt* war der Sohn des ersten Landesoberpfarrers und Bischofs der TheK, Wilhelm Reichardt.

[35] So urteilt u.a. Friedrich Koch, „Auf dem Wege zur neuen Volkskirche in Preußen", in: *KJ* 48. 1921, 2, zit. n.: Meier: *Volkskirchliche Konzeptionen*, 169. – Trotz der divergierenden Ausgestaltungs- und Funk-

Teile des Bildungsbürgertums am Ende des Krieges erfasst hatte, gewannen nun, zu Beginn der zwanziger Jahre, „Volk und Vaterland“, „Glaube und Heimat“ eine gewaltige Renaissance.[36]

Auch hier sei – *pars pro toto* – auf die biographischen Schilderungen Niemöllers verwiesen, der am Beginn der 20er Jahre mit Blick auf ein von ihm angestrebtes Theologiestudium schrieb: „Ich war mit Volk und Heimat nach dem Erleben des Kriegsendes und der Revolution innerlichst zerfallen; ich hatte von mir aus eine Barriere aufgerichtet und mich dahinter zurückgezogen und jede Mitverantwortung abgelehnt. Und plötzlich wußte ich, daß ich in diesen Monaten [der Arbeit auf einem westfälischen Bauernhof, d. Vf.] ein anderer geworden war, daß die Zäune gefallen und Volk und Heimat mir wieder nahe gerückt waren, so nahe, daß ich diesem Volk aufs Neue verpflichtet war. [...] Das künftige Schicksal des Volkes lag bei der Familie, bei Schule und Kirche als den Quellorten schöpferischer Lebenskräfte eines Volkes!“[37]

Wie Niemöller sahen viele Pfarrer und sicher nicht wenige Gemeindeglieder ihre Kirche als Kämpferin „[...] in dem großen entscheidenden Kampf unserer Tage, dem Kampf um die Seele unseres Volkes.“[38] Mitte der 30er Jahre wird der ‚entscheidende Kampf‘ dann – namentlich für die Thüringer DC – nicht nur ‚um die Seele unseres Volkes‘, sondern vielmehr als ‚Weltkampf gegen die Juden‘ geführt werden. Dass auch dieser Kampf eine übergroße Mehrheit evangelischer Kirchenmänner, über alle kirchenpolitischen Gräben hinweg, vereint sah, verweist auf die weitausgreifenden Traditionslinien des christlichen Antijudaismus, der mit dem NS eine buchstäblich mörderische rassistische Aufladung erfahren hat.[39]

Von national-protestantischer Einheitssehnsucht und nachgerade kaiserlicher Überparteilichkeit getragen ist denn auch die Neujahrskundgebung des erweiterten Landeskirchenrates der TheK für das Jahr 1920: „Die neue, auf sich selbst gestellte Kirche braucht die Zusammenfassung aller ihrer Glieder zur tätigen Mitarbeit in Gemeinde, Kirchenkreis

---

tionsformen behauptete sich der ekklesiologische Leitbegriff „Volkskirche“ in allen kirchlichen Lagern. „Es dürfte schwer fallen“, urteilt Meier, „eine kirchliche Gruppe zu finden, die nicht volkskirchlichen Zielstellungen verpflichtet gewesen wäre.“ ebd., 194. – Die einleitenden Artikel zu den Ordnungen für LKT und LKR der TheK stehen unter der programmatischen Überschrift: „Die Thüringer Volkskirche“. Reichardt, *Der Neubau*, 15.

36 Justus H. Ulbricht, „‚Glaube und Heimat‘ oder ‚pädagogisch-politische Reformation‘: kulturelle Antworten auf gesellschaftliche Identitätskrisen im ‚grünen Herzen Deutschlands‘ “, *Palmbaum* 3/4. 1996, 6-17. – Ulbricht exemplifiziert diese „Chiffren kultureller Sinnsuche“ eines von antimodernen und antidemokratischen Ressentiments getragenen national-konservativ bis völkisch enthusiasmierten Bürgertums anhand zweier evangelischer Erwachsenenbildungseinrichtungen Thüringens, des 1916 gegründeten Eisenacher ‚Neuland-Bundes‘ der Pädagogin, Schriftstellerin und Verlegerin Guida Diehl und der 1921 von Pfarrer Ernst Weigelt in Neudietendorf gegründeten ‚Thüringischen Bauernhochschule‘.

37 Niemöller, *Vom U-Boot*, 150, 162. – Wie viele seiner Zeitgenossen war auch Niemöller vom „tiefdeutschen“ Kulturpessimismus der Jahrhundertwende erfüllt, der in Spenglers *Untergang des Abendlandes* einen „großartigen“, außerordentlich breit rezipierten Niederschlag gefunden hatte. Im Vorwort zur ersten Ausgabe schrieb Spengler 1917: „Ich habe nur den Wunsch beizufügen, daß dies Buch neben den militärischen Leistungen Deutschlands nicht ganz unwürdig dastehen möge“. Oswald Spengler, *Der Untergang des Abendlandes: Umrisse einer Morphologie der Weltgeschichte*, München 1986 (1. Aufl. 1923), XI.

38 Neujahrskundgebung des erweiterten vorläufigen LKR, 05.12.1919. Zit. n.: Reichardt, *Der Neubau*, 29f.: „Wir sind getragen von dem frohen Vertrauen, daß unsere Thüringer Kirche unter dem Segen des Herrn ihren Gottesauftrag an unserem Thüringer Volk erfüllen wird.“ Ebd.

39 Vgl. dazu Kapitel 4.8. – Auch die Kampf-Metapher fand nicht nur im ‚Kirchenkampf‘ der 30er und 40er Jahre eine reichliche, das jeweilige kirchenpolitische Handeln stützende Anwendung. Auch nach 1945 setzte sich der ‚Kampf‘ fort, mindestens solange, wie die politischen Zustände nicht befriedet, sprich: rechtlich und demokratisch legitimiert waren – d.h. bis 1989/90. – Vgl. dazu Kapitel 5.3.

und Landeskirche, sie kennt keine Parteien, will alle umfassen und allen dienen. Gerade in einer Zeit äußerer Knechtung und innerer Zerrissenheit will die staatsfreie Volkskirche über alle Trennungen hinweg in der Liebe Jesu Christi die Herzen einen und unserem Volkstum die edelsten Güter erhalten, die ihm gegeben und anvertraut sind in Christentum, Reformation und deutscher Kultur."[40]

Didaktisch griffiger und völkisch eindeutiger formulierte der Schulleiter Fritz Mögling der ,I. Thüring[ischen] Bauernhochschule Neudietendorf' dieses ,national-inkarnative' Erziehungsziel: „[...] die Wiedergeburt des christlichen deutschen Menschen, der seine Scholle lieb hat, der sein Volk und Vaterland über alles setzt und in Gott die Wurzel aller echten Kraft sieht."[41]

Während der liberale Protestantismus auf die christlich-religiöse Durchdringung der Kultur setzte, erschien den Thüringer konfessionellen Lutheranern Religion vor allem in strenger Bezogenheit auf die staatliche Ordnungsmacht auf Dauer lebensfähig. Auf dem Hintergrund des bäuerlichen wie kleinbürgerlichen Bekenntnisses zum ,christlichen Staat', dessen erhoffte Restauration vermittels einer zuweilen euphorisch beschworenen „Herrlichkeit des deutschen Kaiserreiches"[42] gegen die religiös neutrale Weimarer Republik mobilisiert wurde, zeichnete sich die innerkirchliche wie außerkirchliche politische Auseinandersetzung im sprichwörtlich ,roten Thüringen' gegenüber anderen deutschen Ländern durch besondere Schärfe aus. Rückblickend urteilt Witzmann: „Alle diese kirchlichen Arbeiten [zur Einigung und Stabilisierung der Thüringer evangelischen Kirche, d. Vf.] sind in den ersten Jahren nach der Revolution durchgeführt worden, während die Kirche gleichzeitig mit dem feindlich gesinnten Staate in schärfstem Kampfe um ihre Lebensrechte streiten mußte. Stand doch in den Jahren 1921–1923 Thüringen unter rein sozialdemokratischer Regierung, die wiederum abhängig war von den Kommunisten."[43]

Unter mehrfacher Hervorhebung der prekären Finanzsituation der Kirche während dieser Jahre „eines rücksichtslos und leidenschaftlich geführten Kulturkampfes" resümierte dieser engagierte Vertreter der kirchlich und politisch Konservativen: „Erbarmungslos, ja mit Hohn und Spott stand die Regierung der wachsenden Not in den Pfarrhäusern gegenüber. Alle kirchlich und religiös gesinnten Männer und Frauen wurden im Parlament, in der Presse und in Versammlungen verhöhnt und beschimpft. Der Kirchenaustritt wurde in jeder Weise erleichtert und gefördert. Altgewohnte christliche Feste wurden abgeschafft, der religiöse Einfluß in den Schulen wurde nach Möglichkeit beseitigt, der religionsfeindliche Freidenkerunterricht in jeder Weise gefördert."[44]

Mit dem Einzug der Religiösen Sozialisten und des Bundes für Deutsche Kirche in den Thüringer Landeskirchentag 1927 ergriff die *extra muros* stattfindende politische Polarisierung nun den innerkirchlichen Raum – in ebenso anregender wie zuweilen auch unfruchtbarer Weise. Die bis dato unter dem Schlagwort der ,politischen Neutralität' gegenüber dem Weimarer Staat gehaltene Interessengemeinschaft in der politischen und volksmissionarischen Bestimmung des Auftrages der Volkskirche – auch bei unterschiedlicher Akzentuierung in den verschiedenen kirchenpolitischen Gruppen Thüringens – zer-

40 Reichardt, *Der Neubau*, 29f. – Vgl. auch Jonathan R.C. Wright, *„Über den Parteien": die politische Haltung der evangelischen Kirchenführer 1918–1933*, Göttingen 1977.

41 Ulbricht, *„Glaube und Heimat"*, 12.

42 „Die Herrlichkeit des deutschen Kaiserreiches, der Traum unserer Väter, der Stolz jedes Deutschen ist dahin. Mit ihr der hohe Träger der deutschen Macht, der Herrscher und das Herrscherhaus, das wir als Bannerträger deutscher Größe so innig liebten und verehrten." So der ehemalige Oberhofprediger Moeller auf dem Kirchentag 1919 in Dresden, in: *Verhandlungen des 1. Deutschen evangelischen Kirchentages 1919*, hg.v. Deutschen evangelischen Kirchenausschuss, Berlin-Steglitz o.J. [1919], 57.

43 Witzmann, *Die kirchliche Entwicklung*, 229.

44 Ebd., 234.

brach mehr und mehr an der radikalen Kirchenkritik der Religiösen Sozialisten.[45] Diese stellten „[...] die Verzweiflung von Millionen Arbeitslosen, das Elend von Millionen Kindern, die Sorgen von Millionen Müttern, den weltanschaulichen Nihilismus von Millionen Arbeitern" deutlich über den „Kampf um die Lebensrechte der Kirche."[46] Mit ihrer spezifischen Funktionsbeschreibung von Volkskirche zielte diese kirchenpolitische Gruppe auf eine religiöse, die Arbeiterbewegung und deren marxistische Analyse ernstnehmende Protestbewegung, die sich „[...] in der Kirche gegen die Kirche für eine freie Volkskirche" ohne alle bürgerlichen Privilegien engagierte.[47]

Neben jenen innerkirchlichen Diskussionen um die theologische und soziopolitische Rolle der Volkskirche spiegelten sich besonders im Diskurs um die Deutung des verlorenen Krieges die milieuspezifischen wie parteipolitischen Machtkämpfe der 20er Jahre:„Als Geburtsstunde des neuen Nationalismus nimmt das Kriegserlebnis im antidemokratischen Denken der Weimarer Republik eine zentrale Stellung ein."[48]

Dies ist nicht weiter verwunderlich, wenn man in Betracht zieht, dass die zumeist geringschätzig ‚System' genannte parlamentarische Demokratie von den Zeitgenossen ganz sicher nicht als Vorspiel zu Hitler erfahren wurde, sondern wohl eher als Nachkriegszeit, die nicht vergehen wollte – nicht zuletzt auch wegen der friedlosen Nebenfolgen des Friedensvertrages von Versailles.[49]

Die für diese ‚Zwischenkriegs-Jahre' typischen, vor allem gegen die ‚Linken' gerichteten Stereotypen ‚Vaterlandsverrat', ‚Dolchstoß', ‚Novemberverbrechen', ‚Kriegsschuldlüge' waren zu Schlagworten geworden, denen in den Straßen- und Saalschlachten zwischen radikalisierten Jugendlichen in der nationalsozialistischen ‚Sturmabteilung' (SA) und im kommunistischen ‚Rotfrontkämpferbund' (RfK) dann auch handgreiflich, sozusagen schlagartig Nachdruck verliehen wurde. Die seit der Zeit des Rationalismus in weiten Gebieten Thüringens gewachsene kirchliche Indifferenz, die mit dem Beginn der Industrialisierung in der Mitte des vorigen Jahrhunderts zunahm, erhielt nach 1918 vor allem in der Thüringer Arbeiterschaft immer deutlicher werdend antikirchliche Züge.[50] Mit publizistischer Kraft und gewiss nicht ohne populistischen Erfolg setzten deren Vertreter sich zur Wehr gegen „reaktionär politisierende Gottesstreiter" und „streitbare Pfäfflein", wie

---

45 Siehe hierzu Kapitel 3.2.4; sowie Schreier, *Untersuchungen*, Teil A, 6: „Vor allem der sogenannte ‚Kulturkampf' in Thüringen unter dem sozialistischen Volksbildungsminister Greil zeigte, daß die TheK trotz postulierter ‚politischer Neutralität' Stellung an der Seite des Bürgertums gegen die sozialistischen Parteien bezog und Anfang 1924 unverhohlen aktive Wahlpropaganda für eine bürgerliche Regierung betrieb." – Von Schreier wurden die unterschiedlichen Volkskirchenkonzeptionen in Thüringen sehr gut herausgearbeitet. Ebd., Teil A, Kapitel 3: „Das Volkskirchenverständnis", 35-48; und Teil B: „Die kirchlichen Gruppen ", 1-209.

46 Aurel von Jüchen, „Die Thüringer Kirche am Scheidewege", in: *Ostthüringer Volkszeitung* v. 01.11.1930: Jüchen bezeichnete in diesem Artikel den Begriff der ‚Neutralität' als: „ein Scheindogma, eine Erfindung der Kirche in der Nachkriegszeit."

47 Beate Phieler (verh. Schreier), „Der Fall Thüringen", Dipl. theol. Halle 1979, Ms., 19.

48 Kurt Sontheimer, *Antidemokratisches Denken in der Weimarer Republik*, München 1994, 93.

49 Manfred Funke, „Die Republik der Friedlosigkeit: äußere und innere Belastungsfaktoren der Epoche von Weimar 1918–1933", in: *PZ* B 32-33. 1994, 11: „Der Versailler Vertrag und seine problematische Umsetzung machten den Ersten Weltkrieg allgegenwärtig, bestimmten ihn zum Handlungshorizont deutscher Politik und unmittelbarer Empfindung. Die Republik wurde auf einem Grund errichtet, in dem es wühlte und strudelte, sich tektonische Verwerfungen aufbauten, die nicht geordnet werden konnten und zu Faktoren des Scheiterns der ersten Republik gerieten." Siehe auch: Gerd Krumeich (Hg.), *Versailles 1919: Ziele – Wirkung – Wahrnehmung*, Essen 2001.

50 „Zum ersten Gottesdienst des neuen Pfarrers [im Sommer 1926, d. Vf.] kamen – sage und schreibe – neun Kirchenbesucher von etwa 500 Gemeindemitgliedern." Wilhelm Koch: „Der Kirchenkampf in Thüringen, wie wir ihn erlebten (1933–1938): auf Wunsch meiner Kinder aufgeschrieben im Frühjahr 1973", Ms., 4, in: *LKAE*.

beispielsweise gegen den Saalfelder Pfarrer Moritz Mitzenheim (1891–1977),[51] der sich unter anderem auch mit dem oben bereits erwähnten Sozialdemokraten Brill Rededuelle geliefert hatte: „Am 21. März hielt in einem Unterhaltungsabend in Röblitz Herr Pfarrer Mitzenheim, Saalfeld, eine Erbauungsrede. Es liegt uns fern, zu verlangen, daß Pfarrer etwa außerhalb der Politik stehen sollen. Aber ihrem Gewerbe entsprechend sollten sie sich mindestens nicht zu Kolporteuren geschichtlich längst widerlegter Unwahrheiten machen. Wenn daher dieser Gottesmann, dieser Prediger von Nächstenliebe, die Behauptung aufstellte, daß die Revolution die Schuld am Zustandekommen des Schmachfriedens trage, dann läßt dies auf Wahrhaftigkeit wenig schließen."[52]

Am Ende der Weimarer Republik, als sich Thüringen – wie vom späteren Thüringer Gauleiter Fritz Sauckel (1894–1946) 1924 bereits prophezeit[53] – zunehmend zur ‚nationalsozialistischen Hochburg im Reich' entwickelte, nahm die Radikalisierung und Dramatisierung dieser Auseinandersetzungen weiter zu. Die Wahlen zum 5. Thüringischen Landtag am 8. Dezember 1929 hatten einen klar erkennbaren Rechtsruck gebracht.[54] Die Sozialdemokraten sahen in den ‚Pfaffen' wichtige ‚Drahtzieher' der Rechtsparteien. Das bereits zitierte sozialdemokratische *Saalfelder Volksblatt* brachte in Auszügen die Ansprache Pfarrer Mitzenheims, die dieser anlässlich der – von den Linksparteien vergeblich zu verhindern gesuchten – Kriegerehrung auf dem Saalfelder Friedhof gehalten hatte: „Wie nicht anders zu erwarten, war sie eine geschickt verkleidete reaktionäre Rede des ‚deutschen Mannes'. Wie könnte er anders sprechen, der sich s. Z. auch dazu hergegeben hat, aus Anlaß des Versailler Friedens auf dem Marktplatz zu reden, sich sonst auch in reaktionären Veranstaltungen betätigt. Die Rechtsparteien haben es wohl gewußt, warum sie sich gerade Pfarrer Mitzenheim zum Redner holten. [...] Wir kennen die Drahtzieher! [...]."[55]

Nach wie vor standen die Thüringer Religiösen Sozialisten mit ihrer eindeutig pazifistischen Haltung weitgehend auf verlorenem Posten.[56] Die öffentliche und innerkirchliche Auseinandersetzung um eine „sozialistisch pazifistische Predigt am Volkstrauertag" – so titelte in der Ausgabe *Kampf um Thüringen* am 1. März 1932 die NSDAP-Zeitung *Der Nationalsozialist*[57] – verdeutlicht wiederum die politische Schlüsselfunktion und Brisanz des Themas ‚Volkskirche und Weltkrieg': „In Eisenach ist seit kürzerer Zeit an die Stelle des ‚berühmten' Pfarrers der Religiösen Sozialisten, D. Emil Fuchs, ein religiöser Sozialist Dr. Hertzsch getreten. [...] Uns wird im Namen der christlichen Kirche am Volkstrauertag z u g e m u t e t, wir sollten denen die christliche Bruderhand reichen, die uns in einem ungerechten Krieg überfielen, die uns nicht mit ehrlichen Waffen, sondern mit

---

51 Vgl. dazu Kapitel 3.2.2, dort den Exkurs: ‚Brill', und Kapitel 3.2.4.

52 „Ein Prediger der Wahrheit", in: *Saalfelder Volksblatt* v. 28.03.1920, in: *LKAE*, Nl. Mm, unfoliiert.

53 „Thüringen kann, wie die Dinge heute liegen, die nationalsozialistische Hochburg werden." Aktennotiz Sauckels. Zit. n.: Overesch, *Hermann Brill*, 196. – Vgl. dazu Kapitel 3.2.2.

54 Die NSDAP konnte mit 90.159 Stimmen ihre Stärke verdreifachen und erhielt – wie die KPD (85.209) – 6 Mandate. Die SPD blieb mit 18 von Gesamt 53 Sitzen zwar noch immer die stärkste Fraktion, verlor jedoch die Mehrheit im Parlament. Zweitstärkste Kraft wurde, signifikant für die geopolitische Struktur Thüringens, die Christlich-Nationale Bauern- und Landvolkspartei mit 9 Mandaten (131.214). Die Reichspartei des deutschen Mittelstandes (Wirtschaftspartei) errang 6 (76.535), die DVP 5 (70.567), die DNVP 2 (31.736) und die DDP allerdings nur 1 Sitz (23.393). Statistik aus Overesch, *Hermann Brill*, 200. Bei der äußerst schwierigen Regierungsbildung gelang es der NSDAP, mit ertrotzter Akzeptanz der Rechten die Nationalsozialisten *Wilhelm Frick (1877–1946)* zum Innenminister und *Willy Marschler (1893–1955)* zum Staatsrat zu machen.

55 *Saalfelder Volksblatt* v. 01.07.1929, in: *LKAE*, Nl. Mm, unfoliiert.

56 Reinhard Creutzburg, „Zur Entwicklung der religiös-sozialistischen Bewegung in Thüringen 1918–1933", Dipl. theol. Halle 1979, Ms.

57 *Der Nationalsozialist* v. 01.03.1932 (Beilage Nr. 51), in: *LKAE*, A 239/II, unfoliiert.

Hunger, Bestechung und einem ungeheuerlichen Lügenfeldzug überwältigt haben, und die heute noch auf diesen Lügen stehen! [...] Diesen Pfarrer auf eine dicht gedrängte, deutsche Trauergemeinde loszulassen – das ist ein unverzeihlicher kirchlicher Mißgriff – [...] Wir protestieren dagegen in aller Form, fragen die Kirchenbehörde, was sie zu diesem Vorfall sagt und fordern alle nationalsozialistischen Kirchenmitglieder auf, sich um ihre Kirche zu bekümmern, damit Wandel geschaffen wird!“[58]

Diese heftig geführte Debatte endete mit der innerkirchlichen Disziplinierung des Predigers, des Eisenacher Pfarrers und Religiösen Sozialisten Erich Hertzsch (1902–1995), durch den Landesoberpfarrer Wilhelm Reichardt (1871–1941).

Die in den Jahren 1930/31 bedrohliche Zunahme der wirtschaftlichen Depression hatte auch Auswirkungen auf die soziale Situation der Pfarrer Thüringens und ihrer Familien: „Die Arbeitslosigkeit war so gestiegen, daß eine Staatskrise drohte. Der Pfarrerstand war bis an die Grenze des Verantwortbaren belastet. 600 Pfarrer hatten 720 Stellen zu versorgen. [...] Der Thüringer Landtag ersuchte die Kirche, auf ein Drittel der Staatsleistungen zu verzichten. Das hätte für einen seit 1920 ständig benachteiligten und unterbesoldeten Stand unzumutbare Opfer bedeutet. Der Antrag war von den Nationalsozialisten ausgegangen.“[59]

Trotz oder möglicherweise: wegen der akuten wie latenten existenziellen Spannungen wurden die Auseinandersetzungen sowohl innerhalb der kirchenpolitischen Gruppen als auch zwischen den politischen Parteien immer gereizter und intoleranter geführt. Erwähnt sei in diesem Zusammenhang der Konflikt mit der in Thüringen recht erfolgreich ‚missionierenden‘ proletarischen Freidenkerbewegung.[60]

Mit einem bemerkenswerten kirchengeschichtlichen Rückblick setzten sich die Thüringer Religiösen Sozialisten auch in dieser Frage wiederum zwischen alle Stühle, indem die Pfarrer Emil Fuchs (1874–1971) und Karl Kleinschmidt (1902–1978) Ende 1930 eine Erklärung zu ‚Kirche und Nationalsozialismus‘ veröffentlichten: „Die Kirche ist in Gefahr, sich selbst zu verlieren! [...] Die Kirche von 1914 verleugnete das Evangelium, weil sie die Nation in ihrer Existenz aufs schwerste durch andere Nationen bedroht glaubte: sie verleugnete ihren Herrn um ihres Volkes willen. Die Kirche von 1930 verleugnet das Evangelium, weil sie von dem ‚positiven Christentum‘ der Nationalsozialisten eine Stützung ihrer durch die Kirchenaustrittsbewegung bedrohten organisatorischen Existenz erhofft: Sie verleugnet ihren Herrn um ihrer selbst willen.“[61]

Bereits nach der Wahl zum 6. Thüringer Landtag am 31. Juli 1932 errang die NSDAP in Thüringen die absolute Mehrheit und bildete eine rein nationalsozialistische Regierung. Ein halbes Jahr später vollzog sich der Sieg der ‚Kirchenbewegung Deutsche Christen‘

---

[58] Ebd.

[59] Dahinten, *Pfarrerverein*, 27. – Dieser Antrag trug den Nationalsozialisten sicherlich Sympathien im linken Parteienspektrum ein, die letztendlich vergeblich versucht hatten, den von den Kirchen immer aufs Neue angemahnten Staat-Kirche-Vertrag zur Regelung der Staatsleistungen zu verhindern. Mit spürbarer Genugtuung hebt Witzmann diesen Verhandlungserfolg der TheK hervor, der „nach unendlich mühsamen und schwierigen Verhandlungen im Jahre 1929 seinen Abschluß fand“, gewissermaßen „als letzte Tat des sterbenden Landtages“, der bereits seine Auflösung beschlossen hatte. Witzmann, *Die kirchliche Entwicklung*, 236f. – Der NS-populistische Angriff auf den Geldbeutel der Pfarrer schien in der Kirche wenige Monate später schon wieder vergessen?!

[60] Dahinten schildert die Auseinandersetzungen zwischen den liberalen Theologen der Jenaer Universität Heinrich Weinel (1874–1936), Wilhelm Thümmel (1856–1928) und Hans Lietzmann (1875–1942) mit dem Freidenker Arthur Drews. Dahinten, *Pfarrerverein*, 48. – In Gotha, einer mehrheitlich sozialdemokratischen Stadt und „Hochburg“ der Freidenkerbewegung, wurde 1878 das erste Krematorium Deutschlands errichtet, das – nicht nur – die Thüringer Kirche zum (aussichtslosen) Kampf gegen die Feuerbestattung herausforderte.

[61] Abgedruckt in: *Eisenberger Nachrichtenblatt* v. 02.12.1930. Zit. n.: Phieler, *Der Fall*, 25f.

im Landeskirchentag. Nach der Wahl zum 3. Thüringer Landeskirchentag am 22. Januar 1933, acht Tage vor der ‚Machtergreifung' Hitlers, zogen die Deutschen Christen, mit den ‚Deutschkirchlern' vereinigt, als stärkste Fraktion in das Kirchenparlament ein.[62]
In offenkundigem Gegensatz zu 1918, als – paradigmatisch für die ‚nachrevolutionäre' kirchenpolitische *opinio communis* – der Altenburger Generalsuperintendent Reichardt die Pfarrer aufgefordert hatte mit Rücksicht auf die gegenwärtigen Verhältnisse „[...] sich einer kommenden Neuordnung der Staatsverfassung zu fügen, treu weiter ihres Amtes zu walten, in Predigten und Reden sich politischen Erwägungen zu enthalten",[63] führte nun 1933 der 1920 zum ersten Thüringer Landesoberpfarrer gewählte Reichardt in einem mit dem Landeskirchenrat abgestimmten „Wort zur Zeitlage" aus: „Auch dem totalen Staat von heute ist die Kirche das totale Evangelium von alters her schuldig, lauter und unverkürzt. [...] Die Kirche blickt hoffnungsvoll in die Zukunft. Die Zeichen der Zeit deuten auf einen Umschwung zum Besseren."[64]

2.3 Die Thüringer evangelische Kirche am Ende der Weimarer Republik

Mit der Wahl vom 5. März 1933 hatten die Nationalsozialisten gemeinsam mit den Deutschnationalen die Mehrheit im Reichstag gewonnen. Damit war das Ende der „demokratischen Republik ohne Demokraten" besiegelt.[65] Das von der extremen Rechten „mit unerbittlicher Härte" verfolgte „völkische Ziel" der „Ausrottung des Bolschewismus" hatte auch in diesem Wahlkampf eine große Rolle gespielt.[66] Antibolschewismus, oft gepaart mit Antisemitismus, galt bei der Mehrzahl der Thüringer Pfarrer als der in ideologischer Hinsicht kleinste gemeinsame Nenner – bis ans Ende des ‚Dritten Reiches'. Eine kurzfristige Abschwächung des überzeugten wie des ‚verordneten' Antibolschewismus erfolgte unmittelbar nach Abschluss des deutsch-sowjetischen Nichtangriffspaktes am 23. August 1939. Der politikstrategische ‚Molotow-Rippentrop-Pakt' – als eine der Voraussetzungen für den Einmarsch der Wehrmacht in Polen – stürzte nicht nur den kommunistischen, auf Moskau fixierten Widerstand in Europa in furchtbare Verwirrung; er ir-

---

62 Stegmann, *Der Kirchenkampf*, 11-12. Die Wahlstatistik: ebd.

63 Wilhelm Reichardt, „Aus den Lebenserinnerungen von D. Wilhelm Reichardt, Eisenach, Landesbischof i.R., zusammengestellt für den LKR der TheK von seinem Sohn, Dr. jur. Dr. rer. pol. Erich W. Reichardt", 3 Bde., Eisenach, o.J., Ms., 84, in: *LKAE*. – Vgl. dazu Kapitel 3.2.5 (Pfarrer und Politik) und Kapitel 5.3.

64 *Thüringer Kirchlicher Anzeiger*, Ausgabe B, 13. 1933, 6, 121f. – Mit Blick auf diese beiden Zitate von 1918 und 1933 kann auf die schlüssige Analyse von Kurt Meier verwiesen werden, der von einer weitgehend auf Kulturautonomie gerichteten Kirchenreformprogrammatik spricht, „[...] die als Überwinterungsstrategie aufzufassen ist." Meier, *Volkskirchliche Konzeptionen*, 193.

65 Sebastian Haffner, *Anmerkungen zu Hitler*, Frankfurt 1981, 55, 62: „Der Weimarer Koalition blieb nichts anders übrig, als die von der Revolution geschaffene Republik zu der ihren zu machen. Damit aber schuf sie sich eine noch zahlreichere und stärkere Daueropposition von rechts, [...] und sie war gefährlicher als die Linksopposition, weil sie nach wie vor fast alle Staatsstellungen in Heer und Beamtenschaft besetzt hielt; der Staat von Weimar hatte von Anfang an eine ganze Armee von Verfassungsfeinden im öffentlichen Dienst! [...] Die Weimarer Republik [...] ist nicht durch Hitler zerstört worden: Er fand sie schon zerstört vor, als er Reichskanzler wurde, und er entmachtete nur die, die sie zerstört hatten."

66 Vgl. dazu vor allem: Uwe Puschner/Walter Schmitz/Justus H. Ulbricht (Hgg.), *Handbuch zur „Völkischen Bewegung" 1871–1918*, München 1996; Justus H. Ulbricht, „Kulturrevolution von rechts: das völkische Netzwerk 1900–1930", in: Detlef Heiden/Gunther Mai (Hgg.), *Nationalsozialismus in Thüringen*, Weimar – Köln – Wien 1995, 29-48.

ritierte offenbar auch die weltanschauliche Kampffront der Theologen. Dahinten erinnerte sich: „Als der Pakt zustande gekommen war, wurde der ideologische Kampf der Presse gegen den Bolschewismus vom Propagandaminister abgebremst. Am 31.10.1939 erhielt der Schriftleiter des kirchlichen Monatsblattes ‚Aus Luthers lieber Stadt', Pfarrer Mitzenheim, aus Weimar [von der Gauleitung, d. Vf.] die Anweisung, jegliche Erörterung über das Thema Kommunismus, Bolschewismus und Gottlosen-Bewegung ganz unbeschadet der grundsätzlichen deutschen Einstellung ab sofort zu unterlassen."[67]
Ausgenommen von dieser ‚nationalen Kampffront' und sicherlich erfreut über ihre zwischenzeitliche Aufhebung waren aufgrund eigener, eigenwilliger Verortung lediglich die Religiösen Sozialisten, die, zusammen mit ihren nicht-religiösen Gesinnungs-Genossen, das Kainszeichen der ‚vaterlandslosen Gesellen' zu tragen hatten. Signifikant auch hier die historische Interpretation des nachmaligen DC-Pfarrers Ermisch, der mit Blick auf die ‚krisenhaften' Jahre nach 1918 bereits geurteilt hatte: „Die Vaterlandsliebe begann denen sinnlos zu erscheinen, die sich trotz der ungeheuren Opfer, die ihnen abverlangt wurden, in der Hoffnung auf eine bessere Gerechtigkeit mehr und mehr enttäuscht sahen. Eine Art von Bewußtseinsspaltung bahnte sich an. Der Sozialismus fand sich gewollt oder ungewollt im Gegensatz zum ‚Nationalen' und der damit verbundenen Kirche."[68]
Die kirchenpolitische Ausschaltung dieser vermeintlich ‚antinationalen' Kirchen- und Gesellschaftskritiker war demnach den Thüringer Deutschen Christen auf dem 3. Thüringer Landeskirchentag (Sitzung vom 21. April bis zum 5. Mai 1933), neben dem strukturellen Ziel der ‚Gleichschaltung', ein vorrangiges Anliegen. Der ‚Gleichschaltungsantrag', der den erweiterten LKR ermächtigte, „[...] an seiner Stelle auch über gesetzliche Zuständigkeiten hinaus Maßnahmen zu treffen, die zur Gleichschaltung mit dem nationalen Staat und der christlich-nationalen Erneuerungsbewegung erforderlich sind", bedeutete die faktische Entmachtung des Kirchenparlamentes. Er war von dem völkischen Aktivisten und DC-Abgeordneten Max Gerstenhauer eingebracht worden.[69] Kurze Zeit nach ihrem erzwungenen Auszug aus dem Landeskirchentag, löste sich der Bund der Religiösen Sozialisten in Thüringen auf.[70] Einige von ihnen wechselten in andere Landeskirchen.[71] Erst nach 1945 wird manch einer dieser vormals Thüringer Pfarrer in der SBZ/DDR wiederum eine besondere kirchen- und gesellschaftspolitische Rolle spielen.
Für das pastorale Selbstverständnis und die Kirchenpolitik der Deutschen Christen, die die Thüringer evangelische Kirche von 1933 bis 1945 regierten, war das Erlebnis des Ersten Weltkrieges von eminenter Bedeutung.[72] Innerhalb ihrer „ekklesiologischen Synthesekonzeption"[73] von Christentum und Nationalsozialismus propagierten sie eine

---

67 Dahinten, *Pfarrerverein*, 80f.

68 Ermisch, *Erinnerungen*, 36.

69 Stegmann, *Der Kirchenkampf*, 14f. *Dr. Max Robert Gerstenhauer*, Studienrat in Weimar und maßgeblicher Initiator des Bundes für deutsche Kirche, wird später, auf der 1. Tagung des 4. Thüringer LKT am 06./07.09.1933, als Nachfolger von Friedrich Georg von Eichel-Streiber (1876–1943) zum Präsidenten des LKT gewählt.

70 Schreiben von Erich Hertzsch an den LKR, 12.05.1933, in: *LKAE*, A 239, unfoliiert.

71 *Aurel von Jüchen (1902–1991)* und *Karl Kleinschmidt (1902–1978)* wechselten in die Mecklenburgische Landeskirche. *Emil Fuchs (1874–1971)* war bereits 1931 einem Ruf als theologischer Lehrer an die Pädagogische Akademie nach Kiel gefolgt. 1933 wurde er zwangsweise in den Ruhestand versetzt. Nach 1945 spielte er als SED-Mitglied und ‚assimilationsbereiter' Theologe für den ‚ersten Arbeiter- und Bauernstaat auf deutschem Boden' eine wichtige Rolle.

72 Anja Rinnen, *Kirchenmann und Nationalsozialist: Siegfried Lefflers ideelle Verschmelzung von Kirche und Drittem Reich*, Weinheim 1995.

73 Meier, *Volkskirchliche Konzeptionen*, 181.

merkwürdig fatalistisch anmutende, mystisch-teleologische Deutung dieses Krieges. Er wurde von ihnen als nationalgeschichtlich notwendige Heilstat Gottes vorgeführt:
„Gott suchte sie, Gott suchte das deutsche Volk heim. Von sich aus hätte es nie mehr zu sich selbst, nie mehr in seine Urheimat zurück gefunden. In den furchtbaren Materialschlachten, auf einem Meer von Tränen und Blut erlebte das deutsche Volk seines Daseins Sinn, ging ihm auf, was ein Volk ist."[74]
Ohne diese ‚völkische Wiedergeburt' „ [...] in einem der mörderischsten Kriege, die es je gab", wäre es, so die Überzeugung Lefflers und seiner ‚Kameraden' genannten Glaubensgefährten, mit dem Christentum in Deutschland und in der Welt zu Ende gewesen.[75] Das politisch-theologische Denken der Kirchenbewegung Deutsche Christen war Bestandteil eines weltanschaulichen Konglomerates, das – als ein durchgehendes Signum nationalsozialistischer Ideologie – eine Vielzahl disparater nationaler Romantizismen sowie quasireligiöser und rassistisch aufgeladener Theoreme in sich verband.[76]
Krieg, Volk und Heimat hatten im Zwischenkriegs-Thüringen vermittels einer außerordentlich aktiven deutsch-völkischen Subkultur die Funktion hermeneutischer Kristallisationsbegriffe angenommen, deren modellsetzende Wirksamkeit in weite Kreise der Gesellschaft hineinreichte.[77] Ganz im Sinne des im modernen Staat unbehausten, heimatlosen Bürgers dachte und schrieb auch der Thüringer DC-Vordenker Siegfried Leffler. Programmatisch eröffnete er darum seinen Traktat „Christus im Dritten Reich der Deutschen" mit der Überschrift: „Die deutsche Heimat": „Wer im vergangenen Jahrzehnt aus Liebe zu seinem Volk Nationalsozialist sein mußte, der hat es erleben können, daß Nationalsozialismus seinem tiefsten Wesen nach nichts anderes war und ist, als ein Heimrufen der deutschen Menschen zu ihrer Heimat. So vollzieht sich auch heute nach der Machtergreifung auf allen Gebieten im Nationalsozialismus durch seinen prophetischen Führer die Heimkehr zu Deutschland."[78]
Im Rahmen nationalistisch-antisemitisch gewendeter Kapitalismuskritik erschien die deutsch-christliche, von Pathos triefende Kriegsätiologie als *die* ideologische Voraussetzung für das deutsche Volk, „[...] das Gegenvolk der Juden zu werden". Denn: „Die Juden haben mit ihrer dämonischen Lust an der Erde, mit einem unübertrefflichen, angeborenen Hang zum Stofflichen alle Weichenstellen des Gold- und Geldstromes der Erde

---

[74] Siegfried Leffler, *Christus im Dritten Reich der Deutschen: Wesen, Weg und Ziel der Kirchenbewegung „Deutsche Christen"*, Weimar 1935, 19-23.

[75] Leffler, *Christus im Dritten Reich*, 20. „Dann hätte der Geist des Antichristen in der Gestalt Lenins und des bolschewistischen Rußlands seinen Triumph gefeiert". ebd., 30.

[76] Holger Weitenhagen, *Evangelisch und deutsch: Heinz Dungs und die Pressepolitik der Deutschen Christen*, Köln 2001.

[77] Justus H. Ulbricht, „‚Die Heimat als Quelle der Bildung': Konzeption und Geschichte regional und völkisch orientierter Erwachsenenbildung in Thüringen in den Jahren 1933 bis 1945", in: *1919 bis 1994: 75 Jahre Volkshochschule Jena*, hg.v. Volkshochschule der Stadt Jena, Rudolstadt – Jena 1994, 183-217; ders., „Glaube und Heimat", 6: „Volkstum und Vaterland, Ahnen-Erbe und Wehrkraft, deutscher Glaube an sich selbst und Liebe zur Heimat [...] so lauteten die Chiffren kultureller Sinnsuchbewegungen seit der Jahrhundertwende, die in der Krise der Weimarer Republik allenfalls verschärft und rasseideologisch radikalisiert, nicht jedoch erfunden wurden." – Zu den bedeutendsten Protagonisten und Theoretikern der deutsch-völkischen Bewegung gehörten die Wahl-Weimarer Adolf Bartels, Friedrich Lienhard und Ernst Wachler, die in verschiedenen informellen und offiziellen Zusammenhängen – besonders erwähnt sei der „Deutschvölkische Schutz- und Trutzbund" – u.a. mit dem NSDAP-Gauleiter *Artur Dinter (1876–1948)*, dessen Amtsnachfolger Sauckel und dem bereits erwähnten Weimarer Abgeordneten des Landeskirchentages Gerstenhauer zusammenarbeiteten.

[78] Leffler, *Christus im Dritten Reich*, 13.

besetzt [...] Die Welt hat zu wählen zwischen Israel und Deutschland. [...] Deutsches Schicksal bedeutet Weltschicksal."[79]
Prototyp des deutschen Mannes, als eines vorbildlichen Soldaten, war für die Deutschen Christen der Titelheld der 1916 entstandenen Kriegserzählung von Walter Flex: „Der Wanderer zwischen beiden Welten", Ernst Wurche. Enttäuscht von den vermeintlich zu wenig völkisch-national gesinnten studentischen Burschenschaften hatten die Tübinger Theologiestudenten Leffler und Leutheuser zu Beginn der 20er Jahre die akademische Gilde ‚Ernst Wurche' gegründet.[80] Nach Sontheimer war das eigentlich auslösende Moment für die Entstehung der deutschen Kriegsliteraturwelle um 1928 die Veröffentlichung eines leidenschaftlich pazifistischen Romans. Das Buch von Erich Maria Remarque *Im Westen nichts Neues* ließ an Auflage alle nicht-pazifistischen Bücher, die ihm dann in großer Zahl folgen sollten, weit hinter sich.[81] Zu den wirkungsgeschichtlich bedeutsamen bellizistischen Publizisten gehörten die Brüder Friedrich Georg und Ernst Jünger. Ganz im Gegensatz zu Remarque wurde bei diesen Autoren das Kriegserlebnis zum Ursprung eines besonderen, militanten Kameradschaftsempfindens und zum Leitmotiv für die Protesthaltung gegen die Weimarer Republik. Im Vorwort zu Friedrich Georg Jüngers *Der Aufmarsch* formulierte Ernst Jünger reichlich pathetisch:
„Der Krieg ist unser Vater, er hat uns gezeugt im glühenden Schoße der Kampfgräben als ein neues Geschlecht, und wir erkennen mit Stolz unsere Herkunft an. Daher sollten unsere Wertungen auch heroische, auch Wertungen von Kriegern und nicht solche von Krämern sein, die die Welt mit ihrer Elle messen möchten."[82]
Doch keineswegs nur für die Thüringer Deutschen Christen hatte die Kriegsliteratur und vor allem der genannte Bestseller des Eisenacher Autors Flex eine lebensgeschichtliche Schlüsselfunktion. So gab zehn Jahre darauf, drei Jahre vor Ausbruch des Zweiten Weltkrieges, der mehrfach zitierte, dem Wittenberger Bund angehörende Paul Dahinten als Vorsitzender des Thüringer Pfarrervereins „[...] am 20. Todestag des ‚Wanderers zwischen beiden Welten', dem 16. Oktober 1937", für sämtliche Thüringer Pfarrämter und „[...] die Angehörigen der heldisch Vollendeten aus unseren Thüringer Pfarrhäusern und der für das Vaterland gefallenen Theologen" eine „Ehrenliste des Thüringer Pfarrerstandes" heraus.[83] Den Anlass für diese Publikation bildete eine während des ‚Bautzener Pfarrertages' 1937 mit einmütigem Protest beantwortete „[...] Behauptung des Reichsmarschalls Göring, daß die Pfarrer in allen geschichtlichen Stunden der Nation versagt hätten."[84]
Wie bereits angedeutet, muss abschließend festgehalten werden, dass in den Jahren des Kirchenkampfes, der sich ab Mitte 1933 auch in Thüringen mit zunehmender Heftigkeit entwickelte, die vaterländisch-soldatische Gesinnung gewissermaßen das Einheitsband

79 Ebd., 32, 34. – Zur ‚Judenfrage' siehe Kapitel 4.8.
80 Rinnen, *Kirchenmann und Nationalsozialist*, 146. – Vgl. auch die Beschreibung von Ermisch, *Lebenserinnerungen*, 23.
81 Sontheimer, *Antidemokratisches Denken*, 94. – Vgl. Kapitel 3.2.4.
82 Ebd., 103.
83 Diese Liste (mit insgesamt 103 im Ersten Weltkrieg gefallenen Theologen und 142 gefallenen Pfarrersöhnen) sei, so Dahinten im Vorwort, „ein Beweis, daß das Thüringer Pfarrhaus und der theologische Nachwuchs seine Pflicht gegenüber dem Vaterland erfüllt hat und ein Zeichen dankbaren Gedenkens an die jungen Menschen, die getrost und ohne Zittern ihr Leben dahin gegeben haben." „Ehrenliste des Thüringer Pfarrerstandes 1914–1918", i.A. des Thüringer Pfarrervereins aufgestellt von Thilo Schneider, Pfarrer i.R., Jena, Jena o.J. [1937].
84 Dahinten, *Pfarrerverein*, 56.

zwischen den sonst theologisch verfeindeten Gruppen bildete.[85] 1932/33 hatten die DC noch auf einen enormen Zuspruch bauen können. Dies war zu einem gewissen Teil sicher den geschickten propagandistischen Äußerungen eines die Herrnhuter Losungen lesenden Adolf Hitler und vor allem dem Artikel 24 des NSDAP-Parteiprogramms, der vom Bekenntnis zu einem „positiven Christentum" sprach, geschuldet. Erster Widerspruch gegen den Kurs der DC regte sich im Anschluss an die Berliner Sportpalastkundgebung vom 13. November 1933. In Thüringen erhob der vormalige Präsident des LKT, der konservative Lutheraner Friedrich Georg von Eichel-Streiber (1876–1943), Protest gegen die durch Reichsgesetz angeordneten und mit massiver Unterstützung durch die NSDAP und durch Hitler selbst geförderten Kirchenwahlen vom 23. Juli 1933. So kam es nach Gründung des Pfarrernotbundes durch den ehemaligen U-Boot-Kommandanten Martin Niemöller am 11. September 1933 in Berlin-Dahlem auch in Thüringen zu spontanen Beitrittserklärungen. Die Gründung der Lutherischen Bekenntnisgemeinschaft in Thüringen erfolgte jedoch erst einige Zeit später, am 27. Juni 1934. An der Spitze des Landesbruderrates standen der Eisenacher Pfarrer Ernst Otto (1891–1941) und der Gothaer Pfarrer Gerhard Bauer (1896–1958).

Ehemalige oder verhinderte Offiziere, die Pfarrer geworden waren, versahen unabhängig von ihrer kirchenpolitischen Präferenz ihren Pfarrdienst als eine Art religiösen Wehrdienst. Die hierarchisch strukturierte Kirche und die Obrigkeitsfixierung der meisten Pfarrer wie Kirchenmitglieder kamen dieser behaupteten wie praktizierten Affinität von Offiziers- und Pfarrerberuf entgegen. So hatte der besagte Gründer des Pfarrernotbundes, Martin Niemöller, bei der Meldung zum Ersten Theologischen Examen bekannt: „Im Laufe der Monate faßte ich den Entschluß, Theologie zu studieren, um Pastor zu werden, weil mir nach der Aufhebung der allgemeinen Wehrpflicht dieser Beruf die geradlinige Fortsetzung meines alten Offiziersberufs zu sein schien."[86]

Ohne es zu ahnen, befand er sich damit in erkennbarer Nähe zu den Protagonisten der Thüringer Deutschen Christen Siegfried Leffler (1900–1983) und Julius Leutheuser (1900–1942). Ersterer bekennt in seinen Erinnerungen: „Er [Leutheuser, d. Vf.] wollte wie ich aktiver Offizier werden und gehörte wie ich zur deutschen Jugendbewegung. Beide haben wir uns nach dem Zusammenbruch Deutschlands für das Studium der Theologie entschieden. Wir wollten ‚geistliche' Offiziere werden."[87]

Darüber hinaus war die Trinität von Heimatliebe, Nationalbewusstsein und Gottesglauben in den Jahren vor und während des Zweiten Weltkrieges geeignet, protestantische Allianzen zu schaffen, deren Existenz – wie noch zu zeigen sein wird – nach 1945 vielfach verdrängt und geleugnet wurde.[88] Wenngleich nicht mit schrill heroischer und antisemiti-

[85] Stegmann, *Der Kirchenkampf*, 28f.; Dahinten, *Pfarrerverein*, 33-35; Joachim Goertz, „Kirchenkampf in Thüringen: geschichtliche Gründe, theologische Positionen", Dipl. theol. Naumburg 1984, Ms.

[86] Zit. n.: Ernst Brinkmann, „Martin Niemöllers Lebensjahre in Westfalen", in: *Jahrbuch für Westfälische Kirchengeschichte* 77. 1984, 13-24. – Im Blick auf die brüchige Vorbildrolle dieses prominenten Vertreters der BK fragt Kurt Nowak ganz zu Recht: „Was wäre aus Niemöller geworden, hätte der Chef der Kriegsmarine die Meldung des KZ-Häftlings und einstigen Seeoffiziers des Ersten Weltkrieges zum freiwilligen Kriegseinsatz vom 7. September 1939 akzeptiert?" Kurt Nowak, *Geschichte des Christentums in Deutschland, Religion, Politik und Gesellschaft vom Ende der Aufklärung bis zur Mitte des 20. Jahrhunderts*, München 1995, 283.

[87] Rinnen, *Kirchenmann und Nationalsozialist*, 146.

[88] Unter Verweis auf den in Thüringen zweifellos besonders verehrten Nationalheroen Goethe und dessen Versepos „Hermann und Dorothea" hebt Ermisch „diese Dreiheit von Natur- und Heimatliebe, Nationalbewußtsein und Gottesglauben" besonders hervor. „Sie war mindestens denen geläufig, die in den überschaubaren Verhältnissen auf dem Thüringer Lande und in den kleineren Städten wohnten. [...] So haben denn auch bis in die dreißiger Jahre des 20. Jahrhunderts die ‚Nationalen' in Deutschland ihre Fahnen in die Kirchen getragen". Ermisch, *Erinnerungen*, 36.

scher Attitüde, so doch mit deutlicher Emphase pries auch das konfessionelle Luthertum „Heimat als Grundlage menschlicher Existenz". In der Zeitschrift *Junge Kirche* wird im September 1939 die gleichnamige, von Kurt Stavenhagen bei Vandenhoeck & Ruprecht erschienene *[...] Schilderung des Wesens der Heimat* mit den Worten empfohlen: „Heimat als Erfüllung des nach Verwirklichung drängenden seelischen Lebens gibt dem Menschen etwas, das keine Sollensethik ihm zu geben vermag: den seelischen Standort in der Welt, von dem aus er sein Leben gemäß den Anforderungen des Inneren als Ganzes sinnvoll in Bewegung zu setzen vermag."[89]

Vom eschatologischen Vorbehalt des Christenmenschen, dessen ‚Bürgerrecht im Himmel' zu finden sei und der darum die Vorläufigkeit seiner irdischen Gast-Existenz mit einer nachgerade himmlischen Gelassenheit gestalten kann also auch hier keine Spur. (Hebr. 11, 13-16; Phil. 3, 20).

Ein tragisches Beispiel für die tiefe Sehnsucht nach nationaler Beheimatung, ihre nationalsozialistische Brüskierung und das damit verbundene individuelle Verletzungspotenzial gibt der wegen seiner jüdischen Abstammung 1936 amtsenthobene und 1942 im Vernichtungslager Schloss Hartheim bei Linz ermordete Thüringer BK-Pfarrer Werner Sylten (1893–1942).[90] 1938, nach Schließung des Gothaer Büros der LBG, wo er zuletzt als Geschäftsführer tätig war, formulierte er, gewissermaßen stellvertretend für die Mehrheit der deutschen Juden, den Schmerz unerwiderter Heimatliebe:

> „Die Zeit verrinnt ...
> Sie neiden mir dies Deutschland,
> ob schon man nie in meiner Ahnen Reihe
> je einen Feind, je einen Schwächling fand,
> um dessentwillen Schmach statt Weihe
> dem Nachgeborenen mit Recht noch zugewandt.
> Man kann mir Deutschland neiden, wehren nicht,
> es als mein Heimatland zu lieben.
> Doch solche Lieb' ist bitteres Gewicht,
> wenn unerwidert sie geblieben.
> Die Zeit verrinnt ...
> Trotz allem, meine Kinder, glaubt,
> daß Deutschland mein' und eure Heimat ist!
> Wer immer dieses Grundgefühl euch raubt,
> dem sei gesagt, daß er euch Unrecht tut.
> Für dieses Deutschland lebte ich und litt,
> ihm galt mein Schaffen, ihm mein Blut.
> Ich kann nichts tun, kann sehnen nur und bitten,
> daß ende dieser Schmerz um Deutschland, den wir litten
> durch Jahre nun, kein Wandel abzusehen:
> Gott helfe uns zur Arbeit wieder gehen
> als freie Deutsche, die nach Wesen
> und Willen wir noch immer sind gewesen."[91]

---

89 *JK* 17/7 v. 02.09.1939, 739.

90 Zu dem Konflikt, der sich im Prozess der Selbstreinigung anhand des „Falles Sylten" um den Mitarbeiter der I.M., ehemaligen DC und späteren OKR Gerhard Phieler entspann, siehe Kapitel 4.8.

91 Werner Sylten, „Die Zeit verrinnt" (die letzten beiden Strophen), zit. n.: Walter Köhler, „Bekenntnispfarrer rings um Saalfeld in Thüringen während der Hitlerzeit 1933–1945. Eine Dokumentensammlung

2.4 Der Zweite Weltkrieg und die Kirchen

Wie bereits 1914 erhofften sich viele ansonsten sozial eher abseitsstehende ‚pastorale Einzelkämpfer' auch 1938/39 mit Beginn des Zweiten Weltkrieges im „Schicksalskampf des Volkes" eine enge Verbindung mit allen Klassen und Schichten.[92] Auch wenn die Kriegsbegeisterung nicht die Siedepunkte erreichte wie zu Beginn des Ersten Weltkrieges, so hatte doch die milieuspezifische, durch die ‚flächendeckende' Säkularisation in Thüringen noch verstärkte Isolation der Pfarrer erneut dazu beigetragen, dass „[...] schon vor 1939 [...] sich viele Pfarrer, auch Mitglieder der Lutherischen Bekenntnisgemeinschaft, freiwillig zum befristeten Dienst in der Wehrmacht gemeldet [hatten], um nach kürzerer oder längerer Zeit Reserveoffiziere zu werden."[93]
Als ein weiterer Beleg für die biographische Kontinuität protestantischer, vaterländisch-soldatischer Gesinnung außerhalb der DC mag die Freiwilligkeitsmeldung des Altenburger BK-Aktivisten Walter Zimmermann (1902–1972) gelten. Zimmermann schrieb am 5. September 1940, wenige Monate vor der Geburt seines siebten Kindes, an den sonst von ihm heftig bekämpften DC-Oberpfarrer Erich Fromm (1892–1944): „Nachdem ich im Juli als tauglich für alle Waffengattungen gemustert worden bin, habe ich mich zur bevorzugten Einstellung in die Wehrmacht gemeldet [...]. Ich bitte herzlich, dieselbe vollziehen zu wollen und den Meldevordruck gleich an das Wehrmeldeamt Altenburg Thür[ingen] gelangen zu lassen. Es ist Ihnen, sehr geehrter Herr Oberpfarrer, bereits bekannt, daß ich den Wunsch habe, mich aktiv mit einsetzen zu dürfen, ebenso wie ich mich als 17-jähriger freiwillig zum Dienst in einem Freikorps meldete. Ich habe nun die erste sich mir bietende Gelegenheit dazu benutzt [...]."[94]
Bei den Thüringer DC steigerte sich die Kriegshymnologie seit Ausbruch des Zweiten Weltkrieges Jahr um Jahr. Mit deutlicher Spitze gegen die Theologie der BK, die oftmals spöttisch als ‚schriftgelehrte Sophisterei' abgetan wurde, schrieb am 9. November 1939 der DC-Pfarrer Meyberg im *Kameradenrundbrief*: „Liebe Kameraden alle, die wir miteinander verbunden sind, nicht nur durch unsere Rundbriefe, sondern vor allen Dingen durch unsere große, heilige Pflicht, die der Augenblick uns auferlegt, wir grüßen einander, wo wir auch stehen und liegen. Unser Gruß hat eine gewisse entschlossene Härte bekommen durch die Tatsache: Der Krieg geht weiter. Für viele unter uns wurde er der zweite

in Neufassung, verfasst und herausgegeben von Sup. i.R. KR Walter Köhler", Sonneberg 1986, erweitert 1989, Ms., 73f., in: *LKAE*, 2/90.

92 Stegmann, *Der Kirchenkampf*, 109: „Auch während ihrer pfarramtlichen Tätigkeit hatten kontaktfreudige Pfarrer zu Gemeindegliedern aller Bevölkerungsschichten Zugang, aber so eng, wie beim Militärdienst, waren sie mit Arbeitern und Bauern, mit Handwerkern und Angestellten noch nie zusammengekommen."

93 Ebd. – Vgl. auch Köhler, *Bekenntnispfarrer*, 16. – Der 1936 in Milbitz (Kreis Rudolstadt) zusammen mit Heinz Brunotte, Werner Goll, Martin Reuter und Gerhard Schüler durch den Vorsitzenden des Landesbruderrates der LBG, Ernst Otto (1891–1941), ordinierte *Helmut Gollwitzer (1908–1993)* erinnert im Rückblick auf seine Thüringer Jahre: „Die Sammlung solcher Bekenntnisgemeinden war wegen der großen Entkirchlichung der thüringischen Bevölkerung nicht einfach. [...] Um jeden einzelnen Pfarrer, der sich nicht den DC unterworfen hatte, galt es zu ringen. Von Haus zu Haus mußten kirchlich gesinnte Leute einzeln besucht, aufgeklärt und für den Zusammenschluß zu einer Bekenntnisgemeinde, die oft nur eine kleine Gruppe blieb, gewonnen werden – ein schweres Stück Arbeit bei so viel Angst, Konformismus und Ungewohntheit eigener christlicher Stellungnahme."

94 Schreiben von Zimmermann an Fromm, 05.09.1940, in: *LKAE*, G 1211, 79. Am 06.01.1942 schrieb KR *Dr. Erwin Brauer (1896–1946)* im Namen des LKR an das Wehrbezirkskommando Altenburg: „Die Uk-Stellung des Pfarrers Zimmermann wurde bisher von uns nicht beantragt, weil der Genannte bereits im Jahre 1940 unsere Zustimmung zu seiner Freiwilligen-Meldung zur Wehrmacht erbeten hatte, die wir ihm aber aus grundsätzlichen Erwägungen versagen mußten. Zimmermann wollte gern Soldat werden." *LKAE*, G 1211, 98.

große Waffengang, ein zweites Mal liegt in unseren Händen das blitzende Schwert. Ich sinne darüber nach. Habe ich überhaupt einen Talar getragen? Und wenn – waren darunter versteckt nicht immer ein Paar Soldatenstiefel, vor deren kräftigen Sohlen gleichsam ein jedes Wort des Mundes sich erst rechtfertigen mußte? [...] Blitzte nicht hinter dem Talar dann und wann das Schwert? Nie entwürdigt, nie entweiht zur armen Theologiestreiterei, aber alle Zeit heiliger Wahrer, heranbringender Mahner, unerbittlicher Förderer echten, frommen Glaubens."[95]

Nachdem bereits 1938 die NS-Politik gegenüber den Juden mit der ‚Reichskristallnacht' einen grausamen Höhepunkt erreicht hatte, wurde nun mit Beginn des Krieges gegen die Sowjetunion am 22. Juni 1941 die seit den politischen Auseinandersetzungen der zwanziger Jahre vor allem von der NSDAP propagierte Einheit von Antibolschewismus und Antisemitismus zum ‚wehrkraftbefördernden' populistischen Credo erhoben.[96] Viele Thüringer DC feierten den Krieg gegen Russland als ‚heiligen Krieg'. Scheinbar ganz im Banne pathologischer Xenophobie und mit unverhohlen aggressiver Energie gegen ‚den Juden' und gegen die ‚bolschewistische Gottlosigkeit' schrieb der Thüringer DC-Pfarrer Alfred Männel (1901–1950) im reichsweit erscheinenden *Kirchenältesten* im Juli 1941: „Der Nationalsozialismus hat mit dem durchdringenden Blick des Führers erkannt, daß die kommunistische Partei genauso wie die Demokraten und Sozialdemokraten nur Puppen waren in der Hand jener furchtbaren überstaatlichen Macht des Judentums. [...] Der Jude hat mit dem Munde seines Sklaven Lenin den kältesten Materialismus gepredigt, um den letzten Funken von Religion, von Gottesglauben in dem tiefreligiösen Volke [der Russen, d. Vf.] auszulöschen. So wird der Krieg gegen Russland zum heiligen Krieg [...]."[97]

Neben ‚Kameradenrundbriefen' gab der Leiter der ‚Fachleitung Presse und Schrifttumspflege' der ‚Nationalkirchlichen Einung Deutscher Christen', Heinz Dungs (1898–1949)[98] (Weimar), „in Gemeinschaft mit der Fachleitung Frauenfragen", Cläre Quambusch (Eisenach), seit Ende 1941 regelmäßig ‚Briefe an die Soldatenfrauen' heraus, „um unseren draußen kämpfenden Kameraden [...] die Verbundenheit der Heimat mit der Front mit dem Gruß der großen Kameradschaft unserer Einung zu bezeugen."[99] Ganz im Stile deutsch-christlicher Kriegstheologie äußerten sich die in diesen hektographierten Rundschreiben zu Wort kommenden Soldatenfrauen: „Wir Frauen der Nationalkirchlichen Einung, die wir das große deutsche Geschehen dieser letzten 9 Jahre in unserem Herzen segnen, wissen heute dreierlei. Einmal dies: Gott geht durch die deutsche Geschichte unserer Zeit! – Das andere ist: Das Werkzeug Gottes auf der Erde ist der Führer. Durch ihn vollzieht sich Gottes Wille. – Und das dritte ist: Christus will heute mit neuen Kräften und mit neuer Gestalt einziehen in unser Volk. – Dies alles braucht uns niemand zu beweisen oder von außen her zu sagen. Es sagt uns das jene geheimnisvolle Stimme des Blutes, die

---

95 Kameradenrundbrief der „Deutschen Christen – Nationalkirchliche Einung", Sondernummer 6 des Informationsdienstes, Weimar, in: *HStAW*, Büro MP, 1746/I, 302f.

96 Zur Entwicklung des Antisemitismus, besonders im bürgerlichen Milieu Thüringens, seit dem Ende des 19. Jahrhunderts steht eine genaue Untersuchung noch aus. – Im Anschluss an die „Wannsee-Konferenz" vom 20. Januar 1942 beginnt die massenhafte Verschleppung der europäischen Juden in die Arbeits- und Vernichtungslager (vorwiegend) im Osten. Zur Haltung der TheK zur „Judenfrage" siehe: Ralf Meister-Karanikas, „Die Thüringer evangelische Kirche und ‚die Judenfrage' ", in: *Thüringer Gratwanderungen*, 111–123, und Kapitel 4.8.

97 Alfred Männel, „Entscheidendes Ringen", *Der Kirchenälteste* 7/3. 1941, in: *LKAE*, C II 2, unfoliiert.

98 *Heinrich [Heinz] Dungs (1898–1949)*, seit 1938 Thüringer Pressepfarrer in Weimar, leistete seine schier unermüdliche Öffentlichkeitsarbeit im Auftrag des Leiters der Reichsgemeinde der DC, Siegfried Leffler. Zur Person und Wirksamkeit von Dungs: Holger Weitenhagen, *Evangelisch und deutsch*.

99 „Ostergruß den Soldatenfrauen", Weimar – Eisenach v. 28.03.1942, in: *LKAE*, C II 3, unfoliiert.

ja niemals täuscht. Darum haben wir auch diesen durch nichts zu erschütternden Glauben, daß dieser Krieg ein Kreuzzug ist, ein heiliger Krieg [...].“[100]
Doch auch der Landesbruderrat der Lutherischen Bekenntnisgemeinschaft sorgte sich um die Kampfkraft seiner „im Felde stehenden Mitglieder“ wie um die „an der Heimatfront“ verbliebenen Soldatenfrauen.[101]

2.5 Kirchenfriede im Dienste des Krieges

Vor dem Hintergrund des bisher Gesagten wird es gewiss kaum verwundern, dass die Berufung auf die nationale, ‚mannhafte‘ Gesinnung der Pfarrer ‚im Existenzkampfe des deutschen Volkes‘ im Sommer 1943 zum Kernpunkt einer kirchenpolitischen Befriedungsaktion gemacht wurde. In Thüringen ergriff der nach einigen Intrigen am 15. März 1943 zum ‚Präsidenten‘ der Thüringer evangelischen Kirche bestellte vormalige DC-Jugendpfarrer Hugo Rönck (1908–1990) die Initiative.[102] Signifikant für das deutsch-christliche Engagement Röncks sind die Ergebenheitstelegramme, die er unmittelbar nach seiner Ernennung an Hitler, Sauckel, Rosenberg und Himmler richtete. Sie dokumentieren sein nationalsozialistisch-kriegsdienstliches Selbstverständnis: „An den Führer und Obersten Befehlshaber der Wehrmacht, Führerhauptquartier: Als Altgardist und versehrter Offizier durch Gesetz zum Leiter der Thüringer evangelischen Kirche berufen, gelobe ich unbedingten Einsatz für die Glaubenseinheit aller Deutschen im Geiste nationalsozialistischer Weltanschauung! Vor allem steht zunächst der Kampf gegen heuchlerische Weltpriester für die seelische Widerstandskraft der Nation! Ein Reich – ein Volk – ein Führer – ein Gott – ein Glaube – ein Befehl! Gehorsamst Rönck.“[103]
Unter dem Eindruck der zunehmenden Bombenangriffe der britischen Luftwaffe auf Köln und andere deutsche Städte hatte sich Rönck bereits am 2. Juli 1943 in einem Aufruf des Präsidenten der Thüringer evangelischen Kirche an die Gemeinden gewandt. Die mit großem propagandistischen Aufwand von Goebbels betriebene psychologische Mobilmachung der ‚Heimatfront‘, um „[...] den drohenden Untergang der abendländischen Kultur durch den Bolschewismus [...]“ abzuwenden, war auch in Thüringen nicht ohne Wirkung geblieben.[104] Sie bildete gewissermaßen die nationalsozialistische Kulisse für den innerhalb der Thüringer Pfarrerschaft weitgehend positiv aufgenommenen Appell, den Rönck in betont patriotisch-kämpferischem Stil gehalten hatte:
„Die nationalsozialistische Wehrmacht schützt in ihrem heldenhaften Kampfe mit der europäischen Kultur die christliche Kirche in unserem Vaterland! Wir sind stolz darauf, unter den Waffenträgern auch viele hundert Pfarrer zu wissen. Wir empfinden dabei tiefste Dankbarkeit gegen den Allmächtigen, welcher unserem deutschen Volke in großer Zeit

---

100 Ida Herrmann, *In Gottes Hand*, ebd.

101 Rundschreiben vom 25.08.1940, in: *LKAE*, VE 158.

102 Zu den Machtkämpfen innerhalb der DC-Kirchenregierung nach dem Tode des NSDAP-Genossen und glühenden Antisemiten Bischof *Martin Sasse (1890–1942)* am 28.08.1942, zwischen dem Gestapo-Spitzel KR *Paul Lehmann (1884–1960)*, dem ambitionierten Vizepräsidenten des LKT, DC-Pfarrer Lic. *Erwin Langner* und dem von der Mehrheit der DC favorisierten, am 24.11.1942 bei Stalingrad gefallenen DC-Führer KR *Julius Leutheuser (1900–1942)*: Stegmann, *Der Kirchenkampf*, 69–78; Dahinten, *Pfarrerverein*, 97–118. – Zu Rönck und seiner Rolle nach 1945 vgl. die Kapitel 3.1.3, 4.2 und 4.6, dort Exkurs: ‚Wolf‘.

103 Texte der genannten Telegramme vom 01.04.1943, in: *LKAE*, L 5038, unfoliiert.

104 „Dr. Joseph Goebbels, Reichspropagandaminister verkündete am 18. Februar 1943 den ‚Totalen Krieg‘. Berliner Sportpalast ist überfüllt. Ein Spruchband verkündet: ‚Totaler Krieg – kürzester Krieg‘. Nur der stärkste Einsatz, der totalste Krieg kann und wird die Gefahr bannen.“ In: *Deutsche Allgemeine Zeitung* v. 19.02.1943.

einen Adolf Hitler zum Führer sandte. Sein Wille und Werk haben Glaube und Kultur vor dem bolschewistisch-jüdischen Chaos gerettet! Treue gegen seinen Befehl und Einsatzbereitschaft auch in der Heimat sind darum die Antwort an den Feind [...].“[105]
Um „[...] für weitere kirchenpolitische Maßnahmen eine Unterlage zu gewinnen“, wandte sich Rönck nun in einem vertraulichen Schreiben an seinen DC-Kameraden, den Leiter der Thüringer Pfarrergemeinde. Diesem deutsch-christlichen Konkurrenzunternehmen zum Thüringer Pfarrerverein, mit dem bereits genannten Vorsitzenden Paul Dahinten, stand der Jenaer Oberpfarrer Hermann Leidenfrost (1882–1961) vor.[106] Leidenfrost sollte eine Erklärung verfassen, so, „[...] als handelten Sie ohne mein Wissen und spontan etwa unter dem Eindruck des Kriegsgeschehens“, und sich eifrig bemühen, „die Vertreter des Thüringer Pfarrervereins, des Thüringer Verbandes für Innere Mission, des Wittenberger Bundes und möglichst auch der Lutherischen Bekenntnisgemeinschaft zur Unterschrift zu bewegen.“[107]
Dahinten, nachdem er den Entwurf von Leidenfrost erhalten hatte, wollte sich nicht dem Vorwurf aussetzen, „die Befriedungsaktion von Rönck, auf die man über den Kreis der DC hinaus gewisse Hoffnungen gesetzt hatte“, zu stören und unternahm den Versuch, „das Leidenfrostsche Elaborat vom Verhandlungstisch zu fegen und durch eine vertretbare Kundgebung beider Standesorganisationen zu ersetzen“. In den späteren, erkennbar durch Schutzbehauptungen geprägten Erinnerungen des Vorsitzenden des Pfarrervereins blieb vom Textentwurf des DC-Pfarrers Leidenfrost „fast kein Wort übrig.“[108] Inhalt und Form dieses als Konsenspapier angelegten Schreibens, das sich – ohne militanten Antisemitismus, aber auch ohne den geringsten Anflug christlich-pazifistischer Nachdenklichkeit – in der Sache kaum vom vorangegangenen Aufruf des Präsidenten Rönck unterschied, spiegeln in besonders eindrücklicher und dichter Weise die zeitgenössisch-protestantische Haltung zu Volkskirche und Weltkrieg wider: „An der Schwelle des 5. Kriegsjahres erklären wir im Namen aller Pfarrer der Thür[inger] evang[elischen] Kirche:

A. Der totale Krieg ist auf seinem Höhepunkt angelangt. [...] Wir geloben in dieser Not, nicht müde zu werden an unserer heiligen Pflicht, [...], Wunden zu lindern, Geschädigte gastlich aufzunehmen, und darüber hinaus unserem ganzen Volk aus der besonderen Kraft unseres Glaubens die seelischen Widerstandskräfte zu erhalten und zu stärken, auf daß das Ziel der großen feindlichen Kriegsführung zuschanden werde.

B. Getreu der großen vaterländischen Überlieferung, deren sich das deutsche Pfarrhaus rühmen darf, steht über die Hälfte der Thür[ingischen] Pfarrer mit der Waffe an der Front im Kampf. Wir grüßen mit heißem Herzen und treuen Wünschen und in der Gemeinschaft der Fürbitte für sie unsere Amtsbrüder im Soldatenkleid und geben ihnen die Versicherung, daß wir in der Heimat mit all unseren Kräften unsere Pflichten gegen das Vaterland als Pfarrer und Staatsbürger erfüllen werden, für das

[105] Aufruf vom 02.07.1943, in: *LKAE*, L 5038, unfoliiert. – Zu Hintergründen, Verlauf und Vorwürfen nach 1945, denen sich Dahinten wegen seiner Mitwirkung an dieser DC-inszenierten „Befriedungsaktion“ ausgesetzt sah, vgl. Seidel, „Paul Dahinten und seine Chronik“, in: *Vestigia pietatis*, 280–282.

[106] Thomas A. Seidel, „Deutsch-christliche Hypothek und Neuordnungskompromisse: die evangelische Kirchgemeinde Jena 1945“, in: Rüdiger Stutz (Hg.), *Macht und Milieu: Jena zwischen Kriegsende und Mauerbau*, Jena – Rudolstadt 2000, 103–133. – Zu Hermann Leidenfrost und dessen „DC-Konfirmationsfeier“ Ostern 1946 vgl. auch Kapitel 4, dort vor allem 4.6.

[107] Schreiben von Rönck an Leidenfrost, in: *LKAE*, L 5038, 14.07.1943, unfoliiert.

[108] Dahinten, *Pfarrerverein*, 129.

unsere Brüder unter den Waffen uns ein Vorbild sind, die wir in der Hingabe und Opferbereitschaft des Lebens letzten Sinn und höchste Weihe sehen. [...][109]

C. Es rührt der Kampf an das Heiligtum unseres Glaubens. [...] In diesem Glauben wissen wir uns durch eine Welt geschieden von dem aus der Steppe des Ostens aufgestiegenen Wahn des Bolschewismus, der mit allen Mitteln brutalen Terrors jede Regung menschlichen Persönlichkeitsgefühls unterdrückt und die Stimme des Gewissens erstickt. Seine Wurzel ist der Materialismus, der die religiösen und sittlichen Werte, wie Gerechtigkeit, Wahrheit, Freiheit, Glaube, Hoffnung, Liebe leugnet. An ihm sterben die Völker. Davor behüte uns Gott und unser tapferes Heer! Wir sind aber auch taub gegenüber den Lockungen der westlichen Freiheitsdemokratie, die längst in ihr Gegenteil umgeschlagen ist, und Expansionsdrang und Imperialismus religiös zu rechtfertigen sucht, indem sie Machtgedanken und Reichsgottesidee miteinander verquickt, Gott dienend und dem Teufel, X. [Christus] und dem Mammon. Sie hat aus sich heraus den Kapitalismus geboren, der einigen Plutokraten Anteil gibt an den Gütern der Welt und des Lebens und die große Masse auf der Stufe seelenloser Sklaven zurückläßt. Aus den Fesseln des demokratischen Wahns hat uns im Innern Adolf Hitler errettet, Gott bewahre uns davor, daß er [sic?!] siege und wiederkehre!

D. Das kriegerische und seelische Ringen verträgt keine Vergeudung von Kräften in Auseinandersetzungen innerkirchlicher Art, wie sie die Jahre vor dem Kriege erfüllt haben, darum sind wir überein gekommen, untereinander Frieden zu halten, einander weder die Ehre als Pfarrer und Prediger des Evangeliums, noch als deutsche Männer, die ihr Vaterland über alles lieben, anzutasten und vorhandene oder aufkommende Spannungen im Geiste brüderlicher Verständigungsbereitschaft durch persönliche Aussprache zu überwinden."[110]

Diese von Dahinten mit der Intention kirchlicher Bestandswahrung formulierte Erklärung hatte nicht den gewünschten Erfolg.[111] Einerseits lobte man zwar das „mannhafte Eintreten für die Ehre des Pfarrerstandes", andererseits warf man Dahinten zu weitgehende Konzessionen an die DC-Kirchenregierung vor:
„Vielen BK-Männern galt ich [mit der Unterzeichnung der gemeinsamen Erklärung vom 3. August 1943, d. Vf.] als Verräter des Pfarrervereins an die DC, als Paktierer mit den Leuten, die den Pfarrerverein beschimpft hatten, wie Dr. Brauer und Heubel."[112]
Darüber hinaus trieb den nationalliberalen Kirchenmann Dahinten möglicherweise auch die Sorge um, mit der gemeinsamen Erklärung nun ein weiteres Mal dem Pfarrerstand den Vorwurf eingehandelt zu haben, ‚Kriegsverlängerer' oder – wie es dann nach dem Zusammenbruch von 1945 hieß – ‚Kriegstreiber' – gewesen zu sein. Eine Problematisierung des ‚totalen' Krieges unterblieb allerdings völlig. Der für den zu dieser Zeit im Kriegseinsatz befindlichen Leiter der Lutherischen Bekenntnisgemeinschaft Gerhard Säuberlich (1901–1959) amtierende Eisenacher Pfarrer Mitzenheim erklärte, „[...] die Friedenshand

109 An dieser Stelle sei eingefügt, dass ein Sohn des Mit-Verfassers dieser Erklärung [Sup. Dahinten] knapp 3 Jahre vorher als Wehrmachtsoffizier „auf dem Felde der Ehre" gefallen war. ebd., 80, 87.

110 Ebd., 129–131.

111 Ebd., 132: „Ich wollte vermeiden, daß die zum Pfarrerverein stehenden Amtsbrüder politisch diffamiert wurden. Ich wollte erreichen, die nicht unerheblichen Reserven von Waisenfürsorge und Sterbekasse zu retten. Wie leicht wäre im damaligen Stadium der Kriegslage eine Auflösung des Pfarrervereins zu bewerkstelligen gewesen. Lehmänner waren noch vorhanden [Anspielung auf den Gestapo-Spitzel im LKR KR Lehmann, d. Vf.]."

112 Dahinten, *Pfarrerverein*, 132.

des Präsidenten nicht zurückstoßen zu wollen im Hinblick auf die politische und kirchliche Lage." Trotz nationaler Verbundenheit müsse man jedoch in theologischen Fragen unnachgiebig sein, „daß aller Gewissenszwang auf dem Gebiet der Verkündigung und der gottesdienstlichen Ordnungen unterbleibe (G[esang]B[uch], Gottesfeiern, Konfirmandenunterricht, für den Rönck ein zu reichlichen Beanstandungen Anlaß gebendes Lehrbuch herausgegeben hatte)."[113]
Ähnlich argumentierte auch der Bischof der ‚intakten', das heißt: nicht DC-regierten Landeskirche von Hannover, August Marahrens (1875–1950),[114] den Rönck als Vorsitzenden der Kirchenführerkonferenz für eine reichsweite Befriedungsaktion vermittels eines „öffentlichen Wortes der Kirchen zum Kriegsgeschehen" – ebenfalls vertraulich – anschrieb. Marahrens insistierte auf ein weniger politisch gefärbtes, „streng den kirchlichen Tenor" anschlagendes Votum, das er – nach Rücksprache mit Theophil Wurm (1868–1953) und Walter Hollweg (1883–1974)[115] – auch an die anderen Kirchenführer heran zu tragen gedachte. Frappierend sind allerdings die von Marahrens vorgebrachten „Bedenken gegen die Ausführungen des ersten Absatzes [der Erklärung]", die möglicherweise geeignet waren, selbst den unerschrockenen ‚Altgardisten und versehrten Offizier' Rönck in Erstaunen zu versetzen: „Da wir den totalen Krieg anerkennen und das Wort Hindenburgs für richtig halten, daß ein Krieg um so barmherziger ist, je unbarmherziger er geführt wird, könnte ich nicht so schreiben, wie Sie es getan haben."[116]
Die letztendliche Ablehnung der Rönckschen Initiative durch den Vertrauensausschuss der Kirchenführerkonferenz, die Marahrens mit ausdrücklichem Bedauern an den Thüringer Kirchenführer weitergab, wurde damit begründet, dass diese Erklärung einerseits „[...] von den Feindmächten als ein Zeichen der Schwäche angesehen und von ihrer Propaganda entsprechend ausgewertet würde" und andererseits eigentlich auch nichts darauf hindeute, „daß die Staatsführung einen solchen Schritt von der Kirche erwarte, bez[iehungsweise] daß sie ihn gutheißen werde."[117]
Um diese Akzeptanz höchster staatlicher Autorität zu erhalten und um auf diesem Wege seine eigene Machtposition mit dem Ziel einer deutsch-christlichen Entkonfessionalisierung in ganz Deutschland zu stärken, hatte sich Rönck neben seinen innerkirchlichen Strategiespielen auch vertraulich an die NS-Führung gewandt. Mit der Bitte um ein klärendes Gespräch schrieb er am 1. September 1943 an Himmler: Er tue dies ausdrücklich „[...] als ehemaliger SS-Mann, der nach wie vor besondere Hoffnung auf die von der SS betriebene weltanschauliche Entwicklung setze, weil hier im Gegensatz zu manchen Konjunkturerscheinungen eine klare Zielstrebigkeit und geschichtliche Verantwortung spürbar sei."

---

113 ebd., 136.

114 *August Marahrens (1875–1950)* war von 1925 bis 1947 Landesbischof der Ev.-Luth. Kirche Hannovers.

115 *Theophil Wurm (1868–1953)* war Bischof der ‚intakten' Württembergischen Landeskirche, der gegen „die fortgesetzte Einengung der kirchlichen Bewegungsfreiheit und die zunehmende Verdrängung nicht allein des kirchlichen Einflusses, sondern mehr und mehr aller kirchlichen und christlichen Lebensäußerungen und Traditionen aus der Öffentlichkeit des ‚Dritten Reiches' überhaupt" seit Ende 1941 das ‚Kirchliche Einigungswerk' zur Zusammenführung der zerstrittenen Kirchenparteien betrieb. Martin Greschat, „Kirche und Öffentlichkeit in der deutschen Nachkriegszeit [1945–1949]", in: Armin Boyens/Martin Greschat/Rudolf von Thadden/Paolo Pombeni (Hgg.), *Kirchen in der Nachkriegszeit: vier zeitgeschichtliche Beiträge*, Göttingen 1979, 102; Jörg Thierfelder, *Das Kirchliche Einigungswerk des württembergischen Landesbischof Theophil Wurm*, Göttingen 1975. *D. Dr. Walter Hollweg (1883–1974)* war als Landessuperintendent der Ev.-reformierten Landeskirche der Provinz Hannover Mitglied im engeren Ausschuss der Kirchenführerkonferenz.

116 Schreiben von Marahrens an Rönck, 02.08.1943, in: *LKAE*, L 5038, unfoliiert.

117 Schreiben von Marahrens an Rönck, 25.10.1943. Ebd.

Zudem sei er davon überzeugt, „den [...] vom Schicksal vorgezeichneten Weg zur Überwindung der alten Konfessionskirchen ohne kleinmütige Berufung auf staatliche oder parteiamtliche Autoritäten gehen zu müssen", während ihm andererseits daran liege, sich selbst „[...] immer wieder von Zeit zu Zeit in unmittelbarer Fühlung mit führenden Männern unserer Bewegung auszurichten."[118]
Ungeachtet des Scheiterns dieser besonders exotischen Form volkskirchlicher Einheitsbestrebungen *á la Rönck* blieb die Loyalität der Kirche zu NS-Staat und zum Krieg quer zu den innerkirchlichen Konfliktlinien – bis in die letzten Kriegstage hinein – weitgehend ungebrochen. Ganz anders stellte sich dies bei dem bereits erwähnten Verfasser diverser patriotischer und Kriegsliteratur dar, dessen Bestseller *In Stahlgewittern* zur „Pflichtlektüre in deutschen Pfarrhäusern"[119] zählte: Ernst Jüngers vormalige Kriegsbegeisterung war am Ende des Zweiten Weltkrieges in eine nüchterne, beinahe pazifistisch anmutende Zukunftssicht umgeschlagen. In seiner 1944 geheim verfassten Schrift *Der Friede* führt er aus: „Die Regeln und Gesetze des Krieges dürfen nicht in den Frieden einfließen, sie dürfen sich nicht in ihm verewigen. In diesem Falle würde es sich um einen Scheinfrieden handeln, [...]. Aus diesem Grunde ist es nicht nur für die Besiegten, sondern auch für die Sieger wichtig, daß es zu festen, dauernden Verträgen kommt, bei denen die Vernunft und nicht die Leidenschaft die Feder führt."[120]
Im Unterschied dazu verblieb die Mehrzahl der deutschen Protestanten – geistig oder buchstäblich – ‚in Stahlgewittern' und hielt an dem gewohnten trutzig-nationalen Habitus eines gerechtfertigten Welt-Kriegers, der immer treu und redlich (auch) zur kriegführenden Obrigkeit steht, fest. Und das selbst dann noch, als diese Obrigkeit längst und offenkundig mit der Kirche gebrochen hatte. Rönck hatte dies ‚mit zusammengebissenen Zähnen' bereits am 4. Mai 1943 gelegentlich seiner Antrittsrede vor den Oberpfarrern der Thüringer evangelischen Kirche offengelegt:
„Ich spreche kein Geheimnis aus, wenn ich sage, daß der Staat und der Nationalsozialismus an sich heute mit der Kirche fertig ist. Von ihr und von uns wird nichts mehr erwartet, wir sind bestenfalls nur noch die Abwickler eines Konkursverfahrens."[121]

2.6 Der ‚Schutz- und Trutzgau Thüringen' 1944/45

Dass die Schlacht von Stalingrad am Jahreswechsel 1942/43 bereits die Kriegsniederlage Deutschlands anzeigte, war gewiss nur relativ wenigen deutschen Zeitgenossen bewusst;

[118] Schreiben von Rönck an Himmler, 01.09.1943. Ebd.

[119] Laut Auskunft von OKR i.R. Erich Hertzsch an d. Vf.

[120] Zit. n.: Rudolf Grimm, „Gedanken zum süßen Traum vom ewigen Frieden: ein Abriß von Immanuel Kant bis Ernst Jünger", in: *Thüringer Allgemeine (Beilage: Geschichte & Gesellschaft, 4)* v. 25.03.1995. Ernst Jünger, 1944 Wehrmachtsoffizier im besetzten Paris mit Kontakt zu Widerständlern, war sich über die Schwierigkeit eines Friedens mit Deutschland angesichts der „Mordhöhlen" der Konzentrationslager durchaus im Klaren: „Diese Mordhöhlen werden auf fernste Zeiten im Gedächtnis der Menschen haften; sie sind die eigentlichen Mahnmale dieses Krieges wie früher der Douaumont und Langemarck. Doch jene konnte neben dem Leid auch Stolz umweben; hier bleiben nur Trauer und Demut. [...] Die Sühne gehört zu den Voraussetzungen des neuen Bundes; der Einigung geht die Reinigung voraus. Der Friede selbst indessen muß ganz und gar der Zukunft gewidmet sein."

[121] Rönck am 04.05.1943 auf dem Eisenacher Pflugensberg in seiner Antrittsrede nach der (Selbst-)Ernennung zum Präsidenten der Thüringer Kirche vor den Oberpfarrern unter der Überschrift: ‚Zur Lage und zu den Aufgaben unserer Kirche', in: *LKAE*, A 190/III, 16f. – Zur besonderen Rolle von Rönck, sowohl im Kontext der ‚Machtergreifung auf dem Eisenacher Pflugensberg' als auch für den Prozess der kirchlichen Selbstreinigung, siehe Kapitel 4.6, dort besonders den historisch vor- wie zurückgreifenden Exkurs: ‚Wolf'.

in erster Linie den beteiligten Soldaten an der ,Ostfront'. Die Erkenntnis jedoch, dass mit dem Vorstoß der Roten Armee nach Ostpreußen am 16. Oktober 1944, der Einnahme der Stadt Aachen durch westalliierte Truppen am 21. Oktober 1944 und dem endgültigen Scheitern der deutschen Ardennenoffensive am 3. Januar 1945 der Vormarsch der Anti-Hitler-Koalition auf das Gebiet des Deutschen Reiches nicht mehr aufzuhalten war, begann sich am Jahreswechsel 1944/45 bei vielen ,Volksgenossen' durchzusetzen.
Seitens der Weimarer Gauleitung des sogenannten Schutz- und Trutzgaus Thüringen wurden Ende des Jahres 1944 die Anstrengungen verstärkt, um das ,grüne Herz Deutschlands' vor den alliierten Luftangriffen zu schützen.[122] Außer der Sorge um die wenigen kriegswichtigen Industriestandorte in dieser vorwiegend durch Landwirtschaft und Kleinhandwerk geprägten Region Mitteldeutschlands richtete sich dieses Bemühen nun auch auf die in dieser kleinteiligen Kulturregion reichlich vorhandenen nationalen Kulturschätze, wie das Schreiben des Thüringer Polizeipräsidenten an den Weimarer OB Koch belegt: „Wie auch Ihnen bekannt ist, hat der Führer mich über den Herrn Reichsverteidigungskommissar für den Reichsverteidigungsbezirk Thüringen für einen ausreichenden Schutz der hiesigen Kulturstätten und eine sichere Unterbringung der Kunstschätze und Kulturgüter verantwortlich gemacht. Walter Schmidt, SS-Standartenführer und Polizeipräsident."[123]
Von der NS-Propaganda geschürt, aber auch durch Berichte und eigenes Erleben schrecklicher Grausamkeiten bestätigt, wuchs unterdessen in den Ostgebieten eine geradezu panische Angst vor den Russen. Die riesigen Flüchtlingstrecks, die sich von der auf dem Rückweg befindlichen deutschen Wehrmacht noch einigermaßen abgeschirmt fühlten, wälzten sich – einer Umkehrung des von Hitler propagierten Germanenzugs gleichend – zu Tausenden in den Westen Deutschlands.[124]
Die Zeichen der Zeit in ihrer Tragweite wohl nur dunkel erahnend, erschlich sich der aus der NSDAP entlassene Präsident der Thüringer evangelischen Kirche Rönck die Verleihung des Titels ,Landesbischof'.[125] In der von ihm verfassten und von den Pröpsten unterzeichneten ,Erklärung' „[...] zur kirchlichen Lage in Thüringen" vom 3. Januar 1945 attestierte sich Rönck, dass er „[...] mannhaft und diszipliniert für die Belange der evangelischen Kirche und für die Ehre des Pfarrerstandes eingetreten sei."
Rönck verstieg sich zu der aberwitzigen Märtyrerthese, dass er „[...] infolge seines tapferen Einsatzes für die Sache des deutschen Protestantismus neben mancherlei leidvollen

---

122 Volker Wahl, *Die Rettung der Dichtersärge*, Weimar 1991, 12: „Beim Angriff auf Eisenach am 23. November 1944 wurden auch verschiedene historische Bauwerke der Altstadt (Georgenkirche, Rathaus, Lutherhaus und Bachhaus) schwer verwüstet." Friedemann Behr, *Mein Jahr 1945*, Berlin 1988, 14: „Im Schloßgarten erlebten wir den ersten schweren Luftangriff auf unsere Stadt [Arnstadt, d. Vf.]; es war Dienstag, der 6. Februar 1945. Das Bahnhofsviertel wurde zerstört. Alle Schüler, deren Häuser nicht beschädigt worden waren, mußten in Pimpfenuniform zu Aufräumungsarbeiten erscheinen." Bericht von Dr. Herbert Müller-Bowe [OB in Eisenach vom 01.04.1937 bis zum 04.04.1945) über die Vorgänge im April 1945 bei der Kapitulation der Stadt Eisenach: „9.2.1945 Fliegerangriff, das Eisenacher Rathaus wird schwer getroffen [...]", in: *StAE*, 6–123/29.139, 4.

123 Wahl, *Die Rettung*, 11, dort u.a. Schreiben des Polizeipräsidenten an den Weimarer OB, 24.06.1944. Zitiert aus: *ThHStAW*, Hauptamt 550–01–1, unfoliiert. Nach der Zunahme der Luftangriffe auf Verkehrs-, Industrie- und Rüstungsanlagen in Eisenach, Gotha, Arnstadt, Weimar-Buchenwald am 24.08.1944, Jena und Gera wurden diese Sicherungsmaßnahmen erheblich verstärkt.

124 Hermann Glaser, „1945: die Befreiung von der NS-Gewaltherrschaft", *PZ*, B 1-2 (1995), 7.

125 In der Sitzung des LKR am 09.01.1945 stellte Rönck seinen von *Martin Bormann (1900–1945)* unterzeichneten Rauswurf aus der Partei als „ehrenvolle Entlassung" dar. Protokoll der Sitzung des LKR, 09.01.1945, in: *LKAE*, A 190/III, 76. – Ausführlicher zu Umständen und Folgen dieser Entlassung: Kapitel 4.6, Exkurs: ,Wolf'.

Erfahrungen sogar als Altgardist des Führers das Opfer der Entlassung aus der NSDAP stellvertretend für Kirche und Pfarrerstand auf sich [habe] nehmen müssen."[126]
Zur Stabilisierung seiner angeschlagenen Machtposition postulierte der selbsternannte Landesbischof – ohne mit diesem Anliegen auf erkennbaren Widerstand zu stoßen –, dass „die gesamte Pfarrerschaft Thüringens mit ihm einig in der Überzeugung [ist], daß wir mit der Verkündigung des Evangeliums in den Stürmen des deutschen Lebenskampfes unserem Volke dienen. Auch ferner wird unsere kirchliche Arbeit zugleich immer ein Einsatz für Deutschland und ein Gebet für den Führer sein."[127]
Am Ende des Krieges waren die, die ‚in den Stürmen des deutschen Lebenskampfes' die Heimat hätten verteidigen sollen, in ganz Europa verstreut oder verstorben, um in diesem ebenso furchtbaren wie aussichtslosen Welteroberungskrieg ‚für Führer, Volk und Vaterland' gegen eine Vielzahl vermeintlicher Feinde zu kämpfen.[128]
So stand in Thüringen auch nach dem ‚Nero-Befehl' Hitlers vom 19. März 1945 (Vernichtung aller militärischen, Verkehrs-, Nachrichten-, Industrie- und Versorgungsanlagen)[129] wie in den meisten Ländern Deutschlands, von wenigen Verbänden der Deutschen Wehrmacht abgesehen, allein der Volkssturm zur Durchführung des ‚Endsieges' zur Verfügung. Die Männer der Jahrgänge 1875 bis 1885, die „UK-Gestellten"[130] und eine gewisse Anzahl Halbwüchsiger aus den HJ-Verbänden sollten nun die Verteidigung des Landes übernehmen.
Im Frühjahr des Jahres 1945 war die Einsicht in die weitere Sinnfälligkeit dieses Krieges – trotz der sagenumwobenen, im Konzentrationslager Mittelbau-Dora bei Nordhausen gebauten und gegen England eingesetzten ‚Wunderwaffe' – vor allem bei den älteren Thüringern geschwunden.[131] Die von der SS aus Furcht vor der heranrückenden Roten Armee in aller Eile vorangetriebenen Evakuierungen der Häftlinge aus dem Osten in das Landesinnere wurden zu grausamen Vernichtungszügen, den berüchtigten ‚Todesmärschen'. Wie in anderen Lagern, so wuchs auch in Buchenwald die Angst vor der Räumung des Lagers und gleichzeitig die Hoffnung auf ein baldiges Ende des Krieges, damit ein Ende der Qualen und des fortwährenden Sterbens: „[Buchenwald] Am 16. März kreiste ein Fieseler-Storch lange über unserer Baracke. Wir stürzten ins Freie und winkten mit Taschentüchern und Bettlaken. Es war Lita Stauffenberg, die Frau von Alex, die ihren Mann besuchen kam, wie sie es schon einmal in Stutthof getan hatte [...] Von Tag zu Tag ging das ‚Dritte Reich' schneller seinem Untergang entgegen; jeden Tag Fliegerangriffe, jede Nacht bellten die Wachhunde, schrien die fliehenden Häftlinge, wenn sie von

126 *LKAE*, A 122/I, unfoliiert. – Zur Rolle von Rönck im Kontext der Entnazifizierung vgl. Kapitel 4.2 und 4.6.
127 Ebd.
128 Vgl. Günter Ochs, *Meine gestohlene Zeit 1945–1947: 50 Jahre danach!: Erlebnisse eines Jugendlichen am Ende des zweiten Weltkrieges: Gefangenschaft – Gefängnis – Straflager II – KZ Buchwald*, Darmstadt 1994, Bd. 1, 22: „Wo war dagegen unsere versprengte Wehrmacht?! Kein Wunder – eine Front von Narvik bis Tobruk – von Moskau bis Brest. Vor und zurück. Sieg und Niederlage."
129 Albert Speer, *Erinnerungen*, Berlin – Frankfurt 1969, 446. – Gegenüber seinem Rüstungsminister soll Hitler an jenem 19.03.1945 geäußert haben: „Im Gegenteil ist es besser, selbst diese Dinge zu zerstören. Denn das Volk hat sich als das schwächere erwiesen, und dem stärkeren Ostvolk gehört ausschließlich die Zukunft. Was nach diesem Kampf übrigbleibt, sind ohnehin nur die Minderwertigen, denn die Guten sind gefallen."
130 „Uk-gestellt" hieß: für die zur Erhaltung der Wehrfähigkeit des Landes „unabkömmlichen" Aufgaben vorgesehen. Die Vorschläge für die Einberufung bzw. Nicht-Einberufung wurden zumeist von örtlichen Wirtschafts- bzw. Bauernführern an das jeweilige Wehrkreisamt weitergegeben.
131 Zum KZ Mittelbau-Dora und dem Einsatz der ‚Wunderwaffe' (‚Vergeltungswaffe 1 und 2', kurz V1 und V2) Thomas A. Seidel (Hg.), *Vernichtung durch Fortschritt: am Beispiel der Raketenproduktion im Konzentrationslager Mittelbau*, Berlin – Bonn 1995.

den Hunden gepackt wurden, auf Karren luden sie die Toten, und die Lebenden sahen wie Skelette aus, sie bestanden nur noch aus Haut und Knochen. Man hörte, daß jeden Tag 200 bis 300 Menschen im Lager starben."[132]

In manchen Orten Thüringens gab es auch Widerstand gegen den Befehl zur Mobilmachung, den die couragierten Zeitgenossen mitunter mit dem Tode bezahlen mussten, wie beispielsweise in Kerspleben bei Erfurt: „Am 5. April 1945 wurde der Landwirt Ernst Weide in Kerspleben vor den Augen seiner Frau in seinem Gehöft durch SS-Banditen aus Buchenwald durch eine Salve aus einer Maschinenpistole ermordet. Der damalige Volkssturmfeldwebel Mai aus Kerspleben hatte den Landwirt Weide bei der SS als Gegner des Nazismus und des Volkssturmes denunziert. Weide hatte keinen Dienst beim Volkssturm mitgemacht, weil er durch einen Motorradunfall nicht dienstfähig war. [Nach Aussagen von Zeitzeugen aus Kerspleben gegenüber dem Vf. wurde geäußert, daß Weide öffentlich gesagt hatte: ,Der Krieg ist doch eh verloren.'] Der jetzige Angeklagte und damalige Hauptmann und Kompanieführer des Volkssturmes Schröter macht sich an der Tat dadurch mitschuldig, daß er von dem Vorhaben des Mai, den Weide bei der SS anzuzeigen, gewußt und [es] gebilligt hat."[133]

Etwas anders gestaltete sich die Haltung zur Mobilmachung bei den im Krieg sozialisierten Jugendlichen, die in jenem ,Kampf vor der Haustür' eine lohnende und abenteuerliche Mission inmitten der ,aufgeheizten Langeweile' des Alltages sahen. Nun schien die Chance gekommen, die ihnen die unverhoffte Gelegenheit bot, sich als ,wahre deutsche Männer' zu behaupten. Einer von ihnen, der damals sechzehnjährige Günter Ochs, bestätigte dieses berauschende Gefühl ,soldatischer Initiation': „Anfang April [1945, d. Vf.] rief der Bannführer zu den Waffen. Wir, Pimpfe, HJ-Führer und Hitlerjungen hatten uns an einem Sonntag früh feldmarschmäßig am Jugendheim einzufinden. Wir waren knapp 300 Jungen. [...] Wir meinten, nun endlich etwas tun zu können, um dem Endsieg näher zu kommen. [...] Wir sollten und wir wollten helfen, den Krieg zu gewinnen. ,Der Endsieg war nahe!' Der Führer ließ das Gerücht von der siegbringenden Wunderwaffe seit Monaten leben, um allen Kämpfenden letzte Kraft zu geben – um durchzuhalten. Wir Pimpfe glaubten daran, weil wir in dieser Zeit politisch erzogen worden waren, ohne darüber nachdenken zu dürfen. Wir wollten kämpfen, siegen und Orden und Ehrenzeichen tragen."[134]

Obgleich die propagandistisch überhöhte Existenz einer schlagkräftigen Organisation ,Werwolf'[135] durch Goebbels und Bormann nach bisher vorliegenden Untersuchungen eher Wunsch als Realität gewesen ist, zeigen die in jüngerer Zeit veröffentlichten Erinnerungen, dass eine gewisse Anzahl Jugendlicher und fanatisierter Erwachsener den Guerilla-Kampf gegen die einrückenden Truppen aufnahmen. Der Thüringer Pfarrer Friedemann Behr schildert seine Erlebnisse am Ende des Krieges: „Unerwartet traf ich unseren Lehrer, den Parteigenossen mit der Pistole im Nachttisch. Er hatte uns nicht nur

[132] Fey von Hassell, *Niemals sich beugen: Erinnerungen einer Sondergefangenen der SS*, München 1991, 42; Eugen Kogon, *Der SS-Staat: das System der deutschen Konzentrationslager*, München, 22. Aufl. 1989, 357: „Die entscheidende Belastungsprobe war der 5. April. Die SS-Führer hatten in den Tagen vorher die wichtigsten Papiere vernichtet. SS-Sturmbannführer Dr. Ding-Schuler kam noch einmal in das Lager zurück und teilte mir mit, daß von der Gestapo Weimar der Befehl ergangen sei – er wisse es von Dr. Schiedlausky –, 46 Politische am nächsten Morgen zu exekutieren, ehe das Lager evakuiert würde. Die Parallele zu Ohrdruf!"

[133] Bericht der Landespolizeidirektion Thüringen, in: *BA-P*, MdI 7/447, Land Thüringen, 00184.

[134] Ochs, *Meine gestohlene Zeit*, 2f., 6.

[135] Günter Agde, *Die Greußener Jungs: Hitlers Werwölfe, Stalins Geheimpolizisten und ein Prozess in Thüringen: eine Dokumentation*, Berlin 1995; Horst Wiener, *Anklage: Werwolf: die Gewalt der frühen Jahre oder Wie ich Stalins Lager überlebte*, Hamburg 1991.

zum Volkssturm gebracht, sondern auch für die Aktion Werwolf vorbereitet. Wenn es nicht zu verhindern ist, so sagte er, daß der Feind vorübergehend in die Stadt eindringt, dann müßt ihr ihn aus dem Untergrund, von hinten her, bekämpfen. Denkt darüber nach, warum ihr am Koppel ein Fahrtenmesser tragt! Das hat seinen Sinn, der Führer hat an alles gedacht.“[136]
Ähnliches berichtete auch der Gefreite Erich Loest, damals 18-jährig, über sein Erleben: „Nahe der böhmischen Grenze sollten Werwolfbasen eingerichtet werden. Tagelang karrten wir Waffen und Lebensmittel in den Wald und vergruben einen Vorrat, der ein halbes Jahr lang für vierzig Männer reichen sollte. [...] An die vierzig Werwölfe waren wir schließlich Ende April 1945, befehligt von einem Oberst, mehr als die Hälfte Offiziere, nur zwei Neulinge, die Gefreiten Gietzelt und Loest. [...] Eines Tages zogen die Amerikaner lärmend durch den Wald und fingen ein paar Werwölfe, die sich auf einer Lichtung gelaust hatten. Ich sah Schuhe und Gamaschen zehn Meter weiter im Unterholz, atemlos lag ich, die MP im Anschlag. Wir waren überrollt, ich war Werwolf, genau das hatte ich gewollt, ich hatte nicht zu den Schlappschwänzen gehört.“[137]
Die Furcht mancher regionaler NS-Führer und Bürgermeister, dass ihnen im Falle einer ‚eigenmächtigen‘ Kapitulation vor den amerikanischen Truppen ein plötzlicher Meuchelmord seitens der Werwölfe oder die rasche Aburteilung durch ein Standgericht bevorsteht, haben ein verantwortungsbewusstes, auf Vermeidung weiteren Blutvergießens gerichtetes Handeln in diesen Tagen erheblich erschwert und oft auch unmöglich gemacht. Die Schilderungen des letzten NS-Oberbürgermeisters von Weimar, Otto Koch, machen dies spürbar: „Die Amerikaner hatten sich offensichtlich am Mittwoch, 11.4., nah an die Stadt herangearbeitet, [...] Da ich nachmittags viele kleine Hitlerjungen mit Waffen in der Stadt gesehen hatte, [...] nötigte ich ihm [dem NSDAP-Kreisleiter Schössler, d. Vf.] die Zustimmung ab, [...] daß diese sich um ½ 7 Uhr zum Appell im Schloßhof einzufinden hätten, [...] und daß ich sie dann durch die Polizei entwaffnen lasse. [...] Die persönliche Gefahr habe ich dabei [bei der Übergabe der Stadt am 12.4. an die Amerikaner, d. Vf.] zunächst völlig außer Beacht gelassen, obwohl ich mit Urteilsvollstreckung durch Wehrwölfe auch nach der Besetzung noch rechnen mußte. [...] Noch nach der Besetzung, ja noch nach meiner Internierung ist meine Frau verschiedentlich vor den Wehrwölfen gewarnt worden.“[138]
Wie Günter Ochs bezahlten viele von diesen Hitlerjungen, die ‚nicht zu den Schlappschwänzen‘ gehören wollten, jenes vermeintliche Abenteuer nach dem Einmarsch der Alliierten mit langjähriger Internierung oder dem Tode.[139] Bei manch einem Vertreter der Thüringer Pfarrerschaft waren auch in den Wochen des schrecklichen Zusammenbruchs

[136] Behr, *Mein Jahr 1945*, 33. Kurt Noack, „Die Legende vom Werwolf: ein Erinnerungsbericht“, Ms. (2 Seiten), im Besitz d. Vf.

[137] Erich Loest, „Heldenlärm und Angst: Mit allerlei Gesten und Gefühlen ging der Krieg zu Ende: ein Erlebnisbericht“, in: *FAZ* v. 22.03.1995.

[138] Otto Koch, „Kriegsende in Weimar: 12.4.1945. Niederschrift des NSDAP-Oberbürgermeisters Otto Koch über die Übergabe der Stadt an die amerikanischen Truppen. Bearbeitet von Eberhard Haufe“, in: *Thüringer Tageblatt* v. 06.04.1991, 5f. – Der NSDAP-OB Koch war u.a. verantwortlich für die ‚im vorauseilenden Gehorsam‘ durchgeführte Ghettoisierung der Weimarer Juden. Im Frühjahr 1945 von den Amerikanern verhaftet, gelangt er im Spätsommer in das Speziallager Nr. 2 Buchenwald, wo er bald darauf stirbt.

[139] Arno Klönne, „Fanatische Gefolgsleute des Führers?: zur Mentalitätsgeschichte der deutschen Kriegsjugendgeneration“, in: *Erinnerung ist das Geheimnis der Versöhnung*, hg.v. Kuratorium Schloß Ettersburg e.V., Weimar 1992, 31–36, 32: „Jugendliche wurden erwachsen in einer Gesellschaft, der – vom staatlich sanktionierten Wertesystem bis zu weiten Teilen der ‚Alltagsphilosophie‘ – Kriegshandeln und Kriegsfähigkeiten als ‚kulturelle Selbstverständlichkeiten‘ galten.“

des ,Dritten Reiches' weder die einfache Akzeptanz der offenkundigen Kriegsniederlage noch Ansätze einer Kritik gegenüber der eigenen soldatisch-heldischen und obrigkeitsstaatlichen Haltung zu erkennen. Im Unterschied zu seinem Eisenacher Pfarrerkollegen Erich Hertzsch und zu anderen BK-Pfarrern antwortete beispielsweise der amtierende Vorsitzende der LBG Moritz Mitzenheim noch am 24. April 1945 auf die Frage des – zur Abdankung aufgeforderten – Landesbischofs Rönck, „ob ihm [Mitzenheim, d. Vf.] etwas davon bekannt sei, daß [...] bei der vor wenigen Tagen erfolgten Einführung des Erzbischofs von Canterbury auch die Bekenntniskirche Deutschlands vertreten gewesen sei, daß er davon nichts wisse und nichts damit zu tun habe, und daß er auch eine Teilnahme für nicht richtig halte, solange Deutschland mit England im Kriege stehe."[140]

Zu dieser Zeit war Thüringen bereits vollständig von amerikanischen Truppen besetzt. Diese hatten die offenkundigen Greueltaten der Konzentrationslager Ohrdruf und Buchenwald der deutschen Bevölkerung mittlerweile bekannt gemacht.[141]

Das Nachdenken über die Folgen dieser eigentümlichen nationalprotestantischen Gefolgschaftstreue setzte erst nach und nach ein. Bei nicht wenigen Protestanten – auch der folgenden Generationen – führte die Abkehr von einem undifferenzierten Bellizismus allerdings zu einem ähnlich undifferenzierten Pazifismus.[142] Die schwierige Aufgabe, eine theologisch fundierte und praktikable friedensethische Position zu formulieren, hat den Kalten Krieg und den Fall der Mauer 1989/90 überdauert. Zu Beginn des 21. Jahrhunderts steht der deutsche Protestantismus noch immer vor der Lösung dieser Aufgabe. Wir gehen davon aus, dass historische Reflexion und die sorgfältige Analyse der Gegenwart nützliche Instrumente sein können, um biblische Einsichten im Diskurs mit politischer Ratio in lebensdienliche Orientierung und Praxis zu überführen.

---

140 Protokoll der Besprechung, 24.04.1945, in: *LKA. LKAE*, A 122/I, unfoliiert.

141 Thomas A. Seidel, „Befreiung oder Besatzung? Thüringen 1945",in: *Palmbaum* 1/3. 1995, 32-42, 32; Peter Krahulec/Roland Schopf/Siegfried Wolf (Hgg.), Buchenwald – Weimar: April 1945: Wann lernt der Mensch?, Münster – Hamburg 1994; Jens Schley, *Nachbar Buchenwald: die Stadt Weimar und ihr Konzentrationslager 1937–1945*, Köln 1999.

142 *Helmut Gollwitzer (1908–1993)*, ehemaliger BK-Vikar in Thüringen, wurde Pazifist und war in den fünfziger Jahren ein ,militanter' Gegner der Wiederbewaffnung in Westdeutschland. – Moritz Mitzenheim (1891–1977) blieb, dank der ,Gnade der frühen Geburt', vom Waffendienst im Zweiten Weltkrieg verschont. Seit Mitte der fünfziger Jahre bezog sich der Landesbischof – als Mitglied der CFK und Ehrenmitglied der CDU – zunehmend und zunehmend affirmativ auf die im Kalten Krieg machtpolitisch instrumentalisierte „sozialistische Friedenspolitik der DDR". – Zu diesem thematischen Kontext neuerdings: Anke Silomon, „Verantwortung für den Frieden", in: Claudia Lepp/Kurt Nowak (Hgg.), *Evangelische Kirchen im geteilten Deutschland (1945–1989/90)*, Göttingen 2001, 135–160.

3 Landeskirche, Besatzungsmacht und deutsche Verwaltung

3.1 Thüringen unter amerikanischer Besatzung

3.1.1 Die militärische Besetzung Thüringens

Fünf Wochen vor dem Ende des ‚Dritten Reiches', das mit der Unterzeichnung des *unconditional surrender*, der bedingungslosen Kapitulation Deutschlands am 8./9. Mai 1945 besiegelt wurde, erlebten die Menschen in Mitteldeutschland gewissermaßen vor der Haustür den Zusammenbruch der nationalsozialistischen Hybris einer ‚arisch-germanischen Weltherrschaft'. Mit Beginn des Zweiten Weltkrieges am 1. September 1939 war dieses militaristische Großmachtstreben der NS-Führung Jahr um Jahr zu einem immer ‚totaleren' (so der artifizielle Komparativ eines Lieblingswortes von Hitler und Goebbels) und damit unmenschlichere Züge annehmenden Weltbrand geworden. Seit dem Sommer des Jahres 1944 griff dieser Brand nun auch auf das ‚Altreich' über und näherte sich nach den vorangegangenen Luftangriffen Ende März 1945 in Gestalt alliierter Bodentruppen vom Westen her der hessisch-thüringischen Grenze.[1]
Die rasche amerikanische Besetzung Thüringens war für die westlichen Alliierten der Anti-Hitler-Koalition ein überraschender und dennoch nicht unwillkommener militärisch-strategischer Zufall. Auf Grund des kaum noch vorhandenen Widerstandes der Deutschen Wehrmacht rückten die britisch-amerikanischen Truppen in den letzten Monaten des Krieges schneller vor, als zunächst erwartet.[2] Auf diese Weise fielen ihnen beträchtliche Ge-

---

1 Iris Höfer, „‚Wir fühlten uns so sicher hier': Frauen in Thüringen unter den Bedingungen des Luftkrieges", in: Marina Moritz (Hg.), *Zeitbrüche – Lebensbrüche: Frauenalltag in Thüringen 1945*, Erfurt 1995, 91: „Die Angriffe im Februar, März und April 1945 auf Erfurt, Jena, Nordhausen und andere thüringische Städte waren für die Zivilbevölkerung besonders verlustreich. [...] Die Luftangriffe [...] setzten Fluchtbewegungen der Stadtbewohner aufs Land in Gang, wodurch auch die dortige Bevölkerung die Auswirkungen des Luftkrieges direkt zu spüren bekam." In diesem Beitrag sind u.a. auch die entsprechenden Zahlenangaben der Zerstörungen, Verletzten und Toten zu finden. – Jürgen John, „Thüringen 1945: Vorgeschichte, Rahmenbedingungen, Problemlagen", in: *Zeitbrüche*, 7-24. Hans Eberhard Matthes, „Einführung in die Geschichte der Wartburgstadt Eisenach", Ms., in: *StAE*, unfoliiert & undatiert

2 Zu diesem Abschnitt vgl. die Anfang der 1970er Jahre verfasste, wenngleich zuweilen stark ideologisch gefärbte, institutionsgeschichtliche Regionalstudie von Volker Wahl, „Der Beginn der antifaschistisch-demokratischen Umwälzung in Thüringen – Entstehung und Tätigkeit der Landesregierung April bis Juli 1945", Dipl. phil. Berlin 1974, Ms.; auf der Arbeit von Wahl basiert auch die kurze Zusammenschau der militärischen Ereignisse im Frühjahr 1945 bei Manfred Overesch, *Hermann Brill. Ein Kämpfer gegen Hitler und Ulbricht*, Bonn 1992, 295-297. – Darüber hinaus zur besonderen Situation Thüringens: Ludwig Fuchs, „Die Besetzung Thüringens durch die amerikanischen Truppen", in: *Beiträge zur Geschichte Thüringens*, Erfurt 1968, 53-111 (ähnlich tendenziös wie Wahl, 1974); Robert Büchner/Hannelore Freundlich, „Zur Situation in den zeitweilig englisch oder amerikanisch besetzten Gebieten der sowjetischen Besatzungszone (April bis Anfang Juli 1945)", in: *BzGdA* 14 (1972), 992-1006; Jens Fügener, „Amerikanisches Intermezzo: Jena zwischen Drittem Reich und Sowjetischer Besatzungszone (April bis Juli 1945)", in: Rüdiger Stutz (Hg.), *Macht und Milieu: Jena zwischen Kriegsende und Mauerbau*, Jena – Rudolstadt 2000, 25-52.

biete östlich der vereinbarten Demarkationslinie zu.[3] Offenbar selbst erstaunt über die Geschwindigkeit des Vormarsches äußerte der kommandierende General der 3. US-Armee George Smith Patton: „Sagt den Boys, sie sollen einfach immer weiter vormarschieren. Ich glaube, dieser Krieg ist jetzt zu Ende. Ich möchte, daß meine Männer vorn sind und der Ruhm mit auf sie fällt."[4]

Die von General Dwigt D. Eisenhower geführten alliierten Expeditionsstreitkräfte (SHAEF) hatten Anfang März 1945 damit begonnen, eine große, auf Mitteldeutschland konzentrierte Offensive vorzubereiten. Alle verfügbaren Armeen der größten, an der militärischen Besetzung Deutschlands teilnehmenden Streitmacht, der 12. Armeegruppe unter General Omar Nelson Bradley, rückten in jenen Wochen nach einem schnellen Marsch aus dem lothringischen Raum südlich von Mosel und Rhein über Frankfurt nach Kassel bis an die thüringische Grenze vor. Ziel dieser militärischen Operation war die Aufspaltung der deutschen Front in einen nördlichen und einen südlichen, strategisch relativ gut zu beherrschenden Teil. In der Erinnerung des ersten amerikanischen Stadtkommandanten von Eisenach stellte sich dies so dar: „Unser nächstes Ziel bei unserem östlichen Vordringen war die ‚Große leichte Stadt' (Codename für Erfurt), Thüringens Hauptstadt. Dies war aus mehreren Gründen strategisch wichtig, um die deutschen Armeen in zwei Hälften zu spalten, Nord und Süd, und damit wir uns dann unter Zusammenwirken mit der Russischen Armee irgendwo nahe Chemnitz in der Mitte treffen. Hamper White führte den motorisierten Marsch der Infanterie, 2. Bataillon der 318. Infanterie Division, unter dem Kommando unseres Oberstleutnants auf seinem widersprüchlichen ‚mobilen Kommandoposten'. [Anm. im Original: Ob[er]stl[eutnant] John P. Woods, gefallen am 20.4.1945 bei Chemnitz] (1)."[5]

Im Zentrum der 12. Armeegruppe stand die 3. Armee, unter dem Panzergeneral Patton. Sie wurde im Norden von der 1. und 9., im Süden von der 7. Armee flankiert. Ende März bereits standen die vorauseilenden VIII., XII. und XX. Korps der Patton-Armee unmittelbar an der westlichen thüringischen Landesgrenze. Die Panzer des in der Mitte operierenden XII. Korps lagen ca. zehn Kilometer westlich vor Eisenach.[6]

Am 31. März 1945 erhielt die 3. Armee Pattons den Befehl zur Eroberung Thüringens. Möglichst rasch sollte das im Raum Gotha-Erfurt-Weimar vermutete Nachrichtenzentrum der Deutschen Wehrmacht und das im Bau befindliche Führerhauptquartier ‚Olga' im Jonastal bei Ohrdruf eingenommen und mit einem schnellen Vorstoß auf Weimar die politische, administrative und militärische Hauptstadt des Thüringer Reichsverteidigungs-

---

3 Die territoriale Gliederung Deutschlands nach dem Ende des Krieges ist mehrfach Gegenstand der Beratungen der Anti-Hitler-Koalition gewesen. So beispielsweise auf den Konferenzen der ‚Großen Drei' (Roosevelt, Churchill, Stalin) von Quebec (14.-24.08.1944) und Jalta (04.-11.02.1945). Von großer Bedeutung für die politisch zumeist sehr kontroverse Diskussion auf höchster Ebene waren die Arbeitsergebnisse der European Advisory Commission (EAC). Bereits am 12.09.1944 wurde im sogenannten Zonenprotokoll der EAC der Grenzverlauf der künftigen Besatzungszonen festgelegt, der dann auf der Berlin-Konferenz am 05.06.1945 durch die vier alliierten Oberbefehlshaber im Wesentlichen bestätigt wurde.

4 Zit. n. Margaret Bourke-White, *Deutschland: April 1945*, München 1979, 51.

5 Neal Henry Rowland, „The Eisenhower-Eisenach concerto", Ms., in: *StAE*, unfoliiert & undatiert; ähnlich auch Wahl: *Der Beginn*, 44-51.

6 Vgl. Overesch, *Hermann Brill*, 296, unter Bezugnahme auf den *Report by the Supreme Commander to the Combined Chiefs of Staff on the Operations in Europe of the Allied Expeditionary Force 6 June 1944 to 8 May 1945*, Washington 1946, 202f. und auf die Erinnerungen von Patton und Pogue: George S. Patton, *Krieg, wie ich ihn erlebte*, Bern 1950; Forest C. Pogue, „The Supreme Command", in: *United States Army in World War II: the European Theater of Operations 4*, Washington 1954. Die Beschreibung der Ereignisse aus deutscher Sicht, in: Percy E. Schramm (Hg.), *Kriegstagebuch des OKW*, Frankfurt/Main 1961.

kommissars Fritz Sauckel (1894-1946) besetzt werden. An diesem Tag notierte der vormalige Eisenacher Stadtrat Rudolf Lotz (1901-1973), der von dem gefürchteten NSDAP-Kreisleiter Köhler für den geflohenen Oberbürgermeister Herbert Müller-Bowe mit der Leitung der Wartburgstadt betraut worden war: „Ostersonnabend, den 31. März 1945. Die amerikanischen Truppen rücken immer näher an Eisenach heran. Es kann nur noch eine Frage von Tagen oder sogar nur noch von Stunden sein bis sie einrücken oder mit der Beschießung beginnen. Niemand kann wissen, wie die nächsten Tage verlaufen werden. Überall drängt sich die Frage auf, soll Eisenach verteidigt oder zur offenen Stadt erklärt werden. Wer die Anordnungen Hitlers kennt, weiß, daß diese Frage in Wirklichkeit gar nicht gestellt werden kann, weil jeder Meter deutschen Bodens verteidigt werden soll, so unsinnig das auch ist. Es gibt keinen deutschen Offizier mehr, der verantwortungsbewußt ist und seiner besseren Überzeugung entsprechend zu handeln vermag. [...].“[7]
Wie von Lotz geahnt, begann der Anfang vom Ende des Zweiten Weltkrieges für Thüringen sowie Teile Sachsen-Anhalts und Westsachsens dann auch nur wenige Stunden später, am Ostersonntag, dem 1. April 1945. In den frühen Morgenstunden dieses Tages überquerten die vorderen Verbände der 4. Panzerdivision der Patton-Armee die Werra bei Creuzburg und damit die Grenze Thüringens. Die Sprengung der mittelalterlichen Werrabrücke durch den Creuzburger Volkssturm und dessen Versuch, den ‚deutschen Endsieg‘ doch noch herbei zu zwingen, wurden durch die amerikanische Artillerie beantwortet.[8] Nach kaum einer Stunde war die Stadt zu mehr als achtzig Prozent zerstört:
„Creuzburg wurde am 1. April 1945 zwischen 13 und 15 Uhr von amerikanischer Artillerie mit nur wenigen Granaten beschossen. [...] Die 4. Granate traf in der Bahnhofstraße [...] die Wasserleitung. Von diesen ersten Granaten entstand kein Brand an Wohngebäuden, denn es waren keine Sprenggeschosse, die großen Schaden an den Einschlagstellen hervorriefen. Danach kamen amerikanische Panzer und andere militärische Truppen. [...] Da sie [zunächst] nicht beschossen wurden, [...] wurde Creuzburg schnell besetzt. Nach der Brückensprengung staute sich der Vormarsch. Dieses gab den auf dem Wallstieg stationierten deutschen Soldaten die Möglichkeit, die Kasseler Straße und die darin sich stauenden Soldaten und Panzer unter Beschuß zu nehmen. Damit begann das Creuzburger Inferno. Von hier aus breitete sich das Feuer aus und ergriff auch Nebenstraßen, die z. T. noch von den deutschen Soldaten beschossen wurden. Das gleiche gilt für die Kirche. Diese war mit Waffen und Munition voll gelagert worden. [...] Von der Feuerwehr waren nur noch wenige Männer vorhanden. Denen blieb nur ein Versuch zu löschen, denn die Leitungen führten kein Wasser: Aus dem Stadtgraben und der Werra konnte aber aufgrund des Beschusses kein Wasser entnommen werden.“ [9]
Wie in vielen westdeutschen Orten zuvor, begann nun auch in der Bach- und Lutherstadt Eisenach und in anderen Thüringer Städten und Dörfern das aufgeregte Krisenmanagement der lokalen und regionalen NS-Führungsriege.[10] Die Auseinandersetzungen zwi-

7 Rudolf Lotz, „Niederschrift des Rechtsanwalts und Notars Dr. jur. Rudolf Lotz über seine Erlebnisse als Eisenacher Ratsherr und Oberbürgermeister vom 31. März bis 6. April 1945“, Ms., *StAE*, 6-123/29.94.

8 In seiner Funktion als Reichsverteidigungskommissar hatte der Gauleiter und Reichsstatthalter Sauckel am 15.03.1945 alle Dienststellen der NSDAP, des Staates und der Wirtschaft angewiesen, zur Stärkung des Widerstandswillens unverzüglich Appelle durchzuführen. „Am 27. März 1945 inspizierte er an der Westgrenze Thüringens im Kreis Eisenach die angeordneten Verteidigungsmaßnahmen.“ Zit. n. Wahl, *Der Beginn*, 78.

9 Bericht des Zeitzeugen Horst Schwanz aus Creuzburg, Interview vom 26.11.1993, Niederschrift im Besitz d. Vf.

10 Matthes, *Einführung*, 99: „Dem Kampf um Eisenach fielen vom 31. März bis 6. April 1945 im Stadtgebiet 79 Personen, darunter 36 Soldaten und 6 Ausländer, zum Opfer. Das letzte Bombardement in den Morgenstunden des 6. April richtete, meist in den Außenbezirken, beträchtliche Verwüstungen an.“

schen den ,treuen Gefolgsleuten des Führers' und den verantwortungsbewussten, um ein Vermeiden von Blutvergießen bemühten Realpolitikern spielten sich hinter verschlossenen Türen ab. Ihr Ausgang bestimmte vielfach das Schicksal einer Stadt oder einer Region.
Auffällig sind die zeitgleich anzutreffenden nationalsozialistischen Durchhalte-Parolen und die ungebrochen scheinende Haltung unbedingter Pflichterfüllung mitten im Zusammenbruchs-Geschehen jener Wochen, wenngleich die meisten Menschen auch in Thüringen eher kriegsmüde waren und nur noch wenige ,Volksgenossen' der Verführung der NS-Propaganda unterlagen.[11] Während Eisenach und Hörschel bombardiert wurden und Creuzburg im Feuer versank, zelebrierten Parteigenossen des hinter vorgehaltener Hand „GRÖFAZ", „Größter Feldherr aller Zeiten",[12] genannten Führers nur wenige Kilometer entfernt trotzig siegesgewisse Propagandaveranstaltungen.[13]
Die Feigheit und Niedertracht, mit der sich viele vormalige NS-Größen nach dem Motto: ,Die Ratten verlassen das sinkende Schiff' in jenen sonnigen Frühjahrswochen des Jahres 1945 ihrer Verantwortung enthoben, hat, nachweislich der Erinnerung des Eisenacher Stadtrates und späteren Synodenpräsidenten der Landeskirche, Dr. jur. Rudolf Lotz, „[...] geschichtlich keine Parallele."[14]
„Dienstag, den 3. April 1945. 16.00 Uhr, kurze Ratssitzung: [...] Er [OB Dr. Müller-Bowe, d. Vf.] verabschiedet sich von sämtlichen Ratsherren und teilt mit, daß er vom Reichsstatthalter den Befehl habe, sich mit der letzten kämpfenden Truppe aus Eisenach zurückzuziehen; [...] mit der Führung der Stadtverwaltung [wird] Stadtrat Sachse beauftragt, [...]. Stadtrat Sachse sei politisch nicht belastet. [...] Mittwoch, den 4. April 1945. [...] Anruf des Kreisleiters. Er [NSDAP-Kreisleiter Köhler, d. Vf.] ist im höchsten Maße erregt. Ich merke ihm an, daß er auch innerlich zusammengebrochen ist. Er sagt mir, daß die Stadt seit Ostersonntag führerlos sei. Müller-Bowe sei fahnenflüchtig, mit ihm Stadtrat Rückert und Stadtkämmerer Schmuck, ebenso Amtmann Suck und Amtmann Hüther. Stadtrat Sachse habe keine Ahnung davon, daß er nach dem Weggang Müller-Bowes die Führung der Stadt übernehmen sollte. Er erklärte mir, daß er mich hiermit zum Oberbürgermeister bestelle. [...] Am Schluß erklärt mir Kreisleiter Köhler noch, daß ich nach dem Einmarsch der Amerikaner auf deren etwaige Frage, ob ich bereit sei, das Amt als Oberbürgermeister weiterzuführen, mit ja zu antworten hätte. [...] Kreisleiter Köhler verabschiedet sich in dieser Sitzung mit der Erklärung, daß er zusammen mit seiner Familie aus dem Leben scheiden wolle."[15]
Im Gegensatz dazu blieben nicht wenige Offiziere der Wehrmacht – trotz der enormen Gefährdung der Zivilbevölkerung – gehorsam bei der Erfüllung der Befehle ihres Führers, obgleich dessen Vulgär-Darwinismus mit dem so genannten ,Nero-Befehl' endgültig ins Pathologische gekippt war.
Entsetzen spürt man aus den Schilderungen des amtierenden Eisenacher Oberbürgermeisters Lotz, der am 5. April mit dem kommandierenden General Freiherrn

Ähnlich auch Lotz, *Niederschrift*, 1f.: „Ostersonntag, den 1. April 1945: Konfirmation unseres Dieter. [...] In knapp 50 Minuten ist die Einsegnung durch Oberpfarrer Büchner beendet. [...] Am Abend sind Fischer-Barnicols' und Büchner noch bei uns. [...] Man sieht in der Ferne das brennende Creuzburg."

11 Hans-Ulrich Thamer: *Verführung und Gewalt. Deutschland 1933-1945*, Berlin 1986, 762.

12 Klaus von Bismarck: *Aufbruch aus Pommern: Erinnerungen und Perspektiven*, München 1992, 131, 148.

13 Die atmosphärisch sehr anschauliche Darstellung einer solchen Demonstration gläubiger, von Realitätsverlust geprägter Staatstreue (im nahegelegenen Arnstadt) gibt der Thüringer Pfarrer Friedemann Behr, *Friedemann Behr. Mein Jahr 1945*, Berlin (Ost) 1988, 20f. – Vgl. dazu Kapitel 2.

14 Hermann Glaser, „1945: die Befreiung von der NS-Gewaltherrschaft", in: *PZ*, B 1-2 (1995), 8.

15 Lotz, *Niederschrift*, 1.4.

von Lüttwitz über die Schonung der zur Festung erklärten Stadt verhandelte: „In meiner Gegenwart ruft er den Armeeführer General von Obstfelder an. Er gibt meinen Bericht sehr ausführlich weiter. Er beschönigt nicht und ich habe nach seinem Bericht den Eindruck, daß es vielleicht doch noch gelingt, rechtzeitig das Schlimmste von Eisenach fernzuhalten. Allerdings sagt er mir am Schluß, daß auch der Armeeführer nicht entscheiden könne, sondern daß die Entscheidung allein bei Feldmarschall Kesselring liege."

Am gleichen Tag erreichte Lotz ein Anruf des Generals von Lüttwitz: „ ‚Die Entscheidung Feldmarschall Kesselrings ist eingegangen. Trotz aller von Ihnen vorgebrachten Gründe sieht sich Feldmarschall Kesselring nicht in der Lage, seine militärische Entschließung zu ändern.' Daraufhin antwortete ich: ‚Um Gotteswillen Herr General, das kann doch nicht möglich sein, was hier geschieht, ist doch Wahnsinn!' "[16]

Die einfahrenden amerikanischen Parlamentäre wurden zurückgeschickt, jede Verhandlung – gegen den vehementen Einspruch des Oberbürgermeisters – abgelehnt. Doch neben der unerbittlichen, ‚heroischen Haltung' einiger Wehrmachtsoffiziere gab es auch Eisenacher Bürgerinnen und Bürger, die – selbst gegen den Widerstand des wohl größten Teils der Bevölkerung[17] – entschlossen waren, den bewaffneten Kampf mit den heranrückenden Streitkräften aufzunehmen: „Das kleine Militärkommando in Eisenach hatte beschlossen, zusammen mit dem ‚Volkssturm' die Stadt zu verteidigen und nicht ohne weiteres zu übergeben. An den Eingangsstraßen zur Stadt wurden Barrikaden errichtet und Brücken gesprengt. Die Demonstration der Bevölkerung, die [die] kampflose Übergabe verlangte, weil [eine] Verteidigung sinnlos [schien], halfen nichts. Ja, einige hitlertreue Frauen in der Nachbarschaft beleidigten sogar andere, die weiße Tücher als Zeichen der Kapitulation aus dem Fenster heraushingen. So wurde der Angriff erwartet. Alle Menschen verkrochen sich wieder in ihre Bunker."[18]

Lotz vermerkte dazu in seinen Aufzeichnungen: „Widerstand sollte aber geleistet werden und er wurde tatsächlich in der Nacht auch noch von einigen Kampfgruppen geleistet. Das Gewehrfeuer war deutlich zu hören. Der Amerikaner zog sich zurück und gegen ½ 3 Uhr nachts begann die etwa 3-stündige Beschießung der Stadt."

Am 6. April 1945: „Ich [...] erfahre schließlich, daß sich offenbar die Wehrmacht abgesetzt hat. Mit zwei schnell zurechtgemachten weißen Fahnen, die zunächst noch im Wagen verstaut werden, fahre ich los, zunächst zum Kaiserhof. [...] In der Georgenstraße kommen bereits die Amerikaner in zwei Reihen rechts und links der Fahrstraße, an der Spitze ein Oberst. Ich steige aus und gehe ihm mit Herrn Ackenhausen entgegen und sage ihm: ‚Ich bin der Oberbürgermeister dieser Stadt und bin gekommen, Ihnen Eisenach zu übergeben.' "[19]

Unterdessen wurden in anderen thüringischen Orten halbwüchsige Schüler für den Endsieg mobilisiert. Viele Pädagogen spielten dabei die ihnen zugedachte Rolle zur Erhaltung der ‚Wehrtüchtigkeit' ohne erkennbare Skrupel.[20] Auch der junge, ‚schneidige' Lehrer des damals 15jährigen Friedemann Behr hielt dies offenbar für seine vaterländische Pflicht.

---

16 ebd., 6-9.

17 Matthes, *Einführung*, 98: „Auf beherzte Weisung einiger städtischer Beamter ziehen Eisenacher Frauen aus den Luftschutzräumen auf die Straße vor das Hotel ‚Kaiserhof', das Standquartier des Kampfkommandanten für die Stadt, und fordern in Sprechchören die Übergabe."

18 Friedrich Zenker, „Beiträge zur Geschichte des Pflugensberges: wie der Pflugensberg den Zusammenbruch 1945 erlebte/verfasst 1955 von KVR Friedrich Zenker", Eisenach o.J. [1955], Ms., in: *LKAE*, A 110/VI, 139.

19 Lotz, *Niederschrift*, 9.

20 Eine nicht geringe Anzahl [besonders thüringischer] Lehrer wurde nach dem Besatzungswechsel im ‚Speziallager Nr. 2 Buchenwald' interniert.

In ähnlicher Weise wie anno 1914 der Gothaer Gymnasiallehrer Witzmann[21] versuchte nun auch dieser Vertreter der NS-Volksbildung die ihm anvertrauten Knaben mit markigen Sprüchen für den Kampfeinsatz zu gewinnen: „Der Feind ist im Land! Er will auch in unsere Stadt. Das werden wir gemeinsam verhindern. Während unsere tapferen Soldaten an der Front in einer gigantischen Abwehrschlacht stehen, haben wir in der Heimat die heroische Aufgabe, den Feind mit Fanatismus ein für allemal vernichtend zu schlagen und ihn für alle Zeiten tief zu demütigen! Die Jungen gehen mit mir, die Mädchen können nach Hause. Er brachte uns ins Parteibüro des Kreisleiters, dort sagte er: Mein Kreisleiter, ich melde! Meine Klasse ist bereit, ihr Leben in den Reihen des Volkssturmes für die Erringung des Endsieges in blindem Gehorsam einzusetzen! Der Kreisleiter erwiderte: Danke, Parteigenosse! In der Zimmerecke, wo die Fahnen hingen, stellte er uns feierlich als Jungmannen in Dienst."[22]
Doch weder die Kapitulationsweigerung etlicher Städte und Dörfer Thüringens[23] noch die Kämpfe vereinzelter deutscher Streitkräfte im Thüringer Wald oder die gelegentlichen Attacken jugendlicher ‚Werwölfe'[24] konnten verhindern, dass die US-Forces zügig bis zur ‚Hauptkampflinie' an der Saale bei Jena vorrückten. Nach sechzehn Tagen war das ‚grüne Herz Deutschlands' überrannt. Damit wurde die amerikanische Besetzung Mitteldeutschlands bis an die von der 12. Armeegruppe befohlene Haltelinie in Westsachsen, „[...] bei Rochlitz längs der Mulde bis in die Nähe Zwickaus, von da über Plauen und Hof und dann im allgemeinen parallel zur [...] Autobahn bis Bayreuth", am 16. April 1945 ohne nennenswerte Verluste beendet.[25] In gewohnt propagandistischer Manier tönten die täglichen Wehrmachtsberichte des Oberkommandos der Wehrmacht (OKW) noch immer von „heftigen Kämpfen" und „aufopferndem Einsatz" im ‚Trutzgau Thüringen'.[26]
Der Frage, ob oder inwieweit es das Ziel der verbündeten britisch-amerikanischen Koalition gewesen sei, mit der raschen Okkupation Mitteldeutschlands „[...] große Gebiete des deutschen Reiches zu besetzen, um sie später als Druckmittel gegen die UdSSR einsetzen zu können" – wie von Wahl festgestellt[27] – darf zumindest in dieser undifferenzierten Form als kaum zutreffend bezeichnet werden; obgleich die Erfahrungen der amerikanischen und der britischen Administrationen mit der durch Stalin und Molotow praktizierten Strategie des Tatsachen-Schaffens in Polen und in den Ländern Mittelosteu-

---

21 Zur Lehrer-Schüler-Begegnung Georg Witzmann und Hermann Brill siehe Kapitel 2 und 3.2.2, dort den Exkurs: ‚Brill'.

22 Behr, *Mein Jahr 1945*, 28.

23 Ein Beispiel von vielen: Großmölsen bei Erfurt: „Nachdem die weiße Fahne am Kirchturm, als Zeichen der Kapitulation, von einem mutigen Großmölsener wieder entfernt worden war, beschoß der Amerikaner den Kirchturm. Der daneben befindliche Saal des Gasthofes ‚Drei Linden' wurde auch getroffen und brannte bis auf die Grundmauern nieder." Chronik der Kirchgemeinde Großmölsen, in: *Pfarrarchiv Ollendorf*, unfoliiert. – Otto Koch, „Kriegsende in Weimar: 12.4.1945. Niederschrift des NSDAP-Oberbürgermeisters Otto Koch über die Übergabe der Stadt an die amerikanischen Truppen. Bearbeitet von Eberhard Haufe", in: *Thüringer Tageblatt* 80 v. 06.04.1991, 5f. „Die Amerikaner hatten sich offensichtlich am Mittwoch, 11.4., nachmittags an die Stadt [Weimar, d. Vf.] herangearbeitet, [...]. In Nohra und Gaberndorf waren Brände beobachtet worden." Ebd., 5.

24 Godiva Kroner, *Kaugummi oder Wodka: eine Dolmetscherin zwischen zwei Welten*, Berlin – Bonn 1991, 21: „Eine amerikanische Streife hatte in den Wäldern und Höhlen um Eisenach einen Trupp Männer aufgestöbert, der sich ‚Werwolf' nannte. Sie fühlten sich immer noch als Nazis, waren bewaffnet und wollten ein neues ‚Hitlerreich' errichten." – Vgl. dazu Kapitel 2.6.

25 Wahl, *Der Beginn*, 50.

26 Ebd., 50. Wahl zitiert aus der *Schleizer Zeitung* vom 01. bis 15.04.1945. – Vgl. auch *Die Wehrmachtsberichte 1939-1945*, dort besonders Bd. 3: *1. Januar 1944 bis 9. Mai 1945*. München 1985.

27 Wahl, *Der Beginn*, 45.

ropas einer solchen Option durchaus einige Plausibilität gäbe.[28] Ungeachtet dessen bleibt für den engeren Zusammenhang der amerikanischen Besatzungspolitik in Thüringen festzuhalten, dass Präsident Roosevelt, getragen von der Vision einer internationalen, systemübergreifenden und friedensstiftenden Arbeit des Völkerbundes respektive Vereinten Nationen, am permanenten Ringen um gute Beziehungen zur Sowjetunion festgehalten hat. Und dieses gegen alle offenkundigen Schwierigkeiten und Vertrauensbrüche seitens der Sowjets ebenso wie unter Zurückstellung der deutlichen Warnungen des skeptischen britischen Premierministers. Am 4. Mai 1945 zeichnete Churchill in einem Memorandum, das sein Außenminister Eden während der seit dem 25. April tagenden Beratungen der Vereinten Nationen in San Francisco den amerikanischen Gesprächspartnern vortragen sollte, ein äußerst düsteres und – wie wir heute wissen – weitgehend realistisches Bild der (ost-)europäischen Situation. Der historische Hintergrund dieses Bildes: der Hunderte von Kilometern währende Marsch der Roten Armee über die von der Deutschen Wehrmacht ‚verbrannte Erde', wird vom britischen Premier allerdings nur schwach angedeutet:[29] „Ich fürchte, daß sich beim russischen Marsch quer durch Deutschland bis zur Elbe entsetzliche Dinge abgespielt haben. Der beabsichtigte Rückzug der amerikanischen Armee auf die von uns in Quebec festgelegten [...] Zonengrenzen bedeutet, daß die Flut der russischen Vorherrschaft auf einer fünfhundert bis sechshundertfünfzig Kilometer breiten Front um zweihundert Kilometer vorgetragen würde. Kommt es wirklich dazu, wäre es eines der betrüblichsten Ereignisse der Weltgeschichte. [...] Demnach würde die russische Kontrolle die baltische Küste, ganz Deutschland bis zur vorgesehenen Zonengrenze, die gesamte Tschechoslowakei, einen großen Teil Österreichs, ganz Jugoslawien, Ungarn, Rumänien und Bulgarien bis zur Grenze des ungefestigten Griechenland umfassen. [...] Wir stehen damit vor einem Ereignis in der Geschichte Europas, für das es keine Parallele gibt und das die Westmächte am Ende ihres langen und wechselvollen Ringens unvorbereitet trifft."[30]

Ungeachtet dieser Warnungen Churchills rückte nach dem Tode Roosevelts am 12. April 1945 auch die Truman-Administration von dieser Strategie nicht wesentlich ab.

Parallel zu den 1944/45 geführten britisch-amerikanischen und auch inneramerikanischen Debatten auf höchster politischer und diplomatischer Ebene arbeiteten die Stäbe des Office of Military Government for Germany, United States, (OMGUS) an Plänen für eine künftige territoriale und politische Struktur in Deutschland. Auffällig und von großer Wirkkraft für die militärische Besatzungspolitik der USA in Deutschland ist die moderate und pragmatische Grundtendenz der führenden Militärs.[31] Sie stand in deutlichem Widerspruch zu diversen Plänen einer radikalen Zerstückelung Deutschlands und war getragen

---

28 Herman Graml, *Die Alliierten und die Teilung Deutschlands: Konflikte und Entscheidungen 1941-1948*, Frankfurt/Main 1985, 31-81. – Unter Verweis auf die anhaltende Weigerung Stalins, den in Jalta beschlossenen Kompromiss (‚Pluralisierung' des als polnische Regierung deklarierten moskautreuen ‚Lubliner Komitees' durch Mitglieder der Londoner Exilregierung) einzuhalten, sind Bestrebungen des britischen Premierministers erkennbar, die amerikanische Führung für eine Politik der „Faustpfänder" gegenüber der UdSSR zu gewinnen.

29 Lew Kopelew, *Aufbewahren für alle Zeit!* 12. Aufl. München 1992.

30 Zitiert bei Graml, *Die Alliierten*, 64 f.; Curt Gasteyger, *Europa zwischen Spaltung und Einigung 1945-1990*, Bonn 1991. Gasteyger ist gar der Meinung, dass „[...] in dieser Phase des fast blinden Vertrauens in die alle machtpolitischen und ideologischen Gegensätze überbrückende Weltorganisation [der Vereinten Nationen, d. Vf.] eine westliche Europapolitik gerade in jenem historischen Augenblick [fehlte], in dem sich die Sowjetunion anschickte, dieses Europa zu erobern." Ebd., 28.

31 Bedauerlich ist, dass das OMGUS-Handbuch die Existenz der amerikanischen Militärregierung für Thüringen kaum behandelt.

von der Sorge um den Fortbestand eines funktionsfähigen politischen Zentralapparates für das ganze Land, außerdem von der Abneigung gegen eine allzu starke Föderalisierung.[32]

3.1.2 Die Herren über das Trümmerfeld

Die geopolitischen und strategischen Ansichten der Westalliierten, sowohl im Blick auf die Rolle Deutschlands in einer künftigen Nachkriegsordnung als auch die konkreten politischen und verwaltungsmäßigen Ordnungsvorstellungen, waren – abgesehen von den bereits angedeuteten Missverständnissen und Verhandlungsproblemen mit Stalin – von Anfang an sehr widersprüchlich.[33] Doch auch die radikalsten Pläne fanden ihre praktische Begrenzung an den Gegebenheiten der unmittelbaren Besetzungspraxis in einem Land, dessen Infrastruktur weitgehend zerstört und dessen wirtschaftliche Potenz auf Jahre hinaus geschwächt schien: „Das nachfaschistische Deutschland präsentierte sich als ein unruhiges, aufgewühltes Trümmerfeld, dessen Bewohner nunmehr die katastrophalen Folgewirkungen der Naziherrschaft auf neue schmerzhafte Weise zu spüren bekamen."[34]
Nachdem schon in den Monaten zuvor die durch den NS-Staat gelenkten Mobilisierungsaktionen wie die Kinderlandverschickung, Evakuierungen oder Verlegung von rüstungsrelevanten Unternehmen samt ihren Belegschaften für eine erhebliche Durchmischung der deutschen Gesellschaft gesorgt hatten, wurde dieser soziale Wirbel im Zuge der besonders in die ländlichen Bereiche drängenden Flüchtlingsströme noch erheblich verstärkt. Dies hatte zweifellos mittel- bis langfristige Folgen für die Strukturierung der sozialen, kulturellen und konfessionellen Milieus.[35]
Obwohl Thüringen – zumindest im Blick auf die Ernährungssituation – in einer relativ günstigen Ausgangsposition war, brachten diese Entwicklungen während der letzten Phase des Krieges und vor allem der ersten Nachkriegsmonate enorme Belastungen und existenzielle Bedrohungen für die Menschen mit sich. Der Bericht des Präsidenten der Landesverwaltung Thüringen vom 16. November 1945 weist aus:
„In der Tierzucht hat Thüringen noch 90 % des Bestandes von 1944, mit Ausnahme der Schweine mit 50 bis 60 % [...] Eine Abgabe ist mit Rücksicht auf die grauenvolle Lage

---

[32] Graml, *Die Alliierten*, 58-60. – Die von Graml untersuchten Dokumente der Political Division und der unter General Onthank arbeitenden Internal Affairs and Communication Division der US Group, Control Council, zeigen sehr anschaulich die im Februar in Jalta eingeleitete endgültige Niederlage der von Henry Morgenthau verkörperten Deutschlandpolitik und die „[...] zum politischen Handeln bereite, geschichtsbewußte und sorgfältige Haltung der künftigen Besatzungsoffiziere." – Ebd., 59. Vgl. dazu die Arbeit von Bernd Greiner, die nach gründlichem Quellenstudium erstmalig die Motivationen des amerikanischen Finanzministers herausarbeitet und die Interessen seiner inneramerikanischen, z.T. antisemitischen Gegner und späteren Legendenbildner benennt. Bernd Greiner, *Die Morgenthau-Legende: zur Geschichte eines umstrittenen Planes*, Hamburg 1995. Einen kurzen, sehr instruktiven Einblick bietet Christoph Kleßmann, *Die doppelte Staatsgründung: deutsche Geschichte 1945-1955*, Göttingen 1982, dort besonders Kapitel I.

[33] Günther Gillessen, „Zwischen Morgenthau und Eingliederung: wie sich die westlichen Siegermächte den Kopf über Deutschland zerbrachen", in: *FAZ* v. 23.05.1995, 8: „Sehr vereinfacht kann man sagen, daß in Washington und in London auf der einen Seite überwiegend Beamte standen, die über Deutschlandkenntnisse verfügten, und Offiziere, denen aufgetragen wurde, Besatzungspolitik zu exekutieren, die also mit dem Wohl und Wehe der ihnen Unterworfenen konfrontiert waren. Ihnen gegenüber standen Politiker, die sich frei von praktischer Verantwortung allgemeine und fertige Meinungen über Deutschland leisteten, zu denen an erster Stelle gehörte, Deutschlands Macht ein für allemal zu brechen."

[34] Evemarie Badstübner-Peters, „Durchkommen und überleben: Frauenalltag in der Nachkriegszeit", in: Marina Moritz (Hg.), *Zeitbrüche – Lebensbrüche: Frauenalltag in Thüringen 1945*, Erfurt 1995, 25-54, 28.

[35] Kleßmann, *Die doppelte Staatsgründung*, 42: Für die deutsche Nachkriegsgeschichte sind diese demographischen Veränderungen kaum zu überschätzen."

der übrigen Länder zu erwarten. 3000 Tonnen Fleisch müssen nach Berlin abgegeben werden. In bezug auf Kalorien liegt Thüringen an der Spitze, während in Sachsen und Brandenburg monatelang kein Fleisch verteilt werden konnte."[36]
Davon besonders betroffen waren die Frauen, die auf Grund dessen, dass viele Männer entweder gefallen oder noch in Kriegsgefangenschaft waren, die Hauptlast des ohnehin erschwerten Alltags zu tragen hatten:
„Als [...] im Herbst 1944 – mit dem Vorrücken der Roten Armee an der Ostfront – eine gewaltige Flüchtlings- und Evakuierungsbewegung von Ost nach West in Gang kam, lag die Hauptlast dieser Aktionen [...] bei den Frauen, denn alle einigermaßen einsatzfähigen Männer befanden sich an der Front. Hatten die ersten Trecks noch Unterstützung durch die weiter westlich lebende Bevölkerung erfahren, so änderte sich dies angesichts des nahenden Zusammenbruchs der Nazi-Diktatur. Flüchtlingskarawanen blieben in den verstopften Straßen stecken und gerieten in die Frontlinie. Schwere Kämpfe, Frost und Schnee, ebenso aber Tieffliegerangriffe forderten Millionen Todesopfer."[37]
Die Not der Flüchtlinge und die Notwendigkeit für die Einheimischen, diese oft abschätzig ‚Beutedeutsche' Genannten aufzunehmen, stand im Mittelpunkt der tagespolitischen Aufgaben der allermeist desolaten Regional- und Kommunalverwaltungen der „Zusammenbruchgesellschaft".[38] Wie der Hitler-Prophetie vom ‚Germanenstrom nach Osten' genau entgegengesetzt, mutete den Zeitzeugen die Masse der Trecks an: „Tag für Tag und Nacht für Nacht erschienen unzählige Flüchtlinge aus den Ostgebieten. Es wurden Tausende und Zehntausende, die hier blieben. Sie kamen ohne Habseligkeiten, brauchten Unterkunft und Versorgung. Wohnraum und Verpflegung mußte als erstes beschafft werden. [...] Die Unterbringung wurde dadurch erschwert, daß die Einheimischen wenig Verständnis für die „Umsiedler" aufbrachten, wie sie damals genannt werden mußten."
So jedenfalls beschreibt es Gottfried Heinrich Dreykorn (1907–1995), ab 1945 Landrat in Weimar.[39] In diesen desolaten und chaotischen Verhältnissen lag die Besinnung auf die Schutz- und Stabilisierungsfunktion familiärer Beziehungen nahe.
„Die Familie sollte sich in der Trümmerzeit sogar als wichtigste, letztlich unersetzbare Solidar- und Überlebensgemeinschaft erweisen; wenn auch oftmals nicht in Gestalt der klassischen Vater-Mutter-Kind-Familie, sondern als reine Frauenfamilie oder ganz allgemein als Gemeinschaft von Verwandten unterschiedlichen Grades. Konfliktfreiheit war mit dieser Art des engen Zusammenlebens allerdings nicht verbunden und die familiären Gemeinschaften mußten vielen Zerreißproben widerstehen."[40]
Neben der Familie richtete sich der Hilfe suchende Blick allerdings auch auf die Kirchgemeinden. Bei den Pfarrern sorgte die stetige Zunahme des religiösen respek-

36 Badstübner-Peters, *Durchkommen*, 51.
37 Ebd., 28.
38 Kleßmann, *Die doppelte Staatsgründung*, dort besonders Kapitel II: „Die Zusammenbruchgesellschaft", 37-65; und Henke, *Die amerikanische Besetzung*, – obgleich dieser Band für die Beschreibung der regionalen Situation in Thüringen nicht allzu viel hergibt.
39 Gottfried Heinrich Dreykorn, „Erinnerungen an meine Tätigkeit in Weimar 1945 bis 1947", Berlin 1992, Ms.; 3 und ders., „Der ehemalige Landrat Dreykorn. Eine TLZ-Serie", Teil 1-8, in: *TLZ* April/Mai 1995, Teil 1, 5.
40 Ebd., 36. Ebenso Kleßmann, *Die doppelte Staatsgründung*, 56-59; und besonders Barbara Willenbacher, „Zerrüttung und Bewährung der Nachkriegsfamilie", in: Martin Broszat/Klaus-Dietmar Henke/Hans Woller (Hgg.), *Von Stalingrad zur Währungsreform: zur Sozialgeschichte des Umbruchs in Deutschland*, München 1988, 595-618.

tive kirchlichen Interesses der Bevölkerung für große Überraschung.[41] Während der vormalige BK-Vikar Helmut Gollwitzer für die dreißiger Jahre noch konstatiert hatte: „Thüringen war seit langem, mit Ausnahme weniger Gegenden, ein traditionell unkirchliches Land“,[42] schien sich nun mit dem Zusammenbruch die Situation auf wundersame Weise verändert zu haben. Die zumeist stark religiös sozialisierten Vertriebenen suchten in der Kirche ein Stück der verlorenen Heimat zu finden. Gemeinsam mit vielen, bis dato in konfessioneller Hinsicht eher indifferenten Thüringern erhofften sie nun vom christlichen Glauben Wege inmitten der Ruinen eines zusammengebrochenen Weltgefüges aufgezeigt zu bekommen.

Schon gegen Ende des Krieges war es für die kirchlichen Mitarbeiter wegen des erheblichen personellen Zustromes aus den vom Bombenkrieg bedrohten Städten oder rüstungsrelevanten Betriebe, zu den zahlreichen Kriegsvertretungen gekommen. Der Pfarrervereinsvorsitzende und Vachaer Superintendent Paul Dahinten schilderte die pastorale Situation:

„Nach der Einberufung von Pf[arrer] Köhler in Pferdsdorf hatte ich zu meinen Gemeinden Vacha und Oberzella noch meine einstigen Gemeinden Pferdsdorf und Unterbreizbach zu verwalten und im Laufe des Sommers 1943 mit einem Industrieunternehmen aus Wuppertal eine ganze Anzahl Gemeindeglieder reformierter Observanz als Evakuierte bekommen, die sich rege am kirchlichen Leben beteiligten und den gesellschaftlichen Verkehr des Pfarrers suchten.“[43]

Diese Situation hatte sich nun am Ende des Krieges dramatisch verstärkt. Dies bedingte natürlich auch eine große berufliche Anspannung der relativ wenigen verbliebenen Pfarrer und kirchlichen Mitarbeiter wie Mitarbeiterinnen. Hinzu kam eine durch DC-Misswirtschaft hervorgerufene äußerst prekäre Finanzsituation der Landeskirche.

Neben der Familie waren somit also auch die Kirchgemeinden – infolge des Zusammenbruchs aller sonstigen politischen wie sozialen Institutionen – zu einem bedeutenden Stabilisierungs- und Orientierungsfaktor der bedrohten Lebenswelten geworden.[44] Die Kirchen füllten sich, die zu bewältigende caritative und seelsorgerliche Arbeit war enorm.

Unmittelbar nach dem Einmarsch der Amerikaner schrieb der BK-Pfarrer Günther Zahn (1906–1999) seine Eindrücke als „Zeitzeugenbericht über die Jahre des Kirchenkampfes in Thüringen, vom ehemaligen BK-Pfarrer der Gemeinde Großfahner [...]“ nieder: „Töttelstädt: [...] Am Sonntag liegt [nach dem Feindeinmarsch] auf der Sakristeischwelle, etwas von Gras und Unkraut verdeckt, Hitlers ‚Mein Kampf‘ und ein Parteiabzeichen. [...] Bienstädt: Das war nun das nationalsozialistische Musterdorf. Etwa zwei Jahre vor-

---

41 Auf Grund dessen, dass über 200 Thüringer Pfarrer gefallen, vermisst oder noch in Kriegsgefangenschaft waren, konnte die anfallende pastorale Betreuung der Gemeinden nur unzureichend bewältigt werden. Vgl. den ‚Bericht über die Lage der Thüringer ev[angelischen] Kirche‘ während der ersten Superintendentenkonferenz nach dem Kriegsende am 06./07.03.1946, 4, in: *LKAE*, A 190, 84.

42 Walter Köhler, „Bekenntnispfarrer rings um Saalfeld in Thüringen während der Hitlerzeit 1933-1945: eine Dokumentensammlung in Neufassung. Verfasst und hg.v. Sup. i. R. KR Walter Köhler“, Sonneberg 1986, erweitert 1989, Ms., 16, in: *LKAE*, 2/90.

43 Paul Dahinten, „Der Thür[inger] Evang[elische] Pfarrerverein, von dem Zusammenschluss der Thür[inger] einzelkirchlichen Vereine an im Jahre 1925 bis zu seinem Aufgehen in der ‚Standesvertretung der Thür[inger] Pfarrerschaft‘, 1951 auf Grund der Akten dargestellt und kommentiert von Sup. a.D. Kirchenrat Paul Dahinten“, Vacha, im Juni 1964, Ms., 140.

44 Kleßmann, *Die doppelte Staatsgründung*, 59: „In den Augen der westlichen Besatzungsmächte und der deutschen Bevölkerung fiel ihnen [den Kirchen, d. Vf.] eine besondere Bedeutung zu, und im Selbstverständnis beanspruchten sie eine gewichtige Rolle beim Neuaufbau. Das galt begrenzt auch für die sowjetische Zone.“

her war im politischen Gemeinderat der Antrag gestellt worden, aus der Kirche eine Feldscheune zu machen. Die Kirche brauchten sie doch nicht mehr, aber eine Feldscheune fehle. Nun haben die Amerikaner dafür gesorgt, ein paar Granaten vor die Türe gesetzt, Fenster und Türen waren kaputt. Ich komme, es ist Jubilate, das Gotteshaus ist bis auf den letzten Platz gefüllt. Es waren so viele Menschen da, wie sonst zu Hause blieben. Es weht. Ich muß den Talar festhalten. Dann beginne ich meine Predigt anders als ich sie vorbereitet habe. [...]: ‚Liebe Gemeinde, nun habt ihr eure Feldscheune. Seid ihr jetzt leeres Stroh oder volle Ähren?' "[45]

Ähnliches wusste der Geraer Pfarrer Hermann Ernst Deter (1894–1967) zu berichten: „Das kirchliche Leben hat in den Wochen seit dem Umbruch auch hier, wie gewiß überall, einen geradezu beängstigenden Aufstieg genommen: volle Kirchen, reichste Gaben, das alles freilich in einem nicht nur Erhebung, sondern auch wehe Gedanken auslösend. Was ist echt, was Konjunktur?"[46]

Diese Ahnung des erfahrenen Kirchenmannes sollte sich relativ bald als richtig erweisen. Doch bis dahin vergingen noch einige Monate, in denen es galt, sehr disparate kirchliche Erfahrungen im Spannungsfeld von Besatzungsmacht und deutscher Verwaltung zu sammeln und zu verarbeiten.

Nicht ohne Auswirkung auf die unmittelbare Besatzungspraxis waren zunächst jedoch die von den amerikanischen Soldaten und Offizieren in den Tagen der Besetzung Thüringens gesammelten Erfahrungen; und hier besonders die Einblicke in die Abgründe des Grauens bei der Befreiung der Konzentrationslager Ohrdruf, Dora-Mittelbau und Buchenwald.[47] Diese Bilder furchtbarer Menschenverachtung (im Blick auf die Opfer) und die ideologisch gestützte Apathie (auf der ‚Täterseite') trugen gewiss dazu bei, dass die amerikanischen Mannschaften den besiegten Deutschen voller Unverständnis und Abscheu begegneten. „Die Amerikaner lehnten, milde gesagt, die Deutschen ab. Das äußerte sich teilweise in Haß. Sie waren negativ beeindruckt durch den Holocaust, das unmenschliche autoritäre System Hitlers, die Angriffs- und Eroberungskriege und die Kriegsopfer, die sie jahrelang gebracht hatten. [...] Die US-Army beschlagnahmte für eigene Zwecke zahllose Wohnungen, trotz der ausgebombten Wohnungen und der Wohnungsnot. Man durfte

---

45 Günther Zahn, „Thüringer Blickpunkte 1933–1945 aus der Sicht eines Dorfpfarrers damaliger Zeit", in: *Thüringer Gratwanderungen: Beiträge zur fünfundsiebzigjährigen Geschichte der evangelischen Landeskirche Thüringens, bearbeitet von Dietmar Wiegand*, hg.v. Thomas A. Seidel i.A. der Evangelischen Akademie Thüringen und der Gesellschaft für Thüringische Kirchengeschichte, Leipzig 1998, 244-255.

46 Schreiben von Hermann Ernst Deter an Mitzenheim, 31.05.1945, in: *LKAE*, A 130/II, unfoliiert. Der SPD-Abgeordnete Brill hatte am 22.05.1924 die „Religionskonjunktur" nach Kriegen generell betrachtet: „Es ist doch auch eine Erfahrungstatsache, daß gerade nach großen Kriegen, wie das auch die gegenwärtige Zeit zeigt, das religiöse Leben in allen Formen ganz besonders stark emporzublühen pflegt. Eine Partei, die eine Massenpartei sein will, wie die Sozialdemokratie, müßte ja geradezu mit Blindheit geschlagen sein, wenn gegen solche Massenströmungen auf religiösem Gebiet mit solchen kleinen Mitteln* gekämpft werden soll." Erich W. Reichardt: *Die rechtlichen Beziehungen zwischen Staat und Kirche im Reich und in Thüringen, nach Aussprüchen von Parteien, Regierungs- und Volksvertretern*. Im Auftrag des Landeskirchenrates der Thüringer evangelischen Kirche zusammengestellt von Dr. jur. Dr. rer.pol. Reichardt, Eisenach o.J. – *Brill weist damit den Vorwurf der politischen Gegner im Thüringer Landtag, u.a. von Eichel-Streiber (DNVP), Enders und Thümmel (DDP), zurück, die SPD stimme aus Gründen des Weltanschauungskampfes gegen die teuerungsbedingten staatlichen Zuschüsse zu den Pfarrergehältern.

47 Zur Reaktion der Amerikaner und besonders Pattons nach der Inspektion des befreiten KZ Buchenwald und die daraufhin angeordnete Pflichtvisite Weimarer Bürger am 16.04.1945 vgl. Overesch, *Hermann Brill*, 299. – Ein interessantes, in vielem jedoch recht oberflächliches Werkbuch zu diesem Ereignis: Peter Krahulec/Roland Schopf/Siegfried Wolf, *Buchenwald – Weimar: April 1945: Wann lernt der Mensch?*, Münster – Hamburg 1994.

nur das Allernötigste mitnehmen, was man tragen konnte. Es begann der Kampf um jede Scheibe Brot."[48]
Erschüttert von dem, was General Eisenhower im Buchenwalder Außenlager Ohrdruf mit ansehen musste, initiierte er umgehend die Reise von zwölf amerikanischen Zeitungsverlegern nach Deutschland, damit diese persönlich die kaum vorstellbaren Verbrechen in Augenschein nähmen und der Weltöffentlichkeit darüber berichteten. Am 12. April 1945 hatte der Oberkommandierende der Alliierten Truppen in Europa bei einer Frontvisite gemeinsam mit General Patton das bereits am 4. April befreite Außenlager Ohrdruf aufgesucht. An seine Frau schrieb er drei Tage später: „I never dreamed that such cruelty, bestiality and savagery could really exist in this world! It was horrible."[49]
Verhaftungen und Internierung von Wehrmachtsangehörigen und tatsächlichen sowie mutmaßlichen NS-Funktionsträgern, Verkehrsbeschränkungen und nächtliche Ausgangssperren, Verbote politischer Betätigung und gelegentliche Übergriffe prägten für die nachfolgende Zeit den Alltag unter der Besatzungsmacht.[50] Die am 26. April 1945 erlassene Direktive JCS 1067 verfügte die generelle ‚Non-Fraternization', das heißt, das Verbot jeglicher privater Kontaktaufnahme mit der einheimischen Bevölkerung. In den Augen des Zeitzeugen John Gimbel spielten auf Seiten der Besatzer ganz unterschiedliche Motive eine Rolle im Umgang mit den ‚Besiegten'.
„Die amerikanischen Soldaten waren [...] mit wenigen Ausnahmen schlechte Vertreter der idealen Demokratie. Sie waren Kreuzfahrer, die ihren Glauben verloren hatten, aber trotzdem weiterkämpften. Ohne zu merken, wie nahe sie damit dem nationalsozialistischen Rassismus kamen, betrachteten sie die Deutschen als nicht ganz ebenbürtig. [...] Sie [die Amerikaner, d. Vf.] verlangten ganze Stadtteile als amerikanische Enklaven und verboten den Deutschen, ihre Häuser zu betreten und ihre Gärten zu benutzen. Räume, die sie nicht brauchten, ließen sie leer stehen, und geräumte Häuser gaben sie mitunter den Eigentümern nicht zurück. Sie benutzen Extrazüge [...] und ließen sich auf den Bahnhöfen eigene Warteräume, Schalter, Toiletten usw. einrichten. [...] Sie nahmen die schönsten Ferienorte für sich in Anspruch, und überall standen Tafeln: ‚Für Deutsche Zutritt verboten'." [51]
Einer wundersamen Verwandlung ähnlich, waren die Deutschen buchstäblich über Nacht in ihrer Mehrzahl zu Nazigegnern oder zumindest Nicht-Nazis geworden. Der ideologische Umschwung aus Gründen des Selbstschutzes offenbarte zumeist das schlechte Gewissen und nahm mitunter recht groteske Züge an. Mit einem leichten Augenzwinkern erinnerte sich Pfarrer Behr daran, wie er nicht lange nach dem Einmarsch der Amerikaner seinem Lehrer, „dem Parteigenossen mit der Pistole im Nachttisch", begegnete: „Bei der Begegnung wußte ich jetzt wirklich nicht, wie ich mich verhalten sollte. Ehe ich noch Klarheit gewann, war der Lehrer schon da. Aus langjähriger Gewohnheit riß ich den Arm hoch und brüllte: Heil Hitler! Der Mann kriegte starre Augen und einen dicken Kopf. Er schaute nach rechts, er schaute nach links, er schielte ängstlich nach hinten – hatte es jemand bemerkt? Schwungvoll ergriff er seinen Hut und beschrieb mit ihm einen weiten

48 Dreykorn, *Der ehemalige Landrat*, Teil 1, 5.

49 Zitat bei: Overesch, *Hermann Brill*, 298. – Vgl. dazu Norbert Frei, „‚Wir waren blind, ungläubig und langsam': Buchenwald, Dachau und die amerikanischen Medien im Frühjahr 1945', in: *VfZ* 35. 1987, 385-401.

50 Wahl, *Die Rettung*, 23, Anm. 19: „Von den amerikanischen Besatzungsbehörden wurden Angehörige faschistischer Organisationen vorübergehend im Bereich des Konzentrationslagers Buchenwald interniert."

51 John Gimbel, *Eine deutsche Stadt unter amerikanischer Besatzung*, Köln 1964, 245f. – Zur Handhabung des Non-Fraternization-Law vgl. Kroner, *Kaugummi*, 16, 22.

Bogen. So laut, daß es straßab, straßauf von den Hauswänden widerhallte, rief er: Grüß Gott, mein Junge, grüß Gott, mein Junge!“[52]
Ungeachtet all dieser Impressionen, die die westalliierten Soldaten von „Hitlers willigen Vollstreckern“[53] gewannen, blieb es das vorrangige Ziel der Militäradministration, die vorhandenen Verwaltungsstellen so schnell wie möglich instand zu setzen, um die vielfältigen Aufgaben überhaupt lösen zu können. „Insofern wird man sagen können, daß am Beginn der Trümmergesellschaft die Verwaltung und nicht die Politik stand.“[54]
In der Proklamation Nr. 1 des Obersten Befehlshabers der alliierten Streitkräfte wurde das Weiterbestehen der Landes- und Kommunalverwaltungen angeordnet und damit alle Beamten aufgefordert, unter Befolgung aller Befehle und Verordnungen der Militärregierung, bis auf Weiteres ihrer Arbeit nachzugehen.[55] Nicht die ‚in ihrem Kern antidemokratische‘ amerikanische Besatzungspolitik, die jene „[...] den realen Erfordernissen entsprechenden und geschichtlich notwendigen Maßnahmen zur antifaschistisch-demokratischen Umgestaltung des Landes“ letztlich verhindert habe,[56] bildet den Ausgangspunkt für die militärbehördlich angeordnete weitgehende Personalkontinuität in den Verwaltungen, sondern einfache zweckrationale Überlegungen. In der Folgezeit war es eher so, dass der ausdrücklich formulierten Absicht der Amerikaner, „das Nazitum in Deutschland mit Stumpf und Stiel auszurotten und die Demokratie einzupflanzen“,[57] zunächst jene katastrophalen Lebensbedingungen gegenüberstanden, die ein schnelles, unbürokratisches Handeln erzwangen. Dieses wiederum kam dem oben beschriebenen Pragmatismus der Militärs, denen überdies rasche und präzise Entscheidungen nicht unvertraut waren, sehr entgegen. Die verschiedenen zeitgenössischen Erinnerungsberichte, die das amerikanische Besatzungsregime reflektieren, bestätigen dieses Bild.
Der in Weimar geborene Gottfried Heinrich Dreykorn, der als 37-jähriger Soldat am 13. April 1945, einen Tag nach der Besetzung durch die US-Streitkräfte in die Stadt an der Ilm zurückkehrte, war vom Weimarer Oberbürgermeister Fritz Behr (1881–1974)[58] zunächst zum Dolmetscher und bald darauf zum ersten Landrat des Landkreises Weimar nach 1945 berufen worden. Dreykorn berichtet über seine Erfahrungen mit den Amerikanern:
„Military Government Officer für den Landkreis wurde der Captain Harry P. Clark, ein höherer Beamter aus dem Landwirtschaftsministerium in Kalifornien. Clark brachte viel Verständnis für alle Schwierigkeiten auf, die sich aus der Niederlage und NS-

52 Behr, *Mein Jahr 1945*, 33.
53 So der Titel des heftig umstrittenen Buches von Daniel J. Goldhagen, *Hitlers willige Vollstrecker: ganz gewöhnliche Deutsche und der Holocaust*, Berlin 1996. – Dass Goldhagen mit der These einer einfachen Gleichsetzung von Nazis und Deutschen diesem komplexen Thema nicht gerecht wird, steht auf einem anderen Blatt.
54 Karl Teppe, „Trümmergesellschaft im Wiederaufbau“, in: *PZ*, B 18-19 (1995), 25.
55 Wahl, *Der Beginn*, 52-69.
56 Ebd., 53, 56.
57 Gillessen, *Zwischen Morgenthau und Eingliederung*, 8: „Die fachkundigeren Berater [Roosevelts und Churchills 1944 in Quebec, d. Vf.] waren sich einig, daß zwar die deutsche Rüstungsindustrie zerstört werden müsse und auch deren schwerindustrielle Basis, daß es jedoch [im wohlverstandenen eigenen Sicherheitsinteresse, d. Vf.] absurd sei, Deutschland in ein ‚Agrarland‘ zurück zu verwandeln.“ – Vgl. Karl-Heinz Füssl, *Die Umerziehung der Deutschen: Jugend und Schule unter den Siegermächten des Zweiten Weltkrieges 1945–1955*, Paderborn 1994; und ders., *Restauration und Neubeginn*.
58 *Fritz Behr*, Dr. phil., Gymnasiallehrer, war wegen seines politischen Engagements in der SPD seit 1944 im KZ Buchenwald inhaftiert. Er wurde auf Empfehlung von Hermann Brill am 01.05.1945 durch die amerikanische Militärregierung zum Oberbürgermeister von Weimar ernannt.

Vergangenheit ergaben. Er ging auf die Probleme ein, um sie, natürlich von seinem Standpunkt aus, überzeugend zu lösen."[59]
Die amerikanische Militäradministration, als oberste legislative und exekutive Macht, handelte – nach Abschluss der Okkupationsphase stabiler werdend – gemäß den allgemeinen Prinzipien, Gesetzen und Verordnungen, wie sie seit 1944 in den Planungsstäben für die Besatzungszone entwickelt worden waren. In den letzten Apriltagen des Jahres 1945 hatten auch die Kommandostellen der amerikanischen Besatzungsmacht in der Stadt Goethes und Schillers, der vormaligen Residenzstadt des spöttisch ‚Sauleiter Gauckel' genannten NS-Führers, ihr Quartier bezogen. Sie überließen die allgemeinen Verwaltungsaufgaben und ‚Katastrophendienste' in der Regel den von ihnen eingesetzten deutschen Beamten:
„Die Erfüllung oben genannter Aufgaben [Flüchtlingsbetreuung, Massenküchen an den Hauptstraßen, Suchlisten für das Rote Kreuz, Abwendung von Seuchengefahren, Wohnungsbeschaffung und -verteilung, Feuerschutz, Beseitigung von Straßenschäden, Trümmern etc., d. Vf.] erfolgte relativ selbständig, zumindest während der amerikanischen Besatzung. Die Aufrechterhaltung der öffentlichen Ordnung und Sicherheit dagegen lag mehr oder weniger in den Händen der Amerikaner. Dem Kreisamt war zwar die Aufstellung einer bewaffneten Polizeieinheit von 100 Mann zugestanden worden, jedoch behielt sich ansonsten die Besatzung alle Rechte vor."[60]
Am 13. Juni 1945 präsentierte sich das auf Vorschlag von Regierungspräsident Hermann Louis Brill (1895–1959) gebildete Kabinett, bestehend aus Mitgliedern der SPD, der KPD, der DDP und der Christlichen Demokraten, unter ihnen einige vormalige Häftlinge des KZ Buchenwald, der mittlerweile umgebildeten amerikanischen Militärregierung in Weimar und besiegelte damit die Neukonstituierung der Provinz Thüringen.[61] Klaus Mann, der als ‚special correspondent' für die amerikanische Zeitschrift *Stars and Stripes* am 20. Juni 1945 Weimar besuchte, urteilte über den aufrechten, durch Zuchthaus und Konzentrationslager gezeichneten und dennoch unermüdlich engagierten Thüringer Politiker Brill:
„Von allen neu eingesetzten Verwaltungsbeamten, mit denen ich im Laufe meiner Reise in Berührung kam, hat der Regierungspräsident von Thüringen, Dr. Hermann Brill, vielleicht den stärksten, besten Eindruck auf mich gemacht."[62]
Trotz des amerikanischen Verbotes zur Bildung von Parteien waren die konzeptionellen Anstöße zum politischen Neubeginn wesentlich von ehemaligen Buchenwald-Häftlingen ausgegangen.[63] Besonders aktiv zeigten sich die organisations- und konspirationserprobten deutschen Kommunisten. Bereits einen Tag nach der Befreiung des KZ Buchenwald trat die neue Bezirksleitung der KPD Thüringen zur ihrer ersten legalen Sitzung zusammen. Sie gab sich eine eigene, bis zum Besatzungswechsel im Sommer 1945 von der Zentrale in Berlin relativ unabhängige politische Plattform, von der aus eine vitale, vom gemeinsamen KZ-Erlebnis getragene Zusammenarbeit mit dem von Brill ins Leben gerufenen ‚Bund demokratischer Sozialisten' und anderen ‚antifaschistischen Kräften' möglich

59 Dreykorn, *Erinnerungen*, 2.

60 Ebd., 5.

61 Wahl, *Thüringen*, 5: „Sie [die neu gebildete Provinz Thüringen, d. Vf.] umfaßte das bisherige Land Thüringen, den bisher preußischen Regierungsbezirk Erfurt mit dem Kreis Schmalkalden und die im Befehlsbereich des VIII. Corps gelegenen westsächsischen Stadt- und Landkreise Auerbach, Oelsnitz, Plauen, Reichenbach, Rochlitz und Zwickau."

62 Manfred Overesch, *Machtergreifung von links, Thüringen 1945/46*, Hildesheim 1993, 75f.

63 Vgl. die detaillierte, wenngleich deutlich SED-ideologisch gefärbte Darstellung bei Wahl, *Der Beginn*, 17-43, Kapitel 4: „Die Entwicklung der politischen Organisationsformen in Thüringen April bis Juli 1945."

war. Daneben bildeten sich in den Städten und Dörfern des Landes relativ rasch ‚Antifa-Ausschüsse', bestehend aus nicht oder kaum politisch kompromittierten Bürgern.[64] Diese Ausschüsse waren von der amerikanischen Militärbehörde ‚schärfstens' verboten worden; nicht zuletzt auch deshalb, weil einige der kommunistischen Führer dieser Anti-Nazi-Komitees keinen Hehl daraus gemacht hatten, dass „[...] bei richtiger Ausrichtung unseres Kampfes die antifaschistischen Komitees zu den Keimzellen der Diktatur des Proletariats, des Rätesystems werden" könnten.[65]

Die Mehrzahl der Bevölkerung verharrte allerdings in weitgehender Lethargie. Nicht nur wegen der besatzungsbehördlich zunächst untersagten Parteienpolitik, sondern vor allem auf Grund der negativen Erfahrung des politischen Zusammenbruchs des NS und aller mit ihm verbundenen Ideale schien den meisten ein politisches Engagement vorläufig völlig abwegig. Im Übrigen banden die Probleme des täglichen Überlebenskampfes einen überaus großen Teil der individuellen Zeit und Kraft. So führte beispielsweise die nur unzureichend vorhandene Nahrung, Kleidung, Wohnung sowie Heizung zum Aufblühen des Schwarzmarktes und zu einer starken Kriminalisierung.[66] Auch die wenigen, tatkräftig mit der Revitalisierung der Sozialstrukturen befassten Akteure litten unter diesen widrigen Lebensumständen, selbst wenn sie zuweilen einige Privilegien der Militärverwaltung genossen: „Was nicht hoch genug zu veranschlagen war: Ich bekam jeden Tag eine kräftige Suppe – manchmal mit einer dicken Scheibe ‚corned beef' – und einem riesigen Stück Weißbrot. An Umbruchabenden [in der Redaktion der ‚Neuen Zeitung', d. Vf.] gab es gelegentlich in schwimmendem Fett gebackene ‚Doughnuts', die einige der bärbeißigen Amerikaner taktvoll für die deutschen Mitarbeiter hinterließen – alles zusammen genug, um die Ernährungslage der Familie spürbar zu verbessern."[67]

Neben den alltäglichen Sorgen der Menschen um die Organisation des zum Lebenserhalt Notwendigen griff im Frühjahr des Jahres 1945 die Denunziation um sich. Jetzt schien die Gelegenheit gekommen, offene Rechnungen zu begleichen oder dem stets neidvoll betrachteten oder misstrauten Nachbarn eins auszuwischen. Eines der damals kursierenden Sprichwörter lautete: „Der größte Lump im ganzen Land ist und bleibt der Denunziant". Godiva Kroner,[68] in jenen Monaten Dolmetscherin der amerikanischen – und später auch der russischen – Führungsstäbe in Eisenach, berichtete von ihrem Abscheu und von der Angst vor unvermuteter Anzeige: „Ganz schlimm berührten mich die zahlreichen Denunzianten, die andere Deutsche anzeigten, weil diese Mitglieder der NSDAP oder der SS gewesen seien oder Waren auf dem Schwarzmarkt verkauft hätten. Der [amerikanische, d. Vf.] Major schickte diese üblen Leute zwar weg, weil es nicht sein Ressort war, guckte mich dabei aber provozierend an und murmelte dann: ‚Damned Nazis' oder ‚To hell with these Germans'. [...]"

„Als sogar zu uns Denunzianten kamen, setzte ich sie vor die Tür und fiel meinem Vater weinend um den Hals: ‚Papa, sind denn alle Deutschen Lumpen?' Vater tröstete mich:

---

64 Auch die Pfarrer Thüringens standen vor der Frage, ob bzw. inwieweit sie sich der Mitarbeit in diesen mitunter etwas dubios zusammengesetzten Antifa-Ausschüssen stellen sollten oder nicht. – Siehe dazu das Kapitel 3.2.4.

65 So einer der führenden Kommunisten Buchenwalds, Johannes Brumme. Zit. n. Overesch, *Machtergreifung*, 86. – Siehe dazu auch Kapitel 3.2.6 und 4.3.

66 Badstübner-Peters, *Durchkommen*, 44.

67 Hildegard Hamm-Brücher, „Weihnachtsgeschichte 1945", in: Claus Hinrich Casdorff (Hg.), *Weihnachten 1945: ein Buch der Erinnerungen*, München 1986, 122-129, 126.

68 *Dr. Godiva Kroner* (* 1925), Pfarrerstochter aus Masserberg im Thüringer Wald, Dolmetscherin für Englisch und Russisch, floh 1947 aus Eisenach in den Westen Deutschlands. 1991 legte sie ihre Erlebnisse beim Westkreuz-Verlag in einem kleinen, gut lesbaren Band vor: *Kaugummi oder Wodka: eine Dolmetscherin zwischen zwei Welten.*

‚Nach dem Krieg steigt der Bodensatz nach oben, die anständigen Menschen halten sich zurück, bis sich der Abschaum wieder gesetzt hat. Es kommen wieder andere Zeiten.' "[69]
Auffällig ist, dass in jenen Nachkriegswochen ein (Schuld-) Bewusstsein davon, dass Deutschland bereits vor und erst recht während jenes ‚totalen' Krieges von einem nicht minder ‚unanständigen Bodensatz' regiert worden war, der vermittels einer nicht geringen Anzahl an Gestapo-Spitzeln politisch verdächtige ‚Volksgenossen' und zahllose Nicht-Artgemäße denunziert, eingesperrt und zu einem großen Teil ermordet hatte, nicht oder kaum vorhanden war.[70] Dies entspricht auch weitgehend dem Bild, das die amerikanischen Umfragen des ‚Strategic Bombing Survey' ermittelt haben.[71]
„Hier wird nicht zuletzt zu bedenken sein, daß in der Bevölkerung punktueller reagiert wird und daraus folgend, daß den beruflich mit öffentlichen Vorgängen Befaßten die Verhaltensweise und die Einstellungen in der Bevölkerung als inkonsistent erscheinen müssen."[72]
Im Wissen darum, dass ihr Aufenthalt nicht von Dauer sein würde, behielt die amerikanische Besatzung Thüringens aufs Ganze gesehen den Charakter eines Provisoriums. Rückblickend urteilt der ehemalige Weimarer Landrat Dreykorn:
„Die Zeit der US-Besetzung war kurz, weniger als drei Monate. Fast ein Drittel fiel in die Zeit vor dem Waffenstillstand [der Kapitulation am 8./9. Mai 1945, d. Vf.]. Für Reformen, für Wiederaufbau war die Zeit zu kurz. Schulen blieben geschlossen, das kulturelle Leben war gelähmt, die Versorgung mangelhaft, die Ungewißheit groß, zumal auch die kommende sowjetische Besatzung bekannt geworden war."[73]
Eine Vielzahl der unter amerikanischer Militärregierung erlassenen Verordnungen und besonders die getroffenen Personalentscheidungen in den Verwaltungsspitzen behielten jedoch ihre Gültigkeit und bildeten zudem ein äußerst wirkungsvolles und konfliktreiches Potenzial für die Auseinandersetzungen wie gesellschafts- und kirchenpolitischen Lösungsansätze unter der Sowjetischen Militäradministration der kommenden Jahre.[74]

3.1.3 Der Machtwechsel auf dem Eisenacher Pflugensberg

Die 1890 im Stil der Gründerzeit erbaute Villa auf dem Eisenacher Pflugensberg war und ist seit 1921 Hauptsitz der kirchlichen Zentralverwaltung und Residenz des Lan-

---

69 Ebd., 17.

70 Vgl. u.a. Kurt Pätzold, *Verfolgung, Vertreibung, Vernichtung. Dokumente des faschistischen Antisemitismus 1933 bis 1942*, Leipzig 1983; Rudolf Hirsch, *Um die Endlösung. Prozeßberichte*, Rudolstadt 1986; Eugen Kogon, *Der SS-Staat: das System der deutschen Konzentrationslager*, 22. Aufl. München 1989; Raul Hilberg, *Täter, Opfer, Zuschauer. Die Vernichtung der Juden 1933-1945*, Frankfurt/Main 1992; Helge Grabitz/Klaus Bästlein/Johannes Tuchel (Hgg.), *Die Normalität des Verbrechens: Bilanz und Perspektiven der Forschung zu den nationalsozialistischen Gewaltverbrechen*, Berlin 1995; Harald Roth (Hg.), *Verachtet, verstoßen, vernichtet: Kinder- und Jugendjahre unterm Hakenkreuz*, Frankfurt/Main 1995.

71 Erwin K. Scheuch, „Der Umbruch nach 1945 im Spiegel der Umfragen", in: Uta Gerhardt/Ekkehard Mochmann (Hgg.), *Gesellschaftlicher Umbruch 1945-1990: Re-Demokratisierung und Lebensverhältnisse*, München 1992, 9-25, 13: „Für die unmittelbare Nachkriegszeit verfügen wir über ein einmaliges Material, das Auskunft gibt über die Lebenswelten: die Erhebungen im Auftrage der amerikanischen Militärbehörden. [. . .] Parallel zu einem Band mit Auskünften über die japanische Bevölkerung sind die Strategic Bombing Surveys eine bisher noch kaum benutzte Quelle über das Kriegserleben der Bevölkerung und über deren Einstellung zum NS-Regime."

72 Ebd., 12.

73 Dreykorn, *Der ehemalige Landrat*, Teil 2, 5.

74 Vgl. dazu den bereits genannten Sammelband: *Macht und Milieu*, der anhand der Untersuchung der „Jenaer Milieus" (Rüdiger Stutz) die historische Nachkriegsentwicklung in ihrer thüringenspezifischen Ausprägung interessant und erhellend nachzeichnet.

desoberpfarrers respektive Landesbischofs. Das Burschenschaftsdenkmal im Rücken, im Gegenüber zur landschaftsbeherrschenden Wartburg,[75] welche ihrerseits optisch gerahmt wird durch das Haus Hainstein[76] und das Neulandhaus,[77] repräsentiert dieser schlossartige, trutzige Bau sehr anschaulich und weithin sichtbar feudalaristokratischen Geltungsanspruch, der von Anbeginn mit national-protestantischem Selbstbewusstsein verknüpft wurde.[78]

Die Fragenach dem Standort der kirchlichen Zentralverwaltung im ‚Kernland der Reformation' hatte für einige Kontroversen gesorgt, war aber recht bald nach dem Zusammenschluss der sieben von acht Thüringer Landeskirchen zur ‚Thüringer evangelischen Kirche' entschieden worden. Der ‚Chronist' des Landeskirchenrates nach 1945, Erich Stegmann, hielt mit einigem Stolz fest:

„Der durch die tiefgreifenden Umwandlungen der Novemberrevolution entstandene politische Bruch, dem sich die Kirchen ausgesetzt fühlten, bewirkte, was Generationen zuvor für unmöglich gehalten hatten – ein Zusammengehen und -wachsen der landschaftlich, geschichtlich und kirchlich bislang streng voneinander geschiedenen Kirchengebiete zu einem einheitlichen Kirchenkörper."[79]

---

[75] Günter Schuchardt, „Die Wartburg: ein nationales Denkmal unter dem Hakenkreuz", in: Detlef Heiden/Gunther Mai (Hgg.), *Nationalsozialismus in Thüringen*, Weimar – Köln – Wien. 1995, 375-398; Johann Friedrich Enke, „Evangelische Landeskirche und Wartburg in der ersten Hälfte des 20. Jahrhunderts: Bemühungen der Thüringer Landeskirche um eine angemessene Vertretung im Ausschuss der Wartburgstiftung", in: *HCh* 21/22. 1997/98, 155-170.

[76] Das Haus Hainstein, erbaut 1888, ab 1922 Hotel, wurde 1924 auf Wunsch des LKR und nach Vermittlung des Eisenacher Oberbürgermeisters beim Schwedischen Erzbischof Nathan Soederblom erworben, damit der Kauf des Hainsteins durch Jesuiten für katholische Zwecke verhindert würde. Nach vorheriger gelegentlicher Mitnutzung mietete die Landeskirche das Haus seit dem 28. Februar 1951 zur Unterhaltung des Katechetenseminares und einer Kirchenmusikschule. Daneben wurde es als Tagungs- und Erholungsheim genutzt. – Vgl. *LKAE*, A 354 b, unfoliiert. Heute wird der Hainstein als christliches Hotel durch die (von der EKD getragene) Hainstein GmbH geführt. Seit 1948 ist der Hainstein Tagungsort der Synodensitzungen der ELKiTh. Johann Friedrich Enke, „Der ‚Hainsteinvater': das Wirken Paul Le Seurs auf dem Hainstein 1925–1933: ein Überblick und ausgewählte Texte", in: Gerhard Graf/Hans-Peter Hasse/Markus Hein/Matthias Richter/Thomas A. Seidel/Dietmar Wiegand (Hgg.), *Vestigia pietatis: Studien zur Geschichte der Frömmigkeit in Thüringen und Sachsen*, Leipzig 2000, 249-265.

[77] Das Neulandhaus, benannt nach der maßgeblich durch Guida Diehl begründeten und geführten „Neulandbewegung", befindet sich in unmittelbarer Nachbarschaft zum Hainstein. 1946 versuchte Mitzenheim vergeblich, Diehl davon zu überzeugen, das Haus an die Landeskirche zu geben. Am 01.03.1956 übernahm des Hilfswerk der evangelischen Kirchen, Hauptbüro Thüringen, das Haus zur Bewirtschaftung von der Besitzerin. *LKAE*, F 143, unfoliiert. – Zur völkischen und nationalsozialistischen Wirksamkeit von Guida Diehl: Silvia Lange, *Protestantische Frauen*; dies.: *Guida Diehl, Volksmissionarin, Frauenrechtlerin und Nationalsozialistin*, in: *KZG* 12. 1999, 149-171. – In diesem Aufsatz geht die Verfasserin sowohl auf die ‚Persilscheine' ein, die Landesbischof Mitzenheim für sie und ‚betroffene' Mitarbeiterinnen 1945/46 ausgestellt hat, als auch auf den ‚Übernahme-Coup' des Neulandhauses durch den Landesbischof. Der heftige Protest der ‚geprellten' Eigentümerin im Jahre 1955 blieb folgenlos. Ferner: Silvia Lange, „Guida Diehls Neulandbewegung im ‚Kampf' gegen die Weimarer Demokratie", in: *Protestantismus und soziale Frage: Profile in der Zeit der Weimarer Republik*, hg.v. Traugott Jähnichen/Norbert Friedrich unter Mitarbeit von Christian Illian, Susanne Schatz und Dietmar Wiegand, Münster 2000, 217-229.

[78] Der Dresdner Architekt Emil Högg führt in einem Schreiben vom 13. November 1926 an den Kirchenrat Dr. jur. Volk, Eisenach, aus: „Schloß Pflugensberg ist im Jahr 1890 für insgesamt etwa 3/4 Mill. RM Baukosten erstellt worden. Der ehemalige Bauleiter war ein Architekt Hermann Hahn in Eisenach, [...]", in: *LKAE*, Vorakten II 2 A, Bd. III, 138. – Am 04./05.04.1921 fand die erste LKR-Sitzung im neuen Dienstgebäude auf dem Pflugensberg statt. Sitzung des LKR, 04./05.04.1921, in: *LKAE*, A 122, 62. Der Mietvertrag zwischen der Stadt Eisenach und dem LKR wurde am 13.06.1927 durch Kaufvertrag abgelöst, in: *LKAE*, Vorakten II 2 A, 179ff.

[79] Stegmann, *Der Kirchenkampf*, 9.

Noch vor der Gründung des Landes Thüringen am 1. Mai 1920 war der Zusammenschluss vollzogen worden. Die Voraussetzungen für den Einzug der landeskirchlichen Verwaltung auf dem Pflugensberg bildete der Ankauf dieses schlossartigen Landhauses der Familie von Eichel-Streiber durch die Stadt Eisenach.

„Der Gemeinderat hat es mit Freuden begrüßt, daß die oberste Thüringer Kirchenregierung ihren Sitz in Eisenach zu nehmen geneigt ist und er ist grundsätzlich bereit, diesen Plan in jeder nur möglichen Weise zu fördern, auch den Pflugensberg zu dem Zwecke anzukaufen und die für die Zwecke der Kirchenregierung erforderlichen Teile der von Eichel'schen Besitzung zu einem mäßigen, weit unter den Selbstkosten liegenden Mietpreis langfristig zu überlassen."[80]

Nach einigen internen Auseinandersetzungen darüber, ob Weimar, Gotha oder Eisenach die ‚Hauptstadt' der jungen Landeskirche werden solle, hatte sich der Landeskirchentag seinerzeit – mit sorgenvollem Blick auf eventuelle sozialdemokratische Interventionen in der (U)SPD-Hochburg Gotha – für Eisenach, für „Luthers liebe Stadt", entschieden.[81]

Zur Auseinandersetzung über den Ort der kirchlichen Zentralverwaltung äußerte der erste Landesoberpfarrer (so die ganz im volkskirchlich-liberalen Selbstverständnis gewählte Bezeichnung für den Landesbischof) D. Wilhelm Reichardt rückblickend: „Noch einmal wiederholte sich damals der edle Wettstreit zwischen beiden Städten tags darauf im Synodalausschuß, wo die beiden zugezogenen Oberbürgermeister der Städte Gotha und Eisenach wie auf Mensur einander gegenüberstanden. [...] In der entscheidenden Sitzung [der Synodenkommission, d. Vf.] fiel die Wahl auf Eisenach. Maßgebend dafür waren vor allem die noch unklaren Besitzverhältnisse des Gothaer Schlosses und des Palais. Der Prozeß des Herzogs von Coburg-Gotha gegen den Thür. Staat, der Besitz von dem Gebäude ergriffen hatte, war noch nicht in letzter Instanz entschieden. Auch fürchtete man, daß eine sozialdemokratische Thür[ingische] Regierung, wie wir sie tatsächlich bald darauf erhielten, der Kirche das Mietverhältnis wieder aufkündigen könne."[82]

Fünfundzwanzig Jahre später, in den März- und Apriltagen des Jahres 1945 hatte die herrschaftliche Villa der Thüringer Kirchenregierung im Zuge der Kriegsereignisse eine nicht gerade würdevolle Nutzungsänderung erfahren: „Die große Halle und mehrere Räume unserer Dienstgebäude auf dem Pflugensberg waren mit Möbelstücken von Belegschaftsmitgliedern, die in der Stadt durch Bombenschäden obdachlos geworden waren, voll gestopft. Die Halle glich einem Möbelspeicher und ließ nur einen ganz schmalen Durchgang. Unser Luftschutzraum in den Gängen des Kellerarchivs wurde kaum noch leer. Jedesmal bei Alarm kamen mehr Leute aus der Stadt herauf auf den Berg, weil sie die Zuversicht hatten, dort in unserem Keller sicher geborgen zu sein. Auch einige Sitzungen des Landeskirchenrates hatten schon in den Kellerräumen stattfinden müssen, weil plötzlicher Fliegeralarm und höchste Luftgefahr dazu nötigten. [...]."

Am 1. April 1945, dem ersten Osterfeiertag, fielen die ersten Granaten auf Eisenach, „und Flugzeuge warfen Bomben auf die Stadt. Unser Kellerarchiv füllte sich wieder und blieb für die nächsten Tage nun fast ununterbrochen belegt. Wir sahen den Feuerschein von der

---

80 Schreiben der Eisenacher Stadtkämmerei vom 04.10.1920 an den vorläufigen Landeskirchenrat der Thüringer evangelischen Kirche, in: *LKAE*, Vorakten II 2 A, 2. – *Friedrich Georg von Eichel-Streiber* (1876–1943), Ritterguts- und Brauereibesitzer, wurde ob seines kirchlichen, politischen und wohltätigen Wirkens im Volksmund der „ungekrönte Herzog von Eisenach" genannt.

81 „Aus Luthers lieber Stadt", so der Titel der ab 1924 zunächst als Beilage zur evangelischen Wochenzeitung *Glaube und Heimat* gegründeten und seit 1931 als eigenständiges *Evangelisches Gemeindeblatt für Eisenach* herausgegebenen Zeitung. Schriftleiter war u.a. der Eisenacher Pfarrer *Moritz Mitzenheim*, von 1931 bis zu seiner von der Eisenacher DC-Gemeinde betriebenen Ablösung von diesem Nebenamt im Jahre 1937.

82 *LKAE*, H 32, Bd. II, 18. – Vgl. auch Reichardt, *Der Neubau*, 27-30.

brennenden Stadt Creuzburg. [...] Die [deutschen, d. Vf.] militärischen Dienststellen, die sich in unserem Dienstgebäude eingerichtet hatten, waren vorsichtigerweise längst abgerückt. Das kleine Militärkommando in Eisenach hatte beschlossen, zusammen mit dem ‚Volkssturm' die Stadt zu verteidigen, [...].“[83]

In den frühen Morgenstunden des 6. April, gegen 2.30 Uhr, begann die gezielte Beschießung Eisenachs durch britisch-amerikanische Truppen.

„Unser Hauptgebäude kam mit geringen Beschädigungen davon, aber gleich eine der ersten Granaten traf das Nebengebäude und setzte den Benzinbehälter eines von der Militärbehörde im Hofe dort zurückgelassenen Kraftwagens in Brand. [...] Die Brandbekämpfung, die noch unter dem Granatenhagel alsbald von der Luftschutzmannschaft unter Führung des Luftschutzwarts Steinbach, sowie des Hausinspektors und des Präsidenten Rönck selbst in Angriff genommen wurde, konnte nur die Autoschuppen retten. Die feindliche Beschießung dauerte bis gegen 5 Uhr 30 Minuten.“[84]

Zehn Tage nach dem Inferno Creuzburgs und nur drei Tage nach diesem Angriff auf Eisenach bildete das Haus auf dem Pflugensberg die Kulisse für den ersten Akt einer langwierigen und denkwürdigen kirchenpolitischen Tragödie: „Am 10. April 1945 erscheinen die Eisenacher Pfarrer [Moritz Mitzenheim (1891–1977), Erich Hertzsch (1902–1995) und Kühn, d. Vf.] als Vertreter der kirchenpolitischen Gruppen als des Schicksals unheilvolle Truppe auf Anmeldung auf dem Pflugensberg. Dort haben sich die DC verschanzt, [Hugo] Rönck, Propst [Wilhelm] Büchner [(1894–1987)], Assessor Günther, Prof. Bertram aus Gießen, Vizepräsident a.D. [Otto] Volk [(1877–1974)], zum letztenmal als advocatus, mit Verwaltungsrat [Friedrich] Zenker als Protokollführer.“[85]

Der DC-Präsident Hugo Rönck (1908–1990) hatte noch im Januar davon gesprochen, „daß die Thüringer Kirche [...] Keimzelle werden [soll] für eine wirkliche deutsche evangelische Kirche wie sie der Führer hat schaffen wollen und noch schaffen will, denn Gegenteiliges sei bis jetzt nicht bekannt geworden. Die Parole für 1945 solle lauten: Sieg oder Unsieg liegt in Gottes Hand.“[86]

Gegenüber dem „im Namen der nicht deutsch-christlichen Gemeinden und Pfarrer der Thüringer evang[elischen] Kirche“ erschienenen Oppositionstriumvirat wehrte sich Rönck am 10. April und in den folgenden Verhandlungen energisch dagegen, den ‚Unsieg' anzuerkennen und sein Amt niederzulegen.[87] Er verteidigte sich gegen den Vorwurf, er habe mit seiner Kirchenpolitik in zu großer Nähe zum NS-Staat gestanden, indem er vorbrachte, dass „[...] seine Maßnahmen [...] nötig gewesen seien, um Schutzmauern um die Thüringer Kirche zu ziehen, der vielleicht sonst ein Staatskommissar und eine Finanzabteilung vorgesetzt worden wäre“. Im Konsens mit dem größten Teil der Pfar-

---

[83] Friedrich Zenker, „Beiträge zur Geschichte des Pflugensberges: wie der Pflugensberg den Zusammenbruch 1945 erlebte/verfasst 1955 von KVWR Friedrich Zenker“, Eisenach [1955], Ms., in: *LKAE*, A 110/VI, 139.

[84] Ebd.

[85] Dahinten, *Pfarrerverein*, 147.

[86] Dienstbesprechung mit den Superintendenten, 09.01.1945, in: *LKAE*, A 190/III, 76.

[87] Die entsprechenden Protokolle der Landeskirchenratssitzungen sind mittlerweile (zumindest teilweise) abgedruckt, in: Kurt Meier, *Der evangelische Kirchenkampf: Gesamtdarstellung in drei Bänden*, Halle/Saale – Göttingen 1976–1984, Bd. 3: *Im Zeichen des Zweiten Weltkrieges, Großexkurs: Die Landeskirchen zwischen 1937 und 1945*, 181-563, und in: Stegmann, *Der Kirchenkampf*, 111-113. – Vgl. ebenfalls die kurze, zuweilen recht fehlerhafte Darstellung der Ereignisse: Thomas Björkman, „Landeskirche Thüringen 1945–1949. Kirche und Politik.“, Lund/Schweden 1987, Ms., in: *LKAE*. Ein knapper, etwas unpräziser Verweis findet sich bei Thomas Friebel, *Kirche und politische Verantwortung in der sowjetischen Zone und der DDR 1945–1969: eine Untersuchung zum Öffentlichkeitsauftrag der evangelischen Kirchen in Deutschland*, Gütersloh 1992, 23.

rerschaft habe sein Engagement stets „unter dem Gedanken gestanden: Nationalsozialismus und Christentum“. Die ganze Volksbewegung sei doch nur als Rettung vor dem Bolschewismus empfunden worden. Er verwies auf den Treueid auf den Führer, den alle Pfarrer mit gutem Gewissen geleistet hätten.[88]
Trotz der von den nicht-deutschchristlichen Verhandlungsführern vorgebrachten Drohungen vom Eingreifen der Besatzungsmacht[89] und trotz der Vermittlungsangebote, bis hin zur Bildung eines geistlichen Vertrauensrates für die Thüringer evangelische Kirche unter geschäftsführender Leitung Röncks,[90] blieb dieser hartnäckig bei seiner Verweigerungsrolle. Die teilweise recht kurios formulierten Protokolle dieser Verhandlungen vermitteln den Eindruck, als hätten die Verteidigungen und Angriffe des vormaligen DC-Landesjugendpfarrers und kriegsversehrten Offiziers nicht immer die notwendige argumentative Gegenwehr seiner Opponenten erfahren. Besonders knifflig war und blieb der Vorwurf Röncks an die Adresse der BK: „Gerade die Bekenntnispfarrer hätten sich im übrigen stets sehr energisch dagegen verwahrt, wenn ihnen von irgend einer Seite in den letzten Jahren mangelnde nationalsozialistische Gesinnung unterstellt worden sei“.[91]
Die militärische Besetzung Thüringens war lange vollzogen, und amerikanische Besatzungssoldaten hatten mehrmals den Pflugensberg inspiziert, ohne dass Rönck in irgendeiner Weise Betroffenheit oder gar Bereitschaft zum Rücktritt gezeigt hätte. Die Erinnerungen Dahintens veranschaulichen das inmitten der Zusammenbruchgesellschaft scheinbar ungebrochene Selbstbewusstsein dieses deutsch-christlichen Kirchenführers: „Vacha, Samstag, den 21.4.[1945] Rönck kam gegen Abend in einem alten Auto und mit Benzin, das er sich bei den Amerikanern organisiert hatte von Kaltenwestheim, das vom Volkssturm unter einem Lehrer gegen die von Oberweid kommenden Amerikaner verteidigt worden war und schwer gelitten hatte. Er war in Gesellschaft von Dr. Brauer [(1896–1946)]. Anzug: blaue DC-Uniformjacke, lange Stiefel, Breeches in denselben, geschmückt mit EK II und I. Er setzte sich an meine Schreibmaschine und schrieb einen Ausweis mit Erlaubnis zum Betreten meines Filials und der von mir zu verwaltenden Gemeinden Pferdsdorf und Unterbreizbach, den ich längst durch einen freundlichen amerikanischen Army-Chaplain erhalten hatte, berichtete über die Greuel in den Lagern Ohrdruf und Buchenwald, die er habe unter amerikanischer Führung ansehen müssen, machte Mitzenheim und Hertzsch schlecht, die ihm mit dem Eingriff der Besatzungsmacht gedroht (Mitzenheim) und hätten durchblicken lassen, daß sie den Acheron gegen die Kirche entfesseln würden (Hertzsch, Erich). Aber das Ansehen der Church sei bei den Amerikanern unbestritten. Es werde alles gut gehen. Er habe den Eisenach besetzenden amerikanischen Kommandanten für die schonende Behandlung der Stadt und ihrer Kulturstätten gedankt.“[92]

---

[88] Sitzung des LKR, 20.04.1945, in: *LKAE*, A 122/I, unfoliiert. – Auch hier galt, dass von den DC zu recht vorgebracht werden konnte, dass nicht alle ihrer vormaligen Gegner nun als ‚Antifaschisten‘ anzusprechen wären. ‚Antibolschewismus‘ als Konsensmotiv kirchlichen Handelns wurde darum – von Rönck wie von vielen anderen DC – in den ‚Spruchstellen-Verhandlungen‘ 1946/47 immer wieder betont. – Vgl. dazu Kapitel 4.1.

[89] Sitzung des LKR, 10.04.1945, in: *LKAE*, A 122/I, unfoliiert.

[90] Stegmann, *Der Kirchenkampf*, 113.

[91] Pfarrer von Nitzsch äußerte: „Gegen seine [des Nationalsozialismus, d. Vf.] hohen ethischen Werte habe sich niemand gewendet. [...] Pfarrer Dr. Hertzsch erkennt die persönlichen Verdienste des Präsidenten an, fügt jedoch hinzu, daß es jetzt um die Außenwirkung der Kirche gehe.“ Sitzung des LKR, 24.04.1945, in: *LKAE*, A 122/I, unfoliiert. – Das politische Problem der ‚Nähe‘ oder ‚Ferne‘ des einzelnen Pfarrers oder Kirchenbeamten zum NS sollte in den Selbstreinigungsdebatten eine erhebliche Rolle spielen. – Vgl. Kapitel 4.6 und 4.7.

[92] Dahinten, *Pfarrerverein*, 150f.

Dieses ungebrochene Selbstbewusstsein Röncks war in der Tat geschützt durch die gleichfalls ungebrochene Kirchenfreundlichkeit der Amerikaner, die zunächst keinen Einblick in die tatsächlichen kirchlichen Verhältnisse ‚unter Hitler' hatten. Auch im Alliierten Kontrollrat vertraten sie die Meinung, dass das Problem der „German Christians" keiner besonderen Aufmerksamkeit bedürfe, „[...] as long as they do not engage in objectionable political activity."[93] Am selben Tag, an dem Dahinten den clownesken Auftritt des ‚Altgardisten' erlebte, hatte General Eisenhower eine Bekanntmachung veröffentlicht, in der es hieß: „Das Recht auf ungestörte Religionsausübung wird dem deutschen Volk von der Militärregierung erneut zuerkannt."[94]

Ende April 1945 konnte der ‚Machtwechsel auf dem Pflugensberg' dann endlich vollzogen werden. Es muss offen bleiben, ob Mitzenheim der damalige oder spätere Verfasser der ‚Sieges-Erklärung vom 30. April 1945' ist oder ob sein Chronist Dahinten ihm das „[...] Ergebnis 20tägiger Verhandlungen [als] Resümee in den Mund gelegt hat."[95] Erich Stegmann, der die ‚Erklärung' von Dahinten übernommen hat, weist jedenfalls zu Recht darauf hin, dass Rönck sie wohl gar nicht mehr erhalten habe.[96] Keine zwei Wochen, nachdem ‚der Führer', dessen Zeitgenosse zu sein von Rönck immer wieder als Gnade gepriesen worden war,[97] im Führerbunker der ‚Reichshauptstadt' Selbstmord begangen hatte, an dem Tag, an dem die sowjetischen Truppen nach einem für alle Seiten äußerst verlustreichen Häuserkampf in Berlin die rote Fahne auf dem Reichstag hissten, wurde der ‚mannhafte und disziplinierte' DC-Präsident und selbsternannte Thüringer Landesbischof von Offizieren der amerikanischen Militärpolizei verhaftet.

Die von Paul Dahinten gefertigte Mitschrift einer Predigt von Rönck, die er am 23. Juli 1944 nach dem misslungenen Attentat auf Hitler in der Eisenacher Georgenkirche gehalten hatte, wirkte nun wie die Selbstdemontage eines falschen Propheten: „Der Führer, dessen Zeitgenossen zu sein uns vergönnt ist, steht auf einsamer Höhe in der ganz kleinen Zahl der wirklich Großen unseres Volkes! Kaum wüßte man neben dem Thür[inger] Bauernsohn Martin Luther noch einen anderen Deutschen zu nennen, der so wie Adolf Hitler aus begnadeter, schöpferischer Vollmacht berufen war, seiner Zeit und kommenden Jahrhunderten den Stempel seines wahrhaft revolutionären Wesens aufzuprägen."[98]

Anders als im Bereich der staatlichen Verwaltung Thüringens, wo die militärbehördliche Enthaftung des politischen Gefangenen Hermann Brill eine wesentliche Voraussetzung für den Neubeginn schuf, machte im Bereich der Thüringer Kirche erst die Inhaftierung eines ‚Altgardisten des Führers' durch die Besatzungsmacht den Weg für die dringend erforderliche Neuordnung frei.[99] Am Nachmittag des 2. Mai 1945 fand auf dem Pflugens-

---

93 Zit. n.: Clemens Vollnhals (Hg.), *Die evangelische Kirche nach dem Zusammenbruch: Berichte ausländischer Beobachter aus dem Jahre 1945*, Göttingen 1988, XVII.

94 Zit. n.: Clemens Vollnhals (Hg.), *Entnazifizierung: politische Säuberung und Rehabilitierung in den vier Besatzungszonen 1945–1949*, München 1991, 20f.

95 Dahinten, *Pfarrerverein*, 153.

96 Dahinten, *Pfarrerverein*, 153; Stegmann, *Der Kirchenkampf*, 114. – Diese Erklärung kreiste um die für den künftigen Weg der Thüringer Landeskirche überaus bedeutsamen Begriffe ‚politisch' oder ‚unpolitisch'. – Vgl. dazu Kapitel 3.2.4, 4.3 und 5.3.

97 Knapp zwei Wochen zuvor, am 12.04., hatte der ‚besiegte Präsident' seinen 37. Geburtstag gefeiert.

98 Dahinten, *Pfarrerverein*, 142.

99 In den Auseinandersetzungen des Sommers 1945 wird der mittlerweile in Urspringen/Rhön amtierende Rönck diese Ereignisse in einem Rundschreiben an seine vormaligen Thüringer DC-Kameraden als „Überrumpelung" darstellen und dass er keinesfalls vorhabe, „sich beiseite schieben zu lassen, sondern [er, d. Vf.] sehe seine Aufgabe darin, das Erbe Luthers dem deutschen Volke zu erhalten." So wird in einer Notiz von KR Schanze vom 13.08.1945 an Mitzenheim und Zimmermann berichtet, in: *LKAE*, A 130, unfoliiert.

berg eine erste Besprechung statt, gelegentlich der Propst Büchner von einer Unterredung mit dem Eisenacher Oberbürgermeister Dr. Rudolf Lotz (1901–1973) berichtete:
„Dieser habe ihm gesagt, daß Landesbischof Rönck aus der Haft nicht loskommen werde, ehe nicht die Frage der Kirchenregierung geregelt sei; als Kirchenleiter komme Landesbischof Rönck nicht mehr in Frage.“[100]
Zwischenzeitlich hatte Mitzenheim mit dem Oberlandeskirchenrat Brauer, der sich auf Grund eines Herzleidens im Krankenhaus aufhielt, gesprochen und ihm „[...] seinen [Mitzenheims, d. Vf.] Entwurf für ein Notgesetz über die Neubildung des Landeskirchenrates vorgelegt.“[101] Der Stellvertreter des verhafteten DC-Landesbischofs zögerte mit der Unterschrift unter den Entwurf zu diesem ‚Gesetz über die vorläufige Neubildung des Landeskirchenrates der Thüringer evangelischen Kirche‘, auf Grundlage dessen unverzüglich „[...] mit dem amerikanischen Befehlshaber verhandelt und die neuen Mitglieder des Landeskirchenrates bekanntgegeben werden [sollten].“ In einem Nachtrag zu diesem Gesetz gab der um seine Pensionsansprüche besorgte Kirchenbeamte Brauer „als derzeitiger Inhaber der Gesetzgebungsgewalt innerhalb der Thür[inger] evang[elischen] Kirche“ die Erklärung ab, „dass damit keinerlei Anerkenntnis der Aufgabe der den lebenslänglich gewählten Mitgliedern des seitherigen Landeskirchenrates zustehenden verfassungsmäßigen Rechte und Ansprüche [...] ausgesprochen wird.“[102]
In einem Schreiben an die amerikanische Militärregierung in Weimar vom 3. Mai 1945 wurde nun umgehend die Bildung der neuen Kirchenregierung und ihre Zusammensetzung bekanntgegeben und die selbst gesteckte Aufgabe kurz umrissen:
„Die Kirchenregierung führt die Bezeichnung: Landeskirchenrat der Thüringer evangelischen Kirche. Sie hat sich zur Aufgabe gesetzt, die Thüringer evangelische Kirche zu der Ordnung zurückzuführen, die vor 1933 bestand.“[103]
Es fällt auf, dass sowohl in der Erklärung gegenüber der Besatzungsmacht als auch in der von Mitzenheim am 4. Mai (auf den 12. Mai 1945 umdatierten) formulierten „Abkündigung“ an die Pfarrer und Gemeinden weder auf die Bedrängnisse und Auseinandersetzungen der Kirche während der zurückliegenden zwölf Jahre noch auf eine irgendwie geartete Schuld oder Verantwortung der Christen gegenüber dem endgültig offenbar gewordenen Verbrechen des ‚Dritten Reiches‘ eingegangen wurde. Mitzenheims Bemühen um Rechtskontinuität erweckte vielmehr den Eindruck, als wollte man nun ausgerechnet mit dem ‚Führerprinzip‘ der DC gewissermaßen ‚hinter‘ Krieg und NS-Zeit zurückkehren: „Auf Grund des Präsidialgesetzes vom 6. April 1943 hat der Ver-

[100] *LKAE*, A 122/I, 02.05.1945, unfoliiert. – *Dr. jur. Rudolf Lotz* war Anwalt und auch Stadtrat in Eisenach. Ab 1954 Präsident der Synode der Evangelisch-Lutherischen Kirche in Thüringen (ELKiTh). – Vgl. Kapitel 3.1.1.

[101] Ebd. – In deutlichem Gegensatz dazu steht der ‚Bericht des LaOpf. Mitzenheim am 16. September 1945 in Hildburghausen‘, zit. n. J. Jürgen Seidel, *„Neubeginn“ in der Kirche? Die evangelischen Landes- und Provinzialkirchen in der SBZ/DDR im gesellschaftspolitischen Kontext der Nachkriegszeit (1945–1953)*, Göttingen 1989, 254: „Später wurde Rönck [von der amerikanischen Besatzungsmacht, d. Vf.] verhaftet, die Kirche hatte keine Verbindung [zur Besatzungsmacht. d. Vf.] aufgenommen. Nach 3 Tagen hat der Vizepräsident Dr. Brauer das Gesetz [zur Übergabe der bisherigen präsidialen Rechte an das kollektive Leitungsorgan/LKR vom 02.05.1945. d. Vf.] unterbreitet u[nd] ein Kirchenrat wurde legal u[nd] legitim gebildet.“

[102] *LKAE*, A 122/I, 03.05.1945, Anlage: Gesetz über die vorläufige Neubildung [...], unfoliiert. – Als Punkt 1 der mit dem amerikanischen Kommandanten zu besprechenden Tagesordnung steht – neben der Bitte um „Freilassung der Pfarrhäuser von Militärbeschlagnahme“, „Wiedereinrichtung der evangelischen Frauenhilfe“, „Religionsunterricht unter kirchlichem Einfluß in der Schule“ u.a. – die „Bitte um Enthaftung des Präsidenten Rönck“, in: *LKAE*, A 122/I, unfoliiert, vom 03.05.1945.

[103] *LKAE*, A 122/I, unfoliiert: „Wir erlauben uns, den Wortlaut des gestern erlassenen Gesetzes beizufügen.“

treter des Präsidenten der Thür[inger] ev[angelischen] Kirche am 2. Mai 1945 ein Gesetz erlassen, durch das wieder ein Landeskirchenrat gebildet wurde. Dieser leitet die Thür[inger] ev[angelische] Kirche, bis es möglich sein wird, daß ein Landeskirchentag zusammen tritt und einen endgültigen Landeskirchenrat wählt. Die Befugnisse, die nach dem Präsidialgesetz bisher dem Präsidenten zustanden, sind auf den Landeskirchenrat übergegangen."[104]

Die zähen, sich über zwanzig Tage hinziehenden Verhandlungen ebenso wie die Tatsache, dass der Machtwechsel auf dem Pflugensberg und die damit verbundene Neubildung des Landeskirchenrates letztlich erst durch äußere Hilfe erfolgreich beendet werden konnte, blieb ein Stachel im Selbstbewusstsein der neuen Kirchenleitung. In vielen Stellungnahmen des Jahres 1945 und noch in seinem ersten *Rundbrief an die Pfarrerschaft der Thüringer evangelischen Kirche* vom 19. November 1945 – und darüber hinaus – versuchte der Landesoberpfarrer Mitzenheim diesen ‚Geburtsfehler' zu vertuschen: „Ohne Eingreifen äußerer Mächte ist die Thür[inger] ev[angelische] Kirche auf einwandfrei legalem Wege zu einer Kirchenleitung gekommen, die an der Arbeit ist, den verfassungsgemäß lutherischen Charakter unserer Kirche zu wahren. So sind unsren Gemeinden Erschütterungen erspart geblieben."[105]

Doch gerade die Betonung des ‚legalen Weges' war auf erheblichen innerkirchlichen Widerstand gestoßen. Einer der Mitbegründer und führenden Mitglieder der LBG in Thüringen, Walter Zimmermann (1902–1972), hatte bereits am 23. Mai 1945 in einem Brief an Mitzenheim die Rechtmäßigkeit des vorläufigen Landeskirchenrates bestritten, „[...] weil das Präsidialgesetz als ‚Nazigesetz' durch den Einmarsch ungültig geworden war und nicht mehr angewendet werden durfte."[106] Dieser Position schloss sich auch der Geraer BK-Pfarrer Hermann Ernst Deter (1894–1967) an: „Auf dem Anschlag [der amerikanischen Militäradministration, d. Vf.] über die aufgehobenen Gesetze steht natürlich unser Präsidialgesetz nicht aufgeführt. Es kann aber als ein aus den Nazigrundgesetzen ‚abgeleitetes Gesetz' angesehen werden, das genau wie die Grundgesetze [durch die Alliierten, d. Vf.] aufgehoben war. Denn es diente dazu, die nationalsozialistische politische Vormachtstellung und Weltanschauung auch in der Kirche durchzusetzen. Das Präsidialgesetz war der Schlußstein der nationalsoz[ialistischen] Machtergreifung in der Thür[inger] ev[an]g[e]l[ischen] Kirche. War die Verwendung des Präsidialgesetzes nicht möglich, so ist der vorl[äufige] Landeskirchenrat also nicht auf legalem Wege zustande gekommen, wie Sie es wollten."[107]

Deter forderte Mitzenheim dazu auf, doch die faktische „[...] kirchliche Machtergreifung durch Sie und Ihre Teilhaber" als solche zu akzeptieren, da dieser Weg „[...] nach der Verhaftung Röncks zur Abwendung von Chaos in der Kirche geboten war." Außerdem habe die Besatzungsmacht, „[...] die jetzt Gesetzgeber in Deutschland ist, [...] diese Machtergreifung anerkannt."[108]

Die strittige Frage der Rechtskontinuität und das Problem der fehlenden demokratischen, sprich: synodalen Legitimation des neuen Landeskirchenrates geriet in der Folgezeit nicht selten mit den kirchenleitenden Bemühungen um eine ‚Selbstreinigung' der kirchlichen Mitarbeiterschaft in Konflikt. Auch die unmittelbar auf diese Machtergreifung folgenden Umbesetzungen dieses Leitungsgremiums und die zwei Jahre später initiierte Bildung

104 *LKAE*, A 122/I, unfoliiert, 04. bzw. 12.05.1945. – Vgl. Kapitel 4.2 und 5.1.

105 Zit. n. Thomas Björkman, *Ein Lebensraum für die Kirche. Die Rundbriefe von Landesbischof D. Mitzenheim* 1945–1970, Lund 1991, 21 (1. Rundbrief, 19.11.1945).

106 Schreiben von Deter (Gera-Untermhaus) an Mitzenheim, 31.05.1945, in: *LKAE*, A 130/II, 3.

107 Ebd.

108 Ebd.

eines ‚erweiterten Landeskirchenrates' waren letztlich ungeeignete Mittel zur Gewinnung von grundlegender Autorität und flexibler Handlungsfähigkeit.[109]

3.2 Die sowjetische Militäradministration in Thüringen

3.2.1 Antibolschewismus und Besatzungswirklichkeit

Die Bildung einer Provinzialregierung und die Ernennung des Regierungspräsidenten Hermann L. Brill (1895–1959) am 9. Juni 1945 hatten bei vielen Menschen in Thüringen die Hoffnung genährt, dass die amerikanischen Militärbehörden – trotz anders lautender Gerüchte – weiterhin die Besatzungsherrschaft im Lande ausüben würden. Doch andere wussten um den wirklichen Gang der Dinge schon im voraus. Zu ihnen gehörte auch der Vachaer Superintendent Paul Dahinten (1885–1972). Bereits am 14. April 1945 war er von einem englischen und einem amerikanischen Offizier, die nach den im Vachaer Kirchturm „[...] versteckten Unterlagen des Wehrwirtschaftsgenerals Thomas" fahndeten, auf die sehr wahrscheinlich bevorstehende Ankunft ‚vandalierender' Russen aufmerksam gemacht worden. „Um keine Panik zu erzeugen, habe ich mein Wissen gleich Cassandra verschwiegen, [...]", erinnerte der verantwortungsbewusste Seelsorger: „Bei der Verabschiedung sprach er [der englische Offizier, d. Vf.] den Wunsch aus, ich möge die Sachen von Thomas gut verwahren, wenn die Russen kämen, schlügen sie alles kaputt. Auf meine entsetzte Frage: ‚Was, die Russen kommen?' erwiderte der Engländer: ‚Was denken Sie denn, der Krieg ist noch nicht zu Ende. Wir brauchen unsere Leute in Japan und müssen hier räumen.' "[110]

Mit der gleichen Argumentation begründeten die Thüringer Verwaltungsspitzen ebenso wie die Vertreter des „Thüringen-Ausschusses"[111] ihr Bemühen, die Nachrichten über den Abzug der amerikanischen Truppen so lange wie möglich geheim zu halten. Der Regierungspräsident Brill hatte seinen persönlichen Referenten für das Pressewesen und po-

[109] Vgl. dazu vor allem Kapitel 4.2 und 5.1.

[110] Dahinten, *Pfarrerverein*, 152. – Einige Wochen später, Anfang Juni, wird auch der Geschäftsführer der Jenaer Glaswerke Schott & Gen., Erich Schott, über eine englische Reparationsexpertenkommission vom bevorstehenden Besatzungswechsel informiert. In einem durch den britischen Major Wheat vertraulich überbrachten Brief an seinen in die Westzonen geflohenen Bruder Gerhart führt er aus: „Nach den neuesten Nachrichten scheint sich meine Befürchtung zu bestätigen, daß Thüringen russisches Besetzungsgebiet wird." Abgedruckt in: Jürgen Steiner, „Das Jenaer Glaswerk und die Folgen des Zweiten Weltkrieges (1945–1952)", in: *Macht und Milieu*, 206. – Vgl. zu diesem Abschnitt den überblicksartigen Aufsatz von Jens Fügener, „Der Russe kommt! Frühsommer 1945: Mitteldeutschland erwartete den Besatzungswechsel", unveröffentlichtes Ms. beim Vf.

[111] Der ‚Thüringen-Ausschuß' war aus dem von Buchenwalder Häftlingen initiierten ‚Volksfrontausschuß' (ab 02.04.1945 zum ‚Thüringer Komitee' erweitert) gebildet worden. Einer seiner konzipierenden und organisierenden Aktivisten war *Hermann L. Brill*. Die 1. (konstituierende) Sitzung fand am 08.06.1945 in Weimar statt. Dem ‚Thüringen-Ausschuß' gehörten zeit seines Bestehens ca. zwölf Mitglieder aus den vier ‚antifaschistischen Parteien' an. Er bildete gewissermaßen die personelle Keimzelle der künftigen Landesverwaltung und leistete eine enorme Reorganisations- und Verwaltungsarbeit. 1. Vorsitzender war und blieb bis zu seiner letzten Sitzung am 18.07.1945 Johannes Brumme (KPD). Nach der Entmachtung Brills und der Installation einer SMATh-abhängigen Landesverwaltung wurde (am 17.08.1945) auch dieses beachtenswerte Thüringer Beispiel einer funktionierenden überparteilichen Kooperation aufgelöst und nach Beschluss der Landesleitungen der Parteien „[...] auf Grund der Richtlinien der Zentralinstanzen in Berlin" in den KPD-dominierten ‚Antifaschistischen Block' ‚umgewälzt'. Bereits in ihrem 1. Rundschreiben vom 18.06.1945 hatten die Mitglieder des Thüringen-Ausschusses zur „Mobilisierung aller antifaschistischen Kräfte" aufgerufen und deutlich gemacht, dass sich an allen beschlossenen Grundsätzen und Maßnahmen auch dann nichts ändern wird, „[...] wenn die Besetzung Thüringens im Zuge der Roten Armee erfolgen sollte." – Vgl. dazu Wahl, *Der Beginn*, 35-43.

litischen Mitarbeiter, Heinrich Hoffmann (1899–1993), noch Mitte Juni 1945 angewiesen, „[...] sowohl pressedienstlich als auch parteimäßig allen Gerüchten über einen Wechsel in der Besatzungsmacht entschieden entgegen zu wirken."[112] Doch schon in diesen Tagen war der Besatzungswechsel vor der Öffentlichkeit nicht länger zu verbergen. „Die Ergebnisse" [der Berliner Beratung der Oberkommandierenden der alliierten Streitkräfte vom 5. Juni 1945, d. Vf.] „waren in Thüringen nicht unbekannt geblieben, da sowohl die Meldungen der Radiostationen als auch die von der US-Armee für die Zivilbevölkerung herausgegebene Zeitung ‚Hessische Post' den Rückzug der amerikanischen Truppen [...] angekündigt hatten."[113] Die Nachricht vom Abzug der Amerikaner und dem unmittelbar bevorstehenden Einzug der Russen verbreitete sich wie ein Lauffeuer von Ort zu Ort.

Auch in der Kirche löste die bevorstehende alliierte Aktion mitunter hektische Reaktionen aus. In seiner Sitzung vom 26. Juni 1945, eine Woche vor dem Nachrücken der Roten Armee in die bis dahin von den Amerikanern besetzten und verwalteten Gebiete West-Sachsens und Thüringens, befasste sich der Landeskirchenrat mit folgendem Vorfall: „Nach Bericht des LaOpf.s hat Pfarrer Grützmann sein Amt aus Furcht vor der Russenbesetzung verlassen. KR Ziegner wird beauftragt, Grützmann zu eröffnen, daß er sofort in seine Gemeinde zurückkehren und versuchen solle, sein Amt weiter auszuüben."[114] Diese Aufforderung wurde dem Pfarrer, der seine Präsenzpflicht verletzt und sich hinter die schützenden Mauern der Pflugensberg-Villa geflüchtet hatte, umgehend mitgeteilt.

Gewiss wird man die NS-Propaganda, die die Russen als ‚Untermenschen' darstellte und die während des Krieges gegen die Sowjetunion besonders mittels des Mediums Film (*Wochenschau*) bis ins Groteske gesteigert worden war, als eine Ursache der Angst vor der ‚Gefahr aus dem Osten' heranziehen müssen. Doch diese Erklärung greift zu kurz, zumal die Geschichte des Antibolschewismus weiter zurückreicht.[115] Seit der Russischen Oktoberrevolution hatte der affektbeladene Antibolschewismus ein polarisierendes Element in den parteipolitischen Auseinandersetzungen abgegeben. Eine besondere Rolle spielten dabei die wegen ihrer ‚sowjetofilen' Haltung bekannten Kommunisten und der ‚linke Flügel' der Sozialdemokratie. So ist davon auszugehen, dass für einen großen Teil der deutschen Bevölkerung die bolschewistische Machtergreifung 1917 und die auf diese folgenden Enteignungen sowie Terror, Hunger und Bürgerkrieg ein wirkungsvolles Schreckbild darstellten.[116]

In der Kirche war es vor allem der militante Atheismus der sowjetischen Revolutionäre, der Furcht und Schrecken verbreitete und die politische Haltung und das Wahlverhalten

[112] Wahl, *Der Beginn*, 73f. – Auch die sowjet-freundlichen KPD-Mitglieder des Thüringen-Ausschusses hatten sich schon am 15.06.1945 dazu bekannt, dass es ihre Aufgabe sei, „[...] keine Beunruhigung in die Bevölkerung hineinzubringen und den von illegalen Nazikreisen verbreiteten Gerüchten über die sowjetischen Truppen energisch entgegenzutreten."

[113] Wahl, *Thüringen*, 7,

[114] Sitzung des LKR, 26./27.06.1945, in: *LKAE*, 122/I, TOP 17: „Pfarrer Grützmann, Mittelhausen [bei Erfurt]".

[115] Kurt Nowak, „Christentum in politischer Verantwortung: zum Protestantismus in der SBZ (1945–1949)", in: Jochen-Christoph Kaiser/Anselm Doering-Manteuffel (Hgg.), *Kirchen im Nachkriegsdeutschland*, Stuttgart – Berlin – Köln 1990, 46.

[116] Vgl. die sehr materialreiche Arbeit von Kai-Uwe Merz, *Das Schreckbild: Deutschland und der Bolschewismus 1917–1921*, Berlin – Frankfurt 1995, die anhand einer Analyse der zeitgenössischen Presse ein anschauliches Bild der jeweiligen Bewertungen der russischen Ereignisse von ‚rechts' („Bolschewismus gleich Judenherrschaft"), über die kritischen Stimmen der Sozialdemokratie (‚Verrat' an den Idealen des Sozialismus oder zumindest eine fehlerhafte Anwendung der marxistischen Lehren) und die zu einem Gutteil wirtschaftlich begründete Ablehnung der bürgerlichen Mitte bis hin zur kritiklosen Akzeptanz der ‚Großen Sozialistischen Oktoberrevolution' als eines Vorbildes für den eigenen Kampf auf Seiten der extremen Linken zeichnet.

der protestantischen Pfarrer und Kirchenmitglieder stark beeinflusste. Die Situation der Christen in der Sowjetunion war Thema kirchlicher Konferenzen und Kirchentage und fand darüber hinaus in der kirchlichen Presse und in diversen ‚Märtyrerbüchern' ihren Niederschlag. Ein anschauliches Beispiel ist das von Pfarrer Otto Michaelis (1875–1949) verfasste *Protestantische Märtyrerbuch*. 1917 hatte er als Pfarrer in Metz die erste Auflage herausgegeben. In den Folgejahren sammelte er Märtyrer-Nachrichten, vor allem aus dem Baltikum. Seit 1919 war Michaelis Pfarrer in Weimar und legte 1927 – nunmehr Thüringer Pressepfarrer – eine deutlich überarbeitete Ausgabe des Märtyrerbuches vor. Als Grund und Einleitung ‚Zur zweiten Auflage' nannte er: „In dem Jahrzehnt, das seit dem ersten Erscheinen dieses Buches verflossen ist, hat das Martyrium der ev[angelisch]-lutherischen Kirche im Baltenland in erschütternder Weise den Scharen evangelischer Blutzeugen aus der Vergangenheit neue aus unsern Tagen hinzugesellt."[117]
Und hinsichtlich des ursächlichen Hintergrundes der Martyrien galt es festzuhalten: „Viel blutiger noch waren die Verfolgungen, denen die baltische Kirche ausgesetzt wurde, als der Bolschewismus am Ende des Weltkrieges die Herrschaft an sich riß und seine Fluten sich nach dem durch den Zusammenbruch Deutschlands veranlaßten Abzug der deutschen Truppen ungehemmt über das ganze Land ergießen konnten. Als der geschworene Feind aller Religionen wütete der Bolschewismus gegen den stärksten Gegner, die unter deutscher Führung stehende lutherische Kirche. Daher die große Zahl der Märtyrer aus dem Pastorenstande. Selbstverständlich befinden sich unter den Blutopfern des Bolschewismus – allein in der Stadt Riga waren es innerhalb 4½ Monaten 3654 – auch sonst noch viele, denen ihre mutig bekundete evangelische Glaubenstreue zum Todesschicksal geworden ist."[118]
So ist es nicht verwunderlich, dass die Deutschen Christen ihre zunächst sehr große, später abnehmende Attraktivität – außer auf den vehement vertretenen Anspruch der ‚Christianisierung des Nationalsozialismus' – auf das Programm: ‚Rettung vor dem Bolschewismus' gegründet hatten. Nicht nur in diesem Punkt gab es auch mit den kirchenpolitischen Gegnern große Übereinstimmung.
Besonders unselige und letztlich mörderische Folgen zeitigte allerdings die Verknüpfung antibolschewistischer und antisemitischer Ressentiments, wenngleich diese, von den Thüringer Deutschen Christen mit besonders lautstarkem, quasireligiösem Pathos vorgetragene Verknüpfung nicht unwidersprochen blieb. Als ein Beispiel für diese religiös-rassistische Propaganda mögen einige Sätze des DC-Pfarrers Alfred Männel gelten, die 1941 unter der Überschrift „Entscheidendes Ringen" in der Zeitschrift *Der Kirchälteste* veröffentlicht wurden: „Mit dem Ausbruch des Krieges gegen die bolschewistische Weltgefahr tritt aber der Jude für die Millionen wieder greifbar vor die Kulissen, hinter denen er sich solange geschickt zu bergen versuchte. Der Kampf gegen die tödliche Bedrohung des Bolschewismus ist der Kampf gegen das Judentum in der konzentriertesten [sic!, d. Vf.] Form. [...] Aber das Gespenst, das diese Millionen [des russischen Volkes, d. Vf.]

[117] Für unseren Zusammenhang ist nicht uninteressant, dass der spätere Leiter der DC-Pfarrergemeinde in Thüringen, *Rudolf Heubel (1900–1994)*, 1923/24 Vikar bei dem liberalen, von der DC-Kirchenleitung 1934 i.W.-versetzten Theologen Otto Michaelis (1875–1949) war. Abgesehen davon, dass Heubel gewiss nicht unbeeindruckt blieb von den Schilderungen der Greueltaten der Bolschewisten im Baltikum, fällt eine bibliographisch-ikonographische Parallele auf: Das Kreuz mit Dornenkrone, das die Titelseite des Märtyrerbuches von Michaelis ziert, gleicht in erstaunlicher Weise dem Kreuz-Signet der Deutschen Christen – mit dem Unterschied, dass die Dornen bei den Publikationen der DC durch verschlungene Hakenkreuze ersetzt werden.

[118] Michaelis, *Märtyrerbuch*, 20.

in den aussichtslosen Kampf treibt, das ihnen die Furcht vor den Deutschen zu einem Teil ihres Wesens gemacht hat, ist der bolschewistische Kommissar, ist immer der Jude."[119]
Diese Bilder, Texte, Predigten und ‚Märtyrer-Berichte' wirkten nach und schienen nun, am Ende des Zweiten Weltkrieges, durch das, was die Flüchtlinge über die Greueltaten der Roten Armee in den eroberten ostpreußischen und schlesischen Gebieten erzählten, ihre immer schon geahnte, grausame Bestätigung zu finden: „Eine gewaltige Kriegsmaschinerie überrollte das ausgeblutete Ostheer zwischen der Memel und den Karpaten und drang in drei Wochen bis an die Oder vor. Eine riesige Menschenlawine schob die Rote Armee vor sich her, endlose Trecks von Flüchtlingen, voller Entsetzen angesichts des Zusammenbruchs der deutschen Ostfront, in panischer Angst vor den Racheakten der sowjetrussischen Truppen, vor Vergewaltigungen in kaum vorstellbarem Ausmaß, vor tausendfachem Mord und Deportation."[120]
So ist anzunehmen, dass die Befürchtungen, die der BK-nahe Jenenser Rechtsanwalt Max Tunze im Herbst 1945 äußerte, von vielen evangelischen und katholischen Zeitgenossen geteilt wurden: „Jetzt wird vor allem in Betracht kommen, daß die Bolschewiken, die ja schon in ihrem Lande Christentum und Kirchen auszurotten bestrebt gewesen sind und die Kirche zur völligen Bedeutungslosigkeit heruntergestürzt, fast ausgetilgt haben, dasselbe erst recht in Deutschland versuchen werden."[121]
Ein Teil der Thüringer ‚Gefolgsleute des Führers', die persönliche Gründe hatten, der Bewertung ihres Handelns während des ‚Dritten Reiches' mit Angst entgegen zu sehen, befand sich bereits in amerikanischem Gewahrsam und wurde mit in Richtung Westen deportiert. Ein anderer Teil organisierte jetzt die Flucht nach Hessen oder Bayern. Als das ‚Headquarter des VIII. Corps' und die amerikanische Militärregierung am 2. Juli 1945 die thüringische Hauptstadt Weimar verließen, endete die amerikanische Besatzung. Neben politischen Gefangenen nahmen die Amerikaner auch einige Ingenieure und Forscher sowie Fachleute der optischen Industrie mit in ihre Besatzungszone westlich der Werra.[122]

---

[119] Abschrift aus *Der Kirchälteste*, Schriftleiter Pfarrer Alfred Männel, Weimar. *KÄ* 7/3. 1941, *ThHStAW*, BMP, 1746, 303. – Vgl. dazu den sogenannten Kommissarbefehl (Befehl des Chefs des OKW, Wilhelm Keitel, über die Behandlung sowjetischer Kommissare, 06.06.1941): „Im Kampf gegen den Bolschewismus ist mit einem Verhalten des Feindes nach den Grundsätzen der Menschlichkeit oder des Völkerrechts nicht zu rechnen. [...] Urheber barbarisch asiatischer Kampfmethoden sind die politischen Kommissare. [...] Sie sind daher, wenn im Kampf oder Widerstand ergriffen, grundsätzlich sofort mit der Waffe zu erledigen." Zit. n.: *Konzentrationslager Buchenwald. Post Weimar/Thür. Katalog zur Ausstellung aus der DDR im Martin-Gropius-Bau*, hg.v. Nationale Mahn- und Gedenkstätte Buchenwald, Berlin 1990, 111. [Im Sommer 1942 wurden im KZ Buchenwald in der Folge dieses Befehles über 8000 sowjetische Kriegsgefangene in einer eigens dafür eingerichteten Genickschussanlage ermordet.]

[120] Thamer, *Verführung*, 756.

[121] Schreiben von Max Tunze an KR Wolfgang Schanze, 24.10.1945, in: *LKAE*, A 239, unfoliiert.

[122] Vgl. dazu den Sammelband: *Macht und Milieu*, hier vor allem die Beiträge von Steiner, „Das Jenaer Glaswerk", 203-230, und Edith Hellmuth/Wolfgang Mühlfriedel: „Carl Zeiss Jena – widerspruchsvoller Weg in die Planwirtschaft", 327-368. – Vgl. „We take the brain", in: *FAZ* v. 03.07.1995, 17: „Am 25. und 26. Juni 1945 wurden 41 Führungskräfte des Jenaer Glaswerkes Schott & Gen. mit Frau und Kindern von amerikanischen Truppen auf Lastwagen von Jena in den Westen abtransportiert. Damit wollten sich die Amerikaner das Wissen für die Herstellung vor allem optischer Spezialgläser sichern." – Später folgten noch ca. 70 Fachkräfte des besetzten Jenenser Hauptwerkes Carl Zeiss. Von einer gezielten „ökonomischen Auspowerung des vorübergehend amerikanisch besetzten Landes" zu sprechen, wie Wahl [Umwälzung, 76] dies tut, scheint d. Vf. jedoch überzogen. – Matthias Judt/Burghard Ciesla (Hgg.), *Technology Transfer Out of Germany After 1945. Studies in the History of Science, Technology and Medicine*, Amsterdam 1996, und Burghard Ciesla, „Der Spezialistentransfer in die UdSSR und seine Auswirkungen in der SBZ und DDR", in: *PZ* 49. 1993, 24-31. – Zur Entführung der deutschen Raketenspezialisten, unter ihnen als bekanntester Wernher von Braun, im Rahmen der geheimdienstlichen ‚Operation Paperclip', vgl. Thomas A. Seidel (Hg.) *Vernichtung durch Fortschritt. Am Beispiel*

Ein ganz anderer Empfang als jener, der den englisch-amerikanischen Streitkräften drei Monate zuvor im westthüringischen Creuzburg buchstäblich entgegenschlug, wurde nun der Roten Armee in der ostthüringischen Stadt Gera bereitet.[123] Als die 8. Gardearmee unter Gardegeneraloberst Wassili Iwanowitsch Tschuikow (1900–1982) am 2. Juli 1945 diese Stadt als erste Stadt Thüringens erreichte, hatte dort der Oberbürgermeister Rudolf Paul (1893–1978) eine festliche Begrüßungszeremonie inszeniert, die ihre Wirkung offensichtlich nicht verfehlte. In seinen Erinnerungen schwelgend, hob der SMAD-General Kolesnitschenko hervor: „Dieser feierliche Empfang hat bei den Teilnehmern des Meetings und auch bei den Vertretern der Roten Armee [ohne Kolesnitschenko, d. Vf.] einen tiefen Eindruck hinterlassen und ist in der weiteren Geschichte Thüringens nicht spurlos vorübergegangen."[124]
Zum Klang der noch – oder wieder – intakten Sirenen und unter dem Geläut der vom Krieg verschonten Geraer Kirchenglocken fuhr der bislang mit Berufsverbot belegte Rechtsanwalt und vormalige DDP-Politiker der Weimarer Republik „[...] der Panzerspitze der Sowjettruppen im offenen Kraftwagen entgegen, [und] verhandelte mit dem sowjetischen Panzergeneral über das Festprogramm."[125] Doch die klug inszenierte Beruhigungs- und Beschwichtigungsrhetorik des Oberbürgermeisters, der auf Flugblättern und Plakaten dazu aufgerufen hatte, „[...] im russischen Soldaten [...] den Befreier von den Sklavenketten der Nazis" zu sehen, ging an den realen Gegebenheiten und am bisherigen politischen Selbstverständnis der Mehrzahl der Deutschen vorbei. Auch die Bürgerinnen und Bürger Geras hatten sich eben nicht „[...] von jeher [als] Feinde des Hitlerregimes" empfunden.[126] Hinzu kam, dass das äußere Erscheinungsbild der Roten Armee und das vagabundenhafte Herumstreunen sowjetischer Einheiten mit dem von Paul und anderen antifaschistischen Aktivisten gezeichneten Bild von einer „[...] disziplinierten russischen Armee" nur schwer in Einklang zu bringen war. Die Erlebnisberichte Thüringer Zeitzeugen sprechen eine deutlich andere Sprache: „Am 6. Juli [1945] zogen die Russen in Ollendorf ein und plünderten einige Gehöfte des Orts. Uhren, Pferde, Fahrräder, beinahe alles was nicht niet- und nagelfest war, wurde entwendet oder unter Androhung von Waffengewalt von den Leuten erzwungen. Die Amerikanische Armee hat das nicht getan. Im Gegenteil: Die Amerikaner kauften oder tauschten mit Ollendorfer Bauern frische Hühnereier. [Quelle: Hilde Reifarth], siehe Quellen. Es war ein totaler Unterschied zu den Amerikanern. Die Russen kamen hier mit 30 oder 40 Panjewagen, 2 Lkws und zu Fuß an, manche mit Decken bekleidet. Sie sahen ziemlich erbärmlich aus. Die Pferde waren äußerst klein und trabten immerzu. Der Amerikaner war nur motorisiert und wurde von einem Aufklärungsflugzeug begleitet. [Quelle: Lothar Burggraf]." „Die Russen waren in der ehemaligen Wasserburg stationiert. Abends haben die immer rumgeschossen. Da viel geklaut wurde und niemand mit äußerster Bestimmtheit sagen

der Raketenproduktion im Konzentrationslager Mittelbau, Berlin – Bonn 1995. Dazu auch: Rainer Eisfeld: *„Mondsüchtig". Wernher von Braun und die Geburt der Raumfahrt aus dem Geist der Barbarei*, Hamburg 1996.

123 Zu den Ähnlichkeiten wie Unterschieden in der Besatzungspolitik und -praxis zwischen Amerikanern und Russen vgl. die wichtige Arbeit: Konrad H. Jarausch/Hannes Siegrist (Hgg.), *Amerikanisierung und Sowjetisierung in Deutschland 1945–1970*, Frankfurt/Main 1997.

124 Iwan Sosonowitsch Kolesnitschenko, „Im gemeinsamen Kampf für das neue antifaschistisch-demokratische Deutschland entwickelte und festigte sich unsere unverbrüchliche Freundschaft", in: *Beiträge zur Geschichte Thüringens, Bezirkskommission zur Erforschung der Geschichte der örtlichen Arbeiterbewegung*, hg.v. SED, BZ Erfurt, Erfurt 1985, 12.

125 Aus Brill, Nachlass, „Nachrichten zur Biographie von Dr. Rudolf Paul 03./04.11.1947", zit. n.: Overesch: *Machtergreifung*, 96.

126 Overesch, *Machtergreifung*, 95f., 174f. (Dok. 9 und 10).

konnte, ob es Russen, Fremdarbeiter oder gar Deutsche waren, stellten die Ollendorfer eine Nachtwache auf. Die waren natürlich nur mit Knüppeln bewaffnet. Dazu gab es sogar ein Wachbuch, in dem sich die jeweiligen [Wachleute] eintrugen. [Quelle: Lothar Burggraf].“[127]

Die meisten Menschen in Thüringen deuteten ihr Schicksal als das eines doppelten Opferganges: Nachdem sie sich im Rückblick als Opfer ‚der Nazis‘ oder – sofern sie selbst Mitglied der NSDAP waren – zumindest als ‚Opfer Hitlers‘ empfanden, sahen sie sich nun als Opfer einer Besatzungswillkür, die ihnen nach dem verlorenen Krieg ‚auch noch die Russen‘ ins Land brachte. „Bedingungslos auf Gnade und Ungnade kapituliert! Das heißt: rechtlos, schutzlos! Das muß man sich immer wieder klar machen.“[128]

Mit diesen ebenso eindringlichen wie klagenden Worten rief Mitzenheim seinen Amtsbrüdern die seit dem 8. Mai 1945 in ganz Deutschland bestehende Besatzungssituation ins Gedächtnis. Und dabei hatte man die amerikanische Besatzung offenbar noch als eine gewisse Form der Gnade, zumindest aber als das kleinere Übel empfunden. Doch auch manch einem der amerikanischen Offiziere bereitete es einige Mühe, die auf höchster interalliierter Ebene getroffene Entscheidung zum Verlassen Thüringens nachzuvollziehen.[129] Godiva Kroner gibt gewiss das Empfinden der Zeitgenossen wieder, indem sie ausführte:

„Als ich zum Julianfang in Eisenach unseren scheidenden amerikanischen Kommandanten zu seinem Kommandeur sagen hörte: ‚Wie konnten wir nur dieses schöne Land den Russen überlassen?‘ schien es mir, als ob wir Menschen weltweit wenig bewirken können, daß wir gedacht und verplant werden von den Mächtigen dieser Welt, meist in Verkennung der Realität bei mangelnder Sachkenntnis und Sensibilität.“

Mit genauer, nicht-denunziatorischer Beobachtungsgabe schilderte die ‚Dolmetscherin zwischen zwei Welten‘ die Situationskomik des Besatzungswechsels. Sie verwies dabei auch auf die verdeckten Minderwertigkeitskomplexe der Sowjets, die sich in „[...] Kontaktscheu dem Westen gegenüber und [in] bewußt würdevollem, zurückhaltendem, gelegentlich jedoch aggressivem Verhalten“ äußerten: „Wieder fuhren wir zum Military Gouvernement, diesmal ging es direkt zum amerikanischen Stadtkommandanten; erneut mußte ich vor der Tür warten. Doch nicht lange; russische Laute drangen an mein Ohr, die Tür wurde aufgerissen, eine Stimme befahl: ‚Saiditje, kommen Sie herein¡ Zum ersten Mal in meinem Leben standen mir Sowjetoffiziere gegenüber, deren Uniform ich bisher nur aus der Wochenschau kannte. Die Überraschung war perfekt! [...] Die Kommandeure beider Truppenteile warteten im nahen [Eisenacher, d. Vf.] Hotel Kaiserhof darauf, die zwischen den Alliierten im Jalta-Vertrag festgelegte offizielle Übergabe Thüringens zu vollziehen. [...] Die Amerikaner empfanden es als rührend naiv, daß die Russen stolz durch die Fenster auf ihren Fahrzeugkonvoi von Panjewagen mit zum Teil geflickten Rädern zeigten, die neben den Jeeps und Lastwagen amerikanischer Herkunft und einigen offensichtlich von den Deutschen requirierten Autos standen. Sie erzählten dabei selbstbewußt von ihrem langen Marsch von Moskau über Berlin hierher, den sie [die verwöhnten Amerikaner, d.

[127] Eindrücke und Erlebnisse 1933–1953, von Zeitzeugen aus Ollendorf, gesammelt und gesichtet von Jan Kricheldorf für das Pfarrhausarchiv Ollendorf, beim Vf.

[128] LB Mitzenheim, „An die Pfarrer der Thür[inger] evang[elischen] Kirche. 4. Rundbrief, Eisenach, den 02.04.1947“. Zit. n. Björkman, *Lebensraum*, 29.

[129] Wahl, *Der Beginn*, 75. Dort findet sich auch ein genauer belegter Hinweis auf den Briefwechsel Stalins mit Truman und Churchill, der das Procedere und den Termin des Besatzungswechsels festlegte.

Vf.] ohne die gewaltigen Mengen amerikanischen Kriegsmaterials wohl kaum bewältigt hätten."[130]
Die Besetzung Thüringens durch die Truppen der Roten Armee dauerte knapp eine Woche, bis zum 6. Juli 1945. Mit der Einsetzung der Sowjetischen Militäradministration für das Land Thüringen (SMATh) am 9. Juli 1945 und der damit verbundenen Übernahme der zivilen Verwaltung anstelle der örtlichen Kommandostäbe war der Besatzungswechsel endgültig vollzogen.[131] Von nun an zeichnete die SMATh (bis 1949) – offen wie verdeckt – für „[...] alle grundsätzlichen Entscheidungen [...] über die Gestaltung des politischen, ökonomischen und geistig-kulturellen Lebens" verantwortlich.[132]
Aus Furcht vor den Russen hatte auch die oberste Verwaltungsbehörde der protestantischen Kirchen des vormaligen Deutschen Reiches, die Deutsche Evangelische Kirchenkanzlei, die während des Krieges in das unweit Thüringens gelegene Stolberg/Harz umgezogen war, bereits drei Wochen zuvor die Flucht in den Westen angetreten.[133] In einem Schreiben vom 3. Juli 1945 an Landesbischof Theophil Wurm (1868–1953) schilderte der vorläufige Geschäftsleiter und nachmalige Präsident, Oberkonsistorialrat Heinz Brunotte (1896–1984), die Kirchenkanzlei sei das einzige, was „[...] von der Deutschen Evangelischen Kirche und ihren Organen [...] übriggeblieben ist." Und er benannte auch die Hintergründe für diesen Umzug, der erhebliche kirchenpolitische Langzeitwirkungen implizierte: „Wir sind inzwischen am 19. Juni mit der Kirchenkanzlei, ihren Akten, Büchern, Kassenbeständen, Büromaterial und der klein gewordenen Gefolgschaft von Stolberg nach Göttingen, Baurat Gerberstr. 7, übergesiedelt. Den letzten Anstoß gab die drohende Gefahr einer russischen Besetzung. Die amerikanische Militärregierung in Sangerhausen riet uns selber, fortzugehen und half uns beim Abtransport. Am 1. Juli ist Stolberg tatsächlich russisch besetzt worden. Der altpreußische Oberkirchenrat ist dort geblieben, weil der größte Teil der altpreußischen Kirche nunmehr unter russischer Besetzung lebt. Wir glaubten, daß die Kirchenkanzlei sich besser in dem Gebiete aufhält, in dem sich die Mehrzahl der übrigen Landeskirchen befindet."[134]
Der evangelischen Kirche Thüringens, die nun kriegsbedingt zur Minderzahl gehörte, blieb allerdings keine andere Möglichkeit, als sich fortan im Spannungsfeld von sowjetischer Besatzungsmacht und deutscher Verwaltung zu behaupten.

---

130 Kroner, *Kaugummi*, 27, 29, 34. – Diese Komplexe bildeten möglicherweise auch den emotionalen Hintergrund für die Ablehnung der russischen Offiziere, mit den Amerikanern Abschied zu feiern: „Wir sind nicht nach Deutschland gekommen, um zu feiern, sondern um aufzubauen, äußerten sie mit stolz geschwellter Brust."

131 Stefan Creuzberger, „Die sowjetische Militäradministration in Deutschland 1945–1949", *BzL*, Weimar 1993, 1: „Die Grundlage für die Errichtung einer regionalen Sowjetischen Militärverwaltung bildete der SMAD-Befehl Nr. 5, den Marschall Schukow, der Oberste Chef der Sowjetischen Militäradministration in Deutschland, am 9. Juli 1945 in Berlin-Karlshorst erlassen hatte."

132 Karl-Heinz Schöneburg (Autorenkollektiv), *Die Errichtung des Arbeiter- und Bauernstaates der DDR 1945–1949*, Berlin (Ost) 1979 und 1983, 35. – Vgl. besonders den SMA-Experten Jan Foitzik: *Sowjetische Militäradministration in Deutschland (SMAD) 1945–1949. Struktur und Funktion*, Berlin 1999; ders., „Sowjetische Militäradministration in Deutschland (SMAD)", in: *SBZ-Handbuch*, 7-69; und ders., „Sowjetische Militäradministration in Deutschland. Organisation und Wirkungsfelder in der Sowjetischen Besatzungszone 1945–1949", in: *PZ* B 1. 1990, 43-51.

133 Schreiben von *Heinz Brunotte* an *Theophil Wurm* (1868–1953), 03.07.1945: „Nach unserer Auffassung ist also von der Deutschen Evangelischen Kirche und ihren Organen nichts weiter übriggeblieben, als die Kirchenkanzlei, deren vorläufige Geschäftsleitung ich [Brunotte, d. Vf.] übernehmen mußte", in: *LKAH*, 350, L 3, Bestand LB Dr. Lilje, unfoliiert.

134 Ebd.

3.2.2 Machtergreifung von links

Mit dem „Befehl des Chefs der Sowjetischen Militäradministration für das Land Thüringen Nr. 1. Weimar, den 16. Juli 1945“ wurde Garde-Generaloberst Tschuikow als Chef der SMATh ernannt.[135] Sein „Vertreter für zivile Angelegenheiten, sowie [...] Chef der Verwaltung der Sowjet-Militäradministration“ wurde Generalmajor Iwan Sosonowitsch Kolesnitschenko (1907–1984). Gleichentags endete – zumindest regierungsamtlich – die ‚Ära Brill‘, indem Tschuikow den Bürgern und Bürgerinnen Thüringens kundtat, dass der bereits erwähnte Dr. Rudolf Paul (anstelle des zunächst im Amte bestätigten Brill) zum Präsidenten des Landes Thüringen bestellt wurde.[136] Damit hatte der unmittelbar auf den Besatzungswechsel folgende und von der SMATh unterstützte parteipolitische Machtkampf der Moskauer Exil-Kommunisten unter der Führung Walter Ulbrichts (1893–1973) einen ersten Sieg davon getragen.[137]

Die Mitglieder der im sowjetischen Exil lebenden Kommunisten hatten bereits vor Ende des Krieges in den so genannten Initiativgruppen des ZK – unter direkter Anleitung der Politischen Verwaltungen der sowjetischen Heeresgruppen – den organisatorischen und konzeptionellen Aufbau der KPD vorangetrieben.[138] Sie galten den KPdSU-Strategen nun folgerichtig als Hauptwerkzeuge bei der Umsetzung sowjetischer Deutschlandpolitik, auch wenn die Konturen dieser Politik noch relativ unklar waren. Unter der maßgeblichen Beteiligung dieser ‚geschulten Kader‘ erfolgte eine Niederringung sowohl ‚linkssektiererischer‘ kommunistischer Inlandsgruppen wie auch der zunächst zahlreichen spontanen überparteilichen Einheitsausschüsse.[139] Im Gegensatz zu den toleranteren, an in-

---

[135] Nachdem die SMATh zunächst im Jenaer Oberlandesgericht Quartier bezogen hatte, zog sie am 11.07.1945 in das Haus der Kreisverwaltung (Schwanseestraße, zuvor Haus der NSDAP) nach Weimar um. Ende 1945 wurde das ehemalige Gauforum am Karl-Marx-Platz (so die Benennung mit Genehmigung der US-Militärverwaltung ab Mai 1945; zuvor Karl-August- und ab 1937 Adolf-Hitler-Platz) durch die Landesverwaltung der SMATh belegt. – Vgl. Karina Loos/Norbert Korrek, „Das ehemalige Gauforum in Weimar“, in: *Bauwelt* 18. 1993, 944-955.

[136] Vgl. den Abdruck der beiden Plakate der SMATh bei Overesch: *Machtergreifung*, 102f. Bis zur „[...] Abrechnung mit Brill und seinen Anhängern“ – so die mehrfach gebrauchte Sprachregelung des KPD-Funktionärs Eggerath – vergingen noch einige Monate. Werner Eggerath, *Die fröhliche Beichte: ein Jahr meines Lebens*, Berlin (Ost) 1976, 227, 262.

[137] Zu den Einzelheiten dieser parteiinternen Machtkämpfe und der Rolle ihrer Akteure (Georg Schneider, Werner Eggerath, Heinrich Hoffmann u.a.) vgl. Overesch, *Machtergreifung*, 105-135.

[138] Vgl. Foitzik, SMAD. Organisation und Wirkungsfelder, 48 – Vgl. weiterhin Wolfgang Leonhard, *Die Revolution entläßt ihre Kinder*, 4. Aufl. München 1990.

[139] Solange die SMAD-Akten noch nicht voll zugänglich und – darum – noch nicht ausgewertet wurden, sind der Analyse sowjetischer Deutschlandplanungen deutliche Grenzen gesetzt. Gewiss kann man von weitgehenden Expansionsbestrebungen Stalins ausgehen. – Roy Medwedew, *Das Urteil der Geschichte. Stalin und der Stalinismus*, 3 Bde., Berlin 1992. – Vgl. dazu Milovan Djilas, *Gespräche mit Stalin*, Frankfurt/Main 1962, 146: „Wer immer ein Gebiet besetzt, erlegt ihm auch sein eigenes Regime, sein eigenes gesellschaftliches System auf. Jeder führt sein System ein, soweit seine Armee vordringen kann.“ So auch Alexander Fischer, *Sowjetische Deutschlandpolitik im Zweiten Weltkrieg 1941–1945*, Stuttgart 1975. – Gleichzeitig scheint der Kurs Stalins in dieser Frage von einer weitgehenden politisch-pragmatischen Flexibilität gekennzeichnet gewesen zu sein. Die Sowjetisierung der Ostzone ist das Ergebnis eines solchermaßen strategisch-taktischen Prozesses. Deshalb sollte die These von Wilfried Loth, der aus den schriftlichen Erinnerungen Wilhelm Piecks die vorrangige Option Stalins für ein parlamentarisch-verfasstes, einheitliches Deutschland deduziert, mit einiger Skepsis betrachtet werden. Wilfried Loth, *Stalins ungeliebtes Kind: Warum Moskau die DDR nicht wollte*, Berlin 1994. – Vgl. ebenfalls: Peter Erler/Horst Laude/Manfred Wilke (Hgg.) *„Nach Hitler kommen wir“: Dokumente zur Programmatik der Moskauer KPD-Führung 1944/45 für Nachkriegsdeutschland. Studien des Forschungsverbundes des SED-Staates an der Freien Universität Berlin*, Berlin 1994; und die sehr diffenzierte und kenntnisreiche Darstellung von Gunther Mai, *Der Alliierte Kontrollrat in Deutschland 1945–1948: Alliierte Einheit – deutsche Teilung?*, München 1995.

ternationalem Austausch orientierten Politikansätzen der kommunistischen Spitzenfunktionäre, die nach Kriegsende aus den westlichen Exilländern nach Deutschland zurück kamen, war das politische Handeln der ‚Moskauer' auf Grund ihrer Jahre inmitten stalinistischer Macht- und ‚Säuberungs'-Politik von mitunter traumatischen Repressionserlebnissen geprägt.[140] Ihre Skepsis gegenüber den „Kadern aus dem Reich" begründeten sie damit, dass diese ihre „[...] durch jahrelange Abgeschlossenheit in Konzentrationslagern und Zuchthäusern und durch die ideologische Autarkie des Faschismus entstandene Zurückgebliebenheit" erst noch überwinden müssten.[141] Dies schlug in erster Linie auf die ideologische und von Machtinteressen geleitete Personalpolitik innerhalb des sozialdemokratisch-kommunistischen Milieus durch, das in der sowjetischen Besatzungszone nach 1945 zunehmend von jener kommunistisch-stalinistischen Kaderpartei durchsetzt und dominiert wurde. Bereits Mitte Februar 1945 hatte Ulbricht „Anweisungen für die Anfangsmaßnahmen zum Aufbau der Parteiorganisation in den besetzten Gebieten" entworfen.[142] Die detaillierten Kriterien und Maßnahmen zur Prüfung „[...] aller Kommunisten und Antifaschisten, die für die Mitgliedschaft in der KPD in Frage kommen", lassen den grundmisstrauischen und machtbewussten Parteistrategen erkennen. Dies deckt sich mit der Einschätzung von Heinrich Graf von Einsiedel, der – als vormaliger Wehrmachtsoffizier und Aktivist des NKFD – Ulbricht bereits in Moskau kennen gelernt hatte:

„Genau wie im Komitee [Nationalkomitee Freies Deutschland, d. Vf.] ist Ulbricht auch hier [1947 in Berlin, d. Vf.] der entscheidende Mann, der Apparat, der die Befehle der Sowjets automatisch registriert und ausführt. Die Russen haben das richtige Wort für seinen Typ geprägt: ‚Apparatschik'. Dieser Mann herrscht wie eine gekrönte Kröte über die Partei, vergiftet die Luft mit Mißtrauen und Angst und züchtet seine sklavischen Kreaturen groß, hinter denen die NKWD steht und alle Fäden in der Hand hat. Sklavisch, ohne Rücksicht auf alle historischen, kulturellen und politischen Umstände, werden die Sowjeteinrichtungen nachgeäfft und uns aufgezwungen, wahrscheinlich oft genug gegen die bessere Einsicht der sowjetischen Besatzungsfunktionäre, die es aber nicht wagen dürfen, eine selbständige, den deutschen Verhältnissen angepaßte Entscheidung zu treffen, weil sie dabei riskieren würden, sich einer Abweichung, eines Sakrilegs, schuldig zu machen."[143]

Die Mitglieder der von Ulbricht vorgesehenen Prüfungs-Kommissionen auf ‚Bezirksebene' sollten zur Arkandisziplin und damit zur Binnenstabilität der Kaderpartei beitragen und mussten sich darum „[...] ihrer großen Verantwortung für die Stärkung und innere Festigkeit der Partei bewußt sein."[144] Deshalb seien auch nur glaubhafte Konvertiten oder Dissidenten KPD-würdig, wie beispielsweise „[...] Gewerkschaftsfunktionäre und frühere sozialdemokratische Funktionäre, die mit der Sozialdemokratie gebrochen und sich in der antifaschistischen Arbeit bewährt haben, [...]."[145] Erstaunlicherweise sollten „[...] auch Katholiken, die sich in der antifaschistischen Arbeit bewährt haben, in die

---

[140] Olaf Groehler, „Der verordnete Antifaschismus: Die Rezeption des thüringischen kommunistischen Widerstandes in der DDR", in: *Nationalsozialismus in Thüringen*, 531-550; Hermann Weber, *„Weiße Flecken" in der Geschichte: Die KPD-Opfer der Stalinschen Säuberungen und ihre Rehabilitierung*, Berlin 1990. [Mehr als die Hälfte der nach 1933 in die UdSSR emigrierten KPD-Funktionäre wurde während der sogenannten stalinistischen Säuberungen ermordet.]

[141] Erler/Laude/Wilke, *Nach Hitler*, 107: Zitat von Wilhelm Pieck vom März 1945.

[142] Ebd., 327: Zitat der „Anweisungen", maschinenschriftlicher Entwurf Walter Ulbricht vom 15.02.1945, aus *SAPMO-BA*, ZPA NL (Pieck) 36/502, 32, 33.

[143] Heinrich Graf von Einsiedel, *Tagebuch der Versuchung*, Berlin – Stuttgart 1950, 197.

[144] Erler/Laude/Wilke, *Nach Hitler*, 327.

[145] Ebd.

Partei aufgenommen werden."[146] Evangelische waren von Ulbricht offenbar nicht vorgesehen.

In ähnlicher Weise hatte die in der Arbeiterbewegung der Weimarer Republik geformte Kirchenpolitik in den Jahren des Nationalsozialismus einen Wandel von offener Kirchenfeindschaft hin zu einer eher integrativen ‚Volksfront'-Konzeption erfahren.[147] Der Erlebnishintergrund partiell gemeinschaftlicher antifaschistischer Opposition hatte diese Modifizierung des ‚Klassenkampfes' weiter gefördert, so dass die Berner Konferenz der KPD 1939 bereits beschließen konnte, dass „[...] die neue demokratische Republik die Gewissens- und Glaubensfreiheit und den Schutz des Eigentums der Kirche garantiere."[148] Auch das der ‚Aktionseinheit' verpflichtete Programm des ‚Nationalkomitees Freies Deutschland' (NKFD) setzte diese Linie fort. Die 10. Vollsitzung des NKFD (14. bis 16. Juni 1944) hatte einen ‚Arbeitskreis für kirchliche Fragen' konstituiert, für den der NKFD-Vorsitzende Erich Weinert (1890–1953) eine ‚grundsätzliche Stellungnahme' abgab: „In den Konzentrationslagern des ‚Dritten Reiches' leidet der Arbeiterführer neben dem Geistlichen, der Christ neben dem Nichtchristen. Die langen Jahre solcher Leidensgemeinschaft aber haben Bindungen geschaffen, die auch das Ende dieser Terrorherrschaft überdauern werden. Hier ist das Fundament gelegt, auf welchem das Gebäude unserer künftigen Demokratie seinen soliden Grund haben wird."[149]

Dieser ‚solide Grund', der auch als Erfahrung vieler Buchenwalder Aktivisten – trotz unterschiedlicher politischer und sozialer Herkunft – durchaus gegenwärtig war, wurde in Thüringen im Zuge zahlreicher partei- und machtpolitischer Konflikte bis zum Jahre 1947 erheblich beschädigt bzw. gänzlich zerstört. Ein zeitlich und parteipolitisch einseitiger Blick auf die Machtkämpfe des Sommers 1945 bis zur (Zwangs-)Vereinigung von KPD und SPD am 6./7. April 1946 erklärt etwas unscharf diese Vorgänge als „Machtergreifung von links",[150] obgleich diese begriffliche Analogiebildung zur „Machtergreifung

---

[146] Ebd: Ulbricht fügt zur Aufnahme von Katholiken noch an: „Bei der Aufnahme dürfen Fragen, die die Religion oder innere Verhältnisse der Kirche betreffen, nicht gestellt werden."

[147] Vgl. das auf dem VI. Weltkongreß der Kommunistischen Internationale 1928 verabschiedete Programm: „Die proletarische Macht muß jede staatliche Unterstützung der Kirche, die eine Agentur der einst herrschenden Klasse ist, aufheben, jede Einmischung der Kirche in das staatlich organisierte Erziehungs- und Bildungswesen unterbinden und die konterrevolutionäre Tätigkeit kirchlicher Organisationen schonungslos unterdrücken. Die proletarische Macht läßt die Freiheit des Bekenntnisses zu, führt aber gleichzeitig mit allen zugänglichen Mitteln eine antireligiöse Propaganda, vernichtet die Vorzugsstellung der früheren Staatsreligion und gestaltet das ganze Erziehungs- und Bildungswesen auf der Grundlage der wissenschaftlich-materialistischen Weltanschauung um." [Programm der Kommunistischen Internationale, Hamburg 1929, 56]

[148] Klaus Hammach (Hg.), *Die Berner Konferenz der KPD*, Berlin (Ost) 1974, 16.

[149] Weinert deutet hier allerdings auch die gesellschaftspolitische Reduktion der Kirche „auf das geistliche Gebiet" an, die in den Staat-Kirche-Auseinandersetzungen der kommenden Jahre immer wieder zu einem Kern- und Streitpunkt wurde. Diese Konzeption des NKFD hatten auch Eingang in das „Aktionsprogramm des Blocks der kämpferischen Demokratie" vom Oktober 1944 gefunden, deren inhaltliche Zielvorgaben nach dem Kriegsende im Wesentlichen beibehalten wurden. – Vgl. Horst Laschitza, *Kämpferische Demokratie gegen Faschismus: Die programmatische Vorbereitung auf die antifaschistisch-demokratische Umwälzung in Deutschland durch die Parteiführung der KPD*, Berlin 1969, 193-196. – Zur schwierigen Wirklichkeit des NKFD vgl. den o.g. etwas exkulpierenden Bericht von Heinrich Graf von Einsiedel, *Tagebuch der Versuchung*. – Ebenfalls sehr instruktiv dazu der vormalige Bischof der Greifswalder Landeskirche Friedrich-Wilhelm Krummacher, *Ruf zur Entscheidung: Predigten, Ansprachen, Aufsätze 1944/1945. Dokumente aus dem Arbeitskreis für kirchliche Fragen beim Nationalkomitee „Freies Deutschland"*, Berlin 1965.

[150] Overesch, *Machtergreifung*, dort vor allem Kapitel 5: Machtergreifung von links: Die Gründung der SED in Thüringen 1945/46, 105-135.

von rechts"[151] mit Blick auf die in Thüringen forcierte Zwangsvereinigung von KPD und SPD einige Argumente für sich verbuchen kann. Die machtpolitische ,Ausschaltung' der SPD wurde maßgeblich vorangetrieben durch den von Walter Ulbricht und Franz Dahlem (1892–1981) abkommandierten Werner Eggerath (1900–1977), der sich seinerseits dabei der Rückendeckung der SMATh-Führung sicher sein konnte und Thüringen zum „kommunistischen Modellfall" zu machen strebte.[152] Nach dem Bericht einer Unterredung zwischen *August Frölich* (1877–1966) und Werner Eggerath mit Kolesnitschenko vom 23. Januar 1946 gab der SMA-General Kolesnitschenko unmissverständlich die ,Marschrichtung' vor: „Thüringen [muß] das Beispiel geben, dann [werden] die anderen Teile und auch in den anderen Zonen folgen. [...] Es beginnt eine neue Geschichte. Es heißt: vollendete Tatsachen schaffen!"[153]

Mit dem Pathos des Erfüllers einer ,historischen Mission' wandte sich Eggerath daraufhin an die ,fortschrittlichen Kräfte' innerhalb der Thüringer Sozialdemokratie: „Wir wollen durch eine historische Tat den Markstein setzen für die weitere Entwicklung der deutschen Arbeiterbewegung und dann werden wir in die Geschichte eingehen."[154]

Für unseren Zusammenhang ist von besonderem Interesse, dass jene parteipolitischen Auseinandersetzungen und Kräfteverschiebungen im Kontext der mit dem Begriff ,Sowjetisierung' verbundenen soziopolitischen Entwicklungen im Thüringen der Jahre bis 1947/48 auch mittelbaren Einfluss auf die militärbehördliche und staatliche Kirchenpolitik ausübten.[155] Doch werfen wir zunächst noch einmal einen Blick auf den Mann, der bis dato den politischen und verwaltungsmäßigen Neuanfang in Thüringen vorangetrieben hatte.

Exkurs: Der Thüringer Regierungspräsident Herrmann Brill

Wie schon in den Jahren seines Wirkens während der Weimarer Republik hatte sich der sozialdemokratische Verwaltungsjurist Herrmann L. Brill seit seiner Berufung durch die amerikanische Militärverwaltung erneut als kenntnisreicher Vordenker, Parteistrate-

---

151 Karoline Hille, „Beispiel Thüringen: Die ,Machtergreifung' auf der Probebühne 1930", in: *1933 – Wege zur Diktatur*, Berlin 1983, 187-217.

152 Zur Vereinigung von SPD und KPD vgl. Overesch, *Machtergreifung*, 132f. Overesch zitiert u.a. aus Notizen von Pieck, die jener sich nach der Besprechung in der SMAD in Berlin gemacht hatte: „beeilen! [...] Es wäre gut – 1. Mai als Feiertag der ,Vereinigung'! [...] Hinweise der SP" [der Sozialdemokratischen Partei, d. Vf.], „daß Vereinigung nur im Reichsmaßstab, sind Manöver, um Vereinigung zu verhindern". Für Thüringen legte Eggerath am 24.01.1946 fest: „Die Situation ist für uns in Thüringen außerordentlich günstig!" – Vgl. außerdem Kniffke, *Ulbricht*, 117f., 129-138. Protokoll einer Unterredung zwischen August Frölich (2. Vorsitzender der SPD in Thüringen) und Kolesnitschenko, *Der General:*„Die Arbeiterklasse verlangt die Einheit! [...] Thüringen muß schon jetzt ein Beispiel geben." Ebd., 133.

153 Bericht vom 23.01.1946 [aus dem Nachlass Brill], zit. n. Overesch, *Machtergreifung*, 132.

154 Schreiben von Eggerath an den Landesvorstand der SPD, 24.01.1946, *LPA Erfurt*, PDS III/1-001. *August Frölich* (1877–1966): Nach Einschätzung von Brill, siehe Overesch: *Machtergreifung*, 192 f., war der damals ca. 70-jährige Frölich ein „[...] grundsatzloser Opportunist, [der] 1919 Anhänger des Noske-Flügels der SPD [war] und sich bis Ende 1945 der parteipolitischen Arbeit in der SPD fern [hielt]." – *Werner Eggerath* galt nach bzw. mit Georg Schneider als einer der maßgeblichen kommunistischen Parteistrategen in Thüringen, der Gegenspieler von Brill. [Vgl. Eggerath: Beichte, 262: „Über eins waren wir uns einig: So geht es nicht weiter, ihm [Brill, d. Vf.] muß das Handwerk gelegt werden."]

155 Lemke, *Sowjetisierung*, 8: „Eine Grundbedingung für den Sowjetisierungsprozeß bildete die Übernahme des ideologischen Systems des Sowjetkommunismus in allen seinen wesentlichen Bestandteilen." – Die acht, von Lemke 1999 herausgegebenen Einzelstudien geben einen sehr guten, um die vergleichende Betrachtung der Sowjetisierung in Mittel-Ost-Europa bereicherten Einblick in den Prozess der Oktroyierung des Sowjetsystems in den von der Roten Armee besetzten Gebieten.

ge und Verwaltungsfachmann erwiesen. Bereits in Buchenwald war ihm – gemeinsam mit Werner Hilpert,[156] Ernst Thape (1892–1985) und Walter Wolf (1907–1977)[157] – an der „Zusammenfassung aller antifaschistischen Kräfte in einer Volksfront" gelegen, die sich die Ausformulierung der „wichtigsten Forderungen zur Schaffung eines neuen Deutschland" zum Ziel setzen sollte.[158] Der u.a. von Brill seit 1936 maßgeblich mitgeprägte ‚Volksfront'-Gedanke hatte sich in weiten Bereichen im Spektrum der Hitler-Gegner durchgesetzt. „Als [...] im Mai 1936 die französische Volksfront einen entscheidenden Wahlsieg davon trug, war es nach unserer Meinung Zeit, auch in Deutschland den Volksfront-Gedanken zu formulieren." Am Ende des Jahres 1936 wurde, laut Brill, in Berlin von Mitgliedern der (illegalen Thüringer) Gruppe ‚Neu Beginnen' und anderen im Untergrund Tätigen die Gruppe ‚Deutsche Volksfront' gebildet, die dann im Frühjahr 1937 ein Zehn-Punkte-Programm für alle „liberalen, demokratischen, sozialistischen und kommunistischen Gruppen Deutschlands" vorlegte. Dort wurde an hervorgehobener Stelle – unter Punkt 3 – die „Freiheit des Glaubens und der Weltanschauung: staatlicher Schutz jeder Religionsausübung, Organisations-, Versammlungs- und Pressefreiheit" gefordert.[159] Auch unter den politischen Häftlingen des Lagers Buchenwald hatte dieses Widerstands- und Neuordnungskonzept einen Konsens gefunden, sieht man von den gesondert zu betrachtenden Machtkämpfen der „roten Kapos" einmal ab.[160]

Neben einigen mentalen und ideologischen Relikten des ‚Bruderkrieges' der Arbeiterparteien[161] bestand der entscheidende Dissens zwischen der SMATh und deutschen Kommunisten einerseits und den Sozialdemokraten andererseits darin, dass erstere die ‚Volksfront'-Politik und das öffentlich propagierte Ziel einer demokratischen Republik rein instrumentell bzw. taktisch verstanden: als „erste Etappe auf [dem] Wege zur sozialen Revolution": „Wir [die Delegierten der KPD, d. Vf.] müssen erkennen, daß die Situation in Deutschland noch nicht reif ist zur unmittelbaren Durchführung des Kampfes um die proletarische Diktatur, daß aber unser gegenwärtiger Kampf für eine wahre Volksdemokratie uns dem Sozialismus näher bringt. Unsere Zentralaufgabe ist heute: Massenmobilisierung aller Antifaschisten auf der Grundlage des Nationalkomitees ‚Freies Deutschland'."[162]

---

156 *Dr. Werner Hilpert* war ein vormaliger Zentrumspolitiker aus Leipzig, Mitglied im Deutschen Volksfrontkomitee, nach der Befreiung Buchenwalds zunächst als Treuhänder für das beschlagnahmte Vermögen in Thüringen zuständig, Mitbegründer der CDU in Thüringen. Er ging Mitte 1945 mit den Amerikanern in den Westen und wurde bald darauf Finanzminister und stellvertretender Ministerpräsident von Hessen.

157 *Walter Wolf* war bereits als Pädagogik-Student 1930 der KPD beigetreten. Er war Schüler des Reformpädagogen *Peter Petersen* [der am 01.08.1923 auf Drängen der SPD-Fraktion im Thüringer Landtag auf den Lehrstuhl für Erziehungswissenschaften an die Universität Jena berufen worden war], danach Volksschullehrer im Landkreis Altenburg. Nach der Bildung einer illegalen Widerstandsgruppe wurde er 1937 von der Gestapo verhaftet und 1938 nach Buchenwald gebracht. – Vgl. Kapitel 3.2.2 und 4, dort besonders 4.6.

158 Hermann Brill, *Gegen den Strom*, 89. – Zu den Machtkämpfen im KZ Buchenwald siehe Lutz Niethammer, *Der ‚gesäuberte' Antifaschismus: Die SED und die roten Kapos von Buchenwald, Dokumente*, Berlin 1994, dort u.a. 55: „Im Zuge der Umstellung der Führung der KPD im Lager [...] auf die Volksfrontpolitik wurden die ehemaligen Gegner in die Vorhöfe der Wir-Identität hereingenommen. Äußeres Signum dieses Bündnisstatus ist die Titulierung als ‚Kamerad' und nicht als ‚Genosse'."

159 Ebd., 16f.

160 Ebd., 110.

161 „Entschließung der Delegiertenkonferenz des Parteiaktivs der K[ommunistischen] P[artei] Buchenwald 22.04.[19]45". Zit. n.: Overesch: *Machtergreifung*, 152: „Wir wissen, daß es die historische Schuld der S[ozialdemokratischen] P[artei] ist, daß der Nazismus in Deutschland zur Macht kommen konnte."

162 Ebd.

Demgegenüber dokumentieren die programmatischen Texte der Sozialdemokraten sowohl eine größere weltanschauliche Toleranz als auch konzeptionelle Stringenz. Für sie firmierte beispielsweise die Forderung nach der Wiederherstellung der sogenannten bürgerlichen Freiheiten nicht unter „Strategie und Taktik"; sie galt vielmehr als Konstitutivum für den „Aufbau der Volksrepublik".[163]

In Thüringen sahen sich jedoch zunächst noch meinungsführende Buchenwalder Kommunisten und Sozialdemokraten in der Absicht verbunden, „antifaschistische Volksausschüsse auf breitester Grundlage" zu bilden, die „die neuen Volksvertretungen, die neuen Machtorgane des antinazistischen Deutschlands werden [müssen]."[164]

In der Thüringer Kirchenführung, die sich mit dem Anspruch konfrontiert sah, dass auch die Pfarrerschaft ihren Beitrag zur antifaschistisch-demokratischen Neugestaltung leistet, gingen die Meinungen auseinander. Auf Vorschlag Mitzenheims wurde Zurückhaltung bei der Übernahme politischer Aufgaben und größte Vorsicht im Hinblick auf Parteieintritte angeraten. Auf jeden Fall sollten betroffene Pfarrer eine enge Abstimmung mit den jeweiligen dienstvorgesetzten Superintendenten halten. Diese wiederum unterlagen der Meldepflicht entsprechender Fälle an den Landeskirchenrat.[165]

Doch nicht nur im Landeskirchenrat riefen diese Formen antifaschistischer Basisdemokratie alte politische Frontstellungen und neue Irritationen hervor. Auf Grund ihrer spontanen, an den jeweiligen lokalen Gegebenheiten ausgerichteten Verfasstheit, erregten diese Ausschüsse auch den Argwohn der autoritär agierenden Spitzenfunktionäre der Moskauer Exil-Kommunisten.

Wolfgang Leonhard, Mitglied der ‚Gruppe Ulbricht', die am 2. Mai 1945 aus der Sowjetunion kommend mit der stalinistisch-zentralistischen Organisation der Verwaltung der sowjetischen Besatzungszone in Berlin begann, schilderte die Anfänge dieser folgenschweren Machtpolitik, von der Thüringen nun nach dem Besatzungswechsel ebenfalls erfasst wurde, am Beispiel eines Gesprächs Ulbrichts mit einem Thüringer Genossen: „ ‚Na, wie geht's dort bei euch mit der Verwaltung?', wandte sich Ulbricht interessiert, aber etwas von oben herab an den Genossen. Der Genosse berichtete kurz über die Tätigkeit der Verwaltung. ‚Außerdem haben wir eine antifaschistische Organisation gegründet', meinte er mit einem gewissen Stolz. ‚Wieso, was habt ihr da gemacht?', fragte Ulbricht ärgerlich. Der Genosse zeigte gedruckte Mitgliedsbücher einer ‚Antifaschistischen Aktion' mit programmatischen Forderungen, die etwa denen des Nationalkomitees [Freies Deutschland, d. Vf.] entsprachen. Ulbricht war wütend. ‚Wer hat euch das gestattet? Wie kommt ihr dazu, so etwas zu tun? Eure Antifaschistische Aktion muß sofort aufgelöst und die Mitgliedsbücher vernichtet werden! Ihr habt abzuwarten, bis dazu Anweisungen von der Zentrale kommen.' "[166]

Auch den euphorisch begrüßten, vom gemeinsamen Willen zur ‚Überwindung der Spaltung der Arbeiterklasse' getragenen regionalen Zusammenschlüssen von KPD und SPD war kein langes politisches Leben beschieden. Leonhard schrieb dazu: „Später erfuhr ich von ähnlichen Vorgängen [Auflösung von Antifa-Komitees, d. Vf.] in Thüringen und

---

[163] Ebd. „Buchenwalder Manifest, 13. April 1945": „Die bürgerlichen Freiheiten der Person, des Glaubens, des Denkens, der Rede und Schrift, der Freizügigkeit und des Koalitionsrechts sind sofort wieder herzustellen."

[164] „Entschließung der Delegiertenkonferenz", nach Overesch, *Machtergreifung*, 152. In ähnlicher Weise auch das „Buchenwalder Manifest": „Zuerst sind in allen Orten antifaschistische Volksausschüsse zu bilden, die sobald als möglich durch Heranziehung antifaschistischer Organisationen auf eine urdemokratische Grundlage zu stellen sind."

[165] Sitzung des LKR, 17.07.1945, TOP 1: „Antifaschistische Ausschüsse", in: *LKAE*, A 122, unfoliiert. – Vgl. dazu auch Kapitel 3.2.4.

[166] Leonhard, *Die Revolution*, 477f. – Vgl. Kapitel 4.6, den Exkurs: ‚Wolf'.

Sachsen. In Thüringen hatten ehemalige KZ-Häftlinge sofort nach ihrer Befreiung eine einheitliche sozialistische Partei mit dem Namen ‚Partei der Werktätigen' (PdW) geschaffen. Auch sie wurde aufgelöst. Als Mitte Juni dann die SPD und KPD neu von oben gegründet wurden, meldete sich nur die Hälfte der ehemaligen PdW-Mitglieder. Viele andere, selbst jene, die aktiv an der PdW mitgearbeitet hatten, blieben abseits, da sie nicht mehr zu den alten Parteien zurück wollten."[167]

Ein ähnliches Schicksal ereilte auch manch einen Vertreter bürgerlicher Parteien. Der Thüringer DDP-Politiker August Bach (1897–1966), der zunächst einer liberalen Initiativgruppe angehört hatte, gründete mit politischen Freunden die ‚Thüringer Volkspartei'. Als dieser Gründung die militärbehördliche Lizenz verweigert wurde, wechselte er schließlich in die CDU.

Wie für viele Bürgerlich-Liberale waren auch für Brill in der Formulierung kirchenpolitischer Positionen – abgesehen von seinen teilweise negativen Erfahrungen als Schüler in einer Evangelischen Thüringer Konfessionsschule – die eigene humanistische Bildung und die in leidvoller Zeit des Widerstandes wie in Gefangenschaft praktizierte Zusammenarbeit mit überzeugten Christen und Christdemokraten maßgebend.[168] Zu letzteren gehörte der bereits genannte Zentrumspolitiker und ehemalige Buchenwaldhäftling Werner Hilpert. Diese Erfahrungen und Einsichten ließen Brill gleichermaßen religionsfreundlich wie kirchenkritisch argumentieren: „Der Sozialismus [ist] soziologisch der Bruch mit dem historischen Christentum [...], dialektisch jedoch die Synthese aus urchristlichem Liebeserlebnis und stoizistischer Ethik . [...] Die Kirche ist ohne Tun. Sie predigt und sie tröstet, sie stiftet milde Gaben, aber sie arbeitet nicht. Darum ist sie ohne Liebe."[169]

Erstaunlich ist Brills Kenntnis der innerkirchlichen Auseinandersetzungen und theologischen Positionen während des Nationalsozialismus. Unter der Überschrift „Jugend und Religion" schrieb er im Oktober 1937 in seiner soziologischen und politikwissenschaftlichen Studie „Deutsche Ideologie 1937": „Menschen- und Gottesliebe finden in der Jugend jede Form von Religiosität, Verstand und Vernunft daraus jede Form von kirchlicher Theologie und philosophischem Atheismus. Es ist darum kein Zweifel, daß die religiösen und antireligiösen Bewegungen der letzten Jahre mit besonderer Stärke auf die Jugend gewirkt haben."[170]

Am Beispiel einer Mädchen-Schulklasse einer Handelsschule (Jahrgang 1919) verdeutlichte er die Auswirkungen von Diktatur und Kirchenkampf auf die Psyche und das Urteilsvermögen Heranwachsender: „Einige wenige bejahten [1933, d. Vf.] das ‚deutsche Christentum', die meisten lehnten sich dagegen auf." Bald darauf, im Jahre 1934, „[...] wurden die Elberfelder Beschlüsse der 1. Synode der bekennenden Kirche bekannt. Wenn auch die Mädchen die an Hegel und Kierkegaard geschulte Dialektik Karl Barths nicht verstanden, so gaben diese Beschlüsse ihnen doch einen festen, tieferlebten Halt. [...] Plötzlich erschien im Jahre 1935 die deutsche Glaubensbewegung vor ihren Augen. [...]

[167] Ebd., Zur kurzlebigen Existenz der antifaschistischen Einheitsfront-„Partei der Werktätigen" vgl. auch Eggerath, *Die fröhliche Beichte*, 105, 108. – In diesen Kontext gehört auch der von Overesch eruierte, ehedem vorwiegend von Buchenwalder Kommunisten und Sozialdemokraten in Gang gesetzte Versuch, „[...] zur Schaffung eines gemeinsamen Aktionsprogramms und organisatorische Maßnahmen zur Herstellung einer politischen Einheit der Werktätigen" vom 09.07.1945, der rasch und lautlos von der SMATh unterbunden wurde. Overesch: *Machtergreifung*, 92f.

[168] Zu Brills Schüler-Erlebnissen mit Georg Witzmann in Gotha, siehe Kapitel 2.1.

[169] Hermann Brill, *Vollendung und Unendlichkeit: ein epischer Dialog*. Zit. n.: Manfred Overesch, „Konzeptionen für einen Neuanfang: Hermann Brill und der antinationalsozialistische Widerstand", in: Detlef Heiden/Gunther Mai (Hgg.), *Nationalsozialismus in Thüringen*, Weimar – Köln – Wien 1995, 498, 502.

[170] Brill, *Gegen den Strom*, 53f.

Als die Klasse im Herbst 1937 die Handelsschule verließ, war sie im Zustand tiefster religiöser Not und Wirrnisse. [...] Alle fragten: Was sollen wir denn nun glauben?"[171]
Diese Frage stand mit dem Zusammenbruch des Nationalsozialismus noch immer – nun allerdings besonders scharf und existentiell bedrohlich. Dem genauen Beobachter und Intellektuellen Brill war die psychosoziale Bedeutung dieser Sinnfrage bewusst und die Linderung „religiöser Not und Wirrnisse" offenbar ein wichtiges Anliegen. Obwohl im ‚Buchenwalder Manifest' nicht ausdrücklich formuliert, blieb Brill mit dieser Haltung seinen Überzeugungen als ‚Chef-Ideologe' der Gruppe ‚Deutsche Volksfront' treu. Die religionspolitischen Eckpunkte, die er 1938 formuliert hatte, galten für ihn auch nach seiner Befreiung aus dem KZ Buchenwald: „Staat und Kirche sollen in Frieden leben. Deshalb wird die Volksrepublik allen Kirchen volle Autonomie der Religionsausübung gewähren und diese stützen. [...] Die Volksfront wird auch vermögensrechtlich zwischen Staat und Kirche eine Verständigung finden, die beiden Seiten gerecht wird. Alles das ist nicht ein gelegentliches praktisches Zugeständnis an die Kirche, sondern folgt für immer aus unseren Grundsätzen über die Freiheit. Freiheit soll auch für die atheistische Bewegung herrschen. Mögen Kirchengläubige und Atheisten miteinander ringen – überzeugt, daß jedes geistige Ringen alle menschlichen Kräfte weckt, wird es die Volksrepublik als ein Stück der Wirklichkeit der Freiheit nur begrüßen."[172]
So werden seine sozialwissenschaftlichen Studien wie auch sein widerständiges Engagement dazu beigetragen haben, dass sein Verhältnis zur (Thüringer) Kirche nach 1945 als wohlwollend-kritisch bezeichnet werden kann. Es fällt auf, dass die Brill'schen radikalen Entnazifizierungs-Vorschriften die Kirche weitgehend ausklammern. Dass dieser streitbare Sozialdemokrat und Antifaschist, obgleich ja zunächst im Amt des Präsidenten bestätigt, in Thüringen über das Jahr 1945 hinaus keine politische Zukunft haben konnte, spricht für ihn und gegen die politische Kultur der neuen deutschen und sowjetkommunistischen Eliten.[173] –

[171] Ebd.

[172] Brill hatte diese Eckpunkte – in Auslegung des 10-Punkte-Programmes (1934) – in einer Programmschrift mit dem Titel *Freiheit* formuliert. Dafür wurde er 1939 wegen ‚Vorbereitung zum Hochverrat' zu zwölf Jahren Zuchthaus verurteilt.

[173] Ausdruck dieser ‚politischen Kultur' ist auch noch der dreißig Jahre später im *Jahrbuch für Regionalgeschichte* 5. 1975, 191-215, erschienene Aufsatz „Zur Politik und Ideologie des rechten sozialdemokratischen Führers Dr. Hermann L. Brill". Die Autoren, der ehemalige Jenenser Mediävist Werner Mägdefrau und der (ehemalige und jetzige) Leiter des Thüringer Hauptstaatsarchives, Volker Wahl, sahen sich als ‚marxistisch-leninistische Geisteswissenschaftler' durch den XXIV. Parteitag der KPdSU und den VIII. Parteitag der SED aufgefordert, „[...] unter den gegenwärtigen Bedingungen der verschärften ideologischen Auseinandersetzung zwischen Sozialismus und Imperialismus den Kampf gegen die reaktionäre bürgerliche Ideologie einschließlich des Sozialdemokratismus [...] zu verstärken." 191. In sprachlich schwer erträglicher und historisch unhaltbarer Weise unternahmen beide den Versuch, Brill als „[...] Feind des Sozialismus, der internationalen Arbeiterbewegung und der nationalen Befreiungsbewegung zu ‚enttarnen'." Dieser „[...] Agent der amerikanischen Militärregierung innerhalb der SPD in Thüringen", der am 29.12.1945 resigniert den Vorsitz des Landesverbandes niederlegte, habe sich nach seiner Rückkehr von der Berliner Sechziger-Konferenz des ZK der KPD und des ZA der SPD Mitte Dezember 1945 „[...] als Feind der Arbeiterklasse so weit [entlarvt], daß sein Verbleiben in Thüringen unmöglich wurde."

Sowohl Brill als auch sein Nachfolger im Amte des Ministerpräsidenten, Rudolf Paul, gestanden einer im Selbstverfahren ‚gereinigten' Kirche erhebliche Kompetenz bei der Bearbeitung jener Sinn-Frage zu, von deren Beantwortung ihrer eigenen Überzeugung nach nicht zuletzt die Tragfähigkeit des ‚inneren Friedens' im Lande abhing.[174] Trotz – zum Teil sogar wegen – der mit dem Begriff ‚Machtergreifung' angedeuteten Auseinandersetzungen zwischen Buchenwalder und Moskauer Kommunisten sowie den Konflikten jener mit Sozialdemokraten und den Vertretern der sogenannten bürgerlichen Parteien (CDU und LDP) von Juli 1945 bis April 1946 boten die in der Ära Brill getroffenen personellen und strukturellen Vorprägungen günstige Voraussetzungen für relativ eigenständige politische Gestaltungskonzeptionen. Paul setzte dabei personalpolitisch auf Fachkompetenz unter Betonung strenger Rechtsstaatlichkeit. In der geographischen Lage Thüringens sah er die Chance zu einer geopolitischen Brückenfunktion zwischen Ost und West.[175] Obgleich sich in den Jahren der Ära Paul, vom Sommer 1945 bis Herbst 1947, das Spannungsfeld zwischen Föderalismus und Zentralismus immer deutlicher zugunsten des letzteren verschob, suchte der Jurist, politische Quereinsteiger und ideologische Pragmatiker Paul seine Möglichkeiten für eine eigenständige Landespolitik – gegen Sowjetisierung und SED-Monopolisierung – auszuschöpfen.

Auch auf kirchenpolitischem Gebiet setzte Paul die von Brill vorgegebene Linie fort. Dies war zunächst relativ leicht möglich, da – zumindest nach außen – auch von antikirchlich eingestellten politischen Aktivisten am „gemeinsamen Kampf aller Antinazisten" festgehalten wurde. Paul lag als bildungsbürgerlich sozialisiertem Politiker daran, der Kirche einen gesellschafts- und kulturpolitisch eingeordneten Handlungsraum zuzubilligen, den er partiell auch gegen klassen- und kulturkämpferische Tendenzen zu behaupten gewillt war.[176] Die Arbeit des Referates für Kirchenfragen und dessen Anbindung an das Präsidialamt verdeutlicht diese Absicht, wenngleich dieser Vorschlag – sowohl strukturell als auch personell – von Walter Wolf mit genau entgegengesetzter Intention vorgebracht worden war.[177] Auch durch eine erkennbar kirchenfreundliche Haltung der SMATh, die in der Arbeit des Chefs der Zivilverwaltung, Kolesnitschenko, gut nachzuweisen ist, wurde der – von Paul favorisierte – kirchenpolitische Kurs der Konfliktvermeidung im Interesse einer möglichst reibungsfreien „antifaschistisch-demokratischen Umwälzung" erheblich gestärkt. Die militärbehördlich der Kirche eingeräumten Handlungsmöglichkeiten (Ausbildungsstätten, Religionsunterricht, kirchliche Presse etc.) erfuhren allerdings vielfach ihre Begrenzung an den Widerständen überregionaler wie regionaler kommunistischer oder anderer antikirchlicher Entscheidungsträger, die sich in diesen Fällen oftmals

---

174 Vgl. dazu Kapitel 4.1.

175 Niederschrift der ersten Versammlung der Beratenden Landesversammlung, 28.06.1946, in: *LKAE*, A 852/I, unfoliiert. Zitat aus der Rede des Ministerpräsidenten Rudolf Paul: „Die Landesversammlung Thüringen hat nicht nur in Anlehnung an den Westen, sondern auch in der Erkenntnis, daß es geboten ist, außer den politischen Parteien andere zu berufen, die Gewerkschaften beispielsweise, [...] ebenso wie die Handwerker [...],die Jugend, die Frauen, die Bauern, auf denen die Arbeit der kommenden Ernte liegt. Die beratende Landesversammlung Thüringens ist auch insofern die demokratischste in Deutschland, als sie völlig freigestellt ist von der Landesverwaltung Thüringens selbst."

176 Vgl. dazu Kapitel 4.6, Exkurs: ‚Wolf'.

177 Schreiben des LA für Volksbildung, Dr. Wolf, an den Präsidenten des Landes Thüringen, Dr. Paul, 18.02.1946, in: *ThHStAW*, BMP, 1746, 261: Mit Blick auf die Konfliktpunkte Religionslehrer, Bodenreform und Reinigung der Kirche von nazistischen Elementen schlägt Wolf vor: „Beim Präsidenten, als Teil der Präsidialkanzlei, wird eine Stelle zur Behandlung kirchlicher Fragen eingerichtet. Für die evangelische Kirche schlage ich den Pfarrer und Schulrat E r l e, Arnstadt, als Sachbearbeiter vor." – Siehe dazu Kapitel 4.6 und 5.1.

Rückendeckung vom Landesamt für Volksbildung (Walter Wolf) oder vom Innenressort (Ernst Busse) geben ließen.

3.2.3 Mitzenheim und Kolesnitschenko

Nach dem Abzug der Amerikaner stellte man sich in der Kirchenleitung die bange Frage, wie die Sowjetische Militärbehörde das ‚Aufbauwerk der Thüringer Kirche' beurteilen und möglicherweise beeinflussen würde. So wurde in der Sitzung des Landeskirchenrates vom 24. Juli 1945 der Tagesordnungspunkt 4: „Kirchliche Verhältnisse in Ostthüringen" gewiss mit Spannung erwartet und anschließend mit freudiger Überraschung konstatiert: „Kirchenrat Zimmermann erstattet einen ausführlichen Bericht über die Entwicklung nach der russischen Besetzung. Der Kommandant lasse in entgegenkommender Weise die Kirche selbständig arbeiten."[178]

Auch „[...] Kirchenrat Dr. Schanze berichtet über Besuche bei der russischen Kommandantur [in Weimar, d. Vf.], wo die Genehmigung zum Druck des Thüringer Kirchenblattes [...] noch nicht zu erreichen gewesen sei."[179] Und selbst das Protokoll der ersten Sitzung der Ost-Kirchenführerkonferenz, die am 25. September 1945 auf Einladung von Otto Dibelius (1880–1967) in Berlin stattfand, schien unter TOP 1 „Bericht über die bisherige Entwicklung in den einzelnen Landeskirchen" im Blick „auf die Beziehungen zu den heutigen staatlichen Stellen und den Besatzungsmächten" keine besonderen Probleme herausstellen zu müssen. Vorsorglich verabredeten die Vertreter der SBZ-Landeskirchen, „[...] das wichtigste Material über die Entwicklung in ihren Kirchen jeweils dem Vertreter des Rates [der EKiD, Dibelius, d. Vf.] zum Zwecke des Austausches unter den Landeskirchen zuzuleiten."

Ähnlich überrascht über den kulturvollen russischen Pragmatismus zeigte sich der Weimarer Landrat Gottfried Dreykorn (1907–1995):

„Einer der ersten Befehle, den der sowjetische Landkreiskommandant, General Piariew [richtig muß es heißen: Pisarew, d. Vf.], gab, [...] lautete: ‚Sorgen Sie dafür, daß Kinos, Theater und Kirchen öffnen und arbeiten.' Die Gleichstellung der Kirche mit Theater und Kino war recht ungewöhnlich [...] und ist mir unvergeßlich geblieben. Ich gab die Anordnung an die Kirche weiter. Es ist niemals eine Beschwerde der Kirche an mich herangetragen worden."[180]

Die auffallende ‚Kirchenfreundlichkeit' russischer Besatzungsoffiziere resultierte zum einen aus einer gewissen achtungsvollen Scheu gegenüber geistlichen Würdenträgern, die in vielen Zeitzeugenberichten Erwähnung findet. In diesem Zusammenhang muss wohl auch die ‚außersynodale' Annahme des Bischofstitels durch Moritz Mitzenheim gesehen werden. Unter offenkundiger Ausblendung der gar nicht lange zurückliegenden Usurpation des Titels ‚Landesbischof' durch Rönck war die Annahme dieses Titels von Mitzenheims Kollegen im Landeskirchenrat mit Nachdruck gefordert worden.[181] Bereits Anfang

---

[178] *LKAE*, A 122/I, unfoliiert.

[179] Ebd. – Vgl. Michael Kühne, *Die Neuordnung des kirchlichen Lebens in der sowjetischen Besatzungszone: die Protokolle der kirchlichen Ostkonferenzen von 1945–1950*, Naumburg 1993, 108. (Erschienen waren, neben den zeitweise hinzu gerufenen Finanzdezernenten, die meisten kommissarischen Leiter der Landeskirchen in der SBZ: Benn, Beste, Böhm, Dibelius, Fiedler, Kotte, Krummacher, Lau, Mitzenheim mit Osswald, Söhngen.)

[180] Brief von Dreykorn an den Vf., 22.11.1994. – Dr. jur. Gottfried Heinrich Dreykorn (1907–1995) war 1945–1947 Landrat des Landkreises Weimar (SPD).

[181] (Sicherlich von Rönck selbst verfasste, d.Vf.) Erklärung der Pröpste und ihrer Stellvertreter zur kirchlichen Lage in Thüringen, [gez. Kade, Büchner, Dr. v. Ungern-Sternberg, Göpfert, Leidenfrost]. 03.01.1945, in: *LKAE*, A 122/I, unfoliiert. – Mit mehreren Eingaben gegen die von Rönck initi-

Oktober 1945 hatte Schanze in einem persönlichen Brief an den Landesoberpfarrer hervorgehoben, dass „[...] gegenüber den staatlichen und auch kirchlichen Instanzen [...] die Bezeichnung Bischof eine größere Verständlichkeit und auch ein größeres Gewicht" habe.[182] Diese Titeländerung, die mit ausdrücklichem Verweis auf die Gepflogenheiten anderer Landeskirchen erfolgte, hatte wohl eher mit Pragmatismus und weniger mit Theologie zu tun. Ihr ‚außenpolitischer' Erfolg zeigte sich vor allem in der Wertschätzung, die Kolesnitschenko dem ‚Metropoliten Mitzenheim' entgegenbrachte.[183]
Doch neben der üblichen amtsbezogenen Servilität entsprach die kirchenfreundliche Haltung durchaus auch der ‚Volksfront-Generallinie' russischer Besatzungspolitik, die u.a. mit dem SMAD-Befehl Nr. 2 vom 10. Juni 1945 festgelegt worden war. Dieser Befehl erlaubte ausdrücklich die Gründung von Parteien und Organisationen, „[...] die sich die endgültige Ausrottung der Überreste des Faschismus und die Festigung der Grundlagen der Demokratie und der bürgerlichen Freiheiten [...] zum Ziel setzen."[184] Damit war der Kirche, wenn sie sich nicht selbst zu gesellschaftlicher Randständigkeit verurteilen wollte, das – zumindest – äußerliche Bekenntnis zu den genannten Zielen vorgegeben. Dies wiederum begünstigte das zuweilen von außen angetragene und rasch übergestreifte Verständnis der Kirche als einer ‚Kämpferin gegen den Faschismus'.[185]
Die entgegenkommende Haltung der SMATh, die auch durch gelegentliche regionale Übergriffe zunächst nicht wesentlich getrübt wurde, bewog die Kirchenleitung, sich mit ihren Anliegen direkt an die höchsten sowjetischen Dienststellen zu wenden.[186] Im Gegensatz zu Brill, der das ‚obrigkeitsstaatlich-polizeistaatliche Denken' der Sowjets heftig kritisierte und als Bedrohung für Demokratie und Sozialismus empfand, schien gerade diese militäradministrative und autoritäre Vorgehensweise den hierarchischen Ordnungsvorstellungen Mitzenheims und vielen seiner Kollegen im Pfarramt durchaus entsprochen zu haben.[187] Der Erfolg gab ihnen recht, flankiert durch den Umstand, dass die deutschen Verwaltungsstellen in ihren Entscheidungen nahezu völlig von der Sowjetischen Militärbehörde abhängig waren. Nach sowjetischem Recht hatte die SMAD „[...] die Aufgabe, die Einhaltung der Bedingungen, die sich aus der bedingungslosen Kapitulation für Deutschland ergeben, zu kontrollieren, die Sowjetische Besatzungszone in

---

ierte „Thüringer Kirchenordnung" und in einer offenbar heftigen Diskussion auf dem Pflugensberg, vom 06.03.1945, haben Mitzenheim und Ziegner mit Vertretern des DC-LKR u.a. gegen die Annahme des Bischofstitels durch Rönck Protest erhoben. Auch während der außerordentlich zähen „Rücktrittsverhandlungen" mit Rönck kritisiert Mitzenheim am 10. April 1945 gegenüber dem amtierenden Rechtsdezernenten KR Dr. Volk noch einmal die „Selbsternennung Röncks" zum Landesbischof. – Vgl. Kapitel 4.5, 5.1 und 5.4.

182 Schreiben von Schanze (Weimar) an Mitzenheim, 06.10.1945, in: *LKAE* , A 130/I, unfoliiert.

183 Verfügung Kolesnitschenko zur Erteilung von Religionsunterricht „an den Herrn Metropoliten Mitzenheim", 12.10.1945, in: *NL Mitzenheim*, Nr. 26, 68.

184 Zit. n. Foitzik, *SMAD. Organisation und Wirkungsweise*, 47: „Die Anleitung und Kontrolle der [diesbezüglichen Instruktionen, d. Vf.] oblag der Politischen Verwaltung der SMAD, die auf der Zentralebene besondere Referenten für jede Partei und die politisch relevanten Massenorganisationen – wie die Gewerkschaften, Kirchen, Frauen- und Jugendorganisationen – unterhielt, sowie den Politischen Abteilungen auf der Landes- und den darunter liegenden Organisationsebenen."

185 Sitzung des LKR, 02.11.1945, in: *LKAE*, A 122/I, unfoliiert. „Kirchenrat Dr. Schanze berichtet über eine Unterredung mit einem Major der Militärregierung, der Literatur über die Deutschen Christen und Berichte über die Märtyrer der Kirche aus den letzten Jahren gewünscht habe."

186 Sitzung des LKR, 06.11.1945, in: *LKAE*, A 122/I, unfoliiert: „Den Bericht des kommissarischen Superintendenten von Blankenhain über Störungen des Gottesdienstes durch russische Besatzungstruppen will der Landesoberpfarrer dem General in Weimar vortragen."

187 Referat von Brill, 30.09.1945, anlässlich einer SPD-Parteischulung in Probstzella, zit. n. Overesch, *Machtergreifung*, 119: „Das russische Denken ist obrigkeitsstaatlich-polizeistaatlich. Es bewegt sich etwa in dem Rahmen, den wir unter dem alten Fritz in Preußen gehabt haben."

Deutschland zu verwalten und die Beschlüsse des Kontrollrats zu grundsätzlichen militärischen, politischen, ökonomischen und anderen für ganz Deutschland gemeinsamen Fragen durchzusetzen."

Dabei übte sie in der Sowjetischen Besatzungszone „[...] die oberste Regierungsgewalt [...] einschließlich aller Befugnisse der deutschen [...] Regierungen, Verwaltungen oder Behörden der Länder, Städte und Gemeinden" aus.[188] Ein Gespräch zwischen Mitzenheim, Phieler und dem Landespräsidenten Paul hatte dies bestätigt und darüber hinaus noch einmal deutlich gezeigt: „In allem sei [so die Auskunft von Paul, d. Vf.] festzustellen gewesen, daß die russische Besatzungsbehörde keine Kollision mit der Kirche haben möchte."[189]

In der Sitzung des Landeskirchenrates vom 4. Oktober 1945 berichtete Mitzenheim über eine Verhandlung mit der Führung der SMATh, die am Vortag in Weimar stattgefunden hatte. Die mit General Kolesnitschenko – und zuvor mit Ministerpräsident Paul – besprochenen Themen ‚Bodenreform', ‚Religionsunterricht', ‚Reinigung der Verwaltung' geben drei der hauptsächlichen Konfliktbereiche an, an deren Bearbeitung sich die Durchsetzungskraft und -möglichkeit des protestantischen Öffentlichkeitsauftrages im Spannungsfeld von Besatzungsmacht und deutscher Verwaltung innerhalb der kommenden Monate zeigen sollte. „Besprochen wurde dort insbesondere die Verordnung über die Neuregelung des Religionsunterrichts in der Schule, die Beschwernisse durch Belegung der Pfarrhäuser, die Passierscheine für die Pfarrer, die Bodenreform und ihre Auswirkungen auf kirchlichen Grundbesitz und kirchliche Ansprüche aus Ländereien. [...] Kirchenrat Phieler ergänzt den Bericht durch Mitteilung über die Besprechung wegen Auslegung der Verordnung vom 23.7.1945 über die Reinigung der Verwaltung vom Nazismus."[190]

Auch die Tagesordnung der ersten Kirchlichen Ostkonferenz bzw. Ostkirchenführerkonferenz (KOK) vom 25. September 1945 veranschaulicht diese thematische Schwerpunktsetzung. Unter „Tagesordnungspunkt 3 ‚Kirchenleiterkonferenz in Berlin'" wurde – außer den genannten Themen Schule, Bodenreform und Entnazifizierung – „[...] die Konferenz von Treysa mit den Kirchenführern des Ostens, [...], die Gesangbuchfrage, das Hilfswerk der Evangelischen Kirche in Deutschland [und] die Fürsorge für die aus dem Osten geflüchteten Pfarrer besprochen."[191]

In der Unterredung mit dem sowjetischen General hatte man den letztgenannten Punkt, ‚Entnazifizierung', tunlichst gemieden, dafür die ‚Kindergartenfrage' sowie ‚Personalausweise' und ‚blaue Autoscheine' angesprochen: „Der General ist der Meinung, daß die Kindergärten, die der Kirche gehört haben, der Kirche verbleiben sollen." Lediglich die Frage der Ausbildung am „[...] Kindergärtnerinnenseminar in Eisenach müsse in Berlin geregelt werden."[192] Energisch protestierte Mitzenheim gegen die „Belegung kirchlicher Räume mit Einquartierung."[193] Der General versprach, „[...] einen Befehl aus[zu]geben, daß das nicht geschieht, und bittet um ein Verzeichnis der belegten Häuser, die ein Schutz-

[188] Zit. n.: „Anordnung für die SMAD über die Verwaltung der Sowjetischen Besatzungszone in Deutschland" [06.06.1945], in: *Um ein antifaschistisch-demokratisches Deutschland*, Berlin (Ost) 1968, 51. – Vgl. auch Foitzik, *SMAD. Organisation und Wirkungsweise*, 45.

[189] Sitzung des LKR vom 02./04.10.1945, in: *LKAE*, A 122/I, unfoliiert.

[190] Ebd.

[191] Michael Kühne, „Die Neuordnung des kirchlichen Lebens in der Sowjetischen Besatzungszone: die Protokolle der Kirchlichen Ostkonferenz 1945 bis 1950", Diss. theol. Kirchliche Hochschule Naumburg 1993, Ms., 56.

[192] Sitzung des LKR vom 02./04.10.1945, in: *LKAE*, A 122/I, unfoliiert.

[193] In der Sitzung des LKR am 24.07.1945 war die Besetzung der Pfarrhäuser beklagt worden: „Die Amtsräume in Pfarrhäusern müssen freigemacht werden; die kommunistischen Bürgermeister setzen sich über die Bestimmungen hinweg und beschlagnahmen die Räume", in: *LKAE*, A 122/I, unfoliiert.

schild erhalten sollten."[194] Auch die Beunruhigung, die durch Verhaftungen von Pfarrern hervorgerufen wurde, versuchte Kolesnitschenko zu zerstreuen.[195] Der Eindruck, dass die Kirchenfreundlichkeit der Sowjets nicht allein ein Thüringer Phänomen sei, wurde noch bestätigt durch eine vertrauliche Mitteilung über eine „[...] Besprechung zwischen dem Politischen Rat Semjonow[196] [...] und Bischof D. Dr. Dibelius" am 8. Oktober 1945. Mit Genugtuung wurde in Eisenach registriert, dass „1. Die politische Leitung der russischen Besatzungsmacht [...] Wert darauf [legt], daß ein freundschaftliches Verhältnis zwischen der russischen Militärverwaltung und der Evangelischen Kirche bestehen bleibt und daß die in letzter Zeit aufgetauchten Schwierigkeiten ausgeglichen werden."[197]

Diese positiven Erfahrungen mit der russischen Besatzungsmacht und der deutschen Verwaltungsspitze bewogen Mitzenheim, in seinem „Bericht über die Lage der Thüringer ev[angelischen] Kirche" während der ersten Superintendentenkonferenz nach dem Kriegsende am 6. März 1946 folgendes Fazit zu ziehen: „Wir haben die Eigenständigkeit der Thüringer ev[angelischen] Kirche immer betont und zwar nach allen Seiten. Das ist geschehen gegenüber der Besatzungsmacht wie auch gegenüber der Regierung. Unsere Beziehungen zu beiden Stellen sind geordnet. Wir sind beim General [Kolesnitschenko, d. Vf.] dreimal gewesen und zwar von ihm aufgefordert dazu, und auch beim Landespräsidenten [...]. Hier meist von uns vorher angemeldet. Wir haben dort wichtige Dinge, die die Kirche und den Staat, die Kirche und das allgemeine öffentliche Leben angingen, besprochen. Wir können dankbar sagen, daß uns bisher von beiden Stellen volles Verständnis – ja Wohlwollen entgegen gebracht worden ist. Der General hat uns erklärt, daß er jeden Konflikt mit der Kirche vermieden wissen wollte. Ich weiß, daß [der] Herr General die Kirche achtet. Es kam auch bei unserer letzten Besprechung mit ihm zum Ausdruck, wo er sagte: ‚Die Tatsache, daß der Thüringer ev[angelischen] Kirche die Lizenz für ein Sonntagsblatt gegeben wird, beweist, daß wir Achtung vor der Kirche haben.' Herr Präsident Paul sagte einmal, daß er jeder Frontbildung gegen die Kirchen entgegentreten wird."[198]

Die Beziehungen zwischen Kirche und russischer Besatzungsmacht waren in den Regionen nicht immer so freundlich und kooperativ wie an der Verwaltungsspitze.[199] In besonders ärgerlichen oder bedrängenden Fällen – wie beispielsweise in der Auseinanderset-

---

194 In dieser Zeit erhielten viele Thüringer Pfarrhäuser ein solches ‚Schutzschild', auf dem in russischer und deutscher Sprache „Evangelisches Pfarramt" zu lesen war. So bspw. in Ollendorf, Großenlupnitz (bei Eisenach) und anderen Orten bis auf den heutigen Tag erhalten.

195 „Der General verlangt klare Tatsachenberichte." Sitzung des LKR, vom 02./04.10.1945, in: *LKAE*, A 122/I, unfoliiert.

196 Richtig muss es heißen: Wladimir Semjonowitsch Semjonow (* 1911). Neben Sergej Tjulpanow [Vgl. ders., *Deutschland nach dem Kriege 1945–1949. Erinnerungen eines Offiziers der Sowjetarmee*, Berlin (Ost) 1986], 1945–1949 Chef der Verwaltung für Zensur und Propaganda bzw. Information der SMAD und Wladimir Alexander Jermolajew, 1945–1949 bei der SMAD-Informationsabteilung zuständig für die Kontakte mit den Kirchen, anschließend sowjetischer Vertreter für Kirchenfragen im Kontrollrat, u.a. war Semjonow einer der führenden Deutschlandexperten der SMAD: 1945–1949 erst stellvertretender, dann (ab 1946) im Rang eines Generaloberst Botschafter und Politischer Berater der SMAD.

197 Vertrauliche Mitteilung, Berlin-Dahlem, 09.10.1945, in: *LKAE*, A 930, unfoliiert.

198 Die Spur Skepsis, die Mitzenheim anfügt, ändert nichts an dem insgesamt positiven Bild: „Wir wissen als Leute, die im öffentlichen Leben stehen, wie diese Worte zu bewerten sind, aber sie sind gesprochen und sie sind da", in: *LKAE*, A 190/III, 84.

199 *ThHStAW*, BMP 866, unfoliiert: Der Landrat von Suhl verweist in einem Schreiben vom 15.10.1946 an das Präsidialamt (z.Hd. ORR ERLE) darauf, „daß ich im Kreise Suhl, infolge des strengen Standpunktes der russischen Bildungsoffiziere, den kirchlichen Instanzen nur in geringem Maße entgegenkommen konnte." Weiterhin sei auch die von Erle ihm gegenüber erwähnte befürwortende Erklärung des Landesamtes für Volksbildung in punkto ‚Religionsunterricht' [vom 15. April 1946] in Suhl nicht bekannt.

zung im ‚Fall Ortband' – kam es dann aber vor, dass Mitzenheim seine guten Beziehungen nutzte und mit einer „Beschwerde beim Gardegeneral" drohte.[200]
Das Verhältnis zwischen den beiden ‚Führernaturen' Mitzenheim und Kolesnitschenko hatte im Laufe der Jahre einen beinahe freundschaftlichen Charakter angenommen. Und dies umso mehr, als der Landesbischof die Erfahrung machte, dass der „ausgesprochen kunstinteressierte"[201] General ihn in einer äußerst brisanten Situation, in die er im Zusammenhang mit öffentlicher Kritik an seinem ‚antifaschistisch-demokratischen' Gestaltungswillen geraten war, den Rücken stärkte.[202] Mitzenheim vermochte es offenbar nicht, die machtpolitische Taktik und ‚Bauernschläue' des stalinistischen Funktionärs zu durchschauen.[203] Trotz aller Niederlagen und Enttäuschungen, die er selbst und mit ihm die Landeskirche in den heftigen ‚Kirchenkämpfen' der frühen fünfziger Jahre einstecken mussten, blieb er unverdrossen dabei, die Sowjetrussen als eine Art ‚Schutzmacht' und nicht in ihrer offenen wie verdeckten Rolle als die eigentlichen Strategen eines kirchenfeindlichen und totalitären Politiksystems zu sehen.[204]
Als Kuriosum, das jedoch die bereits von Godiva Kroner beschriebenen – durchaus ambivalenten – Sympathien mancher Russen gegenüber den ‚sauberen, anständigen und kulturbeflissenen Deutschen' allgemein und gegenüber kirchlichen Mitarbeitern im besonderen dokumentiert, mag die Episode der ‚Bereitstellung' einer ‚christlich erzogenen' Säuglingsschwester für die Familie Kolesnitschenko gelten. Nach dem peinlichen ‚Missgriff' einer offenbar aufmüpfigen Schwester und Haushaltshilfe, entschuldigte sich Mitzenheim ausführlich bei Kolesnitschenko, indem er darauf verwies, dass jene „[...] keine besondere kirchliche Erziehung, sondern nur eine medizinische und sanitäre Ausbildung genossen [habe]. Die charakterliche Ausbildung durch die Kirche, auf die Sie mit Recht großen Wert legen, fehlt ihr also, [...]."[205]

---

200 *ThHStAW*, BMP, 868, unfoliiert. – In einem Schreiben Mitzenheims vom 27. Juni 1946 an den Präsidialdirektor Staas verwies der Landesbischof auf die „Sabotage kirchlicher Arbeit" durch den Eisenacher Schulrat Ortband und drohte: „Wenn in der Sache nicht sofort etwas geschieht, bin ich gezwungen, die Angelegenheit Herrn Gardegeneralmajor Kolesnitschenko persönlich vorzutragen. Mitzenheim." – Zum „Fall Ortband" siehe Kapitel 3.2.6.

201 So die Charakterisierung durch Dreykorn, *Der ehemalige Landrat*, Teil 6, 5.

202 Vgl. dazu Kapitel 4.7, dort den Zusammenhang mit der ‚Abendpost-Attacke'.

203 Einen sehr anschaulichen Eindruck über die tatsächliche Rolle und machtpolitische Kooperation zwischen Kolesnitschenko und der Thüringer SED-Führung vermittelt der nostalgische Rückblick des Generals, *Im gemeinsamen Kampf*, 86ff.: Dort schildert der kampferprobte stalinistische Funktionär in unerträglich holperndem Duktus u.a. auch die Huldigung, die er noch 1967, anlässlich seines Besuches zur 900-Jahrfeier der Wartburg, von seinem einstigen ‚Weggefährten' Mitzenheim erfahren durfte.

204 Eine gewisse Verwunderung spricht aus den Worten Mitzenheims vom Mai 1953 gegenüber seinem KOK-Kollegen Krummacher. Im Hintergrund stand, dass der Rat der EKD wegen des staatsterroristischen ‚Kampfes gegen die christliche Jugend' „[...] beim Staatsanwalt der Deutschen Demokratischen Republik Strafantrag wegen hetzerischer Beschimpfung der Kirche und ihrer Einrichtungen gestellt [hatte]." Mitzenheim stellte, beinahe wie eine Entschuldigung, gegenüber den Thüringer Pfarrern klar, „ [...] daß Generalsuperintendent Dr. Krummacher mir auf der letzten Ostkirchenkonferenz bestätigt [hat], daß s.Zt. (!) mit der Sowjet-Militär-Administration Deutschlands über die kirchliche Jugendarbeit in der Jungen Gemeinde gesprochen worden ist und von ihr weder gegen den Namen Junge Gemeinde noch gegen das Bekenntniszeichen Einwendungen erhoben worden sind." Offenbar meinte er, man müsse die ‚führenden Männer' nur ordentlich über die Entgleisungen ‚nachgeordneter Dienststellen' informieren, um wieder ‚Freiräume für das kirchliche Leben' zu erwirken. Björkman, *Lebensraum*, 81f. (25. Rundbrief, vom 12.05.1953). – Zur sowjetfreundlichen NKFD-Biographie von *Dr. Friedrich-Wilhelm Krummacher (1901–1974)* vgl. Kapitel 5.3.

205 Persönliche Briefe von Mitzenheim an Kolesnitschenko, 16. und 24.02.1949, in: *LKAE*, A 930, 7,86.

Mit der umgehenden Vermittlung der Weimarer Sophienhaus-Schwester Gertrud Voigt wurden sowohl diese peinliche Situation behoben als auch und vor allem die Ansprüche der Generalsgattin zufriedengestellt.
Als im November 1949, bald nach der Gründung der DDR, die sowjetische Besetzung Thüringens mit der Übergabe der Verwaltungsfunktion der SMATh an die Verwaltungsorgane der Landesregierung beendet wurde, richtete Mitzenheim ein freundliches Dankesschreiben an den scheidenden General: „Erlauben Sie mir, hochverehrter Herr General, daß ich Ihnen im Namen der Evangelisch-Lutherischen Kirche in Thüringen persönlich in dieser Stunde ein Wort des Dankes sage. In den zurückliegenden Jahren Ihrer Tätigkeit als Chef der Sowjetischen Administration von Thüringen haben Sie mir, so oft ich darum bat, gestattet, mit den Anliegen der Kirche, [...], zu Ihnen zu kommen. Sie haben für das, was ich als Thüringer Landesbischof Ihnen vorzutragen mich verpflichtet fühlte, ein offenes Ohr gehabt. Als Vertreter einer Kirche, die von ihrem Auftrag her gehalten ist, sich der Bedrängten anzunehmen, durfte ich Ihnen jederzeit freimütig sagen, was unser Volk bedrückt. Wo es in Ihrer Macht stand, Entscheidungen zu treffen, haben Sie gerecht und tolerant entschieden. Das haben in der Wirrnis der letzten Jahre mit mir die Gemeinden unserer Thüringer Landeskirche dankbar empfunden."[206]
Mit der Formulierung „Wirrnis der letzten Jahre" hatte der verhandlungsgeprüfte und geschulte thüringische Landesbischof noch einmal vorsichtig und euphemistisch die harten gesellschaftspolitischen Konfliktfelder der zurückliegenden Jahre angesprochen: „Enteignung und Bodenreform, die Schulfrage und die Entnazifizierung", die schon bald nach dem Besatzungswechsel sichtbar geworden waren und die bis zum Ende der vierziger Jahre virulent blieben. Von Dankbarkeit musste Mitzenheim allerdings vor allem im Blick auf seine eigene Person und sein Amt sprechen, war es doch der russische General, der den unter ‚Faschismusverdacht' und dem indirekten Vorwurf der ‚Führungsschwäche' stehenden Landesbischof im Frühsommer 1946 den Rücken stärkte. Dass der Bischof ihm dafür, gewissermaßen als Gegenleistung, die ‚politische Abstinenz' der Pfarrerschaft in die Hand versprach, sollte sich allerdings bald als schwierige Hypothek für den weiteren Weg der Thüringer Kirche herausstellen.[207] Der Wahlkampf und die Wahlen im Sommer und Herbst 1946 bildeten den machtpolitischen Rahmen, innerhalb dessen das Politikverständnis des Bischofs und seiner Pfarrerschaft dann auf den Prüfstand gestellt wurde. Dieses Thema war binnenkirchlich bereits seit dem 19. Jahrhundert, besonders intensiv im Zusammenhang der Reichstagswahlen 1930, diskutiert worden. Nun, nach der Erfahrung des gescheiterten Versuches der Deutschen Christen, eine Synthese (oder Symbiose) zwischen Nationalsozialismus und entkonfessionalisiertem Christentum herzustellen, kam es zwischen Vertretern der BK und anderen Nicht-DC auf der einen und den deutsch- wie sowjet-kommunistischen Akteuren auf der anderen Seite zu merkwürdigen Ähnlichkeiten

[206] Brief von Mitzenheim an Kolesnitschenko, 18.11.1949, in: *LKAE*, A 930, 113. – Vgl. Kolesnitschenko, *Im gemeinsamen Kampf*, 86f. – In seinen 1976/77 verfassten und 1984 von der SED, Erfurt, herausgegebenen ‚Thüringer Memoiren' erinnerte auch der General sehr freundlich an Mitzenheim und dessen überschwängliche Dankbarkeit. 1967, als Kolesnitschenko als Leiter der sowjetischen Delegation anlässlich der 900-Jahrfeier der Wartburg Thüringen besuchte, habe Mitzenheim nicht nur die Genehmigung zur Wiederaufrichtung des goldenen Wartburgkreuzes im Juli 1945 (?) lobend hervorgehoben. „Allein die Aufzählung der Fälle [durch Mitzenheim, d. Vf.] in denen die Verwaltung der SMATh den Wünschen des Landesbischofs entgegen kam, gibt eine Vorstellung davon, daß er nicht selten unser Gast war und auf diese Weise uns Sowjetmenschen näher kennenlernen und ein Freund der Sowjetunion werden konnte."

[207] Vgl. dazu Kapitel 4.7 (‚Abendpost-Attacke').

hinsichtlich der Zielvorgaben politischen Handelns. Das Schlagwort, unter dem man sich zu einigen glaubte, hieß: „Entpolitisierung der Kirche bzw. der Pfarrerschaft".[208]

3.2.4 Politikverständnis und politische Betätigung der Pfarrer

Mit dem Ende des Kaiserreiches und dem Beginn der Weimarer Republik waren die Kirchen aus ihrer summepiskopalen Obhut[209] entlassen und zu einer theologischen, kirchenrechtlichen und politischen Neubestimmung ihres gesellschaftlichen Wirkungsraumes gezwungen worden.[210] Die individuellen Positionsbestimmungen der um 1900 geborenen Pfarrergeneration, die ihre Primärsozialisation noch im Kaiserreich erfahren hatte, lagen zuweilen weit auseinander. Ein wesentliches und für die politische Biographie dieser Kirchenmänner bedeutsames Datum war die Teilnahme oder Nicht-Teilnahme am Ersten Weltkrieg.[211] Von dieser ‚Epochenschwelle' waren entscheidende Impulse sowohl für eine Sakramentalisierung der Politik als auch für eine Politisierung der geschichtlichen Religionen ausgegangen.[212]
Auch wenn generell seit dem späten 19. Jahrhundert wie auch für die Weimarer Republik ein relativ hoher Politisierungsgrad der Pfarrerschaft auszumachen ist, so bewirkten die traumatischen Kriegserlebnisse nach dem Ende des verlorenen und vor allem darum als sinnlos betrachteten Krieges mitunter eine tiefe Abneigung gegen die ‚Revolutionsfolgen' und die mit diesen verbundenen gesellschafts- und parteipolitischen Entwicklungen.[213] Vor allem im ‚kleinstaaterisch' und ländlich geprägten ‚Stammland der Reformation' Thüringen gab es vielfältige, teilweise auch erfahrungsgesättigte Aversionen gegen

[208] So sah es Paul Dahinten und mit ihm gewiss viele Amtsbrüder. Paul Dahinten, *Der Thüringer evang[elische] Pfarrerverein 1937–1945: ein Rechenschaftsbericht und eine Abrechnung*, 33: Nach wortreicher Schilderung seines eigenen ‚Sündenfalls' (= die gemeinsame Erklärung des Pfarrervereins und der DC-Pfarrergemeinde vom 03.08.1943 zum Weltkrieg) schloss er seinen Bericht mit den Worten: „Inzwischen haben sich die Ereignisse überstürzt und, wie zu erwarten war, auch auf das kirchliche Gebiet in Thüringen ausgewirkt. Die Kirche steht wiederum vor der schweren Aufgabe einer Neuordnung unter dem Zeichen ihrer völligen Entpolitisierung."

[209] Summepiskopus = geistliches und weltliches Oberhaupt (Doppel-Funktion der evangelischen Fürsten und Landesherren seit der Reformation, da die Einführung eines evangelischen Bischofsamtes nicht gelungen war).

[210] Vgl. dazu für Thüringen zwei sehr anschauliche biographische Quellen: Reichardt, *Neubau*, 7-12, und Witzmann, „Kirchliche Entwicklung", in: *Thüringer Gratwanderungen*, 222-243. – Beate Schreier, „Die Gründung der Thüringer evangelischen Kirche und ihr Weg während der Weimarer Republik", in: *Thüringer Gratwanderungen*, 16-32.

[211] Siehe Kapitel 2.3.

[212] Hans Maier, *Wege in die Gewalt: die modernen politischen Religionen*, Frankfurt 2000. – Das sehr instruktive Lesebuch von Herfried Münkler, *Politisches Denken im 20. Jahrhundert: ein Lesebuch*, München 1999, stellt zwar „Schlüsseltexte des politischen Denkens [...] von Philosophen, Psychologen, Soziologen, Anthropologen, Nationalökonomen und Juristen" vor, die Auseinandersetzung der Genannten mit führenden Theologen oder Vertretern dieser Wissenschaft selbst,ist dort leider nicht berücksichtigt.

[213] Kurt Nowak, Politische Pastoren: der evangelische Geistliche als Sonderfall des Staatsbürgers (1862–1932), in: Luise Schorn-Schütte/Walter Sparn (Hgg.), *Evangelische Pfarrer: zur sozialen und politischen Rolle einer bürgerlichen Gruppe in der deutschen Gesellschaft des 18. bis 20. Jahrhunderts*, Stuttgart – Berlin – Köln 2000, 159: „Der geringen Zahl der geistlichen Parteiführer und Parlamentarier steht in den zwanziger Jahren ein hoher Politisierungsgrad der ca. 18.000 evangelischen Pastoren gegenüber." Ders., *Evangelische Kirche und Weimarer Republik: zum politischen Weg des deutschen Protestantismus zwischen 1918 und 1932*, Weimar – Göttingen 1988. – Reichardt, *Neubau*, 7: „Anlaß des Neubaues der Thüringer evangelischen Kirche war die Revolution 1918."

einen religiös neutralen Staat und eine parlamentarische Demokratie.[214] Wo diese Abneigung nach dem Ende des Zweiten Weltkrieges geringer ausfiel, war es en vogue, die Sonderstellung der Kirche im Gefüge der politischen Kräfte: „über den Parteien" zu betonen.[215] Diese merkwürdige, Politik-Neutralität suggerierende Selbstverortung kannte wenigstens zwei missliche Auslegungsformen, deren Praxis bei den Pfarrern während der Weimarer Jahre deutlich an Intensität zugenommen hatte und die die ‚Zäsur 1945' überdauerte.[216]

Dies war zum einen eine leicht trotzige ‚Ohne-mich-Haltung', die das politische Geschäft als ein ‚schmutziges Geschäft' beschrieb. Der Schweizer Pfarrer Walther Lüthi, der Mitte 1947 im Auftrag der Evangelischen Kirchen der Schweiz eine Reise nach Deutschland unternahm, gab seinem Bericht mitunter einen etwas sarkastischen Unterton: „Von diesem allgemeinen Sauberkeitsfimmel spürt man im Gespräch mit unseren Glaubensbrüdern in Deutschland jetzt nicht wenig. Sie haben Fehler gemacht, gerade auf politischem Gebiet. Sie sind jetzt wie gebrannte Kinder und sagen: ‚Wir haben uns einmal zur Politik verleiten lassen, und es kam so dumm heraus, daß wir jetzt zur Erkenntnis gekommen sind: Einmal und nie wieder.' So haben sich nicht wenige da draußen zur politischen Totalabstinenz auf Lebenszeit verschworen. [...] Groß ist die Zahl der Christen, die jetzt nur noch ein einziges Anliegen haben: Sich nie mehr mit dieser Welt zu beschmutzen."[217]

Mit dem Vorwurf, die Politik sei ‚eine Hure', wurde möglicherweise zugleich die schmerzliche Selbstreflexion des gesellschaftlichen Imageverlustes des Berufsstandes der Pfarrer umschifft. Auf der anderen Seite war die Haltung weit verbreitet, die Politik als

214 Vgl. die heftigen Auseinandersetzungen in Thüringen ab 1920 um die „Trennung von Staat und Kirche" und die – trotz aller kirchlicher Versprechen zu politischer „Neutralisierung" – damit in Verbindung stehende Weigerung, Staatsleistungen an die Kirche zu zahlen. – Vgl. Reichardt, *Die rechtlichen Beziehungen*, 24: Auf die Äußerung des USPD-Volksbildungsministers Greil, „ [...] seine Schuld sei es nicht, wenn die Geistlichen verhungern", reagierte u.a. der Abgeordnete der DDP, Enders, indem er die demokratischen und Volkseinheitsbestrebungen der TheK hervorhob, 19: „Wir erkennen die Notlage, in der sich die Kirche befindet, und auch die Pflicht des Staates, diese Notlage zu steuern, an. [...] Die Landeskirchen haben sich aufgelöst und zu einer thüringischen Kirche zusammengeschlossen. Sie hat also den Thüringer Einheitsgedanken aufgenommen [...], und die Gelegenheit, diesen Einheitsgedanken ethisch zu vertiefen. Sie hat sich eine Verfassung gegeben, die durchaus demokratisch ist, und sie hat unumwunden und rückhaltlos den Willen kundgegeben, daß sie sich politisch vollständig neutralisieren, und daß sie allen Schichten des Volkes ohne Unterschied der Partei und des Bekenntnisstandes auf religiös-ethischem Gebiet im Geiste der Brüderlichkeit dienen will." – Sehr erhellend in diesem Kontext sind außerdem Kurt Sontheimer, *Antidemokratisches Denken in der Weimarer Republik*, München 1994 (1. Auflage 1962); Klaus Tanner, *Die fromme Verstaatlichung des Gewissens: zur Auseinandersetzung um die Legitimität der Weimarer Reichsverfassung in Staatswissenschaft und Theologie der zwanziger Jahre*, Göttingen 1989; Dietmar Schirmer, *Mythos, Heilshoffnung, Modernität: Politisch-kulturelle Deutungscodes in der Weimarer Republik*, Opladen 1992; Wolfram Pyta, *Dorfgemeinschaft und Parteipolitik 1918–1933. Die Verschränkung von Milieu und Parteien in den protestantischen Landgebieten Deutschlands in der Weimarer Republik*, Düsseldorf 1996; Christoph Gusy (Hg.), *Demokratisches Denken in der Weimarer Republik*, Baden-Baden 2000.

215 Jonathan R.C. Wright, *„Über den Parteien": Die politische Haltung der evangelischen Kirchenführer 1918–1933*, Göttingen 1977, besonders Kapitel: „Das Verhältnis der evangelischen Kirche zur Weimarer Republik", 66-102.

216 Zu den Zäsuren nach 1945: Martin Broszat (Hg.), *Essays zur Periodisierung der deutschen Nachkriegsgeschichte*, München 1990; Dietrich Papenfuß/Wolfgang Schieder (Hgg.), *Deutsche Umbrüche im 20. Jahrhundert*, Köln – Weimar – Wien 2000. – Vor allem in den Beiträgen dieses Sammelbandes wird anschaulich und überzeugend auf den mentalitätsgeschichtlich relativen und teilweise auch fraglichen Wert politikhistorischer Zuschreibungen von ‚Zäsuren' hingewiesen. – Zum weiteren historischen Zusammenhang des Kapitels: Norbert Mattedi, *Gründung und Entwicklung der Parteien in der Sowjetischen Besatzungszone Deutschlands*, Bonn – Berlin 1966.

217 Walther Lüthi, *Deutschland zwischen gestern und morgen: ein Reisebericht*, Basel 1947, 89f.

Kulturarbeit zur Errichtung eines christlichen Staates verstand: „Weil Politik sich in geistlicher Optik oft nur theologisch überhöht darbot, waren die politischen Geistlichen für eine Grundkrankheit Weimars, nämlich politische Sachaspekte und Weltanschauungskampf zu verschmelzen, besonders anfällig."[218]

Beiden Auffassungen gemeinsam ist die Unfähigkeit, das Aushandeln von Kompromissen als ein die Demokratie kennzeichnendes sinnvolles und herrschaftsbegrenzendes Verfahren zu verstehen. Politik in einer repräsentativen parlamentarischen Demokratie wurde weniger als interessante, gesellschaftliche Spielräume eröffnende Vermittlungen, kaum als Akt pluralistischer Zivilität, sondern eher als Mangel an Autorität und Führung gesehen. Die im konservativ-bürgerlichen Milieu übliche Favorisierung der ‚Kulturnation' gegenüber der ‚Staatsnation', als Nation gehorsamer Staatsbürger verstanden, bildete einen weiteren Untergrund dessen, was man mit dem Brustton der Überzeugung eine „unpolitische Gesinnung" nannte.[219]

Die im Vergleich zur angelsächsischen Welt kaum vorhandene demokratische Tradition steht als fehlender Erfahrungshintergrund und Ursache für die in Deutschland anzutreffende Geringschätzung der Demokratie. Als Reflex auf die „Schóks der Moderne" (Walter Benjamin) bildeten sich hier (französisch-rousseauistische) Vorstellungen von Volkssouveränität und Interessenidentität ebenso ab wie aus dem deutschen Idealismus stammende Sehnsüchte einer durchgängigen Einheit von Gemeinschaft und Harmonie. Diese Sehnsüchte waren auf Grund der eigentümlichen biographischen und berufsspezifischen Sozialisation bei protestantischen Pfarrern allemal und nun – am katastrophalen Ende einer Periode aufgeheizter und konfliktträchtiger Politisierung – dort besonders häufig anzutreffen. Dazu noch einmal der Schweizer Lüthi: „Der Mann in der Straßenbahn, weithin aber auch der Mann in der Studierstube, kann sich eine Demokratie nur als eine wundervolle Einheit von lauter etwas braven und etwas harmlosen Gleichgesinnten vorstellen, als eine Art erweiterten Verein mit dem Namen Concordia. Daß eben gerade die Vielheit und die Auseinandersetzung zum Wesen der Demokratie gehören, ist ihm schwer faßlich. Ein Kräftespiel verschiedenartiger Elemente scheint kaum in den politischen Vorstellungskreis vieler Deutscher zu gehören. Demokratie müßte in Gestalt einer Einheitspartei fix und fertig auf der Platte serviert daherkommen."[220]

Diesem vormodernen Verständnis des politischen Geschäfts korrespondiert eine eigentümliche etatistische Gläubigkeit, die Otto Dibelius (1880–1967) in seiner 1949 erschienenen Schrift *Grenzen des Staates* geißelt – wenngleich erkennbar ist, dass sowohl die Vorstellung eines weltanschaulich neutralen Staatswesens als Instrument volksherrschaftlicher Mehrheitsentscheidungen diesem politisch und theologisch Konservativen erhebliche Bauchschmerzen bereiten.

„Wenn der Staat sich weiter so entwickelt, wie er es im letzten halben Jahrhundert getan, dann geht die Menschheit an ihm zugrunde. [...] Der Staat nimmt dem Menschen ein Stück der Freiheit nach der andern. [...] Umbesinnung der Menschen über das, was der Staat ist und was der Staat sein darf, tut not. Hier ist die große Aufgabe der Stunde."

Der kritischen Rückbesinnung auf den NS und das Leben in den „sogenannten demokratischen Ländern" der westlichen Welt folgt die Warnung vor der politischen Entwicklung in der SBZ: „Als dann eine neue Form des totalen Staates über Deutschland kam, spiel-

[218] Nowak, *Politische Pastoren*, 162; Tanner, *Die fromme Verstaatlichung*, 89 ff.

[219] Klassisch formuliert bei Friedrich Meinecke, *Weltbürgertum und Nationalstaat*, München – Berlin – Oldenburg, 1915.

[220] Lüthi, *Deutschland*, 13.

te sich dasselbe, nur mit umgekehrten Vorzeichen, ab. Jetzt mußte die Ausbildung der künftigen Lehrer an dem dialektischen Materialismus ausgerichtet werden.“[221]
Es ist wiederum ein Schweizer Theologe, der hinsichtlich der Fähigkeit der Deutschen zu politischer Reflexion, nüchternem Schuldeingeständnis und einer daraus resultierenden angemessenen politischen Betätigung (auch) der Pfarrer erhebliche Bedenken anmeldet. Karl Barth (1886–1968) ahnt, dass: „[...] man damit rechnen [muß], daß wahrscheinlich die übergroße Mehrzahl der deutschen Menschen noch heute faktisch kaum eine Ahnung davon hat, in welchem kollektiven Wahnsinn sie nun so lange gelebt haben, wie groß, wie grundsätzlich und wie berechtigt das Befremden ist, von dem Deutschland umgeben ist, welche Verantwortlichkeit sie auf sich genommen haben, indem sie einst Bismarck, dann Wilhelm II. und nun endlich und zuletzt Adolf Hitler Nachfolge geleistet und Alles, was ihnen befohlen wurde, willig und geduldig getan haben – keine Ahnung besonders auch von dem Ausmaß des Schreckens und Abscheus, mit dem der deutsche Name in diesen letzten zwölf Jahren umgeben worden ist. [...] Man muß aber auch mit etwas Anderem rechnen, nämlich mit der merkwürdigen deutschen Eigenschaft, gerade über unangenehme politische Erinnerungen nachher großzügig hinwegzuleben und sie in ihr Gegenteil umzudeuten. [...] Man muß weiter mit dem geschichtsphilosophischen Tiefsinn der Deutschen rechnen: sie lieben es überaus, sich bald als die Vollstrecker, als auch als die Opfer großer, schicksalsmäßiger geschichtlicher Notwendigkeiten zu verstehen, [...]. Und man muß endlich mit dem religiösen Tiefsinn der Deutschen rechnen, der der Anerkennung eigener konkreter Schuld allzu gerne damit ausweicht, daß er auf die große Wahrheit hinweist, vor Gott seien schließlich alle Menschen und Völker gleich schuldig und gleich sehr der Vergebung ihrer Sünden bedürftig, aus der dann kühn der Schluß gezogen wird, daß eine besondere deutsche Buße offenbar nicht nötig und durchaus nicht angebracht sei.“[222]
Eine eigentümliche Bestätigung dieser Befürchtungen findet sich bei dem namhaften Historiker Friedrich Meinecke, der 1945 – scheinbar unerschrocken – am Glauben an die Mission des deutschen Geistes resp. Wesens festhält: „Das Universalste und das Individuellste vermögen sich hier [unter Bezug auf Goethe und Hegel, d. Vf.] einander zu begatten. Ist das nicht ein hoher Trost für uns in unserer jetzigen tragischen Situation? Wir bedürfen keiner radikalen Umschulung, um wieder als Glied der abendländischen Kulturgemeinschaft wirksam zu werden.[...] Der deutsche Geist, so dürfen wir hoffen und glauben, hat noch, nachdem er zu sich selbst zurückgefunden hat, seine besondere unersetzliche Mission innerhalb der abendländischen Gemeinschaft zu erfüllen.“[223]
Damit war Meinecke – und mit ihm sicher ein großer Teil des national-konservativen Bürgertums – über die ‚deutsche Katastrophe‘ hinweg der von ihm selbst formulierten und propagierten Unterscheidung von Kulturnation und Staatsnation treu geblieben.
Ein kurzer Rückblick auf das Ende der zwanziger Jahre zeigte es bereits: Je heftiger die politischen Auseinandersetzungen wurden, um so deutlicher erklang der Wunsch vieler Geistlicher und ihrer Gemeinden nach einem Ende des ‚Parteiengezänks‘. Es ist darum kaum verwunderlich, dass der ‚Gefreite‘ Adolf Hitler am Beginn der dreißiger Jahre als entschlossener und mutiger Beender des ‚volksfeindlichen Parteienstreites‘ begrüßt wurde. Das Pathos des Niedersynderstedter Pfarrers Schultze, angesichts des Ausgangs

[221] Otto Dibelius, *Grenzen des Staates*, Tübingen 1949, 10.
[222] Karl Barth, *Die Deutschen und wir*, Zürich 1945, 33f.
[223] Friedrich Meinecke, *Die deutsche Katastrophe: Betrachtungen und Erinnerungen*, Wiesbaden 1946, 173. Ders., *Weltbürgertum und Nationalstaat*, München – Berlin – Oldenburg 1915. – In anderer, erfreulich nüchterner und philosophisch klarer Diktion: Karl Jaspers, *Die Schuldfrage*, Frankfurt 1. Aufl. [1946].

der Reichstagswahl am 12. November 1933 hervorhob, wurde gewiss von vielen geteilt: „Der *12. Nov*[ember][1933] [Hervorhebung im Text] – Hitler hat damit ein Vertrauensvotum bekommen, wie noch kein Staatsmann der Welt, solange Geschichte aufgezeichnet wird.“[224]
Im Kirchenkampf wurde der Begriff des Politischen auf Grund der angestrebten ideologischen und institutionellen Symbiose der DC mit dem nationalsozialistischen Staat – zumindest für alle Nicht-DC – noch einmal in besonderer Weise desavouiert. DC-Kirchenpräsident Rönck hatte in seiner Antrittsrede unmissverständlich deutlich gemacht, worin seine kirchenpolitische Mission bestünde: „Ich bin Nationalsozialist und werde es auch immer sein. Und die Thüringer ev[angelische] Kirche wird nach reinen nationalsozialistischen Grundsätzen kirchenpolitisch geführt. Ich möchte nicht, daß darüber irgendwie Zweifel bestehen.“[225]
So war es nicht verwunderlich, dass – wie bereits angedeutet – auch im neu gebildeten Thüringer Landeskirchenrat nach Ende des Zweiten Weltkrieges die Meinungen darüber, ob oder in welcher Weise die Pfarrerschaft ihren politischen Beitrag zu einer antifaschistisch-demokratischen Neugestaltung zu leisten habe, weit auseinandergingen. Hier zeigten sich sehr unterschiedliche politische Haltungen und Verständnisweisen von Theologie und Öffentlichkeitsverantwortung bzw. von Kirche und Politik, die eben in ihrer personenbezogenen Ausprägung über die Zeit der Weimarer Republik und den Kirchenkampf hinaus reichten.[226]
Mit den beiden Eisenacher Pfarrern Moritz Mitzenheim und Erich Hertzsch (1902–1995) standen sich beispielsweise – bei aller Einigkeit in wichtigen pastoralen und kirchenpolitischen Fragen – zwei Männer gegenüber, deren theologische und politische Standpunkte sehr weit auseinander lagen. Mit diesen Antipoden ist also zugleich paradigmatisch der geistige und mentale Spannungsbogen beschrieben, der im Hintergrund der Debatte um die politische Betätigung der Pfarrer steht.
Der lutherische, national gesinnte und obrigkeitlich orientierte Konfessionalist und in theologischer wie kirchenpolitischer Hinsicht vor allem pragmatisch agierende Mitzenheim hatte seit den zwanziger Jahren aus seiner Skepsis gegenüber Revolution, Pazifismus oder (theologischem) Liberalismus keinen Hehl gemacht. Bereits als Pfarrer in Saalfeld war er wegen seines vermeintlich nationalen und antisozialistischen bzw. antisozialdemokratischen Engagements vom sozialdemokratischen *Saalfelder Volksblatt* heftig angegriffen worden: „Es liegt uns fern, zu verlangen, daß Pfarrer etwa außerhalb der Politik stehen sollen, aber ihrem Gewerbe entsprechend sollten sie sich mindestens nicht zu Kolporteuren geschichtlich längst widerlegter Unwahrheiten machen. Wenn daher dieser Gottesmann [Mitzenheim, d. Vf.], dieser Prediger von Nächstenliebe, die Behauptung aufstellte, daß die Revolution die Schuld am Zustandekommen des Schmachfriedens trage, dann läßt dies auf Wahrhaftigkeit wenig schließen.“
Und fast zehn Jahre später, am 1. Juli 1929, bezog sich das *Saalfelder Volksblatt* erneut auf eine Ansprache Mitzenheims bei der Kriegerehrung: „Wie könnte er anders sprechen, der

[224] „Heimatglocken“ des Kirchenkreises Blankenhain, Dezember 1933: Die NSDAP hatte ihren überwältigenden Sieg u.a. auch damit „geschmückt“, dass sie den Austritt Deutschlands aus dem Völkerbund verkündete.

[225] Protokolle der Oberpfarrerkonferenzen, in: *LKAE*, A 190/III: Röncks Antrittsrede im LKA-Dienstgebäude auf dem Pflugensberg, vom 04.05.1943, unfoliiert.

[226] Nowak macht in seinem Beitrag „Politische Pastoren“ deutlich, dass es den Kirchenleitungen weniger um politische Taktik als vielmehr um eine konsistente und praktikable Ortsbestimmung des geistlichen Amtes in der Politik ging. Er verweist dabei u.a. auf die „Verordnungen zur politischen Haltung des Pfarrers“ des LKR der TheK von 1921 und 1930 und die „Dienstanweisung über die politische Tätigkeit des Pfarrers“ von 1931.

sich s.Zt. auch dazu hergegeben hat, aus Anlaß des Versailler Friedens auf dem Marktplatz zu reden.[...] Die Rechtsparteien haben es wohl gewußt, warum sie sich gerade Pfarrer Mitzenheim zum Redner holten."[227]

Als er 1939 auf Grund mutmaßlicher, „volksschädlicher Judenfreundlichkeit" mit der NSDAP und der DC-Kirchenregierung in Konflikt geriet, hielt er zu seiner Verteidigung fest: „Ich bin nach Eisenach in einem Wahlfalle von der Gemeinde [...] als erster nicht liberaler Pfarrer berufen worden unter einziger Gegnerschaft der Religiösen Sozialisten."[228]

Mitzenheim befürwortete in seiner Theologie und kirchenpolitischen Praxis ein deutliches Gegenüber von Kirche und Politik bzw. Nebeneinander der ‚beiden Räume' Kirche und Staat. Dabei bezog er sich – mit zunehmendem Alter zunehmend kompromissloser – auf eine merkwürdig diastatisch anmutende Zwei-Reiche-Lehre, innerhalb der er, nicht selten im Bild vom ‚Vater Staat' und ‚Mutter Kirche', ‚Kirche und Rathaus' streng voneinander trennte.[229] In einem Schreiben an den vormaligen ‚roten Kapo' von Buchenwald und jetzigen Vizepräsidenten der Landesverwaltung, Ernst Busse, versuchte der Landesbischof seine ordnungstheologische Aufgabenteilung zu erläutern: „Der Staat führt das Schwert. Der Kirche ist aber nach Gottes Ordnung das Wort gegeben. Der Staat ist sozusagen der strenge Vater, die Kirche aber die gütige Mutter, die zu trösten und zu lindern hat, aber doch auch die Pflicht hat, zu mahnen und zu warnen. Wenn beide, jedes in seiner Art, das Ihre tun und sich gemeinsam verantwortlich wissen für die, die ihnen anvertraut sind, so kann sich das nach allen Seiten hin nur zum Guten auswirken."[230]

Dem gegenüber lag dem Religiösen Sozialisten Hertzsch – der als junger Mann einige Monate in einer Kohlegrube im Ruhrgebiet gearbeitet hatte – nicht nur der soziale Aspekt der biblischen Botschaft am Herzen. Er vertrat gewissermaßen eine sozialdemokratische, pazifistisch gefärbte Theologie, die entschlossen auf eine politisch-moralische und öffentlich-kritische Verantwortung von Kirche und Glauben verwies. So hatte der Dreißigjährige 1932 eine Predigt am Volkstrauertag zum Anlass genommen, um neben der Trauer „[...] um die vielen großen Opfer, die uns, jedem einzelnen und der Gesamtheit des deutschen Volkes, durch den Krieg und seinen unglücklichen Ausgang auferlegt worden sind", auch von der Schrecklichkeit dieses Krieges gesprochen: „Und das Allerbitterste: Über all diesen Opfern steht mit fressender Flammenschrift das unselige Wort: Umsonst!"[231]

---

[227] *LKAE*, NL Mitzenheim, Nr. 51, *Saalfelder Volksblatt* 73. 1920, unfoliiert.

[228] Von Mitzenheim [nach geringfügigen Ergänzungen Mitzenheims] genehmigte Niederschrift von KR Otto Volk, vom 27.01.1939, in: *LKAE*, NL Mitzenheim, Nr. 51, unfoliiert.

[229] Die Mitzenheimsche bzw. ‚Thüringer Version' der ‚Zweireichelehre' wäre zutreffender als eine Zwei-Bereiche- oder Zwei-Räume-Lehre bezeichnet. Mit Luthers Vorstellung, der im Anschluss an Augustin die ‚Civitas dei' und die ‚Civitas diaboli' nicht als zwei ‚Bereiche', sondern als zwei Aspekte der einen Wirklichkeit zu fassen suchte, hatte dies kaum etwas gemein. Im Unterschied zu Karl Barth (Bürgergemeinde – Christengemeinde) oder Dietrich Bonhoeffer (Letztes – Vorletztes) lag Mitzenheim deutlich näher bei der neulutherischen Interpretation der dreißiger Jahre, die u.a. auch von den DC zur Legitimation des NS gedient hatte. Duchow bezeichnet dies als einen Missbrauch der Zweireichelehre und nennt diesen Typ, der kennzeichnend für den ‚Thüringer Weg' wurde, den „passiv-dualistischen Anpassungstyp an faktische Machtstrukturen": Ulrich Duchow (Hg.), *Zwei Reiche und Regimente: Ideologie oder evangelische Orientierung? Internationale Fall- und Hintergrundstudien zur Theologie und Praxis lutherischer Kirchen im 20. Jahrhundert*, Gütersloh 1977, 285 ff., unter der Überschrift: „II. Typologie des Gebrauchs und Mißbrauchs der Vorstellung von zwei Reichen und Regimenten."

[230] Schreiben von Mitzenheim an Vizepräsident Busse, vom 19.12.1945, in: *LKAE*, A 852/I

[231] Niederschrift der „Predigt über 2.K[orinther] 7,10, gehalten am Volkstrauertag 1932, in St. Georg zu Eisenach v[on] Dr. theol.. Hertzsch, [...] angefertigt gemäß dem Ersuchen des Landeskirchenrates v[om] 26.2.1932", in: *LKAE*, A 239/II, unfoliiert. Damit hatte Hertzsch die „Kriegsschuldlüge" und

Die bürgerlich-konservative *Eisenacher Zeitung* reagiert prompt und aggressiv auf diese Kränkung protestantisch-soldatischer Mannestugend.[232] Am 22. Februar 1932 stellte sie unter der Überschrift „Eine üble Entgleisung" fest: „Dr. Hertzsch greift das nationale Empfinden an, weil er das ‚Schlachten von Verdun' als Gegenbild jenem gegenüberstellt, denen Langemark mit der Begeisterung der Kriegsfreiwilligen als Symbol des Krieges gilt."[233]

Kurz darauf wurde er vom Vorsitzenden des Thüringer Pfarrervereines, KR D. Karl Arper (1864–1936), und vom damaligen Bischof, Landesoberpfarrer Wilhelm Reichardt (1871–1941), heftig gerügt.[234] Ein Jahr später, nachdem die Deutschen Christen den Dritten Thüringer Landeskirchentag ‚erobert' hatten, wurde Hertzsch mit der Gruppe der Religiösen Sozialisten aus dem Kirchenparlament ausgeschlossen und zum Austritt aus der SPD aufgefordert. Seine ‚Dienstliche Versicherung', als Religiöser Sozialist niemals die ‚materialistische Weltanschauung' propagiert zu haben, markiert das Dilemma dieser idealistischen Kirchengruppe: „Ich [habe] mich stets durch meine Ordinationsgelübde, durch die Heilige Schrift und durch meine wissenschaftliche Überzeugung gebunden gefühlt [...], eine jede materialistische Weltanschauung abzulehnen und amtlich und außeramtlich zu bekämpfen. [...] Ich wäre der Sozialdemokratischen Partei niemals beigetreten, wenn ich davon überzeugt gewesen wäre, daß die Schürung des Klassenhasses zu ihren programmatischen Forderungen gehörte. [...] Der Bund religiöser Sozialisten hat sich in Thüringen aufgelöst, so daß eine Mitgliedschaft in ihm nicht mehr in Frage kommen kann."[235]

Auch wenn während des Kirchenkampfes – mitunter von unterschiedlich profilierten Nicht-DC – die Berufung auf eine vorgeblich ‚rein politische' Sphäre im Unterschied zu einer ‚rein kirchlichen' oder christlichen herangezogen wurde, um sich selbst und dem NS-Staat ein gewisses Maß an Loyalität zu bekunden, so standen dahinter eben nicht nur taktische Erwägungen, sondern auch grundlegende theologische Überzeugungen.[236]

Diese Überzeugungen trugen nun – am Ende des Zweiten Weltkrieges, zu Beginn der Neuordnung der Thüringer Kirche – dazu bei, dass die alt-neuen Konflikte wieder auf den Plan gerufen wurden. Abgesehen davon, dass es aus prinzipiellen und pragmatischen Gründen kompliziert ist, geistliches Amt und politische Betätigung in der pastoralen Praxis miteinander zu verbinden, gerieten die Konflikte um das Politikverständnis und die Betätigung der Pfarrer mehr und mehr in den Strudel der ideologischen und parteipoliti-

die „Schande von Versailles" berührt. – Dazu: Gerd Krumeich (Hg.), *Versailles 1919. Ziele – Wirkung – Wahrnehmung*, Essen 2001. Zur besonderen Problematik vgl. Kapitel 2.1.

232 Vgl. dazu gleichfalls die Auseinandersetzung um den „sozialistischen Hetzer" Emil Fuchs, publizistisch geführt zwischen der *Eisenacher Zeitung. Deutsches Volksblatt für Westthüringen* und der *Eisenacher Volkszeitung*. – Fuchs, der im Zusammenhang des Volksentscheids zur Fürstenenteignung für die SPD als Redner aufgetreten war, sollte dafür ‚bestraft' werden, indem ihm die Wartburg-Stiftung das Predigen in der Wartburgkapelle verbot. – Vgl. Johann Friedrich Enke, *Zensierte Predigt? Aus der Geschichte der Wartburggottesdienste*, Leipzig HCh, 21/22 (1997/98), 171-187.

233 *LKAE*, A 239/II, unfoliiert: Die *Eisenacher Zeitung* 44 v. 22.02.1932, erhob den Vorwurf: „Er [Dr. Hertzsch, d. Vf.] benutzte diese Stunde und Weihefeier dazu, seine parteiistischen Anschauungen von der Kanzel herab zu verkünden."

234 Ebd. Schreiben des LaOpf. Reichardt an Hertzsch, vom 16.03.1932.

235 ‚Dienstliche Versicherung' – nach vorheriger schriftlicher Aufforderung durch den LKR, vom 05.05.1933 – über seinen Austritt aus der SPD, in: *LKAE*, PA Erich Hertzsch, G 407, 19.

236 Schreiben von Gertrud Schäfer (Jena) vom 05.04.1938 zu dem von der Kirchenleitung geforderten Treueid auf den Führer, in: *LKAE*, PA Gertrud Schäfer, G 910, 50: „Selbstverständlich werde ich den Eid leisten. Ich betone ausdrücklich, dass dieser Eid für mich *rein politischen Charakter* trägt." – In ähnlicher Weise äußerten sich auch die ‚Antipoden' Mitzenheim und Hertzsch 1945, als Rönck ihnen nationalsozialistische Treue und Gesinnung nachzuweisen suchte.

schen Auseinandersetzungen der SBZ, forciert durch den Machtanspruch der KPD/SED und ihrer sowjet-kommunistischen Verbündeten.

Im Sommer des Jahres 1945 folgte der Landeskirchenrat zunächst dem Vorschlag Mitzenheims, der – „auf eine eingegangene Anfrage hin" – den Pfarrern politische Zurückhaltung auferlegte. In der Sitzung des Landeskirchenrates vom 17. Juli 1945 wurde „[...] nach eingehender Beratung" folgender Beschluss gefasst:

„Wenn ein Pfarrer ohne sein Zutun in einen politischen Ausschuß gerufen wird, wollen wir es ihm nicht verwehren, nach Rücksprache mit dem Superintendenten dem Rufe zu folgen. Voraussetzung ist dabei, daß in dem Ausschuß alle Parteien vertreten sind."[237]

In der darauf folgenden Sitzung am 24. Juli 1945 wurde dieses Thema erneut besprochen und nach Intervention von Hertzsch der zweite Satz gestrichen. Die zunächst erwogene schriftliche Weitergabe dieses Beschlusses wird zurückgenommen:

„Nach Streichung dieses zweiten Satzes soll der Beschluß nunmehr an die Superintendenturen weitergegeben werden zur mündlichen Eröffnung an die Pfarrer [...]. Die Superintendenten sollen melden, welche Pfarrer in politische Ausschüsse eingetreten sind."[238]

Der auf den 1. August 1945 datierte und fortan gültige Beschluss hatte somit folgenden Wortlaut: „Betr. Beitritt zu politischen Ausschüssen. An alle Superintendenturen. Der Landeskirchenrat hat auf eine eingegangene Anfrage folgenden Beschluß gefaßt:

Wenn ein Pfarrer ohne sein Zutun in einen politischen Ausschuß gerufen wird, wollen wir es ihm nicht verwehren, nach Rücksprache mit dem Superintendenten dem Ruf zu folgen. Wir raten unseren Pfarrern aber ab, sich einer Partei anzuschließen und bitten sie dringend, bei ihrer Mitarbeit sich stets der besonderen Verantwortung, die sie als Pfarrer tragen, bewußt zu sein.

Diese Mitteilung ist den Pfarrern mündlich weiterzugeben. Die Superintendenten wollen dem Landeskirchenrat die Pfarrer ihres Bezirks melden, die in politische Ausschüsse berufen worden und eingetreten sind. Mitzenheim."[239]

Am 11. August 1945 teilte der amtierende Eisenacher Superintendent Rudolf von Nitzsch (1882–1952) dem Landeskirchenrat mit, „[...] daß KR Dr. Hertzsch von der Kommun[istischen] Partei in den Antifaschistischen Ausschuß (Stadtrat) gewählt ist. Es ist ihm mitgeteilt, daß eine Parteiversammlung diese Wahl gutgeheißen hat, obwohl er erklärt hat, daß er der Partei *nicht* beitrete. Darauf hat er die Wahl angenommen."[240]

Vor allem zwei Konfliktfelder haben im Frühjahr und Herbst 1946 dazu beigetragen, die politischen und – damit auch – persönlichen Auseinandersetzungen zu verschärfen. Innerkirchlich war dies die Entnazifizierung bzw. Selbstreinigung und hier vor allem die Kontroverse mit dem vormaligen DC-Landesbischof Hugo Rönck; außerkirchlich von großer Wirksamkeit mit ‚Rückwirkung' auf die innerkirchliche Debatte war es die SED-Landtagskandidatur von Erich Hertzsch.

Rönck hatte am 4. Januar 1946 eine vor Selbstmitleid und Selbstgerechtigkeit triefende ‚Denkschrift' verfasst, die er an den Vorsitzenden des Pfarrervereines und Mitglied der Spruchstelle Sup. Paul Dahinten adressiert und an eine ganze Anzahl Thüringer (oder mittlerweile) Außer-Thüringer DC-Pfarrer verschickt hatte. Darin klagte der amtsenthobene DC-Führer Rönck, der seinen Ausschluss aus der NSDAP als eine besonders mutige und vorbildhafte Form des ‚Antifaschismus' zu deklarieren suchte: „So also sieht die

[237] Sitzung des LKR, 17.07.1945, TOP 1: „Antifaschistische Ausschüsse", in: *LKAE*, A 122, unfoliiert.

[238] Sitzung des LKR, 24.07.1945, TOP 1, in: *LKAE*, A 239, 15.

[239] Rundschreiben vom 01.08.1945 an alle Superintendenturen „Betr.: Beitritt zu politischen Ausschüssen", in: *LKAE*, A 239, 51.

[240] Schreiben von Sup. von Nitzsch an den LKR, 11.08.1945, in: *LKAE*, PA Erich Hertzsch, G 5055, Bd. II, 42.

Entpolitisierung unserer Kirche aus, die Kollege Mitzenheim einst als eine Grundvoraussetzung seiner kirchenpolitischen Arbeit bezeichnete."[241]

Damit hatte Rönck zwar keinesfalls einen Beitrag zu seiner ohnehin schwierigen Rehabilitierung geleistet, aber dennoch einen neuralgischen Punkt getroffen. Ohne auf die (kirchen-)politischen Differenzen zwischen dem vormaligen Bischof und DC-Funktionär und dem neuen Bischof und BK-Vorsitzenden näher einzugehen, nutzte OKR Hertzsch die Gelegenheit des Antwortschreibens, um sein eigenes Politikverständnis sowohl in Richtung Rönck, als auch in Richtung Landeskirchenrat ausführlich darzustellen:

„Ich bin der Überzeugung, daß das Stichwort ‚Entpolitisierung' durchaus nicht das richtige Wort ist, um die Aufgabe zu kennzeichnen, die uns heute in unserer Kirche gestellt ist. Gewiß soll der Pfarrer um seines besonderen Auftrages willen sich von der eigentlichen Parteipolitik möglichst zurückhalten, aber daß die Kirche eine eminent wichtige politische Aufgabe hat, das zu übersehen, wäre nach meiner Überzeugung ganz falsch. Sie soll in die Öffentlichkeit hinein das Wort sagen, das ihr aufgetragen ist."[242]

Indem Hertzsch auf das Wächteramt der Kirche Bezug nahm, die sie zum „Gewissen des Volkes" mache, betonte er, dass die Kirche sich nicht zu scheuen brauche, zu den wichtigen und aktuellen Fragen des öffentlichen Lebens Stellung zu nehmen. Allerdings unter einer entscheidenden Bedingung:

„Sie kann und darf das, wenn es klar ist, daß das Evangelium der Maßstab ist, mit dem die Kirche zu messen versucht, daß Jesus Christus allein der Wegweiser ist, der uns aus unseren übergroßen Schwierigkeiten einen Ausweg zeigt."[243]

Interessant ist auch die umfängliche Stellungnahme des Spruchstellenvorsitzenden Walther Doehring an Rönck, der ebenfalls die Chance einer grundsätzlichen theologischen und politischen Gardinenpredigt ergriffen hatte. Dieses Schreiben durfte allerdings auf Weisung Mitzenheims nicht abgeschickt werden.[244] Dies hing sicher nicht allein damit zusammen, dass der reformierte Christ und Rechtsgelehrte Doehring unter Bezugnahme auf Schleiermacher den „[...] sogen[annten] deutschen Kulturprotestantismus" als einen dankens- und begrüßenswerten Bestandteil des evangelischen Kirchenlebens herausstellte. Ganz und gar unverdaulich schienen für Mitzenheim wie für andere Mitglieder des Landeskirchenrates auch die kulturgeschichtlichen und demokratietheoretischen Überlegungen des gebildeten Bruders aus Berlin zu sein. Doehring war, indem er Adolf von Harnack und Martin Luther bemühte, der Überzeugung, dass die Kirche lediglich „[...] in der Not der Zeiten [...]" bereit war, „[...] sich selbst und ihre äußere Gestalt der ihr im tiefsten Grunde wesensfremden Rechtsform des Landesherrlichen Kirchenregiments anzupassen – einem die Gemeinschaft von oben her lenkenden Herrschafts- und Ordnungssystems."[245] Indem er offenbar recht unbekümmert (gewiss nicht nur in Thüringer Kirchenkreisen) nach wie vor vorhandene antiamerikanische und antidemokratische Ressentiments außer Acht ließ, prognostizierte Doehring, „[...] daß das von unten her aufbauende Staatsprinzip demokratischer Volkssouveränität, seine Herkunft ihrem [der protestantischen Kirche, d. Vf.] eigensten religiösen Leben verdankt, und heute

[241] Schreiben von Hertzsch an Rönck, 11.02. 1946, in: *LKAE*, PA (Hugo Rönck) L 5038, Bd. I.

[242] Ebd.

[243] Ebd. Im Blick auf die Theologie der DC unterstreicht Hertzsch: „Ich glaube, heute kann niemand mehr bestreiten, daß der Nationalsozialismus eine Bewegung aus Lucifers Geist und Art gewesen ist, und daraus folgt, daß die Kirche allen Grund gehabt hätte, ihn von Anfang an zu bekämpfen, mindestens aber von dem Augenblick an, da er sein wahres Gesicht allen zu zeigen begann."

[244] Schreiben von Doehring an Rönck, 22.02.1946, in: *LKAE*, PA (Hugo Rönck) L 5038: Handschriftliche Notiz neben dem Datum: „Entwurf Dr. Doehring. Nicht abgegangen. Mm". – Zu den Gründen, die zur ‚Nichtversendung' der Stellungnahme von *Walther Doehring* geführt hatten vgl. Kapitel 4.6.

[245] Ebd.

eine Weltherrschaft anzutreten sich anschickt [...]. Nachdem wertvolle Teile ihres calvinistischen Zweiges als Pilgerväter, vom Boden der alten Heimat durch absolutistische Willkür vertrieben, jenseits des Ozeans eine neue Stätte weltweiten Horizontes gefunden hatten, konnten sie von dort aus dem alten Europa dankbar die Gegengabe der Gewissensfreiheit und der Menschen- und Bürgerrechte zurückgeben."[246]
Mehrfach ging er in seinem Text auf den schon Mitte der dreißiger Jahre öffentlich erkennbaren Skandal „[...] der Judenverfolgung und die immer stärkere Verhöhnung des Rechtsbewußtseins" ein und kritisierte scharf das Ausbleiben des – kirchlichen wie außerkirchlichen – Protestes.[247] Im Sommer des Jahres 1946 verließ der engagierte Jurist Thüringen und übernahm in Heidelberg die Stelle eines Landgerichtsrates und zugleich die Funktion eines Vorsitzenden der Spruchkammer in Mannheim.[248] Von dort aus warf er noch einmal einen sehr kritischen und skeptischen Rückblick auf die politischen und rechtsstaatlichen Verhältnisse in Thüringen: „Die Sorge um die Thüringer Kirche hat mich hierher begleitet und noch nicht losgelassen. [...] Bei der Thüringer Justiz bin ich wahrscheinlich unbeliebt. Die Justiz befindet sich dort, [...], in einem geradezu unwürdigen Niveau von Ignoranz und Charakterlosigkeit. [...] Der Bildungsstand auch von Juristen gehobener Stellung ist z.Z. derartig desolat, daß im Vergleich dazu ein verirrter jugendlicher Geistlicher des Deutschen Christentums noch ein Gelehrter ist."[249]
Zwischenzeitlich hatte Anfang März 1946 eine Beschwerde des Landespräsidenten gegen den Diakon Rudi Köhler im Landeskirchenrat für Unruhe gesorgt. Den Hintergrund für diese Beschwerde bildeten die (hinlänglich bekannten) intensiven Exkulpations- und Denunziationsaktivitäten des vormaligen DC-Pfarrers Alfred Wolf, die auf dem Humus politischen Misstrauens und parteipolitischer Machtkämpfe offensichtlich gut gedeihen konnten.[250] Alfred Wolf hatte seinem Namensvetter Walter Wolf, dem Landesdirektor für Volksbildung, ein Schreiben zugesandt, das das – möglicherweise etwas übertriebene – kirchliche Selbst- und Sendungsbewusstsein des Hilfswerks-Organisators Köhler ‚entlarven' soll. Köhler habe während eines Vortrages im Pfarrkonvent Schmölln geäußert: „Die wahre Regierung ist die Kirche. Sie allein kann heute sagen, was sie will."[251] Der Landesdirektor gab eine ‚Auszugsweise Abschrift' des Briefes des Schmöllner Pfarrers umgehend an die Thüringer Regierungsspitze, an den Präsidenten Rudolf Paul, weiter, der wohl gar nicht anders konnte, als sich von derart illoyal scheinenden Äußerungen angegriffen zu sehen. Der Präsident Paul fragte beim Landesbischof Mitzenheim nach. OKR Zimmermann, zu dessen Aussichtsbezirk Schmölln gehörte, sprach sich für eine deutliche Rüge aus. Die Formulierung, die Zimmermann wählte, lässt Rückschlüsse auf dessen Politikverständnis zu. Wiederum taucht hier die Tendenz auf, Politik als etwas Schlüpfriges, Untergründiges oder gar Abgründiges zu beschreiben, etwas, von dem man sich – nun auch im Rückblick auf das politische Desaster des Nationalsozialismus – besser fern hält: „Politik, besonders Außenpolitik ist nun einmal ein zu schmutziges, mit menschlicher

[246] Ebd.
[247] Ebd.
[248] Schreiben von Doehring an Mitzenheim, 21.10.1946, in: *LKAE*, PA L 5038, unfoliiert.
[249] Ebd.
[250] Zur schillernden Figur und Rolle des Schmöllner Pfarrers Alfred Wolf, bspw. im Zusammenhang der Entlassung Röncks aus der NSDAP im Oktober 1944, siehe Kapitel 4.6, dort: Exkurs: ‚Wolf', und vorher: Kapitel 3.2.5.
[251] *ThHStAW*, BMP 866, unfoliiert. „*Auszugsweise Abschrift* des Schreibens des Pfarrers Alfred Wolf, Schmölln/Thür. Pfarrgasse 17 an Herrn Landesdirektor Dr. Walter Wolf, Weimar." Am Rand notiertes Datum: 06.03.1946.

Sünde zu stark behaftetes Handwerk, als daß man sie mit dem Christentum in Verbindung bringen dürfte."[252]

Der von den Nazis mehrfach verhaftete und drangsalierte ‚Mitkämpfer' der Lutherischen Bekenntnisgemeinschaft Walter Zimmermann plädierte dafür, den Diakon Köhler davor zu warnen, „[...] daß er bei seinen Vorträgen ins Politische abgleitet."[253] Köhler, von OKR Phieler zur Rede gestellt, bestreitet vehement, ‚abgeglitten' zu sein.[254]

Ein zunächst verborgenes, doch auf längere Sicht positives Resultat hatte dieser Zwischenfall dennoch. Um weitere politische Nebenkriegsschauplätze auf dem kirchlichen und ideologischen Felde zu verhindern oder zumindest deren strategische Handhabung besser verstehen und lenken zu können, gab Präsident Rudolf Paul am 18. März 1946 die strikte Anweisung, „[...] daß intern sämtliche Vorgänge im Blick auf die Kirche über die Präsidialabteilung geregelt werden.".[255]

Der bereits erwähnte Kommunal- und Landtagswahlkampf bildete das außerkirchliche Konfliktfeld, das die kirchliche Politikdiskussion heftig anfachte. Im Vorfeld der Wahlen war in der Kirchenleitung über die Lockerung der Verfügung des Landeskirchenrates vom 1. August 1945 diskutiert worden, ohne dass man zu einem Konsens gelangt wäre. So wurde verabredet, die bevorstehende Superintendentenkonferenz mit dieser Frage zu befassen. Hintergrund für die Unentschiedenheit bildeten – unterschiedliche – politische Ambitionen sowie diesbezügliche Befürchtungen und Ratschläge aus verschiedenen Richtungen. Am 6. Februar 1946 hatte sich der Direktor des Arnstädter Marienstiftes, Friedrich Behr (1898–1958), vertraulich an „den hochwürdigen Herrn Landesbischof, Herrn Bruder" gewandt, da ihm „[...] die Frage der politischen Interessenvertretung kirchlicher Belange in einer politischen Partei [...] seit Wochen die größte Sorge mache. Es scheint so, daß in größeren Teilen Deutschlands die meisten Bürgerlichen sich der C.D.U. zuwenden."[256]

Behr gab zu bedenken, dass eine Partei, die in so deutlicher und ambitionierter Weise als Interessenvertreterin der Kirche erscheine, (vor allem) im Falle ihres Versagens die Kirche in Mitleidenschaft ziehen könnte: „Ich fürchte, wir sind in der Gefahr einen verhängnisvollen Irrweg zu betreten," zumal, so der besorgte Anstaltsgeistliche und BK-Bruder Mitzenheims, „[...] wir auf diese Weise mit der Zeit die Arbeiterparteien fast nötigen werden, ihre duldsame Haltung der Kirche gegenüber wieder aufzugeben, wenn sie auf der politischen Ebene die Kirche mit ihrem Einfluß als Partner antreffen."[257]

Mit Blick auf die Entwicklung im Westen Deutschlands befürchtete Behr nicht nur karrieregeleitete Heuchelei und Personalquerelen. Vielmehr lautete sein Fazit, „[...] daß die Kraft der Kirche, die jetzt tief nach innen wirken müßte, abgelenkt wird und sich im politischen Kleinkram verausgabt."[258] Eine solche, sich christlich verstehende Partei fehle in England und Amerika, sie habe ihre Wurzeln im politischen Katholizismus und sei

---

[252] Schreiben von Max Tunze an KR Wolfgang Schanze, vom 04.10.1946, in: *LKAE*, A 239 (Loses), unfoliiert.

[253] Sitzung des LKR, in: *LKAE*, A 122, 26. bis 28.03.1946: „7. Hilfswerk der ev[angelischen] Kirche. KR Zimmermann bittet, den Diakon Köhler davor zu warnen, daß er bei seinen Vorträgen ins Politische abgleitet. KR Phieler will die Sache verfolgen."

[254] *ThHStAW*, BMP 866: OKR Phieler teilte dem Landespräsidenten Paul am 30. März 1946 mit, dass Köhler gegenüber dem LKR bestritten hat, ‚diese Dinge' jemals gesagt zu haben.

[255] Ebd. Detaillierter dazu Kapitel 4.6 und 4.7.

[256] Schreiben von Direktor Pfr. *Friedrich Behr* an Mitzenheim, 06.02.1946, in: *LKAE*, A 239/III, 04.

[257] Ebd. – Nach Auskunft seines Sohnes *Heinrich Behr* stammte der Vater aus einer alten SPD-Familie.

[258] In ähnlicher Weise äußerte sich auch der BK-Pfarrer Johannes Hertel, Mitglied der Spruchstelle, im März 1946: „Mir bangt vor einer neuen politischen Abhängigkeit der Kirche." – *LKAE*, Spruchstelle/Materialien, unfoliiert.

überdies „dem Luthertum fremd und seinem Wesen nach verboten."[259] Behr schloss sein Schreiben: „Es ist mir sehr schmerzlich, wenn aus Kreisen der Bekenntniskirche, die früher mit Recht betonte, daß sie grundsätzlich unpolitisch sei und nur das Evangelium wolle, Stimmen laut werden, die auf diesen [...] falschen Weg verweisen."[260]

Ähnlich argumentierte auch der Jenenser Rechtsanwalt Max Tunze, der während des Kirchenkampfes viel für widerständige Thüringer Bekenntnispfarrer getan hatte: „Die Verquickung einer politischen Partei mit dem Christentum (vgl. jetzt christlich-demokratische Union) halte ich für verhängnisvoll und für völlig wertlos. [...] Entweder eine solche Partei wird den christlichen Schimmer ganz und gar abstreifen und wird dann nur noch eine reine politische Partei werden, wie das alte Zentrum [...] oder sie wird den christlichen Schimmer beizubehalten suchen wie einstens die christlich-soziale Partei, wird aber dann nicht vorwärtskommen, sondern nach und nach eingehen. Politik und Christentum passen eben *nicht zusammen*!"[261]

Da die unterschiedlichen Positionen und Konflikte auch im Landeskirchenrat nicht befriedigend gelöst werden konnten, hatte man sich geeinigt, dieses Problem auf der Sitzung des Superintendentenkonventes vorzutragen. Während der ersten Nachkriegssitzung dieses personell gänzlich erneuerten Gremiums am 6. und 7. März 1946 ergriff Mitzenheim die Gelegenheit, das bisherige Handeln der Kirchenleitung zu erläutern.[262] Er tat dies, indem er die Liste der an den Landeskirchenrat bzw. an ihn persönlich gerichteten Vorwürfe benannte und zu entkräften suchte. Neben dem Vorwurf ‚diktatorischen Verhaltens', dem der ‚Alleinregierung' der Landeskirche durch Mitglieder der LBG und der Kritik, bei den Entscheidungen zur Entnazifizierung der Kirche „zu sehr von politischen Gesichtspunkten" geleitet zu sein, stand die Frage nach dem politischen Verhalten der Pfarrer. Mitzenheim erweiterte die Verordnung vom 1. August 1945 zu einem Redeverbot: „Wir haben weiter gesagt, daß sie [die Pfarrer, d. Vf.] nicht in öffentlichen Versammlungen als Redner auftreten sollen. Wir haben uns bisher noch nicht zu einer Lockerung entschließen können."[263]

Eindringlich betonte er die überparteiliche Rolle der Kirche. Allein diese besondere Vorsicht, so die Hoffnung des Bischofs und gewiss vieler seiner Amtsbrüder aus den Regionen der Landeskirche, würde auf lange Sicht dazu beitragen, dass die Kirche trotz des Engagements ihrer Mitarbeiter nicht in den Geruch geriete, selbst eine politische Partei zu werden. Daneben wird allerdings auch ein gewisser binnenkirchlicher Romantizismus eine Rolle gespielt haben, der im konsequenten Meiden der konfliktreichen ‚schmutzigen' Niederungen des politischen Alltags den Schlüssel dafür sah, dass das Evangelium und die Verkünderin des Evangeliums, die Kirche, ‚rein' gehalten würden:

„Die Kirche steht nicht in einer Reihe mit den politischen Parteien. Sie steht über den Parteien und sie begibt sich nicht in die Arena des politischen Streites und Kampfes, sie schließt auch mit keiner Partei ein besonderes Bündnis."[264]

Allerdings propagierte Mitzenheim zu dieser Zeit (noch) nicht den Rückzug in die ‚Innerlichkeit' oder in eine unpolitische Nische. Im Unterschied zur bislang von ihm vertretenen

259 Ebd.

260 Ebd.

261 Schreiben von Max Tunze an KR Wolfgang Schanze, 04.10.1946, in: *LKAE*, A 239 (Loses) unfoliiert.

262 Niederschrift der Superintendenten-Konferenz vom 06. und 07.03.1946 in Eisenach, Haus Hainstein, in: *LKAE*, A 190/III, 84. – Zur Bedeutung der Superintendentenkonferenz für den weiteren Weg der Kirche vgl. Kapitel 4.3.

263 Ebd. Mitzenheim antwortet auf die (selbst formulierten) Fragen: „Wie sollen sich die Thüringer Pfarrer im politischen Leben verhalten? Wie sollen sie sich zu den politischen Parteien stellen?"

264 Ebd.

und vor allem im Kirchenkampf betonten ‚Entpolitisierung' der Kirche und gegen eine – von manchen befürchtete – Klerikalisierung der Politik suchte er vorsichtig und tastend nach neuen Perspektiven. Er verwies darauf, dass die Kirche „[...] erst recht ein politischer Faktor wäre, wenn sie sich mit keiner Partei verbündet."[265] So rief er die Ephoren, die Pfarrer und leitenden Kirchenbeamten zu einer ‚stillen und mannhaften' Mitwirkung auf, „[...] damit Männer in das politische Leben hineinkommen, die nun auch das rechte Wort zu sagen wissen, Männer, die die rechte Stellung einnehmen, die wirklich Männer sind, christlich begründet und mit weitem Blick."[266]
Doch nicht nur innerhalb der Kirche mühte man sich um ein neues politisches Verständnis und Engagement, das nach dem Zusammenbruch der nationalsozialistischen Ein-Parteien-Herrschaft gangbare und fruchtbringende Wege ermöglichen sollte. Auf der Ebene der Landespolitik und -verwaltung waren es vor allem bürgerlich-liberale Männer und – ganz im Sinne der zu dieser Zeit gültigen Rollenverteilung – einige wenige Frauen, die den Versuch unternahmen, der immer deutlicher zutage tretenden ‚Machtergreifung von links' eine parlamentarisch-demokratische Alternative entgegenzusetzen.
Auf Initiative des – bis zu seinem spektakulären SED-Beitritt am 7. April 1946 liberalen Politikers und nunmehrigen – Landespräsidenten Paul wurde am 23. Juni 1946 eine ‚Beratende Landesversammlung' ins Leben gerufen. Zu den Mitgliedern zählte auch der Thüringer Landesbischof. Unter Verweis auf die Inkraftsetzung des Thüringer Oberverwaltungsgerichtes am 22. Juni 1946 hob Paul den Aufbau rechtsstaatlicher Verhältnisse hervor und begründete die Einberufung dieser überparteilichen Versammlung wie folgt: „Die beratende Landesversammlung setzt sich nicht nur aus den politischen Parteien, sondern zugleich auch aus den Berufsständen des Landes zusammen. Aus den politischen Parteien ausschließlich die Vertreter zu nehmen, verbot sich nach der Ansicht der Landesverwaltung deswegen, weil die politischen Parteien z.Zt. noch nicht die Gesamtheit der Bevölkerung repräsentieren."[267]
Etwas merkwürdig mutet allerdings Pauls Schlussfolgerung an, dass die faktische politische Ohnmacht dieses Gremiums ein besonderer Ausweis seiner demokratischen Bedeutung sei: „Die beratende Landesversammlung Thüringens ist auch insofern die demokratischste in D[eu]t[sch]l[and], als sie völlig freigestellt ist von der Landesverwaltung Thüringens selbst." Sie arbeite „[...] zwar unter der Aufsicht der SMAD, aber doch als Band zur Bevölkerung" und nicht zuletzt deshalb sei „[...] Thüringen als Eckpfeiler unserer neuen Demokratie" zu werten.[268]
In ihrer Ansprache ging die neu gewählte Alterspräsidentin Ricarda Huch (1864–1947) auf die verschiedenen Formen der Demokratie ein: „Eines ist ihr [der Demokratie, d. Vf.] immer wesentlich, daß das Volk seine Geschichte, [...], selbst bestimmt und sich dafür verantwortlich weiß. Demokratie ist Sache der Gesinnung."[269]
Möglicherweise waren die Schlussworte der frommen Schriftstellerin eher Ausdruck einer besonderen Hoffnung auf die Gestaltungskraft des Landespräsidenten und politischer Appell als die Beschreibung der vorfindlichen Wirklichkeit. „In der heute eröffneten Versammlung, in der das Volk nicht nach Parteien, sondern nach Ständen vertreten ist, be-

---

265 Ebd.

266 Ebd. Mitzenheim, das Thema „Politische Betätigung der Pfarrer" abschließend: „Das ist unsere Aufgabe, sie in der Stille zu erfüllen."

267 Auszüge aus den Reden der Eröffnungsveranstaltung der Beratenden Landesversammlung, vom 23.06.1946, in: *LKAE*, A 852/I, unfoliiert.

268 Ebd. Die Eröffnungsversammlung fand in Anwesenheit des SMATh-Chefs Kolesnitschenko statt. Auch Mitzenheim war berufenes Mitglied der „Beratenden Landesversammlung".

269 Ebd.

finden wir uns auf der Schwelle dieser Demokratie. Sie ist ein Zeichen, daß wir keine autoritäre Regierung haben, sondern eine solche, die beständige fließende Verbindung mit dem Volk sucht.“[270]

Zum Präsidenten der Beratenden Landesversammlung wurde der Jenenser Jurist Prof. Dr. Lange gewählt. In seiner Dankesrede stellte er fest: „Der Kern der Demokratie liegt in der Idee des Rechtes.“[271] Bezeichnenderweise ging Lange in seiner Ansprache auf die historischen Demokratien und Revolutionen ein, ohne die ‚Große Sozialistische Oktoberrevolution‘ auch nur mit einer Silbe zu erwähnen. Abgesehen davon, dass ihnen der Zusammenhang von Demokratie und Recht gewiss eher gleichgültig war, wird die Nichterwähnung der Oktoberrevolution weder der Aufmerksamkeit des anwesenden SMA-Chefs Kolesnitschenko noch der des Landesvorsitzenden der SED, Werner Eggerath, entgangen sein. Eggeraths Politik- und Demokratieverständnis unterschied sich in der Sache wie im Duktus deutlich von dem seiner Vorredner. Seine Ansprache erinnerte in erschreckender Weise an die ‚Lingua Tertii Imperii‘. Die auch von ihm ausdrücklich gewünschte „[...] Zurückführung des deutschen Volkes auf den Weg der friedliebenden demokratischen Völker“ sei nur möglich, „wenn wir diese Kräfte, die unser Volk im Laufe eines Menschenalters zweimal in eine schreckliche Katastrophe führten, ausschalten und vernichten. Die demokratische Entwicklung bedeutet Kampf gegen die volksfeindlichen Kräfte des Rückschrittes und des Krieges.“[272] In einer eigentümlichen, ‚verbissenen‘ Variante des Marxschen Diktums „Die Idee wird zur materiellen Gewalt, wenn sie die Massen ergreift“, betonte der kommunistische Funktionär die seiner Partei eigentümlichen volkspädagogischen Mobilisierungsphantasien: „Für uns ist es auch klar, daß das große Werk unseres Volkes nur gelingen kann, wenn es uns möglich ist, die breiten Massen unseres werktätigen Volkes mit dem festen Willen zu erfüllen, alle Schwierigkeiten zu überwinden und verbissen den Weg in seine neue Zukunft freizukämpfen.“[273] Dass er dabei auch die mobilisierungsgewohnten vormaligen Nazis in den Blick nahm, hatte offenkundig vor allem wahlstrategische Gründe. „Die ehemaligen Mitglieder der NSDAP, soweit sie keine Verbrechen auf sich geladen haben, leben genau wie andere Menschen und haben die Möglichkeit zu arbeiten. Bei der Verkündung über die Gemeindewahlen wurden sie als Staatsbürger anerkannt und erhielten Stimmrecht.“[274] Anders als Paul richtete Eggerath keinen hoffnungsvollen Blick in Richtung Westen. Dies war offenkundig nicht die Richtung, aus der er Hilfreiches erwartete.

Als letzter Redner des Tages legte der Landesvorsitzende der CDU, Georg Grosse, seine christlich fundierte und auf die Freiheit des Individuums zielende Demokratievorstellung dar: „Für uns steht im Mittelpunkt des neuen D[eu]t[sch]l[and], der neuen werdenden Demokratie, der Mensch, der Mensch als das Geschöpf Gottes, als die Krone seiner Schöpfung. [...] Persönlichkeit ist das höchste dessen, was ein Mensch sein muß.“[275] Er schloss mit einem pathetischen Aufruf für die Einheit Deutschlands: „Ich freue mich, es in Anwesenheit des Herrn Garde-Generalmajors Kolesnitschenko sagen zu können: Die Zonengrenzen müssen fallen!“[276]

---

270 Ebd. – Vgl. Ricarda Huch, *Luthers Glaube. Briefe an einen Freund*, Leipzig 1964.

271 Ebd. – Zum Vizepräsidenten wurde August Frölich gewählt. Der inzwischen siebzigjährige vormalige SPD-Politiker, der laut einem recht kritischen Urteil von Brill bis 1945 ‚abgetaucht‘ war, hatte von 1920 bis 1924 das Amt des Thüringer Ministerpräsidenten inne.

272 Ebd. – Vgl. Werner Eggerath, *Die fröhliche Beichte*, Berlin (Ost) 1976.

273 Ebd.

274 Ebd.

275 Ebd.

276 Ebd.

Im Sommer 1946 stiegen dann die Temperaturen des Polit-Barometers deutlich an. Die uns überkommenen schriftlichen Zeugnisse lassen erkennen, dass das von Mitzenheim den Superintendenten als Handlungsanweisung eingeschärfte stille Engagement der Pfarrer immer schwieriger wurde, je näher der Termin der Kommunal- und Landtagswahlen in Thüringen rückte. Es mehrten sich die Hinweise, die auf einen unerbittlichen und unfairen Wahlkampf der neugeschaffenen Sozialistischen Einheitspartei schließen ließen. Entgegen den Befürchtungen von Pfarrer Behr, die bürgerlichen Parteien und insbesondere die CDU könnten Mehrheiten gewinnen, die dann unter Umständen schädlich für das überparteiliche Image der Kirche wären, hatten diese Parteien mit so massiven Behinderungen seitens der SED zu kämpfen, dass letztlich ihre politische Wirkkraft und Existenz gefährdet waren.[277] Die SED konnte sich in ihrem Machtkampf der – offenen wie verdeckten – Unterstützung der SMA gewiss sein.[278]
Ein wesentlicher Unterstützungs-Erfolg für seine deutschen Genossen war dem Thüringer SMATh-General dadurch gelungen, dass er Anfang Juni 1946 die Gelegenheit erhielt, Mitzenheims ‚Entpolitisierungs-Vorstellungen' aufzugreifen und sozusagen machtpolitisch zu verschärfen. Im Vorfeld der Wahlen konnte er somit geschickt die Situation nutzen, als der Landesbischof nach öffentlich geäußerten Zweifeln an dessen tatsächlicher ‚antifaschistisch-demokratischer' Neuordnung der Kirche plötzlich auch intern ‚ins Trudeln' geraten war.[279] Spätestens in dem Moment, als mit dem ‚Faschismusvorwurf' plötzlich die bisher erfolgreich verteidigte Autonomie der kirchlichen Verwaltung und die Kirchenleitung selbst auf der Kippe stand, schien Mitzenheim klar geworden zu sein, wer wirklich die Macht im Lande hatte und wem gegenüber man größtmögliche Loyalität erweisen sollte.[280]
Da man seitens der SED und – über diese vermittelt – auch bei den politischen Offizieren der SMA die Pfarrer als einflussreiche, in ihrer politischen Haltung jedoch wohl eher den bürgerlichen Parteien zuneigende Meinungsbildner oder gar -führer einschätzte und weil sich mittlerweile bei den zumeist kirchenfernen Funktionären der Eindruck verfestigt hatte, dass ein nicht unerheblicher Teil der Pfarrerschaft – wie es hieß – ‚politisch belastet' sei, wurden nun unter der Überschrift militärbehördlicher Entnazifizierungsüberwachung im Vorfeld der Wahlen „[...] Erkundigungen nach der politischen Einstellung der Pfarrer in der Vergangenheit" eingeholt.[281] OKR Zimmermann machte den Landeskirchenrat darauf aufmerksam, dass unzutreffende Zahlen, die der Kirche in den zurückliegenden Wochen als Indiz für mangelhaften Entnazifizierungswillen vorgehalten wurden, ihren

[277] Jürgen John (Hg.), *Quellen zur Geschichte Thüringens 1945–1952*, Dok. 75a: SED-Wahlplakat gegen die CDU. Neben einer Reihe heftiger Anschuldigungen und Unterstellungen hebt die SED hervor: „Wenn ihr eure Stimme der CDU gebt, so wird diese Partei euch genau so betrügen, wie schon früher die Zentrumspartei, denn sie hat ja nur das Firmenschild gewechselt" – Zur geschichtlichen Entwicklung der CDU vgl.: Alexander Fischer/Manfred Agethen, Konrad-Adenauer-Stiftung (Hgg.), *Die CDU in der sowjetisch besetzten Zone – DDR 1945–1952*, Sankt Augustin 1994. Dort auch weitere Literatur von Siegfried Suckut, Hermann Weber, Michael Richter u.a..

[278] John, *Quellen*, 246, Dok. 61. – In einem Schreiben an den Landesdirektor für Wirtschaft vom 17. April 1946 protestierte der Landespräsident Paul scharf gegen den parteipolitischen Missbrauch staatlicher Ämter durch die SED.

[279] Dazu Kapitel 4.7, dort den Kontext der ‚Abendpost-Attacke'.

[280] Ein ähnlicher Vorgang sollte sich 1950, mit Beginn des forcierten Weltanschauungskampfes der SED, wiederholen, infolgedessen Mitzenheim auf Grund seiner Loyalität zu Kolesnitschenko nicht nur kirchenintern angegriffen wurde, sondern nun auch in Konflikt mit anderen Landeskirchen und deren Leitung geriet. – Vgl. dazu Kapitel 5.3, dort den Kontext der (ausbleibenden) Kanzelabkündigung im April 1950.

[281] Schreiben des Visitators für den Aufsichtsbezirk Ost, OKR Zimmermann (Altenburg), an den LKR, 29.06.1946, in: *LKAE*, A 239/III, 46.

Grund auch in mangelhaften bzw. tendenziösen Erkundigungsformen haben können.[282] Auf Anraten von Zimmermann trug Mitzenheim diese einigermaßen diffizile Angelegenheit am 23. Juli 1946 dem Landespräsidenten vor.[283]
Der sich spürbar verschärfende Wahlkampf ebenso wie die Schlussfolgerungen Mitzenheims aus seinem vertraulichen Gespräch mit Kolesnitschenko ließen es dem Landeskirchenrat ‚angezeigt erscheinen', die Verfügung vom 1. August 1945 „betr[ifft] Beitritt zu politischen Ausschüssen" vermittels eines Rundschreibens am 29. Juli 1946 an alle Pfarrämter „erneut in Erinnerung zu bringen."[284] In diesem ‚Erinnerungsschreiben' wurde die politische Neutralität der Pfarrer noch einmal deutlich unterstrichen, „[...] jede Art parteipolitischer Propaganda gelegentlich der Amtsausübung" wurde untersagt sowie „[...] jede Stellungnahme und Werbung für eine Partei auf der Kanzel" verboten: „Jeder Pfarrer möge sich stets bewußt sein, daß er Seelsorger der *ganzen* [Hervorhebung im Text] Gemeinde ist. Er darf das Vertrauen von Teilen seiner Gemeinde nicht dadurch gefährden, daß er einseitig für eine Partei eintritt."[285]
Die wiederholt geforderte Zurückhaltung, auch für den Fall, dass Pfarrer zur Mitbeteiligung in Wahlausschüssen oder zur Kandidatur für ein Wahlamt gebeten werden, wurde um eine Empfehlung ergänzt: „Wenn die beratende Mitarbeit des Geistlichen in der Selbstverwaltung gewünscht wird, erscheint uns der gegebene Weg, daß der Pfarrer aufgrund seines Amtes als außerparteiliches Mitglied berufen oder gewählt wird."[286]
Kaum eine Woche später erfolgte allerdings eine gewisse Modifizierung bzw. Lockerung dieser Verfügung. Am 5. August 1946 erging ein weiteres Rundschreiben in dieser Sache an alle Pfarrämter. Dort hieß es nun: „Im letzten Absatz unserer Verfügung vom 29.7.[19]46 betr[ifft] politische Betätigung, haben wir den Pfarrern Zurückhaltung [...] empfohlen. Aus gegebener Veranlassung weisen wir darauf hin, daß – wie sich auch bereits unzweideutig aus der Bezugsverfügung ergab – diese empfohlene Zurückhaltung nicht als Verbot auszulegen ist."[287] Und – eine unzweideutige(!) Abweichung vom bisherigen Kurs anzeigend: „Der Landeskirchenrat hat keine grundsätzlichen Bedenken, wenn Pfarrer als Kandidaten aufgestellt werden."[288]
Die ‚gegebene Veranlassung' zur partiellen Rücknahme der Forderung strikter Überparteilichkeit und damit zur Öffnung parteipolitischer Mitwirkungsmöglichkeiten für Pfarrer kam im Sommer 1946 gewissermaßen aus zwei Richtungen – von ‚rechts' und von ‚links'.
Am 1. oder 2. August hatte Mitzenheim einen sorgenvollen Brief von Hugo Schröter, dem CDU-Vorsitzenden der Ortsgruppe Weimar erhalten, mit dem er während der zwan-

---

282 Ebd. – Zimmermann berichtete mit leicht spöttischem Unterton, „[...] daß die Erkundigung [über einen Altenburger Pfarrer, d. Vf.] bei einem in der Nähe wohnenden Schuhmachermeister durchgeführt wurde. Nun sind Schuhmachermeister traditionsgemäß oft philosophische Köpfe, aber es kann nicht vermutet werden, daß der Betreffende ein Urteil über die kirchliche Stellungnahme des in Frage kommenden Pfarrers haben kann."

283 Ebd. Handschriftliche Notiz: „Durch mündl[iche] Besprechung mit d[em] Landespräsidenten am 23.7. erledigt. Mitzenheim."

284 Rundschreiben des LKR an alle Pfarrämter, 29.07.1946, in: *LKAE*, A 239/III, 69.

285 Ebd.

286 Ebd.

287 Rundverfügung des LKR an alle Pfarrämter vom 05.08.1946, in: *EZAB*, 1/235, 156: Ein umständlich formulierter Satz versuchte noch einmal zu erläutern: „Es ist aber unser Anliegen, daß der Pfarrer vor der Annahme einer Kandidatur, wegen der Wichtigkeit der Sache, ernstlich prüft, ob er unter Berücksichtigung der örtlichen Verhältnisse und seiner eigenen Kräfte und Gaben die von ihm erwartete öffentliche Tätigkeit mit einer allen Gemeindegliedern gerecht werdenden Amtsführung als Verkündiger und Seelsorger vereinbaren kann."

288 Ebd.

ziger Jahre im Christlichen Jungmännerwerk Thüringen zusammengearbeitet hatte. Mit größtem Bedauern stellte Schröter fest, „[...] daß nur wenige Pfarrer den Weg zur Union finden", und dies, wo doch die weltanschaulichen Auseinandersetzungen klar gezeigt hätten, dass gerade die CDU die Interessen der Kirchen besonders energisch vertrete. Bei seinen Versuchen, Pfarrer für die Arbeit der Partei zu gewinnen, würde ihm immer wieder gesagt, dass der Bischof dies nicht wünsche.[289] Ungläubige Verwirrung spricht aus den Sätzen des christ-demokratischen Funktionärs: „Ich kann mir nicht denken, daß dies Ihre Meinung ist, sondern daß es sich nur um ein Mißverständnis handeln kann."[290] Im Gegensatz zum Direktor des Arnstädter Marienstiftes Behr, der eine zu enge Verbindung zwischen Kirche und CDU als „verhängnisvollen Irrweg" bezeichnet hatte, brachte Schröter das Argument einer in sich logischen, unschädlichen und nachgerade zwangsläufigen Zusammenschau beider Institutionen: „Ein Schaden für die Kirche kann wohl kaum entstehen, denn das Volk und auch unsere politischen Gegner stellen die CDU den Kirchen gleich, so daß es wohl gleichgültig sein kann ob ein Pfarrer sich von einer Partei fernhält oder nicht. Er wird immer in den Verdacht kommen, Mitglied der CDU zu sein, weil die CDU die Partei ist, die die Belange des Christentums im öffentlichen Leben vertritt."[291] Schröter erbat vom Landesbischof eine unterstützende Klarstellung. Seiner Kenntnis nach gäbe es „[...] einen großen Teil Pfarrer, die auf eine Klärung dieser Frage warten."[292] Diese Argumente blieben nicht ungehört, obgleich der Bischof vorsichtigerweise mit einer (direkten) Antwort an Schröter zögerte, eine schriftliche gänzlich ablehnte – allerdings in Verbindung mit einer freundlichen Einladung zum Gespräch.[293]

Noch von anderer, prominenterer Seite erhielt Mitzenheim parteipolitisch eindeutige Signale. Auch den Bischof von Berlin-Brandenburg, Otto Dibelius (1880–1967), hatten Beschwerdeschreiben der CDU erreicht, „[...] daß die Partei bei den Geistlichen [...] keine Unterstützung mehr fände."[294] Der Geschäftsführer der CDU-Ortsgruppe in Belzig hatte sich protestierend an seinen CDU-Landesleiter gewandt. Dibelius erhielt dieses, leicht antikatholisch gefärbte Schreiben von Dr. von der Gabelentz, einem Mitglied der altpreußischen Kirchenleitung. „Im antifaschistischen Ausschuß seien nunmehr drei Katholiken und nur ein Evangelischer, und die Partei [die CDU, d. Vf.] bestände zu 50 % aus Katholiken."[295]

---

289 Schreiben von Hugo Schröter an Mitzenheim, vom 30.7.1946, in: *LKAE*, A 239 (Loses), unfoliiert: „Leider ist es uns ja noch nicht vergönnt, die Arbeit [des CJW, d. Vf.] in der alten Weise wiederaufzunehmen. Viele unsere[r] damaligen Mitglieder arbeiten heute aktiv in den Reihen der Christlich-Demokratischen-Union."

290 Ebd.

291 Ebd.

292 Ebd. Schröter zu Mitzenheim: „Ferner würde ich es begrüßen, wenn Sie die von mir als irrig bezeichnete Meinung den Pfarrern der Landeskirche recht bald zur Kenntnis bringen würden, [...]." – Auffällig ist, dass dieser Brief – im Unterschied zu vielen anderen gleicher Thematik – von keinem OKR als „z. Ktn. gen." abgezeichnet wurde.

293 Schreiben von Mitzenheim an Schröter, 10. September 1946. LKAE, A 239 (Loses), unfoliiert: „Es freut mich, von Ihnen zu hören, daß Sie in der CDU tätig sind. Was die Fragen Ihres Schreibens betrifft, so würde ich lieber mit Ihnen darüber mündlich verhandeln." Er schlägt vor, Schröter am Rande der Beratenden Landesversammlung am 19.09.1946 in Weimar zu treffen.

294 Schreiben von Dibelius (Berlin) an den Pfarrer Schian (Belzig), undat., in: *LKAE*, A 239 (Loses), unfoliiert. – Nach einem Brief des BK-Pfarrers und nunmehrigen Superintendenten Mälzer (Ronneburg) an Mitzenheim vom 19.02.1946 kursierte der „Dibeliusbrief" bereits Anfang des Jahres 1946. Mälzer fragte den Thüringer Landesbischof nach seiner Meinung zu diesem Brief, da er selbst auch noch „keiner politischen Partei angehöre, in: *LKAE*, A 239/II, 189: „Wir alle würden ein richtungweisendes Wort des LKR in der Frage der Stellung gerade zur CDUD sehr begrüßen."

295 Dibelius (Berlin) an Pfarrer Schian (Belzig), undat., in: *LKAE*, A 239 (Loses), unfoliiert.

Und auch hier wurde die Ursache dieser misslichen Situation klar benannt – der Thüringer Beschwerde nicht unähnlich: „Dies alles sei dadurch hervorgerufen worden, daß ich [Dibelius, d. Vf.] die Amtsbrüder ersucht habe, sich politisch zurückzuhalten.“[296]
Dibelius betonte in seiner Antwort an den Belziger Pfarrer: „Bei der Weisung muß es natürlich bleiben.“[297] Setzt jedoch gleich hinzu: „Um aber alle Mißverständnisse zu vermeiden, möchte ich ausdrücklich sagen, daß diese Zurückhaltung nicht zu einer ablehnenden Haltung gegenüber der Christlich-Demokratischen Union überhaupt führen soll.“[298]
Der Bischof führte noch ein anderes, pragmatisches Argument an, das leitend auch für seinen eigenen parteipolitischen Entschluss gewesen sei. Ein hoher sowjetischer Besatzungsoffizier habe ihm mitgeteilt, dass das Maß der politischen und materiellen besatzungsbehördlichen Unterstützung der Parteien von der Mitgliederzahl abhängig gemacht würde.[299] „Infolgedessen bin ich selbst Mitglied der Union geworden, wenn ich auch gern um meines Amtes willen herausgeblieben wäre.“[300]
Diese deutliche Positionsbestimmung des bekannten und profilierten Berliner Bischofs wird nicht ohne Einfluss auf das weitere Nachdenken und die Entscheidungen des Thüringer Landesbischofs und die Mitglieder des Landeskirchenrates geblieben sein.[301]
Von ‚links‘ kam eine etwas anders geartete Veranlassung, die die ‚Öffnungsklausel‘ vom 5. August 1946 ebenfalls mit beeinflusst haben dürfte. Ein in der ostdeutschen Kirchengeschichte einigermaßen spektakuläres Ereignis der ‚politischen Betätigung der Pfarrer‘ spiegelte nicht nur die politische Bandbreite der Kirchen leitenden Akteure und Pfarrer in Thüringen. Es sorgte für anhaltenden (kirchen-)politischen Zündstoff, der auch in andere deutsche Landeskirchen hinein zündelte.
Anfang September 1946 hatte es sich offenbar herumgesprochen, dass ein Mitglied des Thüringer Landeskirchenrates „[...] bei der kommenden Gemeinderatswahl für eine Partei kandidiert“, die „Verrat am eigenen Volke verherrlicht“ – dies jedenfalls war die Meinung eines empörten Kirchenmitgliedes, das damit ganz sicher nicht allein stand.[302] Mit ‚heiligem Zorn‘ und antikommunistischem Pathos nahm der – wie er selbst ausführte – mittlerweile zweiunddreißig Jahre junge ‚alte Kämpfer‘ der NSDAP und kriegsversehrte Wehrmachtsangehörige Gerhard Walther eine mit Bibelzitaten angereicherte Verdammung der SED vor, ohne auch nur ein einziges Mal den Namen dieser Partei auszusprechen: „Eine Partei, für die es einen Heldentod für das Vaterland nicht gibt, den Millionen tapferer deutscher Männer gestorben sind. Eine Partei, deren Presse es wagt, die Gestalt L U T H E R S, welcher der in Finsternis wandelnden Menschheit das Licht göttlicher Wahrheit vorantrug, als die eines armseligen Mönchleins hinzustellen, dessen einziges Verdienst darin bestehe, die deutsche Sprache auf eine höhere Stufe gestellt zu haben und der im Bauernkrieg seine Anhänger, die Bauern verraten habe. [...] Eine Partei, dessen Führer sich unter dem Deckmantel von Glaubens- und Religionsfreiheit dem

[296] Ebd.
[297] Ebd.
[298] Ebd. – Wie der Weimarer CDU-Vorsitzende Schröter urteilte auch Dibelius, dass – bei aller pastoral gebotenen Zurückhaltung – doch nicht vergessen werden dürfe, „[...] daß die evangelische Kirche heute praktisch nur bei der CDU Verständnis und positive Unterstützung findet.“
[299] Ebd. „[...] die Sozialdemokraten hätten [...] 300.000, die Kommunisten 200.000, die Union 100.000 Mitglieder. Damit sei klar, daß die Christlich-Demokratische Union nur geringe Berücksichtigung verdiene, infolgedessen auch die Kirche, die allein von dieser Partei unterstützt würde.“
[300] Ebd.
[301] Möglicherweise liegt hier ein Grund für den – wie Stegmann, *Der Kirchenkampf*, 116, berichtet – „frühen Zugang von Gerhard Lotz zur Christlich-Demokratischen-Union und zur Friedensbewegung“.
[302] Schreiben von Gerhard Walther (Wutha) an Mitzenheim, 05.09.1946, in: *LKAE*, A 239 (Loses), unfoliiert.

Feind in die Arme werfen, welcher einmal die Worte verkündet hat: ‚Religion ist Opium für das Volk' ", sei gefährlich und würde die Kirche in neue schuldhafte Verstrickungen stürzen.[303] Gerhard Walther geißelte die SED-Kandidatur von OKR Erich Hertzsch, ohne allerdings auch diesen Namen, der ihm gewiss bekannt war, zu erwähnen. Ausdrücklich bezog er sich auf eine Rede Mitzenheims im Thüringer Rundfunk. Er habe den „Aufruf [des Bischofs, d. Vf.] vernommen, der besagt, daß es dem geistlichen Würdenträger nicht ansteht, für irgend eine der politischen Parteien zu kandidieren [...]."[304] Er sei empört über soviel Ungehorsam, „[...] daß ausgerechnet ein Landeskirchenrat, der noch im Jahre 1944 einer seiner Predigten das Bibelwort zugrunde legte: ‚Fürchtet Euch nicht vor denen, die den Leib töten, aber den Geist nicht töten können!' glaubt, diese Ihre Worte in den Wind schlagen zu können."[305]

Die Vorgeschichte zu besagter Rundfunkansprache ist gleichfalls nicht ohne Tücken. Sie gehört in den Zusammenhang des angedeuteten besonderen Verhältnisses der beiden ‚Patriarchen' Kolesnitschenko und Mitzenheim.[306]Folgt man den ‚Memoiren' des einstigen Thüringer SMATh-Generals, die 1985 von der SED unter dem propaganda-prosaischen Titel: „Im gemeinsamen Kampf für das neue antifaschistisch-demokratische Deutschland entwickelte und festigte sich unsere unverbrüchliche Freundschaft" herausgegeben wurden, so war der Landesbischof im August 1946 von Kolesnitschenko „[...] zu einem Gespräch speziell zur Stellung der Kirche bei den bevorstehenden Wahlen" eingeladen worden.[307] Indem Kolesnitschenko „[...] den Parteien, deren Mitglieder meist evangelisch sind", unsaubere Methoden und Rauferei vorwarf, versuchte er den Bischof davon zu überzeugen, dass es für die Kirche schädlich sei, „[...] sich im Wahlkampf auf die Seite einer bestimmten Partei zu stellen."[308]

Auch von Kolesnitschenko wurde der Name der Partei, die ganz zweifelsfrei gemeint war, nicht in den Mund genommen. Mitzenheim bot, so der etwas holprige Rückblick des SMATh-Offiziers, einen Rundfunkbeitrag an, den er auch ‚zur Information' vorzulegen bereit gewesen wäre. Die theatralische Empörung über dieses freiwillige ‚Zensur-Angebot' wirkt verräterisch: „‚Aber wo denken Sie hin!', entgegnete ich. ‚Keiner der Mitarbeiter der Verwaltung der SMA Thüringen will Ihre Briefe und Ansprachen an die Wähler überprüfen.' "[309]

Allerdings war es der Aufmerksamkeit des mittlerweile betagten Besatzungsoffiziers entgangen, dass Mitzenheim zu Beginn seiner Rundfunkansprache, die Kolesnitschenko aus einer Veröffentlichung des Bischofs zitiert, klarstellte, er sei „[...] gebeten worden, im

303 Ebd.

304 Ebd.

305 Ebd.

306 Siehe dazu das vorherige Kapitel 3.2.3.

307 Kolesnitschenko, *Im gemeinsamen Kampf*, 86. – Wahrscheinlicher ist, dass Kolesnitschenko sich hier auf das ‚bischöfliche Krisengespräch' vom 06.06.1946 bezieht. Sitzung des LKR vom 04./05.06.1946, in: *LKAE*, A 122, unfoliiert, TOP 4: „Die Besprechung soll morgen fortgesetzt werden als Unterlage für die Unterredung mit dem russischen General."

308 Kolesnitschenko, *Im gemeinsamen Kampf*, 87.

309 Ebd. – Die Zensurmaßnahmen durch die politischen Offiziere der SMATh waren ein probates Mittel der gezielten Verhinderung von Chancengleichheit im Wahlkampf. – Vgl. John, *Quellen*, 279, Dok. 75d: Aus einem Schreiben des LDP-Landesverbandes an den Landespräsidenten über Wahlbehinderungen (27. August 1946). Fünfzehn leichtere und schwerwiegende Behinderungen durch Zensurbestimmungen werden hier aufgelistet. Am Schluss heißt es: Auch „[...] der Ablauf von Versammlungen ist gehemmt durch die Genehmigungs- und Zensurschwierigkeiten. Denn bekanntlich ist die LDP verpflichtet, jedes Redemanuskript den zuständigen Herren der Besatzungsmacht zur Zensur vorzulegen."

Rundfunk ein Wort zur bevorstehenden Wahl zu sagen."[310] Dass der Bischof im Sommer 1946 der Bitte des SMATh-Chefs gefolgt ist, kann als eine erste ‚spitzenpolitische Loyalitätsbekundung' Mitzenheims gelesen werden. Indem er die machtpolitische Taktik des sowjetischen Funktionärs als machtvolle Fürsprache gegenüber den vermeintlich radikaleren deutschen Kommunisten und als ‚irgendwie merkwürdige' Kirchenfreundlichkeit deutete, formte sich seine später immer klarer zu Tage tretende obrigkeitlich orientierte Kirchenpolitik.[311] Die Kirchenleitung zeigte sich außerordentlich bemüht, eine ‚überparteiliche Haltung' zu formulieren und darzustellen. Diese Strategiemischung aus Loyalitätsbekundung und kirchenpolitischer Selbstbestimmung glich einer Gratwanderung, bei der äußere Instrumentalisierungsversuche und Missverständnisse nicht ausbleiben konnten.[312]

Als ein weiteres Beispiel für SMATh-behördliche Instrumentalisierung – nach dem Schema: ‚Zuckerbrot und Peitsche' – sei die abendliche Begegnung zwischen Mitzenheim, OKR Phieler und dem russischen Major Babenko vom 23. August 1946 genannt.[313] Der Besatzungsoffizier eröffnete das Gespräch mit der Ankündigung, „[...] daß er eine erfreuliche Mitteilung zu machen habe."[314] Er verlas ein Telegramm, das er am gleichen Tag aus Berlin-Karlshorst erhalten habe: „Es ist gestattet, die kirchlichen Schulen in Eisenach und Altenburg sofort zu eröffnen. Es dürfen aber in den Schulen nicht mehr als 50 Schüler aufgenommen werden. Unterschrift Oberst Tulpanow."[315]

Die etwas misstrauische Frage Mitzenheims, ob sie dies auch in schriftlicher Form erhalten könnten, wurde abgewiesen. Die mündliche Mitteilung sei ausreichend. Nach einem kurzen Gesprächsgang über die Arbeitsfähigkeit der genannten Schulen, ließ Major Babenko ‚die Katze aus dem Sack': „Er habe nun eine unangenehme Eröffnung zu machen." In zwei Orten im Kreis Mühlhausen hätten „[...] Pfarrer sich in sehr unerfreulicher Weise politisch aktiv betätigt. In einem Fall durch Abreißen von Plakaten einer Partei und Überkleben [im anderen Fall]."[316] Mitzenheim konnte zu seiner Entlastung anbringen, dass beide Gemeinden nicht zur Thüringer Kirche, sondern zur Propstei Erfurt gehören. In der anschließenden Unterhaltung über die politische Betätigung von Pfarrern sei „[...] von beiden Seiten Übereinstimmung darüber festgestellt [worden], daß Pfarrer äußerste Zurückhaltung üben sollten." Der Major bat, „[...] daß der Landesbischof den Pfarrern das nochmals einschärfe."[317] Auf die Erwiderung Mitzenheims, dass dies seit August des Vorjahres und auch unlängst wieder geschehen sei, habe Babenko geantwor-

310 Kolesnitschenko, *Im gemeinsamen Kampf*, 88: Kolesnitschenko zitiert den Text „Niemand entziehe sich seiner politischen Verantwortung. Rundfunkansprache vor den ersten Wahlen in der damaligen sowjetischen Besatzungszone 1946" aus: Moritz Mitzenheim, *Politische Diakonie: Reden, Erklärungen, Aufsätze 1946–1964,*Berlin 1964, 12-16.

311 Ein gewisses Erstaunen ist Mitzenheims Worten während der ersten Superintendentenkonferenz im März 1946 zu entnehmen: „Es ist nicht unsere Schuld, daß die Kirche Schutz und Hilfe findet bei der Sowjet-Ministration [sic!]. Hier entsteht den deutschen Behörden gegenüber ein eigenartiges Bild." Protokoll der Superintendentenkonferenz, 06./07.03.1946, in: *LKAE*, A 190/III, unfoliiert.

312 Zu den verschiedenen ‚Gratwanderungen' vgl. den gleichnamigen Sammelband d. Vf., dort besonders die einführenden Bemerkungen unter gleicher Überschrift. In: *Thüringer Gratwanderungen*, 7-15.

313 Niederschrift von OKR Phieler über das Treffen mit Babenko am 23.08.1946 in Weimar, in: *LKAE*, A 930, unfoliiert. Mitzenheim und er waren an diesem Tag um 17.00 Uhr telefonisch von Oberregierungsrat Erle aufgefordert worden, „[...] daß sie bis 19 Uhr auf der Administration vorsprechen sollten."

314 Ebd.

315 Ebd.

316 Ebd. – Wiederum wurde darüber, welche Partei gemeint ist, kein Wort verloren, d. h. es war den Anwesenden einigermaßen klar, wer hier in militärbehördlichen Schutz genommen werden sollte.

317 Ebd.

tet: „[...] es müsse trotzdem noch einmal gesagt werden.“[318] Im letztgenannten Punkt widersprach der Landesbischof dem Protokollanten OKR Gerhard Phieler. Auf der Niederschrift fügte er handschriftlich an: „Der letzte Satz ist als Forderung so deutlich nicht gesagt worden. Mm.“[319] Es war Mitzenheim offenbar daran gelegen – ganz im Sinne der ‚Öffnungsklausel‘ vom 5. August 1946 –, politische Abstinenzanweisungen an die Pfarrerschaft künftig auszusetzen oder zumindest zu differenzieren.

Dass Missverständnisse oder politische Forderungen in die eine oder andere Richtung weiterhin an die Kirchenleitung heran getragen würden, musste als gegeben hingenommen werden. So war man in Thüringen entschlossen, eigene Wege zu gehen und auch den kirchenpolitischen Empfehlungen seitens der EKD-Kirchenkanzlei nicht unbesehen Folge zu leisten. Der Landeskirchenrat entschied in seiner Sitzung vom 28./29. September 1946 unter dem ersten Tagesordnungspunkt „Aufruf zur Wahl“: „Nach Vortrag des Landesbischofs [...], den von der Kirchenkanzlei unterm 30.8.1946 mitgeteilten Aufruf zu den bevorstehenden Wahlen nicht von der Kanzel abzukündigen. Die Abkündigung erübrigt sich mit Rücksicht auf die Erörterungen in der Tagespresse und auf die Rundfunkansprache des Landesbischofs.“[320]

Mitzenheim zeigte sich allerdings gleichfalls bemüht, der Forderung nach einer „klaren Frontstellung“, wie sie von dem bereits zitierten Gerhard Walther und anderen Antisozialisten oder Antikommunisten besonders vehement vertreten wurde, zu begegnen, indem er nun auf die Bürgerrechte der Demokratie verwies.[321] Sein Antwortschreiben an Walther eröffnete der Bischof grußlos und direkt: „Bei einer Wahl zu kandidieren ist ein bürgerliches Recht, das auch dem Pfarrer zusteht. Die Kirchenleitung kann es ihm nicht absprechen.“ Man habe die Pfarrer wohl angewiesen, „[...] sich bei den Wahlauseinandersetzungen zurück[zu]halten.“[322] Danach hätten sich die Pfarrer im Großen und Ganzen auch gerichtet. Mit einer nochmaligen Betonung der Überparteilichkeit der Kirche äußerte er die Erwartung, „[...] daß in allen Parteien christliche Persönlichkeiten die Möglichkeit zur Mitarbeit haben, und daß keine Partei der Kirche hinderlich ist bei der Ausrichtung ihres Dienstes.“[323]

Im Blick auf die gescholtene SED formulierte Mitzenheim eine Hoffnung, die er gewiss auch mit der Kandidatur und politischen Wirksamkeit von Hertzsch verband: „Wohl finden wir bei der SED oft noch die alten Schlagworte des Freidenkertums, aber es sind doch Anzeichen dafür vorhanden, daß auch in diesen Kreisen eine neue Achtung vor der Kirche Platz gegriffen hat.“

Etwas unvermittelt schloss Mitzenheim an: „Eine Verquickung der Politik mit dem Christentum, wie sie die Deutschen Christen vorgenommen haben, lehnt die neue Kirchenleitung ab.“[324]

---

318 Ebd.

319 Ebd.

320 Sitzung des LKR, 28./29.09.1946, in: *LKAE*, A 122, unfoliiert.

321 Schreiben von Gerhard Walther (Wutha) an Mitzenheim, 05.09.1946: Was Walther mit „klarer Linie oder Front“ meinte, daran ließ er keinen Zweifel: „Ich glaube, hier gibt es nur ein Entweder, Oder und alles Gerede von Marxismus, Sozialismus und Demokratie ist leeres Gefasel, welches einen anekelt“, in: *LKAE*, A 239, unfoliiert.

322 Schreiben von Mitzenheim an Gerhard Walther, vom 12.09.1946, in: *LKAE*, A 239 (Loses), unfoliiert.

323 Ebd.

324 Ebd. Hinsichtlich der geforderten ‚klaren Linie‘ bzw. ‚Frontstellung‘ betont Mitzenheim: „Seien Sie überzeugt, daß der Landeskirchenrat als ganzes und ich als Landesbischof, wie schon in den vergangenen Jahren, als wir verfolgt wurden, so auch jetzt, wo uns die Leitung der Kirche in die Hand gelegt ist, eine klare Linie einhalten und einen geraden Weg gehen.“

Genau diesem Vorwurf – einer Verquickung von Politik und Christentum – sah sich der SED-Kandidat Hertzsch ausgesetzt. Nicht nur von außen, sondern auch von innen, d. h. von alten und neuen Weggefährten. Zu diesen gehörte der vormalige BK-Pfarrer und jetzige Superintendent von Stadtroda, Gerhard Bauer (1896–1958). In einem Brief an Hertzsch bezog er sich auf einen Artikel, der am Sonntag der Kommunalwahl, dem 8. September 1946, in einer Sondernummer des SED-geführten *Thüringer Volk* erschienen war.[325] Der Artikel trug die Unterschrift von Hertzsch und musste, so die Einschätzung von Bauer und all jener, die sich entsetzt an ihn gewandt hatten, sowohl als Wahlpropaganda als auch „[...] als eine Stellungnahme gegen den Landeskirchenrat bezw. gegen den Landesbischof" gewertet werden. Dass Hertzsch sich gegen die Alternative Sozialismus oder Christentum wende, fand wohl die Zustimmung von Bauer.[326] Doch die entscheidende Frage laute seiner Meinung nach, was für ein Sozialismus gemeint sei. „Hinter der SED", so die Einschätzung des Superintendenten, „[...] stehen heute noch weithin die Kreise, die den Marxismus als Heilslehre oder doch als politische Lehre bejahen. Daß der Marxismus aus dem Materialismus hervorgewachsen ist, steht wohl außer Zweifel."[327] Somit habe das Wort zur Wahl so wirken müssen, „[...] als ob Sie den marxistischen Sozialismus billigten, ja propagierten." Bauer machte sich zum Sprecher für andere Amtsbrüder, die – „vielleicht nicht zu Unrecht" – befürchten, „[...] daß von da aus nur ein Schritt zu jener Verquickung ist, die wir einst bei den Religiösen Sozialisten und dann bei den Deutschen Christen sahen und die uns so viel Unheil brachte."[328]

Dieser Vorwurf musste Hertzsch besonders treffen. Zum einen, weil er die alten Wunden von 1933 wieder aufriss, als er gezwungen worden war, dem Religiösen Sozialismus ‚abzuschwören' und aus der SPD auszutreten. Zum anderen verstand sich Hertzsch – wie er in einem Brief an den Religiösen Sozialisten und Berliner SED-Pfarrer Arthur Rackwitz (1895–1980) betonte – „[...] theologisch eindeutig auf der Seite der BK stehend."[329] Im Rückblick auf den Kirchenkampf schlug Hertzsch sehr nachdenkliche Töne an: „Wir haben in den vergangenen Jahren noch mancherlei hinzugelernt. Das Beispiel der Deutschen Christen und ihr falscher Weg haben uns gezeigt, daß bei allem Willen zur Synthese gleichzeitig die Diastase in echt dialektischer Weise zu Worte kommen muß. Nach meiner Überzeugung besteht kein Anlaß, evangelische Glaubensüberzeugung und Eintreten für den Sozialismus für unvereinbar zu halten, aber ebenso geht es nicht an, beide miteinander in unzulässiger Weise zu vermischen."[330]

Hertzsch war bemüht, seinen ‚dialektischen Spagat' durchzuhalten, auch wenn er erfahren musste, dass seine Genossen nicht sonderlich fair mit ihm umgingen. Im Blick auf den von Bauer kritisierten Wahl-Artikel sah sich Hertzsch genötigt, eine Klarstellung an die Superintendenten zu geben. Darin wies er darauf hin, dass er lange vor der Wahl von der Schriftleitung des *Thüringer Volk* aufgefordert worden war, einen grundsätzlichen Artikel über die Erneuerung und Reinigung der Kirche zu schreiben. Dies habe er sehr ausführlich und gewissenhaft getan, ohne sich auf die bevorstehende Wahl zu beziehen: „Aus diesem

325 Schreiben von Gerhard Bauer an Erich Hertzsch, vom 11.09.1946, in: *LKAE*, PA L 5055, unfoliiert.

326 Ebd. Bauer prognostiziert: „Die Wirkung ist nach verschiedenen Seiten hin sehr bedenklich. Man schreibt mir u.a., ob das die Disziplin innerhalb des Landeskirchenrates sei."

327 Ebd.

328 Ebd.

329 Schreiben von Hertzsch an Rackwitz, 30.10.1946, in: *LKAE*, PA L 5055, unfoliiert.

330 Ebd.

Artikel ist ein Absatz herausgenommen und mit einer Überschrift und Unterschrift versehen worden. Dies ist ohne mein Wissen und meine Zustimmung geschehen."[331]
Zwei Beobachtungen bzw. Überlegungen könnten Mitzenheim dazu bewogen haben, dass er in dieser schwierigen Situation Hertzsch Rückendeckung gab: zum einen der Blick auf die offenbar immer fester und enger werdende kommunistische Hegemonie im Lande und zum anderen der sicher auch von ihm als sinnvoll erachtete Brückenschlag zu einer weitgehend entkirchlichten Arbeiterschaft. Mitzenheim wird die Einschätzung von Hertzsch, „[...] daß das Vertrauen der sozialistisch denkenden Arbeiter zu der Kirche, das in der Vergangenheit weithin verloren gegangen war, und in den letzten Jahren sich allmählich wieder eingestellt hat", heute eine gewisse Aufmerksamkeit verdient, grundsätzlich geteilt haben.[332] Auch wenn er im Grunde seines Herzens eine andere theologische wie politische Position als sein vormaliger Eisenacher Pfarrerkollege vertrat, so war Mitzenheim im Rückblick auf die politischen Gespräche der zurückliegenden Monate offenbar der Meinung, dass ein sozialistischer Oberkirchenrat der Verhandlungsposition der Kirche und seinem Ansehen beim ‚russischen General' keinesfalls schaden könnte. Es ist also nicht verwunderlich, dass der Bischof auf dem kritischen Brief von Bauer an Hertzsch handschriftlich notiert hat: „Die Angelegenheit ist bei der Bruderratssitzung am 13.10. [...] durch mündl[iche] Ausführungen von mir in allgemein befriedigender Weise erledigt worden. Mm."[333]
Das Ergebnis der Kommunalwahlen war für die SED – trotz enormer Wahlkampfanstrengungen, vielfältiger Störungen der gegnerischen Parteien sowie diesbezüglicher Unterstützung und Interventionen durch die SMATh – absolut unbefriedigend. Mit unverhohlener Genugtuung hielt Hermann Brill im Rückblick fest: „In allen größeren Städten mit Ausnahme von Altenburg waren die für die SED abgegebenen Stimmen niedriger als die Stimmenzahl, die die SPD allein im Kampfe gegen die KPD und die NSDAP erhalten hatte. Demgemäß erhielten alle größeren Städte bürgerliche, zum Teil rein liberaldemokratische Mehrheiten."[334]
Auch der Bericht Kolesnitschenkos spiegelt – wenngleich etwas verhaltener – die Verluste der SED: „Die Notwendigkeit der selbstkritischen Einschätzung der Ergebnisse der Gemeindewahlen ergab sich daraus, daß für den 20. Oktober die Durchführung der Kreis- und Landtagswahlen in Thüringen vorgesehen war und auch angesichts der Tatsache, daß in solchen Industriestädten wie Erfurt, Gotha und Jena die Mehrheit der Wähler für die LDPD und in Weimar für die CDU gestimmt hatte, was für die SED eine Überraschung gewesen war. Die Lehre daraus wurde gezogen."[335]
In manchen Orten weigerte sich die SED, dieses Ergebnis anzuerkennen, bzw. versuchte mit Zwangsmaßnahmen, einen eigenen Bürgermeister einzusetzen. Im Nachlass von Hermann Brill ist davon die Rede, dass z. B. in Erfurt „[...] der gewählte liberaldemokratische Oberbürgermeister verhaftet und so lange im Landesgefängnis Ichtershausen gehalten [wurde], bis sich 11 liberal-demokratische Stadtverordnete bereitfanden, den SED-Oberbürgermeister Boock wiederzuwählen."[336]

[331] Schreiben von Hertzsch an die Superintendenten der TheK, 13.09.1946, in: *LKAE*, A 239 (Loses), unfoliiert.

[332] Erklärung von Hertzsch an die Superintendenten zu seiner Kandidatur für die Landtagswahl, vom 7.10.1946, in: *LKAE*, A 239 (Loses), unfoliiert.

[333] Schreiben von Bauer an Hertzsch, 11.09.1946, in: *LKAE*, PA L 5055, unfoliiert.

[334] Overesch, *Machtergreifung*, 191: „Hermann Brill: Die politische Entwicklung Thüringens unter der sowjetischen Besatzung".

[335] Kolesnitschenko, *Im gemeinsamen Kampf*, 90.

[336] Overesch, *Machtergreifung*, 191.

In eine ähnliche Richtung weist auch ein ‚Dementi des Präsidialamtes' vom 24. September 1946: „Das Thüringische Präsidialamt gibt bekannt: DPD verbreitet in einer Meldung aus Weimar vom 16. September 1946 eine Nachricht über angebliche Äußerungen des Leiters des Thüringischen Präsidialamtes, Präsidialdirektor Staas [SED, d. Vf.] die er in einer Dienstbesprechung getan haben soll, und die im Wesentlichen besagen, es sei nicht beabsichtigt, das Wahlergebnis bei der künftigen Personalpolitik zu berücksichtigen."[337]
Die bevorstehenden Landtagswahlen am 20. Oktober 1946 wurden von der SED als ‚Entscheidungsschlacht' apostrophiert.[338] Nun käme es darauf an, alle Kräfte zu sammeln und als Wahlkampf-Instrumente einzusetzen. „Arbeite mit, um aus den Gewerkschaften, den Konsumgenossenschaften, der Vereinigung der gegenseitigen Bauernhilfe, der Kleingartenbewegung, dem Kulturbund zur demokratischen Erneuerung Deutschlands, der Freien Deutschen Jugend, den kommunalen Sportausschüssen und der antifaschistisch-demokratischen Frauenbewegung machtvolle und funktionsfähige Instrumente der fortschrittlichen sozialen Entwicklung, der Demokratie und des Friedens zu machen."[339]
In diesem Zusammenhang wurde auch die etwas pikante Frage der Kandidatur von Rudolf Paul lange und kontrovers diskutiert. Das SED-Landessekretariat, namentlich Werner Eggerath, beurteilte die Landtagskandidatur des Landespräsidenten mit vernehmbarem Unbehagen: „Dr. Paul ist nicht irgendwer, sondern er ist eine Persönlichkeit im öffentlichen Leben Deutschlands. Er hat persönliche Eigenarten, daran kann man nicht vorbeigehen, [...] wir müssen damit rechnen, daß er einfach nicht fähig ist, unter bestimmten Bedingungen so weiter zu arbeiten. [...] Wir können uns nicht erlauben, gegen Paul zu stehen. Wir müssen ihn übernehmen."[340]
Das mussten sie insofern, als Paul – der im Frühjahr überraschend der SED beigetreten war – (noch) nicht innerhalb der Partei akzeptiert wurde, es andererseits aber nicht zu übersehen sei, dass er „[...] unter den Präsidenten der Sowjetzone der markanteste Politiker geworden [ist], der sich um die Einheit Deutschlands verdient gemacht hat."[341]
Zu den besonderen kommunistischen Wahlkampf-Maßnahmen gehörte auch die breit propagierte SED-Kandidatur des Eisenacher Oberkirchenrates Erich Hertzsch. Um seine theologischen und politischen Beweggründe transparent zu machen und um das „amtsbrüderliche Vertrauen zu erhalten", verfasste Hertzsch dieses Mal einen ausführlichen Brief an die Thüringer Superintendenten: „Wie Sie nun bereits aus der Zeitung erfahren haben werden, bin ich von der SED als Kandidat für die Thüringer Landtagswahl aufgestellt worden. Wer mich näher kennt, weiß, daß ich mich zur Mitarbeit am politischen Leben niemals gedrängt habe, daß ich im Gegenteil, wenn es nach mir ginge, mich ganz auf die theologische Arbeit im engsten Sinne beschränken möchte. So bin ich auch ganz ohne mein Zutun auf die Kandidatenliste zur Landtagswahl gekommen."[342]
Er unterstrich, dass ihm selbstverständlich alle Bedenken, die gegen eine aktive Beteiligung eines Pfarrers und – in gleichem Maße auch – eines Mitgliedes der Kirchenleitung

337 Dokument aus John, *Quellen*, 282 (Dok. 75f).

338 ebd., 284 (Dok. 75g): „Rundschreiben des SED-Landesvorstandes zur aktiveren Beteiligung am Wahlkampf" vom 01.10.1946: „Du weißt also, daß die Entscheidung der Wahl am 20. Oktober 1946 von allergrößter Bedeutung für Dein eigenes Leben, für die Zukunft Deiner Kinder und für das allgemeine Wohl Deines Volkes und Deiner Heimat ist."

339 Ebd.

340 John, *Quellen*, 295 (Dok. 79): Landesdelegiertenkonferenz der SED, 05./10. Oktober 1946.

341 ebd., 296. – So jedenfalls wurde diese Frage von Ernst Busse eingeschätzt. Darum seien die innerparteilichen Diskussionen in Kauf zu nehmen und durchzustehen.

342 Schreiben von Hertzsch an die Supterintendenten, 07.10.1946, in: *LKAE*, A 239 (Loses), unfoliiert.

sprechen, bekannt und einsichtig seien. „Ich bin mir bewußt, welchen Anfechtungen, Versuchungen und Gefahren ich mich durch die Annahme der Kandidatur aussetze.“[343]
Er hoffe, dass es ihm gelänge, die durch den Landeskirchenrat auferlegte Zurückhaltung dennoch durchzuhalten. Den DC-Vorwurf vorwegnehmend, führte Hertzsch aus, „[...] daß das abschreckende Beispiel derjenigen Deutschen Christen, die politische und kirchliche Anliegen in unverantwortlicher Weise vermischten, ja gleichgesetzt haben, mir allezeit vor Augen steht [...].“ Allerdings müsse klargestellt werden, dass der Vorwurf gegenüber den DC „[...] ja nicht die Tatsache ist, daß sie sich am politischen Leben des Volkes beteiligt haben, sondern, das war u.E. ihr Fehler, daß sie sich bedingungslos der nationalsozialistischen Weltanschauung verschreiben konnten und die Absicht bekundeten, die Kirche den Ordnungsorganen des Dritten Reiches auszuliefern.“[344]
Hertzsch bezeichnete sich selbst als einen lutherischen Theologen, dem es – in der Nähe zu Karl Barth und Paul Tillich stehend – darum zu tun sei, „[...] mit der dialektischen Theologie auch im politischen Leben ernst zu machen: Ich bin mir im klaren darüber, daß das Reich Gottes, das der Herr verheißen hat, nicht verwechselt werden darf mit dem, was wir nach unseren menschlichen Plänen und Hoffnungen erreichen möchten. Ich meine allerdings auch, daß wir nie vergessen dürfen, daß das Gebot des heiligen und gerechten Gottes auf Erden gelten soll und daß unsere fehlsamen menschlichen Entscheidungen nicht ohne Ihn zustande kommen dürfen. Göttliches und Menschliches steht allezeit in dialektischer, ja oft geradezu paradoxer Beziehung zueinander.“
Gerade deshalb gäbe es kein Leben „[...] ohne die polare Spannung, die alle unsere Entscheidungen in das Zwielicht der Fehlbarkeit, ja in das Dunkel der Sünde stellt.“[345] Indem er seinen eigenen biographischen Werdegang schildert – aus einem politisch und theologisch konservativen Pfarrhaus kommend, über seine Studentenzeit, die Arbeit im Bergbau sowie seine langjährige Unterstützung der SPD – hielt er fest: „Ich halte die Sozialisierung in unserem übervölkerten, technisierten Lande für unvermeidlich und notwendig.“
Politisch befand Hertzsch sich damit durchaus auf der Höhe diesbezüglicher Forderungen von Vertretern der bürgerlichen Parteien, besonders auch in der von ihm formulierten Einschränkung, „[...] daß diese Sozialisierung, die kommen muß, nichts zu tun hat mit einer Zerstörung des Privateigentums.“[346]
Mit seiner politischen Entscheidung hofft er zur Entgiftung des politischen Lebens beitragen zu können und bestand darauf, dass das Anliegen einer guten Demokratie die verantwortungsbereite Mitwirkung der Bürger, unabhängig von deren Weltanschauung, sei. Leidenschaftlich beschrieb er den von ihm angestrebten Brückenschlag zur Arbeiterschaft: „Nie wieder dürfen die einfachen, schwer arbeitenden Menschen in unserem Volk den Eindruck gewinnen, daß sie in der Kirche nicht dasselbe Heimatrecht hätten wie jeder andere.“[347]

Abschließend nannte er zwei Gründe, die es ihm unmöglich gemacht haben, den Vorschlag der SED abzulehnen: „Ich sehe vor mir eine offene Tür: Ich habe bei den Sozialisten weithin Vertrauen gefunden, obgleich sie alle genau wissen, wer ich bin und was für mich mein Christentum bedeutet. [...] Als ich erfuhr, daß bei den anderen beiden Parteien auch Theologen kandidieren und daß ich als einziger Pfarrer auf der Liste der SED stehe,

343 Ebd.
344 Ebd.
345 Ebd.
346 Ebd.
347 Ebd.

und zwar an einer Stelle, wo mit meiner Wahl mit größter Sicherheit zu rechnen ist, habe ich es trotz aller Bedenken für richtig gehalten, mich dem Ruf nicht zu entziehen."[348]

Der ‚Erhalt des amtsbrüderlichen Vertrauens' wurde dennoch fortan nicht einfacher – aus zweierlei Gründen. Zum einen erschien sein Name während des Wahlkampfes nicht nur in der Thüringer Presse, sondern nun auch unter einem Aufruf mit der Überschrift „Pfarrer mahnen euch! Christentum und Sozialismus sind keine Gegensätze" am 17. Oktober auf der Titelseite des *Neuen Deutschland* – wiederum ohne sein Wissen und sein Einverständnis. Zum anderen tauchten neben Hertzsch als Mitunterzeichner die Thüringer Pfarrer Alfred Wolf[349] und Selmar Graf auf.

Dem Verfasser des Aufrufes, dem Religiösen Sozialisten und SED-Genossen Arthur Rackwitz (1895–1980), schrieb Hertzsch am 30. Oktober 1946 als ein dringendes Anliegen, „[...] Bedenken gegen manches, was in den letzten Wochen geschehen ist, anzumelden."[350] So sei es zwar mittlerweile nicht mehr zu ändern, dass seine Unterschrift unter dem Text zu stehen kam, zumal er, Hertzsch, mit dem grundsätzlichen Anliegen konform gehe. „Ich kann jedoch nicht verschweigen, daß ich gegen einzelne Formulierungen Bedenken habe, weil ich fürchten muß, daß alte Fehler neu gemacht werden und unerwünschten Mißverständnissen Nahrung gegeben wird, wenn unser Ansatzpunkt nicht noch klarer sichtbar wird."[351]

Obgleich nach Hertzschs Meinung kein Anlass bestünde, „[...] evangelische Glaubensüberzeugung und Eintreten für den Sozialismus für unvereinbar zu halten," ginge es allerdings nicht an, beide in unzulässiger Weise zu vermischen.[352] Das hieß für Hertzsch: „Wir dürfen nicht weiter gehen, als daß wir sagen: ‚Ein Christ kann Sozialist sein.' " – was allerdings die Toleranz gegenüber politisch Andersdenkenden unbedingt einschließen müsse. Konkret nannte er: „konservativ eingestellten Menschen [darf] nicht bestritten werden, daß sie vom Evangelium her auch die Möglichkeit haben, für ihre politische Überzeugung einzutreten, ohne ihren christlichen Glauben zu verraten" – auch wenn an der grundlegenden sozialistischen Kritik der kapitalistischen Wirtschaftsordnung selbstverständlich festgehalten werden sollte.[353]

Hertzsch berichtete außerdem über die Diskussion im Landeskirchenrat, die vor allem wegen der Namensnennung von Wolf und Graf sehr negativ beeinflusst worden sei: „[...] außerordentlich beschwerend [ist] die Tatsache, daß neben meiner Unterschrift die Namen von Männern stehen, die aus der Vergangenheit her dermaßen belastet sind, daß sie in kirchlichen Kreisen mit Recht alles Vertrauen verloren haben. Niemand von uns versteht, daß Pfarrer Wolf – Schmölln, der von der Spruchstelle als nazistischer Aktivist entlassen werden mußte, in der Öffentlichkeit für die SED eintreten darf."[354]

Ähnlich verhielte es sich mit dem DC-Pfarrer Graf. Unmissverständlich macht Hertzsch klar: „Hätte ich gewußt, daß diese beiden mit unterschreiben würden, so hätte ich alles getan, um zu erreichen, daß meine Unterschrift wieder gestrichen würde – zumal durch derartige Mißgriffe Schaden nach beiden Seiten angerichtet würde: sowohl im Blick auf die Kirche als auch hinsichtlich der Glaubwürdigkeit der SED."[355]

---

348 Ebd.

349 Siehe Kapitel 4.6, dort Exkurs: ‚Wolf'.

350 Schreiben von Hertzsch an Rackwitz, 30.10.1946, in: *LKAE*, PA L 5055, unfoliiert.

351 Ebd.

352 Ebd.

353 Ebd.

354 Ebd. – In der Sitzung des LKR vom 17.10.1946 gibt Mitzenheim ein „Stimmungsbild zur SED-Kandidatur von Dr. Hertzsch zur Landtagswahl", in: *LKAE*, A 122, unfoliiert.

355 Ebd.

Auch gegenüber seinem politischen Weggenossen Rackwitz beschrieb Hertzsch seine besondere Brückenbauer-Rolle im Landeskirchenrat: „Ich habe bei meiner Mitarbeit im Landeskirchenrat große Aufgaben und fühle mich dafür verantwortlich, daß die Kirche der Versuchung widersteht, sich allein auf die reaktionären Kreise zu stützen und die Kirchenglieder, die für den Sozialismus arbeiten, dadurch vor den Kopf stoßen und mißtrauisch machen, so daß ihre Mitarbeit erschwert oder unmöglich gemacht wird.“[356]
Das Ergebnis der Oktober-Wahlen brachte nun den entscheidenden Sieg für die SED und damit eine weitere Etappe auf dem Weg der politischen Sowjetisierung Thüringens und der SBZ. Genüsslich erinnerte der Chef der Zivilverwaltung der SMATh, wie am Abend des Wahltages die beiden Vorsitzenden des Landesvorstandes der SED, Werner Eggerath und Heinrich Hoffmann, zu ihm kamen, um die Wahlergebnisse, die zuerst bei ihm einliefen, abzuwarten: „[...] da laut Wahlordnung die Stimmabgabe um 19 Uhr beendet wurde, erhielten M.W. Warakin und ich bereits um 20 Uhr die ersten Informationen über die Ergebnisse der Wahl. In der Zwischenzeit brachte mein Adjutant ein Abendessen, wie es im Buche steht, auf den Tisch, das wir in Ruhe einnahmen, denn wir waren überzeugt, daß die SED auch dieses Mal (sic!) die meisten Wählerstimmen erhalten wird.“[357]
Weniger erfreut äußerte sich der vormalige Vorsitzende der kirchlichen Spruchstelle Walther Doehring zum Ausgang der Thüringer Kreis- und Landtagswahlen vom Oktober 1946. In seinem Brief an Mitzenheim vom 21. Oktober 1946 schilderte er seine Enttäuschung: „Die Wahlen haben nun mal ein Ergebnis gebracht, das die Dreistigkeit der Sozialisten nur steigern wird. Die Spuren sind ja auch bereits zu sehen. In Städten nicht sozialistischer Majorität gilt plötzlich die Demokratie nicht mehr sondern die ‚Autorität‘ einer im Lande herrschend gewordenen Partei, deren Majorität doch wieder nur auf einer äußerst gerissenen Unterdrückung der anderen Parteien in den Landbezirken beruht.“ Doch er setzte seine politische Hoffnung hinzu: „Aber das sind Vorgänge, die nicht endgültig den Ausschlag geben werden. Auf die Dauer haben die kirchlich orientierten Parteien doch alle Aussicht für sich.“[358]
Die optimistische Sicht, die Doehring im Blick auf die bürgerlichen Parteien hatte, konnte zu dieser Zeit noch einige Glaubhaftigkeit für sich verbuchen. Doch die ausgeklügelte Strategie der Besatzungsbehörde blieb nicht folgenlos.
Um den landläufigen Vorwurf, die SED sei die ‚Russenpartei‘ und ‚die Russen‘ seien die Garanten für den künftigen Ruin des Landes, im Wahlkampf zu entkräften, hatte sich die SMA mit Reparationsforderungen während der zurückliegenden Wochen sehr zurückgehalten. Nach der Landtagswahl hatte die SMA gerade mal zwei Tage verstreichen lassen, um die Operation ‚Ossawkim‘ in Gang zu setzen.[359] Am 22. Oktober 1946 begann eine groß angelegte Deportation, während der – folgt man zeitgenössischen Pressemeldungen – insgesamt etwa 7000 Wissenschaftler, Ingenieure, Techniker und Facharbeiter aus wichtigen Industriezweigen der SBZ und dem Ost-Sektor Berlins in die Sowjetunion gebracht wurden. Aus den Jenenser Zeiss- und Schottwerken gehörten ca. 280 Spe-

356 Ebd. – Ebenfalls am 30.10.1946 schrieb Hertzsch an den Landesvorstand der SED Thüringen. Er antwortete damit auf eine Anfrage zur Wirksamkeit des vermeintlichen KPD-Pfarrers Alfred Wolf vom 21.10.1946 und äußerte sein Unverständnis darüber, „[...] daß zuerst die KPD und nach dem Zusammenschluß der SPD die SED Pfarrer Wolf als ihren Sprecher in der Öffentlichkeit wirken ließ.“

357 Kolesnitschenko, *Im gemeinsamen Kampf*, 90. – Dass das vorige Mal – während der Kommunalwahlen vom 08. September – die SED eingebrochen war, hatte Kolesnitschenko zwar im vorhergehenden Kapitel erwähnt, nun aber offenbar aus dem Gedächtnis getilgt.

358 Schreiben von Doehring an Mitzenheim, 21.10.1946. LKAE, PA L 5038, unfoliiert.

359 John, *Quellen*, 298 f. (Dok. 80): [Vertrauliches] „Memorandum über Thüringer Reparationsleistungen“ an den Landespräsidenten Paul, 22.10.1946.

zialisten mit ihren ca. 400 Angehörigen dazu. Zeitgleich mit der Deportation kam auch der Befehl zur Demontage.[360]
Bald darauf hatte auch der SED-Landtagsabgeordnete Hertzsch – mittlerweile zum dritten Mal – mit jener von Doehring angemerkten Dreistigkeit der Kommunisten zu kämpfen. Mitte Dezember 1946 war erneut eine „Erklärung sozialistischer Pfarrer" in der Presse erschienen, die wiederum eine kircheninterne Stellungnahme von Hertzsch erforderlich machte. Dieses Mal sah er sich allerdings genötigt, sowohl formal als auch inhaltlich deutlicher auf Distanz zu gehen. Am Heiligen Abend 1946 legte der Oberkirchenrat in einem (weiteren) Brief an Sup. Bauer seine Haltung dar: „An der Abfassung dieser Erklärung bin ich gänzlich unbeteiligt. Ich habe diese Erklärung nicht unterschrieben. Ich billige diese Erklärung inhaltlich zum großen Teil nicht. [...] Besonders kann ich die Kritik an der offiziellen Kirche nicht mitmachen aus dem einfachen Grunde, weil ich als Mitglied der Kirchenleitung mich damit selbst desavouieren würde."[361]
Verärgerung und Enttäuschung spricht aus dem Brief von Hertzsch über die in diese Erklärung aufgenommene Behauptung, „[...] daß innerhalb der sozialistischen Bewegung das Christentum als solches niemals angegriffen worden sei." Eher wäre das Gegenteil zu beobachten: „Ein Beispiel dafür ist der Zeitungsartikel von Minister Wolf vom 26.11.1946, um nur ein Beispiel aus neuester Zeit zu nennen." Um Verständnis werbend schloss Hertzsch seinen Weihnachtsbrief: „Es tut mir leid, daß ich bei Ihnen und bei anderen Amtsbrüdern durch diese für mich sehr unangenehme Angelegenheit wieder in ein falsches Licht gekommen bin. Ich kann nur hoffen, daß wenigstens in Zukunft solche Dinge unterbleiben."[362]
Doch solche und andere konfliktträchtige Dinge unterblieben nicht, die politischen Auseinandersetzungen wurden zunehmend härter. Die Prognose, die der betagte Rechtsanwalt Max Tunze vier Tage nach der Landtagswahl abgab, schien sich Zug um Zug zu verwirklichen. Der konfessionell und politisch konservative Tunze warnte eindringlich, ja nahezu prophetisch. Er vermöge den Optimismus vieler, die meinten, „[...] daß nunmehr für die Kirche die Zeit der Befreiung und ungehinderten Entfaltung begonnen habe, *nicht* zu teilen. Gewiß läßt man *im Augenblick* die Kirche seitens der politischen Linksparteien und seitens des Staates mehr in Ruhe als die letzten 12 Jahre."
Der Grund dafür sei ganz einfach: „[...] weil die Parteien und besonders die beiden Linksparteien besessen sind vom ‚Antifaschismus', und nichts anderes kennen als die Austobung ihres Hasses gegen die Nazis und deren Ausrottung."[363] Doch dieser Hass würde über kurz oder lang aufhören, „[...] dann braucht man neue Haß- und Verfolgungsobjekte und da wird die Kirche [...] sehr bald [...] wieder im Mittelpunkt des gehässigen Treibens stehen, [...]. So war es nach dem ersten Weltkriege, noch schlimmer aber dann in der Nazizeit, und so wird es jetzt wieder werden."[364]
Auch wenn die Auseinandersetzungen (zunächst) nicht diese, von Tunze prognostizierten dramatischen Formen annahmen, so blieben auch künftig erhebliche Zerreißproben mit dem Problem der ‚politischen Betätigung der Pfarrer' verbunden. OKR Hertzsch konnte zwar auf Grund des ihm entgegengebrachten Vertrauens bei Vertretern der SED wichtige Verhandlungserfolge erzielen – besonders auf den heftig umstrittenen Gebieten des Thüringer Bildungswesens und der Wirtschaft. Doch der von ihm versuchte ‚dialekti-

[360] Ebd., 302 (Dok. 81a): „Nach der Demontage der Jenaer Stiftungsbetriebe."
[361] Schreiben von Hertzsch an Bauer (Stadtroda), 24.12.1946, in: *LKAE*, PA L 5055, unfoliiert. – Bauer hatte sich zuvor mit einer Beschwerde vom 14.12.1946 an den LKR gewandt.
[362] Ebd.
[363] Schreiben von Max Tunze an KR Wolfgang Schanze, 24.10.1945, in: *LKAE*, A 239 (Loses), unfoliiert.
[364] Ebd.

sche Spagat', das Bemühen um Verständnis und Vermittlung sozialistischer und christlicher Überzeugungen, seine differenzierte Sicht einer praktischen Theologie, die die Paradoxien des Lebens durch frommes Gottvertrauen und beherzte Weltverantwortung zu bewältigen und fruchtbar zu machen suchte, brachte ihn selbst nicht selten in schwierige Loyalitätskonflikte.
Inwieweit das ‚amtsbrüderliche Verhältnis' der beiden profiliertesten Vertreter des Landeskirchenrates, Mitzenheim und Hertzsch, unter diesen äußeren Spannungen gelitten hat, die allemal geeignet waren, auch die eingangs beschriebenen theologischen und politischen Unterschiede wieder stärker hervorzuheben, ist nur schwer auszumachen. Dafür, dass nicht unerhebliche Störungen vorhanden waren, sprechen die Begleitumstände des Wechsels von Hertzsch im Sommer 1948 an die Theologische Fakultät der Universität Jena.
Hertzsch, der im Oktober 1946 in seinem ‚Positionspapier' an die Superintendenten mitgeteilt hatte, dass es ihm am nächsten läge, sich „[...] ganz auf die theologische Arbeit im engsten Sinne" zu beschränken, hatte dennoch darauf gebaut, auch jetzt in seiner neuen Funktion weiterhin mit Sitz und Stimme im Landeskirchenrat vertreten zu sein. In einem Brief vom 13. Juli 1948 an den Landeskirchenrat äußerte er mit ärgerlicher Verwunderung, dass sich offenbar seit der letzten Sitzung im März d. J. ein Standpunkt durchgesetzt habe, der im Widerspruch zum vereinbarten Verfahren stünde. Unter Protest legte er seine bisherigen Ämter (Vorsitzender der Prüfungskommission für die Katecheten, Mitglied der Prüfungskommission für das 2. theologische Examen, Leitung der Evangelischen Akademie und seine Mitgliedschaft im liturgischen Ausschuss) nieder.[365]
In seinem Antwortbrief brachte der Landesbischof sein Bedauern zum Ausdruck und betonte, die künftige Zusammensetzung des Landeskirchenrates sei Sache der – geplanten – Synodentagung. Sichtlich darum bemüht, sich der Bündnisgenossenschaft von Hertzsch zu versichern, stellte Mitzenheim abschließend fest: „Es ist von mir absichtlich alles in der Schwebe gelassen worden. Wenn es unklar sein sollte, ob Sie als beurlaubtes Mitglied des Landeskirchenrat zur Synode gehören, so besteht ohne weiteres die Möglichkeit, Sie in die Synode zu berufen. [...] Ich bitte Sie, daraus zu ersehen, daß ich auf Ihre Mitarbeit in der Thür[inger] Kirche großen Wert lege."[366] An dieser Wertschätzung waren für Hertzsch offensichtlich erhebliche Zweifel aufgetreten.
Im Sommer 1948 ging ein schwieriger Abschnitt der Neubildung der Kirche, die mit der Neubildung der Kirchenleitung im April/Mai 1945 begonnen hatte, zu Ende. Die Nachkriegs-Auseinandersetzungen um „die politische Betätigung der Pfarrer" in einer sich allmählich und nun zum zweiten Mal in Thüringen herausbildenden Ein-Parteien-Diktatur werden Mitzenheims Überzeugung gefestigt haben, dass doch der „[...] unpolitische vom Evangelium bestimmte Weg der Lutherischen Bekenntnisgemeinschaft" der Weg sein müsse, auf dem die Kirche gehen kann.[367] Sein BK-Bruder Gerhard Mälzer, Superintendent in Ronneburg, hatte schon im Februar 1946 – bei gleichzeitig geäußerter Sympathie für die CDU – als eine einigermaßen weltferne These ausgegeben: „Wir wollen die politische Spaltung unseres Volkes nicht in den Pfarrerstand hineinwirken las-

[365] Schreiben von Hertzsch an den LKR, 13.07.1948. LKAE, PA Erich Hertzsch, unfoliiert. – Die Stelle des Leiters der Ev. Akademie Thüringen blieb von da ab bis zur Beauftragung des Friedrichrodaer Sup. Gerhard Schulze-Kadelbach am 18. April 1950 offenbar vakant. – Vgl. dazu: Böhm, *Die ersten zehn Jahre*, 195.

[366] Ebd. Schreiben von Mitzenheim an Hertzsch, 22.07.1948.

[367] „Erklärung, vom 30. April 1945", zum ersten Mal erwähnt von Dahinten in seiner Pfarrervereinschronik [*Pfarrerverein*, 153] und dann bei Stegmann, *Kirchenkampf*, 114. – Vgl. auch Kapitel 3.1.3.

sen."[368] Bei dieser Gelegenheit richtete er an den Landesbischof die Frage, die sicher nicht nur rhetorisch gemeint war: „Könnten Sie nicht einfach allen Pfarrern verbieten, einer Partei beizutreten?"[369]

Wenn Mitzenheim gekonnt hätte, hätte er dies zweifellos getan. Zumal er – wie viele seiner Generation – Politik ganz offenkundig nicht als Teilhabe am Geschehen der ‚Polis', als bürgerschaftliches Engagement für das Gemeinwohl verstand, das bestimmten Verfahrensregeln folgt und dem gesetzten Recht verpflichtet ist. Ähnlich wie zu Zeiten des Kaiserreichs, wie die ‚in besonderer Vollmacht handelnden' ‚Führer' und ‚Geführten' während des NS und wie die ‚Avantgarde der Arbeiterklasse' nach 1945 sah Mitzenheim ‚Politik' als vormundschaftliches Handeln ‚leitender Männer' in einem machtpolitisch geprägten, zumeist extrem unübersichtlichen Sonderbereich der ‚Welt' an.[370]

Diese Auffassung findet auch noch zehn Jahre nach Kriegsende ihren Niederschlag, als der Bischof in einem seiner zahlreichen Rundbriefe Rückschau hält: „Was die Stellung unserer Thüringer Kirche zu den Fragen des politischen Lebens betrifft, so bleibt es bei der Linie, die wir seit 10 Jahren innezuhalten uns bemühen. Ohne die Freiheit des Einzelnen zu beeinträchtigen, empfehlen wir unseren Pfarrern um des Amtes willen und den sonstigen Dienern der Kirche um der Gemeinde willen Zurückhaltung in politischen Dingen."[371] „Nur bei Bedarf", habe die Thüringer Kirchenleitung oder auch die EKD politische Stellungnahmen abgegeben.

„Solch ein Wort von leitender Stelle ist der Sache dienlicher als wenn einzelne Amtsträger sich äußern und, wie es dann oft geschieht, verschiedene Standpunkte vertreten [sic!] und Verwirrung anrichten."[372] Mit der einigermaßen simplen Einsicht, dass die Heilige Schrift auf politische Fragen „[...] nicht ohne weiteres eine eindeutige Antwort gibt", verwies

---

368 Schreiben von Mälzer an Mitzenheim, 19.02.1946, in: *LKAE*, A 239/II, 189. – Sup. *Gerhard Mälzer (1894–1982)* hat einiges Material zum ‚Thüringer Kirchenkampf' gesammelt, das, zusammen mit der „Kirchenkampfchronik" von Paul Dahinten und Walter Pabst, die Grundlage bildete für die Chronik von Erich Stegmann, *Der Kirchenkampf.* Zur besonderen Attraktivität und Problematik dieses Buches siehe die Einleitung, Kapitel 2.

369 Ebd.

370 Dass Mitzenheim seine zahlreichen ‚Spitzengespräche' u.a. auch dazu nutzte, um vom SED-Staat drangsalierten oder verfolgten Menschen zu helfen, spricht für sein christlich geprägtes Eintreten für „Gerechtigkeit und Barmherzigkeit" ebenso wie für sein Selbstverständnis als permanent im Dienst für seine geliebte Heimatkirche stehender, treusorgender Landesherr und -bischof. Dieses Engagement findet sich in zahllosen Briefen und Notizen; es hat ihn selbst gelegentlich bis an den Rand seiner physischen Leistungsfähigkeit und Gesundheit geführt. Ein besonderes Beispiel stellt sein Eintreten für die ‚aus der Mitte der Gesellschaft' Verhafteten des Speziallagers Buchenwald dar. – Vgl. dazu: Gisela Friedemann (Hg.), „‚Hilfe! Ich bin gefangen!': eine Quellenstudie, zugleich ein Ausschnitt aus einem der Tätigkeitsberichte unseres Landesbischofs in den Jahren 1945–1964, überreicht anlässlich des 50. Ordinationsjubiläums Mitzenheims am 18.10.1964" Ms., in: *LKAE*, unfoliiert. – Siehe dazu Kapitel 4.4.

371 Björkman, *Lebensraum*, 132 (38. Rundbrief, 28. April 1955). Der freudigen Feststellung Mitzenheims, „[...] daß fast alle unsere Thüringer Amtsbrüder diesem Rat aus freien Stücken gefolgt sind", steht die Aktenlage entgegen. Es finden sich vor allem seit 1949. zahlreiche Hilferufe, harsche Kritik am Vorgehen des Staates und an der Kirchenleitung, bis hin zu wütenden Protesten, die zumeist vom leitenden Juristen im LKR Lotz ‚abgebügelt' wurden.

372 Ebd. – Zum Verhältnis von Mitzenheims ‚lutherischem', am ‚Gehorsamsgebot' von Römer 13 orientierten Selbstverständnis siehe Kapitel 3.2.4 und 5.4. – Vgl. ebenfalls Ulrich Kühn, „Theologische Rechtfertigung der ‚Obrigkeit'", in: Günther Heydemann/Lothar Kettenacker (Hgg.), *Kirchen in der Diktatur: Drittes Reich und SED-Staat*, Göttingen 1993, 238-258, der – ausgehend von Luthers Obrigkeitsverständnis – u.a. auf die beiden Antipoden Mitzenheim und Dibelius eingeht. Das mangelhafte Rechtsbewusstsein, als Folge einer einseitigen Interpretation der Rechtfertigungslehre, hatte ein mangelhaftes Unrechtsbewusstsein im Schlepptau. – Vgl. dazu das ‚Widerstandsverbot' des „Thüringer Weges", das Gerhard Lotz 1961 in der Festschrift zu Mitzenheims 70. Geburtstag: *Domine dirige me in verbo tuo*, 340 ff. formulierte.

er auf das seiner Ansicht nach Besondere des ‚politischen Raumes': „Es hängt mit dem Wesen und den Methoden der Politik zusammen, daß Außenstehende oft nicht die volle Einsicht in die Gründe des politischen Handelns haben können."[373]
Abgesehen davon, dass Mitzenheim damit, offenbar ohne dies so recht zu bemerken, das ‚Wesen und die Methoden' eines illegitimen, konspirativen Staates beschrieben hat, scheint dem Landesbischof gleichfalls entgangen zu sein, dass der ‚unpolitische Weg der BK' im Verbund mit dem ‚Entpolitisierungs-Gebot' der SED eigentlich ‚Verkirchlichung' bedeutete – ein Weg, auf dem die Kirche zu einem ‚Verein religiöser Brauchtumspflege' zu werden drohte.[374] Die Thüringer Kirchenleitung verlor den Blick dafür, dass der SED-Staat nicht ‚Überparteilichkeit', sondern Parteinahme ‚für die Sache der Arbeiterklasse', zumindest jedoch Kritikverzicht gegenüber der ‚antifaschistisch-demokratischen Umwälzung' und dem ‚Aufbau des Sozialismus' forderte. Mehr und mehr kam man damit den religionsfeindlichen Politikzielen der Kommunisten entgegen. Deren erklärtes Ziel war und blieb es bis zum Ende der DDR 1989/90, jedwedes kirchliche Handeln – wenn es sich nicht ‚ausschalten' oder ‚vernichten' ließ – so doch zumindest konsequent auf einen kultischen und diakonischen Bereich zu begrenzen.

3.2.5 Bodenreform und Sequestrierung

Neben den angestrebten und größtenteils auch durchgeführten personalpolitischen Maßnahmen bildeten die Eingriffe in die bisherige Eigentumsordnung eine weitere entscheidende Voraussetzung für die grundlegende Veränderung der politischen, wirtschaftlichen und sozialen Verhältnisse der Sowjetischen Besatzungszone. Die KPD/SED und die SMA beriefen sich auch hierbei auf die Beschlüsse des Potsdamer Abkommens, das den gemeinsamen Willen formuliert hatte, Deutschland als machtpolitischen Faktor deutlich einzuhegen.[375] Dazu gehörten die für alle Besatzungszonen geltenden Verabredungen der

[373] Ebd.

[374] Sigrid Meuschel, *Legitimation und Parteiherrschaft: zum Paradox von Stabilität und Revolution in der DDR 1945–1989*, Frankfurt/Main 1992, 15,16: „Das Wörtchen ‚unpolitisch' steht für eine gesellschaftliche Selbstkonzeption, die das staatlich organisierte Gemeinwesen nicht als einen Verband der citoyens begreift, sondern eher unterstellt, historische, kulturelle und ethnische Gemeinsamkeiten konstituieren die nationale und damit auch die staatliche Zusammengehörigkeit."

[375] Zum thematischen Kontext vgl.: Peter J. Nettl, *Die deutsche Sowjetzone bis heute: Politik, Wirtschaft, Gesellschaft*, Frankfurt/Main 1953; Heinz Bichler, *Landwirtschaft in der DDR*, Berlin (West) 1981; Siegfried Suckut, *Der Konflikt um die Bodenreformpolitik in der Ost-CDU 1945: Versuch einer Neubewertung der ersten Führungskrise der Union, DArch* 10/15. 1982, 1080-1095; Ludwig Vaubel, *Zusammenbruch und Wiederaufbau: ein Tagebuch aus der Wirtschaft 1945–1949*, München 1984; Wolfgang Zank, *Wirtschaft und Arbeit in Ostdeutschland 1945–1949: Probleme des Wiederaufbaus in der Sowjetischen Besatzungszone Deutschlands*, München 1987; Paul Erker, „Revolution des Dorfes? Ländliche Bevölkerung zwischen Flüchtlingszustrom und landwirtschaftlichem Strukturwandel", in: *Von Stalingrad zur Währungsreform*, 367-425; Adam Weyer/Stephan Wippermann/Monika Lins (Hgg.), *„Ordentlich und fleißig arbeiten!": die evangelischen Kirchen und die Arbeitswelt der SBZ/DDR*, Duisburg 1994; Dierk Hoffmann, *Sozialpolitische Neuordnung in der SBZ/DDR: der Umbau der Sozialversicherung 1945–1956*, München 1996; Edith Hellmuth/Wolfgang Mühlfriedel, „Carl Zeiss Jena – widerspruchsvoller Weg in die Planwirtschaft", in: *Macht und Milieu*, 327-368; Winfried Halder, *„Modell für Deutschland": Wirtschaftspolitik in Sachsen 1945–1948*, Paderborn 2001; Armin Owzar, *Sozialistische Bündnispolitik und gewerblich industrieller Mittelstand, Thüringen 1945–1953*, Erfurt – Kusterdingen 2001.

Denazifizierung, Demilitarisierung, der Auflösung industrieller Großstrukturen, mit dem Ziel einer umfassenden Demokratisierung.[376]
Gemäß marxistisch-leninistischer Überzeugung konnte allein die ‚Vergesellschaftung der Produktionsmittel' die Gewähr dafür bieten, dass dem ‚Faschismus', als „der aggressivsten Erscheinungsform des Monopolkapitalismus" ein für alle Mal die Fähigkeit zu einer erneuten militärischen Machtpolitik entzogen und die Voraussetzung für eine neue Gesellschaftsordnung geschaffen würde. Abgesehen davon, dass auch die NSDAP propagandistisch auf der ‚antikapitalistischen Klaviatur' gespielt hatte, standen die kommunistischen Parteien nach 1945 mit ihren ‚Vergesellschaftungsforderungen' keineswegs allein. Auch die bürgerlichen Parteien konnten der quasi-marxistischen Faschismus-Analyse, wenngleich in abgemilderter Form, einige Plausibilität abgewinnen.[377] So stießen die ersten wirtschaftspolitischen Maßnahmen der Sowjetischen Militäradministration, zu denen die Schließung der Banken und Sparkassen sowie die Anordnung zur Gründung einer staatlichen Landesbank im Sommer 1945 gehörten, auf keinen nennenswerten Widerstand.
Am 10. September 1945 schloss sich dann die Verabschiedung des Gesetzes über die Bodenreform an, das die Enteignung der landwirtschaftlichen Betriebe mit über 100 ha Nutzfläche zugunsten eines staatlichen Bodenfonds und die Verteilung des enteigneten Landes an Landarbeiter, landlose oder landarme Bauern und Umsiedler vorschrieb.[378]
Wie alle Länder der SBZ war auch das ‚grüne Herz Deutschlands' – abgesehen von einer relativ hohen Industriedichte um einige Städte (Eisenach, Gotha, Erfurt, Jena, Gera u.a.) – vor allem durch Landwirtschaft geprägt.[379] Da innerhalb der Thüringer Landwirtschaften der Anteil an Großgrundbesitz relativ gering ausfiel, wurde vor allem hier die Bodenreform, zumeist mit dem Entnazifizierungsargument verbunden, auch auf andere kleine und mittelgroße landwirtschaftliche Betriebe ausgedehnt.[380] Dabei ging es der KPD im Verbund mit der SMATh nicht einfach nur um wirtschaftliche Entscheidungsgewalt. Vielmehr deuteten die Maßnahmen im Kontext der Bodenreform auch auf das längerfristige strategisch-politische Ziel der Kommunisten hin, sich auf dem Lande eine neue, der ‚herrschenden Partei' politisch, sozial, ökonomisch und mental verpflichtete Klientel zu schaffen. Auf diese Weise glaubten sie, das ländliche Milieu aufbrechen und verlässliche Kontrolleure für diese seit altersher für sozialistische Politikziele kaum zugängliche Bevölkerungsgruppe etablieren zu können. Ganz in dieser Logik stand eine Direktive der Thüringer KPD-Bezirksleitung vom Sommer 1945, „in der die Kreisleitungen [der KPD, d. Vf.] darauf hingewiesen wurden, daß in Thüringen 20 Prozent der Bevölkerung in der Landwirtschaft tätig sind, wodurch sich für die Kommunisten eine hohe Verantwortung ergibt für die Entfaltung der politischen Arbeit auf dem Lande."

---

376 Sigrid Meuschel weist sehr zutreffend darauf hin, dass die in der SBZ praktizierte Transformationspolitik formal auf antifaschistische, de facto jedoch auf sowjetsozialistische Umstrukturierung ausgerichtet war. Meuschel, *Legitimation*, 41.

377 Suckut, *Der Konflikt um die Bodenreformpolitik*, 14-50.

378 *SBZ-Handbuch*, 167-189.

379 *SBZ-Handbuch*, 182, stand einer Vielzahl potentieller Bodenanwärter (im Herbst 1945 ca. 40.000) nur ein begrenzter Bodenfonds zur Verfügung. Von den 1.139 landwirtschaftlichen Betrieben, die bis März 1947 enteignet wurden, hatten lediglich 479 eine Nutzfläche von mehr als 100 ha, die übrigen hatten ehemaligen Funktionären und aktiven Mitgliedern der NSDAP gehört.

380 Ebd., 169: „Der Großgrundbesitz spielte in Thüringen nur eine geringe Rolle. Auf ihn entfiel nur ein Prozent der landwirtschaftlichen Nutzfläche. Die ursprünglich großen Domänen der thüringischen Fürsten waren bereits 1918/19 in Staatsbesitz übergegangen, den alteingesessenen Fürstenhäusern aufgrund der Abfindungsverträge nur wenige Großgüter verblieben."

Vorrangiges Ziel sei es jetzt, „[...] die alte Lüge zu widerlegen, daß die Kommunisten den Bauern das Land wegnehmen würden".[381]
Doch gegen diese parteipolitisch motivierte Ausweitung der Bodenreform regte sich Widerstand – nicht nur bei der CDU, die im Rahmen der forcierten Blockpolitik von der Besatzungsmacht, in erster Linie wohl aus Legitimationsgründen, in diese Reform mit einbezogen worden war.[382] Auch die andere bürgerliche Partei, die LDPD, und beide großen Kirchen teilten diesen Protest – zumindest in Ansätzen.
Der sowjetische Militärgouverneur Kolesnitschenko bestätigte die Probleme und die ‚klassenmäßigen' Widerstände, die der Einführung der Bodenreform entgegenschlugen: „Die Bodenreform wurde in einer Situation des verschärften Klassenkampfes auf dem Lande durchgeführt."[383]
So war es offensichtlich nicht ganz einfach, die Vertreter des ‚Demokratischen Blocks' ‚auf Linie' zu bringen, zumal im Thüringer Land „[...] nicht nur die Vertreter der CDU und LDPD, sondern auch einige Vertreter der SPD nicht selten scharfen Einspruch gegen die Vorschläge der Vertreter der KPD erhoben."[384] Weil jedoch „[...] die Kommunisten ihre Linie hartnäckig fortgesetzt haben" – und indem die – gewiss einigermaßen verwunderte – Bauernschaft von ihnen mit Nachdruck „[...] darauf hingewiesen wurde, daß sie [die Bauern, d. Vf.] in den zwölf Jahren der Naziherrschaft nicht die Herren ihrer Höfe waren, ihre Wirtschaften heruntergekommen, die Bauern zu Leibeigenen und die Bäuerinnen zu Tagelöhnern herabgesunken sind, daß die Bauernorganisationen auseinandergetrieben sowie ihr Hab und Gut geraubt wurde" – ‚sei es dann doch gelungen, die Bodenreform erfolgreich durchzuführen. Dass die pure Angst der Bauern der ‚Vater des Erfolgs' war, ist dem Rückblick Kolesnitschenkos leicht zu entnehmen. Mit gespielter Verwunderung stellte er fest, es sei häufig vorgekommen, „daß bei Diskussionen auf Gemeindeversammlungen über die Enteignung von Gutsbesitzländereien und ihre Aufteilung unter den Bauern keiner der Versammlungsteilnehmer zu dieser Frage sprechen wollte."[385]
Besonders ärgerlich für die Sowjets und die Thüringer Kommunisten war der erwähnte ‚scharfe Einspruch' der Thüringer Sozialdemokraten; vor allem weil dieser – im Unterschied zum gewohnten eigentumsrechtlichen Einspruch der ‚Bürgerlichen' – dezidiert antikapitalistisch begründet wurde. Auch hier hatte sich Hermann Brill zum Sprecher gemacht und erklärt, „[...] daß der von den Gutsbesitzern beschlagnahmte Boden nicht den Bauern übergeben werden dürfe, da man sonst neue Grundbesitzer schaffen würde." Brill und seine Genossen schlugen statt dessen vor, „[...] den gesamten konfiszierten Boden auf genossenschaftlicher Grundlage zur Erbpacht zu übergeben."[386]
Doch auch dieser sozialistische Einspruch hatte gegen die ‚Robin-Hood-artigen' Raubzüge kommunistischer Funktionäre, die sich dabei bezeichnenderweise auf das ‚finstere Mittelalter' bezogen, keine Realisierungschance.[387]

---

381 Kolesnitschenko, *Im gemeinsamen Kampf*, 38.

382 Vgl. Suckut, *Der Konflikt um die Bodenreformpolitik*.

383 Kolesnitschenko, *Im gemeinsamen Kampf*, 38.

384 Ebd., 39.

385 Ebd. „Erst wenn es zur Abstimmung kam, [...] stimmten alle für die Enteignung und Aufteilung des Grund und Bodens [...]. Beim stummen Handzeichengeben fühlte sich jeder [...] in der Menge geborgen und dachte wohl ‚wenn alle dafür sind, bin auch ich dafür'."

386 Ebd., 43: Dazu Kolesnitschenkos Kommentar: „Das entsprach den Forderungen seines [Brills, d. Vf.] berüchtigten ‚Buchenwalder Manifestes', jedoch nicht den Prinzipien der [...] Bodenreform."

387 Ebd., 38: Laut KPD-Direktive müsse den Bauern erklärt werden, „[...] daß die Kommunisten vorschlagen, den Grund und Boden nur von den ehemaligen Fürsten, Grafen, Baronen und Junkern zu

Ein ‚Vertraulicher Augenzeugenbericht über die Zustände in Halle und Provinz Sachsen und Thüringen' vom Herbst 1945 veranschaulicht die verheerenden Folgen dieser radikalen Eigentumsumverteilung, die gewissermaßen im Windschatten der sowjetischen Entnazifizierung erfolgte. Der Berichterstatter hob als die „[…] wesentlichste Not […] die fortwährenden Zerstörungen durch die Russen" hervor, bevor er auf die wirtschaftsschädigenden Folgen der Bodenreform zu sprechen kam: „Alle großen Güter über 100 Hektar werden durch die jetzt zum Gesetz erhobene ‚Bodenreform' enteignet. Sie werden in Parzellen zu 5 Hektar aufgeteilt. Eine Überschußwirtschaft, die auch die Städte mit versorgen könnte, ist dadurch unmöglich gemacht. Die ehemaligen Besitzer verlieren alles, auch die Möbel, und bekommen selber keine Parzelle zugeteilt. Enteignet werden alle ‚Junker' und ‚Kriegsverbrecher', wobei beide Begriffe sehr weit ausgelegt werden. Eine Selbstmordepidemie ist die Folge. Ein Gut, das jetzt unter 400 Kleinsiedler aufgeteilt wird, kann diese Leute mit der Einzelwirtschaft schlecht und recht ernähren, wohingegen es früher in der Lage war, 600 Familien gut zu ernähren und außerdem Überschüsse an die Stadt abzuliefern. […] Für die Ernährungswirtschaft macht sich weiterhin der Mangel an Autos fühlbar. Das in Leuna hergestellte Benzin wird von den Russen verbraucht. […] Amtlich gefördert wird der schwarze Handel. Das ist der absichtliche Ruin der Wirtschaft. Butter kostet im Schwarzhandel 800 Goldmark, eine Zigarette 8 Mark. Charakteristisch ist, daß im Schwarzhandel besonders Zyankali gefragt ist; gegen eine goldene Uhr werden 6 Gramm Zyankali abgegeben. Gebrauchsanweisung liegt bei."[388]

Ein anderes Beispiel für die Lebensgefährlichkeit des Widerstandes gegen die Bodenreform bietet der Fall ‚von Hacht'. Der kriegsversehrte und gemaßregelte Stabsoffizier des OKW, Hauptmann d.R. Werner Heinrich von Hacht, hatte im April 1945 gegen die Pläne des NS-Stadtkommandanten zur ‚heldenhaften Selbstverteidigung' dafür gesorgt, dass die Stadt Meiningen ohne Blutvergießen an die Amerikaner übergeben werden konnte. Infolge dessen erhielt er das Vertrauen der Bürgerschaft und der US-Militärbehörde und wurde am 15. April 1945 zum Bürgermeister und Landrat bestellt.[389] Auch nach dem Besatzungswechsel wurde er in seinen Ämtern bestätigt, ja er erhielt im September 1945 sogar die Offerte, „[…] Wirtschaftsverhandlungen für das Landesamt für Ernährung und Landwirtschaft in Weimar zu führen", was ihn bewog, seinen Landratsposten zur Verfügung zu stellen. Am 11. Oktober, zwei Stunden nach der Einführung seines Nachfolgers im Amte des Landrates, wurde von Hacht durch das NKWD verhaftet. Der von General Tschuikow ausgestellte Haftbefehl lautete: „Der Landrat von Hacht ist als Militarist, Saboteur und Faschist zu verhaften."[390]

Vorausgegangen war dieser Verhaftung das ‚länderübergreifende Engagement' des Landrats. Gemeinsam mit dem damaligen Vertreter des katholischen Ortspfarrers, Studienrat Oskar Berthold, hatte von Hacht noch vor dem Einmarsch der Roten Armee eine Reise nach München unternommen. Mit den Unterschriften aller südthüringischen Kreise in den Händen wollte er, dem Bericht Bertholds zufolge, „[…] das Gebiet südwestlich des Rennsteiges am Thüringer Wald zu Bayern bringen." Seiner Mission und dem Besuch beim damaligen Bayerischen Ministerpräsidenten Dr. Schäffer blieb der Erfolg versagt, da

---

beschlagnahmen, die damals im Mittelalter die Bauern ausgeraubt, ihnen das Land gestohlen hatten. Und nun verlangten die Kommunisten eben, dieses Land den Bauern zurückzugeben."

388 „Vertraulicher Augenzeugenbericht ", Oktober 1945, in: *LKAH*, Bestand Lilje L 3 II 49.

389 Kopien diverser Notizen, Berichte und eidesstattlicher Erklärungen zu diesem Fall aus dem Kirchgemeindearchiv Meiningen wurden d. Vf. vom Meininger Pfarrer und Geschäftsführer der Gesellschaft für Thüringische Kirchengeschichte, Johann-Friedrich Enke, dankenswerterweise zur Verfügung gestellt.

390 Ebd.

der Ministerpräsident ihm mitteilen musste, dass „[...] durch Beschluß der Siegermächte [...] eine solche Versetzung der Grenzen eine aussichtslose Sache sei.“ [391]
Als weiteren Grund für die Verhaftung von Hachts nannte der katholische Pfarrverweser dessen „ [...] absolut nicht östliche Auffassung über die Bodenreform“. Diese Auffassung habe den Landrat in das NKWD-Speziallager Buchenwald gebracht und, nach dessen Auflösung im Februar 1950, in die Zuchthäuser Waldheim und Torgau.
Laut Auskunft eines von Hacht selbstverfassten *Kurzberichtes 1939–1955* wurde er am 22. Mai 1950 „ [...] nach Befehl 201, zu 15 Jahren Zuchthaus mit allen Nebenstrafen, darunter Enteignung, ohne Anrechnung der Internierungszeit“ verurteilt. Als Begründung hatte die DDR-Staatsanwaltschaft in den unter maßgeblicher Federführung der späteren Justizministerin Hilde Benjamin inszenierten und durchgeführten ‚Waldheimer Prozessen‘ angegeben: „Hat als Offizier die Gewaltherrschaft außerordentlich unterstützt und war stellv[ertretender] Militärkommandant von Kiew.“[392] Sieben Jahre nach seiner Entlassung starb der ehemalige Meininger Landrat am 5. März 1962 in Heilbronn an den Folgen seiner Haft.
Ein völlig anderes Bild vom Fortgang der ‚antifaschistisch-demokratischen Umwälzung‘ gewinnt man, wenn man dem Bericht des Thüringer ‚Bodenreform-Aktivisten‘ und späteren SED-Ministerpräsidenten Werner Eggerath folgt. Mit revolutionärem Pathos beschrieb er in seinen Erinnerungen die Auseinandersetzungen um die Bodenreform: „Ja, die Zeit der Bodenreform im Jahre 1945 war eine hohe Zeit, da wuchsen Menschen über sich selbst hinaus. Andere entlarvten sich, auch das gab es. [...] Die Gutsherren und ihr Anhang waren alles andere als inaktiv, manche kämpften wie die Löwen [...]. Einige Geistliche glaubten, ihnen mit ‚Gottes Geboten‘ zu Hilfe kommen zu müssen, mißbrauchten sogar die Kanzel. Immer neue Aufgebote von Industriearbeitern mußten in die Dörfer entsandt werden, [...].“[393] Damit hatte der kampferprobte kommunistische Funktionär auf die offenen wie verdeckten Bodenreform-Konflikte hingewiesen, in die, bis zu einem gewissen Punkt, auch die Kirchenleitung und namentlich Landesbischof Mitzenheim einbezogen waren. Doch zunächst verlief – jedenfalls aus Sicht der Kirchenleitung – alles noch relativ ‚kollisionsfrei‘. Bereits am 21. September 1945 hatten Mitzenheim und Phieler eine Unterredung mit dem Landespräsidenten Rudolf Paul. „Besprochen sei dort insbesondere die Verordnung über die Neuregelung des Religionsunterrichts in der Schule, die Beschwernisse durch Belegung der Pfarrhäuser, die Passierscheine für die Pfarrer, die Bodenreform und ihre Einwirkung auf kirchlichen Grundbesitz und kirchliche Ansprüche aus Ländereien. In allem sei festzustellen gewesen, daß die russische Besatzungsbehörde keine Kollision mit der Kirche haben möchte.“[394] Als Mitte Oktober dann die Nachricht,

---

[391] Ebd.

[392] Ebd. – Ob und wieweit der Vorwurf von Kriegsverbrechen zutraf, geht aus den vorliegenden Unterlagen nicht hervor. – Karl Wilhelm Fricke, *Politik und Justiz in der DDR: Zur Geschichte der politischen Verfolgung 1945–1968*, Köln 1990 [1. Aufl. 1979]. Falco Werkentin, *Politische Strafjustiz in der Ära Ulbricht. Forschungen zur DDR-Geschichte*, Bd.1, Berlin 1995. Ruth-Kristin Rößler, *Justizpolitik in der SBZ/DDR 1945–1956*, Frankfurt/Main 2000. Petra Weber, *Justiz und Diktatur. Justizverwaltung und politische Strafjustiz in Thüringen 1945–1961*, München 2000. Dass weitaus geringere Vergehen als die, die *Heinrich von Hacht* angelastet wurden, ausreichen konnten, um in die Mühlen der SBZ/DDR-Justiz zu geraten, belegen die ‚protokollierten‘ Schicksale des Bandes von Ulrich Schacht (Hg.), *Hohenecker Protokolle: Aussagen zur Geschichte der politischen Verfolgung von Frauen in der DDR*, Frankfurt/Main – Berlin 1989. *Ulrich Schacht* wurde 1951 im Zuchthaus Hoheneck geboren, weil seine Mutter auf Grund einer Affäre mit einem sowjetischen SMA-Offizier verurteilt und dort inhaftiert war.

[393] Eggerath, *Beichte*, 138f.

[394] Sitzung des LKR vom 02.10.1945, in: *LKAE*, A 122/II, unfoliiert, TOP 1: „Verhandlungen mit dem Landespräsidenten“.

„[...] daß von der neuen Bodenreform auch Rechte der Pfarreien auf Holz, Getreide sowie Erbpachtrechte usw. betroffen werden, für Aufregung sorgte, wurde festgelegt, [...] daß die Forderungen der Pfarreipfründe [...] deshalb angemeldet und die Kirchgemeinden angehalten [werden], auch ihrerseits solche Anmeldungen anzubringen."[395] Diesen kirchlichen Forderungen wurde in der Folgezeit in aller Regel stattgegeben.

Etwa zur gleichen Zeit waren über die Staatskanzlei Anweisungen zur geplanten Beschlagnahme ‚feudaler Schlösser und Güter' an die damit befassten Ministerien und Kommissionen ergangen. In einer entsprechenden Mitteilungen hieß es: „Auf Grund des Bodenreformgesetzes werden in den nächsten Tagen in Thüringen Beschlagnahmen auf den feudalen Schlössern und Gütern zur Durchführung kommen. Sie wollen Fürsorge dafür treffen, daß die in dem Besitz dieser feudalen Familien befindlichen Kunstgegenstände, Bilder, Gobelins, Sammlungen für Museen des Landes sichergestellt werden. Ich bitte, mir darüber zu berichten, welche Maßnahmen ergriffen werden, um dem Verlust oder der Zerstörung dieser Sachen entgegen zu treten."[396]

Es dauerte nicht lange, und es entzündeten sich einige heftige Auseinandersetzungen über die Notwendigkeit und Form der damit verbundenen Maßnahmen, sowie über eine eigentümliche Beteiligung der Landeskirche.

Mitzenheim hatte sich bis zum 20. November 1945 wiederholt an den 1. Vizepräsidenten des Landes Thüringen und ‚Leiter der Landeskommission für die Bodenreform', Ernst Busse, gewandt, um gegen die Enteignung, Verhaftung und Deportation der Gutsbesitzerfamilien aus Eisenach und Umgebung zu protestieren.[397] Der Landesoberpfarrer nahm in einer Eingabe Bezug auf ein Zitat von Busse, in dem dieser ausgeführt hatte, „[...] daß die Kirche in den 12 Jahren des Faschismus mit in der Reihe der aktiven Kämpfer gegen den Faschismus gestanden habe."[398] In seiner Antwort an Mitzenheim verwies Busse auf seine KZ-Opfer-Biographie und brachte für die Durchführung der Bodenreform Argumente in Anschlag, die stark an die vormalige nationalsozialistische ‚Sippenhaft' erinnerten: „Zu den von Ihnen vorgebrachten Fällen möchte ich noch sagen, daß es sich meistens um hohe und höchste Herrschaften handelt, die sippenmäßig mit den tragenden Schichten feudalistischer Weltanschauung verbunden sind und die ihrer ganzen Tradition nach Träger des Regimes waren, das Adolf Hitler gehalten hat. Daß Ihr [gemeint ist Mitzenheims, d. Vf.] weiches Herz ganz andere Maßstäbe anlegt als das meinige, welches durch die Konzentrationslager-Jahre hart geworden ist, werden Sie verstehen, sowie ich Ihre Ansichten begreifen kann."[399]

Doch Mitzenheim folgte weiter seinem ‚weichen Herz', blieb hart und handelte sich prompt den Vorwurf ‚reaktionären Verhaltens' ein. Trotzig berichtete der Landesbischof den Superintendenten von seinem Engagement und der Kritik, die er dafür einstecken musste: „Weiter hat man uns vorgeworfen, wir seien Reaktionäre. Als Grund hat man angegeben, wir seien für die Enthaftung der Gutsbesitzer eingetreten. Jawohl, das haben wir getan! Wir taten das aber nicht nur, weil sie Gutsbesitzer waren, sondern weil sie arme Leute waren, denen man alles genommen hat, auch ihre persönliche Freiheit und

395 Ebd.

396 Schreiben von Dr. Paul an LA für Volksbildung, 14.09.1945, in: *ThHStAW*, 1747/II, 59.

397 Sitzung des LKR vom 23.11.1945, TOP 1 „Bodenreform [...] Die Eingabe wird gebilligt.", in: *LKAE*, A 122/II, unfoliiert. – Sehr ausführlich erinnert der SMA-General Kolesnitschenko die ‚führende Rolle des Genossen Ernst Busse' im ‚Bodenreform-Kampf': Kolesnitschenko, *Im gemeinsamen Kampf*, 36 ff. – Zur schillernden Person, Funktion und zum Schicksal des „roten Kapos" *Ernst Busse* siehe Niethammer, *Der ‚gesäuberte' Antifaschismus*, 79 ff., 95-104.

398 Schreiben von Busse an Mitzenheim, 29.11.1945, in: *LKAE*, A 852/I, unfoliiert.

399 Ebd.

Sicherheit. Das hielten wir für unsere Pflicht. Es ist ein Recht der Kirche, der Anwalt der Bedrängten zu sein.“[400]
Andere, der Kirche nahe stehende Bürgerliche, erkannten in diesen Enteignungen das Wiederaufleben der alten politisch-ideologischen Frontstellung der Arbeiterparteien gegen den bis dato (auch nach eigenem Verständnis) vorwiegend politisch konservativ und national-vaterländisch ausgerichteten Protestantismus. Besonders pessimistisch schätzte Rechtsanwalt Tunze die Situation im Oktober 1945 ein: „Gewiß läßt man *im Augenblick* die Kirche seitens der politischen Linksparteien und seitens des Staates mehr in Ruhe als die letzten 12 Jahre, weil die Parteien und besonders die beiden Linksparteien besessen sind vom ‚Antifaschismus‘ und nichts anderes kennen als die Austobung ihres Hasses gegen die Nazis und deren ‚Ausrottung‘. Aber *dieser* nur negative und unfruchtbare Haß wird in kürzerer oder längerer Zeit einmal aufhören, dann braucht man neue Haß- und Verfolgungsobjekte und da wird die Kirche (ebenso wie die früheren vaterländischen Parteien und Verbände) sehr bald bei den Linksparteien im Mittelpunkt des gehässigen Treibens stehen, [...]. Ein Aufflammen des Hasses gegen die Kirche konnte man ja schon neulich anläßlich der sogenannten ‚Bodenreform‘ beobachten, wo auch von der Kirche verlangt wurde, daß sie ‚bodenreformieren‘ sollte!“[401]
Bis zum Herbst 1945 hatte sich die SMA aus dem Entnazifizierungsprozess im Bereich der Wirtschaft weitgehend herausgehalten und sich „[...] vor allem auf Reparationsleistungen und Demontagen konzentriert.“[402] Die verlockende Aussicht auf die Beschlagnahme von Großbetrieben führte Ende Oktober 1945 dazu, dass sogenannte ‚Sequesterbefehle‘ erlassen wurden. Mit der Ermittlung der unter Sequestration fallenden Betriebe und Vermögen von ‚Nazi- und Kriegsverbrechern‘ wurden die deutschen Landesverwaltungen betraut, die dafür spezielle Kommissionen einzurichten hatten.
Nach dem Erlass dieser SMA-Sequesterbefehle wurde die Entnazifizierung des Wirtschaftsapparates und der Unternehmen Zug um Zug mit der Sequestration des Besitzes und der Vermögen der – nicht selten relativ willkürlich – als ‚aktive Nazis‘, ‚Kriegsverbrecher‘ oder ‚Kriegsgewinnler‘ eingestuften Personen verknüpft. Obgleich mit der Entnazifizierung der Wirtschaft zunächst weniger auf eigentumsrechtliche Veränderungen abgezielt war, lief dies nun deutlich ineinander: „Viele politisch Verantwortliche sahen deshalb zwischen beiden Prozessen keinen Unterschied. Ein Teil von ihnen begriff die Entnazifizierung entgegen dem eigentlichen Anliegen immer mehr als eine Enteignungsaktion. Regionale und lokale Organe der SMA, Landräte und Oberbürgermeister lenkten die Arbeit der Säuberungsausschüsse verstärkt auf die Sequestration.“[403] Die Landeskirche blieb davon ausgenommen, zumal sie – von forstwirtschaftlich genutztem Waldbesitz abgesehen – kaum über lukrative ‚Sequesterobjekte‘ verfügte.
Wenige Wochen nach der ‚Abendpost-Attacke‘ vom Mai 1946, die kurzzeitig die Autonomie der Landeskirche und den ‚Bischofsstuhl‘ zu gefährden schien, erhielt Bischof Mitzenheim eine Einladung zur Eröffnung der Beratenden Landesversammlung. Die Mitschriften dieser Veranstaltung, auf der die hochbetagte und geehrte Schriftstellerin Ricarda Huch zur Alterspräsidentin gewählt wurde, zeigen sehr anschaulich die unterschiedlichen philosophischen und politischen Auffassungen der zu dieser Zeit noch wichtigsten

400 Protokoll der Sup.-Konferenz vom 06./07.03.1946, in: *LKAE*, A 190/III, 84: Bericht des Landesbischofs.
401 Schreiben von Max Tunze (Jena) an Wolfgang Schanze (Weimar), 24.10.1945, in: *LKAE*, A 239 (Loses), unfoliiert.
402 Manfred Wille, *Entnazifizierung in der Sowjetischen Besatzungszone 1945–1948*, Magdeburg 1993, 115.
403 Ebd., 117.

politischen Akteure in Thüringen.[404] Doch diese gesellschaftspolitische Pluralität und ihre freie Entäußerung sollte nicht sehr lange währen. Zu denen, die für eine baldige ‚Entdifferenzierung' sorgten, gehörte der bereits genannte Werner Eggerath. In seiner Rede machte er unmissverständlich deutlich, worin der politisch-strategische Sinn der Bodenreform zu suchen war. Dass er dies ausdrücklich vom ‚Sozialismus' trennte, hat mehr mit Taktik als mit der faktisch intendierten Ideologie und Wirklichkeit zu tun: „Wenn wir im abgelaufenen Jahr durch die Bodenreform die Militaristen und die Kräfte vernichteten, die unser Volk so unheilvoll beeinflußt haben, wenn wir die Nazisten ausschalteten in der Verwaltung, und der Staatsapparat nicht mehr ein Instrument der Ausbeutung wird, so ist das nur ein Teil dieses großen Kampfes. Wenn jetzt die Betriebe der Kriegsverbrecher und aktiven Faschisten durch den Befehl 124/26 von der Besatzungsmacht beschlagnahmt und dem deutschen Volk durch großzügige Handlung zur Verfügung gestellt und in die Hände der Selbstverwaltungsorgane überführt wurden, so machen wir damit einen weiteren entscheidenden Schritt zur Sicherung des Friedens und der demokratischen Entwicklung. [...]" Indem er den „Aufstieg des deutschen Volkes auf wirtschaftlichem und politischem Gebiete" proklamierte, zog er die ‚vernichtende' Schlussfolgerung: „Diese Entwicklung ist aber nur möglich, wenn wir diese Kräfte, die unser Volk im Laufe eines Menschenalters zweimal in eine schreckliche Katastrophe führten, ausschalten und vernichten. Die demokratische Entwicklung bedeutet Kampf gegen die volksfeindlichen Kräfte des Rückschrittes und des Krieges.[...] Die Überführung der Betriebe der Kriegsverbrecher und aktiven Faschisten in die Hände der Selbstverwaltungsorgane hat mit Sozialismus nichts zu tun und richtet sich auch nicht gegen die Privatinitiative."[405]
So jedenfalls die offizielle Version, an der auch das ‚sozialistischste' Mitglied in der Thüringer Kirchenleitung, OKR Erich Hertzsch, noch im Oktober 1946 festhielt. In seinen bereits erwähnten ‚Verteidigungsschreiben' an die Superintendenten hob er hervor, dass er „[...] die Sozialisierung in unserem übervölkerten, technisierten Lande für unvermeidlich und notwendig [hält]."[406] Hertzsch vertraute den ‚Sirenenklängen' seiner Genossen und machte darum wie Eggerath die Einschränkung, „[...] daß diese Sozialisierung, die kommen muß, nichts zu tun hat mit einer Zerstörung des Privateigentums."[407] Er konnte nicht wissen, dass intern die Dinge machtpolitisch deutlich in eine andere Richtung liefen, deren Ziel in einer ‚endgültigen' Überwindung der bürgerlichen Gesellschaft lag. Und eine ihrer Wurzeln und Funktionsbedingungen war und ist die Vermehrung, Pflege und Sozialpflichtigkeit des Privateigentums.
Bereits im Anschluss an den Vereinigungsparteitag von SPD und KPD vom 7. April 1946 in Gotha hatten die ‚frischgebackenen' SED-Genossen den Anspruch erhoben, „[...] nachdem nun das LAW [Landesamt für Wirtschaft, d. Vf.] in den Händen der SEP [Sozialistischen Einheitspartei, d. Vf.] liegt, die entsprechenden Kräfte zur Führung der Wirtschaft zu stellen." – Sie konnten regierungsintern jedoch noch ‚ausgebremst' werden.[408]

---

404 Siehe die Redezitate im vorangegangenen Kapitel 3.2.4.

405 Doch Frieden und Demokratie wurden sehr unterschiedlich verstanden und propagiert. Entgegen den Voten seiner Vorredner *Dr. Rudolf Paul*, *Ricarda Huch* und des neu gewählten Präsidenten dieses vorparlamentarischen Gremiums, *Prof. Dr. Lange*, die sich dezidiert auf die Demokratietradition und -bestrebung des Westens bezogen, wandte sich *Werner Eggerath* gegen die Entwicklung „im Westen und in Bayern". Zitiert aus der Rede von Eggerath während der Eröffnung der Beratenden Landesversammlung, 23.06.1946. LKAE, A 852/I, unfoliiert.

406 Schreiben von Hertzsch an die Superintendenten, 07.10.1946, in: *LKAE*, A 239 (Loses), unfoliiert.

407 Ebd.

408 In einem Schreiben an den Landesdirektor für Wirtschaft vom 17.10.1946 hatte der Landespräsident Paul scharf „gegen den Missbrauch staatlicher Ämter" protestiert. John, *Quellen*, 246: Dok. 61.

Der Führer der evangelischen Kirche, Landesbischof Moritz Mitzenheim, der Ende 1945 gegenüber Ernst Busse sein Eintreten für die „Enthaftung der Gutsbesitzer“ mit seiner quasi-lutherischen Zwei-Bereiche-Auffassung zu untermauern versucht hatte, nach der „[...] der Staat sozusagen der strenge Vater ist, die Kirche aber die gütige Mutter, die zu trösten und zu lindern hat, aber auch die Pflicht zu mahnen und zu warnen“, empfahl auch den Superintendenten und Pfarrern diese, als ‚unpolitisch‘ deklarierte Haltung zur Nachahmung.[409] Während der bereits erwähnten Superintendentenkonferenz vom 6. und 7. März 1946 nahm er auf seine Korrespondenz mit Busse Bezug und betonte, dass er in seinem Eintreten für die verfolgten Gutsbesitzer ganz ausdrücklich „[...] nicht Stellung genommen [habe] zur Bodenreform – das ist wohl überlegt – sondern wir sind für die persönliche Freiheit der Gutsbesitzer eingetreten.“[410]

Diese ‚wohl überlegte‘ Zurückhaltung der Kirche in der Formulierung grundsätzlicher Kritik ist auffällig, partiell erfolgreich – und folgenreich. Zumal die zurückliegenden Wochen und Monate dem, der es sehen wollte, gezeigt hatten, dass NS-Opposition oder ein besonderes Verfolgungsschicksal „[...] nicht auch schon notwendig ein Denken und Verhalten in rechtlichen Kategorien mit sich brachte.“ Die Kommunisten hatten – wie Lutz Niethammer materialreich darlegt – „ein rein instrumentelles Verhältnis zum Recht.“[411] Gerade mit Blick auf die lutherische Zwei-Reiche-Lehre wäre hier ein theologisch-begründeter, staats-kirchenrechtlicher Einspruch möglich und nötig gewesen. Nicht nur, um den Unrechtscharakter der angebahnten ‚Umwälzung‘ zu zeigen und das damit verbundene Auseinanderdriften von Staats- und Kirchenrecht einzudämmen, sondern auch zur Vermeidung einer personalen bzw. individualistischen Engführung kirchlich-theologischer Kritik. Mitzenheim erhoffte sich statt dessen von dieser kirchlichen Zurückhaltung auch eine Zurückhaltung des Staates gegenüber den Belangen und dem Eigentum der Kirche sowie ein größeres Gewicht, wenn es darum ging ‚Anwalt der Bedrängten‘ zu sein. In diesem Sinne nutzte er seine zahlreichen ‚Spitzengespräche‘ – Ende des Jahres 1947 allerdings auch, um Interesse an geraubten Gütern des Staates anzumelden. Doch damit begab er sich in mehrfacher Hinsicht auf gefährliches Terrain.

Nach dem Abschluss der Bodenreform wurde deutlich, dass der SED-Kulturkampf beim Diebstahl oder bei der Umverteilung fremden Eigentums nicht stehen blieb. Vielmehr hielt die Avantgarde der Arbeiter- und Bauernpartei ‚hartnäckig‘ daran fest, etliche Thüringer Gutshäuser, sozusagen als störende Relikte einer vergangenen Kultur, abzureißen. Der Landesbischof erkannte hier eine Gelegenheit, ‚Lebensraum‘ für die Kirche zu schaffen. Darum hatte er beim General und beim Ministerpräsidenten Eggerath angefragt, ob er „[...] einige Häuser im Lande für den kirchlichen Dienst, für das Hilfswerk und die Innere Mission bekommen könnte.“[412]

Allerdings schien – für den Bischof unerfindlich – der Landessender Weimar von dieser bodenreformerischen Immobilienbeteiligung der Kirche ‚Wind bekommen‘ zu haben.[413]

[409] Schreiben von Mitzenheim an Busse, 19.12.1945, in: *LKAE*, A 952/I, unfoliiert.

[410] Bericht über die Lage der Thüringer ev[angelischen] Kirche während der ersten Superintendentenkonferenz nach dem Kriegsende, 06./07.03.1946, in: *LKAE*, A 190, 84.

[411] Niethammer, *Der ‚gesäuberte' Antifaschismus*, 102: „Sie [die Kommunisten, d. Vf.] glaubten im allgemeinen zu wissen, wer im Recht war und scherten sich wenig um die Verfahren, Kautelen und Prinzipien der Rechtsermittlung.“

[412] Björkman, *Lebensraum*, 38 (7. Rundbrief, vom 14.08.1948).

[413] Ebd: „Wie bekannt ist, bin ich am 29.7. [1948] vom Sender Weimar im „Kommentar des Tages“ in gehässiger Weise angegriffen worden.“ – Hier sei auf die enge Zusammenarbeit des Senders Weimar mit der SED hingewiesen. Im Zusammenhang des Falls „Staas“ hatte der Sender am 26. Februar 1947 (offenbar in Absprache mit Eggerath) den Sturz des MP Rudolf Paul eingeleitet. *Hans Staas*, der auf Empfehlung von Busse zum Leiter der Präsidialkanzlei berufen worden war, musste nach Aufdeckung

Der einflussreiche Radiosender nutzte nun diese internen Informationen dazu, um den Thüringer Landesbischof als einen „Saboteur der Bodenreform und damit der Volksernährung" zu brandmarken.[414] Mitzenheim, der im Zusammenhang mit der ‚Abendpost-Attacke' vom Mai 1946 am eigenen Leibe die mediale ‚Zerstörungskraft' politisch gesteuerter Öffentlichkeit erfahren hatte und, im Anschluss daran, auch ihre ‚aufbauende Wirkung', als er auf Veranlassung des Generals im Landessender ein ‚Wort zu den Wahlen' sagen durfte, war schockiert.[415] Darum beeilte er sich, gegenüber der Thüringer Pfarrerschaft unverzüglich klarzustellen, „daß die Anträge der Kirche an die Landeskommission für Bodenreform vom 14. Februar 1948 auf Übereignung von 12 Gutshäusern an die Kirche [...] mittlerweile abgelehnt wurden. Jeder weitere Kommentar zu diesem ‚Kommentar des Tages' dürfte sich damit erübrigen."[416]
Mitzenheim hatte ein weiteres Mal erfahren, dass trotz der von ihm praktizierten und angeordneten ‚politischen Zurückhaltung' wohlwollend erscheinende Zusicherungen ‚höchster Regierungsstellen' plötzlich von unsichtbaren Mächten und Subalternen durchkreuzt wurden. Ob oder inwieweit dem Bischof und seinen Kollegen Zweifel an der tatsächlichen ‚Gutwilligkeit' ihrer Gesprächspartner kamen oder ob ihnen bisweilen dämmerte, dass hinter diesen frustrierenden Erfahrungen und Niederlagen ‚Strategie und Taktik' steckten, ist schwer auszumachen. Erkennbar ist jedoch, dass die Themen Bodenreform, Sequestrierung oder Reparation künftig nicht bzw. selten angeschnitten wurden.[417]
Auch dann noch, als der SED-Staat ab Mitte 1952 im Zuge vielfältiger repressiver Methoden daran ging, die wirtschaftlichen Spielräume der Bauern, Handwerker und anderer kleiner und mittelständischer Unternehmen weiter einzuschränken, übte die Kirchenleitung ‚wohl überlegte' Zurückhaltung. Als Teilerfolg dieser Zurückhaltung kann man gewiss ansehen, dass die Thüringer Landeskirche – sieht man von gekürzten oder ausbleibenden Staatsleistungen ab – vor kruden Eingriffen in ihre materiellen und immobilen Grundlagen weitgehend bewahrt blieb.[418] Mehr oder weniger tatenlos mussten die Kirchenleitung und vor allem die Pfarrer im Lande mit ansehen, dass mittlerweile sehr viele aktive Gemeindemitglieder ihre Heimat Thüringen ‚über die grüne Grenze' in Richtung

---

seiner ‚nazistischen Aktivitäten' fliehen. Wenige Zeit später, im Sommer 1947, ereilte den zur SED konvertierten MP Paul auch ohne belastende Vergangenheit ein ähnliches Schicksal, in: *ThHStAW*, BMP, 71/46, unfoliiert.

414 Ebd. Mitzenheim betont in diesem Rundbrief, er sei – auf seine Frage hin – vom General und von Eggerath „und anderen Regierungsstellen" aufgefordert worden, „geeignete Objekte zu benennen."

415 Vgl. dazu Kapitel 3.2.3, Kapitel 3.2.4 und besonders Kapitel 4.7, dort die Konflikte um die Entnazifizierungsmaßnahmen der Kirche im Zusammenhang des „Abendpost-Artikels" vom 21.05.1946.

416 Ebd.

417 Zur ‚Republik-Flucht' des Finanzdezernenten des LKR, OKR Johannes Osswald im Januar 1953, den die permanent angespannte Haushaltslage und die regelmäßig uneingelösten finanziellen ‚Gnadenerweise' des SED-Staates offensichtlich zermürbt hatten, siehe Kapitel 4.4. In diesem Zusammenhang findet auch der ‚verhinderte Aufstieg' von OKR Gerhard Lotz in die DDR-Regierungsspitze Erwähnung.

418 Der ‚Startschuss' für die Kollektivierung der Landwirtschaft für Thüringen wie für die DDR (!) wurde am 8. Juni 1952 mit der LPG Merxleben gesetzt. Diese wirtschaftspoltischen Zwangsmaßnahmen, in ‚Tateinheit' mit einem forcierten Weltanschauungskampf, erhöhten den inneren Druck enorm, was nicht nur zur Massenflucht führte, sondern schließlich auch zu seiner eruptiven ‚Entladung' im Zusammenhang des Aufstandes vom 17. Juni 1953. Nach einer Phase partieller Entstalinisierung wurde der Prozess zur ‚Vervollkommnung des DDR-Staatskapitalismus' dann allerdings in Schüben fortgesetzt. Die zweite Kollektivierungskampagne des für Thüringen besonders wichtigen Sektors der Landwirtschaft erfolgte 1960. – Andreas Karmrodt, „Der 17. Juni 1953 in Jena. Volk – Polizei – Partei", in: *Macht und Milieu*, 231-256, und ebd. Thomas A. Seidel, „Deutsch-christliche Hypothek und Neuordnungskompromisse. Die evangelische Kirchgemeinde Jena 1945", 103-133.

Westen verließen.[419] ‚Tragende Säulen‘ des ländlichen aber auch des städtischen kommunalen und des Kirchgemeindelebens waren auf diese Weise weggebrochen.[420]
Im Unterschied zum Thüringer Landesbischof und etlichen anderen Zeitgenossen hatte der Vorsitzende der kirchlichen Spruchstelle, der preußische Verwaltungsjurist Walther Doehring, mit erstaunlicher Hellsichtigkeit die untergründigen Antriebe und Ziele der ‚antifaschistisch-demokratischen Umwälzung‘ erkannt und analysiert. Er empfahl der Kirchenleitung, deutlichen Protest gegen dieses eklatante Unrecht zu erheben. Seiner Meinung nach stünde die Kirche wie vor 1945 so auch dieses Mal wieder in der Pflicht, „[...] ebenso unerschrocken gegenüber der Tyrannei autoritärer Gewaltherrschaften, wie gegenüber dem Mißbrauch rasender Toren Stellung zu beziehen, [...] am entschiedensten, wenn etwa die Entfesselung der unüberwindlichen Instinkte von Haß, Neid und Egoismus Boden- oder sonstige Reformen mit dem unwahrhaftigen Mantel etwa sozialer oder gar christlicher Gesinnung zu decken versuchen.“[421]
Abgesehen davon, dass solch ein klareres politisches Urteilsvermögen in der Thüringer Kirche entweder selten war oder sich nicht ausreichend zu artikulieren wusste, scheint Doehring ein frühes Beispiel für die relative Wirkungslosigkeit der Kritik an Moritz Mitzenheim und seinem – vor allem mit Gerhard Lotz abgestimmten – Kurs zu sein. Das kirchengesetzlich abgesicherte, steile bischöfliche Amtsverständnis führte dazu, dass Kritik am Bischof sehr schnell als Angriff auf die Kirche gewertet wurde. Dass die in den Akten auffindbaren sorgevollen bis fundamental kritischen Einsprüche dort, wo sie zu Wort kamen, häufig mit dem kirchenleitenden ‚Entpolitisierungs-Gebot‘ in die Schranken gewiesen wurden, ist auch an den Auseinandersetzungen zwischen der obrigkeitlich orientierten Kirche und der vormodernen und vormundschaftlichen Erziehungsdiktatur der DDR abzulesen.

---

[419] Weber, *DDR*, 288-305, nennt Zahlen der DDR-Flüchtlinge: 1949–125.245 Menschen, 1950–197.788, 1951–165.648, 1952–182.393 (nach DDR-Angaben waren es 1951 und 1952 lediglich 33.832 Personen), 1953–391.390, 1954–184.198, 1955–252.870, 1956–279.189, 1957–261.622, 1958–204.092, 1959–143.917, 1960–199.188; danach bis zum Bau der ‚Berliner Mauer‘ am 13. August 1961 flohen 159.730 Menschen = Für den Zeitraum von 1949 bis 1961 waren das insgesamt 2.747.270 SBZ/DDR-Flüchtlinge. Der prozentual größte Anteil kam aus Thüringen. Von denen, die anschließend noch versuchten, einen ‚Lebensraum‘ jenseits der (Thüringer) Grenze zu gewinnen, haben viele ihr Leben eingebüßt. – Der Jenenser (ehedem marxistische) Historiker Wolfgang Mühlfriedel beschreibt mit dürren Worten die ‚zwangsweise Proletarisierung‘ der SBZ/DDR. „Im Gefolge des sozialökonomischen Umbruchs veränderte sich die soziale Struktur der thüringischen Bevölkerung. Gegenüber Anfang der 1950er Jahre war der Anteil der Arbeiter und Angestellten an den Berufstätigen kräftig angestiegen. Er belief sich auf 74,2 Prozent. Zwischen 1955 und 1960 nahm der Anteil der Beschäftigten in den Produktionsgenossenschaften von 1,3 auf 16,8 Prozent zu. Demgegenüber sank der Anteil der Selbständigen – einschließlich der Familienangehörigen – von 23,3 auf 5,2 Prozent“, vgl. *BzL* 1993, 5.

[420] Zu diesen ‚tragenden Säulen‘ gehörten, außer den genannten unternehmerisch Tätigen, auch viele Apotheker, Ärzte, Lehrer, Ingenieure oder andere Angehörige der ‚Klasse der Intelligenz‘ und, besonders im Zuge der Auseinandersetzungen um die ‚Junge Gemeinde‘ 1953 und 1955, viele Schüler und Studenten. Diese ‚Entbürgerlichung‘ der DDR und damit der „Kirche im Sozialismus“ sorgte 1989/90 für erhebliche Probleme bei der kirchlichen Standortfindung in einer rechtsstaatlich verfassten, zu religiöser Neutralität verpflichteten Demokratie. Selbst wenn man die Meinung vertritt, die soziale Entmischung der DDR habe die Pfarrerschaft ‚näher an die Arbeiterklasse‘ herangeführt, so ist eine Missachtung oder Leugnung der Diktaturfolgen historisch falsch, theologisch unredlich und hinderlich für die gesellschaftliche Gestaltungskraft von Kirche heute.

[421] Schreiben des Vorsitzenden der Spruchstelle Doehring an Rönck, 22.02.1946, in: *LKAE*, A 239 (Loses), unfoliiert.

3.2.6 Evangelischer Bildungsauftrag und kommunistische Erziehungsdiktatur

In den Auseinandersetzungen um Schule, Universität und außerschulische Jugendarbeit zeigen sich in besonderer Weise die gesellschafts- und kirchenpolitischen Divergenzen der „[...] gegensätzlichen, gegeneinander zumeist dicht abgeschlossenen ‚sozialmoralischen Milieus'", die sich seit dem 19. Jahrhundert ausgebildet hatten.[422] Nach der Revolution von 1918 hatte dieser gesellschaftliche Differenzierungsprozess auch in Thüringen heftige Konflikte um die Dominanz der jeweiligen politischen Leitkultur hervorgebracht.[423] Besonders hart umkämpft war das Feld der Schulpolitik.[424] Der kulturkämpferische Versuch, jedweden bürgerlichen und kirchlichen Einfluss auf die Schule auszuschalten, war schon 1923/24 gescheitert.[425] Damit schwanden aber auch die Chancen, in Thüringen eine bürgerlich-liberale, den sozialistischen Reformbestrebungen relativ naheliegende Demokratisierung des Schulwesens „[...] im Sinne der Gewissensfreiheit und Duldsamkeit durchzusetzen."[426] Zeitgleich mit der in den Jahren nach 1923 einsetzenden Radikalisierung und Polarisierung im rechten wie linken politischen Spektrum, begann in Thüringen die „Kulturrevolution von rechts",[427] deren zweifelhafter Erfolg schließlich im Wechsel „von der roten zur braunen Hochburg" lag.[428]
Auch die theologischen und bildungspolitischen Pläne des in Thüringen seit den 20er Jahren verhältnismäßig starken Liberalprotestantismus endeten letztlich in einem Desaster. Die Hoffnung der Gründungsväter der Thüringer evangelischen Landeskirche und ihrer Verfassung (Wilhelm Thümmel, Hans Lietzmann, Heinrich Weinel, August César u.a., zumeist im ‚Thüringer Volkskirchenbund' versammelte liberale Theologen), dass die Deutschen Christen gewissermaßen die Erfüllung ihrer freiprotestantischen Mission übernähmen, wurde bitter enttäuscht. In einem Aufsatz von 1933 gab Weinel diese ‚Staffelstab-Position' der Thüringer Liberalen wieder, die – zumindest in dieser gerad-

422 Friedrich-Wilhelm Graf, „Kulturprotestantismus", in *TRE* 20, 231. Graf nennt vier Milieus [sozialdemokratisches, katholisches, protestantisch-konservatives und bürgerlich-liberales Sozialmilieu], die „in den Formen ‚kultureller Vergesellschaftung', d.h. in Wertmaßstäben, Verhaltensnormen und Mustern der Gegenwartsdeutung tiefgreifend voneinander unterschieden [waren] und eine jeweils milieuspezifische Mentalität und Lebenshaltung ausgebildet [haben]." – Kurt Nowak, *Geschichte des Christentums in Deutschland: Religion, Politik und Gesellschaft vom Ende der Aufklärung bis zur Mitte des 20. Jahrhunderts*, München 1995, dort besonders das Kapitel IV ‚Kirche und Schule', 87-93.

423 Vgl. dazu Schreier, *Untersuchungen*, Teil A, Kapitel 5: „Die Entwicklung der Schulfrage in Thüringen", besonders Kapitel 5.6: „‚Kulturkampf' in Thüringen".

424 Werner Lesanovsky, „Schulreformerische Traditionen und nationalsozialistische Schulpolitik", in: *Nationalsozialismus in Thüringen*, 399-420.

425 Schreier, *Untersuchungen*, Kapitel 5.6, 74-79. – Der USPD-Politiker und Volksbildungsminister *Max Greil* war mit seinen Reformvorstellungen letztlich am Widerstand der Lehrer- und Elternverbände gescheitert, die – gemeinsam mit der Thüringer evangelischen Kirche – eine ‚gemäßigte' Trennung von Kirche und Schule favorisierten. – Deutlich anders beschreibt dies Paul Mitzenheim, *Heute schon Geschichte: Zur Schulgeschichte Thüringens seit 1918. Dokumente und Skizzen*, Suhl 1966.

426 Lesanovsky, *Schulreformerische Traditionen*, 403: Lesanovsky zitiert aus dem Amtsblatt des Thüringer Ministeriums für Volksbildung (1922) Nr.1 die Zielvorgaben des Greilschen Reformprogrammes. Beachtenswert ist die begriffliche Nähe zur Verfassung der Thüringer evangelischen Kirche vom 10.10.1924, wo in § 3 von „evangelischer Freiheit und Duldsamkeit" gesprochen wird.

427 Justus H. Ulbricht, „Kulturrevolution von rechts: das völkische Netzwerk 1900–1930", in: *Nationalsozialismus in Thüringen*, 29-48. Die Verflechtung von völkischer Bewegung und protestantischer Kirche wird von Ulbricht thematisch angerissen. Dieser Zusammenhang bedarf jedoch noch weiterer Forschung.

428 Franz Walter, „Von der roten zur braunen Hochburg: Wahlanalytische Überlegungen zur Resonanz der NSDAP in den beiden thüringischen Industrielandschaften", in: *Nationalsozialismus in Thüringen*, 143-164.

linigen Konsequenz – innerhalb des deutschen Kulturprotestantismus relativ einzigartig ist.

„Und jetzt wiederum, wo unser Volk staatlich und politisch mit straffer Hand zusammengenommen wird, wo ein neuer Wille den alten Terror der Marxisten auch mit Bezug auf die Kirche von der Volksmasse nimmt und ein neuer fester – sei es auch zunächst nur völkischer und staatlicher – Wille die Menge unseres Volkes und vor allem die Jugend zur Kirche zwingt, da ist es auch das Recht dieser Bewegung [der Deutschen Christen, d. Vf.], sich kirchlich und für die Kirche verantwortlich zu fühlen." Und mit resignativem Unterton fügte er an: „Wir haben unser Leben lang versucht, [...] die entkirchlichten und entchristlichten Massen unseres Volkes zurückzugewinnen – nun geht diese Arbeit als Pflicht an die über, die diese Massen wie weiches Wachs in der Hand haben."[429]

Dass die von den Deutschen Christen dann praktizierte ‚kirchliche Verantwortung' – neben dem Versuch der permanenten Christianisierung der NSDAP – sich durch das Bemühen auszeichnete, eine konfessionslose Nationalkirche unter administrativer und geistiger ‚Schirmherrschaft' des Führers zu begründen, war den meisten Fürsprechern zu diesem Zeitpunkt noch nicht bewusst. Die antimarxistische Frontstellung allerdings wurde – von den Religiösen Sozialisten abgesehen – in allen kirchenpolitischen Gruppen durchgehalten. Diese Front bröckelte erst, als die ‚totale' Politik der NSDAP seit Ende der 30er Jahre zum Entsetzen vieler Pfarrer auch und besonders in Bezug auf Kultusfragen von zunehmender Kirchenfeindlichkeit bestimmt war.[430] Doch der ‚alte Terror der Marxisten', von dem Weinel 1933 gesprochen hatte, schien nun nach dem Ende des neuen, in seinen mörderischen Auswirkungen in Deutschland bislang singulären Terrors der Nationalsozialisten – zunächst noch verdeckt und mit deutlich verhaltenerem klassenkämpferischen Pathos als zu Zeiten der Weimarer Republik – im Sommer 1945 ‚aus Ruinen aufzuerstehen'.[431]

---

[429] Schreier, *Untersuchungen*, Teil B, 29. – Der von *Heinrich Weinel* so formulierte „[...] zunächst nur völkische und staatliche Wille" deutet die Bereitschaft mancher Liberaler an, ‚zunächst' von ihren Vorstellungen abzugehen, da man den lauttönenden Rassismus und Radikalismus der ‚nationalen Bewegung' für vorübergehend hielt. Als sich dies als eine buchstäblich schreckliche Täuschung herausstellte, blieb entweder der Weg in den Widerstand oder in die innere Emigration. – Es gab allerdings auch zu dieser Zeit bereits kritischere Stimmen. Zu ihnen zählte der thüringische liberale Theologe, Politiker und Kirchenhistoriker *Rudolf Herrmann*.

[430] Ernst Koch, „Thüringer Wege im ‚Dritten Reich' ", in: *Thüringer Gratwanderungen*, 85, 91f.

[431] Zum thematischen Kontext dieses Unterkapitel vgl. Theodor Neubauer, *Die neue Erziehung der sozialistischen Gesellschaft*, Berlin (Ost) 1973; Pirkko Lethio, *Religionsunterricht ohne Schule. Die Entwicklung der Lage und des Inhaltes der ev. Christenlehre in der DDR*, Münster 1983; Erika Mann, *Zehn Millionen Kinder: Erziehung der Jugend im Dritten Reich*, München 1990; Karl-Heinz Füssl, *Die Umerziehung der Deutschen. Jugend und Schule unter den Siegermächten des Zweiten Weltkriegs 1945–1955*, Paderborn 1994; Waldemar Krönig/Klaus-Dieter Müller, *Anpassung-Widerstand-Verfolgung. Hochschule und Studenten in SBZ und DDR 1945–1961*, Köln 1994; Thomas Ammer, „Die Gedanken sind frei. Widerstand an den Universitäten 1945 bis 1961", in: Ulrike Poppe/Rainer Eckert/Ilko-Sascha Kowalczuk (Hgg.), *Zwischen Selbstbehauptung und Anpassung: Formen des Widerstandes und der Opposition in der DDR*, Berlin 1995, 142-161; Folkert Rickers, *Zwischen Kreuz und Hakenkreuz: Untersuchungen zur Religionspädagogik im „Dritten Reich"*, Neukirchen – Vluyn 1995; *Nachbarn auf dem Ettersberg. Menschenverachtung und Erziehung zur Ehrfurcht*, hg.v. Thomas A. Seidel i.A. des Kuratoriums Schloß Ettersburg e.V., Weimar-Buchenwald 1995; Ludwig Richter, *Kirche und Schule in den Beratungen der Weimarer Nationalversammlung*, Düsseldorf 1996; Achim Leschinsky (Hg.), *Die Schule als moralische Anstalt. Erziehung in der Schule: allgemeines und der „Fall DDR"*, Weinheim 1999; Aribert Rothe, *Evangelische Erwachsenenbildung in der DDR und ihr Beitrag zur politischen Bildung*, Bd. I, und *Exemplarische Quellentexte und Themendokumentationen zur evangelischen Jugend- und Erwachsenenbildung in der DDR*, Bd. II., 2000.

Bereits die ersten Sondierungsgespräche Anfang Juni 1945, die Pfarrer Dr. Schanze mit Ministerialdirektor Dr. Brill zu den ‚Schulfragen' führte, hatten – bei aller Wohlgesonnenheit – altbekannte Konfliktlinien sichtbar gemacht: „Diese [die Schulfragen, d. Vf.] werden wahrscheinlich kompliziert werden. Dr. Brill ließ durchblicken, daß er die Gemeinschaftsschule wünscht. Das war zu erwarten."[432]

Die amerikanische Militärbehörde kam auf bildungspolitischem Gebiet der Kirche weit entgegen. Nachdem der verantwortliche US-Offizier zunächst die auch in den USA praktizierte Trennung von Staat und Schule vertrat, rückte er nach dem Einwand von Walter Zimmermann, „[...] daß die amerikanischen Verhältnisse mit ihrer kirchlichen Vielgestaltigkeit sich wesentlich von den Thüringer Verhältnissen unterschieden, da hier über 90 % der Bevölkerung der Evangelischen Kirche angehörten", von dieser Position wieder ab.[433] Diese deutliche Kirchenfreundlichkeit resultierte nicht allein aus dem christlichen Grundverständnis der Soldaten und Offiziere aus ‚Gods own land'. Sie stand darüber hinaus durchaus in Übereinstimmung mit der amerikanischen Kultuspolitik, die im besetzten Deutschland die volle Religionsfreiheit garantiert sehen wollte: „Die Militärregierung würde aber erwarten, daß sie [die Kirche, d. Vf.] sich politischer Einmischung enthalte. [...] Auch in der Frage der Organisation würde die Kirche alle Freiheit haben. Die führenden Männer der Militärregierung, welche selbst ‚religious persons' seien, hätten die große geistige und moralische Bedeutung der Kirche in Deutschland erkannt."[434]

Doch die zwischen Kirche und Militärbehörde verabredeten Vorhaben konnten in Mitteldeutschland auf Grund des baldigen Endes der amerikanischen Besatzung keine Umsetzung mehr erfahren.[435]

Bald nach dem Besatzungswechsel änderte sich die Situation Zug um Zug, wobei die auf radikale Trennung von Staat und Schule abzielenden schulreformerischen Initiativen in erster Linie vom kommunistisch dominierten Landesamt für Volksbildung ausgingen. Künftig gab es kaum eine Landeskirchenrat-Sitzung, in der nicht das Thema ‚Schule' verhandelt wurde. Einen Tag nach der militärbehördlichen Entbindung Brills vom Amte des Landespräsidenten wurde am 17. Juli 1945 in der Sitzung des Landeskirchenrates die

---

432 Unterredung zwischen Dr. Schanze und Ministerialdirektor Dr. Brill, 03.06.1945, in: *LKAE*, A 130/I, unfoliiert: „Ich benannte ihm als Schulmann unseres Vertrauens Schulrat Wölfing – Hildburghausen, den er kannte und anscheinend schätzte, wenn er auch meinte, er sei reichlich alt. Prof. Petersen, den ich dann noch nannte, wurde von ihm offenbar nicht so geschätzt." – Vgl. Barbara Straub, „Auswirkungen der NS-Zeit auf die Pädagogik in der Sowjetischen Besatzungszone/DDR (Thüringen)", in: *Nachbarn auf dem Ettersberg*, 69-78. Ähnlich auch Lesanovsky, *Schulreformerische Traditionen*, 411. – Petersen hatte u.a. mit einem Aufsatz 1935 seine Annäherung an den NS dokumentiert [Peter Petersen: Die erziehungswissenschaftlichen Grundlagen des Jena-Planes im Lichte des Nationalsozialismus in: ders. *Die Deutsche Privatschule*, Jena 1935, 1-4].

433 Unterredung zwischen Dr. Schanze und Ministerialdirektor Dr. Brill, 03.06.1945, in: *LKAE*, A 130/I: „Mister James sagt, dass dies die Angelegenheit wesentlich erleichtere." Auch der avisierten Drucklegung eines Religions-Lehrbuches, der Einrichtung von Kindergottesdiensten, Konfirmandenstunden, schulischem Religionsunterricht und Jugendarbeit (C.V.J.M.) stünden seitens der Militärbehörde keine Bedenken entgegen.

434 Bericht des Chaplains der IX. amerikanischen Armee, Edward L.R. Elson, im provisorischen EKD-Außenamt in Stolberg/Harz, niedergeschrieben am 20. Juni 1945, zit. n. Björkman, *Thüringen*, 20. – Zum Thema insgesamt vgl. Kapitel 3.1. Zu den Eigentümlichkeiten der Diskussion innerhalb der Alliierten um die Bewertung der DC vgl. den interessanten Aufsatz von Rainer Lächele, „Religionsfreiheit und Vergangenheitsbewältigung: die Deutschen Christen und die Besatzungsmächte nach 1945", in: *EvTh* 2/51. 1991, 131-154.

435 Dreykorn, *Der ehemalige Landrat*, Teil 2, 5: „Für Reformen, für Wiederaufbau war die Zeit zu kurz. Schulen blieben geschlossen, das kulturelle Leben war gelähmt, die Versorgung mangelhaft, die Ungewißheit groß". Jürgen John (Hg.), *„Mitteldeutschland". Begriff – Geschichte – Konstrukt*, Rudolstadt – Jena 2001.

'Schulfrage' behandelt und „die beiden in Frage kommenden Formen des Religionsunterrichtes gegenübergestellt: 1. Gemeinschaftsschule mit Religionsunterricht als ordentliches Lehrfach, freiwillig gegeben von Lehrern, die sich bereit erklären, unter freiwilliger Beteiligung der Schüler oder 2. Religionsunterricht im Rahmen der Schule (Eckstunden), aber in der Hand der Kirche, erteilt von Pfarrern oder anderen Lehrkräften."[436]
Nach intensiver Diskussion entschied man sich, der zweiten Form die Präferenz zu erteilen, vor der anstehenden Unterredung mit dem Regierungsdirektor Walter Wolf jedoch zunächst erst einmal eine Besprechung mit Eisenacher Lehrern zu organisieren, um die Personalkapazitäten zu eruieren. Dies wurde gemacht, und man konnte zufrieden feststellen, dass „sich genügend Lehrer fanden, die im Auftrag der Kirche Religionsunterricht erteilten."
Nun verständigte man sich auf folgende Argumentationsreihe gegenüber dem Landesamt für Volksbildung: 1. unter Bezugnahme auf die Weimarer Reichsverfassung habe der Staat dafür zu sorgen, „[...] daß der Religionsunterricht ordentliches Lehrfach in der Schule bleibt, [und] beauftragt die Kirche mit der Durchführung des Unterrichts. Die Kirche greift in erster Linie auf Lehrer zurück, die geeignet und willig sind, und stellt nötigenfalls auch andere geeignete Lehrkräfte." 2. sei es Sache der Kirche, „[...] den Religionslehrplan zu bestimmen" und 3. ist man hinsichtlich der Finanzierung verständlicherweise der Meinung, „[...] daß zunächst der Staat eine Verpflichtung hat."[437] Das Anfang August zwischen Mitzenheim und Wolf stattgefundene Gespräch hatte dann allerdings keine nennenswerten Erfolge gebracht.
Ende September, nachdem seit Kriegsende zum ersten Mal wieder die Öffnung der Schulen bevorstand, luden Mitzenheim, Hertzsch und Phieler kirchliche Schulbeauftragte und Pädagogen nach Eisenach ein.[438] In Reaktion auf „[...] falsche Presseartikel über Abmachungen zwischen Kirche und Staat in der Schulfrage und auf [...] die Verordnung des Landesamtes für Volksbildung vom 18.8.1945 zur Neuordnung der Frage des Religionsunterrichtes" hatte der Landeskirchenrat beschlossen, am 28. September 1945 eine 'Schulkammer' ins Leben zu rufen.[439] Mitzenheim brachte den anwesenden Mitgliedern dieser Gruppe zunächst den Sachstand aus den in dieser Angelegenheit geführten Gesprächen mit Brill, Wolf, Paul und den Mitgliedern der Kirchenführerkonferenz zur Kenntnis. Gegen das mancherorts ausgesprochene Verbot an Lehrer, Religionsunterricht in den Schulen zu erteilen, hatten die evangelischen Kirchenführer der Sowjetischen Besatzungszone

[436] Sitzung des LKR, 17.07.1945, in: *LKAE*, A 122/I, unfoliiert, TOP 4: „Schulfragen".
[437] Ebd.
[438] *Dokumente zur Bildungspolitik in der Sowjetischen Besatzungszone, ausgewählt und erläutert von Siegfried Baske und Martha Engelbrecht*, hg.v. Bundesministerium für Gesamtdeutsche Fragen, Bonn – Berlin (West) 1966, 2f. Neben dem Verbot für die Wiedereinrichtung oder Gründung von konfessionellen und anderen Privatschulen hatte der SMAThD-Befehl Nr. 40 vom 25.08.1945 den Schulbeginn auf den 01.10.1945 festgelegt.
[439] Sitzung der „Schulkammer", 28.09.1945, in: *LKAE*, A 122/I, unfoliiert: Folgende Theologen und kirchennahe Pädagogen wurden unter Federführung von Hertzsch für dieses Gremium benannt: die Pfarrer D.Dr. Kropatscheck (1882–1955), Elgersburg und Harry Truckenbrodt (1890–1978), Altenburg; die Studienräte Dr. Langbein, Gotha, und Kehrl, Jena; die Schulräte Dr. Krebs, Sonneberg; Wölfing, Hildburghausen, und Dr. Wilhelm Becker, Weimar; der Oberlehrer Ernst Nitzsche, Treben; Rektor Kästner, Eisenach; Kirchenrat D. [Rudolf] Herrmann, Weimar; Schwester Armgart von Oertzen, Naumburg (als Vertreterin des Evangelischen Jungmädchenwerkes) und die Kirchenrätin [Hedwig] Pfeiffer (1890–1949), Eisenach (als Vertreterin der Evangelischen Frauenhilfe). In einem Rundschreiben vom 22.09. hatte der LKR die „Neuordnung" des LA für Volksbildung den Superintendenten zur Kenntnis gebracht.

einstimmig Protest erhoben, dem sich auch die Protestanten Thüringens kräftig und aus vollem Herzen anschlossen.[440]

Mit Enttäuschung wurde von Kirchenrat Rudolf Herrmann (1875–1952) festgestellt, dass sich die Hoffnung, „[...] die kommunistische Partei würde sich in der Religionsfrage grundsätzlich anders stellen als vor 1933", nicht erfüllt hatte.[441] Mit bangen und zaghaften Erwartungen sah man auf die gegenwärtige politische ‚Großwetterlage': „Der Zustand jetzt könne aber nicht von Dauer sein, weil Rußland in der Stellung zum Christentum Rücksicht nehmen müsse auf seine Verbündeten England und Amerika."[442]

Die unterschiedliche Praxis der SMA in den einzelnen Ländern der Sowjetischen Besatzungszone und die zum Teil außerordentlich positiven Stellungnahmen der Besatzungsoffiziere ließen diese Erwartungen eines Wandels zum Besseren begründet erscheinen. Mitzenheim berichtete von der genannten Kirchenführerkonferenz: dass es in Mecklenburg, in Sachsen und in Berlin den Lehrern gestattet sei, den Religionsunterricht im Auftrag der Kirche zu erteilen.[443]

Auch das Gespräch mit dem Chef der Sowjetischen Zivilverwaltung, Kolesnitschenko vom 3. Oktober 1945, bei dem es an erster Stelle um ‚das Verbot für Lehrer, Religionsunterricht zu erteilen' gegangen war, wies in diese Richtung. Noch optimistischer klang die Botschaft, die die Thüringer Kirchenleitung Anfang Oktober aus Berlin erhielt. Das bereits erwähnte vertrauliche Gespräch zwischen Dibelius und Semjonow ging u.a. auf die Schulfrage ein. Unter Punkt 4 war da zu lesen: „In Bezug auf den Religionsunterricht steht die russische politische Leitung auf dem Standpunkt, daß der Religionsunterricht im Auftrag der Kirchen zu erteilen sei, und zwar im organischen [sic!] Anschluß an den Schulunterricht und normalerweise auch in den Schulräumen. Eine Anordnung, daß Lehrer nicht Religionsunterricht [...] erteilen dürfen, hält sie für unzulässig. Sie ist bereit, Beschwerden über Schwierigkeiten, die bei der Durchführung des Religionsunterrichts gemacht werden, entgegenzunehmen. [...] Ebenso hält es die russische politische Leitung für unzulässig, daß von Bürgermeistern oder anderen politischen Amtsträgern antikirchliche Reden geführt werden. Auch hier steht sie bereit, in Fällen, die ihr gemeldet werden, Remedur zu schaffen."[444]

Auch wenn man im Thüringer Landeskirchenrat bereits verschiedene schulpolitische Optionen abgewogen hatte (Bekenntnisschule, Gemeinschaftsschule mit integriertem Religionsunterricht – unter geistlicher Aufsicht oder nicht, nur von Lehrern und/oder von Pfarrern verantwortet), waren damit die vorhandenen pädagogischen und bildungspoliti-

---

[440] Ebd: „In Berlin [während der ersten Kirchenführerkonferenz der SBZ vom 25.09.1945, d. Vf.] sei einstimmig protestiert worden gegen das Verbot an die Lehrer zur Erteilung von Religionsunterricht."

[441] Dass diese Hoffnungen unbegründet waren, zeigt ein kurzer Blick auf das – damals unveröffentlichte – „Aktionsprogramm des Blockes der kämpferischen Demokratie". Eine Besprechung über die Grundaussagen des Manifestes der KPD zwischen Pieck und Stalin unmittelbar nach dem Ende des Krieges ist ebenfalls eindeutig. Pieck notierte: „Kein Religionsunterricht in der Schule – Jugend nicht durch Popen verwirren lassen – Religionsunterricht nur außerhalb der Schule." Abgedruckt in Rolf Badstübner/Wilfried Loth (Hgg.), *Wilhelm Pieck – Aufzeichnungen zur Deutschlandpolitik 1945–1953*, Berlin 1994, 51. – Vgl. zu Herrmann auch den gründlich gearbeiteten Aufsatz von Dietmar Wiegand, „Christentum und Weltverantwortung, Kirche und Kulturarbeit: Kirchenrat D. Rudolf Herrmann (1875–1952)" in: *ZfThG* 54. 2000, 269-303.

[442] Sitzung der „Schulkammer" vom 28.09.1945, in: *LKAE*, A 122/I, unfoliiert.

[443] Ebd. – In einem Schreiben von Dibelius an Wurm, 12.06.1945, teilt jener das Ergebnis einer Unterredung mit dem Berliner Stadtkommandanten Bersarin mit: „Er [Bersarin, d. Vf.] wünsche, daß in allen Schulen Religionsunterricht gegeben werde; die Jugend müsse zur Ehrfurcht vor Gott erzogen werden." Martin Höllen, *Loyale Distanz? Katholizismus und Kirchenpolitik in SBZ und DDR: ein historischer Überblick in Dokumenten*, Bd. 1, Berlin 1994, 46.

[444] Vertrauliche Mitteilung (Berlin-Dahlem), 09.10.1945, in: *LKAE*, A 930, unfoliiert.

schen Positionen noch keineswegs zu Ende diskutiert. Wie in anderen Kirchen, gingen auch in der Thüringer Kirche hier die Vorstellungen ziemlich weit auseinander.
Der ‚Arbeitskreis für christliche Fragen' im NKFD hatte bereits am 29. September 1944 in einer Denkschrift zu *Staat und Kirche in Deutschland* eine Abkehr vom hergebrachten Modell der Bekenntnisschule gefordert: „Obwohl vom christlichen Standpunkt aus eine einheitliche christlich bestimmte Gesamterziehung auch in der Schule der wünschenswerte Zustand ist, wird man voraussichtlich in der evangelischen Kirche bereit sein, auf die bisherige Form der konfessionellen Schule zu verzichten, um die Kinder von vornherein in der Gemeinschaft des gesamten Volkes, über weltanschauliche Schranken hinweg, aufwachsen zu lassen."[445]
Die in den Jahren des Kirchenkampfes vor allem in den Kreisen der Bekennenden Kirche gewachsenen Zweifel am bisherigen Staatskirchensystem ermöglichten nach 1945 eine erkennbare Positionsänderung in dieser Debatte. Der amtierende Vorsitzende des Landesbruderrates (LBR) und Thüringische Landesoberpfarrer Mitzenheim hatte schon im Juli 1945 die Frage geäußert, „ob diese Schulform [die Bekenntnisschule, d. Vf.] wieder aufleben soll oder ob die Kirche den Religionsunterricht, der räumlich und stundenplanmäßig in der Schule stattfinden soll, selbst übernimmt. [...] Uns scheint die letztgenannte Lösung die klarere und reinlichere zu sein."[446]
Für den im Landeskirchenrat für Bildungsfragen zuständigen Religiösen Sozialisten Erich Hertzsch war diese Klarheit ohnehin schon lange vor 1933 ein kirchen- und gesellschaftspolitisches Anliegen gewesen, dessen Realisierung unter den neuen Verhältnissen nun endlich in greifbare Nähe rückte. Dies gewann u.a. seinen Ausdruck auch dadurch, dass der schulische Religionsunterricht künftig offiziell ‚Christenlehre' genannt werden sollte: „Nach Entgegennahme des Berichts des Landesoberpfarrers über seine Unterredung mit dem russischen General und dem Landespräsidenten wird die Frage der Einrichtung des Religionsunterrichts in der Schule bez[iehungs]w[eise] der ‚Christenlehre', wie man nun den Unterricht offiziell nennen will, eingehend besprochen."[447]
Mitzenheim und Hertzsch gaben auf der konstituierenden Sitzung der ‚Schulkammer' ein deutliches Votum für eine „Simultanschule, [...] also nicht für eine ausgesprochene Bekenntnisschule."[448] Dies blieb nicht unwidersprochen. Die einen verwiesen auf die „Denkschrift des früheren Landesoberpfarrers D. Reichardt über die Schulfrage [...] und die vorläufigen Richtlinien zu einem Lehrplan in Thüringen von 1925." Auch wenn jetzt nichts anderes möglich [sei], als die christliche Gemeinschaftsschule zu retten", müsse man aber dennoch an dem „Ziel einer künftigen Bekenntnisschule" festhalten. Andere wehrten sich gegen die Bedenken, die in dieser Expertenrunde gegen die Beibehaltung

[445] Klaus Drobisch (Hg.), *Christen im Nationalkomitee „Freies Deutschland": eine Dokumentation*, Berlin (Ost) 1973, 260ff. Federführend für dieses umfängliche Positionspapier waren Dr. Friedrich-Wilhelm Krummacher, Johannes Schröder und Nikolai Sönnichsen. Unter positiver Bezugnahme auf die 1919 in der Weimarer Reichsverfassung festgeschriebene Trennung von Staat und Kirche wurde dort unter Abschnitt V.5 „Kirche, Schule und Religionsunterricht" eine ‚ganzheitliche' „Gemeinschaftserziehung" vorgeschlagen. – Zu Bischof Krummachers Rolle als ein leitender SBZ/DDR-Kirchenfunktionär, der auf Grund seiner ‚Sowjeterfahrungen' – ähnlich wie Mitzenheim – gewillt war, den russischen Politik-Vorgaben zu vertrauen und zu folgen, vgl. Kapitel 4.4.

[446] So Mitzenheim in einem Schreiben an den bayerischen Landesbischof Hans Meiser, 20.07.1945. Zit. n. Gerhard Besier/Jörg Thierfelder/Ralf Tyra (Hgg.), *Kirche nach der Kapitulation: Auf dem Weg nach Treysa*, Bd. 2, Berlin 1990, 147, 149f.

[447] Sitzung des LKR, 2. Oktober 1945, in: *LKAE*, A 122/I, unfoliiert.

[448] Sitzung der „Schulkammer", 28.09.1945, in: *LKAE*, A 122/I, unfoliiert: Mitzenheim berief sich dabei auf die erste Sitzung der Ostkirchenführerkonferenz und „[...] auf die Beschlüsse des Reichsbruderrates vom 24. August 1945 in Frankfurt am Main."

der geistlichen Schulaufsicht vorgebracht wurden.[449] Einig waren sich die Schulkammer-Mitglieder lediglich darin, dass die Option für eine religionslose Schule unannehmbar sei. Denn: „Zurückfall ins Heidentum ist eine ernste Sache für die Nation, noch ernster als für die Kirche.“[450]
Diese Säkularismusfurcht oder -kritik verband nahezu alle Gruppen des Protestantismus (wie auch des Katholizismus), zumal Grund zu der Annahme bestand, dass mit der Proklamation einer „[...] religiös neutralen, weltlichen Einheitsschule“ letztlich „eine Schule gegen die christliche Religion“ gemeint und gewollt war. So jedenfalls die Diagnose von Bischof Dibelius, der mit Verweis auf den Nationalsozialismus betonte: „Das haben wir zur Genüge erfahren! In eine solche [weltliche, d. Vf.] Schule aber können christliche Eltern ihre Kinder nicht schicken. Christliche Eltern tragen vor Gott die Verantwortung für die Seelen ihrer Kinder. Sie müssen verlangen, daß der Staat diese ihre Verantwortung respektiert.“[451]
In diesem Zusammenhang wurde über die Passivität einer „vom Gift des Säkularismus“ schon deutlich infizierten Bevölkerung Klage geführt.[452] Der Landesoberpfarrer hielt als die allgemeine Meinung fest, „[...] daß man notgedrungen auf den Vorschlag eingehen müsse, daß die Kirche den Religionsunterricht erteilt.“[453]
Damit trat neben das Personalproblem noch die Frage nach geeigneten Lehrplänen für den Religionsunterricht. Ersteres war angesichts der bereits angelaufenen staatlichen Entnazifizierungsmaßnahmen unter der Lehrerschaft besonders brisant. Diese Schwierigkeit bestand in der Kirche in ähnlicher Weise, wobei hinzukam, dass noch immer eine Vielzahl von Pfarrern und kirchlichen Mitarbeitern als ‚vermisst‘ galt.
Es wurde vorgeschlagen, „[...] die katechetische Arbeitsgemeinschaft, die unter der Mitwirkung der Universitätsprofessoren in Jena besteht“, für diese Aufgabe zu aktivieren. Hertzsch hatte diesbezüglich schon Anfang August zwei Verordnungs- bzw. Gesetzentwürfe vorgelegt.[454] Die von ihm vorgeschlagene „Verordnung über die Betätigung von Nicht-Theologen in einem Pfarramt der Thüringer evangelischen Kirche“ zielte vor allem auf die durch die deutsch-christliche Kirchenleitung eingesetzten ‚verdienstvollen Kameraden‘, die ohne jegliche theologische Bildung ins Pfarramt berufen worden waren. Das ebenfalls von Hertzsch eingebrachte „Gesetz über die Anstellung von Nicht-Theologen als Pfarrvikare und Pfarrer [...]“ sollte neue Personalkapazitäten erschließen, indem es vorsah, dass „[...] Männer, die für die Verwaltung eines Pfarramtes persönlich besonders geeignet sind, dann aber wegen ihres Lebensalters, ihrer Bewährung in einem anderen Beruf oder aus anderen zwingenden Gründen das Studium der Theologie an einer Universität nicht zugemutet werden kann, in den Dienst der Thüringer ev[angelischen] Kirche aufgenommen und mit der Verwaltung eines Pfarramtes [...] betraut und als Pfarrvikar und als Pfarrer fest angestellt werden können.“[455] Hier dachte man vor allem an ‚anständige‘,

---

449 Ebd.

450 Ebd.

451 Zit. n. Reinhard Scheerer, *Evangelische Kirche und Politik 1945 bis 1949: zur theologisch-politischen Ausgangslage nach der Niederlage des ‚Dritten Reiches‘*, Köln 1981, 113.

452 Sitzung der Schulkammer, 28.09.1945, in: *LKAE*, A 122/I, unfoliiert: Besonders enttäuscht zeigte sich der religiös-sozialistische Pfarrer *Harry Truckenbrodt* darüber, dass diese Passivität „[...] auch weite Kreise der Bauernschaft und der ganzen deutschen Arbeiterschaft“ erfasst habe.

453 Ebd.

454 Sitzung des LKR, 07.08.1945. Die von Hertzsch vorgelegten Entwürfe: Anlage 2 und 3, in: *LKAE*, A 122/I, unfoliiert. – Zu dem Problem „belasteter Lehrer“ siehe Kapitel 4.6 und 4.7.

455 Ebd. Anlage 3. – Diese beiden Entwürfe wurden mehrfach überarbeitet und dann in einer zusammengefügten Fassung am 01.12.1945 als „Gesetz über die Anstellung von Nicht-Theologen als Pfarrvikare und Pfarrer der Thüringer evangelischen Kirche vom 14. November 1945“ in Kraft gesetzt. Die von

der Kirche verbundene Offiziere, Lehrer oder Verwaltungsbeamte.[456] Frauen wurden ausdrücklich nicht in den Blick genommen.
Über die verschiedenen Möglichkeiten der Erstellung eines Religionslehrplanes war in der ‚Schulkammer' eine heftige Kontroverse entbrannt, nachdem für den Moderator Hertzsch offenbar völlig unannehmbare Vorschläge auf dem Tisch lagen. Unter diesen war auch der anscheinend ernstgemeinte Verweis auf den in den 20er Jahren entstandenen Lehrplan des Militaristen und völkischen Aktivisten, Pfarrer Maurenbrecher (1874–1930).[457] Da diese Debatte kein befriedigendes Ergebnis brachte, wurde vorgeschlagen, die Jenaer Professoren Peter Petersen (1884–1952) und Waldemar Macholz (1876–1950) „[...] sowie Fräulein Rentorff und Schwester Charlotte Schröder von der Breslauer Bibelschule in Münchenbernsdorf, künftig in Altenburg," für die weiteren Beratungen heranzuziehe.[458]
Die hartnäckigen schulpolitischen Bemühungen der Thüringer Kirche wurden Mitte Oktober durch ein Schreiben Kolesnitschenkos ‚belohnt'. ‚Der Chef der Verwaltung des föderalen Gebietes Thüringen' teilte am 12. Oktober 1945 dem gewiß verärgerten Leiter der Abteilung für Volksbildung, Walter Wolf, folgendes mit: „Aufgrund der Bemühungen der Bischöfe der evangelischen Kirche, Herrn Mitzenheim, und der katholischen Kirche, Herrn Freusberg, um die Erlaubnis der Erteilung von Religionsunterricht in den Landesschulen wurde durch mich diese Frage an den Herrn Generalpräsidenten der Sowjetischen Militäradministration in Deutschland, Marschall Schukow, mit der Bitte vorgelegt, sie im positiven Sinne zu entscheiden. Am 11. Oktober 1945 erhielten wir ein Telegramm aus Berlin des Inhalts, daß in den Landesschulen des föderalen Gebietes Thüringen Lehrern und Geistlichen gestattet wird, Religionsunterricht pflichtgemäß außerhalb des Schulplans zu erteilen, und, wenn unter den Schülern und ihren Eltern sich eine genügende Anzahl solcher finden wird, die die fakultative Unterweisung in der Religion zu besuchen wünschen, so können diese Unterweisungen im Gebäude der Schule durchgeführt werden."[459]
Dieses ebenso unerwartete wie erstaunliche Ergebnis der ‚Bemühungen' der beiden Kirchenmänner sollte mental wie politisch nicht ohne Folgen bleiben. Mitzenheim, der zu dem ‚künstlerisch sehr interessierten' sowjetischen Funktionär bald eine enge Beziehung entwickelte, konnte das Kalkül sowjetischer Kultuspolitik nicht durchschauen, was zum Ende der vierziger Jahre gewiss auch nicht einfach war.[460] Auf jeden Fall stießen die

---

Hertzsch im Entwurf der „Verordnung" vorgesehene mögliche „Entlassung aus dem Dienst", wenn die verordnete Nachprüfung innerhalb eines Jahres nicht abgelegt wird, wurde in der endgültigen Version gestrichen. Sitzung des LKR, vom 14.11.1945. Anlage 2 (Ziffer 13), in: *LKAE*, A 122/I, unfoliiert. – Siehe dazu besonders Kapitel 4.1.

[456] In der Tat wurden vormalige Offiziere, Lehrer etc. nach einer von Hertzsch vorgegebenen Ausbildung und abgelegter Prüfung in den Dienst der Kirche übernommen [so u.a. der spätere OKR *Heinz Kranich*]. An diesem Punkt entzündeten sich die Konflikte um die Entnazifizierung der Kirche.

[457] Zu *Max Robert Maurenbrecher* – neben dem Biogramm – Ulbricht, *Kulturrevolution*, 33f.

[458] Tagesordnungspunkt 10 „Schulkammer", in: *LKAE*, A 122/I, unfoliiert. – Die unbefriedigenden Erfahrungen mit der „Schulkammer" scheinen Hertzsch veranlasst zu haben, dieses Gremium in der Folgezeit nicht mehr zu aktivieren.

[459] Beglaubigte Übersetzung des Schreibens von Kolesnitschenko [„an die Bischöfe der evangelischen Kirche, Herrn Metropoliten Mitzenheim, und der katholischen Kirche, Herrn Dr. Freusberg"], in: *NL Mitzenheim*, Nr. 26, 68.

[460] Siehe Kapitel 3.2.3. – Abgesehen von der stalinistischen Variante der spätrömischen ‚Zuckerbrot-und-Peitsche-Politik', die man einsetzte, um ‚nützliche Idioten' für den ‚Aufbau des Kommunismus' zu benutzen, ließ Stalins Deutschland-Politik zu dieser Zeit offenbar noch keine festen Konturen erkennen (wenn man überhaupt von Konturen im Blick auf die Entscheidungen des cholerischen ‚Generalissimus' sprechen kann). Andreas Hillgruber, „Grundsätze der sowjetischen Deutschland- und Ostmittel-

fortwährenden Interventionen und Interventionserfolge der Kirche, insbesondere diese Verfügung der SMATh, auf den geharnischten Widerstand des Landesamtes für Volksbildung, dem mit Walter Wolf (1907-1977)ein ausgesprochen kirchenkritischer Pädagoge der KPD vorstand. Wolf, einer der Mitverfasser und – nunmehr – entschlossener Verfechter der ‚Schulpolitischen Sofortmaßnahmen' der ‚Erziehungskommission des Internationalen Lagerkomitees im KZ Buchenwald', war diese Position ‚des großen Bruders' (wie die sowjetische Besatzungsmacht parteiintern genannt wurde) offenkundig nicht ‚klassenmäßig radikal' genug.[461]
In dieser besonders sensiblen und wichtigen kulturpolitischen Frage hatte zuvor bereits Brill gegenüber seinem einstigen Leidens- und Kampfgefährten Wolf nicht mit Kritik gespart. Zynisch verglich er die schulreformerische Konzeption Wolfs mit den Kulturkampf-Positionen der 20er Jahre: „Wer hat sich bei diesem Referat [von Walter Wolf, d. Vf.] nicht an unseren unvergeßlichen Max Greil erinnert?"[462]
Damit wurde erkennbar, dass Brill sich in seinen schulpolitischen Überzeugungen gewandelt hatte, während Wolf nach wie vor auf Radikalpositionen verharrte. Ohne es zu wissen, hatte Brill jedoch mit dem Vergleich Wolf – Greil das politische Schicksal des ‚Kulturkämpfers' Wolf schon vorgezeichnet.[463]
Der Brill-Nachfolger, der bürgerlich-liberale Ministerpräsident Paul, stand in der Schulfrage ebenfalls erkennbar auf Seiten der Kirche. In einem Gespräch mit dem Thüringer Regierungschef war „[...] 1. das Verhalten des Landesdirektors Wolf in der Religionsunterrichtsfrage [und] 2. das Verbot für die Lehrer, den Religionsunterricht zu erteilen" diskutiert worden – mit Erfolg für die Kirche: „Hierzu will der Präsident eine Verfügung ergehen lassen, daß der Unterricht durch die Lehrer erlaubt sei."[464]
Als die SMATh am 25. Oktober 1945 der Kirchenleitung einen Fragenkatalog vorlegte, eröffnete dies der Kirche die Möglichkeit, neben einer reichlich unkritischen Rückschau auf die Kirchenkampfzeit, auch zu gegenwärtigen „Behinderungen usw. der kirchlichen Einrichtungen usw." Stellung zu nehmen. Dabei wurde das Landesamt für Volksbildung als besonderer ‚Unruhestifter' deutlich herausgehoben.[465] Der Landeskirchenrat zählte die Verordnungen des Landesamtes auf (Beschlagnahme von Kindergärten, Verbot an Lehrer, Religionsunterricht zu erteilen etc.), die von Wolf sämtlich mit dem Vor-Satz „mit Zustimmung der Sowjet-Militäradministration" eingeleitet gewesen seien. Mit erkennbarer Genugtuung wurde seitens des Landeskirchenrates darauf verwiesen, dass „[...] auf unsere Beschwerde bei der Militäradministration in Weimar durch den Herrn Gardegene-

europapolitik 1945–1952", in: *Die Kapitulation von 1945*, 141-153. – Vgl. in diesem Kontext Loth, *Stalins ungeliebtes Kind*; Medwedew, *Das Urteil der Geschichte*. Und neuerdings: Dietrich Beyrau, *Schlachtfeld der Diktaturen: Osteuropa im Schatten von Hitler und Stalin*, Göttingen 2000. – Zur Rolle Kolesnitschenkos für Mitzenheims „Spitzenpolitik" siehe Kapitel 4.7, dort den Kontext der ‚Abendpost-Attacke', und Kapitel 5.3, dort die Zusammenhänge um die (erste) Loyalitätserklärung Mitzenheims gegenüber dem SED-Staat im April 1950.

461 Vgl. „Schulpolitische Sofortmaßnahmen", die als „Vorschläge der Erziehungskommission im KZ Buchenwald" unter Mitwirkung von Walter Wolf verfasst wurden. „5. In den Lehrplänen aller Schulen sind folgende Änderungen vorzunehmen: a) Der Religionsunterricht wird abgeschafft. [...] c) Alle Gesinnungsfächer sind von den Unterrichtsstoffen, die dem Rassedogma, dem Nationalismus und dem Imperialismus gedient haben und der Verfolgung einer Religion oder Klasse, zu reinigen." Zit. n. Mitzenheim, *Heute schon Geschichte*, 104.

462 Brill, anlässlich der genannten SPD-Parteischulung in Probstzella, nach Overesch, *Brill*, 119.

463 Zur politischen Karriere bzw. zu seinen Karriere-Brüchen siehe insbesondere Kapitel 4.6, Exkurs: ‚Wolf'.

464 Sitzung des LKR, 2./4. Oktober 1945, in: *LKAE*, A 122/I, unfoliiert.

465 Antwort des LKR der Thüringer evang[elischen] Kirche auf die am 25. Okt[ober] 1945 fernmündlich übermittelten Fragen der sowjetischen Militäradministration, in: *LKAE*, A 930, unfoliiert.

ralmajor Kolesnitschenko am 3. und 12. Okt[ober] 1945 gesagt [wurde], daß dem Herrn General von einer Zustimmung zu den betreffenden Anordnungen des LA für Volksbildung nichts bekannt war."[466]
Mitzenheim betonte, dass diese Verordnungen als „Eingriffe in die kirchlichen Angelegenheiten" eindeutig mit dem „Gesetz-Nr. 52 der interalliierten Militärregierungen" in Widerspruch stünden. Darum sei es leider nötig, die Inschutznahme der Kirche durch die SMATh zu erbitten, zumal „[...] die beanstandeten Anordnungen [...] uns in peinlicher Weise an die Nazimethoden unter Hitler erinnert" hätten.[467] Ausführlich und ausdrücklich verwies der Landeskirchenrat auf das durch Kolesnitschenko vermittelte Befürwortungsschreiben Schukows und stellte zusammenfassend fest: „Wir wissen, daß die mit dieser Entscheidung zum Ausdruck gebrachte Förderung eines wesentlichen kirchlichen Anliegens hoch zu schätzen ist und sprechen dafür unseren besonderen Dank aus. Wir verbinden diesen Dank mit der Bitte, daß die Militäradministration auch weiterhin der Kirche solch wohlwollendes Verständnis entgegenbringen möge."[468]
Der kommunistische Leiter des Landesamtes für Volksbildung sah sich demnach bei der Durchsetzung seiner schulreformerischen Ziele vor eine ganze Reihe von Schwierigkeiten gestellt. Da war zum einen das Problem, dass die ‚reaktionären' Ansprüche der Kirche seitens der Militäradministration und ebenso auf seiten seines Dienstherren, wenn nicht auf ungeteiltes Wohlwollen, so doch zumindest auf Duldung stießen. Beispielsweise hatten sich der katholische Prosenior Breithaupt und Mitzenheim u.a. wegen eines Interviews, das Walter Wolf der Thüringer Volkszeitung zu Fragen der Trennung von Kirche und Schule gegeben hatte, beschwerdeführend an den Landespräsidenten gewandt. Wolf, diesbezüglich von Paul angefragt, wies diesen Protest als bloße Taktik der Kirchenmänner zurück: „Der Zweck ist also folgender: man sagt in mündlichen Verhandlungen ja und vor der Öffentlichkeit nein. [...] Ich fasse deshalb auch das Schreiben des Herrn Mitzenheim nur als ein Manöver der Öffentlichkeit gegenüber auf."[469]
Neben diesem Dreieckskonflikt, in dem Wolf zwischen Kirche, SMATh und Verwaltungsspitze zu agieren genötigt war, hatte er gemeinsam mit seinem Mitarbeiter und ehemaligen kommunistischen Mithäftling Johannes Brumme[470] sofort begonnen, innerhalb der

---

466 Ebd.

467 Ebd.

468 Ebd.

469 *ThHStAW*, BMP, 377. – Wolf bezog sich in seinem Erwiderungsschreiben an Paul [vom 19.09.1945] auf eine Unterredung zwischen ihm und Mitzenheim vom 02. bzw. 04. August 1945, gelegentlich der Mitzenheim erklärt habe, „grundsätzlich mit der Neuregelung [der Trennung von Staat und Kirche, d. Vf.] einverstanden zu sein." Die Protokollnotiz der LKR-Sitzung, in der Mitzenheim von jenem Gespräch berichtet hatte, lässt Wolf als verhandlungsbereiten Gesprächspartner erscheinen: „Der Landesoberpfarrer berichtet, daß der Regierungsdirektor Wolf [...] auf die „Erfurter Vereinbarungen" [der SPD und KPD zu Schulfragen, d. Vf.] hingewiesen, aber eine Diskussion über einige Punkte nicht abgelehnt habe. Er habe erklärt, daß er die Erfurter Vereinbarungen an die russische Behörde in Berlin weitergeleitet habe. Dort würde die Entscheidung getroffen." Der LKR beschloss daraufhin, „[...] alsbald eine entsprechende Denkschrift [unter Hinzuziehung des Prof. Petersen, Jena, d. Vf.] auszuarbeiten." Sitzung des LKR vom 07.08.1945, in: *LKAE*, A 122/I, unfoliiert.

470 *Johannes Brumme (1909–1967)*, Volksschullehrer, KPD Thüringen, wurde 1938 wegen illegaler politischer Tätigkeit ins KZ Buchenwald eingeliefert. Er war Mitglied der Kommission für Erziehung im Volksfront-Komitee unter Leitung von Brill. Als 1. Vorsitzender des „Thüringen-Ausschusses" [ab 21.04.1945 zum „Thüringer Komitee" erweitert] hatte er [bis zur Beendigung der Arbeit dieses ‚Schattenkabinetts' am 18.Juli 1945] und auch noch danach erheblichen Einfluss auf die Personalpolitik der Landes- und Kommunalverwaltungen. – Vgl. J. Brumme: Bericht über meine Verhandlungen mit Herrn Brill, die Regierungsbildung von Thüringen betreffend. Niederschrift vom 27.04.1945, in: *ThHStAW*, V 201 p., zitiert bei Wahl, *Der Beginn*, 254. Ab Juli 1945 war Brumme Leiter der Schulabteilung im

Thüringer Lehrerschaft einen grundlegenden Personalwechsel vorzunehmen.[471] Dass die organisatorisch-logistischen Rahmenbedingungen für die Durchführung eines geregelten Schulunterrichtes am Ende des Krieges äußerst desolat waren, erwies sich dabei als zusätzliche Schwierigkeit.[472] Wolf versuchte, die von den Kirchenvertretern immer wieder vorgebrachte ‚Schulfrage' mit der ‚Schuldfrage' zu verknüpfen, um auf diesem Wege den bildungspolitischen Anspruch und religionspädagogischen Auftrag der Kirche auszuhebeln. Hier traf er zweifellos einen neuralgischen Punkt der Thüringer evangelischen Kirche.

Nachdem seitens der SMATh verfügt worden war, dass der Religionsunterricht in Verantwortung der Kirche stattfinden dürfe, hatte Wolf durch seinen Mitarbeiter Fritz Heilmann (1892–1963) Informationen zusammentragen lassen, die er in Form einer Denkschrift am 27. Dezember 1945 an den Präsidenten des Landes Thüringen weiterleitete. Nach Auswertung von ‚Resten einer Kartei', diversen Rundschreiben und Druckschriften von 165 Thüringer Pfarrern kam diese Untersuchung zu dem Ergebnis, „daß die evangelische Pfarrerschaft Thüringens nazistisch völlig verseucht war."[473] Heilmann ließ seine Ermittlungen in „Vorschläge zur Behebung der Mißstände" münden: „Ohne Zweifel ist das Landesamt für Volksbildung an der politischen Bereinigung der Pfarrerschaft amtlich stark interessiert. Der Religionsunterricht ist ganz auf die Kirche übergegangen. Es ergibt sich nun der groteske Zustand, daß die Schule zwar ihre Lehrerschaft völlig bereinigt hat oder im Begriff ist, dies restlos zu tun, daß sie aber die Schüler zu einem nicht unerheblichen Teil der Einwirkung fanatischer Nationalsozialisten ausliefert."[474]

Mit der Einsetzung eines ‚Landeskommissars', der die ‚Bereinigung der Geistlichen' vorzunehmen und die Schulung der im Amte verbliebenen mit dem Ziel der Schaffung „[...] eines modernen, demokratischen Erfordernissen entsprechenden Priesterstandes" anzuleiten habe, sollte vor allem das „[...] Verbot der Ausübung des Religionsunterrichtes [...] durch politisch noch nicht überprüfte Geistliche und Laien sowie die Absetzung der bisherigen Kirchenleitung und Einleitung eines Verfahrens wegen Nicht-bereinigung der Geistlichkeit und Sabotage des politischen Wiederaufbaus" durchgesetzt werden.[475] Als

LA für Volksbildung Thüringen, anschließend Professor für Erziehung an der Deutschen Hochschule für Körperkultur in Leipzig.

471 Aus einem Bericht in den Akten des Ministeriums für Volksbildung des Landes Thüringen von 1945 geht hervor, dass ca. 95 % der Lehrer Mitglieder der NSDAP gewesen seien. Von 6.300 Lehrern in den Volksschulen wurden daraufhin ca.10 % sogenannte Altparteigenossen entlassen. Insgesamt sind im Herbst 1945 nahezu 25 % aktive Nazis und Altparteigenossen aus dem Schuldienst entfernt worden. [Angaben im *ThHStAW*, Ministerium für Volksbildung, Akte 173, zitiert bei Straub: Auswirkungen, 71].

472 Ebd. – Eine Statistik vom Herbst 1945 weist aus, dass von den 9.151 Schulen in Sachsen, Thüringen und Brandenburg 24,9 % beschädigt waren. Seit Beginn des Krieges dienten Schulen zudem als Truppenunterkünfte, Lazarette oder Durchgangslager für Flüchtlinge. Die Gebäude, die vorhanden waren, besaßen oft kein Mobiliar. Schulbücher, Hefte oder Schreibzeug waren nicht oder in völlig unzureichendem Maße zur Hand.

473 *ThHStAW*, BMP, 1746/I, 299-308. Heilmann-Denkschrift vom 27.12.1945. – Zur Heilmann-Denkschrift, ihrer weiteren ‚Anreicherung' und ‚Überführung' in das Landesamt für Information im Juli 1950 zum Zwecke fortgesetzter Instrumentalisierung des ‚Faschismusvorwurfes' gegenüber vermeintlichen ‚Klassenfeinden' (u.a. über die HA XI Abt. 11 des MfS) siehe die Kapitel 4.6 und 4.7.

474 Ebd., 235.

475 Ebd. Die Forderung nach einem Reinigungs-Kommissar war bereits zuvor von anderer Seite gestellt worden. Siehe Kapitel 4.3 und Kapitel 4.6, dort den Exkurs: ‚Wolf' und 4.7 den Kontext der ‚Abendpost-Attacke'.

Kommissare schlug Heilmann vor: Pfarrer Karl Erle (1885–1968) und Pfarrer Alfred Wolf (KPD)[476].
Nachdem diese Vorschläge zunächst unbeachtet geblieben waren, griff Amtsleiter Wolf das Vorhaben in etwas moderaterer Form Mitte Februar 1946 im Zusammenhang mit der von ihm geplanten Schulordnung zur Bildung einer ‚deutschen demokratischen Einheitsschule' wieder auf. Mit zornigem Hinweis auf eine Verordnung Mitzenheims, die vorsähe, dass „[...] NSDAP-Mitglieder, welche auf Grund der Reinigungsverordnung aus dem Schuldienst entlassen werden mußten, unter bestimmten Voraussetzungen als Religionslehrer der Kirche eingestellt werden können", richtete er an Paul die Frage, „in welcher Form eine politische Einflußnahme auf innerkirchliche Vorgänge, welche nicht im Interesse des Staates sind, gestaltet werden kann."[477] Der von Heilmann geforderte Reinigungs-Kommissar sollte nun in einer an die Präsidialkanzlei angebundenen „Stelle zur Behandlung kirchlicher Fragen" wirksam werden. Paul nahm diesen Vorschlag an und berief mit dem bereits erwähnten ehemaligen Schulrat und Pfarrer Karl Erle einen Religiösen Sozialisten in diese wichtige Schlüsselposition.[478]
Als im Februar 1946 das Volksbildungsamt des Landes den Entwurf zur Schaffung eines neuen Schulaufbaus vorlegte, das laut ‚§ 8' mit größter Beschleunigung einzuführen sei, nahm der Streit um die ‚Bildungshoheit' im Lande neue Züge an. Der Landespräsident hatte diesen Schulordnungsentwurf der Universität Jena und den Parteileitungen sämtlicher Parteien zur Stellungnahme weitergereicht. Vergleichbar dem Bestreben der Thüringer Kommunisten, bei der von der Partei-Zentrale in Berlin und der SMATh Anfang 1946 angeordneten Vereinigung der beiden Arbeiterparteien als ‚Spitzenreiter' abzuschließen, versuchte die KPD auch auf dem Bildungssektor mit vorschnellem Aktivismus Machtpositionen zu besetzen und deutschlandpolitische Weichenstellungen vorzunehmen.[479]
Am 26. Februar 1946 tat der Rektor der Friedrich-Schiller-Universität, der Altphilologe Prof. Friedrich Zucker, seine Meinung kund. Zu Beginn seiner Rede hob er hervor, dass der in der Einleitung des Gesetzentwurfes niedergelegten Zielbestimmung, „[...] die Einheit unserer Nation zu gewährleisten", die Tatsache entgegen stünde, „[...] daß die von allen Parteien leidenschaftlich ersehnte Einheit Deutschlands aufs schwerste gefährdet wird, wenn die Schulreform nicht einheitlich durchgeführt und insbesondere eine so einschneidende Veränderung mit sich bringende Reform in *einer* Besetzungszone ohne Fühlungnahme mit den anderen unternommen wird."[480]

---

476 Zum chamäleon-artigen kirchlichen und politischen Werdegang von *Alfred Wolf* und zu seiner folgenreichen Rolle in den Konflikten um Entnazifizierung, Schule und Kirche siehe ebenfalls den eben genannten Exkurs.

477 *ThHStAW*, BMP, 1746/I, 261.

478 Ebd. LA für Volksbildung, Dr. Wolf, am 18.02.1946, an den Präsidenten des Landes Thüringen, Dr. Paul: Mit Blick auf die Konfliktpunkte Religionslehrer, Bodenreform und Reinigung der Kirche von nazistischen Elementen schlägt Wolf vor: „Beim Präsidenten, als Teil der Präsidialkanzlei, wird eine Stelle zur Behandlung kirchlicher Fragen eingerichtet. Für die evangelische Kirche schlage ich den Pfarrer und Schulrat E r l e, Arnstadt, als Sachbearbeiter vor. [...] Diese Stelle für kirchliche Angelegenheiten in Thüringen soll einmal ein Verbindungsglied zwischen Kirche und Landesverwaltung darstellen und zum anderen bestimmte politisch unmögliche Vorgänge innerhalb der Kirchenverwaltung rechtzeitig korrigieren." – Zur besonderen Rolle und den (gesinnungspolitischen) Wandlungen Karl Erles vom Kirchenkritiker zum Kirchenfreund und Totalitarismuskritiker siehe Kapitel 4.3, 4.7, 5.2 und 5.4.

479 Zu der von der KPD angestrebten parteipolitischen Modellfunktion Thüringens vgl. Kapitel 3.2.2.

480 *ThHStAW*, BMP, 1746/I, 166-168 und 216-218. – Als der Universität von Seiten des LA der Vorwurf gemacht wurde, „[...] ihre Stellungnahme gegenüber dem Gesetzentwurf sei reaktionär", präzisiert und bekräftigt Zucker in einem weiteren „Memorandum" vom 02.04.1946 seine Ausführungen vom 27.02. d.J.

Die in § 2 Abs. 3 des vorliegenden Entwurfes intendierte Eliminierung des Religionsunterrichtes stand nach Zucker in einem offenkundigen Widerspruch zu den Weisungen der Alliierten. Er verwies hierzu auf eine Pressemeldung des Tagesspiegel, nach der die Frage des Religionsunterrichts zweifelsfrei positiv geregelt worden sei.[481] Daneben argumentierte er inhaltlich, „[...] daß eine streng objektive Unterweisung in den Tatsachen und Tatbeständen des religiösen und kirchlichen Lebens und ihrer Geschichte ein unbedingtes Bildungserfordernis“ sei. Geradezu beschwörend plädierte er in seinem zweiten Memorandum für eine völkerverbindende, friedensstiftende Funktion klassischer Bildung: „Wir sollen die Jugend wieder mit kosmopolitischer Gesinnung erfüllen, die zerstörten Verbindungen mit den anderen Kulturvölkern wiederherstellen. Die Antike als eine der Hauptgrundlagen der europäischen Kultur ist gemeinsamer Boden, auf dem solche Verständigung gedeihen kann. [...] gegenüber den aus nationalen Wurzeln erwachsenden Kulturelementen ist mit der Antike die gemeinsame Kulturgrundlage das Christentum; dies aus dem Unterricht auszuschalten, würde wieder ein Trennungsmoment bedeuten.“[482]

Weniger ausführlich, doch in der Sache ähnlich, äußerten sich auch die Landesvorstände der CDU und der LDP.[483] Um eine weitere Eskalation des Streites zwischen der Kirche und dem Landesamt für Volksbildung zu vermeiden und dabei gleichzeitig gegenüber Wolf Autorität und Handlungsfreiheit zu gewinnen, unternahm Paul einen wichtigen und folgenreichen verwaltungstechnischen Schachzug. In einem Schreiben an Mitzenheim vom 18. März 1946 teilte er jenem mit: „Im übrigen habe ich mit Herrn Landesdirektor Dr. Wolf eine Regelung getroffen, daß in Zukunft alle die Kirche und die Landesverwaltung betreffenden Fragen durch mein Präsidialamt bearbeitet werden. Ich bitte Sie daher, in Zukunft den Schriftwechsel mit mir bzw. meinem Präsidialamt zu führen.“[484]

Dies ermöglichte eine relativ unbürokratische und rasche Kommunikation, die zusätzlich noch dadurch begünstigt wurde, dass der vormalige Vizepräsident des DC-Landeskirchenrates, Dr. jur. Otto Volk (1877–1974), seit Anfang 1946 in der Gesetzgebungsabteilung des Präsidialamtes Beschäftigung gefunden hatte und somit gegenüber der Kirchenleitung (über Kirchenrat Schanze in Weimar) als wichtiger Informant fungieren konnte. Auf diesem Wege und – wenn das nicht half – im direkten Kontakt zum Chef der SMATh-Zivilverwaltung konnten die zahlreichen Konflikte auf den gesellschaftlich umkämpften Gestaltungsfeldern Schule, Universität und außerschulische Bildung bis zum Frühjahr 1947 relativ erfolgreich gelöst werden; oft zum Vorteil der Kirche.

---

481 Ebd., 170, in: *Tagesspiegel* 44/2 v. 22.2.1946, 2.

482 Ebd. – Der „Verlust der kosmopolitischen Orientierung des deutschen Geistes“, von den extremen (zumeist ‚völkischen‘) Nationalisten bis zu national-konservativen Bürgerlichen als Vorzug gepriesen, war nicht nur ‚Kernbestand des deutschen NS‘, sondern er tauchte auch „in der nationalistischen Propaganda der SED der frühen Jahre – allem Internationalismus zum Trotz – wieder auf.“ Damit lag der bürgerlich-liberale Zucker sowohl bei dem ‚Internationalisten‘ Wolf wie als auch bei dem ‚nationalen Heimattümler‘ Mitzenheim kaum auf Zustimmung stoßen. – Vgl. dazu Meuschel, *Legitimation*, 16, dort u.a. den Verweis auf Meinecke, *Weltbürgertum und Nationalstaat.*

483 Ebd., 169: Für die CDU verwies der stellvertretende Landessekretär Rücker außerdem auf die – auch aus Zeitgründen – mangelhafte Diskussion zu diesem Entwurf, der das Mitbestimmungsrecht der Eltern nahezu gänzlich unberücksichtigt lasse. – 171: Die LDP schloss sich eng an die Ausführungen von Zucker an. Der Vorsitzende der LDP Moog betonte die enorme Bedeutung der Lehrerausbildung, die nicht damit zu bewältigen sei, „wenn man sie [wie von Wolf in Absprache mit Petersen angestrebt, d. Vf.] einfach der Universität überweist.“

484 *ThHStAW*, BMP, 1747/II, 244. – Dies sollte sich nicht nur im Zusammenhang der Konflikte um die kirchliche Entnazifizierung als außerordentlich vorteilhaft erweisen. Es leistete auch dem ‚landesherrlichen Selbstverständnis‘ und der ‚Spitzenpolitik‘ Mitzenheims einigen Vorschub. Vgl. Kapitel 4.6, 5.1 und das Kapitel 5.2.

Da die Wolfsche Schulordnung für die Einheitsschule in Thüringen auf solcherart erheblichen Widerstand gestoßen war, zog sich deren Einführung bis zum Ende des Sommers 1946 hin. Am 2. August hatte in Weimar „in Gegenwart von Vertretern aller Konfessionen“ eine Besprechung über die Ausführungsbestimmungen zum Religionsunterricht stattgefunden, deren Ergebnisse die beiden auf dem Territorium Thüringens beheimateten evangelischen Kirchen wiederum äußerst unbefriedigt ließen.[485] Darum wandten sie sich an die Zentralverwaltung für Volksbildung in Berlin und führten darüber Klage, dass „[...] die Landesverwaltung es abgelehnt [habe], mit der Kirche über Fragen des religiösen Unterrichtes zu sprechen.“[486] Damit wurden die Konfliktlinien, in denen Wolf stand, um den Streit zwischen föderalen und zentralistischen Kompetenzen erweitert.[487]
Um diese Punkte war es im März/April 1946 bereits zu Auseinandersetzungen zwischen dem Landesamt und der Zentralverwaltung gekommen, nachdem durch den Leiter der SMATh-Volksbildungsabteilung Solotouchin eine „Untersuchung der Arbeit der Universität Jena“ durchgeführt und „eine Reihe wesentlicher Mängel“ festgestellt wurden.[488] Gegenüber dem Präsidenten der Zentralverwaltung für Volksbildung Paul Wandel (* 1905)[489] hatte sich Solotouchin darüber beschwert, dass „[...] weder der Rektor der Universität noch der Chef der provinzialen Volksbildungsverwaltung [...] die Arbeit jener Professoren [anleiten], deren Lehrgänge im kommenden Lehrjahr erneuert werden sollen (Historiker, Philosophen, Fachleute für Pädagogik und Psychologie)“, was letztlich dazu geführt habe, dass „[...] der politisch-moralische Zustand der Studentenschaft [...] durch eine Reihe ungesunder Stimmungen und falscher Auffassungen der gegenwärtigen Lage Deutschlands gekennzeichnet [ist]“.[490] Weiterhin, so hieß es, gestatte Wolf „[...] dem Direktor der Universität die Zulassung von Vorlesungen von Professoren, welche nicht durch Befehl der SMA Thüringen zugelassen sind. (theologische Fakultät: Lippelt, philosophische: Leisegang, naturwissenschaftlich-mathematische: Hubolt, sozialpädagogische: Moebus u.a.).“ Kritisch wurde ebenfalls angemerkt, dass sich unter den Studenten „71 ehemalige Offiziere der nazistischen Armee, 565 Unteroffiziere und Soldaten befänden, während der Anteil von Arbeitern [...] unbedeutend ist – 173 Mann von 1341.“[491]
Kleinlaut gab Wolf in seiner Erwiderung an die Zentralverwaltung zu, dass „[...] die Kritik des Ministers Solotouchin [...] viel Berechtigtes [enthält].“[492] Den Vorwurf der

485 Ebd., 151.
486 Ebd. – Heilmann hatte Erle gebeten, bei den Kirchenleitungen in Eisenach und Magdeburg anzufragen, ob eine derartige Beschwerde tatsächlich an die Zentralverwaltung gegangen sei.
487 Im Hintergrund standen hier auch die – oben beschriebenen – KPD/SED-internen Machtkämpfe zwischen den ‚Moskau-Treuen‘, die zumeist in den Zentralverwaltungen führende Positionen innehatten, und den ‚Inland-Antifaschisten‘, deren Treiben ‚von Berlin aus‘ kritisch betrachtet wurde. Zu den Ersteren gehörte auch der Präsident der Zentralverwaltung für Volksbildung *Paul Wandel*.
488 *ThHStAW*, BMP, 1746/I, 95f.
489 Zu Paul Wandel vgl. auch das Zeitzeugen-Interview, in: Sabine Hering/Hans-Georg Lützenkirchen (Hgg.), *„Anders werden“: die Anfänge der politischen Erwachsenenbildung in der DDR*, Berlin 1995, 35-44 (Gespräche mit Hans Mahle, Paul Wandel, Kurt Hager, Alice Zadek, Wolfgang Harich, Weinrich Scheel, Helmut Bock, Erwin Hinze, Rosemarie Walther, Werner Hecht, Heinz Fleischer und Norbert Podewin).
490 *ThHStAW*, BMP, 1746/I, 95f. – Vgl. dazu: Rüdiger Stutz (Hg.), *Macht und Milieu. Jena zwischen Kriegsende und Mauerbau*, Jena – Rudolstadt 2000; dort besonders Susanne Blechschmidt, „‚Nehmt die Festung Wissenschaft!‘ Der Sowjetisierungsprozess an der Alma mater Jenensis am Beispiel der ‚Universitätskrise‘ von 1948“, 181-202; sowie Robert Gramsch, „Zwischen zwei Diktaturen. Die Jenaer Studentenschaft 1945–1949“, ebd., 53-80.
491 Ebd.
492 Ebd. Schreiben von Wolf an die DZW für Volksbildung, Paul Wandel, 17.04.1946, 97.

Zulassung von nicht-SMATh-genehmigten Professoren wies er jedoch zurück und versprach im Blick auf die ‚klassenmäßig-soziale Schieflage' der Studentenschaft, dass „aus den Pädagogischen Fachschulen [...] zur Zeit 200 bis 300 befähigte Arbeiterkinder ausgesucht werden, die am 1. Mai zur Universität gehen sollen."[493]

Diese Intervention der Zentralverwaltung deutete bereits an, wo künftig ‚die Musik gespielt werden würde': nicht mehr ‚unten', in den Ländern und Provinzen, sondern ‚oben', in der Berliner Zentrale. Doch zunächst formulierte die ‚Hausmacht' von Wolf, der SED-Landesvorstand, durch diese militärbehördliche Rüge aufgeschreckt, einen Aufruf unter der Überschrift „Aktion: Arbeiter- und Bauernkinder zur Universität!", der dem Landespräsidenten zur Überarbeitung vorgelegt wurde.[494] Handschriftlich änderte Paul im Entwurf: „Begabte aller Schichten zur Universität!", ohne diesen redaktionellen ‚reaktionären' Eingriff jedoch an die SED zurückzugeben.[495] Als Wolf Mitte September noch einmal in dieser Sache aktiv wurde und dem Präsidialdirektor Staas mitteilte, dass „[...] nach Rücksprache mit der SMATh festgelegt [wurde], daß an sog[enannten] bürgerlichen Studenten nur 10 % zugelassen werden dürfen", spielte man im Präsidialamt wiederum auf Zeit. Das Schreiben ging „urschriftlich zurück, mit der Bitte um Angabe der Tagebuch-Nr.", und dann – Ende Oktober – „zu den Akten."[496]

Die Kirchenleitung hatte sich bereits im Herbst 1945 nachhaltig dafür eingesetzt, dass die „undurchsichtigen Verhältnisse in der Theologischen Fakultät" aufgelichtet würden. Im Auftrag des Landesoberpfarrers hatte Schanze intensive Verhandlungen mit Prof. Macholz geführt.[497] Es gab offensichtlich staatlicherseits Bestrebungen, die weitgehend DC-durchsetzte Fakultät zu schließen. „Der La[ndes]O[ber]pf[arre]r unterrichtet über seinen Bericht nach Berlin, betr[effend] die Beteiligung bzw. Nichtbeteiligung der Thüringer Kirchenregierung an der Besetzung der Professorenstellen in Jena. Er will sich bei dem Landespräsidenten energisch dafür einsetzen, daß die Fakultät erhalten bleibt."[498]

Diese Gefahr konnte gebannt werden, obgleich es u.a. über die Anzahl der zugelassenen Studenten weiterhin Differenzen gab. Das Mitspracherecht der Kirchenleitung bei der Besetzung der theologischen Lehrstühle blieb künftig im Wesentlichen unangetastet.[499]

Im Gegensatz dazu galt eine solche Akzeptanz kirchlicher Mitwirkung, wie bereits gezeigt, für den Bereich der Schule und auch für die vor- und außerschulische Bildung nur mit großen Einschränkungen. Als die Zentralverwaltung für Volksbildung im Juli 1946 den Entwurf einer Schulreform vorlegte, erhob Mitzenheim wiederum Protest, indem er

---

493 Ebd.

494 Ebd. Schreiben des SED-Landesvorstandes, Abteilung Kultur und Erziehung, Stephan Heyman, an das Präsidialamt, in: *ThHStAW*, BMP, 1746/I, 28.

495 Ebd., 33. – Am 01.08.1946 wandte sich das Präsidialamt (ORR Gumprecht) an die SED mit der lapidaren Mitteilung, dass der Landespräsident auf Grund außergewöhnlicher Überlastung nicht in der Lage sei, den Entwurf zu überarbeiten, so dass diese Aktion ohne Aufruf gestartet werden sollte.

496 Schreiben von Wolf an Staas, 01.10.1946 mit Bezugnahme auf ein vorangegangenes vom 11.09., *ThHStAW*, BMP, 1747/II, 198: „Die Situation ist z[ur] Z[ei]t eine solche, daß 250 Studenten aus der Aktion „Arbeiter und Bauern" zur Immatrikulation zugelassen wurden,[...]. 78 Studenten aus anderen Kreisen wurden immatrikuliert."

497 Sitzung des LKR, 6. November 1945, TOP 22: „Theologische Fakultät in Jena", in: *LKAE*, A 122/I, unfoliiert.

498 Ebd.

499 *ThHStAW*, BMP, 1746/I, 34 und 35: Eine Aktennotiz weist aus, dass am 27.05.1946 Dr. Volk vom Präsidialamt (gegenüber dem zuständigen LA für Volksbildung) die Professur von Dr. Gloege an die Universität Jena vermittelt hat. Es wurde angefügt, dass die Ernennung des LA und die der SMATh inzwischen vorliege (handschriftlicher Vermerk von Volk darunter: „9.6.1946 Bischof Mitzenheim unterrichtet").

in einem Brief an den Thüringer Ministerpräsidenten vor einem neuen, gegen die Kirche gerichteten ‚Kulturkampf' warnt.[500]
In Fällen, wo der bereits ausgebrochene Kulturkampf konkrete Gestalt annahm, war man seitens des Präsidialamtes durchaus bereit, ‚Remedur zu schaffen'.
So zum Beispiel im Fall des kommunistischen Schulrates Ortband aus Eisenach. Dieser hatte sich in Gegenwart von Schülern, Kollegen und Eltern mit antikirchlichen Äußerungen hervorgetan. Er begründete seine antikirchliche Polemik gegenüber dem Mitarbeiter für Kirchenfragen im Präsidialamt, Karl Erle, der aufgrund der dringlichen Eingaben der Kirchenleitung tätig geworden war, damit, „daß die Kirche Hintertüren benutzt, um gegen unsere Schulreform vorzugehen."[501] Diese Begründung bewahrte ihn – wie im Folgenden knapp geschildert werden soll – nicht vor einer Versetzung.
Die Kirchenleitung hatte sich hier mit dem Landesverband der CDU und mit der Rückendeckung des Landespräsidenten gegen die SED und Landesamt für Volksbildung durchgesetzt, obwohl Landesdirektor Wolf in einer Stellungnahme an das Präsidialamt wütend darauf beharrte, „daß es unmöglich ist, unter dem Druck der CdU aufgrund einiger ungeschickter Äußerungen wegen, einen Schulrat zu maßregeln. Das wäre eine politisch untragbare Verbeugung vor der Kirche."[502]
In den Fällen jedoch, wo die Kirche, in erster Linie aus Gründen des Mangels an geeigneten eigenen Lehrkräften, ehemalige Lehrer zur Erteilung des Religionsunterrichtes rsp. Christenlehre heranzog, war die Haltung der staatlichen Verwaltung unnachgiebig. Auf Grund fortwährender Beschwerden seitens des Landesamtes für Volksbildung und des ‚antinazistischen Votums' von Hertzsch hatte der Landeskirchenrat am 12. Januar 1946 ein Rundschreiben versandt und darin festgelegt: „Wenn jemand aus dem öffentlichen Dienst aus politischen Gründen entlassen worden ist, kann er grundsätzlich nicht als Katechet im Dienst der Kirche beschäftigt werden."[503]
Ausnahmen sollten lediglich dann gemacht werden, wenn ein NS-belasteter und entlassener Lehrer während des Dritten Reiches gegen den Druck der NSDAP weiterhin zur Kirchgemeinde gehalten und dies beispielsweise durch (staatlicherseits verbotenen) Kantorendienst dokumentiert hatte. An diesen Ausnahmen entzündeten sich Konflikte, die im Volksbildungsamt immer aufs neue den Wunsch nach Kontrolle der Tätigkeit der Kirche wachriefen.[504] Dies wiederum veranlasste den Landeskirchenrat „zur Vermeidung von Nachteilen für die Gesamtkirche" zur Verschärfung seiner Rundverfügung.
Am 4. März 1946 ordnete der Landeskirchenrat an, dass „[...] in Abänderung des genannten Rundschreibens [vom 12. Januar, d. Vf.] solche Einstellungen und Weiterbeschäftigungen nur mit ausdrücklicher Genehmigung des Landeskirchenrates erfolgen

[500] Schreiben des Landesbischofs zu dem Entwurf der DZW für Volksbildung in der SBZ, 08.07.1946, zum Schulgesetz, in: *ThHStAW*, BMP, 866, unfoliiert.

[501] Schreiben von Hertzsch an Paul, 12.06.1946, in: *ThHStAW*, BMP, 868, unfoliiert.

[502] Schreiben des LA für Volksbildung an das Präsidialamt, ORR Dr. Gumprecht, 24. Juli 1946. ThHStAW, BMP, 868, unfoliiert. Außer um Ortband ging es in den Erläuterungen Wolfs auch um „[...] Werbung kirchlicher Kreise von Neulehrern für den Religionsunterricht", den Eisenacher Schulrat Linde [habe Druck auf Neulehrer ausgeübt, in die SED einzutreten] und den Sondershausener Schulrat Schröder [ihm wurde vorgeworfen, dass er ‚seine Lehrer politisch vergewaltige'].

[503] LKR-Rundschreiben zur Christenlehre, 12.01.1946, in: *LKAE*, A 860/VI, unfoliiert. – Nicht nur, weil derartige Vorwürfe staatlicherseits nicht abrissen, sondern sozusagen auch aus ‚antifaschistischer Überzeugung' setzte es *Erich Hertzsch* gemeinsam mit Gerhard Lotz im November 1947 im LKR durch, dass eine „Spruchstelle zur Überprüfung der Katecheten" gebildet wurde. – Vgl. dazu Kapitel 4.7.

[504] *ThHStAW*, BMP, 1746/I, 1. – U.a. am 15.03.1946 wandte sich Heilmann an Paul, indem er auf einen Fall in der Suptur Schleiz Bezug nahm: „Betrifft ‚Schleizer Fall': Anstellung eines ‚Alten Kämpfers' als ‚Katechet' ". Heilmann wiederholte seine Forderung, dass es notwendig sei, die „[...] Lehrtätigkeit der Kirche überwachen [zu] lassen."

dürfen. Wir ersuchen, uns alle solche Fälle mit genauen Unterlagen nach hier einzureichen."[505]

Das Thema ‚Religionsunterricht und Nazilehrer' blieb spannend und spannungsvoll, obgleich nun auch mit Unterstützung von Oberregierungsrat Erle ein immer engerer Arbeitskontakt mit der SMATh-Führung hergestellt worden war. Gewissermaßen hinter dem Rücken des Landesamtes für Volksbildung traf man sich bei Kolesnitschenko, um strittige Fragen, wie die „Bereitstellung von Schulräumen",[506] „Verordnung über religiöse Unterweisung der schulpflichtigen Jugend"[507] u.a. ‚ungestört' zu verhandeln.[508]

Allerdings hatten diese Spitzentreffen nicht immer den erhofften durchschlagenden Erfolg: So konnte beispielsweise die vom Landesamt initiierte und mit der Gesetzgebungsabteilung abgestimmte Durchführungsverordnung zum Schulgesetz, die gewissermaßen eine auf dem Verwaltungswege eingeführte Einschränkung der Glaubens- und Gewissensfreiheit bedeutete, nicht verhindert werden. Mitzenheims Einspruch, dass „[...] dieser Entwurf wieder unsere ausführlich begründeten Vorschläge der Eingabe vom 16.1.1947 völlig beiseite schiebt, blieb unberücksichtigt."[509]

Die Fortexistenz kirchlicher Kindergärten war nach dem Besatzungswechsel 1945 ebenfalls in das unübersichtliche Macht- und Beziehungsgefüge von Besatzungsmacht und deutscher Verwaltung geraten. Die offiziellen Mitteilungen, die die Kirchenleitung erhielt, waren ebenso widersprüchlich wie die Praxis in den Kreisen und Gemeinden. Wolf hatte am 1. Oktober 1945 eine Verordnung erlassen, „[...] nach der die Kirche nicht Träger von Kindergärten sein kann." Kämpferisch schloss der kommunistische Bildungspolitiker Wolf seine interne Mitteilung an das Präsidialamt: „Es ist selbstverständlich klar, daß ich nicht von Herrn Mitzenheim, sondern bestenfalls von der SMATh Anweisungen über das Verhalten zu den kirchlichen Kindergärten annehme."[510]

Am 19. November 1945 reagierte Landespräsident Paul auf den Widerspruch Mitzenheims in Sachen Kindergärten und teilte ihm mit, dass Kolesnitschenko an diesem Punkt die Zuständigkeit der Kommunen betone.[511]

Mitzenheim gab sich damit nicht zufrieden und erreichte nach nochmaliger Intervention, dass der Landtagspräsident sich die Lesart Mitzenheims von der SMATh bestätigen ließ.[512] Schon im Januar 1946 war eine Anweisung des Landesamtes für Kommunalwesen an die Oberbürgermeister und Landräte ergangen, die auf Befehl des Chefs der

505 Ebd.

506 Mitzenheim an die Präsidialabteilung/Kirchenwesen, 30.10.1947, in: *ThHStAW*, BMP, 893, unfoliiert. „Die Gemeindevertretung Frauensee weigert sich, die Anordnung des Kreisbildungsamtes bzw. des Herrn Ministerpräsidenten durchzuführen und macht neuerdings die Abgabe der Schulräume davon abhängig, daß im Pfarrhaus Frauensee der Gemeinderaum zur Vermietung freigegeben werden soll."

507 *ThHStAW*, BMP, 867, unfoliiert. – Am 27.05.1947 legt ORR Erle dem MP Paul den Entwurf einer ‚Verordnung über die religiöse Unterweisung der schulpflichtigen Jugend' vor, der deutlich moderate schulpolitische Züge trägt. Dieser Entwurf war zuvor [am 21.03.1947] mit dem Ministerium für Justiz, Dr. Schultes, abgestimmt worden: „Die Gesetzgebungsabteilung hat gegen den Verordnungsentwurf keine Bedenken. Es wird dabei angenommen, daß die Abstimmung des Entwurfes mit dem Minist[erium] für Volksbildung erfolgt ist."

508 *ThHStAW*, BMP 893, unfoliiert.

509 Schreiben von Mitzenheim an Paul, 19.06.1947, in: *ThHStAW*, BMP, 867, unfoliiert.

510 Schreiben des LA für Volksbildung an den Präsidenten des Landes, 25.01.1946, in: *ThHStAW*, BMP, 866, unfoliiert.

511 Scheiben von Paul an Mitzenheim, 19.11.1945, in: *ThHStAW*, BMP 866, unfoliiert.

512 Ebd. – Am 20.07.1946 wandte sich MP Paul in der Frage „Kindergärten" an die SMATh und bat um Bestätigung der Aussagen Mitzenheims. Ihm wurde [am 17.11.1946] mitgeteilt, dass Major Babenko in einer Besprechung vom 25.02.1946 die Haltung Kolesnitschenkos in der von Mitzenheim dargelegten Form bestätigt hatte.

Verwaltung der SMATh mitgeteilt hatte, „daß kirchliche Räume, ‚die den Dienern der Kulte und Religionen gehören und für die Abhaltung von Gottesdiensten und kirchlichen Lehrgängen erforderlich sind', sofort zu räumen sind."[513] Dies korrespondierte mit der ausdrücklichen Aufforderung Kolesnitschenkos, „daß die Kindergärten, die der Kirche gehört haben, der Kirche verbleiben sollen."[514]

Ein ähnlich positives Entgegenkommen hatte die Thüringer Kirche im Hinblick auf einen Teil ihrer Aus- und Fortbildungseinrichtungen erfahren, zu denen u.a. das Kindergärtnerinnenseminar der Diakonissenhausstiftung in Eisenach und die Bibelschule für Gemeindehelferinnen in Altenburg gehörten. In einem Brief vom 28. August 1946 bedankte sich Mitzenheim ausführlich beim Landespräsidenten für eben erfolgte Anerkennung der Sophienstiftung in Weimar als Milde Stiftung im Bereich der Inneren Mission und führte, sozusagen die Kirchenfreundlichkeit der Sowjets demonstrierend, an: „Es wird Sie interessieren, daß die sowjetische Militäradministration auf unsere Bemühungen hin das Kindergärtnerinnenseminar der Diakonissenhausstiftung in Eisenach und die Bibelschule für Gemeindehelferinnen in Altenburg als kirchliche Schulen anerkannt und ihre Fortführung genehmigt hat."[515]

Auch der Bereich der außerschulischen Jugendarbeit war seit dem Sommer 1945 ideologisch und politisch hart umkämpft. Nachdem im Oktober 1945 der Landrat von Greiz ein Verbot kirchlicher Jugendarbeit ausgesprochen hatte, nahm Mitzenheim, der in der kirchlichen Jugendarbeit der 20er Jahre sehr intensiv und erfolgreich tätig gewesen war, diesen Fall zum Anlass, „[...] bei der Besprechung mit dem Landespräsidenten in Weimar eine grundsätzliche Klärung darüber herbeizuführen, daß die Kirche das Recht hat, die Jugend zu sammeln."[516]

In seinem Bericht während der Superintendentenkonferenz vom 6. und 7. März 1946 warf der für den Bereich Jugendarbeit zuständige OKR Ernst Köhler (1899–1970) einen wohlwollenden Blick auf die HJ-Generation: „Es waren bestimmt nicht die Wertlosesten, die in der Hitlerjugend waren. Danach kam der Zusammenbruch und die Jugend griff ins Leere. Ein junges Mädchen sagte mir: ‚Wir haben an Hitler geglaubt, wie an einen Gott, und jetzt haben wir die Hände voll Dreck.' "[517] Doch eine kritische Anmerkung zum gegenwärtigen Hedonismus der Jugendlichen meinte er seinen Brüdern nicht vorenthalten zu dürfen: „Die Jugend ist unter einer großen Not groß geworden und ist im Begriff, durch die angeblich neu erkämpfte Freiheit, sich in den Genuß des Lebens zu stürzen. Maskenbälle, Tanzabende usw. [...] In Erfurt wurden die Maskenbälle verboten wegen der sich häufenden Geschlechtskrankheiten."[518] Abschließend formulierte der Oberkirchenrat seinen Appell: „Die wichtigste und brennendste Aufgabe ist heute die Jugendarbeit. [...] Die Jugendarbeit ist deshalb so wichtig, weil sonst bei dem Aufbau der Christenlehre ein Vakuum entstehen wird. Es ist die junge Gemeinde, die besonders unter uns erwachen muß."[519]

Die auf diese Weise analysierte sozialhygienische und missionarische Dringlichkeit dieser Arbeit gereichte der kirchlichen Jugendarbeit zum Vorteil. Ihre präventive Funkti-

---

[513] Ebd. Schreiben des LA für Kommunalwesen vom 08.01.1946.

[514] *ThHStAW*, BMP 866, unfoliiert.

[515] *ThHStAW*, BMP 866.

[516] Sitzung des LKR, 06.11.1945, in: *LKAE*, A 122/I, unfoliiert: KR *Phieler* trägt einen Bericht des ‚Jugendbeauftragten' Diakones *Otto Schramm* in Greiz vor über ein Verbot der Jugendarbeit durch den Landrat.

[517] Tagung der Superintendentenkonferenz, in: *LKAE*, A 190, 84ff. TOP 7 Jugendarbeit.

[518] Ebd.

[519] *LKAE*, A 190, 84ff., TOP 7 Jugendarbeit.

on wurde staatlicherseits erkannt und – mehr oder weniger – geduldet. Erst als die soziale und Arbeitsmarkt-Situation sich stabilisierte und die Jugendgruppen der Kirche mehr und mehr in Konkurrenz mit den FDJ-Gruppen traten, begann die parteipolitisch-verwaltungsmäßig gelenkte Repression – bis hin zum SED-gelenkten Terror – Platz zu greifen.[520]

Zusammenfassend ist festzuhalten, dass sich die kirchenpolitischen Differenzen zwischen Präsidialamt, SMATh und dem Landesamt für Volksbildung in den Jahren von 1945 bis 1947/48 nicht selten positiv auf die Durchsetzungskraft des gesellschaftlichen Geltungsanspruchs der Thüringer Kirche ausgewirkt hatten. Dennoch blieben die genannten Konfliktfelder ‚Schule und Religion', ‚Bodenreform' und ‚Entnazifizierung' über das Jahr 1947 hinaus brennend aktuell und kompliziert.

Dies traf für den Bildungsbereich auch dann noch zu, als der eben erst zum ersten Thüringer Minister für Volksbildung ernannte Walter Wolf durch die „Pfarrerstochter, Pädagogin und Kommunistin" Marie Torhorst (1888–1989) abgelöst wurde.[521] Mit seinem plötzlichen Rücktritt im Mai 1947 hatte Wolf nicht nur das Scheitern seiner eigenen ‚kulturkämpferischen' Bildungspolitik zu verdauen. Im permanenten Machtkampf der verschiedenen gesellschaftlichen Gruppen zwischen Besatzungsmacht und ‚restbürgerlicher Resistenz', zwischen föderalen und zentralistischen Interessen und besonders im innerkommunistischen Grabenkrieg wurde die Gelegenheit ergriffen, den ausgewiesenen Antifaschisten und Buchenwald-Aktivisten machtpolitisch „kalt zu stellen", weil – wie zu vernehmen war – „sein Vorgehen als zu ungeschickt galt."[522] Offiziell begründete er seinen (unfreiwilligen) Rücktritt damit, dass er sich nun der wissenschaftlichen Arbeit zuwenden wolle.[523]

Endgültig mit dem spektakulären Abgang von Rudolf Paul im Spätsommer 1947 in die westalliierte Zone – der damit im doppelten Sinne Nachfolger Hermann Brills geworden war – hatte der unter der Leitung dieses Ministerpräsidenten unternommene Versuch einer eigenen, von den Zentralinstanzen weitgehend unabhängigen Landespolitik sein Ende gefunden. Die Flucht Pauls zog eine regelrechte Fluchtwelle von Thüringer Politikern und Beamten nach sich. In der jetzt beginnenden ‚Ära Eggerath' setzte sich der bis dato verzögerte Prozess der stalinistischen Zentralisierung und „gesellschaftlichen Entdifferenzierung" (Sigrid Meuschel) auch in Thüringen durch.[524]

Mit dem immer offenkundiger werdenden Bemühen der SED und der von ihr dominierten Verwaltung, das kirchliche Wirken auf einen vom Staat diktierten Binnenraum zu begrenzen, waren die Auseinandersetzungen um die politische Leitkultur im Übergang

[520] Erstes Parlament der Freien Deutschen Jugend. Brandenburg an der Havel, Pfingsten 1946. Berlin o.J.; Hermann Weber, „Freie Deutsche Jugend (FDJ", in: *SBZ-Handbuch*, 665-690; Ulrich Mählert, *Die Freie Deutsche Jugend 1945–1949: von den „Antifaschistischen Jugendausschüssen" zur SED-Massenorganisation: Die Erfassung der Jugend in der Sowjetischen Besatzungszone*, Paderborn 1995. – Zur weiteren Entwicklung bis zum „Thüringer Weg" siehe das Kapitel 4.4.

[521] Karl-Heinz Günther (Hg.), Marie Torhorst – Pfarrerstochter, Pädagogin, Kommunistin, Berlin (Ost) 1986 und Hering/Lützenkirchen, *Anders werden*, 282f.

[522] Blechschmidt, *„Nehmt die Festung Wissenschaft"*, 184. Interessant in diesem Zusammenhang ist die Untersuchung von Ralf Kessler/Hartmut Rüdiger Peter, „Antifaschisten in der SBZ: zwischen elitärem Selbstverständnis und politischer Instrumentalisierung", in: *VfZ* 4. 1995, 611-633.

[523] Straub, *Auswirkungen der NS-Zeit*, 73. – Zur Rolle, die der vormalige SA-Mann, Schmöllner DC-Pfarrer und ‚gewendete' KPD-Funktionäre *Alfred Wolf* bei der militärbehördlich mentorierten Entmachtung des Volksbildungsministers Walter Wolf spielte, siehe den o.g. Exkurs: ‚Wolf' in Kapitel 4.6.

[524] Meuschel, *Legitimation*, 11: „Die Metapher der ‚klassenlosen Gesellschaft' ist in mehrfacher Hinsicht zu präzisieren. Sie soll keineswegs heißen, es hätte kein Machtgefälle in den Gesellschaften sowjetischen Typs gegeben. Ganz im Gegenteil wird man sagen können, daß die Macht der Partei und deren Sicherung auf der sozialen Entdifferenzierung beruhten."

von der SBZ zur DDR nun in eine neue Phase eingetreten. Nach einer relativen ‚Ruhepause', in der Interventionen gegenüber der Kirche auf schul- und bildungspolitischem Gebiet ausgesetzt waren, begannen die Machthaber im Sommer 1949 erneut, noch vor der Gründung der DDR in den Bildungsbereich einzugreifen. Entsetzt musste der Landesbischof Mitzenheim der Pfarrerschaft die Hiobsbotschaft überbringen: „Laut Regierungsbeschluß dürfen, wie Frau Volksbildungsministerin [Torhorst] uns mitteilt, entlassene Lehrer vom 1. Juli [1949] ab die Schulgebäude nicht mehr betreten. Wir ziehen also entlassene Lehrer sofort vom katechetischen Dienst in Schulräumen zurück."
Wenig später wurde diese Verfügung auf alle kirchlichen Mitarbeiter ausgedehnt.[525] Damit war die Schule für Mitarbeiter der Kirche eine verbotene Zone; Kritik an Schule und Schulbildung galt zunehmend als Verletzung des staatlichen Bildungsmonopols und Angriff auf die ‚fortschrittliche Politik' der DDR überhaupt. Der erzwungene Exodus der ‚Christenlehre' aus dem Bereich der Schule in die Gemeinderäume der Kirche steht somit paradigmatisch für den Verlust gesellschaftlicher Gestaltungsmöglichkeit. Er konnte ebenso wenig aufgehalten werden wie die weitere Zurückdrängung kirchlicher Kinder- und Jugendbildung durch die SED-Gleichschaltungspolitik der kommunistischen Kinder- und Jugendorganisationen, der ‚Pioniere' und der ‚Freien Deutschen Jugend'.
In welcher Weise diese streit- und leidvolle Geschichte fünfundzwanzig Jahre später während des ‚Thüringer Weges' ‚kirchenoffiziell' dargestellt wurde, zeigt der von Herbert von Hintzenstern (1916–1996) vorgenommene Rückblick auf den „Kirchlichen Wiederaufbau nach der Befreiung". Die mit dem Religionsunterrichts-Verbot von 1949 verbundene Niederlage der Kirche wurde nun kurzerhand als eine Art Erfolg dargestellt: „Große Anstrengungen mußten unternommen werden, um den Religionsunterricht als ‚Christenlehre' in die eigene Verantwortung der Kirche zu übernehmen." [526]

[525] Björkman, *Lebensraum*, 44 (10. Rundbrief, 03.06.1949).

[526] *GuH* 18. 1985, 12.05.1985. – *Herbert von Hintzenstern*, ehemaliger Assistent *Walter Grundmanns*, der (wie d. Vf. aus eigenem Erleben weiß) über ein detailgenaues historisches Gedächtnis verfügte, hätte es eigentlich besser wissen können. Er hatte für die Artikelserie nicht nur die einschlägigen Akten eingesehen, sondern musste als vormaliger Landesjugendpfarrer seit 1948 den – von Mitzenheim so genannten – „Kampf um die Jugend" 1950, 1953 und 1955 aus nächster Nähe miterleben. – Die geringe Halbwertzeit und politische Umdeutung leidvoller historischer Erfahrung über die im SED-Weltanschauungskampf erzwungene gesellschaftliche Entmischung zeigte sich übrigens auch nach der „friedlichen Revolution 1989/90". Vor allem in den Debatten um „Religionsunterricht" und „Militärseelsorgevertrag" vermittelten nicht wenige (auch ehedem DDR-kritische) Pfarrer und Gemeindemitglieder den Eindruck, eine Art unbewusster Identifikation mit dem (inzwischen nicht mehr vorhandenen) Aggressor durchhalten zu wollen. Ein besonderes Beispiel bildete dabei die ‚Nach-Wende-Entwicklung' in der am stärksten entkonfessionalisierten DDR-Kirche von Berlin-Brandenburg. Die Einführung eines vorgeblich konfessions-neutralen Unterrichtsfaches „LER" wurde dort unter Federführung der ehemaligen Katechetin, AkSK-Aktivistin, nachmaligen Brandenburger Kultusministerin und jetzigen Beauftragten für Unterlagen des Staatssicherheitsdienstes der ehemaligen DDR, Marianne Birthler, vorangetrieben. Doch sie stand (und steht) damit keineswegs allein. Nicht wenige DDR-sozialisierte Protestanten versuch(t)en nun im ressentimentgeladenen Ost-West-Diskurs aus der 1989 selbstüberwundenen Not einer Kirche in der SED-Diktatur die Tugend einer bis dato bekenntnisgemäßeren, moralisch geläuterten Minderheitskirche zu machen. Ähnlich wie beim Epochenwechsel 1945/49 lässt sich auch an jüngsten zeitgeschichtlichen Entwicklungen ablesen, dass einmal erworbene biographische Prägungen und Mentalitäten politische Zäsuren relativ unbeschadet überdauern können. – Vgl. Thomas A. Seidel, „Sind wir dem Zeitgeist verpflichtet? Evangelische Kirche in den neuen Bundesländern im zehnten Jahr der deutschen Einheit", in: *DtPfbl* 10. 2000, 557-560.

4 Entnazifizierung und Selbstreinigung

4.1 Vergangenheitsbewältigung

Mit der Besetzung Deutschlands durch die Truppen der Anti-Hitler-Koalition im Frühjahr 1945 endete der Zweite Weltkrieg und es begann der Aufbau einer Nachkriegsordnung, deren Grundzüge von den Alliierten bereits verabredet waren.[1] Einigkeit bestand unter den ‚Siegermächten' darüber, die deutsche Gesellschaft und Politik so nachhaltig zu verändern, dass sie zu keinem neuen Krieg mehr in der Lage sein würden. Im Kontext der vor allem in Jalta und Potsdam verabredeten Maßnahmen zur Entmilitarisierung, Dekartellisierung, Demokratisierung und Entnazifizierung kam dem zuletzt genannten, personalpolitischen Instrument eine ganz entscheidende Funktion zu. Hierin sah man gewissermaßen die ‚Wunderwaffe' zur ‚Zerschlagung des Nationalsozialismus'. Vor den Akteuren der einzelnen Militärregierungen stand nun eine gigantische innenpolitische Aufgabe. Auf dem Wege des Elitenwechsels galt es, Vergangenheitsbewältigung und Institutionsentwicklung miteinander zu verknüpfen. Zur Durchführung dieser Aufgabe sicherten sich die vier Besatzungsmächte – trotz partieller Kooperation – relativ große Eigenständigkeiten.[2] Wie bereits gezeigt werden konnte, war den Kirchen bei dieser alliierten Neuordnungsplanung und -praxis die Rolle von ‚politisch einigermaßen unbelasteten', gesellschaftlich einflussreichen Mitspielern zugedacht. Denn: „[...] allein die kirchliche Organisation hatte sowohl die politische Gleichschaltung als auch den totalen Krieg im Wesentlichen unbeschadet überstanden und zudem durch Ansätze eines Widerstandes gegen die NS-Diktatur gewisse Sympathien bei den Alliierten, insbesondere natürlich bei den Westmächten gewonnen. So vermochten die Kirchen nach 1945 zunächst einmal einen Einfluß auszuüben, der alle ihre früheren Möglichkeiten weit übertraf. Umgekehrt suchten viele jetzt wieder die Verbindung zur Kirche, die sie in den vorangegangenen Jahren verlassen hatten."[3]

---

1 Siehe dazu Kapitel 3.1 und 3.2, dort auch die Verweise auf die einschlägige Literatur zur Politik der Alliierten.

2 Zum Thema politische Neuordnung und Entnazifizierung nach 1945 in den vier Besatzungszonen: Lutz Niethammer, *Die Mitläuferfabrik: die Entnazifizierung am Beispiel Bayerns*, Bonn 1982 [1. Aufl. unter dem Titel *Entnazifizierung in Bayern*, Frankfurt/Main 1979]; Klaus-Dietmar Henke, „Politische Säuberung unter französischer Besatzung: die Entnazifizierung in Württemberg-Hohenzollern", in: *VfZ* 42. 1981; Klaus-Dietmar Henke/Hans Woller (Hgg.), *Politische Säuberung in Europa: die Abrechnung mit Faschismus und Kollaboration nach dem Zweiten Weltkrieg*, München 1991; Clemens Vollnhals (Hg.), *Entnazifizierung: politische Säuberung und Rehabilitierung in den vier Besatzungszonen 1945–1949*, München 1991; Ders., „Die Hypothek des Nationalprotestantismus: Entnazifizierung und Strafverfolgung von NS-Verbrechen nach 1945", in: *GG* 18. 1992, 51-69; Rainer Eckert/Alexander von Plato/Jörn Schütrumpf (Hgg.), *Wendezeiten – Zeitenwende: zur „Entnazifizierung" und „Entstalinisierung"*, Hamburg 1991; Damian van Melis, *Entnazifizierung in Mecklenburg-Vorpommern: Herrschaft und Verwaltung*, Oldenburg 1999.

3 Georg Kretschmar, „Die ‚Vergangenheitsbewältigung' in den deutschen Kirchen nach 1945", in: Carsten Nicolaisen (Hg.), *Nordische und deutsche Kirchen*, 137. So auch die Einschätzung von Kurt Nowak, „Kirche und Widerstand gegen den Nationalsozialismus 1933–1945 in Deutschland", in: ebd., 228-270.

Cum grano salis galt diese Bewertung auch für die Kirchen der sowjetischen Besatzungszone.[4] Darum blieben sie von den „spontanen Entnazifizierungen in den ersten Nachkriegsmonaten" – sowohl seitens der Amerikaner, Briten und Franzosen als auch der Russen – weitgehend verschont.[5]
Zeitlich erstreckten sich die Entnazifizierungsmaßnahmen vom Frühjahr 1945 bis Sommer 1948. Die von Manfred Wille u.a. für die SBZ dargestellte Etappenabfolge der Entnazifizierung trifft auch auf Thüringen zu, sieht man vom ‚Zwischenspiel' der amerikanischen Besatzung bis Anfang Juli 1945 ab: Festlegung der alliierten Entnazifizierungsbestimmungen (1944/45), spontane Entnazifizierungen (April–Juli 1945), Schaffung gesetzlicher Entnazifizierungsrichtlinien durch die Landes- bzw. Provinzialverwaltungen (Juli–September 1945), weitere politische Säuberungen (bis Ende 1946), Bemühungen um die gesellschaftliche Reintegration ‚kleiner Nazis' (ab Mitte 1946), neue Entnazifizierungskampagne gemäß Kontrollratsdirektive Nr. 24 (Februar 1947), Befehl Nr. 201 der SMAD (Ende 1947) und offizieller Abschluss der Entnazifizierung in der SBZ (Frühjahr 1948).[6]
Im Unterschied zur Entnazifizierung in den westalliierten Besatzungszonen, die nicht nur von Anfang an auf dem Wege (semi-)rechtsstaatlicher Spruchkammerverfahren durchgeführt und auf dem Hintergrund des anschwellenden Kalten Krieges ab Ende 1947 in ‚großzügige' Freispruch-Verfahren übergeleitet wurden, avancierte die Entnazifizierung in der SBZ zum ‚Generalschlüssel' der „antifaschistisch-demokratischen Umwälzung": „Im Kontext der Enteignung und Entmachtung der Großgrundbesitzer sowie der Eigentümer und Aktionäre der Großindustrie, der Banken und Versicherungen diente die Entnazifizierung dem personellen Austausch der Führungskräfte in allen Bereichen der Gesellschaft sowie der Mehrzahl der Mitarbeiter im öffentlichen Dienst. Dabei war in den einzelnen Berufsgruppen der Ermessensspielraum für die Einstufung als ‚belastet' oder ‚nominell' willkürlich eng oder weit gehandhabt worden."[7]
Auf diese Weise wurde die alliierte Entnazifizierung in der SBZ zu Vorwand und Vorspiel einer politischen Strafjustiz, die als ‚Waffe im permanenten Klassenkampf' der Fes-

---

4 Kretschmar, *Vergangenheitsbewältigung*, 138: „Die alten oder neuen Kirchenleitungen waren schnell und selbstverständlich zu den einzigen als möglicherweise legitimiert geltenden Sprechern der Bevölkerung geworden." Diese Erfahrung machte auch der Thüringer Landeskirchenrat unter Leitung des amtierenden Landesoberpfarrers Moritz Mitzenheim seit Mai 1945.

5 Zur Entnazifizierung in der SBZ/DDR: Helga A. Welsh, *Revolutionärer Wandel auf Befehl? Entnazifizierungs- und Personalpolitik in Thüringen und Sachsen 1945–1948*, München 1989; Sigrid Meuschel, *Legitimation und Parteiherrschaft. Zum Paradox von Stabilität und Revolution in der DDR 1945–1989*, Frankfurt/Main 1992; Manfred Wille, *Entnazifizierung in der Sowjetischen Besatzungszone 1945–1948*, Magdeburg 1993; Lutz Niethammer, *Der ‚gesäuberte' Antifaschismus: die SED und die roten Kapos von Buchenwald*, Berlin 1994.

6 Wille, *Entnazifizierung*, 208: „Zwischen Mai 1945 und April 1948 hatten die Kommissionen in den fünf Ländern [der SBZ, d.Vf.] mittels vier Säuberungskampagnen über eine halbe Million Menschen [ein Bericht nennt 512.990 Personen] mit Zwangsmaßnahmen belegt."

7 Ebd., 210. Ähnlich: Helga A. Welsh, „‚Antifaschistisch-demokratische Umwälzung' und politische Säuberung in der SBZ", in: Klaus-Dietmar Henke/Hans Woller (Hgg.), *Politische Säuberung in Europa: die Abrechnung mit Faschismus und Kollaboration nach dem Zweiten Weltkrieg*, München 1991, 84-107; dies., *Revolutionärer Wandel*. – Ein Sonderproblem, auf das in diesem Zusammenhang nicht weiter eingegangen werden kann, ist das der Internierungs- und Speziallager. Verwiesen sei dazu auf: Renate Knigge-Tesche/Peter Reif-Spirek/Bodo Ritscher (Hgg.), *Internierungspraxis in Ost- und Westdeutschland nach 1945*, Erfurt 1993; Lutz Niethammer, „Alliierte Internierungslager in Deutschland nach 1945: Vergleich und offene Fragen", in: Christian Jansen/Lutz Niethammer/Bernd Weisbrod (Hgg.), *Von der Aufgabe der Freiheit: Politische Verantwortung und bürgerliche Gesellschaft im 19. und 20. Jahrhundert*, Berlin 1995, 469-492; Sergej Mironenko/Lutz Niethammer/Alexander von Plato (Hgg.), *Sowjetische Speziallager in Deutschland 1945 bis 1950*, 2 Bde., Berlin 1998; Peter Reif-Spirek/Bodo Ritscher (Hgg.), *Speziallager in der SBZ: Gedenkstätten mit „doppelter Vergangenheit"*, Berlin 1999.

tigung und Sicherung der „Diktatur der Arbeiterklasse“ zu dienen hatte.[8] Der ehemalige DDR-Historiker Wolfgang Meinicke formulierte (1984) diesen Sachverhalt so: „Die Entnazifizierung umfaßte alle Bereiche des gesellschaftlichen Lebens. Die konsequente Entfernung der ehemaligen Mitglieder der NSDAP auf der Grundlage der völkerrechtlich verbindlichen Beschlüsse der Alliierten trug zur Veränderung der politischen und sozialen Zusammensetzung in allen leitenden Gremien zugunsten der Arbeiterklasse bei. Das hatte Einfluß auf Tiefe und Breite der Auseinandersetzungen zwischen der Arbeiterklasse und der Monopolbourgeoisie, da sie den überwiegenden Teil der leitenden Angestellten und Beamten aus ihren Positionen entfernte und damit wesentliche Stützen für eine Restauration der imperialistischen Verhältnisse ausschaltete.“[9]

Unbeschadet der genannten Wertschätzung der Kirchen und ihrer führenden Repräsentanten innerhalb der gesellschaftspolitischen Neuordnung Deutschlands standen diese 1945 selbst vor der Aufgabe der Vergangenheitsbewältigung und einer (kirchen-)politisch motivierten Institutionsentwicklung – wenn auch in unterschiedlicher Weise und Intensität. Dies war wesentlich abhängig vom Grad der vormaligen NSDAP-parteipolitischen, ‚militaristischen‘ oder deutsch-christlichen Aktivität und nachmaligen ‚Belastung‘ der kirchlichen Mitarbeiterschaft.[10] Von den Alliierten war den Kirchen bei ihrer Entnazifizierung – zumeist „Selbstreinigung“ genannt – eine weitgehende Eigenverantwortung zugestanden. Gleichwohl fand die Selbstreinigung der jeweiligen Landeskirchen unter den Augen der Zeitgenossen in den Kirchgemeinden und Kommunen ebenso wie unter Beobachtung der neuen politischen Machthaber statt.[11] Für die Thüringer Landeskirche soll dieser komplizierte und komplexe Selbstreinigungsprozess im folgenden detailliert nachgezeichnet werden.[12] Analog zur staatlichen Entnazifizierung betrifft dies zunächst und vor allem die Jahre 1945 bis 1948, obgleich sich prominente Personalkonflikte sowie die Behandlung und personalpolitische Einordnung von Einsprüchen bis in die fünfziger Jahre hinein ausdehnten.

---

8 Sehr anschaulich hat diesen Zusammenhang herausgearbeitet Ruth-Kristin Rößler (Hg.), *Die Entnazifizierungspolitik der KPD/SED 1945–1948: Dokumente und Materialien*, Goldbach 1994; und dies., *Justizpolitik in der SBZ/DDR 1945–1956*, Frankfurt/Main 2000. – Für Thüringen: Petra Weber, *Justiz und Diktatur: Justizverwaltung und politische Strafjustiz in Thüringen 1945–1961*, München 2000. – Vgl. dazu: Karl Wilhelm Fricke, *Politik und Justiz in der DDR: zur Geschichte der politischen Verfolgung 1945–1968*, Köln 1990 (1. Aufl. 1979); Falco Werkentin, *Politische Strafjustiz in der Ära Ulbricht: Forschungen zur DDR-Geschichte*, Berlin 1995; Hermann Wentker (Hg.), *Die Volksrichter in der SBZ/DDR: eine Dokumentation*, München 1997.

9 Wolfgang Meinicke, „Die Entnazifizierung in der sowjetischen Besatzungszone 1945 bis 1948“, in *ZfG* 32. 1984, 969.

10 Einschlägige Literatur zur Entnazifizierung der Kirchen in Deutschland im Quellen- und Literaturverzeichnis. Hingewiesen sei an dieser Stelle auf: J. Jürgen Seidel, *Aus den Trümmern 1945: personeller Wiederaufbau und Entnazifizierung in der evangelischen Kirche der Sowjetischen Besatzungszone Deutschlands: Einführung und Dokumente*“, Göttingen 1996, und Markus Hein, „Die Landeskirche Sachsens nach dem Ende des Zweiten Weltkrieges: Bildung einer gesamtsächsischen Kirchenleitung und die Selbstreinigung der sächsischen Pfarrerschaft,“ Diss. theol., Leipzig 1999, Ms.

11 Clemens Vollnhals, *Die Evangelische Kirche nach dem Zusammenbruch. Berichte ausländischer Beobachter aus dem Jahre 1945,* Göttingen 1988; ders., *Die Hypothek*, 51-69.

12 Thomas A. Seidel, „. . . in Sturm und Gericht der Gegenwart‘: kirchliche Neuordnung in Thüringen 1945–1951“, in: *Thüringer Gratwanderungen: Beiträge zur fünfundsiebzigjährigen Geschichte der evangelischen Landeskirche Thüringens*, hg.v. Thomas A. Seidel i.A. der Evangelischen Akademie Thüringen und der Gesellschaft für Thüringische Kirchengeschichte, bearbeitet von Dietmar Wiegand, Leipzig 1998, 166-188, dort vor allem das Kapitel II: „Die Selbstreinigung der Thüringer evangelischen Kirche“, 171-180.

4.2 Mitzenheim und Rönck

Es ist wohl das brüderlich-mahnende ‚Machtwort' des Geraer BK-Pfarrers und promovierten Juristen Hermann Ernst Deter (1894–1967) gegenüber Mitzenheim gewesen, das den neuen Landesoberpfarrer – zunächst – dazu bewegt hatte, doch die faktische „[...] kirchliche Machtergreifung durch Sie und Ihre Teilhaber" als solche zu akzeptieren und nicht fortwährend die These einer von „äußeren Mächten unabhängigen" Neubildung der Kirchenleitung ebenso wie die Version einer in mehrfacher Hinsicht schwierigen Rechtskontinuität zu bemühen.[13] Deter machte dafür gleich zwei Argumente geltend: dieser Weg war unumgänglich, „weil [...] nach der Verhaftung Röncks die Abwendung von Chaos in der Kirche geboten war"; zudem habe die Besatzungsmacht, „[...] die jetzt Gesetzgeber in Deutschland ist, [...] diese Machtergreifung anerkannt."[14]
Zunächst war mit der als ‚vorläufig' deklarierten Übernahme der Kirchenleitung durch die Eisenacher Nicht-DC-Pfarrer unter Führung von Moritz Mitzenheim (1891–1977) ein Provisorium geschaffen, mit dem man leben konnte und musste, und das zudem die Grundlage für die Lösung der dringlichen Tagesaufgaben bildete.[15] Zu diesen Aufgaben zählte an vorderer Stelle die Auseinandersetzung mit dem Nationalsozialismus; und dies bedeutete vor allem, mit dem NS- und DC-belasteten Personalbestand der Kirche. Über den zwingenden Handlungsbedarf, der an diesem Punkt – auch aus Gründen der inner- wie außerkirchlichen Glaubwürdigkeit – bestand, war man sich vor allem in BK-Kreisen einig. Kurz und bündig formulierte der Altenburger Pfarrer Walter Zimmermann (1902–1972) bereits im Mai 1945, kaum vierzehn Tage nach der Neubildung des Landeskirchenrates: „Wir müssen, da wir nach außen hin dafür verantwortlich sind, von uns aus das Problem der DCs lösen und werden darin Rechenschaft geben müssen. Die Kirche wird ja auch sonst nicht unter den neuen Verhältnissen im Volke aktionsfähig sein."
Sein BK-Mitstreiter, nun Superintendant in Weimar, Dr. Wolfgang Schanze (1897–1972), vermerkte handschriftlich auf diesem Brief: „Hier [in Weimar, d.Vf.] ist noch nichts davon zu bemerken, daß die Besatzungsbehörde einen Unterschied zwischen kirchlichen und DC-kirchlichen Pfarrern macht. Das wird aber voraussichtlich bei einer genaueren Durchkämmung der Bevölkerung noch geschehen. Wir dürfen die Kirche nicht mit ausgesprochenen Parteileuten belasten."[16]
Dass gerade die Lösung des DC-Problems – nicht zuletzt angesichts der Renitenz etlicher führender Thüringer Deutscher Christen – schwierig werden würde, war bereits während der kuriosen ‚Rücktrittsverhandlungen' mit dem DC-Präsidenten und selbsternannten Bischof Hugo Rönck im April 1945 deutlich geworden.[17] Im Kern ging es schon dort darum, dass der amtierende Leiter der Lutherischen Bekenntnisgemeinschaft Mitzenheim den Sieg der „Bekenntnisfront" gegenüber den DC ein für alle Mal festschreiben und dies zur theologischen wie historischen Legitimationsgrundlage für das weitere kirchenleitende und – damit auch personalpolitische Handeln – machen wollte. Mitzenheim hob hervor,

---

[13] Schreiben von Dr. Ernst Deter (Gera-Untermhaus) an Moritz Mitzenheim, 31.05.1945, in: *LKAE*, A 130/II, 3. – Siehe auch Kapitel 3.1.3

[14] *LKAE*, A 130/II, 3.

[15] Siehe Kapitel 5.1 (mit dem Untertitel: „Das dauerhafte Provisorium der vorläufigen Kirchenleitung").

[16] Schreiben von Zimmermann (Altenburg) an Schanze (Weimar), 18.05.1945, in: *LKAE*, A 130/II, unfoliiert.

[17] Sitzung des LKR, in: *LKAE*, A 122/I, unfoliiert. Niederschrift einer Besprechung der „auf Anmeldung erschienenen" Eisenacher *Pfarrer Mitzenheim*, *Dr. Hertzsch* und *Kühn* auf dem Pflugensberg mit den vorhandenen Mitgliedern der DC-Kirchenleitung „Präsident & Landesbischof Rönck, Propst Büchner, Vizepräsident a.D. Dr. Volk, Assessor Günther, Professor D. Bertram aus Gießen, und KVR Zenker", 10.04.1945. – Vgl. dazu Kapitel 3.1.3.

„[...] daß die Achtung und das Wohlwollen, das die Amerikaner der Kirche gegenüber zeigen, auf dem Kampf beruht, den die Bekennende Kirche und die ihr nahe stehenden Kreise seit 12 Jahren geführt haben." Deshalb müsse es Rönck ganz und gar unmöglich sein, „[...] jetzt aus diesem Kampf Nutzen für sich zu ziehen."[18]
Rönck wurde von den „Erschienenen" aufgefordert, unverzüglich sein Amt niederzulegen, da er „[...] lediglich als Exponent der Partei und der Deutschen Christen in dieses Amt gekommen [sei] und das Amt auch in diesem Sinne geführt [habe]."[19] Der stolze ‚Altgardist des Führers', deutscher Soldat und deutscher Christ, sah sich außerstande, eine solche Demütigung hinzunehmen – weder zu diesem Zeitpunkt, noch später, wie die heftigen Kontroversen mit und um Rönck zeigen.[20] Doch abgesehen von dieser ‚Kränkung der Mannesehre' und der mentalen Unfähigkeit Röncks und vieler anderer DC, sich als Geschlagene dem Sieger zu unterwerfen, enthält diese Debatte nahezu alle Streitpunkte[21], Argumente und Exkulpationen der bevorstehenden Selbstreinigung der Thüringer evangelischen Kirche.
Rönck – und seinen theologischen und politischen Gesinnungsgenossen und „Kameraden", wie sie sich untereinander nannten – war sehr daran gelegen, nicht nur das eigene Handeln und die DC-Bewegung, sondern auch den Kirchenkampfgegner „[...] in eine besondere Verantwortung [...] des deutschen Protestantismus" zu stellen.[22] Mehrfach zielte er darauf ab, dass politische und kirchliche Folgerungen einerseits und entsprechend eventuelle Haftung andererseits strikt voneinander getrennt werden müssten. An Mitzenheim, Hertzsch und Kühn ebenso wie an ein imaginäres Publikum gerichtet schwadronierte er: „Ich bitte in diesem Sinne auch Sie, meine Herren, die Sie hier zufällig [sic!] versammelt sind, an Ihrem Teile mit dafür zu sorgen, daß unsere Kirche und ihre Gemeinden vor jeglicher Beunruhigung bewahrt bleiben und unter dem Druck von nach menschlichem Ermessen gewiß tiefgreifenden Ereignissen nicht Folgerungen gezogen werden, welche dem politischen Raume zugehören und darum nicht kirchengemäß sind."[23]
Mitzenheim konzedierte zwar, dass „[...] das Eintreten des Präsidenten für die kirchlichen Belange wohl anerkannt werde", dass es nun jedoch ganz entschieden darum gehe,

---

18 Sitzung des LKR, in: *LKAE*, A 122/I, unfoliiert.

19 Ebd.

20 Vgl. dazu den umfangreichen Schriftwechsel im Zusammenhang des Spruchstellenurteils, das zur (nachträglichen) Entlassung von Rönck führte, in: *LKAE*, A 239 (Loses), und PA Hugo Rönck, L 5038. Noch 1953, zu dieser Zeit bereits Pfarrer in Eutin, erhebt Rönck Einspruch gegen seine Entlassung. 1963 wird auf Anzeige eines Gemeindemitglieds hin gegen ihn ein Ermittlungsverfahren bei der Oberstaatsanwaltschaft Lübeck „wegen unbefugten Führens des Bischofstitels" angestrengt. – Zu Röncks Entlassung aus der NSDAP, seiner daraus abgeleiteten ‚Kompensation' vermittels der Selbstzueignung des Bischofstitels und seinen ‚beispielgebenden' permanenten Exkulpationsbemühungen nach 1945 – vgl. Kapitel 4.6.

21 Schreiben von Hertzsch (Eisenach) an Rönck, 11.02.1946, in: *LKAE*, A 239 (Loses). – Hertzsch reagierte auf eine als persönlicher Brief an Dahinten deklarierte „Denkschrift" zum Reinigungsgesetz und zur Spruchstelle, 04.01.1946, in: *LKAE*, A 239 (Loses). In Röncks Antwort vom 10.03.1946 wird die Verletzung deutlich, auf die Rönck voller Selbstmitleid und Pathos reagiert: „Aber gleicht nun meine Lage nicht der eines Mannes, auf dem man so lange herumtrat, bis er an seinem Schicksalswege zusammenbrach? Im qualvollen Schmerz schrie er noch einmal auf, vielleicht auch um seine Freunde zu warnen, bevor er ohnmächtig wurde." Siehe Kapitel 2.1 und 3.1.3.

22 Schriftliche Erklärung Röncks, 10.04.1945, zu Mitzenheims Ausführungen. Anlage zum Protokoll, in: *LKAE*, A 122/I, unfoliiert.

23 Ebd. – Ohne es auch nur zu ahnen, hatte der DC-Präsident damit eines der künftig kirchenleitenden Prinzipien seines Nachfolgers angesprochen. Für die Formulierung wie die Anwendung des kirchlichen Reinigungsgesetzes (vom 12.12.1945) sollte dieses ‚Zwei-Räume- oder Zwei-(Be)Reiche-System' gleichfalls nicht ohne Wirkung bleiben. Vgl. dazu die Kapitel 5.1 und 5.2.

„[...] wie die Entpolitisierung der Kirche durchgeführt werden könne.“[24] ‚Politisierung‘ bezeichnete hier und insgesamt in diesem Kontext offensichtlich die „Verherrlichung der nationalsozialistischen Obrigkeit“, im Gegensatz zu einer „einfachen Unterordnung nach Römer 13.“ Mitzenheim verwies zur Erläuterung auf entsprechende Telegramme von Rönck an Hitler, Himmler und Sauckel anlässlich ‚seines‘ Amtsantritts und eine DC-typische Äußerung im – von Rönck einberufenen – liturgischen und katechetischen Ausschuss, nach der „[...] der Präsident das germanische Moral- und Sittlichkeitsgefühl als ‚Korrektiv für die Bibel‘ bezeichnet [habe].“[25] Nicht ohne eine gewisse Süffisanz zeigte sich Rönck entrüstet darüber, dass seine Versuche zur Annäherung der Kirche an den Nationalsozialismus jetzt auf einmal unter Kritik gestellt würden. Es sei festzustellen, „daß auch die Bekenntnisgemeinschaft in den 2 Jahren seiner Amtsführung [...] nicht ein einziges Mal förmlich dagegen protestiert habe.“[26]

In der nicht nur binnenkirchlich relevanten Diskussion darüber, was mit ‚Politisierung‘ gemeint sei, und ob die theologische Haltung der BK im Kirchenkampf auch als politische Gegnerschaft zum NS zu werten sei, meldeten sich im Zusammenhang dieser komplizierten Amtsenthebungsversuche auch die Eisenacher Pfarrer Rudolf von Nitzsch (1882–1952) und Erich Hertzsch (1902–1995) zu Wort. Nitzsch erläuterte, dass die Erhebung des Nationalzozialismus zur Religion die eigentliche ‚Politisierung der Kirche‘ darstellte.[27]

Ganz ähnlich argumentiert Erich Hertzsch, allerdings mit dem signifikanten Unterschied, „[...] er sei immer entschlossener Gegner des Nationalsozialismus gewesen“, etwas, das in dieser Zuspitzung und Klarheit sicher nur eine Minderheit der Pfarrer in Thüringen wie im ‚Reich‘ zu Recht von sich behaupten konnte.[28]

Lediglich angerissen wurde bei diesem ‚Machtwechsel auf dem Pflugensberg‘ eine andere theologische Frage, die in die zwanziger Jahre zurückreichte und die während der Auseinandersetzungen der kirchlichen Entnazifizierung oft eher im Hintergrund blieb. Gleichwohl hatte ihre Beantwortung oder Nicht-Beantwortung Einfluss auf den künftigen Weg der Kirche in den bevorstehenden „Politisierungen“ des kommunistischen Weltanschauungsstaates: Die Frage nach Schuld und Schicksal liberal-theologischer Traditionen im Thüringer Protestantismus.[29]

---

24 Besprechung im LKA, 24. April 1945, in: *LKAE*, A 122/I, unfoliiert.

25 Ebd.

26 Ebd. – Karl Barth hatte bereits 1933 vor der (von außen kommenden) Verwechslung von kirchlicher Opposition und politischem Widerstand gewarnt: Ders., *Die Kirche Jesu Christi*, München 1933, 7: „Ich möchte vor allem darauf hinweisen, daß man sich das Verständnis für die kirchliche Opposition in Deutschland sofort verbaut, wenn man sie als Symptom eines vorhandenen Widerstandes gegen die gegenwärtige Staatsregierung deutet.“

27 Ebd. – Vgl. dazu vor allem auch Kapitel 3.2.4.

28 Besprechung im LKA, 24.04.1945, in: *LKAE*, A 122/I, unfoliiert.

29 Schreiben von Gerhard Bauer (Stadtroda) an Mitzenheim, 25.10.1945, in: *LKAE*, A 130/I, unfoliiert. – Als die Stimme eines Thüringer BK-Vertreters, die besonders deutlich und monokausal die ‚Politisierung‘ der DC auf die liberale Theologie zurückführte, sei – stellvertretend für andere – *Gerhard Bauer (1896–1958)* genannt. Bauer, der während der 30er Jahre die Geschäftsstelle der LBG in Gotha geleitet hatte, übernahm im Herbst 1945 von dem aus Kriegsgefangenschaft heimgekehrten und flugs zum Mitglied im LKR ernannten *Gerhard Säuberlich (1901–1959)* die Leitung der LBG. Für Bauer und viele seiner theologischen Gefährten, die nun zu den ‚Siegern im Kirchenkampf‘ zählten, war klar, dass „[...] die Irrlehre durch vielerlei Kanäle [...] in unsere Thüringer evangelische Kirche eindringen konnte. Der traditionelle Liberalismus jedoch war der Hauptschrittmacher der deutschchristlichen Lehre.“ – Abgesehen davon, dass es DC wie auch manch einen ‚Lutherischen‘ gab, der an dieser Stelle theologisch und politisch differenzierter dachte und urteilte, waren auch außerhalb der Thüringer DC liberale Theologen zu finden. Ihnen verhieß der ‚totale Sieg der BK‘ nun allerdings wenig Gutes für die Zukunft der

4.3 Vorfeldkonflikte

Zunächst ging es dem Pragmatiker Mitzenheim am Ende der DC-Herrschaft in Thüringen jedoch darum, den Achtung heischenden Kampf der BK als Pfund in die inner- wie außerkirchlichen Kontroversen einzubringen. Dem entsprechend wurde von ihm und anderen in offiziellen Formulierungen von der ‚Neuordung der Thürunger Kirche im Sinne der Bekennenden Kirche' gesprochen.[30]

Dass er sich in der weiteren öffentlichen Darstellung über die Neubildung der Kirchenleitung letztlich doch nicht an die von Deter und anderen geforderte historische und sachliche Faktizität hielt, hat gewiss nicht nur persönlich-strategische Gründe. Im November 1945, in seinem ersten Rundschreiben „An die Pfarrerschaft der Thüringer evangelischen Kirche" blieb Mitzenheim hartnäckig bei seiner Darstellung der Ereignisse: „Ohne Eingreifen äußerer Mächte ist die Thür[inger] ev[angelische] Kirche auf einwandfrei legalem Wege zu einer Kirchenleitung gekommen, die an der Arbeit ist, den verfassungsgemäß lutherischen Charakter unserer Kirche zu wahren. So sind unsren Gemeinden Erschütterungen erspart geblieben."[31]

Möglicherweise lag ihm daran, die strittige Frage der Rechtskontinuität und das mangels synodaler Legitimation bleibende Problem der ‚Vorläufigkeit des neuen Landeskirchenrates' in den Hintergrund zu schieben, um auch im Kontext der Entnazifizierung sich abzeichnende kirchen- und machtpolitische Autoritätsprobleme gering zu halten. Vor allem seine Verhandlungen mit der amerikanischen und der sowjetischen Besatzungsmacht ebenso wie mit den deutschen Verwaltungsstellen zeigten, dass an der Frage des Zustandekommens wie der personellen Zusammensetzung des neuen Landeskirchenrates zu einem nicht geringen Teil auch das Problem der institutionellen Eigenständigkeit und Handlungskraft der Landeskirche hing. So war die erste Kanzelabkündigung, unmittelbar nach der Neubildung des Landeskirchenrates formuliert, natürlich nach ‚innen' gesprochen, zugleich aber auch in Richtung Besatzungsmacht gewendet: „Auf Grund des Präsidialgesetzes vom 6. April 1943 hat der Vertreter des Präsidenten[32] der Thür[inger] ev[angelischen] Kirche am 2. Mai 1945 ein Gesetz erlassen, durch das wieder ein Landeskirchenrat gebildet wurde. Dieser [wer?, d.Vf.] leitet die Thür[inger] ev[angelische] Kirche, bis es möglich sein wird, daß ein Landeskirchentag zusammen tritt und einen endgültigen Landeskirchenrat wählt. Die Befugnisse, die nach dem Präsidialgesetz bisher dem Präsidenten zustanden, sind auf den Landeskirchenrat übergegangen."[33]

Kirche. Zu diesen gehörte bspw. der Arnstädter Pfarrer, spätere Oberregierungsrat und Leiter des Büros „Verbindung zu den Kirchen" in der Thüringer Präsidialkanzlei, Karl Erle (1885–1968).

[30] Notiz vom 12.05.1945, in: *LKAE*, A 122/I, unfoliiert.

[31] Zitiert nach: Thomas Björkman, *Ein Lebensraum für die Kirche: die Rundbriefe von Landesbischof D. Mitzenheim 1945–1970*, Lund 1991, 21. – Als d.Vf. 1992 seine Recherche zur Entnazifizierung der Thüringer Kirche begann, wurde ihm mitgeteilt, dass dieser Aktenbestand weitgehend „als verschollen gilt". In der Tat weist der Aktenbestand A 239, der für diesen Gegenstand besonders in Frage kommt, erhebliche Lücken auf, die inzwischen durch die sorgsame Archivierung des vormaligen Archivleiters Heinz Koch ein wenig geschlossen werden konnten. Die Akten der Rechtsabteilung (vor allem der Bestand R 416) sind bislang nicht zugänglich. Wie bereits erwähnt, existiert auch von der Akte A 130/I lediglich ein leerer Aktendeckel mit dem handschriftlichen Vermerk von Moritz Mitzenheim „Neubildung des LKR 1945".

[32] Vertreter des verhafteten Rönck war der DC-Oberlandeskirchenrat Dr. Erwin Brauer (1896–1946), auf Betreiben Röncks seit 1943 hauptamtliches Mitglied des LKR. Diesem war der Stress der zurückliegenden Tage so ans Herz gegangen, dass er sich mit dem Verdacht auf Herzinfarkt im Eisenacher Diakonissenkrankenhaus einer Untersuchung unterzog. Mitzenheim suchte ihn dort auf und nahm ihm die Unterschrift unter das „Gesetz zur Neubildung des Landeskirchenrates", 02.05.1945, ab.

[33] Kanzelabkündigung, 04. bzw. 12.05.1945, in: *LKAE*, A 122/I, unfoliiert.

Abgesehen davon, dass die von Mitzenheim gewählte Formulierung etwas unglücklich war und dass dieser Verweis auf das Präsidialgesetz – bis zum Sommer 1945 – innerkirchlich weiterhin heftiger Kritik ausgesetzt blieb, hatte „der Vertreter des Präsidenten" als „Inhaber der Gesetzgebungsgewalt" eine von Versorgungsinteressen geleitete Stellungnahme nachgereicht, vermittels derer er sich und seinen vormaligen Kollegen Amtstitel und Versorgungsansprüche sichern wollte.[34]

Das entscheidende rechtsrelevante Argument hatte Walter Zimmermann am 23. Mai 1945 gegenüber Mitzenheim vorgebracht. Die Rechtmäßigkeit des vorläufigen Landeskirchenrats sei äußerst fraglich, „[...] weil das Präsidialgesetz als ‚Nazigesetz' durch den Einmarsch ungültig geworden war und nicht mehr angewendet werden durfte."[35] Ernst Deter vertrat in einem Schreiben an Mitzenheim ebenfalls sehr nachdrücklich diesen Standpunkt. Denn – so die Auffassung von Deter, mit der er keineswegs allein stand – „[...] es diente dazu, die nationalsozialistische politische Vormachtstellung und Weltanschauung auch in der Kirche durchzusetzen. Das Präsidialgesetz war der Schlußstein der nationalsoz[ialistischen] Machtergeifung in der Thür[inger] ev[an]g[e]l[ischen] Kirche. War die Verwendung des Präsidialgesetzes nicht möglich, so ist der vorl[äufige] Landeskirchenrat also nicht auf legalem Wege zustande gekommen, wie Sie es wollten."[36]

Auch einer der maßgeblichen Kirchenjuristen und Verwaltungsbeamten der Deutschen Evangelischen Kirche, der Leiter der Kirchenkanzlei, Konsistorialrat Heinz Brunotte, vertrat diese Rechtsposition. Er legte in einem Bericht an Landesbischof Theophil Wurm seine Ansicht über die anstehenden juristischen Schritte dar: „Zunächst wäre wohl ein Gesetz der Militärregierung notwendig, das die staatskirchenrechtlichen Grundlagen aus der nationalsozialistischen Zeit aufhebt, [...]. Dann müßte ein Gesetz der Kirchenleitung folgen, in welchem bestimmte disziplinarrechtliche Maßnahmen zu überprüfen wären."[37] Solange wollte und konnte Mitzenheim nicht warten, zumal keinesfalls abzusehen war, in welcher Weise sich „[...] Sturm und Gericht der Gegenwart"[38] über das Land legen würden.

Die ebenfalls mehrfach geäußerte interne Kritik an der Zusammensetzung des Landeskirchenrates traf infolge eines deutlichen Einspruchs der amerikanischen Militäradministration bald auf Gehör. Mitzenheim sah sich darum genötigt, dieses Leitungsgremium in der Folgezeit zweimal umzubesetzen.[39] Zunächst traf es den vormaligen DC-Kirchenrat Wilhelm Büchner (1894–1987), der bereits am 31. Mai 1945 in der LKR-Sitzung, „[...] im Anschluß an eine vorausgegangene vertrauliche Besprechung erklärte,

34 Daraufhin fasste der neue LKR seinen (ersten!) Landeskirchenratsbeschluss: „Die beamtenrechtliche Stellung Dr. Brauers soll nicht angetastet werden", mit dem einschränkenden Verweis auf Vorläufigkeit und dem Vermerk: „Es muß aber vorsichtig gehandelt werden, weil nach Mitteilungen, die Pfarrer Hertzsch erhalten hat, Dr. Brauer eine politisch stark belastete Persönlichkeit ist." In: *LKAE*, A 122/I: „1. Sitzung des neugebildeten Landeskirchenrats", 03.05.1945, unfoliiert.

35 Schreiben von Zimmermann (Altenburg) an Mitzenheim, in: *LKAE*, A 130/II, 3.

36 Schreiben von Deter (Gera) an Mitzenheim, 31.05.1945, in: *LKAE*, A 130/II, 3.

37 Schreiben von *Heinz Brunotte(1896–1984)* an *Theophil Wurm (1868–1953)*, 03.06.1945, in: *LKAH*, L 3, Bestand LB Dr. Lilje, 350, unfoliiert. Brunotte war ab 1927 OLKR bei der DEK, zwischenzeitlich Leiter der ausgelagerten Kirchenkanzlei in Wernigerode bis 1945.

38 Mit der Formulierung in seiner ersten Kanzelabkündigung: „Das Evangelium von Jesus Christus ist die einzige Quelle christlichen Glaubens. [...] Aus ihr wollen [...] wir leben in Sturm und Gericht der Gegenwart" lehnt sich Mitzenheim an den Text der ersten These der Barmer Theologischen Erklärung an. Ungeachtet dessen hat dieses bedeutende Dokument des Kirchenkampfes in der Thüringer Kirche weder in der Zeit des Umbruchs noch in den Jahren danach eine erkennbar gemeindetheologische oder kirchenpolitische Bedeutung besessen, in: *LKAE*, A 122/I, unfoliiert.

39 Thomas Björkman, „Landeskirche Thüringen 1945–1949: Kirche und Politik", Lund/Schweden 1987, Ms., 17-20.

[...] daß er sein Amt als Mitglied des Landeskirchenrats zur Verfügung stelle." Die Einsicht und Bescheidenheit Büchners zahlte sich auch später noch einmal aus. Zunächst war es Mitzenheim, der noch in der Sitzung „[...] dem scheidenden Kirchenrat Büchner dankt und ihm die Anstellung in seiner früheren Gemeinde Jena, eventuell sogar in seiner alten Stelle zusichert." Dazu kam es zwar nicht, doch als im darauf folgenden Jahr die Spruchstelle ihre Arbeit aufnahm, suchte Büchner seinen alten Schulkameraden und Spruchstellenbeisitzer Superintendent Paul Dahinten auf „[...] und erklärte, er verzichte auf alle Titel, die ihm Rönck verliehen habe und bitte, einfacher Bezirkspfarrer in Eisenach bleiben zu dürfen."[40] Auch Dahinten plädierte dafür, den vormaligen DC-KR vom Zugriff des Reinigungsgesetzes (RG) zu verschonen. Er nahm ein Protokoll über sein Gespräch mit Büchner auf und „[...] legte es dem Kollegium [der Spruchstelle, d.Vf.] zur Beschlußfassung vor. Es stimmte zu, da auch Dr. Hertzsch ein gutes Wort für seinen Amtsbruder einlegte, und die Angelegenheit war erledigt, ohne daß ein Urteil erging."[41]
Dass Büchner an dem 1939 in Eisenach gegründeten „Institut zur Erforschung und Beseitigung des jüdischen Einflusses auf das deutsche kirchliche Leben" mitgearbeitet hatte, war entweder nicht bekannt oder es spielte keine ‚belastende' Rolle.[42]
Nachdem Büchner aus der Kirchenleitung ausgeschieden war, wurde am 6. Juni 1945 eine weitere Umbildung vorgenommen. Zuvor hatte wiederum der Geraer BK-Bruder Deter heftige Kritik angemeldet. Mit Blick auf die Zusammensetzung des Landeskirchenrates klangen die Ratschläge des Amtsbruders beinahe wie eine Drohung: „Bei der Zurückhaltung gegenüber der Kirche hat die Besatzungsmacht freilich nicht die Zusammensetzung des vorl[äufigen] Landeskirchenrats nachgeprüft, gewiß in der Annahme, daß er nicht d[eutsch] c[hristlich] ist." Darum käme es schleunigst auf eine gründliche Sanierung des Gesetzes vom 2. Mai 1945 an, „[...] nötig durch Ausscheiden von Büchner, Phieler, Franz und Tegetmeyer [der deutsch-christlichen LKR-Mitglieder, d.Vf.]." Deter übersandte Mitzenheim eine Anzahl deutsch-christlicher Kirchengesetze und das Thüringer Pfarrerblatt von 1933–1945 und fügte ergänzend hinzu: „Danach sind die DC bei uns nicht bloß kirchenpol[itische] Partei gewesen, sondern offizielles Kirchenregiment. Sie haben wie sonst nirgends in einer Landeskirche den ‚Nazismus' in Gesetzgebung und Leben unserer Kirche eingeführt."[43]
Zu denen, die an der Zusammensetzung des Landeskirchenrates Anstoß genommen hatten, zählte auch der zum Wittenberger Bund (WB) gehörende Geraer Pfarrer Fritz Käferlein (1897–1954). In einem Brief vom 14. Mai 1945 wandte er sich an seinen kirchenpolitischen und theologischen Gesinnungsgefährten im Landeskirchenrat, Oskar Ziegner (1892–1963): „Etwas verwundert war ich bei der Kenntnisnahme über die Zusammensetzung der vorläufigen Kirchenregierung insofern, als man 2 BK-Vertreter, immer noch 2 DC-Vertreter und nur 1 Mitte-Vertreter eingesetzt hat. Dazu kommen außerdem noch die 2 weltlichen Mitglieder, die ebenfalls DC-Leute sind."[44]
Die Entscheidung, neben BK-Mitgliedern, auch Mitglieder des Wittenberger Bundes und der Deutschen Christen aufzunehmen, war aus Gründen der integrativen Bindekraft dieses Leitungsorgans getroffen worden. Dass die DC (abgesehen von Gerhard Phieler) aus un-

---

40 Niederschrift der 8. Sitzung des LKR, TOP 14, 31.05.1945, in: *LKAE*, A 122/I.

41 Dahinten, *Pfarrerverein*, 120.

42 Für eine ‚selbstreinigungs-unschädliche' Wirkung der Mitgliedschaft im sogenannten Entjudungsinstitut spricht, dass Verweise darauf in den entsprechenden Spruchstellenakten fast völlig fehlen. – Vgl. Kapitel 4.8 (‚Judenfrage').

43 Schreiben von Deter an Mitzenheim, 31.05.1945, in: *LKAE*, A 130/II, 3.

44 Schreiben von Pfarrer Käferlein (Gera) an Kirchenrat Ziegner, 14.05.1945, *LKAE*, A 130/II, unfoliiert.

terschiedlichen und doch einsichtigen Gründen nicht zu halten waren, zeigte die weitere Debatte um die Zusammensetzung des Landeskirchenrates.
Abgesehen von der Aufnahme von DC in Leitungsverantwortung, ist man auch in der sächsischen Nachbarlandeskirche in ähnlicher Weise verfahren. Allerdings mit dem Unterschied, dass sich der Landeskirchenrat unter Leitung von Lic. Franz Lau (1907–1973) recht bald einen „Beirat" zur Seite stellte, der „[...] vorübergehend die Aufgabe der Landessynode, des Ständigen Synodalausschusses wahrnehmen und dem Landeskirchenamt mit seinem Rate zur Seite stehen sollte."[45]
Für Büchner rückte Ernst Köhler (1899–1970)[46] aus Hildburghausen ein, und für den ehemaligen DC-Vizepräsidenten Volkmar Franz (1893–1960)[47] übernahm Walter Zimmermann aus Altenburg das Amt eines Kirchenrates. Hinzu kam außerdem – wunschgemäß – Wolfgang Schanze[48] aus Weimar. Köhler hatte Mitzenheim eine Reihe interessanter Struktur-Vorschläge unterbreitet: „Die bisherige Bildung der vorläufigen Kirchenleitung ist wohl nur eine Notlösung. Bei der künftigen Entwicklung wird ja auch – leider – die Militärregierung kirchlich mitreden, wie ich heute hörte, wird als ein Mitglied dieser kirchlichen Kommission Karl Barth genannt. Trotzdem glaube ich bei der Haltung der Amerikaner, daß man uns viel Freiheit zur eigenen Gestaltung lassen wird."[49]
Dass Köhler mit seiner Einschätzung richtig lag, belegt u.a. auch die Bekanntmachung General Eisenhowers vom 21. April 1945, wonach „[...] dem deutschen Volk [...] das Recht auf ungestörte Religionsausübung erneut zuerkannt [wird]."[50] Verwundert hätte den Thüringer Pfarrer ganz gewiss die Mitteilung, dass der amerikanisch verstandene Schutz der Religionsfreiheit – zum Staunen der übrigen Alliierten – auch die „Neu-Heiden" und „Deutschen Christen" mit einschloss: „Neo-Pagans and German Christians will be allowed to continue their purely religious activities as long as they do not engage in objectionable political activity."[51]
In seinem Brief an Mitzenheim hatte Köhler auch die Dezentralisierung der Kirchenleitung angeregt. Er schlug dies in Form der Einrichtung von Propsteien in vier verschiedenen Regionen Thüringens – den bald darauf gebildeten Visitationsgebieten – vor. Diese Anregung wurde im Landeskirchenrat aufgegriffen.[52] Die Diskussion vermittelt allerdings den Eindruck, als sei während DC-Diktatur und Kirchenkampf völlig in Vergessenheit geraten, dass vor 1933 gemäß der Verfassung von 1924 derartige regionale Zuordnungen bereits bestanden: „Die geistlichen Beisitzer des Landeskirchenrats erhalten einen Aufsichtsbezirk zugewiesen."[53]
In der LKR-Sitzung vom 26. Juni 1945 wurde außerdem festgelegt, „[...] den auswärtigen Mitgliedern bestimmte Referate zur Bearbeitung zu geben. So wird Kirchenrat Köhler das Referat für die Jugendarbeit und Kirchenrat Dr. Schanze das Referat für liturgische Fragen übertragen." Die auswärtigen Kirchenräte Köhler, Schanze, Ziegner

---

45 So Heinrich Herzog, „Die Neuordnung der Evangelisch-Lutherischen Landeskirche Sachsens nach dem Zusammenbruch des ‚Dritten Reiches': Grundlinien und Beiträge zu einer Dokumentation", in: *HCh*9. 1975, 202. – Zum Thema Selbstreinigung in Sachsen vgl. auch die o.g. Diss. von Hein, *Die Landeskirche Sachsens*.

46 *Ernst Köhler* war – wie Moritz Mitzenheim – zunächst Mitglied der DC [Mitgliedsnummer 616], dann Mitglied der LBG und des Bruderrates.

47 *Volkmar Franz* war zuvor Vizepräsident des DC-Landeskirchenrates.

48 *Wolfgang Schanze* war Mitglied der LBG und des Landesbruderrates seit 1934.

49 Schreiben von Köhler (Hildburghausen) an Mitzenheim, 26.05.1945, in: *LKAE*, A 130/II, unfoliiert.

50 Zitiert nach: Vollnhals, *Entnazifizierung und Selbstreinigung*, 20f.

51 Zitiert nach: Lächele, *Religionsfreiheit und Vergangenheitsbewältigung*, 135.

52 Sitzung des LKR, in: *LKAE*, A 122/I, unfoliiert.

53 Verfassung der TheK (1924): §113, Handausgabe, 46.

und Zimmermann erhielten die „Ermächtigung, [...] die Entscheidung über eingehende Beschäftigungsgesuche von evakuierten und geflüchteten Pfarrern für ihren Bezirk“ selbst zu treffen.[54]

Die personellen Veränderungen im Landeskirchenrat wurden der amerikanischen Militärregierung am 23. Juni 1945 mitgeteilt: „Durch Kirchengesetz vom 2.5.1945 und Änderungsgesetz vom 6.6.1945 hat sich die Leitung der Thüringer evangelischen Kirche neu gebildet. Die deutsch-christlichen Mitglieder der bisherigen Kirchenleitung: Präsident Rönck, Vizepräsident Franz, Oberlandeskirchenrat Dr. Brauer und Propst Büchner sind aus ihren Ämtern entlassen worden. [...] Der neugebildete Landeskirchenrat hat den deutsch-christlichen Einfluß aus der Thüringer evangelischen Kirche ausgeschaltet. Soweit seit 1933 Kirchengesetze nationalsozialistischer Geisteshaltung erlassen worden sind, sind sie aufgehoben. Die Verfassung der Thüringer evangelischen Kirche vom 10.X.1924 wird in ihren wesentlichen Grundzügen wieder hergestellt. In der Thüringer evangelischen Kirche wird wieder allein im Sinne Martin Luthers verkündigt.“[55]

Dies war auch höchste Zeit, denn kurz zuvor – am 22. Juni 1945 – hatte der für Kirchen- und Bildungsangelegenheiten in der amerikanischen Militärregierung verantwortliche Sachbearbeiter Lieutenant James[56] durch den neuen Leiter des Thüringischen Landesamtes für Volksbildung, Walter Wolf, dem Landeskirchenrat mitteilen lassen, dass die Mitglieder der Kirchenleitung Franz und Tegetmeyer nach Prüfung durch den Counter Intelligence Corps (CIC) als „politisch nicht zuverlässig“ eingestuft wurden.[57] Der ehemalige Buchenwald-Häftling und kommunistische Bildungspolitiker Wolf verknüpfte mit dieser Informationsweitergabe die Berechtigung, die Kirchenleitung „zwecks Besprechung schwebender Fragen nach Weimar vorzuladen.“[58] Die etwas selbstherrliche Art und der Macht- wie Kompetenzanspruch von Walter Wolf führten in der Folgezeit noch zu einigen heftigen Staat-Kirche-Konflikten.[59]

Für den umstrittenen ehemaligen DC-Finanzdezernenten Robert Tegetmeyer (1880–1960)[60] gab dieses Schreiben der amerikanischen Behörde am 26. Juni 1945 dann den Anlass, um seine Versetzung in den Ruhestand zu bitten.[61] Sein Nachfolger wurde der Kirchenbeamte Johannes Osswald (1898–?).[62] Gemeinsam mit dem vormaligen Bürgermeister Franz Neubauer aus Bad Frankenhausen war er nun für das Sparprogramm

---

54 Sitzung des LKR, 26.06.1945, in: *LKAE*, A 122/I, unfoliiert.

55 Schreiben des LKR an die amerikanische Militärregierung vom 23.06.1945, in: *LKAE*, A 130/I, unfoliiert.

56 Lieutenant John A. James [Wahl, *Umwälzung*, 281] war Anfang Juni 1945 unter dem kommandierenden Lieutenant Colonel Harry D. Darlington in der Civil Administration tätig.

57 Schreiben des Thüringischen Landesamtes für Volksbildung an den LKR, 22.06.1945, in: *LKAE*, A 130/I, unfoliiert.

58 Dieses Schreiben des LKR, 23.06.1945, hatte sich offenbar mit der obigen Mitteilung gekreuzt. Eigentümlicherweise wurden gegen Büchner keine sicherheitsdienstlichen Beanstandungen erhoben.

59 Vgl. dazu Kapitel 3.2.6 und 4.6, den Exkurs: ‚Wolf‘.

60 *Robert Tegetmeyer*, seit 1921 Mitglied des erweiterten LKR, später des LKR, war zugleich Finanzchef der Kirchenleitung und der KDC.

61 Sitzung des LKR, 26.06.1945. TOP 2, in: *LKAE*, A 122/I, unfoliiert.

62 Johannes Osswald arbeitete ab Juli 1945 – gewissermaßen inoffiziell – im Finanzdezernat des LKA. Ab Mai 1946 als Finanzdezernent und ‚juristischer Stellvertreter‘ des leitenden Juristen Gerhard Lotz. Seit dem 16.04.1946 wurde den beiden Juristen der entlassene vormalige DC-Vizepräsident Volkmar Franz für „juristische Hilfsarbeiten“ zugeteilt. Zu Osswalds DC-Belastung und seiner Flucht ‚in den Westen‘ vgl. Kapitel 4.6 und 5.3.

der Landeskirche verantwortlich, das infolge der mehr als großzügigen Finanzverwaltung der DC unter Tegetmeyer dringend notwendig geworden war.[63]
Am 3. Juni 1945 hatte Schanze in Weimar eine interessante Unterredung mit dem Berater der Militärregierung und geschäftsführenden Staatsminister Brill, im der dieser den Wunsch äußerte, alsbald mit der Kirchenleitung über die ‚Rechtslage der Kirche' zu sprechen. „Auf die formaljuristische Kontinuität der Entwicklung, die wir so stark betonen, legt er dabei offenbar weniger Wert" hob Schanze in seinem Bericht an Mitzenheim hervor.[64]
Daneben sollten die Themen „Finanzlage", „theologische Fakultät Jena" und „Schulfragen" gegenstand der Verhandlung sein.[65] Nicht lange danach, am 19. Juni 1945, kam es dann auch zu dieser gewünschten Besprechung mit dem von der US-Militärregierung inzwischen zum Regierungspräsidenten ernannten Hermann Louis Brill. Ohne zu ahnen, dass er sich in argumentativer Übereinstimmung mit den innerkirchlichen Kritikern an der von Mitzenheim betonten Rechtskontinuität befand, hielt der gewiefte Verwaltungsjurist Brill dem Landesoberpfarrer vor, dass das Gesetz vom 2. Mai 1945 keine rechtsgültige Grundlage darstelle.[66] Dennoch zeigte sich Mitzenheim sehr erfreut über die Ergebnisse dieses ‚Spitzengespräches'.
Am 25. Juni 1945 fand in Weimar eine von Brill angeregte Rücksprache mit der amerikanischen Militärregierung statt. Neben Moritz Mitzenheim nahmen Gerhard Phieler (1891–1963),[67] Wolfgang Schanze, Erich Hertzsch und Walter Zimmermann an dem Gespräch mit dem zuständigen amerikanischen Offizier teil.
Nachdem Lieutenant James geäußert hatte, „daß [der] Regierungsdirektor für das Volksbildungswesen Wolf in Weimar sich mit dem Herrn Landesoberpfarrer Mitzenheim in Verbindung setzen werde und ihn ermächtigen werde, die Neubildung des Landeskirchenrates vorzunehmen", widersprach Zimmermann energisch, „[...] daß die Thüringer Kirche selbständig sei und eine Neubildung ihrer Oberbehörde durch eine staatliche Stelle nicht annehmen könne." Daraufhin lenkte James ein und stellte abschließend fest, „[...] daß es nicht beabsichtigt sei, daß der Staat eine Kontrolle über die Kirche ausübe."[68]
Damit war die institutionelle Autonomie und Handlungsfähigkeit der Kirche zum ersten Mal militärbehördlich besiegelt. Zwei Tage vorher hatte die Kirchenleitung noch einmal klargestellt, worauf sie ihre Neuordnungsarbeit historisch und theologisch gründet: „Der neugebildete Landeskirchenrat führt die Thüringer evangelische Kirche im Sinne der Bekennenden Kirche."[69]

---

63 In den Kassen der Landeskirche war durch die verschwenderische Finanzwirtschaft der DC-Kirchenregierung ein Schuldenberg von ca. 9 Mio. RM aufgelaufen. – Vgl. Kapitel 4.4, den Exkurs: ‚Schilling'.

64 Unterredung Schanze (Weimar) mit Ministerialdirektor Brill, 03.06.1945, in: *LKAE*, A 130/I, unfoliiert.

65 Ebd. – Aus taktischen Gründen vermied es Schanze, innerkirchliche Personalfragen anzuschneiden: „Interessant war mir, daß er von Rönck's Existenz noch nichts wußte und noch auf Sasse eingestellt war."

66 Dass sich *Hermann L. Brill* auch in kirchenrechtlichen Fragen auskannte, hing sicher damit zusammen, dass er nach seinem Jurastudium und seiner Promotion zur „Entstehung und Entwicklung der deutschen Selbstverwaltung" (Jena 1928) von 1927 bis1932 Dozent für Staatsverwaltung, Völker- und Kirchenrecht (!) an der Heimvolkshochschule Tinz/Gera war. Zu Brills ‚theologisch-sozialdemokratischer Position' siehe Kapitel 3.2.2, dort Exkurs: ‚Brill'.

67 Gerhard Phieler, der als einziger DC auch im neuen LKR blieb, war Landesleiter der I.M. und als Fachmann für Mitzenheim offenbar unverzichtbar. Von einigen kritischen Anmerkungen einzelner BK-Pfarrer abgesehen, zweifelte zunächst anscheinend niemand an seiner persönlichen Integrität.

68 Niederschrift über die Besprechung, 25.06.1945, vormittags 11 Uhr, bei der F I C 9, in: *LKAE*, A 130/I, unfoliiert.

69 Schreiben des LKR an die amerikanische Militärregierung, 23.06.1945, in: *LKAE*, A 130/I, unfoliiert.

Ab dem 5. Juli 1945, nachdem die amerikanischen Truppen Thüringen bereits verlassen hatten und die Rote Armee eingezogen war, stand die Zusammensetzung des Landeskirchenrates für die kommenden Monate fest.[70] Im „Thüringer Kirchenblatt und Kirchlichen Anzeiger. Gesetz- und Nachrichtenblatt der Thüringer evangelischen Kirche 1945, Nr. 2“, das am 12. November 1945 von der „Zensur der Sowjet-Militär-Administration in Weimar“ genehmigt und „am 1. Dezember 1945 ausgegeben“ wurde, sind zusammen mit dem „Gesetz über die vorläufige Neubildung des Landeskirchenrats der Thüringer evangelischen Kirche v. 2. Mai 1945“ unter § 4 die – ‚unbereinigten‘ – Mitglieder aufgeführt; in den Fußnoten spiegelt sich der beschriebene Umbesetzungsprozess des Landeskirchenrates wider.[71] Das daran anschließend abgedruckte „Änderungsgesetz zum Gesetz über die vorläufige Neubildung des Landeskirchenrats vom 2. Mai 1945 v. 6. Juni 1945“ benannte die nunmehr beschlossenen „acht geistlichen Mitglieder“, wiederum nur in den Fußnoten: „Mitzenheim (Eisenach), Phieler (Eisenach), Dr. Hertzsch (Eisenach), Säuberlich (Etzdorf), Ziegner (Warza), Dr. Schanze (Weimar), Köhler (Hildburghausen), Zimmermann (Altenburg).“ Die beiden gleichfalls beschlossenen Plätze für die „weltlichen Mitglieder“ sind – nach Ausweis der Fußnote 5) – „noch nicht ernannt.“ Diese Mitteilung unterschlug zwei ‚informelle Mitarbeiter‘ im Landeskirchenrat. So hatte der Eisenacher Pfarrer und bald zum Superintendenten der Wartburgstadt ernannte von Nitzsch (als Vertreter des anwesenden wie nicht anwesenden Kirchenrats Ziegner) an nahezu allen Sitzungen des Jahres 1945 teilgenommen. Auch der (DC-)Kirchenjurist Johannes Osswald arbeitete bereits seit Anfang Juli 1945 im Landeskirchenrat mit.[72]

Die Vakanz der Stelle des Kirchenjuristen sollte sich bald als ein erhebliches Manko im unübersichtlichen Feld der arbeits- und dienstrechtlichen wie sonstigen Fragen der Entnazifizierung herausstellen. Es bleibt ein wenig unklar, warum Mitzenheim und der neugebildete Landeskirchenrat nicht intensiver nach einem – wenigstens kommissarischen – Kirchenjuristen bzw. Juristen, der für die Zusammenhänge brauchbar erschien, gefahndet haben. Möglichkeiten dafür gab es durchaus, bspw. Anwälte, die in der zurückliegenden Zeit Mitglieder der Lutherischen Bekenntnisgemeinschaft in verschiedenen Prozessen nach Kräften verteidigt und unterstützt hatten. So hatte Ernst Köhler in einem Brief an Mitzenheim bereits am 25. Mai 1945 mit dem der BK nahestehenden Anwalt Ostermann aus Hildburghausen einen entsprechenden Vorschlag gemacht.[73]

Doch mit dem nunmehr – bis auf weiteres – feststehenden Personenstamm der Kirchenleitung war Ruhe eingekehrt und eine wesentliche Grundlage für die notwendige Entnazifizierung der Kirche geschaffen. Schon etliche Wochen zuvor hatte man mit den ersten Maßnahmen begonnen. Dazu gehörte in erster Linie die „Aufhebung von Gesetzen und Verordnungen“, die, wie es in der Präambel hieß, „[...] unter starkem Einfluß der staatlichen Gesetzgebung der letzten Jahre erlassen wurden.“[74] Auffällig hinsichtlich der Formulierung ist dabei zweierlei – und so sollte es wohl auch sein:

Erstens wird der Auflistung der Gesetze und Verordnungen eine historisch fragwürdige Herleitung vorgeschaltet, die den Widerstandscharakter „weiter Kreise der Thüringer

[70] ‚Gesetze und Verordnungen nach 1945‘, in: *LKAE*, R 416, *Thüringer Kirchenblatt* 2. 1945. Im Schreiben an die amerikanische Besatzungsbehörde vom 23.06.1945 ist ausdrücklich darauf hingewiesen worden.

[71] Ebd., 4

[72] Ebd.

[73] Schreiben von Köhler an Mitzenheim, in: *LKAE*, A 130/II, unfoliiert. – Als dann im Februar 1946 der – von Mitzenheim gepriesene – Kirchenjurist Gerhard Lotz seine Arbeit aufnahm, gab es bereits etliche neue Gesetze zu korrigieren bzw. zu ergänzen, die bis dato von den juristisch unbeschlagenen Theologen im LKR auf den Weg gebracht worden waren.

[74] „Gesetze und Verordnungen nach 1945“, in: *Thüringer Kirchenblatt* 1945, Nr. 2, 5, in: *LKAE*, R 416.

Pfarrerschaft und der Gemeinden“ dokumentieren soll.[75] Zweitens wird die Liste angeführt – entgegen der ansonsten durchgehaltenen Chronologie – von dem Beschluss, das Gesetzes „betreffend den Marxismus in der Kirche vom 5. Mai 1933“ aufzuheben.[76] Beides wird vor allem bei den Sowjets wie auch bei den deutschen Sozialdemokraten und Kommunisten nicht unbemerkt geblieben sein.

Weniger auffällig, wenngleich für unseren Zusammenhang ebenfalls wichtig ist, welche Gesetze nicht aufgehoben wurden. Zu diesen gehörte u.a. das „Gesetz zur Wahl des Landeskirchentages“, das auf Grund des – von Max Robert Gerstenhauer[77] während des 3. Landeskirchentages (21. April bis 5. Mai 1933) eingebrachten – folgenreichen „Ermächtigungsgesetzes“ beschlossen worden war und das allein „den gewählten Listenführern“ die Möglichkeit geben sollte, Abgeordnete „zu benennen“. Und – noch folgenreicher – ein weiteres, im Unterschied zum bereits beschlossenen: „unbefristetes Ermächtigungsgesetz“. Das Gesetz war vom 4. Landeskirchentag (6. und 7. September 1933) verabschiedet worden. Dieser Landeskirchentag hatte auf Grund der NS-staatlich erzwungenen und gesteuerten Kirchenwahlen zum zweiten Mal „eine erdrückende Mehrheit der Deutschen Christen“ gebracht. „Dieses Gesetz,“ so formulierte treffend Erich Stegmann, „machte praktisch der Kompetenz des synodalen Organs der Thüringer evangelischen Kirche ein Ende.“[78] Beide Gesetze blieben von den Säuberungs- und Korrekturbemühungen des neuen Landeskirchenrates unberührt. Abgesehen davon, dass eine starke ‚Zentralgewalt‘ des Landesoberpfarrers und Landeskirchenrates zunächst gewiss unvermeidbar und sehr effizient war, bleibt zu fragen, ob die relativ lange Frist bis zur Wahl eines neuen Landeskirchentages rsp. der Synode im Oktober 1948 nicht auch darin begründet liegt, dass die Inhaber dieser Zentralgewalt nicht ohne weiteres bereit waren, von ihrer Macht wieder abzugeben.[79]

Bei der Durchsicht der DC-Verordnungen und -Gesetze sowie sonstiger Hinterlassenschaften waren der neuen Kirchenleitung allerdings auch ‚interessengeleitete Quellenregulierungen‘ aufgefallen. Lücken und merkwürdige Zwischenstücke zeigten, dass „[...] Rönck vor dem Einmarsch der Amerikaner die hiesigen Akten hat ‚reinigen‘ lassen.“[80] Der „Reinigung der Pfarrerschaft und der Verwaltung“ war eine „Reinigung der Akten“ vorausgegangen.

Schon vor und auch parallel zu der auf dem Anordnungs- und Verwaltungswege von Eisenach aus gelenkten strukturellen wie personellen Korrektur der DC-Diktatur gab es im Mai 1945 spontan, den Antifa-Gruppen vergleichbar handelnde Pfarrer in den Regionen, die – nachdem die Kunde vom „Machtwechsel auf dem Pflugensberg“ durchgedrungen war – unversehens daran gingen, Vorbereitungen zur Ausschaltung der DC aus leitenden

---

75 Ebd.

76 Ebd. – Ganz besonders wichtig war den neuen kirchenleitenden Pfarrern auch die „Verordnung über den Gebrauch von Bibel, Gesangbuch und Katechismus. Vom 17. Mai 1945“, das die „ausschließliche“ (!) Benutzung der Luther-Bibel dekretierte und damit auch die „vom Geist des Judentums gereinigten“ DC-Bibel-, Gesangbuch- und sonstigen Texte abschaffte. – Vgl. dazu Kapitel 4.8 (Die ‚Judenfrage‘).

77 Der völkische Aktivist *Max Robert Gerstenhauer* wurde von den DC zum Präsidenten des 4. LKT gewählt.

78 Erich Stegmann, *Der Kirchenkampf in der Thüringer Evangelischen Kirche 1933–1945*, Berlin 1984, 22.

79 Dass diese Abgabe von Macht und Verantwortung auf Grund der besonderen Struktur der ‚zentralistischen Kreise‘ der 1951 verabschiedeten Verfassung dann letztlich kaum notwendig wurde, spricht gleichfalls für diese machtgewohnte Unwilligkeit und wird später zu behandeln sein. – Vgl. dazu Kapitel 5.1.

80 Schreiben von Mitzenheim an die Kanzlei der EKD (Berliner Stelle) und in Abschrift an Landesbischof Wurm (Stuttgart), 06.01.1947, in: *LKAE*, PA Hugo Rönck, L 5038, unfoliiert.

Stellen trugen. Im Briefwechsel der beiden, dem Wittenberger Bund (WB) angehörenden Pfarrer Käferlein und Kirchenrat Ziegner, klangen auch vergangene wie gegenwärtige Diskrepanzen mit den „sich viel besser dünkenden BK-Leuten" an.

Käferlein war es wichtig, darauf hinzuweisen, dass die gerade zuwege gebrachte „Regelung interimistischer Art" (Rücktritt des DC-Oberpfarrers Schroeder und der Mitglieder der kirchlichen Körperschaften, sprich Gemeindekirchenrat, Neuregelung der Geschäftsführung der Geraer Stadtkirchengemeinde etc.) in erster Linie ihm und Pfarrer [Hans] Korth (1900–1964) – und nicht Pfarrer Deter – zu verdanken seien. Auch wenn letzterer, wie Käferlein mittlerweile erfahren hatte, dies gegenüber Mitzenheim und Schanze heldenhafter darzustellen bemüht war. Dass bei Deter unübersehbar auch Ambitionen auf ein kirchliches Amt durchschimmerten, verband ihn mit anderen BK-Pfarrern in Thüringen und anderswo, die nun Aufstiegs- und Gestaltungschancen zu erkennen meinten.[81]

Doch mit den Rück- oder Abtritten von ‚belasteten' Pfarrern aus – wie Schanze sich ausdrückte – „[...] ihnen übermachten Schlüsselstellungen als Superintendenten, Pfarrer für gesamtkirchliche Aufgaben usw." war die Personalfrage nicht gelöst: „Was macht man mit den DC, besonders mit den radikalen? Es sieht so aus, als ob sie selber keineswegs die Folgerungen aus dem Zusammenbruch ihrer politischen Grundlagen zu ziehen gedenken."

Schanze betonte, dass die DC innerkirchlich, aber „[...] auch im Blick auf die gegenwärtigen und künftigen Machthaber im Staat", zwar eine Belastung darstellten. „Andererseits aber können wir als Kirche auch nicht einfach in der Form politischer Komitees vorgehen."

Interessant ist, dass Schanze in diesem Brief selbst Karrieregeneigtheit andeutet. Wenn er sich selbst für ein „Referat im Landeskirchenrat" im Sachgebiet „Theologisches und Beziehungen zu den lutherischen Kirchen" ins Spiel bringt.[82]

Zunächst hatte es allerdings den Anschein, als müsste der Frage der Behandlung der ‚radikalen DC' keine besondere Aufmerksamkeit geschenkt werden, zumal der neue Landesoberpfarrer die Sache selbst in die Hand nahm. Auf seine persönliche Autorität und die des neuen Amtes als „leitender Geistlicher" sowie auf den Gehorsam und die autoritäre Fixierung seiner Untergebenen vertrauend, reiste er quer durch das Thüringer Land und machte – sozusagen – Personalreinigung konkret und vor Ort. In den meisten Fällen handelte es sich um die Ablösung der Superintendenten oder anderer einschlägig bekannter DC von ihren Ämtern.[83]

Hinsichtlich der Angestellten im Landeskirchenamt in Eisenach und in den Kreiskirchenämtern im Lande wurden zunächst keine weiteren Schritte unternommen. Im LKA in Eisenach hatte es allerdings gleich am 3. Mai und in den Wochen darauf Probleme mit dem Angestellten Robert Schmidt (1895–?) gegeben, der sich als „Antifaschist" eine zügige Reinigung der Verwaltung vorstellte.[84] Da der „Kirchliche Anzeiger" wegen fehlender Genehmigung durch die Besatzungsbehörde sowie mangels Papier nicht gedruckt werden konnte, wurden die gefällten Entscheidungen am 25. Juni 1945 mit Maschine ge-

[81] Schreiben von Käferlein (Gera) an Ziegner, 14.05.1945, in: *LKAE*, A 130/II, unfoliiert. – Wille, *Entnazifizierung*, dort vor allem Kapitel 2: „Spontane Entnazifizierungen in den ersten Nachkriegsmonaten (April bis Juli 1945)", 14-40.

[82] Schreiben von Schanze (Weimar) an Mitzenheim, 16.05.1945, in: *LKAE*, A 130/II, unfoliiert.

[83] Niederschrift der 8. Sitzung des LKR, 31.05.1945, TOP 5, in: *LKAE*, A 122/I, unfoliiert.

[84] Kapitel 4.6, dort der Exkurs: ‚Wolf'. In diesem Zusammenhang findet sich auch ein Verweis auf die „Kirchen-Denkschrift" von *Fritz Heilmann* für Landesdirektor *Walter Wolf*, die im Wesentlichen auf Unterlagen und Informationen von Robert Schmidt basiert.

schrieben, mühsam vervielfältigt und unter der Überschrift „Personalnachrichten" über die ernannten Superintendenten und vertrauenswürdige BK-Pfarrer ins Land gegeben. Unter der Überschrift „Personalnachrichten aus der Zeit *vor* dem 2. Mai 1945" findet sich u.a. ein Eintrag darüber, dass „[...] der Studienrat Pfarrer Karl Erle in Arnstadt am 14.4.1944 die Pfarrverweserprüfung bestanden" hat. Von diesem Pfarrer wird noch mehrfach die Rede sein.

Weitere dienstrechtliche Maßnahmen wurden nicht ergriffen, abgesehen von den getroffenen Entscheidungen in Sachen der Mitglieder der vormaligen Kirchenleitung Rönck und Dr. Brauer. Sie wurden, auf Empfehlung von Phieler, „[...] aufgrund des Deutschen Beamtengesetzes in den Wartestand versetzt. Kirchenrat Büchner enthält sich bei diesem Beschluß der Stimme", bevor er dann am Ende der Sitzung „[...] sein Amt als Mitglied des Landeskirchenrates zur Verfügung stellt."[85]

Die Eingaben und Vorhaltungen des Ex-Präsidenten Rönck beschäftigten den Landeskirchenrat in beinahe jeder Sitzung. Rönck befand sich mittlerweile in relativer Sicherheit. Als durchsickerte, dass der Besatzungswechsel vor der Tür stand, erhielt er von Mitzenheim den Auftrag, in der Thüringischen Rhön-Exklave Ostheim in Hessen kommissarisch das Pfarramt Urspringen zu verwalten. Dort lieferte er sich einen erbärmlichen ‚Kleinkrieg' mit der während der kriegsbedingten Abwesenheit ihres Mannes im Pfarrhaus wohnenden Pfarrfrau über gemeinsame und getrennte Raum- und Gartennutzung. Zu allem Übel war er (am 25. Mai 1945) vom „Ninth U.S. Army's civilian Interrogation center" zunächst als „security suspect" verhaftet, doch dann – mangels Beweisen – wieder freigelassen worden. Dieses und den Freispruch der Spruchkammer in Ostheim vom 19. September 1946 nahm Rönck in der Folgezeit als entscheidenden Ausweis seiner erfolgten Entnazifizierung und rundum erwiesenen Unschuld.[86] Da es von Seiten der amerikanischen Militärregierung wie von der staatlichen Verwaltung in Weimar zunächst keine näheren Fragen oder Bestimmungen zum Thema ‚Entnazifizierung' gab, blieb es bis Anfang Juli 1945 relativ ruhig.

Was man in Eisenach und auch sonst im kirchlichen Raum nicht wissen konnte, war, dass im Bereich der staatlichen Verwaltung Thüringens hinsichtlich der Entnazifizierungsmaßnahmen durchaus recht unterschiedliche Positionen herrschten, die sich zum Teil wechselseitig neutralisierten. So hatte sich bereits im Frühsommer 1945 der Konflikt zwischen den durch die ehemaligen „Buchenwalder" Hermann Brill, Ernst Busse und Walter Wolf vorangetriebenen Plänen zur „Reinigung der Verwaltung von nazistischen Elementen" und einer von den Amerikanern wie von einer Vielzahl leitender Unternehmens- oder Behördenmitarbeiter gewünschten möglichst reibungslosen Neuorganisation von Wirtschaft und Verwaltung immer mehr zugespitzt.[87] Mit der Radikalität seiner „[...] „Richtlinien für die Behandlung der ‚alten Parteigenossen' ", die, so Overesch, „[...] die schärfsten sind, die nach dem Ende des Dritten Reiches in Deutschland formuliert wurden", stieß Brill auf immer stärkeren – deutschen wie amerikanischen –

[85] Sitzung des LKR, 31.05.1945, in: *LKAE*, A 122/I, TOP 5 und TOP 7, unfoliiert.

[86] Schreiben von Hertzsch (Eisenach) an Rönck (Urspringen), 11.02.1946. *LKAE*, A 239, unfoliiert.

[87] Brill, Busse, Wolf, Reschke – aber auch andere, nach Einmarsch der Amerikaner in Thüringen tätige ‚Aufbauhelfer' – kannten sich aus der illegalen ‚Volksfront'-Arbeit des KZ Buchenwald, manche auch aus dem vorherigen gemeinsamen ‚antifaschistischen Kampf'. Abgesehen vom besonderen Macht- und Konkurrenzkampf gegen Brill, der übrigens hauptsächlich von Nicht-Buchenwalder-KPD-Funktionären, wie Georg Schneider und Werner Eggerath geführt wurde, hat die Übernahme der ‚Volksfrontpolitik' durch die Buchenwalder Kommunisten und die damit verbundene ‚Hereinnahme' der „[...] ehemaligen Gegner in die Vorhöfe der Wir-Identität" das erste Jahr, bis Ende 1945, angehalten. – Vgl. Niethammer, *Der ‚gesäuberte' Antifaschismus*, 55. – Vgl. dazu Kapitel 3.2.2.

Widerstand. „Die Amerikaner dachten zuerst an die Funktionsfähigkeit der thüringischen Verwaltung, Brill an ihre Reinigung ex radice."[88]
Brill hatte möglicherweise eine Abschrift seiner Entnazifizierungsvorstellungen, die einen genauen Zeitplan, detaillierte Anweisungen über Personengruppen und den genauen Umgang mit diesen NS-Belasteten enthielten, Mitzenheim während des Besuches in Weimar überlassen. Die dort enthaltenen Fragen zur NSDAP-Zugehörigkeit warfen nun für die Kirchenleitung – zusätzlich zur „DC-Belastung" von Pfarrern und kirchlichen Mitarbeitern – ein weiteres Problem auf, das durchaus auch für Nicht-DC Konsequenzen mit sich bringen konnte. In der 12. Sitzung des Landeskirchenrates (seit dem 3. Mai 1945) bestand Mitzenheim im Anschluss an seinen Bericht über die „Verhandlung mit der Landesregierung" mit Nachdruck auf der konsensualen Festlegung, „[...] daß die Kirche selbständig sein und bleiben muß gegenüber den staatlichen Stellen, und daß wir es nicht annehmen können, daß vom Staat her eine Kirchenregierung eingesetzt wird."[89]
Mehr und mehr wurde jetzt erkennbar, dass die ‚Reinigung von nazistischen Elementen' von maßgeblichen kommunistischen Führern und nunmehrigen staatlichen Entscheidungsträgern, zu denen die genannten Wolf und Busse an erster Stelle gehörten, als umfassender personalpolitischer Hebel für weitreichende gesellschaftspolitische Weichenstellungen genutzt werden würde. Vor allem Walter Zimmermann hatte dies offenbar geahnt, und er verwies auf die Notwendigkeit, sich in dieser Frage „keine offenen Flanken" zu leisten. Auch die Amerikaner würden von der Kirche ganz eindeutig verlangen, „daß sie die Dinge ordne; wie das geschehe, sei gleichgültig; sie [die Militärbehörden und die ihnen unterstellte deutsche Verwaltung, d.Vf.] würden dann nur kontrollieren, ob die Dinge wirklich geordnet seien."[90]
Um entsprechende Handlungsfreiheit zu gewinnen, plädierte er gemeinsam mit Phieler für die umgehende Verabschiedung eines kirchlichen „Gesetzes über Versetzung im Interesse des Dienstes".[91] Außerdem, so Zimmermann, sollte alsbald ein „kirchlicher Fragebogen" ausgestellt werden, der sich von dem „staatlichen Formular" unterscheiden müsse.
Nach einer langen, sich über beide Sitzungstage hinziehenden Debatte, in der außerdem über entsprechende Verfassungsänderungen und eine einzufügende „Bestimmung über sofortige Beurlaubung mit dem Verbot des Amtierens" beraten wurde, konnte keine Einigung erzielt werden. „Vorläufig – hieß es – wird von einer gesetzlichen Regelung abgesehen. Bis dahin soll in jedem Einzelfall in seelsorgerlicher Beratung dem betr[effenden] Pfarrer nahegelegt werden, aus dem Amt auszuscheiden."[92]
Doch schon eine Woche später wurde auch von Schanze, nach einem Gespräch mit dem Weimarer Landrat Dreykorn am 2. Juli 1945, die Dringlichkeit gesetzlicher Regelungen sowie eines raschen und überzeugenden Handelns deutlich. In einer Gesprächsnotiz hielt Schanze als die Haltung der Amerikaner fest, „[...] daß überzeugte Nat[ional] Sozialis-

---

88 Overesch, *Machtergreifung*, 80 und 82. [Gemeint sind die ‚Instructions for use of §284' von Hermann Brill, von der amerikanischen Militärbehörde genehmigt am 16.05.1945, vgl. *ThHStAW*, MdI 3448, 2-6]. – Vgl. Dreykorn, *Erinnerungen*, 5: „Das Hauptinteresse der Besatzung ging dahin, daß ehemalige NS-Belastete aus dem öffentlichen Dienst entfernt wurden und auch sonst keinen Einfluß ausübten. [...] Pragmatismus war geboten."

89 Sitzung des LKR, 26. und 27.06.1945, in: *LKAE*, A 122/I, unfoliiert. Der Passus zu einer vom Staat eingesetzten Kirchenregierung bezog sich auf entsprechende Ambitionen des Landesamtes für Volksbildung, auf dessen „zu erwartendes Schreiben" man darum „nach sorgfältigster Beratung antworten werde."

90 Ebd.

91 Ebd.

92 Ebd. Das Ausscheiden aus dem Amt sollte zudem mit dem Angebot eines Übergangsgeldes „zur Ausbildung für einen anderen Beruf" verbunden werden.

ten („ardents"=glühend) in öffentlichen Stellungen nicht geduldet werden könnten, auch nicht in führenden Stellungen des privaten Lebens."[93]
Auch der Landrat selbst vertrat die Ansicht, „daß die Kirche gut daran täte, möglichst bald die alten Pgs. (vor 1933) durch Beurlaubung oder Wartestandsversetzung auszuscheiden. [...] D[reykorn] ließ durchblicken, daß es dem Ansehen der Kirche schaden werde, wenn sie nicht einen deutlichen Schritt in dieser Richtung tue."[94]
Der gleichentags stattfindende Besatzungswechsel, auf den Schanze kurz eingeht, werde in dieser Frage keine Änderung bringen, eher noch sei eine Verschärfung dieser Position zu erwarten. Und so kam es dann endlich zu einer LKR-Entscheidung.
Am 11. Juli 1945 wurden mit dem „Gesetz über die Änderung der §§ 46 und 61 der Verfassung vom 10.10.1924" und dem „Gesetz vom 5.5.1922 über die Versetzung von Pfarrern und anderen Dienern der Thüringer evangelischen Kirche in den Warte- und Ruhestand" die rechtlichen Voraussetzungen für anstehende Personalentscheidungen geschaffen.[95] Um hinsichtlich der Parteizugehörigkeit sowie deren Erfassung und Folgen Genaueres in Erfahrung zu bringen, erkundigte sich Phieler bei einem Mitarbeiter der Eisenacher Stadtverwaltung danach, „[...] ob die Feststellungsaktion wegen der Parteizugehörigkeit (Fragebogen-Ausfüllung) eine interalliierte Bestimmung oder eine amerikanische sei", und ob nach dem Eintreffen der russischen Besatzung „[...] die Aktion weitergetrieben werde."[96]
Das Erschrecken von Phieler ebenso wie das der von ihm in Kenntnis gesetzten Mitglieder der Kirchenleitung ist beinahe zu hören, als ihnen mitgeteilt wird, dass die Erfassung konsequent fortgesetzt wird; allerdings ebenso die Erleichterung, als Phieler am 17. Juli 1945 die Nachricht erhält, „daß Herr Reg.präs. Dr. Brill entschieden habe, daß die Durchführung der bekannten Richtlinien der Kirche selbständig überlassen bleibe, und daß die Personalakten der in Frage kommenden Beamten und Angestellten dem Regierungspräsidenten nicht vorgelegt werden brauchten."[97]
Am darauffolgenden Tag, dem 18. Juli 1945, erhielt der Verwaltungschef des Landeskirchenamtes, Willy Battefeld (1895–1963), einen nochmaligen Verweis darauf, „[...] daß die Richtlinien von der Kirche beachtet werden müssten", und – dass sich noch eine zweite (Fragebogen-)Aktion anschließen würde.[98]
Am Tag zuvor war Hermann Brill auf Betreiben seiner kommunistischen Gegenspieler durch die nunmehr regierende Sowjetische Militäradministration von seinem Amt als Regierungspräsident entbunden worden.[99] Sein Nachfolger wurde Rudolf Paul. Dieser Besatzungs- und Personenwechsel schuf zwar keine gänzlich neue Situation, allerdings führte er mehr und mehr zu einer Akzentverschiebung der ‚personalen Säuberungen', ei-

[93] Gesprächsnotiz von Schanze über Battefeld an den LKR, 02.07.1945, in: *LKAE*, A 239/III, unfoliiert. – Zu *Gottfried Heinrich Dreykorn* siehe Kapitel 3.1.
[94] Ebd.
[95] „Gesetze und Verordnungen nach 1945", *Thüringer Kirchenblatt* 2. 1945, 24, in: *LKAE*, R 416.
[96] *LKAE*, A 239/III, 14.
[97] Ebd., 20.
[98] Ebd.
[99] *Brill*, der auf der (Wieder-)Gründungsversammlung der Thüringer SPD am 08.07.1945 zum Landesvorsitzenden gewählt worden war und auf dem 1. Landesparteitag am 28.10.1945 in diesem Amt bestätigt wurde, versuchte vergeblich, die Hegemoniebestrebungen der Thüringer Kommunisten zu durchkreuzen. Anfang 1946 verließ er Thüringen und entging damit seiner drohenden Verhaftung. Über Berlin ging er dann nach Hessen und wurde ab dem 04.07.1946 Staatssekretär im Hessischen Justizministerium. Als Mitglied des Herrenchiemseer Verfassungskonventes gehört er zu den Müttern und Vätern des Grundgesetzes. Gewissermaßen als Fazit seiner Thüringer Erfahrungen erschien sein Buch: *Das sowjetische Herrschaftssystem. Der Weg in die Staatssklaverei.*

nem Zentralbereich der politischen Neuordnung der Zusammenbruchgesellschaft.[100] Der Etappensieg der Thüringer Kommunisten bei den Machtkämpfen im linken Milieu hatte – wie sich bald zeigen würde – auch eine Verschärfung des „antifaschistischen Klassenkampfes" zur Folge.[101] Die dort seit den Auseinandersetzungen im späten 19. Jahrhundert gewachsene und gepflegte Grundskepsis gegenüber den „reaktionären, weil mit den Ausbeutern verbundenen bürgerlichen Kreisen der Kirche" hatte die vielfach erlebte ‚Aktionseinheit' im Widerstand gegen den NS überdauert.[102] In dieser Skepsis fanden sich führende Thüringer Kommunisten überraschenderweise auch durch Männer der Kirche bestätigt. Zu diesen gehörte der Arnstädter Pfarrer Karl Erle (1885–1968).[103]

Ende Mai 1945 hatte Erle, der sich selbst als einen „liberalen Geistlichen" bezeichnete, nach eigenem Bekunden die Anregung erhalten, „[...] einige Ausführungen über die kirchenpolitische Lage der Gegenwart schriftlich niederzulegen und sie dem Thür[inger] Volksbildungsministerium zuzuleiten."[104] Nach einigen knappen Ausführungen zu seinem beruflichen Werdegang, der auswies, wie der Pädagoge und Historiker Erle ob seiner NS-kritischen Haltung vom Schuldirektor zum Theologiestudium und Pfarrdienst kam, formulierte er seine Einschätzung zur Lage und Aufgabe protestantischer Kirche: „Bemerkenswert ist, daß, wie 1933 sich ein Auftrieb im religiösen Leben zunächst bemerkbar machte, auch heute, in der Zeit eines neuen ‚Umbruchs', dasselbe spürbar wird. Es ergibt sich nun die Frage, wie unsere heutige Kirche dieses neue religiöse Leben zu gestalten gedenkt, ob sie fähig ist, sich von diesem religiösen Wollen der Menschen tragen zu lassen und dadurch zu einer Reform wird."[105]

Ohne Zweifel habe die Kirche bei der geistigen Neugestaltung große Aufgaben, die sie auch jetzt wieder in Kindergärten und Schulen zu übernehmen bereit sei. Hinsichtlich der kirchenpolitischen Entwicklung in Thüringen seit April 1945 müsse man allerdings „von einer gewissen Tragikomik" sprechen. Und zwar deshalb, weil die DC, die – laut Erle – ehedem die zeitgemäßeren Theologieansätze vertraten, sich aber wegen ihrer ‚völkischen' wie ‚nationalsozialistischen' Avancen selbst das Urteil gesprochen hätten, nun den ‚Bekenntnispfarrern' das Feld überlassen mussten: „Damit ist jede fortschrittliche Entwicklung in der Kirche illusorisch geworden. Im Gegenteil macht sich bereits eine Rückkehr zur strengen Orthodoxie bemerkbar. Und diese bucht sofort das gegenwärtige religiöse Aufleben in unserem Volke, [...], auf ihr altes, so belastetes Konto und ahnt nicht, daß die Gegenwart einen neuen Ruf an die Kirche richtet."[106] Seiner Auffassung nach ist „[...]

[100] Kleßmann, *Die doppelte Staatsgründung*, vor allem Kapitel II: „Die Zusammenbruchgesellschaft", 37-65, und Kapitel VIII: „Stalinismus in der DDR", 261-295.

[101] Vgl. die Warnungen des Jenaer Anwaltes *Max Tunze* vor „der Austobung des Hasses der beiden Linksparteien." Schreiben von Tunze an Schanze, 24.10.1945, *LKAE*, A 239 (Loses), unfoliiert, und Kapitel 3.2.5.

[102] Die Entnazifizierungspolitik der KPD/SED 1945–1948. Ruth-Kristin Rößler (Hg.), *Dokumente und Materialien*, Goldbach 1994. – Aus der besonderen, ‚klassenmäßigen' Perspektive eines Promovenden der Parteihochschule ‚Karl Marx' beim Zentralkomitee der SED: Horst Laschitza, *Kämpferische Demokratie gegen Faschismus: die programmatische Vorbereitung auf die antifaschistisch-demokratische Umwälzung in Deutschland durch die Parteiführung der KPD*, Berlin 1969.

[103] *Karl Erle* war Lehrer, Studienrat, als Mitglied der SPD 1933 aus dem Schuldienst entlassen, Wiederaufnahme eines früher begonnenen Theologiestudiums, am 14.04.1944 als Pfarrverweser in Arnstadt angestellt (*LKAE* Abschrift aus dem *Kirchlichen Anzeiger*, 25.05.1945), nach 1945 Schulrat in Arnstadt.

[104] *ThHStAW*, BMP, „Ausführungen über die kirchenpolitische Lage der Gegenwart", von Pfarrer *Karl Erle*, vom 29.05.1945, 3 S., d.Vf. freundlicherweise vom Leiter des Archivs, Dr. Volker Wahl, zur Verfügung gestellt.

[105] Ebd.

[106] Ebd. Fazit von Erle: „Mit dieser Entwicklung der Dinge ist aber unserem Volke nicht gedient."

die innere Kirche unseres Volkes zu schade dafür, wenn die äußere Kirche wieder wie in den Jahren 1933 ff. zu einer politisierenden Kirche würde."[107] Und weil genau dieses unvermeidbar wäre, „[...] sobald man ihre Gestaltung den Geistlichen allein überläßt", regte Erle etwas an, das seinen Pfarrerkollegen in Eisenach – wie die Beratungen im Landeskirchenrat vom 26. und 27. Juni 1945 zeigten – als eine Art kirchenpolitischer Horrorvision vor Augen stand: „Es dürfte zu erwägen sein, ob das Thür[inger] Ministerium eine dem Landeskirchenrat übergeordnete Abteilung einrichtet, [...], die regulierend in die innere und äußere Gestaltung der ev[an]g[elischen] Kirche einzugreifen vermag."[108] Angesichts dieser theologischen und politischen Einschätzung ist es kaum verwunderlich, dass das Zutrauen Erles in die Ernsthaftigkeit und Effizienz der kirchlichen Selbstreinigungsbemühungen ebenfalls nicht sonderlich ausgeprägt gewesen ist. Einige Wochen später, Mitte Juli, bot er Regierungsdirektor Wolf seine Dienste an.[109]

Auch wenn sowohl der Vorschlag zur Einrichtung einer „staatlichen Kirchenbehörde" als auch das Angebot „eines Reinigungskommissars" vorerst noch nicht aufgegriffen bzw. sogar abgelehnt wurde, so blieben diese Interventionen Erles dennoch nicht folgenlos.[110] Einerseits nährte es die politischen Machtansprüche – vor allem von KPD/SED-Mitgliedern wie Walter Wolf, Erich Reschke,[111] Ernst Busse u.a. – hinsichtlich einer stärkeren staatlichen Einflussnahme auf die Kirche. Andererseits erhielt Karl Erle, nachdem er sich in dieser Weise empfohlen hatte, eine Anstellung im Staatsdienst. Zunächst ab Herbst 1945 als Sachbearbeiter in der Landesregierung tätig, wurde er ab dem 1. Juli 1946 zum Oberregierungsrat ernannt und übernahm die Leitung des Büros „Verbindung zu den Kirchen".[112] Dass dieses Büro in der Präsidialabteilung und nicht im Kultusministerium angesiedelt war, kann letztlich als geschickter Schachzug des liberalen Politikers Paul und als ein Glücksumstand für die Kirche angesehen werden.[113]

Doch jenseits des Misstrauens des „liberalen Geistlichen" war auch den Mitgliedern der neuen Kirchenleitung durchaus bewusst, dass die von Erle angeschnittene Frage der „Behandlung der ehemaligen Pg. und DC unter den Pfarrern" nicht nur komplex und kompliziert war, sondern allerdings einigen personalpolitischen Sprengstoff in sich barg.[114]

---

107 Ebd.

108 Ebd. Eine solche Kirchenaufsichtsbehörde fände ihre Berechtigung schon allein darin, „[...] daß der Staat der Kirche Zuschüsse zahlt."

109 Niederschrift von *[Fritz] Heilmann* an Regierungsrat *[Walter] Wolf* vom 19.07.1945, in: *ThHStAW*, BMP, 71/15, 12.

110 Ebd. Zwei handschriftliche Vermerke (Oberregierungsrat *[Johannes] Brumme*, die zweite Unterschrift ist unleserlich) auf dem genannten Dokument lehnen eine Beteiligung des Staates bei der ‚Reinigung' der Kirche ab.

111 *Erich Reschke (1902–1980)* war kommunistischer Häftling im KZ Buchenwald, dort längere Zeit „LAI" (Lagerältester I), Chef der Lagerselbstverwaltung, nach 1945 beteiligt am Aufbau der VP, Chef der VP und Vizepräsident der Landesverwaltung, ab August 1946 Präsident der Deutschen Verwaltung des Inneren, im Juli 1948 – nach SED-Kontrollkommissionsverfahren – von *Kurt Fischer* abgelöst. – Niethammer, *Der ‚gesäuberte' Antifaschismus*, 108ff.

112 Am 12.12.1945 wird in der Sitzung des LKRs unter dem TOP 61 „Versorgung von Arnstadt" davon berichtet, dass Erle die Stelle verlassen hat, in: *LKAE*, A 122/II, unfoliiert.

113 Der Struktur- und Personalvorschlag „Erle" kam bezeichnenderweise von *Walter Wolf*, der sich bald darauf erkennbar darüber geärgert hat: „Beim Präsidenten, als Teil der Präsidialkanzlei, wird eine Stelle zur Behandlung kirchlicher Fragen eingerichtet. Für die evangelische Kirche schlage ich den Pfarrer und Schulrat ERLE, Arnstadt, als Sachbearbeiter vor." Internes Schreiben, 18.02.1946, in: *ThHStAW*, MfV, 1746, 261. Im Dezember 1948 schied Erle wegen diverser Konflikte aus dem Staatsdienst aus und wird Präses der Vereinigten Kirchen- und Klosterkammer. Danach ist sein weiterer Lebensweg nicht mehr nachvollziehbar.

114 Schreiben von Mitzenheim an Wurm, 03.01.1947, in: *LKAE*, PA Hugo Rönck, L 5038, unfoliiert.

Auch darüber, dass das Faktum einer vormals nahezu vollständig deutsch-christlich dominierten Kirchenregierung und -verwaltung, sowie die hohe Anzahl und das ehedem hohe, ‚reichsweite' Engagement der Mitglieder der „Nationalkirchlichen Einung ‚Deutsche Christen' " über den Raum der Thüringer Kirche hinaus bekannt war, gaben sie sich keinen Illusionen hin. In den permanenten Auseinandersetzungen mit dem geschassten Präsidenten Rönck rief Hertzsch – fast verzweifelt – aus: „Meinen Sie [gemeint ist Rönck, d.Vf.] wirklich, daß wir alles hätten beim Alten lassen können und daß wir alle die Pfarrer, die in SA-Stiefeln ohne Talar von der hakenkreuzgeschmückten Kanzel ihren Glauben an Hitler verkündigt haben, daß wir alle diese ohne weiteres hätten weiter amtieren lassen sollen? Wissen Sie wirklich nicht, welchen Ruf die Thüringer evangelische Kirche in ganz Deutschland und über die Grenzen des Vaterlandes hinaus gehabt hat?"[115]
Paul Dahinten gibt aus seiner Kenntnis als Vorsitzender des Thüringer Pfarrervereins – ebenfalls im Rückblick – einige Zahlen an: „Eine Schätzung aus jenen Tagen [Oktober 1935, d.Vf.], vorgenommen an Hand des Amtskalenders, ergab bei einem Bestand von 700 Pfarrern im Amte 300 Mitglieder der D.C., 160 der BK, 150 des Witt[enberger] B[un]des, 90 neutral."[116]
Die Ende Juni beschlossene Erstellung eines Fragebogens sollte nun hinsichtlich der Parteizugehörigkeit der Pfarrer und Angestellten Klarheit bringen. In der LKR-Sitzung vom 17. Juli 1945 wurde der Fragebogenentwurf durchgesprochen, verabschiedet und seine sofortige Verteilung angeordnet. Dieser Fragebogen richtete sich an alle Pfarrer (Superintendenten, Hilfspfarrer etc., eingeschlossen auch die im Warte- und Ruhestand befindlichen) und an „[...] alle hauptamtlich für die Kirche oder eine Kirchgemeinde tätigen Beamten und Angestellten." Im Unterschied zum Entwurf, der das Formular mit dem Satz beginnen ließ: „Im Zusammenhang mit staatlichen Anordnungen, werden...", wurde – auf Vorschlag Phielers – eine etwas staatsfernere Variante beschlossen: „Um Fragen, die an uns gestellt werden, beantworten zu können, werden [...] "[117]
Dass die Zahl der SA- und NSDAP-Mitglieder in Thüringen offenbar höher lag, als in anderen Landeskirchen, kam erschwerend hinzu. Eine weitere Schwierigkeit ergab sich aus der notwendigen Einbeziehung der Kirchenbeamten in die Entnazifizierungsmaßnahmen. Am 24. Juli 1945 war Konsistorialpräsident Dr. jur. Gefaeller vom Ev. Oberkirchenrat in Berlin im Eisenacher Dienstgebäude erklärte, „daß in Preußen kein großer Prozentsatz der Pfarrer Parteigenossen gewesen sei."[118]
Eine Woche nach der ‚Entmachtung' des SPD-Regierungspräsidenten Brill, am 23. Juli 1945, erließ der neue Landespräsident Paul die „Verordnung über die Reinigung der öffentlichen Verwaltung von Nazi-Elementen", samt entsprechender Durchführungs- und Ausführungsbestimmungen.[119] Damit begann gewissermaßen die heiße Phase der Entnazifizierung, die während der zweiten Jahreshälfte das Land Thüringen und die Landeskirche in nahezu allen ihren Sektoren und Arbeitsbereichen, bis hinein in die einzelnen Familien, intensiv beschäftigen sollte. In diesen Wochen und Monaten erfolgten auch die meisten Verhaftungen, die der sowjetische Geheimdienst, NKWD, zumeist gemeinsam mit deutscher Polizei bzw. so genannter antifaschistischer Polizei, vornahm. Viele der Verhafteten, darunter auch einige Thüringer Pfarrer, verschwanden ohne Anklage und Gerichtsverfahren, ohne irgendeine Benachrichtigung ihrer Familie und Kenntnis über

115 Schreiben von Hertzsch (Eisenach) an Rönck (Urspringen), 11.02.1946, in: *LKAE*, A 239, unfoliiert.
116 Dahinten, *Pfarrerverein*, 39. – Zur Arbeit der Spruchstelle und den entsprechenden Zahlen siehe Kapitel 4.7.
117 Sitzung des LKR, 17.07.1945, in: *LKAE*, A 122/I.
118 Sitzung des LKR, 24.07.1945, in: *LKAE*, A 122/I.
119 Abdruck aus der *Thüringer Volkszeitung* v. 05.08.1945, in: *LKAE*, A 239/III, 68.

den Verbleib, im ehemaligen Konzentrationslager Buchenwald, das ab August 1945 als sowjetisches „Speziallager Nr. 2“ geführt wurde.

4.4 Korruption und Kirchenverwaltung

In der Eisenacher Kirchenverwaltung hatte die ‚heiße Phase‘ in Sachen Entnazifizierung schon früher begonnen. Den Hintergrund für einen schwierigen dienstrechtlichen Konflikt bildete das überkommene Desaster der DC-Finanzwirtschaft. Innerkirchlich währte der Konflikt von Juli 1945 bis März 1947, bis er dann ‚außerkirchlich‘ seine weiteren Kreise zog. Vor allem war mit diesem Konflikt die Frage der Erpressbarkeit der neuen Kirchenleitung berührt, und damit unweigerlich ihre künftige Amts- und Behördenautorität. Wegen seiner Bedeutung für die Selbstreinigung der Kirche insgesamt sei an dieser Stelle zunächst – zeitlich zurück- wie vorausgreifend – auf den Fall ‚Schilling‘ eingegangen.

Exkurs: Der Fall Schilling

Kirchenregierungsrat Erich Schilling, Jahrgang 1892, arbeitete seit 1921 unter Robert Tegetmeyer in der Finanzabteilung des LKA. Ab Mitte der dreißiger Jahre gehörte Schilling zu den internen Kritikern der ‚großzügigen Finanzverwaltung‘ der Thüringer DC, die – 1933 beginnend – von seinem Chef gedeckt und gefördert wurde. Vor allem deren rege ‚außerthüringische Missions- und Agitationstätigkeit‘ verschlang Unsummen. Es fehlte auch nicht an überzogenen Forderungen einzelner DC-Aktivisten, die verschiedentlich den Vorwurf der ‚DC-Korruption‘ und ‚Bonzenwirtschaft‘ hatten laut werden lassen.[120] Gemeinsam mit den Leitern der Kreiskirchenämter und einigen Mitarbeitern der Eisenacher Finanzabteilung hatte Schilling bereits im April 1936 den Versuch unternommen, Landesbischof Sasse auf die Gefahr einer drohenden Insolvenz hinzuweisen und ihn, und damit Tegetmeyer, zum Umsteuern zu bewegen – ohne Erfolg. Am 16. Februar 1940 kam es zu einer Art Revolte der Finanz-Mitarbeiter in einer Sitzung des Landeskirchenrates. Schilling hatte sich zum Sprecher gemacht und verwies darauf, dass „[...] seit 1938 die Schulden der Kirche um eine Million gestiegen [sind]. Die 1,4 Mill. RM aus Kirchensteuern des Jahres 1939 sind auf das Jahr 1938 verbucht. Damit liegt eine Verschleierung

[120] Stegmann, *Kirchenkampf*, 83, behauptet zwar „[...] persönliche Bereicherung und Korruption darf“ den DC-Leitern „[...] nicht nachgesagt werden“ [warum darf man das nicht?, d.Vf.] und „[...] dieses ist ihnen auch niemals vorgeworfen worden.“ Beides ist aber falsch. Bereicherung und Korruption können – trotz ‚gereinigter‘ LKA-Akten – nachgewiesen werden, und dieses wurde verschiedenen DC sowohl vor 1945 als auch im Rahmen der Spruchstellenarbeit 1946/48 in z. T. gravierenden Fällen mit Recht vorgeworfen. – Nur ein Beispiel dafür: Der Jenenser DC-Kirchenvertreter *Max Heym* [Justizamtmann und Kirchenvorstandsmitglied, Jena, Paulussprengel, unter DC-Pfr. *Erwin Langner*, d.Vf.] hatte sich Anfang 1936 bei DC-Opfr. *Hermann Leidenfrost* über die „[...] Bonzenwirtschaft auf dem Pflugensberge beschwert. Über den „Volksdienst“, [der fest in DC-Hand lag, d.Vf.], würden „Propagandareisen quer durch Deutschland organisiert und finanziert.“ Leidenfrost beklagte sich daraufhin in Eisenach: nicht über die Finanzwirtschaft, sondern über den vorlauten DC-Kirchenvertreter. Für den LKR antwortete KR *Volkmar Franz* dem Opfr. Leidenfrost: „Inzwischen hat Herr Heym in der Unterredung mit dem Herrn Landesbischof zugegeben, daß er von der Bonzenwirtschaft auf dem Pflugensberge gesprochen habe, und es auch abgelehnt, die Äußerung zurückzunehmen.“ Diese Beschwerde brachte dem Gemeindeglied Heym – neben diesem ‚Disziplinierungsgespräch‘ mit dem Landesbischof Sasse – die Inaussichtstellung einer Strafanzeige „[...] wegen angeblicher Beleidigung des Landeskirchenrats“ und die Eröffnung des Ausschlussverfahrens aus der Gemeindevertretung nach §30 der Verfassung der TheK ein. Schreiben des LKR, KR Franz, an Opfr. Leidenfrost, 12.03.1936, ebd., 44, in: *AdSJ*, AV I/113 30,31.37-39,43,44.

der Finanzlage vor."[121] Das Ergebnis dieser und weiterer finanzieller Probleme war: „Die Thüringer evangelische Kirche hat nicht die Kraft, sich selbst aus ihren Schwierigkeiten herauszuhelfen. Sie steht finanziell am Ende."[122] Finanzdezernent Tegetmeyer bestritt den Wahrheitsgehalt der vorgebrachten Argumente und Fakten seiner Mitarbeiter. „Es gelang ihm, sich weiter des Vertrauens des Landesbischofs Sasse und des Kirchenrats Dr. Volk zu versichern."[123]
Merkwürdigerweise war ihm dieses nach der ‚Machtergreifung', am 2./3. Mai 1945 wiederum gelungen.[124] Jedenfalls solange, bis die Amerikaner zu der Überzeugung gelangt waren, dass Robert Tegetmeyer nicht mehr tragbar sei, und er sich dadurch – wie bereits beschrieben – Ende Juni zum Rücktritt genötigt sah.[125] Erich Schilling hatte erneut zu den ‚Propheten im eigenen Lande' gehört. Möglicherweise war dies handlungsleitend für seinen Entschluss, ein materialbewehrtes Konvolut über die DC-Finanzwirtschaft und die gegenwärtige finanzielle Lage der Kirche zu verfassen. In den Tagen des Besatzungswechsels in Thüringen, in einer Zeit der Angst vor ‚dem Russen' und vor politischer und sonstiger Unbill, wandte Schilling sich damit beschwerdeführend an den Eisenacher Oberbürgermeister. Als Mitzenheim davon erfährt, ist er entsetzt.
Am 2. Juli 1945 wurde Schilling ‚vorgeladen'. Mitzenheim hatte seinen ‚Personaldezernenten' Gerhard Phieler und – als Protokollanten – Kirchenverwaltungrat Zenker zu diesem Gespräch hinzugezogen. Schilling wurde vorgehalten, „[...] daß er über die Finanzverwaltung und Finanzgebarung der Thüringer Kirche eine Eingabe an den OB gemacht habe. [...] Der La[ndes]o[ber]pf[arrer] eröffnet Schilling, daß er ihm wegen der schweren Verletzung der Amtsverschwiegenheit die stärkste *Mißbilligung* aussprechen und alle weiteren Schritte sich vorbehalten müsse. [...] Es wird Schilling aufgegeben, an den OB mitzuteilen, daß seine Eingabe gegenstandslos geworden sei. Eine Abschrift dieses Schreibens soll er zu den Akten geben. Das sagt Schilling zu."[126]
Die Hoffnung Mitzenheims, dass die Sache damit erledigt sei, und die Neuordnung der Finanzen nun mit KRR Osswald und dem als ‚Sparkommissar' berufenen ehemaligen Bürgermeister Neubauer auf den Weg gebracht wäre, platzte, als er sich Ende Juli erneut mit seinem Mitarbeiter Schilling befassen musste.[127] Schilling war offenbar bewusst geworden, dass das Wissen, über das er verfügte, nicht nur große ‚Sprengkraft' in sich barg; möglicherweise wollte er nun testen, ob damit nicht auch ‚Geld zu machen' sei. Mehr Geld zu erhalten, könnte von ihm selbst auch als Teil-Kompensation seiner fachlichen und beruflich demütigenden Zurücksetzung verstanden worden sein. Am 20. Juli 1945 wand-

121 Zitiert nach: Stegmann, *Kirchenkampf*, 83f.
122 Ebd. Schilling verwies auf die überhöhte Schuldenlast, die auf dem Pfründevermögen läge [Stiftungsvermögen aus ortsgemeindlichem Besitz, das laut Stiftungssatzung allein für die Pfarrerbesoldung zu verwenden ist, d.Vf.]: „Für einen Kaufmann bedeutet das den Bankrott."
123 Stegmann, *Kirchenkampf*, 84f.
124 Stegmann, *Kirchenkampf*, 84 verweist darauf, dass die Eisenacher Pfarrer Mitzenheim, Kühn und Hertzsch ihre Bedenken gegen die Finanzwirtschaft von KR Tegetmeyer am 15.06.1943 im LKR vorgebracht hatten (!).
125 Sitzung des LKR, 26.06.1945, in: *LKAE*, A 122/I, TOP 2, unfoliiert.
126 Niederschrift Zenker, 02.06.1945. *LKAE*, PA Erich Schilling, L 3029, unfoliiert.
127 Sitzung des LKR, 04. und 05.06.1945, TOP 7 und TOP 8, in: *LKAE*, A 122/I, unfoliiert. In dieser Sitzung wurden die entscheidenden Schritte für die Sanierung der Finanzen eingeleitet. Kirchenregierungsrat Johannes Osswald hatte eine „Verordnung über das Haushaltswesen, die Kassen- und Buchführung und die Rechnungsprüfung" vorgelegt, die auch angenommen wurde. Dem Bürgermeister a.D. Neubauer wird das Amt eines Beraters und Sparkommissars übertragen. Weiterhin machte Osswald darauf aufmerksam, dass das neue Thüringische Landesamt für Finanzen einen Einspruch zum Kirchensteuergesetz erhoben habe, aber „keine Bedenken geltend machen will." Ansonsten sei der Kontakt mit dem Amt gut.

te er sich gegen die vom Landeskirchenrat verordnete 30 prozentige Gehaltskürzung für alle Mitarbeiter und bat statt dessen um ein höheres Gehalt. In einem Schreiben an seinen neuen Dienstherrn, Mitzenheim, berief sich Schilling – freundlich und ausführlich – auf Ansprüche aus seinem Anstellungsvertrag vom 13. April 1922, die bislang noch nicht erfüllt seien und wurde dann deutlicher: „Für mich kommt aber noch hinzu, daß ich seit vielen Jahren nahezu der einzige Kritiker an der unheilvollen Tegetmeyerschen Finanzpolitik war, die nun in die von mir längst vorausgesagte Katastrophe geführt hat, daß ich seit vielen Jahren jede sich bietende Gelegenheit benutzt habe, um eindringlich auf die beschwerenden Tatsachen hinzuweisen und vor den Folgen zu warnen (vgl. Sitzungsprotokoll und besondere Niederschriften!) [...] Es würde allen diesen Eindrücken und Tatsachen die Krone aufsetzen, wenn mir nun auch noch unter Bruch des mir gegebenen Wortes der Kirchenbehörde eine andere Besoldungskürzung zugemutet werden könnte, als ich sie im thüringischen Staatsdienst infolge der allgemeinen Lage auf mich nehmen müßte."[128]

Übereinstimmend mit den anderen Kollegen im Landeskirchenrat lehnte Mitzenheim dieses Begehren ab und verwies auf die – ja auch Schilling bestens vertraute – katastrophale Finanzsituation. Doch Schilling gab nicht auf. Seine Gehaltsforderungen begannen zunehmend einen drohenden Unterton anzunehmen. Anfang September 1945 beschäftigte sich der Landeskirchenrat mit der Sache. „Auf die von Kirchenrat Phieler vorgetragenen Eingaben Schillings wegen seiner Besoldung soll geantwortet werden, daß die Finanzlage der Thür[inger] ev[angelischen] Kirche es zur Zeit nicht gestatte, anders zu verfahren, als es geschehen ist."[129]

Ende Oktober tauchte plötzlich eine Gelegenheit auf, die Mitzenheim in die Lage versetzte, dem pekuniären Drängen des Behördenmitarbeiters ein Ende zu bereiten. Phieler machte die Entdeckung, dass Schilling den Versuch einer gezielten Manipulation der Finanzunterlagen unternommen hatte. Es stellte sich heraus, dass er – in seiner Funktion als Rechnungsführer der ‚Gesellschaft zur Förderung der evangelisch-theologischen Wissenschaft in Thüringen' – zu Beginn der vierziger Jahre ein zinsloses Darlehen erhalten und noch nicht zurückgezahlt hatte. Phieler empfahl dem Landesoberpfarrer, der qua Amt der Vorsitzende der Gesellschaft war, von Schilling umgehend die „Akten und Abrechnungen der Jahre 1933 bis 1945" zu fordern und prüfen zu lassen.[130] Mitzenheim handelte sofort. Die Prüfung erbrachte außerdem noch einige kleinere Unregelmäßigkeiten, so dass es Mitte November dann zu einer Vorladung des Rechnungsführers Schilling kam. Mitzenheim lud Oberpfarrer Stier, ein Vorstandsmitglied der Gesellschaft, und den vormaligen Chefjuristen im Landeskirchenrat, Dr. jur. Otto Volk (1877–1974) mit hinzu.[131] Das Gespräch bestätigte diese Sachlage. Der Landeskirchenrat hatte eine Handhabe gefunden, um ein ‚Dienstverfahren' gegen den ‚ungetreuen Haushalter' zu eröffnen: „Der Landesoberpfarrer als Vorsitzender der Gesellschaft zur Förderung [...] berichtet über die Umstände, die ihn veranlaßt haben, KRR Schilling aus seinem Amt als Rechnungsführer der genannten Gesell[schaft] zu entlassen. Nach eingehender Beratung wird beschlossen,

128 Schreiben von Schilling an Mitzenheim, 20.07.1945. Ebd.

129 Sitzung des LKR, 04.09.1945, TOP 14, in: *LKAE*, A 122/I, unfoliiert. „Kreg.Rat Schilling". Mit Schreiben vom 08.09.1945 erhob Schilling Einspruch gegen Kürzung der Tage- und Übernachtungsgelder; auf diesem Aktenstück ist handschriftlich vermerkt: „[...] halte Anspruch für gerechtfertigt. Osswald."

130 Anschreiben von Mitzenheim „an die Gesellschaft zur Förderung der ev.-theol. Wissenschaft in Thüringen, z. Hd. Herrn Schilling", 29.10.1945, in: *LKAE*, PA Schilling, L 3029, unfoliiert.

131 Niederschrift vom 13.11.1945, „Gesellschaft zur Förderung der ev.-theol. Wissenschaft in Thüringen", anwesend: „*Dr. Volk, O.pfr. Stier, KRR Schilling*": Volk weist Schilling Unregelmäßigkeiten und ein nicht zurückgezahltes Darlehen in Höhe von 1.900 RM vor. Ebd.

das Dienststrafverfahren gegen Schilling einzuleiten und ihm vorläufig die Ausübung seines Dienstes zu untersagen, auch die Dienstbezüge bis zur Hälfte einzubehalten. Dem Antrag Schillings auf Überweisung von 1.000 RM von seinem Besoldungsabrechnungskonto auf das Konto der Gesell[schaft] [...] soll entsprochen werden."[132]

Nach einigen Voruntersuchungen und gutachterlicher Stellungnahme des ehemaligen Vizepräsidenten im DC-LKR, Otto Volk, der mittlerweile eine Anstellung in der Gesetzgebungsabteilung des Thüringer Präsidialamtes in Weimar gefunden hatte, wurde Ende Januar 1946 das kirchliche Dienstverfahren eröffnet.

Zwischenzeitlich, am 13. Dezember 1945, hatte der Vorsitzende des Betriebsrates des LKA, Robert Schmidt, Beschwerde gegen den Landeskirchenrat erhoben. Er sei bei dem Verfahren übergangen worden, und er habe die Angelegenheit an den FDGB weitergegeben. Dabei wurde auf die mangelhafte Entnazifizierung der Kirchenverwaltung hingewiesen.[133] Für das angestrebte Dienstverfahren war am 24. Januar 1946 eigens ein Dienstgericht gebildet worden. Als Untersuchungsführer hatte Mitzenheim den Landgerichtsrat Morchutt gewonnen; die Anklagevertretung für die Landeskirche übernahm, auf Bitte von Kirchenrechtsrat Gerhard Lotz (1911–1981)[134], der Eisenacher Rechtsanwalt Rudolf Lotz (1901–1973).[135] Das Dienstgericht bestätigte den Beschluss des Landeskirchenrates in nahezu allen Punkten.

Schilling sah sich nun zum Gegenangriff herausgefordert. Er focht diese Entscheidung an und machte dafür vor allem zwei Argumente geltend. Zum einen betonte er erneut seine Verdienste als Kritiker der DC-Misswirtschaft, die ihn nun skandalöserweise in die Rolle eines durch die neue Kirchenleitung verfolgten ‚Antifaschisten' bringen würde. Zum anderen bestritt er die juristische Kompetenz und Legalität des Landeskirchenrates, da er seine Legitimation aus einem seit April 1945 ungültigen Nazi-Gesetz ableite: „Der jetzige sog[enannte] Landeskirchenrat ist nicht, wie er behauptet, legal ins Amt gekommen. Er ist somit auch nicht berechtigt, überhaupt im Namen der Thüringer Evangelischen Kirche und des Thüringer Kirchenvolkes zu sprechen und sie zu vertreten."[136]

---

132 Sitzung des LKR, vom 13.–15.11.1945, TOP 12, in: *LKAE*, A 122/II, unfoliiert. „KRR Schilling".

133 Somit ist auch erklärlich, wie der FDGB-Vorstand Gera (!) dazu kam, sich gegen den vom LKR berufenen ‚Sparkommissar' Neubauer als „fachlich ungeeignet" auszusprechen. Vgl. Kapitel 4.6. – Die ausführlichen „Erklärungen zum Dienststrafverfahren" Schillings finden sich auch in den Akten des *ThHStAW*, MfV, (nach 1945), Bestand „Ministerium für Volksbildung" (bis Mai 1947 unter Leitung von *Walter Wolf*), 1747/II, 267-273; dort weist Schilling in seinem „5. Nachtrag" [14 S.], den er „ausdrücklich als Material für die Akten des LKR und des Dienstgerichts niedergeschrieben und auch zur Bekanntgabe an die kirchliche Öffentlichkeit (sic!)" formuliert hat, auf *Otto Volk* hin: „[...] Kirchenrat Dr. Volk, der die faschistische Hochburg auf dem Pflugensberg errichten half, und mit allen ihm geläufigen Rechtsmitteln gegen die damals in Opposition stehenden Machthaber von heute verteidigte, [ist] nun wieder der Mann des Landeskirchenrates." Und mit einem fadenscheinigen Versuch, sich auf die neue kommunistische Melodie einzustimmen, heißt es ganz zu Beginn des (in erster Linie für Walter Wolf verfassten) Schreibens: „Eisenach, den 1. Mai 1946. Am Tag des Bekenntnisses der Schaffenden zur Wahrheit, Gerechtigkeit und Menschlichkeit."

134 Gerhard Lotz hatte am 20.02.1946, im unmittelbaren Anschluss an seine Entlassung aus der Kriegsgefangenschaft, seine Arbeit im Dienstgebäude des LKR auf dem Eisenacher Pflugensberg wieder aufgenommen. Er wurde von da ab einer der wichtigsten Mitarbeiter, gewissermaßen die ‚rechte Hand' des Landesbischofs. Ohne Mitglied der Spruchstelle zu sein, gewann er doch bald sehr entscheidenden Einfluss auch auf die Selbstreinigung der Kirche.

135 Unterlagen zum Dienstverfahren Schilling. – Dr. jur. Rudolf Lotz war Jurist, Anwalt und auch Stadtrat in Eisenach, seit 1954 Präsident der Synode der Evangelisch-Lutherischen Kirche in Thüringen (ELKiTh). *LKAE*, PA Schilling, L 3029, unfoliiert.

136 Erklärung von Schilling, ausdrücklich am 01.05.1946 verfasst. Es schließt sich ein sehr ausführlich gehaltener Verweis auf *Dr. Erwin Brauer* und die Übernahme des – vorher von der BK in seiner Rechtskraft bestrittenen – Präsidialgesetzes an, in: *ThHStAW*, MfV, 1747/II, 267.

Damit hatte Schilling zwei heikle Punkte berührt. In der Tat zeigte sich der Landeskirchenrat aus guten Gründen darum bemüht, das Ausmaß der DC-Finanzmisere nach außen zu verbergen. Außerdem lag dem Landesoberpfarrer – auch gegen den anderslautenden Rat enger Freunde und Weggefährten – nach wie vor daran, an der Rechtskontinuität der neuen Kirchenleitung festzuhalten. In einem ‚persönlichen' Schreiben an Walter Wolf formulierte Schilling deutlich seine angestaute Wut auf die neue Kirchenleitung: „Nicht nur mir, sondern allen, die davon wissen [von seinem noch immer laufenden Verfahren, d.Vf.], ist es unbegreiflich, wie man solche Leute nach wie vor ganz nach ihrem Belieben schalten und walten lassen kann. Denn alles, was hier geschieht, steht einer demokratischen Entwicklung in Deutschland im Wege und zielt auf eine Gewissens- und Geistesvergewaltigung größten Stiles hin."[137]

Doch im weiteren Verlauf kamen Faktoren hinzu, die Schilling noch in anderer Weise belasten sollten. Kirchenrat Phieler hatte Anzeichen dafür entdeckt, dass Schilling offenbar ‚unsittliche, außereheliche Abenteuer' hatte und weiterhin pflegte. Inzwischen erreichten Phieler auch Mitteilungen von Sekretärinnen und Sachbearbeiterinnen des Landeskirchenamtes. Diese schilderten Schilling als „einen herrischen, selbstgerechten Beamten".[138]

Schwerwiegender war jedoch, dass die ‚klassenbewussten Genossen' des Landesamtes für Volksbildung sich für den Fall ‚Schilling' zu interessieren begannen. Am 21. März 1946 hatte der Landesdirektor Wolf höchstpersönlich den Landeskirchenrat aufgefordert, „[...] auf Anordnung der Sowjet-Militär-Administration [...] die Personalakten des Kirchenregierungsrates Schilling in Eisenach, Pfarrers Wolf in Schmölln, [und des] Finanzdezernenten Neubauer (aus Bad Frankenhausen) zu übersenden."[139]

Walter Wolf war von Pfarrer Alfred Wolf schon vorher auf den Fall ‚Schilling' aufmerksam gemacht worden. Spätestens nachdem der Landesdirektor die Unterlagen von Schulrat Linde erhalten hatte, sah er die Notwendigkeit zum Handeln als gekommen an. Seit April 1946 unterrichtete Schilling das Landesamt über den gesamten Verlauf seines Dienststrafrechtsverfahrens.[140] Auch der Eisenacher Schulrat Linde hatte die Kirchenleitung über Dr. Rudolf Lotz wissen lassen, dass „[...] verschiedenes belastendes Material gegen die Kirche bei ihm vorliege." Als „Gewährsmänner sind KRR Schilling und Architekt Robert Schmidt" genannt.

Ähnlich wie Pfarrer Wolf zeigte sich auch Schilling bemüht, dem kommunistischen Funktionär Wolf zu erläutern, „[...] wessen Geistes Kinder die Bekenntnismänner an der Spitze der Kirche sind." Einem persönlichen Brief an Wolf, vom 7. Mai 1946, fügte er einige Dokumente bei, die „klar zeigen, [...] daß die Auflehnung der Herren von der Bekenntnisfront gegen den nationalsozialistischen Landeskirchenrat keineswegs ein Kampf gegen den Faschismus war, wie immer behauptet wird, sondern nur ein Streit um theologische Lehrmeinungen, geboren aus dem Machtanspruch der Kirche und aus der unerträglichen Selbstüberschätzung und Unduldsamkeit der Bekenntnispfarrer."[141]

---

137 *ThHStAW*, MfV, 1747/II, 265.

138 Div. Niederschriften zum Dienstverfahren Schilling, 05.03.1946, u.a. von *Frl. Aierle* (LKA Eisenach), 12.03.1946: Frl. E. Bock (KKA Meinigen). Ebd.

139 Schreiben von Landesdirektor Wolf an den LKR, 21.03.1946, in: *LKAE*, A 852/I, unfoliiert.

140 *ThHStAW*, MfV, 1747, 265 ff. – Zu den weiteren Auseinandersetzungen in dieser Sache mit dem Landesamt für Volksbildung vgl. Kapitel 3.2.6 und vor allem Kapitel 4.6, dort besonders den Exkurs: ‚Wolf'.

141 Notiz Dr. Rudolf Lotz, 03.04.1946, handschriftliche Notiz von Phieler, in: *LKAE*, PA Schilling, L 3029, unfoliiert: „Linde zeigt sich von der Mitteilung eines Disziplinarverfahrens gegen Schilling sehr betroffen; bisher unbekannt gewesen", in: *ThHStAW*, MfV, 1747/II, 265.

Das angewachsene Belastungsmaterial und die zunehmenden Konflikte um den Fall ‚Schilling' ließen im Landeskirchenrat die Meinung heranreifen, dass es sinnvoll wäre, in die Offensive zu gehen und ein förmliches Strafverfahren gegen Schilling zu beantragen. KRR Lotz hatte es übernommen, gelegentlich eines Gespräches mit dem Thüringer Oberstaatsanwalt im September 1946 „die Angelegenheit zu sondieren." Dabei erhielt Lotz Kenntnis von einem „Befehl des Oberbefehlshabers der SMA [...], Nr. 228 vom 30. Juli 1946", wonach „[...] alle Straftaten, soweit sie nicht aus politischen (nazistischen) Motiven begangen wurden, amnestiert [...]" sind. In seiner Niederschrift gab Lotz dem Landeskirchenrat zu wissen: „Der Fall *Schilling* wurde ohne Namensnennung [...] ausführlich vorgetragen. Der Herr Oberstaatsanwalt vertritt die Ansicht, daß die Sache unter den Amnestie-Befehl falle, da etwa eine Gefängnisstrafe von 6 bis 8 Monaten zu erwarten stünde. Es habe daher keinen Zweck, die Sache zur Anzeige zu bringen."[142]
Da Schilling jedoch hartnäckig seinen Widerspruch aufrecht erhielt, wurde für den 26. September 1946 ein Verhandlungstermin anberaumt – und wieder abgesagt. Zwei Monate später, am 26. November 1946, hatte Phieler eine Unterredung mit dem Chef der ‚Kirchenabteilung' im Präsidialamt, Oberregierungsrat Karl Erle, dem mittlerweile zahlreiche Eingaben von Schilling vorlagen.[143] Nachdem ein Vermittlungsversuch zwischen Schilling und Superintendent Dahinten, als Mitglied der Spruchstelle, scheiterte und Schilling Anfang Dezember noch einmal ‚zum Schlag ausgeholt' hatte[144], beschloss der Landeskirchenrat am 5. Dezember 1946: „Nach Vortrag von OKR Lotz wird mit Stimmenmehrheit – bei 2 Enthaltungen – beschlossen, die Angelegenheit nunmehr der Staatsanwaltschaft zu übergeben und das Disziplinarverfahren bis zur Entscheidung des gerichtlichen Verfahrens auszusetzen. Der Landesbischof bittet, mit der Durchführung dieses Beschlusses zu warten, bis er mit Dr. Volk und Opfr. Stier gesprochen habe."
Mit einem mehrseitigen ‚Exkulpationsschreiben' wandte sich Schilling am 1. Advent 1946 an das Spruchstellenmitglied Dahinten: „Die zwangsläufige rechtliche Folge, daß der durchaus nicht legal im Amte sitzende LKR seine eigenen Gesetze mißachtet und sich hinter ein Nazi-Ermächtigungsgesetz zurückzieht, das von den gleichen Herren früher bekämpft wurde, ist die Beschwerde an die oberste staatliche Aufsichtsbehörde, das Präsidialamt in Weimar." Wiederholt fügte er an: „[...] gegenüber den Nazi-Pfarrern waltet ja eine befremdliche Milde."[145] Am Silvestertag 1946 setzte Lotz den ‚Kirchenverbindungsmann' Erle über den Stand der Ermittlungen und über das weitere Vorgehen des Landeskirchenrates im Fall ‚Schilling' in Kenntnis.[146]
Ein gerichtliches Verfahren brauchte schließlich nicht eröffnet zu werden, da Schilling zum Opfer seiner eigenen ‚materiellen Unersättlichkeit' geworden war. Am 11. Februar 1947 wurde er, mit durchaus stichhaltigen Indizien, des Diebstahls beschuldigt. Landesbischof Mitzenheim und sein Stellvertreter ‚in weltlichen Angelegenheiten', Oberkirchenrat Lotz, bestellten Schilling und seine Frau daraufhin ins Landeskirchenamt, hielten ihnen diese Sache und mögliche dienst- wie zivilstrafrechtliche Konsequenzen vor und machten Schilling das Angebot, einen Antrag auf Entlassung zu stellen: „Frist 15. März 1947".

142 Niederschrift von Lotz, 09.09.1946. Ebd.
143 Niederschrift von Phieler, 26.11.1946. Ebd.
144 Zusätzlich kritisierte er unter Verweis auf den vormaligen DC-LB Sasse und die „politische Dimension des Kirchenkampfes" die „Politik der BK." Ebd. und *LKAE*, A 130/I, unfoliiert.
145 Sitzung des LKR, 05.12.1946: Top 19: „Dienststrafsache Schilling", in: *LKAE*, A 122/II, unfoliiert.
146 Schreiben von Lotz an Erle, in: *LKAE*, PA Schilling, L 3029, unfoliiert. – *Erich Schilling* starb am 18.12.1950 in Berlin.

Schilling nahm das Angebot an und wurde zu diesem Termin aus seinem Dienst als Mitarbeiter der Kirche entlassen.[147] (Exkurs-Ende)

Trotz dieses schmählichen Endes hatte der ‚Fall Schilling' ein politisches Nachspiel. Das Material, das Erich Schilling und Robert Schmidt im Frühjahr 1945 und Sommer 1946 an staatliche Stellen weitergegeben hatten, fand seine fortgesetzte Verwendung im ‚antifaschistischen Kampf' der SED. Nachdem die SMATh ihre Befugnisse an die ‚kampfgestählten' deutschen Verwaltungsstellen abgegeben und die ‚Betreuung' des „weiteren Aufbaus des Sozialismus in der DDR" ihrer „Kontrollkommission" überlassen hatte, wurde Bischof Mitzenheim in einem Gespräch mit dem Leiter der Sowjetischen Kontrollkommission [SKK] Pantschin am 2. Oktober 1950 u.a. sehr genau zum ehemaligen Kirchenbeamten Schilling befragt. Schilling war zu dieser Zeit bereits SED-Mitglied und arbeitete im Finanzministerium der DDR in Berlin.[148]

Die Frage bleibt, ob im Mai/Juni 1945 der Fall ‚Schilling' nicht hätte vermieden werden können. Dass die Übernahme des schwer belasteten und bereits vor dem „Machtwechsel auf dem Pflugensberg" wegen seiner Misswirtschaft heftig angegriffenen Tegetmeyer in den neuen Landeskirchenrat ein Fehler war, wurde bald – und eben nicht nur vom amerikanischen Geheimdienst – erkannt. Möglicherweise war die damit in Zusammenhang stehende Brüskierung und andauernde Ausgrenzung des pedantischen und kritikfreudigen Finanzbeamten Schilling letztlich doch der schwerwiegendere Personalmanagement-Fehler. Unbestreitbar ist, dass der Fall ‚Schilling' erheblichen Schaden angerichtet hat, der sich aktuell und auf längere Sicht negativ auf die Handlungskraft der Thüringer Kirche im Spannungsfeld von Besatzungsmacht und deutscher Verwaltung auswirkte.[149]

In der LKR-Sitzung, die einen Tag nach Beschluss der „Verordnung über die Reinigung der staatlichen Verwaltung von Nazi-Elementen" am 24. Juli 1945 stattfand, gab Mitzenheim unter Tagesordnungspunkt 3 „Staatliche Maßnahmen gegen alte Parteimitglieder" einen Bericht über die neuen Richtlinien, „[...] deren Durchführung nach einer inzwischen empfangenen Nachricht der Kirche selbständig überlassen bleibt."[150] Weiterhin teilte er mit, dass für die Pfarrer, Kirchenbeamten und Angestellten nun auch ein staatlicher Fragebogen aufgestellt worden sei, „[...] der nach Eingang überprüft werden soll."[151]

Alle alliierten Besatzungsmächte in Deutschland ebenso wie die von ihnen ermächtigten neuen staatlichen Behörden wollten mit ihren Entnazifizierungsmaßnahmen zweierlei erreichen. Vermittels der Anordnung ‚großflächiger', allein die Zugehörigkeit zu NS-Organisationen anrechnender Personalmaßnahmen sollten einerseits aufwändige Einzelverfahren umgangen und andererseits die gemeinsam verabredete „De-nazification and De-militarization", als Grundlage der Demokratisierung Deutschlands, auf den Weg ge-

---

147 Niederschrift eines Gespräches zwischen Mitzenheim, Lotz und dem Ehepaar Schilling vom 11.02.1947. Schilling hatte sich offenbar an diversem Eigentum seiner Hausnachbarn, des Ehepaares Putz, schuldig gemacht. Ebd.

148 Niederschrift einer Aussprache zwischen Mitzenheim und *Oberst Pantschin*, in: *LKAE*, A 930, unfoliiert.

149 Offen bleibt auch, ob die posthume Würdigung von Schilling in Stegmanns *Kirchenkampf* von ihm selbst mit Genugtuung zur Kenntnis genommen worden wäre. Die dort vorgenommene nachträgliche (Teil-) Entschuldigung des Finanzgebarens der leitenden DC wird allerdings keinesfalls sein Einverständnis gefunden haben. Möglicherweise hätte es ihn in seiner Einschätzung einer zur Selbstreinigung unfähigen Landeskirche eher noch bestärkt.

150 Sitzung des LKR, 24. und 25.07.1945, in: *LKAE*, A 122/I, unfoliiert.

151 Ebd. Am 11.08.1945 wurden auf Beschluss des LKR zusätzlich zu den knappen kirchlichen „auch die umfangreicheren staatlichen Fragebogen noch an alle Versorgungsberechtigten hinausgegeben." (*LKAE*, A 120/XII 87: „Buchdruckerei Laue, Neudruck der Personalfragebogen 2000 Ex.").

bracht werden. Schon Anfang Juli 1945 war dieser Versuch der „Massenentlassung aus Amt und Stellung“ (auch) seitens der Kirchen in den westlichen Besatzungszonen heftig kritisiert worden. Jetzt, nachdem erkennbar wurde, dass dies in Thüringen ähnlich gehandhabt werden sollte, regte sich auch in der Thüringer Kirchenleitung, etwa bei Kirchenrat Köhler, Protest gegen diesen „blinden Schematismus“, wie der evangelische Bischof Meiser und der katholische Kardinal Faulhaber in Bayern dieses Verfahren bezeichnet hatten.[152] Kirchenrat Ernst Köhler gab im LKR seiner Überzeugung Ausdruck, „[...] daß die Kirche die Pflicht und den Mut haben müsse, einen Protest gegen den Geist der Maßnahmen an die heute regierenden Männer zu richten. Die Formulierung eines solchen Protestes will er morgen vorlegen.“[153]

Der vierseitige Text von Köhler ist kompliziert zu lesen und steckt voller Pathosformeln.[154] Indem er auf „die neue Sehnsucht nach echter Führung“ und auf die Tücken der Hitler-Diktatur einging, die „viele unserer Volksgenossen zu Opfern eines mangelnden Mutes gemacht hatten“, formuliert er seinen Protest und bittet um *„Großherzigkeit und unbedingte Gerechtigkeit*, mit der man den *Einzelnen* mißt, damit durch *gerechte Strafe und kluge Milde* das aufkeimende Vertrauen des Volkes zu der neuen Staatsführung in keiner Weise gehemmt, sondern gestärkt und vertieft werde.“[155] Der Text wurde „eingehend besprochen“ – jedoch nicht abgeschickt.

Köhlers Engagement blieb allerdings intern – bei den ‚alten Kämpfern‘ unter den Pfarrern – hoch geachtet. So verabschiedete der ‚alte Kämpfer‘ Pfarrer Ernst Pauli für „betroffene wie nichtbetroffene Amtsbrüder“ am 10. Oktober 1945 seinen ausdrücklichen Dank „an Herrn Kirchenrat Köhler“.[156]

Das politische Terrain hatte – nach Berichten aus dem Lande – an Unübersichtlichkeit zugenommen. So konnte Kirchenrat Zimmermann in seinem „ausführlichen Bericht über die Entwicklung nach der russischen Besatzung“ erfreulicherweise davon erzählen, dass „[...] der Kommandant [...] die Kirche in entgegenkommender Weise selbständig arbeiten lasse.“[157] Andererseits musste er aber darüber berichten, dass die auf Grund des gewachsenen kirchlichen Zuspruchs dringend benötigten Räume in Pfarrhäusern von „[...] kommunistischen Bürgermeistern beschlagnahmt [werden], die sich damit über die Bestimmungen hinwegsetzen.“[158] Angesichts solcher Disparatheit tat der Landesoberpfarrer das, was in den zurückliegenden Wochen Erfolg gezeitigt hatte: Er reiste. Diesmal nach Weimar, um im direkten Gespräch mit dem neuen Regierungspräsidenten und den Chefs der Sowjetischen Militäradministration genau zu sondieren, wo und wie „Lebensraum für die Kirche“ zu gewinnen war.[159]

Auch wenn es über die genaue Anwendung und Reichweite der Reinigungsverordnung vom 23. Juli 1945 noch Klärungsbedarf gab, so hatte man für den Bereich des Landeskirchenamtes vorab schon einmal ‚zu reinigen‘ begonnen.[160] Zwei Besprechungen im Ei-

[152] Auszugsweise Abschrift eines Briefes der Bischöfe *Meiser* und *Faulhaber* an die Amerikanische Militärregierung in Frankfurt/M.

[153] Sitzung des LKR, 24. und 25.07.1945, in *LKAE*, A 122/I, unfoliiert.

[154] Anhang zum Sitzungsprotokoll. Protest-Schreiben Köhler, 26.07.1945, ebd.

[155] Hervorhebungen von KR Köhler. Ebd.

[156] Ebd.

[157] Sitzung des LKR, 07. und 08.081945, in: *LKAE*, A 122/II, unfoliiert.

[158] Ebd.

[159] Ebd. Mitzenheim konnte in Jena erste wichtige Gespräche mit Prof. *Waldemar Macholz* über den Wiederaufbau der Theologischen Fakultät führen. In Weimar traf er den neuen Regierungspräsidenten nicht an, sondern hatte „[...] nur mit dem Regierungsdirektor Wolf eine Rücksprache gehabt.“

[160] Nicht nur innerhalb der Kirchenbehörden, auch in der Landesregierung gab es zahlreiche Probleme und Ungereimtheiten. So hatte Regierungspräsident Paul am 08.08.1945 eine Arbeitssitzung mit den

senacher Dienstgebäude am 9. und 10. August 1945 hatten die anwesenden Mitzenheim, Phieler, Hertzsch, Battefeld und den in diesen Fragen häufig hinzu gebetenen Kreiskirchenrat Fritz zu der Überzeugung gebracht, dass „[...] die Verordnung des Präsidenten des Landes Thüringen vom 23.7.[19]45 [...] für die Thür[inger] evang[elische] Kirche bindend [ist].“[161]

Am zweiten Besprechungstag, dem 10. August, erhielten die Versammelten ein Telegramm des Eisenacher Oberbürgermeisters, das offenbar ‚einschlug wie eine Bombe‘: „Betr. Reinigung der Verwaltung von nazistischen Elementen. Der Stadtkommandant, Oberstleutnant Saweljew, hat in einer Besprechung am 8.8.1945 angeordnet, daß bis zum 10.8.1945 alle ehemaligen Parteiangehörigen aus den Ämtern und Behörden zu entfernen sind.“[162] Ein Zusatz, der alles bislang für möglich Gehaltene in den Schatten stellte, war angehängt: „Auch Parteilose, deren Eltern bzw. Angehörige ehemalige Parteimitglieder waren, sind zu entlassen.“[163]

Auf jeden Fall schien dieses Telegramm deutlich zu machen, dass die angelaufene Entnazifizierungsaktion auch von der SMATh ernst genommen wurde, und dass nun angeraten war, rasch und entschlossen zu handeln. Auf Vorschlag des ‚Personalchefs‘ Battefeld wurde folgende Schrittfolge verabredet:

Zunächst erfolgt die Entlassung der ‚Alten Kämpfer‘ aus der landeskirchlichen Verwaltung, d.h. der „[...] Beamten, Angestellten und Arbeiter der landeskirchlichen Verwaltung, die vor dem 1.4.[19]33 in die ehemalige NSDAP eingetreten sind, entsprechend § 2 der Verordnung vom 23.7.1945 [...]. Diese Entlassungen sind sofort auszusprechen.“[164]

Anschließend sollten die Beamten, Angestellten und Arbeiter, die unter § 3 ff. [Personen, die ab April 1933 in die NSDAP eingetreten sind, d.Vf.] überprüft werden, „[...] entsprechend dem Vorgehen anderer Behörden der öffentlichen Verwaltung“. Das Problem der Einordnung der „Geistlichen“ wurde so gelöst, dass man zunächst feststellte, sie seien zwar keine ‚Beamten‘, „[...] sie können aber von der Verordnung nicht ausgenommen werden, weil sie mehr im öffentlichen Dienst und Leben wirken als ein Beamter, Angestellter oder Arbeiter in seinem Büro.“[165]

Referatsleitern der einzelnen Ressorts. Dort erhob er unter Punkt 1 Klage, dass „[...] die Verordnung vom 23. Juli 1945 bis jetzt noch nicht im Regierungsblatt verkündet worden ist; sie ist demnach nicht in Kraft getreten!“ In: *ThHStAW*, MdI, 2448, 150.

161 *LKAE*, A 239/III, 84: gez. Battefeld.

162 Telegramm des Eisenachers Oberbürgermeisters an den Landeskirchenrat, 10, in: *LKAE*, A 239/III, 71.

163 Ebd. Die ebenso merkwürdige Anfügung: „Die gleiche Anordnung gilt für die zu öffnenden Banken“, lässt fast auf einen von langer Hand vorbereiteten Coup schließen.

164 Zu denen, die davon betroffen waren, gehörten u.a. „Präsident i.W. [Hugo] Rönck, Oberlandeskirchenrat i.W. Dr. [Erwin] Brauer, Landeskirchenrat i.W. [Paul] Lehmann, Landeskirchenrat i.R. Dr. [Wilhelm] Bauer, Kirchenoberbaurat [...] Rade, Kreiskirchenrat Dr. [Ewalt] Schenk“. *LKAE*, A 239/III, 84. – Paul Lehmann (1884–1960), DC-Aktivist und Gestapo-Spitzel – nach dem Tode von Martin Sasse – selbsterkorener Anwärter auf das Bischofsamt, war bereits 1943 von Rönck in den Wartestand versetzt worden. Das zunächst vom LKR in Aussicht genommene Disziplinarverfahren gegen den mit einem Forschungsauftrag in Jena lebenden Lehmann schien sich mit der Entlassung nach dem RG vom 23. Juli 1945 erübrigt zu haben. – Dr. Wilhelm Bauer (1889–1969), einer der führenden Köpfe der DC, war seit 1933 Leiter der Pressestelle des DC-okkupierten Volksdienstes der TheK, ab 1938 Reichsleiter der Deutschen Pfarrergemeinde und ab 1939 LKR. – Der Jenenser Kreiskirchenrat Dr. Ewalt Schenk war bereits am 23.05.1945 vom amerikanischen CIC vernommen worden, das sich mittels unauffällig gezielter Fragen ein möglichst genaues Bild über die kirchliche Situation in Thüringen zu verschaffen suchte. Schenk hatte einige Mühe, seine politische und kirchenpolitische Vergangenheit ‚im richtigen Licht‘ erscheinen zu lassen. „Bericht über meine persönliche Vernehmung durch das C.I.C. bei der amerikanischen Militärregierung in Jena, Kais[er]-Wilh[elm]-Str., Amtsgerichtsgebäude“, 15.06.1945, in: *LKAE*, A 130/I, unfoliiert.

165 *LKAE*, A 239/III, 84.

Gerhard Phieler – seit Anfang Mai sozusagen kommissarischer ‚Personaldezernent' – war das Telegramm des Bürgermeisters offenbar nicht geheuer. Auf Grund seiner guten persönlichen Verbindungen konnte er den Oberbürgermeister dazu bewegen, beim Regierungspräsidenten in Weimar nachzufragen, ob es mit dieser merkwürdigen sowjetischen Verfügung seine Richtigkeit habe. Die Erleichterung auf dem Pflugensberg wird wiederum groß gewesen sein, als am 14.8.1945, 9.40 Uhr, aus Weimar folgendes Telegramm einging: „Bei einer Besprechung am 13.8.1945 mit dem Vertreter der sowjetischen Militär-Administration in Weimar, Herrn Generalmajor Kosenitschenko [richtig ist: Kolesnitschenko, d.Vf.], ist ausdrücklich festgestellt worden, daß für die Frage der Säuberungen des Verwaltungsapparates ausschließlich die von mir [d.m. vom Regierungspräsidenten Paul, d.Vf.] ergangenen Richtlinien zu gelten haben. Die sowjetische Militär-Administration wird ihrerseits die Ortskommandanten anhalten, sich jeglicher Eingriffe zu enthalten und bereits vorgenommene rückgängig zu machen."[166]

Der sowjetische Stadtkommandant von Eisenach war offensichtlich beeindruckt, über welch weitreichende Beziehungen die Herren auf dem Pflugensberg verfügten. Er stattete dem Landeskirchenamt einen Besuch ab, wobei einige seiner Soldaten „nazistische Fahnen" konfiszierten. Dies gab ihm die Veranlassung, eine weitere Inspektion anzukündigen, und dem Landeskirchenrat, eilig einen Beschluss zu fassen. Am 16. August 1945 wurde festgelegt, die Behörde einer gründlichen ‚Reinigung' zu unterziehen.[167]

Die „erwartete Razzia" fand am 9. September 1945 statt. Die Niederschrift des Kirchenamtmanns Müller vermittelt den Eindruck einer beinahe freundlichen Atmosphäre. Hausinspektor Müller schloss seinen Bericht: „Mein persönlicher Eindruck war, daß die Kirche auch unter russischer Besatzung ruhig arbeiten kann, wenn bei ihr alles in Ordnung geht."[168]

Am 21. August 1945 meldete der Personalleiter des Amtes, Battefeld, ‚Reinigungs-Vollzug' und gab dem Landeskirchenrat zu Protokoll, dass aufgrund der Verordnung des Landespräsidenten vom 23.7.1945 „[...] 10 Beamte und 4 Angestellte aus dem Dienst entlassen worden [sind]." Nach der Einschätzung des bereits erwähnten LKA-Angestellten Robert Schmidt kamen diese Maßnahmen nicht nur zu spät, sondern sie waren auch keineswegs ausreichend. Am 20. August 1945 hatte er als „Betriebsrat-Obmann" eine von Rechen- und orthographischen Fehlern strotzende „Listenaufstellung von 1944 bis 1945" vorgelegt, die zu dem – in der Sache gewiss nicht unzutreffenden – Schluss gelangte, „daß der wirkliche Verwaltungsapparat, die eigentliche (sic!) Führung des Betriebes, zu *98,5 %* Narzistisch (sic!) war."[169]

Häufig hatte sich der Landeskirchenrat mit den Eingaben von Schmidt zu beschäftigen. Die Konflikte mit dem Betriebsratsvorsitzenden Schmidt rissen das ganze Jahr über nicht ab. Anfang Dezember kam es dann endgültig zum Eklat, weil der Betriebsrat die Mitarbeit verweigerte.[170]

Kirchenrat Hertzsch erklärte sich bereit, Kontakt mit dem örtlichen FDGB aufzunehmen. In der letzten Sitzung des Jahres 1945 wurde – nachdem Phieler davon berichtet hatte, dass die Spannungen mit dem FDGB auf der Ebene der Landesleitung geklärt sind – be-

---

[166] Telegramm, 14.08.1945, in: *LKAE*, A 239/III, 71.

[167] Beschluss des LKR, 16.08.1945, gez. Phieler. *LKAE*, A 120/XII, 90.

[168] *LKAE*, A 120/XII, 92.

[169] Sitzung des LKR, 21.08.1945, in: *LKAE*, A 122/II, unfoliiert. – Dieser Vorgang findet seine Bestätigung in der Anfrage Mitzenheims an Dibelius, „[...] ob das Betriebsrätegesetz auch für das Landeskirchenamt und die Kreiskirchenämter anzuwenden ist und ob darüber Erfahrungen aus anderen Landeskirchen vorliegen." Vgl. Schreiben von Mitzenheim an Dibelius, 06.11.1945, in: *LKAE*, A 239/III, 128.

[170] Sitzung des LKR, 08.12.1945, in: *LKAE*, A 122, unfoliiert, TOP 2.

schlossen, „[...] aus Ersparnisgründen die Baustube des Landeskirchenamtes mit Ablauf des Jahres zu schließen. Dem Angestellten Robert Schmidt [...] soll deshalb gekündigt werden."[171]

Doch der Handlungsdruck wuchs weiter an – von innen als eine Art ‚nachgeholter Kirchenkampf', von außen als staatlicher ‚Entnazifizierungsdruck' wahrgenommen. Mitte August gab Kirchenrat Schanze dem Landesoberpfarrer aus zuverlässiger Quelle die Information weiter, dass der vormalige Präsident Rönck seinen Freunden in und außerhalb Thüringens ein Anschreiben über den im Grunde ‚antifaschistischen Charakter der DC' und seine darin ausgeführte Darstellung über die ‚Machtergreifung auf dem Pflugensberg' zukommen ließ. Es versuchte, mit zahlreichen Beispielen die bereits in der Überschrift enthaltene These nachzuweisen: „Die deutschen Christen: ‚keine Stelle der NSDAP' ". Der ungenannte Verfasser dieses fünfseitigen Textes wehrte sich dagegen, dass die Alliierten in ihren Reinigungsvorschriften und Fragebögen die DC institutionell der NSDAP zuordnete. Er dokumentierte die stetige Zunahme antichristlicher Politik in und durch die NSDAP und gipfelte in der Feststellung: „Diese Geschichte kann zu ihrem weitaus größeren Teil als eine Geschichte ihrer Verfolgung durch die Partei und eine Geschichte des Kampfes gegen den anti-christlichen Kurs der Partei zusammenfassend bezeichnet werden."[172]

Empört wandte sich Kirchenrat Schanze an Mitzenheim und Zimmermann: „Rönck stellt die Vorgänge so dar, als sei er und die thüringer Kirchenregierung ‚überrumpelt' worden."[173]

Dieses weitere Indiz für die Renitenz und Verstocktheit der DC ließ Schanze Zweifel anmelden, „[...] ob die von Bruder Mitzenheim den deutschchristlichen Pfarrern angebotene Besinnungszeit nicht etwa zu einer neuen Frontbildung dieser Kreise benutzt" würde. Wobei der von Rönck emphatisch zitierte „Luther" – so Schanze – „das theologische Aushängeschild" hergebe.[174]

Ein anderes Selbstentlastungsschreiben aus DC-Kreisen, das dem Landeskirchenrat zugeleitet wurde mit dem Hinweis darauf, welche „Momente bei der Beurteilung der Parteizugehörigkeit der Pfarrer besonders zu berücksichtigen" seien, versuchte, ‚gute' und ‚böse' Nazis zu unterscheiden. Die ‚guten' waren bereits zu Beginn der „nationalen Bewegung" als idealistische Volksgenossen in die NSDAP eingetreten, um den Anschluss an das Volk nicht zu verlieren – also gewissermaßen aus volksmissionarischen Gründen. Ende 1934/35, als dann klar wurde, dass das im NSDAP-Statut benannte ‚positive Christentum' nur als ideologische Tarnkappe für die ‚nationalsozialistische Weltanschauung' herhalten musste, hätten sich die ‚Guten' und die ‚Bösen' voneinander geschieden. Die ‚Bösen' versuchten nun, „[...] in religiöser Verbrämung als Deutsche Christen die neue Weltanschauung in die Kirche hinein zu tragen."[175]

---

171 Sitzung des LKR, 20.12.1945, in: *LKAE*, A 122, unfoliiert, TOP 3, „Baustube". – Damit war das Personalproblem Schmidt (vorerst) geklärt, bis es einige Zeit später in problematischem Zusammenhang wieder auftauchte. Dazu Kapitel 4.6, dort Exkurs: ‚Wolf'. – Hingewiesen sei auf die dort erwähnte „Kirchen-Denkschrift" vom 27.12.1945. Der Verfasser Fritz Heilmann (für Landesdirektor Wolf) hatte sich dazu Unterlagen und Informationen „bei Quellen eingeholt, die aus Angst vor kirchlicher Rache nicht genannt sein wollen." Gemeint sind Robert Schmidt und Alfred Wolf. *ThHStAW*, MfV, 1747, 299-235.

172 *LKAE*, A 776, unfoliiert, trägt den Eingangsstempel des LKA vom 18.08.1945. Die Verfasserschaft ist unklar. Neben Rönck und dem DC-Pressepfarrer Heinz Dungs (1898–1949) kommen noch einige andere Thüringer DC in Betracht.

173 Schreiben von Schanze an Mitzenheim und Zimmermann, 13.08.1945, in: *LKAE*, A 130/I, unfoliiert.

174 Ebd.

175 *LKAE*, A 239/III, 85, undat., unfoliiert.

Aber keineswegs seien alle DC-Pfarrer, die häufig zugleich auch ‚Parteigenossen' waren, bereit gewesen, „[...] sich der NS-Weltanschauung zu beugen." Wo sie dies nicht taten, wären sie „[...] mehr und mehr von der Gestapo belauert und verfolgt [worden], während andere DC-Pfarrer, die oft gar nicht Parteigenossen waren, in verheerender Weise bisweilen von den Kanzeln wirkten."[176]
Der anonyme Apologet kam – mit einem flammenden Plädoyer für eine unbedingte Einzelfallprüfung durch den Landeskirchenrat – zu dem Schluss: „So kann es vorkommen, daß ein Pfarrer Pg. war, aber, wie Niemöller sagte, den Widerstandsgeist wider die verheerende Weltanschauung als einziger in seinem Ort von seiner Kanzel aus wach erhielt, während ein anderer Pfarrer als DC mit seiner Predigt die Gemeinde verwirrte und widerstandsunfähig [sic!] machte, ohne Pg. zu sein. Sollte nun jener ausgeschieden werden, während dieser bleiben kann?"[177]
Auch der ‚alte Kämpfer' Hans Gerber, Pfarrer in Großenlupnitz bei Eisenach, zeigte amtsbrüderliches Verständnis für die Einordnungs- und Entscheidungsprobleme des Landeskirchenrates und stellte die Frage: „Kann der Staat überhaupt der Kirche befehlen, Pfarrer zu entlassen?" Gerber meint, dass bei der Beantwortung dieser schweren Frage der Behandlung der „[...] alten eingeschriebenen Mitglieder der NSDAP [...] wohl hauptsächlich an die menschliche und gefühlsmäßige Seite gedacht worden [war]. Die Kirche sorgt sich um einzelne Pfarrer und möchte sie gern behalten, weil sie diese braucht."[178] Er verwies – ebenfalls recht wortreich – auf die durch die Alliierten angekündigte „Wiederherstellung der freien, unabhängigen Rechtspflege" und auf die entsprechenden Verfassungsartikel der Thüringischen evangelischen Kirche.[179]
Vor allem das letztere Argument traf bei den Mitgliedern der neuen Kirchenleitung auf offene Ohren und – in der historischen Replik, Gerbers – eventuell auch auf ein neues Nachdenken der Lutherisch-Konfessionellen über die seit 1919/20 gegebene Trennung von Staat und Kirche. Pfarrer Gerber beendete seinen Brief mit der nachsinnenden und appellativen Bemerkung: „Was vielleicht einmal bedauert wurde, die Trennung von Staat und Kirche, kann heute als beste Lösung angesehen werden. – Die Kirche muß ihre Freiheit wahren! Auch der Staat kann sie nicht durch einen jährlichen Zuschuß ködern."[180]
Zu einem gänzlich anderen Urteil war Pfarrer Theo Fehn in seinem Artikel „Reformation an Haupt und Gliedern. Die Säuberung in der evangelischen Kirche" gekommen.[181] Mit einem lobenden Blick auf die Bischöfe Wurm (Württemberg) und Meiser (Bayern) stellt er fest, dass „[...] nicht alle Kirchenleitungen es [gewagt haben], so mutig gegen die religiöse und sittliche Zersetzungsarbeit des Nazismus Stellung zu nehmen."[182]
Auch hinsichtlich der Debatte um die ‚alten Kämpfer' vertrat er im Vergleich mit den gültigen Entnazifizierungsrichtlinien und zu auch sonst üblichen Beurteilungen eine strikt gegenteilige Auffassung: Gerade diejenigen Geistlichen, die später eingetreten sind und bis zuletzt an ihrer Mitgliedschaft zur NSDAP festhielten, hätten nicht etwa mildere Maßstäbe als Angehörige anderer Berufsgruppen verdient, sondern womöglich noch

[176] Ebd.
[177] Ebd.
[178] Schreiben von Pfr. *Hans Gerber* an den LKR, 07.08.1945, *LKAE*, A 239/III 76.
[179] Ebd.
[180] Gerade diese Möglichkeit einer Einflussnahme des Staates auf die Kirche via ‚Geldhahn' hatte Gerbers Pfarrerkollege Erle anders beurteilt. – Mitzenheim gab dieses Schreiben, laut handschriftlicher Verfügung, dem internen Berater in Entnazifizierungsangelegenheiten, KKR Fritz, zur Kenntnis.
[181] *LKAE*, A 239/III, Zeitungsartikel, erschienen September 1945 in der Zeitung „Die Rheinpfalz", in den Akten des LKR.
[182] Ebd.

strengere. Denn: „Sie sind damit nicht nur gegenüber dem deutschen Volk, sondern auch ihrem Amt gegenüber schuldig geworden.“[183]
Zwischen diesen Positionen bewegte sich die Debatte um die Zuordnung von politischen und kirchlichen Gesichtspunkten und der sie begleitende Meinungsbildungsprozess über das angemessene Prozedere einer kirchlichen Entnazifizierung im Landeskirchenrat.
Als sich Gerhard Phieler am Ende dieses arbeits- und konfliktreichen Sommers 1945 den harschen Anwürfen des vormaligen DC-Vizepräsidenten Volkmar Franz stellen musste, hat er ihm mit guten Argumenten begegnen können. Franz hatte ihm und der neuen Kirchenleitung vorgeworfen, „daß die Kirche, die als heiligste Pflicht Liebe zu üben habe, sich zur Sachwalterin staatlicher Gesetze mache, die vom Haß eingegeben seien.“[184]
Der Tag, an dem der Pflugensberg von Dutzenden russischer Soldaten untersucht worden sei, so Phieler, „[...], allerdings der letzte Augenblick [gewesen], an dem die Entlassungsverfügungen unterschrieben werden mußten.“[185] Der Ex-Vizepräsident war sichtlich beeindruckt und habe „[...] durch Schweigen zu erkennen [gegeben], daß er seine eingangs erhobenen Vorwürfe nicht mehr aufrecht erhält.“[186]
Diese Kritik hatte Phieler offenbar dennoch keine Ruhe gelassen.
So versuchte auch er, das Terrain zu erkunden, indem er einen Brief an den neuen Landespräsidenten schrieb: Zwar habe der Landeskirchenrat „[...] bereits die erforderlichen Maßnahmen getroffen und z. T. durchgeführt.“ Es käme jedoch vor, so Phieler, „daß sich entlassene Beamte und Angestellte auf Verfügungen beriefen, [...] wonach das Land Thüringen Personen, die vor dem 1.4.1933 Mitglieder der NSDAP geworden waren, wieder bzw. weiterbeschäftigt.“[187] Überhaupt wären sie im Landeskirchenrat sehr dankbar, wenn ihnen künftig „[...] die ergangenen Verfügungen und dergl. zu dieser Verordnung zugestellt würden, [...] damit wir von der Auffassung des Landes Thüringen in Zweifelsfragen Kenntnis erhalten, – im Interesse der [...] weiteren Durch- und Ausführung der Verordnung vom 23.7.ds.Js.“[188]
Ein weiteres Problem, das im Zusammenhang mit der Reinigung resp. Entnazifizierung der Kirche auf der Tagesordnung stand, war das Problem der Kirchgemeindekörperschaften, d. h. die Zusammensetzung der gewählten Gemeindekirchenräte in den Thüringer Pfarreien. Obwohl weder durch die Reinigungsverordnung vom 23. Juli 1945 noch durch sonst erkennbaren politischen Druck bedingt, war gerade diese Frage für eine evangelische Kirche, die – neben dem Pfarramt – das ‚Amt der Gemeinde‘ als konstitutiv für eine ‚ordentliche Verwaltung von Wort und Sakrament‘ ansah, von essentieller Bedeutung.
Davon war offenkundig auch der neue Landesoberpfarrer überzeugt, der in der LKR-Sitzung vom 21. August 1945 einen entsprechenden Entwurf für ein „Gesetz über die

183 Ebd. – Im Unterschied zu einer weithin gängigen Auffassung argumentiert Fehn auch: „Es ist ja nirgendwo so frühzeitig und so eindeutig kund geworden, welchen Kurs die NSDAP steuerte, *wie gerade im Raum der Kirche.* [Hervorhebungen von Fehn].“

184 Niederschrift von KR Phieler, in: *LKAE,* A 239/III, 92.

185 Ebd.

186 Dass das Verfahren selbst nicht anonym abgelaufen ist, sondern dass Phieler allen „[...] die Kündigung persönlich übergeben und mit jedem von ihnen über die bei ihnen entstandene Lage ausführlich gesprochen“ hat, wird von Franz ebenso konzediert, wie die Mitteilung über die vom LKR ins Werk gesetzte „Beibehaltung der Mitgliedschaft bei der Hilfskasse“ zur Linderung der existenziellen Nöte der betroffenen Familien. Ebd.

187 Diesen Brief an den Landtagspräsidenten vom 01.09.1945 ließ sich Phieler in der LKR-Sitzung sicherheitshalber noch – nachträglich – genehmigen. Ebd. – Vgl. Sitzung des LKR, 04.09.1945, TOP 69, in: *LKAE,* A 122/II, unfoliiert.

188 Ebd.

Kirchgemeindekörperschaften" zur Diskussion stellte. „In der Besprechung wurden einige Ergänzungen erwünscht, im allgemeinen aber zugestimmt."[189] In der darauffolgenden Sitzung wurde der von KKR Fritz überarbeitete Entwurf Mitzenheims verabschiedet.[190] Es fällt auf, dass in den Formulierungen dieses Kirchengesetzes keine ‚entnazifizierungsrelevanten' kirchenpolitischen oder politischen Sachverhalte oder Bedingungen für das „Ausscheiden aus dem Amt eines Kirchvorstehers" oder für dessen Wählbarkeit auftauchten, sieht man von dem Passus in § 7 ab, der besagt, dass „[...] ohne Rücksicht auf Stand, Beruf oder Besitz [...] vor allem solche Gemeindeglieder ausersehen werden, die unbeirrt ihre Treue zu Kirche und Evangelium durch Wort und Tat öffentlich bekannt haben."[191] Doch das hätte in dieser oder ähnlicher Weise auch 1890, 1920 oder 1970 an solcher Stelle stehen können. Der bereits einen Monat früher in Gang gesetzte Berliner Versuch einer „Verordnung über eine vorläufige Neubildung der Kreissynodenvorstände und Gemeindekirchenräte vom 7.8.1945" sah dagegen ein wenig anders aus. Der Vorsitzende der vorläufigen Kirchenleitung der „Evangelischen Kirche der altpreußischen Union", Otto Dibelius (1880–1967), hatte immerhin gleich am Anfang dieses Gesetzestextes den Grund für dessen Errichtung deutlich gemacht: „Die letzten Kirchenwahlen haben am 23. Juli 1933 stattgefunden."[192] Abgesehen davon, dass die Preußen schon 1933 heftige Kritik an diesen Wahlen geübt hatten, die „[...] unter ständigen Eingriffen kirchenfremder Gewalten und unter Verletzung der Ordnung [der Kirche, d.Vf.]" durchgeführt worden seien, waren die Wahlen im Ergebnis nicht so katastrophal ausgegangen wie in Thüringen, wo die DC erneut mit „einer erdrückenden Mehrheit" gewonnen hatten.[193]
Eine Erklärung für diese Zurückhaltung Mitzenheims ist in einem mehrseitigen Bericht zu finden, den der Landeskirchenrat „auf die am 25. Oktober 1945 fernmündlich übermittelten Fragen der sowjetischen Militäradministration" gab. Dort wurde auf die Frage „Wie sehen die Kirchenvorstände aus? Sind sämtliche Nazis aus diesen entfernt?" überraschend geantwortet, dass „[...] die Bereinigung seit längerer Zeit ganz von selbst erfolgt sei."[194] Diese Sonderform einer sich im historischen Selbstlauf vollziehenden ‚Selbstreinigung' hatte – so die Einschätzung der Berichterstatter – den Hintergrund, dass bald nach 1933 „die aktiven Nazisten von selbst wieder aus den kirchlichen Körperschaften ausschieden." Sie taten dies, „[...] weil sie sich *für* den Nazismus und *gegen* die Kirche entschieden [hätten]." Ein wenig unklar bleibt dann allerdings, warum der Landeskirchenrat trotzdem „am 5. September 1945 ein Kirchengesetz erlassen" hatte, „[...] das zur Reinigung der Kirchenvorstände vom Nazismus dient und auf dessen Durchführung von der Kirchenleitung streng gesehen wird."[195]
Sieht man von der relativ schwach ausgeprägten politischen Analysefähigkeit Mitzenheims und des größten Teils der Mitglieder der Kirchenleitung ab, gibt es aus unserer Sicht eine plausiblere Erklärung für die zurückhaltenden Formulierungen dieses Gesetzes: Möglicherweise war man, angesichts der Unruhe, die die angelaufene Entnazifizierung in der Pfarrerschaft ausgelöst hatte, nun der Auffassung, es würde dem ‚inneren

189 Sitzung des LKR, 21.08.1945, TOP 5 „Neubildung der kirchlichen Körperschaften", in: *LKAE*, A 122/II, unfoliiert.
190 Sitzung des LKR, 04.09.1945, TOP 61, in: *LKAE*, A 122/II, unfoliiert.
191 Anlage zum Sitzungsprotokoll „Gesetz über die Kirchgemeindekörperschaften. Vom 5. September 1945". Ebd.
192 Abschrift der „Verordnung über eine vorläufige Neubildung der Kreissynodalvorstände und Gemeindekirchenräte [...]", der „Kirchenleitung der Evangelischen Kirche der altpreußischen Union", 07.08.1945, in: *ThHStAW*, BMP, 866, unfoliiert.
193 Stegmann, *Kirchenkampf*, 22.
194 Antwort des LKR auf die Fragen der SMA, 26.10.1945, 6 S., in: *LKAE*, A 930, unfoliiert.
195 Ebd.

Frieden' in den Gemeinden schaden, wenn die Neu- oder Nachwahlen mit der Fragestellung nach politischer oder kirchenpolitischer Zugehörigkeit zwischen 1933 und 1945 verbunden würden. In der Nachbarkirche der Kirchenprovinz machte man es sich relativ einfach. „Durch Erlaß vom 21. Dezember 1945 [...] hat der Evangelische Oberkirchenrat [...] verfügt", die vorne erwähnte Preußische Verordnung vom 7. August 1945 in Kraft zu setzen.[196] Auf jeden Fall hatte man in Thüringen einen vorsichtigen Weg gewählt, der allerdings – wie noch zu sehen ist – schon ein Jahr später mit einiger Mühe korrigiert werden musste.[197]

Nach den spontanen Personalkorrekturen in einzelnen Thüringer Kirchgemeinden im unmittelbaren Anschluss an die Neubildung der Kirchenleitung vom Mai 1945, nach dem fortgesetzten Drängen des Betriebsrats-Obmannes Schmidt im Landeskirchenamt Eisenach, wurde mittlerweile auch von anderer Seite nachhaltiges Interesse an den Reinigungsaktivitäten der Landeskirche geäußert. So hatte sich der „Freie Gewerkschaftsbund Gera und Umgebung" mit einem ‚anrede- und unterschriftslosen' Protestschreiben an den Landeskirchenrat gewandt, weil, wie es in selbstbewusst kämpferischem Tonfall hieß, „[...] aus den Kreisen unserer Mitglieder, welche der evang[elischen] Kirche angehören [...] immer wieder Beschwerden darüber laut [werden], daß die politisch schwerbelasteten Angestellten und Beamten des Kreiskirchenamtes Gera weiterhin im Dienste verbleiben." Außerdem würden sogar Beamte, „[...] die aufgrund der Richtlinien der zivilen Landesverwaltung Thüringen keinen Anspruch auf Weiterbeschäftigung mehr haben, neu eingestellt."[198] Dass der oder die Geraer Gewerkschafter kein sonderlich entwickeltes Vertrauen in die Ernsthaftigkeit der kirchenleitenden Entnazifizierung hatten, wird u.a. dadurch deutlich, dass sie den Landeskirchenrat aufforderten, ihnen eine Personalliste zuzusenden, „[...] aus der die Zugehörigkeit zur NSDAP, SA, SS, oder einer ihrer Gliederungen und angeschlossenen Verbände hervorgeht, sowie der Tag des Eintritts in diese und die dort innegehabte Dienststellung."[199]

Weiterhin verschafften sie ihrem Anliegen zusätzlich Nachdruck, indem sie damit drohten, die Angelegenheit nicht „der zivilen Landesverwaltung" (!), sondern der SMATh vorzutragen.

Vor allem diese angedrohte Denunziation ‚bei den Russen', von denen man trotz einiger freundlicher Signale noch nicht genau wissen konnte, wie sie sich der Kirche gegenüber verhalten würden, erforderte rasches und entschiedenes Handeln. Der Landesoberpfarrer bat Phieler, eine Antwort zu entwerfen. In seinem Antwortbrief an den FDGB in Gera bestätigte Phieler zunächst, dass die Verordnung des Präsidenten vom 23. Juli „auch entsprechende Anwendung auf die landeskirchliche Verwaltung findet", und dass weiterhin „erforderliche Maßnahmen [...] bereits getroffen und z. T. durchgeführt" seien.[200] Die Zusendung der gewünschten Liste wurde in Aussicht gestellt, ebenso wie das Versprechen, dem angezeigten Fall einer Neueinstellung eines ‚Belasteten' im KKA Gera

---

196 Schreiben des ‚Evangelischen Konsistoriums der Kirchenprovinz Sachsen', 14.01.1946, in: *ThHStAW*, BMP, 866, unfoliiert.

197 Dem neuen leitenden Juristen des LKR *Gerhard Lotz* oblag es, und ihm lag auch persönlich daran, verschiedene Maßnahmen zur Korrektur bzw. zur Weiterentwicklung der kirchlichen Entnazifizierung zu ergreifen. Im März 1946 erging die Ergänzung zum RG vom 12.12.1945, im Sommer 1946 die „Verordnung zur Entnazifizierung der kirchlichen Körperschaften" im und Herbst 1947 wurde die „Spruchstelle zur Überprüfung der Katecheten" eingerichtet. – Vgl. dazu Kapitel 4.6 und 4.7.

198 Schreiben des FDGB Gera an den LKR, vom 28.08.1945, in: *LKAE*, A 239/VI, 1.

199 Ebd.

200 Antwortschreiben des LKR an den FDGB Gera, vom 10.09.1945, in: *LKAE*, A 239/VI, 2.

nachzugehen. Der Brief des Landeskirchenrates ging in Abschrift an den Vorstand des Geraer Kreiskirchenamtes.[201]

Es entsteht der Eindruck, dass die Zudringlichkeit dieses unter den neuen Verhältnissen gewiss als ‚einflussreich' eingestuften Verbandes auch dazu angetan war, die Dringlichkeit der innerkirchlich geforderten Reinigungsmaßnahmen zu verdeutlichen und ihre Durchsetzung zu beschleunigen. Dass es durchaus richtig war, rasch und ‚politisch korrekt' zu reagieren, zeigte die postwendende Antwort des FDGB, die eingeleitet wurde mit dem Satz: „Der Freie Deutsche Gewerkschaftsbund ist die einzige von der Thür[inger] Landesregierung und der Militärregierung anerkannte und zugelassene Berufsvertretung aller Werktätigen. Auch die Landeskirchenregierung in Eisenach ist damit verpflichtet, mit ihm zusammenzuarbeiten."[202]

Diese wurde auch gleich davon in Kenntnis gesetzt, dass die Kollegen von der Gewerkschaft bereits „[...] dem Vorstandsmitglied Herrn Bilger die Vertretung Ihrer Interessen übertragen [haben]", die „Abteilungen und Nebenstellen des Kreiskirchenamtes Gera: Altenburg, Schmölln, Greiz, Schleiz, Neustadt, Pösneck, Saalfeld und Rudolstadt" hätten dem auch schon zugestimmt.[203] Es schloss sich dann – Bezug nehmend auf das Schreiben von Phieler vom 10. September – eine Reihe von Entlassungsvorschlägen an, bevor gegen Ende hin der Tonfall fast versöhnlich wirkte: „Wir betonen ausdrücklich, daß wir gewillt sind, die Kirchenleitung in allen ihren entstehenden [sic!] Schwierigkeiten zu unterstützen."[204]

Die Antwort des Landeskirchenrates veranschaulicht die mittlerweile gewachsene Handlungssicherheit der kirchlichen Behördenleitung. Man habe die Entlassungsvorschläge geprüft, in manchen Fällen auch zugestimmt. Bezeichnenderweise wird auf den Personalvorschlag Bilger überhaupt nicht eingegangen, abgesehen davon, dass er eine Durchschrift „zur gefl. Kenntnis" erhält. Ansonsten regelte man in Eisenach die Dinge nun selbst und selbstbewusst: „Hinsichtlich der Betriebsvertretung bei den Kreiskirchenämtern ist im Einvernehmen mit dem Betriebsrat im Landeskirchenamt eine besondere Verfügung ergangen, die dem FDGB besonders zugeht."[205]

Der Geraer Betriebsobmann im KKA Karl Bilger schied Anfang November 1945 aus dem kirchlichen Dienst aus und nahm das Angebot der Gemeindeverwaltung Schmölln an, die dortige Finanzverwaltung zu leiten. Sein Ausscheiden aus dem Kirchendienst könnte eher ‚eine Flucht nach vorn' gewesen sein. Der durch den Beschluss der Spruchstelle im Mai 1946 entlassene DC-Aktivist Alfred Wolf, Schmölln, und Bilger versicherten sich im Mai 1946 wechselseitig, „illegal tätige Antifaschisten" gewesen zu sein. Dies jedenfalls legt ein Schreiben des „Beigeordneten und Leiters des Städtischen Schul- und Kulturamtes Schmölln, Pfarrer Alfred Wolf, an das Landesamt für Arbeit und Sozialfürsorge" nahe:

201 Anschreiben des LKR an den Vorstand des Kreiskirchenamtes Gera, ebd., 4.

202 Schreiben des FDGB Gera an den LKR, 02.10.1945, in: *LKAE*, A 239/VI, 5. – Bemerkenswert ist, dass nicht nur die ‚Landeskirchenregierung in Eisenach' von derartigem gewerkschaftlichen ‚Entnazifizierungsdrang' behelligt wurde. Auch der Präsident des Landes Thüringen, Dr. Paul, musste sich gegenüber dem FDBG, in diesem Falle Weimar, erklären. Schreiben Paul an FDGB Weimar, 17.09.1945, in: *ThHStAW*, MdI, 3448, 133.

203 Schreiben des FDGB (Gera) an den LKR, vom 02.10.1945, in: *LKAE*, A 239/VI, 5. Der „auch in Kreisen der Kirchenvorstände [...] besonders beliebte" Betriebsratsvorsitzende Bilger eignete sich nach Meinung der FDGB-Leitung im übrigen weit besser, „als der Bürgermeister Dr. Neubauer."

204 Ebd.

205 Schreiben des LKR (Phieler) an den FDGB (Gera), 05.11.1945, in: *LKAE*, A 239/VI, 9. – Am Ende des Jahres gelang es Phieler dann sogar mit Hilfe der Landesleitung des FDGB eine (vorläufige) Befriedung zwischen LKR und dem Betriebsrat im LKA auf den Weg zu bringen. Sitzung des LKR, vom 20.12.1945, TOP 2 „Betriebsrat", in: *LKAE*, A 122/II.

„Ich bitte die im Folgenden geschilderte Tätigkeit der Gruppe Möser-Wolf-Bilger-Müller als fortgesetzte, organisierte Tätigkeit einer illegalen Gruppe anzuerkennen und für die Beteiligten zu bescheinigen.“
Angefügt wurde eine kurze Bestätigung des ‚Stadtkämmerers und Leiters des Stadtrechtsamtes‘, Karl Bilger, dass die Angaben des ‚Genossen Wolf‘ den Tatsachen entsprächen. Der Nachweis über seine eigene NS-Opferrolle sei leider nicht zu erbringen, weil „[...] die Akten über meine disziplinarische Bestrafung [...] beim Kreiskirchenamt Greiz [...] beim Bombenangriff auf Gera verbrannt sind.“ Bis nach Greiz (!) sei die Kunde des ‚aufrechten Widerstandskämpfers‘ Pfarrer Wolf gedrungen: „Von der antifaschistischen Tätigkeit des Genossen Wolf gegen die NSDAP wurde in Altenburg und im weiten Umkreis von Schmölln viel gesprochen.“[206] Von diesem vormaligen DC-Pfarrer und nachmaligen KPD-Mitgliedern wird noch zu reden sein.[207]

4.5 Reinigungsgesetz und Spruchstelle

Das Thema „Reinigung der Verwaltung von Nazi-Elementen“ – zunächst in dieser Sprachregelung – war naturgemäß auch weiterhin ein hervorgehobener Tagesordnungspunkt der wöchentlichen, zumeist zweitägigen Landeskirchenratssitzungen. Dessen ungeachtet musste gleichlaufend über eine Vielzahl von Einzel-Personalfragen entschieden werden, ohne genaue Entscheidungsgrundlage, auf vielfach schmaler Personalkenntnis, zusätzlich noch erschwert durch Pfarrer, die aus der Kriegsgefangenschaft heimkehrten, und andere, die aus den deutschen Ostgebieten oder aus anderen Landeskirchen kamen und in Thüringen eine Anstellung anstrebten. Man behalf sich zumeist damit, dass auf ‚kommissarische Beschäftigung‘, ‚zeitweise Beurlaubung‘ o. ä. entschieden wurde und hielt sich auf diese Weise weitere Optionen offen.
Große Hoffnungen setzte Mitzenheim und mit ihm der Landeskirchenrat in das noch immer ausstehende Gespräch mit dem neuen Landespräsidenten und die für den 25. September 1945 in Berlin anberaumte ‚Konferenz der Ostkirchenführer‘. Vor allem die „Besprechung mit den Brüdern in Berlin“ sollte Aufschluss bringen über die Entnazifizierungspraxis in den anderen Landeskirchen der SBZ.[208]
In der Sitzung vom 11. September 1945 wurde ein weiteres Mal deutlich, dass dienst- und beamtenrechtliche Fragen weiterhin unklar blieben und dass deshalb „[...] bei der geplanten Verhandlung mit Landespräsident Paul auch die Frage eventueller paralleler Behandlung von Pfarrern und Lehrern betreffs der alten Kämpfer zur Sprache gebracht werden soll.“[209] Dennoch hatte man sich inzwischen durchgerungen, „[...] den Superintendenten (als leitenden Beamten), die als Parteimitglieder noch im Amt sind, [nahezulegen], ihr Amt zur Verfügung zu stellen.“[210]
Dass man in der Nachbarlandeskirche ganz ähnlich vorging, erfuhr Mitzenheim wenige Tage darauf aus einem Gespräch, das er mit dem Mitglied der vorläufigen Kirchenleitung der Kirchenprovinz, Gerhard Gloege (1901–1970), in Erfurt geführt hatte. Allerdings sei

206 *ThHStAW*, MfV, 1747, 264. Referat „Opfer des Faschismus“. – Auf das KKA Gera als (kriegszerstörte) Arbeitsstelle wurde ‚gern‘ verwiesen, etwa bei *Gerhard Lotz*. Vgl. Stegmann, *Kirchenkampf*, 116.
207 Siehe Kapitel 4.6, dort besonders den Exkurs: ‚Wolf‘.
208 Michael Kühne, „Die Neuordnung des kirchlichen Lebens in der Sowjetischen Besatzungszone: die Protokolle der Kirchlichen Ostkonferenz 1945 bis 1950“, Diss. theol. Kirchliche Hochschule Naumburg 1993, Ms. – Auf dieser ersten der insgesamt 108 Sitzungen der Bischöfe und leitenden Kirchenbeamten der SBZ/DDR wurde das Thema ‚DC-Pfarrer‘ offenbar sehr eingehend diskutiert.
209 Sitzung des LKR, 10. und 11.09.1945, in: *LKAE*, A 122/II, unfoliiert.
210 In Klammern werden die sechs Superintendenten, von denen man wusste, aufgeführt. Ebd.

dort staatlicher ‚Entnazifizierungsdruck' kaum erkennbar gewesen, zumal – so die Niederschrift von Mitzenheim – „[...] alte Kämpfer seiner Kenntnis nach nur wenige vorhanden [sind]. 3 Superintendenten seien wegen Parteizugehörigkeit ihrer Ämter enthoben worden."[211]

Die rechtliche Frage, inwieweit Angestellte der Kirche überhaupt „[...] als Beamte behandelt werden könnten, da die geistlichen Mitglieder des Landeskirchenrates die Stellung von Geistlichen hätten", wurde auch von Schanze noch einmal dem Landesoberpfarrer vorgelegt.[212] In diesem Fall waren die Mitglieder des vormaligen DC-Landeskirchenrates gemeint. Der umtriebige Rönck habe von Bischof Marahrens, Hannover, die Auskunft erhalten, dass die Entlassungen in Thüringen nicht rechtens seien. Und „auch Bischof Meiser", so wurde es Schanze in Weimar vom vormaligen „Inhaber der Gesetzgebungsgewalt" (des Überleitungsgesetzes vom 2. Mai 1945), „Oberlandeskirchenrat a.D. Dr. Erwin Brauer", übermittelt, „denke ganz ähnlich". Weiterhin hätte sich nach Kenntnis von Brauer „[...] die Konferenz von Treysa ebenfalls für die Unabhängigkeit der Kirche von diesen Bestimmungen ausgesprochen."[213]

Schanze artikulierte sein Unbehagen, dass auch ihm die Rechtsfrage nicht klar sei und fragte bei Mitzenheim an: „Welcher Jurist hat denn die Sache [die Entlassung der Mitglieder des ehemaligen LKR, d.Vf.] bearbeitet?"[214]

In dieser September-Sitzung wurde in der Auseinandersetzung mit einem Wiedereinstellungsgesuch eines als ‚alten Kämpfer' entlassenen Landeskichenamts-Beamten zum ersten Mal von einer ‚Spruchstelle' gesprochen, die in Weimar eingerichtet wurde oder werden sollte und an die man diesen Fall – „mit einem Fürwort des Betriebsrates" (!) – weiterleiten wollte.[215]

Den ausführlicher als sonst gehaltenen Niederschriften zu den Tagesordnungspunkten der – mittlerweile – 22. LKR-Sitzung vom 2., 3. und 4. Oktober 1945 ist zu entnehmen, dass die Besprechungen der zurückliegenden Tage wichtige Ergebnisse gebracht hatten. Unbehagen und Unsicherheit der letzten Wochen waren in den Hintergrund getreten. Mitzenheim gab am Morgen des 2. Oktober seinen – gewiss mit Spannung erwarteten – Bericht über die „Verhandlung mit dem Landespräsidenten", die am 21. September 1945 in Weimar stattgefunden hatte. Zu den Themen gehörten insbesondere die Verordnung über die Neuregelung des Religionsunterrichts, die Belegung der Pfarrhäuser mit Flüchtlingen, die Bodenreform und ihre Einwirkung auf kirchlichen Grundbesitz und kirchliche Ansprüche aus Ländereien. Mit Genugtuung konnte der Landesoberpfarrer konstatieren: „In allem sei festzustellen gewesen, daß [auch nach Auffassung von Paul, d.Vf.] die russische Besatzungsbehörde keine Kollision mit der Kirche haben möchte." Kirchenrat Phieler, der bei diesem Gespräch dabei war, „[...] ergänzt den Bericht durch Mitteilung über die Besprechung wegen Auslegung der Verordnung vom 23.7.1945 über die Reinigung der Verwaltung vom Nazismus."[216]

---

211 Handschriftliche Niederschrift Mitzenheim, 15.09.1945, in: *LKAE*, A 239/III, 104.

212 Schreiben von Schanze (Weimar) an , 13.09.1945. *LKAE*, A 239/III, 103.

213 An der EKD-Konferenz von Treysa, 07.08.1945, hatte Mitzenheim nicht teilgenommen, da ihn die Einladung erst einen Monat später erreichte. [Die Protokolle des Rates der Evangelischen Kirche in Deutschland. Bd. 1: 1945/46, Göttingen 1995, XXI].

214 Schreiben von Schanze an Mitzenheim, 13.09.1945, in: *LKAE*, A 239/III, 103.

215 Sitzung des LKR, vom 02. bis 04.10.1945. *LKAE*, A 122/II, unfoliiert. – Im letzten Tagesordnungspunkt tauchte auch der finanziell ‚großherzige' KR Tegetmeyer wieder auf, der „[...] trotz seiner Ruhestandsversetzung noch Dienstreisen vorgenommen habe." Der LKR legte fest, „[...] die Reisekosten nicht zu erstatten."

216 Ebd.

Etwas knapper gehalten sind die Mitteilungen Mitzenheims zur ‚Kirchenleiterkonferenz in Berlin', die am 25. September 1945 stattgefunden hatte. Zur Frage der Behandlung der NSDAP-Mitglieder unter den Pfarrern wurde von den versammelten „Vertretern der Kirchen aus der östlichen Besatzungszone" festgestellt, „daß die Kirche die Verordnungen des Staates oder der Militärbehörden nicht ohne weiteres übernehmen kann."[217]
Die Informationen in Sachen ‚Entnazifizierung' – sowohl die von Phieler aus Weimar wie die von Mitzenheim aus Berlin – führten zur einer offenbar heftigen Debatte, in der Phieler und Fritz dezidiert die Meinung vertraten, „daß nichts anderes übrig bleibt, als daß die sogenannten ‚alten Kämpfer' unter den Pfarrern – es handelt sich um 46 – nicht anders behandelt werden als die Beamten [der staatlichen Verwaltung, d.Vf.]."
Phieler begründete diese Auffassung vor allem mit der anderen Lage in Thüringen, die sich durch weitaus weniger elastische Anordnungen des Landespräsidenten auszeichne.[218] Dagegen wandten sich, wie es heißt, ‚die geistlichen Mitglieder' des Landeskirchenrates.[219]
Angesichts dieses ‚Entnazifizierungs-Dilemmas' macht der Landesoberpfarrer den Vorschlag, „[...] ein Spruchkollegium – eine andere, bessere Bezeichnung vorbehalten – zu bilden, das über die einzelnen Fälle entscheiden soll. Die weitere Diskussion über dieses Thema wurde allerdings vertagt, [...] um mit dem Landespräsidenten Dr. Paul die Sache bei der für morgen vorgesehenen Besprechung erst noch zu behandeln."[220]
Der Besprechung beim Landespräsidenten ging „eine 2-stündige Unterredung mit dem russischen General [Kolesnitschenko, d.Vf.]" voraus, an der außer Mitzenheim „Senior Breithaupt und Pfarrer Glöge [Gloege, d.Vf.] aus Erfurt, sowie 3 [‚namenlose', d.Vf.] Herren von der katholischen Geistlichkeit" teilgenommen hatten. Abgesehen davon, dass das Thema ‚Bodenreform' in diesem Kontext ausgespart blieb, gleichen auch die hier behandelten Punkte denen des ersten Termins Mitzenheims mit dem Landespräsidenten vom 21. September. Die Auffassung Pauls, wonach „die russische Besatzungsbehörde keine Kollision mit der Kirche" wolle, wurde voll und ganz bestätigt. Und nicht nur das! Den sicherlich verdutzten Anwesenden machte der zuständige Chef für Zivilangelegenheiten der SMATh, Garde-Generalmajor Kolesnitschenko – mithin die nach dem Garde-Generaloberst Tschuikow zweithöchste Autorität im Lande – klar, dass er beispielsweise in Sachen ‚Religionsunterricht' und ‚Kindergärten' anderer Auffassung war als der zuständige Thüringer Regierungsdirektor. Die bereits erwähnten Übergriffe ‚kommunistischer Bürgermeister' bei der Belegung von Räumen in Pfarrhäusern wie auch gelegentlich vorgekommene ‚Einquartierungen' sollten künftig nicht mehr vorkommen,[221] ebenso wenig wie ‚Sonntagsentheiligungen' durch Soldaten der Roten Armee.[222] Sogar „die Bewilligung von 2 Kraftwagen für den Landeskirchenrat" wurde in Aussicht gestellt, was im Blick auf die aktuellen verkehrstechnischen Schwierigkeiten von unschätzbarem Wert für die Neuordnung der kirchlichen Verhältnisse war.[223]
Der Punkt „Verhaftung von Pfarrern" wurde offenbar militärisch knapp abgehandelt: „Der General verlangt klare Tatsachenberichte."[224] Dieses Thema sollte, abgesehen von den

[217] Ebd.
[218] Sitzung des LKR, 02. bis 04.10.1945, in: *LKAE*, A 122/II, unfoliiert.
[219] Ebd.
[220] Ebd.
[221] An dieser Stelle macht Kolesnitschenko den Vorschlag, Schutzschilder an Pfarrhäusern anzubringen. Vgl. dazu Kapitel 3.2.3.
[222] Ebd.
[223] Hinsichtlich der ebenso wichtigen logistischen Frage von Passierscheinen und Ausweisen erteilte Kolesnitschenko den Kirchenvertretern die Erlaubnis, „selbst Ausweise auszugeben." Ebd.
[224] Ebd.

Entwicklungen in Thüringen, auf Initiative der Kirchenkanzlei der EKD „gesammelt vor den zentralen Besatzungsbehörden vertreten werden". Deshalb war an alle Kirchenleitungen die Bitte ergangen, „[...] eine Liste aller der Pfarrer zu übersenden, die jetzt von den Besatzungsmächten wegen ihrer Zugehörigkeit zur Partei oder aus ähnlichen Gründen verhaftet wurden."[225] Mitzenheim hat die entsprechenden Informationen, sofern es sich um Thüringer Pfarrer handelte, jeweils mit zu den Ostkirchenführerkonferenzen genommen. Auf der Grundlage dieser Angaben wurden dann nicht nur Fürbittlisten erstellt, sondern jeweils auch konkrete Vorstöße bei den Alliierten zur Enthaftung der Betreffenden unternommen. Wenn es sich dabei um Verhaftungen durch den NKWD handelte, hatte auch diese Art ‚konzertierter Aktion' der evangelischen Kirchen zumeist keinen Erfolg.[226] Das – für Mitzenheim nach kurzer Zeit mittlerweile zweite – Gespräch mit dem Landespräsidenten, das sich an die Verhandlungen mit Kolesnitschenko anschloss, drehte sich vor allem um die ‚Schulfrage' und die Beschwerden der Kirchen über „das Verhalten des Landesdirektors Wolf".[227] Die avisierte Besprechung in Sachen Entnazifizierung und ‚alte Kämpfer' fand – so Mitzenheim – nach dem offiziellen Teil, in „einer vertraulichen Rücksprache mit dem Landespräsidenten" statt.[228]

Auf der Grundlage des Gesprächsergebnisses wurde die Debatte im Landeskirchenrat vom 2. Oktober wieder aufgenommen.[229] Zunächst war man nach einer „eingehenden und ernsthaften Beratung" von dem Gedanken wieder abgekommen, „[...] ein Spruchkollegium zu bilden, das über die einzelnen Fälle entscheidet." Skepsis hatte sich auch darüber breit gemacht, bei der Leitung der EKD nachzufragen, „[...] weil doch die Bestimmungen in den anderen Ländern anders lauten als in Thüringen." Es schien also der Schluss unausweichlich, die Bestimmungen der Entnazifizierungsverordnung hinsichtlich der ‚alten Kämpfer' zu erfüllen. Und so wurde dann auch – zunächst gegen die Stimme von Ziegner – beschlossen, die vor dem 1.4.1933 zur NSDAP gehörenden Pfarrer ohne Dienstbezüge aus ohrem Amt zu beurlauben.[230] Es war ganz bewusst von ‚Beurlaubung' gesprochen worden, weil man damit die Hoffnung verband, dass es möglich sein würde, in jedem einzelnen Fall zu prüfen, ob die Möglichkeit besteht, den betreffenden Pfarrer später wieder zu beschäftigen.[231] Am Schluss dieser Mammutsitzung verpflichtete Mitzenheim den aus Kriegsgefangenschaft zurückgekehrten Gerhard Säuberlich (1901–1959)

[225] Schreiben der Kanzlei der EKD (Schwäbisch Gmünd) ‚an die Landeskirchenregierungen' vom 03.11.1945, in: *LKAE*, A 239/III, 146.

[226] Was man seitens der Kirchenführungen (lange Zeit) nicht wusste und auch nicht wissen konnte, war die strenge Separierung zwischen den sowjetischen Militär-Dienststellen. Einflussmöglichkeiten oder gar Zugriff auf den NKWD hatten auch die jeweiligen Chefs der SMAD nicht. – Vgl. *ThHStAW*, BMP, 534, 253, umseitig: Notiz von *ORR Matschke* an *ORR Dr. Hossinger*, vom 13.05.1946: „Bei der SMA kann nichts unternommen werden. Die allgemeine Resolution des Herrn General Kolesnitschenko an Herrn Vizepräs[ident] Busse in derartigen Angelegenheit [Verhaftungen, ohne Angabe von Gründen, d.Vf.] lautet: ‚Verhaftet werden nur Verbrecher und Feinde des deutschen Volkes und der Besatzungstruppen, [...] Die Rote Armee hat überhaupt nichts mit diesen Verhaftungen zu schaffen.' "

[227] Sitzung des LKR, 02. bis 04.10.1945, in: *LKAE*, A 122/II, unfoliiert. Mitzenheim sah zudem die Gelegenheit, die seit längerem geplante (erneute) Herausgabe eines „Thüringer Kirchenblattes" zu beantragen.

[228] Ebd.

[229] Ebd. Fortsetzung der Sitzung am 04.10., TOP 108: „Behandlung der Parteimitglieder".

[230] Ziegner stimmt nachträglich zu, nachdem Mitzenheim noch einmal eindringlich klarmachte: „Wir können durch diesen Beschluß nun für diejenigen Pfarrer, die wir halten wollen, alles tun, was in unserer Kraft steht." Ebd.

[231] In der Anlage zum Protokoll findet sich auch ein Entwurf des entsprechenden ‚Beurlaubungsschreibens'. Als Rechtsgrundlage wird die „Verordnung zur Reinigung vom 23. Juli 1945", dort §2, angeführt. Ebd.

„[...] als Mitglied des Landeskirchenrates auf das Gelöbnis nach § 108 der Verfassung der Thüringer evangelischen Kirche."[232]

Die Kirchenleitung zögerte jedoch zunächst, den Beurlaubungs-Beschluss umzusetzen und den – zu diesem Zeitpunkt bekannten – 46 betroffenen Thüringer Pfarrern die entsprechende Mitteilung zu machen. Dies lag vor allem daran, dass im Regierungsblatt der Landesregierung am 1. Oktober 1945 weiterführende Entnazifizierungsgesetze abgedruckt waren, die eine besondere Behandlung von Rechtsanwälten, Ärzten und anderen Berufsgruppen vorsahen.

Auch die Präsidialabteilung unter Landespräsident Rudolf Paul war bemüht, die Entnazifizierungsverordnung möglichst „personalschonend" umzusetzen. Nicht nur wegen der notwendigen Aufrechterhaltung des Behördenbetriebes vermittels routinierter Fachkräfte, zielte er auch darauf ab, die ‚bürgerliche Mitte' der Gesellschaft, sofern sie nicht völlig NS-korrumpiert war, in ihrer beruflichen und gesellschaftsgestaltenden Kraft zu erhalten. Hinsichtlich der Verwaltung war dies – wie wir gesehen haben – bereits auf Kritik seitens der Gewerkschaft gestoßen.[233] Als die SMA sich einschaltete und die Durchführung der Entnazifizierung monierte, teilte Paul am 25. Oktober 1945 seinen Vizepräsidenten und Landesdirektoren mit, „daß Herr Oberstleutnant Iwanow, der von der Militär-Administration mit der Säuberung des Beamtenapparates von ehemaligen Mitgliedern der NSDAP beauftragt worden [war], grundsätzlich nicht gewillt ist, in größerem Umfange Ausnahmen [von den in der Verordnung festgelegten Bestimmungen, d.Vf.] zu machen." Die SMATh habe festgestellt, „daß z.Zt. noch 32,1 % der Beamten, Angestellten und Arbeiter der thüringischen öffentlichen Verwaltung ehemalige Mitglieder der NSDAP [seien]. Dieser Prozentsatz ist zu hoch und nicht tragbar. Die Militär-Administration hat erklärt, daß bis zum 1.1.1946 eine Reinigung bis auf mindestens 10 % der früheren Mitglieder der NSDAP erfolgt sein muß."[234] Für den kirchlichen Bereich schien nun auch Mitzenheim entschlossen, zu prüfen, „ob nicht eine analoge Anwendung auch auf die Pfarrer in Frage kommen könnte."[235]

Dieses Mal, sicher auch sensibilisiert durch die Anfragen von Schanze,[236] bestand der Landesoberpfarrer darauf, einen Juristen zur nächsten Sitzung einzuladen.[237] Der Elgersburger Jurist, Dr. Heinrich Schmidt, kam nach längerem Vortrag zu dem Schluss, dass die infragestehende Verordnung des Landespräsidenten vom 23. Juli 1945 für die Kirche keine Anwendung finden müsse, weder mittelbar noch unmittelbar: „Daraus, daß das staatliche Gesetz nicht von Geistlichen spreche und auch in den späteren Gesetzen, in denen andere Berufsgruppen behandelt worden seien, Geistliche und Kirchenbeamte nicht genannt seien, sei zu schließen, daß der Staat überall absichtlich die Kirche habe auslassen wollen. Auch eine analoge Anwendung müsse verneint werden." Im Übrigen habe „[...] die Kirche andere Maßstäbe, und müsse auch andere Maßstäbe haben."[238]

[232] *Gerhard Säuberlich* war von 1939 Vorsitzender der LBG. Mitzenheim hatte während dessen Einberufung zum Kriegsdienst 1943 bis 1945 stellvertretend den Vorsitz übernommen. Nach der Berufung von Säuberlich in den LKR übernahm der vormalige Geschäftsführer und Leiter des Gothaer BK-Büros *Gerhard Bauer* auf Anfrage Säuberlichs den Vorsitz in der LBG. Bauer war mittlerweile von Mitzenheim aus Pommern nach Thüringen zurückgeholt und als Superintendent in Stadtroda eingesetzt worden. – Vgl. das Schreiben von Bauer an Mitzenheim, vom 25.10.1945, in: *LKAE*, A 130/I, unfoliiert.

[233] Siehe Kapitel 4.4.

[234] *ThHStAW*, MdI, 2448, 161.

[235] Sitzung des LKR, 11.10.1945, TOP 2: „Reinigung der Verwaltung von Nazisten", in: *LKAE*, A 122/II, unfoliiert.

[236] Siehe oben, Anm. 214.

[237] Sitzung des LKR, 11.10.1945, *LKAE*, A 122/II, unfoliiert.

[238] Sitzung des LKR, 23.10.1945, *LKAE*, A 122/II, unfoliiert, TOP 1.

Allerdings brachte diese Auskunft keine Erleichterung, höchstens insofern, als die Debatte „die rechtliche Beurteilung des Reinigungsgesetzes im Hinblick auf die Kirche" als nicht ausschlaggebend erwiesen hat – so Dr. Schmidt im Nachgang zu dieser Sitzung.[239] Vielmehr war dieses in erster Linie eine Frage, die ihre Bedeutsamkeit auf dem kirchen- bzw. machtpolitischen Sektor gewann. Denn ihre Beantwortung würde sich ganz wesentlich auf die Aktionsfähigkeit der Kirche im Spannungsfeld von Besatzungsmacht und staatlicher Verwaltung auswirken.

So blieb dem Landeskirchenrat auch dieses Mal nichts anderes übrig, als abzuwarten und weitere Erkundungen einzuholen; doch nun nicht von Staatsseite, sondern bei den anderen Landeskirchen und beim amtierenden Leiter der EKD, Bischof Dibelius.[240] Mitzenheim hatte von einem Gespräch ‚auf höchster Ebene' erfahren, das ja möglicherweise neue Erkenntnisse lieferte. Gemeint war damit die vertrauliche Niederschrift eines Gesprächs zwischen Dibelius und „dem Politischen Rat Semjonow (im Range eines Generaloberst)" vom 8. Oktober 1945. Unter Punkt 3 war dort zu erfahren: „Die russische politische Leitung beabsichtigt nicht, sich in die Personalpolitik der Kirche einzumischen mit Ausnahme des kategorischen Verlangens, daß niemand, der nazistisch gesinnt gewesen sei, in der Leitung der Kirche mitwirken dürfe."[241]

Mitzenheim fragte daraufhin bei Dibelius nach, ob die Thüringer Auslegung mit dem Punkt 3 der Niederschrift in Einklang steht. Der Landesoberpfarrer referierte knapp die bisher unternommenen Amtsenthebungen und bat um Bestätigung der – geplanten – Reinigungspraxis ohne Leitungsfunktion nach eigenen, kircheninternen Gesichtspunkten behandeln zu können.[242]

Bis zur Antwort aus Berlin wurde jedenfalls im Thüringer Landeskirchenrat „mit Stimmenmehrheit beschlossen, [...] die Durchführung des Beschlusses vom 4.10.1945, wonach die Pfarrer, die vor 1933 Mitglieder der NSDAP geworden sind, beurlaubt werden sollten, auszusetzen."[243] Folglich wurde bei der nächsten Besprechung beim Landespräsidenten wie auch bei der SMATh die Frage der Entnazifizierung gar nicht erst erwähnt.[244] Lediglich Kirchenrat Schanze berichtete über „eine Unterredung mit einem Major der Militärregierung", bei der besonderes ‚Studienmaterial' erbeten wurde – „Literatur über die Deutschen Christen und ein Bericht über die Märtyrer der Kirche aus den letzten Jahren."[245]

Schon einige Wochen zuvor war das besondere Interesse der SMATh an Kircheninterna deutlich geworden. Am 25. Oktober 1945 hatte ein russischer Offizier dem Landeskirchenrat telefonisch einen sehr detaillierten Fragenkatalog übermittelt, der, neben einer Vielzahl statistischer Fragen nach der Anzahl der Gläubigen, nach Anzahl und Zustand der Kirchen sowie kirchlicher Einrichtungen und Hilfswerke, einen ausführlichen historischen Bericht zur ‚Lage der Kirche' (nach dem Ersten Weltkrieg, unter Hitler, sowie seit der Kapitulation) erbat und u.a. auch wissen wollte, welche Beschwerden über die

---

239 Anschreiben von *Dr. Heinrich Schmidt* (Elgersburg) an Mitzenheim, in: *LKAE*, A 239/III, 124: Zum übersandten Gutachten vom 24.10.1945, 3 S.

240 Sitzung des LKR, 23.10.1945, TOP 1, in: *LKAE*, A 122/II, unfoliiert.

241 „Vertrauliche Niederschrift[...]", 08.10.1945, in: *LKAE*, A 930, unfoliiert.

242 Schreiben von Mitzenheim an Dibelius, 06.11.1945, in: *LKAE*, A 239/III, 128. – Eine schriftliche Antwort ist in den Akten nicht zu finden, doch der weitere Gang der Dinge zeigt, dass der Thüringer LKR eine Bestätigung erhalten hat bzw. sein Handeln durchaus in Einklang mit der Erklärung der Spitze der SMAD sah.

243 Ebd.

244 Sitzung des LKR, 13.11.1945, in: *LKAE*, A 122/II, unfoliiert, TOP 1.

245 Ebd.

Behinderungen kirchlicher Einrichtungen usw. vorlägen.[246] Die Frage nach dem Stand der Entnazifizierung wurde kurz und bündig beantwortet: „[...] vom Amt entfernte Nazigeistliche: 5 Kirchenräte, 22 Superintendenten und 15 Pfarrer, mithin 42 Geistliche. Ferner wurden 39 Beamte und Angestellte der landeskirchlichen Verwaltung entfernt: 81 zus[ammen]. [...] An der weiteren Reinigung wird laufend gearbeitet."[247]

Außer auf dem Feld der politisch dominierten Entnazifizierungsanforderungen hat der Landeskirchenrat seit dem Sommer des Jahres auch an einer anderen Aufgabe kirchlicher Entnazifizierung gearbeitet. Kirchenrat Hertzsch oblag es, theologische Maßnahmen zur „Wiederherstellung eines bekenntnisgebundenen Pfarrerstandes" zu ergreifen.[248] Dazu gehörte es, eine Verordnung zu erlassen und entsprechende theologische Weiterbildungen zu organisieren. Beides sollte dazu beitragen, Nicht-Theologen, die bspw. von den DC in ein Pfarramt übernommen worden waren, oder solche, die in BK-Gemeinden mangels vorhandener Pfarrer als ‚ordinierte Laien' hervorragende Gemeindearbeit geleistet hatten, oder auch Menschen, zumeist Männer, die aus anderen Berufen nun nach Ende des Krieges in ein Pfarramt wechseln wollten, mit den notwendigen theologischen und gemeindepraktischen Kenntnissen auszustatten. Im Sommer waren darüber im Landeskirchenrat bereits intensive Diskussionen geführt worden; einen ersten Entwurf zu einer „Verordnung über die Bestätigung von Nicht-Theologen in einem Pfarramt der Thüringer evangelischen Kirche" hatte Hertzsch am 7. August 1945 vorgelegt.[249] Obgleich zwischenzeitlich entsprechende Schulungskurse vorbereitet und veranstaltet wurden, kam es auf Grund der Überlappung von ‚geistlicher' und politischer Reinigung erst gegen Ende des Jahres zu den notwendigen Beschlüssen. Die entsprechende Verordnung wurde am 14. November 1945 – nun als „Gesetz über die Anstellung von Nicht-Theologen als Pfarrvikare und Pfarrer der Thüringer evangelischen Kirche" – in Kraft gesetzt. Als ein wichtiger Beitrag zur Versorgung der – nachkriegsbedingt – stetig wachsenden religiösen und pastoralen Bedürfnisse der Kirchgemeinden wendete sich das Gesetz einerseits an „[...] Männer, die für die Verwaltung eines Pfarramtes persönlich besonders geeignet sind, denen aber wegen ihres Lebensalters, ihrer Bewährung in einem anderen Beruf oder aus anderen zwingenden Gründen das Studium der Theologie an einer Universität nicht mehr zugemutet werden kann". Andererseits sollte den DC-Pfarrern, die in den Jahren seit 1933 angestellt worden sind, ohne die ordentliche zweite theologische Prüfung mit Erfolg abgelegt zu haben, eine Chance eröffnet werden.[250]

Mitte Dezember 1945 wurde dann im Landeskirchenrat festgelegt, „[...] das Kandidatenheim und Predigerseminar zum 1. April 1946 freizumachen, damit ein Seminarbetrieb oder Schulungskurse dort eingerichtet werden können."[251]

---

[246] „Antwort des LKR auf die Fragen der SMA", vom 26.10.1945. in: *LKAE*, A 930, 6 S. Die relativ ausführliche Beantwortung der Frage nach Behinderungen der kirchlichen Einrichtungen benennt, neben der Belegung von Pfarrhäusern mit Besatzungstruppen, den Verkehrsschwierigkeiten auf Grund extremen ‚Automangels' usw. vor allem die mehrfach erwähnten Probleme mit dem Landesamt für Volksbildung hinsichtlich der pädagogischen Arbeit der Kirche in Kindergärten und Schulen. *LKAE*, A 930, unfoliiert. – Siehe Kapitel 3.2.6.

[247] „Antwort des LKR", 26.10.1945, in: *LKAE*, A 930.

[248] Diesen Titel trug eine (spätere) Verordnung des Rates der EKD, vom 19.10.1945, in: *LKAE*, A 239 (Loses), unfoliiert, die im Wesentlichen die Frage von Entlassung bzw. i.W.-Versetzung vormaliger DC behandelte. Darauf wird im Zusammenhang mit der Bildung der ‚Spruchstelle' noch einzugehen sein.

[249] Entwürfe für eine „Verordnung über die Bestätigung von Nicht-Theologen", Anlagen zu den LKR-Sitzungen vom 07.08.1945, in: *LKAE*, A 122/II, unfoliiert.

[250] „Gesetz über die Anstellung von Nicht-Theologen", vom 14.11.1945, in: *LKAE*, A 122/II, unfoliiert.

[251] Ebd. – Bis dato wohnten dort, Eisenach, Bornstr. 11, noch Angehörige von Mitarbeitern des vormaligen ‚Instituts zur Erforschung und Beseitigung des jüdischen Einflusses auf das deutsche kirchliche Leben',

Am gleichen Tag beschloss der Landeskirchenrat noch eine weitere Maßnahme, die ebenfalls das Ziel hatte, die ‚bekenntnisgemäße Reinheit' und Lebendigkeit der Kirchgemeinden zu befördern. Vermittels einer „Bekanntmachung" wurde auf die „Richtlinien zur Verordnung vom 10. Dezember 1923 über den Wiedereintritt Ausgetretener in die Kirche" hingewiesen: „Bei der Behandlung der sich zur Kirche zurückmeldenden Ausgetretenen ist zu einer Bewährungsfrist zu raten, in der diese Ausgetretenen zeigen können, daß ihnen ihr Rücktritt ein ernstes Anliegen ist." Als Erläuterung wurde noch angefügt: „Mit besonderer Vorsicht ist bei denen vorzugehen, die weder aus Zwang noch aus Gleichgültigkeit oder wegen Kirchensteuerzahlungen, sondern aus weltanschaulichen Gründen austraten. Bei ihrer Wiederaufnahme darf nicht der Eindruck erweckt werden, als sei es eine billige Sache, wieder in die Kirche aufgenommen zu werden."[252]

Mit Blick auf die schwebenden bzw. ausgesetzten Fragen zur „Reinigung der Verwaltung von Nazi-Elementen" wurde Ende Oktober der Handlungsdruck in Thüringen wie in der gesamten SBZ noch einmal erhöht. Am 30. Oktober 1945 war vom Thüringer Landesamt des Inneren ein Schreiben an alle Landräte und Oberbürgermeister gesandt worden. Es verwies darauf, dass „[...] infolge des Vorgehens der Besatzungsbehörde in der englischen und amerikanischen Zone [...] angleichende Maßnahmen nunmehr auch für die russische Besatzungszone getroffen worden [sind]."[253]

Konkret bedeutete dies, dass nunmehr „[...] *alle* vormaligen Mitglieder der NSDAP (Beamte, Angestellte und Arbeiter) zu entlassen sind, – und zwar bis zum 15. November 1945."[254]

Dieser Stichtag war zugleich der Tag, an dem im Landeskirchenrat auf dem Pflugensberg nach monatelanger Unsicherheit die Beschlüsse gefasst wurden, die die weitere Reinigung der kirchlichen Verwaltung und Pfarrerschaft erkennbar als eine Selbst-Reinigung durch die neue Kirchenleitung bestimmen und prägen sollten. Der intensive Meinungs- und Erfahrungsaustausch mit anderen Landeskirchen hatte Mittel und Wege aufgezeigt, die dabei halfen, dass sich ‚die Männer der Thüringer Kirchenleitung' auf den stürmischen Wogen der politischen und personellen Entnazifizierung nicht mehr als Befehlsempfänger und permanent reagierende ‚Leichtmatrosen', sondern als selbstbestimmt und selbstbewusst handelnde ‚Steuermänner' behaupteten.[255]

Das Verdienst von KKR Fritz war es, dass der Mitzenheim-Vorschlag eines Spruchkollegiums noch einmal aufgegriffen wurde. Im Anschluss an den Vortrag seiner innerkirchlichen Erkundungen regte er an, „ob nicht doch ein Ausschuß zur Überprüfung der einzelnen Fälle einzusetzen sei, und zwar nicht nur für die Pfarrer der Thür[inger] Kirche,

---

denen rechtzeitig zum 01.01.1946 zu kündigen sei. Vgl. Sitzung des LKR, vom 17.12.1945, in: *LKAE*, A 122/II, unfoliiert. Vgl. die Kapitel 3.2.6 und 4.8.

252 Bekanntmachung vom 14. November 1945, in: *LKAE*, A 122/II, unfoliiert.

253 *LKAE*, A 239/III, 130.

254 Dem LKR war dieses Schreiben über den Eisenacher Oberbürgermeister „zur sofortigen weiteren Verfügung" zugestellt worden. Ebd. – Ein Artikel einer (nicht verifizierbaren) Thüringer Zeitung veranschaulicht in diesem Zusammenhang den aggressiven und hochmütigen Tonfall manch eines klassenbewussten ‚Antifaschisten': Der Artikel trägt die Überschrift „Ueberraschungsmomente": „[...] Die überzeugten Hitlergegner nehmen weitmaschige Siebe zur Hand und versuchen die Spreu vom Weizen zu trennen. Wir wissen, daß dies eine zeitraubende und mühsame Arbeit ist. Anders wäre es einfacher und gründlicher geschehen. Aber das ‚Anders' hat sich das deutsche Volk in seiner Gesamtheit verscherzt. Aber die Siebe werden jetzt feinmaschiger werden, [...] Die Aufgabe aller bewußten antifaschistischen Kräfte muß es sein, sich dieser gegebenen Siebe gewissenhaft und gründlich zu bedienen. Dieses Überraschungsmoment für die Nazis ist dann nur eine kleine unblutige Abschlagszahlung einer Gegenrechnung,[...]. Heute meinen wir damit die Säuberung aller Aemter von den Pgs bis zum 15.11.1945." „Ueberraschungsmomente", 17.11.1945, in: *LKAE*, A 239/III, 136.

255 Sitzung des LKR, 13./15.11.1945, in: *LKAE*, A 122/II, unfoliiert.

sondern auch für die Beamten und Angestellten."[256] Diesem Vorschlag wurde nunmehr Folge geleistet und als LKR-Beschluss festgehalten, „[...] zur Überprüfung der Fälle einen Ausschuß (Spruchstelle) von 7 Mitgliedern (Juristen, Theologen, Laien) zu bilden. Es werden etwa infragekommende Persönlichkeiten genannt, die Auswahl und Zusammensetzung aber dem engeren Landeskirchenrat überlassen. KR Dr. Hertzsch und KKR Fritz sollen in Zusammenarbeit eine Verordnung und Arbeitsrichtlinien für die Spruchstelle aufstellen."[257]

Die Debatte zuvor hatte bereits die grundlegenden Intentionen der künftigen Spruchstellenarbeit erkennen lassen. Mitzenheim vertrat die Auffassung, dass es nunmehr „die Kirche selbst sei, die die erforderlichen Maßnahmen vorzunehmen habe". Hertzsch betonte, „[...] daß der kirchliche Gesichtspunkt über den politischen zu stellen sei und die Kirche die staatliche Verordnung nicht schematisch übernehmen werde." Beidem wurde ausdrücklich zugestimmt.[258]

Inzwischen war offenbar gleichfalls die Erkenntnis herangereift, dass das am 5. September 1945 auf den Weg gebrachte „Gesetz über die Kirchgemeindekörperschaften" ‚selbstreinigungs-relevante Mängel' aufwies. Der landeskirchenrätliche Beschlussreigen des 15. November wurde dementsprechend damit beendet, „daß bei der neuen Zusammensetzung der kirchlichen Körperschaften in den Gemeinden ausgesprochene aktive Nazisten ausgeschlossen sein sollen."[259]

Von nun an liefen die Vorbereitungen für eine inhaltlich und strukturell klar definierte und kirchenrechtlich abgesicherte Selbstreinigung der Thüringer Kirche auf Hochtouren, zumal die militärbehördlich angeordnete Beschleunigung des ‚antifaschistischen Behördenumbaus' mit dem Vollzugs-Termin 15. November 1945 noch einmal deutlich gemacht hatte, dass Eile geboten war.[260]

Das Antwortschreiben des Thüringer Landeskirchenrates an den Eisenacher Oberbürgermeister dokumentiert nicht nur sehr anschaulich den vollzogenen Positionswechsel, sondern auch das neu gewonnene institutionelle Selbstvertrauen: „Die Thüringer evangelische Kirche ist als öffentlich-rechtliche Religionsgesellschaft nicht dem Lande Thüringen unterstellt, sodaß die Rundverfügung des Landesamtes des Innern vom 30.10.1945 –III Z 3 – auf sie keine Anwendung finden kann."[261]

Mit der unmittelbar angefügten Formulierung sollten von nun ab alle (partei-)politischen oder staatlichen Übergriffe abgewehrt werden, indem die Kirche auf die selbständige Säuberung und deren Anerkennung durch die zuständigen staatlichen Stellen insistierte.[262]

---

[256] Ebd. KKR Fritz trug die Beratungsergebnisse mit Landesbischof *Meiser* und Kardinal *Faulhaber* dem Landeskirchenamt Sachsen und dem Landeskirchenamt Anhalt vor.

[257] „Persönlichkeiten", die genannt wurden, laut handschriftlicher Notiz: Rechtsanw. Tunze, Jena; Staatsmin. Toelle, Weimar; Dr. jur. Schmidt, Elgersburg; Sup. Dahinten; Sup. Topf oder Pfr. Liebe; Pfr. Hertel; Pfr. Creutzburg; ebd.

[258] Damit war klar, dass „der Beschluß vom 4.10.1945, betr. Beurlaubung der alten Parteimitglieder", weiterhin ausgesetzt bleiben konnte. Ebd.

[259] Ebd.

[260] Die Abschrift eines Schreibens des LKA Sachsen an die Landesverwaltung Sachsen, [16.11.1945, in: *LKAE*, A 239/III, 148] zeigt, dass dort ein ähnlicher ‚Entnazifizierungsdruck' hinsichtlich des Termins 15.11.1945 bestand. Die sächsische Kirchenleitung bestätigte die entscheidungsrelevanten Gesichtspunkte, bat jedoch um Geduld, „da dem Landeskirchenamt im Gegensatz zur Landesverwaltung an Verkehrsmitteln nur die Bahn und nicht einmal ein Telefon zur Verfügung steht."

[261] Schreiben des LKR Phieler an den Eisenacher OB, 15.11.1945, in: *LKAE*, A 239/III, 142.

[262] Ebd.

In der LKR-Sitzung vom 23. November 1945 wurde der Beschluss zur Bildung einer ‚Spruchstelle der Thür[inger] ev[angelischen] Kirche' noch einmal bekräftigt. Man einigte sich auf ein kleines Gremium: „[...] einen Juristen, als Vorsitzenden, einen Pfarrer und ein Mitglied des Landeskirchenrats."[263]
Für den Vorsitz wollte Mitzenheim den Jenenser Anwalt Max Tunze gewinnen, als Beisitzer sollten Pfarrer Johannes Hertel (1899–1975) aus Meiningen und – für den Landeskirchenrat – Kirchenrat Hertzsch benannt werden. In seiner schriftlichen Anfrage an Tunze und Hertel legte der Landesoberpfarrer kurz dar, dass der Landeskirchenrat, „dem Beispiel anderer Landeskirchen folgend", die Bildung einer Spruchstelle beschlossen habe, deren Arbeit wohl „mehrere Wochen [sic!] in Anspruch nehmen wird." Ihre Aufgabe sei es, „[...] zu entscheiden, welche Amtsträger der Kirche aufgrund ihrer parteipolitischen und kirchenpolitischen Betätigung in den vergangenen Jahren zu entlassen sind."[264]
Für die Berufung Hertels – über die es in der Kirchenleitung keinerlei Dissens gab – erfolgte mit ausdrücklichen Verweis auf dessen Schicksal als Verfolgter des NS-Regiemes.[265] In seiner Zusage an Mitzenheim gab Hertel an: „Im Bewußtsein meiner Unzulänglichkeit für das Gericht über die Brüder muß ich zum Ausdruck bringen, daß ich in dem Umstand, daß ich unter dem Nationalsozialismus besonders zu leiden hatte, keinen besonderen Befähigungsnachweis erblicken kann. Gottlob kann ich ohne Groll und persönliche Racheempfindungen zurückdenken; allein die Sorge um unsere Kirche, [...], ist maßgebend, wenn ich mich nicht vor dem unangenehmen Auftrag drücke."[266]
Erich Hertzsch hatte sich unverzüglich an die Arbeit gemacht, um in der übernächsten LKR-Sitzung, am 11. Dezember 1945, den Entwurf einer „Spruchstellen-Verordnung" vorlegen zu können. Für die Mithilfe bei der Erledigung dieser Aufgabe konnte er den Leiter des Thüringer Pfarrervereins und Vachaer Superintendenten Paul Dahinten gewinnen. Damit war Hertzsch ein entscheidender personalpolitischer Schachzug geglückt, denn die Einbeziehung dieses ‚skeptischen national-liberalen Protestanten' in die künftige

[263] Sitzung des LKR, 23.11.1945, TOP 11, in: *LKAE*, A 122/II, unfoliiert.

[264] Anfrage von Mitzenheim an Hertel (Meiningen), 24.11.1945, in: *LKAE*, A 239 (Loses), unfoliiert.

[265] Antwort von Hertel an Mitzenheim, 27.11.1945, in: *LKAE*, A 239 (Loses), unfoliiert. – Mitzenheim hatte mit dem ‚besonderen Leiden' Hertels zwei Verhaftungen durch die Gestapo in den Jahren 1939 und 1940 „wegen Vergehens nach § 2, Abs. I,2 des Gesetzes gegen heimtückische Angriffe auf Staat und Partei", mithin das so genannte und ebenso gefürchtete ‚Heimtücke-Gesetz', angesprochen. Der Landeskirchenrat unter LB Sasse hatte Hertel schon nach der ersten Verhaftung 1939 umgehend i.W. versetzt und ein Diziplinarverfahren eröffnet. Als Hertel relativ rasch amnestiert wurde, wandte sich der LKR an die Gestapo, übermittelte eine Vielzahl von ‚Beweisen' für Hertels „zersetzende Tätigkeit" – wozu u.a. gehörte, dass er in einer Predigt (vom 21.09.1936) geäußert habe (!): „Liebet eure Feinde, heißt es in der Bibel, folglich müssen wir auch einen Bolschewisten und Juden lieben" – und bat die Polizei inständig darum, „[...] im Interesse der öffentlichen Ordnung die Maßnahmen zu ergreifen, die erforderlich sind, sein weiteres, gemeinschaftszerstörendes Verhalten zu unterbinden." (Schreiben des LKR Sasse an die Geheime Staatspolizei vom 29.09.1939 (Weimar), in: *LKAE*, PA Hertel, G 404, 116: „in Abschrift an den Herrn Reichsstatthalter, Staatssekretär und Leiter des Thür[inger] Min[isteriums] des Innern"). Dies geschah dann auch bald darauf. Am 26.01.1940 wurde Hertel erneut verurteilt; dieses Mal zu neun Monaten Gefängnis. (Ebd., 150). Die entsprechenden Personalakten, die Hertel während seiner Spruchstellenarbeit vorgelegen haben, zeigen, dass – neben dem damals leitenden Juristen im DC, LKR Dr. jur. *Otto Volk (1877–1974)*, der ab Herbst 1945 in der Gesetzgebungsabteilung des Thüringer Präsidialamtes tätig war – auch der Assessor der Rechtsabteilung *Gerhard Lotz (1911–1981)* in diese Vorgänge involviert gewesen ist. Ob bzw. inwieweit sich dies auf die Zusammenarbeit in der Spruchstelle ausgewirkt hat, ist nur schwer auszumachen. Auf jeden Fall kam es mit Hertel schon bald zu heftigen Konflikten wegen unterschiedlicher Standpunkte über die Ausmaße der kirchlichen Selbstreinigung, von denen noch die Rede sein wird.

[266] Ebd. Zu den Auseinandersetzungen um *Johannes Hertel* und die Arbeit der Spruchstelle vgl. Kapitel 4.6 und 5.1.

Spruchstellen- und Landeskirchenratsarbeit sollte sich als sehr sachdienlich und wertvoll herausstellen.[267]
Dahinten hatte von Hertzsch die – bereits erwähnten – EKD-Richtlinien zur „Wiederherstellung eines bekenntnisgebundenen Pfarrerstandes" erhalten. Er war gebeten worden, sie sich genau anzusehen und daraufhin zu prüfen, inwieweit sie für die Thüringer Verhältnisse verwendbar seien.[268] Die Kritik Dahintens an diesen, wahrscheinlich von Hans Asmussen verfassten Reinigungs-Richtlinien, war ziemlich heftig.[269] Abgesehen vom Titel, der eher an eine ‚Reparaturwerkstatt für beschädigte Pfarrer' erinnere, und einer Vielzahl unklarer Aussagen, ging Dahinten auf eine Frage ein, die auch er für zentral hielt: den Bruch des Ordinationsgelübdes bzw. die Frage des ‚Eides auf den Führer'. „Der Rat der DEK geht offenbar von der zutreffenden Ansicht aus, daß die DC-Pfarrer ihr Ordinationsgelübde gebrochen haben, während der Vorwurf des Eidbruchs, der den sogenannten alten Kämpfern gemacht wird, gegen die Pfarrer nicht erhoben werden kann, da in den meisten Kirchen keine Vereidigung der Pfarrer auf die Weimarer Republik erfolgte und diese durch ihre Hilflosigkeit gegenüber destruktiven Tendenzen faschistischer, monarchistischer und kommunistischer Observanz den eigenen Zusammenbruch mit verschuldet hat."[270]
Mit Blick darauf, dass in Thüringen beabsichtigt sei, Pfarrer und Beamte im „Reinigungsverfahren" einer Prüfung zu unterziehen, ergäbe sich, so Dahinten, „[...] sofort die Schwierigkeit, daß beide Gruppen nicht nach völlig einheitlichen Gesichtspunkten beurteilt werden können." Der Vorschlag, den er daraufhin macht, wird für die Arbeit der Spruchstelle entscheidungsrelevant sein und bleiben: „Bei den Beamten müssen die politischen Gesichtspunkte *vor* den kirchlichen (Zugehörigkeit zu den DC) stehen, bei der Behandlung der Pfarrer gilt das Gegenteil."
Allerdings ist damit auch die Unterscheidung zwischen ‚alten Kämpfern' und später eingetretenen NSDAP-Genossen, die sich weithin und so auch in der „staatlichen Verordnung vom 23. Juli" durchgesetzt hatte, nicht recht plausibel. Für Dahinten stand fest: „Wer nach dem Beginn des Kirchenkampfes noch zu den Nazis lief, war entweder zu dumm, um die Geister zu unterscheiden, oder zu harmlos, um Menschen zu durchschauen, oder zu ehrgeizig, um Zurückhaltung zu üben, oder zu charakterlos, um vorübergehende Zurücksetzung zu ertragen."[271]
Der Richtlinienentwurf Dahintens wurde von Hertzsch in die LKR-Sitzung vom 11. Dezember 1945 eingebracht und inhaltlich zusammen mit Überlegungen von Mitzenheim „Über die Behandlung der Pg. und DC" diskutiert.
Mitzenheim hatte seine Überlegungen als Ergebnis eines Gespräches niedergeschrieben, das er in Berlin mit Oberkonsistorialrat Propst Dr. Böhme geführt hatte. Danach könne man die DC – grob – in vier Gruppen einteilen: „Solche, denen es einfach an Theologie fehlt" (in diesem Zusammenhang verwies er auf die bereits unternommenen Anstrengungen zur Weiterbildung und das beschlossene Gesetz vom 15. November 1945); „Solche, bei denen ein moralischer Defekt vorliegt, eine Charakterlosigkeit" (dies seien die

[267] Thomas A. Seidel, „Paul Dahinten und seine Chronik des Thüringer Pfarrervereins: historische Anmerkungen zu einem liberalen Theologen", in: Gerhard Graf/Hans-Peter Hasse/Markus Hein/Matthias Richter/Thomas A. Seidel/Dietmar Wiegand (Hgg.) *Vestigia pietatis: Studien zur Geschichte der Frömmigkeit in Thüringen und Sachsen*, Leipzig 2000, 267-286.
[268] Verordnung des Rates der EKD „zur Wiederherstellung eines bekenntnisgebundenen Pfarrerstandes", 19.10.1945, in: *LKAE*, A 239 (Loses), unfoliiert.
[269] Schreiben von Dahinten an Hertzsch, 08.12.1945, in: *LKAE*, A 239/III, 157.
[270] Ebd.
[271] Ebd.

schwierigsten Fälle, zumal sie wohl die raffiniertesten Entschuldigungen vortragen werden); „Besessene Leute. Ihnen ist mit menschlichen Mitteln nicht zu helfen. Sie müssen entlassen werden," [...] „Leute, die sich disziplinarisch vergangen haben." (Diese wären nach einer gesonderten geistlichen Zuchtordnung zu behandeln).[272]
In die entscheidende Sitzung der Kirchenleitung waren Max Tunze und Paul Dahinten als ‚Sachverständige' geladen. Nach einem ersten Gesprächsgang hielt man das Zwischenergebnis fest: „Dem bisher in Aussicht genommenen dreigliedrigen Ausschuß soll Superintendent Dahinten hinzutreten und, soweit ein Beamter oder Angestellter für die Entscheidung der Spruchstelle in Frage kommt, Kirchenoberamtmann [Paul] Bock."[273]
In den Sitzungspausen und an den Abenden wurde „in engerem Kreise" – wie es hieß – weiter an einer „Rechtsverordnung" und an „Richtlinien für die Tätigkeit der Spruchstelle" gearbeitet.[274] Superintendent Dahinten hatte am 12. Dezember die historische Aufgabe, ‚den Brüdern' „[...] den völlig überarbeiteten Entwurf einer Verordnung über Ausschaltung der nationalsozialistischen und nationalkirchlichen Pfarrer, Beamten usw. mit eingearbeiteten Richtlinien für die Behandlung der einzelnen Fälle" vorzutragen.[275] Wiederum wurde „eingehend besprochen", mit „Änderungen versehen" und – schließlich „gutgeheißen", allerdings mit der Bitte an den „kleineren Kreis", noch einige Korrekturen vorzunehmen. Diese Korrekturen sollten sich vor allem der Frage annehmen, wie das Verhältnis von „erster Instanz" (Spruchstelle) und „zweiter Instanz" (Landeskirchenrat) sinnvollerweise einander zugeordnet wäre.[276] Als auch diese Frage geklärt ist, wird „[...] der Entwurf [...] als Gesetz angenommen."[277]
Die einzelnen Entwürfe und Bearbeitungsphasen, die den Sitzungsprotokollen beigeheftet sind, einer detaillierten vergleichenden Auswertung zu unterziehen, ist an dieser Stelle nicht nötig. Abgesehen von der bereits aus den Zitaten der Sitzungsprotokolle erkennbaren Änderung der Bezeichnung des Gesetzes, sei lediglich auf eine wichtige, inhaltlich relevante und folgenreiche Korrektur hingewiesen: Als Zweckbestimmung war zunächst durchgängig von einer beabsichtigten „[...] Ausscheidung des nationalsozialistischen Gedankengutes und der nationalkirchlichen Ideologie" gesprochen worden. In der letzten, angenommenen Fassung fehlte der Verweis auf die ‚Nazi-Ideologie' (abgesehen vom ‚Vorspruch': „In Anlehnung an das Gesetz des Landes Thüringen vom 23. Juli 1945 über die Reinigung der öffentlichen Verwaltung von Nazi-Elementen [...]") völlig. Statt dessen hieß es dann kurz und knapp: „Die Pfarrer, Beamten, [...], die durch ihr politisches und kirchenpolitisches Verhalten ihre Amtspflichten gröblich verletzt und der Kirche geschadet haben, sind [...] zu entlassen."[278] Damit erhielt das ‚Reinigungsverfahren' – worauf der künftige Spruchstellen-Vorsitzende Walther Doehring immer wieder einmal kritisch hinwies – den Charakter eines ‚Lehrzuchtverfahrens', das sich zudem noch dem

272 Niederschrift „Über die Behandlung der Pg. und DC, Mm", 10.12.1945. *LKAE*, A 239/III, 155.
273 Sitzung des LKR, 11. und 12.12.1945, in: *LKAE*, A 122/II, unfoliiert, TOP 2 (nun und künftig in geänderter Formulierung): „Reinigung der Verwaltung – Spruchstelle" – *Paul Bock* (1885–1976).
274 Laut Protokoll gehörten zu diesem ‚engeren Kreis' – neben Mitzenheim und Hertzsch – die genannten Tunze sowie Dahinten und Pfr. Johannes Hertel. Ebd.
275 Ebd., TOP 35.
276 Just an diesem Punkt sollte es später, Ende Februar 1946, durch den dann im LKR installierten OKR *Gerhard Lotz* noch einmal eine Ergänzung in Form eines zusätzlichen Ausschusses geben. – Siehe Kapitel 4.6 und 4.7.
277 Sitzung des LKR, 11. und 12.12.1945, in: *LKAE*, A 122/II, unfoliiert.
278 Ebd.

Vorwurf aussetzte, es würden dort auf Grund der „neuen kirchlichen Machtverhältnisse [...] rein kirchenpolitische Opportunitätsentscheidungen gefällt."[279]

Weitaus gravierender – sowohl für die bevorstehenden ‚außerkirchlichen' Konflikte um die kirchliche Selbstreinigung als auch für den Weg der Thüringer Kirche überhaupt – ist jedoch, dass mit dieser binnenkirchlich-pragmatischen Fixierung des Reinigungsgesetzes die notwendige politische wie theologische Reflexion über die Rolle der Kirche ‚unter Hitler' und die kirchliche Mitverantwortung für die katastrophalen Folgen des Nationalsozialismus weitgehend unterblieb. Damit hatte das Reinigungsgesetz nicht nur – politik-strategisch betrachtet – eine ‚offene Flanke', sondern in ihm waren offene Fragen enthalten, die den Weg der Thüringer Kirche im Übergang der Diktaturen – nach außen erkennbar und untergründig – begleiten würden.

Der Landeskirchenrat zeigte sich am Ende des Jahres 1945 allerdings dankbar und nach diesem ‚selbstreinigungs-gestaltenden Kraftakt' nun fest entschlossen – wie es als Schlussbemerkung der Niederschrift zu diesem Tagesordnungspunkt hieß – „[...] die Entscheidungen des Landeskirchenrates an die in Frage kommenden Pfarrer baldmöglichst hinausgehen [zu lassen]."[280]

Das scheinbar einzige nunmehr noch offene Problem war die Besetzung des Postens des Spruchstellenvorsitzenden. Doch dafür konnte relativ rasch der BK-nahe Jurist und Amtsgerichtsrat Walther Doehring gewonnen werden, der zu Anfang des Jahres 1945 aus Berlin geflohen war und seitdem in Eisenach lebte.

Mit der Verabschiedung des Reinigungsgesetz und der Einrichtung der Spruchstelle war nun die Gelegenheit gekommen, einen ‚Aktivisten der ersten Stunde', der seit dem ‚Machtwechsel auf dem Pflugensberg' – offiziell als Vertreter für Kirchenrat Ziegner – an vielen LKR-Sitzungen teilgenommen hatte, zu entlassen – den inzwischen zum Superintendenten ernannten Rudolf von Nitzsch.Zugleich konnte ein überaus Engagierter gewonnen werden: Superintendent Paul Dahinten wurde mit beratender Stimme als Mitglied zu den ‚Vollsitzungen' des LKR berufen.[281] Außer seiner freundlichen und weitherzigen Art, seiner profunden theologischen Bildung sowie seinem genauen Urteilsvermögen war es vor allem die exzellente Personalkenntnis, über die Paul Dahinten als Vorsitzender des Thüringer Pfarrervereins verfügte, die ihn für die Mitarbeit an der kirchlichen Neuordnung in Thüringen prädestinierte und die gerade für die anstehende Spruchstellenarbeit von unschätzbarem Wert sein sollte. Damit waren – nach einem Monat intensiver Arbeit – die wesentlichen Vorbereitungen zur Selbstreinigung der Thüringer evangelischen Kirche abgeschlossen.

Es fällt auf, dass Paul Dahinten diesen offenkundig schwierigen und arbeitsintensiven Vorbereitungsprozess auf die Spruchstellenarbeit im Rückblick der „Pfarrervereinschronik" – verfasst in den Jahren 1958 bis 1964 – auf einen Tag zusammenschmilzt. Das kann damit zu tun haben, dass nach ca. 15 Jahren manche Dinge in Vergessenheit geraten – obgleich Dahinten nach eigener Angabe immer „Tagesnotizen" angefertigt hatte. Andererseits kann man sich des Eindrucks nicht erwehren, dass er – nun als Chronist des „ro-

279 ‚Vermerk' von KR Lotz zur Arbeit der Spruchstelle nach dem Ausscheiden von Doehring, 03.08.1946, in: *LKAE*, A 239 (Loses), unfoliiert.

280 Ebd.

281 Sitzung des LKR, 11. und 12.12.1945, in: *LKAE*, A 122/II, unfoliiert, TOP 38. – Bereits etliche Wochen zuvor, in der ersten Oktober-Sitzung des LKR, war unter dem TOP „Zusammensetzung des Landeskirchenrats" schon einmal erwogen worden, „[...] Superintendent Dahinten als Vorsitzenden des Pfarrervereins [...], da eine Vermehrung der geistlichen Kirchenratsstellen nicht vorgenommen werden soll, als Berater zu den Sitzungen zuzuziehen," vgl. Sitzung des LKR, 02.–04.10.1945, in: *LKAE*, A 122/II, unfoliiert.

ten Moritz" – Zusammenhänge und Personen bewusst ausgeblendet oder uminterpretiert hat.[282] In Dahintens Pfarrervereinschronik liest sich der Sachverhalt dann folgendermaßen: „Gegen Ende des Jahres [1945] fuhr ich zur Rücksprache in Sachen Waisenfürsorge nach Eisenach und verhandelte mit Pfr.i.R. Meng [...] auf dem Pflugensberge. Da nahmen mich LaOpf. Mitzenheim und Kirchenrat Phieler in Empfang und unterrichteten mich von der Notwendigkeit, eine Spruchstelle zur Reinigung der Kirche von kirchenpolitisch und politisch belasteten Pfarrern zu bilden und baten um meine Mitarbeit. Ich wehrte mich gegen diesen Antrag, da ich der Meinung war, das würde das Ende des Pfarrervereins bedeuten."

Nach einer längeren Aussprache – wie es weiter heißt – willigte Dahinten schließlich ein, weil er einsah, dass man auf seine Personalkenntnis nicht verzichten wollte und weil „[...] es zum Vorteil meiner Amtsbrüder sein [könnte]." Allerdings stellte er die Bedingung, „die Pfarrer zu einer amtsbrüderlichen Nothilfe aufrufen" zu dürfen. „Ich sagte: Wenn ich mit der einen Hand verwunden muß, will ich mit der anderen heilen und helfen. Dieser Standpunkt wurde [von Mitzenheim und Phieler!, d.Vf.] gebilligt. Noch am Nachmittag [sic!] wurde der Text der Rundschreiben entworfen."[283]

Die Merkwürdigkeiten dieses Rückblicks der Pfarrervereinschronik seien kurz benannt: die zeitliche ‚Straffung' nimmt dem ‚Reinigungsprozess' insgesamt wie seiner kirchenrechtlichen Vorbereitung die tatsächliche Intensität und Problematik, die allerdings anklingt, wo Dahinten von „verwunden" spricht, das jedoch durch „helfen und heilen" zu mindern wäre. Zum anderen werden in dieser Darstellung Zuständigkeiten und Engagement zurückgenommen bzw. ‚umgewidmet': sowohl das eigene, als auch das von Erich Hertzsch. Dr. Rudolf Lotz (1901–1973), von Dahinten gleichfalls als ‚Mitwirkender' erwähnt, hatte nach Lage der Akten in diesem Zusammenhang nichts zu suchen, Oberkirchenrat Gerhard Phieler – von seiner Mitwirkung im Landeskirchenrat abgesehen – wenig. Auf den folgenden zwei (!) Seiten der Pfarrervereinschronik handelte Dahinten unter der Überschrift „Das Reinigungsgesetz" die reichlich zwei Jahre währende Spruchstellenarbeit ab: Oberamtmann bzw. Kirchenverwaltungsrat Paul Bock (1885–1976) und auch der Nachfolger von Dr. jur. Walther Doehring, Kirchenarchivrat Dr. jur. Friedrich Schäfer (1893–1960), tauchen nicht auf. Auch Kirchenrat Erich Hertzsch fehlt zunächst, ist handschriftlich eingefügt. Lediglich ein winziger Satz macht auf die verantwortungsvolle Rolle des vormaligen ständigen Gastes im Landeskirchenrat sowie Spruchstellenbeisitzers, Kirchenrat und Superintendent Paul Dahinten, aufmerksam: „Die Hauptlast der Arbeit fiel mir zu."[284]

In der LKR-Sitzung vor dem Weihnachtsfest 1945 wurde der Text des Reinigungsgesetzes in einer letzten Fassung noch einmal gelesen und redaktionell verbessert. Danach wurden die Mitglieder der Spruchstelle bestimmt: „Amtsgerichtsrat [Walther] Doe[h]ring, Sup. [Paul] Dahinten, Kirchenrat Dr. [Erich] Hertzsch. Bei Entscheidungen über Pfarrer tritt Pfr. [Johannes] Hertel, Meiningen, hinzu, bei solchen über Beamte usw., KOAmtmann Paul Bock."[285] Der genaue Titel lautete jetzt: „Gesetz zur Überprüfung der Pfar-

282 Seidel, „Paul Dahinten", in: *Vestigia pietatis*, 267.

283 Dahinten, *Pfarrerverein*, 156f.

284 Ebd., 158f.

285 (32.) Sitzung des LKR, 17.12.1945, TOP 2, in: *LKAE*, A 122/II, unfoliiert. – Im Anschluss wurde auch der Text für die Schreiben, „[...] die nun zunächst an die in Frage kommenden ‚alten Kämpfer' abgesandt werden" sollten, besprochen. Ein ‚vertraulicher Bericht' des ‚Amtes für Information' vom 26.07.1950, der sich u.a. auf Personalangaben der vormaligen LKA-Mitarbeiter *Robert Schmidt* und Erich Schilling stützt, weist Kirchenverwaltungsrat Paul Bock, Bearbeiter der Pfründesachen, als DC aus. Kirchenoberinspektor Walter Stelzner (1898–1973), Nachfolger von Schmidt als Betriebsratsvor-

rerschaft und der Verwaltung der Thüringer evangelischen Kirche (Reinigungsgesetz). Vom 12.12.1945."[286]

Insgesamt, so schien es gegen Ende des Jahres 1945, hatten die Mitglieder der vorläufigen Kirchenleitung allen Grund, zufrieden über das zu sein, was in dieser überaus konfliktreichen Zeit zuwege gebracht werden konnte. Kirchenrat Schanze hatte bereits im Oktober dem Verhandlungsführer der Landeskirche, Moritz Mitzenheim, ein herzliches Kompliment gemacht, und in diesem Zusammenhang auch angeregt, Mitzenheim die Amtsbezeichnung ‚Landesbischof' zu verleihen.[287]

In ganz ähnlicher Weise äußerte sich einige Wochen später Walter Zimmermann. Auch er empfahl die Umwandlung des Titels von ‚Landesoberpfarrer' in ‚Landesbischof', weil es „[...] um anderer Amtsstellung bei Kirchen und weltlichen Behörden willen [sinnvoll ist], daß Sie den Titel tragen, der hier nötig ist. Nach der erfolgten Stabilisierung der Verhältnisse ist das auch voll berechtigt."[288]

Am Ende des Jahres war dann auch der bis dato eher zögerliche Mitzenheim bereit, dem Rat der Brüder, der Einsicht in die Sinnfälligkeit der pragmatischen Argumentation und der Verlockung dieses Prestigegewinns nachzugeben. Während jener Sitzung im Dezember, in der Spruchstelle und Reinigungsgesetz verabschiedet wurden, nahm dann auch „der Landesoberpfarrer [...] mit Rücksicht auf die Vertretung der Thüringer Kirche nach außen gegenüber staatlichen Stellen und gegenüber den Besatzungsbehörden die Dienstbezeichnung ‚Landesbischof' an."[289]

Am 18. Dezember 1945 diktierte Landesbischof Moritz Mitzenheim die Mitteilung über die Bildung der ‚Spruchstelle' für den *Kirchlichen Anzeiger*. In seinem Berufungsschreiben vom selben Tage an die Mitglieder teilte er den bereits Genannten mit, „[...] Sie gebeten sind, [...] am Mittwoch, den 2. Januar 1946, um 14 Uhr Ihre Tätigkeit in der Spruchstelle im Landeskirchenamt aufzunehmen."[290]

Ein gewisser Stolz ist zu spüren, als der nun zum ‚Landesbischof' avancierte Mitzenheim zu Beginn des neuen Jahres 1946 seinem Bischofskollegen in Hannover, August Marahrens, einen Brief schreibt und in diesem ‚staatsmännisch' gefassten Text seinem Bedauern darüber Ausdruck gibt, dass ihn die „Grenzziehung" zwischen den einzelnen Besatzungszonen daran hindere, den „brüderlichen Rat" des Kollegen einzuholen. Vor allem aber nutzte der Thüringer Landesbischof die Gelegenheit, Marahrens über die Entwick-

sitzender, der in den Spruchstellenentscheiden für die kirchlichen Angestellten gelegentlich mitgezeichnet hat, wird dort gleichfalls genannt. Er sei – so die ‚geheimen Informanten' – „Offizier und aktiver Stahlhelmer" gewesen. *ThHStAW*, BMP, 868, unfoliiert. Zwischen den Selbstangaben in den kirchlichen Fragebögen und den Personalangaben in dieser Quelle gibt es erhebliche Differenzen. Eine zweifelsfreie Klärung hinsichtlich der NSDAP-Mitgliedschaften und -Funktionen der jeweils genannten kirchlichen Mitarbeiter wäre vermutlich lediglich über eine Einsichtnahme in die NSDAP-Mitgliederkartei (durch die US-Streitkräfte 1945 aufgefundene Kartei des ‚Braunen Hauses') im Bundesarchiv möglich.

286 Abgedruckt wurde das RG im *Thüringer Kirchenblatt und Kirchlichen Anzeiger* Nr. 3 1945, 29.

287 Schreiben von Schanze (Weimar) an Mitzenheim, 6.10.1945, in: *LKAE*, A 130/I, unfoliiert.

288 Schreiben von Zimmermann (Altenburg) an Mitzenheim, 25.10.1945, in: *LKAE*, A 130/I, unfoliiert.

289 Sitzung des LKR, 11. und 12.12.1945. TOP 7. – Vgl. zur Annahme des Bischofstitels durch Mitzenheim auch Kapitel 5.1.

290 Anschreiben von Mitzenheim an die Mitglieder der Spruchstelle, 18.12.1945, in: *LKAE*, A 239 (Loses), unfoliiert. – Dass das Interesse an den Reinigungsmaßnahmen der Kirche gewachsen war, ist auch daran erkennbar, dass das Eisenacher LKA am Silvestertag 1945 telefonisch „[...] vom Hauptamt der Stadtverwaltung [Eisenach, d.Vf.] im Auftrag des Russischen Kommandanten um sofortige Angabe der [...] Reinigungsaktion gebeten" wurde. Der diensthabende Battefeld gab die Informationen umgehend weiter, verwies aber auch gleich auf die „Selbständigkeit der Kirche in diesen Fragen."

lungen in ‚seiner' Landeskirche in Kenntnis zu setzen.[291] Mit wenigen, knappen Sätzen beschrieb er die Arbeitsergebnisse einer aufregenden und aufreibenden Zeit – dem ersten Jahr nach dem Zusammenbruch des Nationalsozialismus in Deutschland und dem Ende der Thüringer DC-Diktatur: „Die Zusammenarbeit im Landeskirchenrat ist höchst erfreulich. Unsere Kirchenregierung ist getragen vom Vertrauen weitester Kreise. Die Verhandlungen mit den staatlichen Stellen verlaufen meist erfreulich. [...] Der Anschluß an den Lutherrat wurde beschlossen. Die Ordinationsformel, bisher ganz farblos, wurde neu gefaßt. Die liturgischen Formen im lutherischen Sinne wurden verbindlich gemacht. Nennenswerter Widerspruch wurde nicht laut. Die kirchlichen Körperschaften wurden umgebildet. Eine kirchliche Spruchstelle überprüft die Pfarrerschaft."[292]

Dass hinsichtlich der begonnenen ‚lutherischen Einfärbung' der Landeskirche kaum Widerspruch laut wurde, lag nicht allein daran, dass die entsprechenden Entscheidungen zumeist im Lande unbekannt waren, dass weiterhin die Möglichkeiten, Widerspruch zu formulieren, einigermaßen eingeschränkt waren, und dass nicht zuletzt manch einer von denen, der von DC-Seite her Kritik geäußert hätte, derzeit unter dem Damoklesschwert einer eventuellen Spruchstellenentscheidung gewiss nicht sonderlich streitlustig gewesen ist.

Ebenso war das von Mitzenheim behauptete „Vertrauen weitester Kreise" gewiss ein wenig euphemistisch formuliert; unklar blieb vor allem, ob er dabei allein auf kirchliche Kreise oder auch staatliche bzw. politische Kreise anspielte. Tatsache ist allerdings, dass – wie Mitzenheim bspw. seinem Thüringer Amtsbruder Franz Simcik (1885–1953) bestätigte – „[...] das Wort der Kirche ohne Zweifel Gewicht hat. Dafür wollen wir auch dankbar sein, aber es auch nur in einwandfreien Fällen bei entscheidenden Dingen in die Waagschale werfen."[293]

Konkret reagierte der Bischof damit auf ein, durch den Geraer Superintendenten Simcik vermittelte, streng vertrauliche Bitte eines „hohen Beamten der Landesregierung", sich den rigorosen Entnazifizierungsmaßnahmen der staatlichen Verwaltung warnend und protestierend entgegenzustellen. Die von der SMA, „jedenfalls auf Drängen der KPD", wie es hieß, geforderte Reinigung der Verwaltung gefährde ernstlich den weiteren Verwaltungsbetrieb. Simcik hatte, gleichfalls vertraulich, Mitzenheim mitgeteilt: „Nach der Ansicht des betreffenden Herrn (anscheinend ist das auch die Ansicht des Landespräsidenten) ist die Kirche die einzige Stelle, die diese innere Autorität besitzt."[294]

Es ist der Umsicht Mitzenheims zu danken, dass er auf derartige Anfragen nicht sofort, mit heißem Herzen, reagierte. Seinem Kollegen in Gera gab er – mit Dank „für diese wichtigen Informationen" – zu verstehen, dass es gerade wegen der Bedeutsamkeit des Wortes der Kirche, „[...] wohl überlegt sein will, ob in dieser Angelegenheit ein offizi-

[291] Schreiben von Mitzenheim an Marahrens, 09.01.1946, in: *LKAE*, A 239 (Loses), unfoliiert. – *August Marahrens (1875–1950)* war von 1925 bis 1947 Landesbischof der Ev.-Luth. Landeskirche Hannovers. Auf die besondere – umstrittene – Rolle Marahrens' sowohl während der NS-Zeit als auch bei der Schaffung der Grundordnung der EKD kann an dieser Stelle nicht weiter eingegangen werden. Bemerkenswert ist, dass Marahrens seinen Thüringer Kollegen Mitzenheim für das Fünfergremium einer gesamtdeutschen Kirchenleitung auserkoren hatte. – Dazu Annemarie Smith-von Osten, *Von Treysa 1945 bis Eisenach 1948: zur Geschichte der Grundordnung der Evangelischen Kirche in Deutschland*, Göttingen 1980, 29. – Zur besonderen, ‚mannhaften' Militanz von Marahrens, die auch den ‚Altgardisten Rönck' schon erstaunt hatte, vgl. Kapitel 2.5.

[292] Schreiben von Mitzenheim an Marahrens, 09.01.1946, in: *LKAE*, A 239 (Loses), unfoliiert.

[293] Schreiben von Mitzenheim an Sup. Simcik (Gera), 15.01.1946, *LKAE*, A 239/III, 181.

[294] Schreiben von Pfr. Simcik (Gera) an Mitzenheim, 06.12.1945. *LKAE*, A 239/III, 152.

eller Schritt sinnvoll ist, oder auch in welcher Form, ob mündlich oder schriftlich, er zu geschehen habe."[295]
Offenbar war Mitzenheim sich darüber im Klaren, dass er wohl – um im sprachlichen Duktus der Zeit zu bleiben: ‚mannhaft' – den unterschiedlichsten Ansprüchen im Spannungsfeld von Besatzungsmacht und deutscher Verwaltung ‚entgegengetreten' sei und einen ‚Etappensieg im Kampf um den Lebensraum der Kirche errungen' habe. Gleichwohl ist ihm, als dem maßgeblichen Verhandlungsführer der Kirchenleitung, nicht verborgen geblieben, dass es ‚Mächte und Gewalten' im Lande gab, denen das gewachsene Selbstbewusstsein und die Handlungskraft der Kirche ein Dorn im Auge waren.
Dazu gehörte an erster Stelle, wie gerade erwähnt, die KPD. Bislang war deren gesellschaftlicher Durchsetzungs- und Machtanspruch noch sehr stark von internen Machtkämpfen absorbiert gewesen. Doch mit der – nach Abzug der Amerikaner möglich gewordenen – ‚Ausschaltung' Hermann Brills und der bevorstehenden ‚Gleichschaltung' von KPD und SPD sollte mit einer – stalinistisch dominierten – SED der Landeskirche ein ‚schlagkräftiger Klassengegner' erwachsen. Allerdings blieb deren Schlagkraft, wenigstens bis zum Sommer 1947, durch zwei Faktoren noch erheblich abgeschwächt: Dies waren zum einen ‚weichere' politik-strategische Vorgaben der SMAD, die die Kirchen zunächst noch als Mithelfer beim Wiederaufbau ‚schonen' wollten – in Thüringen besonders ausgeprägt und verstärkt auf Grund des guten, kooperativen Verhältnisses zwischen Mitzenheim und Kolesnitschenko.[296] Zum anderen konnte sich unter dem liberal grundierten Landespräsidenten Rudolf Paul das zahlenmäßig und im Personalprofil in Thüringen gut entwickelte bürgerliche Milieu politisch eine Weile gegen die Karriereansprüche sozialdemokratisch-kommunistischer Observanz behaupten.
Jedenfalls spricht aus den warnenden Worten des Thüringer Landesbischofs zu Beginn des Jahres 1946 die sorgenvolle Ahnung, dass sich die Kirche noch immer ‚in unbefriedetem Gelände', ja sogar ‚auf Feindesland' befinde. Vor allem in der Auseinandersetzung um die Entnazifizierung sollten ihr, der Kirche, und damit ihm, dem Bischof – auch und gerade wegen ihrer nunmehr hartnäckig vertretenen Selbständigkeit – erhebliche Konflikte erwachsen. Und die Selbstreinigung der Kirche sollte fortan – offen wie verdeckt – als einer der „[...] tausend versteckten Bremsschuhe, die der schnellsten und restlosen Entfernung der Nazis" auf dem Wege zu einer „wahrhaft antifaschistisch-demokratischen Umwälzung"[297] im Wege stehen, ‚entlarvt' und ‚bekämpft' werden.

4.6 Kirchliche Entnazifizierung und Autonomie

Wieder Post aus Gera! Diesmal kam sie nicht vom BK-Bruder Deter, auch (noch!) nicht von protestierenden ‚Mitte-Pfarrern' (Mitgliedern des Wittenberger Bundes, WB), nicht vom FDGB, sondern vom ‚Antifa-Block' der Liberal-Demokratischen Partei Thüringens. Dieser forderte in einem fünfzeiligen Schreiben von der Eisenacher Kirchenleitung „[...] einen kurzen Bericht über den Stand der Personalbereinigung per 1.1.46 bis zum 15.d.M. einzureichen."[298]

---

[295] Mitzenheim an Sup. Simcik (Gera), 15. Januar 1946, in: *LKAE*, A 239/III, 181.

[296] Siehe Kapitel 3.2.3.

[297] „Ueberraschungsmomente", 17.11.1945, in: *LKAE*, A 239/III, 136.

[298] LDP (Gera) an den LKR, 08.01.1946, in: *LKAE*, A 239/III, 180. Gleichfalls sollte ihnen angegeben werden, „[...] wieviel Parteiangehörige der einzelnen Parteien und wieviel Parteilose beschäftigt sind." – Vgl. on allgemeiner Perspektive: Horst Laschitza, *Kämpferische Demokratie gegen Faschismus: die programmatische Vorbereitung auf die antifaschistisch-demokratische Umwälzung in Deutschland durch die Parteiführung der KPD*, Berlin 1969; Helga A. Welsh, „ ‚Antifaschistisch-demokratische

Wie Kirchenrat Phieler bereits kurz vor dem ersten Weihnachtsfest nach Ende des Krieges im Namen des Landeskirchenrates dem Eisenacher Oberbürgermeister geantwortet hatte, so tat er dies nun erneut. Und wiederum konnte er mit behördlichem Selbstbewusstsein auf die Selbstreinigung der Kirche verweisen.[299]
Die Selbstreinigung war inzwischen mit großer Eile und einigen Überraschungen angelaufen. Zu den Überraschungen gehörte möglicherweise, dass eine Niederschrift vom 9. Januar 1946, die der Spruchstelle als Arbeitsmaterial vorlag, gleich im ersten Satz zwei enge Mitarbeiter des LKA als DC belastete. Beide Kirchenbeamte hatten die Architektur des Selbstreinigungsverfahrens unmittelbar mitgestaltet. Verfasser dieser Niederschrift war der zwischenzeitlich von den Amerikanern verhaftete und verhörte Chef des Jenaer Kreiskirchenamtes Ewalt Schenk. Er gab – gewiss aus Gründen der Selbstentlastung – zu verstehen, dass er „1934 oder 1935 den „Thüringer Deutschen Christen" beigetreten [sei], weil [s]eine engsten Kollegen wie die K[irchen]Reg[ierungs]Räte Osswald, Fritz usw. damals auch" beigetreten waren."[300]
Nun war damit bereits, wie gewiss erwartet und befürchtet, ein Problem aufgetreten, das die Spruchstellenarbeit begleiten würde: das Problem des Respektes vor dem gesetzten Recht mit seinen selbst gewählten Kriterien sowie politisch-theologischen wie ‚personalhygienischen' Notwendigkeiten auf der einen Seite sowie die persönliche, arbeitsbedingte Unabkömmlichkeit oder sonstige Unverzichtbarkeit eines Kirchenbeamten, Angestellten oder Pfarrers für den künftigen Dienst der Kirche auf der anderen. In den fraglichen Personalangelegenheiten Osswald und Fritz wurde zunächst offenbar nichts unternommen, sieht man davon ab, dass KRR Otto Fritz (1900–?) ab Anfang 1946 in den Sitzungen des Landeskirchenrates nicht mehr auftauchte, da er mittlerweile (wieder) zum Chef des Meininger Kreiskirchenamtes ernannt wurde. KRR Johannes Osswald (1900–?) zögerte noch 1946, als er gemeinsam mit Gerhard Lotz zum – nunmehr ordentlichen – weltlichen Mitglied des Landeskirchenrates berufen werden sollte.[301] Diese Überraschungen

Umwälzung' und politische Säuberung in der SBZ", in: Klaus-Dietmar Henke/Hans Woller (Hgg.), *Politische Säuberung in Europa: die Abrechnung mit Faschismus und Kollaboration nach dem Zweiten Weltkrieg*, München 1991, 84-107; Ralf Kessler/Hartmut Rüdiger Peter, „Antifaschisten in der SBZ: zwischen elitärem Selbstverständnis und politischer Instrumentalisierung", in: *VfZ* 4. 1995, 611-633; Herfried Münkler, „Antifaschismus und antifaschistischer Widerstand als politischer Gründungsmythos der DDR", *PZ* B 45. 1998, 16-29; – Zu Thüringen: Wahl, *Beginn der antifaschistisch-demokratischen Umwälzung*; Kolesnitschenko, *Im gemeinsamen Kampf für das neue antifaschistisch-demokratische Deutschland.*

299 LKR an die LDP (Gera), 14.01.1946, in: *LKAE*, A 239/III, unfoliiert. – Die Anfrage zur Parteizugehörigkeit gab der LKR nun auch gleich an das KKA Gera. Derartige Forderungen staatlicher oder (partei-) politischer Stellen ließen – vorerst – nach. Zwischenzeitlich kam es allerdings zu anonymen ‚Beschwerden', denen der LKR nachging, weil im Prozess der Spruchstellenarbeit „die Abgründe der Thüringer Verhältnisse" – wie der Spruchstellenvorsitzende Doehring es nannte – mehr und mehr deutlich wurden. In der Nach-Recherche solcher – zumeist privater – ‚Rachefeldzüge' erhoffte man sich Informationen über Mitarbeiter, über die man auf Grund „mangelhafter Quellenlage" wenig zu sagen wusste. Vgl. Anonymes Denunziations-Schreiben aus Sondershausen über NS-belastete Mitarbeiter des KKA und auf Bitte des LKR ausgefertigtes Antwortschreiben der Superintendentur, in: *LKAE*, A 239/III, 16 und 18.

300 ‚Auszugsweise Abschrift' von Dr. Ewalt Schenk, 09.01.1946; nach handschriftlichem Vermerk war dies Bestandteil der „Spruchstellenunterlagen Hertel", in: *LKAE*, A 239 (Loses), unfoliiert. – Siehe Kapitel 3.1.2.

301 Sitzung des LKR, 16.05.1946: Der LB verpflichtete „den Stellvertreter eines weltlichen Mitgliedes" (in diesem Falle Lotz) Kirchenregierungsrat Johannes Osswald" auf die Verfassung der TheK. Das Problem eines „ungereinigten LKR" sollte allerdings im Sommer – intern – für einigen Ärger sorgen. Der „vertrauliche Bericht" des „Amtes für Information" vom 26.07.1950, der sich u.a. auf Personalangaben der vormaligen LKA-Mitarbeiter *Robert Schmidt* und *Erich Schilling* stützt, weist Gerhard Lotz

und Zweifel trugen sicher dazu bei, dass man sich nun noch einmal genauer erkundigte, wie denn die anderen Landeskirchen in dieser Sache verfahren.
Von der anhaltinischen Landeskirche war bekannt, dass sie – ähnlich wie Lutherisch-Sachsen – den ehemaligen DC eine ‚Erklärung‘ abverlangte, aus der eindeutig und glaubhaft hervorgehen sollte, „daß Sie [als die durch das ‚Säuberungsgesetz‘ namhaft Gemachte, d.Vf.] sich innerlich von der nationalkirchlichen Einung, ihrem Programm und ihren Methoden gelöst haben.“[302]
Die Kirchenleitung hatte in einem ‚Rundbrief‘ an die Pfarrer einige Kriterien genannt, an denen diese künftig gemessen werden sollten. Dazu gehörte vor allem der eindringliche Verweis auf das „Rasseprinzip des N.S., das *die* Dominante der D.C.lichen Theologie und Praxis“ gewesen sei.[303] Neben der weltanschaulichen Übereinstimmung mit dem Nationalsozialismus, besonders in der ‚Judenfrage‘, sei auch die Ähnlichkeit in der Anwendung brutaler Methoden zu erkennen gewesen und diesem sei heute ‚abzuschwören‘.[304] Als Anknüpfungspunkt für eine Zusammenarbeit wurde der liberale Ansatz der DC gewürdigt, jedoch um „eine treue Gebundenheit an die ganze Bibel“ ergänzt. In dem gemeinsamen Anliegen, „[...] das Evangelium zeitnah zu verkündigen, [...] möchten wir Hand in Hand arbeiten auch mit unseren D.C. Amtsbrüdern aufgrund unseres Ordinationsgelübdes.“[305]
Ähnlich wie die Nachbarlandeskirchen Sachsen-Anhalt und Sachsen wandte sich auch Moritz Mitzenheim seit Herbst 1945 in ‚Rundbriefen‘ an die Pfarrerschaft seiner Landeskirche. Der Anstoß dazu war von Wolfgang Schanze gekommen. Am 12. September 1945 teilte er dem Landesoberpfarrer in einem Brief mit, es gäbe Klagen von Pfarrern, „daß zu wenig Wegweisendes (bspw. zu Erziehung, Kirche und Schule – im Gegenüber zu den Äußerungen der Thür. Volkszeitung) gesagt würde.“ Deshalb meinte Schanze, „daß von seiten des Landeskirchenrates mehr zur Kirche hin geredet werden muß. Die günstigste Form dafür erscheint mir der bischöfliche Monatsbrief, in dem wie in Marahrens Wochenbriefen auch zu den aktuellen Dingen in einer geschickt andeutenden Weise Stellung genommen werden kann.“[306]
Von seinem Dresdner Kollegen wollte Mitzenheim es dann auch noch einmal genauer wissen. Ende Januar fragte er bei Landessuperintendent Franz Lau (1907–1973) an, ob dieser ihm mitteilen könne, „[...] was in Sachsen in der Frage des Ausscheidens der DC weiter geschehen ist.“[307] Lau verwies in seiner Antwort auf das von ihm initiierte ‚Dienstenthebungsgesetz‘: „Wir haben aufgrund dieses Erlasses etwa 60 Pfarrer aus den Ämtern herausgenommen, und es wird wahrscheinlich noch zu weiteren Dienstenthebungen kommen, [...] Sachlich liegen die Grundsätze, nach denen wir entschließen, etwa

aus als „Deutsche[n] Christe[n] und Offizier im 2. Weltkrieg“ und Johannes Osswald als „SA-Mann, Deutsche[n] Christ[en] und Major der Luftwaffe beim Luftgaukommando Brüssel“, in: *ThHStAW*, BMP, 868, unfoliiert,.

302 „Rundbrief an die früheren D.C.-Pfarrer in der Anh[altinischen] Landeskirche, zugleich zur Kenntnis an alle Geistlichen“, 27.11.1945, in: *LKAE*, A 239/III, 173.

303 *LKAE*, A 239/III, 173. Dieser Punkt wird sehr ausführlich behandelt und in vielen Zitaten belegt.

304 Zum Umgang mit der ‚Judenfrage‘ vor und nach 1945 vgl. Kapitel 4.8.

305 Ebd.

306 *LKAE*, Nl. Mm, unfoliiert. – Die insgesamt 123 Rundbriefe, die Mitzenheim von 1945 bis 1970 schrieb, sind abgedruckt in: Thomas Björkman, *Ein Lebensraum für die Kirche: die Rundbriefe von Landesbischof D. Mitzenheim* 1945–1970, Lund 1991. Der erste Rundbrief ist datiert auf den 19.11.1945.

307 Mitzenheim an Lau (Dresden), 22.01.1946, in: *LKAE*, A 239/III, 184. – *Lic. Franz Lau* war als Ephorus der Dresdner Pfarrerschaft – für den noch im Württemberger „Exil“ befindlichen Leiter der BK, *Hugo Hahn*, – von *Geheimrat Kotte* gebeten worden, kommissarisch die geistliche Leitung der Landeskirche zu übernehmen, was er bis 1947 auch tat. – Herzog, *Die Neuordnung*, und Hein, *Die Landeskirche Sachsen*, sowie Kapitel 4.3.

in der Linie dessen, was in Ihrem [Reinigungs-, d.Vf.] Gesetz festgelegt ist."[308] Allerdings bestünde in Sachsen nach Auffassung des Landessuperintendenten bedauerlicherweise keine Möglichkeit, „[...] ein ähnliches Gesetz zu formulieren, da die Forderung der Landesverwaltung, mechanisch alle ehem. Pgs. auszuschalten, nach wie vor erhoben wird."[309] Auf Grund der kirchenstrukturellen Besonderheiten würde in der sächsischen Landeskirche ‚genau umgekehrt' vorgegangen: „Erst entscheidet bei uns das Landeskirchenamt [entspricht in etwa dem Thüringer LKR, d.Vf.]. Der Feststellungsausschuß, der die Dinge überprüft und auch ‚Spruchstelle' heißen könnte, entscheidet nachher."[310]
Die von Lau konstatierte Ähnlichkeit der Reinigungsgrundsätze wird in der Thüringer Kirchenleitung und in der Spruchstelle gewiss mit Genugtuung aufgenommen worden sein. Allerdings gab es in Thüringen auch Stimmen, die zu erkennen glaubten, dass die sächsische Selbstreinigung mit größerer ‚Schärfe' erfolgte als in Thüringen. Zu diesen gehörte der Ronneburger BK-Pfarrer Mälzer, der mit Blick auf die Nachbarlandeskirche meinte, „daß gerade mit der Durchsiebung der Pfarrerschaft die Grundlage für die Kirche von morgen geschaffen wird, daß man in Sachsen wohl mit heiligem Ernst an diese Maßnahmen herangeht, um die Kirche möglichst solide neu zu bauen."[311]
Für das Thüringer Reinigungsgesetz ergäbe sich somit als die entscheidende Frage, „[...] wie es mit rechter Milde und zugleich nötiger Schärfe gehandhabt werden kann." Mälzer fügte, fast ein wenig melancholisch, an: „Ich habe die Sachsen doch immer etwas beneidet um ihre straffere Kirchlichkeit."[312]
Doch nicht nur die Thüringer Kirchenleitung wollte zur Profilierung ihrer eigenen Spruchstellenarbeit Informationen aus anderen Landeskirchen. Auch sie selbst wurde angefragt. Am 9. Februar 1946 richtete die Kirchenkanzlei der EKD ein Rundschreiben „an die Landeskirchenregierungen und Landesbruderräte", um einen Erfahrungsaustausch in Gang zu setzen. Die „unterschiedliche Behandlung der ehemaligen Nationalkirchler und Deutschen Christen in den Landeskirchen" gäbe die Veranlassung, „[...] uns ihre Verfahrensweise in der Bereinigung des Pfarrerstandes wissen zu lassen."[313] Mitzenheim bat daraufhin den Vorsitzenden der Spruchstelle Walther Doehring „um Vorlage einer Zusammenstellung der Gesichtspunkte."[314]
Doehring nahm dies als eine willkommene Gelegenheit, ein vorläufiges Fazit zu ziehen. Am 16. März legte er dem Landeskirchenrat den 4-seitigen Entwurf eines Antwortschreibens an die EKD vor. Dieser Bericht durfte auf Weisung des Bischofs allerdings nicht abschickt werden. Statt dessen wurde – wiederum einige Wochen später, am 20. Mai 1946 – der Berichts-Entwurf des aus Kriegsgefangenschaft heimgekehrten und mittlerweile zum ‚weltlichen Mitglied im Landeskirchenrat' berufenen Kirchenrechtsrates Gerhard Lotz (1911–1981) angenommen und an die EKD-Kanzlei nach Schwäbisch-Gmünd gegeben. Auf die Gründe für die zeitliche Verzögerung und diese Berichts-Auswahl wird noch näher einzugehen sein, da sie Auskunft geben über ‚gefährliche Interna', über di-

---

308 Antwort von Lau an Mitzenheim, 01.02.1946, in: *LKAE*, A 239/III, 186.
309 Lau betonte allerdings, dass derzeit auch kein akuter, staatlich forcierter Handlungsdruck bestünde. Ebd.
310 Lau und Mitzenheim verabreden, während der für den 04.02.1946 geplanten Ostkirchenführerkonferenz „die Dinge noch einmal genauer zu besprechen." Ebd.
311 Sup. *Gerhard Mälzer* (Ronneburg) an Mitzenheim, 19.02.1946, in: *LKAE*, A 239/III, 189.
312 Ebd.
313 Schreiben der EKD an den LKR, 09.02.1946, in: *LKAE*, A 239 (Loses), unfoliiert. Dem Schreiben war ein zweites angefügt, das auf das – durch die Britische Militärregierung – geprüfte Entnazifizierungsverfahren der Schleswig-Holsteinischen Landeskirche hinwies: „Dieses Verfahren" – so Asmussen – „scheint uns die Form zu sein, in der die Möglichkeit gegeben ist, den berechtigten Anliegen aller Beteiligten gerecht zu werden." Die angezeigten Unterlagen fehlen in den Akten des LKAE.
314 Handschriftlicher Vermerk von Mm. Ebd.

verse Schwierigkeiten der Spruchstellenarbeit und über die besonderen Konflikte einer kirchlichen Entnazifizierung, die zunehmend im Zwielicht einer konspirativen und politisch gesteuerten Thüringer Öffentlichkeit stand.[315]

Exkurs: Der Fall Wolf

Dass Klugheit und menschliche Größe ebenso wie Einfalt und Eitelkeit den Gang der Geschichte begleiten und prägen, ist gewiss unstrittig. Zumeist sind derartige Begabungen, Charaktereigenschaften, Fähigkeiten oder Unfähigkeiten bei den historischen Akteuren erkennbar herausgearbeitet und analysiert, die sich auf Grund ihrer amtlichen oder sonst herausgehobenen Stellung einer besonderen Aufmerksamkeit ihrer Zeitgenossen wie der Nachgeborenen erfreuen. Doch unter den Augen Gottes, der ‚seine Sonne aufgehen lässt über Gerechte und Ungerechte', wie unter den Augen des Historikers gibt es mitunter Menschen, die gleichfalls über besondere Fertigkeiten verfügen, und doch unerkannt bleiben, obwohl auch sie die geschichtliche Entwicklung nachhaltig beeinflusst und beeinträchtigt haben.

Zu solchen Menschen zählt der Thüringer Pfarrer Alfred Wolf. Seine besonderen Fertigkeiten bestanden, nach Lage der Akten, darin, sich selbst, seine Überzeugungen und Interessen geschickt der jeweiligen Zeit und Gegebenheit anzupassen und in unübersichtlichen oder für ihn selbst bedrohlichen Situationen bei Vorgesetzten und anderen einflussreichen Menschen mit gezielten Indiskretionen und Anschuldigungen besondere Aufmerksamkeit und die Neigung zur Fürsorge zu wecken oder auch einfach nur deren Geltungsdrang und Eitelkeit anzuregen. Im Nachgang des uns heute zugänglichen Aktenmaterials gewinnt man den Eindruck, dass Alfred Wolf – absichtlich wie unabsichtlich – folgenreiche Personalentscheidungen in Thüringen vor und besonders nach 1945 angeregt, ausgelöst und dynamisiert hat.

So trägt er Mitverantwortung am ‚politischen Untergang' und ‚nachnationalsozialistischen Umgang' des ‚Altgardisten des Führers', ehemaligen SS-Mannes und Präsidenten der Thüringer evangelischen Kirche Hugo Rönck. Weiterhin hat er dem kirchlichen und politischen Ansehen des vormaligen Religiösen Sozialisten, an der Neubildung des Landeskirchenrates wie an der Spruchstellenarbeit intensiv beteiligten Kirchenrates und SED-Landtagsabgeordneten Erich Hertzsch erheblichen Schaden zugefügt, was das relativ frühe Ausscheiden Hertzschs aus der Eisenacher Kirchenleitung mitbeeinflusst haben dürfte. Gleichfalls hat er Anteil an der ‚machtpolitischen Deinstallation' und anschließenden ‚innerbehördlichen Umsetzung' des ‚Altkommunisten', ehemaligen Buchenwald-Häftlings, antifaschistischen Bildungspolitikers und Landesdirektors des Thüringer Landesamtes für Volksbildung Walter Wolf.

Für unseren Zusammenhang ist der Fall ‚Wolf' nicht nur insofern interessant, als er uns die subversive Kraft von Denunziationen offenbart, sondern vor allem deshalb, weil in der mikroskopischen Erhellung dieses zeitgeschichtlichen und menschlichen Halbdunkels Erkenntnisse über offene wie verborgene Konfliktlinien der kirchlichen Neuordnung im Kontext der Herausbildung der zweiten deutschen Diktatur zu gewinnen sind.

Alfred Wolf wurde am 17. November 1913 in Chemnitz als Sohn eines Straßenbahnassistenten geboren. Sein Abitur legte er im gleichen Jahr ab, in dem ‚sein Führer' die totale Macht in Deutschland zu übernehmen sich anschickte.[316] Theologie studierte er in

[315] Zu den unterschiedlichen Berichten über die Spruchstellenarbeit (Doehring – Lotz), deren inhaltlich verschiedener Akzentsetzung und den damit verbundenen Weichenstellungen vgl. Kapitel 5.1 und 5.2.

[316] In einem Schreiben des Spruchstellenvorsitzenden Doehring findet sich die Notiz des Spruchstellenmitgliedes Johannes Hertel, „Betr. Pfr. Alfred WOLF, SA-Mitglied laut Personalakten; An der Zu-

Halle, Leipzig und Jena. Im Mai 1937 heiratete er und wurde ein Jahr darauf Vikar in einem der Sprengel der Stadt Schmölln. Seine Ordination fand am 4. September 1938 in Großstöbnitz statt. Anschließend blieb er als Pfarrverweser verschiedener Gemeinden in Schmölln, bis er am 1. Oktober 1942 Pfarrer von Schmölln I, der größten Innenstadtgemeinde wurde.

Am 22. Mai 1943 wandte sich Pfarrer Wolf, der sich seiner Gemeinde als glühender Gefolgsmann des Führers und DC-Kamerad vorgestellt hatte, an den DC-Kirchen-Präsidenten Rönck. Wolf beklagte sich über kirchenfeindliche Äußerungen des NSDAP-Schulungsredners Sachse vor einer HJ-Gruppe. Sachse habe „vor den Jungs nicht nur die Kirche und die Sache der Deutschen Christen, sondern auch den Leiter der Thüringer Kirche [also Rönck, d.Vf.] angegriffen".[317] Nach einem Gespräch mit Wolf richtete Rönck am 21. Oktober 1943 eine Beschwerde an den – ihm persönlich bekannten – Reichsminister Lammers.[318] Knapp zwei Monate später, am 15. Dezember, erreichte Rönck über den Leiter der DC-Pressestelle, Heinz Dungs, die Mitteilung des Thüringer Gauhauptamtleiters Biedermann, „dass Rönck sich als Pg. an die Disziplin zu halten" habe, was auch beinhalte, „[...] daß eine Sache, die in Thüringen geregelt werden muß, nicht an ein Reichsministerium gehört."[319] Der Präsident folgte diesem Hinweis und wandte sich am 23. Dezember 1943 an den Thüringer Gauleiter Fritz Sauckel. Ihm trug er nicht nur die Denunziation Sachses durch Wolf vor, sondern er verband mit der Diskussion dieses Falles zugleich den Wunsch und die Absicht, „[...] das Verhältnis zwischen Gauleitung und Kirchenbehörde in Thüringen gegenüber früheren Umständen auf eine wesentlich neue Grundlage zu stellen."[320]

Doch auch der Gauleiter hüllte sich in Schweigen, worauf Rönck zu Anfang des neuen Jahres noch einmal „seinem Kameraden, Reichsminister Lammers" klar zu machen versuchte, dass es hier doch schließlich „um die Ehre eines Altgardisten des Führers, glühenden Nationalsozialisten und deutschen Pfarrers" gehe. Endlich, am 2. März 1944, kommt die ersehnte Antwort aus Berlin. Der Reichsminister teilte nun – mit einem unverhohlen kritischen Unterton – mit, dass die Schreiben des Präsidenten im Fall Wolf/Sachse „[...] an den Leiter der Partei-Kanzlei mit der Bitte weiteren Befindens zugeleitet [wurden]. Reichsleiter Bormann hat mir mitgeteilt, daß er das Erforderliche bereits veranlaßt habe."[321]

---

gehörigkeit Wolfs zur SA während der Jahre 1932–1936 kann daher kein Zweifel bestehen." In seinem Entnazifizierungsfragebogen hatte Wolf 1945 diese Frage mit „nein" beantwortet. in: *LKAE*, A 239 (Loses), unfoliiert.

317 Beiakten III, Denunziationsschrift Wolfs an Rönck, 22.05.1943, in: *LKAE*, PA Rönck, L 5039, unfoliiert.

318 Dr. *Hans-Heinrich Lammers*, Chef der Berliner Reichskanzlei, Reichsinnenminister. Ebd.

319 In dieser Auseinandersetzung werden auch Spannungen zwischen Rönck und Dungs um „DC-Führerschaften" und -konkurrenzen offenbar. Was Dungs allerdings nicht wusste, ist, dass Rönck sich am 01.09.1943 auch an den „Reichsleiter SS", *Heinrich Himmler*, gewandt hatte. Er bat Himmler, dem er zuvor anlässlich seiner Einführung als Kirchenpräsident ein Grußtelegramm geschickt hatte, um einen Gesprächstermin. Er, Rönck, stünde „noch immer in persönlicher Fühlung mit Baldur von Schirach" und müsse Himmler „wegen dringender Ausrichtung" konsultieren. Auch von dieser Seite hatte er jedoch eine abschlägige Antwort erhalten, die er kurz und freundlich beantwortete: „Der Reichsführer SS wird es mir nicht als Aufdringlichkeit auslegen, wenn ich, spätestens nach dem Siege, mir erlauben werde, mich erneut an ihn zu wenden." Ebd.

320 Rönck an Sauckel, 23.12.1943. Im Vertrauen darauf, dass es wohl nützlich sei, alle Kontakte, über die er verfügte, auszuspielen, richtete Rönck am 30.12.1943 einen Brief „an Staatssekretär und Pg. Dr. Muhs, Berlin." Auch hier verweist er auf den Fall Wolf/Sachse, unterstreicht nachdrücklich seine antisemitische Grundhaltung und wirbt für ein positives Christentum seitens der NS-Leitung. Ebd.

321 Ebd.

Da Rönck offenbar mittlerweile ein wenig unsicher geworden war, ob seine guten Kontakte, seine mehrfach bezeugte absolute Linientreue und seine DC-Amtsautorität als ‚Präsident der Thüringer evangelischen Kirche' ausreichen würden, um anhand ‚dieser Thüringer Angelegenheit' zugleich seine subtile deutsch-christliche Missionierungsaktion der NSDAP-Führung erfolgreich zu Ende zu bringen, wandte er sich nun selbst an den Leiter des ‚Braunen Hauses' und teilte – entschuldigend – mit: „Ich bin überzeugt, daß das von mir beanstandete Verhalten des Kreisschulungsleiters Sachse, Meuselwitz, niemals derart weite Kreise hätte zu beschäftigen brauchen, wenn meine entgegenkommenden Vorschläge nicht einfach immer wieder übersehen worden wären. Dies mußte umso mehr befremden, als ich von vornherein gerade auch gegenüber meinem Gauleiter keinen Zweifel darüber gelassen habe, daß ich mich in meinem Amt als Kirchenleiter nur als Beauftragten der nationalsozialistischen Weltanschauung anzusehen vermag."[322]
Doch mittlerweile legte auch Pfarrer Wolf noch einmal nach und berichtete erneut über den dreisten Partei-Schulungsredner. Sachse habe ihm von einem Gespräch mit Gauleiter Sauckel erzählt, in dem der Gauleiter mit Blick auf den Schriftwechsel in dieser Angelegenheit geäußert haben soll: „Wissen Sie, was wir jetzt mit dem ganzen Zeug machen? – Das werfen wir in den Papierkorb."[323]
Dies war dem Präsidenten dann doch zuviel. Unter offensichtlicher Verkennung seiner tatsächlichen Einflussmöglichkeiten wandte er sich wiederum an Lammers – nun allerdings mit einem indirekten Angriff auf den Thüringer Gauleiter Fritz Sauckel von den Thüringern heimlich-spöttelnd genannt wurde.[324] Auch gegenüber Bormann wärmte Rönck den Fall Wolf/Sachse noch einmal auf. Bezug nehmend auf das Hitler-Attentat vom 20. Juli 1944 schrieb ‚Präsident Rönck': „Es ist mir berichtet worden, daß in der näheren Umgebung des Führerhauptquartiers die Durchführung von Dankgottesdiensten anläßlich der wunderbaren Errettung des Führers aus der Hand ruchloser Feinde vermißt worden sein soll. Wenn dem so wäre, so erschiene mir die entsprechende Feststellung als nicht ganz verständlich: wenn ich recht unterrichtet bin, haben sogar die Bekenntniskirchen spontan Anordnungen zur Durchführung von Dankgottesdiensten ergehen lassen, während in der Thür[inger] ev[angelischen] Kirche ihre Durchführung für alle im Amt befindlichen Pfarrer selbstverständlich war."[325]
Mit ‚totalem Vertrauen' und nationalsozialistischem Pathos bat Rönck darum, dass „die Angelegenheit Wolf/Sachse dem Führer vorgetragen" wird: „Ich bin überzeugt, daß mit mir Millionen von Partei- und Volksgenossen des Glaubens sind, der Führer werde einem Altgardisten ohne Rücksicht auf seinen Beruf den Schutz seiner Ehre nicht versagen!"[326]
Als auch dieses Mal die Antwort ausblieb, wagte Rönck sozusagen den letzten Schritt: „Mir wird nun schon über ein Jahr der Ehrenschutz – eine selbstverständliche Vorausset-

[322] Schreiben von Rönck an Bormann, 14.03.1944. Ebd.
[323] Schreiben von Wolf an Rönck, 19.04.1944. Ebd.
[324] Schreiben von Rönck an Lammers, 07.06.1944. – *Fritz Sauckel (1894–1946)* war 1932 Gauleiter, ab 1933 Gauleiter und Reichsstatthalter von Thüringen. Ab 1942 ‚Generalbevollmächtigter für den Arbeitseinsatz' [der Zwangsarbeiter und Kriegsgefangenen]. 1946 angeklagt als ‚Hauptkriegsverbrecher' in Nürnberg, zum Tode verurteilt und daselbst hingerichtet. Ebd.
[325] Schreiben von Rönck an Bormann, 19.08.1944. Ebd.
[326] Schreiben von Rönck an Odenwald, 17.07.1944. Ebd. – Zwischenzeitlich hatte Rönck – unter Verweis auf inner-DC-Querelen – dem Heidelberger Prof. Odenwald sein kirchenpolitisches Programm dargestellt: „Wir müssen uns sehr vor ideologischer Einseitigkeit, wie sie leider auch Leute wie Pich und andere DC-Kameraden eignet, hüten. Mir scheint sehr viel daran zu liegen, daß wir uns in der Kirche als der organisch gewachsenen Plattform, als Nationalsozialisten wirklich durchsetzen, und ihre Gemeinden so innerlich bewegen, daß von daher auch einmal ganz neue Formen und Inhalte aus dem urtümlich ewigen Wurzelboden wachsen."

zung unserer nationalsozialistischen Weltanschauung – versagt."[327] Wenn diese Angelegenheit nicht endlich entschieden wird, muss „ich mir vorbehalten, durch ein ordentliches Parteigerichtsverfahren gegen mich feststellen zu lassen, ob ich womöglich als alter Aktivist der Kampfzeit und versehrter Frontoffizier ebenso wie viele meiner Pfarrerkameraden nur deshalb zur ehrlosen Paria gestempelt werden soll, weil ich mich nach wie vor bedingungslos zum vollen Wortlaut des Parteiprogramms bekenne!"[328]

Jetzt ließ die Antwort nicht lange auf sich warten. Am 5. Oktober 1944 erhielt Rönck von Bormann aus dem ‚Führerhauptquartier München' – mit knappen Worten garniert – seine fristlose Entlassung aus der NSDAP: „Ein Volksgenosse, der so wenig politisches Verständnis hat und in dieser entscheidungsreichen Zeit nur an seine eigenen Angelegenheiten denkt, ist als Parteigenosse untragbar."[329]

Rönck hatte anderthalb Jahre zuvor, am 4. Mai 1943, gelegentlich seiner Antrittsrede als Präsident der TheK, den Oberpfarrern im Dienstgebäude des Landeskirchenrates auf dem Eisenacher Pflugensberg seine kirchenpolitische Zielsetzung geschildert und bei dieser Gelegenheit auch seinen Befürchtungen Ausdruck verliehen: „Aber es ist die Tragik unserer Kirche und unserer Pfarrer unter der wir heute stehen, daß sie damals und heute noch kein wirklich inneres Verhältnis zu dem gefunden hat, was sich unter der Fahne Adolf Hitlers anbahnte."[330] Im Blick auf die „Amtsbrüder von der Bekenntnisfront" sagte er ein gewisses Maß an Toleranz zu: „Wenn ich diese Gewissensfreiheit auch denen zuerkenne, die vielleicht Judenchristen sein wollen, dann müssen Sie sich darüber klar sein, daß ich ihnen die äußere Macht nicht zuerkenne. Darüber müssen wir uns klar sein. Ich bin Nationalsozialist und werde es auch immer sein."[331] Zugleich schien es, als wäre er sich über die Reichweite seines politischen Einflusses inmitten eines seit Jahren erkennbar antichristlichen NSDAP-Staates im Klaren gewesen, als er die Befürchtung aussprach: „Und trotz aller Tragik, die über uns gekommen ist, kann es noch schlimmer kommen. Ich kann Sie nicht davor bewahren. Mein nationalsozialistischer Buckel ist nicht breit genug. Es kann noch viel Ärger kommen."[332]

Dieser Ärger war also nun, Ende 1944, gekommen. Deutsch-christlicher Katzenjammer prägte den ‚Neujahrsappell der Betriebsgemeinschaft des Landeskirchenamts' am 2. Januar 1945. Der ‚Betriebsobmann Bischoff' übermittelte dem Präsidenten die ‚Neujahrswünsche der Gefolgschaft': „Nach den Enttäuschungen in dem letzten Jahre – im öffentlichen Leben der Anschlag auf den Führer und im persönlichen Leben des Präsidenten das Fehlurteil niederer Parteistellen [sic!] – möchte ihm das neue Jahr für das Gelingen seines Werkes Segen und Kraft spenden."[333]

Am Tag darauf legte Rönck – den mittlerweile zu ‚Pröpsten' ernannten – Oberpfarrern eine Erklärung vor, in der er seine – vorläufige – Lesart der Ereignisse in der Folge des Falls ‚Wolf/Sachse' kundtat. Von „tiefer Bewegung und Dankbarkeit der Pfarrerschaft" ist die Rede, dafür, „[...] daß sich der Herr Präsident so mannhaft und diszipliniert für die Belange der evangelischen Kirche und für die Ehre ihres Pfarrerstandes eingesetzt hat. Er habe, [...] ohne Rücksicht auf die eigene Person [...] für die Sache des deutschen Protestantismus neben mancherlei leidvollen Erfahrungen sogar als Altgardist des Führers

327 Schreiben von Rönck an Bormann, 25.09.1944. Ebd.
328 Ebd.
329 Schreiben von Bormann an Rönck, 05.10.1944. Ebd.
330 Antrittsrede von Rönck, 04.05.1943, in: *LKAE*, A 190/III, unfoliiert.
331 Ebd.
332 Ebd.
333 Neujahrsappell im LKA, 02.01.1945, *LKAE*, A 122/I, unfoliiert.

das Opfer der Entlassung aus der NSDAP stellvertretend für Kirche und Pfarrerstand auf sich nehmen müssen."[334]
Dafür, „dass der deutsche Protestantismus in dieser geschichtlichen Wende nun nicht versagt", sondern das Erbe Luthers „weiterträgt in die deutsche Zukunft" und wegen der Treue und anderer gewichtiger Dinge mehr, möge – heißt es in diesem unsäglich larmoyant und selbstgefälligen Text – „der Präsident erwägen, [...] ob es sich nicht empfiehlt, daß er die Amtsbezeichnung als Landesbischof annimmt."[335] Der Präsident erwog es wohlwollend und stimmte zu. Dafür war er ja ‚Opfer der Bewegung' geworden. Und bald darauf, Ende April 1945, wurde er wiederum zum Opfer; dieses Mal das „Opfer einer Intrige der BK-Pfarrer unter Führung Mitzenheims."[336] Für die unausweichliche kirchliche und militärbehördliche Entnazifizierung bot der Rauswurf Röncks aus der NSDAP allerdings eine willkommene, stets vorgebrachte Entschuldigung: er war ‚um der Kirche willen' zum ‚Opfer des Faschismus' geworden.
Dass im ‚Reinigungsverfahren Rönck' der vormalige DC-Kamerad Alfred Wolf aus Schmölln wieder auf den Plan tritt, verwundert kaum, zumal beide gewissermaßen in ‚entnazifikatorischer Schicksalsgemeinschaft' verbunden waren. Doch während Rönck sich (nur) als Opfer der Nazis präsentierte, war aus dem SA-Mann und DC-Pfarrer Wolf inzwischen ein kommunistischer Widerstandskämpfer und ‚Antifaschist der ersten Stunde' geworden. Er habe die NS-Zeit in schwerer, innerer Emigration verbringen müssen, die mit der amerikanischen Besetzung Thüringens (gottlob!) ein Ende gefunden hatte.
Der Altenburger BK-Pfarrer Walter Zimmermann hatte in einem seiner ersten Briefe nach dem Einmarsch der Amerikaner auf diese rasante Verwandlung aufmerksam gemacht. Er berichtete seinem Weimarer Amtsbruder Schanze von einer Konferenz, zu der er Mitte Mai 1945 die Pfarrer des Stadt- und Landkreises Altenburg zusammengeholt habe, und auch „die Beseitigung des DC-Ideengutes (Liederbuch, Gottesfeierbuch, Botschaft Gottes usw.) angeordnet wurde."[337] Zimmermann wusste von der Depression der meisten Pfarrer zu erzählen, die sich dafür schämten, „daß unsere Kirche durch Fremde aus dem Rosenbergschen Ghetto befreit worden ist! [...] Viele der Amtsbrüder hoffen, daß sie stillschweigend in die neue Zeit mit übergehen können."[338]
Zu denen zählte Alfred Wolf ganz offensichtlich nicht. Er habe vielmehr, „[...] wie auf der Konferenz berichtet wurde, in seiner ersten Predigt nach der Besetzung gesagt: ‚12 Jahre lang habe ich euch vorgelogen, jetzt will ich euch endlich die Wahrheit sagen!' " Zimmermann erwiderte darauf mit erkennbarer Empörung: „Dabei war er der enge Freund von Lehmann, Rönck und dem Reichsbischof und hat unserem Bruder Böttcher unsagbar Schweres zugefügt. Er denkt, daß er jetzt mit dieser flotten Wendung die Sache machen wird."[339] Diese ‚Wendung' sei allerdings schon aus dem Grunde nicht hin-

334 „Erklärung der Pröpste und ihrer Stellvertreter zur kirchlichen Lage in Thüringen", 03.01.1945. Ebd.
335 Ebd.
336 Sitzung des LKR, 17.10.1946, in: *LKAE*, A 122/II. – Diesen Vorwurf hatte Rönck zwischendurch mehrfach erhoben. Im Oktober 1946 etwa gegenüber dem Bayerischen Landesbischof Meiser. Nun war es – wie die Protokollnotiz formulierte – „die Ehre des Landesbischofs Mitzenheim", die es „zu schützen gilt". – Vgl. dazu Kapitel 3.1.3.
337 Schreiben von Zimmermann (Altenburg) an Schanze (Weimar), 18.05.1945, in: *LKAE*, A 130/II, unfoliiert. In diesem Schreiben hatte Zimmermann die dringliche Lösung des DC-Problems angemahnt. – Vgl. Kapitel 4.2.
338 In diesem Schreiben hatte Zimmermann auch die neuesten Gerüchte aus Eisenach weitergegeben. Genaues sei nicht in Erfahrung zu bringen gewesen, außer „dass Mitzenheim die Führung haben soll, Rönck abgesetzt und verhaftet ist" und die DC in der neuen Kirchenleitung mitarbeiten: „[...] über Phieler und noch mehr über Büchner würden alle Amtsbrüder hier mehr als erstaunt sein." Ebd.
339 Ebd.

zunehmen, weil nach Ansicht Zimmermanns, „[...] Wolf mit dieser schändlichen Predigtäußerung den gesamten Pfarrerstand herabgesetzt hat." Sein vorläufiges Fazit, mehr als ein halbes Jahr vor Verabschiedung des kirchlichen Reinigungsgesetzes vom Dezember 1945: „So sehr man von Verständnis für viele DC Amtsbrüder erfüllt ist; solche Fälle bedürfen der gründlichen Bereinigung."[340]
Der neue Landesoberpfarrer hatte bei einer seiner ersten ‚Landesbereisungen' zum Zwecke der Neubildung der Kirche dem Schmöllner Pfarrer zwar kommissarisch die Aufgabe eines geschäftsführenden Pfarrers übertragen, ihm ansonsten jedoch pfarrdienstliche und politische Zurückhaltung auferlegt, an die sich jener allerdings nicht hielt.[341] Daraufhin gab Mitzenheim seinem Anliegen im Sommer 1945 noch einmal schriftlichen Nachdruck und kritisierte außerdem, dass Wolf sich – wie in Eisenach bekannt geworden war – auch parteipolitisch betätige[342]. Wolf antwortete am 10. November 1945, tat beleidigt und gab zu verstehen, dass er sich bislang weisungsgemäß „sehr zurückhaltend verhalten" habe, „[...] weil ich warten wollte, bis ein zweiter Bekenntnispfarrer [sic!, d.Vf.] in Schmölln war und wir dann alles gemeinsam miteinander im Sinne unserer Thüringer Evangelischen Kirche aufbauen könnten."[343]
Wolf betonte ganz emphatisch, dass er „[...] nichts anderes tun möchte, als meinem Berufe leben, an dem ich mit ganzem Herzen hänge, und damit meiner Kirche dienen!" Auch wenn man mittlerweile mit verlockenden Angeboten an ihn herangetreten sei, „[...] z.B. Erster Bürgermeister von Schmölln, Landrat des Kreises Altenburg, Betriebsleiter im größten Schmöllner Betrieb...", habe er um seines Berufes willen ‚dieses alles zurückgewiesen'. „Wenn ich darüber hinaus als Leiter des Städtischen Kultur- und Schulausschusses mit am Wiederaufbau helfe, so geschieht das nicht aus politischen, sondern aus seelsorgerlichen Gründen", meinte Wolf. Zumal er auf dem Standpunkt stehe, „dass schöne Worte von der Kanzel allein nicht reichten."[344] Ganz am Schluss des Briefes wird deutlich, was der eigentliche Grund seines Schreibens an Mitzenheim war: „Wenn ich von irgendeiner Seite bei Ihnen denunziert worden bin [...] so bitte ich höflichst, mir doch vor einer evt. Aussprache eine Abschrift [...] zukommen zu lassen, damit ich Ihnen den Beweis für deren Unrichtigkeit erbringen kann."[345]
Was Mitzenheim und die Kollegen im Landeskirchenrat (noch) nicht wissen konnten, war, dass Wolf seine angeblich lange zurückliegende KPD-Mitgliedschaft wieder entdeckt und über seine Funktion als ‚Leiter des Kultur- und Schulausschusses' regen Kontakt zu Friedrich Heilmann (1892–1963) geknüpft hatte.[346] Heilmann wiederum war einer

340 Ebd.

341 Schreiben von Pfr. Alfred Wolf (Schmölln) an KR Hertzsch, 08.03.1946, in: *LKAE*, A 239 (Loses), unfoliiert.

342 Schreiben von Wolf an Mitzenheim, 10.11.1945, in: *LKAE*, Nl. Mm, unfoliiert.

343 Dies sei mit der Berufung von Pfarrer Karl Brinkel (1913–1965) ja auch „auf gutem Wege". Ebd.

344 Dass Pfarrer Wolf nicht „von der Kanzel allein" sprach, sondern sich auch als Agitator der KPD erprobte, zeigen u.a. auch die emphatischen Erinnerungen von *Werner Eggerath (1900–1977)* an die unmittelbare Nachkriegszeit in Thüringen (vom Zusammenbruch bis zum Zusammenschluss von KPD und SPD im April 1946), die 1975 unter dem Titel „Die fröhliche Beichte" erschienen sind. Eggerath war ab 1947 bis 1952 als Thüringer MP Nachfolger von Rudolf Paul; von 1957 bis 1960 (der erste) Staatssekretär für Kirchenfragen bei der Regierung der DDR. Ebd. – Eggerath, *Beichte*, 327: Eggerath schwärmt im Zusammenhang der von der KPD und der SPD gemeinsam organisierten „Tage der Jugend" in Gera, im Januar 1946: „Herzhaft diskutierte die Jugend trotz der vergangenen zwölf Jahre.[...] Wie prallten die Meinungen aufeinander, als Pfarrer Wolf am dritten Tage gesprochen hatte!"

345 Ebd.

346 *Friedrich [Fritz] Heilmann* war zunächst SPD-, seit 1918 KPD-Mitglied, Redakteur verschiedener KPD-Zeitungen. 1929–1933 war er MdL in Thüringen und Fraktionsvorsitzender seiner Partei. Die Zeit zwischen 1934 und 1945 verbrachte er als Emigrant in der UdSSR, u.a. als Mitarbeiter des EKKI

der engsten Vertrauten des neuen Chefs im Thüringer Landesamt für Volksbildung, Walter Wolf. Fritz Heilmann hatte die ‚Zeit zwischen den Feiertagen 1945' genutzt, um für Walter Wolf eine 11-seitige *Denkschrift über die Stellung der Geistlichkeit der Thür[inger] ev[angelischen] Kirche zur NSDAP und zu den ‚Deutschen Christen'* zu verfassen. Das DC-Material und entsprechende interne Informationen hatte er zum größten Teil vom ehemaligen LKA-Angestellten Robert Schmidt erhalten. Er war in seiner Arbeit zu folgenden Ergebnissen gelangt: Im Blick auf die DC sei eindeutig zu sagen, dass sie „fanatische Nazis waren, [...] die das ganze Land mit einer Flut von Nazi-Propaganda überschwemmten. Sie traten begeistert für den Krieg ein." Die Zusammenfassung seiner Recherche lautete: „Die Pfarrerschaft der evangelischen Kirche Thüringens war bis auf verschwindende Reste völlig nationalsozialistisch. Offenbar große Teile der Pfarrerschaft gehörten den Deutschen Christen an, die als Vorkämpfer des Nationalsozialismus in Thüringen eine umfangreiche Nazi-Propaganda betrieben. Eine Reinigung des Pfarrerstandes in politischer Beziehung hat nicht stattgefunden. Das Nazi-Pfarrertum der evangelischen Kirche Thüringens besteht als feste, organisatorisch nicht gestörte Zelle des Nationalsozialismus im Lande Thüringen weiter."[347]

Als Vorsitzender des Landeskulturausschusses der KPD/SED und als Leiter der Abteilung ‚Universitäten und Hochschulen' dieses Amtes und späteren Ministeriums beteiligte sich Heilmann sehr engagiert an der ‚stalinistischen Gleichschaltung' des Thüringer Bildungswesens. Neben dem bereits erwähnten, mittlerweile im Staatsdienst tätigen Arnstädter Pfarrer Karl Erle gehörte nun der Schmöllner Pfarrer Alfred Wolf zu den wichtigsten Informanten von Heilmann, Wolf und Busse. Von diesen war er wohl auch auf den Gedanken gebracht worden, als ‚Rundfunk-Pfarrer' zu wirken. Somit hatte Alfred Wolf Gelegenheit – gegen entsprechende Vergütung – relativ häufig nach Weimar zu fahren, um ‚den freundschaftlichen Kontakt' zu dem – wie er bei verschiedenen Gelegenheiten beteuerte – „an sich nicht kirchenfeindlich eingestellten" Landesdirektor und Namensvetter Walter Wolf zu pflegen.[348] Zwei ‚Wölfe' hatten sich zusammengeschlossen, um Jagd zu machen auf die ‚Schafe des Herrn'.

Als zu Beginn des Jahres 1946 die ‚Thüringer DC' und ‚ehemaligen Pgs.' durch die Kunde von Reinigungsgesetz und Spruchstelle aufgeschreckt wurden, war es Alfred Wolf, der sich der Kirchenleitung als ein zunächst sehr freundlicher und ambitionierter Kritiker und Berater zur Verfügung stellte. Als seinen Ansprechpartner im Landeskirchenrat hatte er Erich Hertzsch auserkoren, weil er zu dem „[...] früheren ‚Religiösen Sozialisten' ein besonderes Vertrauen haben zu können [glaubte]."[349] Am 20. Januar 1946 wandte sich Wolf mit einem langen Brief an Hertzsch, der – in Auszügen – auch den wort- und

und Leitungsmitglied des NKFD. 1945 kehrte er nach Thüringen zurück, war Präsidiumsmitglied im Landtag von 1946/47 bis 1952, Chefredakteur des SED-Organs *Thüringer Volk*, (verdeckter) Mitarbeiter der Informationsabteilung der SED. Auf Grund seiner Russisch-Kenntnisse galt er als wichtigster Vermittler zur SMATh. Von 1950 bis 1953 war er Landesvorsitzender der DSF und von 1954 bis 1957 Chefredakteur des DSF-Organs „Freie Welt".

[347] *ThHStAW*, MfV, 1747, 299-309.

[348] *ThHStAW*, MfV, 1747, 288: „Lieber Genosse Wolf! In der Anlage sende ich Dir die Abschrift eines Briefes an den Kirchenrat Hertzsch in Eisenach zu. Ich würde mich freuen, wenn Du Dir trotz Deiner viel beanspruchten Zeit einmal die Mühe machen könntest, ihn zu lesen. Ich glaube, daß Du daraus dann ein genaues Bild über das erhalten würdest, was heute in der Thüringer Kirche vor sich geht. [...] Ich stehe auf dem Standpunkt, daß all diese Dinge im Verhältnis zu unserer politischen Neuentwicklung [sic!] wichtig genug sind, daß wir nicht einfach drüber hinweggehen können. Inzwischen grüße ich Dich mit herzlichem kommunistischen Gruß! Dein Alfred Wolf." Handschriftlich hat Walter Wolf den Vermerk angefügt: „weiter an Heilmann".

[349] Schreiben von Wolf (Schmölln) an Hertzsch, 08.03.1946, in: *LKAE*, A 239 (Loses), unfoliiert. – Wolf beteuerte, dass „der Herr Landesbischof, mit dem Sie diese Dinge besprechen, dies keinesfalls als eine

materialreichen ‚Selbst-Verteidigungsunterlagen' von Rönck beigefügt ist.[350] Wolf ging darin ausführlich auf das Reinigungsgesetz vom 12. Dezember 1945 ein und hob kritisch hervor: „Für den Leser dieses Gesetzes, der in die Dinge nicht eingeweiht ist, mag es scheinen, als trete die Kirche damit im Kampf gegen den Faschismus in die vorderste Front." Für den Kundigen würde jedoch sehr schnell deutlich, „[...] daß in diesem Gesetz die Möglichkeit einer geschickten Tarnung liegt und die Gefahr besteht, es ausnahmslos gegen die religiöse Gruppe der ‚Deutschen Christen' anzuwenden."[351] Es ginge ihm, Wolf, natürlich keineswegs darum, „[...] die Deutschen Christen irgendwie politisch entlasten zu wollen." Er müsse lediglich feststellen, dass „[...] unter Ermangelung jeglicher christlichen Liebe eine religiöse Gruppe mit der NSDAP gleichgesetzt" wird, „[...] wie dies nie von den alliierten Mächten oder einer politischen Richtung getan worden ist."[352] Das eigentlich Skandalöse des Reinigungsgesetzes sei jedoch, dass damit die Möglichkeit geschaffen wurde, „[...] jeden, der Deutscher Christ gewesen ist, aus seinem Amte zu entfernen, auch wenn er nie mit der NSDAP etwas zu tun gehabt hat und im Gegenteil größte Kämpfe gegen sie ausfocht. Umgekehrt kann aber jeder, der nicht Deutscher Christ war, in seiner Stellung belassen werden, selbst wenn er vor 1933 Mitglied der NSDAP gewesen [...] ist."[353]

Indem Wolf umständlich die Irrtümer wie den ‚heldenhaften Kampf' der DC gegen die NSDAP beschrieb, ging er auch auf Rönck ein: „Ich bin ihm zu Dank verpflichtet, weil ich es ihm zu verdanken habe, daß ich nicht wegen meiner Angriffe gegen die Partei ‚abgesetzt und ausgeliefert' worden bin, wie es von dem Gauleiter gefordert worden war."[354] Abschließend fasste Wolf seinen eigenen ‚mannhaften Kampf' – ziemlich unbescheiden – wie folgt zusammen: „Aus dieser Einstellung heraus aber mußte es sich immer zwangsläufiger ergeben, daß ich um des Volkes willen zum Antifaschisten wurde, daß ich, wo ich nur konnte, die Bewegung der Deutschen Christen aus einer etwa noch bestehenden Bindung heraus zu lösen versuchte [sic!], daß meine Verhöre vor der Gestapo häufiger wurden, daß ich nunmehr bereits vier Jahre lang die illegale Verbindung zu meinen heutigen Genossen gehabt habe, daß ich die Verantwortung für eine kampflose Übergabe der Stadt auf mich nahm, obwohl die Nazis mich noch deshalb hängen wollten, und daß ich mich schließlich meinen Genossen auf deren Bitten hin sofort für den Wiederaufbau zur Verfügung stellte."[355]

Abgesehen davon, dass Wolf mit seiner Kritik am Reinigungsgesetz in der Tat eine Zweckbestimmung seiner Verfasser und ‚Anwender' getroffen und damit zugleich einen neuralgischen Punkt der kirchlichen Selbstreinigung insgesamt berührt hatte, enthielt sein Brief nahezu sämtliche Legenden und Stereotype deutsch-christlicher Exkulpation, die die Mitglieder der Spruchstelle während ihrer Arbeit zu hören und zu lesen bekamen. Wolf unterscheidet sich jedoch von den meisten seiner vormaligen ‚DC-Kameraden' in-

Zurücksetzung seiner Person" auffassen soll. Im übrigen sei Hertzsch, „als Mitglied der Spruchstelle an all diesen Angelegenheiten unmittelbar beteiligt."

350 Auszug aus einem Schreiben von Wolf an Hertzsch, 20.01.1946, in: *LKAE*, PA Hugo Rönck, L 5038, unfoliiert. Rönck führte seinen Gewährsmann einleitend ein: „Wolf ist altes Mitglied der KPD und spielt heute in der Öffentlichkeit, bes[onders] im Rundfunk, eine bedeutsame Rolle." – Dieser 7-seitige Brief von Alfred Wolf findet sich auch in den Akten des *ThHStAW*, Bestand MfV (nach 1945), „Ministerium für Volksbildung". Alfred Wolf hatte ihn mit einem persönlichen Anschreiben an Walter Wolf weitergegeben.

351 Ebd.

352 Ebd.

353 Ebd.

354 Ebd.

355 Ebd.

sofern, als er die Kehre vom angeblich nur vorgetäuschten ‚Faschisten' zum unerschrockenen Untergrundkämpfer und ‚Antifaschisten' nicht nur mit virtuoser Dreistigkeit vorzutragen verstand; er verband sie zudem mit höchst wirkungsvoller destruktiver Energie. Eine Woche bevor das Spruchstellenverfahren gegen ihn selbst eröffnet wurde, hatte er seine ‚heutigen Genossen' davon überzeugen können, etwas gegen die neue Kirchenregierung zu unternehmen. Am 18. Februar 1946 richtete Landesdirektor Walter Wolf ein vertrauliches ‚Protestschreiben' an den Präsidenten des Landes Thüringen. Grußlos eröffnet er seinem ungeliebten Dienstherrn Sinn und Zweck dieser Intervention: „Es gibt in der Leitung der Thüringischen evangelischen Kirche einige Erscheinungen, welche ein allgemeines politisches Interesse haben und eine Regelung erfordern."[356] Drei ‚Erscheinungen' benannte Wolf im einzelnen.[357] Zum einen habe ‚Herr Oberpfarrer Mitzenheim' eine Verordnung verfügt, „[...] nach der NSDAP-Mitglieder, welche aufgrund der Reinigungsverordnung aus dem Schuldienst entlassen werden mußten, unter bestimmten Voraussetzungen als Religionslehrer der Kirche wieder eingestellt werden." Zum anderen habe der Oberpfarrer „[...] an seine kirchlichen Dienststellen ein Schreiben gerichtet, [...] in dem für die ‚armen verfolgten' Junker und gegen die Bodenreform Stellung genommen wird. [...]"[358] Drittens sei von Mitzenheim „[...] eine Verordnung zur Reinigung der Kirche von nazistischen Elementen erlassen [worden], welche sich wohl sehr scharf gegen die deutschen Christen wendet, aber die NSDAP-Mitglieder sehr vorsichtig behandelt. Diese Verordnung steht im Widerspruch mit den generell geltenden Reinigungsmaßnahmen."[359] Im Unterschied zur bisher verabredeten und praktizierten offiziellen (!) Zurückhaltung ist der Landesdirektor Wolf nun der Auffassung, dass darüber nachgedacht werden muss, „[...] in welcher Form eine politische Einflußnahme auf innerkirchliche Vorgänge, welche nicht im Interesse des Staates sind, gestaltet werden kann."[360] In diesem Zusammenhang griff er die Anregung des damaligen Pfarrers Erle vom Sommer des vorangegangenen Jahres auf, schlug die Bildung einer „Stelle zur Behandlung kirchlicher Fragen [...] beim Präsidenten" vor und benannte Erle als geeigneten Vertreter der evangelischen Kirche.[361] Für die katholische Kirche „müsste noch ein Mann ausgesucht" werden. Diese ‚Kirchen-Stelle' sollte nach Meinung des Landesdirektors nicht nur „ein Verbindungsglied zwischen Kirche und Landesverwaltung" darstellen, sondern sie sei auch dazu da, „[...] bestimmte politisch unmögliche Vorgänge innerhalb der Kirchenverwaltungen rechtzeitig zu korrigieren."[362]

---

356 Schreiben von Landesdirektor Wolf an MP Paul, 18.02.1946, in: *ThHStAW*, BMP, 1746, 261.

357 Diese „Erscheinungen" legte Paul in seinem Gespräch mit Mitzenheim am 08.03.1946 als „3 Beschwerden des Landesdirektors Wolf", mit der Bitte um Stellungnahme, vor. – Vgl., in: *LKAE*, A 239, unfoliiert und A 852/II.

358 Ebd. – Bei diesem Punkt hielt sich W. Wolf etwas länger auf, da dies nicht nur „einen ungerechtfertigten Eingriff [...] in staatliche Belange", sondern vor allem „eine politische Demonstration gegen die Landesverwaltung sowie gegen das von der SMATh genehmigte Gesetz zur demokratischen Bodenreform" darstelle. – Dazu Kapitel 3.2.5.

359 *ThHStAW*, BMP, 1746, 261.

360 Ebd.

361 Landesdirektor Wolf folgt damit auch den „Vorschlägen zur Behebung der Mißstände", mit denen Heilmann seine „Kirchen-Denkschrift", 27.12.1945 ‚abgerundet' hatte. Heilmann nannte dort – neben „Pfarrer Erle, Arnstadt (SPD)" – auch „Pfarrer Wolf, Schmölln (KPD)." Fünfter und letzter Punkt der Heilmannschen Vorschläge lautete: „Wegen der akuten Gefahr, die die Nichtbereinigung der evangelischen Geistlichkeit Thüringens darstellt, schlage ich vertrauliche Behandlung der Angelegenheit und rasches und energisches Eingreifen vor, damit die Geistlichen sich nicht wieder [?, d.Vf.] durch ihre bekannten Tarnungsmanöver retten können."

362 Ebd.

Um eine Korrektur ‚der falsch durchgeführten Reinigung' mühte sich nach wie vor auch Pfarrer Wolf aus Schmölln, selbst wenn dabei, wie er in einem weiteren Brief an Erich Hertzsch deutlich zu machen suchte, seine Person „überhaupt nicht zur Debatte steht."[363] Vielmehr dränge ihn auch „[...] heute wieder die Sorge um das Wohl unserer Kirche und das Bemühen, zu meinem Teil mit zu helfen, einen Weg zum Besten unserer Kirche zu suchen."[364] Dieses Mal ist er ohne langen Vorspruch beim Thema: Reinigungsgesetz. Da ihn „täglich Nachrichten über Entscheide der Spruchstelle ereilen, [...] bei denen als das Ausschlaggebende immer die Deutsch-Christliche Einstellung gewertet wird", müsste er sich wiederum zu Wort melden. Und mit der unverhohlenen Drohung, dass es doch „einem Amtsbruder wie Herrn Pfarrer Ehrhardt in Gera", der niemals Mitglied der NSDAP gewesen ist, nicht übel zu nehmen sei, wenn er seine Personal- und Reinigungsakten „an Herrn Landespräsident Paul weitergibt", fordert er ‚nochmals', „[...] nur nach politischen und nicht nach religiösen Gesichtspunkten zu urteilen!"[365]
Nebenher gibt Wolf zu erkennen, dass er gut informiert ist, denn: der Landespräsident und der Landesbischof hätten ja bereits „[...] am letzten Donnerstag in Weimar entsprechend verhandelt."[366] In immer neuen Wendungen betonte Wolf, dass die von Mitzenheim und von der neuen Kirchenleitung erstrebte Selbständigkeit und staatliche Unabhängigkeit nur zu sichern seien, „[...] wenn die Kirche dem Staat keine Veranlassung gibt, irgendwie einzugreifen."[367] Dieses habe auch „der Herr Landesdirektor Dr. Wolf in Weimar, [...] bei dem Sie [Hertzsch, d.Vf.] kürzlich wegen Fragen des ‚Religiösen Sozialismus' waren", bestätigt.[368] Wolf und Wolf sind sich da ziemlich sicher: „Wenn der Staat über die Reinigung von der Kirche Rechenschaft fordern würde, wäre es für die Kirche nicht

[363] Schreiben von Wolf an Hertzsch, 08.03.1946, in: *LKAE*, A 239 (Loses), unfoliiert.

[364] Teil seiner Bemühungen war eine ‚Stellungnahme' zum Entwurf für das neue Wahlgesetz des erweiterten Landeskirchenrats, die Wolf über Hertzsch an den LKR gab. Ebd.

[365] Ob der durch Urteil der Spruchstelle entlassene DC-Pfarrer *Ludwig Ehrhardt* (Gera) seine Akten tatsächlich an den Landespräsidenten gegeben hat, ist nicht auszumachen. Auffällig ist, dass „sein Fall" am 24.04.1946 als Punkt 6 auf der Tagesordnung des LKR stand. Nach Vortrag von „KRechtsR. Lotz" wurde eine Abmilderung des ergangenen Spruchs beschlossen. Und zwar sei jetzt, „[...] die Entscheidung der Spruchstelle dahin abzuändern, daß eine kommissarische Beschäftigung des Pfarrer Ehrhardt in einer anderen Stelle zugelassen und ihm eine zweijährige Bewährungsfrist gegeben wird", *LKAE*, A 122/II, unfoliiert, Sitzung des LKR, 26.04.1946.

[366] Ebd. – Das Gespräch zwischen Mitzenheim und MP Rudolf Paul fand am 8.03.1946 statt. Laut Niederschrift Mitzenheims [08.03.1946., LKAE, A 852/II, unfoliiert] stand dabei sein Bericht über die Verhandlung, die er am 25.02. mit Kolesnitschenko hatte, im Mittelpunkt. Dann heißt es: „Zum Schluß erwähnt der Landespräsident, daß von Seiten des Landesamtes für Volksbildung 3 Beschwerden gegen den Landesbischof bei ihm eingegangen seien." Es folgt die Aufzählung der von Landesdirektor Wolf so genannten „3 Erscheinungen". Abschließend Mitzenheim: „Der Landesbischof weist diese Anwürfe als unrichtig zurück und bittet, ihm diese Beschwerden schriftlich zuzuleiten, damit er sie im einzelnen beantworten könne. Dies wird zugesagt."

[367] Ebd.

[368] Hertzsch hatte am 19.02.1946 ein „etwa zweistündiges Gespräch" mit dem Landesdirektor Dr. Walter Wolf. In der Niederschrift von Hertzsch, ebd. [Niederschrift vom 03.04.1945, in: *LKAE*, A 852/I,unfoliiert] sind die einzelnen Punkte benannt. Über einen Gedankenaustausch zum Thema „Religiöser Sozialismus" gibt Hertzsch keine Auskunft. Wenn ein solcher Diskurs stattgefunden hat (was gut denkbar ist), hätte Hertzsch dies für seine Brüder im LKR wohl kaum ‚aktenkundig gemacht'. Hertzsch trug dem Landesdirektor seine Beschwerden vor, die die von Wolf an Zahl und Gewicht übertrafen. Hertzsch monierte eine Vielzahl von Behinderungen u.a. des Religionsunterrichtes, der Christenlehre, des Aufbaus der Theologischen Fakultät an der Universität Jena durch das Landesamt bzw. durch nachgeordnete Kreisbildungsämter. Am Ende des Gesprächs sei von Wolf ausdrücklich betont worden, „[...] daß er selbst wohl Atheist wäre, aber kein Feind der Kirche sei und ihre Arbeit in keiner Weise hindern würde, da er auf dem Boden der Toleranz stehe."

von Vorteil, wenn sich dabei herausstellen würde, daß man nur nach kirchlich-religiösen Gesichtspunkten vorgegangen ist."[369]
Die Empörung und Enttäuschung des ‚Kirchenkampf-Verlierers' Wolf ist deutlich herauszuhören, wenn er darauf verweist, dass manche Superintendenten und Oberpfarrer entlassen worden sind, die ‚nichts mit der NSDAP zu tun hatten', „[...] aber dafür sogar SA-Leute, Militaristen usw. zu Superintendenten befördert worden sind, nur weil sie eben Bekenner waren."[370] Doch wie es mit ‚den Bekennern' tatsächlich aussähe, darüber weiß der Antifa-Pfarrer und Retter Schmöllns vieles zu berichten.[371] Er habe „[...] gerade zufällig [sic!] die Erklärung von Ernst Otto aus dem Jahre 1937 vor sich, in welcher er für die gesamte Bekenntnisfront in Thüringen erklärt, daß die Bekenner in unwandelbarer Treue zum Führer und zum Nationalsozialismus stehen und sich dafür einsetzen."[372] Er besitze eine ‚ganze Sammlung' solcher Aussprüche, möchte „aber über niemanden den Stab brechen" und sei im Übrigen sehr wohl darüber im Bilde, „[...] daß von einigen Kreisen auch gegen mich alles mögliche in Eisenach versucht wird."[373]
Diese Ahnung trog ihn nicht. Am 25. Februar 1946 fassten die Mitglieder der Spruchstelle Walther Doehring, Paul Dahinten, Erich Hertzsch und Johannes Hertel den einstimmigen Beschluss: „Pfarrer Alfred Wolf, Schmölln, wird aus dem Dienst der Thüringer evangelischen Kirche entlassen. Seine Wiederverwendung im Dienst der Kirche bleibt nach mindestens 3jähriger Bewährung in widerruflich kommissarischen Ämtern außerhalb von Schmölln zulässig."[374]
Die angefügte zehn-seitige Begründung – im Wesentlichen offenbar von Doehring verfasst – gibt Einblicke in die Eitelkeiten, den Eifer und in menschliche Abgründe eines 33-jährigen „gläubigen Gefolgsmannes des Führers", der für den „totalen Sieg der nationalsozialistischen Weltanschauung" auch bereit war, einem weniger ‚glühenden' Amtskollegen Schaden zuzufügen.[375] Die Entlassungsurkunde von Alfred Wolf vom 30. April 1946 ist mit zwei Seiten deutlich kürzer gehalten. Dort heißt es, dass auf eine Milderung gemäß § 3 RG, vom 12.12.1945 vor allem deswegen verzichtet werden muss, weil „[...] Sie in dem Fragebogen der Militärregierung unrichtige Angaben gemacht haben, indem Sie Ihre aktenkundige Mitgliedschaft bei der ehemaligen SA, Ihre Ämter in der DC-Bewegung, Ihre Gaurednertätigkeit aus dem Jahre 1937 und Ihre Tätigkeit für die NS-Presse geflissentlich verschwiegen haben."[376]

---

369 Ebd.

370 Ebd.

371 Ganz ähnlich wie Kirchenregierungsrat Erich Schilling. [Vgl. Kapitel 4.4, dort Exkurs: ‚Schilling':] Schreiben von Schilling an Walter Wolf, 07.05.1946: „[...] die Auflehnung der Herren von der Bekenntnisfront gegen den nationalsozialistischen Landeskirchenrat [war] keineswegs ein Kampf gegen den Faschismus.", in: *ThHStAW*, MfV, 1747/II, 265.

372 Ebd. – Ernst Otto (1891–1941) geb. am 12.09.1891 in Schmölln, wurde der ‚heimliche BK-Bischof' von Thüringen genannt.

373 Ebd.

374 *LKAE*, PA Wolf, G 1853, unfoliiert, Spruchstellenurteil, 25.02.1946.

375 Ebd. – Auf die Anzeige seines Amtsbruders, des ‚Bekenners' Böttcher bei der Gestapo, hatte Zimmermann in einem Schreiben an Schanze am 18.05.1945 bereits hingewiesen.

376 *LKAE*, PA Wolf, G 1853. – Diese Unterlagen lagen (vermutlich ab Juli 1946) auch dem Präsidialamt und bald darauf auch dem Volksbildungsamt vor. Vgl. *ThHStAW*, MfV, 1747, 253, angefügt an die Entlassung und die dazu gehörende Begründung ist ein „Flugblatt" von Pfarrer Wolf von 1942, „an die Glieder meiner Gemeinden". Diese Erklärung beginnt mit dem Satz: „Eine Sturm- und Kampfzeit ist über unsere Kirche gekommen, und ich stehe in dieser Zeit als Kämpfer in einer der beiden Hauptfronten, bei den Deutschen Christen. [...]" Es folgen die üblichen DC-Pathosformeln, vom Glauben, der die Einigkeit des Volkes herbeiführt und der „[...] im Herzen des Führers lebt, der aus ihm redet und handelt", und schließt mit dem ‚monotarischen' DC-Credo: „Ein Volk! Ein Reich! Ein Führer! Ein Gott!

Dieser Spruchstellenbeschluss wurde zunächst nicht abgeschickt, was sich nachträglich insofern als richtig herausstellte, als die Spruchstelle bald weiteres Belastungsmaterial in den Reinigungsprozess Wolf einzubeziehen hatte.
Im Zusammenhang des Themas ‚politische Betätigung der Pfarrer' ist bereits die Angelegenheit „Rudi Köhler" zur Sprache gekommen.[377] Für den Fall ‚Wolf' ist diese von besonderem Belang, weil der Schmöllner Pfarrer dabei ein weiteres Mal seine Fertigkeiten als Denunziant unter Beweis stellte. Dieses Mal war es kein NSDAP-Schulungsleiter, sondern ein Diakon und Mitarbeiter der Inneren Mission (I.M.), auf den Wolf hinwies, um die Gunst einer ‚höher gestellten Persönlichkeit' zu erlangen. Und dies gelang ihm erneut.
Anfang März 1946 hatte sich Alfred Wolf zum wiederholten Male an Walter Wolf gewandt.[378] Ganz entrüstet gab er dem Landesdirektor zur Kenntnis, dass die Pfarrer zwar jeden Monat einmal zur Konferenz zusammenkommen und dass „dabei immer Vorträge über alle möglichen kirchlichen Dinge gehalten" würden, aber: „Man hat es bisher noch nicht für nötig gehalten, etwa einmal einen Vortrag zu bieten über das Thema ‚Christentum und Sozialismus' oder ‚Kirche und Marxismus'."[379] Dann kommt er auf den ‚Leiter des Hilfswerkes der Thüringer Kirche', Diakon Köhler, zu sprechen, der „im Auftrag des Landeskirchenrates" auf Vortragsreise im Lande unterwegs sei: „So hat er [Köhler, d.Vf.] auch am heutigen Tag in Schmölln gesprochen und dabei staatliche, städtische, parteiliche und sowjetrussische Dienststellen nun lächerlich gemacht. U.a. hat er folgendes gesagt: ‚Die wahre Regierung ist die Kirche. Sie allein kann heute sagen, was sie will. Sie allein hat die Beziehung über die Zonengrenzen und auch Verbindungen mit dem Ausland. Da der Staat spätestens in einem halben Jahr sowieso pleite ist, müssen wir in der Kirche so arbeiten, daß wir die Regierung übernehmen können.' "[380]
Dies war ein starkes Stück und weiteres Indiz für den reaktionären Charakter der Kirche! Darum gab der Landesdirektor eine ‚auszugsweise Abschrift' des Briefes sofort ‚zur Kenntnis' an den Präsidenten des Landes Thüringen weiter. Jetzt schien für Rudolf Paul der Zeitpunkt gekommen, den Vorschlag des Kabinettskollegen Wolf aufzugreifen und eine ‚Kirchen-Stelle' einzurichten. Er folgte auch dem Personalvorschlag und berief Karl Erle als Leiter der „Präsidialstelle Kirchen- und Bildungswesen".[381] Am 18. März 1946 teilte der Präsident dem Landesbischof mit, dass „mit Landesdirektor Dr. Wolf eine Regelung getroffen sei", der zufolge „[...] in Zukunft aller, die Kirche und die Landesverwaltung betreffende Schriftwechsel ausschließlich durch das Präsidialamt bearbeitet

Ein Heiland! Ein Glaube! Eine Kirche! [...] Gottes: Plan und Losung! – Unser: Kampf und Schweiß!, Heil Hitler, Alfred Wolf, Ortspfarrer."

377 Vgl. Kapitel 3.2.4.

378 *ThHStAW*, BMP 866, unfoliiert, „*Auszugsweise Abschrift* des Schreibens des Pfarrers Alfred Wolf, Schmölln/Thür. Pfarrgasse 17 an Herrn Landesdirektor Dr. Walter Wolf, Weimar", am Rand notiertes Datum: 06.03.1946.

379 Wolf verschwieg dabei, dass er als geschäftsführender Pfarrer ohne weiteres die Möglichkeit gehabt hätte, ein solches Thema auf die Tagesordnung zu setzen. Ebd.

380 Wolf geht u.a. noch auf „Pfarrer Männel aus Weimar (alter Pg.)" ein, der plötzlich und per Telefon entlassen worden sei, weil dem LKR zu Ohren gekommen war, dass ein Artikel „bei einer Thüringer Schriftleitung [...] über diesen Nazipfarrer" läge. Dieser ‚Enttarnung' wollte der LKR zuvorkommen. Ebd.

381 Merkwürdigerweise schien es dem ‚Bildungsminister' Wolf nicht aufzufallen, dass der Landespräsident zwar seinem Vorschlag nach Schaffung einer „Kirchenstelle" und seinem Personalvorschlag gefolgt war, mit der Benennung dieser Stelle aber offenkundig Kompetenzen des Kultusbereichs in die Präsidialkanzlei zog. Für die Kirche sollte sich dies künftig als Vorteil, für den Kultusminister Wolf als Nachteil herausstellen.

wird."[382] Bei dieser Gelegenheit erkundigte sich Paul recht scharf nach den ‚triumphalistischen' Thesen des Diakons Köhler.
In der LKR-Sitzung Ende März wurden das ‚Denunziationsopfer' und dessen Schmöllner Vortrag besprochen. Die Pfarrer, die an der Konferenz teilgenommen hatten, sollten einen Bericht an den Landeskirchenrat geben. Oberkirchenrat Zimmermann, zu dessen Aussichtsbezirk Schmölln gehörte, sprach sich für eine deutliche Rüge aus. Er plädierte dafür, den Hilfswerk-Mitarbeiter eindringlich davor zu warnen, „[...] daß er bei seinen Vorträgen ins Politische abgleitet."[383] Der Diakon, von Oberkirchenrat Phieler zur Rede gestellt, bestritt vehement, ‚abgeglitten' zu sein.[384]
Möglicherweise hatte Alfred Wolf davon gehört, dass es ihm – trotz seiner verschiedenen ‚Vernebelungsaktionen' nunmehr selbst so gehen könnte, wie den Kollegen, deren Fälle „täglich bei ihm eingingen." Nun brauchte er den Landesdirektor Wolf als Helfer in eigener Sache. Und dieser half dem Genossen, indem er am 21. März 1946 ein kurzes Schreiben an den Landeskirchenrat richtete und diesen aufforderte, „auf Anordnung der Sowjet-Militär-Administration" die Personalakten von Alfred Wolf, Erich Schilling und ‚Finanzdezernent Neubauer' herauszugeben.[385]
Das war nun sozusagen ein Härtetest für die Selbstreinigung der Kirche, die der Landeskirchenrat mit dem Reinigungsgesetz vom 12. Dezember 1945 beschlossen und bislang verteidigt hatte. Die eben erfolgte Einrichtung des ‚Kirchenbüros' in der Präsidialkanzlei könnte sich nun erstmals als ein strategischer Vorteil erweisen. In der Kirchenleitung konnte man allerdings nicht ahnen, dass dies zunächst die Ausgangsbasis für einen weiteren konspirativen Angriff auf die kirchliche Autonomie sein würde.[386]
Vom 8. April 1946 ist ein Schreiben des Landeskirchenrates an den Landespräsidenten datiert, das klar die Handschrift von Gerhard Lotz und die Unterschrift von Moritz Mitzenheim trägt.[387] Zunächst wurde daran erinnert, dass die Kirchenleitung doch vom Präsidenten selbst angewiesen worden war, ‚Kirche-Staat-Angelegenheiten' über das

382 Schreiben von Mitzenheim an Paul, 08.04.1946, in: *ThHStAW*, BMP 866, unfoliiert. – Vgl. *LKAE*, A 122, unfoliiert, Sitzung des LKR, 26.–28.03.1946, TOP 1 „Mitteilungen des Landesbischofs". – Mitzenheim gibt seinen Kollegen vom Schreiben des Präsidenten vom 18.03.1946 Kenntnis. Im Protokoll ist ausdrücklich hinzugefügt, dass nun aller Schriftverkehr durch das Präsidialamt und „nicht durch das Landesamt für Volksbildung" bearbeitet würde.

383 Niederschrift der Sitzung des LKR, 26.–28.03.1946, in: *LKAE*, A 122. – Siehe dazu Kapitel 3.2.4.

384 OKR Phieler teilte dem Landespräsidenten Paul am 30.03.1946 mit, dass Köhler gegenüber dem LKR bestritten hat, ‚diese Dinge' jemals gesagt zu haben, in: *ThHStAW*, BMP 866, unfoliiert. – Die Angelegenheit ‚Köhler' zog sich über das Frühjahr hin. Am 17.07.1946 teilte Phieler dem Präsidenten das Ergebnis mit. Die Recherche hatte ergeben, dass „der damalige geschäftsführende Pfarrer Wolf, der inzwischen auf Beschluss der Spruchstelle auf Grund des Reinigungsgesetzes entlassen" wurde, der Aufforderung zum Bericht an den LKR gefolgt war (und seine Denunziation bestätigt hatte). An die anderen Teilnehmer der Veranstaltung hatte Wolf die Aufforderung der Kirchenleitung nicht weitergegeben. Phieler schloss daraus, „[...] daß er ein besonderes Interesse daran hatte, daß seine Darstellung die einzige blieb." Die anderen Pfarrer, die sich mittlerweile schriftlich geäußert hatten, konnten die ‚staatsfeindlichen Äußerungen' Köhlers nicht bestätigen. Gleichwohl, so heißt es am Schluss, sei dem Diakon Köhler eine dienstliche Anweisung zugegangen, nämlich „[...] in Zukunft auch nur die Möglichkeit einer mißverständlichen Auslegung seiner Formulierungen zu vermeiden." – Vgl. Schreiben des LKR Phieler an Präsident Paul, 17.07.1946, in: *LKAE*, A 852/I, unfoliiert.

385 Schreiben von Landesdirektor Wolf an den LKR, 21.03.1946, in: *LKAE*, A 852/I, unfoliiert. Weiterhin wollte Landesdirektor Wolf noch das Teilnehmerverzeichnis bzw. Verhandlungsergebnis einer Sitzung, „[...] die am 27.11.1945 über Fragen der Entnazifizierung der Thür[inger] evangelischen Kirche stattgefunden hat."

386 Vgl. dazu Kapitel 4.7, die Auseinandersetzungen um den „Abendpost-Artikel" vom 21.05.1946.

387 Durchschrift des Schreibens von Mitzenheim an Paul, 08.04.1946, in: *LKAE*, A 852/I, unfoliiert. – Vgl. ebenfalls: *ThHStAW*, BMP 866, unfoliiert, dort das Original.

Präsidialamt gehen zu lassen. Doch neben diesem formalen Widerspruch sei dem Bischof ganz und gar nicht ersichtlich, „[...] in welcher Zuständigkeit das Landesamt für Volksbildung die Aktenvorlage fordert."[388] Kurz und präzise erläuterte er, worum es sich bei diesen Unterlagen handelt. Sie betreffen „[...] mein gegen den Beamten Regierungsrat Schilling anhängiges Disziplinarverfahren, weiter die Entnazifizierungssache Pfarrer Wolf, die z.Zt. der Spruchstelle beim Landeskirchenamt auf Grund des Reinigungsgesetzes der Thüringer evangelischen Kirche vom 12.12. 1945 vorliegt."[389] Fazit: „Keiner der angeforderten Vorgänge dürfte sachlich irgendwelche Zuständigkeiten des Landesamtes für Volksbildung überschneiden."[390] Und was die SMATh betreffe, da habe er, der Bischof, „[...] in ständiger Fühlung [...] die kirchlichen Angelegenheiten direkt mit Herrn Gardegeneralmajor Kolesnitschenko [...] verhandelt." Man könne sich also des Eindrucks nicht erwehren, dass hier unter Missbrauch der Autorität der SMA und des Landesamtes für Volksbildung „[...] von interessierter Seite Einblick in Personalakten und vielleicht sogar Einfluß auf noch nicht abgeschlossene Disziplinar- und Entnazifizierungsverfahren erreicht werden soll."[391] Da sich die Kirchenleitung jedoch an die Anordnung des Präsidenten vom 18. März 1946 gebunden wisse, möge der Präsident nun entscheiden, „ [...] ob eine Vorlage der angeforderten Akten an das Präsidialamt erwünscht [ist]."[392] Paul wollte sich möglicherweise auch keine Blöße gegenüber seinem ‚hitzigen' Kollegen geben und ließ die Akten in sein Amt kommen, allerdings mit dem internen Hinweis, dass die Sache nicht weiter zu bearbeiten wäre.

Neben dem belastenden Material, welches der Spruchstelle im Fall ‚Wolf' bereits vorgelegen hatte, wird dieser gezielte, konspirative Angriff des Pfarrers dazu beigetragen haben, „[...] daß der Vorsitzende der Spruchstelle, ein unabhängiger Jurist, der Pfarrer Wolf persönlich nicht kennt und außerdem" – wie Erich Hertzsch der SED-Landesleitung im Oktober mitteilte – „als bewährter Antifaschist bekannt ist, den Antrag stellen mußte, ihm [Wolf, d.Vf.] auch die Rechte des geistlichen Standes abzusprechen und seine Weiterbeschäftigung als Pfarrer für unmöglich zu erklären."[393] Die Entlassungsurkunde für Alfred Wolf trägt das Datum vom 30. April 1946.[394] Sie enthielt allerdings nicht die Aberkennung der Rechte des geistlichen Standes und sah eine kommissarische Weiterbeschäftigung vor. Zum einen meinte man wohl, vorsichtig sein zu müssen, da mit der Weitergabe der Akten an das Präsidialamt die ‚Sache noch in der Schwebe' war. Außerdem gab Zimmermann Anfang Mai eine Notiz an den Landeskirchenrat, der zufolge ein Bauer aus dem Kreis Schmölln sich für Pfarrer Wolf ausgesprochen hatte. Er habe einer ganzen Reihe von Bauern, denen Enteignung drohte, tatkräftig geholfen. „Seiner Meinung nach sei Wolf lediglich aus solchen Gründen in die KPD eingetreten und sei im

388 Ebd.

389 Ebd. Weiterhin wäre Bürgermeister Neubauer fälschlicherweise als Finanzdezernent bezeichnet. Er sei als gutachterlicher Sachverständiger und Berater für Sparmaßnahmen eingesetzt. Eine Sitzung vom 27.11.1945 habe überhaupt nicht stattgefunden. [Gemeint ist möglicherweise eine Sitzung des Betriebsrates des LKA, d.Vf.].

390 Ebd.

391 Ebd.

392 Ebd.

393 Schreiben von Hertzsch an die SED, 30.10.1946, in: *LKAE*, PA Erich Hertzsch, L 5055, unfoliiert. Die Anschrift lautete: SED, Landesvorstand Thüringen, Abteilung Kultur und Erziehung, [der Vorsitzende war der bereits genannte Fritz Heilmann], Weimar, Schwanseestr. 13. Dies war vorher das „Haus der NSDAP". Es gab also durchaus Indizien, die auf Kontinuitäten und auf heimliche wie unheimliche Affinitäten zwischen den beiden „sozialistischen" Arbeiterparteien hinwiesen.

394 Entlassungsurkunde und weiteres Spruchstellenmaterial, in: *LKAE*, PA Wolf, G 1853, unfoliiert.

Grunde gar nicht kommunistisch eingestellt. Das sei die Überzeugung fast aller im Orte, die sich mit Pfr. Wolf sehr verbunden fühlten."[395]
Also baute man dem ‚Wolf im Schafspelz' eine goldene Brücke und bot ihm die kommissarische Verwaltung der Pfarrstelle Gotha-Süd an; gewiss auch mit der Absicht verbunden, ihn dort unter sorgfältiger Aufsicht des widerständigen, liberalen Superintendenten Franz Bonsack (1877–1950) zu wissen.[396] Doch Pfarrer Wolf lehnte ab. Er erkenne seine Entlassung nicht an und darum sei auch sein Dienstantritt in Gotha nicht möglich.[397] Kurz darauf, am 24. Mai 1946, untermauerte er seinen Einspruch mit einer umfänglichen Verteidigungsschrift.[398] Am gleichen Tag richtete der Schmöllner Kirchenälteste Curt Schramm einen Brief an Mitzenheim, gab eine Schilderung der zurückliegenden und aktuellen pastoralen Arbeit von Wolf (aus der dessen ‚Belastung' eindeutig hervorging) und bat den Bischof inständig „[...] nicht vom ergangenen Urteilsspruch gegen Pfarrer Wolf abzugehen."[399] Jetzt wollte Mitzenheim die Sache offenbar ein für alle Mal erledigt wissen. Telefonisch ließ er den Ronneburger Superintendenten Mälzer wissen, „[...] daß der Einspruch des Pfr. Wolf [...] keine aufschiebende Wirkung habe [...], und daß dem Pfr. Wolf in Schmölln jedes Amtieren ab sofort untersagt sei. Sup. Mälzer teilt mit, daß er heute noch nach Schmölln fahren werde, um alles zu erledigen. Wie er höre, habe sich Wolf an Busse gewendet."[400]
Das war das Ende der pfarramtlichen Tätigkeit Wolfs in der Thüringer Landeskirche, auch wenn dies seinem ‚antifaschistischen Engagement' zunächst noch keinen Abbruch tat. Die weiteren Stationen des Pfarrers i.W. Wolf sind rasch geschildert. Ende 1948 wandte er sich noch einmal an den Landesbischof, betonte das Unrecht, das ihm angetan worden sei, verwies auf seinen ‚heldenhaften Kampf' gegen den NSDAP-Schulungsleiter Sachse in den Jahren 1943/44 und bat darum, in die Landeskirche Sachsen-Anhalt versetzt zu werden.[401] Das Konsistorium in Magdeburg forderte zuvor eine Einschätzung der Thüringer Kirchenleitung – und übernahm ihn nicht.[402] Eine Bewerbung von Wolf beim Konsistorium der evangelischen Kirche der Mark Brandenburg hatte schließlich Erfolg;

395 Notiz von Zimmermann, 02.05.1946. Ebd.
396 Schreiben des LKR an Wolf, 16.05.1946. Ebd. – *Franz Bonsack* war von 1926 bis 1935 Oberpfarrer von Gotha-Land, 1929 nebenamtliches Mitglied des LKR. 1934 legte er aus Protest gegen die DC-Kirchenleitung sein KR-Amt nieder und wurde daraufhin 1935 als Oberpfarrer abgesetzt. 1938 war er einer der ganz wenigen Thüringer Pfarrer, die den „Eid auf den Führer" verweigerten. Von 1945 bis 1946 war er Sup. in Gotha.
397 Telegramm von Wolf an den LKR, 22.05.1946. Ebd.
398 Sechs-seitige Verteidigungsschrift von Wolf, deren Inhaltswiedergabe sich erübrigt, da die meisten Exkulpations-Argumente bereits genannt wurden. Ebd.
399 *Curt Schramm* an Mitzenheim, 24.05.1946. Ebd.
400 Notiz eines Telefonats zwischen Mitzenheim und Mälzer, 29.05.1946. Ebd. – *Ernst Busse*, wie *Walter Wolf* ehemaliger ‚Buchenwalder', hatte sich im Oktober des Jahres 1946 einem geheimen SED-Parteiverfahren zu unterziehen, das vor allem seine zwiespältige Rolle als „roter Kapo" von Buchenwald untersuchte. Vgl. dazu die bereits genannte hervorragende Arbeit eines Forscherteams unter Leitung von Lutz Niethammer, *Der ‚gesäuberte' Antifaschismus*, dort Kapitel III.1.1, und Exkurs ‚X': „Busse vor dem Sowjetischen Militärtribunal", 79ff.
401 Briefe von Wolf an Mitzenheim, 27.10.1948 und 14.11.1948. Ebd. – Alfred Wolf betätigte sich nach seiner Entlassung weiterhin aktiv als SED-Redner. Am 19.01.1948 beklagte sich Mitzenheim gegenüber Kolesnitschenko darüber, dass der belastete vormalige DC-Pfarrer Wolf „[...] von der Gesellschaft zum Studium der Sowjetischen Kultur in Gera zu einem Vortrag über Religion und Kirche in Sowjet-Rußland aufgefordert worden sei, und daß von den Geraer Pfarrern verlangt wurde, daß für diesen Vortrag durch Plakatierung in kirchlichen Räumen und Abkündigung bei kirchlichen Veranstaltungen geworben würde." „Besprechung des LBs beim General", 21.01.1948. *LKAE*, A 930, unfoliiert.
402 LKR an das Konsistorium, 16.11.1948. Ebd.

er erhielt eine ‚auftragsweise' Anstellung im Pfarramt Strodehne.[403] Einem Schreiben des Landeskirchenrates vom 30. Oktober 1950 an das Ev. Konsistorium Berlin-Brandenburg ist zu entnehmen, dass Alfred Wolf mittlerweile aus der SED ausgeschlossen worden war: „[...] wegen parteischädigenden Verhaltens [...] und zwar wegen aktiver Unterstützung belasteter Pgs. und nachgewiesener Korruption."[404] Wiederum zwei Jahre später richtete das Berliner Konsistorium nach Eisenach die Anfrage, ob Wolf seinerzeit im Zusammenhang des Spruchstellenverfahrens die Rechte des geistlichen Standes aberkannt worden seien, da sie sich „[...] wegen gewisser Vorkommnisse [...] genötigt gesehen [hätten], den [ihm 1948 erteilten, d.Vf.] Auftrag zu widerrufen. Wir stehen vor der Entscheidung, ob wir ein Disziplinarverfahren gegen Wolf einleiten sollen."[405]

Diese Entscheidung wurde bald darauf getroffen. Mitzenheim erhielt Ende Mai 1953 die Nachricht aus Berlin: „Unsere Disziplinarkammer hat durch Urteil vom 12.5.1953 den Pfr. a.D. Wolf, Strodehne, wegen eines Dienstvergehens mit der Entziehung der Rechte des geistlichen Standes bestraft."[406]

Das vorletzte Aktenstück in den Personalunterlagen von Alfred Wolf ist ein Zeitungsartikel aus dem *Berliner Tagesspiegel* von 1955. Er trägt die Überschrift „Abendmahlskelche am Zoo verkauft".[407] Diese buchstäblich außerordentliche Geldbeschaffungsmaßnahme brachte ihm neun Monate Gefängnis ein. Am 21. März 1959 meldete sich der mittlerweile 46-jährige vormalige Pfarrer Wolf aus Essen-Borbeck und bat den Landeskirchenrat um „Nachentrichtung seiner Versicherungsbeiträge."[408]

Doch noch vor seiner kriminellen Odyssee hatte Wolf im Herbst des Jahres 1946 dazu beigetragen, dass Kirchenrat Erich Hertzsch in eine außerordentlich missliche Lage geriet.[409] Im Vorfeld der Landtagswahlen vom Oktober war bekannt geworden, dass der Religiöse Sozialist Hertzsch sich als Kandidat für die SED zur Verfügung stellt. In der schwierigen innerkirchlichen Debatte um die ‚politische Beteiligung der Pfarrer' hatte diese Tatsache allein schon für heftige Kritik gesorgt und den trotz alledem verabredeten ‚Erhalt des amtsbrüderlichen Vertrauens' auf eine harte Probe gestellt. Es kam zum Eklat, als während des – von der SED als ‚Entscheidungsschlacht' bezeichneten – Wahlkampfes sein Name in der Thüringer Presse und auf der Titelseite des *Neuen Deutschland* auftauchte. Der unter der Überschrift „Pfarrer mahnen euch! Christentum und Sozialismus sind keine Gegensätze" am 17. Oktober 1946 abgedruckte Aufruf war nicht nur – zum wiederholten Male – ohne sein Wissen und sein Einverständnis formuliert worden. Weitaus kompromittierender wog das Faktum, dass neben Hertzsch als Mitunterzeichner die Thüringer DC-Pfarrer Alfred Wolf und Selmar Graf aufgeführt waren.

Gegenüber dem Verfasser des Aufrufes, dem Religiösen Sozialisten und SED-Genossen Arthur Rackwitz, hatte Hertzsch am 30. Oktober 1946 seinem Ärger Luft gemacht und

---

403 Bewerbungsschreiben von Wolf, 27.01.1949. Ebd.

404 Schreiben des LKR an das Konsistorium Berlin-Brandenburg, 30.10.1950. Ebd.

405 Schreiben des Konsistoriums Berlin-Brandenburg an den LKR, 17.11.1952. Ebd. – Die Berliner Kollegen wurden von den Eisenacher Kollegen darüber aufgeklärt, dass dies ‚seiner Zeit' nicht erfolgt sei.

406 Schreiben des Konsistoriums Berlin-Brandenburg an den LKR, 12.05.1953. Ebd. – Wer davon weiß, wie ‚milde' sich kirchliche Dienststellen normalerweise (bis heute) bei Dienstvergehen von Pfarrern zeigen, wie ‚langsam die Mühlen' in solchen Fällen mahlen, der wird überrascht sein. Die relativ rasche und harte Entscheidung des Konsistoriums in Berlin lässt m.E. wenigstens zwei Schlüsse zu: Entweder die Berliner stellen eine (löbliche) Ausnahme dar oder das Vergehen, dessen sich Wolf schuldig gemacht hat, war so gravierend, dass eine andere Entscheidung gar nicht möglich schien.

407 Artikel aus dem *Berliner Tagesspiegel* v. 27.08.1955. Ebd.

408 Schreiben von Wolf an den LKR, 21.03.1959. Ebd. – OKR Lotz lehnte dieses Ersuchen mit einer kurzen Begründung als ungerechtfertigt ab.

409 Vgl. dazu Kapitel 3.2.4.

Bedenken angemeldet: „[...] gegen manches, was in den letzten Wochen geschehen ist.“[410] Unter Verweis auf die heftigen Diskussionen im Landeskirchenrat hatte Hertzsch auch die Tatsache als „[...] außerordentlich beschwerend [bezeichnet], daß neben meiner Unterschrift die Namen von Männern stehen, die aus der Vergangenheit her dermaßen belastet sind, daß sie in kirchlichen Kreisen mit Recht alles Vertrauen verloren haben. Niemand von uns versteht, daß Pfarrer Wolf – Schmölln, der von der Spruchstelle als nazistischer Aktivist entlassen werden mußte, in der Öffentlichkeit für die SED eintreten darf.“[411]

Ähnlich verhielte es sich mit dem DC-Pfarrer Graf. Unmissverständlich machte Hertzsch klar: „Hätte ich gewußt, daß diese beiden mitunterschreiben würden, so hätte ich alles getan, um zu erreichen, daß meine Unterschrift wieder gestrichen würde“ – zumal durch derartige Missgriffe Schaden nach beiden Seiten angerichtet würde: sowohl im Blick auf die Kirche als auch hinsichtlich der Glaubwürdigkeit der SED.[412]

Vor allem Letzteres versuchte Hertzsch den Genossen in der Landesleitung der SED zu verdeutlichen. In seinem Brief vom 30. Oktober 1946 äußerte er sein Unverständnis darüber.[413] Er wäre durchaus der Meinung, „[...] daß ein Mann, der den ehrlichen Willen hat, seine bisherige Haltung aufzugeben und beim Neuaufbau tatkräftig mitzuarbeiten, eine Möglichkeit haben soll, dies unter Beweis zu stellen.“[414] Allerdings hätten die Aktivitäten Wolfs „in ganz Thüringen Verwunderung und Anstoß“ erregt. „Da er in den Jahren der nationalistischen Herrschaft terroristisch gegen Andersdenkende vorgegangen ist“, sei nicht zu verstehen gewesen, „[...] daß er nun mit einer vollkommenen Schwenkung das in Schutz nahm und verherrlichte, was er bisher erbittert bekämpft hatte. [...] Er hat nach meiner Überzeugung der sozialistischen Bewegung auch in wohlmeinenden Kreisen großen Schaden zugefügt.“[415]

Und ihm selbst natürlich ebenfalls. Die ganz und gar ungewollte Verbindung mit dem ‚gewendeten‘ NS-Pfarrer – über die Beschäftigung mit dem Fall ‚Wolf‘, der Hertzsch als Mitglied der Spruchstelle nicht ausweichen konnte, hinaus – hatte den liberal gesinnten Religiösen Sozialisten, aufrichtigen SED-Landtagsabgeordneten und lutherischen Theologen ins Zwielicht gebracht. Die Spannungen im Landeskirchenrat blieben fortan bestehen, das Vertrauensverhältnis zu Mitzenheim war brüchig geworden. In einem Verteidigungsschreiben an die Superintendenten teilte Hertzsch im Oktober 1946 als eine Lehre aus diesem Konflikt mit, dass es ihm am nächsten läge, sich „[...] ganz auf die theologische Arbeit im engsten Sinne“ zu beschränken.[416] Dies tat er dann auch. Im Sommer 1948 verließ Hertzsch die Kirchenleitung und übernahm den Lehrstuhl für Praktische Theologie an der Universität Jena.[417]

---

410 Schreiben von Hertzsch an Rackwitz, 30.10.1946, in: *LKAE*, PA Erich Hertzsch, L 5055, unfoliiert.

411 In der Sitzung des LKR vom 17.10.1946 gibt Mm ein „Stimmungsbild zur SED-Kandidatur von Dr. Hertzsch zur Landtagswahl“. Ebd. und in: *LKAE*, A 122, unfoliiert.

412 Ebd.

413 Schreiben von Hertzsch (Eisenach) an die SED, 30.10.1946, in: *LKAE*, PA Erich Hertzsch, L 5055, unfoliiert.

414 Ebd.

415 Ebd.

416 Erklärung von Hertzsch an die Superintendenten zu seiner Kandidatur für die Landtagswahl, 7.10.1946, in: *LKAE*, A 239 (Loses), unfoliiert.

417 Schreiben von Hertzsch an den LKR, 13.07.1948, in: *LKAE*, PA Erich Hertzsch, unfoliiert. – Dieser Brief belegt das mittlerweile gewachsene Misstrauen. Hertzsch hatte damit gerechnet, weiterhin mit Sitz und Stimme im LKR vertreten zu sein. Diese Meinung wurde von den Brüdern nicht geteilt. Unter Protest legte er seine bisherigen Ämter (Vorsitzender der Prüfungskommission für die Katecheten, Mitglied der Prüfungskommission für das 2. theologische Examen, die Leitung der Evangelischen Akademie und seine Mitgliedschaft im liturgischen Ausschuss) nieder. – Die Stelle des Leiters der Ev.

Die weitere Karriere von Landesdirektor Walter Wolf schlug ebenfalls einige kräftige Haken. Wolf, der gegenüber seinen kirchlichen Gesprächspartnern bislang immer beteuert hatte, dass er „an sich nichts gegen die Kirche" habe, da er ja „auf dem Boden der Toleranz" stünde, hatte seine Auffassung „öffentlich widerrufen" und war damit zum kommunistischen Weltanschauungskampf zurückgekehrt.[418] Seine eigene kommunistisch-religiöse Sozialisation hatte im KZ Buchenwald eine enorme Aufladung erfahren, die nun ‚sieghaft' verklärt und bald darauf dialektisch-materialistisch ausgebaut wurde.[419] In einem Zeitungsartikel gab der soeben gewählte – und damit im Amt bestätigte – ‚Minister für Volksbildung' am 26. November 1946 seine Sicht auf die ‚Unheilsgeschichte' des Christentums zum Besten und versäumte bei der Gelegenheit natürlich nicht, einige gezielte Angriffe an die Adresse der Kirche zu richten.[420]

Doch die politischen und menschlichen Spannungen innerhalb der Thüringer Landesverwaltung waren mittlerweile gewachsen, während das Ansehen des kommunistischen Kultusministers stetig abnahm. Rudolf Paul, der nach den Wahlen nun als ‚Ministerpräsident des Landes Thüringen' weiterhin in Regierungsverantwortung stand, hatte seine Position stärken können. Unter der Tarnkappe der SED-Mitgliedschaft gelang es diesem liberalgrundierten, geschickt agierenden Politiker (noch!), sich gegenüber seinem intellektuell unterlegenen, ideologisch ‚verbissenen' kommunistischen Konkurrenten zu behaupten.[421] Und auch im innerkommunistischen Machtkampf, der im Oktober 1946 mit einer geheimen SED-Parteiuntersuchung gegen Ernst Busse in eine weitere Runde stalinistischer Kaderauslese eingetreten war, blieb Walter Wolf nicht ohne Schrammen und Blessuren.[422] Ein Grund dafür war, dass er zu der von Walter Ulbricht bereits im Mai 1945 identifizierten ‚sektiererischen', weil unzureichend ‚Moskau-hörigen' Basis innerhalb der KPD gehörte.[423]

Akademie Thüringen blieb von da ab bis zur Beauftragung des Friedrichrodaer Sup. Gerhard Schulze-Kadelbach am 18.04.1950 offenbar vakant. – Vgl. dazu: Susanne Böhm, „Die ersten zehn Jahre der Evangelischen Akademie Thüringen", in: *Thüringer Gratwanderungen*, 195.

418 Zu marxistischer Religionskritik und kommunistischem Weltanschauungskampf vgl. Kapitel 5.3.

419 Vgl. den von Wolf (im Rückblick formulierten) „Buchenwalder Lagerdekalog". – Niethammer, *Der ‚gesäuberte' Antifaschismus*, 151, bemerkt dazu, dass die 10 Gebote, als Regeln der psychischen Selbsterhaltung formuliert, „für Kommunisten jedoch nur ein Medium zur Erhaltung der Partei" gewesen seien. Der dort abgedruckte Text sei in ritualisierter Form gehalten, „deren Sätze wie Fanfarenstöße daherkamen und die Sprache der Bibel imitierten." Wolf habe am Ende des Dekalogs zwar darauf verwiesen, dass dieser unter den Bedingungen von 1944 entstanden sei, „[...] aber dennoch viele, allgemeinere Grundsätze einer sozialistischen Moral enthalte. (152)." – Als erster Direktor des für ihn und durch ihn 1947 aufgebauten „Instituts für Dialektischen Materialismus" an der Universität Jena verschaffte er sich und anderen das notwendige ‚ideologische und strukturelle Rüstzeug' für den Weltanschauungskampf unter den Bedingungen des ‚real existierenden Sozialismus' der DDR.

420 Schreiben von Hertzsch an Bauer (Stadtroda), 24.12.1946, in: *LKAE*, PA Erich Hertzsch, L 5055, unfoliiert. Hertzsch betont in diesem Zusammenhang, dass ihm die gegenwärtig anwachsende Kirchenkritik Sorge bereite: „Ein Beispiel dafür ist der Zeitungsartikel von Minister Wolf vom 26.11.1946, um nur ein Beispiel aus neuester Zeit zu nennen."

421 Vgl. dazu Kapitel 3.2.2 und ebenso Kapitel 3.2.4, den Kontext der „Beratenden Landesversammlung": Niederschrift ..., 28.06.1946, in: *LKAE*, A 852/I, unfoliiert. – Als Beispiel sei hier auf den Redebeitrag des SED-Landesvorsitzenden hingewiesen, der sich langsam ‚nach vorn kämpfte'. Ab 1948 – nach der Flucht von Rudolf Paul – wird er dessen Nachfolger im Amt des Ministerpräsidenten.

422 Vgl. Niethammer, *Der ‚gesäuberte' Antifaschismus*, dort Kapitel II und die entsprechenden Dokumente.

423 ebd., 60. – Der besondere, im gemeinsamen Kampf und Leid gewachsene „internationalistische kommunistische Grundansatz", der sowohl bei den ‚Buchenwaldern' als auch bei den widerständigen Kommunisten „im Reich" vorhanden gewesen ist, „[...] sollte dann Ulbrichts Mißtrauen gegen die „sektiererische" Basis, [...], auf das ganze Buchenwalder Netzwerk und besonders seine Hochburg in Thüringen erweitern." – Vgl. dazu Kapitel 3.2.2, dort den Exkurs: über Hermann Brill, besonders den Bericht von Wolfgang Leonhard.

Für das besondere politische Klima in Thüringen 1945/46, das (sogar) der Kirche einen sowjetrussisch-mentorierten Wachstumssektor zuerkannt hatte, war das weltanschauliche Säbelrasseln des Landesdirektors eher unpassend.[424] Dass er sich in seinem antifaschistischen und antikirchlichen Eifer auf so erkennbar zwielichtige Gewährsmänner berief wie Erich Schilling oder Alfred Wolf, hat ihn zusätzlich desavouiert.[425] Im Mai 1947 war er als Volksbildungsminister abgelöst worden, da „sein Vorgehen als zu ungeschickt galt".[426] Mit seinem Image beim ‚großen Bruder' stand es aus all den genannten Gründen gleichfalls nicht zum Besten. Seine Habilitationsschrift vom Herbst 1947 sei „[...] bei den verantwortlichen Stellen in Moskau" glatt durchgefallen.[427]

Im thematischen Kontext kirchlicher Neuordnung im Übergang der Diktaturen muss an dieser Stelle resümierend festgehalten werden, dass mit dem Ende des kirchlichen Wirkens von Pfarrer Alfred Wolf im Frühsommer 1946 und seinen eben beschriebenen Nachwehen noch nicht das Ende des Falles ‚Wolf' erreicht ist. Das Material aus dem Innenbereich der Thüringer Kirche, das von Schmidt, Schilling und Wolf an das ‚Landesamt für Volksbildung' weitergegeben worden war, blieb nicht ungenutzt. Auf den heißen Wellen des Kalten Krieges diente es zu Beginn der 50er Jahre als Munition im ‚verschärften Klassenkampf' um die ‚Diktatur der Arbeiterklasse'. Dies waren Jahre und Ereignisse, die von nicht wenigen Thüringer Pfarrern und Gemeindegliedern als ‚Wiederkehr des Kirchenkampfes' empfunden wurden.[428] Ein Weltanschauungskampf, der dieses Mal nicht unter dem Hakenkreuz, sondern unter Hammer und Sichel stattfand – in der DDR-Variante: mit Zirkel und Ährenkranz.[429] –

---

424 Walter Wolf gehörte zu den KP-Funktionären, die aus dem Widerstand über Verhöre, Folter und Zuchthaus ins KZ gelangt waren. Sie leiteten aus dem „[...] Kriegszustand der Lagergesellschaft – der roten Kapos gegen die SS, der „Roten" [politischen] gegen die „Grünen" [kriminellen Häftlinge, d.Vf.] – [...] ihre Selbstberufung als Lagerfunktionäre und ihre Verfügungsgewalt über die Mehrzahl der „unpolitischen" und anonymen Häftlinge aus dem Glauben an die Zuverlässigkeit ihrer Ideologie ab." Dass die ‚Kampfbedingungen' nun – außerhalb des Lagers, im unübersichtlichen Feld der Zusammenbruchgesellschaft – ein größeres Maß an ideologischer Geschmeidigkeit verlangten, wurde von ihm nur ungenügend erkannt und geübt.

425 Soweit erkennbar, lagen die Spruchstellenakten zu *Alfred Wolf* ab Juni/Juli 1946 dem Kirchenbüro des Präsidialamtes, ORR Erle, und bald darauf auch dem Volksbildungsamt vor. Am 03.08.1946 richtete Erle ein Schreiben an das Landesamt für Volksbildung [Heilmann]. Erle verweist auf das Spruchstellenurteil, benannte die dafür in Anschlag gebrachten Gründe und schloss seine Ausführungen: „Wenn heute sich örtliche Instanzen für W[olf] einsetzen, so beruht das auf einer bewußten Irreführung von Seiten Wolfs", in: *ThHStAW*, MfV, 1747/II, 282. Dort findet sich auch eine Abschrift des abgewiesenen Einspruchs von Wolf gegen die Spruchstellenentscheidung der Landeskirche, vom 29.10.1946, 297, 298 (4 S.). Im gleichen Monat hatte sich Wolf mit der Bitte um Rehabilitierung an ORR Erle gewandt. Ebenfalls vergeblich. Erles Antwort, vom 26.10.1946, an Wolf auf dessen umfangreiche Schreiben war sehr kurz gehalten: „Ihre an mich gerichteten Eingaben habe ich zwecks etwaiger Rehabilitierung der Landesleitung der SED zugeleitet. gez. ORR ERLE", in: *ThHStAW*, MfV, 1747, 287.

426 Susanne Blechschmidt, „‚Nehmt die Festung Wissenschaft!': der Sowjetisierungsprozess an der Alma mater Jenensis am Beispiel der „Universitätskrise" von 1948", in: Rüdiger Stutz (Hg.), *Macht und Milieu: Jena zwischen Kriegsende und Mauerbau*, Jena – Rudolstadt 2000, 184.

427 Ebd., 200. – Vgl. dazu vor allem Kapitel 3.2.6.

428 Vgl. dazu Kapitel 5.3.

429 In den Akten des Thüringer Hauptstaatsarchives findet sich ein vom 26.07.1950 datierter umfangreicher Bericht des *Amtes für Information des Landes Thüringen,* einer der Vorgänger-Institutionen des Ministeriums für Staatssicherheit [*ThHStAW*, BMP, 868, unfoliiert]. Er trägt die Überschrift: „Nazis und Militaristen heute noch als Pfarrer und Kirchenbeamte." Neben einer ganzen Reihe [in ihrer Mehrzahl zutreffender] Personalangaben von kirchlichen Mitarbeitern aus dem LKA Eisenach enthält dieser 14-seitige Bericht auch einige Abschriften von Zeitungsartikeln und Kirchengesetzen aus der NS-Zeit. In Teilen geht dieses Arbeitspapier für den ‚tschekistischen Kampf' auf die „Kirchen-Denkschrift" von Heilmann vom 27.12.1945 zurück. – Zum ‚kommunistischen Kirchenkampf' siehe Kapitel 5.3.

Doch zurück zu den Bemühungen der Kirchenleitung, die kirchliche Neuordnung voranzubringen und die Selbstreinigung gegen innerkirchliche Widerstände und außerkirchliche, offene wie verdeckte Angriffe durchzuführen. Die für den 6. und 7. März 1946 auf den Eisenacher Hainstein einberufene erste Superintendentenkonferenz nach Kriegsende gab Gelegenheit, ein vorläufiges Fazit zu ziehen und den weiteren Weg zu bedenken.
An der unmittelbaren Vorbereitung der Konferenz wirkte ein alt-neuer Mitarbeiter des Landeskirchenamtes mit, der bei der künftigen Gestaltung und Gestalt der Thüringer Kirche eine Schlüsselrolle spielen sollte. Kirchenrechtsrat Gerhard Lotz hatte am 20. Februar 1946 seinen Dienst in der Rechtsabteilung der Eisenacher Kirchenbehörde wieder aufgenommen.
Lotz hatte Rechts- und Staatswissenschaften studiert, war 1934 Referendar und Assistent der Rechts- und Staatswissenschaftlichen Fakultät der Universität Königsberg. Ab 1938 arbeitete er – unter KRR Dr. jur. Otto Volk – zunächst als Assessor, seit 1942 als Kirchenrechtsrat in der Rechtsabteilung des LKA. Ob freiwillig oder unfreiwillig war er dort auch in ‚Disziplinierungsmaßnahmen' der DC-Kirchenleitung gegen Nicht-DC-Pfarrer einbezogen. Zu solchermaßen Gemaßregelten gehörte seinerzeit u.a. auch Johannes Hertel, ehedem Pfarrer in Meiningen, nach 1945 in Jena-Lobeda und Mitglied der Spruchstelle. Von Ende 1942 bis Februar 1946 leistete Lotz Kriegsdienst bzw. war in Gefangenschaft. Abweichend dazu führt Stegmann aus, dass Lotz „[...] in den 30er Jahren Assessor beim Kreiskirchenamt Gera" gewesen sei.[430] Weiterhin sei Lotz, laut Stegmann, „[...] den damaligen Machthabern [...] durch eine Denkschrift [...] unangenehm aufgefallen." Diese Denkschrift habe sich gegen eine Verfügung von 1943 gerichtet, nach der „[...] getauften Juden die Zugehörigkeit zur Thüringer evangelischen Kirche abgesprochen wurde." Stegmann meint, dass Lotz in seiner Denkschrift „[...] aus juristischen wie aus theologischen Gründen die Ungesetzlichkeit dieser Maßnahme" nachgewiesen habe.[431]
Seine Entlassung aus dem Kriegsgefangenenlager verdankte Lotz dem Landesbischof höchstselbst. Mitzenheim hatte am 15. Februar 1946 einen ‚telegraphischen Notruf' von Lotz erhalten. Gerade aus amerikanischer Gefangenschaft gekommen, wähnte er das Kapitel Krieg und Haft für beendet und fand sich plötzlich in einem sowjetischen Kriegsgefangenen(sammel)lager in Erfurt wieder. Der Bischof stellte an den Kommandanten umgehend einen Antrag auf Entlassung des ‚Angestellten Gerhard Lotz' (mit russischer Übersetzung): „Lotz war nicht Mitglied der NSDAP und ist als Antifaschist bekannt. Die Kirche braucht ihn dringend."[432] Auf einer kleinen Notiz im Nachlass Mitzenheim ist in der schwungvollen Sütterlin-Schrift des Bischofs zu lesen, dass es auf Grund dieser Intervention „[...] gelang, K.rechtsrat Lotz für den kirchlichen Dienst frei zu bekommen u[nd] so vor dem Abtransport nach Rußland zu bewahren, wohin alle übrigen Heimkehrer des

[430] Stegmann, *Kirchenkampf*, 116. – Das KKA Gera wurde nach 1945 gern angegeben. So z.B. auch von *Betriebsratsobmann Bilger*, dem Mitstreiter von Pfr. Alfred Wolf und späteren Finanzdezernenten der Stadt Schmölln. Dies lag wohl vor allem daran, dass sämtliche Akten des Amtes nach einem Bombenangriff 1944 verbrannt waren. Die vorhandenen Akten des LKA sprechen gegen eine Beschäftigung von Lotz in Gera.

[431] Ebd. – Stegmann gibt dafür keine Quelle an und auch d.Vf. kann dazu keine Belege erbringen. Dagegen spricht, 1. dass Lotz als Autor einer solchen Denkschrift von seinem damaligen Dienstherrn, dem DC-Präsidenten und Antisemiten Hugo Rönck, gewiss fristlos entlassen worden wäre und dass 2. nach den vorliegenden Personal-Unterlagen Lotz zu dem genannten Zeitpunkt im Jahre 1943 „im Felde stand."

[432] Telegramm von Lotz, 15.02.1946. – Vgl. *LKAE*, Nl. Mm, unfoliiert. Entlassungsantrag von Mitzenheim, 14. (!) Februar 1946.

Erfurter Lagers überführt wurden. Mm."[433] Lotz war Mitzenheim für diese Tat – in der Tat – zu Dank verpflichtet. Und dieser Dank wirkte offenkundig fest und lang anhaltend, wie ein Binde-Mittel, zwischen dem damals 33-jährigen Kirchenjuristen und seinem um genau zwanzig Jahre älteren Bischof.[434]

Dank ist aber auch den Worten Mitzenheims auf der Superintendenten-Konferenz zu entnehmen: „Wir haben den Juristen bisher schmerzlich vermißt [...]", und er fügte, als eine Art Bekenntnis, hinzu: „[...] wir haben das auch zu fühlen bekommen!"[435] Der „Bericht über die Lage der Thüringer evangelischen Kirche", den Mitzenheim gab, lässt erkennen, dass er mittlerweile recht gut in die Rolle eines kämpferischen und selbstbewussten Landesbischofs gefunden hatte. Er benannte in groben Zügen die gegen ihn und den Landeskirchenrat vorgebrachte Kritik und hielt jeweils Argumente und Erfolgsmeldungen dagegen.

Im Zusammenhang mit dem Thema ‚Reinigungsgesetz' und dem von verschiedenen Seiten erhobenen Vorwurf, die Kirchenleitung würde sich „[...] zu sehr von politischen Gesichtspunkten leiten" lassen, kam Mitzenheim auf die beschlossene und schwer ausgehandelte „Eigenständigkeit der Thüringer evangelischen Kirche" zu sprechen. Diese sei weitgehend gesichert, vor allem wegen des guten Verhältnisses zum ‚General' und zu ‚Präsident Paul'.[436] Den Bericht über die Arbeit der Spruchstelle legte Superintendent Paul Dahinten vor. Im Anschluss an eine längere geschichtstheologische Betrachtung, auf die noch einzugehen sein wird, erwähnte er kurz die juristische Grundlage dieser Arbeit.[437] Das Reinigungsgesetz vom 12.12.1945 sei „[...] nach langen Verhandlungen beschlossen worden [...], nachdem mit den Beamten der landeskirchlichen Verwaltung bereits nach der Thüringer Verordnung [zur Reinigung der staatlichen Verwaltung von Nazi-Elementen, d.Vf.] vom 23.7.[1945] verfahren worden war."[438] Trotz der Anlehnung des kirchlichen Gesetzes an die staatliche Verordnung unterscheide es sich „[...] in 3 wesentlichen Punkten. §1 wird nicht summarisch gehandhabt, sondern jeder Fall wird von einer Spruchstelle individuell überprüft, das Gesetz läßt Raum für Gnade und Vergebung, indem § 3 unter gewissen Voraussetzungen zur Anwendung gebracht werden *kann*."[439] Dahinten vertrat die Auffassung, dass damit eine Handhabung vorweggenommen wurde, die mittlerweile in der öffentlichen Verwaltung mehr und mehr zur Anwendung käme und die auch dort die angemessene Behandlung ‚der nominellen Parteigenossen' erst ermögliche. Das dritte, von ihm angekündigte Unterscheidungsmerkmal unterschlägt er. Vielleicht hätte er an dieser Stelle darauf hinweisen wollen, sollen oder können, dass die staatliche Verordnung auf politisches (Fehl-)Verhalten und so auch auf politische Verantwortung abzielte, während dieses Thema im Reinigungsgesetz ausgeklammert ist, da der

---

433 Handschriftliche Notiz, 18.02.1946, Mitzenheim erwähnt dort auch, wie der Coup im einzelnen durchgeführt wurde: „[...] die Schriftstücke brachte Frau Lotz nach Erfurt und tat zusammen mit Propst Dr. Gloege die notwendigen Schritte im Erfurter Lager." Ebd.

434 Inwieweit diese Bindung dafür heranzuziehen ist, dass OKR Lotz sieben Jahre später eine Anfrage von Otto Nuschke zur Mitarbeit in der DDR-Regierung ablehnte, bleibt schwer zu beantworten. – Vgl. dazu Kapitel 5.3.

435 Superintendenten-Konferenz in Eisenach, 06. und 07.03.1946, in: *LKAE*, A 190/III, unfoliiert.

436 Ebd: „Wir können sagen, daß uns bisher von beiden Stellen volles Verständnis – ja Wohlwollen entgegen gebracht worden ist."

437 Vgl. dazu das Kapitel 5.1.

438 Ebd. – Es wurde bereits darauf hingewiesen, dass Paul Dahinten „die langen Verhandlungen" im Rückblick der „Pfarrervereinschronik" (in den Jahren 1958 bis 1964 verfasst) auf einen Tag zusammenschmilzt. – Vgl. dazu Kapitel 4.5.

439 Ebd.

kirchliche Focus der Reinigung vor allem auf ‚Weltanschauung', ‚Bekenntnis' und ‚Kirchentreue' lag.
In seiner Schilderung des Verfahrens und des bisherigen Verlaufs der Arbeit konnte sich Dahinten einer Wertung nicht enthalten, die so konkret und drastisch in den Folgejahren nie wieder formuliert wurde, weder kirchenintern und erst recht nicht nach außen.[440] Mit Verweis auf die Abgründe der Thüringer DC-Diktatur verwendete er als erklärende Kennzeichnung das Stichwort ‚autoritativ'.[441] Möglicherweise sah sich einer der anwesenden Superintendenten bei diesem von Dahinten gebrauchten Begriff insgeheim an den Bischofsbericht vom Vortage erinnert. Dort war der Begriff ‚autoritär' aufgetaucht – allerdings als Vorwurf und Kritik am Leitungsstil der neuen Kirchenleitung. Dahinten fasste seine schonungslose Kritik stellvertretend für alle Mitarbeiter der Spruchstelle zusammen: „Sie [die Spruchstelle, d.Vf.] hat bei ihrer Arbeit einen tiefen Einblick bekommen in die Verhältnisse einer autoritativ geführten Kirche und die empfangenen Eindrücke waren erschütternd, so erschütternd, daß der Herr Vorsitzende, der die kirchlichen Kämpfe in Thüringen nicht mit erlebt hatte, öfter seiner Entrüstung Ausdruck geben mußte. Daß ein Mitglied des einstigen Landeskirchenrats für die Gestapo Spitzeldienste leistete, war der Pfarrerschaft seit langem bekannt."[442]
„Aber auch ein anderes Mitglied dieser Behörde hat gegen oppositionelle Pfarrer den weltlichen Arm angerufen und mehr Ausweisungen aus Thüringen beantragt, als ihm der Gauleiter bewilligte,[443] während es ein drittes Mitglied fertigbrachte, in einer Gemeinde, deren Pfarrer er beseitigen wollte, über den Ortsgruppenleiter [der NSDAP, d.Vf.] eine Kirchenaustrittsbewegung zu entfachen, die dann dem betreffenden Pfarrer zur Last gelegt

---

440 Wie in Kapitel 4.4 ausgeführt, äußerte sich Dahinten später zu diesem Thema sehr zurückhaltend, ja beinahe so, als sei die Selbstreinigung nahezu konfliktfrei ‚über die Bühne gegangen'. – Dahinten: „Pfarrerverein", 157-159.

441 Schreiben von Doehring an Rönck, 22.02.1946, in: *LKAE*, PA (Hugo Rönck) L 5038 – Vgl. Kapitel 3.2.4.

442 Gemeint ist hier *KR Paul Lehmann (1884–1960)*. Laut Dahinten, *Pfarrerverein*, 88, war es vielen in der Landeskirche bekannt, dass der vormalige DC-Pfarrer aus Tambach-Dietharz, seit 1933 Mitglied im LKR, „[...] auf einem ‚heißen Draht' mit der Gestapohauptstelle in Eisenach verbunden war." Nach dem Tode von LB Sasse im September 1942 bemühte sich Lehmann, den verfassungsmäßigen Stellvertreter des LB, Dr. jur. *Otto Volk*, ‚auszuschalten', um sich selbst zum Bischof machen zu können. In dieser Zeit des ‚Hexenkessels', so Dahinten, *Pfarrerverein*, 106, ereignete sich die ‚Enttarnung' des karriere-orientierten DC- und NSDAP-Aktivisten Lehmann. Die Version von Dahinten gibt an, Lehmann habe „[...] den Anschluß der Gestapohauptstelle mit dem von Pfarrer Mitzenheim verwechselt." Ohne sich seines telefonischen Gegenübers zu versichern, habe Lehmann die vermuteten Gestapo-Kameraden „angeraunzt": „wann wollt ihr endlich den Landesverräter Dr. Volk verhaften?" In den Personalakten von Otto Volk findet sich eine handschriftliche Anmerkung von Mitzenheim: „Mitzenheim wurde durch einen Postbeamten in ein Ferngespräch Lehmanns mit der Gestapo eingeschaltet. Mm." Pfr. Mitzenheim habe den bedrohten Volk umgehend gewarnt, so dass dieser sofort Gegenmaßnahmen (u.a. bei Staatssekretär Muhs in Berlin) ergreifen konnte. – Vgl. PA Otto Volk, L 3037 Bd.2, 30. Einem geschickten Schachzug von *Hugo Rönck* war dann die ‚Ausschaltung' von Lehmann zu verdanken, indem er ihn ab 1943 mit einem Forschungsauftrag von seinen Pflichten als KR entband und nach Jena abordnete. – Vgl. Akten Spruchstelle, Niederschrift einer Befragung von KR Jauernig durch Dahinten über die Vorgänge, die zur Berufung von Rönck geführt hatten, in: *LKAE*, A 239 (Loses), unfoliiert, undat.

443 Damit dürfte auf *LB Martin Sasse* angespielt sein, der zahlreiche Ausweisungen über den ‚DC-Aktivisten der ersten Stunde' und späteren Oberregierungsrat im Thüringer Innenministerium Siegfried Leffler (1900–1983) beim Gauleiter Fritz Sauckel (1894–1946) beantragte. Mitzenheim führte in einem Artikel für *GuH*, am 16.06.1946 aus, es seien „[...] fast 100 Thüringer Pfarrer aus Thüringen vertrieben worden." Darüber hinaus lancierte LB Sasse über die Gestapo – in Abstimmung mit Leffler – auch einige Verhaftungen von unliebsamen Pfarrern.

wurde.“[444] Insgesamt dürften nach Beginn der Arbeit der Spruchstelle Mitte Januar über 100 Spruchurteile ergangen sein.
Wer angesichts der besonderen Thüringer kirchlichen Verhältnisse, die von Dahinten in Übereinstimmung mit dem Spruchstellenvorsitzenden als „erschütternd“ bezeichnet wurden, nun befürchtet habe, „[...] daß eine Welle von Entlassungen, Maßregelungen und Versetzungen kommen werde, wird heute feststellen dürfen, daß seine Befürchtungen ungerechtfertigt sind.“[445]
Der Spruchstellenbeisitzer und Pfarrervereinsvorsitzende zog wiederum den Vergleich zur staatlichen Praxis: „§ 1 des Reinigungsgesetzes verlangt in der Anlehnung an die Thüringische Verordnung *grundsätzlich* Entlassung. Da nun der Staat selbst in analogen Fällen Beamte entlassen, aber im Angestelltenverhältnis weiter beschäftigt hat, war sich die Spruchstelle darüber einig, daß sie einen ähnlichen Weg beschreiten könne; da die Verfassung Pfarrer im Angestelltenverhältnis nicht kennt, hat die Spruchstelle in Anlehnung an die Praxis, die in der Thüringer Kirche bei der Bildung des Landeskirchenrats, der Berufung von Superintendenten und Besetzung von Pfarrstellen während der Übergangszeit *kommissarische Weiterbeschäftigung* empfohlen, wo es sich ermöglichen ließ unter der Belassung des in Frage kommenden Pfarrers in seiner bisherigen Dienststelle, sonst unter Versetzung auf eine andere Pfarrstelle. Gegen die Entscheidungen ist Berufung an den Landeskirchenrat möglich.“[446] Das Verfahren sei, so der Berichterstatter, im Allgemeinen so gelaufen, „daß die Kirchenräte in ihren Aufsichtsbezirken nach Eingang der Fragebogen die Pfarrer namhaft machten, die unter das Gesetz fielen.“[447]

---

444 Hier handelte es sich möglicherweise um den 1934 zum KR gewählten *Hugo Stüber (1887–1950)*. Die Gemeinde, auf die Dahinten verweist, könnte das Kirchspiel Sulzbach (dort das Filial Herressen), bei Apolda sein. Stüber war Ende der 30er Jahre der Verhandlungsführer des LKR in den Auseinandersetzungen mit dem dortigen BK-Pfarrer Wilhelm Koch. – Vgl. dazu die Dokumentation von Peter Franz (Kapellendorf): „... Aber hinten stechen die Bienen. Wilhelm Koch – der Bekenntnispfarrer von Sulzbach bei Apolda und sein ‚blaues Wunder‘ “ (von Franz im Juli 1993 an das LKAE gegeben). Franz verwendete für die Dokumentation die Erinnerungen des BK-Pfarrers Koch, die er unter der Überschrift „Der Kirchenkampf in Thüringen, wie wir ihn erlebten (1933–1938)“ auf Wunsch seiner Kinder aufgeschrieben hatte (Frühjahr 1973). Franz nutzte diesen biographischen Text des verstorbenen Pfarrers zu verschiedenen interpretierenden Randbemerkungen, die offenbar seine ‚antifaschistische Grundhaltung‘ bekräftigen sollten. Zur Zeit der Bearbeitung des Textes, 1993, war Franz „Pfr.i.W.“ Mit der Anschuldigung, vor 1989/90 als IM für das MfS der DDR tätig gewesen zu sein, war er vom LKR beurlaubt worden. Nach einem langwierigen dienstrechtlichen Verfahren wurde Franz 1997, als einer der wenigen Pfarrer Thüringens, auf Grund dieser ‚konspirativen Nebenbeschäftigung‘ und ihrer amtsschädigenden Wirkungen aus dem Kirchendienst entlassen. – Neben Sasse und Lehmann hat sich *Hugo Stüber* allerdings auch als Denunziant hervorgetan. Stüber, lebte in ständiger Angst vor dem Gestapo-Spitzel und Choleriker Lehmann. In dem Maße, in dem bei Stüber die Symptome einer Art Kriegspsychose zunahmen, wuchs die Anzahl seiner Denunziationen. Auch Sup. Dahinten war von Stüber denunziert worden. Die daran anschließende Gestapo-Vernehmung, in äußerst rüdem Ton geführt, wurde erst etwas moderater, als Dahinten die Geheimpolizisten fragte, „[...] ob die Herrn an der Fülle der von Stüber ausgegangenen Anzeigen nicht gemerkt hätten, daß er nicht mehr zurechnungsfähig sei.“ Vgl. Dahinten, Pfarrverein, 87f.

445 Ebd. Zu denen, die diese Befürchtungen aus leicht nachvollziehbaren Gründen hatten, gehörten sicher die Thüringer DC. Ob die anwesenden Superintendenten gleichfalls als ‚Befürchtungsträger‘ anzusprechen waren, bleibt unklar. Vielleicht insoweit, als „eine Welle von Entlassungen“ die Versorgung der Gemeinden noch extremer gefährdet hätte, als dies bereits der Fall war.

446 Ebd.

447 Ebd.

Die später so genannten ‚Visitatoren' hatten bereits am 26. Juni 1945 per LKR-Beschluss erhebliche Personalbefugnisse erhalten.[448] Im Zusammenhang mit der Selbstreinigung lag es nun nicht unwesentlich an ihnen, welche Pfarrer sie ‚nach Eisenach' meldeten bzw. welche nicht. Vor der Weitergabe und Prüfung der Unterlagen in der Personalabteilung des LKA (Battefeld) standen sie bereits vor dem Problem, diese Frage im Spannungsfeld von pastoralen Versorgungserfordernissen der Gemeinden und der notwendigen kirchlichen Reinigung (vor-)zuentscheiden. Die von ihnen genannten ‚Entnazifizierungskandidaten' „[...] bekamen dann die Zuschrift, die ihnen davon Mitteilung machte, durch den Landeskirchenrat. Nach Eingang der Schutzeinwendungen und Anhören der Superintendenten hat die Spruchstelle unter Heranziehung der Personal- und Stellakten, sowie etwaiger Veröffentlichungen [...] ihren Spruch gefällt."[449]
Das Resümee, das Dahinten fünfzehn Jahre später zog, ist – wie bereits ausgeführt wurde – wesentlich kürzer und von erstaunlicher Offenheit. Es veranschaulicht die zwiefache Intention der kirchlichen Selbstreinigung: Das Reinigungsgesetz „trug ein Doppelgesicht: Grimmig nach außen, aber mit der Möglichkeit, Milde walten zu lassen. In schlimmen Fällen war auf Entlassung zu erkennen mit vorläufiger kommissarischer Beschäftigung und der Möglichkeit einer Wiedereinstellung nach einer Bewährungsfrist. So wurde meistens entschieden."[450]
Allerdings zeigten die Tage und Wochen nach der Superintendentenkonferenz vom März 1946, dass das Ziel dieser ‚barmherzigen Doppelstrategie', die mit der kirchlichen Entnazifizierung unvermeidlich verbundenen inner- wie außerkirchlichen Konfliktpotentiale möglichst gering zu halten, entweder nicht erkannt, fehlgedeutet oder machtpolitisch ‚denunziert' wurde. Auch aus diesem Grund blieb dieses Ziel – aufs Ganze gesehen – unerreicht. Im Kontext des Falles ‚Wolf' wurde bereits auf die ‚binnenkirchlich aufmunitionierte Außen-Attacke' des Landesdirektors Wolf hingewiesen, die Dank der guten Beziehungen zum Präsidenten Paul und der argumentativ geschickten ‚Flankierung' durch den neuen Mitarbeiter im Rechtsdezernat der Landeskirche, Gerhard Lotz, abgewehrt werden konnte.[451] Überhaupt zeigte sich Lotz sehr darum bemüht, die kirchliche Entnazifizierung und sich selbst in eine rechtlich und rangfolgemäßig besser abgesicherte Position zu bringen. Die Protokolle der LKR-Sitzungen seit März 1946 veranschaulichen, dass mehr als die Hälfte der Tagesordnungspunkte, incl. des raumgreifenden Themas ‚Entnazifizierung', durch Lotz vorbereitet und eingebracht wurden.

---

448 Visitatoren zu dieser Zeit waren: Wolfgang Schanze, ‚Mitte'; Walter Zimmermann, nach seinem Wechsel in das Berliner EKD-Büro im Juli 1946 abgelöst von Gerhard Säuberlich, ‚Ost'; Ernst Köhler, ‚Süd', und Oskar Ziegner, ‚West'.

449 Ebd. – Mit dieser Schilderung des Verfahrens scheint zugleich eine nicht aufgenommene Kritik des Spruchstellenbeisitzers *Johannes Hertel* bestätigt. Er hatte mehrfach angemahnt, dass die Spruchstelle auch selbst, auf der Grundlage des ihr bekannten DC-Akten-Materials, tätig werden könne, um ungeklärte Fälle samt ihren möglichen negativen Folgen zu vermeiden. – Vgl. *LKAE*, A 239 (Loses), unfoliiert: „14.01.1946 Spruchstelle beim LKR, Eisenach," handschriftlich Pfr. Hertel: „Aus Handakten der DC-Kreisgemeindeleitung in Meiningen lag vor: [...] Organisationsplan; b) Pfr.gemeinde, Mitglieder etc... Die in diesen Akten Genannten müssen von der Spruchstelle überprüft werden." Die fraglichen Akten waren im *LKAE*-Bestand nicht auffindbar; damit konnte nicht verifiziert oder falsifiziert werden, ob eine Überprüfung durch die Spruchstelle erfolgt ist. In der Tendenz des Ermittelten liegt, dass diese Prüfung unterblieb.

450 Dahinten, *Pfarrerverein*, 157.

451 Drei „Beschwerden" des Landesdirektors Wolf, die Mitzenheim am 08.03.1946 während einer Besprechung mit Präsident Paul eröffnet wurden; Sitzung des LKR, 26.03.1946, in: *LKAE*, A 122; die Aufforderung zur Herausgabe der Personalakten von Wolf, Schilling und Neubauer, in: *LKAE*, A 852/II, sowie in: *ThHStAW*, BMP 866, unfoliiert.

Am 26. März 1946 wurde ein von Lotz in den Landeskirchenrat eingebrachter Vorschlag diskutiert – und verabschiedet: die ‚Anordnung zur Durchführung des § 6 des Gesetzes zur Überprüfung der Pfarrerschaft und der Verwaltung der TheK (Reinigungsgesetz) vom 12.12.1945'.[452] Mit der Begründung, es sei unmöglich, „daß sämtliche Einsprüche mit der bei der entscheidenden Bedeutung für den Betroffenen erforderlichen Gewissenhaftigkeit in Vollsitzungen des Landeskirchenrats durchberaten werden," schuf Lotz ein Instrument, das es ihm und seinen beiden Ausschuss-Mitgliedern Mitzenheim und Säuberlich erlaubte, sowohl steuernd als auch korrigierend in den Entscheidungsgang der Spruchstelle und des Landeskirchenrates einzugreifen. Den Vorsitz in diesem Dreiergremium führte der Landesbischof, die Federführung, d. h. „die gutachterliche Vorbereitung der Einspruchsfälle" für die wöchentlich stattfindenden Ausschusssitzungen, lag bei Lotz. Da Gerhard Säuberlich nach dem Wechsel von Walter Zimmermann in das EKD-Büro Berlin mit dessen Vertretung betraut war, übernahm mit Beschluss vom 25. Juni 1946 der offenbar weniger ‚gestresste' Oskar Ziegner den Beisitz im ‚Ausschuß zur Bearbeitung der gegen Spruchstellenentscheidungen erhobenen Einsprüche'.[453] Der § 3 dieser Anordnung ermächtigte den Ausschuss, „Entscheidungen, in denen er einstimmig zu einer mildernden Abänderung der Spruchstellenentscheidung kommt, im Namen des Landeskirchenrats zu verkünden."[454]

Eine andere Form direkter Einflussnahme und behördlicher Machterweiterung schuf Lotz kurze Zeit später, Anfang April 1946. Zur Erhöhung der Effizienz der Verwaltungsarbeit wurde auf seine Initiative hin ein ‚kleiner Landeskirchenrat' gebildet. Den ‚personalen Stamm' dieses – in mehrfacher Hinsicht außerordentlichen – Gremiums bildeten Moritz Mitzenheim, Gerhard Phieler, Erich Hertzsch und Gerhard Lotz. Als ‚ständiger Gast' war der Leiter der Versorgungsabteilung Battefeld, als Protokollant KVR Zenker zugegen. Ein Aktenvermerk von Battefeld vom 9. April 1946 über das Ergebnis einer SMA-Anfrage zur Entnazifizierung dokumentiert nicht nur dessen intensives Eingebunden-Sein in die Selbstreinigung. Zum ersten Mal ist hier als ‚Verfügung' explizit die „[...] Vorlage zur Sitzung im kleinen LKR" genannt.[455]

Die Formulierung dieser mit der ‚Anordnung zur Durchführung des § 6 des Gesetzes zur Überprüfung der Pfarrerschaft [...]' gegebenen kirchenrechtlichen Kompetenzmanipulation innerhalb des Gefüges der vorläufigen Kirchenleitung und der von ihr gesetzten Organe zeigt, dass an eine „Ablehnung der beantragten Milderung" und an eine „Bestätigung des Spruchs der Spruchstelle" wohl gedacht war. Von einer eventuellen Verschärfung des Spruchstellenurteils ist allerdings keine Rede; diese schien für Lotz von vorn herein ausgeschlossen.[456]

---

452 Sitzung des LKR, 26.–28.03.1946, in: *LKAE*, A 122, dort TOP 22 und den in der Anlage befindlichen Entwurf.

453 „Gemäß Anordnung vom 26.03.1946": Sitzung des LKR, 25./26.06.1946, in: *LKAE*, A 122, unfoliiert, TOP 7. Unter TOP 1 berichtete der LB von seiner Besprechung mit Mitgliedern der sächsischen Kirchenleitung in Leipzig vom 22.05.1946. Anstelle des sächsischen Kandidaten *Lic. Voigt* für das Amt eines „theologischen Mitarbeiters für die Berliner Stelle der Kirchenkanzlei (*Bischof Dibelius*)" wurde *KR Walter Zimmermann* gewählt.

454 Ebd. Lediglich bei Nicht-Einstimmigkeit war nun (nach § 4) der LKR zu befassen. – Lotz und Phieler sorgten außerdem dafür, dass die auf Grund der staatlichen Regelung vom 23.07.1945 vom LKR getroffenen Entscheidungen der Spruchstelle zur Bestätigung vorgelegt wurden. Verfügung vom 15.05.1946, in: *LKAE*, A 239. Zu den dort genannten Angestellten Brehm, Enders und Wetzel ist handschriftlich vermerkt: „sind in Haft."

455 Sitzung des kleinen LKR, 16.04.1946. *LKAE*, A 122, unfoliiert.

456 Ebd.

Trotz oder wegen dieser – auch von Dahinten konstatierten – milden Reinigungspraxis, die zwar grimmig drohte, gelegentlich auch strafte, insgesamt jedoch auf die Bereitschaft der belasteten Pfarrer und Angestellten zu einer loyalen und bekenntnisgemäßen Mitarbeit angesichts der erheblichen kirchlichen Versorgungsengpässe setzte, blieben heftige innerkirchliche Konflikte nicht aus.
Einer jener Konflikte betraf den vormaligen Jenenser DC-Oberpfarrer Hermann Leidenfrost (1882–1961) und den nach Jena entsandten BK-Pfarrer Johannes Hertel (1899–1975).[457] Da Hertel berufenes Mitglied der Spruchstelle war, sind damit zugleich ‚entnazifikatorische Grundsatzfragen' und die – mit der Lotz-Anordnung vom 26. März 1946 modifizierten – innerkirchlichen Machtfragen tangiert.
Die Auseinandersetzungen begannen damit, dass der renitente DC-Pfr. i. R. Leidenfrost Ende März 1946 gegen die Besetzung der von ihm kommissarisch verwalteten Pfarrstelle Jena-Lobeda durch Hertel Einspruch beim Landeskirchenrat erhob. In seiner Sitzung vom 24. April 1946 beschloss der Landeskirchenrat, „den Einspruch als unbegründet zurückzuweisen" und Leidenfrost zu dessen „unverantwortlichen Äußerungen vorzuladen."[458] Diese ‚unverantwortlichen Äußerungen' bezogen sich aller Wahrscheinlichkeit nach auf eine von Leidenfrost am 31. März 1946 in Jena gehaltene „größtenteils weltlich-völkische Konfirmationsfeier im DC-Sinne."[459] Von Mitzenheim konfrontiert, dass er damit gegen die bekenntniskonformen Richtlinien und Anweisungen der neuen Kirchenleitung verstoßen habe, zeigte sich der vormalige stellvertretende Landesleiter der DC-Pfarrergemeinde – ähnlich wie ein Jahr zuvor im Jenaer Gemeindekirchenrat – nun auch dem Bischof gegenüber verstockt.[460]
Einigermaßen entrüstet über die anhaltende Renitenz des DC-Pfarrers teilte nun Mitzenheim den Superintendenten im Lande mit, dass dem namentlich nicht genannten „deutsch-christlichen Pfarrer, [...] der die Verkehrtheit seines Handelns nicht einsah, [...] jegliches Amtieren in der Thüringer evangelischen Kirche verboten ist."[461]
Im Anschluss an die ‚persönliche Vernehmung' von Leidenfrost durch Mitzenheim, am 10. Mai 1946 in Eisenach, verfasste Leidenfrost eine elfseitige „Erklärung zu der Konfirmationsfeier, die von mir am 31. März 1946 in der Kirche zu Lobeda gehalten worden ist." Diese weitschweifige Epistel, in der er voller Pathos seine deutsch-völkische Haltung begründet und die er in größerer Stückzahl an Gesinnungsgenossen verschickt hatte, endete mit einer grandiosen Selbstdarstellung. Ein Gottesdienstbesucher habe ihm bestätigt: „Es würde besser um unsre Kirche stehen, als es heute um sie steht, wenn mehr Pfarrer in ihr tätig wären, die ihr Amt so auffassen und ausüben, wie Sie [Leidenfrost, d.Vf.] es

---

457 Zu *Hermann Leidenfrost* und *Johannes Hertel*: Thomas A. Seidel, „Deutsch-christliche Hypothek und Neuordnungskompromisse: die evangelische Kirchgemeinde Jena 1945", in: Stutz, *Macht und Milieu*, 103-133, dort besonders das Kapitel: Konflikte um die Entnazifizierung der Kirche, 115ff.

458 Sitzung des LKR, 24. und 25.04.1946, TOP 14, in: *LKAE*, A 122, unfoliiert. Pfarrer Hertel sollte geraten werden, „daß er die Pfarrstelle in Lobeda antritt, wenn er es für richtig hält."

459 Schreiben des LKR (LB Mm) an die Superintendenturen und Kreiskirchenämter, 11.05.1946, in: *LKAE*, A 776/IV, unfoliiert. – Dazu auch Lächele, *Religionsfreiheit und Vergangenheitsbewältigung*, 150. Lächele trägt dort in dem halbseitigen (!) Kapitel IV: „Die Deutschen Christen in der sowjetischen Besatzungszone" seine Ergebnisse der Spurensuche nach Sammlungsbewegungen ehemaliger DC nach 1945 zusammen. In diesem Kontext verweist er auch auf die DC-Konfirmationsfeier von *Leidenfrost*, allerdings ohne ihn selbst und die Hintergründe zu kennen.

460 Oswald Schieck, *Die Melanchthongemeinde in Jena 1929–1994: aus der Geschichte des Jenaer Südwestviertels, Vortragsmanuskript*, Jena 1994, 28.

461 Schreiben vom 11.05.1946. *LKAE*, A 776, unfoliiert. – Auffällig ist, dass sich das Verbot zu amtieren, bereits im Urteil der Spruchstelle findet, das auf den 15.03.1946 (rück-[?])datiert ist. Vgl. *LKAE*, PA G 646, 97: Beschluss der Spruchstelle vom 14.03.1946.

tun."[462] Dem Erschrecken über das mangelnde Unrechtsbewusstsein von Leidenfrost und anderer vormaliger DC folgte das kirchenleitende Nachdenken über dessen Ursachen und über mögliche Lösungswege.[463]

Ähnlich dem Votum des Ronneburger Superintendenten Gerhard Mälzer, der schon Mitte Februar 1946 mit Blick auf die Anwendung des RG von „rechter Milde und zugleich nötiger Schärfe" gesprochen hatte, äußerte nun Kirchenrat Wolfgang Schanze wiederum das ungute Gefühl über die relative Vergeblichkeit der bisherigen Reinigungsbemühungen. Er glaubte feststellen zu müssen, „daß immer noch viele [DC, d.Vf.] in keiner Weise eine wirkliche innere und äußere Wandlung durchgemacht haben. Sie halten unsere Milde für Schwäche, sind womöglich noch empört über die Maßnahmen, die wir treffen mußten, obwohl diese doch sehr zurückhaltend sind, und glauben nun, die ‚Gefahr' sei vorüber. Innerlich beziehen sie bereits wieder eine Oppositionshaltung."[464]

Der Fall Leidenfrost gäbe nun Anlass zu einem bischöflichen Pfingstbrief. Wie in der Kirchenkampfzeit müsse auch jetzt „[...] von der Leitung aus zur Kirche hin [...] einmal allerhand Ernstes und Mahnendes" gesagt werden.[465]

An der von nun an sehr zügigen Arbeit und an der zum größten Teil harten Haltung, mit der die Einsprüche gegen die Spruchstellenentscheidungen behandelt wurden, ist ablesbar, dass Gerhard Lotz ähnlicher Ansicht war.[466] Für den Spruchstellenmitarbeiter Johannes Hertel, der die ‚DC-Oppositionshaltung' sozusagen hautnah miterleben musste, blieben die ergriffenen Maßnahmen allerdings immer noch zu zögerlich und zu inkonsequent. Dass der ‚verstockte' Leidenfrost in dem neuen Jenaer Superintendenten Heinrich Elle (1883–1967) einen nachsichtigen und engagierten Fürsprecher hatte, war ärgerlich und wirkte sich hemmend auf Hertels gemeindliche Neuordnungsbemühungen aus.[467] Besonders heftig regte sich der Widerspruch Hertels gegen die Ende 1946 erfolgte teilweise Rehabilitierung von Leidenfrost, der von Superintendent Elle die landeskirchenrätlich abgestimmte Erlaubnis erhalten hatte, Kasualien zu halten, wenn Gemeindeglieder dies wünschten. Dies stand in merkwürdigem Widerspruch zu dem bischöflichen Rüffel, den

---

[462] *LKAE*, PA Leidenfrost G 646, 97 ff.

[463] Wie *Hermann Leidenfrost* sahen etliche vormalige DC sich nicht nur beruflich degradiert und persönlich gedemütigt. Sie verstanden sich vielmehr in einer ‚dreifachen Opferrolle': als Opfer des Nationalsozialismus, dessen Scheitern von ihnen auch als eine Folge mangelhafter christlicher Annahmebereitschaft der NSDAP gedeutet wurde, als Opfer der BK-Führung und Opfer der kommunistischen oder bürgerlichen Antifaschisten. Zu Thüringer DC-Pfarrern, die gegen das ihnen angetane ‚Unrecht' heftig opponierten, gehörten u.a. „Hugo Rönck, der vormalige Landesleiter der DC-Pfarrergemeinde Rudolf Heubel (1900–1994), die vormaligen DC-Opfr. Georg Feix (1894–?), Ernst Thiem (1892–1958), Paul Truckenbrodt (1895–1973), der Lehrer, DC-Aktivist und noch am 22.07.1945 (!) ordinierte Heinz Poppe (1908–?)."

[464] Schreiben von Schanze an Mitzenheim, 20.05.1946, in: *LKAE*, A 776/IV, unfoliiert. Ähnlich skeptisch hatte sich Schanze bereits im August 1945 gegenüber Mitzenheim und Zimmermann geäußert.

[465] Ebd.

[466] Vgl. die Niederschriften der LKR-Sitzungen von Ende März 1946 bis zum Herbst 1947, in: *LKAE*, A 122.

[467] Seidel, *Deutsch-christliche Hypothek*, 120, 121. Laut mündlicher Auskunft eines ehemaligen Jenaer Pfarrers waren die Familien Elle und Leidenfrost freundschaftlich verbunden. Die Fürsprache Elles scheiterte jedoch am Widerspruch von Lotz. Als Elle nach vorherigen Interventionen bei Mitzenheim noch im Juli 1953 die Wiederverleihung der Dienstbezeichnung ‚Superintendent' für Leidenfrost beantragte, schlug Lotz dem LKR mit unverkennbar gereiztem Unterton vor, diesen Antrag eindeutig und endgültig abzulehnen: „Eine Wiederverleihung des Titels Superintendent einschließlich der finanziellen Nebenfolgen würde inhaltlich eine Anerkennung seiner [Leidenfrosts, d.Vf.] Verteidigungsschrift zu den Vorgängen des 31.3.46 [DC-Konfirmationsfeier] dargetanen Gedankengänge bedeuten." Der LKR schloss sich diesem Votum an. Bericht und Vorschlag von OKR Lotz zu einem Gesuch von Superintendent Elle, 09.07.1953. *LKAE*, PA Leidenfrost, G 646, 37.

Leidenfrost wegen seiner deutsch-christlichen Konfirmationsrede Ostern 1946 erhalten hatte. Hertel bat den Landeskirchenrat um alsbaldige Aufklärung, bevor er seine Mitarbeit in der Spruchstelle fortsetze, denn: „Es dürfte bedenklich und gefährlich sein, wenn das künftige Amtieren des ehemaligen Superintendenten von Jena von seiner persönlichen [...] Verbundenheit mit den Beteiligten abhängig gemacht wird. Denn solcher Verbundenheit erfreut er sich im Stadt- und Landkreis ja gerade mit jenen Gemeindegliedern, die seinem damaligen Kurs zustimmten und noch jetzt dem kirchlichen Aufbau im Sinne der Bekennenden Gemeinde fremd, ja mißtrauisch und feindlich gegenüberstehen. [...]. So wird das gerade in Jena so unsäglich schwierige und aufreibende Bemühen um die Gemeinde weiter gehemmt [...].“[468]

Doch darüber hinaus blieb Hertel mit etlichen Entscheidungen der Spruchstelle nicht einverstanden. Bereits im Sommer 1946 hatte er seine Bedenken in Sachen ‚Selbstreinigung‘ dem Bischof vorgetragen. Hertel wies darauf hin, dass das Reinigungsgesetz auch für Warte- und Ruheständler greift, dies bislang allerdings kaum oder gar nicht erfolgt sei. Er sah sich in seinen Bedenken ganz ausdrücklich durch die LBG unterstützt.[469]

Zu Beginn des Jahres 1947 forderte er erneut eine grundsätzliche Erörterung der Spruchstellenarbeit. In seinen Interventionen bezog sich Hertel wiederholt auf eine von ihm „im Auftrag und in Übereinstimmung mit den anderen Mitgliedern der Spruchstelle“ im Januar 1946 verfasste ‚Denkschrift‘ mit dem Titel: „Die Reinigung der Thür[inger] ev[angelischen]Kirche von Thür[inger]Deutschen Christen (Nationalkirchl[iche]Einung). Ein brüderliches Wort aus der Spruchstelle zum Reinigungsgesetz vom 12.12.1945.“

Am 7. Januar 1947 versuchte er vermittels einer ‚Eingabe an den LKR‘ die grundsätzliche Erörterung anhand dieser Denkschrift und mit Verweisen auf „ungeklärte Fragen der Entnazifizierung“ zu erreichen – ohne Erfolg.[470] Hertel verwies des öfteren auf den seiner Ansicht nach zu starken Einfluss der Personalabteilung des Landeskirchenamtes. Aus seiner unmittelbaren Kenntnis der Verhältnisse in und um Jena drängte er darauf, dass die Spruchstellenurteile mit dem gegenwärtigen Verhalten einiger betroffener Pfarrer verglichen werden sollten, da diese ‚bereits wieder auf dem hohen Ross‘ säßen. Zu ihnen gehörten – neben dem erwähnten vormaligen Jenaer Oberpfarrer Leidenfrost – die Jenaer Pfarrer Langner und Frötsch.[471] Außerdem nannte er explizit: die Mitglieder des Landeskirchenrates und dessen juristische Mitarbeiter!

Damit hatte Hertel eine äußerst heikle Frage berührt, deren schonungslose Beantwortung die fragile Stabilität der Kirchenleitung und ihre Neuordnungsbemühungen gefährden konnte. Die vormalige DC-Mitgliedschaft von Kirchenrat Gerhard Phieler hatte sich offenbar mittlerweile herumgesprochen.[472] Für eingeweihte Kreise stand dies auch für den Lotz-Stellvertreter und Finanzdezernenten im Landeskirchenrat Johannes Osswald

---

468 Antwortbrief von Hertel (Lobeda), 22.01.1947, auf einen vorangegangenen beschwichtigenden Brief von Mitzenheim, 11.01.1947. *LKAE*, A 239, unfoliiert.

469 Schreiben von Hertel an die Spruchstelle, Dr. Schäfer, Oktober 1946 (vgl. Schreiben an Mm, 01.08.1946), in: *LKAE*, A 239/II, unfoliiert.

470 Hertel-Denkschrift, (3 Seiten), in: *LKAE*, A 239, (Loses), unfoliiert, undat.

471 Schreiben von Hertel (Lobeda) an den LKR, 07.01.1947, in: *LKAE*, A 239, Spruchstelle, unfoliiert und *LKAE*, A 122, Sitzung des LKR, vom November 1946, unfoliiert.

472 Schreiben von Hertel an Mitzenheim, 10.08.1946, in: *LKAE*, A 239 (Loses), unfoliiert. Hertel benannte gegenüber dem Bischof zum wiederholten Male Phieler als ‚Glaubwürdigkeitslücke‘ im LKR und in der Landeskirche. Dies sei nicht nur sein persönliches Empfinden, sondern fände auch Bestätigung in vielen Äußerungen von Amtsbrüdern und „[...] gerade von den zuverlässigsten Mitarbeitern im Landeskirchenamt.“ – Vgl. Kapitel 4.8.

fest.[473] Dass Moritz Mitzenheim und Ernst Köhler selbst für kurze Zeit Mitglieder der DC gewesen sind, war (und blieb) unbekannt.[474] Gleiches gilt für Gerhard Lotz.
Wir können außerdem davon ausgehen, dass Hertel bei der Einsichtnahme in seine eigenen Personalakten im Zusammenhang der Vorgänge, die zu seinen Verhaftungen geführt hatten, auch auf die Unterschrift des Assessors und Kirchenrechtsrates der DC-Kirchenregierung, Gerhard Lotz, gestoßen ist.[475] Hertels Insistieren auf eine Reinigung des Landeskirchenrates barg also nicht nur die Gefahr unliebsamer ‚Enttarnungen'. Es berührte auch das Manko, dass der Bischof bislang nicht gewählt, sondern lediglich ernannt worden war. Und außerdem widersprach es seinem bischöflichen Amtsverständnis. Um Sicherheit zu gewinnen, gab er dem Vorsitzenden der Spruchstelle, Walther Doehring, den Auftrag, diese delikate Frage zu prüfen. Hertel lobte daraufhin den Bischof: „Es entlastet mich freilich, daß meine wiederholten Vorstöße wegen Überprüfung auch der Glieder des Landeskirchenrats von kirchlicher und nicht nur politischer oder militärischer Seite dazu geführt haben, daß Dr. Doehring, wie er mir mitteilte, zu einer gutachterlichen Äußerung aufgefordert wurde."[476]
Er kannte allerdings nicht die Art des Auftrag des Spruchstellenvorsitzenden. Mitzenheim hatte Doehring angefragt und ihm das Ergebnis der gutachterlichen Prüfung – die seiner Meinung nach komplette Unsinnigkeit eines derartigen Vorhabens – gleich mitgeteilt. Der streng rechtsstaatlich denkende und argumentierende Doehring konnte sich jedoch der Position des Bischofs nicht anschließen. Er konzedierte zwar, „daß die Spruchstelle [laut RG, d.Vf.] nur ein in die Tätigkeit des Landeskirchenrats eingeordnetes und daher diesem untergeordnetes Hilfsorgan ist. Dennoch ist die Folgerung nicht haltbar, daß sie deshalb nicht berufen sein könnte, über die Tätigkeit von Mitgliedern des ihr übergeordneten Landeskirchenrats einen Spruch abzugeben."[477]
Mit Verweis auf die Rechtslage und Praxis einer rechtsstaatlichen Ordnung hob er hervor, dass „[...] die kirchliche Spruchstelle [...] nach ihrer ganzen Einrichtung und der ihr zugewiesenen Funktion eine richterliche Instanz mit ausdrücklich gewährleisteter richterlicher Unabhängigkeit [ist]." Darum habe auch der Landeskirchenrat „[...] seine eigenen Mitglieder ihrem Spruch anstandslos und ohne Furcht für die eigene Autorität zu unterwerfen."[478]
Abschließend stellte Doehring fest, dass das Gutachten zunächst lediglich sein eigenes Urteil wiedergibt, das in der Logik seiner Ausführungen „[...] durch den formellen Spruch der vollbesetzten Spruchstelle erst zur vollen rechtlichen Wirksamkeit erhoben werden müßte."[479] Doch eben die Furcht vor Autoritätsverlust und der wenige Wochen später erfolgte Weggang des scharfsinnigen Spruchstellenvorsitzenden verhinderten die

473 So die Auskunft des ehemaligen Leiters des KKA Jena, Ewalt Schenk.

474 Mitzenheim war seit Anfang 1933 DC (Mitgliedsnr. 877), im Januar 1934 wurde er ausgeschlossen. Am 01.10.1936 beantragte er seine Mitgliedschaft in der LBG. Auch Köhler war DC-Mitglied (Mitgliedsnummer 616). Zu welchem Zeitpunkt er in die LBG eintrat, konnte bislang nicht ermittelt werden.

475 Abgesehen davon, dass d.Vf. eine Einsichtnahme in die Akten der Rechtsabteilung verwehrt blieb, ist in den Akten des LKA und in den offenbar gründlich ‚gereinigten' Personalakten von Lotz über eine (möglicherweise anstellungsbedingte) DC-Mitgliedschaft nichts zu finden. Lediglich der „vertrauliche Bericht" des „Amtes für Information" vom 26.07.1950, der sich u.a. auf Personalangaben der vormaligen LKA-Mitarbeiter *Robert Schmidt* und Erich Schilling stützt, weist Gerhard Lotz aus als „Deutsche[n] Christ[en] und Offizier im 2. Weltkrieg" und Johannes Osswald als „SA-Mann, Deutsche[n] Christ[en] und Major der Luftwaffe", in: *ThHStAW*, BMP, 868, unfoliiert.

476 Schreiben von Hertel (Lobeda) an Mitzenheim, 10.08.1946, in: *LKAE*, A 239 (Loses), unfoliiert.

477 Gutachten von Doehring, 11.07.1946, in: *LKAE*, A 239 (Loses), unfoliiert.

478 Ebd.

479 Ebd.

Umsetzung seines Vorschlages. Im Sommer des Jahres 1946 verließ der engagierte Jurist Thüringen in Richtung Heidelberg und Mannheim.[480] Nach einigen vergeblichen Anfragen an einschlägig bekannte Juristen konnte erst Wochen später ein Nachfolger gefunden werden. Zum 31. August 1946 übernahm der Kirchenarchivrat Dr. jur. Friedrich Schäfer (1893–1960) das Amt des Vorsitzenden der Spruchstelle.[481]

Dass Hertel mit seiner Kritik tatsächlich auf ‚offene Flanken' hinwies und indirekt die Schwäche der ‚barmherzigen Doppelstrategie' der Selbstreinigung berührte, belegt eine Attacke ‚von außen', die die Kirche mit einem Mal im Zwielicht der Öffentlichkeit erscheinen ließ. Für kurze Zeit hatte es sogar den Anschein, als sei mit einem besonderen Medienereignis der Sturz des Landesbischofs und das Ende einer autonomen kirchlichen Entnazifizierung und Institutionenbildung plötzlich in greifbare Nähe gerückt.

4.7 Kirche und Öffentlichkeit

Am 21. Mai 1946 erschien in der in Weimar verlegten, parteiunabhängigen Tageszeitung *Abendpost* ein Artikel, der eine interne wie öffentliche Positionsbestimmung der Thüringer Landeskirche in punkto Selbstreinigung geradezu herausforderte.[482] Der anonyme Beitrag trug die Überschrift: „Wo steht die evangelische Kirche Thüringens? Keine Entnazifizierung – Alte Nazikämpfer als Pfarrer im Amt."[483]

Eingangs betonte der Verfasser ganz ausdrücklich die „[...] weitgehende Selbständigkeit", die „der neue demokratische Staat" der Kirche zugebilligt habe. Daraus erwachse andererseits „[...] die moralische Verpflichtung seitens der Kirche, die Forderungen des Staates anzuerkennen, wie dies auch [...] die Heilige Schrift von der Haltung eines Christenmenschen erwartet." Die Kirche sollte allerdings in Erfüllung dieser staatlichen Ordnungsaufgabe „[...] stets bleiben, was sie ist, der Wahrer und Hüter des religiösen Lebens [...] und nicht in die Verblendung verfallen wie eine Sekte in der Zeit nach 1933, die die religiösen Lebenskräfte unseres Volkes willig einem politischen Wahnsinnsregime als Vorspann und zu Handlangerdiensten auslieferte." In Beantwortung der Frage, wie denn nun die Praxis der Thüringer Kirche aussähe, meint der Autor, dass diese sich „[...] den einfachsten Forderungen des Staates gegenüber nicht nur völlig gleichgültig, sondern sogar offensichtlich oppositionell eingestellt [zeige]."

480 „Amtliche Bekanntmachungen" der TheK, 3. Folge, 31.08.1946.

481 Es handelt sich bei den Angefragten um die BK-Anwälte: „Fiedler, von Engelbrecht, Ostermann."

482 Dass dieser Artikel in der *Abendpost* erschien und nicht im SED-Klassenkampf-Organ *Thüringer Volk*, (ab 1949 *Das Volk*) ließ die geäußerte Kritik erheblich glaubwürdiger erscheinen und machte darum den Angriff auf die Kirchenleitung wirkungsvoller. U.a. von Kolesnitschenko war die *Abendpost* als „parteilose [gemeint ist sicher: parteiunabhängige, d.Vf.] Zeitung, die rückständige Meinungen vertrat" und die lediglich „die Stimmung der Weimarer Spießbürger reflektierte" bezeichnet worden. – Vgl. Kolesnitschenko, *Im gemeinsamen Kampf*, 97.

483 *Abendpost*, 21.05.1946. Alle folgenden Zitate aus dieser Quelle, in: *LKAE*, A 239 (Loses), unfoliiert. – Der rhetorische Stil, die auffallend kirchliche Sprache und die Detailkenntnis (vor allem im Blick auf die genannten, zum Arnstädter Kirchenkreis gehörenden *Pfarrer Klepsch*, *Scheibe* und *Debes*) lassen als Verfasser auf *Karl Erle* schließen. Erle war zu diesem Zeitpunkt Mitarbeiter in der Präsidialverwaltung und hatte über die ‚inoffiziellen Informanten' *Alfred Wolf* und *Erich Schilling* teilweise Einblicke in die Interna kirchlicher Entnazifizierung erhalten. Außerdem hatte die SMA selbst – wie die Niederschrift eines Telefonates zwischen KR Ziegner und Battefeld belegt – „[...] in den Sup.-Bezirken Arnstadt und Gotha [...] Feststellungen getroffen, wieviele Geistliche ehemalige Pg. gewesen seien." Ziegner forderte Battefeld am 12.04.1946 ‚fernmündlich' auf, dafür zu sorgen, dass Pfr. Klepsch sofort aus Altenbergen versetzt wird, in: *LKAE*, A 239/III, 26. Der Abendpost-Artikel kann – mit Blick auf die früheren ‚Beratungsdienste' Erles – als eine Art Loyalitätsbekundung gegenüber Erles neuen antifaschistischen Arbeitskollegen gelesen werden. – Vgl. Kapitel 4.2 und 4.3.

Einen besonders heftigen, sarkastisch gehaltenen Angriff richtete er an den „für die Personalpolitik verantwortlichen" Landesbischof Mitzenheim. Dieser habe „[...] nicht nur nichts getan, um alte, aktive Nazis aus ihren Ämtern zu entfernen, sondern er hat ihnen noch die, nachdem ihr Wirken für die Kirche zu belastend werden drohte, notwendige ‚Luftveränderung' und einen ‚Landaufenthalt' gewährt, damit sie trotz allem weiter die geistliche Amtswürde tragen und als Belohnung dazu in Ruhe Kartoffeln und Kohl bauen können." Angesichts der besonderen seelsorgerlichen Aufgabe und öffentlichen Einflussmöglichkeit der Pfarrer benannte der Anonymus die doppelte Gefahr, die seiner Auffassung nach von einer ‚ungereinigten' Kirche ausgehe. Eine Gefahr für die Lebendigkeit der Demokratie und die der Kirche selbst.[484] Und so sah er sich auch als doppelter Apologet, da diese Lebendigkeit nur erreicht werden könne, wenn die Kirche „[...] zu einer neuen Entfaltung ihres Lebens im neuen demokratischen Staate" finde und dabei daran festhalte, dass sie dem Volk „[...] die Erhaltung und Reinerhaltung der ewigen Glaubenswerte und Kulturwerte des Christentums schuldig [sei]."
Darüber hinaus impliziere die mangelhafte Gründlichkeit der kirchlichen Selbstreinigung gegenüber den harten staatlichen Maßnahmen ein Gerechtigkeitsdefizit und zugleich ein eklatantes Glaubwürdigkeitsproblem für die Pfarrer selbst: „Wie sollte aber das Volk unter diesen Verhältnissen einen Pfarrer, politisch erheblich belastet und noch im Amt befindlich, anerkennen können? Wie sollte ein solcher Pfarrer einem kleinen Pg., der, ohne Aktivist gewesen zu sein, seine bescheidene Stellung verloren hat, einen Trost bringen und vor allem – vor sich selbst bestehen?" Um seinen Worten Nachdruck zu verleihen und seiner Analyse die entsprechende Dramatik zu geben, verwies der Autor abschließend darauf, „daß etwa 85 % aller thüringischen Pfarrer Deutsche Christen, d.h. Anhänger der Nazi-Ideologie auf dem religiösen Sektor waren! Die meisten von ihnen sind, wenn sie nicht Parteimitglieder wurden, als ‚verhinderte Pgs.' anzusprechen!"
Es erscheint wie eine Analogie zu der von einigen Mitgliedern der Kirchenleitung konstatierten Verstocktheit vormaliger DC infolge einer zu milden und großzügigen Reinigung, wenn er feststellt, dass die „[...] großzügige Gewährung der Selbständigkeit der Eigenverwaltung der evangelischen Kirche in Thüringen" nicht nur eine „gleichgültige und oppositionelle Einstellung" befördere, sondern zudem auch noch dazu führe, „daß diese heute keine Auskunft [gebe] über Angelegenheiten der Entnazifizierung und auch keinerlei Zutritt zu dem Aktenmaterial"gewähre.[485]
Im Ergebnis kommt der Verfasser zu seinem – bislang nur hinter verschlossenen Türen diskutierten – Vorschlag: Weil der Landesbischof „[...] nicht selbst genug Initiative aufgebracht hat", die Entnazifizierung der Kirche jedoch eine dringende, im öffentlichen Interesse liegende Aufgabe ist, „die *gründlich* durchgeführt werden muß angesichts der großen Tarnungsfähigkeit vieler Pfarrer und Kirchenbeamter, wird es wohl unumgänglich sein, einen *staatlichen Beauftragten* [Hervorhebungen im Original, d.Vf.] zu ernennen, der mit der Durchführung dieser Aufgabe betraut wird."[486]

---

[484] Auf diese Gefahr für die Kirche machte anhand des Falles des DC-Pfarrers Kühne, in Döhlen, auch Johannes Hertel aufmerksam. Dass der ‚einschlägig bekannte' DC-Pfarrer, „[...] der Kirche und Altar mit Nazifahnen schmückte," nun wieder „in vollem Umfang amtieren" darf, sei skandalös. Hertel an den LKR: „Sieht der Landeskirchenrat nicht die Gefahren, die daraus für die Landeskirche und ihre Leitung, für die Gemeinde und ihre Jugend erwachsen müssen? Hat die Arbeit der Spruchstelle dann noch einen Sinn¿' vgl. Hertel an den LKR, 07.01.1947, in: *LKAE*, A 239 (Loses), unfoliiert.

[485] Ebd. – An dieser Stelle klingt deutlich die – Erle vor Augen stehende – Empörung des Landesdirektors Walter Wolf über die im Zusammenhang des Falles ‚Wolf' verlangte und kirchlicherseits verweigerte Aktenherausgabe an.

[486] Ebd. – Dass die Lösung dieser Aufgabe „genaue Fach- und Personenkenntnisse erfordert", verweist ebenfalls auf Erle als Verfasser, der nun auf diese Weise – bis in die Gleichheit der Formulierungen

Das Erschrecken des Bischofs und der Kirchenleitung insgesamt scheint groß und die ersten Reaktionen entsprechend hektisch gewesen zu sein, standen doch mit diesem publizistischen Angriff die bisherigen Reinigungs- und Neuordnungsbemühungen der Landeskirche zum ersten Mal in einer derart massiven Weise auf dem Spiel.
Es erwies sich als Glücksumstand, dass Bischof Mitzenheim wenige Tage nach Erscheinen dieses Artikels einen Termin in Weimar hatte. Am 25. Mai 1946 war er zur Eröffnung der Musikhochschule ‚Franz Liszt' geladen und nutzte die Gelegenheit auch gleich, um im Präsidialamt vorzusprechen.[487] Gemeinsam mit Kirchenrat Schanze hatte er an diesem und am darauffolgenden Tag eine Unterredung mit dem neuen Präsidialdirektor Hans Staas und konnte damit an der beinahe ‚höchsten Stelle' der deutschen Verwaltung für eine ‚Richtigstellung' sorgen.[488] „Gegenstand der Besprechung war dort vor allem der Artikel der ‚Abendpost': ‚Wo steht die Thüringer Kirche?' "[489]
Auf Wunsch des Präsidialamtes sei umgehend eine „schriftliche Rechtfertigung" nachgesandt worden, „die in Abschrift auch an die Superintendenten und Pfarrämter hinausgegangen ist."[490] Mit dem Bischof waren sich die Mitglieder des Landeskirchenrates offenbar darüber einig, dass über diese Sicherungsmaßnahme hinaus so rasch wie möglich das

hinein – erneut auf sich aufmerksam macht. – Ebenfalls auf der Titelseite dieser Nummer der *Abendpost* findet sich ein Hinweis auf den beginnenden Kalten Krieg – in diesem Fall sozusagen als ‚kalte Aufrüstung' hinter den Kulissen. Den Kontext bildete ein Dementi der sowjetischen Nachrichtenagentur TASS einer Meldung der englischen Nachrichtenagentur Reuter. Reuter hatte gemeldet, „daß die Russen viele ehemalige Offiziere der deutschen Wehrmacht in die Rote Armee aufnehmen und daß deutsche Generale bei der Ausbildung der Roten Armee der Zukunft helfen." Unmittelbar über diesem Text ist auch gleich eine ‚Gegenmeldung' abgedruckt, Überschrift: „Die Rest-Armee im Westen". Unter Bezugnahme auf einen *Prawda*-Artikel wird dort davon berichtet, dass – entgegen der Erklärungen der West-Alliierten zum Stand der Entwaffnung und Abrüstung Deutschlands – „[...] die in der britischen Besatzungszone noch bestehenden deutschen Truppen ungefähr 120.000 Mann stark sind." Der kurze Text schließt mit einem als Drohung formulierten historischen Vergleich: „Die 100.000 Mann starke Reichswehr wuchs [...] zum Hitlerheer an." – Eine neuere Untersuchung zeigt, dass – neben der Roten Armee – auch die Bundeswehr und die NVA der DDR Wehrmachtsoffiziere in nicht unerheblichen Größenordnungen übernahmen. – Peter Joachim Lapp, *Ulbrichts Helfer: Wehrmachtsoffiziere im Dienste der DDR*, Bonn 2000.

[487] Sitzung des LKR, 04./05.06.1946, in: *LKAE*, A 122, unfoliiert. Bei der (Wieder)Eröffnung der Weimarer Musikhochschule wurde KR Mauersberger zum Professor ernannt. *KR Erhard Mauersberger* (1903–1982, Bruder des berühmten Leiters des Dresdner Kreuzchores, Rudolf Mauersberger, war seit 1930 Kantor an der Eisenacher Georgenkirche und (bis 1961) Landeskirchenmusikdirektor der TheK. Ob er wegen seiner DC-Mitgliedschaft und Mitarbeit am Eisenacher ‚Entjudungsinstitut' vor die Spruchstelle zitiert wurde, konnte nicht ermittelt werden.

[488] *Dr. Hans Staas*, nach Ende des Krieges Landrat in Frankenhausen, wurde am 28.02.1946 vom Landespräsidenten Paul zum ‚Präsidialdirektor' und damit Leiter der Landesverwaltung ernannt. Genau ein Jahr später, im Februar 1947, flieht Staas in die Schweiz. Um zu vermeiden, dass seine NS-Verstrickungen (NSDAP, Oberzahlmeister beim Pariser Sonderstab des OKW, gefürchteter Anklagevertreter beim Divisionsgericht der Wehrmacht etc.) bekannt würden, sei er „[...] von einflußreicher Seite mit allen erforderlichen Papieren versehen [worden], ehe er sich vor einer der [zur Durchführung der Direktive 24, d.Vf.] geplanten thüringischen Spruchkammern zu verantworten hatte." (O-Ton und Textmitschrift des Berliner *Telegraph*, 26.02.1947), in: *LKAE*, A 832, unfoliiert und *ThHStAW*, BMP, Nr. 71/46. Dieser zwischen dem Chefredakteur des Landessenders Weimar, *Rabetge*, und dem Stellvertreter von Staas, *Dr. Hossinger*, ‚eingefädelte' Coup bildete zugleich auch die ‚Ouvertüre' des politischen Endes des *MP Rudolf Paul*, der im Frühjahr 1947 nach Westberlin floh.

[489] Sitzung des LKR, 04./05.06.1946, TOP 1, in: *LKAE*, A 122, unfoliiert.

[490] Ebd. – Als Verfasser wird im Protokoll der Sitzung des „kleinen LKR" vom 12.06.1946, TOP 2 „Entnazifizierung der Kirche," KR Lotz genannt. A 122, unfoliiert. – Die Suche nach dem Wortlaut der Erklärung blieb bislang erfolglos, da sämtliche Akten der Rechtsabteilung des LKA und der in diesem Zusammenhang genannte und besonders wichtige Aktenbestand R 416 „Reinigungsgesetz" für die Forschung gesperrt sind.

Gespräch mit den tatsächlichen Machthabern im Lande, namentlich mit Kolesnitschenko, gesucht werden müsse.

Neben diesem alarmierenden aktuellen Vorfall gab es noch einen weiteren Anlass, um unter TOP 4 „Reinigung von nazistischen Elementen" dieses Thema intensiv zu diskutieren. Kirchenrat Lotz stellte die ‚schwerwiegenden Bedenken' der EKD vor, die der Rat am 26. April 1946 gegenüber der Amerikanischen Militärregierung zum ‚Gesetz zur Befreiung von Nationalsozialismus und Militarismus' erhoben hatte. Unter Bezugnahme auf die ‚Stuttgarter Schulderklärung' hieß es in diesem 8-seitigen, von Bischof Wurm unterzeichneten Text: „Wir können auch nicht schweigen, wenn durch das Gesetz [...] neue Schuld und neues Unrecht geschehen soll."

Die Bedenken der EKD wandten sich „[...] gegen die Grundauffassung des ganzen Gesetzes, da es nicht in allen Stücken im Einklang mit dem natürlichen Rechtsempfinden [steht]. Es beachtete nicht alle elementaren Rechtsgrundsätze, die die Rechtsordnung von Kulturstaaten kennzeichnen und die ihre letzte Bindung an Gottes Gebot nicht verleugnen." Deshalb sähe „sich die christliche Kirche nicht in der Lage [...], dem Gesetz und seiner Durchführung im Vollmaße ihre Unterstützung zu verleihen [...]."[491] Den in Eisenach Versammelten war klar, dass sie sowohl auf Grund der besonders belasteten kirchenpolitischen Vergangenheit in Thüringen als auch wegen der ‚gefährlicheren' politischen Situation in der SBZ keine derart selbstbewusst-apologetischen Protestschreiben verfassen oder unterzeichnen könnten. Ihnen gab das EKD-Papier vielmehr Anlass, „[...] noch einmal die Maßnahmen [durchzusprechen], die der Landeskirchenrat in Sachen der Entnazifizierung getroffen hat,"[492] um sie danach mit dem russischen General zu erörtern.

Pressepfarrer Waldmann war tags darauf anwesend, als zum dritten Mal über den ‚Abendpost-Angriff' beraten wurde. Waldmann, der perfekt Russisch sprach, hatte zwischenzeitlich mit der SMATh verhandelt, konnte allerdings die Sorgen im Landeskirchenrat nicht zerstreuen. Im Gegenteil. Sein Bericht veranlasste den gleichfalls anwesenden Spruchstellenvorsitzenden Doehring zu der beschwichtigenden Äußerung, „daß sich die Angriffe weniger gegen den Landesbischof als vielmehr gegen die Spruchstelle" richten.[493]

Zur Vorbereitung auf das ‚mit Zittern und Zagen' erwartete Gespräch am kommenden Tag wurden nun „[...] in vertraulicher Aussprache [...] die Feststellungen über die Maßnahmen des Landeskirchenrats und das Zahlenmaterial zusammengestellt."[494] Die in den Akten erhaltene „*Zahlenmäßige Übersicht* über die auf Grund des Reinigungsgesetzes vom 12.12.1945 getroffenen Maßnahmen in der Thüringer evangelischen Kirche"[495]

---

491 Ebd. Abschrift dieser Stellungnahme, in: *LKAE*, A 239 (Loses), unfoliiert. – Vgl. dazu Vollnhals, *Evangelische Kirche und Entnazifizierung 1945 bis 1949*.

492 Sitzung des LKR, 04./05.06.1946, TOP4, in: *LKAE*, A 122, unfoliiert. "Die Besprechung soll morgen fortgesetzt werden als Unterlage für die Unterredung mit dem russischen General. Pressepfarrer Waldmann sollte hinzugebeten werden, da er als Dolmetscher für die Unterredung vorgesehen war."

493 Ebd. TOP 31 „Entnazifizierung der Kirche".

494 Ebd.

495 Handschriftlich von Mm vermerkt: „Stand vom Juli 1946." Hervorhebungen und Unterstreichungen im Original, in: *LKAE*, A 239/III, 40.

Danach ergab sich folgendes Bild:

A. Pfarrerschaft

I. 1. Zahl der Geistlichen im Bereich der Thür. ev. Kirche: 1031
2. Mitglieder der ehemaligen NSDAP: 176
3. Endgültig entlassen aus dem Pfarramt aufgrund des Reinigungsgesetzes: 69
4. Entlassen aus dem Pfarramt aufgrund des Reinigungsgesetzes, aber vorläufig als Hilfsgeistliche kommissarisch beschäftigte, da rund 160 Pfarrer noch in Kriegsgefangenschaft sind: 42
5. Entlassen aus dem Amt als Superintendent: 22
6. Entlassen aus dem Amt als Oberpfarrer: 14
7. Versetzt in eine andere Stelle: 20

II. 1. Zahl der Geistlichen im Kreis Eisenach 87
2. Mitglieder der ehemaligen NSDAP 19
3. Entlassen aus dem Pfarramt auf Grund des Reinigungsgesetzes 17
4. Davon als Hilfsgeistliche vorläufig beschäftigt 6

B. Verwaltung

I. 1. Zahl der Beamten, Angestellten und Arbeiter im landeskirchlichen Verwaltungsdienst 349
2. Mitglieder (Parteianwärter ohne Mitgliedsbuch und solche, die nach 1920 geboren sind) der ehemaligen NSDAP 103
3. Endgültig entlassen 60

II. 1. Zahl der Beamten, Angestellten und Arbeiter im LKA Eisenach 120
2. Mitglieder (Parteianwärter ohne Mitgliedsbuch und solche, die nach 1920 geboren sind) der ehemaligen NSDAP 27
3. Endgültig entlassen 22

Der Vergleich mit den offensichtlich in diesem Zusammenhang gefertigten handschriftlichen Notizen des Spruchstellenvorsitzenden Doehring[496] macht einige Unterschiede zwischen dem internen und dem ‚zur kirchenregierungsamtlichen Veröffentlichung freigegebenen' zahlenmäßigen Reinigungs-Fazit deutlich. So ist die Gesamtzahl der Geistlichen übereinstimmend mit 1.031 angegeben; bei Doehring aufgeschlüsselt in „621 Pfarrer, 234 Hilfsgeistliche, 176 Ruheständler." Die Anzahl der Pfarrer, die NSDAP-Mitglieder waren, liegt bei Doehring unter der (SMA-)offiziellen Angabe von 176: „124 beschäftigte Pfr. waren NSDAP"; weiter unten sind 166 genannt. Unklar bleibt jedoch, ob die dort – im Gegensatz zum Bericht an die SMATh – aufgeführten ‚Alten Kämpfer' (Pg. vor dem 1. Mai 1933) von 58 in der Zahl 166 enthalten sind oder noch dazugerechnet werden müssen. Im letzteren Fall würde sich die Anzahl der Pg. in der Thüringer Pfarrerschaft auf insgesamt 182 (=124+58) bzw. 224 (=166+58) erhöhen; sie läge damit noch über der preisgegebenen.

---

[496] *LKAE*, A 239 (Loses), unfoliiert, undat. – Möglicherweise handelt es sich bei dem Verfasser ebenfalls um Paul Dahinten; dies ist aus den Unterlagen nicht zweifelsfrei zu eruieren.

Unter dem Stichwort ‚Maßnahmen' ist in den Spruchstellenunterlagen notiert: „49 entlassen" – statt der oben angegebenen 69; „35 entlassen, aber als Hilfsgeistl[iche] weiter beschäftigt" – statt der 42 gegenüber der sowjetischen Militäradministration genannten Zahl. D. h., hier liegen die internen, der Wahrheit gewiss näherkommenden Zahlen offenkundig unter den gemeldeten. Ergo: es wurden weniger entlassen, als nach außen angegeben.

Auch ist eine kleine, die kirchliche ‚Entnazifizierungsgründlichkeit' auf den ersten Blick hervorhebende Formulierungsänderung bei den genannten Superintendenten und Oberpfarrern zu verzeichnen. Die Zahlen sind jeweils identisch (22 bzw. 14); allerdings hat Doehring handschriftlich vermerkt: ‚degradiert'. In der SMATh-Meldung heißt es: ‚entlassen'.

Einige Angaben wurden gegenüber der SMATh überhaupt nicht erwähnt. So z. B. die intern zusammengefasste Anzahl der SA- und SS-Mitglieder. Auch hier sind verschiedene, voneinander abweichende Summen aufgeführt: Einmal: „89 S.A. bis 1938 (ausgeschlossen), 16 z[u]gl[eich] Pg und 1 SS (Eckardt, Köstritz), '35 ausgetreten."

Die zweite Variante: „106 SA, 4 SS." Ungenannt blieb gleichfalls die von der Spruchstelle ermittelte Zahl der DC: „328 D.C." sowie die „48 noch bei d[er] Spruchstelle anhängig[en] Fälle."[497]

Außer diesen internen und den gegenüber der SMATh-Führung sowie gegenüber der Thüringer Verwaltungsspitze angegebenen Zahlen wurde im Zusammenhang der ‚Abendpost-Attacke' ein weiteres, signifikant anderes Reinigungsergebnis an die Presse gegeben. Allerdings an die Kirchenpresse.

In dem *GuH*-Artikel vom 16. Juni 1946 „Wie steht es um die Thüringer evangelische Kirche?", der den Thüringer Lesern bereits in der Überschrift verriet, worauf er sich bezog, findet sich ebenfalls eine kurze ‚zahlenmäßige Übersicht'. Der Autor nannte folgende quantitative Selbstreinigungsresultate.[498] „Das Ergebnis der Arbeit der Spruchstelle geht aus folgenden Zahlen mit eindeutiger Klarheit hervor: Alle Mitglieder der früheren Kirchenleitung wurden entlassen, außerdem 53 Beamte, Angestellte und Arbeiter. [...] Von etwa 800 Pfarrern bekamen 84 ihre Entlassungsurkunde zugestellt. Alle Superintendenten, die zur NSDAP gehört hatten, mußten ihr Amt niederlegen, selbst wenn gegen ihre Amtsführung im übrigen nichts einzuwenden war. Außerdem wurden 14 Pfarrer in andere Gemeinden versetzt, um einen neuen Anfang machen zu können. Allerdings konnte auch in 44 Fällen beschlossen werden, daß Pfarrer ihr Pfarramt weiterführen durften: sie hatten nachweisen können, daß sie ihre Gegnerschaft gegen den Nationalsozialismus und die deutsch-christliche Bewegung so tatkräftig zum Ausdruck gebracht hatten, daß sie als wirklich entlastet gelten konnten."[499]

Zunächst fällt auf, dass sich gegenüber den kirchlichen ‚Insidern' die Pfarrergesamtzahl von 1.031 offensichtlich nicht halten ließ, wenn die Kirchenleitung und die Mitglieder der Spruchstelle damit nicht zugleich – abweichend von der bisherigen Praxis – beschlossen

---

497 Ebd. – Zu den Kirchenbeamten konnten in den Akten keine ‚Angaben aus erster Hand' gefunden werden. – Zahlen der Zugehörigkeit zu kirchenpolitischen Gruppen in Thüringen: Dahinten, *Kirchenkampfchronik*, und ders., *Pfarrerverein*, 39 gibt anhand des Pfarrerkalenders für 1935 folgendes zahlenmäßige Kräfteverhältnis an: „von ca. 700 Pfarrern: 300 DC, 160 BK, 150 WB, 90 neutral." Hinsichtlich der zahlenmäßigen Mitgliedschaft für die LBG wird dies aus einer internen Zählung bestätigt, in: *LKAE*, BK-Pfr. Liste, Stand vom 01.05.1937, in Nl. Mm., Nr. 52 (3 S.): „123 Pfr., davon: 1 Pfarrerin und 3OberPfr.; 26 HilfsPfr.; 11 Vikare, davon: 1 Vikarin; 5 Kirchenräte;1 OKR; 3 weltliche Mitglieder des Landesbruderrates, gesamt 169 Mitglieder der Luth[erischen] Bekenntnisgemeinschaft in Thüringen."

498 *LKAE*, A 239 (Loses), unfoliiert, dort: Artikel aus *GuH* 8 vom 16.06.1946.

499 Ebd. – Der Spruchstellenbeisitzer Sup. Dahinten hatte während der ersten Superintendentenkonferenz Anfang März von „100 bislang hinausgegangenen Sprüchen seit Mitte Januar 1946" berichtet.

hätten, die Ruheständler in die Entnazifizierung mit einzubeziehen.[500] Weiterhin ist die genannte Zahl derer, „die ihre Entlassungsurkunde zugestellt bekamen", mit 84 Pfarrern erheblich geringer als die, die ‚dem General' genannt wurde. Würde man den SMATh-Zahlen folgen, hätten – ohne die in *GuH* separat genannten Superintendenten – insgesamt 125 (=69+42+14) eine solche Urkunde erhalten; auch die Anzahl der ‚Neu-Anfänger am unbekannten Ort' liegt mit 14 unter den oben vermeldeten 20. Von 44 ‚wirklich entlasteten' Pfarrern ist nur in der Kirchenzeitung die Rede.

Auch die Zahl der entlassenen kirchlichen Angestellten liegt mit 53 unter der oben aufgeführten von 60. An beiden Stellen wurde allerdings nicht darauf eingegangen, dass auch hier ‚reinigungsbedingte' Umsetzungen bzw. Versetzungen stattgefunden hatten (so z. B. KKR Fritz, der zunächst ‚inoffizieller Mitarbeiter' des Landeskirchenrates wurde und dann Ende Dezember 1945 nach Meiningen versetzt worden war. Auch Hertel hatte mehrfach auf den ‚schwer belasteten' Fritz hingewiesen). – Gesonderte Betrachtung verdienen die Bemerkungen zur NSDAP-Mitgliedschaft der Pfarrer. In dem GuH-Artikel behauptet Mitzenheim, dass vor dem Krieg 22,04 % der Pfarrer Pg. waren. 80 junge Pfarrer hätten ihr Leben eingebüßt, „[...] eine Reihe von ihnen waren Parteimitglieder." Mithin sei der Prozentsatz der ‚NSDAP-Pfarrer' am Ende des Krieges auf 13,3 % zurückgegangen. Eine Berechnung der Anfang Juni 1946 an die SMA gegebenen Zahlen weist allerdings a) in der vorsichtigen Variante (1031:176) 17,07 % oder b) in der weitestgehenden (1031:224) 21,72 % aus. In keiner der Aufzählungen ist von ‚gereinigten' bzw. ‚ungereinigten' Katecheten die Rede.

Nach zahlreichen Interventionen des Landesamtes für Volksbildung wurde, wie vorn schon dargelegt, Mitte November 1947 eine ‚Spruchstelle für die Überprüfung der Katecheten' eingesetzt.[501]

Auch die ‚Entnazifizierung der Kirchgemeinden' wurde hier nicht thematisiert. Obgleich dieses Thema intern – vor allem auf Initiative von Lotz – eine große Rolle spielte. Lotz hatte sowohl eine Umfrage unter den Mitgliedern der Gemeindekirchenräte im Lande in Gang gesetzt als auch eine ‚Verordnung zur Durchführung' des Gesetzes vom 5. September 1945 „[...] über die Kirchgemeindekörperschaften" vorbereitet, „um Zweifel, die bei der Selbstreinigung der Kirchgemeindekörperschaften entstanden sind, zu beseitigen."[502]

In der LKR-Sitzung vom 25. Juni 1946, also im unmittelbaren zeitlichen Kontext der ‚Abendpost-Attacke', berichtete Lotz unter TOP 3. ‚Entnazifizierung der Kirchgemeinden' „[...] über das vorläufige Ergebnis der Umfrage über die politische Stellung der Kirchenvorsteher, Kirchenvertreter und sonstigen in der Kirchgemeinde Beschäftigten."[503]

Damit vermittelt der Beitrag den Charakter einer vor allem ‚nach innen', an die Kirchenmitglieder und besonders die kirchlichen Mitarbeiter gerichteten, ‚Entwarnung' – zusätzlich noch betont durch das abschließende Resümee: „Die schwere und verantwortungsvolle Arbeit der Spruchstelle ist so gut wie beendet. Alle, die durch einen Beschluß der Spruchstelle betroffen sind, haben ein Einspruchsrecht zuerkannt bekommen. Wenn Einspruch eingelegt wird, prüft der Landeskirchenrat noch einmal die Beschlüsse der

---

500 Entsprechende Forderungen von Hertel liefen offensichtlich ins Leere. In einem Brief an den Spruchstellenvorsitzenden Dr. Schäfer hatte er am 05.11.1946 ausdrücklich betont: „[...] auch die Warte- und Ruheständler fallen unter das Reinigungsgesetz", in: *LKAE*, A 239 (Loses), unfoliiert.

501 Das Thema der NS-belasteten Katecheten spielte im Zusammenhang mit der Debatte um den Religionsunterricht und die „Christenlehre" eine große Rolle. Siehe das Schreiben des Spruchstellenvorsitzenden *Dr. Schäfer* an den – für *Pfr. Hertel* – in die Spruchstelle berufenen Eisenacher *Pfr. Bauer*, 28.11.1947, in: *LKAE*, A 239 (Loses), unfoliiert. – Vgl. dazu Kapitel 3.2.6.

502 *LKAE*, „Amtliche Bekanntmachungen", 3. Folge, R 416, 34. – Vgl. dazu auch die von Mitzenheim angestoßene Errichtung dieses Kirchengesetzes: in Kapitel 4.4.

503 Sitzung des LKR, 25. bis 27.06.1946, in: *LKAE*, A 122, unfoliiert.

Spruchstelle nach, damit die Gefahr einer ungerechten Behandlung möglichst ausgeschaltet wird."[504]
Eine inhaltliche Auseinandersetzung mit der Gefahr des Glaubwürdigkeitsverlustes der Kirche und ihrer Amtsträger sowie einer damit verbundenen ‚eingeschränkten Aktionsfähigkeit im Volke' oder der Gefährdung der Entwicklung einer lebendigen Demokratie, die sowohl der Verfasser des *Abendpost*-Artikels als auch innerkirchliche Kritiker als Folgen einer zu ‚milden' Reinigungspraxis benannt hatten, fand nicht statt.[505] Somit ist nicht verwunderlich, dass einer der internen Kritiker, Johannes Hertel noch im November 1946 mit Verweis auf die zögerliche Arbeit der Spruchstelle enttäuscht feststellte, „daß es [...] irreführend scheint, wenn wiederholt, wie im Antwortschreiben des LKR auf den Angriff in der Abendpost im Mai oder in einem Artikel in ‚Glaube u[nd] Heimat' im Juni, vom Abschluß der Arbeit der Spruchstelle gesprochen wurde."
So Johannes Hertel in einem Brief an den Vorsitzenden der Spruchstelle, Dr. Schäfer.[506] Allerdings verweist das Kürzel „H", mit dem der GuH-Artikel unterzeichnet wurde, noch auf eine Entwarnung ganz anderer Art. Als Verfasser dieses Beitrages, der zehn Tage nach dem Gespräch mit Kolesnitschenko erschien, ist mit großer Sicherheit der Landesbischof höchstselbst anzunehmen.[507] In der Sitzung des ‚kleinen Landeskirchenrates' teilte der Landesbischof mit, „daß er auf den Angriff in der ‚Abendpost' nach Anruf des Schriftleiters der ‚Abendpost' einen Gegenartikel verfaßt habe, der dann durch Kirchenrat Lotz am letzten Freitag telefonisch nach Weimar gegeben worden ist."
In seinem 2. Rundbrief vom 28. August 1946 berichtete Mitzenheim, aber dass die *Abendpost* diesen Artikel nicht gebracht habe, „sondern zwei Wochen später eine Polemik gegen diesen nicht [in der *Abendpost*, d.Vf.] veröffentlichten Artikel abdruckte." Es ist daher anzunehmen, dass der *GuH*-Artikel eine ‚innerkirchlich gearbeitete Variante' der Abendpost-Erwiderung Mitzenheims darstellt.[508]
Wie bereits erwähnt, wurde die Position Mitzenheims und des ‚vorläufigen Landeskirchenrates' – nach einer Phase relativer Stabilität – nicht nur durch die heftigen Anwürfe und das ‚bekenntnisferne' unbotmäßige Verhalten gemaßregelter DC angefochten. Nach dem gleichfalls bedrohlichen innerkirchlichen Drängen auf eine ‚Reinigung des LKR' und der von außen erfolgten Abendpost-Attacke geriet nun die Autorität des Bischofs selber ins Wanken.
Dies zeigen nicht nur die intensiven Debatten in der Kirchenleitung. Es findet seine Bestätigung auch in einem Schreiben des Pressepfarrers Waldmann, der, nach der ‚Besprechung beim General', dem Bischof mitteilte: „Es erscheint mir wichtig, daß in einem vertraulichen Rundschreiben an die Pfarrer einiges über den Inhalt der Verhandlungen mitgeteilt wird, hauptsächlich in der Richtung, daß die Kirchenregierung völlig

---

[504] *GuH*, 16.06.1946.

[505] Vgl. die Prognose von Walter Zimmermann vom Mai 1945: „Wir müssen, da wir nach außen hin dafür verantwortlich sind, von uns aus das Problem der DCs lösen und werden darin Rechenschaft geben müssen. Die Kirche wird ja auch sonst nicht unter den neuen Verhältnissen im Volke aktionsfähig sein." Schreiben von Zimmermann an Schanze, 18.05.1945, in: *LKAE*, A 130/II unfoliiert.

[506] Schreiben von Hertel, 05.11.1946, in: *LKAE*, A 239/II, unfoliiert.

[507] Die vom Vf. bislang als ‚wahrscheinlich' angegebene Verfasserschaft von Erich Hertzsch muss korrigiert werden. Seidel: ... *in Sturm und Gericht*, 176. So war es d.Vf. bis dato überliefert worden, z.B. von *Herbert von Hintzenstern*, in dessen *GuH*-Artikel, Nr. 40, 06.10.1985 „Umstrittene ‚Reinigung' ". Doch abgesehen davon, dass Hertzsch einen solchen Beitrag gewiss unterzeichnet hätte, spricht die (fehlende) theologische und politische Wertung und auch der sprachliche Duktus selbst gegen Hertzsch und eindeutig für Mitzenheim. So auch das Urteil des vormaligen Leiters des landeskirchlichen Archivs, *Heinz Koch*, vom 21.11.1993.

[508] Vgl. außerdem Sitzung des (kleinen) LKR, 12.06.1946, in: *LKAE*, A 122, unfoliiert.

sicher steht und die Möglichkeit eines Bischofswechsels überhaupt nicht zur Diskussion steht."[509] Dem Bischof, der sich diesen Vorschlag zueigen gemacht hatte, wurde in der LKR-Sitzung jedoch davon abgeraten.[510]

Insgesamt wurden die Erwartungen, die der Bischof an das gut vorbereitete Gespräch mit Kolesnitschenko geknüpft hatte, ein weiteres Mal erfüllt, so dass er in der ‚Vollsitzung des LKR' am 25. Juni 1946 „[...] über den befriedigenden Verlauf seines Besuches bei dem russischen General in Weimar am 6.6.[19]46 berichten konnte."[511] Der General habe betont, „daß die Kirche ein Recht auf Berichtigung falscher Angaben in der Presse [sic!]" hat und ein ‚Staatskommissar' nicht vorgesehen sei. Und weil eine Richtigstellung in der Abendpost nicht erfolgte, „ließ das SNB (Sowjet-Nachrichten-Büro) von sich aus unser Zahlenmaterial in einer Reihe von Zeitungen veröffentlichen."[512] Der lapidare Abschlusskommentar des damit durch die SMA-gestützten Landesbischofs: „Ich sehe die Angelegenheit als erledigt an."[513]

Dass die Thüringer Pfarrerschaft nach dem ‚1. Rundbrief vom 19. November 1945' so lange warten musste, versuchte Mitzenheim in seinem ‚2. Rundbrief vom 28. August 1946' einleitend zu erläutern. Neben die „Fülle der Aufgaben, die täglich zu erfüllen sind", setzte er eine etwas kryptisch gehaltene Entschuldigung. Sie weist m. E. auf seine zwischenzeitlich ‚angeschlagene Position' hin. Es sollte „[...] erst eine Klärung gewisser Fragen abgewartet werden, die uns in den letzten Monaten bewegten. Diese Klärung scheint mir nun eingetreten zu sein."[514]

Ungeklärt war und blieb allerdings, dass Kolesnitschenko seine militärbehördliche Rückendeckung mit einer ernsten ‚Entpolitisierungs-Aufforderung' verknüpft hatte. Mitzenheim sollte den Pfarrern unmissverständlich deutlich machen, „[...] daß ein Pfarrer nicht einer politischen Partei angehören dürfte."[515] Der Landesbischof beherzigte den Hinweis seines mächtigen Fürsprechers, indem er in dem genannten Rundschreiben an die Pfarrerschaft nicht nur mit drohendem Unterton darauf aufmerksam machte, dass „[...] eine stärkere Beobachtung der Kirche [...] seitdem zu spüren [wäre]", sondern dass – auch mit Blick auf den bevorstehenden Wahlkampf – „[...] unsere Verfügungen wegen des Verhaltens unserer Pfarrer in politischer Beziehung [...] im Blick auf die Gesamtkirche gewissenhaft zu befolgen [seien]."[516]

---

509 Schreiben von Waldmann an Mitzenheim, 08.06.1946, in: *LKAE*, A 313, unfoliiert.

510 Sitzung des (kleinen) LKR, 12.06.1946, TOP 2 „Entnazifizierung der Kirche", in: *LKAE*, A 122, unfoliiert.

511 Ebd. – Die Position des Bischofs stärkend wirkte auch „seine Berufung in die [Beratende] Landesversammlung", an deren konstituierender Sitzung er am 23.06.1946 teilgenommen hatte. – Vgl. dazu das Kapitel 3.2.4. – Dass die Landesregierung, wie der LB in der gleichen Sitzung berichtete, ihm Pläne „zur Gestaltung der ‚Luthertage' auf der Wartburg am 31.08. und 01.09.[19]46" vorlegte, wurde gleichfalls „mit Genugtuung" aufgenommen. Vgl. Anm. 492.

512 Ein Grund dafür, dass *Kolesnitschenko* der substanziellen Kritik an der kirchlichen Entnazifizierung offenbar wenig Gewicht beimaß, ist – neben der beinahe freundschaftlichen Beziehung der beiden ‚Landesfürsten' – in seiner eigenen ‚unkonventionellen' Praxis zu finden. Auch er verfuhr mitunter nach reinem personalpolitischem Nutzkalkül. So z.B. bei der ‚Wiederherstellung' des Deutschen Nationaltheaters in Weimar. Um dies in Gang zu setzen, „[...] mußten wir [plurale majestatis, d.Vf.] sogar die Arbeit der Gewerkschaft der Kunstschaffenden etwas korrigieren, die nämlich übereifrig und sehr formal an die Erfüllung dieser wichtigen Aufgaben [d.m. die Entnazifizierung des Ensembles, d.Vf.] herangegangen war." Voller Stolz berichtet er in seinen Erinnerungen, dass er auch die Bestellung des NS-belasteten Chefdirigenten Hermann Abendroth ‚auf seine Kappe nahm'. Kolesnitschenko, *Im gemeinsamen Kampf*, 96.

513 So Mitzenheim in seinem 2. Rundbrief, 28.08.1946. Björkman, *Lebensraum*, 25.

514 Ebd.

515 Brief von Waldmann an Mitzenheim, 08.06.1946, in: *LKAE*, A 313, unfoliiert.

516 Björkman, *Lebensraum*, 25. – Vgl. dazu Kapitel 3.2.4.

Doch nicht nur innerkirchlich folgte Mitzenheim der dringenden Bitte des Generals. Vermittels des damals modernsten und populärsten Mediums, des Radios, gab der Bischof erstmals während seiner Amtszeit eine politische Stellungnahme ab.[517] So drang die Stimme des Landesbischofs über die ‚Volksempfänger', nach wie vor 1945 im Volksmund ‚Goebbels-Schnauze' genannt, mahnend in die Wohnzimmer und an die Ohren des Thüringer Volkes, es möge „[...] bei der bevorstehenden Wahl mit ganzem Ernst [seine] staatsbürgerliche Pflicht tun."[518]

Zur Befestigung der kirchenleitenden Autorität ergriff der Landeskirchenrat im Sommer 1946 noch eine andere Maßnahme. Am 11. Juli 1946 trat der ‚Erweiterte Landeskirchenrat' in Eisenach zusammen.[519] Er lobte die bisherige Aufbauarbeit unter der Führung Mitzenheims und bestätigte vermittels einer einstimmig gefassten ‚Entschließung' die „rechtliche Grundlage des Landeskirchenrats."[520] Lediglich eine nachträglich in das Protokoll der Sitzung eingefügte Notiz verrät eine gewisse entnazifizierungsmäßige Unsicherheit und die besondere Sorgfalt des Chefjuristen der Kirchenleitung. Auf eine Anfrage des ‚Abg[eordneten] Köhler' (nicht zu verwechseln mit Kirchenrat Ernst Köhler) gibt Kirchenrat Lotz „[...] aufklärende Antwort über das Ruhen von Mandaten der Mitglieder, deren politische Unbedenklichkeit nicht ganz einwandfrei feststehe, wie sich nach Beiziehung der Fragebogen herausgestellt habe."[521]

Die ‚Kirchenregierungskrise', die mit dem Abendpost-Artikel ausgelöst worden war, und die Enthüllung ‚politischer Bedenklichkeit' bei Abgeordneten des Erweiterten Landeskirchenrates gaben Anlass für eine Verschärfung der kirchlichen Selbstreinigung – jedenfalls in einem bestimmten Bereich: dem der kirchlichen Selbstverwaltungsorgane. Wie bereits erwähnt, sollten „[...] Zweifel, die bei der Selbstreinigung der Kirchgemeindekörperschaften entstanden sind", beseitigt werden. Deshalb wurde auf Initiative von

---

517 Abgedruckt ist dieser Redebeitrag unter der Überschrift „Niemand entziehe sich seiner politischen Verantwortung. Rundfunkansprache vor den ersten Wahlen in der damaligen sowjetischen Besatzungszone 1946" in: Moritz Mitzenheim, *Politische Diakonie: Reden, Erklärungen, Aufsätze 1946–1964*, Berlin 1964 und 1967, 12-16.

518 Bei Kolesnitschenko, *Im gemeinsamen Kampf*, 85-88, werden dem besonderen ‚Wahlkampfhelfer' Mitzenheim gleich mehrere Seiten eingeräumt. Mit herzlicher Offenheit erinnert sich der altgewordene Sowjet-Funktionär, dass die SMATh – wegen der „Verleumdungen der LDPD und CDU, wir wollten in unserer Besatzungszone die Sowjetmacht errichten" – im Vorfeld der Wahlen „[...] einige Maßnahmen zur Durchkreuzung der antisowjetischen Propaganda treffen [mußte]." Seinen Kommandanten habe er dazumal die Weisung gegeben, „[...] sich nur im äußersten Notfall in den Wahlkampf der Parteien einzumischen. Weil an der Wahlvorbereitung natürlich alle Organisationen beteiligt waren, „[...] interessierte mich [Kolesnitschenko, d.Vf.] die Stellung der Kirche in dieser Kampagne. Hier konnte mir Dr. Moritz Mitzenheim, der Landesbischof von Thüringen, helfen, der in die Verwaltung der SMATh kam, um einige Fragen zu klären." Wohl mühte sich Mitzenheim, die „überparteiliche Linie" der Kirche zu erläutern; im Ergebnis scheint er jedoch nicht realisiert zu haben, dass seine ‚Neutralitätsaufforderung' machtpolitisch gegen die bereits in Bedrängnis stehenden bürgerlichen Parteien zugunsten der SED auslief. Vgl. dazu die entsprechenden Dokumente: Jürgen John (Hg.), *Quellen zur Geschichte Thüringens 1945–1952*, 2 Bde., Erfurt 1999. – Vgl. dazu die Kapitel 3.2.3 und 3.2.4.

519 Erste Tagung des Erweiterten Landeskirchenrates, 11. und 12.07.1946, in: *LKAE*, A 122, unfoliiert.

520 Das oben erwähnte rechtliche Gutachten von Doehring zur Frage der „Reinigung des LKR" ist auf den 11.07.1946 datiert. Im Zusammenhang seines Berichtes über die Tätigkeit der Spruchstelle wird Sup. Dahinten, falls er den Text zu diesem Zeitpunkt überhaupt kannte, darauf ganz sicher nicht eingegangen sein.

521 Ebd. – Damit hatte sich die Notwendigkeit der „Reinigung der Kirchgemeindekörperschaften" erneut bestätigt. In der LKR-Sitzung, die am Vortage stattgefunden hatte, war von Schanze angeregt worden, „eine allgemeine Auflösung der kirchlichen Körperschaften vorzunehmen, wie sie auf verschiedenen Pfarrerkonferenzen verlangt worden sei." Es wurde beschlossen, den von Lotz eingeschlagenen Weg weiterzugehen, diese Angelegenheit „[...] jedenfalls nicht dem jetzigen Erweiterten Landeskirchenrat vorzulegen." Sitzung des LKR, 10.07.1946, Top 3, in: *LKAE*, A 122, unfoliiert.

Gerhard Lotz am 22. August 1946 eine „Verordnung zur Durchführung des Gesetzes über die Kirchgemeindekörperschaften [...]“ erlassen.[522] Dass diese Zweifel durchaus angebracht waren, zeigt u.a. auch die Verhaftung eines Laienmitgliedes des Erweiterten Landeskirchenrates. Mitte September 1946 wurde der erwähnte Dr. Köhler, Weimar, verhaftet. Hertzsch bemühte sich bei ORR Erle, etwas über die Inhaftierungsgründe zu erfahren, leider vergeblich. Erle teilte ihm mit, dass es ganz ausgeschlossen sei, in diesem Falle etwas zu unternehmen, „[...] da die N.K.W.D., die die Verhaftung veranlaßt habe, Auskünfte abzulehnen pflegt und keine Dienststelle die Möglichkeit habe, hier etwas zu veranlassen.“[523]

Im Gegensatz zur ‚Milde‘ des Kirchgemeindekörperschafts-Gesetzes vom 5. September 1945, die aus der damaligen Sicht Mitzenheims und des Landeskirchenrates angebracht schien, da „[...] die Bereinigung seit längerer Zeit ganz von selbst erfolgt sei“, wurden nun Kriterien angelegt, die deutlich ‚schärfer‘ waren als die, die von der Spruchstelle gegenüber den kirchlichen Angestellten und Pfarrern nach dem RG vom 12. Dezember 1945 zur Anwendung kamen.[524] In ausdrücklicher Anlehnung an das ‚Gesetz über die Reinigung der öffentlichen Verwaltung von Nazi-Elementen vom 23. Juli 1945‘ sollten nicht allein die dort genannten ‚Belastungen‘ zum Ausscheiden der betroffenen GKR-Mitglieder führen, sondern darüber hinaus habe dies auch zu gelten für Personen, „[...] die eine maßgebliche Stelle in der nationalsozialistischen Gemeindeverwaltung bekleidet haben oder eine führende Rolle in der Bewegung ‚Deutsche Christen (später Nationalkirchliche Einung)‘ gespielt haben.“ Als ‚entlastet‘ waren lediglich diejenigen anzusehen, die „aus weltanschaulicher Gegnerschaft“ aus der NSDAP ausgetreten sind oder ausgeschlossen wurden „[...] oder sonst wegen ihres Eintretens für die Kirche in der zurückliegenden Zeit Anstöße hatten oder Benachteiligungen und Verfolgungen erlitten haben.“[525]

Diese offenkundige Diskrepanz in der Bewertung wie Behandlung politischer und kirchenpolitischer Faktoren zwischen hauptamtlichen und ehrenamtlichen kirchlichen Mitarbeitern hatteerhebliche Nebenfolgen. Einerseits ist hierin ein Grund für die relative ‚Unerbittlichkeit‘ zu sehen, die der leitende Kirchenjurist Lotz bei der künftigen Behandlung der Einspruchsfälle gegen die Entscheidungen der Spruchstelle an den Tag legte. Andererseits führte diese ‚Entnazifizierungsdifferenz‘ dazu, dass eventuell ‚belastende‘ Anteile der Pfarrerbiographien nun noch stärker als bislang ‚unter Verschluss gehalten‘ werden mussten, um Konflikte, die aus dieser Ungleichbehandlung in den jeweiligen Gemeinden erwuchsen oder erwachsen konnten, möglichst auszuschließen. Vielfach werden den Kirchgemeinden biographische Details ihrer nach 1945 ‚verordneten‘ Pfarrer verborgen geblieben sein. Inwieweit sie von den Spruchstellenentscheidungen und der zeitweiligen ‚kommissarischen Anstellung‘ ihrer am Ort belassenen Geistlichen Kenntnis hatten, steht ebenfalls dahin. Sicher ist, dass diese Geheimhaltung das entsprechende biographische

522 Sitzung des LKR, 21./22.08.1946, TOP 22 „Entnazifizierung der Kirchgemeinden“, in: *LKAE*, A 122, unfoliiert. – Lotz hatte in diesem Zusammenhang über das Ergebnis der Befragung in den Gemeinden berichtet und seinen Entwurf vorgelegt, der in dieser Form beschlossen wurde.

523 Niederschrift eines Gespräches zwischen Hertzsch und Erle, 30.09.1946, in: *LKAE*, A 852, unfoliiert.

524 Mitzenheim hatte gegenüber der SMATh nach dem Stand der Entnazifizierung auf die Frage „Wie sehen die Kirchenvorstände aus? Sind sämtliche Nazis aus diesen entfernt?“ geantwortet, dass „[...] die Bereinigung seit längerer Zeit ganz von selbst erfolgt sei.“ LKR, 26.10.1945, in: *LKAE*, A 930, unfoliiert. – Vgl. Kapitel 4.3.

525 Sitzung des LKR, 21./22.08.1946, Anlage 3 bzw. R 416, in: *LKAE*, A 122, unfoliiert.

Material ‚aufwertete'. Für die offizielle wie konspirative Personal- und Machtpolitik der SED und des MfS jedenfalls war es außerordentlich interessant.[526]
Zu den am besten gehüteten Geheimnissen gehörten fortan die über den (kirchen)politischen Werdegang der Mitglieder der Thüringer Kirchenleitung.[527] Die Chance, an dieser Stelle vorbildhafte Klarheit und Transparenz zu schaffen, schien mit dem Weggang von Walther Doehring aus Thüringen ein für alle Mal vertan. Seine, im Gegensatz zu Mitzenheim vertretene Position, eine Einbeziehung des Landeskirchenrates in die kirchliche Selbstreinigung sei rechtlich möglich und auch sinnvoll, fand offenbar – außer in Johannes Hertel – keinen Fürsprecher mehr. Dem engagierten Spruchstellenvorsitzenden Doehring wird – nach Lage der Akten – verborgen geblieben sein, dass der von ihm erbetene und am 16. März 1946 ausgefertigte Bericht über die Reinigung der Thüringer Kirche für die Kanzlei der EKD „nicht abgegangen (Z.d.A. Mm)" ist. Statt dessen hatte der Bischof den designierten Chefjuristen Lotz um eine Stellungnahme gebeten. Dessen Antwort auf die EKD-Anfrage vom 9. Februar 1946 wurde dann – beinahe drei Monate später – am 20. Mai 1946 abgeschickt. Allem Anschein nach sollte gegenüber der EKD und den sogenannten „intakten Landeskirchen" einerseits der – von Doehring (v)ermittelte – ‚erschütternde' Eindruck einer extrem ‚zerstörten' Thüringer Landeskirche vermieden und andererseits klar aufgezeigt werden, dass das Reinigungsgesetz und die eingeleiteten Maßnahmen ausreichend und geeignet seien, „[...] den politischen und kirchlichen Erfordernissen Rechnung zu tragen."[528]
Mit Doehring hatte die Spruchstelle allerdings auch ihren Vorsitzenden und damit ihre Handlungsfähigkeit verloren. Ein ‚Vermerk' vom 3. August 1946 verwies auf diesen Missstand.[529] Da „laut Vorlage der Personalabteilung vom 1.8.1946" noch „unabgeschlossene Personalsachen" vorlägen, bestünde ein „[...] dringendes Bedürfnis, sie [die Spruchstelle, d.Vf.] sobald wie möglich wieder aktionsfähig zu machen."[530]
Dazu wurden drei Verfahrensvorschläge unterbreitet:

- die Gewinnung eines neuen (von außen kommenden) Juristen, laut §4 RG,
- die Übernahme des Vorsitzes durch ein nichtjuristisches Mitglied der Spruchstelle selbst (Personalvorschlag: Superintendent Dahinten) oder
- die Auflösung der Spruchstelle und die Erledigung der (noch offenen) Fälle durch den ‚geschäftsführenden kleinen Landeskirchenrat', wobei die Rechtsmittelinstanz dann an den ‚vollbesetzten Landeskirchenrat' gehen müsse.

Gegen die Variante 1 spräche, „daß ein neuer Vorsitzender [...] leicht die Rechtsprechung der Spruchstelle beeinflussen [könnte], so daß die Einheitlichkeit gegenüber den bisheri-

[526] So z.B. der ‚vertrauliche Bericht' des ‚Amtes für Information' vom 26.07.1950, der auf die „Heilmann-Denkschrift" „[...über die Stellung der Geistlichkeit der Thür. ev. Kirche zur NSDAP und zu den „Deutschen Christen"] vom 27.12.1945 zurückgriff, in: *ThHStAW*, BMP, 868, unfoliiert.

[527] Vgl. dazu die Kontroverse um Altbischof *Ingo Braecklein (1906-2001)* in Kapitel 5.3.

[528] Die diesbezüglichen Interventionen von Hertel trafen nun weder in der Spruchstelle noch im LKR auf einen engagierten Fürsprecher, in: *LKAE*, A 239 (Loses), unfoliiert. Stellungnahme von Lotz an die EKD-Kirchenkanzlei, 20.05.1946; ebd. der ‚Entwurf' von Doehring, 16.03.1946.

[529] Vermerk, 3. August 1946: „Die Spruchstelle ist z.Zt. arbeitsunfähig." Da ein Blatt des Vermerkes in den Akten fehlt, bleibt die Verfasserschaft unklar. Infrage kommen aus Sicht d.Vf. entweder der Leiter der Versorgungsabteilung Battefeld oder Lotz, in: *LKAE*, A 239 (Loses), unfoliiert.

[530] Ebd.

gen Sprüchen gefährdet" erschiene. Außerdem sei die ‚Hauptarbeit' ja bereits erledigt.[531] Variante 2 hätte den deutlichen Vorteil, dass „die Kontinuität gewährleistet" würde, allerdings auch den Nachteil des Fehlens eines ‚Fachjuristen'. Die als Variante 3 genannte Auflösung der Spruchstelle würde die Aufhebung der durch das RG vorgesehenen rechtlich unabhängigen Instanz bedeuten. Als Folge einer solchen Lösung könnte der Verdacht entstehen, „daß die Entscheidungen aufgrund des Reinigungsgesetzes rein kirchenpolitische Opportunitätsentscheidungen seien, im Lande noch mehr um sich greifen."[532]
Im Ergebnis seiner Überlegungen schlug der Verfasser vor, auf Variante 2 zuzugehen oder aber einen kirchentreuen und loyalen Juristen zu verpflichten. Mit der Berufung des Kirchenarchivrates Dr. jur. Friedrich Schäfer (1893–1960) wurde eine Lösung gefunden, die die Arbeit der Spruchstelle wieder in Gang setzte, die Kontinuität wahrte und zugleich unwillkommene ‚Korrekturen' oder Störungen der bisherigen Praxis vermeiden half. Der ‚vertrauliche Bericht' des ‚Amtes für Information' vom 26. Juli 1950, der sich u.a. auf Personalangaben der vormaligen LKA-Mitarbeiter Robert Schmidt und Erich Schilling stützt, weist Schäfer als „Pg. und Offizier im 2. Weltkrieg" aus.[533]
So lief die Arbeit der Spruchstelle nach diesen heftigen Konflikten vom Frühsommer 1946 nun mehr oder minder kontinuierlich weiter. Im Sommer 1947 gelang es Erich Hertzsch, eine weitere Personengruppe in das ‚Vorfeld' der Reinigung einzubeziehen. Auf seinen Vorschlag hin beschloss der Landeskirchenrat, dass „[...] Pfarrer, die sich um Aufnahme in den Dienst der Thüringer evangelischen Kirche bewerben, von der Kirche überprüft werden. Die Spruchstelle ist dabei gutachterlich zu hören."[534]
Von Vorteil für den weiteren reibungslosen Verlauf der Selbstreinigung war auch, dass der vormals leitende Jurist der DC-Kirchenregierung, Dr. jur. Otto Volk (1877–1974), inzwischen eine Anstellung in der Gesetzgebungsabteilung des Weimarer Präsidialamtes gefunden hatte. In dieser Funktion konnte jener nicht nur wichtige, die regierungsamtlichen Entnazifizierungsvorhaben berührende Informationen weitergeben, sondern auch angestrebte staatliche Eingriffe in die Belange der Kirche verhindern helfen.[535]
Als zweckdienlich für eine wohlwollende Vermittlung und Behandlung kirchlicher Fragen und Probleme sollte es sich ebenfalls erweisen, dass der Selbstreinigungskritiker und Auslöser der ‚Abendpost-Krise' Karl Erle im Herbst 1946 einen deutlichen Gesinnungswandel vollzog. Ihm war offenbar bewusst geworden, dass die von ihm angestrebte Doppelloyalität – als kritischer Christ gegenüber der Kirche, als streitbarer Demokrat gegenüber dem neuen Staat – nicht nur nicht verstanden wurde, sondern im zunehmenden Macht- und Weltanschauungskampf auf Ablehnung seitens seiner Kollegen in der Landesregierung stieß. Gegenüber Hertzsch, der wie Erle Religiöser Sozialist war und einen gleichen geistigen Spagat versuchte, schüttete er sein Herz aus und berichtete vom heftigen Widerspruch, den er gefunden hatte, „[...] als er auf einer Betriebsversammlung der

[531] Ebd. Ergänzend hieß es dazu: „Wenn die insgesamt 37 Fälle, die wohl auch schon vorbereitet sind, erledigt sind, wird es genügen, wenn in größeren Abständen (etwa alle 6 – 8 Wochen) die Heimkehrer überprüft werden."

[532] Ebd.

[533] *ThHStAW*, BMP, 868, unfoliiert. – Vgl. Sitzung des LKR, 21./22.08.1946, TOP 2, in: *LKAE*, A 122, unfoliiert.

[534] Sitzung des LKR, 28./29.08.1947, in: *LKAE*, A 122, unfoliiert: Weiterhin hätten „[...] Personen, die aus anderen Berufen kommen, nachzuweisen, daß sie nur als nominelle Pgs. anzusehen sind." Dieser Teil des Beschlusses wurde auf Intervention von Säuberlich „auf zunächst 3 Monate befristet."

[535] *ThHStAW*, BMP, 1746/I, 12: Ausarbeitung von Dr. Volk vom 24.04.1946 als Stellungnahme an das Landesamt für Volksbildung [Walter Wolf] zu Beschwerden über die Einstellung vormaliger ‚alter Pg.s' als Religionslehrer. Der letzte Satz dieses Gutachtens: „Aufgrund des Vorstehenden sehe ich keinen Grund, die Lehrtätigkeit der Kirche durch eine staatliche Stelle überwachen zu lassen."

Beamten und Angestellten der Ministerien für seinen christlichen Standpunkt ein Zeugnis abgelegt hatte."[536] Sein unmittelbares Eingebundensein in die interministeriellen und zwischenparteilichen Machtkämpfe führte ihn zu folgendem Resümee: „Er [Erle, d.Vf.] beurteilt die Zukunft pessimistisch und fürchtet, daß die entgegenkommende Haltung gegenüber der Kirche nicht mehr lang andauern wird."[537]

Erle erwies sich künftig als vertrauensvoller Partner und Fürsprecher der Kirchenleitung. Ihm hatte u.a. der Fall ‚Wolf' deutlich gemacht, in welcher Weise die ‚Antifaschisten' um Walter Wolf, Ernst Busse und Fritz Heilmann gewillt waren, auch offenkundig unsinnige oder erkennbar interessengeleitete Denunziationen als Faschismusvorwurf zu handhaben. Nach der Flucht des Präsidialdirektors Staas und des Ministerpräsidenten Paul und dem sich anschließenden Amtsantritt von Präsidialdirektor Hossinger und Ministerpräsident Werner Eggerath nahmen die Konflikte um das ‚Büro Kirchenwesen' offenbar deutlich zu.[538]

Doch auch innerhalb der Kirchenleitung selbst blieben Reibungen und Konflikte um die Entnazifizierung nicht aus. Nach dem offiziellen Abschluss der Selbstreinigung im Jahre 1948 war es der von Mitzenheim protegierte Kirchenrat Gerhard Lotz, der ins Kreuzfeuer interner Kritik geriet. Er hatte sich, wie bereits ausgeführt, die ‚Federführung' bei der Behandlung der Einspruchsfälle gesichert und er verfuhr dabei gemäß der Überzeugung, die er schon im Mai 1946 in seiner Stellungnahme an die EKD formuliert hatte: „Bei der Berücksichtigung der mildernden Umstände im Sinne des § 3 [des RG, d.Vf.] hat sich die Spruchstelle nicht von einer billigen Buß- und Umkehrseligkeit nach dem Zusammenbruch des nationalsozialistischen Regimes beeinflussen lassen, sondern gefordert, daß bereits vor dem Zusammenbruch eine entschiedene Abkehr von dem religiös verbrämten Nationalsozialismus deutsch-christlicher Prägung in Verhalten und Amtsführung des Pfarrers klar erkennbar geworden ist."[539]

Dass er bei dieser Haltung blieb, zeigen die zahlreichen Abweisungen von Einsprüchen und Ansprüchen ehemaliger DC, die in den Vollsitzungen des Landeskirchenrates von 1946 bis 1950 auf seinen Vortrag hin beschlossen wurden. Von anderen Mitgliedern dieses Leitungsgremiums vorgebrachte Milderungsgründe wurden von ihm nur selten akzeptiert. Am Ende des Jahres 1948 kam es zum Eklat. Oberkirchenrat Köhler hatte, laut einer ‚schriftlichen Erklärung' von Lotz, am Schluss der LKR-Sitzung vom 16. Dezember 1948 sinngemäß geäußert: „Es ist seltsam, daß wir, die wir damals die Last des Widerstandes und Kampfes getragen haben, heute viel eher bereit sind, die Hand zur Versöhnung zu bieten als die Herren, die damals viel weniger entschieden Stellung bezogen hatten."[540] Diese Kritik, die im Zusammenhang von Lotz' ablehnender Haltung gegenüber einer Wiedereinstellung des vormaligen DC-Pfarrers Walter Kriewald (1910–1981) formuliert wurde, sei klar auf ihn gemünzt gewesen. Lotz stellte fest, „daß Oberkirchenrat Köhler nach dieser seiner Auslassung zwei Sorten von Mitgliedern des Landeskirchenrats kennt, nämlich die – um es einmal schlagwortartig zu sagen – ‚Alten Kämpfer', die mit Recht heute in der Regierung und in der Verantwortung sitzen, und dann noch ‚Auch-Mitglieder', die einst Mitläufer gewesen sind."[541] ‚Formal' sei diese Kritik „als

[536] Niederschrift eines Gespräches zwischen Hertzsch und Erle, 30.09.1946, in: *LKAE*, A 852, unfoliiert.

[537] Ebd.

[538] Niederschrift eines Gespräches zwischen Mitzenheim und Erle, in: *LKAE*, A 852, unfoliiert.

[539] Stellungnahme von Lotz an die EKD-Kirchenkanzlei, 20.05.1946, in: *LKAE*, A 239 (Loses), unfoliiert.

[540] Abschriften von Dokumenten, hier aus der PA Gerhard Lotz, L 5028: Niederschrift von Lotz, 16.12.1948, in: *LKAE*, Nl. Mm, unfoliiert.

[541] Ebd. Köhler hatte damit offenbar einen ‚wunden Punkt' berührt und Lotz zahlte es ihm mit der Formulierung ‚Alter Kämpfer' heim.

Antrag eines Misstrauensvotums gegen mich aufzufassen", stellte Lotz fest. Daher könne er „[...] vor Bereinigung dieser Angelegenheit fruchtbar im Landeskirchenrat nicht mehr mitarbeiten." Falls noch andere Mitglieder des Landeskirchenrates die Auffassung von Oberkirchenrat Köhler teilen sollten, würde er seine Versetzung in den Wartestand beantragen; wenn nicht, „so muß ich erwarten, daß Oberkirchenrat Köhler vor dem Kreis, vor dem er, abgesehen von der disqualifizierenden Beurteilung, mich beleidigt hat, seine Äußerung zurücknimmt."[542]
Mitzenheim notierte handschriftlich auf diese Niederschrift, dass Lotz diese Äußerung „zu schwerwiegend beurteile". Der Bischof versprach, die Sache auf die Tagesordnung der nächsten Sitzung zu setzen. So geschah es denn auch. In der ersten LKR-Sitzung im neuen Jahr 1949 gab Köhler die Erklärung ab, „daß es ihm ferngelegen habe, Oberkirchenrat Lotz irgendwie zu beleidigen. Er bedauere, daß seine Äußerung solche Wirkung gehabt habe. Oberkirchenrat Lotz erklärt, daß diese Erklärung ihm genüge."
Der Landesbischof mahnte abschließend zur Vorsicht im Umgang miteinander, „damit die brüderliche Zusammenarbeit ungestört erhalten bleibe."[543] Der aktuelle Konflikt über jeweilige persönliche Verstrickungen in NS- oder DC-Zusammenhänge und über unterschiedliche Auffassungen der ‚Milde' oder ‚Schärfe' der kirchlichen Selbstreinigung konnte beigelegt werden. Die Vorbehalte blieben und traten, wie die Akten zeigen, später an verschiedenen brisanten Stellen wieder zutage.
Möglicherweise zeigte sich auch an dieser Stelle, dass der unablässige Selbstreinigungs-Kritiker Johannes Hertel mit seinen Forderungen nach Überprüfung des Landeskirchenrates und einer ‚grundsätzlichen Erörterung' der Spruchstellenarbeit sowie seinen Hinweisen auf mögliche Gefahren einer ‚buß- und vergebungsseligen' Unterlassung oder Verschiebung dieser schwierigen Aufgabe doch Recht behalten hatte. Er selbst klagte weiterhin die Beantwortung offener Themen ein.[544] Beispielsweise verwies er auf den seit der Bildung des ‚vorläufigen Landeskirchenrats' im Mai 1945 intern mehrfach kritisierten Gerhard Phieler und fragte nach der Rolle des vormaligen leitenden Vereinsgeistlichen der I.M. im Zusammenhang des von den Nazis verhafteten und ermordeten Werner Sylten (1893–1942). Damit hatte der Lobedaer Pfarrer sozusagen die ‚Judenfrage' gestellt.

4.8 Fast vergessen – die ‚Judenfrage'

In einem vertraulichen Brief an den Bischof mahnte der Spruchstellenbeisitzer Hertel: „Daß das Amt Ihres [des Bischofs, d.Vf.] Stellvertreters durch Herrn Kirchenrat Phieler wahrgenommen wird, stört das notwendige Vertrauen erheblich." Deutlich würde dies vor allem im ‚Falle Sylten', denn Syltens Söhne würden „mit Entrüstung unter den jetzigen Verfügungen des Landeskirchenrats denselben Namen sehen, wie seinerzeit unter der Abdankungsverfügung ihres Vaters."[545]

---

542 Ebd. – Für die folgenden Tage beantragte Lotz Urlaub, Mitzenheim lehnte den Antrag ab.
543 Ebd.
544 Schreiben von Hertel an Mitzenheim, 18.06.1946 (Arbeit der Spruchstelle), in: *LKAE*, VE 158, BK-Bestand, unfoliiert.
545 Schreiben von Hertel an Mitzenheim, 10.08.1946, in: *LKAE*, A 239 (Loses), unfoliiert. – Stegmann, *Kirchenkampf*, 91, 92, geht unter der Überschrift „Der ‚Fall Sylten' " etwas kryptisch auch auf Phieler ein. Der Dienstvorgesetzte des als „Rassemischling" vom *Völkischen Beobachter* 1935 denunzierten Sylten sei – von wem, bleibt völlig unklar – „beauftragt worden, Sylten zu veranlassen, Urlaub einzureichen, was Sylten ablehnte." Sylten sei dann zum 01.04.1936 durch das Thüringer Innenministerium, „wahrscheinlich auf Veranlassung von Oberregierungsrat Leffler, beurlaubt und vom Landeskirchenrat in den Wartestand versetzt [worden]."

Damit hatte Hertel ein weiteres ‚heißes Eisen' angefasst, das man angesichts der besonderen Thüringer Vergangenheit gleichfalls auf lange Zeit nicht ‚zu schmieden' gewillt war: das Themenfeld ‚Antijudaismus, Antisemitismus, Rassismus'.[546]
Im ausgehenden 19. und vor allem zu Beginn des 20. Jahrhunderts gehörten antisemitische Klischees zum Mentalitätsreservoir großer Teile des europäischen und deutschen Bürgertums. Und auch im deutschen Protestantismus hatte der theologische Antijudaismus eine lange Geschichte, die vor allem von den Deutschen Christen aufgegriffen, mit dem ‚modernen' Rassismus verknüpft und im NS-Weltanschauungskampf radikalisiert wurde.[547] Insbesondere mit Beginn des Zweiten Weltkrieges erfuhr der Antisemitismus in Verbindung mit dem Antibolschewismus eine weitere Zuspitzung.[548] Für den Führer der Thüringer DC, Siegfried Leffler, bestand gar die zentrale ‚missionarische' Aufgabe ihrer Bewegung darin, dazu beizutragen, dass „das deutsche Volk das Gegenvolk der Juden" werde.[549]
Weil die mit der nach 1945 einsetzenden Verdrängung dieses Themas verbundenen politik- wie theologieschädlichen Folgewirkungen immens sind, sei an dieser Stelle ein wenig ausgeholt.
Propst Heinrich Grüber, der Leiter der Berliner Stelle des ‚Hilfswerks der evangelischen Kirchen' (HeK), hatte bereits im September 1945 die besondere Verantwortung der Kirchen gegenüber den Juden angemahnt.[550] Er bezog sich dabei auf das ‚Wort an die Ge-

[546] Damit tat man sich im übrigen auch in anderen (selbst den sogenannten ‚nicht zerstörten') Kirchen schwer, zumal hier sehr weit zurückreichende, die Christentumsgeschichte in Schüben begleitende theologische Traditionslinien berührt waren.

[547] Zum Thema ‚Antisemitismus' u.a.: *Die Evangelische Kirche und die Judenfrage: ausgewählte Dokumente aus den Jahren des Kirchenkampfes 1933 bis 1943*, bearb. und hg. auf Veranlassung des Flüchtlingsdienstes und des Ökumenischen Rates der Kirchen, Genf 1945; Kurt Meier, *Kirche und Judentum: die Haltung der evangelischen Kirche zur Judenpolitik des Dritten Reiches*, Göttingen 1968; Jochen-Christoph Kaiser/Martin Greschat, *Der Holocaust und die Protestanten*, Frankfurt/M. 1988; Siegfried Hermle, *Evangelische Kirche und Judentum – Stationen nach 1945*, Göttingen 1990; Wolfgang Gerlach, *Als die Zeugen schwiegen. Bekennende Kirche und die Juden*. Berlin 1993; Leonore Siegele-Wenschkewitz (Hg.) *Christlicher Antijudaismus und Antisemitismus: theologische und kirchliche Programme Deutscher Christen*, Frankfurt/M. 1994; Carsten Liesenberg, „‚Wir täuschen uns nicht über die Schwere der Zeit …'. Die Verfolgung und Vernichtung der Juden in Thüringen", in: Detlef Heiden/Gunther Mai (Hgg.), *Nationalsozialismus in Thüringen*, Weimar – Köln – Wien 1995, 443-462; Ralf Meister-Karanikas, „Die Thüringer evangelische Kirche und ‚die Judenfrage': Notizen zur Epoche 1933–1945", in: *Thüringer Gratwanderungen*, 111-123.

[548] Erinnert sei an die bereits erwähnten Traktate des DC-Pfarrers und Mitarbeiters im sogenannten Entjudungsinstitut Alfred Männel: „Mit dem Ausbruch des Krieges gegen die bolschewistische Weltgefahr tritt aber der Jude für die Millionen wieder greifbar vor die Kulissen, hinter denen er sich solange geschickt zu bergen versuchte. Der Kampf gegen die tödliche Bedrohung des Bolschewismus ist der Kampf gegen das Judentum in der konzentriertesten [sic!, d.Vf.] Form." Abschrift aus *Der Kirchälteste*, Schriftleiter Pfarrer *Alfred Männel* Weimar, *KÄ* 7/3. 1941, in: *ThHStAW*, BMP, 1746, 303. – Siehe Kapitel 3.2.1.

[549] Leffler, *Christus im Dritten Reich*, 32. – Siehe Kapitel 2.3.

[550] Das HeK wurde während der Kirchenkonferenz in Treysa (27.–31.08.1945) gegründet. Aus Thüringen hatte aufgrund des verzögerten Eingangs der Einladung kein Mitglied der Kirchenleitung teilnehmen können. Smith-von Osten, *Von Treysa 1945 bis Eisenach 1948*. – Das zur I.M. gehörende HeK, das vor allem in der extremen Notzeit der Zusammenbruchgesellschaft eine sehr hilfreiche, lebensdienliche Rolle spielte, war in Thüringen einige Zeit in Konkurrenz mit der „Thüringen-Aktion gegen Not" geraten. Der wesentliche Organisator dieser frühen Form staatssozialistisch inspirierter ‚Volkssolidarität' hatte mehrfach versucht, das – u.a. mit NSDAP- und DC-belasteten Mitarbeitern personell sehr gut ausgestattete und mit amerikanischer, schweizer und skandinavischer Hilfe sehr effizient arbeitende – kirchliche Hilfswerk in seinem Wirkungskreis zu beschneiden. Davon kam man allerdings sehr bald wieder ab, zumal der karitative ebenso wie der engere kultische Wirkungsbereich der Kirche nicht zu den ‚Lebensräumen' zählte, die als ‚machtpolitisch gefährlich' angesehen wurden. Auch die

meinden', das während der Treysaer Konferenz wohl angesprochen wurde, ohne jedoch in den Gründungsdokumenten des Hilfswerkes konkreten Niederschlag zu finden. In diesem Bekenntnistext des deutschen Nachkriegsprotestantismus hieß es: „Längst ehe die Scheinordnung des Reiches zerbrach, war das Recht verfälscht. Längst ehe man Menschen ermordete, waren Menschen zu bloßen Nummern und daher nichtig geworden. [...] Aber mitten in den Versäumnissen der Kirche und des Volkes gab Gott Männern und Frauen aus allen Bekenntnissen, Schichten und Parteien Kraft, aufzustehen wider Unrecht und Willkür, zu leiden und zu sterben. Wo die Kirche ihre Verantwortung ernst nahm, rief sie zu den Geboten Gottes, nannte beim Namen Rechtsbruch und Frevel, die Schuld in den Konzentrationslagern, die Mißhandlung und Ermordung von Juden und Kranken und suchte der Verführung der Jugend zu wehren."[551] Unmissverständlich zeigte der streitbare Protestant und vormalige Leiter des ‚Büros Grüber', der ob seines ‚volksschädlichen' Engagements 1941 Häftling im KZ Sachsenhausen war, die Verbindung von Leibsorge und Seelsorge.[552] Außerdem stellte er einen Zusammenhang zwischen der (über-)lebensnotwendigen materiellen Hilfe und dem zwingend anstehenden Schuldbekenntnis her: „Der Hungertod ist schlimm, aber die seelische Verwüstung ist schlimmer. Darum muß ich es wiederholen, wenn wir die 5. Bitte [des Vaterunsers, d.Vf.] miteinander sprechen, müssen wir wissen, daß wir zuerst die 4. Bitte füreinander u[nd] miteinander gesprochen haben, u[nd] beide Bitten sind durch das Wort ‚und' verbunden."[553] Entgegen einer christlich-nationalen Selbsthilfe und Selbstbezogenheit insistierte Grüber darauf,[554] auch die Juden und die Opfer des Faschismus in die Hilfeleistungen mit einzubeziehen: „Bei den Judenaktionen habe ich früher allen Stellen gesagt: ‚Wir verlangen für die Juden nicht mehr als der Tierschutzverein für die Tiere verlangt, nämlich Brot und Unterkunft und keine unnötigen [sic!] Qualen körperlicher und seelischer Art.' Mehr erbitten wir jetzt auch nicht."[555]

Inner- wie außerkirchliche (vor allem amerikanische) Kritik führten schließlich dazu, dass die zweite Treysaer Kirchenführerkonferenz am 1. Mai 1946 „Richtlinien für die Verteilung [...] ausländischer Liebesgaben" beschloss, basierend auf der inzwischen unausweichlichen Erkenntnis: „Die vordringlichste Not kommt zuerst: dem am meisten Bedrohten muß zuerst geholfen werden ohne Ansehung der Konfession, Rasse, Nation oder politischen Anschauung."[556]

---

spätere DDR wurde nicht müde, dieses Engagement, das überdies die ‚gemeinsamen humanistischen Grundüberzeugungen' widerspiegele, zu loben und teilweise auch zu fördern. Die Fusion von I.M. und HeK zum ‚Diakonischen Werk' erfolgte auf der Spandauer Synode der EKD im März 1957, mit dem erklärten Ziel, „[...] die Innere Mission als Lebensäußerung der Kirche noch näher an die Kirche [heranzuführen]." Laut Mitzenheim sei damit eine Entwicklung nachvollzogen worden, die „bei uns bereits besteht." Björkman, *Lebensraum*, 172 (Rundbrief, 29.03.1957).

551 „Wort der Kirchenkonferenz", zit. nach Heidtmann *Hat die Kirche geschwiegen?*, 16f.

552 Heinrich Grüber, *Erinnerungen aus sieben Jahrzehnten*, Köln – Berlin 1968; ders., Gerhard Köhler (Hg.), *Pontifex, nicht Partisan: Kirche und Staat in der DDR von 1949 – 1958: Dokumente aus der Arbeit des Bevollmächtigten des Rates der EKD bei der Regierung der DDR*, Stuttgart 1974.

553 Grüber an Dibelius, 01.091945, in: *AdW*, ZB, 192A, unfoliiert.

554 Mitteilungen HeK, April 1945, Spalte 3: Proklamation: „Es geht um unsere eigenen Brüder und Schwestern."

555 *AdW*, ZB, 192A.

556 Mitteilungen HeK, Spalte 5/6. – Auffällig ist allerdings die in den Richtlinien ausgeführte Einschränkung im Blick auf die NS-Opfer, die – auch wenn man die Schwierigkeit teilweise ungerechtfertigter (Über-)Privilegierung konzediert – das mangelnde Bewusstsein für eine gesellschaftliche Bringe-Schuld erkennen lässt: „Es hat seinen Sinn, den Opfern des Faschismus durch Sonderzuteilungen wieder auf die Beine zu helfen, aber es hat keinen Sinn, sie zeit ihres Lebens auf Kosten der hungernden Gesamtheit weit besser zu stellen als alle anderen."

Um so deutlicher fiel darum der erneute Protest Grübers aus. Gleichwohl hatte Grüber allen Anlass zu erneuten Protest. In einem Schreiben an den Bevollmächtigten des HeK, Eugen Gerstenmaier, kritisierte er, dass eben diese selbst gesteckten Handlungsanweisungen partiell missachtet würden: „Enttäuscht hat mich zuerst Ihre Entscheidung – es handelt sich ja wohl nicht um einen Beschluß des Wiederaufbaukomitees – die Arbeit für die nichtarischen Christen nicht mit in das Hilfswerk einzubeziehen. Ich kann mich den von Ihnen vorgebrachten Gründen nicht anschließen und sehe immer noch eine besondere Aufgabe der Kirche als solcher darin, diesen Menschen jetzt in besonderer Weise zu helfen, zumal sie in der Vergangenheit in jeder Beziehung versagt hat."[557]
Der von Johannes Hertel erwähnte Werner Sylten hatte zu Grübers engsten Mitarbeitern gehört. Nach seinem ‚Dienstausschluss' in Thüringen leitete Sylten ab 1936 zunächst die Geschäftsstelle der LBG in Gotha. Nach deren Schließung durch die Gestapo 1938 arbeitete er bis zu seiner Verhaftung 1941 im Berliner Büro Grüber mit, das vor allem ‚rasseverfolgten Juden-Christen' Hilfe zu gewähren suchte. Sylten wurde kurze Zeit später zunächst in das KZ Dachau verbracht, dann am 12. August 1942 in das Vernichtungslager Schloss Hartheim bei Linz ‚überstellt' und dort wenige Tage später ermordet.[558]
Dass die DC-geführte Thüringer Landeskirche hinsichtlich der Juden „in der Vergangenheit in jeder Beziehung versagt hat", sei – so Propst Grüber – nach Ende des Krieges nicht nur am ‚Fall Sylten' abzulesen. In ihrer ‚fanatischen' Konsequenz, die antisemitische Gesetzgebung des NS-Staates nachzuvollziehen, war sie von keiner anderen Landeskirche übertroffen worden.[559]
Im Vorfeld des besonderen antisemitischen ‚Thüringer Weges im Dritten Reich' steht die Eisenacher ‚Rasse-Astel-Episode'.[560] Sie ist eingebettet in eine unter (auch Thüringer) Intellektuellen damals weitverbreitete Sehnsucht nach einem ‚Aufgehen im Volksganzen'.[561] Protestantische Pfarrer der Thüringer Landgemeinden scheinen in der ‚einsamen Besonderheit' ihrer pastoralen Existenz dafür offenbar besonders anfällig gewesen zu sein.
Lange bevor die sogenannte ‚Judenfrage' nach der Phase der permanenten Entrechtung der deutschen Bürger jüdischen Glaubens ab 1933 mit der ‚Reichskristallnacht' 1938 eskalierte und dann im Anschluss an die ‚Wannseekonferenz' 1941 einer mörderischen ‚Endlösung' zugeführt wurde, hatten sich Thüringer Kirchenvertreter bemüht, auf dem zu

---

557 Brief Grübers an Gerstenmaier, 16.05.1946, in: *AdW*, ZB 192A, unfoliiert. – Mit Blick auf die Leitungstätigkeit des Bevollmächtigten äußerte Grüber: „Das ist ja m.E. auch das Hauptbeschwernis der Opposition, die sich jetzt immer mehr breit macht im Hilfswerk, daß man jetzt dort das Gefühl hat, daß die Einstellung und die Planung der Arbeit zu stark nach dem Führerprinzip durchgeführt wird."

558 Stegmann, *Kirchenkampf*, 130.

559 Dazu vor allem Meister-Karanikas, „Die Thüringer evangelische Kirche und ‚die Judenfrage' " und zum ‚reichsweiten' Kontext die Arbeit der 1999 leider viel zu früh verstorbenen Kollegin, Direktorin der Ev. Akademie Arnoldshain, Leonore Siegele-Wenschkewitz, *Nationalsozialismus und Kirche. Religionspolitik von Staat und Partei bis 1935*, Düsseldorf 1994, dort besonders die Kapitel „Taktik und Judenfrage" und „Judenfrage und Kirche", 44-46 und 51-54.

560 Ernst Koch, „Thüringer Wege im ‚Dritten Reich' ", in: *Thüringer Gratwanderungen*, 80-93.

561 Zur „protestantischen Milieuverengung" siehe: Christoph Kleßmann, „Zur Sozialgeschichte des protestantischen Milieus in der DDR", in: *GG* 19. 1993, 29-53; Kurt Nowak, „Politische Pastoren: der evangelische Geistliche als Sonderfall des Staatsbürgers (1862–1932)", in: Luise Schorn-Schütte/Walter Sparn (Hgg.), *Evangelische Pfarrer: zur sozialen und politischen Rolle einer bürgerlichen Gruppe in der deutschen Gesellschaft des 18. bis 20. Jahrhunderts*, Stuttgart – Berlin – Köln 2000, 148-168. – Zum ‚völkischen Bewußtsein' siehe: Uwe Puschner/Walter Schmitz/Justus H. Ulbricht (Hgg.), *Handbuch zur „Völkischen Bewegung" 1871–1918*, München 1996; mit besonderem Schwerpunkt auf Thüringen: Justus H. Ulbricht, „Kulturrevolution von rechts: das völkische Netzwerk 1900–1930", in: *Nationalsozialismus in Thüringen*, 29-48.

dieser Zeit als hochmodern gewerteten Sektor der Rasseforschung ihre Fortschrittlichkeit unter Beweis zu stellen. In einer ‚führenden Rolle' sah sich hierbei die I.M. Am 24. November 1932 hatte in Berlin-Dahlem der ‚Ständige Ausschuß für eugenetische Fragen' des ‚Central-Ausschusses für Innere Mission' getagt, an dem – neben „D. Jeep, Berlin, Vorsitz; Dr. Harmsen, Berlin, Verhandlungsleiter; Lic. Dr. Söhngen, EOK Berlin" – als Thüringer Vertreter auch „Pfr. Phieler, Eisenach" teilgenommen hatte. In diesem Ausschuss wurde u.a. betont, dass zu den Fragen, „[...] denen die Innere Mission mit stärkstem Interesse gegenübersteht", zweifellos die Eugenik gehöre. Man gelangte gemeinsam zu der „für die evangelische Kirche ebenso wie für die evangelische Welt" geltende Überzeugung, dass die „Die Einstellung der Liebe und Barmherzigkeit gegenüber dem, was lebensunwert und verloren ist, [gelte] heute als grundsätzlich verkehrt. Als einzig richtiges Ziel [wurde] gefordert, das Gesunde zu stärken und keine Mittel mehr zur Pflege des Unterwertigen aufzubringen."[562]
Im übrigen sei evident, dass „[...] die aus gesunden Instinkten aufbrechende Ablehnung einer überspannten Fürsorge und Wohlfahrtspflege sich nicht nur gegen den auf humanitärer Basis arbeitenden ‚Wohlfahrtsstaat' [richte], sondern ebenfalls so deutlich gegen ein Christentum, das bewußt das Gesunde, Kraftvolle und Natürliche [ablehne], den nationalen Geist und Willen zur Selbstbehauptung [zerstöre] (Pazifismus, Kriegsdienstverweigerung) und im Wesentlichen nur die Pflege des Kranken, Elenden und Lebensunwerten zum Inhalt [habe]. Ergo: Die I.M. darf keinesfalls zur Entartung unseres Volkes beitragen. Sondern: Kirche und I.M. haben einen bewußten Kampf um die Sicherung des Lebensraums für die gesunde Familie zu führen."
Angesichts dieser Überzeugung verwundert es nicht, dass der „Präsident des Landes-Rasseamtes, Dr. med. Astel" – im Zusammenhang eines für den Kirchlichen Anzeiger vorgesehenen Abdrucks eines Vortrages des Thüringer Sozialpfarrers Ludwig Rodenberg (1890–1969) – ein Jahr später, am 25. September 1933, in den Landeskirchenrat eingeladen wurde. Das Landes-Rasseamt war zu diesem Zeitpunkt gerade acht Wochen alt. Astel „bewillkommnet die Mitarbeit der Pfarrerschaft", die sich nicht nur „[...] in der seelsorgerlichen Werbung um das Verständnis für Fragen der Rassenhygiene und der Begutachtung der Familien erschöpfen solle, sondern auch, daß er [der Pfarrer, d.Vf.] gewissenhaft Auszüge aus den Kirchenbüchern liefere."[563]
Eine Problemanzeige bzw. Bestätigung der ‚rassehygienischen Überzeugungen' Astels lieferte am 6. Oktober 1933 auch der Direktor des Marienstiftes Arnstadt, Friedrich Behr (1898–1958), der dem Landesbischof Wilhelm Reichardt und dem Chefjuristen Dr. Otto Volk für dessen ‚Astel-Initiative' dankte und mit Sorge feststellte, es sei in den letzten Jahren immer klarer geworden, „[...] daß in unseren Gemeinden [...] ein ungesundes Menschentum, fast ein Untermenschentum [heranwachse]."[564]
Behr erhielt zwei Wochen später dann die Genehmigung des Landeskirchenrates, gemeinsam mit Astel eugenische Kurse für die Pfarrerschaft vorzubereiten. Nachdem die I.M. zwischenzeitlich Probleme der Geheimhaltung gegenüber dem Innenministerium benannt

562 „Ständiger Ausschuss für eugenetische Fragen", 24.11.1932, in: *LKAE*, A 920/I, unfoliiert (15 S.). – Siehe dazu: Kurt Nowak, *‚Euthanasie' und Sterilisierung im ‚Dritten Reich': die Konfrontation der evangelischen und katholischen Kirchen mit dem ‚Gesetz zur Verhütung erbkranken Nachwuchses' und der ‚Euthanasie-Aktion'*, Göttingen 1978; Antonio Peter, „Das Thüringer Landesamt für Rassewesen", in: Detlef Heiden/Gunther Mai, *Nationalsozialismus in Thüringen*, Weimar – Köln – Wien 1995, 313-332.

563 Sitzung des LKR, 25.09.1933, in: *LKAE*, A 290/I, 12,

564 Schreiben von *Friedrich Behr* (Arnstadt) an Wilhelm Reichardt, 06.10.1933, in: *LKAE*, A 920/I, 15f. – Behr wird ab 1934 als entschiedener und darum verfolgter Kritiker der NS-Euthanasie-Politik genannt. Vgl. Heinrich Behr, *Marienstift – 60 Jahre Rehabilitation Körperbehinderter*, Berlin (Ost) 1965.

hatte und ein halbes Jahr später die geplanten Kurse (u.a. auch deswegen) noch immer nicht zustandegekommen waren, beharrte der Vereinsgeistliche der I.M., Gerhard Phieler, darauf, „daß aber die Fragen der Rasseforschung und Eugenik mit Beschleunigung an die Pfarrerschaft herangetragen werden möchten.“[565]
Die Thüringer Kirchenleitung blieb dabei, den ‚jungen‘ NS-Staat in seinem Bemühen um einen „biologischen Neuaufbau“ (Behr) zu unterstützen, indem entsprechende Archivalien und Personalmitteilungen aus den Pfarrämtern weitergegeben wurden, die später als ein wichtiges Hilfsmittel bei der sogenannten ‚Endlösung der Judenfrage‘ eingesetzt werden konnten. Bereits am 16. Mai 1938 hatte KR Volk einen größeren diesbezüglichen Aktenbestand an die ‚Forschungsabteilung Judenfrage des Reichsinstituts für die Geschichte des neuen Deutschland‘ in München übersandt.[566]
Dass darüber hinaus dann unter dem dezidiert antisemitischen DC-Bischof Martin Sasse (1890–1942) auch noch die Terrormaßnahmen der sogenannten Reichskristallnacht frenetisch begrüßt wurden, ist mit der Eigentümlichkeit des protestantischen Milieus allein nur schwer erklärbar. Knapp vier Wochen nach diesen deutschlandweiten Pogromen veröffentlichte Sasse eine Sammlung mit antisemitischen Zitaten des ‚späten Luther‘. In einem Begleitschreiben an zahlreiche NS-Funktionäre bat der Bischof darum zu prüfen, „[...] inwieweit die in der Anlage beigefügte Schrift als Kampfmittel in dem Weltkampf unseres Volkes gegen die Juden eingesetzt werden kann.“[567]
Auf jeden Fall lag ganz auf dieser Thüringer Linie, dass 1939 im Festsaal der Wartburg über der ‚Bach- und Lutherstadt‘ Eisenach das ‚Institut zur Erforschung und Beseitigung des jüdischen Einflusses auf das deutsche kirchliche Leben‘ gegründet wurde. In der Nr. 1 der Verbandsmitteilungen des Institutes, vom 30. Dezember 1939 rühmte dessen Leiter Oberregierungsrat Siegfried Leffler (1900–1983) die weitverzweigte und ‚rührige‘ Arbeit. Als Vorsitzender des „wissenschaftlichen Beirates und zugleich Stellvertreter des Leiters“ wird Dr. [Walter] Grundmann (1906–1976) aufgeführt. Die Kassenverwaltung lag bei Kirchenregierungsrat Dr. Erwin Brauer, die Geschäftsführung bei Pfarrer Dr. Heinz Unger, Eisenach.[568]
Nach der „Machtergreifung auf dem Pflugensberg“ im Mai 1945 konnte – dank des vehementen Einspruchs von Erich Hertzsch, – das Vorhaben des amtierenden Institutsleiters, Prof. Dr. Georg Bertram, verhindert werden, „[...] anstelle des Instituts [...] ein Theologisches Forschungsinstitut in Eisenach zu gründen.“ In der LKR-Sitzung vom 17. Mai 1945 wurde dieses Vorhaben einer befristeten ‚treuhänderischen‘ Übernahme eines ‚gesamtkirchlichen‘ Projektes diskutiert. Pfr. von Nitzsch anerkannte, „[...] daß die von Prof. Bertram vorgetragenen Gedanken durchaus ernst zu nehmen und wichtig sind“, KR Wilhelm Büchner wies auf die „[...] Wichtigkeit der Erhaltung der Schätze des Institutes

---

565 Niederschrift über eine Besprechung im Vorstand der I.M., 02.02.1934, in: *LKAE*, A 701, 24. – Auch wenn man sich müht, diese Gedankengänge aus ihrem zeitgeschichtlichen Kontext heraus zu verstehen, bleibt dennoch die Frage, wie Theologen diesen „Verlust der humanen Orientierung“ (Ralph Giordano) mit den Texten der Bibel, insbesondere des NT, in Übereinkunft brachten. M.E. drückt sich hierin auch eine bewusst-unbewusste Auseinandersetzung mit dem zu dieser Zeit breit rezipierten Werk des Röckener Pfarrerssohnes *Friedrich Nietzsche* aus. Der philosophisch genialische ‚Antichrist‘ und ‚Zertrümmerer des Alten‘ schien mit seiner Idee des ‚Übermenschen‘ und mit seinen fundamentalen Angriffen gegen die ‚Schwächlichkeit‘ des (protestantischen) Christentums vor allem viele um ihre Stärke und Männlichkeit bemühte Pfarrer tief ins Mark getroffen zu haben. Friedrich Nietzsche, *Der Antichrist. Ecce Homo. Dionysos-Dithyramben*, München 1973 (veröffentlicht zwischen 1884 und 1888) – Siehe Kapitel 2.1.

566 *LKAE*, A 920/I, 41.

567 Schreiben von Martin Sasse, 03.12.1938, in: *LKAE*, A 920, unfoliiert.

568 „Verbandsmitteilungen“, in: *LKAE*, A 920, unfoliiert.

hin“ und LaOpf. Mitzenheim betonte, „daß ein klarer Abstand der jetzigen Kirchenregierung von dem Institut gewahrt werden müsse. Im Augenblick sei kein Beschluß zu fassen. Das alte Institut müsse aufgelöst [...] und das Vermögen sichergestellt werden.“[569]
Während der kirchlichen Selbstreinigungs-Verfahren spielte die Institutsmitgliedschaft zahlreicher Thüringer Pfarrer und somit das Thema Antisemitismus und Judenvernichtung, trotz der erwähnten Einsprüche von Hertel, allerdings keine irgendwie erkennbare Rolle.[570] Von einer Ausnahme abgesehen: Als der ehemalige wissenschaftliche Leiter des ‚Entjudungs-Institutes‘, Walter Grundmann, auf Grund der Fürsprache von Karl Erle und etlicher – mehr oder weniger integrer – Jenaer Prominenter im September 1946 eine präsidialamtliche Rehabilitierung und Empfehlung zur Übertragung eines Pfarramtes erhielt, gab Gerhard Lotz eine unmissverständliche Erklärung ab: „Eine Einstellung Prof. Grundmanns in den pfarramtlichen Dienst der Thür[inger] ev[angelischen] Kirche würde der gesamten Arbeit der Spruchstelle und des Landeskirchenrates als Rechtsmittelinstanz gegen Spruchstellenentscheidungen Hohn sprechen. [...] Er hat als Leiter des Entjudungsinstitutes den ‚Rassismus‘ in der Kirche verfestigt, ausgebaut und wissenschaftlich unterlegt.“[571]
Grundmann hatte sich zuvor mehrfach mit der Bitte um Übernahme in den kirchlichen Dienst an Mitzenheim gewandt, das erste Mal am 13. November 1945. Der Bischof riet ihm zunächst, es in seiner sächsischen Heimatkirche zu versuchen, in der Grundmann von 1933 bis 1936 als Oberkirchenrat gewirkt hatte. Auf einen weiteren Vorstoß des DC-Theologen vom 16. April 1946 gab Mitzenheim als Entschuldigung für seine Ablehnung an: „Es ist uns in letzter Zeit von verschiedenen Seiten zuverlässig mitgeteilt worden, daß das Vorgehen in der Thür[inger] evang[elischen] Kirche in der Entnazifizierungsfrage beobachtet wird.“[572] Dennoch setzte sich der Bischof für den ‚Bedrängten‘ ein, indem er am 22. Juni 1946 eine Anfrage an den Landeskirchenrat Braunschweig richtete: „Weil es der Thüringer evangelischen Kirche zur Zeit nicht möglich ist, einen vom Thüringer Staat entlassenen Mann im öffentlichen kirchlichen Amt wieder anzustellen [...], er es aber dennoch [...] für wünschenswert halte, daß er auch die Möglichkeit zur Fortsetzung seiner wissenschaftlichen Arbeit erhält.“[573]

---

569 Sitzung des LKR, 17.05.1945, in: *LKAE*, A 122, TOP 1, unfoliiert. – Angemerkt sei an dieser Stelle, dass just in diesen Tagen die Greuel des KZ Buchenwald in aller Munde waren, da die amerikanische Militäradministration am 16.04.1945 eine ‚Zwangsbegehung‘ des Lagers durch die Weimarer Bürgerschaft angeordnet hatte. Der vormalige DC-Landesbischof hatte vor seiner Verhaftung bereits eine amerikanische ‚Sonderführung‘ durch die Lager Buchenwald und Ohrdruf erhalten. Dahinten, *Pfarrerverein*, 150. – Jens Schley, *Nachbar Buchenwald: die Stadt Weimar und ihr Konzentrationslager 1937–1945*, Köln 1999.

570 Einige der Thüringer theologischen Mitarbeiter im ‚reichsweit‘ tätigen sogenannte Entjudungsinstitut: „KR Dr. Wilhelm Bauer, Prof. Georg Bertram, KRR Dr. Erwin Brauer, Opfr.Wilhelm Büchner, Prof. Heinz Erich Eisenhuth, Pfr. Hans Hugo Ermisch, Opfr. Georg Feix, Opfr. Erich Fromm, Hpfr. Dr. Herbert von Hintzenstern, Pfr.Lic. Hans Hohlwein, Pfr.Dr. Heinz Hunger , Pfr. Friedrich Kapferer, Pfr. Hans Kohl, Opfr. Eduard Le Seur, cand.theol. Adolf Löser, Pfr. Alfred Männel, KMD Erhard Mauersberger, Pfr. Hermann Ohland, Pfr. Lic. Friedrich Schenke, Pfarrverweser Rudolf Stelzner, Pfr. Helmut Teuber, Pfr. Kurt Thieme, Pfr. Paul Truckenbrodt.“ Prominentes nicht-theologisches Instituts-Mitglied war u.a. der Weimarer völkische Schriftsteller *Adolf Bartels*.

571 Gutachterliche Äußerung von Lotz zu Grundmann, 10.09.1946, in: *LKAE*, A 222, 29.

572 Ein weiterer ‚führender Kopf‘ antijudaistischer DC-Theologie in Thüringen, der Jenaer *Prof. Heinz Erich Eisenhuth (1903–1983)* hatte – sehr zum Ärger von Grundmann und zunächst kommissarisch – 1946 eine Pfarrstelle in Jena-Zwätzen erhalten. 1952 wurde er Sup. in Eisenach. – Vgl. dazu: Tobias Schüfer, „Die Theologische Fakultät Jena und die Landeskirche im Nationalsozialismus“, in: *Thüringer Gratwanderungen*, 94-110.

573 *LKAE*, Nl. Mm, PA Walter Grundmann G 2402, unfoliiert.

Bis dieser Wunsch in Erfüllung ging, dauerte es noch einige Zeit. Ab 1949 wurde Grundmann zunächst Hilfsprediger und ab 1950 Pfarrer in Walterhausen, von wo aus er auch als Dozent am Thüringer Predigerseminar Dienst tat. Zwischenzeitlich war er ,persönlicher Referent' von Gerhard Phieler im Eisenacher Büro des Hilfswerkes (HeK). Aus Dankbarkeit widmete er ihm eine kleine Schrift: „Diakonie als notum ecclesiae. Herrn Oberkirchenrat Phieler zu seinem 60. Geburtstag. Waltershausen 1951." Auf Beschluss des Landeskirchenrates wurde Grundmann dann ab 1. Juli 1954 zum Rektor des Katechetenseminars auf dem Hainstein in Eisenach ernannt. Dort wollte man seine wissenschaftliche Kompetenz und Lehrtätigkeit ungeteilt. Darum lautete es im LKR-Beschluss: „Es wird erwartet, daß er seine Tätigkeit im Oberseminar in Naumburg aufgibt."[574]

Eine anders geartete Initiative aus dem ,staatlichen Raume', wie Mitzenheim dies formuliert hätte, fand innerkirchlich keine Nachahmung. Am 14. September 1945 hatte unter der Federführung des Regierungschefs Rudolf Paul Thüringen als einziges Land in der SBZ ein Gesetz erlassen, das allen „rassisch, religiös wie politisch Verfolgten" eine angemessene Entschädigung zusprach: das ,Wiedergutmachungsgesetz vom 14. September 1945'.[575] Auch wenn nach Einschätzung der Studie von Thomas Schüler „nur sehr wenige Personen von diesem Gesetz betroffen waren", bleibt die Verabschiedung eines solchen Gesetzes dennoch beachtenswert. Formal-juristisch erfolgte seine Aufhebung mit Beschluss des Landtages vom 25. Juli 1952. Doch lange vorher wurde seitens der SED gegen das Gesetz polemisiert. Im November 1948 richtete die Berliner SED-Zentrale ein Schreiben an den Thüringer Landesvorstand: „Das thüringische Wiedergutmachungsgesetz ist bekanntlich ein Sonderfall, dem etwas gleiches oder ähnliches in den übrigen Ländern der Sowjetischen Besatzungszone nicht entspricht."[576]

Am Rande sei auf ein Detail hingewiesen, das zur ,geringen Reichweite' des Wiedergutmachungsgesetzes beigetragen haben könnte. Schüler hält in einer Fußnote fest: „Immerhin wurde der General Kolesnitschenko durch das Bewohnen einer Weimarer Villa in der Belvederer Allee mit dem Wiedergutmachungsgesetz unmittelbar in Berührung gebracht, da der Treuhänder Miete verlangte."[577]

Zwar verabschiedete auch der Thüringer Landeskirchenrat am 20. April 1946 auf Initiative von Lotz ein ,Wiedergutmachungsgesetz'. Dieses bezog sich jedoch vor allem auf

---

574 Sitzung des LKR, 05. und 06.05.1954, in: *LKAE*, A 122, unfoliiert. – Zur ,besonderen' theologischen Arbeit von Grundmann vgl. Susannah Heschel, „Theologen für Hitler: Walter Grundmann und das ,Institut zur Erforschung und Beseitigung des jüdischen Einflusses auf das deutsche kirchliche Leben' ", in: Leonore Siegele-Wenschkewitz (Hg.), *Christlicher Antijudaismus und Antisemitismus: theologische und kirchliche Programme Deutscher Christen*, Frankfurt/M. 1994, 125-170. Die amerikanische Religionswissenschaftlerin, Tochter des berühmten jüdischen Gelehrten und Martin Buber-Vertrauten Abraham Heschel ist derzeit damit beschäftigt, diesen Aufsatz zu einer Monographie auszuarbeiten.

575 Thomas Schüler, „Das Wiedergutmachungsgesetz vom 14.09.1945". Artikel im Rahmen des „Ha'apala-Projektes" der Universität Tel Aviv. 1994, Ms.

576 *ThHStAW*, BMP, 1193/1. – Das damit verbundene Skandalon des Antisemitismus der Kommunisten kann an dieser Stelle nicht weiter untersucht werden. In der DDR erreichte der ,antifaschistische Antisemitismus' einen Höhepunkt in der Vorbereitung des Schauprozesses gegen das SED-Politbüro-Mitglied *Paul Merker (1894–1969)*, dem im Kontext der Noel-Field-Affäre vorgeworfen wurde, er habe mit seinem Eintreten für die Entschädigung des Verlustes jüdischen Vermögens die „Preisgabe des deutschen Volksvermögens" unterstützt. – Georg Hermann Hodos, *Schauprozesse: stalinistische Säuberungen in Osteuropa 1948-54*, Frankfurt/M. – New York 1988, dort das Kapitel: Die unterbrochenen Schauprozesse in Ostdeutschland, 176-208; Thomas Haury, *Antisemitismus von links: Kommunistische Ideologie, Nationalismus und Antizionismus in der frühen DDR*, Hamburg 2002. – Zum Themenkomplex: Hans Günther Hockerts, „Wiedergutmachung in Deutschland: eine historische Bilanz 1945-2000", in: *VfZ* 2/49. 2001, 167-214.

577 Schüler, *Wiedergutmachungsgesetz*, 27 [TS24].

ehedem gemaßregelte BK-Pfarrer: „Um das an Pfarrern durch die aus politischen oder kirchenpolitischen Gründen verspätete Anstellung begangene Unrecht wiedergutzumachen“, lautete die einleitende Begründung dieses Kirchengesetzes, das angesichts der desaströsen Kassenlage keine finanzielle Unterstützung vorsah, sondern eine jeweils abgestimmte ‚Neufestsetzung des Besoldungsdienstalters‘. Inwieweit davon die drei bei Stegmann – „[...]außer Sylten“ – so genannten ‚Mischlinge zweiten Grades‘ profitierten, ist nicht zu ermitteln. Stegmann selbst war einer von ihnen. In seiner Kirchenkampf-Chronik schenkte er allerdings dem Thema ‚Antisemitismus‘ keine weitere Aufmerksamkeit, sieht man von den erwähnten nebulösen Ausführungen zum ‚Fall Sylten‘ ab.[578]

Im September 1947 gab ein prominenter Thüringer DC ‚der ersten Stunde‘ die Möglichkeit, das Schweigen über die ‚Judenfrage‘ zu brechen. Siegfried Leffler hatte in einem langen Brief, den er – gewiss auch aus exkulpatorischen Erwägungen – aus dem Internierungslager Ludwigsburg an den Württemberger Oberkirchenrat Dr. Hutten schrieb, angefragt, „[...] ob nicht die Wiedergabe des Bekenntnisses eines gedemütigten und erniedrigten Menschen der Sache der Kirche Jesu Christi und anderer betroffener Menschen nützen könnte.“ Dort bekannte Leffler: „Heute martert mich der Gedanke, daß ich durch meine und meiner Freunde Haltung und Gesinnung, Tun und Reden der christlichen Kirche, dem deutschen und dem jüdischen Volk gegenüber schwere Schuld auf mich lud.“[579] Mitglieder seiner ehemaligen Kirchgemeinde Niederwiera bei Altenburg hatten dieses Schreiben gleichfalls erhalten und sich damit ganz offenbar sehr intensiv auseinandergesetzt. „Im Anschluss an die Passionsandacht“, am 18. Februar 1948, verfassten einige Gemeindekirchenratsmitglieder eine anderthalbseitige, von Betroffenheit getragene Stellungnahme und sandten diese dem Bischof mit dem Vorschlag, sie mit dem Text von Leffler in *GuH* zu veröffentlichen. In der LKR-Sitzung vom 3. März 1948 trug Mitzenheim „die Eingabe der Gemeinde Niederwiera vor.“ Der Vortrag des Bischofs endete mit dem Beschluss, „[...] den Empfang zu bestätigen, aber keine weiteren Schritte zu unternehmen.“[580]

Kirchlichen ‚Insidern‘, wie bspw. dem Elgersburger BK-Pfarrer Gerhard Kropatscheck (1882–1955), war die ‚Beichte‘ Lefflers nicht verborgen geblieben. Nach dem Erlebnis eines Vortrages von Walter Grundmann richtete er einen nachdenklich-verzweifelten Brief an den ‚DC-Entjudungs-Theologen‘ und fragte ihn sehr direkt: „Haben Sie sich eigentlich klar gemacht, was Sie damals, gewiß in guter Absicht, getan haben? Haben Sie irgendwo wie Ihr alter Mitkämpfer Leffler öffentlich widerrufen und bedauert, Gottes Wort im AT,

578 *LKAE*, R 417, unfoliiert, und Stegmann, *Kirchenkampf*, 92.

579 Schreiben von Leffler an Hutten, 24.09.1947, in: *LKAE*, PA Siegfried Leffler G 1228, unfoliiert. – Vgl. dazu: Anja Rinnen, *Kirchenmann und Nationalsozialist: Siegfried Lefflers ideelle Verschmelzung von Kirche und Drittem Reich*, Weinheim 1995.

580 Schreiben der Kirchgemeinde Niederwiera an den Landesbischof, 18.02.1948, ebd. – Vgl. zur Gemeindesituation die emphatischen Schilderungen der deutsch-christlichen Gemeindearbeit von Julius Leutheuser (1900–1942) und Siegfried Leffler in: Kurt Thieme, *Vom Wieratal ins Reich*, Weimar 1936.

erst recht aber im NT, so beschnitten zu haben?“[581] Eine Antwort Grundmanns ist in den Akten nicht zu finden gewesen.
Auch eine weitere, zeitlich am Ende des Selbstreinigungsprozesses liegende Gelegenheit, das bislang ausgesparte Thema der Schuld gegenüber den Juden doch einmal aufzugreifen, blieb ungenutzt. Die Berlin-Weißenseer Synode der EKD hatte am 27. April 1950 – neben einer ‚Friedensbotschaft‘ – auch ein ‚Wort zur Schuld an Israel‘ formuliert. Dort wurde nicht nur davon gesprochen, „[...] daß wir durch Unterlassen und Schweigen vor dem Gott der Barmherzigkeit mitschuldig geworden sind an dem Frevel, der durch Menschen unseres Volkes an den Juden begangen worden ist“, sondern auch gemahnt, „[...] sich von jedem Antisemitismus loszusagen und ihm, wo er sich neu regt, mit Ernst zu widerstehen.“[582] Der Landeskirchenrat ließ die ‚Friedensbotschaft‘ im Amtsblatt abdrucken, die Absage an den Antisemitismus nicht.[583]
Der Leiter des Berliner Hauptbüros des HeK erhob weiterhin bei passender oder unpassender Gelegenheit Protest und legte damit den Finger auf ‚alte Thüringer Wunden‘. Am 5. Mai 1955 machte Grüber in einem Schreiben an Gerstenmaier seiner Empörung Luft: „Weite Kreise haben es nicht verstanden, daß man als meinen Nachfolger im Verwaltungsrat [des HeK, d.Vf.] ausgerechnet Herrn Kirchenrat Phieler benannt hat, der ja eine starke deutsch-christliche aktivistische Vergangenheit hat. [...] Ich glaube, es wäre angebracht, Herrn Phieler zu bewegen, seinen Posten als Verwaltungsrat des Hilfswerks niederzulegen.“[584]
Hier lag einer von vielen ‚personellen Gründen‘, im Interesse innerkirchlicher Ruhe und Ordnung den Mantel des Schweigens künftig über diesem schwierigen Thema ausgebreitet zu lassen. Dabei blieb es – auch im zehnten Jahr der Intervention von Heinrich Grüber vom Herbst 1945 und während der Folgejahre.
In den ‚Rundbriefen des Landesbischofs an die Pfarrerschaft‘ wurde die ‚Judenfrage‘ gleichfalls komplett ausgespart. Dies verwundert insofern, als Mitzenheim vor dem Krieg sozusagen beinahe ein Opfer der NS-Rassenpolitik geworden wäre. Die Frage, warum er diese biographische Erfahrung nach 1945 nicht zur theologischen wie kirchenpolitischen

---

581 Schreiben von Gerhard Kropatscheck (Elgersburg) an Grundmann, 29.03.1949, in: *LKAE*, A 920 (Loses), G 2402, unfoliiert. – Die Frage, inwieweit der Grundmannsche Antijudaismus und Antisemitismus nach 1945 fortwirkte, ist bislang nur unzureichend erforscht. Dabei verdient die Rolle Grundmanns im Weimarer Arbeitskreis (WAK) und als ‚Mitgestalter des Thüringer Weges‘, bis zu seiner informellen Mitarbeit im MfS (GI „Berg“) besondere Aufmerksamkeit. Im März 1959 hatte er bspw. im Auftrag seines Stasi-Führungsoffiziers einen „Konspekt über eine theologisch-theoretische Arbeit zu dem Verhältnis der Christen in der DDR“ erarbeitet, in: *BStU*, HA V/4 AIM 2455/69, 35/36 (Konspekt als Anlage, 5 S.) – Hingewiesen sei außerdem auf eine ntl. Hauptseminararbeit von Arnd Henze unter dem Titel „Kontinuität theologischer Judenfeindschaft vor und nach 1945, untersucht am Beispiel von Walter Grundmann“, Universität Göttingen 1987. – Vgl. den Sammelband von Peter von der Osten-Sacken, *Das mißbrauchte Evangelium. Studien zur Theologie und Praxis der ‚Thüringer Deutschen Christen‘*, Berlin 2002. Dieser Band enthält auch ein Referat, das von der Osten-Sacken auf dem Studientag des Thüringer Predigerseminares am 18.05.2001 in Neudietendorf gehalten hat, mit dem Titel: „Der Schoß ist fruchtbar noch...?‘ Zu Walter Grundmanns Arbeit als Exeget, Theologe und Kirchenpolitiker von 1933–1945“.

582 Zitiert nach Heidtmann, *Hat die Kirche geschwiegen?*, 94f.

583 Amtsblatt der ELKiTh (1950) 120/21. – Einer der Gründe dafür, dass das Thema ‚Antisemitismus‘ zu diesem Zeitpunkt ausgespart blieb, war, dass Mitzenheim gerade wegen seines (ersten) kirchenpolitischen Alleingangs innerhalb der DDR-Landeskirchen heftig ‚unter Beschuss‘ geraten war. – Vgl. dazu Kapitel 5.2.

584 Schreiben von Grüber an Eugen Gerstenmaier, 05.05.1955, in: *AdW*, ZB 192 A, HeK, Zentralstelle Stuttgart.

Profilierung seiner Person und seiner Landeskirche nutzte, ist schwer zu beantworten.[585] Wenn es ihm 1939 ganz ausdrücklich nur um das Problem der Kasualienverweigerung für ‚getaufte Juden' gegangen war und er ansonsten den Antijudaismus bis Antisemitismus vieler seiner Amtsbrüder teilte, wäre dies ein ‚innerer' Grund für sein Schweigen. Möglich scheint allerdings auch, dass er angesichts des hohen DC-getränkten Antisemitismus bei vielen seiner Amtsbrüder diese schwierige Frage mied – als Folge der ihm eigenen pragmatischen Erwägungen zum Zwecke der Konfliktvermeidung und Machtgewinnung.
Abgesehen davon, dass sich vor allem die Thüringer Landesjugendpfarrer – außer dem vormaligen Mitarbeiter des sog. Entjudungsinstitutes Herbert von Hintzenstern – Jürgen Friedrich, Christhard Wagner und Ricklef Münnich seit Ende der siebziger Jahre mit ‚Spurensuchen' nach jüdischem Leben in Thüringen diesem fast vergessenen Thema stellten, benötigte das ‚kirchenoffizielle' Nachdenken über Antisemitismus und Holocaust eine ‚Inkubationszeit' von mehreren Jahrzehnten.
1988, fünfzig Jahre nach der sogenannten Reichskristallnacht, verabschiedete die Thüringer Landessynode eine Erklärung, getragen von der Einsicht, dass „die Evangelisch-Lutherische Kirche in Thüringen [...] durch ihre Geschichte in diese Schuld verflochten [ist]. Weite Kreise in unseren Gemeinden waren anfällig für Nationalismus, Rassenideologie und Führerprinzip oder haben geschwiegen."[586]
Die Synodalen waren sich mit Landesbischof Werner Leich (*1927) einig, dass „[...] wir die Geschehnisse auch in unserer eigenen Thüringer Kirchengeschichte nicht verschweigen oder verdrängen dürfen." Aus dieser Einsicht erwüchsen klare Aufgaben: „gründliche Aufarbeitung und Dokumentation der kichengeschichtlichen Fakten in der Zeit des Nationalsozialismus [...], Bekennen der Mitschuld der evangelischen Kirchen an Antisemitismus und Judenverfolgung [...], konkrete Schritte auf ein neues Verhältnis zu Volk und Staat Israel hin [...][587], Absage an jede Form von Feindbildern und neofaschistischen Erscheinungen."[588]
Als eine Art Wiedergutmachung und späte Würdigung ist zu werten, dass die Eisenacher Kirchgemeinde gemeinsam mit der Thüringer Kirchenleitung am 22. Mai 1977 einem neuerrichteten Gemeindehaus den Namen ‚Werner Sylten' verlieh. Am 12. März 1995, fünfzig Jahre nach Kriegsende, Nationalsozialismus und Thüringer DC-Diktatur, richtete Landesbischof Roland Hoffmann (*1938) ein eindrucksvolles (Entschuldigungs-) Schreiben an die Jüdische Kultusgemeinde Thüringen. Zeitgleich erfolgte die längst fällige ‚Erklärung des Landeskirchenrates der Evangelisch-Lutherischen Kirche in Thüringen' zum ‚Fall Sylten'.[589]

585 Im Januar 1939 war der Eisenacher Pfarrer Moritz Mitzenheim unversehens in eine ‚DC- und Gestapo-Schusslinie' geraten, als er infolge einer Nachfrage anlässlich der Rundverfügung des LKA, dass „Pfarrer künftig an Nichtariern keine Amtshandlungen mehr vollziehen" dürfen, plötzlich in einem Flugblatt der Eisenacher NSDAP angegriffen wurde, ein ‚Judenfreund' zu sein. Sicher auch aus Angst vor Repressalien wendete er einige Mühe auf, um diesen Verdacht zu entkräften. Siehe gedrucktes Verteidigungsflugblatt von Mitzenheim, 23.02.1939, in: *LKAE*, Nl. Mm, unfoliiert.

586 Erklärung der Synode ..., auf ihrer Tagung vom 03.–06.11.1988, in: *Amtsblatt der ELKiTh* 42. 1988, 1.

587 Ebd. – Dieser Passus verdient angesichts des latenten Antisemitismus der SED gegenüber dem ‚imperialistischen Staat Israel' besondere Aufmerksamkeit.

588 Ebd. – Die jeweiligen Aufgaben sind in Klammern noch mit konkreten Beispielen verdeutlicht.

589 *GuH*, Nr. 35 vom 27.08.1995, und Presseerklärung des LKR, 22.03.1995. – Das Thüringer Predigerseminar, das bis 1999 in der ehemaligen Geschäftsstelle des ‚Entjudungs-Institutes' in Eisenach, Bornstraße 11, angesiedelt war und nun im Zinzendorfhaus Neudietendorf ein neues Domizil gefunden hat, veranstaltet seit 1994 gemeinsam mit der Evangelischen Akademie, der ThKG, der LBG, der AG Kirche und Judentum und dem Pastoralkolleg jedes Jahr einen „Studientag", der sich dezidiert mit diesem Thema auseinandersetzt. – Möglicherweise ist heute die Zeit ‚reif', sich nicht nur in aller Offenheit auch diesem ‚belasteten' Kapitel der Thüringer und Deutschen Kirchengeschichte zu stellen, sondern

4.9 ‚Entdeutschchristlichung‘

Die Interventionen des Spruchstellenmitgliedes Hertel, um eine konsequentere Selbstreinigung zu erreichen, blieben ähnlich erfolglos wie die von Heinrich Grüber. Doch Hertel gab die Hoffnung nicht auf. Abgesehen von seinem moralisch zuweilen hoch aufgeladenen Insistieren auf persönliche Schuld und Verantwortung sparte er in seiner Kritik an der Arbeit der Kirchenleitung wie der Spruchstelle auch den Verwweis auf strukturelle Mängel nicht aus. Wie vor ihm der Jenenser Theologieprofessor Waldemar Macholz hatte Hertel im Herbst 1946 darauf verwiesen, dass die Reinigung der kirchlichen Körperschaften (d.m. die Gemeindekirchenräte, vor allem deren Vorsitzende) noch immer ausstehe.[590] Und auch dort, wo seiner Auffassung nach das mutige, kirchenkämpferische BK-Engagement nicht gewürdigt wurde, erhob der Lobedaer Pfarrer seine Stimme. Mit besonderem Nachdruck machte er Wolfgang Schanze etwa darauf aufmerksam, „daß die Vikarin Schäfer [...] jetzt noch keine feste Anstellung, daher auch kein ausreichendes Gehalt und keine Pensionsberechtigung“ habe.[591]

In der Tat erhielt die couragierte Theologin und Seelsorgerin Gertrud Schäfer (1897–1987) erst zum 1. August 1949 eine feste Anstellung als ‚Vikarin‘. Dies ist allerdings weniger auf eine ‚Missachtung der Verdienste der Kirchenkampfzeit‘ zurückzuführen. Vielmehr wird für Mitzenheim und einige seiner Kollegen ihre besondere, lutherisch-konservative, ‚mannhafte‘ Ablehnung gegenüber weiblichen Pfarramtsinhabern maßgeblich gewesen sein. Die zweite Tagung der Synode vom Mai 1949 beschloss zwar die feste Anstellung der vorhandenen Theologinnen, „[...] aber nicht in einem Pfarramt, sondern in Gemeinden, wo Dienste zu tun sind, für die sich die Frau besonders“ eigne.[592]

Trotz permanenten Mangels an männlichem Nachwuchs wurde diese Position von der Thüringer Synode 1964 noch einmal bekräftigt. Zusätzlich zur bestehenden Verpflichtung zur Ehelosigkeit, wurde der eigentümlich ‚aparte‘ Beschluss gefasst: „Frauen dürfen nur in geschlossenen Gottesdiensten für Frauen, Mädchen und Behinderte eingesetzt werden.“ Erst eine Novelle des Pfarrerinnengesetzes von 1969 machte den Weg frei, diesen quasi-theologischen Machismo zu beenden.[593]

Der Streit mit dem ‚unangenehmen Mahner‘ Hertel wurde gelöst, indem dieser den Sitzungen der Spruchstelle ab und an frustriert fernblieb bzw. ‚sitzungsstrategisch‘ ferngehalten wurde. Hertel beklagte sich gegenüber dem neuen Spruchstellenvorsitzenden Friedrich Schäfer darüber, dass verabredete Termine häufig verschoben wurden, so dass er mehrfach umsonst nach Eisenach gereist sei. In einem Brief an Landesbischof Mitzenheim, der Hertel am 11. Januar 1947 noch gebeten hatte, sich nicht aus der Spruchstellenarbeit zurückzuziehen, mahnte Hertel noch einmal eine grundlegende Erörterung der Spruchstellenarbeit an.[594] Ohne Rücksprache mit Hertel wurde am 20. März 1947 der Eisenacher Pfarrer Bauer als Stellvertreter für die Arbeit der Spruchstelle bestimmt.[595]

---

darüber hinaus noch ‚verschüttete‘ protestantische Traditionen aufzurufen. Zu diesen gehören bspw. neben den Anschauungen von *Johann Salomo Semler, Johann Gottfried Herder* und einigen anderen auch diejenigen von *Nikolaus Ludwig Graf von Zinzendorf*. – Vgl. Christine Dithmar, *Zinzendorfs nonkonformistische Haltung zum Judentum*, Heidelberg 2000.

590 Brief von Hertel an den Vorsitzenden der Spruchstelle, *Dr. Friedrich Schäfer*, Oktober 1946. – Vgl.: *LKAE*, A 239/II, unfoliiert.

591 Hertel an Schanze, 27.04.1947, in: *LKAE*, A 239 (Loses) unfoliiert.

592 Björkman, *Lebensraum*, 42 (10. Rundbrief, 03.06.1949).

593 Zum besonderen BK-Engagement von Gertrud Schäfer in Jena: Seidel, *Deutsch-christliche Hypothek*, 106-108.

594 Schreiben von Hertel an Mitzenheim, 27.04.1947, in: *LKAE*, A 239 (Loses) unfoliiert.

595 Sitzung des LKR, 19./20.03.1947, in: *LKAE*, A 122, TOP 18, unfoliiert.

Enttäuscht äußerte sich Hertel daraufhin gegenüber OKR Schanze: Er habe um Terminverschiebung für eine Spruchstellensitzung gebeten, doch: „Eine neue Einladung erhielt ich nicht, erfahre aber, daß der Landeskirchenrat Br[uder] Bauer – Eisenach, als Ersatzmann für mich bestimmte und nehme an, daß man mich als unangenehmen Mahner abgehängt hat; wenn dem so ist, bedeutet es zwar für mich eine willkommene Entlastung, aber doch wohl auch eine wenig brüderliche und unfeine Behandlung."[596]
Am 20. Februar 1948 erhielt er die lapidare Mitteilung, „daß die Spruchstelle ihre eigentliche Tätigkeit mit ihrer Sitzung vom 11.2.1948 abgeschlossen habe."[597] Offiziell wurde die Selbstreinigung der Thüringer Kirche allerdings erst mit der Aufhebung der Spruchstelle am 26. Mai 1948 beendet.[598]
Die personalpolitische Suche nach Kompromissen, um mit einer stark ‚belasteten' Mitarbeiterschaft handlungsfähig zu bleiben, stand offenkundig quer zum moralischen Rigorismus des Jenaer BK-Pfarrers Hertel. Gegenüber seinem Spruchstellenkollegen Dahinten hatte Hertel auf eine weitere mögliche Folge einer nicht gründlich durchgeführten Selbstreinigung hingewiesen und sich damit als Unheilsprophet erwiesen: „Mir bangt vor einer neuen politischen Abhängigkeit der Kirche."[599]
Eine bedrohliche Situation für die kirchliche Selbstreinigung hatte sich Ende 1947 im Zusammenhang mit der Bekanntgabe des SMAD-Befehls 201 noch einmal ergeben, der in Ausführung der Kontrollratsdirektiven Nr. 24 und Nr. 38 erlassen worden war und eine generelle Überprüfung der kirchlichen Spruchstellenurteile zu intendieren schien.
Oberregierungsrat Erle hatte dem entsetzten – und gleich darauf heftig protestierenden – Mitzenheim mitgeteilt, dass „[...] dem Ministerpräsidenten [Eggerath, SED, d.Vf.] vom Minister des Innern [Busse, SED, d.Vf.] eine Verfügung des Inhalts zugegangen [sei], daß infolge des Befehls 201 die kirchlichen Spruchstellen aufgehoben seien und die Diener der Kirche von den staatlichen Spruchkammern entnazifiziert würden."[600]
Erle, der seit Ende des Jahres 1946 erkennbar zum Verteidiger der Kirche geworden war, ließ allerdings durchblicken, dass er gegenüber dem Innenministerium bereits auf die mangelnde Verfassungskonformität eines solchen Vorgehens hingewiesen hatte. Vertraulich bat er Mitzenheim, ihn dabei zu unterstützen, die Abteilung ‚Kirchenwesen' aus der Staatskanzlei [Eggerath, Hossinger – SED] aus- und an das Justizministerium anzugliedern. Da die Bedrückungen, von denen Erle sprach, aus Sicht des Landesbischofs nur mit den derzeitigen Amtsinhabern zusammenhingen, würde er in dieser Sache nicht aktiv werden. Mitzenheim übte hier allerdings vorsichtige Zurückhaltung. Im Herbst 1948 schied Erle aus der Präsidialkanzlei aus und wurde Präses der Vereinigten Kirchen- und Klosterkammer. In einem Dankesbrief gab Mitzenheim zu verstehen, sein Weggang „[...] berühre nicht nur persönlich stark, sondern ist auch von großer Wichtigkeit für die kirchliche Arbeit [...], weil wir bei den Verhandlungen es fühlten und erfuhren, daß Sie im

596 Schreiben von Hertel an Schanze, 11.09.1947, in: *LKAE*, A 239 (Loses), unfoliiert.

597 Niederschrift von Dr. Schäfer, dem Vorsitzenden der Spruchstelle, in: *LKAE*, A 239, unfoliiert. – Dieser dankte Hertel für seine frühere Mitarbeit und stellte fest: „Wie ihm [Hertel, d.Vf.] brieflich schon wiederholt mitgeteilt worden sei, war es leider nicht möglich, die Sitzungen so rechtzeitig einzuberufen, daß noch Zeit gewesen wäre, Pfarrer Hertel um seine Teilnahme zu bitten und seine Rückäußerung rechtzeitig zu erhalten."

598 Dankesschreiben des Landesbischofs an die Mitglieder der Spruchstelle, 14.06.1948, in: *LKAE*, A 239/III, unfoliiert. – Die weitere Arbeit übernahm das Dreiergremium der „Rechtsmittelinstanz" (Mitzenheim, Lotz, Ziegner), das die anhängigen Entscheidungen zu den Einsprüchen und verwandte Personalfragen für die Beschlussfassung im LKR vorbereitete.

599 Brief von Hertel an Dahinten, 09.11.1946, in: *LKAE*, A 239 (Loses), unfoliiert.

600 Niederschrift eines Gespräches zwischen Mitzenheim und Erle, 14.11.1947, in: *LKAE*, A 852, unfoliiert.

Sinne einer echten ehrlichen Toleranz die Anliegen der Kirche aufnahmen und bearbeiteten.“[601]
Nach Verhandlungen mit der Landesregierung konnte dann – im wechselseitig betonten Interesse von ‚Ruhe und Ordnung‘ – auch diese potentielle Gefährdung der kirchlichen Selbstreinigung und Autonomie abgewendet werden. „Durch Verhandlungen mit dem Ministerpräsidenten [Werner Eggerath, d.Vf.] wurde jedoch vereinbart, daß für etwaige Verfahren gegen Geistliche allein die Landeskommission zuständig [sei] und daß vor Eröffnung eines solchen Verfahrens die Landeskommission sich mit dem Landeskirchenrat in Verbindung [setzen sollte], um bei den Entscheidungen Diskrepanzen, die Unruhe in die Bevölkerung tragen würden, zu vermeiden.“[602]
In seinem Erinnerungsbericht kam das Spruchstellenmitglied Superintendent Dahinten zu folgendem abschließenden Ergebnis: „Es war gut, daß die Kirche von sich aus handelte, sonst hätte vermutlich der Staat eingegriffen. Zweimal erschienen staatliche Funktionäre und machten Stichproben. Zu Beanstandungen kam es nicht.“[603]
Im Gegensatz zur selbstbewusst-nationalprotestantischen Position mancher westdeutscher Kirchenführer, die – im Eifer des ‚Eintretens für verfolgte Volksgenossen‘ – die alliierte Entnazifizierungspolitik einer scharfen Kritik unterzogen, hatte sich die Thüringer Kirchenleitung mit solchen Appellen deutlich zurückgehalten.[604] Mitunter war sie um der Glaubwürdigkeit der eigenen Neuordnungsbemühungen willen sogar genötigt, diesbezügliche ‚brüderliche‘ Für- und Einsprüche aus der EKD zurückzuweisen.
Als es beispielsweise dem vormaligen DC-Bischof Rönck am 19. September 1946 auf wundersame Art gelungen war, sich vor der Spruchkammer Ostheim [in der Nähe seines damaligen Wohnortes Urspringen bei Mellrichstadt] in der amerikanisch besetzten Zone als ‚Mitläufer‘ einstufen zu lassen, und Landesbischof Wurm offenbar die Bereitschaft erkennen ließ, Rönck in den Kirchendienst zu übernehmen, protestierte Mitzenheim gegen diese, die Thüringer kirchliche Selbstreinigung konterkarierenden Folgen einer solchen Entscheidung aufmerksam: „Das Material gegen ihn [Rönck, d.Vf.] in den Akten ist so erdrückend, daß wir es aus Rücksicht auf ihn nur andeutungsweise schriftlich in der Begründung verwendet haben. Wenn Rönck Mitläufer war, dann waren die anderen überhaupt völlig unschuldig, wenn er im Pfarramt gehalten werden könnte, dann dürfte überhaupt keiner entlassen werden.“[605]
Die Erfahrung der existenzgefährdenden Konflikte, die die kirchliche Entnazifizierung im Kontext der ‚antifaschistisch-demokratischen Umwälzung‘ in Thüringen zu bewältigen hatte, werden die Kirchenleitung in ihrer sehr vorsichtigen und zurückhaltenden Position bestärkt haben.
Die vorliegenden Akten bestätigen dieses Bild. Sie machen deutlich, dass die Kirchenleitung und ihr Bischof bemüht waren, ihre Einblicke, die sie im Zuge der Selbstreinigung gewonnen hatten, möglichst zu verbergen – sowohl innerhalb der Kirche(n) wie nach außen. Das Wissen um die besondere NS-Vergangenheit des Thüringer Landes und

601 Schreiben von Mitzenheim an Erle, 21.12.1948, in: *LKAE*, A 852, unfoliiert.
602 Björkman, *Lebensraum*, 32 (5. Rundbrief, 22.12.1947).
603 Dahinten, *Pfarrerverein*, 158f.
604 Vgl. dazu Vollnhals, *Die Hypothek des Nationalprotestantismus*, und ders., *Evangelische Kirche und Entnazifizierung*, dort besonders die Rolle der Bischöfe Meiser, Bayern, und Wurm, Württemberg [gemeinsam mit Kardinal Faulhaber], in Kapitel III: Konfliktpunkt Entnazifizierung, 45-120. – Mitzenheim hatte immer wieder betont, dass er wohl Partei für enteignete Großgrundbesitzer bezog, ohne allerdings die Notwendigkeit der Bodenreform insgesamt in Zweifel zu ziehen. Vgl. Kapitel 3.2.5. – Er setzte sich auch nachdrücklich für eine Vielzahl sogenannter politischer Gefangener ein und war (seit Ende 1947) bemüht, für die im Speziallager Buchenwald Internierten seelsorgerliche Betreuung zu erwirken.
605 Mitzenheim an Wurm, 03.01.1947, in: *LKAE*, PA Hugo Rönck, L 5038, unfoliiert.

seiner Kirche blieb somit eine verborgene Last, die nicht nur eine konstruktive Debatte über die Schuld der Kirche und ihre vergangene wie gegenwärtige Verantwortung blockierte, sondern darüber hinaus auch die kirchliche Aktionsfähigkeit und das kirchenleitende Handeln auf Dauer schwächte. Im Binnenraum Kirche wuchsen dadurch sowohl die Zentrifugal- als auch die Zentripedalkräfte.[606] D. h., einerseits nahmen die internen Machtkämpfe und Konflikte um Posten, Gestaltungs- und Verantwortungsbereiche zu; andererseits sah man sich über alle kirchenpolitischen und theologischen Gräben hinweg zusammengeschweißt „in den Notlagen und im Wirrwarr der Zeiten“ und wusste sich mit dem Landesbischof eins im Eintreten „[...] für die Einheit und Selbständigkeit Deutschlands und für genügend Lebensraum [sic!] für unser Volk.“[607]

Das ‚Leiden am Schicksal Deutschlands‘, die Schmach der bedingungslosen Kapitulation und die ‚wunderbare Errettung der Kirche‘ bildeten die mentale, identifikationstiftende Klammer zwischen den durch das Reinigungsgesetz Betroffenen und den Nicht-Betroffenen.[608]

Diese geschichtstheologische Lesart hatte der national-liberale Protestant Paul Dahinten bereits in seinem Bericht über die Selbstreinigung für die Superintendenten-Konferenz vom 6. und 7. März 1946 geliefert. Mit Verweis auf den großen Reformator formulierte er sehr pathetisch zwar, aber sprachlich ein wenig ungelenk: „Seit 1517 hat das evangelische Deutschland, hat Thüringen Luther begleitet [wer wen?, d.Vf.] in den schwersten Entscheidungen des größten Geisteskampfes seiner Heldenzeit.“[609] Seine in Frageform gekleidete These lautete, dass die ‚evangelische Kirche Deutschlands‘ wegen ihres Nachgebens und ihrer Unterwerfung unter den Druck „[...] eines weltlichen, völkischen Gestaltungswillens utopisch-enthusiastischer Art“ nun unter dem Urteil stünde, den „[...] Geist von Luther verleugnet zu haben.“ Daran schloss an, was in der Thüringer Kirche seit 1921 bis heute gern und oft praktiziert wird: der Verweis auf die entsprechenden Symbolorte: die durch Luther geadelte Wartburg und der ihr gegenüberliegende (beinahe lutherische) Pflugensberg[610] – bei Dahinten nun aber als furchtbares Signum des Scheiterns. „Nichts ist für die kirchliche Lage nach dem Scheitern des Nationalsozialismus, in dessen Ende die nationalkirchliche Bewegung mit hineingezogen wurde [?], so bezeichnend, wie die Tatsache, daß heute 400 Jahre, nachdem D. Martin Luther die Augen geschlossen hat, gegenüber seinem Patmos, in einer Spruchstelle [...] Männer sitzen, deren Aufgabe es ist, an der Reinigung der Kirche von einer ihr wesensfremden Ideologie mitzuhelfen.“[611]

---

606 Vgl. dazu u.a.: Greschat, *Die Schuld der Kirche*; Gerhard Besier/Gerhard Sauter, *Wie Christen ihre Schuld bekennen: die Stuttgarter Erklärung 1945,* Göttingen 1985; Thomas Friebel, *Kirche und politische Verantwortung in der sowjetischen Zone und der DDR 1945–1969: eine Untersuchung zum Öffentlichkeitsauftrag der evangelischen Kirchen in Deutschland*, Gütersloh 1992; Gerhard Besier/Armin Boyens/Gerhard Lindemann (Hgg.*), Nationaler Protestantismus und Ökumenische Bewegung. Kirchliches Handeln im Kalten Krieg (1945–1990)*, Berlin 1999.

607 Björkman, *Lebensraum*, 29 (4. Rundbrief, 02.04.1947).

608 Björkman, *Lebensraum*, 23 (1. Rundbrief, 19.11.1945): „Alles wankt, vieles ist zerbrochen. Aber die Kirche bleibt.“ Und ebd., 29 (4. Rundbrief, 02.04.1947): „Bedingungslos auf Gnade und Ungnade kapituliert! Das heißt: rechtlos, schutzlos!“

609 Niederschriften der Superintendenten-Konferenz in Eisenach, 06. und 07.03.1946, in: *LKAE*, A 190/III, unfoliiert. – Verwiesen sei noch einmal auf das Faktum, dass nicht der Spruchstellenvorsitzende, Dr. Walther Doehring, den Part der Berichterstattung übertragen bekam.

610 Mit dem Beschluss der Tagung der ersten Nachkriegssynode am 19.10.1948 wurde die Pflugensberg-Villa Sitz des Landesbischofs und der Kirchenleitung der „Evangelisch-Lutherischen Kirche in Thüringen.“

611 Ebd.

Während die politische Apokalyptik der Kommunisten im Faschismus die ‚gesetzmäßig‘ letzte Stufe des Monopolkapitalismus zu erkennen glaubte, waren sich protestantische Theologen der deutschen Zusammenbruchgesellschaft 1945/46 darüber einig, „daß im Nationalsozialismus nur ein letzter dämonischer und triumphaler Gipfel der Sünde aller Deutschen von heute und der vorausgegangenen Geschlechter erschienen“ sei.[612]
Für die einen war die Ursache für den ‚Hitlerismus‘ und seine schrecklichen Folgen in der ‚Ausbeutung der Arbeiterklasse‘ grundgelegt; die anderen bekannten in stellvertretender Buße, dass „[...] alle wesentlichen inneren Gründe für den drohenden Untergang des Abendlandes ihre letzte gemeinsame Wurzel in der Abwendung von dem in Jesus Christus offenbaren Gott“ hätten.[613]
Philosophisch-theologische Reflexionsansätze wie die von Walther Doehring angestellten blieben in Deutschland wie in Thüringen selten und dort, wo sie formuliert wurden, zumeist folgenlos. Doehring hatte in seiner – auf Veranlassung Mitzenheims angefertigten und von ihm dann einer Veröffentlichung entzogenen – Beurteilung der Spruchstellenarbeit gegenüber dem „[...] so überaus unechten und unwahren Gemisch theologisierender Politik und politisierender Theologie den ehrlich-nüchternen Wirklichkeitssinn Luthers“ aufgerufen und unter Hinweis auf „die Lehre von der Erbsünde“ und eine „evangelische Besinnung auf das Wort“ der Heiligen Schrift die Toleranzgrenzen des Christentums dort ausgemacht, wo „[...] die Verherrlichung des Rassen- und Klassenhasses völkisch-nationaler Überheblichkeit, die Verhöhnung der Gewissensfreiheit oder der christlichen Demut und des elementaren Rechtsempfindens erkennbar waren und sind.“[614]
So problematisch sah die Thüringer Kirchenleitung – namentlich Landesbischof Mitzenheim – die Dinge nicht, zumal „die Männer der Kirchenleitung in den vergangenen Jahren“ offenbar nicht so sehr im Widerstand gegen das himmelschreiende Unrecht des NS, sondern vor allem „im Kampf gegen die deutsch-christliche Bewegung“ standen.[615] Ganz abgesehen davon hätten, so die anonym veröffentlichte Position des Landeskirchenrates, „[...] fast alle Pfarrer, die in den letzten Jahren falsche Wege gegangen waren, [...] nun ihre Fehler [eingesehen]. Sie gaben sich fast ausnahmslos große Mühe, wiedergutzumachen, was sie versäumt und verdorben hatten.“ Lediglich „[...] einzelne Pfarrer [hätten] das Recht auf ihr Amt verwirkt: sie [hätten] ganz offensichtlich ihr Ordinationsgelübde nicht gehalten und nicht getan, was sie zu tun schuldig“ gewesen wären.[616]
Die anschließende Schilderung der Entwicklung des Reinigungsgesetzes und der – oben genannte – zahlenmäßige Überblick über die erfolgten personellen Konsequenzen endete mit der Feststellung, dass „[...] die Kirche alles getan habe, um die Kirche zu reinigen [...] und die reine Verkündigung des Evangeliums neu zu sichern.“ Sie habe sich dabei weder durch politische (und offenbar auch nicht durch theologische), sondern „[...] in erste Linie durch kirchliche Gesichtspunkte leiten lassen.“ Dennoch sei ganz eindeu-

[612] So die fast zeitgleiche Stellungnahme der Magdeburger Kirchenleitung, vom 09.02.1946, zum „Stuttgarter Schuldbekenntnis“, in: Martin Greschat (Hg.), *Die Schuld der Kirche*, München 1982, 238ff.
[613] Ebd.
[614] Schreiben von Doehring an Rönck, 13.02.1946 („nicht abgegangen, Mm“); in ähnlicher Weise auch in seinem Entwurf einer S tellungnahme an die Kirchenkanzlei der EKD, vom 16.03.1946 („Entwurf. Nicht abgegangen. Z.d.A., Mm“), in: *LKAE*, A 239 (Loses), unfoliiert. – Vgl. dazu Kapitel 4.6. sowie den von Hans Maier herausgegebenen Sammelband: *Wege in die Gewalt: die modernen politischen Religionen*, Frankfurt 2000; ders. (Hg.), *Totalitarismus und Politische Religionen. Konzepte des Diktaturenvergleichs*, Bde. I-III, Paderborn 2003.
[615] *LKAE*, A 239 (Loses), unfoliiert, dort: der mit „H“ gezeichnete Artikel Mitzenheims „Wie steht es um die Thüringer evangelische Kirche“, in: *GuH* 8, 16.06.1946. – Vgl. Kapitel 4.7.
[616] Ebd.

tig alles veranlasst worden, „[...] um auch den berechtigten Wünschen der Besatzungsbehörden und der staatlichen Stellen Rechnung zu tragen."[617]
Die in diesem ‚Reinigungs'-Fazit von 1946 anklingende Vorstellung von den ‚beiden Räumen': Staat und Kirche, der institutionszentrierte binnenkirchliche Blick und Nutzenaspekt wie auch der implizierte ‚Gehorsam' gegenüber den ‚berechtigten Wünschen' des Staates blieben bestimmende Überzeugungen für das weitere kirchenleitende Handeln.
In der Logik dieses vormodernen, tendenziell feudal-staatskirchlichen Denkens liegt es, dass Mitzenheim im späteren Rückblick auf diese Zeit immer wieder betonte, die personellen Notwendigkeiten seien „ohne allen unchristlichen Vergeltungsgedanken" erfolgt. Er vermied es künftig auch, von einer ‚Selbstreinigung' der Kirche zu sprechen, sondern wählte dafür einen anderen Begriff. In einem Brief an Otto Volk führte der mittlerweile fünfundsiebzigjährige Landesbischof aus: „Da die Kirche ohne Einmischung außerchristlicher Stellen [?] die Entdeutschchristlichung nach dem Grundsatz der Gerechtigkeit und Barmherzigkeit selbst ausführte, ist eine staatliche Entnazifizierung in unserer Thüringer Kirche verhindert worden, zum Besten aller DC-Pfarrer."[618]
Dass diese Praxis erhebliche Konflikte nach sich gezogen hatte, blieb unerwähnt. Die ‚offenen Flanken', die damit geschaffen wurden, konnten weder theologisch oder politisch argumentativ noch durch aufrichtiges, von schlechtem Gewissen befreites Handeln geschützt oder gar geschlossen werden. Der Außeneindruck dieser ‚milden', personalschonenden kirchlichen Selbstreinigungsaktivitäten hatte insbesondere auf Seiten der neuen ‚Avantgarde der Arbeiterklasse' alte Ressentiments und Klassenkampfüberzeugungen reaktiviert, die nun im Dienste des eigenen Machtgewinns und Machterhaltes eingesetzt wurden. Der Faschismusvorwurf war und blieb dabei ein probates Mittel, das eine inhaltlich-politische Argumentation überflüssig zu machen schien; allemal dann jedoch mit einigem Recht, wenn die Denunziationen und Belastungsbehauptungen einige Wahrscheinlichkeit für sich verbuchen konnten. So ist nicht verwunderlich, dass noch 1950 das ‚Amt für Information des Landes Thüringen' (eine ‚Kooperationsabteilung' des am 8. Februar 1950 gegründeten MfS) einen vertraulichen Bericht für die Schulung von Verwaltungs- und Parteikadern lancierte, der – sicher absichtsvoll – eine Mixtur aus Dichtung und Wahrheit darstellt. Unter der Überschrift ‚Nazis und Militaristen heute noch als Pfarrer und Kirchenbeamte' wurde dort festgestellt: „Landesbischof Mitzenheim und sein Landeskirchenrat haben nach 1945 Pfarrerschaft und Kirchenverwaltung nicht entnazifiziert. Die Öffentlichkeit wurde durch Schaffung einer von Mitzenheims Freunden besetzten und von ihm restlos abhängigen ‚Spruchstelle' getäuscht. Es wirken noch, mit Ausnahme der nach Westdeutschland geflüchteten oder von der SMA verhafteten, alle Funktionäre der NSDAP und der NS-Gliederungen, alle Offiziere und Berufssoldaten als Pfarrer und sogenannte Kirchenbeamte im Dienst der Kirche."[619]

---

617 Ebd.

618 Kopie eines Briefes vom Mitzenheim an Volk, 22.11.1966, in: *LKAE*, Nl. Mm, PA Otto Volk L 3037, unfoliiert. – Volk hatte sich gegenüber Mitzenheim darüber beklagt, dass er in den Memoiren von Erich W. Reichardt als ‚ungetreuer Helfer' des ersten Landesbischofs Wilhelm Reichardt tituliert wurde. Er wollte statt dessen festgehalten wissen, dass – im Gegensatz zur ‚veröffentlichten Kirchengeschichte Thüringens' Reichardt selbst, in vollem Bewusstsein, mit seinem Ausscheiden den DC den Weg geebnet habe.

619 *ThHStAW*, BMP, 868, unfoliiert. Dieser 14-seitige Bericht vom 26.07.1950, der neben einer ganzen Reihe [in ihrer Mehrzahl zutreffender] Personalangaben von kirchlichen Mitarbeitern aus dem LKA und aus Eisenach auch einige Abschriften von Zeitungsartikeln und Kirchengesetzen aus der NS-Zeit enthält, geht u.a. auf die „Heilmann-Denkschrift" (für Landesdirektor Walter Wolf angefertigt) vom 27.12.1945 ein. Der Verfasser *Fritz Heilmann* hatte betont, dass er sich dazu Unterlagen und Informationen „[...] bei Quellen eingeholt hat, die aus Angst vor kirchlicher Rache nicht genannt sein wollen." Gemeint

Auch wenn – zumindest intern – mittlerweile klar geworden war, dass die Quellen, aus denen diese Informationen gespeist worden sind, nicht sonderlich ‚sauber‘ waren, empfanden sich doch die meisten der kirchenfernen bis überzeugt atheistischen Politiker oder ‚Beobachter‘ als überzeugte oder ‚glühende‘ Antifaschisten. Manche von ihnen hatten ihren politischen Widerstand gegen den Nationalsozialismus nachweislich mit Zuchthaus und KZ bezahlt. Vor allem sie zogen ihr Selbstbewusstsein wie ihre Karriere aus den eigenen Verfolgungs- und Hafterfahrungen; etliche Epigonen stellten sich aus leicht nachvollziehbaren Gründen in diese ‚heldenhafte Geschichte des kommunistisch geführten Antifaschismus‘. Von diesen, häufig in der Arbeiterbewegung der zwanziger Jahre sozialisierten Politikern wurden Kirche und Pfarrerschaft als ‚ungereinigtes‘ bzw. ‚ungesäubertes‘ Relikt der Bourgeoisie betrachtet – mit einer für alle kommunistischen Gesellschaften typischen Mischung aus Sozialneid, heimlichem Respekt, Argwohn und abgrundtiefem Hass.

sind Robert Schmidt, Erich Schilling und Alfred Wolf, in: ThHStAW, MfV, 1747, 299-235. – Derartiges Material wurde im MfS gesammelt. Mit dem Mielke-Befehl vom 23.12.1967 wurde dann in der HA IX des MfS die Abteilung 11 gebildet: „Sie ist verantwortlich für die einheitliche, systematische Erfassung, Archivierung, politisch-operative Auswertung und Nutzbarmachung aller im Bereich des MfS vorhandenen und noch zu beschaffenden Materialien des Faschismus aus der Zeit bis 1945“, in: *BStU*, Befehl Nr. 39/67, Vertrauliche Verschlußsache Nr. 792, 100534. – Vgl. Kapitel 4.6, den Exkurs: ‚Wolf‘, und Kapitel 4.7.

5 Kirchenhistorische Weichenstellungen

5.1 DC-Hypothek und BK-Sieg

Bei einigen Pfarrern und betroffenen Kirchenmitgliedern stellte sich die mit dem Faschismusvorwurf verbundene Wiederkehr von Ressentiments und antikirchlichen Angriffen mitunter wie ein Déjà-vu-Erlebnis dar. Für sie, die vor 1945 nicht zu den Opportunisten gehört hatten, entstand zuweilen der Eindruck, dass, „wie in den Zeiten des Kirchenkampfes, [...] unsere Kirche auch heute nicht zu den Bevorzugten gehört.“[1]

Ähnlich wie in den Jahren der Hitler-Diktatur wurde auch in den Jahren der sich herausbildenden und ‚stabilen‘ SED-Diktatur „Kampf“ zu einem zentralen Begriff.[2] Diese Metapher bezeichnete gewissermaßen einen Fundus der Erinnerungen und Legenden, die relativ leicht zum ideologischen bzw. theologischen Vehikel umfunktioniert werden konnten. Der ‚antifaschistische Widerstandskampf‘ wie der ‚Kirchenkampf‘ bildeten somit nicht nur eine mentale Basis für die persönliche Auseinandersetzung mit der NS-Vergangenheit, sondern zugleich auch die Folie, auf der man inneren wie äußeren Zweifeln und Kritik begegnete, falls diese in der eigenen Familie, Gruppe, Partei oder Kirche laut wurden.[3] Für die, die keinen oder gar den ‚falschen‘ Kampf nachweisen konnten, sah es – wiederum – nicht gut aus.[4] Nicht selten diente die Berufung auf den ‚Kampf‘, der – je nach Herkunftsmilieu der ‚Kämpfer‘ – entweder als ‚heldenhaft‘, ‚mannhaft‘ oder ‚selbstlos‘ bezeichnet wurde, allerdings auch dazu, die Legitimationsdefizite während und nach dem Erlangen von Machtpositionen und Leitungsverantwortung zu verbergen. Dass dies nun wiederum ‚Kampf‘ bedeutete, liegt in der Natur der (unbefriedeten) Sache.[5]

---

1 Björkman, *Lebensraum*, 35 (6. Rundbrief, 01.07.1948).

2 Meuschel, *Legitimation*, 19: „Die Kampfmetapher durchzieht die Geschichte der DDR selbst noch in jenen Perioden, in denen der Klassenkampf nach innen längst der Vergangenheit angehörte und die Beziehungen zum Umfeld der bürgerlichen ‚Dekadenz‘ Formen der friedlichen Koexistenz annahmen.“

3 Siehe dazu u.a.: *Der Kampf um die Autorität der Kirche, eine Auseinandersetzung des Landeskirchenrats der Thüringer evangelischen Kirche mit der Bekenntnisfront*, hg.v. Karl König (ungenannt) i.A. des DC-LKR, Jena 1935; Fritz Sauckel, *Der Kampf um Thüringen*, Weimar 1930. – Aus dem außerkirchlichen Kontext, nach 1945: Kolesnitschenko, *Im gemeinsamen Kampf für das neue antifaschistisch-demokratische Deutschland*; Günter Heidtmann (Hg.), *Kirche im Kampf der Zeit: Botschaften, Worte und Erklärungen der evangelischen Kirche in Deutschland und ihrer Gliedkirchen*, Berlin (West) 1954; Werner Maser, *Genossen beten nicht: Kirchenkampf im Kommunismus*, Köln 1963; Friedrich Georg Hermann, *Der Kampf gegen Religion und Kirche in der Sowjetischen Besatzungszone Deutschlands*, Stuttgart 1966; Hans Prolingheuer, *Kleine politische Kirchengeschichte: 50 Jahre evangelischer Kirchenkampf von 1919 bis 1969*, Köln 1984; Erich Stegmann, *Der Kirchenkampf in der Thüringer Evangelischen Kirche 1933–1945*, Berlin 1984; Hermann Wentker, „‚Kirchenkampf‘ in der DDR: Der Konflikt um die Junge Gemeinde 1950–1953“, in: *VfZ* 42. 1994, 95-127; Gabriele Lautenschläger, „Der Kirchenkampf in Thüringen“, in: *Nationalsozialismus in Thüringen*, 463-486.

4 Rückblickend urteilt bspw. Werner Krusche (1917), von 1968 bis 1983 Bischof der Ev. Kirche der KPS: „Die Kirche war die belagerte Burg, von der aus auf Leben und Tod gekämpft wird.“ Titelzitat des Interviews mit Krusche, abgedruckt in: Hagen Findeis/Detlef Pollack (Hgg.), *Selbstbewahrung oder Selbstverlust. Bischöfe und Repräsentanten der evangelischen Kirchen in der DDR über ihr Leben – 17 Interviews*, Berlin 1999, 210.

5 Am Rande sei darauf hingewiesen, dass sich bspw. die Gruppe derer, die sich – zumeist aus persönlicher Repressionserfahrung – dem Widerstand gegen den ‚kommunistischen Klassenkampf‘ in der SBZ/DDR

Was wäre ein richtiger Kampf, und so auch der Kirchenkampf in Thüringen, ohne Gewinner und Verlierer – ohne Sieg?! Dass in der Kapitelüberschrift die Niederlage der Thüringer Deutschen Christen – die es zweifellos war – nicht als solche ausgewiesen ist, hängt damit zusammen, dass der Sieg der Lutherischen Bekenntnisgemeinschaft zugleich bedeutete, sich mit den desaströsen Hinterlassenschaften des Kampfes auseinander zu setzen. In diesem Sinne blieb die DC-Niederlage eine Belastung, wie die Konflikte um die kirchliche Selbstreinigung zu zeigen versuchten. Inwieweit diese Last der Vergangenheit, diese Hypothek, darüber hinaus als eine Herausforderung verstanden wurde, ob das ‚Erbe des Kirchenkampfes' zu einer umfassenden (kirchen)politischen sowie theologischen Bestandsaufnahme und Neubestimmung des kirchlichen Handelns anregte – einer Aufgabe, die ‚Sieger' und ‚Verlierer' auf eigentümliche Weise trennte wie einte ist eine Frage, der im Folgenden weiter nachgegangen werden soll.
Während der schwierigen Auseinandersetzungen mit dem renitenten DC-Landesbischof Rönck hatte der Eisenacher Pfarrer und Vorsitzende der Lutherischen Bekenntnisgemeinschaft Moritz Mitzenheim betont, „[...] daß die Achtung und das Wohlwollen, das die Amerikaner der Kirche gegenüber zeigen, auf dem Kampf beruht, den die Bekennende Kirche und die ihr nahe stehenden Kreise seit 12 Jahren geführt haben."[6] In seiner (Sieges-)Erklärung vom 30. April 1945, die Dahinten in seiner Pfarrervereinschronik (1964) erwähnt und die Stegmann (1976/84) übernimmt, hielt Mitzenheim ein für alle Mal fest: „Der kirchenpolitische Weg der DC ist zu Ende. Der unpolitische vom Evangelium bestimmte Weg der Lutherischen Bekenntisgemeinschaft [...] ist so überzeugend gerechtfertigt, daß sie ohne Zweifel den Anspruch auf die Führung in der Kirche zu erheben nicht nur berechtigt, sondern auch verpflichtet ist."[7]
Der am 2. Mai 1945 gebildete – und in der Folgezeit einige Male umgebildete – ‚vorläufige Landeskirchenrat' war gewillt, diesen Führungsanspruch wahrzunehmen und sich der damit verbundenen Verpflichtung zu stellen, „[...] bis es möglich sein wird, daß ein Landeskirchentag zusammentritt und einen endgültigen Landeskirchenrat wählt."[8]
Gegen rasche Ermöglichung einer verfassungsmäßigen, synodalen Legitimation der Kirchenleitung sprachen zahlreiche – äußere wie innere – Hemmnisse. Dazu gehörte – neben gravierenden verkehrs- und kommunikationstechnischen Problemen – die Notwendigkeit einer ‚personalen Säuberung', die ihrerseits eine in ihrer Autorität unangefochtene Kirchenleitung voraussetzte, sollte dieses unumgängliche Vorhaben nicht sofort im inner-

verschrieben hatten, selbst ‚Kampfgruppe gegen Unmenschlichkeit' nannte. – Vgl. Kai-Uwe Merz, *Kalter Krieg als antikommunistischer Widerstand: Die Kampfgruppe gegen Unmenschlichkeit 1948–1959*, München 1987. – Befremdlich wirkt allerdings, dass und wie sich (nachgeborene, west-)deutsche Vertreter einer Befreiungstheologie noch in den siebziger Jahren des 20. Jahrhunderts in diesem ‚(klassen-)kämpferischen' Sprachstil bewegten. – Vgl.: Ulrich Duchow (Hg.), *Zwei Reiche und Regimente: Ideologie oder evangelische Orientierung?*, Gütersloh 1977. Am Ende eines interessanten Überblicks über die Intention und die Wirkungsgeschichte von Luthers ‚Zwei-Reiche-Lehre' macht sich der Herausgeber in der Einleitung nicht nur die vulgär-marxistische Theorie und ideologisch-propagandistische Strategie des deutschen Kommunismus und bolschewistischen Stalinismus über den ‚Faschismus', als dem totalen und historisch unvergleichlichen „[...] kapitalistisch-bürokratisch-nationalistisch-imperialistischen Machtwillen, [der] die konservativen Elemente der deutschen Tradition integriert [hat]", zu eigen. Duchow schließt seine Einführung und eröffnet die „Internationalen Fall- und Hintergrundstudien zur Theologie und Praxis lutherischer Kirchen im 20. Jahrhundert" zudem mit der militant-pathetischen Behauptung: „Nun aber führen diese Fragen [des Gebrauchs und des Mißbrauchs der ‚Zweireichelehre', d. Vf.] zu einem kirchenpraktischen Kampf auf Leben und Tod", ebd., 26.

6 Niederschrift einer Besprechung vom 10.04.1945, in: *LKAE*, A 122/I, Sitzung des LKR, unfoliiert. – Siehe Kapitel 3.1.3 und 4.2.

7 Dahinten, *Pfarrerverein*, 153; Stegmann, *Kirchenkampf*, 114.

8 Kanzelabkündigung vom 04. bzw. 12.05.1945, in: *LKAE*, A 122/I, unfoliiert.

kirchlichen Streit wie im politischen Machtkampf der ‚antifaschistisch-demokratischen Umwälzung' zerrieben werden. Dass es daneben und zeitgleich eine Vielzahl praktischer und pragmatischer Aufgaben zu lösen gab, um die gewachsenen kirchgemeindlichen Versorgungsansprüche und -gegebenheiten zu erfüllen, stand einer zügigen Korrektur dieses kirchenleitenden Provisoriums und einer grundlegenden rechtlichen Neuordnung gleichfalls im Wege. In soweit sind die Maßnahmen, die der Landeskirchenrat unter Landesoberpfarrer Mitzenheim von Frühjahr bis Herbst 1945 ergriffen hatte, um die Handlungsfähigkeit der Kirche zu erhalten und auszubauen, durchaus zu verstehen und zu würdigen.[9] In diesen Zusammenhang gehört auch die bereits erwähnte ‚vorsynodale' Annahme des Bischofstitels durch Mitzenheim.[10] In herzlicher Würdigung der ebenso geschickten wie erfolgreichen Verhandlungstätigkeit des Landesoberpfarrers Mitzenheim gegenüber den militärbehördlichen und staatlichen Stellen waren sich die Mitglieder des vorläufigen Landeskirchenrates Ende des Jahres 1945 „[...] in Ihrer [Mitzenheims, d. Vf.] Abwesenheit darüber einig, daß es wünschenswert ist, wenn Sie nunmehr die Amtsbezeichnung Landesbischof erhalten."[11]
Kirchenrat Schanze hatte sich ‚zum Sprecher dieses Wunsches' gemacht, für den er zunächst praktische, wir würden sagen: *public-relations* Argumente, ins Feld führte: „Gegenüber den staatlichen und auch kirchlichen Instanzen hat die Bezeichnung Bischof eine größere Verständlichkeit und auch ein größeres Gewicht."[12]
Daran anschließend fügte er, unter großzügiger Nivellierung theologischer Konfessionsunterschiede zwischen Evangelischen und Katholiken, hinzu: „Und dann ist Bischof eben die herkömmliche Bezeichnung für ein solches Amt, und wir haben keinen Grund, den antirömischen Komplexen der Protestanten nachzugeben, die statt dieses Wort zu brauchen, lieber alle möglichen neuen Bezeichnungen erfinden [...]."[13]
Ähnlich wie Schanze äußerte sich noch etliche Jahre später der Apologet des Landeskirchenrates, Erich Stegmann. Mit Verweis auf die Umwandlung der Dienstbezeichnung ‚Landesoberpfarrer' in ‚Landesbischof', die von den DC mit Hilfe des Ermächtigungsgesetzes 1933 vorgenommen wurde, sei „[...] die aus der Kontroverse mit der römischen Kirche stammende Abneigung gegen den Bischofstitel [...] überwunden worden."[14]
Und da die reformatorische Kontroverse mit der römischen Kirche um das Amtsverständnis offenbar als etwas beinahe Unanständiges begriffen wurde, war es dann auch konsequent, dass die BK-Kirchenleitung nach 1945 das DC-Erbe von 1933 antrat. Mit dem emphatischen Votum von Schanze schienen der Protest der Lutherischen Bekenntnisgemeinschaft unter Führung von Pfarrer Mitzenheim vom März/April 1945 und die in diesem Zusammenhang vorgebrachten Argumente gegen die Usurpation des Bischofstitels durch Hugo Rönck am Ende des gleichen Jahres vollends ad acta gelegt. In einer zeitgleich mit dem ‚Reinigungsgesetz' verabschiedeten Kirchenordnung wurde am 12. De-

[9] OKR Lotz sorgte im Juni 1946, stillschweigend, für die Aufhebung des DC-Präsidialgesetzes und eine „[...] Umstellung der landeskirchlichen Leitung in eine Kollegialbehörde. Damit mussten nun zwingend [...] alle grundlegenden Beschlüsse entweder in einer Sitzung beschlossen oder im Umlaufwege von den Mitgliedern des Landeskirchenrats gezeichnet werden." Niederschrift von Battefeld, 08.06.1946, in: *LKAE*, A 120, unfoliiert.

[10] Zum Zusammenhang der Annahme des Bischofstitels mit der Schaffung des Reinigungsgesetzes siehe Kapitel 3.2.3 und 3.5.

[11] Schreiben von Schanze (Weimar) an Mitzenheim, 06.10.1945, in: *LKAE*, A 130, unfoliiert.

[12] Ebd. – In ähnlicher Weise hatte Bischof Otto Dibelius die Selbsternennung zum Bischof von Berlin begründet.

[13] Ebd.

[14] Stegmann, *Kirchenkampf*, 21.

zember 1945 ein vorheriger Beschluss (vom 8. Mai 1945) aufgehoben und die „Änderung der Verordnung über die Stellung und die Dienstbezeichnung der Mitglieder des Landeskirchenrates“ (und damit auch der Gehälter) in ‚Oberkirchenrat‘ und ‚Landesbischof‘ – „[...] in Angleichung an die anderen Landeskirchen“ – bestätigt.[15] Voller Begeisterung und mit einer treffenden Charakterisierung der Reichweite dieser LKR-Entscheidung, äußerte sich der bisherige Kritiker des ‚einseitigen Kurses‘ der Kirchenleitung, jetzt Mitglied dieses Gremiums, Kirchenrat Walter Zimmermann, wenige Tage später: „Zum Ende dieses für unsere Thüringer Kirche so bedeutungsvollen Jahres möchte ich Ihnen diesen Gruß senden. Es mag sein, daß bei der letzten Vollsitzung im Drange der vielen Geschäfte das ‚Habemus papam‘ nicht laut und freudig genug erklungen ist. [...] Es handelt sich ja nicht nur um eine kleine Titeländerung, sondern bei aller Brüderlichkeit unseres Kollegiums doch um das monarchische Prinzip der Kirche neben dem brüderlichen – monarchisch natürlich nicht weltlich-politisch verstanden!“[16]
Um aktuelle Kritik und eventuelle, später mögliche Vergleiche dieses Vorganges mit der Amtsanmaßung des DC-Bischofs auszuschließen, wurde die Rönck-Episode sozusagen aus dem offiziellen kirchengeschichtlichen Gedächtnis gelöscht. Im Anschluss an eine kurze und präzise Analyse der „Entmächtigung des Landeskirchentages [vermittels des] Ermächtigungsgesetzes vom 7.9.1933“ und der Umbildung der Thüringer evangelischen Kirche in „eine diktatorisch regierte Obrigkeitskirche“ stellte OKR Gerhard Lotz im *Thüringer Pfarrer Taschenbuch 1947* die historisch unzutreffende Behauptung auf: „Ein Mann, der sich nicht [sic!] Landesoberpfarrer oder Landesbischof nannte, sondern sich den kirchlich indifferenten Titel ‚Präsident‘ zulegte, wurde absoluter, durch kein synodales oder auch nur kollegiales Organ beschränkter oder kontrollierter Herrscher der Kirche.“ Unzutreffend war und ist auch die von Lotz unterstellte Bedeutung des „Gesetzes über die Neubildung des Landeskirchenrats vom 2. Mai 1945“. Damit wäre „[...] die Diktatur des Präsidialgesetzes beseitigt und die Rückkehr zu einer Verfassung, in der eine durch kirchliche Gesichtspunkte bestimmte Auswägung vom Synodal- und Episcopalprinzip Platz hat, eingeleitet [worden].“[17]
Die ‚Herrschaft‘ des neuen, vom ‚vorläufigen Landeskirchenrat‘ ernannten Landesbischofs Mitzenheim erfuhr, um in der Begrifflichkeit des leitenden Juristen zu bleiben, durch die „Aufhebung des Präsidialgesetzes und Umstellung der landeskirchlichen Leitung in eine Kollegialbehörde“ erst am 8. Juni 1946 eine gewisse ‚Beschränkung‘.[18] Eine Bischofswahl oder auch nur nachträgliche Bestätigung seiner Ernennung durch ein ‚synodales Organ‘ hat nie stattgefunden. Lediglich indirekt, im Zusammenhang einer ‚förmlichen Erklärung‘ des ‚Erweiterten Landeskirchenrats‘ gegenüber der „bisherigen Neuordnungs- und Aufbauarbeit des Landeskirchenrats“ vom 12. Juli 1946, wurde diese außerordentliche Titel-Annahme bestätigt.[19] Das entsprechende Gesetz über die Bildung des erweiterten Landeskirchenrates dokumentiert die weitreichenden Befugnisse dieses Gremiums: „§ 1 Da kein Landeskirchentag mehr besteht und zur Zeit ein neuer noch nicht gewählt werden kann, wird für bestimmte Aufgaben ein erweiterter Landeskirchen-

15 Sitzung des LKR, 17.12.1945. [Unterschrift: „Der Landeskirchenrat der Thüringer evangelischen Kirche. Phieler i.V.“], in: *LKAE*, A 122, unfoliiert.

16 Brief von Zimmermann (Altenburg) an Mitzenheim, 18.12.1945, in: *LKAE*, A 130, unfoliiert.

17 Artikel von Lotz unter der Überschrift „Die rechtliche Neuordnung der Thüringer evangelischen Kirche“ im *Thüringer Pfarrer Taschenbuch 1947*, 136-140. – Die Aufhebung des Präsidialgesetzes und (Wieder-)Einführung der Kollegialbehörde Landeskirchenrat erfolgte auf Initiative von Lotz Anfang Juni 1946.

18 Niederschrift über das neue „geschäftsordnungsmäßige Verfahren“, im „Umlauf bei allen Mitgliedern, Beamten und Sachbearbeitern im Landeskirchenamt“, 08.06.1946, in: *LKAE*, A 120, unfoliiert.

19 Lotz, *Die rechtliche Neuordnung*, 138.

rat gebildet. § 2 Der erweiterte Landeskirchenrat ist zuständig zur Beschlußfassung über Gesetze, die die Verfassung ändern, sowie über die Haushaltgesetze der Thüringer evangelischen Kirche. Er ist außerdem einzuberufen, so oft es der Landeskirchenrat sonst für erforderlich hält."

Nach § 10 konnte der Erweiterte Landeskirchenrat „noch 3 bis 5 um die Kirche besonders verdiente Persönlichkeiten [...] hinzufügen." Gewählt wurden insgesamt 4 Geistliche und 12 Nichtgeistliche. Abgesehen von der ‚Herkunft' der Dazu-Berufenen ergab sich damit – unter Einbeziehung des Landeskirchenrates – ein Verhältnis von 12 Geistlichen zu 12 Nichtgeistlichen, zzgl. der beiden ‚nichtgeistlichen Mitglieder' des LKR.[20]

Die erwähnte ‚förmliche Erklärung' bzw. ‚Entschließung' der versammelten Mitglieder war wie eine Huldigung formuliert. Mit ihr wurde der herzliche Dank der „Vertreter der Thür[inger] Pfarrerschaft und des Thür[inger] Kirchenvolkes [...] gegenüber dem Landeskirchenrat, insbesondere dem Herrn Landesbischof [bekundet]." Der zentrale Satz lautete: „Sie [die Abgeordneten, d. Vf.] erkennen die rechtliche Grundlage des Landeskirchenrats an."[21]

Mit Blick auf die in § 4 des Gesetzes zum Erweiterten Landeskirchenrat genannte ‚politische Unbedenklichkeit der Abgeordneten' hatte es zu Beginn der Konferenz Probleme gegeben.[22] Aus der Not eine Tugend machend, vermeldete der ‚Pressedienst der Thüringer evangel[ischen] Kirche' am 12. Juli 1946 die „einstimmige Entschließung" des Erweiterten Landeskirchenrats, die – laut Anschreiben von KR Schanze – „für die Konsolidierung der kirchlichen Verhältnisse in Thüringen von weitreichender Bedeutung ist." Deshalb sei bei der Auswahl der Abgeordneten „[...] auch besonders darauf geachtet [worden], daß sie in politischer Hinsicht unbelastet sind."[23]

Nachdem auf der zweiten Sitzung des Erweiterten Landeskirchenrats am 9. November 1946 eine ähnliche Akklamation erfolgt war, schien es jetzt nur noch darum zu gehen, die personellen Fakten zu sanktionieren.[24] Und so erfolgte die festliche Amtseinführung von Landesbischof Moritz Mitzenheim dann auch ein Jahr darauf, am 19. Oktober 1947 – deutlich vor den Wahlen der Gemeindekirchenräte, zweieinhalb Jahre nach dem ‚Sieg' der Lutherischen Bekenntnisgemeinschaft vom Mai 1945 und, auf den Tag genau, ein Jahr vor der ersten Tagung der Synode der Thüringer Landeskirche. In der Einladung hieß es dazu: „Am Sonntag, dem 19. Oktober 1947 findet um 9.30 Uhr in der wiederhergestellten Georgenkirche zu Eisenach die feierliche Einführung des Herrn Landesbischof MITZENHEIM in das Bischofsamt durch Herrn Landesbischof D. MEISER, München, statt.[...]. I.V. Lotz."[25]

Die erste Nachkriegssynode tagte am 19. Oktober 1948 auf dem Eisenacher Hainstein. Ähnlich wie bereits durch die ‚Entschließung' des Erweiterten LKR vom 11./12. Juli 1946 wurde der Landesbischof in seinem Amt bestätigt, indem „[...] die Synode in einer Ver-

20 Sitzung des LKR, 04./05.03.1946: „Zur Veröffentlichung im Thür[inger] Kirchenblatt: Gesetz über die Bildung eines erweiterten Landeskirchenrats, 14.02.1946", in: *LKAE*, R 416; A 122, unfoliiert.

21 Erste Tagung des Erweiterten Landeskirchenrats, 11. und 12.07.1946, in: *LKAE*, A 122, unfoliiert.

22 Vgl. den Kontext der ‚Abendpost-Attacke' in Kapitel 4.7.

23 Schreiben des Pressedienstes, 12.07.1946, in: *ThHStAW*, BMP, 866, unfoliiert. – Der ‚Pressedienst' bzw. die ‚Pressestelle' der TheK war auf Initiative des Balten-Deutschen *Pfarrers Hans Waldmann (1905–1979)* – mit großer Fürsprache und Unterstützung durch KR Schanze – Ende April/Anfang Mai 1946 eingerichtet worden. Waldmann organisierte die aufwendige Arbeit als ‚Leiter der Pressestelle' und ‚Schriftleiter von *GuH*' von Jena-Ost aus. Brief von Schanze (Weimar) an Mitzenheim, 20.05.1946, in: *LKAE*, A 776, unfoliiert.

24 2. Tagung des Erweiterten LKR, 09.11.1946 (Eisenach), in: *LKAR*, A 122, unfoliiert.

25 Einladung zur Bischofseinführung (Eisenach), 19.10.1947, in: *LKAE*, A 130, unfoliiert.

trauenskundgebung dem Landeskirchenrat einstimmig den Dank für die geleistete Arbeit [aussprach].“[26]
In dem erwähnten historischen Rückblick auf „die rechtliche Neuordnung der Thüringer evangelischen Kirche“ Ende 1947 hatte OKR Lotz angegeben, dass es „[...] das Bestreben des so gebildeten Landeskirchenrats, der treuhänderisch die Kirchenleitung in der kritischen Zeit übernommen hatte, [war], baldigst eine Verbreiterung und Legitimation durch gewählte Vertreter aus Pfarrerschaft und Kirchenvolk zu erhalten.“[27]
Das Anliegen einer ‚Verbreiterung und Legitimation‘ war einmal bisher im Landeskirchenrat unter dem Stichwort ‚Notsynode‘ diskutiert worden. KR Phieler und KKR Fritz hatten im Januar 1946 einen entsprechenden Gesetzestext vorgeschlagen, der dem „Gesetz zur Bildung eines erweiterten Landeskirchenrats“ ähnlich ist und nur einige weitergehende ‚synodale Elemente‘ enthält. Mitzenheim teilte in der Sitzung vom 12./14. Februar 1946 mit, „daß er das am 17.1.1946 beschlossene Gesetz über die Bildung einer Notsynode noch nicht hinausgegeben habe, weil verschiedene Bedenken dagegen laut geworden seien.“[28]
Um das Bestreben einer legitimen Ordnung zu belegen, verwies Lotz in seinem Rückblick auf die Bildung des Erweiterten Landeskirchenrates.[29] Im Übrigen sei, so Lotz, „[...] der Verfassungsneubau [...] noch im vollen Gange.“ Während seiner zweiten Tagung habe sich der Erweiterte Landeskirchenrat mit Vorlagen befasst, „[...] die dahingehen, eine neue Wahlordnung und eine neue Kirchgemeindeverfassung zu gestalten.“[30]
Als allerdings reichlich ein Jahr später noch immer nichts über die Bildung einer Synode zu vernehmen war, wurden an der Gemeindebasis Zweifel laut, ob die Kirchenleitung wirklich mit Entschlossenheit am Verfassungsneubau arbeitet. In seiner „Vollsitzung vom 11. März 1948“ hatte sich der Jenaer Gemeindekirchenrat „[...] mit dem Aufsatz des Herrn Landesbischof in *Glaube und Heimat*: ‚Aufgaben und Pläne für 1948‘ eingehend beschäftigt.“ Nach einleitenden Dankesworten an Mitzenheim stellte die Gemeindevertretung mit Verwunderung fest, „daß eine [unseres] Erachtens vordringliche Aufgabe für 1948 nicht genannt ist: der synodale Aufbau der Thür[inger] evang[elischen] Kirche, d.h. die Wahl der Kreiskirchenräte und dann des Landeskirchentages.“[31]
Wie berechtigt diese Zweifel waren, zeigte der vom Landesbischof formulierte Rückblick auf die vergangenen beiden Jahre. In seinem 5. Rundbrief an die Thüringer Pfarrer vom 22. Dezember 1947 hielt LB Mitzenheim fest, dass nach „einer Zeit des Aufräumens und erster Anfänge eines Aufbauens“ nun für das Jahr 1947 gesagt werden könne: „Das Aufbauwerk im Innern ging voran, die Ordnung unserer Kirche hat sich gefestigt, ihre Rechte wurden staatlicherseits anerkannt, ihre wirtschaftliche Lage hat sich gebessert.“ Allerdings fehlt sowohl in diesem Rundbrief wie auch in den darauf folgenden (6. Rundbrief vom 1. Juli 1948 und 7. Rundbrief vom 14. August 1948) jeglicher Verweis auf Vorüberlegungen oder Vorbereitungen des Landeskirchenrates zur Bildung einer Synode. Mitzenheim hatte ganz andere Prioritäten gesetzt. Im Rundbrief wiederholte er noch ein-

26 Björkman, *Lebensraum*, 38 (8. Rundbrief, 21.10.1948).
27 Lotz, *Die rechtliche Neuordnung*, 138. Die 2. Tagung des Erweiterten LKR fand am 09.11.1946 statt.
28 Sitzung des LKR, 12.–14.02.1946, TOP 32, in: *LKAE*, A 122, „Notsynode“. – Angemerkt sei an dieser Stelle, dass im Zusammenhang mit der (permanenten) Verfassungsänderungs-Debatte auf Initiative des vormaligen Thüringer Kirchenjuristen OKR Walter Weispfenning 1995/96 noch einmal der Versuch zur Bildung eines Erweiterten Landeskirchenrates unternommen wurde. Mit deutlicher Mehrheit hat die Synode in ihrer Sitzung vom 22.–24.03.1996 diesen Versuch einer partiellen Selbst-Entmächtigung abgelehnt.
29 Ebd.
30 Lotz, *Die rechtliche Neuordnung*, 140.
31 GKR Jena, 11.03.1948: Eingabe an den LKR, in: *AdSJ*, AVI/113/1 „Wahl zur Synode“, unfoliiert.

mal seine in *GuH* genannten dringenden ‚fünf Aufgaben': Durchsetzen einer einheitlichen Liturgie und Läutordnung sowie der äußeren Ordnung bei Trauungen, die Beschaffung kircheneigener Räume und die Veranstaltung eines Kirchenchortreffens in jeder Superintendentur.[32]
Die Eingabe der Jenaer Kirchgemeindekörperschaft stützte sich ausdrücklich auf ein Gutachten zweier Professoren der Jenaer Theologischen Fakultät: Waldemar Macholz (1876–1950) und Gerhard Gloege (1901–1970). Beide hatten unter Verweis auf das Neue Testament und auf die reformatorische Tradition die theologische Rolle der „[...] leitenden Kirchenbehörden, [...] als Exponenten der glaubenden Gesamtgemeinde und ihrer Glieder im brüderlichen Dienst" herausgearbeitet: „Die Möglichkeit, in einer Vertretung zu beraten und zu bestimmen, muß der Gemeinde so bald als irgend möglich gegeben werden, und zwar in einem Maße, das über die Konstituierung eines so kleinen Gremiums wie es der erweiterte Landeskirchenrat ist, weit hinausgeht."[33] Das Gutachten beginnt und schließt mit dem aus dem „allgemeinen Priestertum" abgeleiteten Grundsatz: „In der evangelischen Kirche ist es verboten, Organe zu setzen, die ihre Macht und Autorität anderswo ableiten als aus der Gemeinde Christi. [...] Erst durch den Aufbau der Thür[inger] evang[elischen] Kirche auf dem breiten tragfähigen Grunde der Gemeinden gewinnt die oberste Kirchenleitung den Rückhalt des Rechts, ohne den sie nicht in Vollmacht ihre verantwortungsreiche Aufgabe erfüllen kann."[34]
In ganz ähnlicher Weise hatte sich schon zweieinhalb Jahre zuvor Gerhard Bauer geäußert. In einem Brief an Mitzenheim vom Oktober 1945 zog er ein vorläufiges Fazit des Kirchenkampfes und kam in diesem Zusammenhang auch auf das Thema ‚Synodenbildung' zu sprechen: „Die Frage der Einschaltung des synodalen Moments bewegt mich überhaupt sehr. Der Landeskirchenrat trägt zur Zeit eine ungeheure Verantwortung. Er regiert ohne das Kirchenvolk und weiß sich als Notregiment. Ein solcher Zustand kann wohl Monate währen, ob er aber in einer rechten Kirche auf längere Dauer bestehen kann, ist mir zweifelhaft."[35]
An dieser Stelle sei eingefügt, dass offenbar auch bei dem LKR-Apologeten Erich Stegmann Ende der siebziger Jahre die Einsicht vorhanden war, dass ein synodenloser Zustand „in einer rechten Kirche auf längere Dauer nicht bestehen könne". Um zu belegen, dass sich der „[...] neue Landeskirchenrat bemühte, so bald wie möglich auch eine synodale Legitimation für seine Existenz zu erhalten", ‚taufte' er nicht nur den Erweiterten Landeskirchenrat in eine – mit diesem Begriff nirgends erwähnte – ‚Vorsynode' um, sondern datierte auch kurzerhand die Konstituierung der ersten Nachkriegssynode um ein Jahr zurück: auf den ‚Herbst 1947'.[36]
Der zunächst um kirchenrechtliche Klarheit bemühte Gerhard Bauer, der im November 1945 zum Vorsitzenden der Lutherischen Bekenntnisgemeinschaft ernannt worden war, verließ wenig später seine synodale Argumentationslinie für eine ‚rechte Kirche' und wurde zu einem der kompromisslosesten Vertreter einer ‚antipluralen' BK-Personalpolitik. Den Hintergrund dafür bildete harsche Kritik, die sowohl von ‚links' als auch von ‚rechts' am BK-Sieg und am Kurs der neuen Kirchenleitung laut geworden war.
Vom ‚linken' Flügel der BK hatte sich der Saalfelder Pfarrer Rudolf Fischer (1899–1976) gemeldet. Im November 1945 sprach er in einem Brief an Gerhard Säuberlich von seiner „[...] großen Sorge um die Entwicklung der Thüringer evangelischen Kirche". Mit deut-

32 Björkman, *Lebensraum*, 31-38.
33 GKR Jena, 11.03.1948: Eingabe an den LKR, in: *AdSJ*, AVI/113/1 „Wahl zur Synode", unfoliiert.
34 Ebd.
35 Brief von Bauer an Mitzenheim, 25.10.1945, in: *LKAE*, A 130, unfoliiert.
36 Stegmann, *Kirchenkampf*, 116.

licher Kritik an Mitzenheim, unter dessen Führung der Landesbruderrat „[...] die ganz unglückliche und für das Ansehen der Luth[erischen] Bekenntnisgemeinschaft außerhalb Thüringens sehr abträgliche Kirchenpolitik des Entgegenkommens gegen Rönck ‚neuen Kurs' und der ‚Arbeitsgemeinschaft' zwischen kirchlichen und na[tional]ki[rch]lichen Gruppen in den liturgischen und katechetischen Kreisen" vollzogen habe, plädierte er für eine erneuerte, bekennende Kirche in Thüringen. Denn: „Bekennende Kirche ist sie niemals gewesen. Es gibt nur einzelne bekennende Gemeinden. Bekenntniskirche darf sie nicht werden, die im stolzen Besitz des Bekenntnisses den Herrn verleugnet."[37]

Von ‚rechts' – von und für Mitglieder des Wittenberger Bundes – kam ebenfalls ein Einspruch. Anfang März 1946 lag dem Landeskirchenrat die Eingabe einer ‚Bevollmächtigten Kommission' des Geraer Gemeindekirchenrates vor. Mitzenheim zeigte sich empört über das „ungeheuerliche und unmögliche Verhalten" dieser Kommission, die sich erdreistet hatte, dem Landeskirchenrat zu unterstellen, „[...] daß er nur BK-Kreise bei der Besetzung von Superintendentenstellen berücksichtige." Konkret wurde in der Eingabe verlangt, „daß den Pfarrern Käferlein und Korth die Anerkennung zuteil werde, die ihnen zukomme." KR Schanze schlug vor, „[...] den Ausführungen in der Eingabe scharf entgegenzutreten, die unkirchliche Betrachtungsweise zurückzuweisen [...] und die Erwartung auszusprechen, daß die Kommission ihre Eingabe zurücknehme." [38] Für die am darauffolgenden Tag einberufene Superintendentenkonferenz wurde verabredet, die Angelegenheit mit dem kommissarischen Geraer Superintendenten Franz Simcik (1885–1953) zu besprechen, bevor der „[...] Landesbischof dann in Gera selbst die Verhandlung mit dem Kirchenvorstand führen soll."[39]

Dieser ‚ungeheuerliche und unmögliche' Protest der Kirchgemeindebasis rüttelte nicht nur am Selbstanspruch der ‚führenden Rolle' der BK; er lag außerdem quer zu der in der Kirchenleitung bereits gefällten Personalentscheidung, KR Gerhard Säuberlich als Superintendenten und Visitator-Ost nach Gera zu entsenden.[40] Der Landeskirchenrat blieb bei seinem Beschluss, Säuberlich ging nach Gera, und – als ein etwas zeitversetztes Zugeständnis – wurde der WB-Pfarrer Fritz Käferlein (1897–1954) 1947 zum Superintendenten in Gera-Stadt ernannt.

---

37 Walter Köhler, *Bekenntnispfarrer rings um Saalfeld in Thüringen während der Hitlerzeit 1933–1945: Eine Dokumentensammlung in Neufassung. Verfasst und herausgegeben von Sup.i.R. KR Walter Köhler*, Sonneberg 1986, erweitert 1989, dort: Brief von Fischer an Säuberlich, 15.11.1945, in: *LKAE*, 2/90, 63-65. – Bezeichnenderweise berief sich auch Rönck gelegentlich seines Spruchkammerverfahrens vom 19.09.1946 auf die aktive Rolle Mitzenheims bei der Bildung dieser Ausschüsse, um damit seine [Röncks] Rolle bei der vermeintlichen Befriedung der Thüringer Kirche im Jahre 1944 herauszustellen. Vgl. Brief von Mitzenheim an Wurm, 03.01.1947, in: *LKAE*, PA Hugo Rönck, L 5038, unfoliiert.

38 Sitzung des LKR, 04./05.03.1946, TOP 11, in: *LKAE*, A 122, unfoliiert.

39 Ebd. – Die für den 06. und 07.03.1946 auf den Eisenacher Hainstein einberufene erste Sup.konferenz markierte eine wesentliche Zwischenstation auf dem Weg zu einem ‚endgültigen BK-Sieg'. Die Männer, die nach den erheblichen Strapazen der Reise aus allen Teilen Thüringens in Eisenach zusammengekommen waren, werden sich größtenteils persönlich gekannt haben. Sie waren, soweit das aus den Akten zu ersehen ist, sämtlich Mitglieder der LBG. Mitzenheim hatte sie während seiner Reisen im Frühjahr des Jahres 1945 – zumeist per Handschlag – zu Oberpfarrern (und bald darauf zu Superintendenten) ernannt und damit ‚in die Gefolgschaft' genommen. Dieser Kreis der ‚Regional-Bischöfe' bildete gewissermaßen die ‚Hausmacht' des Bischofs. Und die meisten von ihnen haben ihm auch ‚Gefolgschaftstreue' bewiesen – zumindest bis in die Mitte der fünfziger und zu Anfang der sechziger Jahre. Dieser Rolle entsprechend erhält die ‚Superintendentenkonferenz' dann in der neuen Verfassung von 1951 auch Platz und Gewicht. Verfassung der ELKiTh, vom 02.11.1951, §§61, 62 und 90.

40 Ebd. – Säuberlich selbst war offensichtlich unsicher geworden und erklärte, „daß er nach dem Vorgefallenen sich nicht binden könne, auf jeden Fall nach Gera zu gehen."

Trotzdem oder gerade deswegen erwiesen sich die Konflikte zwischen der Lutherischen Bekenntnisgemeinschaft und dem Wittenberger Bund als relativ langlebig. Am Ende desselben Jahres erreichten sie das brisante Feld der historischen Deutung und ideologischen Einordnung des Kirchenkampfes. Wolfgang Schanze, der einen Vortrag „über den kirchengeschichtlichen Ertrag der Jahre 1933–45" ausgearbeitet hatte, handelte sich damit umgehend den heftigen Widerspruch seines LKR-Kollegen und Vorsitzenden des Wittenberger Bundes, KR Oskar Ziegner, ein. Ziegner hatte sich in einem Brief an Schanze gewandt und ihm mitgeteilt: „Der Protest gegen Ihre so einseitige Darstellung, nach der es nur eine BK gegeben hat, die erfolgreichen Widerstand leistete, war unter den Superintendenten groß."[41] Ziegner war der Auffassung, dass auf diese geschichtsfälschende Weise „tiefer Unfriede gesät" würde, und fügte mit einem etwas sarkastischen Unterton an, „daß Sie [...] nun einen Rippenstoß bekommen müssen, der Sie daran erinnert, daß Sie im Landeskirchenrat in ‚Einmütigkeit' auch mit einer anderen Rasse zusammensitzen."[42]
In einem vertraulichen Schreiben an den Landesbischof versuchte Schanze, die Bestätigung seiner Einschätzung zu erlangen, „daß doch in den entscheidenden Zeiten von [19]33–36, die ich im Wesentlichen behandelt habe, der Wittenberger Bund überhaupt noch keine kirchengeschichtlich beachtliche Rolle gespielt hat."[43]
Leider ist in den Akten die Erwiderung Mitzenheims nicht zu finden. Ob zwischen den beiden BK-Brüdern ein Gedankenaustausch über das Problem eines theologisch begründeten, politischen Widerstandes gegen den NS bzw. dessen Ausbleiben erörtert wurde, und ob man sich eingestand, dass die Lutherische Bekenntnisgemeinschaft erst am 27. Juni 1934 ins Leben trat, während bis dahin u.a. auch Mitzenheim und Köhler noch DC-Mitglieder waren, muss somit leider offen bleiben.
Die Endgültigkeit des ‚vorläufigen LKR' und der endgültige Sieg der BK wurde mit der Tagung der ersten Synode am 19. Oktober 1948 besiegelt.[44] In seinem 8. Rundbrief verwies Mitzenheim kurz auf die „einstimmige Vertrauenskundgebung" für den Landeskirchenrat, bevor er mit geschichtsmächtigem Pathos auf den beschlossenen Anschluss der Thüringer Kirche an die Vereinigte Evangelisch-Lutherische Kirche in Deutschland (VELKD), den Lutherischen Weltbund (LWB) und die Evangelische Kirche in Deutschland (EKD) einging. „Es ist in den 26 Jahren des Bestehens unsrer Thüringer Kirche kaum ein Beschluß von solcher kirchengeschichtlichen Bedeutung gefaßt worden wie dieser", meinte Mitzenheim, unter Absehung der historisch folgenreichen Beschlüsse des DC-Landeskirchentages von 1933, die unter seiner Mitwirkung im Sommer 1945 wieder aufgehoben worden waren.[45] „Im inneren Zusammenhang mit diesem Beschluß sei auf Anregung aus der Synode heraus [sic!] einmütig beschlossen [worden], den Namen

[41] Schreiben von Ziegner an Schanze, 30.11.1946. – Schanze gab Auszüge dieses Briefes mit seiner Wertung der Angelegenheit mit der Bitte um – vertrauliche – Stellungnahme an Mitzenheim weiter, in: *LKAE*, A 190, 96.
[42] Ebd.
[43] Ebd.
[44] Björkman, *Lebensraum*, 38f. (8. Rundbrief, 21.10.1948): – So, als wäre es das Normalste innerhalb der evangelischen Christenheit, dass der Bischof zugleich auch den Vorsitz in der Synode hat, berichtete Mitzenheim: „Die Tagung wurde von mir als dem Vorsitzenden eröffnet und geschlossen". „Im Übrigen" habe die Leitung in der Hand des 1. Stellvertreters, dem der BK nahestehenden Rechtsanwalt Ostermann aus Hildburghausen, gelegen, „[...] der auf Beschluß der Synode die Bezeichnung Präsident führt." Ein Titel, der 1946 von Lotz als ‚kirchlich indifferent' bezeichnet worden war.
[45] Ebd.

‚Thüringer evangelische Kirche' in ‚Evangelisch-Lutherische Kirche in Thüringen' umzuwandeln."[46]

Doch die internen kirchen- und machtpolitischen Auseinandersetzungen hielten an. Gelegentlich wurde auch unter ‚Brüdern' und ‚Herren im Landeskirchenrat' einmal mit dem Faschismusvorwurf hantiert. So wandte sich der Stadtrodaer Superintendent und soeben zum 2. Stellvertretenden Vorsitzenden der Synode gewählte Gerhard Bauer wenige Tage nach der Synodensitzung in einem streng vertraulichen Schreiben an Mitzenheim und bat den Bischof: „Stützen Sie mich wie bisher als Leiter des Landesbruderrates und der Lutherischen Bekenntnisgemeinschaft, denn hier liegt nach wie vor eine der Schlüsselstellungen." Er berichtete von ‚verdeckten Anklagen' gegen die Synode und gegen ihn, wobei es sich „[...] bei den Kritikern um ziemlich einflußreiche Männer handelte."[47] Bauer äußerte sein Unverständnis über deren Vorbehalte gegenüber der Verfassung der VELKD, die auf der Synode vorgebracht worden waren. Einer der Kritiker war ‚Bruder Behr'.[48] „Als er seine Gewissensbedenken zum Ausdruck brachte [...]", sei ihm, Bauer, unwillkürlich der Gedanke gekommen, „[...] wie denn sein Gewissen reagiert hatte, als er wohl 12 Jahre lang Parteigenosse war und als Mann der I.M. besser als wir wissen mußte, was durch die Partei geschah."[49]

Noch ärgerlicher war nach Bauers Auffassung eine weitere Preisgabe des mit dem BK-Sieg erworbenen Vorrechtes auf ‚Schlüsselstellungen'. Er habe sich des Eindrucks nicht erwehren können, „[...] als ob der Landeskirchenrat die Thüringer Kirchliche Konferenz, die gewiß ihre große Bedeutung hat, über Gebühr in den Vordergrund schieben würde." Und dieses, obwohl sich doch „[...] im Kirchenkampf gezeigt [hätte], daß es mit der Thüringer Kirchlichen Konferenz allein nicht ging."[50] Am heftigsten und nachdrücklichsten beharrte Bauer jedoch auf der Lösung einer anderen Personalie: des Postens des ‚Gebietsoberkirchenrates-Ost'. Es sei ihm unerträglich, dass während der Synodentagung der Eindruck entstanden war, „[...] als ob ich mich auf irgendeine Weise in den LKR hineindrängen wollte. So scheinen es die Herren [!] Phieler und Lotz zu verstehen."[51]

Bauer erwähnt in diesem Zusammenhang ein Gespräch vom Juni 1946, in dem es offenbar um die unter DC-Verdacht bzw. -Vorwurf stehenden Mitglieder der Kirchenleitung ging. Er habe im Anschluss an dieses Gespräch „[...] alles getan, um zum Frieden zu reden und Frieden zu halten, sowohl nach der Seite jener Männer, [...], wie auch nach der Seite der Brüder in der Bekenntnisgemeinschaft. [...] Ja, ich habe den ganzen Landeskirchenrat öffentlich verteidigt, einschließlich Phieler."

46 Ebd. – Der um Integration bemühte Mitzenheim ‚outete' sich als Kritiker dieser Namensänderung. Zudem machte er deutlich, dass er ein lern- und demokratiefähiger Bischof und Synodenvorsitzender sein kann. „Da die Einwendungen, die ich bis dahin gemacht hatte, [...] nicht inhaltlicher und sachlicher Art waren [welcher dann?, d. Vf.]," habe er – angesichts der Einmütigkeit – seine Bedenken zurückgestellt.

47 Brief von Bauer an Mitzenheim, 02.11.1948, in: *LKAE*, Nl. Mm, unfoliiert.

48 Gemeint ist der Leiter des Arnstädter Marienstiftes, *Friedrich Behr*, der sich bereits im Februar 1946 mit einer Kritik am vermeintlich CDU-nahen Kurs innerhalb der Pfarrerschaft und in der Kirchenleitung an Mitzenheim gewandt hatte. – Vgl. Kapitel 3.2.4 und 4.8 (Eugenik und ‚Rasse-Astel').

49 Brief von Bauer an Mitzenheim, 02.11.1948, in: *LKAE*, Nl. Mm, unfoliiert.

50 Ebd. – Konkret nannte Bauer den Leiter der ThKK, *Günter Herden*, der „zu stark in den Vordergrund gerückt" sei. Herden wurde 1953 Oberkirchenrat und Mitglied im Landeskirchenrat. Die Strapazen einer Tagung der LWB in Minneapolis, USA, an der er mit Mitzenheim und Schanze teilnahm, hatten ihm offenbar so zugesetzt, dass er am 30.08.1957 nach einer längeren Inlands-Bahnreise im Krankenhaus in Detroit plötzlich verstarb. Björkman, *Lebensraum*, 183 (51. Rundbrief, 07.10.1957).

51 Ebd.

Dennoch sei nach wie vor offenkundig, „daß Phieler und Lotz Hemmschuh sind." Drohend fügte er an, dass er nur den Wunsch habe, „[...] sie mögen die Sache nicht auf die Spitze treiben."[52] Falls ‚die Herren' es so verstanden hatten, dass Bauer unbedingt ‚in den LKR' wollte, lagen sie damit offenbar nicht ganz daneben. Gerhard Bauer wurde im darauffolgenden Jahr 1949 als Oberkirchenrat und Visitator für den Kirchenbezirk Ost von Mitzenheim als Mitglied in den Landeskirchenrat berufen.[53]
Das genaue Studium der in den entsprechenden Archiven, insbesondere im Landeskirchenarchiv Eisenach, aufbewahrten Akten vermittelt den Eindruck, dass ein Großteil der 1945/46 benannten – inneren wie äußeren – Probleme und Konfliktlinien den weiteren Weg der Thüringer Kirche über lange Zeit begleitet und geprägt haben. Diese Konflikte spiegelten sich bereits in den Vorwürfen, auf die Bischof Mitzenheim während der ersten Superintendentenkonferenz am 6. und 7. März 1946 einzugehen hatte. Auch die besondere Weise der Mitzenheimschen Argumentation und Denkungsart begleitete als ein Kontinuum das weitere kirchenleitende Handeln – weit über die Ära Mitzenheim hinaus.[54]
Seinen „Bericht über die Lage der Thüringer evangelischen Kirche" hatte der Landesbischof im März 1946 zu einem ‚apologetischen Rundumschlag' genutzt, den er mit den gewichtigen Worten eröffnete: „Als es am 2. Mai 1945 auf legalem Wege zu einer legitimen Kirchenleitung unserer lieben Thür[inger] ev[angelischen] Kirche kam, da war es den Männern, die daran beteiligt waren, von Anfang an klar, daß es sich um ein sehr schweres Werk in einer schweren Zeit handelte."[55]
Seiner Schilderung der Selbstlosigkeit, Verzichtbereitschaft und des Gottvertrauens dieser ‚Männer der ersten Stunde' folgte die knappe Feststellung: „An der Kirchenleitung ist in den vergangenen Wochen Kritik geübt worden. Soweit sie berechtigt ist, kann sie für den Aufbau der Kirche nur gut und förderlich sein [...]" Der Bischof benannte im Folgenden acht Kritikpunkte, wobei der ‚BK-Diktatur-Vorwurf' und die unzureichende Beteiligung der ‚Nicht-DC'-Gruppen mehrfach auftauchen. Mitzenheim begann jeden seiner Kritikpunkte mit dem Satz „uns ist vorgeworfen worden", und gab dann mit seinen Erwiderungen den versammelten Superintendenten das ‚für den innerkirchlichen Dienstgebrauch' bestimmte Argumentationsmaterial in den Konventen und Kirchgemeinden an die Hand.[56] Stichwortartig und inhaltlich einander zugeordnet seien die Vorwürfe, die gegenüber Landeskirchenrat und Landesbischof erhoben wurden, zitiert: „diktatorisches Vorgehen", „autoritäre Pastorenkirche" und fehlende „verfassungsmäßige Grund-

---

[52] Ebd. – Zur Kritik an Gerhard Phieler siehe Kapitel 4.8.

[53] Ebd. – Bauer zeigte sich entsetzt, dass „[...] ausgerechnet der jüngste und unerfahrenste Superintendent [Erich Stegmann]" von KR Schanze für dieses von Bauer so begehrte Amt angesprochen wurde.

[54] Werner Leich, „Die ‚Thüringer Evangelische Kirche' und die ‚Evangelisch-Lutherische Kirche in Thüringen' unter der nationalsozialistischen Gewaltherrschaft und in der Zeit nach der Befreiung", in: *Amtsblatt Eisenach* 1 v. 10.01.1986, 4-10; Detlef Pollack, „Der Weg in die Anpassung. Stationen der theologischen Entwicklung in den evangelischen Kirchen der DDR", in: Günther Wartenberg (Hg.), *Evangelische Kirche nach 1945 in der SBZ/DDR*, Leipzig 1996, 9-25. Gerhard Besier, „Aus der Resistenz in die Kooperation. Der ‚Thüringer Weg' zur ‚Kirche im Sozialismus' ", in: Günther Heydemann/Lothar Kettenacker (Hgg.), *Kirchen in der Diktatur: Drittes Reich und SED-Staat*, Göttingen 1993, 182-212; Kühn, „Theologische Rechtfertigung", 238-258; Christoph Markschies, „Kirchenhistorische und systematisch-theologische Bemerkungen zur Diskussion über den ‚Thüringer Weg' ", in: *Thüringer Gratwanderungen*, 209-220.

[55] Superintendenten-Konferenz (Eisenach), 06. und 07.03.1946, in: *LKAE*, A 190/III, unfoliiert. – Mitzenheim unterschlug in seinem Bericht die Problematik und die vielstimmige Kritik seiner ‚Kontinuitäts-These'. Er ging im Verlauf seiner Darstellung auf die Zusammensetzung des LKR und die bewusste Beteiligung der „einzelnen Gruppen" ein, vermied es allerdings, davon zu berichten, dass „von den damals beteiligten Männern" mittlerweile einige ausgeschieden waren.

[56] Ebd.

lage"; „BK-Regierung" und mangelhafte Beteiligung der „einzelnen Gruppen"; „Streben nach Orthodoxie", „lutherisches Bekenntnis" und Ablehnung einer „Restauration der alten [liberalen] Kirche vor 1933"; „politische Betätigung der Pfarrer", „Politisierung" und „Parteien"; „reaktionäre Verteidigung der Gutsbesitzer" und „Bodenreform"; „Religionsunterricht" und die „eigenartige Bevorzugung durch die Sowjet-Militäradministration"; „Spruchstelle", „Reinigung" und „Beschäftigung entlassener Lehrer als Katecheten"; „Hilfswerk der Kirchen", verweigerte „Staatsleistungen" und „schwierige finanzielle Situation der Kirche".[57]
Während ein Teil der Vorwürfe und Probleme, insbesondere die drei erstgenannten, weiterhin für Konflikte sorgte, die offen oder verdeckt ausgetragen wurden, haben die von außen kommenden ideologischen und machtpolitischen Streitpunkte den inneren Zusammenhalt eher gestärkt. Vor allem hier, in der emphatischen Betonung des ‚Schutzraumes Kirche' sah der Landesbischof, subjektiv davon überzeugt und gewiss auch strategisch eingesetzt, ein ‚wunderbares' Identifikations- und Integrationsmodell für seine heterogene, (kirchen-)politisch belastete Pfarrer- und Mitarbeiterschaft. Seine theologische Begründung erhielt dieses Integrationsmodell durch den Verweis auf Luthers ‚Lehre von den Zwei Reichen'. Die Thüringische Deutung lutherischer Tradition wirkte zugleich auch abgrenzend und schützend gegenüber einer vermeintlich wie tatsächlich ‚feindlichen Umwelt'.[58] Mitzenheim formulierte im Frühjahr 1946 seine ausführliche Apologie so, wie viele seiner künftigen Rundbriefe: mit bischöflichem Staunen über das von ihm häufig so genannte ‚Wunderwerk seiner Gnade', die Thüringer Kirche: „Es ist ein Wunder, daß nach dem politischen Zusammenbruch unsre Kirche überhaupt noch steht, [...] Es ist ein Wunder, daß wir in dieser Welt der Trümmer eine Stätte haben in unserer Kirche, eine Stätte des Trostes, des Friedens, der Kraft, der Gemeinschaft und der Vergebung."[59]
Manchmal passierte es Mitzenheim allerdings, dass er im Überschwang seines ‚Kirche-Welt'- und ‚Hell-Dunkel-Dualismus' Institution mit Intention, d. h. ‚Kirche' mit ‚Evangelium' verwechselte. So erklärte er bspw. im Anschluss an seine Einführung als Landesbischof im Oktober 1947, „daß die Gemeinde Christi, unsere Kirche, [...] in einer Welt des Todes, der Unbarmherzigkeit, des Hasses, der Verzweiflung trotz aller Schwachheit ihrer Glieder und Diener die einzige Quelle wahren Lebens ist: der Vergebung, der Liebe, der Kraft und des Friedens."[60]
Doch abgesehen davon wird Mitzenheim in einem weiteren Punkt sowohl innerhalb der Pfarrerschaft, bei den kirchlichen Mitarbeitern, den Gemeindegliedern als auch bei einer Mehrheit der Zeitgenossen in Deutschland und in Thüringen auf Zustimmung gestoßen sein – im Ausblenden von Verantwortung und Schuld gegenüber Krieg und nationalsozialistischen Verbrechen. Somit ist es keineswegs verwunderlich, dass Mitzenheims Lage-Bericht auf eine deutlichere Benennung dessen, was eigentlich die Hintergründe und Folgen des häufig beschriebenen ‚politischen Zusammenbruchs' waren, verzichtet. Diesen Verzicht hatte er bereits in seinem „1. Rundschreiben an die Pfarrerschaft" geübt, und er blieb in den meisten seiner künftigen Rundbriefe und Artikel dabei.[61] In diesem Rundbrief vom 19. November 1945 ist von ‚Verkehrs- und Druckschwierigkeiten', von „6 harten Kriegsjahren mit ihren Schwierigkeiten und Entbehrungen", von der noch immer unzureichenden ‚Versorgung unserer Gemeinden' mit Pfarrern und anderem Ungemach die

57 Ebd.
58 Vgl. dazu Kapitel 3.2.4, die Wertung der politischen Haltung Mitzenheims im Unterschied zu Erich Hertzsch.
59 Ebd.
60 Zitiert nach *GuH* 23, 12.06.1985.
61 Björkman, *Lebensraum*, 20-23 (1. Rundbrief, 19.11.1945).

Rede. Doch auch in diesem bischöflichen Wort zeigte er sich angesichts der wirtschaftlichen Lage von der Aufrechterhaltung der äußeren Ordnung der Kirche überwältigt[62]
Sein Fazit lautete: „Wenn wir so in großen Zügen auf ein halbes Jahr kirchlicher Aufbauarbeit zurückblicken, – müssen wir da nicht dankbar sein?“[63]
In erkennbarem Unterschied zur Wirklichkeitsbetrachtung und -reflexion der Thüringer Kirchenleitung hatte beispielsweise das „Wort der Berliner Bekenntnissynode an die Pfarrer und Gemeinden“ vom Juli 1945 von einem „Wendepunkt in der Geschichte unseres Volkes“ gesprochen. Der Rückblick auf den Kirchenkampf mache erschreckend deutlich, dass „[...] das Volk der Reformation vor aller Welt ein Beispiel der Entchristlichung und ein unheimlicher Hort des Antichristentums und der Gegenmission geworden [ist].“[64]
Auch hier kann vom ‚Dank für den Neuanfang‘ gesprochen werden, aber auch von „[...] der passiven Schuld, die schwer auf uns lastet.“[65]
Noch deutlicher hatte die Kirchenkonferenz von Treysa, am 7. August 1945, formuliert: „Scheu vor dem Leiden hat das maßlose Leid über uns gebracht.“[66] Die dort versammelten Pfarrer und Kirchenführer aus Deutschland benannten ausdrücklich „[...] Rechtsbruch und Frevel, die Schuld in den Konzentrationslagern, die Mißhandlung und Ermordung der Juden und Kranken“, aber selbstverständlich auch die Hoffnung auf einen Neuanfang und die Freude darüber, dass nun von der Kirche „[...] drückende Fesseln gefallen [sind].“[67] Und nicht zuletzt hatte die ‚Stuttgarter (Schuld-)[68]Erklärung‘ vom Oktober 1945 vom „[...] unendlichen Leid, das durch uns über viele Völker gebracht wurde“, gesprochen.[69]
Dem gegenüber hatte die eigentümliche ‚Thüringer Unbußfertigkeit‘ ihre Ursache nicht allein in einem unterentwickelten theologischen Analysevermögen und kaum erkennbarer politischer Urteilskraft – auf Seiten der Kirchenleitung ebenso wie bei vielen Pfarrern. Sie war ebenso eine Folge überkommener mentaler Prägungen, die hier lediglich mit dem Stichwort einer ‚antimodernen Grundierung‘ angedeutet werden.[70]
Man muss wohl resümierend feststellen: trotz DC-Hypothek und BK-Sieg sowie gegen die sich immer aggressiver entwickelnde SED-Diktatur konnten kirchliche Handlungsfelder geschützt und entwickelt werden. In der Logik dieser Entwicklung liegt, dass die offizielle Thüringer Kirchenkampf-Geschichtsschreibung von dieser ‚Unbußfertigkeit‘ geprägt ist. Die vom Landeskirchenrat beschlossene Kirchenkampfchronik wurde von 1976 bis 1984 von Erich Stegmann bearbeitet und veröffentlicht: „als Warnung vor Irrlehre und als Mahnung zu treuem Bekennen.“[71]

62 Ebd., 21.
63 Ebd., 23. – Dankbar vermerkt Mitzenheim mit einem Blick auf die Nachbarkirchen der APU, Sachsen, Mecklenburg und Anhalt: „Auch in diesen Landeskirchen hat die Bekennende Kirche die Führung übernommen.“
64 „Gottes Wort ruft uns zur Buße“. Wort der Berliner Bekenntnissynode an die Pfarrer und Gemeinden, vom 31.07.1945, zit. nach Heidtmann, *Hat die Kirche geschwiegen?*, 11. Dort auf S. 12: „Die amtliche Kirche hat sich gegenüber dem Angriff des totalen Staates und seiner Weltanschauung weithin als blind erwiesen.“
65 Ebd., 13.
66 Ebd., 17. – Mitzenheim hatte an der Treysa-Konferenz nicht teilnehmen können, weil ihn die Einladung erst nach dem Ereignis erreichte. Das *Wort der Kirchenkonferenz der EKD an die Gemeinden: Laßt uns nach Gottes Willen fragen*, beginnt mit dem Satz: „Gottes Zorngericht ist über uns hereingebrochen.“
67 Ebd., 17, 18.
68
69 Ebd. „Wir klagen an ... wir hoffen ... wir bitten“. Die Stuttgarter Erklärung vom 19.10.1945.
70 Vgl. die Ausführungen in Kapitel 3.2.4 (Politikverständnis) und Kapitel 2 (Mentalität).
71 Erich Stegmann, *Der Kirchenkampf in der Thüringer Evangelischen Kirche 1933–1945*, Berlin 1984, 8.

Ganz am Ende des Buches, im Anschluss an einen kursorischen Schnelldurchgang durch die Christentumsgeschichte von den Anfängen bis zum Ersten Weltkrieg, den der Verfasser unter der Überschrift „Schluss: Restauration?" vornimmt, findet sich ein blamables Beispiel für die von Karl Barth bereits 1945 befürchtete „[...] merkwürdige deutsche Eigenschaft, gerade über unangenehme politische Erinnerungen nachher großzügig hinwegzuleben und sie in ihr Gegenteil umzudeuten."[72]

Mit der banalen Feststellung, dass es in der Geschichte „[...] immer auch Irrtümer und Fehlentscheidungen gegeben [habe] und daß [...] neben dem Wirken des Heiligen Geistes auch die Kirche [...] immer [von] Menschengeist, Menschenschuld, menschlichem Unvermögen begleitet [werden sei]", rechtfertigt der Autor seine exkulpierende Verwendung eines zeitgeschichtlichen Dokumentes der evangelischen Kirchen, das selbst stark geprägt ist vom Erschrecken über den Krieg wie über den (später so genannten) ‚Holocaust' und vom Erkennen eigener Schuld und eigenen Versagens. Das ‚Stuttgarter Bekenntnis' vom 19. Oktober 1945 gerät durch die Form, in der Stegmann es zitiert, zu einem historisch unsinnigen und moralisch zweifelhaften, universellen Bußruf: „Jede Epoche der Kirchengeschichte muß bekennen, ‚daß wir nicht mutiger bekannt, nicht treuer gebetet, nicht fröhlicher geglaubt, nicht brennender geliebt haben'."[73]

Diese Betrachtungen eines Zeitzeugen des Kirchenkampfes und vormaligen Mitgliedes der Kirchenleitung, verfasst und zensiert unter den Publikationsmöglichkeiten einer ‚Kirche im Sozialismus' der DDR-Diktatur, führt abschließend noch einmal zurück zur Frage nach weiteren kirchenhistorischen Weichenstellungen des ‚Thüringer Weges'.[74]

5.2 Forcierte Stalinisierung und bischöfliche Spitzenpolitik

In dem Jahr, in dem die kirchliche Selbstreinigung wie auch die durch die Alliierten verfügte Entnazifizierung offiziell beendet wurden, fanden die entscheidenden Ereignisse statt, die letztlich zur deutschen Zweistaatlichkeit unter den Bedingungen des weltumspannenden politisch-ideologischen Systemkonfliktes führten, den man gemeinhin mit dem Begriff ‚Kalter Krieg' zu fassen sucht.[75] Der Historiker Hans-Peter Schwarz hat deshalb dieses Jahr 1948 ganz treffend ein ‚Schicksalsjahr' genannt.[76] Unter den besonde-

---

72 Barth, *Die Deutschen*, 33: – Barth war schon im Sommer 1945 der Meinung, dass „[...] man mit dem religiösen Tiefsinn der Deutschen rechnen[muß], der der Anerkennung eigener konkreter Schuld allzu gerne damit ausweicht, daß er auf die große Wahrheit hinweist, vor Gott seien schließlich alle Menschen und Völker gleich schuldig und gleich sehr der Vergebung ihrer Sünden bedürftig, aus der dann kühn der Schluß gezogen wird, daß eine besondere deutsche Buße offenbar nicht nötig und durchaus nicht angebracht sei." – Siehe Kapitel 3.2.4.

73 Ebd., 117. – Dass dieses Schuldbekenntnis auch den Kirchenkampf in Thüringen ausdrücklich mit einschließt, ändert nichts an seiner zweifelhaften Instrumentalisierung.

74 Die Bezeichnung ‚Thüringer Weg' wurde erst seit Ende der fünfziger Jahre verwendet. Planer-Friedrich nannte diesen Weg einen „Rückfall hinter Barmen". Götz Planer-Friedrich, Rückfall hinter Barmen, in: *GuH* 8/48. 1993; ders.: „Trojanische Pferde. Wie sich die Stasi in die evangelischen Kirchen der DDR einschlich", in: Thomas A. Seidel (Hg.), *Gottlose Jahre? Rückblicke auf die Kirche im Sozialismus der DDR*, Leipzig 2002, 47-56. – Vgl. Kapitel 5.3.

75 Ernst Nolte, *Deutschland und der Kalte Krieg*, München 1974; Joseph Foschepoth (Hg.), *Kalter Krieg und deutsche Frage. Deutschland im Widerstreit der Mächte 1945–1952*, Göttingen – Zürich 1985; Günter Hockerts (Hg.), *Drei Wege deutscher Sozialstaatlichkeit: NS-Diktatur, Bundesrepublik und DDR im Vergleich*, München 1998. – Mit dem Ausscheiden der sowjetischen Vertreter aus dem Alliierten Kontrollrat, am 20.03.1948, trat der Kalte Krieg in eine – beinahe – heiße Phase.

76 Hans-Peter Schwarz, *Vom Reich zur Bundesrepublik. Deutschland im Widerstreit der außenpolitischen Konzeptionen in den Jahren der Besatzungsherrschaft 1945–1949*, Stuttgart 1980. – Die Spaltung Berlins, die mit der Blockade West-Berlins am 18. Juni 1948 begann, wurde am Ende desselben Jahres

ren Bedingungen der SBZ markiert dieses Jahr den Übergang von der latenten Diktatur der ‚antifaschistisch-demokratischen Umwälzung' zur manifesten ‚Diktatur der Arbeiterklasse' ab 1949/50, die ab 1952 mit dem unter der Regie Walter Ulbrichts propagierten ‚Aufbau des Sozialismus' einen weiteren ‚Durchherrschungsschub' erhielt.[77]
Nachdem Ende des Jahres 1947 die Ost-CDU als bürgerliche Oppositionspartei mit der Verhaftung ihrer wichtigsten Führungspersonen Jakob Kaiser und Ernst Lemmer von der SMAD entmachtet worden und im Frühjahr mit der Gründung der Deutschen Bauernpartei (DBD) und der National-Demokratischen Partei (NDPD) sowie deren Einbindung in den kommunistisch kontrollierten Antifa-Block die ‚Machtfrage' in der SBZ sozusagen entschieden war, setzte bald darauf auch die parteiinterne Säuberung und Stalinisierung der SED ein.[78] Am 24. September 1948 widerrief der ideologische Kopf der Moskau-treuen deutschen Kommunisten, Anton Ackermann, mit einem Artikel im *Neuen Deutschland* die von ihm bis dato verfochtene These vom „besonderen deutschen Weg zum Sozialismus".[79] Damit begann die forcierte Stalinisierung in der Sowjetischen Besatzungszone, die von nun an nicht nur parteipolitisch, sondern auch wirtschaftlich und polizeistaatlich vorangetrieben wurde.[80] In den Westzonen Deutschlands und in Westberlin setzte die Währungsreform im Juni 1948 einen bedeutenden Schritt zur Bildung eines separaten deutschen Staates. Am 7. Oktober 1949, genau einen Monat nach der Konstituierung des Deutschen Bundestages, besiegelte die Verabschiedung der Verfassung der DDR dann die Zweistaatlichkeit Nachkriegsdeutschlands.
Ähnlich wie sich die ‚antifaschistischen Umwälzer' beim politischen Machtkampf und Elitentausch auf die mit dem Potsdamer Abkommen paraphierten alliierten Vorgaben zur Entnazifizierung und Entmilitarisierung berufen konnten, so wurde auch bei der grundlegenden kommunistisch inspirierten Transformation der Eigentumsverhältnisse auf die geforderte „Enteignung von Finanz-, großindustriellem Eigentum und Großgrundbesitz" als Legitimationshintergrund verwiesen.[81] Mit dem Ende der Entnazifizierung, der be-

---

mit der Bildung eines „provisorischen demokratischen Magistrats" in Ost-Berlin vollzogen – Hermann Wentker, *Ein deutsch-deutsches Schicksal: der CDU-Politiker Helmut Brandt zwischen Anpassung und Widerstand*, in: *VfZ* 49. 2001, 465-506.

77 Jürgen Kocka, „Eine durchherrschte Gesellschaft", in: *Sozialgeschichte der DDR*, 547-553.

78 Vgl. u.a.: Johann Baptist Gradl, *Anfang unter dem Sowjetstern. Die CDU 1945–1948 in der sowjetischen Besatzungszone Deutschlands*, Köln 1981; Manfred Agethen, „Der Widerstand der demokratischen Kräfte in der CDU gegen den Gleichschaltungsdruck von sowjetischer Besatzungsmacht und SED 1945–1952", in: *Die CDU in der sowjetisch besetzten Zone/DDR 1945–1952*, hg.v. der Konrad-Adenauer-Stiftung, Sankt Augustin 1994, 21-43; Ulrich Mählert/Hermann Weber (Hgg.), *Terror: kommunistische Parteisäuberungen vor und nach dem Zweiten Weltkrieg*, Paderborn 1998. – Für das Thüringer kommunistische Milieu besonders folgenreich waren die im Zusammenhang der Kader-Untersuchungen zum ehemaligen KZ Buchenwald durchgeführten Säuberungen, siehe: Niethammer, *Der ‚gesäuberte' Antifaschismus*.

79 Andreas Malycha, *Partei von Stalins Gnaden? Die Entwicklung der SED zur Partei neuen Typus in den Jahren 1946 bis 1950*, Berlin 1996; ders., *Die SED: Geschichte ihrer Stalinisierung 1946–1953*, Paderborn 2000.

80 Vgl. u.a. Erich Kniffke, *Jahre mit Ulbricht*, Köln 1990; Wolfgang Zank, *Wirtschaft und Arbeit in Ostdeutschland 1945–1949: Probleme des Wiederaufbaus in der Sowjetischen Besatzungszone Deutschlands*, München 1987; Winfried Halder, *„Modell für Deutschland": Wirtschaftspolitik in Sachsen 1945–1948*, Paderborn 2001. – Mit der Übernahme der Lenkung und Leitung der SBZ-Wirtschaft durch die „Deutsche Wirtschaftskommission" (DWK), am 09.03.1948, begann die schrittweise Einschränkung der Souveränität der ostdeutschen Länder, die mit ihrer Auflösung und Umbildung in 14 Bezirke und 217 Kreise am 23.07.1952 endete. Am 03.07.1948 wurde, mit ausdrücklicher Genehmigung durch die SMAD, die Kasernierte Volkspolizei (KVP) gebildet. – Siehe Kapitel 3.2.5.

81 Meuschel, *Legitimation*, 52: „Die Funktionalisierung der Polizei, des Rechts- und Justizsystems für die Zwecke der Transformationspolitik vollzog sich unter der Ägide der SMAD, der Zentralverwaltungen

ginnenden zentralen Wirtschaftsplanung und der Stalinisierung der SED richtete sich „politisch-justizielle Willkür" (Sigrid Meuschel) nun zunehmend gegen vermeintliche oder tatsächliche politische Gegner.[82]

In Thüringen war nach einer Zeit relativ eigenständiger, politisch nach Westen orientierter Landesentwicklung unter Rudolf Paul bereits ab Sommer 1947 mit dem ‚kampferprobten' Kommunisten Werner Eggerath ein ‚neuer Wind' eingekehrt.[83] Während sich am Ende der ‚antifaschistisch-demokratischen Umwälzung' im Panzer-bewehrten und SMA-gestützten ‚Windschatten' erneut eine radikale Totalisierung des gesellschaftlichen Lebens vollzog, setzte sich im weiter anwachsenden ‚weltanschaulichen Sturm' die Neuordnung der Thüringer Kirche fort.

Diese kirchenrechtliche Entwicklung hatte am ‚vorgezogenen Ende' der Vorläufigkeit des Landeskirchenrates im Sommer 1946 nunmehr im ‚Schicksalsjahr' 1948 mit der Synodenbildung eine wichtige Plattform erreicht. Von dort aus wurde der weitere Ausbau einer lutherisch-konfessionellen Episkopalkirche vorangetrieben. Kennzeichnend und prägend für die Herausbildung dieser im deutschen Nachkriegsprotestantismus nahezu einzigartigen Kirchenverfassung war vor allem zweierlei: Zum einen das landesherrliche Selbstverständnis und die quasi-lutherische, obrigkeitlich orientierte Theologie des Landesbischofs Moritz Mitzenheim;[84] zum anderen der (kirchen-)politische Werdegang ebenso wie die kirchenrechtlichen Entwürfe des Thüringer Kirchenjuristen Gerhard Lotz. Letzterer sah sich nicht nur in einer spannungsreichen Doppelrolle als interner Kritiker und Vollstrecker der von seinen BK-Kollegen im Landeskirchenrat vorgezeichneten Kirchenpolitik, sondern zunehmend auch als ‚Antifaschist' und Ost-CDU-Politiker, der mehr und mehr davon überzeugt war, im Kalten Krieg zwischen den beiden deutschen Staaten und evangelischen Kirchen auf der richtigen, sprich: ‚fortschrittlichen' Seite zu stehen.

Landesbischof Mitzenheim mühte sich wie ein guter Landesfürst nach Kräften, um die Not der ‚Opfer der antifaschistischen Umwälzung' zu lindern. Seit Ende 1945 setzte er sich immer wieder für die Menschen ein, die durch die ‚Bodenreform' ihr Eigentum verlo-

---

des Innern und der Jusitz unter dem Schutzschild der Entnazifizierung." – Gerhard Fürmetz/Herbert Reinke/Klaus Weinhauer (Hgg.), *Nachkriegspolizei: Sicherheit und Ordnung in Ost- und Westdeutschland 1945–1969*, Hamburg 2001.

82 In diesen Kontext gehört auch die Entstehungsgeschichte des „Ministeriums für Staatssicherheit" (MfS), das am 08.02.1950 – vom ‚SMA-Helfer einer beschleunigten Entnazifizierung' (Kommissariat K 5/201, 1947) über den DWK-‚Ausschuß zum Schutz des Volkseigentums' und der HV ‚Schutz der Volkswirtschaft' beim MdI der DDR – gebildet wurde, um von nun an einen effizienten „Kampf gegen ‚feindliche Agenten', ‚Diversanten', ‚Saboteure' und ‚Spione' " zu führen. – In Thüringen wie auch in den übrigen Ländern der SBZ schaltete sich die SMA-Spitze in die beschleunigte Abwicklung der Entnazifizierung im Zusammenhang des Befehls 201 ein. – Vgl., in: *BAP*, MdI 7/430, 00032: Kolesnitschenko ‚bemängelte' am 28.01.1948 die langsame Abwicklung der Maßnahmen bei der Thüringer Justiz und legte fest, „[...] bis zum 01.05.[19]48 die Abwicklung und Durchführung des Befehls 201 zu beenden." Der SBZ-Koordinator dieser Aktionen war der damalige Vizepräsident der Deutschen Verwaltung des Innern und spätere Minister des MfS, *Erich Mielke (1907–1999)*.

83 Siehe dazu u.a.: Werner Eggerath, *Die fröhliche Beichte*; Petra Weber, *Justiz und Diktatur. Justizverwaltung und politische Strafjustiz in Thüringen 1945–1961*, München 2000. – Der ‚Bodenreform-erprobte' Eggerath hatte in der Provinz Sachsen „[...] die ‚Ausweisung' des CDU-Führers Dr. Schreiber aus der Provinz [durchgesetzt], die dann zum Sturze der ersten Führung der CDU in der sowjetischen Besatzungszone (Dr. Hermes und Dr. Schreiber) im Herbst 1945 führte" [zitiert nach Overesch, 192]. Als Nachfolger des parteiinternen ‚Reinigungsopfers' Ernst Busse war Eggerath 1947 zunächst Innenminister und nach der Flucht Pauls 1947 bis 1952 Ministerpräsident des Landes Thüringen.

84 Zum politischen Denken und Selbstverständnis Mitzenheims siehe vor allem Kapitel 3.2.4.

ren hatten. Dieses hatte ihm Ende Juli 1948 den Vorwurf eines ‚Saboteurs' eingetragen.[85] Auch den Inhaftierten im NKWD-Speziallager Nr. 2 Buchenwald galt sein unermüdliches Engagement.[86] Ein Teil von ihnen, ca. 9000, wurde im Sommer 1948 entlassen.[87] Auf Grund seiner hartnäckigen Interventionen bei Kolesnitschenko erhielt Mitzenheim die Erlaubnis, Weihnachten 1949 zwei Gottesdienste in diesem ‚Schweigelager' auf dem Ettersberg zu halten, was seinem Ansehen als ‚treusorgender Landesbischof' sehr zugute kam. Auch der ehemals NS-Verfolgte Propst Heinrich Grüber hatte 1949 die Genehmigung zum Besuch des Speziallagers Sachsenhausen erhalten. Über ein in der SBZ-Presse abgedrucktes Interview mit Grüber, der sich positiv über die angeblich ‚humanen Haftbedingungen' im Vergleich zu seinen eigenen KZ-Erfahrungen geäußert hatte, war ein heftiger Streit entbrannt. Ein Hinweis darauf findet sich in der Pressemitteilung des Thüringer LKR vom 22. Januar 1949: „Ich [Mitzenheim, d. Vf.] habe am 1. Weihnachtsfeiertag in Buchenwald in zwei Gottesdiensten gepredigt und zwei Abendmahlsfeiern gehalten. Von einem Besuch des Bischofs D.Dibelius und des Propstes Grüber in Buchenwald ist mir nichts bekannt. Die Ausführungen von Propst Grüber in der Presse können sich also nur auf das Lager beziehen, das er besucht hat. Über die Gottesdienste hinaus habe ich keinen Einblick in das Lagerleben gehabt. Ich habe mit keinem der Häftlinge ein Einzelgespräch geführt."[88]

Ebenfalls von Vorteil für das Image Mitzenheims und für das seiner ‚lieben Thüringer Heimatkirche' war es, dass die Wahl des Tagungsortes für die Generalsynode der VELKD und der Kirchenversammlung der EKD Mitte Juli 1948 auf die Lutherstadt Eisenach gefallen war. Die besondere Atmosphäre der Stadt und des lutherischen Symbolortes mit Wartburg sowie die vorgetragene Entschlossenheit Mitzenheims, die lutherische Neuordnung seiner Landeskirche voranzutreiben, wird die ‚Spitzenvertreter' des deutschen Protestantismus beeindruckt haben. Ebenso die Thüringer Gastfreundschaft, die trotz der Turbulenzen, die im Zusammenhang der Währungsreform für eine Terminverschiebung von Ende Juni auf Mitte Juli 1948 geführt hatten, voll zum Zuge kam.[89] Dass während dieser Tage in Eisenach sowohl die Verfassung der VELKD als auch die Grundordnung der EKD beschlossen wurde, schien dem Bischof in seinem Bericht an die Pfarrerschaft offenbar nicht mitteilenswert.[90] Es ist davon auszugehen, dass „die Fühlungnahme mit den leitenden Geistlichen" für Mitzenheim wichtiger war, und dass ihn außerdem die

---

85 Vgl. Kapitel 3.2.5, dort den Angriff des „Landessenders Weimar" vom 29.07.1948. – Bereits bei der ‚Entthronisierung' und der Flucht des MP Rudolf Paul hatten der Fall „Staas" und in diesem Zusammenhang der „Sender Weimar" eine nicht unerhebliche Rolle gespielt.

86 Das außerordentlich beeindruckende Engagement von Mitzenheim für die im Speziallager Inhaftierten ist dokumentiert in dem unveröffentlichten Heft der vormaligen LKA-Mitarbeiterin Dr. Gisela Friedemann, „Hilfe! Ich bin gefangen! Eine Quellen-Studie", zugleich: Ein Ausschnitt aus einem Tätigkeitsbereich unseres Landesbischofs in den Jahren 1945–1964. „Herrn Landesbischof D. Dr. Mitzenheim [anläßlich seines 50. Ordinationsjubiläums, d. Vf.] in dankbarer Verehrung zugeeignet! 18. Okt[ober] 1964, Dr. Friedemann." (122 S.), in: *LKAE*, unfoliiert.

87 Ritscher, *Speziallager*, 143: „22. Mai 1948: Nach mehreren Fürsprachen des Landesbischofs [Mitzenheim] wird die Frau des evangelischen Pfarrers Erasmus freigelassen. [...] 10. Juli [bis 24. August 1948]: Beginn der ersten großen Entlassungsaktion [...]. September 1948: zu den reichlich 4000 im Lager verbleibenden Menschen werden mehr als 6000 Personen aus den aufgelösten Speziallagern Mühlberg und Fünfeichen eingewiesen. Ende September befinden sich 10.245 Internierte im Lager."

88 Mitteilung des LKR, für GuH, 22.01.1949, in: *LKAE*, A 190, unfoliiert.

89 Vgl. die sehr aufschlussreichen Schilderungen des Zeitzeugen Heinz Brunotte, „Die Kirchenversammlung von Eisenach 1948", in: ders., *Bekenntnis und Kirchenverfassung. Aufsätze zur kirchlichen Zeitgeschichte*, Göttingen 1977, 133-138.

90 Heinz Brunotte, *Die Grundordnung der Evangelischen Kirche in Deutschland. Ihre Entstehung und ihre Probleme*, Berlin 1954; Smith-von Osten, *Von Treysa 1945 bis Eisenach 1948*.

Verhandlungserfolge seiner zahlreichen staatlichen ‚Spitzengespräche' in der Auffassung bestärkten, dass das vertrauliche Vier-Augen-Gespräch mit den jeweiligen ‚Chefs' nicht nur einige Erfolgsaussichten bereit hielt, sondern darüber hinaus auch die eigene Position befestigen half.[91]

In diesen Kontext gehört auch, dass Mitzenheim im Dezember 1947 als Delegierter Thüringens am ‚Deutschen Volkskongress' in Berlin teilnahm. Dort hielt er vor den (2215) Delegierten eine kurze Ansprache, die im Vorfeld der Londoner Viermächtekonferenz die ‚unermessliche Not des deutschen Volkes' beschrieb und um Frieden für ein einheitliches Deutschland bat. Indem er darauf hinwies, dass ‚in früheren Zeiten' Pfarrer und Bürgermeister einer vom Feind umstellten Stadt gemeinsam um Barmherzigkeit baten, hob er mit nationalprotestantischem Pathos hervor: „So stellen wir Männer der Kirche uns heute vor das ganze deutsche Volk und rufen: Handelt menschlich an ihm! Seid barmherzig!"[92] Als er einige Monate später als permanenter Delegierter unter der Rubrik „Persönlichkeiten" berufen werden sollte, lehnte er mit der Begründung ab, dass er seinen „[...] Auftrag nicht in einer parlamentarischen Tätigkeit [...], sondern in der Verkündigung und in der Seelsorge sehe."[93]

Abgesehen davon, dass es Mitzenheim ähnlich wie Hertzsch ergangen war, d.h., dass er seine Zusage zur Mitarbeit aus der Zeitung erfahren hatte, wollte er wohl vor allem seinen Pfarrern gegenüber, denen strikte politische Abstinenz auferlegt war, nicht als ein ‚schlechtes' Beispiel vor Augen gestellt werden.

Als der SED-Ministerpräsident Werner Eggerath sich im Februar 1949 durch das besondere Vertrauensverhältnis zwischen dem Landesbischof und dem SMATh-General Kolesnitschenko ausgegrenzt und ‚übergangen' sah und sich deshalb beschwerdeführend nach Eisenach wandte, ergriff Mitzenheim – mit Erfolg – die Gelegenheit, die bisherige Praxis der Spitzengespräche erneut einzufordern. Mitzenheim antwortete dem pikierten Ministerpräsidenten, dass er es sehr begrüßen würde, „[...] wenn wichtige, Staat und Kirche berührende Dinge nicht nur mit den Dezernenten und Referenten, sondern, wie dies eine Zeitlang periodisch geschah, auch mit Ihnen persönlich durchgesprochen werden könnten."[94]

Diese ‚positive Fühlungnahme' wird nicht unerheblich für das später rückblickende Urteil Mitzenheims gewesen sein, dass die Ernennung Eggeraths 1957 zum ‚Staatssekretär für Kirchenfragen bei der Regierung der DDR' „[...] bedeutungsvoll für unsere Kirchen in der DDR [gewesen sei]." Dies war es auch und besonders für die ‚Spitzenpolitik' des Thüringer Bischofs selbst.[95] Dieses sich wechselseitige ‚Stabilisieren auf höchster Ebene' zwischen Kirche und deutscher Verwaltung, das zudem geeignet schien, auf beiden Seiten vorhandene Legitimationslücken durch vorzeigbare Verhandlungsergebnisse und Akte symbolischer Politik schließen zu helfen, war nach der Flucht von Rudolf Paul im Frühsommer 1947 ein wenig unsicher geworden. Dass jedoch etwa zeitgleich die beiden

---

91 Erinnert sei in diesem Zusammenhang noch einmal an das besondere Verhältnis zwischen Mitzenheim und Kolesnitschenko, der den Bischof im Juni 1946 nach der ‚Abendpost-Attacke' gestützt hatte. Siehe Kapitel 3.2.3.

92 Niederschrift von Mitzenheim, 10.01.1948, in: *LKAE*, A 860/III, 129, in Abschrift an die EKD-Führung in Schwäbisch-Gmünd und in Berlin.

93 Björkman, *Lebensraum*, 44. – Siehe dazu vor allem Kapitel 3.2.4.

94 Schreiben von Mitzenheim an Eggerath, 22.02.1949, in: *LKAE*, A 852/II, unfoliiert.

95 Björkman, *Lebensraum*, 173 (Rundbrief, 29.03.1957), in: *LKAE*, A 930, unfoliiert. – Die Schaffung des ‚Staatssekretariats' markiert zugleich das Ende der durch die SED ab 1954 forcierten Auseinandersetzungen um eine (relativ) eigenständige CDU-Kirchenpolitik in der ‚Hauptabteilung Kirchen' unter Federführung von Otto Nuschke (1883–1957). Ab 1957 war Kirchenpolitik ausschließlich (Chef-)Sache der SED-Führung.

kommunistischen ‚Hardliner' Ernst Busse und Walter Wolf ihre Möglichkeit zu politischer Einflussnahme verloren, konnte dieses Manko zunächst wieder aufwiegen.[96] Im 5. Rundbrief an die Pfarrerschaft schimmert die Erleichterung Mitzenheims durch: „Die Beziehungen zu den staatlichen Stellen sind auch nach dem Wechsel im Amt des Ministerpräsidenten [Paul zu Eggerath, d. Vf.] geordnet geblieben."[97]

5.3 Kirchenkampf im Kommunismus

Von der Notwendigkeit zur Übergabe der Verwaltungsfunktionen der SMAD an die ‚Provisorische Regierung der Deutschen Demokratischen Republik' Ende November 1949 war auch der Thüringer SMA-Chef Kolesnitschenko betroffen, der allerdings zunächst noch bis Juli 1950 die Umbildung der SMATh in die Sowjetische Kontrollkommission in Deutschland (SKKD), Land Thüringen, zu organisieren hatte. Bis dahin konnte Mitzenheim noch immer auf einen mächtigen Fürsprecher zählen.[98] Im Frühjahr 1950, das mit einem deutlich forcierten Weltanschauungskampf die ostdeutschen Landeskirchen vor ganz neue Anforderungen zu politischer Geschlossenheit und Aktionsfähigkeit stellte, konnte der General den Thüringer Landesbischof – wie schon im Juni 1946 – erneut für einen ‚unpolitischen Kurs der Kirche' gewinnen und stellte ihn somit zum ersten Mal vor ‚wegweisende' multilaterale kirchenpolitische Konflikte. Die Übergabe der Verwaltungsfunktionen bedeutete jedoch keinesfalls die Aufgabe der sowjetischen Dominanz. Die Erklärung des Oberbefehlshabers, Armeegeneral Tschuikows vom 10. Oktober 1949 machte dies deutlich: „[...] An Stelle der Sowjetischen Militäradministration in Deutschland wird eine Sowjetische Kontrollkommission geschaffen, deren Aufgabe die Kontrolle über die Erfüllung der Potsdamer und der anderen Deutschland betreffenden gemeinsamen Viermächtebeschlüsse sein wird."[99]

Während Mitzenheim im letzten Rundbrief des Jahres 1949 noch von einem ‚geordneten Verhältnis' zu den staatlichen Stellen sprechen konnte und dass „[...] gleichfalls wie bisher, [...] gegen jeden Übergriff nachgeordneter politischer Stellen [...] Einspruch erhoben wird", begann der erste Rundbrief im neuen Jahr 1950 mit dem Satz: „Die zur Zeit sehr bewegten Wogen des politischen Lebens veranlassen mich, Ihnen ein brüderliches Wort zugehen zu lassen."[100]

Ein ‚Vorgefecht' des ab 1950 beginnenden Weltanschauungskampfes um ideologische Deutungshoheit und kulturellen Einfluss zwischen SED-Staat und Kirche war die von Volksministerin Thorhorst verfügte Verordnung, dass „[...] entlassene (NSDAP-)Lehrer

---

[96] Ernst Busse wurde 1947 Vizepräsident der DZW für Land- und Forstwirtschaft in der SBZ, ab 1949 Vorsitzender der Landwirtschaftsgenossenschaften in der SBZ/DDR. Ab 1950 erfolgte die ‚Säuberung' nach sowjetischem Vorbild: Verhaftung, Verurteilung zu lebenslanger Haft, sowjetisches Speziallager VI Workuta, wo er zwei Jahre später, am 31.08.1952 starb. – Walter Wolf war 1947 auf Grund seiner ‚politischen Ungeschicklichkeit' seines Postens als Volksbildungsminister enthoben worden. – Vgl. Kapitel 4.6, Exkurs: ‚Wolf'.

[97] Björkman, *Lebensraum*, 31.

[98] Kolesnitschenko, *Im gemeinsamen Kampf*, 116: „Ich selbst wurde erst im Juli 1950 endgültig vom Genossen Panjuschkin abgelöst, dem ich die Befugnisse der SKKD für Thüringen übergab."

[99] Zitiert nach: Kolesnitschenko, *Im gemeinsamen Kampf*, 115: „Eine ähnliche Erklärung gab ich [am 12.11. 1949, d. Vf.] im Beisein des Landtagspräsidenten August Frölich und der Mitarbeiter der Verwaltung der SMATh ab. Damit war die Tätigkeit der SMAD und Ihrer Organe in den Ländern und Provinzen beendet."

[100] Björkman, *Lebensraum*, 44 – Vgl. u.a. Wentker, *„Kirchenkampf" in der DDR; Dierk Hoffmann/Hermann Wentker (Hgg.), Das letzte Jahr der SBZ: politische Weichenstellungen und Kontinuitäten im Prozeß der Gründung der DDR*, München 2000.

ab dem 1. Juli 1949 die Schulgebäude nicht mehr betreten durften."[101] Mit der SED-gesteuerten ‚Zusammenfassung aller demokratischen Kräfte' in der ‚Nationalen Front' war Anfang Februar 1950 auch der Druck auf die Kirche und die Pfarrer erhöht worden, sich „konstruktiv in den Kampf um den Frieden" einzubringen. Die ausgreifende machtpolitische Zielsetzung und Funktionalisierung der Nationalen Front war kirchlicherseits offenbar recht schnell erkannt, zumal „[...] die politischen Auseinandersetzungen [...] gegenwärtig in der Presse eine Form und einen Ton angenommen [haben], wie sie von Christen nicht gebilligt werden können. Diffamierung und Denunziation verabscheuen wir auch dann, wenn sie öffentlich geschehen."[102]

Neben der öffentlichen Diffamierung und Denunziation politisch Unwilliger oder gar Missliebiger nahmen nun auch die ‚konspirativen Formen des Klassenkampfes' zu. Schon im nächsten Rundbrief warnte Mitzenheim die Pfarrer ‚dringend', „[...] in Briefen, seien es Dank- oder Bittbriefe, Dinge aus der Zone [sic!] zu schreiben, die von anderer Seite verkehrt ausgelegt werden können."[103] Der Bischof spornte seine Brüder an, „[...] mitten im apokalyptischen Wettergrollen und mitten in aller Ungesichertheit freudig Dienst in den Gemeinden zu tun." Mitzenheim forderte die Kollegen im Pfarramt außerdem dazu auf, sich besonders um bedrängte Lehrer und Polizisten zu kümmern: „Wir haben denen gegenüber, die in politischem Tageskampfe zur Kirche gehören und Christen sein wollen, eine besondere Pflicht als Seelsorger."[104]

Doch die ‚Apokalypse' nahm kein Ende. Im Gegenteil. Der politische Kampf wurde härter und strebte zunehmend auf das Feld der Kinder- und Jugenderziehung.[105] Dabei ging

---

[101] Ebd. – Siehe dazu auch Kapitel 3.2.6. – Ende des Jahres 1949 waren 125.245 Menschen nach Westdeutschland geflüchtet; darunter viele Thüringer Handwerker, Intellektuelle, mittelständische Unternehmer, d.h. die „Säulen" vieler Kirchengemeinden im Lande. – Siehe Kapitel 3.2.5.

[102] Björkman, *Lebensraum*, 47, 49 (12. Rundbrief, 12.02.1950). – An dieser Stelle sei en passant auf die denunziatorische Kraft und Aggressivität der marxistischen Religionskritik hingewiesen, deren – durch Engels weitergetriebene und von Lenin und Stalin entwickelte – terrorschwangere Variante im Hintergrund aller weltanschaulichen Auseinandersetzungen in der DDR wie im gesamten Ostblock stand: „Die Kritik der Religion enttäuscht den Menschen, [...] damit er sich um sich selbst und damit um seine wirkliche Sonne bewege. [...] Mit ihnen [den deutschen Zuständen, d. Vf.] im Kampf ist die Kritik [der Religion] keine Leidenschaft des Kopfs, sie ist der Kopf der Leidenschaft. Sie ist kein anatomisches Messer, sie ist eine Waffe. Ihr Gegenstand ist ihr *Feind*, den sie nicht widerlegen, sondern *vernichten* will. [...] Die Kritik für sich bedarf nicht der Selbstverständigung mit diesem Gegenstand, denn sie ist mit ihm im reinen. Sie gibt sich nicht mehr als *Selbstzweck*, sondern nur noch als *Mittel*. Ihr wesentliches Pathos ist die *Indignation*, ihre wesentliche Arbeit die *Denunziation*." Karl Marx, *Zur Kritik der Hegelschen Rechtsphilosophie (1844)*, zitiert nach: *Religionskritik in der Neuzeit*, hg.v. Michael Weinrich, Gütersloh 1985, 111. (Originalquelle MEGA I/2)[Hervorhebungen im Original, von 1844]. – Aufmerksamkeit verdient im Kontext der DDR-Erziehungsdiktatur, dass das vom „Institut für Marxismus-Leninismus beim ZK der SED" im Dietz Verlag Berlin erstmals 1958 erschienene Buch: „*Karl Marx. Friedrich Engels. Über Religion*" zwar eine Vielzahl von Schriften der beiden ‚Klassiker', bis hin zu Marx' antisemitischen Texten von 1843, aneinanderreiht, um „[...] das Entstehen der Religion und ihr wahres Wesen als eine der Klassengesellschaft eigene Eigenschaft" zu zeigen (Vorwort). Die eben zitierte Schrift von Marx ist jedoch ausgespart. Dies verwundert umso mehr, als dieser an ‚kämpferischer Deutlichkeit' kaum zu überbietende Text einige Sätze zuvor die berühmte Passage vom ‚Opium des Volks' enthält, die in ihrer ‚seufzenden und gemütvollen Rahmung' an Formulierungen des Apostels Paulus erinnert, und auch von marxismus-freundlichen Protestanten und anderen ‚fortschrittlichen' (Zeit)genossen immer wieder gern bemüht wurde. Karl Marx/Friedrich Engels, *Über Religion*, hg.v. Institut für Marxismus-Leninismus beim ZK der SED. Berlin 1984, (erstmals 1958). – Vgl. dazu Kapitel 4.6.

[103] Björkman, *Lebensraum*, 51 (13. Rundbrief, 27.03.1950).

[104] Ebd.

[105] Hermann Wentker, „‚Kirchenkampf' in der DDR: der Konflikt um die Junge Gemeinde 1950–1953", in: *VfZ* 42. 1994, 95-127.

es den führenden kommunistischen Funktionären zunehmend weniger um Kirchen- und Religionskritik, sondern eindeutig um einen totalen politischen und weltanschaulichen Monopolanspruch.[106]

Nach den Jahren, in denen das Hakenkreuz die totale Herrschaft des Nationalsozialismus symbolisiert hatte, standen nun Sowjetstern bzw. Hammer, Zirkel und Ährenkranz dem Kreuz der Christen unversöhnlich gegenüber.[107] Mitzenheims Bischofskollege aus Magdeburg, Ludolf Müller (1882–1959), brachte in einem internen Streitgespräch mit dem Thüringer Ministerpräsidenten Werner Eggerath die Haltung seiner Landeskirche auf den Punkt: „Wir sehen einen Totalitätsanspruch [...] wieder aufkommen, [...] wie er zur Zeit des Nationalsozialismus gewesen ist. Wer sich nicht beugt, wird als Vaterlandsverräter diffamiert, als amerikanischer Agent, er wird in seiner Existenz bedroht."

Weiterhin hielt es Müller für unerträglich, dass schulische Einrichtungen, „[...] die staatlich sind, auf die jedes Kind gezwungen ist zu gehen, diese [marxistisch-materialistische] Weltanschauung als die einzig mögliche herausstellen" und damit die Freiheit des Gewissens beeinträchtigen. Ludolf Müller lag mit seiner Intervention übrigens ganz auf der Linie des heftigsten Kritikers der DDR im Rat der EKD und in der Kirchlichen Ostkonferenz (KOK), Bischof Otto Dibelius, der damit mehr und mehr zum Kritiker und Gegner von Mitzenheim wurde.[108] Ein ähnlich kritisches und heftiges Gespräch wie zwischen Müller und Eggerath hatte am 23. März 1950 zwischen Otto Dibelius und Otto Grotewohl in Berlin stattgefunden.[109] Dabei wurden die Kirchenvertreter – wie in der Folgezeit immer wieder – aufgefordert, konkretes ‚Belastungs-Material' für die vorgebrachten Beschwerden

---

[106] Ergänzend zu Anm. 102 sei darauf aufmerksam gemacht, dass diese ‚Religionskritik' kaum etwas mit bürgerlich-liberaler oder sonstiger aufgeklärter Christentumskritik gemein hatte. Bei diesem durchideologisierten ‚Weltanschauungskampf' ging es auch nicht vordergründig um subtile oder militante Kirchenkritik. Kritik an der Kirche hat die Geschichte der Kirche stets begleitet. Die Aufklärung und (in besonderer Weise dann) die Französische Revolution haben einen Gutteil ihrer Energie aus dem Antiklerikalismus gezogen und auch von daher ihren Beitrag zur Herausbildung der politischen Moderne entwickelt. Dagegen speist sich das antireligiöse, ‚wissenschaftliche' Pathos der Arbeiterbewegung stärker noch aus anderen Quellen. In Deutschland sind es einige bürgerliche Intellektuelle (Lassalle, Marx, Engels), die die vermeintliche wie tatsächliche Depravierung der Fabrikarbeiter als Nährboden für eine politische Heilslehre verwenden und die Sakralisierung der Politik in den Dienst der eigenen Machtergreifung wie des Machterhaltes stellten. Den ‚Durchlauferhitzer' dafür bildete der Erste Weltkrieg. Aus ihm waren mit dem Nationalsozialismus und dem Kommunismus zwei monströse Ideologien erwachsen, die durch die geschickte Verbindung von monumentaler Machtentfaltung und permanentem Heilsversprechen Millionen Menschen faszinierten und Millionen Menschen den Tod brachten. Mit dem stalinisierten Kommunismus und dem (quasi-)lutherischen Christentum standen sich nun in Thüringen zwei Weltanschauungen gegenüber, die wenigstens zweierlei verband: Beiden ging es um einen absoluten Wahrheitsanspruch und um die missionarische Sorge für den ‚ganzen Menschen'. – Zum Thema ‚Ideologie als Religion' und den Wurzeln des Totalitarismus: Hans Maier, *Wege in die Gewalt: Die modernen politischen Religionen*, Frankfurt 2000; ders., „Die totalitäre Herausforderung und die Kirchen", in: *Kirchen in der Diktatur*, 33-64.

[107] Heinrich Nitsche, *Zwischen Kreuz und Sowjetstern*, Aschaffenburg 1983; Kurt Nowak, „Christentum in politischer Verantwortung: zum Protestantismus in der SBZ (1945–1949)", in: *Kirchen im Nachkriegsdeutschland*, 42-62.

[108] Stenografischer Bericht eines Gespräches zwischen MP Eggerath, Bischof Müller und Propst Hein (Erfurt), 04.04.1950, in: *ThHStAW*, BMP, Nr. 862, 202. – Während der SED-forcierten Auseinandersetzungen um die CDU-Kirchenpolitik unter *Otto Nuschke* zwischen 1954–56 erfuhr Dibelius von seiner Büroleiterin *Christa Lewek*, dass OKR Gerhard Lotz ‚für den Staat arbeitet'. Dies führte dazu, dass Lotz von den Referentenbesprechungen der KOK ausgeschlossen wurde. Mitzenheim wertete dies als (weiteren) Affront von Dibelius, blieb um so hartnäckiger bei dem von ihm ‚eingeschlagenen Kurs' und sah die Ernennung von *Werner Eggerath* zum ersten Staatssekretär für Kirchenfragen (1957) als Bestätigung seiner Kirchenpolitik an.

[109] Vgl. Otto Dibelius, *Obrigkeit? Eine Frage an den 60jährigen Landesbischof*, Berlin 1959; ders., Wilhelm Dittmann/Wolf-Dieter Zimmermann (Hgg.), *So habe ich's erlebt: Selbstzeugnisse*, Berlin (West)

zu liefern, was regelmäßig Anlass für weitere ‚seelsorgerliche Spitzengespräche' bot. Außerdem war verabredet worden, den Protest und die Position der Kirchenleitungen „[...] in einer Abkündigung vor die Gemeinden zu bringen."[110] Die meisten Landeskirchen folgten dieser Aufforderung. Der zentrale Satz der Abkündigung, die die Kirchenleitung der Kirchenprovinz Sachsen am 31. März 1950 verfasst hatte, lautete: „Keine Staatsgewalt hat das Recht, jemandem eine Weltanschauung aufzunötigen, die seinem Glauben und Gewissen widerspricht."[111]

Der Thüringer SED-Ministerpräsident Werner Eggerath, der in dem genannten Streitgespräch von Bischof Müller auf diese Kanzelabkündigung hingewiesen worden war, teilte dies umgehend dem ‚Vertreter der SKK in Deutschland für das Land Thüringen', Garde-Generalmajor Kolesnitschenko, mit.[112] Nun wird der ‚kurze Draht' zwischen Mitzenheim und Kolesnitschenko dafür gesorgt haben, dass sich der Thüringer Landesbischof im Unterschied zu den Bischofskollegen in der Konferenz der Ostkirchenführerkonferenz (OKF) dazu entschloss, „[...] von einer Abkündigung abzusehen."[113] Statt dessen setzte er sich für ein weiteres Spitzengespräch ein. Am 28. April 1950 trafen sich einige Bischöfe mit dem DDR-Ministerpräsidenten Otto Grotewohl zu einem Meinungsaustausch, der „[...] mit einer gegenseitigen Loyalitätserklärung endete und fortgesetzt werden sollte."[114]

Der Sturm der Entrüstung über das Ausbleiben des Protestes der Thüringer Kirchenleitung wie über die ‚gegenseitige Loyalitätserklärung' scheint – innerhalb wie außerhalb der Thüringer Kirche – so groß gewesen zu sein, dass Mitzenheim und der Landeskirchenrat sich ihr Vorgehen sowohl von der Superintendentenkonferenz als auch von der Synode nachträglich ‚absegnen' ließen: „Die Thüringer Synode hat am 5. Mai [1950] nach ausführlicher Besprechung in einer Entschließung einstimmig dem Landeskirchenrat für sein Verhalten gedankt. [...] Bestimmend für das Verhalten des Landeskirchenrates waren in keiner Weise Opportunitätsgedanken sondern allein sachliche Gründe."[115]

Während die Kritik derer, die in der Loyalitätserklärung einen kirchenpolitischen ‚Sündenfall' sahen, nicht abriss, blieb der Bischof hartnäckig dabei, „daß die Haltung unserer Thüringer Kirche sich als richtig erwiesen hat. Der Weg des Gespräches mit den verantwortlichen Stellen des Staates, auf den man in Berlin zurückgekommen ist, wird von uns Thüringern, wie bekannt ist, dauernd gegangen."[116] Dass diese Eigenwilligkeit Mitzenheims (und Krummachers) in der EKD für heftigen Streit gesorgt hatte, belegt die positive Mitteilung des Bischofs über die Kirchenkonferenz der EKD im Herbst 1950 in Berlin-Spandau. Diese ‚wichtige Tagung' hatte „[...] das erfreuliche Ergebnis, daß die

1980; Robert Stupperich, *Otto Dibelius: ein evangelischer Bischof im Umbruch der Zeiten*, Göttingen 1989.

110 Björkman, *Lebensraum*, 52 (14. Rundbrief, 06.05.1950).

111 Kanzelabkündigung vom 31.03.1950, in: *ThHStAW*, BMP, Nr. 862, 220.

112 Schreiben von Eggerath an Kolesnitschenko, 05.04.1950, in: *ThHStAW*, BMP, Nr. 862, 200.

113 Björkman, *Lebensraum*, 52 (14. Rundbrief, 06.05.1950).

114 Ebd. – Zu den seit dem so genannten ‚fortschrittlichen' Bischöfen gehörte vor allem auch der Berliner Generalsuperintendent und Oberkonsistorialrat der EKD, Dr. Friedrich-Wilhelm Krummacher (1901–1974). Er konnte wegen seiner aktiven Mitarbeit im Nationalkomitee Freies Deutschland (NKFD, wo er ehedem Leiter des ‚Arbeitskreises für kirchliche Fragen' gewesen war, auf noch ‚intensivere russische Instruktionen' zurückgreifen bzw. (bspw. von der Stasi) gegriffen werden. Von 1955 bis 1972 war Krummacher Bischof der Evangelischen Kirche in Pommern, die einen dem ‚Thüringer Weg' verwandten SED-Staatsaffirmativen Kurs verfolgte, konsequent fortgesetzt vom ‚Honecker-Vertrauten' Bischof *Horst Gienke*. – Vgl. Robert F. Goeckel, *The Lutheran Church and the East German State*, New York 1990; ders., „Der Weg der Kirchen in der DDR", in: *Kirchen in der Diktatur*, 155-181.

115 Björkman, *Lebensraum*, 52 (14. Rundbrief, 06.05.1950).

116 Ebd.

Einheit der Evangelischen Kirche trotz verschiedener Haltung der führenden Männer in politischen Fragen erhalten blieb." Während Mitzenheim in den früheren Rundbriefen triumphierend vom „wunderbaren Schutzraum" der Kirche gesprochen hatte, resümiert er rückblickend auf das Jahr 1950, dass „[...] die Ungesichertheit unserer Lage auch im Raum der Kirche [...] besonders zu spüren sei."[117] Nach einem Bericht des Leiters des Zentralbüros des HeK in Berlin, Christian Berg, der im Juni 1950 eine Besuchsreise durch Thüringen unternommen hatte, habe dieses Verhalten dem Landesbischof Mitzenheim „[...] sicher zu Unrecht [...] den Namen ‚roter Bischof' eingetragen."[118]
Dieses Odium wurde Mitzenheim nicht wieder los, trotz seines mutigen Eintretens für die „asozialen und politisch feindlich eingestellten Menschen", die ab Anfang Juni 1952 aus der 5-km-Zone entlang der Thüringer Grenze zwangsausgesiedelt wurden;[119] trotz seiner Kritik an den Terrormaßnahmen, die im Zusammenhang des Aufstandes vom 17. Juni 1953 stattfanden und auch trotz seiner gesprächsdiplomatischen wie öffentlichen Proteste gegen die Verfolgung der ‚Jungen Gemeinde' ab Februar/März 1953 und – noch verschärfter – ab Januar 1955.[120] Der im Juli 1952 verkündete ‚planmäßige Aufbau des Sozialismus' – unter der Regie Walter Ulbrichts mit großem propagandistischen Aufwand auf der II. Parteikonferenz der SED verabschiedet – war Auslöser für einen neuerlichen Kirchenkampf. „Die Parole ‚Aufbau des Sozialismus' brach jedes Recht. Die Junge Gemeinde und die Studentengemeinden wurden für illegal erklärt, der Religionsunterricht an den Schulen weitgehend unterbunden, kirchliche Heime und Anstalten beschlagnahmt, kirchliche Öffentlichkeitsarbeit und der Einzug der Kirchensteuern behindert und Pfarrer und kirchliche Mitarbeiter wegen ‚Boykotthetze' verfolgt und inhaftiert."[121]
Zu welchen Maßnahmen die revolutionären Machthaber griffen, um die gelegentliche Aufmüpfigkeit eines Bischofs zu dämpfen, zeigt ein menschlich kirchenpolitisch einschneidendes Ereignis im Zusammenhang des ‚17. Juni 1953'.[122]
Der Bruder des Landesbischofs, der Eckolstädter Oberpfarrer Edgar Mitzenheim, wurde im Juli 1953, weil er sich eindeutig mit den ‚aufständischen Bauern' seines Dorfes solidarisiert hatte, zu sechs Jahren Zuchthaus verurteilt. Sowohl die ‚geheimdiplomatischen' als auch die offiziellen Bemühungen des Bischofs, seinen Bruder mit Verweis auf dessen Alter, seinen kritischen Gesundheitszustand und auf dessen DDR-staatlich anerkannte VVN-Mitgliedschaft aus der Haft zu befreien, blieben erfolglos. Mitzenheim hatte Propst Grüber gebeten, sich für seinen Bruder zu verwenden. Am 28. September 1954 erhielt er von dort die Nachricht, dass dieser Fall, „[...] da er im Zusammenhang mit dem 17.6. steht, [...] als so schwerwiegend angesehen [wird], daß eine Strafherabsetzung nicht zu

---

117 Björkman, *Lebensraum*, 61 (17. Rundbrief, 29.12.1950).

118 Bericht des Leiters des Zentralbüros des HeK in Berlin, Christian Berg, über einen Besuch in Thüringen im Juni 1950, in: *ADW*, ZB, 88, unfoliiert.

119 Björkman, *Lebensraum*, 70 (21. Rundbrief, 07.06.1952). – Mitzenheim hatte nach entsprechenden Horrormeldungen sofort das ‚Spitzengespräch' mit dem Thüringer Innenminister *Gebhardt* gesucht, der sich jedoch damit entschuldigte, dass die Aktion (die intern die Bezeichnung ‚Aktion Ungeziefer' trug) in die Zuständigkeit des MfS falle. – Siehe auch: Inge Bennewitz/Rainer Potratz, *Zwangsaussiedlungen an der innerdeutschen Grenze: Analysen und Dokumente*, Berlin 1994; und Martin Onnasch, „Kirche an der Grenze: Folgen der Grenzsicherung für die evangelischen Kirchen am Beginn der fünfziger Jahre", in: *Evangelische Kirche nach 1945*, 128-138.

120 Björkman, *Lebensraum*, 74-131.

121 Rudolf Mau, *Eingebunden in den Realsozialismus?: die Evangelische Kirche als Problem der SED*, Göttingen 1994, 41: „Der Ausbau der Schwerindustrie nach sowjetischem Vorbild und die verstärkte Kollektivierung der Landwirtschaft sorgten zusätzlich für Zündstoff, der im Juni 1953 zur Explosion geführt hatte."

122 Björkman, *Lebensraum*, 89 (29. Rundbrief, 25.07.1953).

erwarten ist.“[123] Auch ein Gnadengesuch des Landesbischofs an den Staatsanwalt des Bezirkes Erfurt vom 18. Mai 1956 wurde abgelehnt.[124]
Nicht allein dieser brutale Übergriff auf die Familie des Landesbischofs, sondern auch die im März 1954, nach einer kurzen Ruhephase, erneute Verschärfung des antikirchlichen Kurses der SED, führten dazu, dass Mitzenheim nach erfolglosen Protesten gegenüber der Partei- und Staatsführung immer deutlicher Vorsicht bei seinen Interventionen walten ließ oder auf interessengeleitete Kooperation setzte. Als erkennbar wurde, dass sich auch im protestantischen Thüringen ein unnachgiebiges Entweder-Jugendweihe-oder-Konfirmation nicht durchhalten ließ, beschränkte sich der zunächst streitbare Mitzenheim zunehmend auf das ‚Verhandeln hinter verschlossenen Türen‘.
1955 hatte Mitzenheim betont, dass im Zusammenhang mit einer staatlichen Stellungnahme zur Jugendweihe „[...] offiziell zum ersten Mal für die Auseinandersetzungen der Ausdruck ‚Kampf‘ gebraucht [wurde].“ Der Bischof stellte fest: „Wir wollen keinen Kampf. Wir bemühen uns unsere Pflicht zu tun und stützen uns dabei auf die Verfassung. Aber die Gegenseite fordert uns offiziell zum Kampf auf.“ Und im Blick darauf, dass „[...] unseren Kindern von unbekannten Menschen ein unbekanntes Gelöbnis abgenommen werden [soll]“, gab sich Mitzenheim nun selbst recht kämpferisch: „Nimmermehr! Wir haben einmal eine Inflation des Eides erlebt. Nie wieder!“[125] Und noch im August 1957 äußerte er, dass „[...] die Denkschrift, in der wir unsere Beschwerden der Regierung vor 1 1/2 Jahren vortrugen [Protestschreiben der Ostkirchenführerkonferenz vom Mai 1956, d. Vf.], bis zur Stunde unbeantwortet geblieben [ist].“ Dennoch sei „[...] bei aller Nüchternheit jedoch das Positive zu sehen“: „Trotz aller Propaganda für die Jugendweihe sind 93 % der Konfirmanden bei der Konfirmation geblieben und 90 % unseres Kirchenvolkes zahlen ihre Kirchensteuern ohne jeden Zwang.“[126]
Als ihn seine unentwegte landesbischöfliche ‚Spitzenpolitik‘ nach dem Kommuniqué vom 21. Juli 1958 nicht nur, wie im April/Mai 1950, in Konflikte mit den meisten seiner Bischofkollegen in Ost und West brachte, sondern auch die deutliche Kritik ‚alter Weggefährten‘ hervorrief, führte dies nicht zu Korrekturen des Thüringer Sonderweges, sondern eher zu seiner weiteren Befestigung. Zu den Kritikern gehörte auch der LKR-Kollege ‚der ersten Stunde‘, Walter Zimmermann. Zimmermann, seit 1949 Vizepräsident des Lutherischen Kirchenamtes mit Dienstsitz in Berlin, schüttete dem Bischof der Hannoverschen Kirchen, Hanns Lilje, im Frühjahr 1959 sein Herz aus, angesichts der Situation, dass „[...] kaum ein Tag vergeht, an dem nicht Thüringer Amtsbrüder zu uns kommen und um Rat fragen, wie sie sich verhalten sollen; angefangen von den Oberkirchenräten Köhler und Schanze über zahlreiche Superintendenten und Vorsitzende von kirchlichen Organisationen bis hin zu Pfarrern, Hilfspredigern, Katecheten und Laien.“[127] Sowohl er selbst als auch Dibelius hatten den Thüringer Landesbischof „[...] ausdrücklich vor Oberkirchenrat Lotz gewarnt“ und außerdem ihre Beobachtung mitgeteilt, „daß die Mehrzahl der Thüringischen Pfarrer nicht mehr hinter ihm stände.“[128] Doch selbst Zimmermanns mahnende Erinnerung „[...] an den tragischen Weg des Landesbischofs D. Reich-

123 *EZAB*, 103/86, 17.
124 Ebd., 23.
125 Björkman, *Lebensraum*, 108, 109 (35. Rundbrief, 12.02.1955).
126 Ebd., 181 (50. Rundbrief, 03.08.1957).
127 Vertraulicher Brief von Zimmermann an Lilje, 04.05.1959, in: *LKAH*, D 15/XI/5970, Bd. 3, unfoliiert.
128 Den Widerspruch seines einstigen LKR-Kollegen Zimmermann rief Mitzenheim auch mit der Ankündigung hervor, für den (am 15.01.1959 im Eisenacher LKA) plötzlich verstorbenen, ebenfalls als ‚staatsnah‘ geltenden OKR *Gerhard Säuberlich* der Synode als einzigen Kandidaten den Weimarer Superintendenten *Ingo Braecklein* zu präsentieren, „[...] der mit Lotz aufs Engste verbunden ist“, ebd.

ardt [...], der s. Zt. den Deutschen Christen den Weg öffnete und dann alsbald von ihnen abgesetzt wurde", ließ Mitzenheim offenbar einigermaßen unbeeindruckt.[129]
Noch heftiger fiel Ende des Jahres 1959 die Kritik des LKR-Mitgliedes Ernst Köhler aus. Köhler hatte Mitzenheim geschrieben, dass seiner Meinung nach mit dem Handeln des Bischofs der status confessionis gefährdet sei. Mitzenheim wies dies energisch und wortreich zurück. Selbstverständlich sei ihm klar, „daß alles kirchliche Handeln in Übereinstimmung mit dem Bekenntnis zu stehen hat [...]." Es sei aber zugleich ‚Aufgabe der Kirchenleitung', „[...] für den Dienst der Kirche in dieser Welt notwendigen Raum freizumachen." Im (von OKR Lotz korrigierten) Entwurf des Antwortbriefes von Mitzenheim an Köhler hieß es dann: „Diesen Raum mit echter Innerlichkeit und kirchlichem Leben zu füllen, ist in erster Linie Aufgabe unserer Pfarrer."[130] Im Übrigen sei auch Mitzenheim der Auffassung Köhlers, dass ‚die Geschlossenheit' der Thüringer Pfarrerschaft gefestigt werden muss. Doch im Gegensatz zu Köhler zeigte sich der Bischof davon überzeugt, dass „[...] die Gefahr einer Entzweiung [...] kaum vom Bund evangelischer Pfarrer [drohte], sondern vielmehr von kirchlichen Kreisen."[131]
Irritierend an Mitzenheims Haltung ist auch, dass er als Ergebnis seiner Besprechungen auf den Generalkonventen bei vielen Pfarrern ein Einsehen und einen Sinneswandel festzustellen glaubte, selbst bei solchen, „[...] von denen ich es *wegen ihrer bekenntnismäßigen Haltung* [sic!, im abgesandten Exemplar gestrichen, d. Vf.] nicht erwartet hätte."[132]
Die ‚oppositionelle Gruppe' um Walter Pabst (1912–1999) und Werner Leich (*1927) hatte ihr Unverständnis über den eingeschlagenen Weg formuliert: „Taktisches Verhalten der Kirche, das in jeder kirchenpolitischen Situation unvermeidbar ist, hat keine Verheißung, wenn es darauf ausgeht, fragwürdige Positionen zu erhalten."[133]
Doch selbst als das taktische Kalkül des Thüringer Bischofs, „[...] zu überwintern, indem man politisch mehr als bisher die Partei des Staates ergreift, was dieser dann durch größeres Entgegenkommen gegenüber den Kirchen honorieren würde," entweder gar nicht oder nur in den homöopathischen Dosen der SED-Differenzierungspolitik aufging, blieb er hartnäckig bei ‚seiner Linie'. Immer bereitwilliger ging er auf die kirchenpolitischen Kompromissvorschläge seines weltlichen Stellvertreters im Landeskirchenrat und CDU-Präsidiumsmitgliedes, Gerhard Lotz, ein.[134]

[129] Die Rolle des ersten Landesoberpfarrers (und auf Grundlage des Ermächtigungsgesetzes von 1933 zum „Landesbischof" ernannten) Wilhelm Reichardt als „Wegbereiter" der DC wird bei Stegmann, *Kirchenkampf*, 18ff., nicht erwähnt. Reichardt habe zwar noch im November 1933 gemeinsam mit anderen Landesbischöfen gegen die von den DC initiierten ‚SA-Methoden' in Preußen protestiert und betont, dass „[...] die Glaubensgemeinschaft DC sich [...] nicht als Hort, sondern als Gefahr für Leben und Lehre der Evangelischen Kirche erwiesen [habe]." Über Rücktritt oder Ruhestandsversetzung Reichardts gibt Stegmann keine Auskunft.

[130] Brief von Mitzenheim an Köhler, 29.12.1959, in: *LKAE*, Nl. Mm, unfoliiert.

[131] Mitzenheim hatte sich bereits zu diesem Zeitpunkt, bis in die Formulierungen hinein, die Haltung der Ost-CDU zueigen gemacht, die seit Mitte der fünfziger Jahre „[...] zu einem Informationsbeschaffungs- und Beeinflussungsinstrument der SED und des MfS degeneriert [war]." Zitiert nach: Manfred Richter, *Die Ost-CDU 1948–1952. Zwischen Widerstand und Gleichschaltung*, Düsseldorf 1991, 329.

[132] Brief von Mitzenheim an Köhler, 29.12.1959, in: *LKAE*, Nl. Mm, unfoliiert. In diesem Versprecher scheint eine Replik auf einen Protest der LBG vom 06.11.1959 enthalten zu sein.

[133] Zitiert nach: Besier, *Aus der Resistenz*, 199.

[134] Anlässlich des 25-jährigen Dienstjubiläums von Lotz, am 01.07.1963, d.h. nach der ‚Befestigung des Thüringer Weges', hielt Bischof Mitzenheim im LKA eine kurze Dankesrede für Lotz, in der er für die Belegschaft (die zum großen Teil sicher im Bilde war) feststellt: „Am 1. Juli 1938 kam er in den Dienst unserer Thüringer Kirche, wurde 1939 fest angestellt, 1942 zum Kirchenrechtsrat ernannt, nach seiner

Das wechselseitige Abhängigkeitsverhältnis beider Männer, das damit begann, dass Mitzenheim Lotz im Februar 1946 vor dem ‚russischen Lagertod' gerettet hatte, schien im Jahre 1953 eine weitere Verstärkung erhalten zu haben. Lotz war von dem zu dieser Zeit noch für Kirchenfragen zuständigen CDU-Vorsitzenden und stellvertretenden Ministerpräsidenten Otto Nuschke ‚ein verlockendes' Stellenangebot in seiner Nähe, d.h., in der DDR-Regierung, unterbreitet worden. Doch auf Drängen Mitzenheims lehnte er ‚mit großem Bedauern ab'. Als Begründung führte Lotz die West-Flucht des Finanzdezernenten Johannes Osswald vom Januar 1953 an. Dadurch seien ihm, Lotz, nun die – seit 1946 krisenhaften (!) – „[...] Schwierigkeiten auf dem finanziellen Gebiet wegen der Kürzung und des bisherigen Ausbleibens der Staatsleistungen" auf den Schreibtisch gebracht worden. Gleichwohl gab Lotz „ergebenst" die Zusicherung, „[...] daß es nach wie vor mein Bemühen sein wird, auch auf meinem Arbeitsplatz in der Kirche immer für ein loyales Neben- und Miteinander von Staat und Kirche einzutreten und an meinem Platz für die Gedanken einzutreten, die Sie mir als die Grundlinie der Arbeit der Hauptabteilung Verbindung zu den Kirchen aufwiesen."[135] OKR Lotz hatte sich – hoffentlich (!) ohne Kenntnis und Billigung seines Bischofs – am 21. März 1955 dafür entschieden, als IM ‚Karl' dem Staatssicherheitsdienst der DDR zu dienen. In einem späteren Schreiben der HA XX/4 des MfS wurde Gerhard Lotz zur Auszeichnung mit dem ‚Kampforden für Volk und Vaterland' in Gold vorgeschlagen.[136] Zur Begründung heißt es dort in erfolgheischendem Stasideutsch: „Durch hohen persönlichen Einsatz im Rahmen seiner führenden Position innerhalb der ev[angelischen] Kirche in der DDR hat er [Lotz, d. Vf.] einen entscheidenden Anteil an der Zerschlagung der sogenannten Ev. Kirche in Deutschland (EKD)."[137]

Die extremen kirchenpolitischen Kontroversen um ein sachgemäßes Agieren und Reagieren der Kirche in einer Diktatur kulminierten im Falle Thüringens und Sachsens Ende der fünfziger Jahre in einem offenen Konflikt. Dies trug u.a. dazu bei, dass Bischof Mitzenheim Anfang 1961 nicht wieder in den Rat der EKD gewählt wurde. Die SED-Führung wusste diese innerkirchliche Brüskierung in ihrem Sinne zu nutzen, indem sie Mitzenheim als ‚fortschrittlichen Bischof' hofierte und für die erlittene Niederlage zu entschädigen suchte.[138] Im Jahre 1969, acht Jahre nach dem Bau der Mauer, ein Jahr nach dem gescheiterten Versuch einer ‚sozialistischen Reform' in der CSSR, im Jahr, in dem mit der ‚Gründung des Bundes der evangelischen Kirchen in der DDR' der Weg zur ‚Kirche im Sozialismus' begonnen wurde, attestierte Mitzenheim seinem heimlich-unheimlichen *Adlatus* Lotz: „Der sogenannte Thüringer Weg in dieser Beziehung ist zum guten Teil auf seine Impulse und seine Einflußnahme im Landeskirchen-

Heimkehr aus dem Kriege im Februar 1946 in den Landeskirchenrat berufen, leitete er die Rechtsabteilung des Landeskirchenrates", in: *LKAE*, Nl. Mm, Kopie der Festansprache vom 01.07.1963.

135 Persönliches Schreiben von Lotz an Otto Nuschke (Berlin), 18.03.1953, in: *LKAE*, Nl. Mm, PA Gerhard Lotz L 5028, unfoliiert. Zur Flucht von Osswald und seiner Verzweiflung ob der „[...] Schwierigkeiten auf finanziellem Gebiet wegen der Kürzung und des bisherigen Ausbleibens der Staatsleistungen", die Mitzenheim nach eigenem Bekunden „völlig unverständlich blieben." Vgl. Björkman, *Lebensraum*, 72f. (22. Rundbrief, vom 31.01.1953). – Nachfolger von Osswald wurde der vormalige, wegen seiner NS-Vergangenheit in die Kritik geratene Altenburger Oberbürgermeister Dr. jur. Erich Dörre.

136 Walter Schilling, „Die ‚Bearbeitung' der Landeskirche Thüringen durch das MfS", in: Clemens Vollnhals (Hg.), *Die Kirchenpolitik von SED und Staatssicherheit: Eine Zwischenbilanz*, Berlin 1996, 211-266.

137 *BStU*, ZA 3043/86, Bd. 2, 22.

138 Besier, *Aus der Resistenz*, 197: „Drei Tage nach dem Mauerbau und einen Tag vor seinem 70. Geburtstag empfing Mitzenheim aus der Hand Walter Ulbrichts als erster Kirchenmann der DDR die höchste Auszeichnung, die der SED-Staat zu vergeben hatte: den Vaterländischen Verdienstorden in Gold."

rat der Evangelisch-Lutherischen Kirche in Thüringen und auf seine Stellungnahmen im öffentlichen Leben zurückzuführen."[139]
Die unheilschwangere Prophetie des einstigen Weggefährten Mitzenheims und Spruchstellenmitarbeiters Johannes Hertel hinsichtlich „[...] einer neuen politischen Abhängigkeit der Kirche", die er bereits im November 1946 geäußert hatte, schien Zug um Zug und seit dem Sommer 1958 deutlich erkennbar Wirklichkeit geworden zu sein.[140] Diese für die Thüringer Kirche im Vergleich mit den anderen Landeskirchen der DDR auffällige ‚politische Abhängigkeit' ging über die ‚Ära Mitzenheim' (1945–1970) hinaus. Sie fand unter den Bedingungen des Bundes der evangelischen Kirchen in der DDR eine abgemilderte Fortsetzung während der ‚Ära Braecklein', die etwa zeitgleich mit dem Ausscheiden von Gerhard Lotz aus dem Landeskirchenrat im Mai 1976 und dem Ruhestand des ‚Bischof-Soldaten' Ingo Braecklein (1906–2001) selbst im Herbst 1977 endete.[141] Erst unter Bischof Werner Leich fanden einige Korrekturen des ‚Thüringer Weges' statt –

[139] Aus einem Schreiben Mitzenheims an den Vorsitzenden der CDU, Gerald Götting, 28.02.1969, anlässlich der Wiederwahl von Lotz in den Hauptvorstand der CDU, in: *LKAE*, L 5028/II, unfoliiert. – Auf die Hintergründe und Folgen der ‚Bundesgründung', die mit und gegen den Druck der SED-Kirchenpolitik einerseits eine gewisse Einbindung der Thüringer Kirche in die ‚Zeugnis- und Dienstgemeinschaft' versuchte und andererseits bemüht war, an der ‚besonderen Gemeinschaft' mit der EKD-West festzuhalten, kann an dieser Stelle nicht weiter eingegangen werden. – Vgl. dazu: Thomas A. Seidel (Hg.), *Gottlose Jahre?: Rückblicke auf die Kirche im Sozialismus der DDR*, Leipzig 2002. – Bislang zu diesem Thema erschienen sind u.a.: Christoph Demke/Manfred Falkenau/Helmut Zeddies (Hgg.), *Zwischen Anpassung und Verweigerung: Dokumente aus der Arbeit des Bundes der Evangelischen Kirchen in der DDR*, Leipzig 1994; Rudolf Mau, *Eingebunden in den Realsozialismus? Die Evangelische Kirche als Problem der SED*, Göttingen 1994; Ulrich Schröter/Helmut Zeddies (Hgg.), *Nach-Denken: zum Weg des Bundes der Evangelischen Kirchen in der DDR*, Hannover 1995; Clemens Vollnhals (Hg.), *Die Kirchenpolitik von SED und Staatssicherheit: eine Zwischenbilanz*, Berlin 1996; Erhart Neubert, *Geschichte der Opposition in der DDR 1949–1989*, Berlin 1997. – Ab und an war der Begriff „Thüringer Weg" auch von den reichsweit agierenden Thüringer DC als Selbstbezeichnung für ihre ‚modellsetzende Idee' der „nationalkirchlichen Einung" verwendet worden. – Vgl. Ernst Koch, „Thüringer Wege im ‚Dritten Reich' ", in: *Thüringer Gratwanderungen*, 80-93.

[140] Brief von Hertel an Dahinten, 09.11.1946: „Mir bangt vor einer neuen politischen Abhängigkeit der Kirche.", in: *LKAE*, A 239 (Loses), unfoliiert. – Siehe Kapitel 4.6.

[141] „Im Hintergrund ist bei mir immer das Gefühl des Soldatseins geblieben". Zitat und Kapitelüberschrift des Interviews mit Bischof *Ingo Braecklein*, in: Selbstbewahrung oder Selbstverlust, 38-67. – Dazu Kapitel 2.1. – Im Vorfeld seiner Wahl zum Thüringer Landesbischof kursierten Gerüchte über Braeckleins frühere NSDAP-Mitgliedschaft und seinen Offiziersdienstgrad in der Wehrmacht (zuletzt Oberleutnant). Dass der Superintendent zu dem 1958 von Gerhard Lotz gegründeten, im Sinne der SED-Kirchenpolitik ‚fortschrittlichen', weil CDU-nahen ‚Weimarer Arbeitskreis' gehörte, wird seine Wahl befördert haben. Von 1970 bis 1977 war er als Nachfolger von Mitzenheim Landesbischof der ELKiTh. Im Zusammenhang mit Stasi-Vorwürfen, die 1991 und 1996 gegen ihn erhoben wurden, tauchten diese ‚biographischen Versatzstücke' – zum großen Erstaunen vieler Zeitgenossen – wieder auf. Inwieweit diese NS-Zusammenhänge für seine Zusammenarbeit mit dem MfS ursächlich gewesen sind oder nicht, muss bis auf Weiteres verborgen bleiben. Laut Clemens Vollnhals und Walter Schilling [beide in: Clemens Vollnhals (Hg.), *Die Kirchenpolitik von SED und Staatssicherheit. Eine Zwischenbilanz*, Berlin 1996] wurde Braecklein ab 1956 als ‚Kontaktperson' (KP) und ab 1959 als ‚inoffizieller Mitarbeiter' (IM) vom MfS ‚geführt'. IM-Akte ‚Ingo', Registriernummer: MfS 1387/59 bzw. XV/10679/60 (2 Bände) wurde am 06.12.1989 ‚gelöscht'. Im Zusammenhang des 90. Geburtstages von Braecklein 1996 übersandte die Behörde des BStU dem Thüringer LKR eine 3000 Seiten umfassende IM-Akte. Von der Spruchstelle der TheK war Braecklein 1948 ‚freigesprochen' worden, obgleich er „[...] seit dem 01.05.1933 Mitglied der ehemaligen NSDAP und SA [...] bis zu seiner Entlassung am 31.01.1937 von Dienstgrad und Dienststellung eines Rottenführers war. [...] Der NSV gehörte er seit 1934, dem Reichskriegerbund seit 1937 an", in: *LKAE*, A 239 (Loses), unfoliiert, Beschluss der Spruchstelle, 19.01.1948.

sieht man einmal von seiner mit großer persönlicher Integrität, lutherischer Frömmigkeit und persönlichem Stil gepflegten Herausstellung des Bischofsamtes ab.[142]
Johannes Hertel war 1958 in den Westen geflohen. Zuvor hatte er darauf gedrängt, dass seine Personalakten an die Kirchenleitung der KPS nach Magdeburg überstellt werden. Die tiefe Frustration Hertels ist einem kurz zuvor stattgehabten Gespräch mit OKR Säuberlich zu entnehmen. Dort bezichtigte der wegen seiner NS- und DC-Verfolgung 1945 zur Mitarbeit an der kirchlichen Selbstreinigung berufene BK-Pfarrer den Thüringer Landeskirchenrat, ‚deutschchristliche Methoden' zu praktizieren.[143]

5.4 Bischofsgesetz und Kirchenverfassung

Anknüpfend an dieses enttäuschte und ärgerliche Fazit von Hertel sei noch ein Blick auf die innere, kirchenrechtliche Verfasstheit der Evangelisch-Lutherischen Kirche in Thüringen (ELKTh) geworfen. Diese hatte ihre – bis heute anhaltende – Fixierung erfahren, als sich die Thüringer Synode am 2. November 1951 „[...] in Fortführung des Verfassungswerkes von 1924 und als Abschluß der mit Gesetz vom 2. Mai begonnenen Arbeit" ihre Verfassung gab.[144] Nachdem Erich Stegmann bereits die Erste Synodentagung nach Kriegsende (von Herbst 1948 auf 1947) ‚vorverlegt' hatte, attestierte er nun dem „Schöpfer der neuen [...] Kirchenverfassung", Gerhard Lotz, äußerst zügig gearbeitet zu haben. Gegen die historischen Fakten wurde – laut Stegmann – die Verfassung „[...] am 2. November 1949 von der Synode verabschiedet."[145]
Für Mitzenheim selbst schien dieses kirchenrechtliche Ereignis nicht sonderlich bedeutungsvoll gewesen zu sein, zumal er ja schon am 19. Oktober 1947 in das Bischofsamt eingeführt worden war, auch ohne dass ein spezielles Gesetz dafür vorgelegen hätte. In seinen Rundbriefen an die Pfarrerschaft findet die Verabschiedung der Kirchenverfassung jedenfalls keine Erwähnung. Vielleicht auch deshalb, weil das für ihn selbst eindrucksvollere Ereignis des Jahres 1951, das alles andere ein wenig in den Halbschatten des ‚vorläufigen kirchenleitenden Handelns' stellte, bereits stattgefunden hatte: der 60. Geburtstag des Landesbischofs.[146] Und außerdem war „[...] das wichtigste Gesetz, das die Synode" bereits im Mai 1949 „beschloß, das Bischofsgesetz", sozusagen 1:1 in die Kir-

142 Trotz seiner kinder- und jugendzeitlichen NS-Sozialisation und seiner ‚soldatischen Prägung' entwickelte *Werner Leich* als Landesbischof weder ein dem ‚Zivilisten' Mitzenheim vergleichbares ‚Gutsherren-Gebaren' noch den Habitus des ‚Bischof-Offiziers', wie sein Vorgänger Braecklein. Bewahrt hatte ihn davor und vor einer bis dato kirchentypischen Affirmation des SED-Staates seine offenbar schon früh entwickelte national-konservative Grundhaltung, die er durch die Zeit des ‚linken Unrechts-Staates' mit einer eigensinnigen leicht katholisierend-lutherischen Frömmigkeit und mit aristokratisch-kühlen Umgangsformen durchhielt. Vergleicht man dazu noch die Texte dieser drei Kirchenmänner, so erscheint Leich als der Bischof, der theologische Bildung mit einem erkennbaren Maß an politischem Reflexionsvermögen zu verknüpfen wusste. Werner Leich, *Wechselnde Horizonte: mein Leben in vier politischen Systemen*, Wuppertal – Zürich 1994.

143 Niederschrift von Gerhard Säuberlich über ein Gespräch mit Johannes Hertel, 05.03.1958, in: *LKAE*, A 239 (Loses), G 404, unfoliiert.

144 So formulierte es die Präambel zur „Verfassung der Evangelisch-Lutherischen Kirche in Thüringen" im *Amtsblatt* 4. 1951, Nr. 22, 25.11.1951, in: *LKAE*.

145 Stegmann, *Kirchenkampf*, 116.

146 Die ausführliche Schilderung des Tages, die Aufzählung der Geschenke und der Grußadressen ‚hoher bis höchster Vertreter' des Staates wirkt peinlich; auch wenn Mitzenheim sie als nicht nur für ihn bestimmt deklarierte, denn: „Sie galten dem führenden Amt unsrer Kirche, ja der Kirche selbst und jedem ihrer Diener." Björkman, *Lebensraum*, 67 ff. (20. Rundbrief, 24.08.1951).

chenverfassung übernommen worden[147] – mit einer ‚kleinen' Ausnahme, die allerdings die vollmundigen Appelle Mitzenheims für ‚die Einheit und Freiheit Deutschlands' Lügen strafte.[148]

Den evangelisch-institutionellen Ausdruck der deutschen Einheit bildeten zu dieser Zeit erklärtermaßen die gesamtdeutschen Kirchenbünde, insbesondere die EKD.[149] Doch schon die Verfassung von 1951 verzichtete auf die im Zusammenhang der Bischofswahl „[...] nach Artikel 11 der Grundordnung der Evangelischen Kirche in Deutschland vom 13.7.1948/3.12.1948 erforderliche Fühlungnahme" des Landeskirchenrates mit eben diesem nachkriegshistorisch so bedeutsamen ‚Konkordat' des deutschen Protestantismus.[150] Abgesehen davon war mit dem Thüringer Bischofsgesetz eine Aufgaben- und Kompetenzzuschreibung erfolgt, deren Formulierungen offenbar eine ebenso omnipotente wie omnipräsente Pfarrerpersönlichkeit im Blick zu haben schienen. In ihrer Fülle und klerikalen Wucht haben sie eine erkennbar neben-reformatorische Anmutung und stellen überdies eine beinahe übermenschliche Zumutung für den ‚ersten Träger' dar: „Der Landesbischof ist der erste Träger des geistlichen Amtes in der Evangelisch-Lutherischen Kirche in Thüringen. Ihm liegt es ob, die Kirche geistlich zu leiten, allen Gemeinden das Evangelium zu verkündigen und ihnen den Willen Gottes in der Vollmacht des Amtes zu bezeugen."[151]

Dass angesichts der Erfahrungen des Kirchenkampfes dem Bischof nun das ‚Wächteramt' über die eine bekenntnisgemäße Verkündigung und Sakramentsverwaltung zugesprochen wurde, ist historisch plausibel, evangelisch-theologisch jedoch fragwürdig, da an dieser Stelle keinerlei Verknüpfung zum geistlichen Amt des Gemeindepfarrers und zum Amt der Gemeinde stattfindet.[152]

An einem weiteren ‚kleinen' Punkt wird deutlich, dass das mit dem Bischofsgesetz grundgelegte Amtsverständnis dem eines feudal-absolutistischen summus episcopus tendenzi-

[147] Mitzenheim betonte gleich in zwei Rundbriefen die Bedeutsamkeit des „Gesetzes über das Bischofsamt, vom 10.05.1949", da es „[...] für Thüringen kirchengeschichtliche Bedeutung hat." Björkman, *Lebensraum*, 43, 45 (10. und 11. Rundbrief, vom 03.06. und 22.12.1949). – Zum theologie- und kirchenhistorischen Kontext des Themas „Bischofsamt" vgl. die Arbeit von: Georg Kretschmar, *Das bischöfliche Amt: kirchengeschichtliche und ökumenische Studien zur Frage des kirchlichen Amtes*, hg.v. Dorothea Wendenbourg, Göttingen 1999.

[148] Björkman, Lebensraum, 48 (12. Rundbrief, 12.02.1950).

[149] Wolf-Dieter Hauschildt, „Der Rat der Evangelischen Kirche in Deutschland als Vertretung des deutschen Protestantismus in der Nachkriegszeit", in: *Die Protokolle des Rates der Evangelischen Kirche in Deutschland. Bd. 1: 1945/46*, Göttingen 1995, IX-XLIII.

[150] „Bischofsgesetz", *Amtsblatt* 2. 1949, Nr. 10, vom 25.05.1949, in: *LKAE*. – In der (mehrfach überarbeiteten) Verfassung von 1951 ist das Bischofsgesetz in Abschnitt „VIII. Der Landesbischof", dort die §§ 88-94, eingegangen. *Recht der Lutherischen Kirche in Thüringen Evangelisch. Ergänzbare Rechtsquellensammlung*, hg. v. Landeskirchenrat, bearb. v. Wolfram Johannes/Walter Weispfenning, Neuwied – Berlin 1997, KVerfassung 100, 26.

[151] Ebd. – Man fragt sich unwillkürlich, was denn dann als Aufgabe für die Ortspfarrer noch übrig bleibt. Im krassen Unterschied dazu das – zugegebenermaßen sehr egalitäre – Amtsverständnis des „Landesoberpfarrers" in der Verfassung von 1924: §111: „Der Landesoberpfarrer ist der erste Pfarrer der Thüringer evangelischen Kirche, der Berater und Freund aller ihrer Pfarrer und deren Vorgesetzter in der Führung der äußeren Geschäfte." *Handausgabe*, 45.

[152] Dazu, dass der Landesbischof über die ‚reine und lautere Verkündigung' und über die ‚einsetzungsgemäße Sakramentsverwaltung' zu wachen hat, kommt außerdem seine ununterbrochene Wachsamkeit, „[...] daß Wort und Sakrament reichlich angeboten werden." RECHT der ELKiTh, KVerf. 100, 26. – Mit besonderer Aufmerksamkeit sah sich Mitzenheim der (selbst)gestellten Aufgabe der Förderung des Pfarrernachwuchses verpflichtet. So sorgte er – mit Hilfe Kolesnitschenkos – nicht nur dafür, dass die Theologische Fakultät der Universität Jena erhalten blieb und ausgebaut wurde. Außerdem versäumte er es in kaum einem Rundbrief an die Pfarrerschaft dafür zu werben, dass ‚begabte Jungen und junge Männer' (keinesfalls Mädchen) für den Pfarrerberuf gewonnen werden.

ell näher steht, als dem eines in der Überzeugung des ‚allgemeinen Priestertums' lebenden pastor pastorum, der sein bischöflich-kirchenleitendes Amt wohl eher als das eines primus inter pares verstehen und geistlich wie theologisch souverän führen wird. Dieser so gekennzeichnete ‚landesfürstliche' – etwas despektierlicher,dem Thüringer Lokalkolorit näher stehend formuliert: ‚gutsherrliche' – Charakter dieses Kirchengesetzes findet sich in der dem Landesbischof in § 89 Abs. 4 zugestandenen Möglichkeit, „[...] rechtskräftig verhängte Dienststrafen in Gnadenwege zu mildern oder aufzuheben."[153]

Dass diese besondere Ausformung des Bischofsamtes offenbar die bei Mitzenheim bereits seit 1948 zu bemerkende Überidentifikation mit (seiner) Kirche noch beförderte, zeigt ein ‚Freudscher Versprecher'. Der gealterte und ‚kampfesmüde' Landesbischof schrieb 1966 im Rückblick auf die ‚DC-freundliche' „Entdeutschchristlichung" der Landeskirche an den vormaligen DC-Juristen Otto Volk: „Auf Dank wollen wir überhaupt nicht rechnen. Es geht uns lediglich um unsere Kirche und ihren Dienst für uns [... uns dann handschriftlich korrigiert: ... für unser Volk]."[154]

Auch das „Gesetz über den Landeskirchenrat der Evangelisch-Lutherischen Kirche in Thüringen, vom 18. Oktober 1949" wurde, von einigen Veränderungen abgesehen, vollständig in die 1951er Verfassung übernommen. Wiederum mit einer ‚kleinen' Ausnahme: Im LKR-Gesetz von 1949 fehlte ein irgendwie gearteter Bezug zur Synode. Die Verfassung von 1951 schloss diese folgenreiche Lücke, indem sie unter Abschnitt VII Der Landeskirchenrat, § 82 (2), einen Punkt 2 einfügte, nachdem dem Landeskirchenrat nunmehr „[...] die Ausführung der Beschlüsse der Synode" aufgetragen ist.[155]

Doch trotz des 1951 verkündeten „Abschlusses der Verfassungsarbeit" war im Gegensatz zu den Aufgaben, die OKR Lotz 1947 für die „rechtliche Neuordnung der Thüringer evangelischen Kirche" beschrieben hatte, ein weiterer Punkt auf der Strecke geblieben. Lotz hatte damals noch kritisch angemerkt, dass infolge einer deutsch-christlichen „diktatorischen Obrigkeitskirche [...] auch im Kirchenkreis [...] das synodale Element der Selbstverwaltung, der Kreiskirchentag und der kollegiale Kreiskirchenrat beseitigt worden [seien]. An ihre Stelle war das an Weisungen des Landeskirchenrats bzw. des Präsidenten gebundene Kreiskirchenamt, geleitet von einem Juristen, getreten."[156]

Diese kirchenrechtliche Korrektur, die schon mit dem „Ermächtigungsgesetz" von 1933 erfolgt war, wurde nun – gewissermaßen als ein besonderes geschichtliches Erbe der DC – in die Verfassung von 1951 übernommen, d. h., das ‚synodale Element' in den Kirchenkreisen blieb weiterhin außer Kraft gesetzt.[157]

Die von Lotz 1947 angekündigte, „[...] durch kirchliche Gesichtspunkte bestimmte Auswägung vom Synodal- und Episcopalprinzip" hatte sich im Verfassungstext wie in

[153] RECHT der ELKiTh, KVerf. 100, 26.

[154] Brief von Mitzenheim an *Otto Volk*, 22.11.1966, in: *LKAE*, Nl. Mm, PA Otto Volk L 3037, unfoliiert. – Auffällig ist auch, dass am Ende des Briefes von der Sekretärin unter 2.) angewiesene Durchschrift „Herrn OKR Lotz zur Kenntnis" durchgestrichen wurde mit der Bemerkung: „Nicht nötig, Mm."

[155] „Gesetz über den Landeskirchenrat der ELKiTh, 18.10.1949", *Amtsblatt* 2. 1949, Nr. 21, vom 10.11.1949 sowie „Verfassung der ELKiTh" im *Amtsblatt* 4. 1951 Nr. 22, 25.11.1951, in: *LKAE.*

[156] Lotz, *Die rechtliche Neuordnung*, 140. – In der „Handausgabe der Verfassung der TheK, vom 10.10.1924", Eisenach 1926, sind unter dem 3. Abschnitt, §§ 65-85 „Der Kirchenkreis" mit „Kreiskirchentag", „Kreiskirchenrat" und „Oberpfarrer" aufgeführt.

[157] Die – nach fortwährender interner Kritik – Mitte der neunziger Jahre des vorigen Jahrhunderts in die Verfassung eingefügte ‚mittlere Ebene' (unter dem Abschnitt „IV Die Superintendentur", § 56c, Die Kreissynode) hat am Charakter der Kreiskirchenämter, als ‚verlängerter Arm des LKA', nur wenig geändert und die Verfassung selbst in eine Art kirchenrechtlichen Torso oder ‚Sandwich' verwandelt. Eine grundlegende, dem Bekenntnis wie der Situation einigermaßen genügende Reform der Thüringer Kirchenverfassung steht noch immer aus.

der kirchenleitenden Praxis ganz eindeutig auf die Seite des Episcopalprinzips verlagert. Anderslautende Anregungen, wie beispielsweise die des Jenenser Gemeindekirchenrates von 1948, die sich ausdrücklich auf ein Gutachten von Waldemar Macholz und Gerhard Gloege beriefen, blieben unbeachtet.[158]

Ebenso die Kritik, die – reichlich zehn Jahre später – aus der Synode selbst erfolgte. Mit dem immer wieder bemühten Verweis auf „[...] die Erfahrung aus der Zeit des Kirchenkampfes“ begründete der Landeskirchenrat stets aufs Neue seine Absicht, „[...] die Rechte der Synode einzuschränken und die des Bischofs zu stärken“, so lautete das unverhohlen kritische Urteil des Synoden-Präsidenten Rudolf Lotz.[159] Konkret benannte der promovierte Jurist die unzureichende Unterscheidung und Gegenüberstellung von kirchenleitender Legislative und Exekutive: „Der Landesbischof ist Vorsitzender von drei Gremien: des Superintendentenkonvents, des Landeskirchenrats und der Synode.“ Indem Lotz vor allem diese Thüringen-spezifische Ämterhäufung des Landesbischofs scharf kritisierte, kam er zu dem Fazit: „Es gibt in den Verfassungen der evangelischen Kirchen in Deutschland keine auch nur annähernd ähnliche Lösung.“[160]

Auch dieses Mal war es Erich Stegmann, der bereits in seinem Amt als Superintendent und Vizepräsident der Synode die Aufgabe übernahm, als Apologet der Kirchenleitung und Lordsiegelwahrer des Thüringer Weges die Kritik des Synodenpräsidenten zurückzuweisen. Im unmittelbar hinter dem Text des Synodenpräsidenten Rudolf Lotz abgedruckten Beitrag der Mitzenheimschen Geburtstagsfestschrift von 1961 ging Stegmann auf die „Möglichkeiten und Grenzen der Synode“ ein.[161] Unter völliger Ausblendung des Teiles der reformatorischen Tradition, der sich seit Luther u.a. auf das summepiskopale ‚Notregiment‘(!) der Landesfürsten und auf das ‚Priestertum aller Getauften‘ als ekklesiologisches Gestaltungselement bezog, behauptete Stegmann – reichlich monokausal: „[...] daß die Synoden unserer Landeskirchen Kinder und Frucht des politischen Liberalismus des 19. Jahrhunderts sind.“[162]

Ausgerechnet die „[...] in der Verfassung der Deutschen Demokratischen Republik festgelegte Trennung von Kirche und Staat [habe] den Weg dazu [freigemacht], daß die Einflüsse von außen her die Kirche und ihre Synoden nicht überfremden.“ Stegmann räumte jedoch ein, es werde wohl dabei bleiben, „[...] daß die Entscheidungen der Synode auch heute bewußt oder unbewußt von der weltanschaulichen Situation wie auch von den theologischen Zeitströmungen beeinflußt werden.“[163] Bischöfe und Kirchenleitungen schie-

---

[158] Niederschrift des GKR Jena, 11.03.1948, als Eingabe an den LKR: „Erst durch den Aufbau der Thür[inger] evang[elischen] Kirche auf dem breiten tragfähigen Grunde der Gemeinden gewinnt die oberste Kirchenleitung den Rückhalt des Rechts, ohne den sie nicht in Vollmacht ihre verantwortungsreiche Aufgabe erfüllen kann“, in: *AdSJ*, AVI/113/1 „Wahl zur Synode“, unfoliiert. – Vgl. dazu Kapitel 4.9.

[159] Dr. jur. Rudolf Lotz (1901–1973), Vormals der BK nahestehender Anwalt und Stadtrat in Eisenach. Er übergab anstelle des geflohenen Eisenacher Oberbürgermeisters Müller-Bowe die Stadt am 06.04.1945 an die Amerikaner. Von 1954 bis 1972 war er – gemäß der Kirchenverfassung – „1. Stellvertreter des Landesbischofs“ mit dem Titel ‚Präsident‘ der Synode der Ev.-Luth. Kirche in Thüringen. – Vgl. Kapitel 3.1.1.

[160] Rudolf Lotz, „Die Synode der Evangelisch-Lutherischen Kirche in Thüringen: ihre Geschichte und ihr rechtliches Verhältnis zu Landesbischof und Landeskirchenrat“, in: *Domine Dirige Me In Verbo Tuo. Festschrift zum 70. Geburtstag von Landesbischof D. Moritz Mitzenheim*, hg.v. Herbert von Hintzenstern, i.A. des LKR, Pressestelle der Ev.-Luth. Kirche in Thüringen, Berlin 1961, 294,299.

[161] Ebd., 304-312: Sein Festschriftbeitrag lautete: „Möglichkeiten und Grenzen der Synode. Dargestellt unter besonderer Berücksichtigung der Thüringer Verhältnisse von Superintendent Erich Stegmann, Kahla, Vizepräsident der Thüringer Synode.“

[162] Ebd., 311.

[163] Ebd.

nen nach Meinung des Superintendenten gegenüber derlei Beeinflussungen offenbar resistent zu sein (?). An die Feststellung, dass „[...] die lutherische Kirche [...] durch 300 Jahre auch ohne Synoden ausgekommen ist“, schloss er die – wiederum banale – Warnung an, sie in ihrer Bedeutung weder unter- noch überzubewerten.[164] Am häufigsten ist – abgesehen von der Kritik und entsprechender Apologie hinsichtlich konkreter verfassungsrechtlicher Eigentümlichkeiten – die ‚stehende Redewendung‘ anzutreffen, die Stegmann am Ende seiner ‚Kirchenkampf-Chronik‘ vorführt: Trotz signifikanter Unterschiede zu „den Grundordnungen anderer Landeskirchen, [...] hat sie [die Thüringer, d. Vf.] sich aber durch Jahrzehnte als brauchbar erwiesen.“[165]

Abgesehen von der simplen Tatsache, dass Verfassungstext und Verfassungswirklichkeit häufig auseinanderfallen, offenbart sich hier eine im deutschen Luthertum weit verbreitete eklatante Missachtung von Verfahrensformen, mithin: der notwendigen und notwendig ‚barmherzigen Funktion‘ von Recht und Gesetz.

Dass der Landeskirchenrat es selbst zu Beginn seiner Neuordnungsbemühungen im Mai 1945 als sinnvoll und erstrebenswert angesehen hatte, „[...] die Thüringer evangelische Kirche zu der Ordnung zurückzuführen, die vor 1933 bestand“, blieb in der Folgezeit ebenfalls unerwähnt.[166] Im Zusammenhang der rechtlichen Neuordnung seit Mitte 1946 wurde die Aufhebung dieses Zieles mit dem Argument zurückgewiesen, dass die DC „über den Paragraphen 3“ in die Kirchen „eingedrungen“ seien. Zitiert wurde (und wird) die Absichtserklärung der 1924er Verfassung: „[...] sie [die TheK, d. Vf.] will eine Heimat evangelischer Freiheit und Duldsamkeit sein“ – wobei jedoch zumeist das Verbum ‚ist‘ Verwendung findet. Unzitiert blieb (und bleibt) häufig der darüberstehende Satz, so dass der Eindruck entstehen konnte, ‚lutherisch‘ sei die Thüringer Kirche erst seit 1948. In § 3 der Verfassung von 1924 hieß es jedoch ganz eindeutig: „Sie [die TheK, d. Vf.] ist ihrem Ursprung und ihrem Wesen nach eine Kirche lutherischen Bekenntnisses.“[167]

Darüber hinaus enthält der Festschriftbeitrag von Stegmann beispielhaft nahezu alle ‚antidemokratisch‘ gefärbten, man könnte auch sagen: beteiligungshemmenden sowie theologieschwachen Argumente und Klischees, die den Kritikern des Thüringer Weges ebenso wie verfassungs-reformwilligen Theologen und Laien seither entgegen gehalten werden. Die Mitzenheimsche Sicht, dass „[...] auf dem Synodalwege [...] die NS-Weltanschauung in die Thüringer Kirche eingedrungen war“ – von ihm formuliert im Bischofsbericht gegenüber der Synode vom 2. Mai 1950 – und die darum notwendige Betonung des (Pfarr-)Amtes, blieb virulent. In seinem *Dankbrief an die Pfarrer* vom 26. Juni 1970 formulierte es der greise ‚Landesbischof emeritus‘ noch einmal als eine Art ekklesiologisches Vermächtnis: „Ich bitte Sie, besorgt zu sein, daß das Amt der Kirche die Bedeutung erhält, die es nach der Schrift hat. Wir alle sind zu diesem Amt ordiniert. Eine übertriebene ‚Demokratisierung‘, wie sie heute begehrt wird, würde in der Kirche fehl am Platze sein.“[168]

Mit diesem ‚antidemokratischen Vorbehalt‘ stand Mitzenheim durchaus in einer theologischen Tradition, die schon Mitte der zwanziger Jahre ihren ‚weltfernen‘ Ursprung genommen hat. Nach Auffassung des liberalen, von den Deutschen Christen 1933 in den War-

---

164 Ebd.

165 Stegmann, *Kirchenkampf*, 116.

166 Schreiben des LKR an die US-Militärregierung, 03.05.1945, in: *LKAE*, A 129, unfoliiert.

167 „Handausgabe der Verfassung der TheK, 10.10.1924“, Eisenach 1926, in: *LKAE*, A 122/I, unfoliiert.

168 Björkman, *Lebensraum*, 343 (122. Dankbrief, 26.06.1970). – Wenn Mitzenheim mit ‚Demokratisierung‘ die unter ‚evangelischen Amtsträgern‘ gelegentlich anzutreffende Haltung kritisieren würde, eigene Rollenkonflikte und Autoritätsprobleme in einen ‚emanzipatorischen‘ Anspruch umzudeuten, wäre ihm gewiss zuzustimmen...

testand versetzten Theologen und Kirchenhistorikers Kirchenrat Dr. Rudolf Herrmann (1875–1952) hatte mit dem Begründer der Lutherischen Bekenntnisgemeinschaft Ernst Otto (1891–1941) auch in Thüringen „[...] die Nachkriegstheologie mit ihren Zuspitzungen und ihrer Ablehnung alles ‚Weltlichen' als ‚Betrieb' Einfluß gewonnen."[169]
Im historischen Rückblick von Landesbischof Werner Leich von 1985 findet sich diese eigentümliche Betrachtungsweise noch immer. Unbeschadet der Einsicht und Notwendigkeit, dass sowohl bei der Verfassungsgestaltung als auch bei der Ausübung der Kirchenleitung – im ‚Lande' und ‚vor Ort' – ‚kirchlich-theologische Gesichtspunkte' gegenüber formal-demokratischen eine deutliche Vorrangstellung finden müssen, und dass Bekenntnisfragen keiner einfachen Mehrheitsentscheidung unterliegen dürfen, impliziert vor allem die antiliberale Spitze der immer wieder vorgebrachten ‚DC-Einbruchs-These' dreierlei: 1. wird sie weder der Kirchenverfassung von 1924 noch der Verfassungswirklichkeit jener Jahre gerecht, 2. würden viele andere Landeskirchen in Deutschland und in der Welt, die eine deutlich ‚demokratischere' bzw. partizipatorische Kirchenverfassung haben, bis heute ‚bekenntnismäßig fahrlässig' handeln, und 3. hätte man, diesem Argument folgend, auch im ‚staatlichen Raume' viele Bestandteile der demokratischen Gesetzgebung der zwanziger Jahre – dem Worte wie dem Sinne nach – nicht in das Grundgesetz und in die Gesetzgebung der Bundesrepublik Deutschland übernehmen dürfen – denn Hitler und der Nationalsozialismus sind bekanntlich ‚über die Weimarer Reichsverfassung' in den Staat ‚eingedrungen'.[170]
Überboten wird die (an dieser Stelle) von Stegmann vorgenommene, den ‚Thüringer Weg' insgesamt kennzeichnende Mischung aus historischer Simplifizierung und theologisch wie politisch mangelhafter Urteilskraft schließlich nur noch durch das ‚Widerstandsverbot' des damals leitenden Juristen im Landeskirchenrat.[171]
Im Anschluss an den Abdruck des ‚Kommuniqués' vom 21. Juli 1958 lieferte OKR Gerhard Lotz eine Art Handreichung für dessen Verständnis und Gebrauch. Offenbar ohne zu realisieren, dass er damit zugleich dem Kirchenkampf der Bekennenden Kirche im NS die Legitimation entzog, kritisierte er jeglichen – tatsächlichen wie vermeintlichen – kirchlichen ‚Konservatismus' und beschwor die daraus erwachsende Gefahr, „[...] daß die Gemeindeglieder der Meinung sind, sie müßten um des Bekenntnisses, um des Evangeli-

[169] Rudolf Herrmann, *Thüringische Kirchengeschichte*, Bd.1&2, Weimar 1947, 615, 616. – Im Unterschied dazu das überschwängliche Lob von *Erich Stegmann* über den ‚heimlichen Bischof' *Ernst Otto*, in Stegmann, *Kirchenkampf*, 127; Dietmar Wiegand, „Christentum und Weltverantwortung, Kirche und Kulturarbeit: der Kulturprotestant Kirchenrat D. Rudolf Herrmann (1875–1952)", in: *ZfThG* 54. 2000, 269-303. Der Mitbegründer der ‚Gesellschaft für Thüringische Kirchengeschichte' [1929] *Rudolf Herrmann* gehörte nach 1945 zu den Mitbegründern der Thüringer LDP und war von 1948 bis 1950 für diese Partei Stadtverordnetenvorsteher in Weimar.

[170] Werner Leich, „Die ‚Thüringer evangelische Kirche' und die ‚Evangelisch-Lutherische Kirche in Thüringen' unter der nationalsozialistischen Gewaltherrschaft und in der Zeit nach der Befreiung. Referat innerhalb des Berichtes vor der VII. Synode, vom 28. November bis 1. Dezember 1985", in: *Amtsblatt* 1. 1986, 4-10.

[171] Zum Widerstandsbegriff und Widerstand im Diktaturvergleich siehe u.a.: Peter Hüttenberger, „Vorüberlegungen zum Widerstandsbegriff", in: Jürgen Kocka (Hg.), *Theorien und Praxis des Historikers*, in: *GG Sonderheft* 3. 1977, 117-134; Kurt Nowak, „Kirche und Widerstand gegen den Nationalsozialismus 1933–1945 in Deutschland", in: *Nordische und deutsche Kirchen*, 228-270; Günther van Norden, „Widerstand im deutschen Protestantismus", in: Karl-Joachim Müller (Hg.), *Der deutsche Widerstand 1933–1945*, Paderborn 1986, 108-134; Patrick von zur Mühlen, „Widerstand in einer thüringischen Kleinstadt 1953 bis 1958. Der ‚Eisenberger Kreis' ", in: Ulrike Poppe/Rainer Eckert/Ilko-Sascha Kowalczuk (Hgg.), *Zwischen Selbstbehauptung und Anpassung: Formen des Widerstandes und der Opposition in der DDR*, Berlin 1995, 162-177; Hans-Joachim Veen/Peter Eisenfeld/Hans Michael Kloth/Hubertus Knabe/Peter Maser/Ehrhart Neubert/Manfred Wilke (Hgg.), *Lexikon – Opposition und Widerstand in der SED-Diktatur*, Berlin – München 2000.

ums, um Gottes Willen den gesellschaftlichen und politischen Veränderungen Widerstand bieten."[172] Durch eine solche Haltung der Christen würde „[...] in die ökonomischen und politischen Auseinandersetzungen, die mit dem Formenwandel der öffentlichen Ordnungen verbunden sind, ja ihn heraufführen", nicht nur eine „folgenschwere Verschärfung" hineingetragen, sondern „die vorwärtsdrängenden Kräfte" selbst würden somit „verteufelt." Nach einer positiven Würdigung des Stuttgarter Schuldbekenntnisses von 1945 und des Darmstädter Wortes von 1947 hielt er fest, dass „[...] trotz solcher Worte und Einsichten [...] die offizielle Linie der Kirchenpolitik, auch der Kirchen in der Deutschen Demokratischen Republik um die Gestaltung der antifaschistisch-demokratischen Ordnung, später der sozialistischen Ordnung gegenüber, mehr als reserviert [geblieben wären]."[173] Einzig der „von der politischen Presse der Bundesrepublik" und von den „kirchenoffiziellen Kreisen" des „Alleingangs" gescholtene Bischof Mitzenheim habe die richtigen Worte gefunden. Darum könne er, Lotz, der „vielbeachteten Rede zur Zehnjahresfeier" der DDR nur zustimmen, weil der Thüringer Bischof bei dieser – und vielen anderen Gelegenheiten – öffentlich „dem Irrtum wehrte, [...] als ob der Mensch, der von der Botschaft des Evangeliums ergriffen ist, sein Leben abseits von den großen Aufgaben der Zeit führen müßte, oder gar aus Glaubensgründen für eine andere Ordnung als die, die in der Deutschen Demokratischen Republik gilt, einzutreten verpflichtet sei."[174]
Dass sich Mitzenheim in seinem ‚staatspolitischen' Denken und Handeln von einer besonders ‚strengen Auslegung von Römer 13' leiten ließ, bestätigte drei Jahre später, 1962, der Präses der Rheinischen Kirche, Prof. Dr. Joachim Beckmann. In einem SPIEGEL-Interview wurde er auf eine Rede Mitzenheims auf dem ‚Ostberliner Nationalkongress' vom Juni angesprochen und danach gefragt, ob „die Lutheraner – im Unterschied zu den Unions-Kirchen – den Obrigkeitsbegriff aus Römer 13 strenger ausleg[t]en"? Er antwortete darauf kurz und bündig: „So ist es. Wobei natürlich anzumerken ist, daß Mitzenheim auch seinen eigenen Lutheranern Kummer macht."[175]
Auch wenn man konzediert, dass der Apologet des 1958er Kommuniqués Gerhard Lotz im Unterschied zu vielen seiner Zeitgenossen in- und außerhalb der Kirche einen genaueren und kritischeren Blick auf die ‚Deutsche Katastrophe' des NS und auf die nach 1945 vielfach anzutreffende ‚Unbußfertigkeit' hatte, und dass sein Plädoyer für einen fairen

---

[172] Gerhard Lotz, „Die Bedeutung des Kommuniqués vom 21. Juli 1958", in: *Domine Dirige Me*, 340-350. – Spätestens an dieser Stelle hätte der Aufschrei lutherischer (!) Theologen ertönen müssen. Man musste sich ja nicht unbedingt auf die in Thüringen offenbar nicht sonderlich geliebten Schriften Karl Barths beziehen („Rechtfertigung und Recht", 1938; oder „Christengemeinde und Bürgergemeinde", 1946), sondern hätte u.a. mit Verweis auf *Martin Luther* selbst („Von der Freiheit eines Christenmenschen", 1520) das Denken und Handeln eines evangelischen Zeitgenossen in Freiheit und Verantwortung gegenüber Gott und der Welt beschreiben und einfordern können. Diese Form eines ‚semi-lutherischen' Denkens, das mit dem Ausblenden der juristischen Aspekte der Rechtfertigungslehre zugleich die Entwicklung eines rechtsstaatlichen Gewissens blockierte, war (und ist) allerdings nicht allein in Thüringen anzutreffen. Ein sprechendes Beispiel für jene merkwürdig weltferne Theologieschwachheit lieferte bspw. noch zu Beginn der 60er Jahre der Direktor der Theologischen Abteilung des LWB, Vilmos Vajta, mit dem Traktat: *Gelebte Rechtfertigung*, Göttingen 1963.

[173] Lotz, *Bedeutung*, 342. – Das Barmer Bekenntnis mit seinen reformatorisch-gewichtigen Antitotalitarismus-Thesen blieb – bezeichnenderweise – ausgeblendet. Wohl auch deshalb, weil dieser Bekenntnistext in Thüringen nicht oder nur ‚unter der Hand' rezipiert wurde. (Der Gründer der LBG in Thüringen, Ernst Otto, hatte dereinst 1934 an dieser historisch bedeutsamen Bekenntnissynode teilgenommen.)

[174] Ebd., 342: Lotz zitierte Mitzenheims Rede anlässlich des Festaktes des 10-jährigen Bestehens der DDR, am 07.10.1959, in der Berliner Werner-Seelenbinder-Halle.

[175] Joachim Beckmann, *Hoffnung für die Kirche in dieser Zeit: Beiträge zur kirchlichen Zeitgeschichte 1946–1974*, Göttingen 1981, 121. – Vgl. dazu den erhellenden Beitrag von Kühn, „Theologische Rechtfertigung", 238-258.

Dialog zwischen Christen und Atheisten Achtung verdient, muss dennoch festgehalten werden, dass der von Mitzenheim so genannte ‚Vater unserer Kirchengesetze und Verordnungen‘ und Architekt des ‚Thüringer Weges‘ mit seiner erschreckend unkritischen, DDR-Staats-affirmativen Überzeugung seiner ‚Heimatkirche‘ einen verhängnisvollen Irrweg gewiesen hat.[176]

So steht am Ende der an den historischen Quellen entlanggehenden Analysen und Studien zur ‚Kirchlichen Neuordnung in Thüringen‘ die Einsicht, dass der vormalige Arnstädter Pfarrer, Religiöse Sozialist und Thüringer Staatsbeamte Karl Erle mit seiner Skepsis gegenüber der Selbstreinigungsfähigkeit und Gestaltungskraft der neuen, ‚vorläufigen Kirchenleitung‘ den Finger auf ‚wunde Punkte‘ gelegt hatte. Schon im Mai 1945 – lange vor dem Reinigungsgesetz und der Spruchstellenarbeit – warf er die Frage auf, „[...] ob sie [die Thüringer Kirche, d. Vf.] fähig ist, sich von diesem religiösen Wollen der Menschen tragen zu lassen und dadurch zu einer Reform wird“ oder ob mit „[...] dem Sieg der Bekenntnispfarrer“ nicht unter Umständen eine „[...] fortschrittliche Entwicklung in der Kirche illusorisch würde.“[177] In einer einseitigen Betrachtung des Kirchenkampfes und in der Ausblendung der liberalen Traditionen der Kirche erkannte er die Gefahr, dass „[...] die äußere Kirche wieder wie in den Jahren 1933 ff. zu einer politisierenden Kirche [werden könnte].“ Die lapidare Einschätzung von Erle lautete: „Mit dieser Entwicklung der Dinge ist aber unserem Volke nicht gedient.“[178]

Es bleibt der Eindruck, dass die Evangelisch-Lutherische Kirche in Thüringen in ihrem Bemühen um eine bekenntnisgemäße Gestalt – trotz leidvoller Erfahrungen des Kirchenkampfes gegen eine von Lotz so bezeichnete ‚diktatorisch regierte Obrigkeitskirche‘ – sich einer solchen deutlich näher anverwandelt hat, als die so häufig gescholtene und belächelte Thüringer evangelische Kirche in den Jahren von 1920 bis 1933. Dass Moritz Mitzenheim und andere Männer der Kirchenleitung ‚im Übergang der Diktaturen‘ sich und die Thüringer Landeskirche mit ihrer Kirchenpolitik und Gemeindetheologie

---

176 Zu einer gründlichen Untersuchung des kirchenpolitisch und gemeindepraktischen Einflusses von Gerhard Lotz sind weitere vergleichende Quellenstudien notwendig. Neben dem Ausschnitt der im LKAE bereits vorliegenden BStU-Akten HA V/4, 3043/86 „[Kopien von Unterlagen des MfS der DDR zur Person IM ‚Karl‘, Gerhard Lotz, erhalten und geordnet am 28. und 29. Mai 1993 von Dr. Rainer Stahl, ohne Aktentitel]“ sollten dazu die (bislang unter Verschluss gehaltenen) Akten der Rechtsabteilung des LKA, die entsprechenden Parallelakten im EZAB, LKAH, ThHStAW und vor allem die verschriftlichten Unterlagen des Präsidiums der Ost-CDU herangezogen werden. Darüber hinaus erscheint es sinnvoll, den (auch v.Vf. mehrfach unterbreiteten) Vorschlag eines Forschungsprojektes der ELKiTh: „Zur Bearbeitung und Einflussnahme der Thüringer Kirche durch ‚IMs in Schlüsselpositionen‘ von 1955 bis 1989“ wieder aufzugreifen, das auch hinsichtlich der ‚Weggabelungen‘ des Thüringer Weges einige erste Erkenntnisse bringen würde. In diesem Zusammenhang könnten Pauschalurteile und Legenden abgebaut und differenzierte Klarheit über das Wirken u.a. von Landesbischof Ingo Braecklein, OKR Gerhard Säuberlich, OKR Hans Schäfer und die Rechtsdezernenten des LKR, die OKR Hartmut Mitzenheim, Wolfram Johannes, Martin Kirchner, die alle unter ‚dringendem IM-Verdacht‘ stehen, gewonnen werden. – Zu diesem Thema bislang u.a. vorliegend: Tina Krone/Rainer Schult (Hgg.), *Seid untertan der Obrigkeit. Originaldokumente der Stasi-Kirchenabteilung XX/4*, Berlin 1992; Karl Wilhelm Fricke, „Kein Recht gebrochen?: das MfS und die politische Strafjustiz der DDR“, in: *P&Z* 40. 1994, 24-33; Walter Schilling, „Die ‚Bearbeitung‘ der Landeskirche Thüringen durch das MfS“, in: Clemens Vollnhals (Hg.), *Die Kirchenpolitik von SED und Staatssicherheit: eine Zwischenbilanz*, Berlin 1996, 211-266. – Zum sensiblen Bereich der Theologischen Fakultäten: Friedemann Stengel, *Die Theologischen Fakultäten in der DDR – als Problem der Kirchen- und Hochschulpolitik des SED-Staates bis zu ihrer Umwandlung in Sektionen 1970/71*, Leipzig 1998.

177 „Ausführungen über die kirchenpolitische Lage der Gegenwart“, von Pfarrer Karl Erle, 29.05.1945, 3 S., in: *ThHStAW*, BMP, unfoliiert. D. Vf. freundlicherweise vom Leiter des Archivs, Dr. Volker Wahl, zur Verfügung gestellt.

178 Ebd.

zugleich in eine strukturelle, personelle und kirchenpolitische Nähe zum ‚demokratischen Zentralismus' der SED-Diktatur brachten, bleibt ein fortwirkendes Ärgernis. Offenkundig ist allerdings ebenso, dass viele Thüringer evangelische Christen, Pfarrer wie Laien, in diesen schwierigen Zeiten ‚getrost und unverzagt' zu Schrift und Bekenntnis und zu ihrer Kirche stehend ihren Glauben lebten. Das spricht für eine lutherisch-protestierende Zivilcourage dieser Menschen ebenso, wie für das unverfügbare Wirken des Heiligen Geistes, der bekanntlich „weht, wo er will."[179]

5.5 Linien – Brüche – Fragen

„Keine Geschichte beginnt mit ihrem Anfang; die Wurzeln des Baums sind dem Auge verborgen, aber sie reichen hin bis zu den Wassern."[180]
Diese Erfahrung und Einsicht Stephan Heyms wird der gewinnen, der sich erinnernd oder forschend der Vergangenheit zuwendet. Und so schien es uns sinnvoll, auch bei der Betrachtung der Geschichte der vergleichsweise jungen evangelischen Landeskirche Thüringens nach Wurzeln zu suchen, die mitverantwortlich waren für das beachtliche Überdauern, zeitweise Verdorren und Wachsen dieses Gebildes – über die Katastrophen und Umbrüche der ersten Hälfte des 20. Jahrhunderts hinweg. Wir sind dabei von der These ausgegangen, dass die in der Kaiserzeit und während der Jahre nach dem Ersten Weltkrieg bis zum Ende der Weimarer Republik gewonnenen mentalen und politischen Prägungen sowie Muster der Gegenwartsdeutung die Angehörigen der Geburtsjahrgänge von 1875 bis 1910 auf eigentümliche Weise miteinander verbanden.
Dies trifft natürlich für die Protestanten in Deutschland wie in Thüringen ebenfallsgleichermaßen zu. Die Handlungs- und Verantwortungsträger – in ihrer übergroßen Mehrzahl Männer – die nach dem Ende des Zweiten Weltkrieges in den westlichen Besatzungszonen/BRD wie in der SBZ/DDR aktiv gewesen sind, gehörten den genannten Generationen an. Obgleich die in Kaiserreich und Thüringer Kleinstaaterei erworbenen Prägungen während des Dritten Reiches auf dem Hintergrund einer forcierten Militarisierung und Nationalisierung – trotz aller partei- und kirchenpolitischen Differenzen – eine gewisse milieuübergreifende ‚Gleichschaltung' erfuhren, blieben doch aufs Ganze gesehen sowohl die gewachsenen Mentalitäten als auch das damit verknüpfte psychosoziale und politische Konfliktpotential als ein Kontinuum über die Zäsuren 1918, 1933 und 1945 hinweg bis in die Mitte der fünfziger Jahre hinein erhalten. Ohne den hermeneutischen Rekurs auf den geschichtlichen Kontext vom Beginn des 20. Jahrhunderts bis zum Ende des Zweiten Weltkrieges blieben zeitgeschichtliche Analysen der Jahre des Übergangs der Diktaturen schwer verständlich.
Für die Thüringer evangelische Kirche fiel dieser Prozess zeitlich mit der institutionellen Bildung dieser Landeskirche aus einer Vielzahl kleinerer Territorialkirchentümer zusammen, der von den Anfängen 1918/20 bis zum Sturz der deutsch-christlichen Kirchenregierung 1945 vermittels einer Vorfeldskizze unter der Überschrift „Evangelische Kirche in Thüringen 1918–1945" betrachtet und beschrieben wurde.
Von da aus wurde die ‚Kirchliche Neuordnung in Thüringen' nach 1945 in den Blick genommen. Die besondere Situation der doppelten Besetzung verdiente eine doppelte, zeitlich geordnete Untersuchung. Das schrittweise Ende der NS-Diktatur im Frühjahr 1945 war nicht das Ergebnis einer gewollten oder gar forcierten politischen Umwälzung im

[179] Christoph Markschies, „Kirchenhistorische und systematisch-theologische Bemerkungen zur Diskussion über den ‚Thüringer Weg' ", in: *Thüringer Gratwanderungen*, 209-220.
[180] Stephan Heym, *König David Bericht*, Leipzig 1989, 14.

Inneren Deutschlands, sondern die Folge der ‚totalen' militärischen Niederlage und der Besetzung durch die alliierten Siegermächte. Die amerikanische Besetzung Thüringens dauerte beinahe 100 Tage – vom 1. April bis zum 2. Juli 1945. Um spektakuläre oder dauerhaft geschichtsprägende Wirkungen zu zeitigen, war jenes amerikanische Interim einerseits zu kurz, andererseits sorgte die ideologisch ausgerichtete Geschichtsschreibung der DDR bald nach 1949 und nachhaltig dafür, dass diese Phase dem Vergessen anheimfiel.
Auch innerhalb der Thüringer Kirche wurden diese Wochen im Frühjahr und Frühsommer 1945, die das Land aus dem Chaos der unmittelbaren Nachkriegszeit führen halfen, kaum thematisiert. Dieses Desiderat in der Selbstreflexion der Kirche ist allerdings wenig verwunderlich, wenn man bedenkt, dass erst die Verhaftung des (zweiten) deutschchristlichen Kirchenführers und selbsternannten Landesbischofs Hugo Rönck durch die amerikanische Militärpolizei die Voraussetzung für die Neubildung der Kirchenleitung und damit für die kirchliche Neuordnung Thüringens überhaupt schaffte. Dieser äußere Eingriff stellte innerkirchlich eine gewisse Kränkung des Selbstbewußtseins der Lutherischen Bekenntnisgemeinschaft nach ihrem Pyrrhussieg über den kirchenpolitischen Gegner dar; zumal der Eisenacher BK-Pfarrer und Ende des Jahres 1945 vom vorläufigen Landeskirchenrat zum Landesbischof ernannte Moritz Mitzenheim sich immer wieder bemüht zeigte, ein absolut eigenständiges und souveränes Handeln der neuen Kirchenleitung als Faktum in das kirchengeschichtliche Gedächtnis zu injizieren. Andererseits erschien es unter kommunistischer Herrschaft alles andere als angebracht, dem ‚amerikanischen Imperialismus' eine irgendwie positive Rolle bei der Neugestaltung im Nachkriegsdeutschland zuzubilligen.
So können jene Wochen amerikanischer Besatzung als eine Art vergessener Karenzzeit unmittelbar vor der sukzessiven Stalinisierung dieses mitteldeutschen Landes bezeichnet werden. Unbeschadet dessen ist jene Zwischen-Zeit vor dem (erneuten) Ausbruch des Ost-West-Konfliktes und der endgültigen Errichtung der ‚Diktatur der Arbeiterklasse' in der SBZ/DDR mit ihren personalpolitischen und strukturellen Vorgaben für die staatliche wie kirchliche Reorganisation keineswegs bedeutungslos geblieben.
Hinsichtlich der mit der sowjetischen Besetzung beginnenden Sowjetisierung rsp. Stalinisierung in Thüringen waren die Herausforderungen und politischen Ansprüche anderer Natur. Sie werfen zahlreiche, bislang ungelöste kirchengeschichtliche Fragen auf. Dazu gehört vor allem die Frage, wie eine ‚zerstörte', d.h. bis 1945 DC-regierte Landeskirche mit dieser Hypothek ihre kirchenpolitische und gemeindepraktische Neuordnung im unübersichtlichen ‚Spannungsfeld von sowjet-kommunistischer Besatzungsmacht und' – zunehmend – ‚deutsch-kommunistischer Verwaltung' gestalten wollte und konnte.
Auffällig ist zunächst, dass die Wertschätzung der Alliierten und deren Überzeugung, den Kirchen innerhalb der gesellschaftspolitischen Neuordnung Deutschlands eine wichtige Rolle zuzugestehen – zumindest vor der Hand, auch von der sowjetischen Führung und ihren zonalen Repräsentanten geteilt wurde. Infolge des restlosen Wegfalls aller vormaligen ‚gleichgeschalteten' NS-Institutionen wurden die Kirchgemeinden, sehr stark fixiert auf die Person des Pfarrers, neben den – zumeist ‚unvollständigen' – Familien zu bedeutenden Stabilisierungs- und Orientierungsfaktoren der bedrohten Lebenswelten in Stadt und Land. Somit stand auch die kirchliche Neuordnung in Thüringen gewissermaßen unter einem ‚guten (roten) Stern'.
Gleichwohl fand die kirchliche Entnazifizierung – ‚Selbstreinigung' genannt – unter den Augen der Zeitgenossen in den Kirchgemeinden und Kommunen ebenso wie unter Beobachtung der neuen politischen Machthaber statt. Die ‚kampferprobten' kommunistischen Funktionäre und ehemaligen ‚Buchenwalder' – an erster Stelle seien hier der Thüringer

Innenminister Ernst Busse und der Volksbildungsminister Walter Wolf genannt – hatten dabei einen besonders kritischen Blick, gehörten doch die Kirchen ‚klassenmäßig' zur Bourgeoisie und damit zu den ausgemachten Feinden einer ‚fortschrittlichen Entwicklung'. Die Entnazifizierung, die nach kommunistischem Verständnis als personalpolitischer Generalschlüssel für eine – weit über die alliierten Verabredungen hinausgehende – ‚antifaschistisch-demokratische Umwälzung' praktiziert werden sollte, sollte darum auch auf die Kirche zu übertragen werden. Mit der Schaffung eines eigenen Reinigungsgesetzes Ende 1945 gelang es der Thüringer Kirchenleitung, diesen Anspruch abzuwehren. Damit konnte die institutionelle Autonomie der Kirche gesichert werden. Als allerdings erkennbar wurde, dass die Kirchenleitung bei ihrer Selbstreinigung relativ ‚kaderschonend' vorging, kam es ab Mitte 1946 zu heftigen Auseinandersetzungen, die sich vor allem an politischen Hegemonieansprüchen der eben gegründeten SED (politische Betätigung der Pfarrer), an eigentumsrechtlichen Fragen (Bodenreform) und an kultuspolitischen Überzeugungen (Kinder- und Jugenderziehung) festmachten.

Trotz eines zahlenmäßig hohen Anteils und Grades der vormaligen parteipolitischen, ‚militaristischen' oder deutsch-christlichen Aktivität und ‚Belastung' der kirchlichen Mitarbeiterschaft war die Thüringer Kirchenleitung zunächst davon überzeugt, dass die Lösung dieses Problems nicht nur von den neuen Machthabern gefordert werden würde, sondern auch im Interesse eigener Glaubwürdigkeit und Handlungsfähigkeit läge. Bei der damit gestellten Aufgabe, Vergangenheitsbewältigung und (kirchen-)politisch motivierte Institutionsentwicklung zu verbinden, erkannte sie jedoch bald wenigstens drei ‚Standortvorteile': Dies war zum einen das besondere, fast ‚freundschaftliche' Verhältnis zwischen Landesbischof Mitzenheim und dem SMATh-Verwaltungschef General Kolesnitschenko, zum anderen die relativ hohe (zumindest nominelle) NS-Belastung bei den gesellschaftlichen Eliten Thüringens – was Landespräsident Rudolf Paul bis 1947 vermittels einer eher bürgerlich-liberalen Demokratisierung zu bewältigen suchte –, sowie der 1945 bis 1947 andauernde interne kommunistische Machtkampf zwischen der ‚Ulbricht-Gruppe' und den lokalen sozialdemokratischen und kommunistischen Führern, der sozusagen das ‚klassenkämpferische Potenzial' zunächst nach innen gewendet und absorbiert hatte.

Der folgenschwere Nachteil dieser ‚Standortvorteile' war allerdings, dass sie innerhalb der Kirche zu einer anwachsenden theologischen ‚Immobilität' und (kirchen-)politischen ‚Unbußfertigkeit' beitrugen. Die katastrophalen Folgen des Nationalsozialismus und die Auswirkungen des Zweiten Weltkrieges wurden vom Landesbischof selbst und von vielen seiner Amtsbrüder – ganz im Sinne der am Ende des 19. Jahrhunderts entwickelten Säkularisierungsthese – als ‚Sturm und Gericht der Gegenwart' für das Abfallen der Menschen von Gott gedeutet und verkündigt. Abgesehen davon, dass diese Optik Rückschlüsse auf ein kaum entwickeltes politisches Denken zulässt, kann sie auch sonst als einigermaßen kurzsichtig bezeichnet werden. Den Nationalsozialismus und seine Folgen primär als areligiöse oder atheistische Krisenerscheinung zu interpretieren, die nur religiös – durch das Institut von Buße und Beichte – zu bewältigen sei, ging an der kirchlichen Wirklichkeit vorbei. Denn innerhalb der evangelischen Kirchen war dieses äußerst sinnvolle kathartische, sozialhygienische und frömmigkeitsbefördernde Ritual bereits seit dem Ende des 18. Jahrhunderts infolge der Aufklärung, wegen gemeindepraktischer Probleme durch Bevölkerungszuwächse und aufgrund mangelhafter reformatorisch-theologischer Orientierung ‚aus der Übung gekommen' und konnte somit in der Nachkriegsgesellschaft nicht so einfach in die pastorale Praxis eingefügt werden – weder inner-

halb der Kirchgemeinden und auch kaum in seinen säkularen, psychoanalytischen Spielarten.[181]
Darüber hinaus zeigen die internen Auseinandersetzungen über die personelle und inhaltlich-theologische ‚Reichweite' von ‚Entnazifizierung und Selbstreinigung' – vor allem vom ehemaligen NS-Verfolgten und Spruchstellenmitarbeiter Johannes Hertel forciert – ein erschreckend gering ausgeprägtes Problembewusstsein, beispielhaft vorgeführt anhand des hartnäckigen Beschweigens der ‚Judenfrage'. Von einer ganz und gar ‚ungereinigten Kirche' zu sprechen, geht dennoch an den Tatsachen vorbei. Nicht selten wurde diese Kritik als ‚Faschismusvorwurf' vorgebracht, der entweder der Exkulpation eines (kirchlichen) Denunzianten diente oder – wo er von außerkirchlicher Seite kam – zumeist unter Ideologie- und Machtpolitikverdacht zu stellen war. Aber auch als interne moralisch-rigoristische Haltung ist ein solches Generalverdikt fragwürdig, da es die tatsächlichen Wirkungen einer ‚kommissarischen Beschäftigung', ‚vorrübergehenden Wartestandsversetzung' und zeitweiligen beruflichen Zurücksetzung ignorierte. Es bleibt die Frage, ob das Thema ‚Deutsche Christen, Bekennende Kirche und deutsche Schuld' in den Kirchengemeinden brennend aktuell war und bspw. in Gemeindeveranstaltungen diskutiert wurde? Oder war das persönliche und seitens der Kirchenleitung praktizierte Verbergen von kirchen/politischen ‚Belastungsfaktoren' vielmehr als allgemein üblich und normal hinzunehmen, inmitten einer ansonsten chaotischen Welt, die geprägt war von Vertreibung, Hunger, Verelendung, Krankheit, Obdachlosigkeit und ständig steigender Kriminalität? Was wußte ein Gemeindekirchenrat über die Gründe und Hintergründe der LKR-Entscheidung über einen Pfarrer, der nach 1945 in ihre Gemeinde versetzt worden war? Von prominenten Einzelbeispielen abgesehen (Siegfried Leffler, Hermann Leidenfrost), konnte diese Frage bislang nicht erschöpfend beantwortet werden. Hier wären weitere und tiefer schürfende Feldforschungen angebracht.
Insgesamt ist festzuhalten, dass die kirchliche Selbstreinigung sowohl unter dem Druck der Aufrechterhaltung des ‚kirchlichen Dienstes' durchgeführt wurde als auch im Dienste der Sicherung des ‚Sieges der Lutherischen Bekenntnisgemeinschaft' stand. Dass dieser ‚BK-Sieg' den kommunistischen Machthabern als ‚antifaschistischer Triumph' verkauft wurde, war nicht nur in Thüringen üblich. Dies ist zudem aus kirchenstrategischer Perspektive heraus verständlich und partiell wohl auch sinnvoll. Intern konnte dieses Argument allerdings kaum genutzt werden, da dort das Wissen darum, dass ‚Bekenntnisfront' nicht automatisch auch NS-Gegnerschaft bedeutete, – zumindest in der Pfarrerschaft – weit verbreitet war. So ist dieses ‚heimliche Wissen um die Unheimlichkeiten der Kirchenkampfzeit' dafür in Anschlag zu bringen, dass der ‚bauernschlaue' Bischof Moritz Mitzenheim daran interessiert war, in der Kirchenleitung selbst – und mit Abstrichen auch auf der Ebene der Superintendenten – Vertreter aller vormaligen kirchlichen Gruppen, einschließlich der Deutschen Christen, zur Mitarbeit ‚im Amt der Kirche' zuzulassen – wenn auch möglichst lautlos und unter klarer zahlenmäßiger BK-Führung.
Diese ‚klare Führung' erhielt – 1949 beginnend – zudem noch eine thüringenspezifische Ausprägung. Das reformatorische Notregiment des ‚Summepiskopus', das nach der Novemberrevolution in Deutschland wie in Thüringen in Wegfall gekommen war und zwischenzeitlich im DC-Führerprinzip ‚aufgefangen' wurde, erlebte mit dem Thüringer Bischofsgesetz von 1949 eine weitere kirchliche Renaissance. In dem Maße, in dem die kommunistische Führung den Föderalismus in der SBZ/DDR aufhob, sämtliche

[181] Ein Vorgang übrigens, der sich 1989/90 wiederholte, als mit dem Ende der SED-Diktatur wiederum eine gesellschaftliche und auch kirchliche Vergangenheitsbewältigung anstand, die ‚Buße und Beichte' gebraucht hätte.

bürgerlichen Freiheitsrechte außer kraft- bzw. erst gar nicht wieder einsetzte, die parlamentarische Demokratie insgesamt beseitigte und sich mit seinen ‚Spitzenpolitikern' in die ‚Hauptstadt der DDR, Berlin', zurückzog, schienen dem Thüringer Landesbischof landesfürstliche Kompetenzen und Erwartungen zuzuwachsen. Dies hatte nicht nur mit der ebenso fürsorglichen wie autoritären Mentalität Mitzenheims zu tun, der sich im Chaos der Nachkriegsjahre als talentierter Verhandlungsführer und erfolgreicher kirchenpolitischer Pragmatiker erwiesen hatte. Darüber hinaus wurde mehr und mehr erkennbar, dass das im Luthertum seit der Jahrhundertwende weit verbreitete enorme „[...] Defizit an politischer Ethik, das ‚Gesetz und Ordnung' ohne Rückfrage nach den rechtlichen Normen und der Legitimität der Macht theologisch zu akzeptieren gewohnt war", fatale „kirchenhistorische Weichenstellungen" ermöglichte.[182]

Zur ‚Ehrenrettung' von Mitzenheim muss jedoch gesagt werden, dass die mit seiner ‚Spitzenpolitik' und dem ‚Verbot zur politischen Betätigung' verbundene Entmündigung der Pfarrer nicht möglich gewesen wäre ohne ihre subjektive Bereitschaft, dem Bischof das politische Denken und Handeln ‚im weltlichen Raume' zu überlassen. Viele Pfarrer werden als ‚gebrannte Kinder des NS' froh gewesen sein, dass es jemanden gab, der ihnen die politische Auseinandersetzung abnahm und sie auf den ‚Raum der Kirche' verwies. Was mit denen geschah, die eine solche binnenkirchliche Persönlichkeits- und Theologiereduktion nicht oder nur mit Mühe zu akzeptieren bereit waren, konnte im Rahmen der vorliegenden Untersuchungen gleichfalls nur anhand besonderer Beispiele (Erich Hertzsch, Johannes Hertel) angedeutet werden. Auch hier sind weitere Untersuchungen notwendig, die vor allem das Schicksal derer nachzeichnen, die den bald darauf noch unnachgiebiger beschrittenen ‚Thüringer Weg' verlassen haben und in andere Landeskirchen oder Berufe gegangen sind.

Die vom vormaligen Arnstädter Pfarrer und späteren Oberregierungsrat Karl Erle bereits im Frühjahr 1945 aufgestellte These einer bevorstehenden ‚zweiten politischen Abhängigkeit der Kirche' verdient in diesem Zusammenhang weitere, über den zeitlichen und inhaltlichen Focus der vorliegenden Studien hinausgehende Untersuchungen. Als einen Grund für seine vorahnungsschwangere Diagnose hatte Erle das Leugnen der kirchengeschichtlichen Epoche vor der DC-Diktatur und – damit verbunden – die Abspaltung des liberal-theologischen Erbes unter BK-Ägide genannt.

In der Tat zeigt der Rückblick auf die gelebte protestantische Vielfalt der Thüringer evangelischen Kirche in den Jahren von 1920 bis 1933, dass es für eine relativ kurze Zeit möglich war, territoriale, konfessionelle und politische Differenzen nicht als Bedrohung oder gar als Katastrophe zu sehen. Vor allem die Debatten des Landeskirchentages (der Synode) veranschaulichen die erstaunlichen Erprobungsversuche von Theologen und Laien, die Ambivalenzen der Moderne, die sich auch im kirchlichen Bereich spiegelten, vermittels geordneter Verfahren und unter Beachtung und ‚Duldung der Freiheit' des Andersdenkenden auszuhalten. Hier waren einige Ansatzpunkte gegeben, evangelische Vielgestaltigkeit als einen Reichtum zu begreifen, den es unter einer geistlichen Leitung zu hegen gilt, um ihn für das Leben der Kirche fruchtbar werden zu lassen. Weil ein Teil der kirchlich und politisch führenden Liberalen 1933 auf die ‚DC-Karte gesetzt' hatte, schienen sie nun nach 1945 theologisch und kirchenpolitisch völlig desavouiert. Manche von ihnen waren inzwischen einfach zu alt.

Die seit Mitte 1945 oft strapazierte ‚Einbruch-These', der zufolge die Deutschen Christen den Nationalsozialismus vermittels einer liberalen Verfassung in die Kirche ‚eingeschleppt' hatten, wurde häufig als (Totschlag-)Argument für die Errichtung einer Kirchen-

[182] Götz Planer-Friedrich, „Rückfall hinter Barmen", in: *GuH* 8/48. 1993

verfassung und eines Kirchenregimentes genutzt, die kirchenrechtlich am 2. November 1951 fixiert wurden. Unter Verweis auf die ‚leidvollen Erfahrungen des Kirchenkampfes' zielt diese Verfassung darauf ab, „[...] die Rechte der Synode einzuschränken und die des Bischofs zu stärken. (Synoden-Präsident Rudolf Lotz, 1958).“[183]
Der solchermaßen machtvoll ausgestattete Bischof Mitzenheim war nach einer Phase des engagierten Widerstandes und der Ermutigung der Pfarrer und Gemeinden, sich dem totalen Anspruch des Staates nicht zu beugen, seit 1955 wieder zur einsamen ‚bischöflichen Spitzenpolitik' der vierziger Jahre zurückgekehrt. Trotz oder wegen der offenkundigen Niederlagen, die die Kirche im kommunistischen Weltanschauungskampf der fünfziger Jahre um die Gewährung von Staatsleistungen, den Religionsunterricht an den Schulen oder die mit brachialer Gewalt eingeführte Jugendweihe hinnehmen musste, setzte er nun wieder stärker auf Kooperation. Das Schicksal seines Bruders, des ehedem NS-verfolgten Eckolstädter Pfarrers Edgar Mitzenheim, der im Zusammenhang des Aufstandes vom 17. Juni 1953 verhaftet und zu mehreren Jahren Zuchthaus verurteilt worden war, wird bei dieser Entscheidung im Hintergrund gestanden haben.
Neben dieser besonderen innerkirchlichen Entdifferenzierung wirkte sich allerdings auch die SED-gesteuerte ‚Zwangsproletarisierung' auf das Leben der Kirchgemeinden aus. Die ab 1949 beginnende Massenflucht erfuhr ab Mitte 1952 eine Steigerung, indem die kommunistische Führung im Zuge vielfältiger repressiver Methoden daran ging, die wirtschaftlichen Spielräume der Bauern, Handwerker und anderer kleiner und mittelständischer Unternehmen weiter einzuschränken. Vorsichtige Interventionen und Einsprüche des Bischofs blieben dort, wo sie gesagt worden waren – hinter verschlossenen Türen. Die Kirche selbst blieb – abgesehen von gekürzten oder nicht gezahlten Staatsleistungen – vor kruden Eingriffen in ihre materiellen und immobilen Grundlagen weitgehend verschont. Mehr oder weniger tatenlos mussten die Kirchenleitung und vor allem die Pfarrer im Lande mit ansehen, dass mittlerweile sehr viele aktive Gemeindemitglieder ihre Heimat Thüringen ‚über die grüne Grenze' in Richtung Westen verließen. ‚Tragende Säulen' des ländlichen aber auch des städtischen kommunalen und des Kirchgemeindelebens waren auf diese Weise weggebrochen.
Unter Beratung seines ‚Stellvertreters in weltlichen Angelegenheiten', des CDU-Präsidiumsmitglied und ‚nebenamtlichen' Stasi-Mitarbeiters, OKR Gerhard Lotz, schlug Mitzenheim einen kirchenpolitischen Kurs ein, der ihn selbst und die Thüringer Kirche im Konzert der Ost- wie Westdeutschen Kirchen zunehmend isolierte. Infolge einer verkürzten Auslegung des ‚Gehorsamsgebotes' im Römerbrief (Kapitel 13) und aufgrund einer sehr fragwürdigen Interpretation der lutherischen Zwei-Reiche-Lehre meinte er, dass die im Kirchenkampf der Lutherischen Bekenntnisgemeinschaft gewonnene Einsicht einer notwendigen ‚Entpolitisierung der Kirche' Ähnlichkeiten mit der akklamatorischen Politikabstinenz hätte, die der SED-Staat von seinen Untertanen einforderte. Wenn auch nicht in dieser Entschiedenheit und trotzigen Unnachgiebigkeit wie bei Mitzenheim, blieb diese Überzeugung auch für die ihm nachfolgenden Thüringer Bischöfe handlungsleitend, selbst wenn sie – wie Werner Leich und andere – energische Kritiker des ‚theologieschwachen' Taktierens der Mitzenheim/Lotz-Politik waren.
Der ‚Thüringer Weg' ist bis heute mit Pauschalvorwürfen, Legenden, Verletzungen und Irrtümern gepflastert. Er hat die Thüringer Landeskirche trotz des ehrlichen Bemühens von Moritz Mitzenheim und vielen seiner Mitstreiter um einen bekenntnisgemäßen ‚Lebensraum für die Kirche' auf gefährliche Abwege geführt, indem er die (auch) in protestantischen Kirchen anzutreffende Tendenz zur Selbstghettoisierung und Verkirchlichung

[183] Rudolf Lotz, „Die Synode“, in: *Domine Dirige Me*, 293.

bedient – teilweise sogar verstärkt hat. Zugleich ist diese staatsaffirmative Thüringer Kirchenpolitik aber auch so zu sehen, wie sie gemeint war: als Versuch, einen ‚eigensinnigen kirchlichen Schutzraum' unter der permanenten Bedrohung eines totalitären Unrechtsregimes zu erhalten. Dass aus diesem Raum heraus Schritte gewagt wurden, die 1989 zum Sturz dieser zweiten deutschen Diktatur beigetragen haben, verdient in die historische Betrachtung und Würdigung einbezogen zu werden.

Die „Freiheit eines Christenmenschen" (Martin Luther) inmitten der Ambivalenzen, Gefährdungen und Chancen einer „offenen Gesellschaft" (Karl Popper) zu buchstabieren, ist jetzt das Thema des Tages. Unter Christenmenschen sollte somit die ekklesiologische Recherche im Vordergrund stehen: Welche biblischen Einsichten und strukturellen Existenzbedingungen zeichnen eine Kirche aus, die sich der Reformation Luthers verdankt? Was trägt dazu bei, Verkirchlichungs- wie Selbstsäkularisierungs-Tendenzen zu minimieren, theologische und religiöse Kompetenz zu stärken und Dialogfähigkeit zu entwickeln, damit der Protestantismus (auch) unter den besonderen Bedingungen einer entkonfessionalisierten Gesellschaft in Ostdeutschland Glaubwürdigkeit und Gestaltungskraft gewinnt? Gelingt es uns – Theologen und ‚Laien' – Weltoffenheit und Gottvertrauen so miteinander ins Spiel zu bringen, dass Gott verlockt ist, seinen lebenschaffenden Segen dazu zu geben?

Wenn die Lektüre der *Kirchlichen Neuordnung – im Übergang der Diktaturen* zur weiteren Bearbeitung dieses Themas anstiftet, zur Diskussion anregt und bei der Beantwortung der genannten Fragen hilfreich ist, hat sich die Mühe der historischen Reflexion allemal gelohnt.

Biogramme

Quellen (in Auswahl)

A. Daten der Pfarrerkartei und aus Personalakten des LKAE sowie Auskünfte anderer Archive

B. Daten aus Personalakten des *HStAW*

C. Selbstauskünfte genannter Personen bzw. (bei verstorbenen Personen) Auskünfte von Verwandten oder Freunden

D. Biogramme in: *Thüringer Gratwanderungen: Beiträge zur fünfundsiebzigjährigen Geschichte der evangelischen Landeskirche Thüringens*, hg. von Thomas A. Seidel im Auftrag der Evangelischen Akademie Thüringen und der Gesellschaft für Thüringische Kirchengeschichte. Bearbeitet von Dietmar Wiegand, Leipzig 1998, 265-296 (dort auch weitere Quellen).

Arnold, Otto Hans

* 27. Mai 1901 in Georgenzell, † 1. Mai 1970 in Ronneburg – Pfarrer, Oberpfarrer: 1919 Abitur in Meiningen, Studium der Theologie in Jena und Leipzig, 1933 Vikariat in Stadtilm, Ordination in Walldorf, 1933–1935 Hilfsprediger, 1935–1937 Hilfspfarrer, 1937–1939 Pfarrer in Walldorf, 1939 Pfarrer beim Bund für Deutsches Christentum in Augsburg, 1945 Pfarrverwalter in Sonneberg, 1946 Entlassung aufgrund RG, kommissarischer Pfarrverwalter, 1948–1968 Pfarrer in Sonneberg, 1965 Oberpfarrer der Superintendentur Sonneberg, 1968 Ruhestand.

Arper, Karl

* 22. Dezember 1864 in Lobeda, † 31. Oktober 1936 in Lobeda – Pfarrer, KR: 1885 Abitur in Jena, 1885–1888 Studium der Theologie in Jena, 1888 Ordination in Weimar, 1888–1890 Kollaborator (Hilfsprediger) in Weimar, 1890–1892 Pfarrer in Thalbürgel, 1892–1918 Pfarrer in Weimar (1892 Stiftsprediger, 1898 Diakonus, 1912 Archidiakonus an der Stadtkirche St. Peter und Paul), Mitarbeiter des theol. Nachschlagewerks „Die Religion in Geschichte und Gegenwart“ (1. Auflage), Mitglied des Ev. Bundes und des ESK, Vorsitzender des Pfarrervereins von Sachsen-Weimar-Eisenach, ab 1906 Mitglied der Synode von Sachsen-Weimar-Eisenach, 1910 Gründer des Thüringer Pfarrerblattes, ab 1912 Vorstandsmitglied des Verbandes deutscher ev. Pfarrervereine, 1918 D. in Jena, KR, 1918–1920 Mitglied der Kirchenleitung (Landeskirchenrat) von Sachsen-Weimar-Eisenach, 1918 Mitglied der Thüringer Vorsynode, 1919–1932 Oberpfarrer (Sup.) in Eisenach, Mitglied des 1. LKT (1919/1921–1926) und des 3. LKT (1933), Mitglied des ThVKB, 1925 Mitgründer, 1925–1927 Vorsitzender der SAeMuFTh, 1925 Mitbegründer, 1925–1936 Vorsitzender des Thüringer Pfarrervereins, Geschäftsführer der Amtsbrüderlichen Nothilfe (Hilfswerk der ev. Pfarrerschaft Deutschlands zur Unterstützung von Pfarrern in der Diaspora), 1932 Ruhestand.

Astel, Karl

* 26. Februar 1898 in Schweinfurt/Main, † 4. April 1945 in Jena (Selbsttötung) – Mediziner, Prof., Rektor: 1925 Dr.med. in Würzburg, 1925–1933 Leiter der Sportärztlichen Untersuchungs- und Beratungsstelle der Universität und Technischen Hochschule München, Universitätssportlehrer, Arzt und „Vererbungsberater“, 1930 Mitglied der NSDAP, 1933 Präsident des „Thüringischen Landesamtes für Rassewesen“ in Weimar, 1934 Prof. für „menschliche Züchtungslehre und Vererbungsforschung“, 1939 Staatsrat, 1939–1945 Rektor der Friedrich-Schiller-Universität Jena, SS-Hauptsturmführer.

Bach, August

* 1897, † 1966 – Verleger: 1922 Mitglied der DDP, 1945 Mitbegründer der „Thüringer Volkspartei“, Mitglied der CDU, Mitbegründer der DSF, 1949–1958 Chefredakteur und Verlagsleiter des CDU-Landesorgans „Thüringer Tageblatt“, 1949 Mitglied im Landesvorstand der DSF, 1948–1954 MdVR bzw. MdVK, 1949–1952 MdL (1. Vizepräsident), 1955–1958 Präsident der Länderkammer, 1958–1966 Vorsitzender der CDU der DDR.

Bartels, Adolf

* 15. November 1862 in Wesselburen, † ? – Journalist und Schriftsteller: seit 1896 in Weimar, Mitglied im Deutschbund, Mitglied des „Deutschvölkischen Schutz- und Trutzbundes“, Verfasser antisemitischer Schriften, u.a. „Bismarck der Deutsche“ (1915), „Lessing und die Juden. Eine Untersuchung“ (1918), „Deutsch sein ist alles“ (1918), „Weshalb ich Juden bekämpfe“ (1919), „Die Berechtigung des Antisemitismus“ (1921), „Hutten, Christus oder Deutschglaube? Ein Kampf um die deutsche Seele“ (1935), 1939 Mitarbeiter des „Institutes zur Erforschung und Beseitigung des jüdischen Einflusses auf das deutsche kirchliche Leben“ in Eisenach. Adolf Bartels war gemeinsam mit Max Gerstenhauer führend im Deutschbund tätig. Laut Auskunft von Herbert von Hintzenstern verkehrte Bartels im Hause von Schirach in Weimar. Der Vater von Baldur von Schirach war bis 1918 Generalintendant des Deutschen Nationaltheaters.

Barth, Arno

* 1893, † 1949 – Jurist: Dr. jur., 1922 Mitglied der SPD, 1923 Amtsgerichtsrat in Gera, 1927 Bürgermeister in Gera, 1933 Entlassung aus politischen Gründen, Versicherungsagent, 1940 Steuersachverständiger, 1944 Internierung im KZ Buchenwald, 1945 Mitglied der SPD (1946 SED), 1945 Landgerichtspräsident, 1945–1949 Präsident des Thür. Oberlandesgerichtes, 1946 Leiter der Landesjustizverwaltung.

Barth, Karl

* 10. Mai 1886 in Basel, † 10. Dezember 1968 in Basel – Pfarrer, Prof., Hauptvertreter der Dialektischen Theologie: 1904–1908 Studium der Theologie in Bern, Tübingen und Marburg, 1909 Hilfsprediger in Genf, 1911 Pfarrer in Safenwil/Aargau, 1915 Mitglied der Sozialdemokratischen Partei der Schweiz, 1921 ao.Prof. für Reformierte Theologie in Göttingen, 1922 D. in Münster, 1925 o.Prof. für Dogmatik und neutestamentliche Exegese in Münster, 1930 Prof. für Systematische Theologie in Bonn, 1932 Mitglied der SPD, 1934 Entlassung wegen Verweigerung des uneingeschränkten Treueides auf Hitler, Mitverfasser der Barmer Theologischen Erklärung, Mitglied der BK, 1935–1962 Prof. für Systematische Theologie in Basel.

Battefeld, Heinrich Willy Adelhard

* 15. Dezember 1898, † 15. Dezember 1963 – Kirchenverwaltungsamtmann: 1922 Verwaltungsbeamter im LKA in Eisenach, Mitglied der DVP, 1939–1940 Soldat, Leiter der Versorgungsabteilung im LKA (Personal- und Behördenleitung).

Bauer, Friedrich Hermann Johannes

* 10. Juni 1904 in Unterkatz, † 19. März 1973 in Eisenach – Pfarrer: 1922 Abitur in Eisenach, Studium der Theologie in Bethel, Tübingen, Rostock und Erlangen, 1928 Ordination in Lehesten, 1928–1929 Hilfspfarrer, 1929–1946 Pfarrer in Lehesten, 1943–1945 Soldat, 1946 Pfarrer in Eisenach, 1970 Ruhestand.

Bauer, Gerhard

* 25. Juni 1896 in Ilmenau, † 28. November 1958 in Zeitz – Pfarrer, Sup., OKR: 1919–1922 Studium der Theologie in Halle, 1923 Ordination in Gotha, 1923–1938 Pfarrer in Gotha, Mitglied des ChVB, Mitglied der Sydower Bruderschaft, 1933 Mitglied des Pfarrernotbundes, Mitglied des 4. LKT, 1934 Gründungsmitglied der LBG, 1934–1938 Stellvertretender Vorsitzender der LBG, 1936 Teilnehmer an der 4. Bekenntnissynode der DEK in Bad Oeynhausen, 1938 Entlassung aus dem Pfarrdienst, Wartestand, 1939–1940 Religionslehrer in Coburg, 1943 Pfarrer in Stargard/Pommern, 1945 Sup. in Stadtroda, Leiter der LBG (nach der Ernennung von Gerhard Säuberlich zum KR und Mitglied des LKR), Mitglied der 1. Thüringer (Nachkriegs-)Synode, 1949 Mitglied des LKR, OKR, Visitator für den Aufsichtsbezirk Ost (Gera), Pfarrer in Gera, 1952 Wartestand aus gesundheitlichen Gründen, 1952–1958 Pfarrverwalter in Kosma/Altenburg.

Bauer, Wilhelm

* 1. Dezember 1889 in Kahla, † 3. März 1969 in Kampfenhausen/Starnberger See – Pädagoge, KR: Studium der Philosophie, Philologie und Germanistik in Heidelberg, München, Berlin und Jena, 1912 Dr.phil. in Jena, 1914–1918 Soldat, 1920 Studienrat am humanistischen Gymnasium in Altenburg, Mitglied der DNVP, 1924 Austritt aus der DNVP wegen der Mit-Unterzeichnung des Dawesplans, Mitglied der KDC, 1931 Mitglied der NSDAP, 1932 Mitglied der Kirchengemeindevertretung in Altenburg, 1933 Mitglied des 3. und 4. LKT, Leiter der Pressestelle des Volksdienstes der TheK, Herausgeber der ThHtK, Mitglied des NSLB, 1935 Schriftleiter der Zeitschrift „Deutsche Frömmigkeit", 1937 kommissarischer Leiter des Predigerseminars in Eisenach, 1938 Reichsleiter der Deutschen Pfarrgemeinde, 1939 Mitglied des LKR, Mitarbeiter am „Institut zur Erforschung und Beseitigung des jüdischen Einflusses auf das deutsche kirchliche Leben", 1942/43 Soldat, Versetzung in den Ruhestand, 1945 Entlassung aus dem kirchlichen Dienst aufgrund RG, 1950 Lehrer an einem Gymnasium in Bad Segeberg, 1954 Ruhestand.

Behr, Friedrich

* 15. Juli 1898 in Lobenstein, † 4. August 1958 in Arnstadt – Pfarrer: Studium der Theologie in Greifswald und Leipzig, 1924 Pfarrer in Frössen/Schleiz, durch den I.M.-Geistlichen Gerhard Phieler nach Arnstadt berufen, seit 1929 Leiter des Marienstiftes in Arnstadt, 1934 während eines „Kongresses der Krüppelfürsorge Deutschlands" in

Beuthen/Ostpreußen habe er sich gegen die NS-Euthanasie gewandt, anschließend unter Gestapo-Beobachtung, nach 1945 kurzzeitig in der LDP.

Behr, Fritz

* 2. Februar 1881, † 4. Oktober 1974 – Pädagoge: Dr.phil., Gymnasiallehrer, Mitglied der SPD, 1933 Entlassung als Studiendirektor aus politischen Gründen, 1944 Internierung im KZ Buchenwald, 1945 Oberbürgermeister von Weimar (auf Empfehlung von Hermann Brill durch die amerikanische Militärregierung am 1. Mai 1945 ernannt, bis zum 5. November 1945).

Bertram, Georg

* 14. März 1896 in Charlottenburg, † ? – Theologe: Studium der Theologie, 1918 militärischer Hilfsgeistlicher, 1920–1922 Wissenschaftlicher Assistent am NT-Seminar in Berlin, 1922 PD, 1925 o.Prof. der Theologie in Gießen, 1925 D., Mitarbeiter am „Institut zur Erforschung und Beseitigung des jüdischen Einflusses auf das deutsche kirchliche Leben", 1945 (10. April, als die US-Armee bereits die Stadt besetzt hatte) Ordination in Eisenach und Ernennung zum Dozenten am Predigerseminar in Eisenach, 1945 (10. Juni) Entlassung.

Bock, Paul

* 2. August 1885, † 2. August 1976 – Kirchenoberamtmann: 1922 Verwaltungsbeamter im LKA in Eisenach, Mitglied der Spruchstelle (bei kirchlichen Mitarbeitern).

Bonhoeffer, Dietrich

* 4. Februar 1906 in Breslau, † 9. April 1945 im KZ Flossenbürg/Oberpfalz (ermordet) – Pfarrer, Theologe: 1927 Dr. theol., 1930 Dr. habil., 1931 Ordination, 1931–1933 PD und Studentenpfarrer in Berlin, 1931 Jugendsekretär des Weltbundes für Freundschaftsarbeit der Kirchen, 1933 Pfarrer in London, 1935 Leiter des (illegalen) Predigerseminars der BK in Zingst, später in Finkenwalde, 1940 Rede-, 1941 Schreibverbot, Mitglied der Widerstandsgruppe um Admiral Wilhelm Canaris, 1943 Verhaftung, Inhaftierung im Militärgefängnis Berlin-Tegel, 1944 Inhaftierung im Gestapokeller Prinz-Albrecht-Straße, 1945 Deportation über das KZ Buchenwald, das Gerichtsgefängnis Regensburg und das Stift Schönberg ins KZ Flossenbürg.

Bonsack, Franz

* 30. Juli 1877 in Gotha, † 8. Oktober 1950 in Tabarz – Pfarrer, KR: Studium der Theologie in Halle, Basel und Greifswald, 1899 Ordination in Gotha, 1899 Vikar, 1901–1911 Pfarrer in Nazza, 1911–1938 Pfarrer in Apfelstädt, 1919 Mitglied, 1920 Vorstandsmitglied der Synode von Sachsen-Gotha, 1926–1935 Oberpfarrer von Gotha-Land, 1929 nbamtl. Mitglied des LKR, KR, 1934 Niederlegung des KR-Amtes, 1935 Absetzung als Oberpfarrer, 1938 Verweigerung des „Treueides auf den Führer", Ruhestand, 1945–1946 Sup. in Gotha.

Bormann, Martin

* 17. Juni 1900 in Halberstadt, † 2. Mai 1945 in Berlin – Politiker: 1927 Mitglied der NSDAP, 1930 Leiter der Hilfskasse der NSDAP, 1933 Stabsleiter von Rudolf Hess, Reichsleiter der NSDAP, MdR, 1941 Leiter der Parteikanzlei, Reichsminister, 1943 Sekretär des Führers, 1946 Verurteilung in Abwesenheit zum Tode durch den Internationalen Militärgerichtshof im Nürnberger Hauptkriegsverbrecherprozess.

Braecklein, Ingo

* 29. August 1906 in Eisenach, † 5. August 2001 – Pfarrer, Sup., OKR, Landesbischof: 1927 Abitur in Eisenach, Studium der Theologie in Jena, Tübingen und Marburg, 1930 Vikariat in Jena, 1931 Lehrvikariat und Ordination in Esperstedt, 1933 Hilfsprediger, 1935 Pfarrer in Allendorf und Schwarzburg, Mitglied des WB, 1939–1945 Soldat/Offizier, 1948 Pfarrer in Saalfeld, 1950–1959 Sup. in Weimar, 1953–1959 auch Sup. von Blankenhain, 1954–1978 Mitglied der Thüringer Synode, Landesobmann des Thüringer Kirchenchorwerkes, 1959 Mitglied des LKR, OKR, Dezernent für Aus- und Weiterbildung, 1961–1968 Mitglied der Synode der EKD, 1963 Geistlicher Stellvertreter des Landesbischofs, 1967 Vizepräsident der Generalsynode der VELKD, 1968 Präsident der Generalsynode der VELKDDR, 1969 Präsident der Synode des BEK, Mitglied des Vorstandes der KKL, Mitglied des Exekutivkomitees des Lutherischen Weltbundes, 1970 D. in Jena, 1970–1977 Landesbischof der ELKiTh, 1971–1977 Leitender Bischof der VELKDDR, 1978 Ruhestand.

Brauer, August Eduard Erwin

* 29. Oktober 1896 in Plauen/Dresden, † Dezember 1946 im sowjet. Speziallager Nr. 2 Buchenwald – Pfarrer, OLKR: 1914–1918 Soldat, Studium der Theologie und Philosophie in Jena, Dr.phil., 1921 Ordination in Weimar, Hilfsprediger, 1922 Pfarrer in Nerkewitz, 1925 Hilfsreferent beim LKR der TheK in Eisenach „für die vermögensrechtliche Auseinandersetzung zwischen Kirche und Schule“, Mitglied der NSDAP, Mitglied der KDC, Mitglied des 4. LKT, 1933 Sachbearbeiter im Volksdienst der TheK, 1934 KRR, Mitarbeiter am „Institut zur Erforschung und Beseitigung des jüdischen Einflusses auf das deutsche kirchliche Leben“, 1943 hptamtl. Mitglied des LKR, OLKR, 1945 Wartestand, Entlassung aufgrund RG, Verhaftung durch NKWD.

Brill, Hermann Louis

* 9. Februar 1895 in Gräfenroda, † 22. Juni 1959 in Wiesbaden – Pädagoge, Jurist, Politiker, Prof.: 1909–1914 Ausbildung am Lehrerseminar in Gotha, 1914–1918 Soldat, 1918 Mitglied der USPD, 1919 Volksschullehrer in Finsterbergen, 1919–1920 MdL Sachsen-Gotha, 1920 Hilfsreferent, Dezernatsleiter des Landesbildungsamtes in Gotha, 1920–1921 Volksschullehrer in Tambach-Dietharz, 1920–1933 MdL Thüringen, 1922 Mitglied der SPD, 1922–1926 Mitglied der Gemeinschaft sozialistischer Freidenker, 1921–1923 Staatsrat (Vortragender Rat) im Thüringer Volksbildungsministerium, 1923–1924 Ministerialdirektor im Thüringer Innenministerium, 1924–1928 Jurastudium in Jena, 1929 Dr. jur., Richter am Disziplinarhof des Oberverwaltungsgerichts in Jena, Prüfungskommissar für Lehrer und Polizeibeamte in Weimar, 1927–1932 Dozent für Staatsverwaltung, Völker- und Kirchenrecht an der Heimvolkshochschule Tinz/Gera, 1932 MdR, 1933 Entlassung aus dem Staatsdienst, 1933 Gründer einer Zelle der Berliner

Widerstandsgruppe „Neu-Beginnen" in Gera, 1935 Mitbegründer der „Deutschen Volksfront", 1938 Verhaftung, 1939–1943 Inhaftierung in Brandenburg-Görden, 1943–1945 Internierung im KZ Buchenwald, 1945 Regierungspräsident in Thüringen, Vorsitzender der SPD in Thüringen, 1946 Staatssekretär in Wiesbaden, 1948 Prof. für öffentliches Recht in Frankfurt/Main, 1949–1953 MdB (SPD), 1951 Prof. für Vergleichende Staatslehre und Verfassungsgeschichte an der Hochschule für Verwaltungswissenschaft in Speyer.

Brinkel, Karl

* 20. Februar 1913 in Lauban/Schlesien, † 13. Februar 1965 in Zella-Mehlis – Pfarrer, KR, Prof.: 1932 Abitur in Görlitz, 1932–1936 Studium der Theologie in Breslau, Pfarrvikar und Hauptschriftleiter des Ev. Preßverbandes für Schlesien, 1939 Ordination in Breslau, 1941 Pfarrer in Hirschberg/Schlesien, 1945 Pfarrer in Ellerode/Göttingen, 1945–1947 Pfarrer in Schmölln/Thür. und Dozent an der Bibelschule in Altenburg, 1947 Rektor des Katechetenseminars in Eisenach, 1954 Rektor des Predigerseminars und des Pastoralkollegs in Eisenach, 1956 Dr. theol. in Jena, 1963 KR, 1964 Prof. für Praktische Theologie in Rostock.

Brumme, Johannes

* 1909, † 1967 – Pädagoge und Politiker: 1932 Mitglied der KPD, 1937–1945 Internierung im KZ Buchenwald, 1945 Mitglied der Landesleitung der KPD und der Landesregierung in Thüringen, Oberregierungsrat, 1946–1950 Lehrbeauftragter an den Universitäten Jena und Halle, 1960–1966 Prof. in Leipzig.

Brunotte, Heinz

* 11. Juni 1896 in Hannover, † 1984 in Hannover – Pfarrer, Oberkonsistorialrat, Oberlandeskirchenrat: 1914 Abitur in Hannover, Kriegsfreiwilliger im Ersten Weltkrieg (zuletzt Leutnant d.R.), Studium der Theologie in Marburg, Tübingen und Göttingen, Besuch des Predigerseminars in Loccum, 1925–1927 Hilfsgeistlicher und Pastor in Kloster Loccum, 1927–1936 Pfarrer in Hoyershausen, 1936–1946 Oberkonsistorialrat bei der Deutschen Evangelischen Kirchenkanzlei in Berlin, 1939 Soldat (Offizier), Reklamation durch Kirchenbehörde, 1946–1949 Oberlandeskirchenrat der Ev. Luth. Landeskirche Hannover, Dezernent für Erziehung und Schulfragen, 1949–1965 Präsident der Kirchenkanzlei der EKD und des Lutherischen Kirchenamtes der VELKD, 1953–1955 Mitglied des Deutschen Ausschusses für das Bildungs- und Erziehungswesen, 1966 Ruhestand.

Büchner, Wilhelm Anton

* 4. Juni 1894 in Meiningen, † 4. Februar 1987 in Eisenach – Pfarrer, Sup., KR: 1913 Abitur in Meiningen, Studium der Theologie in Leipzig und Berlin, 1916 Ordination in Meiningen, Vikariat in Oberellen, Helba und Meiningen, 1919 Pfarrer in Wallendorf, 1921 Pfarrer in Meiningen, Mitglied des ThVKB, 1929 Pfarrer in Jena, Mitglied der KDC, 1943 Oberpfarrer in Eisenach, nbamtl. Mitglied des LKR, Mitarbeiter am „Institut zur Erforschung und Beseitigung des jüdischen Einflusses auf das deutsche kirchliche Leben", 1944 Sup. in Eisenach und Propst in Meiningen, 1945 hptamtl. Mitglied des LKR, KR, Wartestand, Pfarrer in Eisenach, 1946 Entlassung als Sup. und Propst, 1966 Ruhestand.

Busse, Ernst

* 24. November 1897 in Solingen, † 31. August 1952 im sowjet. Speziallager VI Workuta – Metallarbeiter und Politiker: 1919 Mitglied der KPD, MdL Preußen, 1932–1933 MdR, 1933–1936 Inhaftierung in Kassel, 1936–1937 Internierung im KZ Lichtenburg, 1937–1945 Internierung im KZ Buchenwald, Lagerältester und Kapo im Krankenbau, 1945–1948 Mitglied der Landesleitung der KPD/SED in Thüringen, Leiter des Landesarbeitsamtes, Innenminister und stellvertretender Ministerpräsident, 1947 Vizepräsident der Deutschen Verwaltung für Land- und Forstwirtschaft in der SBZ, 1949 Vorsitzender der Landwirtschaftsgenossenschaften in der SBZ/DDR, 1950 Verhaftung, Verurteilung zu lebenslanger Haft, 1951 Verschleppung nach Workuta, 1956 nichtöffentliche Rehabilitierung durch die SED, 1990 öffentliche Rehabilitierung durch die PDS.

César, August

* 21. Juli 1863 in Apolda, † 4. Dezember 1959 in Jena – Pfarrer: 1888 Ordination in Weimar, 1888–1912 Pfarrer in Wiesenthal, Gründer eines Raiffeisenvereins und eines Gemeindehauses in Wiesenthal, Mitglied des ESK, des National-sozialen Vereins, der VFChW, des Gustav-Adolf-Vereins und des Ev. Bundes, 1912–1928 Pfarrer in Wenigenjena, Schriftleiter der FVK, Mitglied der DDP, Mitglied des ThVKB, Mitglied des 1., 2. und 3. LKT, 1928 Ruhestand, Pfarrverwalter 1931 in Leutenthal, 1931–1936 in Tautenburg und Steudnitz, 1939–1940 in Pößneck, 1945 Mitglied der LDP.

Creutzburg, Curt

* 10. September 1877 in Meiningen, † 22. Januar 1958 in Meiningen – Pfarrer: 1899 Abitur in Coburg, Studium der Theologie in Leipzig und Jena, 1903 Ordination in Meiningen, 1903 Pfarrvikar in Großneudorf, 1904 Pfarrvikar in Kranichfeld, 1905 Pfarrvikar in Lauscha, 1907–1915 Pfarrer in Spechtsbrunn, 1915 Pfarrer in Queienfeld, 1937 Verhaftung, Inhaftierung im Amtsgerichtsgefängnis Meiningen, 1937–1938 Internierung im KZ Buchenwald, 1937 Wartestand, 1945 Ruhestand.

Dahinten, Paul

* 10. August 1885 in Hellingen/Heldburg, † 30. Mai 1972 in Vacha – Pfarrer, Sup., KR: Studium der Theologie in Jena und Straßburg, 1910 Vikar in Camburg, 1911 Ordination in Gräfenthal, 1912 Pfarrer in Helmershausen, 1918–1926 Pfarrer in Pferdsdorf/Rhön, Mitglied des ESK, Mitglied der VFChW, Mitglied des ThVKB, 1926–1946 Pfarrer in Vacha, 1937 Vorsitzender des Thüringer Pfarrervereins, Mitglied des WB, 1946–1958 Sup. in Vacha, 1947 KR, 1947–1953 Vizepräsident der 1. Thüringer (Nachkriegs-)Synode, 1958 Ruhestand.

Dahinten, Paul

* 1892, † 1981 – Kaufmännischer Angestellter: 1913 Mitglied SPD, 1917 Mitglied der USPD, 1920 Mitglied der KPD, 1920 Mitglied im Politbüro der KPD, 1920–1924 MdL Preußen, 1928–1933 MdR, 1933 Emigration, 1939 Internierung in Frankreich, 1942 Auslieferung nach Deutschland, 1943–1945 Internierung im KZ Mauthausen, 1945 Mitglied der KPD (1946 SED), 1946 Mitglied im Zentralsekretariat der SED, 1948 Mitarbeit in der DWK, 1949 Mitglied im Politbüro, 1950 Mitglied im ZK der SED, 1949–1953 Mit-

glied des Volksrates, MdVK, 1953 Amtsenthebung, 1956 Rehabilitierung, 1957 Mitglied im ZK der SED, Staatssekretär für das DDR-Hochschulwesen.

Deter, Hermann Ernst

* 12. März 1894 in Berlin, † 23. Januar 1967 in Erfurt – Pfarrer, Sup.: 1913 Abitur in Berlin, 1914–1918 Soldat, 1924 Dr. jur. in Leipzig, Studium der Theologie in Leipzig, 1928 Ordination, Hilfsprediger, 1930 Pfarrer in Gera-Untermhaus, Mitglied der LBG (BK), 1947 Sup. in Frankenhausen, 1962 Ruhestand.

Dibelius, Otto

* 15. Mai 1880 in Berlin, † 31. Januar 1967 in Berlin (West) – Pfarrer, Generalsup., Landesbischof: 1921 Mitglied des EOK, 1925 Generalsup. der Kurmark, 1933 Mitglied der BK, Entlassung, 1945–1966 Landesbischof der Ev. Kirche von Berlin-Brandenburg, 1949–1961 Vorsitzender des Rates der EKD.

Diehl, Guida

* 29. Juli 1868 in Schischkin/Odessa, † ? – Pädagogin: 1874 Umzug nach Frankfurt/Main, Besuch des Lehrerinnenseminars, 1886 Lehrerin in Frankfurt/Main, 1902 Mitbegründerin, 1902–1912 Leiterin der Ortsgruppe des Deutsch-Ev. Frauenbundes in Frankfurt, 1904 Mitbegründerin, 1904–1912 Leiterin des Ev. Arbeiterinnenvereins für Frankfurt und Umgebung, 1912 Reisesekretärin des Vorständeverbandes der ev. Jungfrauenvereine Deutschlands (Ev. Reichsverband Weiblicher Jugend), 1916 Begründerin, Herausgeberin der Zeitschrift „Neuland“, Leiterin des Neulandbunds, 1918 Mitglied der DNVP, 1926 Eröffnung einer Mütterschule und 1927 Eröffnung eines Gemeindehelferinnenseminars in Eisenach, 1928 Veröffentlichung der Schrift „Deutscher Frauenwille“.

Dinter, Artur

* 27. Juni 1876 in Mühlhausen/Elsaß, † 21. Mai 1948 in Offenburg/Baden – Lehrer, Schriftsteller und Politiker: 1895–1903 Studium der Ingenieur- und Naturwissenschaften sowie der Philosophie in München und Straßburg, 1903 Dr.phil. et rer.nat., 1903 Direktor der Botanischen Schulgärten in Straßburg, 1904 Oberlehrer in Konstantinopel, 1905–1908 Regisseur an Theatern in Rostock und Berlin, 1908 Mitbegründer des Verbandes Deutscher Bühnenschriftsteller, 1914–1918 Soldat, 1918 Veröffentlichung von „Sünde wider das Blut“, Mitglied des Deutschvölkischen Schutz- und Trutz-Bundes, 1920 Umzug nach Thüringen (Dörrberg/Gräfenroda), 1924–1928 MdL Thüringen, 1924–1927 Gauleiter der NSDAP in Thüringen, 1926 Veröffentlichung von „197 Thesen zur Vollendung der Reformation“, 1927 Gründer der „Geistchristlichen Religionsgemeinschaft e.V.“, 1934: „Die Deutsche Volkskirche e.V.“, 1928 Herausgeber der Monatsschrift „Das Geistchristentum“, 1928 Ausschluß aus der NSDAP, 1936 Verbot von Zeitschrift und Religionsgemeinschaft.

Doehring, Walther

* ?, † ? – Jurist: Dr. jur., 1944 Flucht („als politischer Flüchtling“) von Berlin nach Thüringen, Amtsgerichtsrat, 1945–1946 Vorsitzender der Spruchstelle, 1946 Flucht nach Westdeutschland.

Dreykorn, Gottfried Heinrich

* 28. August 1907 in Weimar, † 28. August 1995 in Berlin – Jurist: Dr. jur., 1945–1947 Landrat des Landkreises Weimar, Mitglied der SPD.

Dungs, Heinrich (Heinz)

* 21. Dezember 1898 in Sterkrade, † 8. Januar 1949 in sowjet. Gefangenschaft – Pfarrer, KR: 1921 Vikar in Bonn, 1923 Mitarbeiter in den Düsseldorfer Anstalten der I.M., 1923 Ordination, 1925 Pfarrer in Cleinich/Hunsrück, 1929 Pfarrer in Krefeld, 1934 Pfarrer in Mühlheim/Ruhr, Mitglied der KDC, 1937 Pfarrer der TheK mit gesamtkirchlichem Auftrag, 1938 Pressepfarrer der TheK, 1943 Oberpfarrer in Blankenhain, KR, 1945 Pfarrverwalter in Troistedt, 1946 Entlassung aufgrund RG, Verhaftung durch die SMATh.

Eggerath, Werner

* 16. März 1900 in Elberfeld (Wuppertal), † 16. Juni 1977 in Berlin (Ost) – Politiker und Schriftsteller: 1924 Mitglied der KPD, 1934–1945 Inhaftierung, 1945–1947 Vorsitzender der KPD bzw. SED in Thüringen, 1946–1950 MdL Thüringen, 1947–1952 Ministerpräsident des Landes Thüringen, 1948–1949 MdVR, 1949–1954 MdV, 1952 Staatssekretär beim Ministerpräsidenten der DDR und Leiter der Koordinierungs- und Kontrollstelle für die örtlichen Organe, 1954 Botschafter der DDR in Rumänien, 1957–1960 Staatssekretär für Kirchenfragen bei der Regierung der DDR, 1961 freischaffender Schriftsteller.

Der kommunistische Jugendfunktionär Eggerath war 1934 zu fünfzehn Jahren Zuchthaus verurteilt worden. Im Oktober 1945 wurde er von den Amerikanern als Landrat (für Eisleben und den Mansfelder Seekreis) eingesetzt, dann allerdings von Franz Dahlem und Walter Ulbricht als 1. Bezirkssekretär nach Thüringen ‚abgeordert'. Laut Brill hatte der ‚Bodenreform–erprobte' Eggerath in der Provinz Sachsen „die ‚Ausweisung' des CDU-Führers Dr. Schreiber aus der Provinz [durchgesetzt], die dann zum Sturze der ersten Führung der CDU in der sowjetischen Besatzungszone (Dr. Hermes und Dr. Schreiber) im Herbst 1945 führte." [zitiert nach: Overesch, *Machtergreifung* . . . , 192]. Eggerath wurde 1947 als Nachfolger Ernst Busses zunächst Innenminister und nach der Flucht Pauls 1947 bis 1952 Ministerpräsident des Landes Thüringen.

Eichel-Streiber, Friedrich Georg von

* 31. Dezember 1876 in Eisenach, † 20. April 1943 in Eisenach – Rittergutsbesitzer, Jurist und Politiker: 1914–1943 Vorsitzender des Verwaltungsrates der Eisenacher Diakonissenhausstiftung, 1925 Mitbegründer und Mitglied der DNVP, MdL Thüringen (Fraktionsvorsitzender), Mitglied der ThKK, Mitglied des ChVB, Mitglied des 1.-4. LKT, 1925–1933 Präsident des LKT, 1933 Vorsitzender des ChVB, 1934 Mitglied der LBG.

Eisenhuth, Heinz Erich

* 8. Mai 1903 in Frankfurt/Main, † 26. Juli 1983 in Pferdsdorf/Werra – Theologe, Prof., Pfarrer, Sup.: 1922–1926 Studium der Theologie in Rostock, Tübingen und Berlin, 1927 Lic.theol. in Berlin, Vikar in verschiedenen Landgemeinden, 1928 Stadtvikar in Frankfurt/Main, Studium der Philosophie in Frankfurt/Main, 1929 Dr.phil. in Frankfurt/Main, 1931 PD in Leipzig, 1931 Dr. theol. habil. in Leipzig, 1935 Lehrbeauftragter für Religionsphilosophie und Sozialethik in Leipzig, 1936 Lehrstuhlvertreter in Jena, Mitglied der

KDC, 1937–1945 o.Prof. für Systematische Theologie in Jena, Mitarbeiter am „Institut zur Erforschung und Beseitigung des jüdischen Einflusses auf das deutsche kirchliche Leben", 1943 Soldat, 1945 Entlassung aus dem Universitätsdienst, 1946 Pfarrverwalter, 1948 Pfarrer in Jena-Zwätzen, 1952 Sup. in Eisenach, 1967 Wartestand, 1969 Ruhestand, 1974 Pfarrverwalter in Pferdsdorf/Werra.

Elle, Heinrich Otto

* 8. Juni 1883, † 12. Juli 1967 in Kerspleben – Pfarrer: 1907 Ordination in Weimar, 1907–1908 Vikar/Hilfsgeistlicher in Creuzburg, Lauchröden und Eisenach, 1908 Pfarrer in Wolfersdorf, 1918 Pfarrer in Jena-Burgau, 1929 Pfarrer in Jena, 1945 kommissarische Führung der Geschäfte der Suptur Jena, 1946 Sup. in Jena, 1952 Ruhestand, Pfarrverwalter in Jena, 1953 Kirchenrat.

Erasmus, Alfons

* 14. April 1881 in Riga, † 30. November 1965 – Pfarrer: 1901 Abitur in Riga, Studium der Theologie in Dorpat und Berlin, 1908 Ordination in Riga, Sprengelvikar für Riga-Land, 1909 Pfarrer in Jürgensburg/Riga, 1916 Pfarrer und Lehrer in Russland, Livland, Kurland und Estland, 1919 Pfarrer am Diakonissenhaus in Eisenach, 1922–1930 Pfarrer in Niederröblingen, 1930–1947 Pfarrer in Langewiesen, 1947 Ruhestand.

Erle, Karl

* 18. Juli 1885 in Spangenberg, † 25. April 1968 in Baden-Baden – Pädagoge (Lehrer für Deutsch, Geschichte und Pädagogik), Pfarrer, Oberregierungsrat: 1912 Besuch des Lehrerbildungsseminars in Rinteln, Schulleiter in Bockum/Westfalen und Spandau, Soldat, 1919 Mitglied der SPD, 1921–1924 Leiter der Heeresfachschule in Hannover, 1927 Leiter der Höheren Knaben- und Mädchenschule in Christburg/Westpreußen, 1928 Rektor der Volksschule in Bischofswerder, 1932–1933 in Schivelbein/Pommern, 1933 Entlassung aus dem Schuldienst aus politischen Gründen, Studium der Theologie in Berlin, 1943 Studienrat an der Salzmann-Privatlehranstalt in Schnepfenthal, 1944 Pfarrverweserprüfung, 1944 Ordination in Waltershausen, Pfarrverwalter in Arnstadt, 1945 Schulrat in Arnstadt, 1946–1948 Oberregierungsrat in der Präsidialabteilung der Landesregierung in Weimar (Leiter des Büros „Verbindung zu den Kirchen"), Präses der Vereinigten Kirchen- und Klosterkammer.

Ermisch, Hans Hugo

* 27. April 1907 in Wettin, † 1. Mai 1981 in Sülzenbrücken – Pfarrer: 1926 Abitur in Mühlhausen/Thür., Studium der Germanistik und Theologie in Halle, Greifswald, Göttingen und Jena, 1935 Besuch des Predigerseminars in Eisenach, Studieninspektor am Predigerseminar, Vikariat und Ordination in Bad Liebenstein, 1935 Hilfspfarrer in Sonneberg, 1936 Studieninspektor am Predigerseminar, 1937 Beurlaubung aufgrund einer Erkrankung, 1938 Hilfspfarrer in Neuenhof und Eisenach, 1939 Mitarbeiter von Wilhelm Bauer (Mitarbeit bei der Herausgabe von GuH, Lesepredigten u.a. sowie bei Predigerseminarskursen für Pfarramtsanwärter aus anderen Berufen), 1941 Pfarrer für gesamtkirchliche Aufgaben, 1942 (nach der Einberufung von Bauer) Leiter der Presseabteilung (bis 1943) und der Vikarsausbildung, 1943 (Mit-)Geschäftsführer des „Institutes zur Erforschung und Beseitigung des jüdischen Einflusses auf das deutsche kirchliche Leben"

in Eisenach, 1945 Pfarrverwalter in Frankenroda/Werra, 1946 Entlassung aufgrund RG, 1947–1955 Pfarrer in Frankenroda/Werra, 1955–1973 Pfarrer in Sülzenbrücken, 1966 Oberpfarrer der Superintendentur Arnstadt, 1973 Ruhestand.

Feix, Georg Friedrich Christian

* 5. Juni 1894 in Conz/Trier, † ? – Pfarrer: Abitur in Köln, Studium der Theologie in Bonn, Königsberg und Greifswald, 1914–1919 Soldat, 1924 Ordination in Stettin, 1934 Sup. in Marienwerder, 1939 Pfarrer in Eisenach, Oberpfarrer für die Superintendentur Eisenach-Land, 1943 Wartestand, Mitarbeiter am „Institut zur Erforschung und Beseitigung des jüdischen Einflusses auf das deutsche kirchliche Leben“, Pfarrer, Oberpfarrer in Gotha, 1944 Sup. in Gotha, 1945 Wartestand, 1946 Entlassung aufgrund RG, Pfarrverwalter, 1950 Pfarrer in Großfahner, 1951–1957 Pfarrer in Möhrenbach, 1957 Pfarrer in Waltersdorf/Königswusterhausen.

Fischer, Rudolf

* 9. Januar 1899 in Coburg, † 28. Juni 1976 in Freudenstadt – Pfarrer: Studium der Theologie in Göttingen, Jena und Gießen, 1923 Vikar in Regensburg, 1923 Ordination in Regensburg, 1925 Pfarrverwalter, 1926 Pfarrer in Watzendorf/Bayern, 1931–1969 Pfarrer in Saalfeld, 1934 Mitglied der LBG, 1937 Verhaftung, Beurlaubung vom Dienst, illegale Amtsausübung, 1940 Aufhebung der Beurlaubung, Kriegsvertretung 1940 in Niederzimmern, 1942 in Unterwellenborn, 1969 Ruhestand.

Franz, Volkmar

* 8. März 1893, † 30. März 1960 in Eisenach – Jurist, KR: 1923 juristischer Referent im LKA der TheK, KRR, 1926–1943 hptamtl. Mitglied des LKR, KR, Mitglied der KDC, Mitglied der NSDAP, 1937/1938 Beurlaubung, Mitarbeiter im Reichskirchenministerium und in der Kirchenkanzlei der DEK in Berlin, 1943 OLKR, Vizepräsident der TheK, 1945 Wartestand, 1946–1960 juristischer und wissenschaftlicher Mitarbeiter im LKA der ELKiTh in Eisenach.

Frick, Wilhelm

* 12. März 1877 in Alsenz/Pfalz, † 16. Oktober 1946 in Nürnberg (hingerichtet) – Jurist und Politiker: 1919 Leiter der politischen Polizei in der Polizeidirektion München, 1923 Festungshaft, 1924 Mitglied der Nationalsozialistischen Freiheitspartei, MdR, 1925 Mitglied der NSDAP, MdR (Fraktionsvorsitzender), 1930–1931 Staatsminister des Freistaates Thüringen für Inneres und Volksbildung, 1933–1943 Reichsinnenminister, 1943 Reichsprotektor in Böhmen/Mähren, 1946 Verurteilung zum Tode durch den Internationalen Militärgerichtshof im Nürnberger Hauptkriegsverbrecherprozess.

Friedemann, Gisela * Fischer

* 9. April 1911 in Gotha, † 22. Dezember 1975 in Gotha – Juristin: Dr. jur., 1953 Mitarbeiterin im Kreiskirchenamt Gotha, 1953–1975 Juristin im LKA der ELKiTh in Eisenach (Referentin für Grundstücksangelegenheiten und verwandte Materien).

Fritz, Otto Alfred

* 25. Mai 1900 in Heustreu/Unterfranken, † ? – Jurist, Kreiskirchenrat, KRR: 1924 Referendar, 1924–1928 Vorbereitungsdienst in Jena, Meiningen und Eisenach, 1928 Gerichtsassessor, 1928–1929 Hilfsrichter in Eisenach und Ilmenau, 1930 Juristischer Hilfsreferent beim LKR in Eisenach, 1931 KRR, 1931–1946 Vorsitzender der Kreiskirchenämter in Meiningen, Hildburghausen, Sonneberg, Bad Salzungen und Vacha (Dienstsitz: Meiningen), 1933 Mitglied der DC, 1944–1945 Soldat, 1946 Entlassung aufgrund RG.

Frölich, August

* 31. Dezember 1877 in Sippenfeld/Pfalz, † 22. Januar 1966 in Weimar – Eisendreher, Gewerkschaftssekretär, Politiker: 1900 Mitglied der SPD, 1906 Geschäftsführer des Deutschen Metallarbeiterverbandes in Altenburg, 1918 Vorsitzender des Arbeiter- und Soldatenrates in Altenburg, 1919–1920 MdL Sachsen-Altenburg, 1919–1920 Staatsrat in Sachsen-Altenburg, 1920–1932 MdL Thüringen, 1920–1924 Staatsminister des Freistaates Thüringen für Wirtschaft und Auswärtiges, 1921–1924 Vorsitzender Staatsminister, 1924–1933 MdR, 1924–1933 Vorsitzender der SPD in Thüringen, zwischen 1933 und 1945 mehrfach inhaftiert, 1946–1952 MdL Thüringen (Landtagspräsident), 1946–1952 Mitglied (Sekretär) des SED-Landesvorstandes in Thüringen, 1948–1949 MdVR, 1949–1950 MdV, 1950–1958 Vizepräsident der Länderkammer, Mitglied des Bezirktages Erfurt.

Fromm, Erich Ludwig Hermann

* 31. Dezember 1892 in Posen (Poznan), † 1944 (an der Ostfront vermisst) – Pfarrer, Oberpfarrer: 1911 Abitur, Studium der Theologie in Halle, Marburg und Berlin, 1921 Ordination in Elberfeld, 2. Geistlicher des Bergischen Diakonissen-Mutterhauses, 1926–1933 Pfarrer in Teichwolframsdorf, 1933–1937 Pfarrer in Kaltennordheim, Oberpfarrer des Kirchenkreises, Mitglied der KDC, 1937 Pfarrer/Oberpfarrer in Altenburg, Mitarbeiter am „Institut zur Erforschung und Beseitigung des jüdischen Einflusses auf das deutsche kirchliche Leben“.

Fuchs, Emil

* 13. Mai 1874 in Beerfelden/Hessen, † 13. Februar 1971 in Berlin (Ost) – Pfarrer, Prof.: Studium der Theologie in Gießen, 1900 Lic.theol., Pfarrassistent in Lampertheim, 1902–1903 Vikar in Manchester, 1903–1905 Repetent in Gießen, 1905 Pfarrer in Rüsselsheim, Vorstandsmitglied der VFChW, Mitglied des ESK, 1918–1931 Pfarrer in Eisenach, 1921 Mitglied der SPD, 1926–1931 Vorsitzender des BRS in Thüringen, 1926–1928 und 1930–1933 Mitglied des Bundesvorstandes des BRS, 1927–1931 Mitglied des 2. LKT, 1928 Austritt aus dem ESK, 1931 Prof. für Religionswissenschaft an der Pädagogischen Akademie Kiel, 1933 Entlassung, Inhaftierung (zeitweilig), Berufsverbot, Beitritt zur Gesellschaft der Freunde (Quäker), 1945 Engagement als Redner der SPD in Frankfurt/Main, 1949–1958 Prof. für Systematische Theologie und Religionsphilosophie in Leipzig, 1954 Ehrenmitglied der CDU der DDR, 1958 Mitbegründer der CFK.

Fuhrmann, Werner Karl Julius

* 10. September 1907 in Kattowitz/Oberschlesien, † ? – Pfarrer, Oberpfarrer: 1926 Abitur in Breslau, Studium der Theologie in Breslau und Erlangen, 1934 Ordination in Bres-

lau, Pfarrvikar in Bad Flinsberg/Isergebirge, 1935 Pfarrvikar, 1936–1945 in Gebhansdorf/Lauban, 1945 Pfarrverwalter in Gillersdorf, 1947–1959 Pfarrer in Rudolstadt, Oberpfarrer, 1959 Pfarrer in Stralsund.

Gerstenhauer, Max Robert

* 1873, † ? – Pädagoge, Politiker: Studienrat in Weimar, Mitbegründer der DNVP in Thüringen, 1921 Hauptinitiator des „Bundes für deutsche Kirche", Mitglied im deutschvölkischen Schutz- und Trutzbund, 1921–1940 „Bundesgroßmeister" des Deutschbundes, 1924 Austritt aus der DNVP wegen der Mit-Unterzeichnung des Dawesplans, 1927–1932 Mitglied des 2. LKT (als Vertreter der Deutschkirche), Mitglied der KDC, 1933 Mitglied, Präsident des 4. LKT.

Gloege, Gerhard

* 24. Dezember 1901 in Crossen/Oder, † 15. April 1970 in Bonn – Pfarrer, Propst, Prof.: Abitur in Friedenau/Berlin, 1920–1924 Studium der Theologie in Berlin und Marburg, 1926 Hilfsprediger in Prenzlau, Pfarrer in Bernau, 1927 Dr. theol. in Tübingen, 1929 Lehrer am Auslandsseminar in Ilsenburg/Harz, 1933 Studiendirektor des Predigerseminars in Naumburg/Queis, Mitglied der BK, 1935 Entlassung, 1937 Redeverbot, 1939 Pfarrer in Erfurt, 1941 Schreibverbot, 1945 Propst in Erfurt, Mitglied der Kirchenleitung der EKKPS, 1946 o.Prof. für Systematische Theologie in Jena (1958 Dekan), 1961 Prof. in Bonn.

Gollwitzer, Helmut

* 29. Dezember 1908 in Pappenheim/Bayern, † 17. Oktober 1993 in Berlin – Pfarrer, Prof.: Studium der Theologie in München, Erlangen, Jena und Bonn, 1933 Schloßprediger und Prinzenerzieher (Prinz Reuß) in Ernstbrunn/Wien, 1935 Referent beim Bruderrat der LBG/BK in Thüringen, 1936 Ordination in Milbitz, 1937 Dr. theol. in Basel, Ausweisung aus Thüringen durch die Gestapo, Referent beim Bruderrat der BK in Preußen, 1938 Pfarrer in Berlin-Dahlem, 1940 Redeverbot, 1940–1949 Soldat/Kriegsgefangener, 1950 o.Prof. für Systematische Theologie in Bonn, 1957 Prof. an der Freien Universität und der Kirchlichen Hochschule Berlin, 1975 Ruhestand.

Greil, Max

* 31. August 1877 in Lößnitz, † 1939 – Pädagoge und Politiker: Volksschullehrer, Bezirksschulrat in Gera, Mitglied der USPD/SPD, Mitglied der Bewegung der „Entschiedenen Schulreformer", 1921–1924 Staatsminister des Freistaates Thüringen für Volksbildung, 1924–1933 MdL Thüringen.

Grundmann, Walter

* 21. Oktober 1906 in Chemnitz, † 30. August 1976 in Eisenach – Pfarrer, OKR, Prof.: 1926 Abitur in Chemnitz, Studium der Theologie in Leipzig, Rostock und Tübingen, 1929 Dr. theol. in Tübingen, 1930 Assistent im Neuen Testament bei Gerhard Kittel in Tübingen, 1932 Pfarrer in Oberlichtenau/Sachsen, Mitglied der DC, 1933 OKR in Dresden, 1936 Lehrbeauftragter für „Völkische Theologie und Neues Testament" in Jena, 1938 o.Prof. für Neues Testament in Jena, 1939 Wissenschaftlicher Leiter des „Institutes zur Erforschung und Beseitigung des jüdischen Einflusses auf das deutsche kirchliche Leben", 1943 Soldat, 1945 Entlassung aus dem Universitätsdienst, 1946 Hilfsar-

beiter beim Hilfswerk der ELKiTh, 1949 Hilfsprediger, 1950 Pfarrer in Waltershausen, Dozent am Predigerseminar in Eisenach, 1952–1956 Dozent am Katechetischen Oberseminar Naumburg, 1954 Rektor des Katechetischen Seminars in Eisenach, 1970 Dozent am Theologischen Seminar Leipzig, 1974 KR, 1975 Ruhestand.

Harnack, Adolf von

* 7. Mai 1851 in Dorpat (Tartu), † 10. Juni 1930 in Heidelberg – Theologe, Prof., Hauptvertreter der liberalen Theologie: 1873 Dr. theol. und 1874 Dr. habil. in Leipzig, PD, 1876 ao.Prof. für Kirchengeschichte in Leipzig, Mitherausgeber der „Theologischen Literaturzeitung“, 1879 o.Prof. in Gießen, 1886 Prof. in Marburg, 1888–1921 Prof. in Berlin, 1890 Mitglied der Preußischen Akademie der Wissenschaften, Mitbegründer des ESK, 1903–1911 Vorsitzender des ESK, 1905–1921 Generaldirektor der Königlichen Bibliothek in Berlin, 1911 Präsident der Kaiser-Wilhelm-Gesellschaft zur Förderung der Wissenschaften, Ehrenpräsident des ESK, 1914 Erhebung in den Adelsstand, 1921 Ruhestand.

Heilmann, Friedrich (Fritz)

* 1892, † 1963 – Journalist: Mitglied der SPD, 1918 Mitglied der KPD, Redakteur verschiedener KPD-Zeitungen, 1929–1933 MdL Thüringen (Fraktionsvorsitzender), 1934–1945 Exil in der UdSSR, (u.a. Mitarbeiter des EKKI und Leitungsmitglied des NKFD), 1945 Rückkehr nach Thüringen, 1946/47–1952 MdL Thüringen (Präsidiumsmitglied), Chefredakteur des SED-Organs *Thüringer Volk*, 1950–1953 Landesvorsitzender der DSF, 1954–1957 Chefredakteur des DSF-Organs *Freie Welt*. Fritz Heilmann wirkte als enger Mitarbeiter von Walter Wolf an der Stalinisierung des Bildungswesens mit. Er war aufgrund seiner Russisch-Kenntnisse ein wichtiger Vermittler zur SMATh.

Herrmann, Rudolf

* 23. Juli 1875 in Ruppersdorf, † 11. Juni 1952 in Weimar – Pfarrer, KR, Kirchenhistoriker: Abitur in Schleiz, Studium der Theologie in Erlangen, Leipzig und Halle, 1900 Ordination, 1900–1902 Pfarrer in Grottau/Böhmen (Sendbote des Ev. Bundes), 1903–1906 Pfarrer in Oberweid/Rhön, Mitglied der VFChW (Vertrauensmann in Thüringen), Mitglied des ESK, 1906–1925 Pfarrer in Neustadt/Orla, Mitglied der DDP, Mitglied des ThVKB, 1923 nbamtl. Mitglied des LKR, 1925–1932 Pfarrer in Schönau/Hörsel, Sozialreferent im LKR, Mitglied des Vorstandes der SAeMuFTh, 1929 Mitbegründer der Gesellschaft für Thüringische Kirchengeschichte, 1930 D. in Jena, 1932 hptamtl. Mitglied des LKR, 1933 Wartestand, Verfasser der „Thüringischen Kirchengeschichte“ (Jena 1937–1942, Weimar 1947), 1938–1946 Kirchenarchivwart der TheK, 1945 Mitglied der „Schulkammer“ der TheK, Mitglied der LDP, 1946 Ruhestand in Weimar, 1948–1950 Stadtverordnetenvorsteher in Weimar.

Hertel, Johannes

* 5. Juli 1899 in Neunhofen, † 19. August 1975 in Säckingen – Pfarrer: 1917 Abitur in Arnstadt, Studium der Theologie in Jena, 1921 Vikariat in Arnstadt, 1923 Vikariat und Ordination in Dermbach, 1923 Hilfspfarrer, 1924 Pfarrer in Tannroda, Leiter des Arbeitsrings für Dorfkirchenarbeit, Mitglied des EB, 1932 Pfarrer in Themar, Mitglied der LBG, 1939 und 1940 Inhaftierung aus politischen Gründen, 1946 Pfarrer in Lobeda,

1946–1948 Mitglied der Spruchstelle, 1958 Pfarrer in Nordhausen, Übersiedelung in die BRD.

Hertzsch, Erich

* 31. März 1902 in Unterbodnitz/Kahla, † 28. Oktober 1995 in Hamburg – Pfarrer, OKR, Prof.: 1921 Abitur in Rudolstadt, Studium der Theologie in Tübingen und Jena, 1925 Vikariat, 1926 Ordination in Leutenberg, 1926 Hilfsprediger, 1927 Pfarrer in Hartroda, Mitglied des BRS, Mitglied der SPD, 1930 Pfarrer in Bucha, 1931 Pfarrer in Eisenach, 1932 Dr. theol. in Jena, 1933 Mitglied des 3. LKT, 1940 Pfarrvertretung in Plaue, 1942 in Heldburg, 1943 in Gehren, 1944 in Römhild, 1945 nbamtl. Mitglied des LKR, KR, Stadtrat in Eisenach, 1946 hptamtl. Mitglied des LKR, OKR, 1946–1952 MdL Thüringen, 1948 o.Prof. für Praktische Theologie in Jena, Mitglied der Synode der ELKiTh, 1953 Austritt aus der SED, 1958 D. in Leipzig, 1967 Ruhestand.

Heubel, Rudolf

* 10. August 1900 in Buchfart, † 29. Dezember 1994 in Kirchen/Sieg – Pfarrer: 1918 Abitur in Weimar, Soldat, 1918–1922 Studium der Theologie in Jena, 1923 Hilfsprediger in Weimar, 1924 Ordination in Weimar, Hilfspfarrer in Wohlmuthausen, 1925 Pfarrer in Schmölln, 1933–1945 Pfarrer in Bad Berka, Mitglied der NSDAP, Mitglied der KDC, Mitglied des 3. und 4. LKT, Leiter der DC-Pfarrergemeinde in Thüringen, 1939–1945 Soldat, 1940 Oberpfarrer des Kirchenkreises Blankenhain, 1944 Sup., 1946 Entlassung aufgrund RG, 1946–1950 Internierung im sowjet. Speziallager Nr. 2 Buchenwald, 1950–1952 Inhaftierung in Waldheim, 1953 Krankenhausseelsorger in Bad Berka, 1965 Ruhestand in Kirchen/Sieg.

Hintzenstern, Paul Hermann Herbert von

* 24. Oktober 1916 in Magdeburg, † 22. Januar 1996 in Weimar – Pfarrer, KR: 1936 Abitur in Magdeburg, 1936–1940 Studium der Theologie in Halle und Jena, 1940 Dr. theol. in Jena, 1940 Ordination in Jena, Vikar in Jena und Eisenach, 1943 Hilfsprediger in Eisenach, Mitarbeiter am „Institut zur Erforschung und Beseitigung des jüdischen Einflusses auf das deutsche kirchliche Leben“, 1945 Hilfsprediger, 1948 Pfarrer in Lauscha, Mitglied der CDU, 1952 Landesjugendpfarrer der ELKiTh, 1956 Leiter der EAT und der Pressestelle der ELKiTh, 1956 Chefredakteur von GuH, 1962 KR, 1968–1986 nbamtl. Wissenschaftlicher Leiter des Lutherhauses in Eisenach, 1981 Ruhestand.

Hoffmann, Heinrich

* 1899, † 1993 – Friseur, Journalist: 1920 Mitglied der SPD, 1927–1934 Redakteur, 1930–1933 Mitglied im Bundesvorstand des „Reichsbanners“, 1933–1935 illegale politische Arbeit, 1946 Landesvorsitzender der SPD, 1946–1949 1. Landesvorsitzender der SED in Thüringen, 1946–1950 Mitglied im Parteivorstand/ZK der SED, 1946–1950 MdL Thüringen (Fraktionsvorsitzender), 1948–1950 MdVR, MdVK, 1949 Mitarbeiter im Plenum der DWK, Generalstaatsanwalt in Mecklenburg, 1950–1954 Kandidat des ZK der SED, Heinrich Hoffmann war zunächst ein enger Mitarbeiter von Hermann Brill, bald aber – als Vertrauter der Kommunisten Georg Schneider und Werner Eggerath – dessen Gegenspieler. Hoffmann übernahm nach Brill den Landesvorsitz der SPD und nach der

Vereinigung der beiden Arbeiterparteien am 6./7. April 1946 in Gotha den Landesvorsitz der SED.

Hoffmann, Roland

* 14. Mai 1938 in Brieg/Breslau – Pfarrer, Sup., OKR, Landesbischof: 1956 Abitur in Altenburg, Studium der Theologie in Leipzig, Naumburg und Berlin, 1962–1963 Vikariat in Böhlen, Gehren, Großbreitenbach, Osthausen, 1963 Ordination in Eisenach, 1963–1976 Pfarrer in Großbreitenbach, 1976 Sup. in Dermbach/Rhön, 1988 Mitglied des LKR, OKR, Visitator für den Aufsichtsbezirk Süd und Pfarrer in Meiningen, 1992 Landesbischof der ELKiTh, 1994 Stellvertretender Leitender Bischof der VELKD, 2001 Ruhestand.

Hohlwein, Hans Arthur

* 23. November 1902 in Danzig, † ? – Pfarrer, Studiendirektor, Oberkonsistorialrat: Studium in Jena und Berlin, Lic.theol., Dr.phil., 1927 Ordination in Jena, 1927–1929 Hilfspfarrer in Jena, 1929–1934 Pfarrer in Eilenburg, 1934–1937 Studiendirektor des Predigerseminars in Eisenach, Mitglied der KDC, Tätigkeit als theologischer Hilfsarbeiter beim Evangelischen Oberkirchenrat in Berlin, 1939 Oberkonsistorialrat in Berlin, 1939 Oberstudienrat in Solingen, Mitarbeiter am „Institut zur Erforschung und Beseitigung des jüdischen Einflusses auf das deutsche kirchliche Leben".

Huch, Ricarda

(Pseudonym: Richard Hugo)
* 1864, † 1947 – Lyrikerin: 1933 Austritt aus der Preußischen Akademie der Künste aus Protest gegen den NS, 1945 Gründungsmitglied, Ehrenpräsidentin des KB, 1946 Alterspräsidentin der Beratenden Landesversammlung Thüringens, 1947 Ehrenpräsidentin des 1. Deutschen Schriftstellerkongresses Berlin und Ehrenpräsidentin des DFD.

Hunger, Kurt Fritz Heinz

* 28. August 1907 in Radebeul/Sachsen, † ? – Pfarrer: 1927 Abitur in Sondershausen, Studium der Theologie in Leipzig, Wien, London und Göttingen, Dr. theol. 1933 Ordination in Friedebach, 1933 Hilfsprediger, 1935 Hilfspfarrer, 1938 Pfarrer in Friedebach, 1942 Pfarrer in Sundremda, Geschäftsführer des „Instituts zur Erforschung und Beseitigung des jüdischen Einflusses auf das deutsche kirchliche Leben", 1946 Entlassung aufgrund RG, Pfarrer in Münster/Westfalen, 1955 Pfarrer in Frankfurt/Main, 1957 Pfarrer in Münster/Westfalen.

Jauernig, Reinhold

* 1. Januar 1893 in Nickelsdorf/Bielitz, † 27. Dezember 1966 in Neu-Isenburg – Pfarrer, KR, Landeskirchenarchivwart: Studium der Theologie und der Rechtswissenschaften in Wien und Leipzig, 1914–1918 Soldat, 1918 Ordination in Asch/Böhmen, 1918 Pfarrer in Wolfersdorf/Weida, Referent der Pfründenabteilung des LKA in Eisenach, KRR, 1929 Pfarrer in Gera, Mitglied des EB, Mitglied des WB, 1938 Beurlaubung, Tätigkeit im Landeskirchenarchiv in Weimar, 1940 Pfarrer für gesamtkirchliche Aufgaben beim Kirchenarchivwart der TheK (Rudolf Herrmann), 1940–1945 Soldat, 1943 KR, 1944 Dr. jur. in Jena, 1946–1959 Kirchenarchivwart der TheK/ELKiTh, 1954–1960 Lehrbeauftragter für Thür. Kirchengeschichte in Jena, 1955 D. in Jena, 1960 Umzug nach Neu-Isenburg.

Jüchen, Aurel von

* 20. Mai 1902 in Gelsenkirchen, † 11. Januar 1991 in Berlin – Pfarrer: Studium der Theologie in Münster, Tübingen und Jena, 1927 Ordination, Hilfsprediger in Auma, 1928 Mitglied der SPD, Mitglied des BRS, 1929 Pfarrer in Möhrenbach, 1932 Wartestand, 1933 Mitglied des 3. LKT, Mitglied der BK, 1935 Pfarrer in Gehren/Mecklenburg, 1937 Pfarrer in Rossow/Neuruppin, 1940–1945 Soldat, 1945 Pfarrer in Schwerin, 1949 Ausschluß aus der SED, 1950–1955 Internierung im sowjet. Speziallager VI Workuta, 1956–1972 Strafanstaltspfarrer in Berlin (West).

Käferlein, Fritz

* 17. Dezember 1897 in Fürth, † 3. Juli 1954 in Greiz – Pfarrer: 1922 Ordination in Ansbach/Bayern, Vikar und Pfarrer in Stein/Nürnberg, 1924 Pfarrer in Schlotheim/Thüringen, 1931 Pfarrer in Gera-Untermhaus, 1947 Sup. für Gera-Land, 1950 Sup. in Greiz.

Kapferer, Friedrich (Fritz) Wilhelm Antonius

* 29. August 1891 in Ettenheim/Baden, † ? – Pfarrer: 1910 Abitur in Freiburg/Breisgau, Studium der Theologie in Innsbruck und Freiburg/Breisgau, 1915 Priesterweihe, 1916–1928 Vikar bzw. Pfarrverwalter in Oberrotweil, Lörrach, Schönau, Neuweier, Unterkirnach, Rotenfels, Aach-Linz, 1928–1938 Pfarrer in Neuhausen/Schwarzwald, 1938 Leiter der Fachabteilung „Römisch-Katholische Kirche" im Volksdienst der TheK in Eisenach, 1942 Ordination in Schmölln, 1943 Pfarrer in Herda, Mitarbeiter am „Institut zur Erforschung und Beseitigung des jüdischen Einflusses auf das deutsche kirchliche Leben", 1946 Entlassung aufgrund RG, Pfarrer in Melborn, Pfarrer in Nazza, 1947 Entlassung (endgültig), Aberkennung der Dienstbezeichnung „Pfarrer", 1950 Pfarrverwalter in Riethnordhausen/Sangerhausen.

Kittelmann, Erich Karl Franz

* 1. August 1887, † 8. August 1977 – Pfarrer: 1910 Ordination in Weimar, 1919 Pfarrer in Olbersleben, 1928 Pfarrer in Weimar, 1944 Kriegsvertretung in Themar, 1946 Pfarrverwalter, 1948 Pfarrer in Großobringen, 1952 Ruhestand in Weimar.

Kleinschmidt, Karl

* 26. April 1902 in Hannover, † 13. August 1978 in Schwerin – Pfarrer: Studium der Theologie und Philosophie in Jena und München, 1925–1926 Vikariat in Dermbach, Sonneberg, Sättelstädt, Pößneck und Blankenhain, 1926 Ordination in Blankenhain, Mitglied des BRS, 1927 Pfarrer in Weißbach/Schmölln, 1928 Mitglied der SPD, 1930 Pfarrer in Eisenberg, Geschäftsführer, 1931 Vorsitzender des BRS in Thüringen, 1930/31 Disziplinarverfahren wegen parteipolitischem Engagement, 1933 Mitglied des 3. LKT, 1933 Beendigung des Dienstes in der TheK, Schutzhaft, 1934–1968 Domprediger in Schwerin, 1939 Disziplinarverfahren aufgrund seines Protestes gegen die Ausgliederung von Judenchristen aus der Mecklenburger Landeskirche, 1939–1945 Soldat, 1945 Mitbegründer/Vorsitzender des Kulturbundes in Mecklenburg, 1946 Mitglied der SED, 1948–1949 MdVR, 1949–1954 MdV, 1949 Mitbegründer der Weltfriedensbewegung in Paris, 1958 Mitbegründer der CFK und des Bundes ev. Pfarrer in der DDR.

Klepsch, Albert Gerhard

* 22. Februar 1908 in Berlin, † 2. März 1999 in Bad Frankenhausen – Pfarrer: 1926 Abitur in Berlin, Studium der Theologie in Berlin, 1933–1934 Vikar in Zossen, Küstrin-Neustadt, Zorndorf und Neuenhagen, 1935 Prädikant in Neuenhagen, Ordination in Berlin, 1936 Hilfsdienstpflichtiger in Ketzür, 1937 Hilfspfarrer, 1938–1945 Pfarrer in Altenbergen, 1938 Pfarrer beim Bund für Deutsches Christentum in Stuttgart, 1945 Beurlaubung, 1946 Entlassung aufgrund RG, Pfarrverwalter in Trügleben, 1948 Pfarrverwalter, 1950–1960 Pfarrer in Dorfilm, 1952 Aushilfsdienst in Eisenberg und Königshof, 1960 Pfarrer in Seehausen, 1983 Ruhestand.

Kohl, Hans Joachim

* 31. Januar 1909 in Buttstädt, † 21. Juli 1941 (an der Ostfront gefallen) – Pfarrer: 1929 Abitur in Eisenach, 1929–1933 Studium der Theologie in Jena und Greifswald, 1934 Lehrvikariat in Scherbda/Creuzburg, Ordination in Scherbda, 1935 Hilfspfarrer, 1939 Pfarrer in Heyda, Mitarbeiter am „Institut zur Erforschung und Beseitigung des jüdischen Einflusses auf das deutsche kirchliche Leben", 1940 Soldat.

Köhler, Ernst

* 12. Mai 1899 in Saalfeld, † 17. November 1970 in Untermaßfeld – Pfarrer, OKR: 1919–1921 Studium der Theologie in Tübingen, Göttingen und Jena, 1924 Ordination in Vachdorf, 1924 Hilfsprediger, Pfarrer in Lauscha, Vorsitzender des Thüringer ev. Jungmädchenbundes, 1930–1945 Pfarrer in Hildburghausen, Mitglied des ChVB, Mitglied des 3. LKT, Mitglied der LBG, 1945 Mitglied des LKR, 1946 OKR für den Aufsichtsbezirk Süd (Meiningen).

Kolesnitschenko, Iwan Sosonowitsch

* 1907 in der Ukraine, † im August 1984 in Moskau – sowjet. Generalmajor: 1926 Mitglied der KPdSU, 1939 Fluglehrer in einer Jagdfliegerformation, Offizier der 63. Armee, 3. Gardearmee in Berlin, 1945–1949 Chef der SMATh für Zivilangelegenheiten, 1949–1950 Vertreter der Sowjet. Kontrollkommission in Deutschland. Iwan Sosonowitsch Kolesnitschenko war als Chef der SMATh für Zivilangelegenheiten der entscheidende Organisator der Militäradministration und bevorzugte Gesprächspartner der Kirchenleitung. Seine wichtigsten Mitarbeiter waren Generalmajor Smirnow, Stabschef, und Oberst M.W. Warakin, Leiter der Politischen Abteilung. Die Politische Abteilung wurde im Oktober 1945 in die sogenannte Propaganda- und ab 1947 Informationsabteilung umgewandelt. Warakin oblagen unter der Überschrift ‚Ideologie und Propaganda' die Bereiche Medien (und deren Zensur), Kirchen-, Jugend- und Gewerkschaftsangelegenheiten und – im Zusammenwirken mit den lokalen Verwaltungsorganen – vor allem die Beobachtung und Beeinflussung der Parteien.

König, Karl

* 23. Mai 1868 in Langensalza, † 28. Mai 1948 in Huflar/Rhön – Pfarrer, KR: Studium der Theologie in Jena, 1891 Ordination in Weimar, 1891 Pfarrverwalter, 1892 Pfarrer in Urspringen/Rhön, 1903 Pfarrer in Horn/Bremen, 1918–1927 Pfarrer in Urspringen, 1919 Mitglied der Vorsynode der TheK, 1920 nbamtl. Mitglied des LKR, 1921 D. in Jena,

Mitglied des ThVB, 1927 Versetzung in den Wartestand aus gesundheitlichen Gründen, Mitglied des 2. LKT, 1934 Ruhestand.

Korth, Hans Paul Friedrich

* 2. März 1900 in Sonneberg, † 20. Juli 1964 in Gera – Pfarrer: Pfarrer in Gera, Mitglied des WB.

Kriewald, Walter Wilhelm Arthur

* 13. Februar 1910 in Kreuzburg/Oberschlesien, † 19. Juni 1981 in Oppurg – Pfarrer: 1929 Abitur in Kreuzburg/Oberschlesien, Studium der Theologie in Breslau und Greifswald, Dr.phil., 1934 Vikar in Neusalz, 1935 Vikar in Weida, Ordination in Weida, Hilfsprediger, 1937 Hilfspfarrer, 1940 Pfarrer in Berga/Elster, Soldat, 1945 Pfarrverwalter in Dienstädt/Orlamünde, 1946 Entlassung aufgrund RG, Pfarrverwalter in Böhlen/Thüringen, 1951 Pfarrverwalter, 1951–1955 Pfarrer in Gehren, 1955–1962 Pfarrer in Orlamünde, 1962–1975 Pfarrer in Bad Liebenstein, 1968 Oberpfarrer der Superintendentur Bad Liebenstein, 1975 Ruhestand (zuletzt in Emmendingen).

Kroner, Godiva

* 13. Oktober 1925 – Pfarrerstochter aus Masserberg, Dolmetscherin für Englisch und Russisch, Dr., 1947 Flucht aus Eisenach nach Westdeutschland.

Kropatscheck, Gerhard

* 5. August 1882 in Brandenburg, † 29. Juni 1955 in Eisenach – Dr.phil., Pfarrer: u.a. in Elgersburg, Mitglied der LBG.

Lau, Franz

* 1907, † 1973 – Pfarrer, Prof.: Hilfsgeistlicher, 1933–1940 Mitglied im Pfarrernotbund, Lic.theol., 1936–1938 Studiendirektor am Predigerseminar in Lückendorf, 1939 Pfarrer in Dresden. 1945 Sup. in Dresden, 1945–1947 Vorläufiger Leiter der Ev.-Luth. Landeskirche Sachsens (in Abwesenheit des „heimlichen Bischofs" Hugo Hahn), 1947 Prof. für Kirchengeschichte an der Universität Leipzig, 1952 Präsident des Gustav-Adolf-Werkes.

Leffler, Siegfried

* 21. November 1900 in Azendorf/Oberfranken, † 10. November 1983 in Hengersberg/Bayern – Pfarrer: 1920–1924 Studium der Theologie in Erlangen, Marburg und Tübingen, 1924 Hilfsprediger, 1925 Ordination in Langerringen-Schwabmünchen/Augsburg, Stadtvikar in Augsburg, 1927 Hilfsprediger, 1928–1933 Pfarrer in Niederwiera/Altenburg, 1929 Mitglied der NSDAP, 1932 Gründer/Leiter (gemeinsam mit Julius Leutheuser) der KDC, 1932–1938 Herausgeber der „Briefe an deutsche Christen" bzw. der NK, 1933 Mitglied des 3. LKT, Regierungsrat, 1934 Oberregierungsrat im ThVBM in Weimar, 1937 Reichsleiter der DC-NB bzw. der DC-NE, 1939 Leiter des „Institutes zur Erforschung und Beseitigung des jüdischen Einflusses auf das deutsche kirchliche Leben" in Eisenach, 1939–1946 Soldat (1940 Oberkriegsverwaltungsrat), 1945 Entlassung aus dem öffentlichen und aus dem kirchlichen Dienst aufgrund

RG, 1947 Verurteilung und Internierung für ein Jahr im Lager Ludwigsburg wegen NS-Aktivitäten, 1949 Amtsaushilfe, 1952 Vikar in Deggendorf/Bayern, 1953 Pfarrvikar, 1959 Pfarrer in Hengersberg, 1970 Ruhestand.

Lehmann, Paul

* 5. August 1884 in Celle, † 22. Januar 1960 in Jena – Pfarrer, KR: 1903 Abitur, Studium der Theologie in Lausanne, Leipzig, Berlin und Göttingen, 1908–1909 hptamtl. Leiter des Ev.-Luth. Jünglingsvereins in Kassel, 1910 Ordination, Pfarrvikar, 1911 Pfarrer in Großkochberg, 1914–1918 Lazarettgeistlicher, 1914 Pfarrer in Saalfeld, 1917 Pfarrer in Liebenstein/Arnstadt, 1923–1933 Pfarrer in Tambach-Dietharz, Mitglied der NSDAP, Mitglied der KDC, Mitglied des 3. LKT, 1933 Mitglied des LKR, KR, 1943 Wartestand (Forschungsauftrag), 1945 Entlassung aufgrund RG.

Leich, Werner

* 31. Januar 1927 in Mühlhausen/Thüringen – Pfarrer, Sup., Landesbischof: Besuch des Gymnasiums in Schulpforta und Gotha, 1942 Luftwaffenhelfer, 1944 Arbeits-/-Wehrdienst, Soldat, 1946 Abitur in Gotha, 1947–1951 Studium der Theologie in Marburg und Heidelberg, 1951 Vikariat in Angelroda/Arnstadt, 1953 Ordination in Eisenach, 1954 Pfarrer in Wurzbach/Lobenstein, 1960 Mitglied, 1970–1978 Vizepräsident der Synode der ELKiTh, 1966–1977 1. Vorsitzender der LBG, 1967 Oberpfarrer der Superintendentur Lobenstein, 1969 Sup. in Lobenstein, 1969 Mitglied der Generalsynode der VELKDDR, 1969–1978 Mitglied der Kirchenleitung der VELKDDR, 1978–1992 Landesbischof der ELKiTh, 1983 D. in Jena, 1983–1986 Amtierender Leitender Bischof der VELKDDR, 1984–1990 Mitglied des Exekutivkomitees des Lutherischen Weltbundes, 1986–1990 Vorsitzender der KKL, 1989 D. in Budapest, 1990 D. in Springfield/Ohio, 1992 Ruhestand.

Leidenfrost, Adolf Hermann

* 20. Januar 1882 in Vogelsberg, † 13. April 1961 in Jena – Pfarrer, Sup.: 1901 Abitur in Weimar, Studium der Theologie in Jena und Berlin, 1905 Ordination in Weimar, Hilfspfarrer in Marksuhl, 1906 Militärdienst, 1907 Hilfspfarrer in Eisenach, 1908 Pfarrer in Frießnitz, 1913 Pfarrer in Schwerborn, 1920 Pfarrer in Tannroda, 1923–1945 Pfarrer in Jena (zunächst in Lichtenhain, dann im Nikolaisprengel, 1930 im Michaelissprengel), 1929 Oberpfarrer des Kirchenkreises Jena-Stadt, 1944 Sup. in Jena, 1945 Ruhestand, Pfarrverwalter in Lobeda, 1946 Entlassung aufgrund RG, 1949–1955 Pfarrverwalter in Bucha.

Le Seur, Eduard Karl Ferdinand

* 13. Januar 1873 in Berlin, † 15. Februar 1956 in Stuttgart – Pfarrer: Studium der Theologie in Berlin und Halle, 1912 Ordination in Berlin, Hilfsprediger, 1913 Pfarrer in Berlin-Lichterfelde, 1923 Suspendierung, Hilfsprediger in Fürstenwalde, 1924 Entlassung, Leiter der Stätte für Gemeinschaftsleben im Tennerhof bei Bayrischzell/Oberbayern, 1926 Hilfspfarrer, 1927 Pfarrer in Mörsdorf, 1928 Pfarrer in Waltersdorf, 1931–1937 Pfarrer in Weida, 1934 Oberpfarrer des Kirchenkreises Weida, 1937 Pfarrer für besondere gesamtkirchliche Aufgaben im Bund für Deutsches Christentum in Eisenach, Mitarbeiter am „Institut zur Erforschung und Beseitigung des jüdischen Einflusses auf das deutsche

kirchliche Leben“, 1940 Beurlaubung, Mitarbeiter beim Bund für Deutsches Christentum in Stuttgart, 1941 Wartestand, 1945 Ruhestand, 1946 Entlassung aufgrund RG, 1952 Wiedergewährung der Versorgungsbezüge.

Le Seur, Paul

* 18. Juli 1877 in Berlin, † 13. März 1963 in Potsdam – Pastor, Evangelist: 1909–1925 Inspektor der Berliner Stadtmission, Prediger an der Stadtmissionskirche in Berlin (Nachfolger von Adolf Stöcker), Herausgeber des Monatsblattes „Der Hochweg“, 1925 D. in Greifswald, 1925–1933 Leiter der Jugendhochschule auf dem Hainstein in Eisenach, 1927–1933 Vorsitzender der SAeMuFTh, Mitglied des KSB, 1933 freier Evangelist in Potsdam.

Leutheuser, Julius

* 9. Dezember 1900 in Bayreuth, † 24. November 1942 in Rußland (gefallen) – Pfarrer, KR: Studium der Theologie in Erlangen und Tübingen, 1925 Ordination, Pfarrverwalter in Marktredwitz, 1926 Hilfsgeistlicher in Augsburg, 1928–1933 Pfarrer in Flemmingen/Altenburg, Mitglied der NSDAP, 1932 Gründer/Leiter (gemeinsam mit Siegfried Leffler) der KDC, 1933 Mitglied des 3. LKT, Mitglied des LKR, KR, Leiter des Volksdienstes und Landesjugendpfarrer der TheK, 1938–1941 Herausgeber der NK, 1939–1942 Soldat, 1942 Nominierung als Landesbischof der TheK.

Lietzmann, Hans

* 2. März 1875 in Düsseldorf, † 25. Juni 1942 in Locarno – Theologe, Kirchenhistoriker, Prof.: 1893–1896 Studium der Theologie und Altphilologie in Jena und Bonn, 1896 Lic.theol., 1900 Dr.habil., PD in Bonn, 1905 ao.Prof. in Jena, 1908–1924 o.Prof. für Kirchengeschichte in Jena, 1919 Mitbegründer/Vorsitzender der Gesellschaft für Kirchengeschichte, 1923 Mitglied der „Notgemeinschaft der deutschen Wissenschaften, Deutsche Forschungsgemeinschaft“, 1924 Prof. in Berlin, 1926 Mitglied, 1930 Vorsitzender der Kirchenväterkommission, 1927 Mitglied der Preußischen Akademie der Wissenschaften, 1934 Mitglied der BK.

Löser, Adolf Albert

* 18. Juni 1911 in Eisenach, † 1965 – Pfarrer: 1931 Abitur in Eisenach, Studium der Theologie in Jena, 1938 Verwaltungsangestellter beim LKR in Eisenach, Mitarbeiter am „Institut zur Erforschung und Beseitigung des jüdischen Einflusses auf das deutsche kirchliche Leben“, 1940 Hilfsprediger in Neuenhof und Stadtlengsfeld, 1940 Ordination in Neuenhof, 1942 Hilfsprediger, 1944 Hilfspfarrer in Ostheim, 1947 Entbindung vom Predigtamt, Streichung von der Kandidatenliste, 1956 Pfarrverwalter in Memmelsdorf/Ebern.

Lotz, Gerhard

* 22. April 1911 in Altenburg, † 10. Dezember 1981 in Eisenach – Jurist, Kirchenrechtsrat, OKR: Studium der Rechts- und Staatswissenschaften, 1934 Referendar in Königsberg, Assistent der Rechts- und Staatswissenschaftlichen Fakultät der Universität Königsberg, 1938 Assessor in der Rechtsabteilung des LKA, 1942 Kirchenrechtsrat, 1942–1946 Soldat/Kriegsgefangener, 1946 Mitglied des LKR, OKR, Leiter der Rechtsabteilung des LKA, Mitglied der CDU, 1948–1976 Stellvertretender Vorsitzender des LKR

und Leiter des LKA, Mitglied der Synode der EKD, 1956–1976 Mitglied des CDU-Hauptvorstandes, Mitglied des Präsidiums des Weltfriedensrates, Mitglied der CFK, 1968–1977 MdV, Dr. jur.h.c., 1976 Ruhestand.

Lotz, Rudolf

* 16. August 1901 in Meiningen, † 28. Oktober 1973 in Eisenach – Jurist: 1926 Dr. jur. in Jena, Rechtsanwalt, Notar und Stadtrat in Eisenach, Mitglied des Verwaltungsrates des Diakonissenhauses, stellvertr. Vorsitzender des GKR in Eisenach, 1954–1972 Präsident der Synode der ELKiTh.

Lüdecke, Gerhard Rudolf August

* 31. Oktober 1901 in Schmölln, † 15. Mai 1978 – Pfarrer: 1920 Abitur in Altenburg, Studium der Theologie in Leipzig, Greifswald und Halle, 1925 Vikar in Eisfeld, 1926 Ordination in Eisfeld, Hilfsprediger, Hilfspfarrer in Eisfeld, 1927–1931 Pfarrer in Hohenkirchen, 1931–1934 Pfarrer in Römhild, 1933 Oberpfarrer des Kirchenkreises Römhild, 1934–1945 Pfarrer in Sonneberg, 1934 Oberpfarrer, 1944 Sup. des Kirchenkreises Sonneberg, 1945 Wartestand, Pfarrverwalter in Heubach, Fehrenbach und Schnett, 1946 Entlassung aufgrund RG, Aberkennung der Amtsbezeichnung „Superintendent", Pfarrverwalter in Heubach, 1950 Wartestand, Pfarrverwalter, 1951–1956 Pfarrer in Heubach, 1956–1967 Pfarrer in Ohrdruf (St. Trinitatis), 1967 Ruhestand (1967–1968 kommissarische Beauftragung).

Luther, Heinrich

* 12. April 1895 in Wolfsburg-Unkeroda, † 18. Januar 1979 in Leonberg – Kirchenamtmann, KKR: 1923 Kirchenbeamter im LKA in Eisenach, Rechnungsbeamter, 1933 Mitglied der NSDAP, 1934 Mitglied der DC, 1939–1940 Soldat.

Macholz, Waldemar

* 3. Mai 1876 in Danzig, † 1. Mai 1950 in Jena – Pfarrer, Sup., Prof.: Studium der Theologie in Tübingen, Berlin und Halle, 1902 Inspektor am Predigerseminar in Naumburg/Queis, 1904 Inspektor am Predigerseminar in Wittenberg, 1906 Pfarrer in Görlitz, 1913 Sup. in Kemberg, 1915 Sup. für Berlin-Kölln-Land I, 1924 D. in Halle, Rektor des Predigerseminars in Wittenberg, 1927 o.Prof. für Praktische Theologie in Jena (durch den von den Deutsche Christen installierten Wolf Meyer-Erlach verdrängt, darum 1933: Umwandlung des Lehrauftrages in „Konfessionskunde und verwandte Fächer"), Mitglied des EB, Mitglied des 3. LKT, 1938 Ruhestand, 1945 Reaktivierung als Ordinarius für Praktische Theologie, 1948 Emeritierung (nach der Berufung von Erich Hertzsch).

Mälzer, Gerhard Moritz

* 18. September 1894 in Zürchau/Gößnitz, † 31. Januar 1982 – Pfarrer, Sup.: 1913 Abitur in Altenburg, Studium der Theologie in Jena und Leipzig, 1920 Ordination in Altenburg, Hilfspfarrer in Ronneburg, 1921–1954 Pfarrer in Ronneburg, 1934 Schiffspfarrer auf der „Monte Rosa", 1936 Mitglied der LBG, 1940–1944 Soldat, 1944–1945 Kriegsvertretung in Pößneck und Greiz, 1946 Pfarrer in Ronneburg und Sup. der Superintendentur Schmölln, 1954 Pfarrer in Langenwetzendorf, 1965 Ruhestand.

Männel, Alfred

* 19. Februar 1901 in Altenburg, † 16. Mai 1950 in Fallingbostel/Hannover – Pädagoge, Pfarrer: 1923 Lehrer und Kantor in Greba, 1930 Mitglied der NSDAP, Mitglied der KDC, 1933 Mitglied des 4. LKT, 1934 Mitarbeiter im Volksdienst der TheK, 1935 Angestellter der TheK für Presse- und Schulungsarbeit, 1939 Schriftleiter der NK, Mitarbeiter am „Institut zur Erforschung und Beseitigung des jüdischen Einflusses auf das deutsche kirchliche Leben", 1940 Pfarrverwalter in Großobringen, 1942 Ordination, 1943 Pfarrer in Heichelheim, 1946 Entlassung aufgrund RG.

Marschler, Willi

* 12. August 1893 in Liegnitz, † 1955 – Kaufmann und Politiker: 1924–1933 MdL Thüringen, Mitglied der NSDAP, 1930–1931 Staatsrat, 1931–1932 Bürgermeister in Ohrdruf, 1932 Staatsminister des Freistaates Thüringen für Wirtschaft und Finanzen, 1933–1945 Ministerpräsident in Thüringen, MdR.

Mauersberger, Erhard

* 29. Dezember 1903 in Mauersberg/Erzgebirge, † 11. Dezember 1982 in Leipzig – Kirchenmusiker: Kirchenmusikstudium in Leipzig, Organist und Kantor in Aachen und Mainz, 1930 Kantor an der Georgenkirche in Eisenach, KMD, 1930–1961 Kirchenmusikwart, Landeskirchenmusikdirektor der TheK bzw. der ELKiTh, 1932 Dozent, 1946 Prof. an der Hochschule für Musik „Franz Liszt" in Weimar, 1939ff. Mitarbeiter am „Institut zur Erforschung und Beseitigung des jüdischen Einflusses auf das deutsche kirchliche Leben", 1950 Leiter der Thüringer Kirchenmusikschule in Eisenach, Dozent für Liturgik am Predigerseminar in Eisenach, 1961–1972 Thomaskantor in Leipzig.

Maurenbrecher, Max Robert

* 17. Juli 1874 in Königsberg, † 30. April 1930 – Pfarrer, Politiker, Schriftsteller: Besuch der Schule in Bonn und Leipzig, Studium der Theologie, Volkswirtschaft, Geschichte und Philosophie in Tübingen, Leipzig und Berlin, Dr. phil., Mitglied im National-sozialen Verein (Mitarbeiter Friedrich Naumanns), 1903 Eintritt in die SPD, 1907 Austritt aus der Kirche, 1909–1916 Prediger der freireligiösen Gemeinden in Nürnberg und Mannheim, 1913 Austritt aus der SPD, 1916 Austritt aus dem Monistenbund, 1917 Eintritt in die Kirche, Mitbegründer der Vaterlandspartei, 1919 Pfarrer in Dresden, 1920 Leiter der *Deutschen Zeitung* in Berlin, Herausgeber von *Glaube und Deutschtum: Wöchentliche Predigten und Vorträge*, 1924f. Herausgeber von *Glaube und Deutschtum: Gottesdienste – Andachten – Religiöse Aufsätze*, 1925 Pfarrer in Mengersgereuth/Sonneberg, 1929 Pfarrer in Osthausen/Arnstadt, Max Maurenbrecher hatte 1917 ein Pamphlet mit dem Titel *Der Krieg als Ausgangspunkt einer deutschen Kultur* verfasst. Nachdem sich der Naumann-Anhänger und Sozialdemokrat zum ‚Alldeutschen' gewandelt hatte, pendelte Maurenbrecher fürderhin zwischen der Position eines freireligiösen und völkisch-radikalen Publizisten, eines aus der Kirche ausgetretenen Monisten und wieder eingetretenen (sächsischen, später thüringischen) Pfarrers.

Meiser, Hans

* 16. Februar 1881 in Nürnberg, † 8. Juni 1956 in München – Pfarrer, OKR, Landesbischof: 1911 Vereinsgeistlicher des Landesvereins der I.M. in Nürnberg, 1915 Pfarrer in

München, 1922 Direktor des Predigerseminars, 1928 Mitglied der Kirchenleitung, OKR, 1933–1955 Landesbischof der Ev.-Luth. Kirche in Bayern, 1949 Leitender Bischof der VELKD.

Michaelis, Otto

* 17. September 1875 in Straßburg, † 28. Oktober 1949 in Erlangen – Pfarrer, KR: 1900 Ordination in Straßburg, 1903 Hilfsprediger, 1906 Pfarrer in Metz/Lothringen, 1919–1925 Pfarrer in Weimar, Mitglied der VFChW, Mitglied der DDP, Mitglied des ThVKB, Vorsitzender des Ev. Kirchengesangverein für Thüringen, 1925 Geschäftsführer des Ev. Preßverbands für Thüringen (= Pressepfarrer), Herausgeber der „Thüringer Evangelischen Zeitungskorrespondenz", „Thüringer Heimatkorrespondenz" (ThHtK), 1934 Wartestand, 1945 Ruhestand in Erlangen, 1948 KR.

Mitzenheim, Edgar

* 15. November 1896 in Hildburghausen, † 7. Mai 1983 in Berlin, Bruder von Moritz M. – Pfarrer: 1921 Pfarrer in Eckolstädt, 1933 Mitglied der DC, 1939–1945 Soldat (zuletzt Feldwebel), 1944 Verurteilung durch Kriegsgericht wegen Vergehens gegen das Heimtückegesetz, 1945–1946 Kriegsgefangenschaft, 1953 Verhaftung im Zusammenhang des Aufstandes vom 17. Juni.

Mitzenheim, Moritz

* 17. August 1891 in Hildburghausen, † 4. August 1977 in Eisenach – Pfarrer, Landesbischof: 1911 Abitur, Studium der Theologie in Leipzig, Heidelberg, Berlin und Jena, 1914 Ordination in Hildburghausen, Vikariat in Häselrieth und Graba, 1916 Pfarrer in Wallendorf, 1917 Pfarrer in Saalfeld, 1929 Pfarrer in Eisenach, Posaunenchorwart für Thüringen, Mitglied des ChVB, 1933 Mitglied, 1934 Ausschluß aus der KDC, 1936 Mitglied, 1943 amt. Vorsitzender der LBG, 1945 Vorsitzender des LKR, Landesoberpfarrer der TheK, Ernennung zum Landesbischof der TheK, 1947 Bestätigung als Landesbischof vom „erweiterten LKR", Einführung in das Bischofsamt, D. in Jena, 1947–1959 Mitglied des Rates der EKiD, 1948 Vorsitzender der 1. Synode der TheK, Landesbischof der „Evangelisch-Lutherischen Kirche in Thüringen" (ELKiTh), 1961 D. in Berlin (Humboldt-Universität), 1970 Ruhestand.

Neubauer, Theodor

* 12. Dezember 1890 in Ermschwerd/Witzenhausen, † 5. Februar 1945 im Zuchthaus Brandenburg-Görden (ermordet) – Pädagoge und Politiker: 1913 Dr.phil., 1919 Mitglied der USPD, 1920 Mitglied der KPD, Studienrat in Weimar, 1921–1924 MdL Thüringen, 1923 Oberregierungsrat im Thüringer Innenministerium, 1924–1933 MdR (Sachverständiger der KPD für Außen-, Wirtschafts- und Finanzpolitik), 1933 Verhaftung, 1934–1939 Inhaftierung, 1942–1944 Hauptinitiator/Leiter der Thüringer kommunistischen Widerstandsgruppe (Poser-Neubauer-Organisation), 1943 Mitglied der illegalen Landesleitung der KPD, 1944 Verhaftung.

Niemöller, Martin

* 14. Januar 1892 in Lippstadt, † 6. März 1984 in Wiesbaden – Pfarrer, Kirchenpräsident: 1912 Marineoffizier, 1918 U-Boot-Kommandant, 1919 Studium der Theolo-

gie in Münster, 1923 2. Geschäftsführer des Westfälischen Provinzialverbandes für I.M., 1924 Ordination, 1931 Pfarrer in Berlin-Dahlem, 1933 Gründer/Vorsitzender des Pfarrernotbundes, 1934 Mitglied des Reichsbruderrates der BK, Mitglied des Rates der DEK, Mitherausgeber der Denkschrift der 2. Vorläufigen Leitung der BK an den Führer und Reichskanzler, 1937 Verhaftung, 1938–1945 Inhaftierung in den KZ Sachsenhausen und Dachau, 1945–1956 Mitglied des Rates der EKD und Leiter des kirchlichen Außenamtes, 1947–1964 Kirchenpräsident der Ev. Landeskirche Hessen-Nassau, 1961–1968 Mitglied des Präsidiums des ÖRK, Teilnehmer der Gründungsversammlung des Komitees für Frieden, Abrüstung und Zusammenarbeit in Europa (KSZE).

Nitzsch, Rudolf von

* 12. Oktober 1882 in Strasburg/Uckermark, † 5. Dezember 1952 in Eisenach – Pfarrer: Studium der Theologie in Halle, Straßburg, Greifswald und Berlin, 1909 Ordination, Pfarrvikar in Longeville/Lothringen, 1914 Pfarrer in Metz, 1920–1925 Pfarrer in Mosbach, 1925–1952 Pfarrer in Eisenach, 1952 Ruhestand.

Nuschke, Otto

* 1883, † 1957 – Journalist, Politiker: Studium der Kunst, 1918 Mitglied der DDP, 1919 Mitglied der Nationalversammlung, 1921–1933 MdL Preußen, Chefredakteur der „Berliner Volkszeitung“, 1933 Berufsverbot, illegale Arbeit, mehrmalige Verhaftung, 1945 (Juni) Mitarbeiter im LDP-Gründungsausschuss, danach Mitbegründer der CDU in Berlin und in der SBZ, 1945–1947 Mitglied im Parteivorstand der CDU-SBZ, 1948–1957 1. Vorsitzender der (Ost)CDU, 1948–1957 MdVR, 1949–1957 stellvertretender Ministerpräsident und stellvertretender Vorsitzender des Ministerrates der DDR, Leiter der Hauptabteilung Kirchen.

Ohland, Hermann Max Ferdinand

* 3. Mai 1888 in Untermaßfeld, † 16. Dezember 1953 in Friedelshausen – Pädagoge, Pfarrer: 1908–1937 Volksschullehrer in Friedelshausen, Hermannsfeld, Stedtlingen, Ellingshausen, 1933 Mitglied der NSDAP, des NSLB, der KDC, 1937 Mitarbeiter des Volksdienstes der TheK, Dichter von Liedern des DC-Gesangbuches *Großer Gott, wir loben dich*, Mitarbeiter am „Institut zur Erforschung und Beseitigung des jüdischen Einflusses auf das deutsche kirchliche Leben“, 1942 Ordination in Gotha, Pfarrer in Cobstädt, 1942–1945 Kriegsvertretung in Eckardtshausen und Salzungen, 1945 Pfarrer in Behrungen, 1946 Entlassung aufgrund RG, Pfarrverwalter, 1948 Pfarrvikar in Behrungen, 1952 Pfarrer in Friedelshausen.

Osswald, Johannes

* 17. September 1898, † ? – KRR, OKR: 1926 Kirchenbeamter im LKA in Eisenach, Referent in Pfründen- und Finanzsachen, 1934–1939 Mitglied der SA, 1934–1945 Mitglied der DC, 1939–1945 Soldat (Hauptmann), 1946 Finanzdezernent im LKR, OKR, 1953 Flucht nach Westdeutschland.

Otto, Ernst

* 12. September 1891 in Schmölln, † 17. Februar 1941 in „Hohe Grete“/Westerwald – Pfarrer: Studium der Theologie in Greifswald und Leipzig, 1914–1918 Soldat, 1920 Or-

dination, Pfarrer in Altenburg, 1927 Mitarbeiter des Volksdienstes der TheK („Vertreter des Volksdienstleiters und Pfarrer für besondere gesamtkirchliche Aufgaben im Volksdienst"), 1929 Leiter des Volksdienstes der TheK in Eisenach, 1932 Pfarrer in Eisenach, Mitglied des EB, Mitglied des 3. und 4. LKT, Mitglied der Sydower Bruderschaft, 1934 Gründer/Vorsitzender der LBG, Teilnehmer an der 1. Bekenntnissynode der DEK in Barmen, 1938 Wartestand, 1939 Leiter des ev. Heims „Hohe Grete" bei Au/Sieg.

Otto, Richard

* 16. Juni 1876 in Edwahlen/Kurland, † 29. August 1967 in Leipzig – Pfarrer, KR: 1895–1899 Studium der Theologie in Leipzig und Erlangen, 1902 Ordination in Oelsnitz/Vogtland, 1902 Vikar in Karbitz/Böhmen, 1907 Pfarrer in Obercrinitz, 1912 Pfarrer in Leipzig, 1916–1922 Leiter des Diakonissenmutterhauses in Eisenach, 1916–1931 Stiftsprediger in Eisenach, 1921–1931 Mitglied des LKT, 1922–1940 Vorsitzender der ThKK, Mitglied des ChVB, 1930 D. in Erlangen, 1931 Mitglied des LKR, Vorsitzender des Thüringer Landesverbandes der I.M., Vorsitzender der Westthüringischen Missionskonferenz, 1933 Wartestand, 1937 Dozent für Neues Testament und Praktische Theologie am Missionsseminar in Leipzig, 1937/1938–1950 Geschäftsführer des Lutherischen Einigungswerkes, 1945 Ruhestand.

Pabst, Walter

* 19. September 1912 in Oppurg, † 12. Januar 1999 in Berlin – Pfarrer, Sup., OKR: 1932–1935 Studium der Theologie in Jena, Greifswald, Tübingen, Berlin und Jena, 1936 Vikar in Altenburg, 1936 Besuch des Predigerseminars in Eisenach, 1937 Entlassung aus dem Vorbereitungsdienst der TheK aufgrund Mitgliedschaft in der BK, 1937 Ordination in Michelau/Oberfranken, 1937–1940 (illegal) Hilfspfarrer in Neuenhof/Eisenach, 1940 Pfarrer in Herleshausen/Werra, 1941 Hilfspfarrer, Amtierungsverbot, 1943 Pfarrer in Kleinalmerode/Witzenhausen, 1948–1953 Studentenpfarrer in Jena (im Zusammenhang des Aufstandes vom 17. Juni 1953 vom LKR „abgezogen"), 1949–1963 Mitglied der Thüringer Synode, Mitglied im Vorstand der LBG, 1953 Pfarrer und Sup. in Gotha, 1964 Beurlaubung, OKR im Lutherischen Kirchenamt Berlin, ökumenischer Beauftragter der evang. Bischöfe der DDR, 1969 stellvertr. Leiter des Sekretariats des BEK, 1968/1975 Teilnehmer der Ökumenischen Weltkirchenkonferenzen in Uppsala und Nairobi, 1978 Ruhestand in Berlin.

Pasche, Daniel

* 29. August 1910 in Potsdam, † 8. November 1984 in Dornburg – Pfarrer: 1931–1936 Besuch des Predigerseminars der deutschen Baptisten in Hamburg, 1936 Vikar des Obergischen Kreises (Rheinland), 1937 Vikar in Untermaßfeld, 1938 Hilfsprediger in Queienfeld, Ordination in Queienfeld, Mitglied der DC, 1939–1942 Soldat, 1943 Pfarrer in Queienfeld, 1943–1945 Pfarrer in Untermaßfeld, 1944–1945 Pfarrverwalter in Queienfeld, 1945 Beurlaubung, Pfarrverwalter in Zella, 1946 Entlassung aufgrund RG, Pfarrverwalter in Zella, 1950 Pfarrverwalter in Frankenheim/Rhön, 1951 Wartestand, Pfarrverwalter, 1958 Pfarrer in Frankenheim, 1960–1976 Pfarrer in Apfelstädt, Mitglied im Bund ev. Pfarrer in der DDR, Mitglied im CFK, 1976 Ruhestand.

Paul, Rudolf

* 30. Juli 1893 in Gera, † 28. Februar 1978 in Frankfurt/Main – Jurist und Politiker: 1919 Dr. jur., 1922 Mitglied, 1925–1933 Vorsitzender der DDP in Thüringen, 1923 Staatsanwalt, später Rechtsanwalt, 1933 Berufsverbot, 1934–1945 Landwirt, 1945 Oberbürgermeister in Gera, 1945–1947 Ministerpräsident in Thüringen, 1946 Mitglied der SED, 1947 Flucht nach Berlin (West). 1948 Rechtsanwalt und Notar in Frankfurt/Main.

Petersen, Peter

* 26. Juni 1884 in Großenwiehe/Nordschleswig, † 21. März 1952 in Jena – Reformpädagoge, Prof.: 1923 Prof. für Erziehungswissenschaft in Jena, 1924 Leiter der Universitätsschule als freie Versuchsschule, 1927 Vorstellung des „Jena-Plans", 1934 Mitglied des NSLB, 1945 Mitglied der SPD (1946–1948 Mitglied der SED), 1948 Ablösung als Dekan der Sozial-Pädagogischen Fakultät, 1949/1950 Eingliederung der Versuchsschule in das Einheitsschulsystem der DDR.

Peter Petersen entwarf den „Jena-Plan". Trotz Vorwürfen seines Kollegen Paul Oestreich wegen NS-Belastung blieb Petersen an der Fakultät Erziehungswissenschaft der Universität Jena tätig. Er organisierte im Auftrag Walter Wolfs ab Juni 1945 die akademische Lehrerfortbildung und baute ab Ende 1945 eine sozial-pädagogische Fakultät auf. Nach Auseinandersetzungen zwischen Wolf und Petersen um die Einführung des „Jena-Plans" in den Thüringer Schulen und der Weigerung Petersens, eine seines Erachtens mangelhafte Habilitationsschrift des Ministers für Volksbildung Wolf anzunehmen, schaltet sich die SMATh in das Habilitationsverfahren ein. Petersen legt 1948 sein Amt als Dekan der Pädagogischen Fakultät nieder. 1950 wird auf Intervention der Volksbildungsministerin Marie Thorhorst – sie hatte Wolf im Mai 1947 abgelöst – und in Übereinstimmung mit der SMATh der „Jena-Plan" für Schulen in der SBZ „als bürgerliches Relikt" abgelehnt und verboten.

Pfeiffer, Hedwig

* 1890, † 2. März 1949 in Marksuhl (bei einem Zugunglück), Ehefrau des Juristen KR Dr. Paul Pfeiffer († 1926) – 1925–1935 ehrenamtliche Mitarbeiterin in der Ev. Frauenarbeit in Thüringen, 1934 Mitglied der LBG, 1935 Vorsitzende der Ev. Frauenhilfe in Thüringen, 1945 Leiterin (gemeinsam mit Adelheid Eitner) der Ev. Frauenhilfe in Thüringen, 1946 Mitglied der Thüringer Vorsynode, 1947 Mitglied der 1. Synode der ELKiTh.

Phieler, Gerhard

* 21. Oktober 1891 in Oberweimar, † 20. Dezember 1963 in Eisenach – Pfarrer, OKR: 1911 Abitur in Weimar, Studium der Theologie in Tübingen, Leipzig, Berlin und Halle, 1917 Ordination in Weimar, Pfarrer in Neidhartshausen, 1927 2. Vereinsgeistlicher des Thüringer Landesverbandes der I.M. in Eisenach, Mitglied des ChVB, 1934 Leiter des Thüringer Landesverbandes der I.M., 1945 Mitglied im LKR, KR, 1946 OKR, Dezernent für die I.M., Vereinsgeistlicher der I.M., Leiter des Ev. Hilfswerkes in Thüringen, 1948 Leiter des landeskirchlichen Amtes für I.M., 1963 Ruhestand.

Poppe, Max-Heinz

* 18. März 1908 in Zwickau, † ? – Pädagoge, Pfarrer: 1928 Volksschullehrer, 1931 Staatsexamen, 1933 Wissenschaftlicher Hilfsmitarbeiter am Pädagogisch-Psychologischen Institut der Universität Leipzig, Sachbearbeiter für Erziehung, Schule und Unterricht im LKA in Dresden, 1935 Schulungsleiter im Volksdienst der TheK, 1937 Beurlaubung, Mitarbeiter beim Bund für Deutsches Christentum in Stettin, 1938/1939ff. Soldat, 1940 Zuerkennung der Dienstbezeichnung „Pfarrer", 1942 Pfarrer für den volkskirchlichen Aufbau, 1944 Pfarrer in Seega, 1945 Ordination in Bad Frankenhausen, 1946 Entlassung aufgrund RG, Aberkennung der Dienstbezeichnung „Pfarrer".

Purfürst, Fritz

* 10. Juli 1887 in Neustadt/Orla, † 31. Dezember 1950 – Kirchenverwaltungsamtmann: 1923 Kirchenbeamter im LKA in Eisenach, Rechnungsbeamter, 1932 Rechnungsprüfungsbeamter, 1933–1945 Mitglied der DC, 1938 Mitglied der NSDAP, 1942 Kirchenverwaltungsamtmann.

Rackwitz, Arthur

* 4. August 1895 in Landsberg/Warthe, † 1980 in Berlin-Frohnau – Pfarrer: Studium der Theologie in Berlin und Halle, 1919 Vikariat in Friedeberg, 1920 Ordination, Hilfsprediger in Berlin, 1921 Pfarrer in Möhrenbach, Mitglied der VFChW, 1926 Mitglied der SPD, Mitglied des BRS, 1928 Pfarrer in Eisenberg, 1929 Pfarrer in Berlin-Neukölln, 1933 Vorsitzender der Bruderschaft sozialistischer Theologen, 1935 Mitglied der BK, 1937, 1939 und 1944 Verhaftungen, 1944 Inhaftierung im KZ Dachau, 1952 Austritt aus der SED, 1964 Ruhestand.

Reichardt, Erich Wilhelm

* 30. März 1899 in Altenburg, † 30. Dezember 1982 in Ettlingen, Sohn von Wilhelm Reichardt (1871–1941) – Nationalökonom, Rechts-/Staatswissenschaftler, KVR: 1918 Abitur in Altenburg, Studium in Königsberg, Berlin, Jena und Breslau, 1922 Dr. jur. in Jena, Dr. rer. pol. in Breslau, 1922–1923 Volontär in Breslau und Eisenach, 1924 Syndikus in Striegau, 1924 wissenschaftl. Hilfsreferent beim LKR der TheK, 1925 wissenschaftl. Assistent an der Industrie- und Handelskammer in Barmen-Elberfeld (Wuppertal), 1926 wissenschaftl. Hilfsreferent (Angestellter) beim LKR der TheK (seit WS 1926/27: Dozent für die soziale Schulung und sozialen Kurse am Predigerseminar in Eisenach), 1934 KRR (Beamter der TheK), Mitglied der KDC, 1939–1946 Soldat/Kriegsgefangener, 1942 KVR, 1946 Entlassung aus dem kirchlichen Dienst aufgrund RG, wissenschaftl. Mitarbeiter (Angestellter), 1950 KVR (Beamter der ELKiTh), Wartestand, 1951 Reaktivierung, 1966 Ruhestand in Ettlingen.

Reichardt, Wilhelm

* 21. Mai 1871 in Ronneburg, † 18. November 1941 in Eisenach – Pfarrer, Landesoberpfarrer/-bischof: Studium der Theologie in Tübingen, Halle und Berlin, 1895 Ordination in Altenburg, Hilfsprediger des Hofpfarramtes in Altenburg, 1897 Schlossdiakonus /1908 Konsistorialrat in Altenburg, 1917 D. in Jena, 1918 Oberhofprediger, 1919 Generalsup. in Altenburg, 1921–1933 Landesoberpfarrer der TheK, 1925 Teilnehmer der Weltkonferenz für Praktisches Christentum („Life and Work") in Stockholm,

1933 Übertragung der Amtsbezeichnung „Landesbischof“ anstelle „Landesoberpfarrer“, 1934 Ruhestand.

Rodenberg, Ludwig

* 5. Januar 1890 in Lübeck, † 27. April 1969 in Kartlow/Demmin – Pfarrer: Abitur in Lübeck, Studium der Philosophie in Heidelberg, Berlin und Kiel, Studium der Theologie in Kiel, 1912–1914 Privatsekretär von Otto Baumgarten (1858–1934) in Kiel, 1914–1918 Soldat, 1919 Stadtvikar in Gotha, 1920 Ordination in Gotha, 1920–1927 Pfarrer in Winterstein, 1925 nbamtl., 1928 hptamtl. Geschäftsführer der SAeMuFTh (= Sozialpfarrer), Mitglied des ESK und des KSB, 1935 Pfarrer in Heubach, 1938 Pfarrer in Kartlow/Pommern.

Rönck, Hugo

* 12. April 1908 in Altenburg, † 1990 – Pfarrer, Landesbischof: 1925 Mitglied der NSDAP (Träger des „Goldenen Parteiabzeichens“), Studium der Theologie in Göttingen und Jena, 1932 Ordination in Denstedt/Thüringen, Mitglied der KDC, 1936 Landesjugendpfarrer der TheK, 1939–1943 Soldat, 1943 Präsident des LKR (Nachfolger von Landesbischof Martin Sasse), 1944 Ausschluss aus der NSDAP, 1945 Annahme der Amtsbezeichnung „Landesbischof“, Verhaftung durch die amerikanische Besatzungsmacht, Entlassung aufgrund RG, Pfarrer in Eutin/Holstein.

Rosenberg, Alfred

* 12. Januar 1893 in Reval/Estland, † 16. Oktober 1946 in Nürnberg (hingerichtet) – Publizist und Politiker: 1919 Mitglied der NSDAP, Herausgeber des NSDAP-Parteiorgans *Völkischer Beobachter*, 1930–1945 MdR, 1933 Reichsleiter der NSDAP, 1933–1945 Leiter des Außenpolitischen Amtes der NSDAP, 1934 „Beauftragter des Führers“ für die Überwachung der gesamten geistigen und weltanschaulichen Schulung und Erziehung der NSDAP, 1940–1945 Leiter des Kulturraubkommandos „Einsatzstab Reichsleiter R.“, 1941 Reichsminister für die besetzten Ostgebiete, 1946 Verurteilung zum Tode durch den Internationalen Militärgerichtshof im Nürnberger Hauptkriegsverbrecherprozess.

Säuberlich, Gerhard

* 5. Juni 1901 in Mulango/Englisch-Ostafrika, † 15. Januar 1959 in Eisenach – Pfarrer, OKR: Studium der Theologie in Leipzig und Erlangen, 1923 Vikar in Gera, 1925 Pfarrer in Sonneberg, Mitglied des EB, 1930 Pfarrer in Mengersgereuth, Mitglied der LBG, 1935 Beurlaubung, Pfarrer in Etzdorf, 1939 Vorsitzender der LBG, 1943–1945 Soldat, 1945 Mitglied des LKR, OKR, Visitator für den Aufsichtsbezirk Ost (Gera), 1949 Leiter des Gemeindedienstes der ELKiTh.

Sasse, Martin

* 15. August 1890 in Großdrenzig/Guben, † 28. August 1942 in Eisenach – Pfarrer, Landesbischof: 1911–1914 Studium der Theologie in Tübingen, Halle, Berlin und Jena, 1914–1918 Soldat, 1921 Ordination, 1921–1922 Pfarrer in Heber/Böhmen, 1923 Oberpfarrer in Rothenburg/Oberlausitz, 1930–1933 Pfarrer in Lauscha, 1930 Mitglied der NSDAP, Mitglied der SA, Mitglied der KDC, 1933 Mitglied des 3. LKT, Mitglied des LKR, KR, 1934 Landesbischof der TheK.

Sauckel, Fritz

* 27. Oktober 1894 in Haßfurt/Unterfranken, † 16. Oktober 1946 in Nürnberg (hingerichtet) – Seemann, Schlosser, Politiker: 1919/1920 Mitglied/Kreisleiter des Deutschvölkischen Schutz- und Trutz-Bundes in Unterfranken, 1922 Umzug nach Ilmenau/Thüringen, Mitglied der NSDAP und der SA, 1925 Gaugeschäftsführer, 1927 Gauleiter der NSDAP in Thüringen, 1929/1930–1933 MdL Thüringen (Fraktionsvorsitzender), 1932–1933 Vorsitzender Staatsminister des Freistaates Thüringen, Minister für Inneres, 1933–1945 Reichsstatthalter in Thüringen, 1934 Mitglied der SS, 1935–1937 Reichsstatthalter auch in Braunschweig, 1939 Reichsverteidigungskommissar, 1942–1945 „Generalbevollmächtigter für den Arbeitseinsatz", 1946 Verurteilung zum Tode durch den Internationalen Militärgerichtshof im Nürnberger Hauptkriegsverbrecherprozess.

Schäfer, Friedrich

* 12. Februar 1893 in Berka/Werra, † 18. Juli 1960 – Kirchenarchivrat: Dr. jur., 1929 Leiter des Landeskirchenarchivs in Eisenach, 1939–1945 Soldat, 1946 Vorsitzender der Spruchstelle.

Schäfer, Gertrud

* 24. Juli 1897 in Roda (Stadtroda), † 20. Juni 1987 in Jena – Theologin, Pastorin: 1917 Abitur, Studium der Germanistik und Theologie in Jena und Berlin, Mitglied der Internationalen Frauenliga für Frieden und Freiheit, Mitglied der Akademisch-Sozialen Arbeitsgemeinschaft, 1921 Pfarrhelferin, 1928 Ordination, Tätigkeit in der Frauen- und Mädchenarbeit, Religionslehrerin, Krankenhaus- und Strafgefangenenseelsorgerin in Jena, Mitglied der LBG, 1938 Wechsel nach Erfurt, 1940 Vikarin des Kreissynodenvorstandes Erfurt, 1945 Krankenhaus- und Strafgefangenenseelsorgerin, Mitarbeit in der Leitung der Frauenarbeit, 1949 Pfarrvikarin in Jena, 1965 Übertragung der Amtsbezeichnung „Pastorin".

Schanze, Wolfgang

* 28. Mai 1897 in Leipzig-Thonberg, † 2. August 1972 in Weimar – Pfarrer, OKR: 1916–1922 Studium der Theologie und Germanistik in Leipzig, Dr.phil., 1923 Schlossprediger in Coburg, 1928 Pfarrer in Weimar, Mitglied der LBG, 1945 Mitglied des LKR, KR, 1946 OKR, Visitator für den Aufsichtsbezirk Mitte (Weimar), Mitglied des Exekutivkomitees des Lutherischen Weltbundes, 1967 Ruhestand.

Scheibe, Hans

* 7. April 1893 in Gera, † 28. Dezember 1969 in Neu-Isenburg – Pfarrer, Sup.: 1911 Abitur in Gera, Studium der Theologie in Greifswald und Leipzig, 1917 Pfarrverwalter in Hohenleuben, 1918 Ordination in Gera-Untermhaus, Pfarrverwalter in Köstritz, Pfarrer in Hohenleuben, 1919–1926 Pfarrer in Schleiz und Oberböhmsdorf, 1926–1937 Pfarrer in Jena, 1937 Oberpfarrer in Arnstadt, 1940–1945 Soldat, 1944 Sup. in Arnstadt, 1945 Pfarrverwalter in Plaue, Wartestand (als Sup.), Verhaftung, Pfarrverwalter in Plaue, 1946 Pfarrer in Gräfenau-Angstedt, 1950 Pfarrverwalter, Pfarrer in Ilmenau, 1964 Ruhestand, Umzug nach Wiesbaden.

Schenk, Ewalt

* 23. Juli 1904 in Eisenach, † ? – Kreiskirchenrat, KRR: Dr. jur., Leiter des Kreiskirchenamtes in Jena, 1932 Mitglied der NSDAP, 1934 Mitglied der DC, 1945 Entlassung.

Schenke, Friedrich Karl Gustav Martin

* 5. Juli 1886 in Schmiedeberg/Riesengebirge, † 7. April 1967 – Pfarrer: 1904 Abitur in Strehlen, Studium der Theolcgie in Greifswald und Breslau, 1908 Besuch des Predigerseminars in Wittenberg, 1910 Vikar in Hirschberg/Schlesien, Erzieher in Marnheim/Pfalz, 1911 Ordination in Danzig, Hilfsprediger in Polkau/Westpreußen, 1912 Pfarrer in Malitzschkendorf/Herzberg, 1916–1927 Pfarrer in Zschorkewitz, 1927–1934 Pfarrer in Halle/Saale, 1935–1938 Pfarrer in Deutsche Grube, 1938 Pfarrer in Weimar, Mitarbeiter am „Institut zur Erforschung und Beseitigung des jüdischen Einflusses auf das deutsche kirchliche Leben", 1942–1945 Kriegsvertretung in Arnstadt und Crölpa-Löbschütz, 1946 Pfarrverwalter, 1950 Pfarrer in Ruhla, 1951 Ruhestand, Umzug nach Westdeutschland.

Schilling, Erich

* 15. Dezember 1892, † 18. Dezember 1950 in Berlin – Kirchenverwaltungsbeamter, KRR: 1921 Kirchenbeamter im LKA in Eisenach, Finanzabteilungsleiter, 1923 Mitglied einer Freimaurerloge, Mitglied im ThVKB, 1934 Mitglied der DC, 1945/1946 Disziplinarverfahren, 1947 Entlassung aus dem Kirchendienst, Mitglied der SED, Mitarbeiter im Finanzministerium der DDR.

Schmidt, Robert

* 5. Mai 1895 in Usingen, † ? – Architekt: 1915–1919 Soldat, Leiter der Bauabteilung im LKA in Eisenach, Vorsitzender des Betriebsrates im LKA, 1945 Entlassung, 1948 Austritt aus der Kirche.

Simcik, Franz

* 30. Juli 1885 in Stritez/Mähren, † 11. Dezember 1953 in Gera-Zwötzen – Pfarrer, Sup.: 1911 Dr.phil. in Prag, 1911 Pfarrvikar in Trügleben, Ordination in Trügleben, 1913–1918 Pfarrer in Hohenkirchen, 1918–1947 Pfarrer in Gera-Zwötzen, 1933–1938 Mitglied der DC (1935 Antrag auf Austritt, 1938 Ausschluss aus DC), 1939 Verhaftung, 1947 Sup. in Gera, 1953 Ruhestand.

Staas, Hans

* 1909 – Jurist, Journalist, Politiker: Studium der Rechts- und Staatswissenschaften, Redakteur in Berlin, Soldat, 1945 Mitglied der KPD, stellvertr. Landrat, Regierungsrat (aufgrund seiner Verdienste bei der Durchführung der Bodenreform), Oberlandrat in Bad Frankenhausen (zusammen mit dem stellvertr. Landrat Dr. Karl Friedrich Wiese), 1946 Präsidialdirektor der Landesverwaltung Thüringen, 1947 Flucht in die Schweiz (als tatsächliche oder vermeintliche Einzelheiten über seine NS-Vergangenheit offengelegt zu werden drohten).

Stegmann, Erich

* Oktober 1906 in Straßburg/Elsaß, † 30. März 1994 in Falken/Werra – Pfarrer, Sup., OKR: 1924 Abitur in Eisenach, 1925–1928 Studium der Theologie und Geschichte in Jena, Tübingen und Erlangen, 1930 Vikar in Bethel, 1930 Ordination in Renthendorf, 1930–1939 Hilfsprediger und Hilfspfarrer in Renthendorf, Mitglied im Pfarrernotbund und in der LBG, 1939 Redeverbot durch Gestapo, Amtsenthebung, kaufmännische Lehre, 1940–1945 Soldat, 1945 Pfarrer in Sarstedt/Hildburghausen, 1945 (unter Rückdatierung seiner Anstellung auf den 1. Januar 1935) Pfarrer in Renthendorf, 1947–1960 Sup. in Pößneck, 1947–1975 Mitglied der Thüringer Synode, 1960–1967 Sup. in Kahla, 1967 Mitglied des LKR, OKR, Visitator für den Aufsichtsbezirk Mitte (Weimar), 1976 Ruhestand in Weimar, später in Falken/Werra.

Stelzner, Erich Walter

* 16. Juni 1898 in Globig, † 28. August 1973 – Bankkaufmann, Kirchenverwaltungsbeamter: Soldat im Ersten Weltkrieg, schwere Verwundung, 1934 Mitarbeiter im LKA in Eisenach, Kirchenassistent, 1935 Mitglied der DC, 1942 Kirchensekretär, Leiter der Thüringer Landeskirchenkasse, 1945 Mitglied der Spruchstelle für die Fälle kirchlicher Mitarbeiter, 1946 Kirchenverwaltungsoberinspektor, Vorsitzender des Betriebsrates im LKA, Gründungsmitglied der CDU in Eisenach, stellv. Stadtverordnetenvorsteher in Eisenach, Mitglied im Sparkassenrat für das LKA, Stellvertreter des LKR in der Wartburgstiftung, 1959 (vorzeitig) Ruhestand.

Stelzner, Otto Rudolf

* 24. Juli 1898 in Werdau/Sachsen, † ? – Pädagoge, Pfarrer: 1913–1919 Besuch des Lehrerseminars in Oschatz, 1920–1939 Lehrer und Schulleiter in Sachsen, 1939 Pfarrer für volkskirchlichen Aufbau beim Volksdienst der TheK in Eisenach, Mitarbeiter am „Institut zur Erforschung und Beseitigung des jüdischen Einflusses auf das deutsche kirchliche Leben", 1940 Zuerkennung der Dienstbezeichnung „Pfarrer", 1943 Pfarrer in Madelungen und Vertretungsauftrag für die hessischen Minderheitengemeinden im Kreis Eschwege, 1943 Pfarrassistentenprüfung, 1944 Pfarrer (Kurseelsorger) in Friedrichroda, Pfarrer (Krankheitsvertretung) in Bad Liebenstein, Schweina, Steinbach, 1944–1945 Pfarrer in Aue/Eschwege, 1945 Pfarrverwalter in Dannheim, 1946 Entlassung aufgrund RG, Aberkennung der Dienstbezeichnung „Pfarrer", Pfarrverwalter in Dannheim, 1947 Katechet in Altenburg, 1955 Abteilungsleiter beim „Berliner Rundfunk", 1955 Zuerkennung des Titels „Pfarrer a.D.".

Stock, Georg Wilhelm Gerhard

* 11. Oktober 1900 in Ifta/Creuzburg, † 15. März 1979 in Eschelbronn – Pfarrer, Oberpfarrer: 1919 Abitur in Halle, Besuch der Theologischen Schule in Bethel, Studium der Theologie in Jena, Halle und Tübingen, 1924 Vikar in Gera-Untermhaus, 1925 Besuch des Predigerseminars in Eisenach, Ordination in Weimar, Vikar in Lauscha und Friedrichroda, 1926 Vikar, 1926–1935 Pfarrer in Schmiedefeld, 1935–1947 Pfarrer in Kirchhasel, 1942–1943 Kriegsvertretung in Lippersdorf, 1947 Entlassung aufgrund RG, Pfarrverwalter in Quittelsdorf, 1948 Pfarrverwalter, 1949–1966 Pfarrer in Eisenberg, 1957 Oberpfarrer der Superintendentur Eisenberg, 1966 Ruhestand, Umzug nach Wiesbaden.

Stüber, Hugo

* 12. August 1887 in Wöhlsdorf/Auma, † 8. Juni 1950 in Schmalkalden – Pfarrer, Sup., KR: Abitur in Gera, Studium der Theologie in Erlangen und Jena, 1911 Ordination in Eisenach, Vikariat in Fernbreitenbach, 1913–1920 Pfarrer in Niedersynderstedt, 1914–1918 Militärpfarrer, 1920 Sup./Oberpfarrer in Ostheim/Rhön, 1924–1927 Vorsitzender des ThVKB, 1926 Pfarrer in Ohrdruf, Oberpfarrer des Kirchenkreises Georgenthal, 1932 nbamtl. Mitglied des LKR, KR, 1933 Mitglied der NSDAP, Mitglied der KDC, 1934 hptamtl. Mitglied des LKR, 1941 Beurlaubung wegen Krankheit, 1942 Wartestand, 1945 Ruhestand, 1946 Entlassung aufgrund RG, Aberkennung des Titels „KR“, 1950 Abmilderung des Urteils der Spruchstelle, Versetzung in den Ruhestand unter Aufhebung der Entlassungsverfügung.

Sylten, Werner

* 9. August 1893 in Hergiswyl/Schweiz, † 26. August 1942 im KZ Hartheim/Linz (ermordet) – Pfarrer: 1913–1914 Studium der Theologie in Marburg, 1914–1918 Soldat, 1919–1921 Studium der Theologie in Marburg und Berlin, 1921 Vikariat in Göttingen und Dannenberg/Elbe, 1922 Ordination, Hilfsgeistlicher am Frauenseminar in Himmelsthür/Hildesheim, 1925 Pfarrer und Leiter des Mädchenwerkes der I.M. in Bad Köstritz, Mitglied der VFChW, Mitglied des Pfarrernotbundes und der LBG, 1936 Versetzung in den Wartestand aufgrund seiner jüdischen Abstammung, 1936–1938 Leiter der Geschäftsstelle der LBG in Gotha, 1939 Mitarbeiter, 1940 Leiter des „Büro Grüber“ (Hilfestelle für rassisch Verfolgte), 1941 Verhaftung und Inhaftierung im KZ Dachau.

Tegetmeyer, Robert

* 12. November 1880 in Kranichborn/Sömmerda, † 6. Oktober 1960 in Eisenach – Finanzkaufmann, KR, OLKR: Kaufmännische Ausbildung, 1903–1920 Tätigkeit im Staatsdienst (Finanzverwaltung), 1921 Leiter der Finanzabteilung des LKA, Mitglied des LKR, KR, 1937 Mitglied und Finanzchef der KDC, 1943 OLKR, 1945 Mitglied des LKR, Rücktritt aufgrund „Bedenklichkeitserklärung“ des CIC, 1946 Entlassung aus dem kirchlichen Dienst aufgrund RG, 1950 Versetzung in den Ruhestand unter Aufhebung des Urteils der Spruchstelle.

Teuber, Helmut Karl

* 13. Mai 1904 in Breslau, † ? – Pfarrer: 1923 Abitur in Breslau, Studium der Theologie in Breslau, Halle und Marburg, 1928 Lehrvikar in Grünberg/Schlesien, 1929 Besuch des Predigerseminars in Klein-Neuhof/Ostpreußen, 1930 Hilfsvikar in Schönborn/Schlesien, Ordination in Breslau, 1931–1937 Pfarrer in Freiburg/Schlesien, Mitarbeiter am „Institut zur Erforschung und Beseitigung des jüdischen Einflusses auf das deutsche kirchliche Leben“, 1937–1960 Pfarrer in Oberhof, 1960 Entlassung, Umzug nach Westdeutschland.

Thape, Ernst

* 1892, † 1985 – Schlosser, Ingenieur, Journalist, Politiker: 1908 Mitglied der SPD, Redakteur der „Volksstimme“, 1939–1945 Internierung im KZ Buchenwald, 1945 Mitglied im Bezirksvorstand der SPD (1946 SED) in Magdeburg, 1945 2. Vizepräsident der Provinz Sachsen und Minister für Volksbildung der Landesregierung Sachsen-Anhalt, 1947

Mandatsverlust, 1948 Rücktritt als Minister, Parteiausschluss, Flucht nach Westdeutschland.

Thiem, Hermann Ernst

* 27. April 1892 in Altenfeld, † 22. Mai 1958 in Zella-Mehlis – Pfarrer, Sup., KR: 1912 Abitur in Arnstadt, Studium der Theologie in Jena, 1921 Ordination in Witten, 1921 Hilfsprediger in Witten-Ost, 1922 Hilfsprediger in Masserberg, 1923 Hilfsprediger in Hessberg, 1923 Hilfsprediger, Pfarrer in Meuselwitz, 1929–1946 Pfarrer und Sup. in Mehlis, 1946 Entlassung aufgrund RG, Aberkennung der Amtsbezeichnungen „Superintendent" und „Konsistorialrat", 1947 Pfarrer in Zella-Mehlis, 1954 KR.

Thieme, Kurt

* 31. August 1899 in Leipzig, † 5. Oktober 1971 – Pädagoge und Pfarrer: zwischen 1920 und 1933 Lehrer in Thräna/Regis, Treben, Dobraschütz, Flemmingen, Mitglied der NSDAP, Mitglied der KDC, Mitglied des 4. LKT, 1934 Mitarbeiter im Volksdienst der TheK, 1935 Kirchlicher Schulungsleiter der DC, 1939 Leiter des Gesangbuchausschusses der DC-NE, Mitarbeiter am „Institut zur Erforschung und Beseitigung des jüdischen Einflusses auf das deutsche kirchliche Leben", 1940 Zuerkennung der Dienstbezeichnung „Pfarrer", 1942 Pfarrer für volkskirchlichen Aufbau, Pfarrverwalter in Farnroda, 1943 Ordination in Eisenach, Pfarrer in Farnroda, 1945 Beurlaubung, Pfarrverwalter in Plaue, Pfarrverwalter in Neustadt/Rennsteig, 1946 Entlassung aufgrund RG, Aberkennung der Dienstbezeichnung „Pfarrer", Pfarrer in Schlesien, 1953–1961 Pfarrer in Neulewin, 1969 Ruhestand.

Thümmel, Wilhelm

* 6. Mai 1856 in Barmen (Wuppertal), † 8. August 1928 in Jena – Pfarrer, Prof.: 1882 Pfarrer in Geldern, 1884–1900 Pfarrer in Remscheid, 1900 Dr.habil., PD in Berlin, 1901 ao.Prof., 1903 o.Prof. für Praktische Theologie in Jena, Mitglied des Ev. Bundes, Mitglied der VFChW, 1918 Mitglied der DNVP, 1920–1925 Präsident des LKT, 1926 Ruhestand.

Torhorst, Marie

* 1888, † 1989 – Pädagogin und Politikerin: Dr.phil., Lehrerin, 1928 Mitglied der SPD, 1932 Studienaufenthalt in der Sowjetunion, 1933 Entlassung aus dem Schuldienst, Tätigkeit als Küchenhilfe u.a., 1943 Internierung im Strafarbeitslager Hallendorf/Braunschweig, 1945–1947 Dezernentin für Lehrerbildung in Berlin, 1947–1950 Ministerin für Volksbildung in Thüringen (auf Empfehlung Grotewohls), 1951 Leiterin der Abteilung für Internationale Beziehungen im Ministerium für Volksbildung der DDR, 1958 Leiterin der Auslandsabteilung im Deutschen Pädagogischen Zentralinstitut, 1964 freiberufliche Mitarbeiterin.

Truckenbrodt, Hermann Harry

* 7. Mai 1890 in Johanngeorgenstadt, † 18. Juli 1978 – Pfarrer: Abitur in Gera, Studium der Theologie in Tübingen, Leipzig, Berlin, 1920 Ordination, 1920–1928 Pfarrer in Lößnitz/Erzgebirge, 1925–1929 Mitglied des ESK, Mitglied des BRS, 1928–1931 Pfarrer in Meißen, 1931–1965 Pfarrer in Altenburg, 1933 Mitglied des 3. LKT, 1965 Ruhestand.

Truckenbrodt, Paul Hans Alfred Fritz

* 10. Juli 1895 in Hildburghausen, † 17. August 1973 in Hanau – Pfarrer: 1914 Abitur in Meiningen, 1920 Vikar in Salzungen, Ordination in Salzungen, 1921 Hilfspfarrer in Saalfeld-Graba, 1922 Hilfspfarrer /1922–1938 Pfarrer in Salzungen, Mitarbeiter am „Institut zur Erforschung und Beseitigung des jüdischen Einflusses auf das deutsche kirchliche Leben", 1938–1946 Pfarrer in Gotha, 1944 Oberpfarrer des Kirchenkreises Gotha, 1946 Entlassung aufgrund RG, Pfarrverwalter in Ohrdruf, 1948 Pfarrer in Ohrdruf, 1954 Wartestand, 1956 Ruhestand.

Tschuikow, Wassili Iwanowitsch

* 1900, † 1982 – Mechaniker, Soldat, General: 1918 Berufssoldat der Roten Armee, 1919 Regimentskommandeur, 1943 Befehlshaber der 62. Armee, 1945 Generaloberst, 1945–1946 Chef der SMATh, 1946–1949 Stellvertretender Befehlshaber und 1949–1953 Oberbefehlshaber der sowjetischen Besatzungstruppen in Deutschland, zugleich Chef der SKK, 1952–1961 Kandidat des ZK der KPdSU, 1953–1960 Chef des Militärbezirkes Kiew, 1955 Marschall der Sowjetunion, 1961 Mitglied des ZK der KPdSU, 1972 Generalinspekteur im SU-Verteidigungsministerium.

Ulbricht, Walter

* 1893, † 1973 – Möbeltischler, Politiker: 1912 Mitglied der SPD, 1919 Mitglied der KPD, MdL Sachsen, 1928–1933 MdR, 1929 Mitglied im Politbüro der KPD, 1933 Emigration (über Westeuropa) in die Sowjetunion, 1937/38 Leiter des Sekretariats des ZK der Exil-KPD, 1943 Mitbegründer des NKFD, 1945 Leiter der Initiativgruppe ZK der KPD („Gruppe Ulbricht") in Berlin, Stellvertretender Vorsitzender im ZS der SED, 1946–1950 MdL Sachsen-Anhalt (1946/47 Mitglied im Rechts- und Verfassungsausschuss), 1948/49 MdVR bzw. MdVK, Mitglied der DWK, 1949 Vorsitzender im Sekretariat des Politbüros der SED, 1949–1960 1. Stellvertreter des Ministerpräsidenten (Otto Grotewohl), 1950–1953 Generalsekretär, 1953–1971, Erster Sekretär der SED, 1960–1973 Vorsitzender des Staatsrates der DDR.

Veigel, Friedrich Gotthilf

* 4. Mai 1908 in Heilbronn, † 7. März 1942 in Russland (gefallen) – Pfarrer: 1926 Abitur, Studium der Theologie in Tübingen und Marburg, 1931 Ordination in Heilsbronn, Vikar in Rudersberg/Welzheim, Stadtvikar in Blaubeuren, 1933 Repetent am Ev. Theol. Seminar Blaubeuren, 1934 Stadtpfarrverwalter in Wildberg, Dienstenthebung, Pfarrverwalter in Neckargartach, 1935 Beurlaubung, Pfarrverwalter in Eisfeld, Angestellter beim Volksdienst der TheK in Eisenach, 1936 Hilfspfarrer in Illeben und Burgtonna, 1936 Hilfspfarrer, Pfarrer in Eisfeld, 1939 Wartestand, Pfarrverwalter (provisorisch) in Immenroda, 1939–1942 Soldat.

Volk, Otto

* 5. April 1877 in Kaltennordheim/Rhön, † 23. Oktober 1974 in Weimar – Jurist, KR: Richter und Staatsanwalt im weimarischen Justizdienst, Regierungsrat im thüringischen Volksbildungsministerium, 1920–1943 Leiter der Rechtsabteilung des LKA in Eisenach, Stellvertretender Vorsitzender des LKR, Vorsitzender der Thüringer Gefängnisgesellschaft, 2. Vorsitzender des Thüringer Landesverbandes der I.M., 1929

Vorsitzender des Sozialausschusses beim LKR, 1943 Wartestand, 1945 Ruhestand, 1945 Tätigkeit in der Gesetzgebungsabteilung des Präsidialamtes des Landes Thüringen. Otto Volk blieb ohne kirchenpolitische Bindung auch unter dem DC-Landesbischof Martin Sasse leitender Jurist im LKR. Unter dem Kirchenpräsidenten Hugo Rönck wurde Volk bei gleichzeitiger Verleihung der Amtsbezeichnung Vizepräsident a.D. in den Wartestand versetzt.

Wagenführer, Max-Adolf

* 1. November 1919, † ? – Pfarrer: Studium der Theologie in Jena und Tübingen, Dr. theol., 1940 Aufnahmeprüfung, Beurlaubung, Mitarbeiter am „Institut zur Erforschung und Beseitigung des jüdischen Einflusses auf das deutsche kirchliche Leben", 1942 Anstellungsprüfung, 1943 Soldat, 1946 Entlassung gemäß RG, 1948 im Dienst der Evangelischen Kirche im Rheinland.

Waldmann, Hans

* 26. November 1905 in Riga, † 4. April 1979 – Pfarrer, KR: Studium der Theologie in Riga, 1933 Vikar des deutschen Kirchwesens in Lettland, 1935 Pfarrer in Riga, 1940–1945 Pfarrer in Schreiberhau und Ohlau/Schlesien, 1946 Pfarrer in Jena, Leiter der Pressestelle der TheK, Schriftleiter von GuH, 1950 KR, 1953 Leiter der EAT und Pressepfarrer der ELKiTh, 1956 Wartestand, 1958 Pfarrer in der EK-KPS, 1973 Ruhestand.

Wandel, Paul

* 1905 – Maschinentechniker, Politiker: 1926 Mitglied der KPD, 1932f. Besuch der Leninschule in Moskau, Mitarbeiter der Komintern, 1945 Mitglied im Kulturbund, Chefredakteur der „Deutschen Volkszeitung" (Zentralorgan der KPD), 1945–1949 Präsident der Zentralverwaltung für Volksbildung, 1946–1950 Mitglied im Parteivorstand der SED, 1948 Mitglied im Präsidialrat des Kulturbundes, 1949–1952 Minister für Volksbildung, 1949–1958 MdVK, 1950–1958 Mitglied im ZK der SED, 1953–1957 Sekretär im ZK der SED, 1961–1964 Stellvertr. Minister für Auswärtige Angelegenheiten. Paul Wandel erhielt 1957 (im ZK der SED) wegen „parteischädigenden Verhaltens" eine „strenge" Rüge.

Weinel, Heinrich

* 29. April 1874 in Vonhausen/Wetterau, † 1. Oktober 1936 in Jena – Theologe, Prof.: Studium in Gießen und Berlin, 1898 Dr.phil., 1898 Lic.theol. in Gießen, 1899 PD in Berlin, 1900 PD in Bonn, 1904 ao.Prof. in Jena, 1907 o.Prof. für Neues Testament in Jena, Mitglied der VFChW, Mitglied des ESK, 1913 Gründer und Herausgeber der Zeitschrift „Christliche Freiheit für Thüringen", 1914–1919 Mitherausgeber der ChF, 1919–1934 Mitherausgeber der FVK, 1919 Mitbegründer der Volkshochschule Jena, Vorsitzender des Vereins „Volkshochschule Thüringen", Mitglied des ThVKB, 1919–1933 Mitglied des 1., 2. und 3. LKT, 1925–1936 o.Prof. für Systematische Theologie in Jena.

Weinert, Erich

* 1890, † 1953 – Maschinenbauer, Schriftsteller: 1928 Mitbegründer des Bundes proletarisch-revolutionärer Schriftsteller, 1929 Mitglied der KPD, 1933 Emigration in die Schweiz, Ausweisung aus der Schweiz, Internierung in Frankreich, Emigration in

die UdSSR, 1943 Mitbegründer, 1943–1945 Präsident des NKFD, 1946–1948 3. Vizepräsident der Deutschen Verwaltung für Volksbildung, anschließend Leiter der Hauptabteilung Allgemeine Kunst und Literatur, 1950 Mitbegründer der Akademie der Künste Ostberlin.

Witzmann, Georg

* 19. Juli 1871 in Gräfenhain/Schlesien, † 29. September 1958 in Coburg – Theologe und Pädagoge: 1891 Abitur in Sagan, 1891–1894 Studium der Theologie, Philosophie, Germanistik und Geschichte in Halle, 1897 Vikar in Königsberg/Franken, Pfarrer in Nassach/Unterfranken, 1899 Lehrer am Ernst-Albert-Seminar für Lehrerausbildung in Coburg, 1900 Oberlehrer, 1903 Dr.phil., 1906 Direktor des Seminars für Lehrerbildung in Gotha, Mitbegründer der DVP in Thüringen, 1919–1920 MdL Sachsen-Gotha, 1920–1933 MdL Thüringen (Fraktionsvorsitzender), 1921 Direktor der Aufbauschule in Gotha, 1924 Studien-, 1927 Oberstudiendirektor, 1933 Ruhestand in Coburg, 1946–1949 Beauftragter der bayerischen Regierung für den Neuaufbau der Lehrerausbildung in Coburg.

Wolf, Ernst Alfred

* 17. November 1913 in Chemnitz, † ? – Pfarrer: 1933 Abitur in Chemnitz, Studium der Theologie in Halle, Leipzig und Jena, 1938 Ordination in Großstöbnitz, 1938–1942 Vikar, Pfarrverwalter in Schmölln, Mitglied der DC, 1942–1946 Pfarrer in Schmölln, 1945 Mitglied der KPD (1946 SED), 1946 Entlassung aufgrund RG, 1950 Pfarrer in der Ev. Kirche von Berlin-Brandenburg (Pfarrverwalter in Strodehne/Rathenow), 1950 Ausschluss aus der SED „wegen parteischädigenden Verhaltens", 1952/1953 Disziplinarverfahren, „Entziehung der Rechte des geistlichen Standes", 1953 Hilfsgeistlicher in Kemnitz/Brandenburg. Alfred Wolf wurde 1953 von der Kirchenleitung der Ev. Kirche von Berlin-Brandenburg wegen eines Dienstvergehens mit der „Entziehung der Rechte des geistlichen Standes" bestraft, 1955 zu 9 Monaten Gefängnis verurteilt, nachdem er am Bahnhof Berlin-Zoologischer Garten gestohlene Abendmahlskelche verkauft hatte.

Wolf, Walter

* 27. Februar 1907 in Gotha, † 2. April 1977 – Pädagoge und Politiker: 1930 Mitglied der KPD, 1931–1937 Volksschullehrer, 1937 Verhaftung, 1938–1945 Internierung im KZ Buchenwald, 1945 Mitglied der KPD-Bezirksleitung in Thüringen, 1946–1947 Mitglied der SED-Landesleitung in Thüringen, 1945–1947 Leiter des Landesamtes für Volksbildung bzw. Minister für Volksbildung in Thüringen, 1947 Prof. in Jena, 1949 Prof. für theoretische Pädagogik in Leipzig, 1953 Prof. für Allgemeine Pädagogik an der Pädagogischen Hochschule Potsdam, 1954–1965 Mitglied der SED-Bezirksleitung in Potsdam.

Wurm, Theophil

* 7. Dezember 1868 in Basel, † 28. Januar 1953 in Stuttgart – Pfarrer, Landesbischof: 1899 Pfarrer der Ev. Gesellschaft (Stadtmission) in Stuttgart, 1913 Pfarrer in Ravensburg, 1920 Dekan in Reutlingen, 1927 Prälat in Heilbronn, 1929 Kirchenpräsident, 1933 Landesbischof der Ev.-Luth. Landeskirche in Württemberg, 1941 Gründer des kirchlichen Einigungswerkes, 1945–1949 Vorsitzender des Rates der EKD.

Zahn, Günther

* 14. September 1906 in Holzsußra, † 9. Dezember 1999 in Bad Herrenalb – Pfarrer, KR: 1925–1928 Studium der Theologie in Tübingen, Göttingen und Erlangen, 1929–1930 Vikariat in Bufleben und im Marienstift Arnstadt, 1930 Ordination in Bufleben, 1930–1945 Pfarrer in Kleinfahner/Gotha, Mitglied des Pfarrernotbundes und der LBG, 1945–1949 Pfarrer in Gotha, 1949–1955 Referent im Gemeindedienst der ELKiTh, 1955–1973 Stiftsprediger und Pfarrer in Eisenach, 1973 Ruhestand, 1980 KR.

Zenker, Friedrich

* 12. Mai 1884 in Ellrich, † 1. Februar 1958 in Eisenach – Kirchenverwaltungsbeamter, KVR: 1921 Kirchenbeamter im LKA in Eisenach, 1934 Mitglied der DC, Protokollant der LKR-Sitzungen.

Ziegner, Oskar

* 13. Dezember 1892 in Querfurt, † 15. Mai 1963 in Berlin-Weißensee (auf einer Dienstreise) – Pfarrer, OKR: 1912 Studium der Theologie in Halle, 1914–1918 Soldat, 1918 Studium der Theologie in Jena, 1918 Ordination in Eichelborn, 1918 Pfarrer in Eichelborn, 1929 Pfarrer in Farnroda, 1934–1945 Pfarrer in Warza, Leiter des Finsterbergener Arbeitskreises, Vorsitzender des WB in Thüringen, 1945 Mitglied des LKR, 1946 OKR, Visitator für den Aufsichtsbezirk West, 1948 Dezernent für Katechetik.

Zimmermann, Walter

* 14. April 1902 in Essen-Rückenscheid, † 15. März 1972 in Berlin (West) – Pfarrer, OKR: 1920–1922 Studium der Theologie in Jena, Greifswald und Göttingen, 1924 Ordination, Pfarrer in Steinach, 1927 Pfarrer am Magdalenenstift in Altenburg, Mitglied der Sydower Bruderschaft, Mitglied des Landesbruderrates der LBG (BK), 1945 Mitglied des LKR, KR, 1946 OKR, Sachbearbeiter in der Kanzlei der EKiD (Außenstelle) in Berlin, 1949 Vizepräsident des Lutherischen Kirchenamtes, 1970 Ruhestand.

Zunkel, Gustav August Luis Richard

* 18. November 1854, † 26. April 1908, Vater des SA-Gausturmführers Karl Gustav Zunkel – Pfarrer: 1878 Ordination in Weimar, Pfarrvikar, Pfarrer in Taubach, 1884 Pfarrer in Ollendorf, 1891 Pfarrer in Vieselbach, 1905 Ruhestand.

Zunkel, Karl Gustav

* 19. November 1886 in Ollendorf, † 8. Dezember 1934 (offiziell) nach einem Sturz von einem LKW zwischen Weimar und Apolda – Jurist: Dr. jur., 1928 Gausturmführer der SA, 1933 Abberufung durch Röhm nach Berlin, 1934 (nach Röhms Tod) wieder in Weimar.

Abkürzungsverzeichnis

a.D.	außer Dienst
AdSJ	Archiv der Superintendentur Jena
ADW	Archiv des Diakonischen Werkes, Berlin
AELK	Allgemeine Evangelisch-Lutherische Konferenz
AkSK	Arbeitskreis Solidarische Kirche
a.o. Prof	außerordentlicher Professor
APU	Altpreußische Union
AT	Altes Testament
atl.	alttestamentlich
BA-B	Bundesarchiv Berlin
BA-K	Bundesarchiv Koblenz
BA-P	Bundesarchiv Potsdam
BDI	Berliner Debatte Initial
BDK	Bund für deutsche Kirche
BDM	Bund Deutscher Mädchen
BdS	Bund demokratischer Sozialisten
BEK	Bund evangelischer Kirchen in der DDR
Bgm.	Bürgermeister
Bios	Zeitschrift für Biographie und Geschichte
BK	Bekennende Kirche
BMP	Bestand „Land Thüringen – Büro des Ministerpräsidenten" in: ThHStAW
BQzZG	Biographische Quellen zur Zeitgeschichte
BRS	Bund Religiöser Sozialisten
BStU	Akten des Bundesbeauftragten für die Unterlagen des MfS der ehemaligen DDR
BwA	Buchenwald Archiv
BzGdA	Beiträge zur Geschichte (der Arbeiterbewegung)
BzL	Blätter zur Landeskunde (Thüringens)
CDU	Christlich-Demokratische Union Deutschlands
CFK	Christliche Friedenskonferenz
ChrEB	Christlicher Elternbund
ChVB	Christlicher Volksbund (für Thüringen)
CIC	Counter Intelligence Corps
CJW	Christliches Jungmännerwerk (Thüringen)
D.	Dr. theol.
DArch	Deutschland Archiv. Zeitschrift für das vereinigte Deutschland
DBD	Demokratische Bauernpartei Deutschlands
DC	Deutsche Christen
DC-NB	Deutsche Christen (Nationalkirchliche Bewegung)
DC-NE	Deutsche Christen (Nationalkirchliche Einung)
DDP	Deutsche Demokratische Partei

DDR	Deutsche Demokratische Republik
DEK	Deutsche Evangelische Kirchen
DEKA	Deutscher Evangelischer Kirchenausschuss
DFD	Demokratischer Frauenbund Deutschlands
DNVP	Deutsch-Nationale Volkspartei
Dok.	Dokument
DP	Displaced Persons
DPD	Demokratische Partei Deutschlands
DSF	Gesellschaft für Deutsch-Sowjetische Freundschaft
DtPfbl	Deutsches Pfarrerblatt
DVdI	Deutsche Verwaltung des Innern
DVP	Deutsche Volkspartei
DW	Diakonisches Werk
DWK	Deutsche Wirtschaftskommission
DZW	Deutsche Zentralverwaltung
EAC	European Advisory Commission
EAT	Evangelische Akademie Thüringen
EB	Einigungsbund für kirchlich-praktisches Christentum/ für reformatorisches Kirchentum
EKD	eigentlich: EKiD, Evangelische Kirche in Deutschland
EKKI	Exekutivkomitee der Kommunistischen Internationale
EK-KPS	Evangelische Kirche der Kirchenprovinz Sachsen
ELKiTh	Evangelisch-Lutherische Kirche in Thüringen
em.	emeritus/emeritiert
EOK	Evangelischer Oberkirchenrat der altpreußischen Union
ESK	Evangelisch-sozialer Kongress
ev.	evangelisch
EVA	Evangelische Verlagsanstalt
EvTh	Evangelische Theologie
EZAB	Evangelisches Zentralarchiv Berlin
FAZ	Frankfurter Allgemeine Zeitung
FCW	Freie Christliche Welt
FDP	Freie Demokratische Partei
FVK	Die freie Volkskirche
GDC	Glaubensbewegung Deutsche Christen
GEP	Gemeinschaftswerk evangelischer Publizistik
Gestapo	Geheime Staatspolizei
GF	Geschäftsführer
GG	Geschichte und Gesellschaft (Zeitschrift für Historische Sozialwissenschaft)
GI	Geheimer Informant
GKR	Gemeindekirchenrat
GuH	Glaube und Heimat (Evangelisches Sonntagsblatt für Thüringen)
HA	Hauptabteilung (des MfS)
HCh	Herbergen der Christenheit
HeK	Hilfswerk der evangelischen Kirchen (in Deutschland)
HStAW	Hauptstaatsarchiv Weimar

HV	Hauptverwaltung
HVdVP	Hauptverwaltung der Deutschen Volkspolizei
ID	Informationsdienst
IfZ	Institut für Zeitgeschichte
IM	Inoffizieller Mitarbeiter des MfS
I.M.	Innere Mission
i.R.	in Ruhe
i.W.	im Wartestand
JCS	Joint Chief of Staff
JCS 1067	1067 Directive to Commander in Chief United States Forces of Occupation Regarding the Military Government of Germany, 26 April 1945 [Direktive an den Oberkommandierenden der US-Besatzungstruppen, betreffend die Militärregierung Deutschlands vom 26. April 1945]
JfHKF	Jahrbuch für Historische Kommunismusforschung
JK	Junge Kirche, Halbmonatsschrift für reformatorisches Christentum
KÄ	„Der Kirchälteste"
kathol.	katholisch
KAW	Kirchenarchivwart
KB	Kulturbund
KDC	Kirchengruppe Deutsche Christen/Kirchenbewegung Deutsche Christen
KG	Kirchengeschichte
KiS	Kirche im Sozialismus (Zeitschrift)
KKA	Kreiskirchenamt
KKL	Konferenz der Kirchenleitungen
KKR	Kreiskirchenrat
KMD	Kirchenmusikdirektor
KOK	Kirchliche Ostkonferenz bzw. Ostkirchenführerkonferenz (OKF)
KPD	Kommunistische Partei Deutschlands
KPdSU	Kommunistische Partei der Sowjetunion
KPS	(Evangelische Kirche der) Kirchenprovinz Sachsen
KR	Kirchenrat
KRR	Kirchenregierungsrat
KSB	Kirchlich-sozialer Bund
KVerf.	Kirchenverfassung
KVR/KVWR	Kirchenverwaltungsrat
KZ	Konzentrationslager
KZG	Kirchliche Zeitgeschichte (Internationale Halbjahresschrift für Theologie und Geschichtswissenschaft)
LA	Landesamt [für Volksbildung u.a.]
LaOpf.	Landesoberpfarrer
LB	Landesbischof
LBdVP	Landesbezirksdirektion der Deutschen Volkspolizei
LBG	Lutherische Bekenntnisgemeinschaft
LBR	Landesbruderrat
LDP(D)	Liberal-Demokratische Partei (Deutschlands)
LER	Lebenskunde, Ethik, Religion

Lic.	Licentiat
LKA	Landeskirchenamt
LKAE	Landeskirchenarchiv Eisenach
LKAH	Landeskirchenarchiv Hannover
LKR	Landeskirchenrat
LKT	Landeskirchentag
LP	Landespräsident
LWB	Lutherischer Weltbund
MA	Magister Artium
MdB	Mitglied des Bundestages
MdI	Bestand „Land Thüringen – Ministerium des Innern“ in: ThHStAW
MdL	Mitglied des Landtages
MdR	Mitglied des Reichstages
MdVK	Mitglied der Volkskammer [der DDR]
MdVR	Mitglied des Volksrates [der DDR]
MEGA	Marx-Engels-Gesamtausgabe
MfS	Ministerium für Staatssicherheit
MfV	Bestand „Ministerium für Volksbildung“ im ThHStAW
MGB	*Ministerstwo gossudarstwennoi bezopassnosti* [(Sowjetisches) Ministerium für Staatssicherheit]
Mm	Moritz Mitzenheim
MP	Ministerpräsident
MWD	*Ministerstwo wnutrennych del* [(Sowjetisches) Ministerium des Innern]
NK	Die Nationalkirche. Briefe an Deutsche Christen
NKFD	Nationalkomitee Freies Deutschland
NKGB	*Narodnyi komissariat gosudarstwennoi bezopassnosti* [(Sowjetisches) Volkskommissariat für Staatssicherheit]
NKWD	*Narodnyi komissariat wnutrennych del* [(Sowjetisches) Volkskommissariat für Innere Angelegenheiten]
NS	Nationalsozialismus
NSDAP	Nationalsozialistische Arbeiterpartei Deutschlands
NSLB	Nationalsozialistischer Lehrerbund
NT	Neues Testament
ntl.	neutestamentlich
NVA	Nationale Volksarmee
OB	Oberbürgermeister
o.Prof.	ordentlicher Professor
OKR	Oberkirchenrat
OKW	Oberkommando der Wehrmacht
OMGUS	Office of Military Gouvernment for Germany, United States
Opfr.	Oberpfarrer
ÖRK	Ökumenischer Rat der Kirchen
ORR	Oberregierungsrat
PA	Personalakten
PD	Privatdozent
Pg.	Parteigenosse

PS	Predigerseminar
Pstn.	Pastorin
PZ	Aus Politik und Zeitgeschichte (Zeitschrift, Beilage zur Wochenzeitung Das Parlament, Bonn)
QuDzZG	Quellen und Darstellungen zur Zeitgeschichte, hg.v. IfZ
Reuß äL	Herzogtum Reuß ältere Linie
Reuß jL	Herzogtum Reuß jüngere Linie
RG	Reinigungsgesetz (der TheK, vom 12.12.1945)
RS	Religiöse Sozialisten
RSHA	Reichssicherheitshauptamt, Berlin
SA	Sturmabteilung (NSDAP)
SAeMuFTh	Soziale Arbeitsgemeinschaft evangelischer Männer und Frauen Thüringens
SAPMO-BA	Stiftung Archiv der Parteien und Massenorganisationen der DDR im Bundesarchiv
SBZ	Sowjetische Besatzungszone
Schw-Rudolst	Schwarzburg-Rudolstadt
Schw-Sondersh	Schwarzburg-Sondershausen
SED	Sozialistische Einheitspartei Deutschlands
SHAEF	Supreme Headquarter Allied Expeditionary Force
SKK	Sowjetische Kontrollkommission (in Deutschland)
SMA/SMAD	Sowjetische Militäradministration (in Deutschland)
SMATh	Sowjetische Militäradministration (in Thüringen)
SMT	Sowjetisches Militärtribunal
SPD	Sozialdemokratische Partei Deutschlands
SS	Schutzstaffel
StAE	Stadtarchiv Eisenach
StAW	Stadtarchiv Weimar
StzZG	Studien zur Zeitgeschichte, hg.v. IfZ
Sup.	Superintendent (leitender Pfarrer für einen Pfarrbezirk= Superintendentur)
SWE	Sachsen-Weimar-Eisenach
TA	Thüringer Allgemeine Zeitung
TheK	Thüringer evangelische Kirche
ThHStAW	Thüringisches Hauptstaatsarchiv Weimar
ThHtK	Thüringer Heimatkorrespondenz
ThKG	Gesellschaft für Thüringische Kirchengeschichte
ThKK	Thüringer Kirchliche Konferenz
ThLT	Thüringer Landtag
ThLV	Thüringer Lehrerverein
ThVBM	Thüringer Volksbildungsministerium
ThVKB	Thüringer Volkskirchenbund
TLZ	Thüringer Landeszeitung
TOP	Tagesordnungspunkt
TRE	Theologische Realenzyklopädie
TT	Thüringer Tageblatt
UdSSR	Union der Sozialistischen Sowjetrepubliken

US(A)	United States (of America)
VELKD	Vereinigte Lutherische Kirche in Deutschland
VELKDDR	Vereinigte Lutherische Kirche in der DDR
VFChW	Vereinigung der Freunde der christlichen Welt
VfZ	Vierteljahreshefte für Zeitgeschichte
VKB	Volkskirchenbund
VP	Volkspolizei
VVN	Verband der Verfolgten des Nationalsozialismus
WAK	Weimarer Arbeitskreis
WB	Wittenberger Bund
Z.d.A.	Zu den Akten
ZDZ	Zeichen der Zeit
ZevKR	Zeitschrift für evangelisches Kirchenrecht
ZfG	Zeitschrift für Geschichte
ZfKG	Zeitschrift für Kirchengeschichte
ZfThG	Zeitschrift des Vereins für Thüringische Geschichte
ZK	Zentralkomitee
ZPA	Zentrales Parteiarchiv
ZS der SED	Zentralsekretariat der SED

Die in diesem Verzeichnis nicht enthaltenen gängigen Abkürzungen richten sich nach der Theologischen Realenzyklopädie (TRE). Wo nicht anders angegeben steht die in der Sprachform maskuline Berufs- und Dienstbezeichnung für die männliche und weibliche Person.

Quellen und Literatur

I. Archivalien und unveröffentlichtes Material

Archiv der Superintendentur und Kirchgemeinde Jena (AdSJ)

AV I/109/2 NS-Zeitungen/Zeitschriften etc.(1936–37)
AV I/110.1 GKR-Sitzungen, Sprengelsatzungen, DC (1926–53)
AV I/111/2.4 Protokollbuch des Kirchenvorstandes Jena (1933–1953)
AV I/113/1 Wahlen zur Synode
AV I/113/5 TheK, Synode und LKR (1934–54)

Archiv des Diakonischen Werkes der EKD, Berlin (ADW)

ZB 1 Verschiedenes 1945–1952
ZB 13 Geschichte des Hilfswerkes, Nov.1948–Dez.1949
ZB 84 Das Hilfswerk in der russischen Zone 1945–1947
ZB 88 Östliche Hauptbüros 1945–1954
ZB 140 Kriegs- und Strafgefangene (Sowjetunion, Tschechei, Polen, DDR, Listen von Gefangenen und Verstorbenen, Lagerorte, Lageskizzen von Friedhöfen in der SU, 1947–55), (u.a.: Geheimer Bericht des DRK vom April 1950)
ZB 141 Betreuung von Kriegsgefangenen und Heimkehrern, (Allgemeines) 1946–1948
ZB 141 b Gefangenenhilfe
ZB 145 Sowjet. Militärmission (SM), Handakte Propst Grüber (Nov.1947–Feb.1948)
ZB 145 b Internierte (1947/48)
ZB 192 A Hilfswerk der EKiD, Zentralbüro Stuttgart (ZB Ost, Berlin 1945–1948)
ZB 222 Gefangenendienst (Lage des Suchdienstes in Berlin und in der SBZ)
ZB 269 Internierungslager etc.
ZB 287 Listen und Berichte heimgekehrter Kriegsgefangener und Internierter (A-M) 1946–1950 und (N-Z) 1947
ZB 354 Heimkehrer-Briefe und Berichte über Gottesdienste, Seelsorge sowie Gesamtsituation und Belegungsstärke in verschiedenen russischen Gefangenenlagern 1947–52
ZB 355 Namenslisten Inhaftierter u.a.
ZB 401 Dankschreiben
ZB 474 Veröffentlichungen des ZB
ZB 599 Gefangene, Kampfgruppe gegen Unmenschlichkeit
ZB 773 Auflösung der Internierungslager, Amnestien (1950)
ZB 933 Hilfskomitees
ZB 1226 Kriegsgefangene und Internierte

ZB 1227 Kriegsgefangene und Internierte, Listen (1948–52)
ZB 1232 Toten-Sammellisten
ZB 1862 Gefangene (Listen), Propst Grüber

Bundesarchiv – Potsdam (BA-P)

MdI 7/420 DVdI, Gesetzl.Grundlagen – Gerichtsverfahren
MdI 7/430 DVdI, Schriftverkehr mit der VP-Thüringen
MdI 7/432 Entnazifizierung 1947–1948
MdI 7/438 Berichte der LBdVP/Thüringen zur Arbeit 1947–1949 (K 5)
MdI 7/447 Ergebnisse der Arbeit (Befehl 201) der LBdVP/Thür. 1947–1950 (K 5)
MdI SV 39699-39721 Aufstellung der SMT-Verurteilten, HVdVP (Waldheim, Bautzen, Listen, Gnadenerlasse etc.)

Evangelisches Zentralarchiv Berlin (EZAB)

EZAB 2/217 Redeverbote etc. vor 1945
EZAB 2/218 Interniertenlager (West)
EZAB 2/242 Entnazifizierung
EZAB 7/4197 Hilfswerk der EKD
EZAB 7/4198 Staatl. Anordnungen und Maßnahmen
EZAB 103/89 Gefangene und Internierte allgem.
EZAB 103/90 Gefangene und Internierte C-G
EZAB 103/91 Gefangene und Internierte H-K
EZAB 103/97 Gefangene und Internierte 1955–58 (Edgar Mitzenheim)
EZAB 103/100 Strafanstaltsseelsorge
EZAB 602 A7,1 Zeitungsartikel
EZAB 603 B13 Internierte und Kriegsgefangene, Kriegsverbrecherprozesse

Landeskirchenarchiv Eisenach [der Ev.-Luth. Kirche in Thüringen] (LKAE)

A 120/XII Dienstbetrieb beim LKA (1935–46)
A 122 Sitzungsprotokolle des LKR
A 122/I Sitzungsprotokolle des LKR (bis zum 17. Juli 1945)
A 122/II Sitzungsprotokolle des LKR (bis zum 28. Dezember 1945)
A 130/II Neubildung des LKR (nur in Resten vorhanden)
A 190/III Oberpfarrerkonferenzen (1943–1950),
A 244 Vereidigung der Pfarrer auf den Führer
A 325 Ohne Aktentitel
A 239 Polit.[ische] Betätigung der Pfarrer und Kirchenbediensteten, betr. Spruchstelle (auf Grund des Reinigungsgesetzes, RG)
A 239/III Reinigung vom Nazismus (1945)
A 239/IV Polit.[ische] Betätigung der Pfarrer und Kirchenbediensteten, „Kirche und Politik“

A 239 (Loses) „Spruchstelle beim LKA für Reinigung der Verwaltung vom Nationalsozialismus“

A 290 Pfarrkonferenzen

A 527/I Internierungslager und kirchliche Betreuung pol.[itischer] Häftlinge (allg. Schriftwechsel)

A 527/II Internierungslager und kirchl. Betreuung politischer Häftlinge (Bittgesuche)

A 730 Neulandbewegung

A 776 Deutsche Christen (1935/40), Bd. II

A 852/I Beziehung Staat – Kirche 1945–1964

A 852/II Gespräche LB Mitzenheim mit dem Staat

A 860/III Besondere pol.[itische] Ereignisse 1945/48

A 860/IV Besondere pol.[itische] Ereignisse 1947/50

A 920/I Eugenik und Rassefragen (1933/51)

A 921 Entjudung der Kirche (1939/1947)

A 930 Verhandlungen mit der sowjet.[ischen] Militärverwaltung

VE 158 BK-Bestand

R 416 (gesperrte) Akten der Rechtsabteilung des LKA

NL Mm Nachlass Mitzenheim

diverse Personalakten von relevanten Personen

Landeskirchenarchiv Hannover (LKAH)

LKAH 130/44 Landesbischof Dr. Lilje (1945–49)

LKAH 350 L 3 Bestand LB Dr. Lilje

Thüringisches Hauptstaatsarchiv Weimar (ThHStAW)

BMP 71/15 Bestand „Land Thüringen – Büro des Ministerpräsidenten“, Personalakte Erle, Karl

BMP 71/46 Bestand „Land Thüringen – Büro des Ministerpräsidenten“, Personalakte Staas, Hans

BMP 534-536 Bestand „Land Thüringen – Büro des Ministerpräsidenten“ (1945–48)

BMP 862-863 Bestand „Land Thüringen – Büro des Ministerpräsidenten“ (1946–50)

BMP 866-868 Bestand „Land Thüringen – Büro des Ministerpräsidenten“ (1946–50)

BMP 893 Bestand „Land Thüringen – Büro des Ministerpräsidenten“ (1945–49)

MdI 3448 Bestand „Land Thüringen – Ministerium des Innern“ (1945), Entnazifizierung

MdI 5/036 Bestand „Land Thüringen – Ministerium des Innern“, LBdVP Thüringen

MdI 5/227 Bestand „Land Thüringen – Ministerium des Innern“, LBdVP Thüringen

MdI 5/329 Bestand „Land Thüringen – Ministerium des Innern“, Thüringer VP-Kreisämter

MfV 80/1746 Bestand „Ministerium für Volksbildung“ (1946), Entnazifizierung

MfV 80/1747/II Bestand „Ministerium für Volksbildung“ (1945/46)

MfV 80/1748 Bestand „Ministerium für Volksbildung“ (1946/47)

Stadtarchiv Eisenach (StAE)

StAE 6-123/29.94 Niederschrift Rudolf Lotz

StAE 6-123/29.139 Div. Schriftwechsel und Bericht des (NSDAP-)OB Müller-Bowe (1937–45)

Archiv des Bundesbeauftragten für die Unterlagen des Staatssicherheitsdienstes der ehemaligen DDR, Abteilung Bildung und Forschung (BStU)

HA V/4 AIM 2455/69 GI „Berg" (Walter Grundmann)

HA V/4 AIM 3043/86 IM „Karl" (Gerhard Lotz)

HA V/4 AIM 12940/89 IM „Hans Klinger" (Hartmut Mitzenheim)

HA V/4 AIM 5472/65 GI „Wald" (Waldemar Wucher)

Zeitzeugengespräche

mit Altbischof Ingo Braecklein (1906–2001) am 30. März 1993 in Eisenach

mit OKR i.R. Erich Hertzsch (1902–1995) am 3. Juni 1993 in Hamburg

mit Pfr. i.R. Eberhard Hertzsch (*1907) am 5. Dezember 1996 in Wetzdorf bei Jena;

mit Pfr. i.R. Rudolf Heubel (1900–1994) am 10. April 1992, 12. Juni 1992 und 25. November 1993 in Kirchen a. Sieg

mit KR i.R. Herbert von Hintzenstern (1916–1996) am 30. März 1992, 16. März 1993 und 22. Dezember 1995 in Weimar

mit OKR i.R. Walter Pabst (1912–1999) am 3. Dezember 1993 in Berlin

mit OKR i.R. Erich Stegmann (1906–1994) am 26. Februar 1992 in Falken bei Treffurt

mit der Witwe des Pfarrers Wolzendorf am 8. März 1994 in Creuzburg

mit dem ehemaligen Buchenwalder KZ- und Speziallager-Häftling Alexander Agafonow in Weimar und Ollendorf, vgl. das vom Vf. mit herausgegebene Buch *Alexander Agafonow, Erinnerungen eines notorischen Deserteurs*, Berlin 1993

Manuskripte und Textsammlungen

Björkman, Thomas, „Landeskirche Thüringen 1945–1949. Kirche und Politik", Ms., 96 S., Lund (Schweden) 1987, in: *LKAE*.

Brakhage, Johannes, „Aus der hundertjährigen Geschichte des Mutterhauses und der Stiftsgemeinde in Eisenach", Ms., 13 S., Eisenach 1980, im *Archiv der Stiftsgemeinde Eisenach*.

Creutzburg, Reinhard, „Zur Entwicklung der religiös-sozialistischen Bewegung in Thüringen 1918–1933", theol. Dipl.-Arb. Universität Halle 1979, beim Vf.

Dahinten, Paul, „Der Thür[inger] Evang[elische] Pfarrerverein, von dem Zusammenschluss der Thür[inger] einzelkirchlichen Vereine an im Jahre 1925 bis zu seinem Aufgehen in der ‚Standesvertretung der Thür[inger] Pfarrerschaft' 1951 auf Grund der Akten dargestellt und kommentiert von Sup. a.D. Kirchenrat Paul Dahinten", Ms., 167 S., Vacha, im Juni 1964, *LKAE*.

Dahinten, Paul, „Der Thüringer evangelische Pfarrerverein 1937–1945. Ein Rechenschaftsbericht und eine Abrechnung", Kopie aus den Akten des Thüringer Pfarrervereins, dem Vf. zur Verfügung gestellt von Dietmar Wiegand.

Dahinten, Paul, „Tätigkeitsbericht 1940, erstattet auf der 16. Hauptversammlung des Thür[inger] evangelischen Pfarrervereins", dem Vf. zur Verfügung gestellt von Dietmar Wiegand.

Dohle, Horst, „Grundzüge der Kirchenpolitik der SED zwischen 1968 und 1978", Habil. phil. Humboldt-Universität Berlin (Ost) 1988.

Dreykorn, Dr. Gottfried Heinrich, „Der ehemalige Landrat Dreykorn", TLZ-Serie des Weimarer Landrats a.D. Dr. Gottfried H. Dreykorn (Teil 1-8), April/Mai Weimar 1995.

Dreykorn, Dr. Gottfried Heinrich, „Erinnerungen an meine Tätigkeit in Weimar 1945 bis 1947", Ms., 8 S., Berlin Mai 1992, dem Vf. vom Leiter der Thüringer Hauptstaatsarchives, Dr. Volker Wahl, freundlicherweise zur Verfügung gestellt.

„Eindrücke und Erlebnisse 1933–1953", von Zeitzeugen aus Ollendorf, gesammelt und gesichtet von Jan Kricheldorf für das Pfarrhausarchiv Ollendorf, dort u.a. auch: ERINNERUNGSBERICHTE der „Zeit von 1945 bis 48", von Karl Beringer, vormaliger NSDAP-Orstgruppenleiter in Ollendorf und NS-Kreisbauernführer Weimarer Land [1948, 1951, 1952], 22 S., Anlage, beim Vf.

Ermisch, Hans Hugo, Lebenserinnerungen, Ms., 110 S., Sülzenbrücken 1977, von der Witwe Ermisch dem Vf. zur Verfügung gestellt.

Friedemann, Dr. Gisela, „Hilfe! Ich bin gefangen! Eine Quellen-Studie. Zugleich ein Ausschnitt aus einem Tätigkeitsbereich unseres Landesbischofs in den Jahren 1945–1964" („Herrn Landesbischof D.Dr. Mitzenheim [anläßlich seines 50. Ordinationsjubiläums, d.Vf.] in dankbarer Verehrung zugeeignet! 18. Okt[ober] 1964, Dr. Friedemann"), Ms., 122 S., Eisenach 1964, *LKAE*

Goertz, Jochen, „Kirchenkampf in Thüringen. Geschichtliche Gründe, theologische Positionen" (Kleinneuhausen 1984), theol. Dipl.-Arb. Oberseminar Naumburg 1984, Ms. beim Vf.

Grundmann, Walter, „Diakonie als notum ecclesiae. Herrn Oberkirchenrat Phieler zu seinem 60. Geburtstag", Ms., 38 S., Waltershausen 1951, dem Vf. zur Verfügung gestellt von Hartmann Phieler.

Hein, Markus, „Die sächsische Landeskirche nach dem Ende des Zweiten Weltkrieges (1945–1948). Neubildung der Kirchenleitung und Selbstreinigung der Pfarrerschaft", Diss. theol. Leipzig 1999, Leipzig 2002.

Heise, Joachim, „Die Politik der SED zur Einbeziehung von Gläubigen in den Aufbau des Sozialismus und in den Kampf um den Frieden (von der Gründung der DDR im Oktober 1949 bis zur 2. Parteikonferenz der SED im Juli 1952)", Diss. phil. Universität Berlin (Ost) 1982.

Henze, Arnd, „Kontinuität theologischer Judenfeindschaft vor und nach 1945, untersucht am Beispiel von Walter Grundmann", theol. Hauptseminararbeit Universität Göttingen 1987, Ms. beim Vf.

Herrmann, Karl, „Fünfzig Jahre Eisenacher Arbeiterbewegung. Erinnerungen und Folgerungen (der Freien Deutschen Jugend Eisenachs gewidmet)", Ms., Eisenach 1961, *StAE*.

Hertel, Johannes, „Denkschrift über ‚Die Reinigung der Thür. ev. Kirche von den Thür. Deutschen Christen'. Nationalkirchliche Einigung", Ms., aus der Sütterlinschrift übertragen von Pfr. Koch für den Vf., *LKAE* zu A 239.

Hüttner, Eberhard, „Die schöpferische Leistung der KPD und SED bei der Entwicklung einer festen Zusammenarbeit von Marxisten und Christen im Kampf gegen den Hitlerfaschismus und beim Aufbau der antifaschistisch-demokratischen Ordnung (unter besonderer Berücksichtigung der gemeinsamen Lösung einiger Grundprobleme der geistigen Umwälzung 1945–1949“, Diss. phil. Universität Berlin (Ost) 1966.

Kaiser, Jochen-Christoph, „Die Bodenreform als soziale Sicherung militärisch legitimierter Herrschaft“. Referat für die ‚Thüringer Sektion‘ des Historikertages in Leipzig vom 01.10.1994, Ms., beim Vf.

Kleine, Arthur, „Die Hilfe der Sowjetunion für die demokratische Erneuerung der deutschen Kultur in der sowjetischen Besatzungszone von 1945–1949“, Diss. phil. Universität Halle-Wittenberg 1969.

Koch, Otto, „Kriegsende in Weimar: 12.4.1945. Niederschrift des NSDAP-Oberbürgermeisters Otto Koch über die Übergabe der Stadt an die amerikanischen Truppen“, bearbeitet von Eberhard Haufe, in: *Thüringer Tageblatt* (*TT*) 80 v. 06.04.1991, 5f. [der NSDAP-OB Koch war u.a. verantwortlich für die ‚im vorauseilenden Gehorsam‘ durchgeführte Ghettoisierung der Weimarer Juden, im Frühjahr 1945 von den Amerikanern verhaftet, gelangte er im Spätsommer in das Speziallager Nr. 2 Buchenwald, wo er bald darauf starb], Ms., beim Vf.

Koch, Wilhelm, „Der Kirchenkampf in Thüringen, wie wir ihn erlebten (1933–1938) [auf Wunsch meiner Kinder aufgeschrieben im Frühjahr 1973], redaktionell bearbeitet von Pfr. Peter Franz unter dem Titel: …ABER HINTEN STECHEN DIE BIENEN, Wilhelm Koch – der Bekenntnispfarrer von Sulzbach bei Apolda – und sein „blaues Wunder“ (seit 1993), Ms., *LKAE* unpagn.

Köhler, Walter, „Bekenntnispfarrer rings um Saalfeld in Thüringen während der Hitlerzeit 1933–1945. Eine Dokumentensammlung in Neufassung“, vf. u. hg. v. Sup.i.R. KR Walter Köhler, Sonneberg 1986, erweitert 1989, Ms., *LKAE* 2/90.

Kühne, Michael, „Die Neuordnung des kirchlichen Lebens in der Sowjetischen Besatzungszone. Die Protokolle der Kirchlichen Ostkonferenz 1945 bis 1950“, Diss. theol. Kirchliche Hochschule Naumburg 1993, beim Vf.

Leich, Werner, Die „Thüringer evangelische Kirche“ und die „Evangelisch-Lutherische Kirche in Thüringen“ unter der nationalsozialistischen Gewaltherrschaft und in der Zeit nach der Befreiung, Referat innerhalb des Berichtes vor der VII. Synode der ELKiT, vom 28. November bis 1. Dezember 1985, in: *Amtsblatt* 1. 1986, 4-10.

Lotz, Rudolf, „Niederschrift des Rechtsanwalts und Notars Dr. jur. Rudolf Lotz über seine Erlebnisse als Eisenacher Ratsherr und Oberbürgermeister vom 31. März bis 6. April 1945“, Ms., 12 S., 6-123/29.94, *StAE*.

Matthes, Hans Eberhard, „Einführung in die Geschichte der Wartburgstadt Eisenach“ [Stadtarchivar von 1952–1980], Ms., 125 S., *StAE*, unfoliiert & undat.

Mensing, Björn, „Die Haltung der evangelisch-lutherischen Pfarrerschaft in Bayern zur ‚Entnazifizierung‘ 1945 bis 1949“, Hausarbeit zur Erlangung des Grades eines Magister Artium Universität München 1987, beim Vf.

Mitzenheim, Paul, „Die Greilsche Schulreform in Thüringen. Die Aktionseinheit der Arbeiterparteien im Kampf um eine demokratische Einheitsschule in den Jahren der revolutionären Nachkriegskrise 1921–1926“, Diss. phil. Universität Jena 1965.

Noack, Kurt, „Die Legende vom Werwolf. Ein Erinnerungsbericht. Vom 28. Februar 1994“ (Kurt Noack, Jg. 1930, war 1945 vom NKWD als Hitlerjugendführer in die Speziallager Ketschendorf, Jamlitz und Buchenwald eingeliefert worden, entlassen am 29.07.1948), Ms., 2 S., im Besitz des Vf.s.

Pabst, Walter/Dahinten, Paul/Mälzer, Gerhard, „Chronik des Kirchenkampfes in Thüringen“. Unterlagen von Erich Stegmann, über Herbert von Hintzenstern, Ms., 158 S., beim Vf.

Peukert, Olaf, „Die kirchlichen ‚Richtungen‘ auf dem I. Thüringer Landeskirchentag 1921–1926“, theol. Dipl.-Arb. Universität Jena 1973.

Phieler, Beate (verh. Schreier), „Der Fall Thüringen, theol. Dipl.-Arb. Universität Halle 1979.

Phieler, Gerhard, „Allgemeine Linien und Tendenzen in der Entwicklung der Inneren Mission zwischen 1933–1945“ (Eisenach 1945), dem Vf. zur Verfügung gestellt von Hartmann Phieler.

Phieler, Gerhard, „Aufbau und Arbeit des Hilfswerkes der Evang[elischen] Kirche. 1. Die Anfänge in Thüringen“ (Eisenach 1947), dem Vf. zur Verfügung gestellt von Hartmann Phieler.

Phieler, Gerhard, „Bericht über die Arbeit der Inneren Mission in Thüringen (1933, 1934)“, „erstattet durch den Landesführer der Inneren Mission Pfarrer Phieler“, Broschur, Eisenach 1934, von Hartmann Phieler dem Vf. zur Verfügung gestellt.

Phieler, Gerhard, „Die Arbeit der Inneren Mission im Jahre 1947“ (Eisenach 1947), dem Vf. zur Verfügung gestellt von Hartmann Phieler.

Phieler, Gerhard, „Die Arbeit der Inneren Mission und der Aufbau des Evangelischen Hilfswerkes in Thüringen zwischen 1945/46“ (Eisenach 1946), dem Vf. zur Verfügung gestellt von Hartmann Phieler.

Phieler, Gerhard, „Innere Mission der Ev[angelisch]-Lutherischen Kirche in Thüringen. Jahresbericht 1950“ (Eisenach 1950), dem Vf. zur Verfügung gestellt von Hartmann Phieler.

Phieler, Gerhard, „Jahresbericht der Inneren Mission 1951“ (Eisenach 1951), dem Vf. zur Verfügung gestellt von Hartmann Phieler.

Phieler, Gerhard, „Notizen zum Vortrag über Innere Mission 1948. 100 Jahre nach Gründung der IM“ (Eisenach 1948), dem Vf. zur Verfügung gestellt von Hartmann Phieler.

Prenzler, Wilhelm, „Erinnerungen an diakonische Aufgaben in Thüringen 1945–1960“, Ms., 114 S., beim Vf.

Rowland, Neal Henry, englischer Bericht [geschrieben in Gila, New Mexico, USA, 1985] des ersten amerikanischen Stadtkommandanten von Eisenach, Neal H. Rowland, „The Eisenhower-Eisenach Concerto“, Ms., 42 S., mit angefügter handschriftlicher deutscher Übersetzung, *StAE*, unfoliiert & undat.

Rylke, Hardy, „Berührungspunkte zwischen der Evangelischen Kirchgemeinde Hottelstedt nebst Umfeld und dem ehemaligen Konzentrationslager Buchenwald – Versuch einer Erhebung und Folgerung für die Gemeindearbeit“, Schriftliche Hausarbeit zum II. Theologischen Examen, Hottelstedt, am 10. August 1991, Ms., 25 S., dem Vf. vom Autor zur Verfügung gestellt.

Schreier, Beate (geb. Phieler), „Untersuchungen zur Kirchengeschichte Thüringens 1918 bis 1933“, Diss. theol. Universität Halle 1985.

Schüler, Thomas, „Das Wiedergutmachungsgesetz vom 14. September 1945“. Artikel im Zusammenhang des „Ha'apala-Projektes der Universität Tel Aviv, hier: „Die Emigration Thüringer Juden nach Palästina“, Ms., 28 S., Weimar 1994, beim Vf.

Stanke, Volker, „Die Gestaltung der Beziehungen zwischen dem Land Sachsen und der Evangelisch-Lutherischen Landeskirche Sachsen von 1945 bis 1949. Dargestellt unter besonderer Berücksichtigung eigentumsrechtlicher Regelungen", Diss. theol. Universität Leipzig 1992.

Stappenbeck, Christian, „Eine Kirche in der Übergangsperiode. Die Entwicklung der Evangelischen Kirche in Berlin-Brandenburg im Spiegel ihrer Provinzialsynoden 1945 bis 1960/61", Diss. theol. Berlin (Ost) 1981.

Steiner, Felix, „ ‚Man kann hier als Katholik leben!' Das Verhältnis von Staat und Kirche im Bistum Meißen in der Amtszeit von Bischof Otto Spülbeck (1955–1970)", MA-Arbeit, Ms., Freiburg i.B. 1991.

Tischner, Wolfgang, „Katholische Kirche und kommunistische Religionspolitik 1945–1953 in der SBZ/DDR", MA-Arbeit, Ms., Universität Leipzig 1993.

Wahl, Volker, „Der Beginn der antifaschistisch-demokratischen Umwälzung in Thüringen – Entstehung und Tätigkeit der Landesregierung April bis Juli 1945", Dipl-Arb. an der Universität Berlin 1974 [erweitert zur Dissertation, mit etwas geändertem Untertitel: „Die Organisation der gesellschaftlichen Kräfte und der Neuaufbau der Landesverwaltung 1945", Diss. phil. Universität Jena 1976, dort auch weitere einschlägige Literatur], Ms. dem Vf. vom Autor zur Verfügung gestellt.

Wember, Heinz, „Internierung und Aburteilung von Nationalsozialisten, ‚Militaristen' und ‚Suspect Persons' in der britischen Besatzungszone Deutschlands", Diss. phil. Universität Münster (Westfalen) 1990.

Witzmann, Georg, „Die Kirchliche Entwicklung in Thüringen 1918–1933, von Dr. [Georg] Witzmann, weiland Oberstudiendirektor in Gotha/Mitglied des Landtags u[nd] d[es] Landeskirchentags", unpagn. [verfaßt 1934, 1951 an LB Mitzenheim gesandt], Ms., 30 S., *LKAE*.

Wolther, Gerhard, „Die Strategie und Taktik der KPD und SED bei der Einbeziehung christlicher Kräfte in die Lösung der Lebensfragen der deutschen Nation (1933–1950)", Habil. phil. Karl-Marx-Universität Leipzig 1968.

Zahn, Günther, „Zeitzeugenbericht über die Jahre des Kirchenkampfes in Thüringen, vom ehemaligen BK-Pfarrer der Gemeinde Großfahner und jetzigen Kirchenrat i.R. Günther Zahn, erstattet auf der Tagung der Gesellschaft für Thüringische Kirchengeschichte, Neudietendorf am 4.9.1993", Ms., beim Vf.

Ziegner, Johannes, „Die Oberpfarrer der Kirchenkreise in der Thüringer evangelischen Kirche von 1919 bis 1933", theol. Dipl.-Arb. Universität Halle 1980.

„Zustand SWE. Bericht über den Zustand der evangelischen Landeskirche von Sachsen-Weimar-Eisenach für die Jahre 1914–1920". Beilage zu den Schriftstücken der XII. Landessynode von SWE, o.O. 1929, *LKAE*.

II. Gedruckte Quellen und Literatur

Ackermann, Anton, *Religion und Politik,* Berlin (Ost) 1946.

Agafonow, Alexander, *Erinnerungen eines notorischen Deserteurs*, Berlin 1993.

Agde, Günter, *Die Greußener Jungs, Hitlers Werwölfe. Stalins Geheimpolizisten und ein Prozeß in Thüringen. Eine Dokumentation,* Berlin 1995.

Agethen, Manfred, „Der Widerstand der demokratischen Kräfte in der CDU gegen den Gleichschaltungsdruck von sowjetischer Besatzungsmacht und SED 1945–1952“, in: *Die CDU in der sowjetisch besetzten Zone. DDR 1945–1952*, hg.v. d. Konrad-Adenauer-Stiftung, Sankt Augustin 1994, 21-43.

Alheit, Peter/Hoerning, Erika M. (Hgg.), *Biographisches Wissen. Beiträge zu einer Theorie lebensgeschichtlicher Erfahrung,* Frankfurt – New York 1989.

Ammer, Thomas, „Die Gedanken sind frei. Widerstand an den Universitäten 1945 bis 1961“, in: *Zwischen Selbstbehauptung und Anpassung. Formen des Widerstandes und der Opposition in der DDR*, hg.v. Ulrike Poppe, Rainer Eckert und Ilko-Sascha Kowalczuk, Berlin 1995, 142-161.

Ammer, Thomas, „Widerstand und Opposition im Jena der fünfziger Jahre“, in: *Macht und Milieu. Jena zwischen Kriegsende und Mauerbau*, hg.v. Rüdiger Stutz, Jena – Rudolstadt 2000, 259-276.

Andrees, Beate, „Auf der Flucht in ein neues Leben. Flüchtlinge, Vertriebene und Umsiedler 1945 in Thüringen“, in: *Zeitbrüche – Lebensbrüche. Frauenalltag in Thüringen 1945*, hg.v. Marina Moritz, Erfurt 1995, 101-115.

Ansorg, Leonore, „Für Frieden und Sozialismus – seid bereit! Zur politischen Instrumentalisierung der Jungen Pioniere von Beginn ihrer Gründung bis Ende der 1950er Jahre“, in: *Historische DDR-Forschung. Aufsätze und Studien*, hg.v. Jürgen Kocka, Berlin 1993, 169-189.

Arnhold, Oliver, „Nationalsozialistisches Christentum im Unterricht. Religionspädagogische Konzeptionen von Wilhelm Bauer im Rahmen seiner Tätigkeit für die Kirchenbewegung Deutsche Christen“, in: *Thüringer Gratwanderungen. Beiträge zur fünfundsiebzigjährigen Geschichte der evangelischen Landeskirche Thüringens*, hg.v. Thomas A. Seidel i.A. der Evangelischen Akademie Thüringen und der Gesellschaft für Thüringische Kirchengeschichte, bearb.v. Dietmar Wiegand, Leipzig 1998, 143-160.

Assmann, Aleida/Frevert, Ute, *Geschichtsvergessenheit, Geschichtsversessenheit. Vom Umgang mit deutschen Vergangenheiten nach 1945*, Stuttgart 1999.

Auf einen Blick. Leitfaden zur regionalen Geschichtsaufarbeitung nach 1945 in Thüringen, hg.v. der Thüringer Staatskanzlei und der Geschichtswerkstatt Jena e.V., Weimar 2000.

Aufarbeitung der Geschichte und Folgen der SED-Diktatur in Deutschland, Materialien der Enquete-Kommission, hg.v. Deutschen Bundestag (12. Wahlperiode), 9 Bde. in 18 Teilbdn., Baden-Baden – Frankfurt/Main 1995.

Bacque, James, *Verschwiegene Schuld. Die alliierte Besatzungspolitik in Deutschland nach 1945.* Aus dem Amerikanischen von Hans-Ulrich Seebohm, Berlin 1995.

Badstübner, Rolf/Loth, Wilfried (Hgg.), *Wilhelm Pieck – Aufzeichnungen zur Deutschlandpolitik 1945–1953*, Berlin 1994.

Badstübner, Rolf/Thomas, Siegfried (Hgg.), *Restauration und Spaltung. Entstehung und Entwicklung der BRD 1945–1955*, Köln 1975.

Badstübner, Rolf, *Die Anfänge der DDR. Gesellschaftsgeschichtliche Deutungsmuster*, BzG 3 (1993), 318-330.

Badstübner-Peters, Evemarie, „Durchkommen und überleben, Frauenalltag in der Nachkriegszeit“, in: *Zeitbrüche – Lebensbrüche. Frauenalltag in Thüringen* 1945, hg.v. Marina Moritz, Erfurt 1995, 25-54.

Balfour, Michael, *Germany. The tides of power*, London 1992.

Barron, John, *KGB. Arbeit und Organisation des sowjetischen Geheimdienstes in Ost und West*, Bern – München 1974.

Barth, Karl, *Die Deutschen und wir*, Zürich 1945.

Barth, Karl, *Die Kirche zwischen Ost und West*, ThExh NF 17 (1949), München 1949.

Bechler, Margret, *Warten auf Antwort. Ein deutsches Schicksal*, München 1978.

Becker, Winfried (Hg.), *Die Kapitulation von 1945 und der Neubeginn in Deutschland*, Köln 1987.

Becker, Winfried, *CDU und CSU 1945–1950. Vorläufer, Gründung und regionale Entwicklung. Beiträge zur politischen Bildung*, Mainz 1987.

Beckmann, Joachim, *Hoffnung für die Kirche in dieser Zeit. Beiträge zur kirchlichen Zeitgeschichte 1946–1974*, Göttingen 1981.

Befreiung, Neubeginn, Arbeitermacht, Ausgewählte Dokumente zum gemeinsamen Ringen deutscher und sowjetischer Kommunisten um die Lösung der Machtfrage während der antifaschistisch-demokratischen Umwälzung in Leipzig, hg.v. SED-Bezirksleitung, Leipzig 1985.

Behr, Friedemann, *Mein Jahr 1945*, Berlin (Ost) 1988.

Behr, Heinrich, *Marienstift – 60 Jahre Rehabilitation Körperbehinderter*, Berlin (Ost) 1965.

Bennewitz, Inge/Potratz, Rainer, *Zwangsaussiedlungen an der innerdeutschen Grenze. Analysen und Dokumente*, Berlin ²1997.

Benser, Günter/Krusch, Hans-Joachim (Bearb.), *Dokumente zur Geschichte der kommunistischen Bewegung in Deutschland*, Reihe 1945/46, Band 1: *Protokolle des Sekretariats des Zentralkomitees der KPD Juli 1945 bis April 1946*, Band 2: *Protokolle der erweiterten Sitzungen des Sekretariats des ZK der KPD Juli 1945 bis Februar 1946*, Band 3: *Protokoll der Reichsberatung der KPD 8./9. Januar 1946*, München 1993–1995.

Benser, Günter, *Über den friedlichen Charakter der revolutionären Umwälzung in Deutschland*, BzG 7 (1965).

Benz, Wolfgang (Hg.), *Antisemitismus in Deutschland, zur Aktualität eines Vorurteils*, München 1995.

Benz, Wolfgang, *Deutschland seit 1945. Entwicklungen in der Bundesrepublik und in der DDR*, München 1990.

Benz, Wolfgang, *Potsdam 1945. Besatzungsherrschaft und Neuaufbau im Vier-Zonen-Deutschland*, München 1986.

Benz, Wolfgang, *Von der Besatzungsherrschaft zur Bundesrepublik. Stationen einer Staatsgründung 1946–1949*, Frankfurt/Main ²1985.

Benz, Wolfgang, *Zwischen Hitler und Adenauer. Studien zur deutschen Nachkriegsgesellschaft*, Frankfurt/Main 1991.

Berg, Christian, *Vom Hilfswerk zum Diakonat der Kirche. Predigten, Reden, Rufe. Aus der Arbeit des Hilfswerkes 1945–1950*, Berlin 1950.

Bergmann, Werner/Erb, Rainer/Lichtblau, Albert (Hgg.), *Schwieriges Erbe. Der Umgang mit Nationalsozialismus und Antisemitismus in Österreich, der DDR und der Bundesrepublik Deutschland*, Frankfurt – New York 1995.

Besier, Gerhard/Boyens, Armin/Lindemann, Gerhard (Hgg.), *Nationaler Protestantismus und Ökumenische Bewegung. Kirchliches Handeln im Kalten Krieg (1945–1990)*, Berlin 1999.

Besier, Gerhard/Sauter, Gerhard, *Wie Christen ihre Schuld bekennen, die Stuttgarter Erklärung 1945*, Göttingen 1985.

Besier, Gerhard/Thierfelder, Jörg/Tyra, Ralf (Hgg.), *Kirche nach der Kapitulation*, Bd. 2: *Auf dem Weg nach Treysa*, Berlin 1990.

Besier, Gerhard/Ulrich, Hans Günter, „Von der Aufgabe kirchlicher Zeitgeschichte – ein diskursiver Vergleich", in: *EvTh* 5. 1991, 169-182.

Besier, Gerhard/Wolf, Stephan (Hgg.), *Pfarrer, Christen und Katholiken, das Ministerium für Staatssicherheit der ehemaligen DDR und die Kirchen*, Neukirchen-Vluyn ²1992.

Besier, Gerhard, *‚Selbstreinigung' unter britischer Besatzungsherrschaft. Die Evangelisch-Lutherische Landeskirche Hannovers und Landesbischof Marahrens 1945–1947*, Göttingen 1986.

Besier, Gerhard, „Politische Reifeprozesse. Zum Engagement des MfS an den theologischen Fakultäten bzw. Sektionen", in: *Kirchenpolitik von SED und Staatssicherheit. Eine Zwischenbilanz*, hg.v. Clemens Vollnhals, Berlin 1996, 267-297.

Besier, Gerhard, „Aus der Resistenz in die Kooperation. Der ‚Thüringer Weg' zur ‚Kirche im Sozialismus'", in: *Kirchen in der Diktatur. Drittes Reich und SED-Staat*, hg.v. Günther Heydemann und Lothar Kettenacker, Göttingen 1993, 182-212.

Besier, Gerhard, *Der SED-Staat und die Kirche*, 3 Bde., Berlin 1993–1995.

Besier, Gerhard, *Die evangelische Kirche in den Umbrüchen des 20. Jahrhunderts. Gesammelte Aufsätze,* Neukirchen-Vluyn 1994.

Besier, Gerhard, *Religion – Nation – Kultur. Die Geschichte der christlichen Kirchen in den gesellschaftlichen Umbrüchen des 19. Jahrhunderts*, Neukirchen-Vluyn 1992.

Bethge, Eberhard, „Zwischen Bekenntnis und Widerstand, Erfahrungen in der Altpreußischen Union", in: *Der Widerstand gegen den Nationalsozialismus*, hg.v. Joachim Schmädeke und Lothar Steinbach, München – Zürich 1985, 281-294.

Beyrau, Dietrich, *Schlachtfeld der Diktaturen. Osteuropa im Schatten von Hitler und Stalin*, Göttingen 2000.

Bichler, Heinz, *Landwirtschaft in der DDR*, West-Berlin 1981.

Birke, Adolf M., *Nation ohne Haus. Deutschland 1945–1961*, Berlin 1989.

Bismarck, Klaus von, *Aufbruch aus Pommern, Erinnerungen und Perspektiven*, München 1992.

Björkman, Thomas, *Ein Lebensraum für die Kirche. Die Rundbriefe von Landesbischof D. Mitzenheim 1945–1970*, Lund 1991.

Blaschke, Karlheinz, *Politische Geschichte Sachsens und Thüringens*, München 1991.

Blechschmidt, Susanne, „Nehmt die Festung Wissenschaft! Der Sowjetisierungsprozeß an der Alma mater Jenensis am Beispiel der ‚Universitätskrise' von 1948", in: *Macht und Milieu. Jena zwischen Kriegsende und Mauerbau*, hg.v. Rüdiger Stutz, Jena – Rudolstadt 2000, 181-202.

Blessing, Werner K., „Deutschland in Not, wir glauben ... Kirche und Kirchenvolk in einer katholischen Region 1933–1949", in: *Von Stalingrad zur Währungsreform. Zur Sozialgeschichte des Umbruchs in Deutschland*, hg.v. Martin Broszat, Klaus-Dietmar Henke und Hans Woller, München 1988, 3-111.

Böddeker, Günter, *Die Flüchtlinge. Die Vertreibung der Deutschen im Osten*, München 1985.

Böhm, Heinz, „Die Kirche zwischen Ost und West. Beitrag der ökumenischen Studiengemeinschaft", in: *Amsterdam 1948*, Berlin 1948.

Böhm, Susanne/Wiegand, Dietmar, „Liturgisch und sozial, zur Frömmigkeit von Kirchenrat D. Karl Arper (1846–1932)", in: *Vestigia pietatis. Studien zur Geschichte der Frömmigkeit in Thüringen und Sachsen*, hg.v. Gerhard Graf, Hans-Peter Hasse, Markus Hein, Matthias Richter, Thomas A. Seidel und Dietmar Wiegand, Leipzig 2000, 227-247.

Böhm, Susanne, „Die ersten zehn Jahre der Evangelischen Akademie Thüringen", in: *Thüringer Gratwanderungen, Beiträge zur fünfundsiebzigjährigen Geschichte der evangelischen Landeskirche Thüringens*, hg.v. Thomas A. Seidel i.A. der Evangelischen Akademie Thüringen und der Gesellschaft für Thüringische Kirchengeschichte, bearb.v. Dietmar Wiegand, Leipzig 1998, 189-208.

Borkowski, Dietrich, *Für jeden kommt der Tag. Stationen einer Jugend in der DDR*, Berlin 1990.

Bosinki, Gerhard/Toaspern, Paul. (Hgg.), *Wer mir dienen will. 24 Lebensbilder von Männern und Frauen im Dienst der Kirche*, hg.v. Diakonisches Werk – Innere Mission und Hilfswerk der Evangelischen Kirchen in der DDR, Leipzig ^{2}1981.

Bourke-White, Margaret, *Deutschland. April 1945*, München 1979.

Boyens, Armin/Greschat, Martin/Thadden, Rudolf von (Hgg.), *Kirchen in der Nachkriegszeit. Vier zeitgeschichtliche Beiträge*, Göttingen 1979.

Boyens, Armin, „Das Staatssekretariat für Kirchenfragen", in: *Die Kirchenpolitik von SED und Staatssicherheit. Eine Zwischenbilanz*, hg.v. Clemens Vollnhals, Berlin 1996, 120-138.

Boyens, Armin, „Die Kirchenpolitik der amerikanischen Besatzungsmacht in Deutschland von 1944 bis 1946", in: *Kirchen in der Nachkriegszeit. Vier zeitgeschichtliche Beiträge*, hg.v. Armin Boyens, Martin Greschat, Rudolf von Thadden und Paolo Pombeni, Göttingen 1979, 7-57, 58-99.

Braas, Gerhard, *Die Entstehung der Länderverfassungen in der Sowjetischen Besatzungszone Deutschlands 1946/47*, Köln 1987.

Bracher, Karl Dietrich/Funke, Manfred/Jacobsen Hans-Adolf (Hg.), *Deutschland 1933–1945. Neue Studien zur nationalsozialistischen Herrschaft*, Bonn 1992.

Brakelmann, Günter (Hg.), *Kirche im Krieg. Der deutsche Protestantismus am Beginn des Zweiten Weltkrieges*, München 1979.

Braun, Günter, *Die Geschichte der Sowjetischen Besatzungszone im Spiegel der Forschung. Eine Bestandsaufnahme der neueren Literatur*, JfHKF (1995), 275-305.

Bricks, Wolfgang/Gans, Paul, „Raumordnung, Industrieansiedlung, Bevölkerungsbewegungen", in: *Nationalsozialismus in Thüringen*, hg.v. Detlef Heiden und Gunther Mai, Weimar – Köln – Wien 1995, 189-212.

Brill, Hermann, *Gegen den Strom. Erfurt 1995*. Repr. der Originalausgabe 1946 mit einem Gedenkartikel von Eugen Kogon.

Brinkmann Ernst, „Martin Niemöllers Lebensjahre in Westfalen", in: *Jahrbuch für Westfälische Kirchengeschichte* 77. 1984, 13-24.

Broszat, Martin (Hg.), *Zäsuren nach 1945. Essays zur Periodisierung der deutschen Nachkriegsgeschichte*, München 1990.

Broszat, Martin/Henke, Klaus-Dietmar/Woller, Hans (Hgg.), *Von Stalingrad zur Währungsreform. Zur Sozialgeschichte des Umbruchs in Deutschland*, München 1988.

Broszat, Martin: „Siegerjustiz oder strafrechtliche „Selbstreinigung". Aspekte der Vergangenheitsbewältigung der deutschen Justiz während der Besatzungszeit 1945–1949", *VfZ* 29. 1981, 447-544.

Brunotte, Heinz, *Bekenntnis und Kirchenverfassung. Aufsätze zur kirchlichen Zeitgeschichte*, Göttingen 1977.

Brunotte, Heinz, *Die Grundordnung der Evangelischen Kirche in Deutschland. Ihre Entstehung und ihre Probleme*, Berlin 1954.

Brunotte, Heinz, *Treysa 1945*, Göttingen 1977.

Bucher, Peter (Hg.), *Nachkriegsdeutschland 1945–1949*, Darmstadt 1990.

Buchheim, Karl, *Geschichte der christlichen Parteien in Deutschland*, München 1953.

Büchner, Robert/Freundlich, Hannelore, *Zur Situation in den zeitweilig englisch oder amerikanisch besetzten Gebieten der sowjetischen Besatzungszone (April bis Anfang Juli 1945)*, BzG 14 (1972), 992-1006.

Buschfort, Wolfgang, *Das Ostbüro der SPD. Von der Gründung bis zur Berlin-Krise*, München 1991.

Butlar, Werner von, *Ziele und Zielkonflikte der sowjetischen Deutschlandpolitik 1945–1947*, Stuttgart 1980.

Büttner, Ursula (Hg.), *Das Unrechtsregime. Internationale Forschung über den Nationalsozialsimus*, Bd. 2: *Verfolgung – Exil – Belasteter Neubeginn*, Hamburg 1986.

Casdorff, Claus Hinrich (Hg.), *Weihnachten 1945. Ein Buch der Erinnerungen*, München 1986.

Ciesla, Burghard, „Der Spezialistentransfer in die UdSSR und seine Auswirkungen in der SBZ und DDR", in: *PZ* 49. 1993, 24-31.

Conze, Werner/Lepsius, Rainer M. (Hgg.), *Sozialgeschichte der Bundesrepublik Deutschland. Beiträge zum Kontinuitätsproblem*, Stuttgart 1983.

Conze, Werner, *Jakob Kaiser. Politiker zwischen Ost und West. 1945–1949*, Stuttgart – Berlin 1969.

Conzemius, Valentin/Greschat, Martin/Kocher, Heinrich (Hgg.), *Die Zeit nach 1945 als Thema kirchlicher Zeitgeschichte*, Göttingen 1988.

Cornides, Wilhelm, „Deutschland zwischen den Weltmächten des Westens und des Ostens 1945–1948", in: *Deutsche Geschichte im Überblick*, hg.v. Peter Rassow, Stuttgart 1953.

Creutzburg, Reinhard, „Religiöse Sozialisten in der Thüringer evangelischen Kirche 1918–1933", in: *Thüringer Gratwanderungen, Beiträge zur fünfundsiebzigjährigen Geschichte der evangelischen Landeskirche Thüringens*, hg.v. Thomas A. Seidel i.A. der Evangelischen Akademie Thüringen und der Gesellschaft für Thüringische Kirchengeschichte, bearb.v. Dietmar Wiegand, Leipzig 1998, 62-74.

Creuzberger, Stefan, *Die sowjetische Militäradministration in Deutschland 1945–1949*, BzL, Weimar 1993.

Dähn, Horst, *Konfrontation oder Kooperation? Das Verhältnis von Staat und Kirche in der SBZ, DDR 1945–1980*, Opladen 1982.

Dähn, Horst, *Die Rolle der Kirchen in der DDR. Eine erste Bilanz*, München 1993.

Dahrendorf, Ralf, *Gesellschaft und Demokratie*, München 1965.

Datenatlas zur religiösen Geographie im protestantischen Deutschland. Von der Mitte des 19. Jahrhunderts bis zum Zweiten Weltkrieg, hg.v. Lucian Hölscher, Berlin – New York 2001.

Degen, Johannes, *Diakonie und Restauration. Kritik am sozialen Protestantismus in der BRD*, Neuwied 1975.

Dehnert, Gunter, „Alte Parteien in der ‚neuen Zeit'. Vom Bund demokratischer Sozialisten zum SPD-Bezirksverband in Thüringen 1945", in: *Von der SBZ zur DDR. Studien zum Herrschaftssystem in der Sowjetischen Besatzungszone und in der Deutschen Demokratischen Republik*, hg.v. Hartmut Mehringer, München 1995, 13-42.

Deighton, Anne, *The Impossible Peace. Britain: the Devision of Germany and the Origins of the Cold War*, Oxford 1990.

Demke, Christoph/Falkenau, Manfred/Zeddies, Helmut (Hgg.), *Zwischen Anpassung und Verweigerung. Dokumente aus der Arbeit des Bundes der Evangelischen Kirchen in der DDR*, Leipzig 1994.

Denzler, Georg/Fabricius, Volker (Hgg.), *Christen und Nationalsozialisten*, Frankfurt/Main 1995.

Dibelius, Otto, *Grenzen des Staates*, Tübingen 1949.

Die „andere" Geschichte – Kirche und MfS in Thüringen, hg.v. Katharina Lenski, Angelika Schön, Thomas K. Grund, Uwe K. Kulisch, Uwe Petzold, Harry K. Zöller und Walter Schilling, Erfurt 1993.

Die Evangelische Kirche und die Judenfrage. Ausgewählte Dokumente aus den Jahren des Kirchenkampfes 1933 bis 1943, bearb. und hg. auf Veranlassung des Flüchtlingsdienstes und des Ökumenischen Rates der Kirchen, Genf 1945.

Die Protokolle des Rates der Evangelischen Kirche in Deutschland, Bd. 1: *1945/46*, Göttingen 1995.

Die Wehrmachtsberichte. Eine Quellenedition, 3 Bde., München 1985.

Diem, Hermann (Hg.), *Denkschrift der Kirchlich-theologischen Sozietät in Württemberg*, Stuttgart 1946.

Diem, Hermann, „Der Antibolschewismus als Frage an die Kirche", in: *EvTh* 23. 1949, 15-36.

Diem, Hermann, *Restauration oder Neuanfang der evangelischen Kirche?* Stuttgart ^{2}1947.

Diner, Dan (Hg.), *Ist der Nationalsozialismus Geschichte? Zu Historisierung und Historikerstreit*, Frankfurt/Main 1987.

Dittmann, Wilhelm/Zimmermann, Wolf-Dieter (Hgg.), *Otto Dibelius. So habe ich's erlebt. Selbstzeugnisse*, West-Berlin 1980.

Djilas, Milovan, *Gespräche mit Stalin*, Frankfurt/Main 1962.

Doehring, Karl/Fehn, Bernd Josef/Hockerts, Hans Günter, *Jahrhundertschuld, Jahrhundertsühne, Reparationen, Wiedergutmachung, Entschädigung für nationalsozialistisches Kriegs- und Verfolgungsunrecht*, München 2001.

Doering-Manteuffel, Anselm (Hg.), *Adenauerzeit, Stand, Perspektiven und methodische Aufgaben der Zeitgeschichtsforschung (1945–1967)*, Bonn 1993.

Doering-Manteuffel, Anselm, „Deutsche Zeitgeschichte nach 1945. Entwicklung und Problemlagen der historischen Forschung zur Nachkriegszeit", in: *VfZ* 41. 1993, 1-29.

Doernberg, Siegfried, *Die Geburt eines neuen Deutschland 1945–1949, die antifaschistisch-demokratische Umwälzung und die Entstehung der DDR*, Berlin (Ost) 1959.

Dohle, Horst/Drobisch, Klaus/Hüttner, Erhart/Wirth, Günther (Hgg.), *Auf dem Wege zur gemeinsamen humanistischen Verantwortung. Eine Sammlung kirchenpolitischer Dokumente 1945 bis 1966 unter Berücksichtigung von Dokumenten aus dem Zeitraum von 1933–1945*, 2 Bde., Berlin (Ost) 1967 und 1974.

Dokumente der Sozialistischen Einheitspartei Deutschlands, Bd. 1, Berlin (Ost) 1948, Bd. 2, Berlin (Ost) 1950.

Dokumente zur Bildungspolitik in der Sowjetischen Besatzungszone, ausgewählt und erläutert von Siegfried Baske und Martha Engelbrecht, hg.v. Bundesministerium für Gesamtdeutsche Fragen Bonn und Berlin, West-Berlin 1966.

Dokumente zur parteipolitischen Entwicklung in Deutschland seit 1945, bearb. und hg.v. Ossip K. Flechtheim, Bd. 3/2, Frankfurt/Main 1975 (1. Aufl. West-Berlin 1963).

Drobisch, Klaus (Hg.), *Christen im Nationalkomitee „Freies Deutschland“. Eine Dokumentation*, Berlin (Ost) 1973.

Duchow, Ulrich (Hg.), *Zwei Reiche und Regimente. Ideologie oder evangelische Orientierung? Internationale Fall- und Hintergrundstudien zur Theologie und Praxis lutherischer Kirchen im 20. Jahrhundert*, Gütersloh 1977.

Duhnke, Heinrich, *Stalinismus in Deutschland. Die Geschichte der sowjetischen Besatzungszone*, Köln 1955.

Dusdal, Edgar, „Gesellschafts- und kirchenpolitische Positionen innerhalb des Protestantismus und der SED nach 1945“, in: *Staatliche Kirchenpolitik im „real existierenden Sozialismus“ in der DDR*, hg.v. Evangelischen Bildungswerk Berlin, Berlin 1993, 21-33.

Eckert, Rainer/Kowalczuk, Ilko-Sascha/Poppe, Ulrike (Hgg.), *Wer schreibt die DDR-Geschichte? Ein Historikerstreit um Stellen, Strukturen, Finanzen und Deutungskompetenz*, Berlin 1995.

Eckert, Rainer/Küttler, Wolfgang/Seeber, Gustav (Hgg.), *Krise – Umbruch – Neubeginn. Eine kritische und selbstkritische Dokumentation der DDR-Geschichtswissenschaft 1989/90*, Stuttgart 1992.

Eckert, Rainer/Plato, Alexander von/Schütrumpf, Jörn (Hgg.), *Wendezeiten – Zeitenwende. Zur „Entnazifizierung“ und „Entstalinisierung“*, Hamburg 1991.

Eggerath, Werner, *Die fröhliche Beichte, ein Jahr meines Lebens*, Berlin (Ost) 1976.

Eichler, Wolfgang, *Ein Wort ging um in Buchenwald. Erlebnisbericht aus den Jahren 1945 bis 1950*, Gütersloh 1952.

Einsiedel, Heinrich Graf von, *Tagebuch der Versuchung*, Berlin – Stuttgart 1950.

Eisenberg, Carolyn, *The American Dicision to Divide Germany, 1944–1949*, New York 1996.

Enke, Johann Friedrich, „Der „Hainsteinvater“. Das Wirken Paul Le Seurs auf dem Hainstein 1925–1933. Ein Überblick und ausgewählte Texte“, in: *Vestigia pietatis. Studien zur Geschichte der Frömmigkeit in Thüringen und Sachsen*, hg.v. Gerhard Graf, Hans-Peter Hasse, Markus Hein, Matthias Richter, Thomas A. Seidel und Dietmar Wiegand, Leipzig 2000, 249-265.

Enke, Johann Friedrich, „Evangelische Landeskirche und Wartburg in der ersten Hälfte des 20. Jahrhunderts. Bemühungen der Thüringer Landeskirche um eine angemessene Vertretung im Ausschuß der Wartburgstiftung", in: *HCh* 21/22 (1997/98), 155-170.

Enke, Johann Friedrich, „Zensierte Predigt? Aus der Geschichte der Wartburggottesdienste", in: *HCh* 21/22 (1997/98), 171-187.

Erker, Paul, „Revolution des Dorfes? Ländliche Bevölkerung zwischen Flüchtlingszustrom und landwirtschaftlichem Strukturwandel", in: *Von Stalingrad zur Währungsreform. Zur Sozialgeschichte des Umbruchs in Deutschland*, hg.v. Martin Broszat, Klaus-Dietmar Henke und Hans Woller, München 1988, 367-425.

Erler, Peter/Laude, Horst/Wilke, Manfred (Hgg.), *„Nach Hitler kommen wir". Dokumente zur Programmatik der Moskauer KPD-Führung 1944/45 für Nachkriegsdeutschland*, Berlin 1994.

Erstes Parlament der Freien Deutschen Jugend. Brandenburg an der Havel, Pfingsten 1946, Berlin o.J.

Escudier, Alexander/Sauzay, Brigitte/Thadden, Rudolf von (Hgg.), *Gedenken im Zwiespalt. Konfliktlinien europäischen Erinnerns*, Göttingen 2001.

Falcke, Heino, „Die Kirche im Sozialismus", in: *Kirchen in der Diktatur. Drittes Reich und SED-Staat*, hg.v. Günther Heydemann und Lothar Kettenacker, Göttingen 1993, 259-281.

Fichte, Johann Gottlieb, *Reden an die deutsche Nation*, Leipzig o.J.

Findeis, Hagen/Pollack, Detlef (Hgg.), *Selbstbewahrung oder Selbstverlust. Bischöfe und Repräsentanten der evangelischen Kirchen in der DDR über ihr Leben. 17 Interviews*, Berlin 1999.

Finn, Gerhard, *Die politischen Häftlinge in der Sowjetzone 1945–1959*, Köln 1989 (1. Auflage 1958).

Fischer, Alexander (Hg.), *Teheran, Jalta, Potsdam. Die sowjetischen Protokolle von den Kriegskonferenzen der „Großen Drei"*, Köln 1968.

Fischer, Alexander/Agethen, Manfred, *Die CDU in der sowjetisch besetzten Zone. DDR 1945–1952*, hg.v. der Konrad-Adenauer-Stiftung, Sankt Augustin 1994.

Fischer, Alexander, „Andreas Hermes und die gesamtdeutschen Anfänge der Union", in: *Die CDU in der sowjetisch besetzten Zone. DDR 1945–1952*, hg.v. der Konrad-Adenauer-Stiftung, Sankt Augustin 1994, 7-20.

Fischer, Alexander, *Sowjetische Deutschlandpolitik im Zweiten Weltkrieg 1941–1945*, Stuttgart 1975.

Fischer, Gerhard, *Otto Nuschke. Ein Lebensbild*, Berlin (Ost) 1983.

Fischer, Hans Gerhard, *Evangelische Kirche und Demokratie nach 1945. Ein Beitrag zum Problem der politischen Theologie*, Lübeck 1970.

Fischer, Manfred, *Obrigkeit*, München 1959.

Foitzik, Jan, „Die Sowjetische Militäradministration in Deutschland, Organisation und Wirkungsfelder in der Sowjetischen Besatzungszone 1945–1949", in: *PZ* 11. 1990, 43-51.

Foitzik, Jan, *Entstalinisierungskrise in Ostmitteleuropa 1953–1956. Vom 17. Juni bis zum ungarischen Volksaufstand. Politische, militärische, soziale und nationale Dimensionen*, Paderborn 2001.

Foitzik, Jan, „Sowjetische Militäradministration in Deutschland (SMAD)“, in: *SBZ-Handbuch*, 7-69.

Foitzik, Jan, „Vereinigung der Verfolgten des Naziregimes (VVN)“, in: *SBZ-Handbuch*, 748-759.

Foschepoth, Joseph (Hg.), *Kalter Krieg und deutsche Frage. Deutschland im Widerstreit der Mächte 1945–1952*, Göttingen – Zürich 1985.

Foster, Claude R., *Paul Schneider. Seine Lebensgeschichte*, Holzgerlingen 2001.

Frei, Norbert, „Wir waren blind, ungläubig und langsam. Buchenwald, Dachau und die amerikanischen Medien im Frühjahr 1945“, *VfZ* 35. 1987, 385-401.

Frevert, Ute, *Die kasernierte Nation. Militärdienst und Zivilgesellschaft in Deutschland*, München 2001.

Fricke, Karl Wilhelm/Marquardt, Bernhard, *DDR Staatssicherheit. Das Phänomen des Verrats. Die Zusammenarbeit zwischen MfS und KGB. Kritische Aufarbeitung der DDR und Osteuropas*, Bochum 1995.

Fricke, Karl Wilhelm, „Kein Recht gebrochen? Das MfS und die politische Strafjustiz der DDR“, in: *PZ* 40. 1994, 24-33.

Fricke, Karl Wilhelm, *MfS intern. Macht, Strukturen, Auflösung der DDR-Staatssicherheit. Analyse und Dokumentation*, Köln 1991.

Fricke, Karl Wilhelm, *Politik und Justiz in der DDR, zur Geschichte der politischen Verfolgung 1945–1968*, Köln 1990 (1. Auflage 1979).

Friebel, Thomas, *Geschichte der deutschen Arbeiterjugendbewegung*, Berlin (Ost) 1966.

Friebel, Thomas, *Kirche und politische Verantwortung in der sowjetischen Zone und der DDR 1945–1969. Eine Untersuchung zum Öffentlichkeitsauftrag der evangelischen Kirchen in Deutschland*, Gütersloh 1992.

Friedrich, Wolfgang-Uwe (Hg.), *Die totalitäre Herrschaft der SED. Wirklichkeit und Nachwirkungen*, München 1998.

Fuchs, Ludwig, *Die Besetzung Thüringens durch die amerikanischen Truppen. Beiträge zur Geschichte Thüringens*, Erfurt 1968, 53-111.

Fügener, Jens, „Amerikanisches Intermezzo. Jena zwischen Drittem Reich und Sowjetischer Besatzungszone (April bis Juli 1945)“, in: *Macht und Milieu. Jena zwischen Kriegsende und Mauerbau*, hg.v. Rüdiger Stutz, Jena – Rudolstadt 2000, 25-52.

Fügener, Jens, „Der Russe kommt! Frühsommer 1945. Mitteldeutschland erwartet den Besatzungswechsel“, in: *Der Tag X in der Geschichte. Erwartungen und Enttäuschungen seit tausend Jahren*, hg.v. Enno Bünz, Rainer Gries und Falk Möller, Stuttgart 1997, 209-226.

Fuhr, Eckhard, „Vor fünfzig Jahren, ein Tagebuch“, hg. i.A. der *FAZK*, Frankfurt 1995.

Fukuyama, Francis, *Das Ende der Geschichte. Wo stehen wir?*, München 1992.

Fulbrook, Mary, *Fontana history of Germany. 1918–1990. The divided nation*, London 1991.

Funk, Uwe, *DDR-Kirchenpolitik zwischen ideologischem Anspruch und politischer Wirklichkeit*, Heidelberg 1992.

Funke, Manfred, „1945.Ein Fragment namens Deutschland. Prägekräfte im Grenzraum zwischen Katastrophe und Neubeginn“, in: *PZ* 1-2. 1995, 11-17.

Fürmetz, Gerhard/Reinke, Herbert/Weinhauer, Klaus (Hgg.), *Nachkriegspolizei, Sicherheit und Ordnung in Ost- und Westdeutschland 1945–1969*, Hamburg 2001.

Füssl, Karl-Heinz, *Die Umerziehung der Deutschen. Jugend und Schule unter den Siegermächten des Zweiten Weltkriegs 1945–1955*, Paderborn 1994.

Füssl, Karl-Heinz, „Restauration und Neubeginn, gesellschaftliche, kulturelle und reformpädagogische Ziele der amerikanischen „Re-Education"-Politik nach 1945", in: *PZ* 6. 1997, 3-14.

Gasteyger, Curt, *Europa zwischen Spaltung und Einigung 1945–1990*, Bonn 1991.

Gehring, Hansjörg, „Amerikanische Literaturpolitik in Deutschland 1945–1953. Ein Aspekt des Re-Education-Programms", in: *VfZ* 32. 1976.

Geiss, Imanuel, *Die deutsche Frage 1806–1990*, Mannheim 1992.

Geißel, Ludwig, *Unterhändler der Menschlichkeit. Erinnerungen*, Stuttgart 1991.

Gerhardt, Uta/Mochmann, Ekkehard (Hgg.), *Gesellschaftlicher Umbruch 1945–1990. Re-Demokratisierung und Lebensverhältnisse*, München 1992.

Gerlach, Wolfgang, *Als die Zeugen schwiegen. Bekennende Kirche und die Juden*, Berlin 1993.

Geschichte der deutschen Arbeiterjugendbewegung, Berlin (Ost) 1966.

Giesecke, Jens, *Mielke-Konzern.Die Geschichte der Stasi 1945–1990*, Stuttgart – München 2001.

Gillessen, Günther, „Zwischen Morgenthau und Eingliederung, wie sich die westlichen Siegermächte den Kopf über Deutschland zerbrachen", in: *FAZ* v. 23. Mai 1995, 8

Gimbel, John, *Eine deutsche Stadt unter amerikanischer Besatzung*, Köln 1964.

Ginsburg, Jewgenia, *Gratwanderung*, München 1989 (1. Aufl. 1980).

Giordano, Ralph, Die Partei hat immer recht, ein Erlebnisbericht über den Stalinismus auf deutschem Boden, in: *Europäische Zeitzeugen*, hg.v. Elke und Wolfgang Leonhard, Freiburg i.B. 1990.

Giordano, Ralph, *Die Traditionslüge. Vom Kriegerkult in der Bundeswehr*, Köln 2000.

Glaser, Hermann, „1945. Die Befreiung von der NS-Gewaltherrschaft", in: *PZ* 1-2. 1995, 2-13.

Gniffke, Erich W., *Jahre mit Ulbricht*, Köln 1966.

Goebbels, Joseph, *Tagebücher 1945*, Hamburg 1977.

Goeckel, Robert F., „Der Weg der Kirchen in der DDR", in: *Kirchen in der Diktatur. Drittes Reich und SED-Staat*, hg.v. Günther Heydemann und Lothar Kettenacker, Göttingen 1993, 155-181.

Goeckel, Robert F., *The Lutheran Church and the East German State*, New York 1990.

Goeckel, Robert F., „Thesen zu Kontinuität und Wandel in der Kirchenpolitik der SED", in: *Die Kirchenpolitik von SED und Staatssicherheit. Eine Zwischenbilanz*, hg.v. Clemens Vollnhals, Berlin 1996, 29-58.

Goerner, Martin Georg, „Die Arbeitsgruppe Kirchenfragen im ZK-Apparat der SED", in: *Die Kirchenpolitik von SED und Staatssicherheit. Eine Zwischenbilanz*, hg.v. Clemens Vollnhals, Berlin 1996, 59-78.

Goertz, Joachim (Hg.), *Die Solidarische Kirche in der DDR. Erfahrungen, Erinnerungen, Erkenntnisse*, Berlin 1999.

Goldhagen, Daniel Jonah, *Hitlers willige Vollstrecker. Ganz gewöhnliche Deutsche und der Holocaust*, Berlin 1996.

Gordiewski, Oleg/Andrew, Christopher, *KGB. Die Geschichte seiner Auslandsoperationen von Lenin bis Gorbatschow*, München 1990.

Gotto, Klaus/Repgen, Konrad (Hgg.), *Die Katholiken und das Dritte Reich*, Mainz 1990.

Gradl, Johann Baptist, *Anfang unter dem Sowjetstern. Die CDU 1945–1948 in der sowjetischen Besatzungszone Deutschlands*, Köln 1981.

Graf, Gerhard/Hasse, Hans-Peter/Hein, Markus/Richter, Matthias/Seidel, Thomas A./Wiegand, Dietmar (Hgg.), *Vestigia pietatis. Studien zur Geschichte der Frömmigkeit in Thüringen und Sachsen*, Leipzig 2000.

Graml, Herman, *Die Alliierten und die Teilung Deutschlands. Konflikte und Entscheidungen 1941–1948*, Frankfurt/Main 1985.

Gramsch, Robert, „Zwischen zwei Diktaturen. Die Jenaer Studentenschaft 1945–1949“, in: *Macht und Milieu. Jena zwischen Kriegsende und Mauerbau*, hg.v. Rüdiger Stutz, Jena – Rudolstadt 2000, 53-80.

Grande, Dieter/Schäfer, Bernd, „Interne Richtlinien und Bewertungsmaßstäbe zu kirchlichen Kontakten mit dem MfS“, in: *Kirchenpolitik von SED und Staatssicherheit. Eine Zwischenbilanz*, hg.v. Clemens Vollnhals, Berlin 1996, 388-404.

Greiffenhagen, Martin (Hg.), *Das evangelische Pfarrhaus. Eine Kultur- und Sozialgeschichte*, Stuttgart 1984.

Greiner, Bernd, *Die Morgenthau-Legende. Zur Geschichte eines umstrittenen Planes*, Hamburg 1995.

Greschat, Martin (Hg.), *Die Schuld der Kirche*, München 1982.

Greschat, Martin: „Kirche und Öffentlichkeit in der deutschen Nachkriegszeit (1945–1949)“, in: *Kirchen in der Nachkriegszeit. Vier zeitgeschichtliche Beiträge*, hg.v. Armin Boyens, Martin Greschat, Rudolf von Thadden und Paolo Pombeni, Göttingen 1979, 100-124.

Greschat, Martin, „Kontinuität und Neuanfang in der evangelischen Kirche in den ersten Jahren nach 1945“, in: *ZdZ* 40. 1986, 85-94.

Greschat, Martin, „Martin Niemöller. Repräsentant des deutschen Protestantismus im 20. Jahrhundert“, in: *Martin Niemöller. Glauben und glaubwürdig handeln. Studientag und Festakt aus Anlaß des 100. Geburtstages am 14.1.1992*, hg.v. der Ev. Darlehns Genossenschaft eG, Diakonisches Werk der Ev. Kirche von Westfalen, Münster 1992, 9-27.

Greschat, Martin, „Weder Neuanfang noch Restauration. Zur Interpretation der deutschen evangelischen Kirchengeschichte nach dem Zweiten Weltkrieg“, in: *Das Unrechtsregime*, Bd. 2: *Verfolgung – Exil – Belasteter Neubeginn. Festschrift für Werner Jochmann zum 65. Geburtstag*, hg.v. Ursula Büttner, Hamburg 1986, 326-357.

Greschat, Martin, „Zwischen Aufbruch und Beharrung. Die evangelische Kirche nach dem Zweiten Weltkrieg“, in: *Die Zeit nach 1945 als Thema kirchlicher Zeitgeschichte*, hg.v. Valentin Conzemius, Martin Greschat und Heinrich Kocher, Göttingen 1988, 99-126.

Greschat, Martin, *Zwischen Widerspruch und Widerstand*, München 1987.

Greven, Michael Th./Wrochem, Oliver von (Hgg.), *Der Krieg in der Nachkriegszeit. Der zweite Weltkrieg in Politik und Gesellschaft der Bundesrepublik*, Opladen 2000.

Gries, Rainer, *Die Rationen-Gesellschaft. Versorgungskampf und Vergleichsmentalität. Leipzig, München, Köln nach dem Kriege*, Münster 1991.

Groehler, Olaf, „Der verordnete Antifaschismus. Die Rezeption des thüringischen kommunistischen Widerstandes in der DDR", in: *Nationalsozialismus in Thüringen*, hg.v. Detlef Heiden und Gunther Mai, Weimar – Köln – Wien, 1995, 531-550.

Groener, Martin G./Kubina, Michael, *Die Phasen der Kirchenpolitik der SED und die sich darauf beziehenden Grundlagenbeschlüsse der Partei- und Staatsführung in der Zeit von 1945/46 bis 1971/72. Expertise*, i.A. der Enquetekommission des Deutschen Bundestages „Aufarbeitung von Geschichte und Folgen der SED-Diktatur in Deutschland", Berlin 1993.

Grosser, Alfred, *Geschichte Deutschlands seit 1945*, München ^{9}1981.

Grüber, Heinrich, *Erinnerungen aus sieben Jahrzehnten*, Köln – Berlin 1968.

Grüber, Heinrich, *Pontifex, nicht Partisan. Kirche und Staat in der DDR von 1949–1958. Dokumente aus der Arbeit des Bevollmächtigten des Rates der EKD bei der Regierung der DDR*, hg.v. Gerhard Köhler, Stuttgart 1974.

Günther, Karl-Heinz (Hg.), *Marie Torhorst – Pfarrerstochter, Pädagogin: Kommunistin*, Berlin (Ost) 1986.

Gusy, Christoph (Hg.), *Demokratisches Denken in der Weimarer Republik*, Baden-Baden 2000.

Habicht, Martin, „Evangelische Kirche und Nationalsozialismus. Ein Überblick", in: *Zwei Städte unter dem Hakenkreuz. Widerstand und Verweigerung in Hannover und Leipzig 1933–1945*, hg.v. Hans-Dieter Schmidt, Leipzig 1994, 198-203.

Hackett, David A. (Hg.), *Der Buchenwald-Report*, München 1996.

Haese, Ute, „MfS-Kontakte auf offizieller Ebene", in: *Kirchenpolitik von SED und Staatssicherheit. Eine Zwischenbilanz*, hg.v. Clemens Vollnhals, Berlin 1996, 371-387.

Haffner, Sebastian, *Anmerkungen zu Hitler*, Frankfurt/Main 1981.

Hahn, Hugo, *Kämpfer wider Willen. Erinnerungen des Landesbischofs von Sachsen D. Hugo Hahn aus dem Kirchenkampf 1933–1945*, bearb. und hg.v. Georg Prater, Metzingen 1969.

Hahn, Udo, *Annehmen und frei bleiben. Landesbischof i.R. Johannes Hempel im Gespräch*, Hannover 1996.

Halbwachs, Maurice, *Das kollektive Gedächtnis*, Stuttgart 1967.

Halder, Winfried, *Modell für Deutschland. Wirtschaftspolitik in Sachsen 1945–1948*, Paderborn 2001.

Hammach, Klaus (Hg,), *Die Berner Konferenz der KPD*, Berlin (Ost) 1974.

Hamm-Brücher, Hildegard, „Weihnachtsgeschichte 1945", in: *Weihnachten 1945. Ein Buch der Erinnerungen*, hg.v. Claus Hinrich Casdorff, München ^{3}1986, 122-129.

Hammerstein, Notker, *Antisemitismus und deutsche Universitäten 1871–1933*, Frankfurt – New York 1995.

Handausgabe der Verfassung und anderer wichtiger Bestimmungen der Thüringer evangelischen Kirche (Verfassung vom 10. Oktober 1924), Eisenach 1926.

Hanusch, Rolf/Seidel, Thomas A., „Die gewohnten Strukturen der Erinnerung durchbrechen", in: *Tutzinger Blätter* 1. 1992, 3-6.

Hardt, Jochen/Hajna, Karl-Heinz/Oltmer, Britta, „Thüringen 1946. Freie Wahlen im Übergang vom Nationalsozialismus zum Kommunismus?", in: *Nationalsozialismus in Thüringen*, hg.v. Detlef Heiden und Gunther Mai, Weimar – Köln – Wien 1995, 507-530.

Hartmann, Anne/Eggeling, Wolfgang, *Sowjetische Präsenz im kulturellen Leben der SBZ und frühen DDR 1945–1953*, Berlin 1998.

Hartweg, Frédéric (Hg.), *SED und Kirche. Eine Dokumentation ihrer Beziehungen*, Neukirchen-Vluyn 1995.

Hassell, Fey von, *Niemals sich beugen, Erinnerungen einer Sondergefangenen der SS*, München 1991.

Häupel, Beate, *Die Gründung des Landes Thüringen. Staatsbildung und Reformpolitik 1918–1923*, Weimar – Köln – Wien 1995.

Haury, Thomas, *Antisemitismus von links. Kommunistische Ideologie, Nationalismus und Antizionismus in der frühen DDR*, Hamburg 2002.

Hauschildt, Wolf-Dieter, „Der Rat der Evangelischen Kirche in Deutschland als Vertretung des deutschen Protestantismus in der Nachkriegszeit", in: *Die Protokolle des Rates der Evangelischen Kirche in Deutschland*, Bd. 1: *1945/46*, Göttingen 1995, IX-XLIII.

Heckmann, Hermann, *Thüringen. Historische Studien zur Landeskunde Mitteldeutschlands*, Würzburg 1982.

Heer, Hannes/Neumann, Klaus (Hgg.), *Vernichtungskrieg. Verbrechen der Wehrmacht 1941 bis 1944*, Hamburg 1995.

Hehl, Ulrich von/Tischner, Wolfgang, *Die katholische Kirche in der SBZ/DDR 1945–1989. Expertise für die Enquetekommission des Deutschen Bundestages*, Leipzig 1993.

Heidemeyer, Helge, „Die Vertriebenen als Sowjetzonenflüchtlinge", in: *Vertrieben in Deutschland. Interdisziplinäre Ergebnisse und Forschungsperspektiven*, hg.v. Dierk Hoffmann, Marta Krauss und Michael Schwartz, München 2000, 213-248.

Heiden, Detlef/Mai, Gunther (Hgg.), *Nationalsozialismus in Thüringen*, Weimar – Köln – Wien 1995.

Heidtmann, Günter (Hg.), *Hat die Kirche geschwiegen? Das öffentliche Wort der evangelischen Kirche aus den Jahren 1945–1964 (Dokumente)*, Berlin 1964.

Heidtmann, Günter (Hg.), *Kirche im Kampf der Zeit. Botschaften, Worte und Erklärungen der evangelischen Kirche in Deutschland und ihrer Gliedkirchen*, West-Berlin ^{2}1954.

Hein-Janke, Ewald, *Protestantismus und Faschismus nach der Katastrophe (1945–1949)*, Stuttgart 1982.

Heise, Joachim, *Heinrich Grüber. Spuren des Jahrhunderts*, hg.v. Hendrik-Kraemer-Haus und Gesellschaft zur Förderung des christlich-marxistischen Dialogs e.V., Berlin 1992.

Heise, Joachim, „Kirchenpolitik von SED und Staat. Versuch einer Annäherung", in: *Kirchen in der Diktatur. Drittes Reich und SED-Staat*, hg.v. Günther Heydemann und Lothar Kettenacker, Göttingen 1993, 126-154.

Hellmuth, Edith/Mühlfriedel, Wolfgang, „Carl Zeiss Jena – widerspruchsvoller Weg in die Planwirtschaft", in: *Macht und Milieu. Jena zwischen Kriegsende und Mauerbau*, hg.v. Rüdiger Stutz, Jena – Rudolstadt 2000, 327-368.

Henke, Klaus-Dietmar/Woller, Hans (Hgg.), *Politische Säuberung in Europa, die Abrechnung mit Faschismus und Kollaboration nach dem Zweiten Weltkrieg*, München 1991.

Henke, Klaus-Dietmar, *Die amerikanische Besetzung Deutschlands*, München 1996.

Henke, Klaus-Dietmar, „Politische Säuberung unter französischer Besatzung, die Entnazifizierung in Württemberg-Hohenzollern", in: *VfZ* 42. 1981.

Henke, Klaus-Dietmar, „Zur Nutzung und Auswertung der Unterlagen des Staatssicherheitsdienstes der ehemaligen DDR“, in: *VfZ* 41. 1993, 575-588.

Henkys, Reinhard, *Die evangelischen Kirchen in der DDR. Beiträge zu einer Bestandsaufnahme*, München 1982.

Henkys, Reinhard, *Gottes Volk im Sozialismus*, Berlin 1983.

Henkys, Reinhard, „Kirche, Staat, Gesellschaft“, in: *Die evangelischen Kirchen in der DDR*, hg.v. Reinhard Henkys, München 1982, 437-462.

Herbert, Karl, *Kirche zwischen Aufbruch und Tradition. Entscheidungsjahre nach 1945*, Stuttgart 1989.

Herbert, Ulrich/Groehler, Olaf, *Zweierlei Vergangenheit. Vier Beiträge über den Umgang mit der NS-Vergangenheit in den beiden deutschen Staaten*, Hamburg 1992.

Herf, Jeffrey, *Zweierlei Erinnerung. Die NS-Vergangenheit im geteilten Deutschland*, Berlin 1998.

Hering, Sabine/Lützenkirchen, Hans-Georg, *„Anders werden“. Die Anfänge der politischen Erwachsenenbildung in der DDR*, Berlin 1995.

Hermann, Friedrich Georg, *Der Kampf gegen Religion und Kirche in der Sowjetischen Besatzungszone Deutschlands*, Stuttgart 1967.

Hermes, Peter, *Die Christlich-Demokratische Union und die Bodenreform in der Sowjetischen Besatzungszone Deutschland im Jahre 1945*, Saarbrücken 1963.

Hermle, Siegfried, *Evangelische Kirche und Judentum – Stationen nach 1945*, Göttingen 1990.

Herms, Michael, *Hinter der Linie. Westarbeit der FDJ 1945–1956*, Berlin 2001.

Herrmann, Hans Peter/Blitz, Hans-Martin/Moßmann, Susanna (Hgg.), *Machtphantasie Deutschland. Nationalismus, Männlichkeit und Fremdenhaß im Vaterlandsdiskurs deutscher Schriftsteller des 18. Jahrhunderts*, Frankfurt/Main 1996.

Herrmann, Rudolf, *Luthers These „Gerecht und Sünder zugleich“. Eine systematische Untersuchung*, Gütersloh 1930.

Herrmann, Rudolf, *Thüringische Kirchengeschichte*. 2 Bde., Weimar 1947 (Repr., mit einem Geleitwort von Ernst Koch und einem Nachwort über den Autor von Dietmar Wiegand, Waltrop 2000).

Herrmann, Ulrich (Hg.), *Volk – Nation – Vaterland. Studien zum 18. Jahrhundert*, Hamburg 1996.

Herzog, Heinrich, „Die Neuordnung der Evangelisch-Lutherischen Landeskirche Sachsens nach dem Zusammenbruch des ‚Dritten Reiches‘. Grundlinien und Beiträge zu einer Dokumentation“, in: *HCh* 9. 1975, 199-212.

Heschel, Susannah, *Der jüdische Jesus und das Christentum. Abraham Geigers Herausforderung an die christliche Theologie*, Berlin 2001.

Heschel, Susannah, „Theologen für Hitler. Walter Grundmann und das ‚Institut zur Erforschung des Einflusses des jüdischen Einflusses auf das deutsche kirchliche Leben‘ “, in: *Christlicher Antijudaismus und Antisemitismus. Theologische und kirchliche Programme Deutscher Christen*, hg.v. Leonore Siegele-Wenschkewitz, Frankfurt/Main 1994, 125-170.

Heß, Ulrich, „Sachsen im 20. Jahrhundert. Wiederentdeckung einer Region oder Neukonstruktion einer regionalen Identität?“, in: *Nach dem Erdbeben. (Re-)Konstruktion ostdeutscher Geschichte und Geschichtswissenschaft*, hg.v. Konrad H. Jarausch und Matthias Middell, Leipzig 1994, 288-303.

Heß, Ulrich, *Thüringer Geschichte vom 18. Jahrhundert bis 1918*, Weimar 1990.

Hettling, Manfred/Nolte, Paul (Hgg.), *Nation und Gesellschaft in Deutschland. Historische Essays*, München 1996.

Heydemann, Günther/Kettenacker, Lothar (Hgg.), *Kirchen in der Diktatur. Drittes Reich und SED-Staat*, Göttingen 1993.

Heym, Stephan, *König David Bericht*, Leipzig 1989.

Heyne, Bodo, *Die Innere Mission 1933–1952. Überblick und Ausblick. Sonderdruck Kirchliches Jahrbuch für die EKiD* 79. 1952.

Hilberg, Raul, *Täter, Opfer, Zuschauer. Die Vernichtung der Juden 1933–1945*, Frankfurt/Main 1992.

Hilger, Andreas, *Deutsche Kriegsgefangene in der Sowjetunion 1941–1956. Kriegsgefangenschaft, Lageralltag und Erinnerungen*, Essen 2000.

Hille, Karoline, „Beispiel Thüringen, Die ‚Machtergreifung' auf der Probebühne 1930", in: *1933 – Wege zur Diktatur*, Berlin 1983, 187-217.

Hillgruber, Andreas, „Grundsätze der sowjetischen Deutschland- und Ostmitteleuropapolitik 1945–1952", in: *Die Kapitulation von 1945 und der Neubeginn in Deutschland*, hg.v. Winfried Becker, Köln – Wien 1987, 141-153.

Hintzenstern, Herbert von (Hg.), *Domine dirige me in verbo tuo. Festschrift zum 70. Geburtstag von Landesbischof D. Moritz Mitzenheim*, Eisenach 1961.

Hintzenstern, Herbert von, „50 Jahre Thüringer Kirche", in: *Aus zwölf Jahrhunderten. Einundzwanzig Beiträge zur thüringischen Kirchengeschichte*, Berlin 1969, 257-272.

Hirsch, Rudolf, *Um die Endlösung. Prozeßberichte*, Rudolstadt 1986.

Hockerts, Hans Günter, „Drei Wege deutscher Sozialstaatlichkeit. NS-Diktatur, Bundesrepublik und DDR im Vergleich", *VfZ* 76. 1998, 22-36.

Hockerts, Hans Günter, „Wiedergutmachung in Deutschland. Eine historische Bilanz 1945–2000", *VfZ* 2/49. 2001, 167-214.

Hockerts, Hans Günter, „Zeitgeschichte in Deutschland, Begriffe, Methoden, Themenfelder", in: *PZ* 29-30. 1993, 3-19.

Hodos, Georg Hermann, *Schauprozesse, stalinistische Säuberungen in Osteuropa 1948–54*, Frankfurt/Main – New York 1988.

Höfer, Iris, „‚Wir fühlten uns so sicher hier ...'. Frauen in Thüringen unter den Bedingungen des Luftkrieges", in: *Zeitbrüche – Lebensbrüche. Frauenalltag in Thüringen 1945*, hg.v. Marina Moritz, Erfurt 1995, 85-99.

Hoffmann, Dierk/Krauss, Marta/Schwartz, Michael (Hgg.), *Vertrieben in Deutschland. Interdisziplinäre Ergebnisse und Forschungsperspektiven*, München 2000.

Hoffmann, Dierk/Wentker, Hermann (Hgg.), *Das letzte Jahr der SBZ. Politische Weichenstellungen und Kontinuitäten im Prozeß der Gründung der DDR*, München 2000.

Hoffmann, Dierk, „Binnenmarkt und Arbeitsmarkt", in: *Vertrieben in Deutschland. Interdisziplinäre Ergebnisse und Forschungsperspektiven*, hg.v. Dierk Hoffmann, Marta Krauss und Michael Schwartz, München 2000, 340-372.

Hoffmann, Dierk, *Sozialpolitische Neuordnung in der SBZ/DDR. Der Umbau der Sozialversicherung 1945–1956*, in: *StzZG* 47. 1996.

Hofmann, Rosemarie, „Kinder und Jugendliche im Konzentrationslager Buchenwald“, in: *Nachbarn auf dem Ettersberg. Menschenverachtung und Erziehung zur Ehrfurcht*, hg.v. Thomas A. Seidel i.A. des Kuratoriums Schloß Ettersburg und der Evangelischen Akademie Thüringen, Neudietendorf – Buchenwald – Ettersburg 1995, 21-34.

Höllen, Martin: *Loyale Distanz? Katholizismus und Kirchenpolitik in SBZ und DDR. Ein historischer Überblick in Dokumenten*, Bd. 1, Berlin 1994.

Hölsken, Heinz Dieter, *Die V-Waffen. Entstehung – Propaganda – Kriegseinsatz*, München 1984.

Horchem, Hans Josef, *Kinder im Krieg. Kindheit und Jugend im Dritten Reich*, Hamburg – Berlin – Bonn 2000.

Horstmann, Thomas, *Logik der Willkür. Die Zentrale Kommision für Staatliche Kontrolle in der SBZ/DDR 1948–1958*, Köln – Weimar – Berlin 2002.

Hübner, Peter, *Konsens, Konflikt und Kompromiß. Soziale Arbeiterinteressen und Sozialpolitik in der SBZ/DDR 1945–1970*, Berlin 1995.

Huch, Ricarda, *Luthers Glaube. Briefe an einen Freund*, Leipzig 1964.

Hutten, Kurt, *Christen hinter dem eisernen Vorhang*, Bd. 1, Stuttgart 1962.

Hutten, Kurt, *Christen hinter dem eisernen Vorhang. Die christliche Gemeinde in der kommunistischen Welt*, Bd. 2, Stuttgart 1963.

Hüttenberger, Peter, „Vorüberlegungen zum Widerstandsbegriff“, in: *Theorien und Praxis des Historikers. Forschungsbeispiele und ihre Diskussion*, hg.v. Jürgen Kocka, *GG* Sonderheft 3/1977, 117-134.

Inacker, Michael J., *Zwischen Transzendenz, Totalitarismus und Demokratie. Die Entwicklung des kirchlichen Demokratieverständnisses von der Weimarer Republik bis zu den Anfängen der Bundesrepublik (1918–1959)*, Neukirchen-Vluyn 1994.

Jacke, Jochen, *Kirche zwischen Monarchie und Republik, der preußische Protestantismus nach dem Zusammenbruch von 1918*, Hamburg 1976.

Jäckel, Eberhard, *Das deutsche Jahrhundert. Eine historische Bilanz*, Stuttgart 1996.

Jähnichen, Traugott, *Vom Industrieuntertan zum Industriebürger. Der soziale Protestantismus und die Entwicklung der Mitbestimmung (1848–1955)*, Bochum 1993.

Jakobsen, Hans-Adolf, *1939–1945. Der Zweite Weltkrieg in Chronik und Dokumenten*, Darmstadt 1959.

Jansen, Christian/Niethammer, Lutz/Weisbrod, Bernd (Hgg.), *Von der Aufgabe der Freiheit. Politische Verantwortung und bürgerliche Gesellschaft im 19. und 20. Jahrhundert*, Berlin 1995.

Jarausch, Konrad H./Middell, Matthias (Hgg.), *Nach dem Erdbeben. (Re-)Konstruktion ostdeutscher Geschichte und Geschichtswissenschaft*, Leipzig 1994.

Jarausch, Konrad H./Siegrist, Hannes (Hgg.), *Amerikanisierung und Sowjetisierung in Deutschland 1945–1970*, Frankfurt/Main 1997.

Jarausch, Konrad H., „Die DDR denken. Narrative Strukturen und analytische Strategien“, in: *Berliner Debatte. Initial* 6. 1995 4/5, 9-16.

Jarausch, Konrad H., „Realer Sozialismus als Fürsorgediktatur. Zur begrifflichen Einordnung der DDR“, in: *PZ* 20. 1998, 33-46.

Jaspers, Karl, *Die Schuldfrage*, Frankfurt 1949.

Jesse, Eckhard, „Vergangenheitsbewältigung nach totalitärer Herrschaft in Deutschland“, in: *Die totalitäre Herrschaft der SED. Wirklichkeit und Nachwirkungen*, hg.v. Wolfgang-Uwe Friedrich, München 1998, 131-144.

Jesse, Eckhard, „Die Totalitarismusforschung und ihre Repräsentanten. Konzeptionen von Carl J. Friedrich, Hannah Arendt, Eric Voegelin, Ernst Nolte und Karl Dietrich Bracher“, in: *PZ* 20. 1998, 3-18.

Jesse, Eckhard, „War die DDR totalitär?“, in: *PZ* 40. 1994, 12-23.

Jessen, Ralph, „DDR-Geschichte und Totalitarismustheorie“, in: *Berliner Debatte. Initial* 6. 4-5/1995, 17-24.

Jessen, Ralph, „Die Gesellschaft im Staatssozialismus. Probleme einer Sozialgeschichte der DDR“, in: *GG* 21. 1995, 1, 96-100.

Jochmann, Werner/Brakelmann, Günter/Greschat, Martin: *Protestantismus und Politik. Werk und Wirkung Adolf Stoeckers*, Hamburg 1982.

John, Jürgen (Hg.), *Mitteldeutschland. Begriff – Geschichte – Konstrukt*, Rudolstadt und Jena 2001.

John, Jürgen (Hg.), *Quellen zur Geschichte Thüringens 1945–1952*, 2 Bde., Erfurt 1999.

John, Jürgen/Mai, Gunther, „Thüringen 1918–1952, ein Forschungsbericht“, in: *Nationalsozialismus in Thüringen*, hg.v. Detlef Heiden und Gunther Mai, Weimar – Köln – Wien 1995, 553-590.

John, Jürgen, „Thüringen 1945, Vorgeschichte, Rahmenbedingungen, Problemlagen“, in: *Zeitbrüche – Lebensbrüche. Frauenalltag in Thüringen 1945*, hg.v. Marina Moritz, Erfurt 1995, 7-24.

Jüchen, Aurel von, *Warum Christentum und Sozialismus einander begegnen müssen*, in: ZDZ 1. 1947, 62-74.

Judt, Matthias (Hg.), *DDR-Geschichte in Dokumenten. Beschlüsse, Berichte, interne Materialien und Alltagszeugnisse*, Berlin 1997.

Judt, Matthias/Ciesla, Burghard (Hgg.), *Technology Transfer Out of Germany After 1945. Studies in The History of Science, Technology and Medicine, ed. by John Krige*, Amsterdam 1996.

Kaelbe, Hartmut/Kocka, Jürgen/Zwahr, Hartmut (Hgg.), *Sozialgeschichte der DDR*, Stuttgart 1994.

Kaff, Brigitte (Hg.), *Gefährliche politische Gegner, Widerstand und Verfolgung in der sowjetischen Zone/DDR*, Düsseldorf 1995.

Kahle, Johannes, *Evangelische Kirche und Demokratie. Der Einordnungsprozeß der Deutschen Evangelischen Kirche in das demokratische Funktionssystem der Nachkriegsära in den Westzonen*, Pfaffenweiler 1988.

Kaiser, Jochen-Christoph/Doering-Manteuffel, Anselm (Hgg.), *Christentum und politische Verantwortung. Kirchen im Nachkriegsdeutschland*, Stuttgart – Berlin – Köln 1990.

Kaiser, Jochen-Christoph/Greschat, Martin: *Der Holocaust und die Protestanten*, Frankfurt/Main 1988.

Karmrodt, Andreas, „Der 17. Juni 1953 in Jena. Volk – Polizei – Partei“, in: *Macht und Milieu. Jena zwischen Kriegsende und Mauerbau*, hg.v. Rüdiger Stutz, Jena – Rudolstadt 2000, 231-256.

Katholische Kirche – Sozialistischer Staat der DDR. Dokumente und öffentliche Äußerungen 1945–1990, hg.v. Gerhard Lange, Ursula Pruß, Franz Schrader und Siegfried Seifert, Berlin 1992.

Keiderling, Gerhard, *‚Gruppe Ulbricht' in Berlin. April bis Juni 1945*, Berlin 1993.

Keller, Jana, „Frau und Arbeit 1945. Das Beispiel Zeiss", in: *Zeitbrüche – Lebensbrüche. Frauenalltag in Thüringen 1945*, hg.v. Marina Moritz, Erfurt 1995, 71-84.

Kernic, Franz, *Krieg, Gesellschaft und Militär. Eine kultur- und ideengeschichtliche Spurensuche*, Baden-Baden 2001.

Kessel, Martina, *Westeuropa und die deutsche Teilung, englische und französische Deutschlandpolitik auf den Außenministerkonferenzen von 1945 bis 1947*, München 1989.

Kessler, Ralf/Peter, Hartmut Rüdiger, *An alle OdF-Beratungsstellen Sachsen-Anhalts! Eine dokumentarische Fallstudie zum Umgang mit Opfern des Faschismus in der SBZ/DDR 1949–1953*, Frankfurt/Main 1996.

Kessler, Ralf/Peter, Hartmut Rüdiger, „Antifaschisten in der SBZ. Zwischen elitärem Selbstverständnis und politischer Instrumentalisierung", in: *VfZ* 4. 1995, 611-633.

Kessler, Ralf/Peter, Hartmut Rüdiger, *Wiedergutmachung im Osten Deutschlands 1945–1953. Grundsätzliche Diskussionen und die Praxis in Sachsen-Anhalt*, Frankfurt/Main 1996.

Kielmansegg, Peter Graf, *Nach der Katastrophe. Eine Geschichte des geteilten Deutschland*, Berlin 2000.

Kirchliches Jahrbuch, Gütersloh 1949ff.

Klee, Ernst, *Persilscheine und falsche Pässe. Wie die Kirchen den Nazis halfen*, Frankfurt/Main 1991.

Klee, Ernst, *Was sie taten – was sie wurden. Ärzte, Juristen und andere Beteiligte am Kranken- und Judenmord*, Frankfurt/Main 1994.

Kleßmann, Christoph/Sabrow, Martin: „Zeitgeschichte in Deutschland nach 1989", in: *PZ* 39. 1996, 3-14.

Kleßmann, Christoph/Wagner, Georg (Hgg.), *Das gespaltene Land. Leben in Deutschland 1945–1990. Texte und Dokumente zur Sozialgeschichte*, München 1993.

Kleßmann, Christoph, *Die doppelte Staatsgründung. Deutsche Geschichte 1945–1955*, Göttingen 1982.

Kleßmann, Christoph, „Kalter Krieg, deutsche Frage und Umgang mit der Vergangenheit", in: *Der einäugige Blick*, hg.v. Kuratorium Schloß Ettersburg, Weimar 1993, 19-28.

Kleßmann, Christoph, „Zur Sozialgeschichte des protestantischen Milieus in der DDR", *GG* 19. 1993, 29-53.

Kleßmann, Christoph, *Zwei Diktaturen in Deutschland – Was kann die künftige DDR-Forschung aus der Geschichtsschreibung zum Nationalsozialismus lernen?*, DArch 25. 6/1992, 601-606.

Kleßmann, Christoph, *Zwei Staaten, eine Nation. Deutsche Geschichte 1955–1970*, Göttingen 1988.

Klohr, Olof, „Atheismus und Religion in der DDR", in: *Kirchen in der Diktatur. Drittes Reich und SED-Staat*, hg.v. Günther Heydemann und Lothar Kettenacker, Göttingen 1993, 282-293.

Klönne, Arno, „Fanatische Gefolgsleute des Führers? Zur Mentalitätsgeschichte der deutschen Kriegsjugendgeneration“, in: *Erinnerung ist das Geheimnis der Versöhnung*, hg.v. Kuratorium Schloß Ettersburg, Weimar 1992, 31-36.

Klönne, Arno, „Jugend im Dritten Reich“, in: *Deutschland 1933–1945*, hg.v. Karl Dietrich Bracher, Manfred Funke und Hans-Adolf Jacobsen, Bonn 1992, 218-239.

Klönne, Arno, *Rechts-Nachfolge. Risiken des deutschen Wesens nach 1945*, Köln 1990.

Klotz, Ernst-E., *So nah der Heimat. Gefangen in Buchenwald 1945–1948*, Bonn 1992.

Knigge, Volkhard/Pietsch, Jürgen Maria/Seidel, Thomas A., *Versteinertes Gedenken. Das Buchenwalder Mahnmal von 1958*, Weimar – Spröda 1997.

Knigge-Tesche, Renate/Reif-Spirek, Peter/Ritscher, Bodo (Hgg.), *Internierungspraxis in Ost- und Westdeutschland nach 1945*, Erfurt 1993.

Knoll, Joachim H./Schoeps, Julius H. (Hgg.), *Von kommenden Zeiten. Geschichtsprophetien im 19. und 20. Jahrhundert*, Stuttgart – Bonn 1984.

Koch, Ernst, „75 Jahre Protestantismus in Thüringen 1921–1996. Beobachtungen zum Weg einer jungen mitteldeutschen Landeskirche“, in: *Blätter des Vereins für Thüringische Geschichte* e.V. 7. 1/1997, 6-14.

Koch, Ernst, „Christentum zwischen Religion, Volk und Kultur. Beobachtungen zu Profil und Wirkungen des Lebenswerks von Heinrich Weinel“, in: *Zwischen Konvention und Avantgarde. Doppelstadt Jena-Weimar*, hg.v. Jürgen John und Volker Wahl, Weimar – Köln – Wien 1995, 127-160.

Koch, Ernst, *Das Thüringer Predigerseminar in Eisenach*, 2. Teil. *1934–1963 (Aus Anlaß des 75-jährigen Bestehens, von Rektor i.R. Dr. Ernst Koch)*, o.O. [Eisenach] (Sonderdruck) 1997.

Koch, Ernst, „Neuanfang vor 75 Jahren: Kircheneinheit in Thüringen“, in: *GuH* 51. 1996, 1, 7 und 9.

Koch, Ernst, „Thüringer Wege im Dritten Reich“, in: *Thüringer Gratwanderungen. Beiträge zur fünfundsiebzigjährigen Geschichte der evangelischen Landeskirche Thüringens*, hg.v. Thomas A. Seidel i.A. der Evangelischen Akademie Thüringen und der Gesellschaft für Thüringische Kirchengeschichte, bearb.v. Dietmar Wiegand, Leipzig 1998, 80-93.

Koch, Hans Georg, *Staat und Kirche in der DDR. Zur Entwicklung ihrer Beziehungen von 1945–1974 (Darstellung, Quellen, Übersichten)*, Stuttgart 1975.

Koch, Heinz, „Quellen zur Geschichte der Deutschen Christen in Thüringen. Der Bestand im Landeskirchenarchiv zu Eisenach“, in: *Thüringer Gratwanderungen. Beiträge zur fünfundsiebzigjährigen Geschichte der evangelischen Landeskirche Thüringens*, hg.v. Thomas A. Seidel i.A. der Evangelischen Akademie Thüringen und der Gesellschaft für Thüringische Kirchengeschichte, bearb.v. Dietmar Wiegand, Leipzig 1998, 256-262.

Koch, Thomas/Hubmann, Hans, *So fing es an. Erinnerungen und Bilder aus den Jahren 1945–1949*, Braunschweig 1988.

Kocher, Renate, „Kirche und Religion in Ost und West. Eine demographische Analyse“, in: *Wieviel Religion braucht der deutsche Staat?*, hg.v. Walter Sparn, Gütersloh 1992, 97-108.

Kocka, Jürgen (Hg.), *Historische DDR-Forschung. Aufsätze und Studien*, Berlin 1993.

Kocka, Jürgen/Sabrow, Martin (Hgg.), *Die DDR als Geschichte. Fragen – Hypothesen – Perspektiven*, Berlin 1994.

Kocka, Jürgen, „Ein deutscher Sonderweg. Überlegungen zur Sozialgeschichte der DDR“, in: *PZ* 40. 1994, 34-45.

Kocka, Jürgen, „Eine durchherrschte Gesellschaft“, in: *Sozialgeschichte der DDR*, hg.v. Hartmut Kaelbe, Jürgen Kocka und Hartmut Zwahr, Stuttgart 1994, 547-553.

Kocka, Jürgen, „Nationalsozialismus und SED-Diktatur in vergleichender Perspektive“, in: *Potsdamer Bulletin für Zeithistorische Studien* 2/1994, 20-27.

Kogon, Eugen, *Der SS-Staat. Das System der deutschen Konzentrationslager*, München [22]1989 (1. Aufl. 1949).

Kolesnitschenko, Iwan Sosonowitsch, *Im gemeinsamen Kampf für das neue antifaschistisch-demokratische Deutschland entwickelte und festigte sich unsere unverbrüchliche Freundschaft. Beiträge zur Geschichte Thüringens*, hg.v. der SED, Bez. Erfurt, Bezirkskommission zur Erforschung der Geschichte der örtlichen Arbeiterbewegung, Erfurt 1985.

König, Karl (ungenannt) im Auftrag des DC-Landeskirchenrates, *Der Kampf um die Autorität der Kirche. Eine Auseinandersetzung des Landeskirchenrats der Thüringer evangelischen Kirche mit der Bekenntnisfront*, Jena 1935.

König, Karl, *Vom Geiste Luthers des Deutschen*, Jena 1917.

Konzentrationslager Buchenwald. Post Weimar. Thür. Katalog zur Ausstellung aus der DDR im Martin-Gropius-Bau, hg.v. Nationale Mahn- und Gedenkstätte Buchenwald, Berlin 1990.

Koop, Volker, *Zwischen Willkür und Recht. Die Rote Armee in Deutschland*, Bonn 1996.

Kopelew, Lew, *Aufbewahren für alle Zeit!*, München 1992 (1. Aufl. 1979).

Kowalczuk, Ilko-Sascha, „Die DDR-Historiker und die deutsche Nation“, in: *PZ* 39. 1996, 22-30.

Krahulec, Peter/Schopf, Roland/Wolf, Siegfried, *Buchenwald – Weimar, April 1945. Wann lernt der Mensch?*, Münster – Hamburg 1994.

Kretschmar, Georg (Hg.), *Dokumente zur Kirchenpolitik des Dritten Reiches*, 2 Bde., München 1971 und 1975.

Kretschmar, Georg, *Das bischöfliche Amt. Kirchengeschichtliche und ökumenische Studien zur Frage des kirchlichen Amtes*, hg.v. Dorothea Wendenbourg, Göttingen 1999.

Kretschmar, Georg, „Die Vergangenheitsbewältigung in den deutschen Kirchen nach 1945“, in: *Nordische und deutsche Kirchen im 20. Jahrhundert*, hg.v. Carsten Nicolaisen, Göttingen 1982, 122-149.

Krippendorff, Erich, *Die LDPD in der SBZ 1945/48*, Düsseldorf 1962.

Krockow, Christian Graf von, *Hitler und seine Deutschen*, München 2001.

Krone, Tina/Schult, Rainer (Hgg.), *Seid untertan der Obrigkeit. Originaldokumente des MfS*, Berlin 1992.

Kroner, Godiva, *Kaugummi oder Wodka. Eine Dolmetscherin zwischen zwei Welten*, Berlin/Bonn 1991.

Krönig, Waldemar/Müller, Klaus-Dieter, *Anpassung – Widerstand – Verfolgung. Hochschule und Studenten in SBZ und DDR 1945–1961*, Köln 1994.

Krötke, Wolf, „Das beschädigte Wahrheitszeugnis der Kirche. Zu den Folgen der Einflußnahme des MfS auf die Kirche“, in: *Kirchenpolitik von SED und Staatssicherheit. Eine Zwischenbilanz*, hg.v. Clemens Vollnhals, Berlin 1996, 405-414.

Krumeich, Gerd (Hg.), *Versailles 1919. Ziele – Wirkung – Wahrnehmung*, Essen 2001.

Krummacher, Friedrich-Wilhelm, *Ruf zur Entscheidung, Predigten, Ansprachen, Aufsätze 1944/1945. Dokumente aus dem Arbeitskreis für kirchliche Fragen beim Nationalkomitee „Freies Deutschland"*, Berlin 1965.

Kuessner, Dietrich, „Bekennen und Vergeben in der Nachkriegszeit. Ein Beitrag zum Verständnis der Auseinandersetzung von Landesbischof D. Martin Erdmann mit Max Witte und Paul Althaus", in: *Der schwierige Weg in die Nachkriegszeit. Die Evangelisch-Lutherische Landeskirche in Braunschweig 1945–1950*, hg.v. Klaus Erich Pollmann, Göttingen 1995, 100-130.

Kühn, Ulrich, „Theologische Rechtfertigung der Obrigkeit", in: *Kirchen in der Diktatur. Drittes Reich und SED-Staat*, hg.v. Günther Heydemann und Lothar Kettenacker, Göttingen 1993, 238-258.

Kühne, Hagen, „1968 – ein Schwellenjahr. Erfahrungswandel und kirchlich-theologische Urteilsbildung in den östlichen Gliedkirchen der EKD", in: *Evangelische Kirche nach 1945 in der SBZ/DDR*, hg.v. Günther Wartenberg, Leipzig 1996, 40-58.

Kühnhard, Lothar u.a. (Hg.), *Die doppelte Diktaturerfahrung. Drittes Reich und DDR. Ein historisch-wissenschaftlicher Vergleich*, Frankfurt/Main 1994.

Kundrus, Birthe, *Kriegerfrauen, Familienpolitik und Geschlechterverhältnisse im Ersten und Zweiten Weltkrieg*, Hamburg 1995.

Künneth, Walter, *Der große Abfall*, Berlin 1947.

Kuratorium Schloß Ettersburg e.V.(Hg.), *Der einäugige Blick. Vom Mißbrauch der Geschichte im Nachkriegsdeutschland*, Weimar 1993.

Kuratorium Schloß Ettersburg e.V.(Hg.), *Erinnerung ist das Geheimnis der Versöhnung*, Weimar 1992.

Kuratorium Schloß Ettersburg e.V.(Hg.), *Nachbarn auf dem Ettersberg. Menschenverachtung und Erziehung zur Ehrfurcht*, Weimar-Buchenwald 1995.

Küttler, Wolfgang, „Neubeginn in der ostdeutschen Geschichtswissenschaft", in: *PZ* 17-18. 1992, 3-13.

Lächele, Rainer, *Die Deutschen Christen in Württemberg in den Jahren 1933 bis 1955*, Göttingen 1994.

Lächele, Rainer, *Religionsfreiheit und Vergangenheitsbewältigung. Die Deutschen Christen und die Besatzungsmächte nach 1945*, in: *EvTh* 51. 2/1991, 131-154.

Lange, Silvia, *Protestantische Frauen auf dem Weg in den Nationalsozialismus. Guida Diehls Neulandbewegung 1916–1935*, Stuttgart u.a. 1998.

Lange, Silvia, „Guida Diehl, Volksmissionarin: Frauenrechtlerin und Nationalsozialistin", in: *KZG* 12. 1/1999, 149-171.

Lange, Silvia, „Guida Diehls Neulandbewegung im ‚Kampf' gegen die Weimarer Demokratie", in: *Protestantismus und soziale Frage. Profile in der Zeit der Weimarer Republik*, hg.v. Traugott Jähnichen und Norbert Friedrich unter Mitarbeit von Christian Illian, Susanne Schatz und Dietmar Wiegand, Münster 2000, 217-229.

Langhof, Peter/Lengemann, Jochen (Hgg.), *Geschichte der Behördenorganisation der thüringischen Staaten und des Landes Thüringen von der Mitte des 16. Jahrhunderts bis zum Jahr 1952*, Erfurt – Kusterdingen 1993.

Lapp, Peter Joachim, *Ulbrichts Helfer. Wehrmachtsoffiziere im Dienste der DDR*, Bonn 2000.

Laschitza, Horst, *Kämpferische Demokratie gegen Faschismus. Die programmatische Vorbereitung auf die antifaschistisch-demokratische Umwälzung in Deutschland durch die Parteiführung der KPD*, Berlin 1969.

Latour, Conrad F./Vogelsang, Thilo, *Okkupation und Wiederaufbau. Die Tätigkeit der Militärregierung in der amerikanischen Besatzungszone Deutschlands 1944–1947*, München 1973.

Laufer, Jochen, „Die Verfassungsgebung in der SBZ 1946–1949“, in: *PZ* 32-33. 1998, 29-46.

Lautenschläger, Gabriele, „Der Kirchenkampf in Thüringen“, in: *Nationalsozialismus in Thüringen*, hg.v. Detlef Heiden und Gunther Mai, Weimar – Köln – Wien 1995, 463-486.

Leffler, Siegfried (Hg.), *Christus im Dritten Reich der Deutschen. Wesen, Weg und Ziel der Kirchenbewegung „Deutsche Christen“*, Weimar 1935.

Lehmann, Hans Georg, *Chronik der DDR 1945/49 bis heute*, München 1989.

Lehmann, Wolfgang, *Hans Asmussen. Ein Leben für die Kirche*, Göttingen 1988.

Leich, Werner, *Wechselnde Horizonte. Mein Leben in vier politischen Systemen*, Wuppertal – Zürich 1994.

Lemke, Michael (Hg.), *Sowjetisierung und Eigenständigkeit in der SBZ/DDR (1945–1953)*, Köln 1999.

Lemke, Michael, „Die Sowjetisierung der SBZ/DDR im ost-westlichen Spannungsfeld“, *PZ* 6. 1997, 41-53.

Lenin, Wladimir Iljitsch, *Über Religion. Aus Artikeln und Briefen*, Wien 1931.

Lenzer, Gudrun, *Frauen im Speziallager Buchenwald 1945–1950. Internierung und lebensgeschichtliche Einordnung*, Münster 1996.

Leonhard, Wolfgang, „Die Etablierung des Marxismus-Leninismus in der SBZ/DDR (1945–1949)“, in: *PZ* 40. 1994, 3-11.

Leonhard, Wolfgang, *Die Revolution entläßt ihre Kinder*, München ^{4}1990.

Lepp, Claudia/Nowak, Kurt (Hgg.), *Evangelische Kirchen im geteilten Deutschland (1945–1989/90)*, Göttingen 2001.

Lesanovsky, Werner, „Schulreformerische Traditionen und nationalsozialistische Schulpolitik“, in: *Nationalsozialismus in Thüringen*, hg.v. Detlef Heiden und Gunther Mai, Weimar – Köln – Wien 1995, 399-420.

Leschinsky, Achim (Hg.), *Die Schule als moralische Anstalt. Erziehung in der Schule. Allgemeines und der „Fall DDR“*, Weinheim 1999.

Lethio, Pirkko, *Religionsunterricht ohne Schule. Die Entwicklung der Lage und des Inhaltes der evangelischen Christenlehre in der DDR*, Münster 1983.

Liederbuch für Deutsche Studenten, Erlangen und Leipzig 1898 (Pfarrhausarchiv Ollendorf).

Liesenberg, Carsten, „Wir täuschen uns nicht über die Schwere der Zeit ... Die Verfolgung und Vernichtung der Juden in Thüringen“, in: *Nationalsozialismus in Thüringen*, hg.v. Detlef Heiden und Gunther Mai, Weimar – Köln – Wien 1995, 443-462.

Lilge, Herbert, *Deutschland 1945–1963. Zeitgeschichte in Text und Quellen*, Hannover 1979.

Lilje, Hanns, *Krieg als sittliche Aufgabe*, Berlin 1941.

Lindt, Andreas, *Das Zeitalter des Totalitarismus*, Stuttgart 1981.

Lins, Hermann, *Das Thüringer Predigerseminar in Eisenach 1922–1934 unter seinem ersten Rektor Kirchenrat D. Martin Saupe*, in: *HCh* 17. 1991/92, 117-150.

Lippmann, Heinz, *Honecker. Portrait eines Nachfolgers*, Köln 1971.

Loest, Erich, *Durch die Erde ein Riß. Ein Lebenslauf*, Hamburg 1991.

Loest, Erich, „Heldenlärm und Angst. Mit allerlei Gesten und Gefühlen ging der Krieg zu Ende, ein Erlebnisbericht", in: *FAZ* vom 22.3.1995, 15.

Loos, Karina/Korrek, Norbert, „Das ehemalige Gauforum in Weimar", in: *Bauwelt* 18. 1993, 944-955.

Losurdo, Domenico, *Die Gemeinschaft, der Tod, das Abendland. Heidegger und die Kriegsideologie*, Stuttgart 1995.

Loth, Wilfried, „Deutschland im Kalten Krieg. Strategien und Entscheidungen", in: *PZ* 39-40. 1999, 3-11.

Loth, Wilfried, *Die Teilung der Welt. Geschichte des Kalten Krieges 1941–1955*, München 1980.

Loth, Wilfried, *Ost-West-Konflikt und deutsche Frage*, München 1989.

Loth, Wilfried, *Stalins ungeliebtes Kind. Warum Moskau die DDR nicht wollte*, Berlin 1994.

Lotz, Gerhard (Hg.), *Moritz Mitzenheim. Reihe „Christ in der Welt"*, Berlin 1966.

Lotz, Gerhard, „Die rechtliche Neuordnung der Thüringer evangelischen Kirche", in: *Thüringer Pfarrertaschenbuch*, 1947, 136-140.

Lotz, Gerhard, *Moritz Mitzenheim. Dem ganzen Volk zugute*, Berlin 1966.

Lotz, Martin*: Evangelische Kirche 1945–1952. Die Deutschland-Frage. Tendenzen und Positionen*, Stuttgart 1992.

Löwenthal, R./Schwarz, Hans-Peter (Hgg.), *Die zweite Republik. 25 Jahre Bundesrepublik Deutschland – eine Bilanz*, Stuttgart 1974.

Luchterhandt, Otto, *Die Gegenwartslage der evangelischen Kirche in der DDR*, Tübingen 1982.

Lüdtke, Alf, „Die DDR als Geschichte. Zur Geschichtsschreibung über die DDR", in: *PZ* 36. 1998, 3-16.

Lüthi, Walter, *Deutschland zwischen gestern und morgen. Ein Reisebericht*, Basel 1947.

Lutter, Hans, „Zur Geschichte des Atheismus in der DDR", in: *BzG* 2. 2001, 43-61.

Macków, Jerzy, *Die Konstruktion politischer Stabilität. Polen und Rußland in den Umbrüchen der achtziger und neunziger Jahre*, Baden-Baden 1998.

Macków, Jerzy, „Die Voraussetzungen demokratischer Entwicklung in Mittel-, Nordost-, Südost- und Osteuropa", in: *PZ* 3-4. 1999, 3-17

Mählert, Ulrich/Stephan, Gerd-Rüdiger, *Blaue Hemden – Rote Fahnen, die Geschichte der Freien Deutschen Jugend*, Opladen 1996.

Mählert, Ulrich/Weber, Hermann (Hgg.), *Terror. Kommunistische Parteisäuberungen vor und nach dem Zweiten Weltkrieg*, Paderborn 1998.

Mählert, Ulrich, „Die gesamte junge Generation für den Sozialismus begeistern. Zur Geschichte der Freien Deutschen Jugend", in: *Der SED-Staat. Neues über eine vergangene Diktatur*, hg.v. Jürgen Weber, München 1994, 73-98.

Mählert, Ulrich, *Die Freie Deutsche Jugend 1945–1949, von den „Antifaschistischen Jugendausschüssen" zur SED-Massenorganisation. Die Erfassung der Jugend in der Sowjetischen Besatzungszone*, Paderborn 1995.

Mai, Gunther, *Der Alliierte Kontrollrat in Deutschland 1945–1948. Alliierte Einheit – deutsche Teilung?*, München 1995.

Maier, Hans (Hg.), *Totalitarismus und Politische Religionen. Konzepte des Diktaturenvergleichs*, Bde. I-III, Paderborn 2003.

Maier, Hans (Hg.), *Wege in die Gewalt. Die modernen politischen Religionen*, Frankfurt/Main 2000.

Maier, Hans, „Die totalitäre Herausforderung und die Kirchen", in: *Kirchen in der Diktatur. Drittes Reich und SED-Staat*, hg.v. Günther Heydemann und Lothar Kettenacker, Göttingen 1993, 33-64.

Malycha, Andreas, *Auf dem Weg zur SED. Die Sozialdemokratie und die Bildung einer Einheitspartei in den Ländern der SBZ. Eine Quellenedition*, Bonn 1995.

Malycha, Andreas, *Die SED. Geschichte ihrer Stalinisierung 1946–1953*, Paderborn 2000.

Malycha, Andreas, *Partei von Stalins Gnaden? Die Entwicklung der SED zur Partei neuen Typus in den Jahren 1946 bis 1950*, Berlin 1996.

Mann, Erika, *Zehn Millionen Kinder. Die Erziehung der Jugend im Dritten Reich*, München ^{2}1990.

Marbach, Rainer, *Säkularisierung und sozialer Wandel im 19. Jahrhundert. Die Stellung von Geistlichen zur Entkirchlichung*, Göttingen 1978.

Markschies, Christoph, „Kirchenhistorische und systematisch-theologische Bemerkungen zur Diskussion über den Thüringer Weg", in: *Thüringer Gratwanderungen. Beiträge zur fünfundsiebzigjährigen Geschichte der evangelischen Landeskirche Thüringens*, hg.v. Thomas A. Seidel i.A. der Evangelischen Akademie Thüringen und der Gesellschaft für Thüringische Kirchengeschichte, bearb.v. Dietmar Wiegand, Leipzig 1998, 209-220.

Martin, Bernd (Hg.), *Deutschland in Europa. Ein historischer Rückblick*, München 1992.

Marx, Karl/Engels, Friedrich, *Über Religion*, hg.v. Institut für Marxismus-Leninismus beim ZK der SED, Berlin 1984 (1. Aufl. 1958).

Maser, Werner, *Genossen beten nicht. Kirchenkampf im Kommunismus*, Köln 1963.

Mattedi, Norbert, *Gründung und Entwicklung der Parteien in der Sowjetischen Besatzungszone Deutschlands*, Bonn – Berlin 1966.

Mau, Rudolf, *Eingebunden in den Realsozialismus? Die Evangelische Kirche als Problem der SED*, Göttingen 1994.

Mauer, Victor, „Eine Sicherheits- und Verteidigungspolitik für Europa", in: *PZ* 57. 2000, 22-30.

Maurenbrecher, Max, *Der Heiland der Deutschen. Der Weg der Volkstum schaffenden Kirche*, Göttingen 1930.

Mechtenberg, Theo, *Die Lage der Kirchen in der DDR*, München 1985.

Medwedew, Roy, *Das Urteil der Geschichte, Stalin und der Stalinismus*, 3 Bde., Berlin 1992.

Mehlhausen, Joachim (Hg.), *Recht – Macht – Gerechtigkeit*, Gütersloh 1998.

Mehlhausen, Joachim (Hg.), *Zwei Staaten – zwei Kirchen? Evangelische Kirche im geteilten Deutschland. Ergebnisse und Tendenzen der Forschung*, Leipzig 2000.

Mehlhausen, Joachim, *Zur Methode kirchlicher Zeitgeschichtsforschung*, in: *EvTh* 48. 1988, 508-521.

Mehringer, Hartmut (Hg.), *Von der SBZ zur DDR. Studien zum Herrschaftssystem in der Sowjetischen Besatzungszone und in der Deutschen Demokratischen Republik*, München 1995.

Mehringer, Hartmut/Schwartz, Michael/Wentker, Hermann (Hgg.), *Erobert oder befreit? Deutschland im internationalen Kräftefeld und die sowjetische Besatzungszone (1945/46)*, München 1998.

Meier, Kurt, *Der evangelische Kirchenkampf. Gesamtdarstellung in drei Bänden*, Halle/Saale – Göttingen 1976–1984.

Meier, Kurt, *Die Theologischen Fakultäten im Dritten Reich*, Berlin – New York 1996.

Meier, Kurt, *Kirche und Judentum, die Haltung der evangelischen Kirche zur Judenpolitik des Dritten Reiches*, Göttingen 1968.

Meier, Kurt, „Volkskirchlicher Neuaufbau in der sowjetischen Besatzungszone“, in: *Die Zeit nach 1945 als Thema kirchlicher Zeitgeschichte*, hg.v. Valentin Conzemius, Martin Greschat und Heinrich Kocher, Göttingen 1988, 213-234.

Meier, Otto, *Partei und Kirche*, Berlin 1947.

Meinecke, Friedrich, *Die deutsche Katastrophe. Betrachtungen und Erinnerungen*, Wiesbaden 1946.

Meinecke, Friedrich, *Weltbürgertum und Nationalstaat*, München – Berlin – Oldenburg 1915.

Meinhold, Paul, *Römer 13. Obrigkeit, Widerstand, Revolution, Krieg*, München 1960.

Meinicke, Wolfgang, „Die Entnazifizierung in der sowjetischen Besatzungszone 1945 bis 1948“, in: *ZfG* 32. 1984, 968-979.

Meinicke, Wolfgang, „Zur Integration der Umsiedler in die Gesellschaft 1945–1952“, in: *ZfG* 36. 1988, 124-144.

Meißner, Klaus (Hg.), *Lehrer helfen siegen. Kriegspädagogik im Kaiserreich*, Berlin 1987.

Meister-Karanikas, Ralf, „Die Thüringer evangelische Kirche und die Judenfrage. Notizen zur Epoche 1933–1945“, in: *Thüringer Gratwanderungen. Beiträge zur fünfundsiebzigjährigen Geschichte der evangelischen Landeskirche Thüringens*, hg.v. Thomas A. Seidel i.A. der Evangelischen Akademie Thüringen und der Gesellschaft für Thüringische Kirchengeschichte, bearb.v. Dietmar Wiegand, Leipzig 1998, 111-123.

Meister-Karanikas, Ralf, „Skizzen zur Geschichte der Thüringer evangelischen Kirche in den Jahren 1933–1945“, in: *Vom „Untergang des Abendlandes“ zum Aufstieg des „Dritten Reiches“*, hg.v. Thomas A. Seidel i.A. des Kuratoriums Schloß Ettersburg, Weimar 1999, 43-61.

Melis, Damian van, *Entnazifizierung in Mecklenburg-Vorpommern. Herrschaft und Verwaltung*, Oldenburg 1999.

Mensing, Björn, *Pfarrer und Nationalsozialismus*, Bayreuth 1999.

Merz, Kai-Uwe, *Das Schreckbild. Deutschland und der Bolschewismus 1917–1921*, Berlin – Frankfurt/Main 1995.

Merz, Kai-Uwe, *Kalter Krieg als antikommunistischer Widerstand. Die Kampfgruppe gegen Unmenschlichkeit 1948–1959*, München 1987.

Metz, Johann Baptist, *Zur Theologie der Welt*, Mainz – München 1968.

Meuschel, Sigrid, *Legitimation und Parteiherrschaft. Zum Paradox von Stabilität und Revolution in der DDR 1945–1989*, Frankfurt/Main 1992.

Meuschel, Sigrid, „Überlegungen zu einer Herrschafts- und Gesellschaftsgeschichte der DDR", in: *GG* 19. 1993, 5-14.

Michaelis, Otto, *Protestantisches Märtyrerbuch. Bilder und Urkunden der evangelischen Märtyrer aus vier Jahrhunderten*, Stuttgart ²1927.

Michalka, Wolfgang/Niedhardt, Gottfried, *Deutsche Geschichte. Geschichte 1918–1933*, Frankfurt/Main 1992.

Mironenko, Sergej/Niethammer, Lutz/Plato, Alexander von (Hgg.), *Sowjetische Speziallager in Deutschland 1945 bis 1950*, 2 Bde., Berlin 1998.

Mitscherlich, Alexander, *Auf dem Weg zur vaterlosen Gesellschaft. Ideen zur Sozialpsychologie*, München 1963.

Mitzenheim, Moritz, *50 Jahre im Dienste der Kirche. Festgabe zum Gold. Ordinationsjubiläum (18.10.1964)*, hg.v. Ingo Braecklein, Berlin 1964.

Mitzenheim, Moritz, *Aus christlicher Verantwortung*, zusammengestellt v. Gerhard Lotz, Gabe zum 80. Geburtstag des Thüringer Landesbischofs, Berlin 1971.

Mitzenheim, Moritz, *Politische Diakonie, Reden, Erklärungen, Aufsätze 1946–1964*, Berlin 1964.

Mitzenheim, Paul, *Heute schon Geschichte. Zur Schulgeschichte Thüringens seit 1918. Dokumente und Skizzen*, Suhl 1966.

Mödung, Nori, „Die Stunde der Frauen? Frauen und Frauenorganisationen des bürgerlichen Lagers", in: *Von Stalingrad zur Währungsreform. Zur Sozialgeschichte des Umbruchs in Deutschland*, hg.v. Martin Broszat, Klaus-Dietmar Henke und Hans Woller, München 1988, 619-647.

Mommsen, Hans (Hg.), *Der Erste Weltkrieg und die europäische Nachkriegsordnung. Sozialer Wandel und Formveränderung der Politik*, Köln – Weimar – Wien 2000.

Mommsen, Hans, *Von Weimar nach Auschwitz. Zur Geschichte Deutschlands in der Weltkriegsepoche. Ausgewählte Aufsätze*, Stuttgart 1999.

Mommsen, Wolfgang J., „Die DDR in der deutschen Geschichte", in: *PZ* 29-30. 1993, 20-29.

Mommsen, Wolfgang J., „Die Geschichtswissenschaft in der DDR. Kritische Reflexion", in: *PZ* 17-18. 1992, 35-43.

Moritz, Marina (Hg.), *Zeitbrüche – Lebensbrüche. Frauenalltag in Thüringen 1945*, Erfurt 1995.

Moscovici, Serge, *Das Zeitalter der Massen. Eine historische Abhandlung über die Massenpsychologie*, München – Wien 1984.

Mühlen, Patrick von zur, „Widerstand in einer thüringischen Kleinstadt 1953 bis 1958. Der Eisenberger Kreis", in: *Zwischen Selbstbehauptung und Anpassung. Formen des Widerstandes und der Opposition in der DDR*, hg.v. Ulrike Poppe, Rainer Eckert und Ilko-Sascha Kowalczuk, Berlin 1995, 162-177.

Müller, Heiner, *Krieg ohne Schlacht. Leben in zwei Diktaturen*, Köln 1992.

Müller, Ingo, *Furchtbare Juristen. Die unbewältigte Vergangenheit unserer Justiz*, München 1987.

Müller, Johannes, *Die thüringische Industrie. Eine wirtschaftskundliche Darstellung*, Jena 1930.

Müller, Karl-Joachim (Hg.), *Der deutsche Widerstand 1933–1945*, Paderborn 1986.

Müller, Kurt, „Ein historisches Dokument aus dem Jahre 1956. Brief an den DDR-Ministerpräsidenten Otto Grotewohl", in: *PZ* 11. 1990, 16-29.

Müller, Rolf-Dieter/Ueberschär, Gerd R., *Kriegsende 1945. Die Zerstörung des Deutschen Reiches*, Frankfurt/Main 1994.

Müller, Winfried, *Schulpolitik in Bayern im Spannungsfeld von Kultusbürokratie und Besatzungsmacht 1945–1949*, München 1995.

Münkler, Herfried, „Antifaschismus und antifaschistischer Widerstand als politischer Gründungsmythos der DDR", in: *PZ* 45. 1998, 16-29.

Münkler, Herfried, *Politisches Denken im 20. Jahrhundert. Ein Lesebuch*, München 1999.

Mußgnug, Dorothee, *Alliierte Militärmissionen in Deutschland 1946–1990*, Berlin 2001.

Naumann, Friedrich, *Sozialismus und Religion in Deutschland. Bericht und Kritik*, Leipzig 1921.

Naumann, Klaus, *Der Krieg als Text. Das Jahr 1945 im kulturellen Gedächtnis der Presse*, Hamburg 1998.

Neliba, Günter, „Wilhelm Frick und Thüringen als Experimentierfeld für die nationalsozialistische Machtergreifung", in: *Nationalsozialismus in Thüringen*, hg.v. Detlef Heiden und Gunther Mai, Weimar – Köln – Wien 1995, 75-96.

Nettl, J. Peter, *Die deutsche Sowjetzone bis heute. Politik, Wirtschaft, Gesellschaft*, Frankfurt/Main 1953.

Neubauer, Theodor, *Die neue Erziehung der sozialistischen Gesellschaft*, Berlin (Ost) 1973.

Neubert, Ehrhart, *Gründlich ausgetrieben. Eine Studie zum Profil und zur psychosozialen, kulturellen und religiösen Situation von Konfessionslosigkeit in Ostdeutschland und den Voraussetzungen kirchlicher Arbeit*, hg.v. der EKD, Studien- und Begegnungsstätte Berlin, Berlin 1996.

Neubert, Ehrhart, „Von der Freiheit eines Christenmenschen. Protestantische Wurzeln widerständigen Verhaltens", in: *Zwischen Selbstbehauptung und Anpassung. Formen des Widerstandes und der Opposition in der DDR*, hg.v. Ulrike Poppe, Rainer Eckert und Ilko-Sascha Kowalczuk, Berlin 1995, 224-243.

Neubert, Ehrhart, *Geschichte der Opposition in der DDR 1949–1989*, Berlin 1997.

Neubert, Ehrhart, „Zur Instrumentalisierung von Theologie und Kirchenrecht durch das MfS", in: *Die Kirchenpolitik von SED und Staatssicherheit. Eine Zwischenbilanz*, hg.v. Clemens Vollnhals, Berlin 1996, 329-352.

Neuhäußer-Wespy, Ulrich, „Geschichtswissenschaft unter der SED-Diktatur, die Durchsetzung der Parteilinie in den fünfziger Jahren", in: *PZ* 39. 1996, 15-21.

Nicolaisen, Carsten, „Zwischen Theologie und Geschichte. Zur ‚kirchlichen Zeitgeschichte' heute", in: *Der Evangelische Erzieher* 42. 1990, 412-436.

Nicolaisen, Carsten (Hg.), *Nordische und deutsche Kirchen im 20. Jahrhundert*, Göttingen 1982.

Niemöller, Martin, *Vom U-Boot zur Kanzel*, Berlin 1935.

Niethammer, Lutz (Hg.), *Lebenserfahrung und kollektives Gedächtnis*, Frankfurt/Main 1984.

Niethammer, Lutz/Plato, Alexander von/Wierling, Dorothee, *Die volkseigene Erfahrung. Eine Archäologie des Lebens in der Industrieprovinz der DDR. 30 biographische Eröffnungen*, Berlin 1991.

Niethammer, Lutz, „Alliierte Internierungslager in Deutschland nach 1945. Vergleich und offene Fragen“, in: *Von der Aufgabe der Freiheit. Politische Verantwortung und bürgerliche Gesellschaft im 19. und 20. Jahrhundert*, hg.v. Christian Jansen, Lutz Niethammer und Bernd Weisbrod, Berlin 1995, 469-492.

Niethammer, Lutz, *Der ‚gesäuberte‘ Antifaschismus, die SED und die roten Kapos von Buchenwald. Dokumente*, Berlin 1994.

Niethammer, Lutz, *Die Mitläuferfabrik. Die Entnazifizierung am Beispiel Bayerns*, Bonn 1982 (1. Auflage unter anderemTitel: *Entnazifizierung in Bayern*, Frankfurt/Main 1979).

Niethammer, Lutz, „Erfahrungen und Strukturen. Prolegomena zu einer Geschichte der DDR“, in: *Sozialgeschichte der DDR*, hg.v. Hartmut Kaelbe, Jürgen Kocka und Hartmut Zwahr, Stuttgart 1994, 95-119.

Nietzsche, Friedrich, *Der Antichrist. Ecce Homo. Dionysos-Dithyramben*, München 1973.

Nitsche, Heinrich, *Zwischen Kreuz und Sowjetstern*, Aschaffenburg 1983.

Noack, Axel, „Die Einstellung der Kirchen zu Militarismus und Pazifismus“, in: *Kirchen in der Diktatur. Drittes Reich und SED-Staat*, hg.v. Günther Heydemann und Lothar Kettenacker, Göttingen 1993, 321-344.

Noack, Axel, „Feindobjekt. Evangelische Studentengemeinde“, in: *Die Kirchenpolitik von SED und Staatssicherheit. Eine Zwischenbilanz*, hg.v. Clemens Vollnhals, Berlin 1996, 298-328.

Nolte, Ernst, *Deutschland und der Kalte Krieg*, München 1974.

Noormann, Harry, *Protestantismus und politisches Mandat 1945 bis 1949*, 2 Bde., Gütersloh 1985.

Norden, Günther van, „Der deutsche Protestantismus. Zwischen Patriotismus und Bekenntnis“, in: *Kirchen in der Diktatur. Drittes Reich und SED-Staat*, hg.v. Günther Heydemann und Lothar Kettenacker, Göttingen 1993, 88-108.

Norden, Günther van, „Widerstand im deutschen Protestantismus“, in: *Der deutsche Widerstand 1933–1945*, hg.v. Karl-Joachim Müller, Paderborn 1986, 108-134.

Nothmann, Walter, *Der Irrweg der evangelischen Kirche*, Berlin 1931.

Nowak, Kurt/Siegele-Wenschkewitz, Leonore (Hgg.), *Zehn Jahre danach. Die Verantwortung von Theologie und Kirche in der Gesellschaft*, Leipzig 2000

Nowak, Kurt, *‚Euthanasie‘ und Sterilisierung im ‚Dritten Reich‘. Die Konfrontation der evangelischen und katholischen Kirchen mit dem ‚Gesetz zur Verhütung erbkranken Nachwuchses‘ und der ‚Euthanasie-Aktion‘*, Göttingen 1978.

Nowak, Kurt, „Christentum in politischer Verantwortung. Zum Protestantismus in der SBZ (1945–1949)“, in: *Christentum und politische Verantwortung. Kirchen im Nachkriegsdeutschland*, hg.v. Jochen-Christoph Kaiser und Anselm Doering-Manteuffel, Stuttgart – Berlin – Köln 1990, 42-62.

Nowak, Kurt, „Christuskreuz gegen Hakenkreuz. Die Ideologie des Nationalsozialismus im Urteil der Kirchen", in: *Kirchen in der Diktatur. Drittes Reich und SED-Staat*, hg.v. Günther Heydemann und Lothar Kettenacker, Göttingen 1993, 215-237.

Nowak, Kurt, „Die Evangelische Kirche im Jahr 1945", in: *Evangelische Kirche nach 1945 in der SBZ/DDR*, hg.v. Günther Wartenberg, Leipzig 1996, 26-39.

Nowak, Kurt, „Evangelische Kirche in der DDR", in: *GWU* 46. 3/1995, 142-153.

Nowak, Kurt, *Evangelische Kirche und Weimarer Republik. Zum politischen Weg des deutschen Protestantismus zwischen 1918 und 1932*, Weimar – Göttingen 1988 (1. Auflage 1981).

Nowak, Kurt, „Evangelische Kirchen in der DDR als Aufgabe der kirchlichen Zeitgeschichtsschreibung", in: *Protestantische Revolution? Kirche und Theologie in der DDR. Ekklesiologische Voraussetzungen, politischer Kontext, theologische und historische Kriterien*, hg.v. Trutz Rendtorff, Göttingen 1993, 211-251.

Nowak, Kurt, *Geschichte des Christentums in Deutschland. Religion, Politik und Gesellschaft vom Ende der Aufklärung bis zur Mitte des 20. Jahrhunderts*, München 1995.

Nowak, Kurt, „Kirche und Widerstand gegen den Nationalsozialismus 1933–1945 in Deutschland", in: *Nordische und deutsche Kirchen im 20. Jahrhundert*, hg.v. Carsten Nicolaisen, Göttingen 1982, 228-270.

Nowak, Kurt, „Machtstaat und Rechtsstaat. Protestantisches Staatsverständnis in Deutschland im Wandel der politischen Systeme zwischen 1789 und 1989", in: *Recht – Macht – Gerechtigkeit*, hg.v. Joachim Mehlhausen, Gütersloh 1998.

Nowak, Kurt, „Politische Pastoren. Der evangelische Geistliche als Sonderfall des Staatsbürgers (1862–1932)", in: *Evangelische Pfarrer. Zur sozialen und politischen Rolle einer bürgerlichen Gruppe in der deutschen Gesellschaft des 18. bis 20. Jahrhunderts*, hg.v. Luise Schorn-Schütte und Walter Sparn, Stuttgart – Berlin – Köln 2000, 148-168.

Nowak, Kurt, „Zum historischen Ort der Kirchen in der DDR", in: *Die Kirchenpolitik von SED und Staatssicherheit. Eine Zwischenbilanz*, hg.v. Clemens Vollnhals, Berlin 1996, 9-28.

Ochs, Günter, *Meine gestohlene Zeit... Erlebnisse eines Jugendlichen am Ende des zweiten Weltkrieges. Gefangenschaft – Gefängnis – Straflager II - KZ Buchenwald*, Bd. 1: *1945–1947*, Darmstadt 1994, Bd. 2: *Ungewollt nach Kasachstan*, Darmstadt 1995.

Onnasch, Martin: „Die Situation der Kirchen in der sowjetischen Besatzungszone 1945–1949", in: *KZG* 2. 1/1989, 210-220.

Onnasch, Martin: „Kirche an der Grenze. Folgen der Grenzsicherung für die evangelischen Kirchen am Beginn der fünfziger Jahre", in: *Evangelische Kirche nach 1945 in der SBZ/DDR*, hg.v. Günther Wartenberg, Leipzig 1996, 128-138.

Onnasch, Martin: „Konflikt und Kompromiß. Die Haltung der evangelischen Kirche zu den gesellschaftlichen Veränderungen in der DDR am Anfang der fünfziger Jahre", in: *KZG* 3. 1/1990, 153-164.

Onnasch, Martin: „Waren die Existenzbedingungen in beiden Diktaturen vergleichbar? Die Evangelische Kirche im Mansfelder Land", in: *Kirchen in der Diktatur. Drittes Reich und SED-Staat*, hg.v. Günther Heydemann und Lothar Kettenacker, Göttingen 1993, 345-363.

Otto, Bertram, *Wußten wir auch nicht, wohin es geht ... Erinnerungen 1927–1947*, München 2000.

Otto, Ernst, *Am Sterbelager des deutschen Volkes?*, Neudietendorf 1928.

Otto, Ernst, *Evangelischer oder „deutsch-christlicher" Glaube? Eine Auseinandersetzung über die Grundfrage evangelischen Glaubens mit der nationalkirchlichen Bewegung der Thüringer Deutschen Christen*, Nürnberg 1937.

Otto, Ernst, *Politik und Christ*, Leipzig 1930.

Overesch, Manfred, *Buchenwald und die DDR oder Die Suche nach Selbstlegitimation*, Göttingen 1995.

Overesch, Manfred, *Deutschland 1945 – 1949*, Düsseldorf 1979.

Overesch, Manfred, *Hermann Brill. Ein Kämpfer gegen Hitler und Ulbricht*, Bonn 1992.

Overesch, Manfred, „Konzeptionen für einen Neuanfang. Hermann Brill und der antinationalsozialistische Widerstand", in: *Nationalsozialismus in Thüringen*, hg.v. Detlef Heiden und Gunther Mai, Weimar – Köln – Wien 1995, 487-506.

Overesch, Manfred, *Machtergreifung von links. Thüringen 1945/46,* Hildesheim 1993.

Owzar, Armin: *Sozialistische Bündnispolitik und gewerblich industrieller Mittelstand in Thüringen 1945–1953,* Erfurt – Kusterdingen 2001.

Pampel, Bert, „Was bedeutet ‚Aufarbeitung der Vergangenheit'? Kann man aus der ‚Vergangenheitsbewältigung' nach 1945 für die ‚Aufarbeitung' nach 1989 Lehren ziehen?", in: *PZ* 1-2. 1995, 27-38.

Papenfuß, Dietrich/Schieder, Wolfgang (Hgg.), *Deutsche Umbrüche im 20. Jahrhundert*, Köln – Weimar – Wien 2000.

Patton, George S., *Krieg, wie ich ihn erlebte*, Bern 1950.

Patze, Hans/Schlesinger, Walter (Hgg.), *Geschichte Thüringens,* 6 Bde., Köln – Wien 1978.

Pätzold, Kurt, *Verfolgung, Vertreibung, Vernichtung. Dokumente des faschistischen Antisemitismus 1933 bis 1942,* Leipzig 1983.

Peter, Antonio, „Das Thüringer Landesamt für Rassewesen", in: *Nationalsozialismus in Thüringen*, hg.v. Detlef Heiden und Gunther Mai, Weimar – Köln – Wien. 1995, 313-332.

Peter, Ulrich, *Der Bund der religiösen Sozialisten in Berlin von 1919 bis 1933. Geschichte – Struktur – Theologie und Politik,* Frankfurt/Main 1995.

Petersen, Peter, *Die Deutsche Privatschule,* Jena 1935.

Petri, Ernst/Otto, Richard, *Die Thüringer Kirchliche Konferenz im Kampf um die staatsfreie Volkskirche und um die Gestaltung des Lutherischen Bekenntnisses in Thüringen. 2 Vorträge*, Leipzig 1926.

Pfeil, Ulrich (Hg.), *Die DDR und der Westen. Transnationale Beziehungen 1949–1989,* Berlin 2001.

Plack, Arno, *Ohne Lüge leben. Zur Situation des Einzelnen in der Gesellschaft*, München 1976.

Planer-Friedrich, Götz, „Einfallstore für die Stasi", in: *Die evangelischen Kirchen und der SED-Staat – ein Thema kirchlicher Zeitgeschichte*, hg.v. Leonore Siegele-Wenschkewitz, Frankfurt/Main 1993, 113-128.

Planer-Friedrich, Götz, „Rückfall hinter Barmen", in: *GuH* 48. 1993, 8.

Plato, Alexander von/Leh, Almut, *Ein unglaublicher Frühling. Erfahrene Geschichte im Nachkriegsdeutschland 1945–1948,* Bonn 1997.

Plato, Alexander von, „Eine zweite Entnazifizierung", in: *Wendezeiten – Zeitenwende. Zur „Entnazifizierung" und „Entstalinisierung"*, hg.v. Rainer Eckert, Alexander von Plato und Jörn Schütrumpf, Hamburg 1991, 233-242.

Plato, Alexander von, „Oral History als Erfahrungswissenschaft. Zum Stand der ‚mündlichen Geschichte' in Deutschland", in: *Bios* 1/1991, 97-119.

Plato, Alexander von, „Plädoyer für eine Erfahrungsgeschichte der Nachkriegszeit", in: *Adenauerzeit. Stand, Perspektiven und methodische Aufgaben der Zeitgeschichtsforschung (1945–1967)*, hg.v. Anselm von Doering-Manteuffel, Bonn 1993, 110-121.

Podewin, Norbert/Teresiak, Manfred, *Brüder, in eins nun die Hände ... Das Für und Wider um die Einheitspartei in Berlin,* Berlin 1996.

Pogue, Forest C., „The Supreme Command", in: *United States Army in World War II. The European Theater of Operations 4*, Washington 1954.

Pollack, Detlef, „Der Weg in die Anpassung. Stationen der theologischen Entwicklung in den evangelischen Kirchen der DDR", in: *Evangelische Kirche nach 1945 in der SBZ/DDR*, hg.v. Günther Wartenberg, Leipzig 1996, 9-25.

Pollack, Detlef, *Kirche in der Organisationsgesellschaft, zur gesellschaftlichen Lage der Evangelischen Kirchen und der politisch alternativen Gruppen in der DDR*, Stuttgart 1994.

Pollack, Detlef, „Zum Stand der DDR-Forschung", in: *Politische Vierteljahresschrift* 34. 1993, 1-15.

Pollmann, Klaus Erich, „Die Entnazifizierung in der Braunschweigischen Landeskirche nach 1945", in: *Der schwierige Weg in die Nachkriegszeit. Die Evangelisch-Lutherische Landeskirche in Braunschweig 1945–1950*, hg.v. Klaus Erich Pollmann, Göttingen 1995, 26-99.

Poppe, Ulrike/Eckert, Rainer/Kowalczuk, Ilko-Sascha (Hgg.), *Zwischen Selbstbehauptung und Anpassung. Formen des Widerstandes und der Opposition in der DDR,* Berlin 1995.

Preissinger, Adrian (Hg.), *Von Sachsenhausen bis Buchenwald. Todesfabriken der Kommunisten*, Berg am See 1991.

Preysing, Konrad Graf von, *Hirtenworte in ernster Zeit. Kundgebungen des Bischofs von Berlin Konrad Kardinal von Preysing in den Jahren 1945–1947*, 1947.

Prolingheuer, Hans, *Kleine politische Kirchengeschichte. 50 Jahre evangelischer Kirchenkampf von 1919 bis 1969*, Köln 1984.

Protzner, Wolfgang/Neubauer, Alexandra/Schuster, Christel (Hgg.), „Der Geschichtsunterricht in der DDR als Instrument der SED-Politik", in: *PZ* 29-30. 1993, 42-51.

Pruß, Ursula, „Caritas in der DDR", in: *Rolle der Kirchen in der DDR. Eine erste Bilanz*, hg.v. Horst Dähn, München 1993, 198-212.

Puschner, Uwe/Schmitz, Walter/Ulbricht, Justus H. (Hrsg), *Handbuch zur „Völkischen Bewegung" 1871–1918,* München 1996.

Pyta, Wolfram, *Dorfgemeinschaft und Parteipolitik 1918–1933. Die Verschränkung von Milieu und Parteien in den protestantischen Landgebieten Deutschlands in der Weimarer Republik,* Düsseldorf 1996.

Räbiger, Rocco (Hg.), *Allenfalls kommt man für ein halbes Jahr in ein Umschulungslager ... Nachkriegsunrecht an Wittenberger Jugendlichen,* Torgau 1998.

Räbiger, Rocco, „Die sowjetischen Speziallager 1945–1950. Eine Einführung", in: *Allenfalls kommt man für halbes Jahr in ein Umschulungslager ... Nachkriegsunrecht an Wittenberger Jugendlichen*, hg.v. Claudia Ulrike Baum und Rocco Räbiger i.A. der Arbeitsgemeinschaft Lager Sachsenhausen e.V., Torgau 1998, 13-26.

Rassow, Peter, *Deutsche Geschichte im Überblick,* Stuttgart 1953.

Rathje, Johannes, *Die Welt des freien Protestantismus. Ein Beitrag zur deutsch-evangelischen Geistesgeschichte. Dargestellt am Leben und Werk von Martin Rade,* Stuttgart 1952.

Recht der Evangelisch-Lutherischen Kirche in Thüringen. Ergänzbare Rechtsquellensammlung, hg.v. Landeskirchenrat, bearb.v. Wolfram Johannes und Walter Weispfenning, Neuwied – Kriftel – Berlin 1997.

Reichardt, Erich W., *Der Neubau der Thüringer evangelischen Kirche*, Jena 1922.

Reichardt, Erich W., *Die rechtlichen Beziehungen zwischen Staat und Kirche im Reich und in Thüringen, nach Aussprüchen von Parteien, Regierungs- und Volksvertretern*, i.A. des Landeskirchenrates der Thüringer evangelischen Kirche zusammengestellt v. Dr.jur. Dr.rer.pol. Reichardt, Eisenach (1923).

Reichardt, Erich W., *Neue Thüringer* Kirchenkunde, Berlin ²1966.

Reif-Spirek, Peter/Ritscher, Bodo (Hgg.), *Speziallager in der SBZ. Gedenkstätten mit „doppelter Vergangenheit"*, Berlin 1999.

Rendtorff, Trutz (Hg.), *Protestantische Revolution? Kirchen und Theologie in der DDR. Ekklesiologische Voraussetzungen, politischer Kontext, theologische und historische Kriterien,* Göttingen 1993.

Reuer, Martin: „Diakonie als Faktor in Kirche und Gesellschaft", in: *Die evangelischen Kirchen in der DDR,* hg.v. Reinhard Henkys, München 1982, 213-242.

Reuther, Thomas, *Die ambivalente Normalisierung, Deutschlanddiskurs und Deutschlandbilder in den USA 1941–1955,* Stuttgart 2000.

Richter, Edelbert, „Zum historischen Hintergrund der Gruppenopposition in der DDR", in: *Kirchen in der Diktatur. Drittes Reich und SED-Staat*, hg.v. Günther Heydemann und Lothar Kettenacker, Göttingen 1993, 313-320.

Richter, Klemens, „Jugendweihe und katholische Kirche", in: *DArch* 20. 2/1987, 168-180.

Richter, Ludwig, *Kirche und Schule in den Beratungen der Weimarer Nationalversammlung,* Düsseldorf 1996.

Richter, Manfred, *Die Ost-CDU 1948–1952. Zwischen Widerstand und Gleichschaltung,* Düsseldorf 1991.

Rickers, Folkert, *Zwischen Kreuz und Hakenkreuz. Untersuchungen zur Religionspädagogik im „Dritten Reich",* Neukirchen-Vluyn 1995.

Ringshausen, Gerhard, „Kirchliche Zeitgeschichte und Selbstprüfung der Gegenwart, zum Beispiel EKD 1988/89", in: *KZG* 2. 2/1989, 494-499.

Rink, Sigurd, *Der Bevollmächtigte. Propst Grüber und die Regierung der DDR,* Stuttgart – Berlin – Köln 1996.

Rinnen, Anja, *Kirchenmann und Nationalsozialist. Siegfried Lefflers ideelle Verschmelzung von Kirche und Drittem Reich,* Weinheim 1995.

Ritscher, Bodo (Hg.), *Speziallager Nr.2 Buchenwald,* Gedenkstätte Buchenwald 1993.

Ritscher, Bodo/Hofmann, Rosemarie/Hammermann, Gabriele/Röll, Wolfgang/Schölzel, Christian (Hgg.), *Die sowjetischen Speziallager in Deutschland 1945–1950. Eine*

Bibliographie. Mit einem Anhang – Literatur zum historisch-sozialen Umfeld der Speziallager, Göttingen 1996.

Ritscher, Bodo/Lüttgenau, Rikola-Gunnar/Hammermann, Gabriele/Röll, Wolfgang/Schölzel, Christian (Hgg.), *Das sowjetische Speziallager Nr. 2 1945–1950. Katalog zur ständigen historischen Ausstellung,* Göttingen 1999.

Ritscher, Bodo, „Kinder und Jugendliche im Speziallager Nr. 2 Buchenwald", in: *Nachbarn auf dem Ettersberg. Menschenverachtung und Erziehung zur Ehrfurcht*, hg.v. Thomas A. Seidel i.A. des Kuratoriums Schloß Ettersburg und der Evangelischen Akademie Thüringen, Neudietendorf – Buchenwald – Ettersburg 1995, 35-45.

Robel, Hergard (Hg.), *Wilhelm Külz. Ein Liberaler zwischen Ost und West. Aufzeichnungen 1947–1948,* München 1989.

Rohkrämer, Thomas, *Der Militarismus der „kleinen Leute"*, München 1990.

Rößler, Ruth-Kristin (Hg.), *Die Entnazifizierungspolitik der KPD/SED 1945–1948. Dokumente und Materialien,* Goldbach 1994.

Rößler, Ruth-Kristin, *Justizpolitik in der SBZ/DDR 1945–1956*, Frankfurt/Main 2000.

Roth, Harald (Hg.), *Verachtet, verstoßen, vernichtet. Kinder- und Jugendjahre unterm Hakenkreuz*, Frankfurt/Main 1995.

Rothe, Aribert, *Evangelische Erwachsenenbildung in der DDR und ihr Beitrag zur politischen Bildung*, Leipzig 2000.

Rothe, Aribert, *Exemplarische Quellentexte und Themendokumentationen zur evangelischen Jugend- und Erwachsenenbildung in der DDR*, Leipzig 2000.

Rudolph, Hartmut, *Evangelische Kirche und Vertriebene 1945 bis 1972,* Göttingen 1984.

Ruhl, Hans-Jörg (Hg.), *Deutschland 1945. Alltag zwischen Krieg und Frieden in Berichten, Dokumenten und Bildern,* Darmstadt u.a. 1984.

Ruhl, Hans-Jörg (Hg.), *Frauen in der Nachkriegszeit 1945–1963,* München 1988.

Ruhl, Hans-Jörg (Hg.), *Neubeginn und Restauration, Dokumente zur Vorgeschichte der Bundesrepublik Deutschland 1945 bis 1949,* München 1982.

Rupieper, Hermann-Josef, *Die Wurzeln der westdeutschen Nachkriegsdemokratie. Der amerikanische Beitrag 1945 bis 1952,* Wiesbaden 1993.

Sauckel, Fritz, *Der Kampf um Thüringen,* Weimar 1930.

Sauer, Klaus Martin: „Neubeginn in Nassau? Die kirchlichen Entwicklungen im Jahr 1945", in: *Aspekte protestantischen Lebens im hessischen und nassauischen Raum. Festschrift für Karl Dienst zum 65. Geburtstag*, hg.v. Friedrich Battenberg, Ekkehard Kätsch, Hervert Kemler und Klaus Martin Sauer, Darmstadt 1995, 225-239.

SBZ von 1945–1954, hg.v. Bundesministerium für Gesamtdeutsche Fragen, Bonn 1956.

Schacht, Ulrich (Hg.), *Hohenecker Protokolle. Aussagen zur Geschichte der politischen Verfolgung von Frauen in der DDR,* Frankfurt/Main – Berlin 1989.

Scheerer, Reinhard, *Evangelische Kirche und Politik 1945 bis 1949. Zur theologisch-politischen Ausgangslage nach der Niederlage des ‚Dritten Reiches'*, Köln 1981.

Scheerer, Reinhard, *Kirchen für den Kalten Krieg. Grundzüge und Hintergründe der US-amerikanischen Religions- und Kirchenpolitik im Nachkriegsdeutschland,* Köln 1986.

Scheuch, Erwin K., „Der Umbruch nach 1945 im Spiegel der Umfragen", in: *Gesellschaftlicher Umbruch 1945–1990. Re-Demokratisierung und Lebensverhältnisse*, hg.v. Uta Gerhardt und Ekkehard Mochmann, München 1992, 9-25.

Scheurig, Bodo, *Verräter oder Patrioten. Das Nationalkomitee „Freies Deutschland" und der Bund Deutscher Offiziere in der Sowjetunion 1943–1945,* Berlin 1993.

Schick, Christa, „Die Internierungslager", in: *Von Stalingrad zur Währungsreform. Zur Sozialgeschichte des Umbruchs in Deutschland,* hg.v. Martin Broszat, Klaus-Dietmar Henke und Hans Woller, München 1988, 301-325.

Schiel, Joachim (Hg.), *Die ersten Jahre. Erinnerungen an den Beginn der revolutionären Umgestaltungen,* Berlin (Ost) 1979.

Schiffers, Reinhard, „Länderneugliederungspläne nach 1945", in: *Mitteldeutschland. Begriff – Geschichte – Konstrukt,* hg.v. Jürgen John, Rudolstadt und Jena 2001, 433-448.

Schilling, Walter, „Die Bearbeitung der Landeskirche Thüringen durch das MfS", in: *Die Kirchenpolitik von SED und Staatssicherheit. Eine Zwischenbilanz,* hg.v. Clemens Vollnhals, Berlin 1996, 211-266.

Schirmer, Dietmar, *Mythos, Heilshoffnung, Modernität. Politisch-kulturelle Deutungscodes in der Weimarer Republik,* Opladen 1992.

Schley, Jens, *Nachbar Buchenwald. Die Stadt Weimar und ihr Konzentrationslager 1937–1945,* Köln 1999.

Schmidt, Eberhard, *Die verhinderte Neuordnung 1945–1952,* Frankfurt/Main 1977.

Schmidt, Klaus, *Kanzel, Thron und Demokraten. Die Protestanten und die Revolution 1848/49 in der preußischen Rheinprovinz,* Köln 1998.

Schmidt, Kurt Dietrich, *Gesammelte Werke,* Göttingen 1967.

Schneider, Thomas Martin, *Reichsbischof Ludwig Müller. Eine Untersuchung zu Leben, Werk und Persönlichkeit,* Göttingen 1993.

Scholder, Klaus, *Die Kirchen und das Dritte Reich,* Frankfurt – Berlin – Wien 1977.

Schöneburg, Karl-Heinz (Autorenkollektiv), *Die Errichtung des Arbeiter- und Bauernstaates der DDR 1945–1949,* Berlin (Ost) 1979 und 1983.

Schönhoven, Klaus/Staritz, Dietrich (Hgg.), *Sozialismus und Kommunismus im Wandel,* Köln 1993.

Schönhoven, Klaus, „Drittes Reich und DDR, Probleme einer vergleichenden Analyse von deutschen Diktaturerfahrungen", in: *JfHKF* 2. 1995, 189-200.

Schorn-Schütte, Luise/Sparn, Walter (Hgg.), *Evangelische Pfarrer. Zur sozialen und politischen Rolle einer bürgerlichen Gruppe in der deutschen Gesellschaft des 18. bis 20. Jahrhunderts,* Stuttgart – Berlin – Köln 2000.

Schramm, Percy E. (Hg.), *Kriegstagebuch des OKW,* Frankfurt/Main 1961.

Schreier, Beate, „Die Gründung der Thüringer evangelischen Kirche und ihr Weg während der Weimarer Republik", in: *Thüringer Gratwanderungen. Beiträge zur fünfundsiebzigjährigen Geschichte der evangelischen Landeskirche Thüringens,* hg.v. Thomas A. Seidel i.A. der Evangelischen Akademie Thüringen und der Gesellschaft für Thüringische Kirchengeschichte, bearb.v. Dietmar Wiegand, Leipzig 1998, 16-32.

Schröder, Otto, *Der Kampf der SED in der Vorbereitung und Durchführung des Volksentscheids in Sachsen. Februar bis 30. Juni 1946,* Berlin (Ost) 1961.

Schroeder, Klaus (Hg.), *Geschichte und Transformation des SED-Staates. Beiträge und Analysen,* Berlin 1994.

Schroeder, Klaus/Staadt, Jochen, „Zeitgeschichte in Deutschland vor und nach 1989", in: *PZ* 26. 1997, 15-29.

Schröter, Ulrich/Zeddies, Helmut (Hgg.), *Nach-Denken. Zum Weg des Bundes der Evangelischen Kirchen in der DDR,* Hannover 1995.

Schröter, Ulrich, „Die Bearbeitung der Landeskirche Berlin-Brandenburg durch das MfS“, in: *Kirchenpolitik von SED und Staatssicherheit. Eine Zwischenbilanz*, hg.v. Clemens Vollnhals, Berlin 1996, 191-210.

Schuchardt, Günter, „Die Wartburg. Ein nationales Denkmal unter dem Hakenkreuz“, in: *Nationalsozialismus in Thüringen*, hg.v. Detlef Heiden und Gunther Mai, Weimar – Köln – Wien 1995, 375-398.

Schüfer, Tobias, „Die Theologische Fakultät Jena und die Landeskirche im Nationalsozialismus“, in: *Thüringer Gratwanderungen. Beiträge zur fünfundsiebzigjährigen Geschichte der evangelischen Landeskirche Thüringens*, hg.v. Thomas A. Seidel i.A. der Evangelischen Akademie Thüringen und der Gesellschaft für Thüringische Kirchengeschichte, bearb.v. Dietmar Wiegand, Leipzig 1998, 94-110.

Schuller, Wolfgang, *Geschichte und Struktur des politischen Strafrechts bis 1968 in der SBZ/DDR,* Konstanz 1980.

Schwarz, Hans-Peter, *Vom Reich zur Bundesrepublik. Deutschland im Widerstreit der außenpolitischen Konzeptionen in den Jahren der Besatzungsherrschaft 1945–1949,* Stuttgart 1980 (1. Auflage 1966).

Segert, Astrid/Zierke, Irene, *Sozialstruktur und Milieuerfahrung. Aspekte des alltagskulturellen Wandels in Ostdeutschland*, Opladen 1997.

Seidel, J. Jürgen, *Neubeginn in der Kirche? Die evangelischen Landes- und Provinzialkirchen in der SBZ/DDR im gesellschaftspolitischen Kontext der Nachkriegszeit (1945–1953)*, Göttingen 1989.

Seidel, J. Jürgen, *Aus den Trümmern 1945. Personeller Wiederaufbau und Entnazifizierung in der evangelischen Kirche der Sowjetischen Besatzungszone Deutschlands. Einführung und Dokumente,* Göttingen 1996.

Seidel, J. Jürgen, „Die Görlitzer Kirche und ihre Anfänge 1945“, in: *Jahrbuch für Schlesische Kirchengeschichte* 73. 1994, 125-145.

Seidel, J. Jürgen, „Grundzüge staatlicher Kirchenpolitik in der SBZ 1945–1949“, in: *Staatliche Kirchenpolitik im „real existierenden Sozialismus“ in der DDR*, hg.v. Evangelischen Bildungswerk Berlin, Berlin 1993, 42-61.

Seidel, J. Jürgen, „Von Leipzig nach Dresden. Die ‚Evangelisch-Lutherische Landeskirche Sachsens‘ nach 1945“, in: *KiS* 10. 3/1984, 35-46.

Seidel, Thomas A. (Hg.), „Erblast und Erneuerungsversuche in Thüringen. Eine mitteldeutsche Landeskirche im Spannungsfeld von Besatzungsmacht und deutscher Verwaltung 1945–1949“, in: *Evangelische Kirche nach 1945 in der SBZ/DDR*, hg.v. Günther Wartenberg, Leipzig 1996, 87-105.

Seidel, Thomas A. (Hg.), *Gottlose Jahre? Rückblicke auf die Kirche im Sozialismus der DDR*, Leipzig 2002.

Seidel, Thomas A. (Hg.), *Thüringer Gratwanderungen, Beiträge zur fünfundsiebzigjährigen Geschichte der evangelischen Landeskirche Thüringens*, Leipzig 1998.

Seidel, Thomas A. (Hg.), *Vernichtung durch Fortschritt. Am Beispiel der Raketenproduktion im Konzentrationslager Mittelbau*, Berlin – Bonn 1995.

Seidel, Thomas A. (Hg.), *Vom „Untergang des Abendlandes“ zum Aufstieg des „Dritten Reiches“*, Weimar 1999.

Seidel, Thomas A., „... in Sturm und Gericht der Gegenwart. Kirchliche Neuordnung in Thüringen 1945–1951“, in: *Thüringer Gratwanderungen. Beiträge zur fünfundsiebzigjährigen Geschichte der evangelischen Landeskirche Thüringens*, hg.v. Thomas A. Seidel i.A. der Evangelischen Akademie Thüringen und der Gesellschaft für Thüringische Kirchengeschichte, bearb.v. Dietmar Wiegand, Leipzig 1998, 166-188.

Seidel, Thomas A., „Befreiung oder Besatzung? Thüringen 1945“, in: *Palmbaum* 3. 1/1995, 32-42.

Seidel, Thomas A., „Deutsch-christliche Hypothek und Neuordnungskompromisse. Die evangelische Kirchgemeinde Jena 1945“, in: *Macht und Milieu. Jena zwischen Kriegsende und Mauerbau*, hg.v. Rüdiger Stutz, Jena – Rudolstadt 2000, 103-133.

Seidel, Thomas A., „Paul Dahinten und seine Chronik des Thüringer Pfarrervereins. Historische Anmerkungen zu einem liberalen Theologen“, in: *Vestigia pietatis. Studien zur Geschichte der Frömmigkeit in Thüringen und Sachsen*, hg.v. Gerhard Graf, Hans-Peter Hasse, Markus Hein, Matthias Richter, Thomas A. Seidel und Dietmar Wiegand, Leipzig 2000, 267-286.

Seidel, Thomas A., „Sind wir dem Zeitgeist verpflichtet? Evangelische Kirche in den neuen Bundesländern im zehnten Jahr der deutschen Einheit“, in: *DtPfbl* 10. 2000, 557-560.

Seidel, Thomas A., „Thüringer Weg und Thüringer Initiative. Eine Regionalgruppe der Solidarischen Kirche am Ende der DDR“, in: *Die Solidarische Kirche in der DDR. Erfahrungen, Erinnerungen, Erkenntnisse*, hg.v. Joachim Goertz, Berlin 1999, 35-54.

Siegel, Achim, „Die Konjunkturen des Totalitarismuskonzeptes in der Kommunismusforschung. Eine wissenschaftssoziologische Skizze“, in: *PZ* 20. 1998, 19-31.

Siegele-Wenschkewitz, Leonore (Hg.), *Christlicher Antijudaismus und Antisemitismus. Theologische und kirchliche Programme Deutscher Christen,* Frankfurt/Main 1994.

Siegele-Wenschkewitz, Leonore (Hg.), *Die evangelischen Kirchen und der SED-Staat – ein Thema kirchlicher Zeitgeschichte*, Frankfurt/Main 1993.

Siegele-Wenschkewitz, Leonore, „Ist Ethik eine Kategorie der Historiographie?“, in: *EvTh* 51. 1991, 155-168.

Siegele-Wenschkewitz, Leonore, *Nationalsozialismus und Kirche. Religionspolitik von Partei und Staat bis 1935*, Düsseldorf 1994.

Silomon, Anke, *„Schwerter zu Pflugscharen“ und die DDR. Die Friedensarbeit der evangelischen Kirchen in der DDR im Rahmen der Friedensdekaden 1980–1982*, Göttingen 1999.

Silomon, Anke, „Verantwortung für den Frieden“, in: *Evangelische Kirchen im geteilten Deutschland (1945–1989/90)*, hg.v. Claudia Lepp und Kurt Nowak, Göttingen 2001, 135-160.

Simmel, Ernst (Hg.), *Antisemitismus*, Frankfurt/Main 1993.

Smith-von Osten, Annemarie, *Von Treysa 1945 bis Eisenach 1948. Zur Geschichte der Grundordnung der Evangelischen Kirche in Deutschland*, Göttingen 1980.

Soell, Hartmut, „Die ‚doppelte Vergangenheit‘ in der zeitgeschichtlichen Forschung. Probleme und Maßstäbe“, in: *Die evangelischen Kirchen und der SED-Staat. Ein Thema kirchlicher Zeitgeschichte*, hg.v. Leonore Siegele-Wenschkewitz, Frankfurt/Main 1993, 15-25.

Sofsky, Wolfgang, *Die Ordnung des Terrors. Das Konzentrationslager*, Frankfurt/Main 1993.

Söhlmann, Friedrich (Hg.), *Treysa 1945*, Lüneburg 1946.

Söhngen, Otto, „Wie es anfing“, in: *Gestalten und Wege der Kirche im Osten*, Ulm 1958.

Solberg, Reinhard, *Kirche in der Anfechtung. Der Konflikt zwischen Staat und Kirche in Mitteldeutschland seit 1945*, Berlin – Hamburg 1961.

Sombart, Nicolaus, *Die deutschen Männer und ihre Feinde. Carl Schmitt – Ein deutsches Schicksal zwischen Männerbund und Matriarchatsmythos*, München 1991

Sonne, Hans-Joachim, *Die politische Theologie der Deutschen Christen. Einheit und Vielfalt deutsch-christlichen Denkens, dargestellt anhand des Bundes für deutsche Kirche, der Thüringer Kirchenbewegung „Deutsche Christen“ und der Christlich-deutschen Bewegung*, Göttingen 1982.

Sontheimer, Kurt, *Antidemokratisches Denken in der Weimarer Republik*, München 1994 (1. Auflage 1962).

Sparn, Walter (Hg), *Wieviel Religion braucht der deutsche Staat? Politisches Christentum zwischen Reaktion und Revolution*, Gütersloh 1992.

Spengler, Oswald, *Der Untergang des Abendlandes. Umrisse einer Morphologie der Weltgeschichte* München 1986 (erstmals München 1923).

Spittmann, Ilse/Helwig, Gisela (Hgg.), *DDR-Lesebuch. Von der SBZ zur DDR 1945 – 1949*, Köln 1989.

Staritz, Dietrich, *Die Gründung der DDR. Von der sowjetischen Besatzungsherrschaft zum sozialistischen Staat*, München ³1995.

Staritz, Dietrich, „Zur Geschichte der DDR“, in: *Deutschland-Handbuch, Eine doppelte Bilanz 1949–1989*, hg.v. Werner Weidenfeld und Hartmut Zimmermann, München 1989, 69-85.

Stark, Meinhard, *Ich muß sagen, wie es war. Deutsche Frauen des GULag*, Berlin 1999.

Stege, Eva-Maria, *Bald nach Hause – Skoro domoi. Das Leben der Eva-Maria Stege*, aufgezeichnet v. Sigrid Moser, Berlin 1991.

Stegmann, Erich, *Der Kirchenkampf in der Thüringer evangelischen Kirche 1933–1945. Ein Kapitel Thüringer Kirchengeschichte*, Berlin 1984.

Steinbach, Lothar, „DDR-Historie zwischen Wissenschaftlichkeit und Politik. Anmerkungen zu unterschiedlichen Forschungsansätzen und kontroversen Bewertungen“, in: *PZ* 45. 1998, 31-44.

Steiner, Jürgen, „Das Jenaer Glaswerk und die Folgen des Zweiten Weltkrieges (1945–1952)“, in: *Macht und Milieu. Jena zwischen Kriegsende und Mauerbau*, hg.v. Rüdiger Stutz, Jena – Rudolstadt 2000, 203-230.

Steiniger, Rolf, *Deutsche Geschichte 1945–1961. Darstellungen und Dokumente in zwei Bänden*, Frankfurt 1987.

Steininger, Rolf, „Die Alliierten und Deutschland 1945–1948“, in: *PZ* 32-33. 1998, 3-12.

Steinlein, Reinhard, *Die gottlosen Jahre*, Berlin 1993.

Stengel, Friedemann, *Die Theologischen Fakultäten in der DDR – als Problem der Kirchen- und Hochschulpolitik des SED-Staates bis zu ihrer Umwandlung in Sektionen 1970/71*, Leipzig 1998.

Stern, Carola, *Ulbricht. Eine politische Biographie*, Köln 1963.

Stern, Fritz, *Kulturpessimismus als politische Gefahr. Eine Analyse nationaler Ideologien in Deutschland*, München 1986.

Stettner, Ralf, *Archipel GULag. Stalins Zwangslager, Terrorinstrument und Wirtschaftsgigant*, Paderborn 1997.

Stier, Christoph, „Um der Kirche willen – Regelüberprüfung und kirchenleitendes Handeln in der Evangelisch-Lutherischen Landeskirche Mecklenburgs“, in: *Kirchenpolitik von SED und Staatssicherheit. Eine Zwischenbilanz*, hg.v. Clemens Vollnhals, Berlin 1996, 415-433.

Straub, Barbara, „Auswirkungen der NS-Zeit auf die Pädagogik in der Sowjetischen Besatzungszone/DDR (Thüringen)“, in: *Nachbarn auf dem Ettersberg. Menschenverachtung und Erziehung zur Ehrfurcht*, hg.v. Thomas A. Seidel i.A. des Kuratoriums Schloß Ettersburg und der Evangelischen Akademie Thüringen, Neudietendorf – Buchenwald – Ettersburg 1995, 69-78.

Stupperich, Robert, *Otto Dibelius. Ein evangelischer Bischof im Umbruch der Zeiten*, Göttingen 1989.

Stutz, Rüdiger (Hg.), *Macht und Milieu. Jena zwischen Kriegsende und Mauerbau*, Jena – Rudolstadt 2000.

Stutz, Rüdiger, „Im Schatten von Zeiss. Die NSDAP in Jena“, in: *Nationalsozialismus in Thüringen*, hg.v. Detlef Heiden und Gunther Mai, Weimar – Köln – Wien 1995, 119-142.

Suckut, Siegfried, „Zum Wandel von Rolle und Funktion der Christlich-Demokratischen Union Deutschlands (CDUD) im Parteiensystem der SBZ/DDR (1945–1952)“, in: *Parteiensystem zwischen Demokratie und Volksdemokratie*, hg.v. Hermann Weber, Köln 1982, 117-178.

Suckut, Siegfried, *Blockpolitik in der SBZ/DDR 1945–1949. Die Sitzungsprotokolle des zentralen Einheitsfront-Ausschusses. Quellenedition*, Köln 1986.

Suckut, Siegfried, „Christlich-Demokratische Union Deutschlands CDU(D)“, in: *SBZ-Handbuch*, 515-543.

Suckut, Siegfried, „Der Konflikt um die Bodenreformpolitik in der Ost-CDU 1945. Versuch einer Neubewertung der ersten Führungskrise der Union“, in: *DArch* 15. 10/1982, 1080-1095.

Sühl, Klaus (Hg.), *Vergangenheitsbewältigung 1945–1989. Ein unmöglicher Vergleich?*, Berlin 1994.

Tanner, Klaus, *Die fromme Verstaatlichung des Gewissens. Zur Auseinandersetzung um die Legitimität der Weimarer Reichsverfassung in Staatswissenschaft und Theologie der zwanziger Jahre*, Göttingen 1989.

Teppe, Karl, „Trümmergesellschaft im Wiederaufbau“, in: *PZ* 18-19. 1995, 22-33.

Thadden, Rudolf von, „Dietrich Bonhoeffer und der deutsche Nachkriegsprotestantismus“, in: *Kirchen in der Nachkriegszeit. Vier zeitgeschichtliche Beiträge*, hg.v. Armin Boyens, Martin Greschat, Rudolf von Thadden und Paolo Pombeni, Göttingen 1979, 125-138.

Thamer, Hans-Ulrich, *Verführung und Gewalt. Deutschland 1933–1945*, Berlin 1986.

Theologische Realenzyklopädie (TRE), hg.v. Gerhard Müller, Bd. 19.

Ther, Philip, *Deutsche und polnische Vertriebene. Gesellschaft und Vertriebenenpolitik in der SBZ/DDR und in Polen 1945–1956*, Göttingen 1998.

Thieme, Kurt, *Vom Wieratal ins Reich*, Weimar 1936.

Thierfelder, Jörg, *Das Kirchliche Einigungswerk des württembergischen Landesbischofs Theophil Wurm*, Göttingen 1975.

Thierfelder, Jörg, „Die Kirchenpolitik der vier Besatzungsmächte und die evangelische Kirche nach der Kapitulation 1945", in: *GG* 18. 1/1992, 521-533.

Tjulpanow, Sergej, *Deutschland nach dem Kriege (1945–1949). Erinnerungen eines Offiziers der Sowjetarmee*, Nachwort hg.v. Stefan Doernberg, Berlin (Ost) 1986.

Ueberschär, Gerd R. (Hg.), *Das Nationalkomitee „Freies Deutschland" und der Bund Deutscher Offiziere. Die Zeit des Nationalsozialismus*, Frankfurt/Main 1995.

Uertz, Rudolf, *Christentum und Sozialismus in der frühen CDU. Grundlagen und Wirkungen der christlich-sozialen Ideen in der Union 1945–1949*, München 1981.

Ulbricht, Justus H., „Kulturrevolution von rechts. Das völkische Netzwerk 1900–1930", in: *Nationalsozialismus in Thüringen*, hg.v. Detlef Heiden und Gunther Mai, Weimar – Köln – Wien 1995, 29-48.

Ulbricht, Justus H., „Glaube und Heimat oder pädagogisch-politische Reformation. Kulturelle Antworten auf gesellschaftliche Identitätskrisen im ‚grünen Herzen Deutschlands' ", in: *Palmbaum* 4. 1996, 3-17.

Ulbricht, Justus H., „Glaube und Heimat oder pädagogisch-politische Reformation, kulturelle Antworten auf gesellschaftliche Identitätskrisen im ‚grünen Herzen Deutschlands' ", in: *Palmbaum* 4. 3/1996, Rudolstadt, 6-17.

Ulrich, Bernd/Vogel, Jakob/Ziemann, Benjamin (Hgg.), *Untertan in Uniform. Militär und Militarismus im Kaiserreich 1871–1914. Quellen und Dokumente*, Frankfurt/Main 2001.

Ulrich, Michael, „Der Weg der Kirchen in den 40er Jahren der DDR – ein Beispiel für Konvergenz und Komplementarität", *Theologie und Glaube* 82. 1992, 39-49.

Unverhau, Dagmar, „Alles sehen, alles hören, nichts wissen? – Zur archivischen Hinterlassenschaft der Staatssicherheit", in: *Die evangelischen Kirchen und der SED-Staat – ein Thema kirchlicher Zeitgeschichte*, hg.v. Leonore Siegele-Wenschkewitz, Frankfurt/Main 1993, 26-77.

Urban, Detlef/Weinzen, Hans Willi, *Jugend ohne Bekenntnis? 30 Jahre Konfirmation und Jugendweihe im anderen Deutschland 1954–1984*, West-Berlin 1984.

Vajta, Vilmos, *Gelebte Rechtfertigung*, Göttingen 1963.

Vaubel, Ludwig, *Zusammenbruch und Wiederaufbau. Ein Tagebuch aus der Wirtschaft 1945–1949*, München 1984.

Veen, Hans-Joachim/Eisenfeld, Peter/Kloth, Hans Michael/Knabe, Hubertus/Maser, Peter/Neubert, Ehrhart/Wilke, Manfred (Hgg.), *Opposition und Widerstand in der SED-Diktatur – Lexikon*, Berlin – München 2000.

Verbeeck, Georgi, „Kontinuität und Wandel im DDR-Geschichtsbild", in: *PZ* 11. 1990, 30-42.

Vogelsang, Thilo, *Das geteilte Deutschland*, München 1966.

Vogler, Johannes, *Von der Rüstungsfirma zum volkseigenen Betrieb. Aufzeichnungen eines Unternehmers der Sowjetischen Besatzungszone Deutschlands von 1945–1948*, München 1992.

Vollmer, Antje, *Die Neuwerkbewegung 1919–1935*, Berlin 1973.

Vollnhals, Clemens (Hg.), *Die Evangelische Kirche nach dem Zusammenbruch. Berichte ausländischer Beobachter aus dem Jahre 1945*, Göttingen 1988.

Vollnhals, Clemens (Hg.), *Entnazifizierung, politische Säuberung und Rehabilitierung in den vier Besatzungszonen 1945–1949*, München 1991.

Vollnhals, Clemens, „Alliierte Kirchenpolitik und ökumenische Kontakte 1945", in: *Die evangelische Kirche nach dem Zusammenbruch. Berichte ausländischer Beobachter aus dem Jahre 1945*, hg.v. Clemens Vollnhals, Göttingen 1988, XII-XLV.

Vollnhals, Clemens, „Die Evangelische Kirche zwischen Traditionswahrung und Neuorientierung", in: *Von Stalingrad zur Währungsreform. Zur Sozialgeschichte des Umbruchs in Deutschland*, hg.v. Martin Broszat, Klaus-Dietmar Henke und Hans Woller, München 1988, 113-167.

Vollnhals, Clemens, „Die Hypothek des Nationalprotestantismus. Entnazifizierung und Strafverfolgung von NS-Verbrechen nach 1945", in: *GG* 18. 1992, 51-69.

Vollnhals, Clemens, *Die Kirchenpolitik von SED und Staatssicherheit. Eine Zwischenbilanz*, Berlin 1996.

Vollnhals, Clemens, „Die kirchenpolitische Abteilung des Ministeriums für Staatssicherheit", in: *Die Kirchenpolitik von SED und Staatssicherheit. Eine Zwischenbilanz*, hg.v. Clemens Vollnhals, Berlin 1996, 79-119.

Vollnhals, Clemens, *Entnazifizierung und Selbstreinigung im Urteil der Evangelischen Kirche. Dokumente und Reflexionen 1945–1949*, Hamburg 1989.

Vollnhals, Clemens, *Evangelische Kirche und Entnazifizierung 1945 bis 1949. Die Last der nationalsozialistischen Vergangenheit*, München 1989.

Vollnhals, Clemens, „Kirchliche Zeitgeschichte nach 1945. Schwerpunkte, Tendenzen, Defizite", in: *Christentum und politische Verantwortung. Kirchen im Nachkriegsdeutschland*, hg.v. Jochen-Christoph Kaiser und Anselm Doering-Manteuffel, Stuttgart – Berlin – Köln 1990, 176-189.

Vollnhals, Clemens, „Zugleich Helfer der Opfer und Helfer der Täter? Gegenwärtige und historische Sperren für die evangelische Kirche bei der Aufarbeitung ihrer DDR-Vergangenheit", in: *Kirchenpolitik von SED und Staatssicherheit. Eine Zwischenbilanz*, hg.v. Clemens Vollnhals, Berlin 1996, 434-446.

Vollnhals, Clemens, „Zwischen Kooperation und Konfrontation. Zur Kirchenpolitik von KPD/SED und SMAD in der sowjetischen Besatzungszone", in: *DArch* 27. 1994, 478-490.

Osten-Sacken, Peter von der (Hg.), *Das missbrauchte Evangelium. Studien zu Theologie und Praxis der Thüringer Deutschen Christen*, Berlin 2002.

Voßke, Heinz, *Walter Ulbricht*, Berlin (Ost) 1983.

Wahl, Volker, *Die Rettung der Dichtersärge. Das Schicksal der Sarkophage Goethes und Schillers bei Kriegsende 1945. Eine Dokumentation mit Fotografien von Günther Beyer*, Weimar 1991.

Wahl, Volker, „Thüringen unter amerikanischer Besatzung (April bis Juli 1945)", in: *BzL*, Arnstadt (1992).

Walter, Franz, „Von der roten zur braunen Hochburg. Wahlanalytische Überlegungen zur Resonanz der NSDAP in den beiden thüringischen Industrielandschaften", in: *Nationalsozialismus in Thüringen*, hg.v. Detlef Heiden und Gunther Mai, Weimar – Köln – Wien 1995, 143-164.

Walther, Georg, *Meine Erinnerungen an den kirchlichen Kampf mit dem Nationalsozialismus in Leipzig 1933–1945*, Leipzig 1963.

Wartenberg, Günther (Hg.), „Evangelische Kirche nach 1945 in der SBZ/DDR", in: *HCh* 20, Leipzig 1996.

Weber, Hermann (Hg.), *Deutsche Demokratische Republik. Dokumente zur Geschichte der DDR 1945–1985*, München 1986.

Weber, Hermann (Hg.), *Der deutsche Kommunismus. Dokumente 1915–1945*, Köln 1963.

Weber, Hermann (Hg.), *Parteiensystem zwischen Demokratie und Volksdemokratie*, Köln 1982.

Weber, Hermann, „Asymetrie bei der Erforschung des Kommunismus und der DDR-Gesellschaft? Probleme mit Archivalien, dem Forschungsstand und bei den Wertungen", in: *PZ* 26. 1997, 3-14.

Weber, Hermann, „‚Weiße Flecken' in der DDR-Geschichtsschreibung", in: *PZ* 11. 1990, 3-15.

Weber, Hermann, *Weiße Flecken in der Geschichte. Die KPD-Opfer der Stalinschen Säuberungen und ihre Rehabilitierung*, Berlin 1990.

Weber, Hermann, *DDR. Grundriß der Geschichte 1945–1990*, Hannover 1991.

Weber, Hermann, *Die DDR 1945–1986*, München 1988.

Weber, Jürgen (Hg.), *Der SED-Staat. Neues über eine vergangene Diktatur*, München 1994.

Weber, Petra, *Justiz und Diktatur. Justizverwaltung und politische Strafjustiz in Thüringen 1945–1961*, München 2000.

Weinrich, Michael (Hg.), *Religionskritik in der Neuzeit*, Gütersloh 1985

Weinzen, Hans Willi, „Wegweiser zur Jugendweihe, Buchreport über das dritte Handbuch zur Jugendweihe", in: *KiS* 13. 5/1987, 14-24.

Weisz, Christoph (Hg.), *OMGUS-Handbuch. Die amerikanische Militärregierung in Deutschland 1945–1949*, München 1994.

Weitenhagen, Holger, *Evangelisch und deutsch. Heinz Dungs und die Pressepolitik der Deutschen Christen*, Köln 2001.

Welsh, Helga A., „Antifaschistisch-demokratische Umwälzung und politische Säuberung in der SBZ", in: *Politische Säuberung in Europa. Die Abrechnung mit Faschismus und Kollaboration nach dem Zweiten Weltkrieg*, hg.v. Klaus-Dietmar Henke und Hans Woller, München 1991, 84-107.

Welsh, Helga A., „Landesregierungen und Verwaltungen. Thüringen", in: *SBZ-Handbuch*, 167-189.

Welsh, Helga A., *Revolutionärer Wandel auf Befehl? Entnazifizierungs- und Personalpolitik in Thüringen und Sachsen 1945–1948*, München 1989.

Welzer, Harald/Moller, Sabine/Tschuggnall, Karoline, *Opa war kein Nazi. Nationalsozialismus und Holocaust im Familiengedächtnis*, Frankfurt/Main 2002.

Wentker, Hermann (Hg.), *Die Volksrichter in der SBZ/DDR. Eine Dokumentation*, München 1997.

Wentker, Hermann, „Kirchenkampf in der DDR. Der Konflikt um die Junge Gemeinde 1950–1953", in: *VfZ* 42. 1994, 95-127.

Wentker, Hermann, „Die kirchenpolitische Abteilung der Ost-CDU. Organisation, Wirkungsweise und personelle Besetzung“, in: *Die Kirchenpolitik von SED und Staatssicherheit. Eine Zwischenbilanz*, hg.v. Clemens Vollnhals, Berlin 1996, 120-138.

Wentker, Hermann, „Ein deutsch-deutsches Schicksal. Der CDU-Politiker Helmut Brandt zwischen Anpassung und Widerstand“, in: *VfZ* 49. 2001, 465-506.

Werkentin, Falco, *Politische Strafjustiz in der Ära Ulbricht. Forschungen zur DDR-Geschichte*, Berlin 1995.

Weyer, Adam/Wippermann, Stephan/Lins, Monika (Hgg.), *Ordentlich und fleißig arbeiten! Die evangelischen Kirchen und die Arbeitswelt der SBZ/DDR*, Duisburg 1994.

Wiegand, Dietmar, „Christentum und Weltverantwortung, Kirche und Kulturarbeit. Der Kulturprotestant Kirchenrat D. Rudolf Herrmann (1875–1952)“, in: *ZfThG* 54. 2000, 269-303.

Wiegand, Dietmar, „Thüringer evangelische Kirche und soziale Frage. Motive, Institutionen und Aufgaben kirchlicher Sozialarbeit zur Zeit der ersten deutschen Demokratie“, in: *Thüringer Gratwanderungen. Beiträge zur fünfundsiebzigjährigen Geschichte der evangelischen Landeskirche Thüringens*, hg.v. Thomas A. Seidel i.A. der Evangelischen Akademie Thüringen und der Gesellschaft für Thüringische Kirchengeschichte, bearb.v. Dietmar Wiegand, Leipzig 1998, 33-61.

Wiegand, Dietmar, „Volkskirche und Sozialarbeit. Soziales Denken und Handeln in der Thüringer evangelischen Kirche in den Jahren ihres Auf- und Ausbaus“, in: *HCh* 21/22. 1997/98, 135-153.

Wiener, Horst, *Anklage Werwolf. Die Gewalt der frühen Jahre oder Wie ich Stalins Lager überlebte*, Hamburg 1991.

Wille, Manfred, „Die Vertriebenen und das politisch-staatliche System der SBZ/DDR“, in: *Vertrieben in Deutschland. Interdisziplinäre Ergebnisse und Forschungsperspektiven*, hg.v. Dierk Hoffmann, Marta Krauss und Michael Schwartz, München 2000, 188-212.

Wille, Manfred, *Entnazifizierung in der Sowjetischen Besatzungszone 1945–1948*, Magdeburg 1993.

Willenbacher, Barbara, „Zerrüttung und Bewährung der Nachkriegsfamilie“, in: *Von Stalingrad zur Währungsreform. Zur Sozialgeschichte des Umbruchs in Deutschland*, hg.v. Martin Broszat, Klaus-Dietmar Henke und Hans Woller, München 1988, 595-618.

Winter, Friedrich, „Zeitgeschichtliche Arbeit zur Evangelischen Kirche in SBZ und DDR (1945–1989). Zu Stand und Methode“, in: *Evangelische Kirche nach 1945 in der SBZ/DDR*, hg.v. Günther Wartenberg, Leipzig 1996, 59-76.

Wirth, Günther, „Die Beteiligung der CDU an der Umgestaltung der DDR in den fünfziger Jahren“, in: *KZG* 3. 1990, 125-151.

Wischnath, Johannes Michael, *Kirche in Aktion*, Göttingen 1986.

Witzmann, Georg, „Die kirchliche Entwicklung in Thüringen 1918–1933“, in: *Thüringer Gratwanderungen. Beiträge zur fünfundsiebzigjährigen Geschichte der evangelischen Landeskirche Thüringens*, hg.v. Thomas A. Seidel i.A. der Evangelischen Akademie Thüringen und der Gesellschaft für Thüringische Kirchengeschichte, bearb.v. Dietmar Wiegand, Leipzig 1998, 222-243.

Wolfrun, Edgar, „Geschichtspolitik in der Bundesrepublik Deutschland 1949–1989. Phasen und Kontroversen“, in: *PZ* 45. 1998, 3-15.

Wolle, Stefan, *Die heile Welt der DDR. Alltag und Herrschaft in der DDR 1971–1989*, Berlin 1998.

Wolle, Stefan, „Herrschaft und Alltag. Die Zeitgeschichtsforschung auf der Suche nach der wahren DDR“, in: *PZ* 26. 1997, 30-38.

Wright, Jonathan R.C., *Über den Parteien. Die politische Haltung der evangelischen Kirchenführer 1918–1933,* Göttingen 1977.

Wucher, Waldemar (Hg.), *Die Spur führt durch Thüringen. Christus im Leben, Wirken und Denken der Zeiten*, Berlin 1959.

Wunderer, Hartmann, „Zwischen Konfrontation und taktischer Kooperation. Die Religionspolitik der KPD 1919–1948“, *KZG* 6. 2/1993, 331-348.

Wurm, Theophil, *Erinnerungen aus meinem Leben*, Stuttgart 1953.

Zahn, Günther, „Thüringer Blickpunkte 1933–1945 aus der Sicht eines Dorfpfarrers damaliger Zeit“, in: *Thüringer Gratwanderungen. Beiträge zur fünfundsiebzigjährigen Geschichte der evangelischen Landeskirche Thüringens*, hg.v. Thomas A. Seidel i.A. der Evangelischen Akademie Thüringen und der Gesellschaft für Thüringische Kirchengeschichte, bearb.v. Dietmar Wiegand, Leipzig 1998, 244-255.

Zank, Wolfgang, „Die Gesellschaftpolitik der KPD/SED 1945–1949“, in: *PZ* 11. 1990, 52-62.

Zank, Wolfgang, *Wirtschaft und Arbeit in Ostdeutschland 1945–1949. Probleme des Wiederaufbaus in der Sowjetischen Besatzungszone Deutschlands*, München 1987.

Zeidler, Manfred, *Kriegsende im Osten. Die Rote Armee und die Besetzung Deutschlands östlich der Oder und Neiße 1944/45*, München 1996.

Zilleßen, Helmut (Hg.), *Volk – Nation – Vaterland. Der deutsche Protestantismus und der Nationalismus*, Gütersloh 1970.

Zillig, Hans, *In der Mitarbeit gewachsen und gereift. Zur Geschichte des Landesverbandes Sachsen der CDU (1945–1952)*, Heiligenstadt 1975.

Zimmermann, Wolf-Dieter, *Kurt Scharf. Ein Leben zwischen Vision und Wirklichkeit*, Göttingen 1992.

Zocher, Peter, *Die Neuordnung der Evangelisch-Lutherischen Landeskirche in Oldenburg in der Nachkriegszeit*, Oldenburg 1995.

Personenregister